WITHDRAWN
HARVARD LIBRARY
WITHDRAWN

Der Religionsphilosoph Johannes Hessen (1889-1971)
Ein Gelehrtenleben zwischen Modernismus und Linkskatholizismus

BEITRÄGE ZUR KIRCHEN- UND KULTURGESCHICHTE

Herausgegeben von Christoph Weber

Band 1

PETER LANG
Frankfurt am Main · Berlin · Bern · New York · Paris · Wien

Christoph Weber

Der Religionsphilosoph Johannes Hessen (1889-1971)

Ein Gelehrtenleben
zwischen Modernismus
und Linkskatholizismus

PETER LANG
Europäischer Verlag der Wissenschaften

Die Deutsche Bibliothek - CIP-Einheitsaufnahme
Weber, Christoph:

Der Religionsphilosoph Johannes Hessen : (1889 - 1971) ; ein Gelehrtenleben zwischen Modernismus und Linkskatholizismus / Christoph Weber. - Frankfurt am Main ; Berlin ; Bern ; New York ; Paris ; Wien : Lang, 1994
  (Beiträge zur Kirchen- und Kulturgeschichte ; Bd. 1)
  ISBN 3-631-48066-0

NE: GT

ISSN 0946-8803
ISBN 3-631-48066-0
© Peter Lang GmbH
Europäischer Verlag der Wissenschaften
Frankfurt am Main 1994
Alle Rechte vorbehalten.

Das Werk einschließlich aller seiner Teile ist urheberrechtlich geschützt. Jede Verwertung außerhalb der engen Grenzen des Urheberrechtsgesetzes ist ohne Zustimmung des Verlages unzulässig und strafbar. Das gilt insbesondere für Vervielfältigungen, Übersetzungen, Mikroverfilmungen und die Einspeicherung und Verarbeitung in elektronischen Systemen.

Printed in Germany 1 2 3 4 5 6 7

INHALT	5
VORWORT	11
ABKÜRZUNGSVERZEICHNIS UND ZITIERWEISE	15
TABELLARISCHER LEBENSLAUF HESSENS	17

EINLEITUNG

1. Was wissen wir heute von Hessen?
   a. Die Vergessenheit eines Denkers der Epoche von 1910 bis 1960   19
   b. Quellen und Literatur zu Hessens Leben   28
   c. Allgemeines zu den Texten, Dokumenten und Regesten   32

2. Hessens philosophischer Standort und seine Hauptwerke
   a. Hessens Standort und frühe geistige Entwicklung   36
   b. Hessens Hauptwerke   49
   c. Frühe Konflikte mit der kirchlichen Behörde   56

3. Hessen und der Kampf um den Gottesbeweis im katholischen Deutschland
   a. Hessen und der kausale Gottesbeweis   65
   b. Hessens Freunde und Feinde im Kampf um den Gottesbeweis und die Religionsbegründung   70

4. Die Krise um Hessen im Jahre 1928 und ihr historisches Umfeld
   a. Hessen und das kirchliche "Imprimatur", besonders im Bistum Münster   78
   b. Die Verschlechterung des innerkirchlichen Klimas in den Jahren 1925 bis 1928   82
   c. Die "Albertus-Magnus-Akademie" in Köln 1924-1929   90
   d. Das Bücherverbot und die Suspension (Juli-November 1928)   100
   e. Hessen nach der Überwindung der Krise in den letzten Jahren der Weimarer Republik. Weitere Zensurfälle 1934/35   111

5. Hessen während der Zeit des Nationalsozialismus
   a. Hessens eigene Darstellung   120
   b. Die Bücher Hessens im «Dritten Reich»   122
   c. Die Entfernung Hessens von der Universität Köln   133
   d. Hessens öffentliche Vorträge 1940-1943 und die Verhängung des "Reichsredeverbotes" (1943)   139

6. Hessens Kampf um "Wiedergutmachung" (1945-1954) 144

7. Neue Bücherzensuren (1945-1952), aber schließlich der
   Zusammenbruch der Neuscholastik (1956-1967)
   a. Die Bücherzensuren gegen Hessen nach dem 2. Weltkrieg 159
   b. Der Zusammenbruch der Neuscholastik 169

8. Hessen in der Bewegung gegen Wiederbewaffnung und gegen
   atomare Aufrüstung (1954-58) 189

9. Schlußüberlegungen 201

TEXTE AUS HESSENS WERKEN

Text 1: Zur Würdigung der neuscholastischen Philosophie (1918) 221
Text 2: Schelers Neubegründung der Religion (1922) 226
Text 3: Recht und Unrecht des Intuitionismus (1926) 231
Text 4: Glauben und Wissen (1926) 238
Text 5: Aristotelismus und Christentum (1926) 243
Text 6: Der Sinn der Gemeinschaft (1933) 250
Text 7: Erfahrung und Denken (1937) 256
Text 8: Die wertphilosophische Weiterbildung der
        phänomenologischen Religionsphilosophie (1948) 264
Text 9: Religion und Dogma (1948) 271
Text10: Rezension eines Buches von Heinrich Fries (1950) 275
Text11: Rezension der Adam-Festschrift (1953) 279
Text12: Rezension eines Aufsatz-Bandes von Robert Grosche (1960) 281

SECHS DOSSIERS MIT DOKUMENTEN ÜBER LEBEN UND
KÄMPFE VON JOHANNES HESSEN

1. Die Mappen "Schwierigkeiten mit den kirchlichen Behörden" im
   Nachlaß Hessens (1918-1952) 284
2. Aus den Personalakten Hessens an der Universität zu Köln
   (1924-1950) 366
3. Die "causa Hessen" in der "Cabinets-Registratur" des Erzbischofs
   Kard. Schulte (1928) 381
4. Berichte und Vorgänge der Stapoleitstelle Düsseldorf (1942-1943) 406

5. Aus der Wiedergutmachungsakte des nordrhein-westfälischen
   Kultusministeriums (1953/54)   421
6. Erkundigungen vor der Verleihung des Bundesverdienstkreuzes
   (1970)   466

DIE PHILOSOPHISCHE UND THEOLOGISCHE DISKUSSION
IM UMFELD HESSENS   483

QUELLEN UND LITERATUR

1. Ungedruckte Quellen   675
2. Gedruckte Quellen und Literatur   677

Abbildung 1

Vorwort.

Die hier vorgelegte Dokumentation über das Leben und Werk des Kölner Religionsphilosophen Johannes Hessen setzt sich zum Ziel, sowohl eine allgemeine Einführung in die Probleme und Konflikte zu bieten, in die das Leben dieses selbständig denkenden Mannes gestellt war, als auch durch die Vorlage von Texten aus seiner Feder und die Edition bislang unbekannter Quellen zahlreiche Sachverhalte und Problemlagen wieder oder erstmals zugänglich zu machen.

Da - wie in der Einleitung näher erläutert wird - Hessen heute dem Gedächtnis der Nachwelt so gut wie entschwunden ist, konnte bei keiner Gruppe denkbarer Leser eine Kenntnis seiner Geistesarbeit und noch weniger seiner Lebensumstände vorausgesetzt werden. Vor allem aber die Konfliktsituationen, in denen er sich von 1916 bis 1956 fast ohne Unterbrechung befand, dürfte kaum jemand noch überblicken. Sie genau zu rekonstruieren, war deshalb eine unumgängliche Aufgabe, sollte über Gemeinplätze wie «Vertreter einer personalistischen Wertphänomenologie» oder «Angehöriger der augustinischen Richtung» hinausgelangt werden.

Aus dieser Situation ergab sich im Laufe der Beschäftigung mit dem recht weitläufigen Stoff eine Gliederung dieser ersten monographischen Behandlung von Leben und Werk Hessens in vier Hauptteile: erstens eine Einleitung, in der die erwähnten Konflikte Hessens um seine Philosophie möglichst genau in der allgemeinen Zeitgeschichte verankert werden, ohne daß allerdings hier eine systematische, eigentlich philosophische Bewertung und Sachdiskussion der Thesen Hessens geleistet werden könnte. Denn der Bearbeiter ist Historiker und kein Philosoph. Es ist daher nicht die Aufgabe dieses Buches, zu beurteilen, ob die wertorientierte Religionsphilosophie Hessens "stimmt" oder nicht.

Als zweites folgt eine Sammlung von Textauszügen, vorwiegend aus den jüngeren Jahren Hessens, in denen einige seiner zentralen Vorstellungen durch ihn selbst vorgetragen werden. Sie ermöglichen es jedem Leser, sich ein eigenes Bild vom Denkstil, von den Absichten, dem Vorverständnis und auch von den persönlichen Präokkupationen unseres Autors zu machen.

Die unedierten Quellen aus den Jahren 1918 bis 1954 bilden den dritten Teil. Sie stammen vor allem aus dem Nachlaß Hessens im Universitätsarchiv Köln, sowie aus diversen staatlichen und kirchlichen Archiven, wo sie Bestandteil von im Zuge der jeweiligen Konflikte angelegter, zumeist geschlossener Dossiers sind. Daher werden die Dokumente nicht einfach chronologisch aneinandergereiht, sondern entsprechend ihrer Provenienz angeordnet. Nur in wenigen Fällen wurde in ein solches geschlossenes Dossier ein Dokument von außen her eingefügt. Dabei konnte selbstverständlich nur eine Auswahl aus den gesamten Aktenbeständen getroffen werden, die jedoch geeignet ist, die Atmosphäre in den betreffenden Behörden anschaulich zu machen.

Der vierte Teil dieses Buches bietet Regesten zur literarischen Auseinandersetzung rund um Hessen. Unser Philosoph galt als streitbar, und tatsächlich ging er Kontroversen nicht aus dem Weg. So sind die vier Jahrzehnte von 1916 bis 1956 von wissenschaftlichen Disputen ebenso erfüllt wie von den Beschwerden, Konflikten, Strafandrohungen, Bestrafungen, die Hessen durchzustehen hatte. Weit verstreut in der Landschaft der philosophischen, theologischen und allgemein-kulturellen Zeitschriften, lassen sich diese literarischen Fehden in der hier gewählten Regestform auf die kürzest mögliche Weise darstellen. Eine volle Einarbeitung dieses Stoffes etwa in die Einleitung oder in ein eigenes Kapitel «Hessens literarische Fehden» wäre dagegen sehr viel unleserlicher und unübersichtlicher ausgefallen.

In diese Regesten (in den Anmerkungen zum übrigen Text stets als "Nr." zitiert) wurden auch solche Auseinandersetzungen aufgenommen, die zwar durch die Beteiligung seiner «geistigen Nachbarn» in einem Zusammenhang mit H. standen, in denen sein Name selbst aber nicht auftaucht; so beispielsweise die langanhaltende Kontroverse um den kausalen Gottesbeweis. Was nicht möglich war, aber gewiß lohnend gewesen wäre: eine Gesamterfassung der literarisch-philosophischen Diskussion um die Rolle des Katholizismus in der Weimarer Republik. Aber es ist unmittelbar einsichtig, daß es ausgeschlossen war, z.B. die gesamte Kontroverse um Max Scheler oder um die kirchlichen Reformbestrebungen der dreißiger Jahre oder um die Neuscholastik hier aufzunehmen. Näheres zu der zwangsläufig begrenzten Auswahl der hier gebotenen Regesten, besonders bezüglich der Zeitungsartikel und Rezensionen, wird im Abschnitt 1.c. der Einleitung gesagt. Es kann aber versichert werden, daß die wissenschaftliche Rezeption und Diskussion Hessens hier so vollständig wie möglich vorliegt.

Auf diese Weise, in der Kombination von Texten, unedierten Quellen und Regesten zu den literarischen Kontroversen wird ein Gelehrtenleben wieder lebendig, das in seiner Präsenz über mehr als die Hälfte des 20.

Jahrhunderts viele Probleme der deutschen Geschichte in sich schloß: die komplizierte Realität des «politischen Katholizismus» in der Weimarer Republik, die Auseinandersetzung der deutschen Philosophie mit dem Nationalsozialismus, die schrittweise Überwindung der scharf konturierten Ideologien auf dem Wege zur «modernen Gesellschaft», auf die hin der «Sozialist» Hessen strebte - der «religiöse Sozialist» natürlich -, und schließlich die Opposition weiter Sektoren des deutschen Geisteslebens gegen die Wiederbewaffnung in den Jahren der frühen Bundesrepublik, der der alternde Philosoph die letzten Jahre seines Wirkens widmete. Das meiste davon ist, soweit es Hessen betrifft, so gut wie unbekannt. Besonders seine Kämpfe mit der kirchlichen Bücherzensur dürften ein Interesse erregen, das den Kreis der rein philosophischen Diskussion überschreitet. Denn für den Bearbeiter kam eine bloße «Geistesgeschichte» als Historie von den wechselnden Theorien nicht in Frage: deutlicher als vielleicht in anderen Fällen tritt hier die gesellschaftliche, ja geradezu parteipolitische Konditionierung philosophischer Arbeit an ein Licht, das wohl manchen traditionellen Erwartungen als allzu grell erscheinen wird. Erst das Persönliche, Private, auch bloß «Menschliche» aber führt zu einer konkreten, lebendigen Geschichte der Ideen, losgelöst vom Akademisch-Konventionellen, nach dem sich Philosophie- und Geistesgeschichte nach den rein immanenten Entwicklungen der Denkinhalte vollzieht; auch eine «Problemgeschichte» allein wäre unfähig, z.B. die Rolle des Neoaugustinismus zu klären. Bei allem, was Hessen schrieb und tat, ist der «Sitz im Leben» aufzusuchen, die ständige Wechselbeziehung seines Arbeitens mit den politischen und kirchlichen Verhältnissen seiner Zeit in Köln, im «katholischen Rheinland», in Deutschland zu berücksichtigen. Dann wird verständlich, warum z.B. die Zentrumspartei lange vor 1933 in eine immer tiefere Krise geriet, wie dieser schwerwiegende Prozeß mit einem so entfernt liegenden Vorgang wie dem Triumph und dem Niedergang der Neuscholastik zusammenhing, aber auch, warum - Jahrzehnte später - so viele intellektuelle Kritiker in der Bundesrepublik mit Schaudern eine konstante, latente Tendenz zum «Neonazismus», wie Hessen es nannte, feststellen zu müssen glaubten.

In diesem Buch können nicht alle Aspekte und Aktivitäten Hessens behandelt werden. So werden aus rein praktischen Erwägungen seine theologischen Schriften, insbesondere die von ihm mitverfaßte Reformschrift «Der Katholizismus. Sein Stirb und Werde» (1937), hier nicht näher behandelt; unter anderem auch deshalb, weil von anderer Seite eine Darstellung der rheinischen Reformtheologen, aus deren Milieu dieses Werk stammt, geplant wird.

Es bleibt mir noch den vielen Kollegen und Freunden, den Archivaren und Bibliothekaren zu danken, die mich bei meinen Recherchen freundlich unterstützt haben, oder die mir gesprächsweise Einblick in ihre Kenntnisse, soweit sie zu Hessen in Beziehung stehen, gewährten. Unter den vielen Korrespondenten und Gesprächspartnern kann ich hier nur einige herausheben, denen ich mit «Aufträgen» lästig fallen mußte, oder die mir sonst mit ihrer Sachkenntnis behilflich waren: H. Aderbauer (Rottenburg), Prof. Dr. Angenendt (Münster), Studiendirektor i.R. Dr. A. Brecher (Aachen), Dr. W. Damberg (Münster), Prof. Dr. T. Diederich (Köln), Dr. G. Fleckenstein (Düsseldorf), F. Griemens (Würselen), Prof. Dr. W. Keuck (Köln), Lt. Archivdirektor Dr. H. Lepper (Aachen), Frau Gertrud Lenzen (Mönchengladbach), Rektor Liebenwein (Würselen), Tadeusz Madala (Lublin), Prof. Dr. E. Meuthen (Köln), Prof. Dr. H. Mynarek (Odernheim), Wiss. Ang. H.D. Nellißen (Düsseldorf), Prof. Dr. K. Neufeld SJ (Innsbruck), Oberbibliotheksrat Dr. A. Raffelt (Freiburg), Staatsarchivrat Dr. Reinicke (Düsseldorf), Domvikar H.-J. Reudenbach (Aachen), Prof. Dr.Dr. Klaus Riesenhuber SJ (Tokyo), Prof. Dr. K.-J. Rivinius (St. Augustin), Amtsrätin G. Schütz (Köln), Diözesanarchivdirektor Dr. H.H. Schwedt (Limburg), Domkapitular Prof. Dr. N. Trippen (Köln), Prof. Dr. H. Wolf (Frankfurt/M.). Das Bistum Aachen und der Landschaftsverband Rheinland gewährten einen Druckkostenzuschuß. Frau Claudia Flümann, M.A., hat nicht nur das Manuskript, genauer, die Computerfassung erstellt, sondern auch manche wertvolle Sachkritik geübt, wofür ich ihr besonders danke.

Düsseldorf, April 1993   Chr. Weber

Abkürzungsverzeichnis und Zitierweise.

Bonn.Zs.Th.Seels.	Bonner Zeitschrift für Theologie und Seelsorge
Bl.Dt.Phil.	Blätter für Deutsche Philosophie
DLZ	Deutsche Literaturzeitung
EF	Enciclopedia filosofica (ed. Centro di studi filosofici di Gallarate), 2a ediz. interamente rielaborata, 6 voll, Firenze 1968-69.
EHK	Eine Heilige Kirche (München)
HAEK	Historisches Archiv des Erzbistums Köln
HStAD	Hauptstaatsarchiv Düsseldorf
HJb	Historisches Jahrbuch (München)
Köln. Volksztg.	Kölnische Volkszeitung
Lit. Hand.	Literarischer Handweiser (Münster)
Lit. Ratg.	Literarischer Ratgeber für die Katholiken Deutschlands (Kempten/München)
LthK	Lexikon für Theologie und Kirche, 2. Auflage
RHE	Revue d'histoire ecclésiastique (Louvain)
NDB	Neue Deutsche Biographie (Berlin)
R.néosc.Louv.	Revue néo-scolastique de Louvain
R.sc.phil.th.	Revue des sciences philosophiques et théologiques (Paris)
PhJb	Philosophisches Jahrbuch (Fulda/München)
StdZ	Stimmen der Zeit (Freiburg i.Br.)
ThGl	Theologie und Glaube (Paderborn)
ThLBl	Theologisches Literaturblatt (Leipzig)
ThLZ	Theologische Literaturzeitung (Leipzig)
ThprQS	Theologisch-praktische Quartalschrift (Linz)
ThQ	Theologische Quartalschrift (Tübingen)
ThR	Theologische Revue (Münster)
UAK	Universitätsarchiv Köln
ZkTh	Zeitschrift für katholische Theologie (Innsbruck)
ZiLb	Zeitgeschichte in Lebensbildern, hrsg. von R. Morsey (u.a.), 6 Bde., Mainz 1973-84
Zs.	Zeitschrift

Zitierweise:

Die Abkürzung "Nr." verweist stets auf den Teil "Die philosophische und theologische Diskussion um Hessen", deren Inhalt durchnumeriert ist. - Die Werke Hessens werden ohne Druckort zitiert; den vollen Titel findet man stets in dem eben genannten Teil, der chronologisch angeordnet ist. Die Zitierung der im Literaturverzeichnis angeführten Werke folgt den gewöhnlichen Regeln. - "CIC" meint stets den Codex Iuris Canonici von 1917 (vgl. Literatur-Verzeichnis).

Abbildungsnachweis:

Das Titelphoto (von ca. 1930) entstammt dem Universitätsarchiv Köln, die zweite Abbildung (Karikatur) der Kölner Universitäts-Zeitung, 2. Jahrg., Heft 8 vom Dez. 1947, S. 145.

Tabellarischer Lebenslauf Hessens.

14.9.1889	Geboren in Lobberich/Niederrh. als Sohn des Landwirtes Jakob Hessen und seiner Frau Clara geb. Berger.
22.12.1909	Abitur am Collegium Augustinianum in Gaesdonck/Niederrh.
1910-1914	Studium der Phil. und Theol. an der Wilhelms-Univ. Münster.
6.6.1914	Priesterweihe; danach zwei Kaplanstellen in Westfalen und in Duisburg.
5.7.1916	Dr. theol. in Münster (1. Gutachter: J. Mausbach).
9.12./22.12.1918	Dr. phil. in Würzburg (1. Gutachter: R. Stölzle).
21.12.1920	Habilitation für Philosophie in Köln unter Betreuung von M. Scheler.
Jan. 1926	Erstmalige Zahlung eines Lehrauftrages in Höhe von 50 M pro Monat.
22.12.1927	Nicht beamteter außerordentlicher Professor.
6.7.1928	Verbot zweier Bücher durch den Erzbischof von Köln und den Bischof von Münster.
Sept.-Nov. 1928	Suspension vom geistl. Amt durch die beiden gen. Oberhirten
17.7.1928	Besoldeter Lehrauftrag in vierfacher Höhe des Grundbetrages.
1.10.1929	Dasselbe in sechsfacher Höhe.
Ende März 1940	Erlöschen der Lehrbefugnis.
April 1940-August 1940	Forschungsstipendium in Höhe von 260 M pro Monat.
16.2.1943	Redeverbot für das gesamte Reichsgebiet.
19.10.1946	Abschluß des Entnazifizierungsverfahrens mit Wiederzulassung ("may be employed") laut Bescheid des Rektors Kroll.
1.4.1947	Erteilung einer (nicht ruhegehaltsfähigen) Diätendozentur ohne Aushändigung einer Urkunde.
8.10.1953	Ernennung zum Dozenten mit Beamteneigenschaft.

26.2.1954	Wiedergutmachungsbescheid, in dem Hessen "Anspruch auf bevorzugte Anstellung als außerordentlicher Professor in der Besoldungsgruppe H2 der Reichsbesoldungsordnung" erhält. Der Anspruch wird nicht realisiert.
30.9.1954	Ruhestand mit der Pension eines Dozenten (H 1).
29.1.1955	Hessen spricht auf der Kundgebung in der Frankfurter Paulskirche gegen die «Pariser Verträge».
20.4.1958	Unterzeichnung des Aufrufes der "Aktionsgemeinschaft gegen die atomare Aufrüstung der Bundesrepublik" im Namen des "Zentralen Arbeitsausschusses".
28.8.1971	Tod in Aegidienberg (bei Bad Honnef).

Quellen:

H. Althaus, Kölner Professorenlexikon (unveröffentlicht), ad vocem. - Todesanzeige in der Kölnischen Rundschau, Nr. 201 vom 31.8.1971, S. 15. - Zahlreiche Originalurkunden, z.B. das Abiturzeugnis, im Nachlaß Hessens, fasz. 60. - Die Personalakten der Universität Köln, und zwar des Dekanates, des Rektorates und des Kuratoriums (Verwaltung). - Wiedergutmachungsakte in HStAD-NW 172, Nr. 78 Bd.II. - J. Weinand in ThR, 1959, 259.

EINLEITUNG

1. Was wissen wir heute von Hessen?

a. Die Vergessenheit eines Denkers der Epoche von 1910 bis 1960

Um Johannes Hessen (1889-1971) ist es seit langem still geworden. Der Kölner Philosoph, der einen breiten Einfluß auf das Geistesleben des Rheinlandes ausübte - als Philosophielehrer zahlreicher künftiger Pädagogen, die an der Universität Köln zwischen 1920 und 1968 pflichtgemäß Philosophie studierten und den Hörsaal des außerplanmäßigen Professors in hellen Scharen frequentierten, mehr noch denn als durch Heranbildung eigenen wissenschaftlichen Nachwuchses, was ihm über die Promotion hinaus niemals möglich war - er ist heute vergessen![1] Dieses Schicksal teilt er mit zahlreichen seiner Altersgenossen, die noch mit den Fragestellungen der Zeit vor 1914 aufwuchsen, dann in der Epoche der Weimarer Republik und des Nationalsozialismus ihre entscheidenden Stellungnahmen vollzogen, um noch in der Frühgeschichte der Bundesrepublik stark beachtet zu werden. Für sie war dann oft in der Mitte der sechziger Jahre das Ende ihres Einflusses sehr unvermittelt und in überraschend heftiger Weise da. Für Hessens Geltung war schon das Anschwellen des Existentialismus sowohl deutscher wie französischer Prägung fatal; in kirchlicher Hinsicht brachte das II. Vatikanische Konzil dem Priester-Philosophen gewiß die Erfüllung zahlreicher Desideria, aber auch die Überraschung, daß jetzt Männer über ihn hinwegstiegen, - ohne ihre Anerkennung auszusprechen-, die ihn noch vor einem Jahrzehnt als gefährlichen Ketzer denunziert hatten.

So dürfte Hessen schon 10 Jahre vor seinem Tod in der Öffentlichkeit nicht mehr aktuell gewesen sein und die machtvollen Bewegungen des Neomarxismus, der angelsächsischen Sprachphilosophie und formalen Logik, die enorm gesteigerte Spezialisierung auf philosophiehistorischem Gebiet und schließlich eine Reformtheologie neuerer Prägung ließen ihn einer raschen Vergessenheit anheimfallen.

---

[1] W. Kosch, Das katholische Deutschland, 1. Bd., Ausburg (1929-)1933, 1565f.; Härle/Wagner, 110 (H. Fries); Ulrich von Hehl, Priester unter Hitlers Terror. Eine biographische und statistische Erhebung, Mainz 1984, 536. Nicht erwähnt in: U. von Hehl/Heinz Hürten, Der Katholizismus in der Bundesrepublik Deutschland 1945-1980, Eine Bibliographie, Mainz 1983. Die explizit biographischen Notizen zu H. finden sich hier in der in den Anmerkungen 8, 18, 20, 22, 25, 27, 29 gen. Literatur.

Dies ist nicht absolut erstaunlich; viele Zeitgenossen, wie gesagt, haben ähnliches erfahren[2], und zwar auch berühmtere als er: Nikolai Hartmann und Karl Jaspers sind hier etwa zu nennen, dann in ihrer Zeit hoch über Hessen gerühmte Kirchenlehrer wie Przywara und Guardini, Wust und Schmaus, oder christliche Philosophen wie v. Rintelen und v. Hildebrand. Von seinen schärfsten Gegnern ist ebenfalls nur noch in seltenen Ausnahmefällen, wie etwa Karl Rahner die Rede; aber auch bei ihm dürfte sich die Halbwertszeit der Wirkung als kleiner herausstellen, als man es vorher gedacht hatte.[3]

Nun ist letztendlich keine Generation verpflichtet, alle vorhergegangenen Denker mit gleichem Fleiße nachzuarbeiten; es wäre ganz lächerlich, im Einzelnen darum zu streiten, wessen Andenken zu unrecht vergessen ist und wessen nicht. Dennoch ist es schon erstaunlich, wieviele Autoren des engeren Faches «Religionsphilosophie» auf jede Lektüre dieses ihres Vorgängers verzichtet haben. Ich erwähne hier nur die folgenden Namen und Werke aus der Zeit nach 1945, bei denen sich entgegen den Erwartungen keine Spur einer Beschäftigung mit den vielen Büchern Hessens zu religionsphilosophischen Themen findet: Wolff (1949), MacGregor (1951), Lotz (1957), Coreth (1961), Mann (1970), Weischedel (1972), Ogiermann (1974), Schmucker (1974), Grisez (1975), Welte (1978), Schrödter (1979), Schaeffer (1980), Hubbeling (1981), Weissmahr (1983), Möller (1985), Halder/Kienzler/Möller (1988), v. Kutschera (1990) und Ricken (1991) ignorieren Hessen vollständig.[4] Völlig marginal behandeln ihn Seiler (1965), Huonder (1968), Verwey-

---

[2] "rasch einsetzende Vergessenheit Adams": Kreidler, 32. - "langsames Vergessenwerden" Guardinis: Walter Seidel (Hrsg.), "Christliche Weltanschauung". Wiederbegegnung mit Romano Guardini, Würzburg 1985, 23. A. Schilson gibt dem ersten Abschnitt seines Buches über Guardini den Titel: "Ein vergessener Reformer", S. 14. Eine Parallele: von dem "unerklärlichen Phänomen", "warum Tillich in der evangelischen Kirche Deutschlands wenig bekannt, zumindestens ohne wesentlichen Einfluß geblieben ist" berichtet: Werner Schüßler, Der philosophische Gottesgedanke im Frühwerk Paul Tillichs (1910-1933), Würzburg 1986, p. VII. Die «Vergessenheit» von weit vorausdenkenden Reformern (auf allen Gebieten) kann leicht zum literarischen Topos entarten.
[3] Heinz-Jürgen Vogels, Erreicht Karl Rahner den kirchlichen Glauben? Kritik der Christologie und Trinitätslehre Karl Rahners. In: Wissenschaft und Weisheit 52(1989) 21-62.
[4] Folgende Werke ignorieren Hessen ganz:
- Paul Wolff (Hrsg.), Christliche Philosophie in Deutschland 1920 bis 1945. Ausgewählte Texte, Regensburg 1949.
- Geddes MacGregor, Introduction to religious philosophy, Washington D.C. 1951, Reprint 1981.
- J.B. Lotz SJ, Das Urteil und das Sein. Eine Grundlegung der Metaphysik, Pullach 1957.
- E. Coreth, Metaphysik, Innsbruck 1961.
- Ulrich Mann, Einführung in die Religionsphilosophie, Darmstadt 1970.

en (1969), Muck (1983), Beck (1986), Schmuck (1987) und Wuchterl (1989), unerheblich ist seine Erwähnung innerhalb einer größeren Gruppe bei Dupré (1985). Eine gewisse Rezeption Hessens in der Gegenwart weisen Kremer (1980) und Schmitz (1984) auf, ohne daß allerdings von einer tieferen Beschäftigung mit ihm die Rede sein könnte[5]. Daß Hessen in moderneren Philosophen-Lexika nicht mehr auftaucht (Huismann 1984, Metzler Philosophen Lexikon 1989)[6], ist weniger nachteilig als sein Verschwinden aus den Kirchengeschichtsdarstellungen, resp. die Weigerung, ihn in solche überhaupt aufzunehmen. Die Nichtbeachtung durch Eduard Hegel in dessen sonst vorzüglicher Darstellung der Geschichte des Erzbistums Köln im 19. und 20. Jahrhundert (1987) verwundert, nicht jedoch, daß Scheffczyk ihn im

- Wilhelm Weischedel, Der Gott der Philosophen. Grundlegung einer philosophischen Theologie, 2 Bde., Darmstadt 1972.
- Josef Schmucker, Die positiven Ansätze Kants zur Lösung des philosophischen Gottesproblems. In: K. Krenn (Hrsg.), Die wirkliche Wirklichkeit Gottes, München/Paderborn 1974, 61-76.
- Helmut Ogiermann, Sein zu Gott. Die philosophische Gottesfrage, München/Salzburg 1974.
- Germain Grisez, Beyond the new Theism. A Philosophy of Religion, Notre Dame/London 1975.
- Bernhard Welte, Religionsphilosophie, Freiburg 1978.
- Hermann Schrödter, Analytische Religionsphilosophie, Freiburg/München 1979.
- Richard Schaeffer, Die Wechselbeziehungen zwischen Philosophie und katholischer Theologie, Darmstadt 1980.
- Hubertus G. Hubbeling, Einführung in die Religionsphilosophie, Göttingen 1981.
- Béla Weissmahr, Philosophische Gotteslehre, Stuttgart u.a.O. 1983.
- Joseph Möller (Hrsg.), Der Streit um den Gott der Philosophen, Düsseldorf 1985.
- Alois Halder/Klaus Kienzler/Joseph Möller (Hrsg.), Religionsphilosophie heute. Chancen und Bedeutung in Philosophie und Theologie, Düsseldorf 1988.
- Franz von Kutschera, Vernunft und Glaube, Berlin/New York 1990.
- Frido Ricken (Hrsg.), Klassische Gottesbeweise in der Sicht der gegenwärtigen Logik und Wissenschaftstheorie, Stuttgart u.a.O. 1991.
[5] - Julius Seiler, Das Dasein Gottes als Denkaufgabe. Darlegung und Bewertung der Gottesbeweise, Luzern/Stuttgart 1965.
- Q. Huonder, Die Gottesbeweise. Geschichte und Schicksal, Stuttgart/Berlin 1968.
- Hansjürgen Verweyen, Ontologische Voraussetzungen des Glaubensaktes, Düsseldorf 1969.
- Klaus Kremer (Hrsg.), Metaphysik und Theologie, Leiden 1980 (Einleitung dess. 1-11).
- Otto Muck SJ, Philosophische Gotteslehre, Düsseldorf 1983.
- Joseph Schmitz, Religionsphilosophie, Düsseldorf 1984.
- Wilhelm Dupré, Einführung in die Religionsphilosophie, Stuttgart/Berlin 1985.
- Heinrich Beck, Natürliche Theologie. Grundriß philosophischer Gotteserkenntnis, München/Salzburg 1986.
- Josef Schmuck, Homo religiosus. Die religiöse Frage in der Wissenssoziologie Max Schelers, München 1987.
- Kurt Wuchterl, Analyse und Kritik der religiösen Vernunft, Bern/Stuttgart 1989 (erwähnt die Religionsphilosophie Hessens von 1948 knapp).
[6] Denis Huismann (Ed.), Dictionnaire des philosophes, vol. A-J, Paris 1984. - Metzler Philosophen Lexikon, bearbeitet von Bernd Lutz, Stuttgart 1989.

maßgeblichen Handbuch der Kirchengeschichte, Bd. VII (1979) ignorierte, denn das Bild, das er dort von der Theologiegeschichte der Zeit von 1870 bis 1963 gibt, ist so ziemlich das einseitigste, das ein integralistischer Autor der Gegenwart glaubte, sich leisten zu dürfen.[7] Scheffczyks Darstellung ist auch deshalb geradezu unbegreiflich, weil ihm in dem Werk des ebenfalls intransigenten Theologen Adolf Kolping (1964) ein zwar auch parteiliches, aber überaus kenntnisreiches und belehrendes Werk als Vorbild vor Augen gestanden haben muß, in dem Hessen verschiedentlich behandelt wird. Auch in der Habilitationsschrift von Jörg Splett (1971) wird Hessen ausführlich, wenn auch ohne historische Tiefenschärfe behandelt.[8]

Oft trägt die Nichterwähnung Hessens Züge des Faktiösen, so etwa in dem Sammelband (hrsg. von Paul Wolff), der für den "Katholischen Akademiker-Verband" 1949 "Zeugnis dafür sein" sollte, "daß auch in der Zeit zwischen den beiden Kriegen, vor allem in den dunklen vergangenen zwölf Jahren christliche Philosophie in Deutschland bestanden hat"[9]. Daß in diesem Band, in den auch sehr zweitrangige Köpfe aufgenommen wurden, Hessen nicht in Erscheinung treten durfte, kommt allerdings einer Selbstenthüllung der Parteilichkeit des Herausgebers gleich.

Diese vielleicht dem Leser hier noch nicht voll nachvollziehbare Klage über die Vergessenheit Hessens soll von vornherein den Blick auf die Tatsache richten, die im Laufe der näheren Beschäftigung mit ihm nicht mehr

---

[7] Hegel, Erzbistum Köln. - Leo Scheffczyk, Grundzüge der Entwicklung der Theologie zwischen dem Ersten Weltkrieg und dem Zweiten Vatikanischen Konzil. In: Handbuch der Kirchengeschichte, Bd. VII.: Die Weltkirche im 20. Jahrhundert, hrsg. von H. Jedin und K. Repgen, Freiburg 1979, 263-301. Hier wird Hessen eher irreführend S. 266 erwähnt. Die dogmengeschichtlichen Grundbegriffe des Verf. sind unzureichend, vorhistorisch und gehen über das Konzept eines "immer tieferen Verständnisses" nicht hinaus. Es ist schwer begreiflich, wie das angesehene Jedin'sche Handbuch dieses wichtige Thema derart ungenügend behandeln konnte. - Auch das ganz anders geartete, sehr informative Buch von M. Schoof (1969) nimmt von Hessen keine Notiz, obwohl dies im Kapitel 4 ("Deutschland in Bewegung") sicher nötig gewesen wäre.
[8] Adolf Kolping, Katholische Theologie gestern und heute. Thematik und Entfaltung deutscher katholischer Theologie vom I. Vaticanum bis zur Gegenwart, Bremen 1964. Hier zu Hessen: S. 383f. (Bibl.); 67f., 94, 157. - Jörg Splett, Die Rede vom Heiligen. Über ein religionsphilosophisches Grundwort, Freiburg/München 1971. Aus dem Vorwort ist wohl zu entnehmen, daß der Autor Jesuit ist. Er widmet Hessen ein eigenes Kapitel (S. 79-95) und bewertet ihn in seiner eigenen Stellungnahme relativ glimpflich (225-232). In engem Anschluß an K. Rahner und K. Hemmerle lehnt er die Auffassungen H.s letztendlich ab. Daran ist hier nur das auszusetzen, daß er beim weniger genau unterrichteten Leser den Anschein einer völligen Unbefangenheit erweckt, indem er die jahrzehntelange Bekämpfung H.s durch die Jesuiten, nicht zuletzt durch Karl Rahner, gänzlich unerwähnt läßt. Da Splett, wie aus dem Vorwort zu erfahren ist, längere Zeit Rahners Assistent gewesen ist, hätte er diese Zusammenhänge offenlegen müssen.
[9] P. Wolff, Vorwort.

vergessen werden darf: Rezeption, Anerkennung, Verbreitung und Neuauflagen, Ehrung des Autors als "berühmt" oder "bahnbrechend" hingen im Bereich der katholischen Religionsphilosophie nicht von dem immanenten gedanklichen Wert einer veröffentlichten Leistung ab. Ausschlaggebend war vielmehr das komplizierte Wechselspiel zwischen den verschiedenen Instanzen des sog. "Kirchlichen Lehramts", personifiziert in Deutschland von den bischöflichen Bücherzensoren und den "maßgeblichen" Zeitschriftenherausgebern und Rezensenten einerseits[10], und den Verlegern, den Fakultäten, die über die Berufung auf einen Lehrstuhl mit Zustimmung des Bischofs entschieden und schließlich auch der allgemeinen öffentlichen Meinung, d.h. den Tageszeitungen oder Zeitschriften andererseits.[11] Die Vergessenheit Hessens war, kurz gesagt, eine Folge seiner innerkirchlichen Marginalisierung, der ja ein Hauptteil dieses Buches gewidmet ist, und hat nichts mit der Qualität seiner Gedankenarbeit an sich zu tun. Den Wert des Denkers Hessen zu beurteilen, muß ich letztlich den Fachphilosophen überlassen; der Gesichtspunkt, unter dem das Leben des Kölner Philosophen hier behandelt wird, ist ein historischer: die Kämpfe eines unabhängigen Kopfes im Zeitalter der Ideologien zu dokumentieren.

Nicht geleugnet werden soll aber auch, daß die "Wertphilosophie"[12] selbst für lange Zeit in allgemeinen Mißkredit kam und in der dreifachen Frontlinie Existentialismus - Neomarxismus - analytische Philosophie sozusagen einer Totaldestruktion unterlag. Die Wertphilosophie, von ca. 1900 bis ca. 1930 eine in Deutschland führende Denkrichtung, wurde danach derart verdrängt und verachtet, daß dies bis zum heutigen Tage nachwirkt.[13] Die

---

[10] Vgl. Hasenhüttl/Nolte; Weber, Kirchengeschichte.
[11] Vgl. G. Karpp, Die Theologische Literaturzeitung. Entstehung und Geschichte einer Rezensionszeitschrift (1876-1975), Köln/Greven 1978. (Wichtiger Einstieg in die bis dato unerforschte Welt der «Rezensionsorgane»). - Hermann Josef Sieben SJ, Ein halbes Jahrhundert katholischer Dogmengeschichtsschreibung im Urteil der «Theologischen Literaturzeitung» (1876-1930). In: Dogmengeschichte und katholische Theologie, 275-302. Sieben beschwert sich in diesem Aufsatz darüber, daß protestantische Rezensenten katholische Bücher oft nicht positiv würdigten. Das stimmt. Eindruck würde aber erst eine Studie machen, in der gleichzeitig auch die Bewertung protestantischer Autoren in der «Theologischen Revue» (Münster) untersucht würde.
[12] Vgl. Richard Wisser, Wertwirklichkeit und Sinnverständnis. In: Sinn und Sein. Ein philosophisches Symposion, hrsg. von R. Wisser (= Festschrift Fritz-Joachim v. Rintelen), Tübingen 1960, 611-708 (umfassende Darstellung der Wertproblematik). - Kurt Brüderlin, Zur Phänomenologie des Werterlebens, Winterthur 1962.
[13] Das starke Zurücktreten der Wertphilosophie ist z.B. ablesbar an dem für Studienzwecke verfaßten Werk von Coreth/Ehlen/Haeffner/Ricken (1986), in dem die Gewichte radikal zugunsten des Neomarxismus und der analytischen sowie Sprachphilosophie verschoben sind. Um den Diskussionsstand um 1920/30 zu erfassen, kann man

Art und Weise, wie die heute vielleicht am meisten gelesene Philosophiegeschichte Deutschlands im 19. und 20. Jahrhundert, diejenige Herbert Schnädelbachs, den gesamten Bereich der Wertphilosophie auf den Abfallhaufen der Geschichte wirft, ist schwer begreiflich. Auf eine lange und nicht völlig ablehnende Erörterung von Christian Hermann Weiße, Lotze, Eucken und Windelband, folgt ein überraschender Schluß: in seiner Bilanz zieht sich Schnädelbach einfach auf die bekannte, aber doch höchst problematische These Max Webers zurück, daß die Wissenschaft nicht über Werte entscheiden könne.

Die These, daß es bei den Werten nur "Polytheismus" geben könne, gefällt dem Frankfurter Philosophen offenbar ungemein. Sucht man dann seine Begründung für die völlige Unmöglichkeit einer Wertphilosophie, wird man mit einem Witz Heideggers aus dem Jahre 1935 abgespeist.[14] Gewiß sieht Schnädelbach recht deutlich, daß die "Werte" eine prekäre Lage zwischen Sein und Sollen einnehmen, daß es immer schwierig (nach Hessen: unmöglich) ist, aus dem Sein einer Sache eine Norm abzuleiten[15], daß es die Werte nicht gibt im Sinne einer Sache - das alles wußten die Wertphilosophen ja auch.[16] Schnädelbach steht für viele, die an der philosophischen Möglichkeit einer Wertewelt zweifeln, oder sie am liebsten

---

folgende Arbeiten gut benutzen: August Messer, Deutsche Wertphilosophie der Gegenwart, Leipzig 1926 (zu Scheler, Rickert, Münsterberg, Stern). - Fritz-Joachim von Rintelen, Die Bedeutung des philosophischen Wertproblems. In: Philosophia Perennis. Festgabe Josef Geyser zum 60. Geburtstag, Bd. II, Regensburg 1930, 927-71 (wertvoll für die Auseinandersetzung mit Heidegger).
[14] Herbert Schnädelbach, Philosophie in Deutschland 1831-1933 (= Suhrkamp TB Wissenschaft 401), Frankfurt/M. 1983. Hier 198-231 zur Wertphilosophie. Das vernichtende Schlußurteil ebd. 229-31; zu Lotze 206-18, zu Windelband usw. 219-25, zu Scheler und Hartmann 225-29. Die Verhöhnung der Wertphilosophie durch Heidegger ist aus dessen Einführung in die Metaphysik, Tübingen ³1966, 151f. (zuerst 1935!). Übrigens muß gerade zum Schlußresümee Schnädelbachs gesagt werden, daß Hessen "die aussichtslose Lage der Werte zwischen dem Ontologischen und dem Deontologischen" (230) stets als Thema gesehen und behandelt hat. Sein "Wert" "ruht" gerade nicht auf einem "Sein" wie eine Eigenschaft auf einer Sache.
[15] Daß die reine Tatsächlichkeit der Dinge keine Moral begründet, ist inzwischen zum Gemeinplatz geworden. Vgl. für viele den Ausspruch: "In der Natur ist keine Moral" von Hubertus Markl, Die gebrannten Kinder des Fortschritts. Über den Unterschied von Evolution und Fortschritt. In: Frankfurter Allgemeine Zeitung, Nr. 5 vom 7.1.1992, S. 22. Aber dies war auch für Hessen schon eine Selbstverständlichkeit.
[16] Vgl. Anm. 14. Hessens Aufsatzsammlung «Im Ringen um eine zeitnahe Philosophie» (Nürnberg 1949) enthält mehrere spätere Stellungnahmen zum Problem der Wertphilosophie. - Zur heutigen Situation vgl. Lutz Geldsetzer, Metaphysische Tendenzen der philosophischen Entwicklung seit 1945. In: Die sogenannten Geisteswissenschaften: Innenansichten, hrsg. von Wolfgang Prinz und Peter Weingart, (= Suhrkamp TB Wissenschaft 854) Frankfurt/M. 1990, 419-47 (sehr informativer Überblick).

für a priori unmöglich erklären. Mit solchen Lösungen ist aber das ethische Problem als ein völlig konkretes, ja alltäglich-brennendes nicht aus der Welt geschafft, und so macht das schneidig-spöttische, höchst abfällige Resümee Schnädelbachs doch einen peinlichen Eindruck.

So finden wir, daß Hessen in Deutschland im Grunde stets zwischen den Fronten stand. Manchen kantianischen Philosophen, oder besser, den deutschen nationalen Protestanten war er immer noch viel zu katholisch, ja man hielt ihn hier manchmal sogar für einen Scholastiker; die Hierarchie aber machte erst ein Jahr vor seinem Tode ihren Frieden mit ihm - anscheinend unter Druck der wenigen Freunde Hessens - indem sie den 81jährigen mit einem sinnlosen Prälatentitel zierte[17], und auf die Feindseligkeit seiner "Kollegen" von der Philosophischen Fakultät der Universität zu Köln in den Jahren nach 1945 wird noch ein wenig einzugehen sein.

Daher verwundert es nicht, wenn der einzige Nachruf auf Hessen, der diese Bezeichnung verdient, im Ausland erschien: es war eine von wirklichem Bedauern und hoher Anerkennung getragene Würdigung des spanischen Augustinforschers Ramiro Flórez.[18] Von erheblichem Einfluß war Hessens Denken in den theologisch-philosophischen Fakultäten von Krakau und Lublin, wo einige Professoren den Personalismus und die Wertphilosophie Hessens außerordentlich schätzten.[19] Auch in Frankreich verbreitete Maurice Nédoncelle im Todesjahre Hessens dessen Religionsauffassung in einer empfehlenden Form.[20] In Löwen hatte man schon seit langem seine Studien zwar nicht ohne Kritik, aber doch mit Anerkennung verfolgt.[21] Selbst Italien nahm 1968 mit seinem maßgeblichen katholischen Lexikon für Philosophie

---

[17] Vgl. hier Anm. 27.
[18] Ramiro Flórez, Noticia apresurada. - En la muerte de Johannes Hessen. In: Estudio Agostiniano 6(1971) 482-492.
[19] Alfons Nossol, Die ethischen Voraussetzungen der Gotteserkenntnis. Poln. mit deutschem Resümee. In: Collectanea Theologica, Societatis Theologorum Poloniae cura edita, 40(1970), fasz. IV, 19-32. - Hubert Mynarek, Filozofia prezycia religignego w ujeciu Jana Hessena. In: Collectanea Theologica 28(1957) 119-97. Vgl. Nr. 663, sowie die Memoiren Mynareks, Zwischen Gott und Genossen, Frankfurt 1981, 135-37, 244-48, 293 zur Präsenz der Hessenschen Religionsphilosophie im polnischen Katholizismus.
[20] Maurice Nédoncelle, Philosophie de la religion. In: Raymond Klibansky (Ed.), La philosophie au milieu du vingtième siècle. Chroniques, vol. III, Firenze 1971. Kraus Reprint 1976, 189-222. Zu Hessen 208f.: "Il essaie de développer à partir d'un mysticisme foncier une mise en ordre des éléments et des formes de la religion, qui est à fois accueillante et souveraine."
[21] Unter den nichtdeutschen Zeitschriften war - von der «Schöneren Zukunft» einmal abgesehen - die «Revue néo-scolastique de Louvain» die einzige, die Hessen oft rezensierte.

zustimmend von ihm Notiz.[22] Übersetzungen von Hessens Werken gab es in sehr großem Umfange in Spanien und Argentinien, in beachtlichem Ausmaße ins Japanische, mehrfach ins Portugiesische, je einmal ins Niederländische und Neugriechische. An den Universitäten Löwen, Krakau, Mailand und Pretoria wurden zu seinen Lebzeiten fünf Dissertationen über ihn angefertigt.[23]

In Deutschland aber gab es anläßlich seines Todes nichts anderes[24] als eine kurze Presseauseinandersetzung zwischen der "Kölnischen Rundschau" und dem Erzbistum Köln. In einem Nachruf "Unbequemer Wahrheitssucher. Zum Tode des Philosophen Prof. Dr. Johannes Hessen" vom 1.9.1971[25] wurde der "streitbare und kritische Geist" des Verstorbenen zu recht hervorgehoben, dann die Falschmeldung verbreitet, Hessen habe als Teilnehmer der Paulskirchenversammlung vom 29.1.1955 gegen das KPD-Verbot Stellung bezogen[26] (tatsächlich richtete sich diese Versammlung gegen den NATO-Beitritt der Bundesrepublik), und schließlich erwähnte die eher konservative Kölner Lokalzeitung, daß 1956 "der DDR-Renomierverlag Koehler & Amelongen (VEB) [...] damals prompt das seinerzeit jüngste Werk des Philosophen «Griechische oder biblische Theologie»" herausbrachte, "-natürlich ohne Imprimatur". Generell, so schloß der an sich nicht schlecht unterrichtete Berichterstatter seinen Nachruf ab, habe "die Kirche" seinen Schriften "das Imprimatur verweigert". Mit Ausnahme des Lapsus, der aus Hessen quasi einen KPD-Anhänger machte, war der Nachruf schon korrekt. Aber er veranlaßte den Pressereferenten des Erzbistums Köln zu einem Leserbrief, der in seiner völligen Verfälschung eines langen, schweren Lebenslaufes das Absurde streift: "Aus welcher Quelle Ihr Mitarbeiter

---

22 C. Testore in: EF 3, 563. Ebenfalls relativ ausführlich zu Hessen: Dizionario dei filosofi del Novecento, Leo Olschki Ed. 1985, 320.
23 Die Rolle der Werte im Leben, 140. Die dort angegebene Übersetzung des «Kausalprinzips» von 1928 ins Englische 1958 konnte nicht verifiziert werden, ebensowenig die beiden dort erwähnten polnischen Übersetzungen. Dafür sind die ebd. gemachten Angaben in anderer Richtung zu bescheiden. Vgl. hier Kap. 9 (Schlußüberlegungen). Die über Hessen angefertigten Dissertationen bei Ziegenfuß, I, 525; vgl. hier Nr. 285, 302, 389, 616, 660, 663, 686. Nicht alle konnte der Herausgeber verifizieren.
24 Zuletzt hatte es noch die unerfreuliche Äußerung von Nikolaus Greitemann in der Zeitschrift «Wort und Wahrheit», Oktober 1956, 801-3 gegeben, hier Nr. 604, sowie Hessens letzte Polemik mit einem Jesuiten, hier Nr. 626. Für Greitemann war Hessen dadurch bereits disqualifiziert, daß er bei Protestanten wie Kurt Leese und Hans Looff gelobt worden war.
25 P.B., Unbequemer Wahrheitssucher. Zum Tode des Philosophen Professor Dr. Johannes Hessen. In: Kölnische Rundschau, Nr. 202 vom 1.9.1971, S. 12.
26 Siehe hier Einleitung Kapitel 8, sowie Dok. 105.

erfahren haben will, daß Johannes Hessen (richtiger: seinen Verlegern) das Imprimatur für seine Bücher verweigert worden war, bleibt unerfindlich. Es ist kein derartiger Fall bekannt, abgesehen davon, daß für den größten Teil der Bücher Hessens von ihrer Thematik her kein Imprimatur eingeholt zu werden brauchte. Wilhelm Mogge Presseamt des Erzbistums Köln".[27]

Erst später wird dem Leser die Abwegigkeit auch des letzten Absatzes, der nachweislich falsch ist, in ihrer ganzen Krassheit deutlich werden. Hessen hat vom Sommersemester 1921 bis zum Sommersemester 1969 in insgesamt 88 Semestern (die Entfernung von der Universität von 1940 bis 1945 ist dabei berücksichtigt) in Köln öffentlich Philosophie gelehrt, darunter stets mit einer Vorlesung, die für weitere Hörerkreise bestimmt war. Daß nunmehr das Ende dieses Lebens in der Domstadt mit einer derartigen Entstellung seitens des Erzbistums besiegelt wurde, zeigt mindestens eines: Hier ist die Rede von einem Denker, der nicht nur die begeisterte Zustimmung einzelner Menschen, sondern auch den unversöhnlichen Haß der Institutionen auf sich zu ziehen wußte. So wundert es den Kenner auch nicht wirklich, daß in dem umfassen-

---

[27] Leserbrief Mogges in: Kölnische Rundschau, Nr. 211 vom 11.9.1971, S. 12. In derselben Nummer erschien ein Leserbrief der Studienrätin Elisabeth Freisem - die offenbar Hessens Kreis angehört hatte -, in dem die Richtigkeit des Nachrufs ausdrücklich bestätigt wurde: "Es ist das Beste und Treffendste, was jemals über ihn gesagt worden ist." Dieselbe Studienrätin schrieb am 8.2.1972 einen Brief an Mogge, in dem sie nochmals auf ihre beiden Leserbriefe zurückkam: "Die Verleihung der Würde eines Prälaten wurde erst 1 Jahr vor seinem Tode ausgesprochen und nur auf die heftigste Kritik namhafter Persönlichkeiten, die an seinem 80. Geburtstag energische Forderungen an die Kirche stellten. Die kirchl. Behörden haben Prof. Hessen wahrlich sein Leben schwer gemacht!" Bei der Beerdigung habe Prälat Dr. iur. can. Jakob Schlafke (geb. 1912, Priester 1938) erwähnt, die kirchlichen Oberen hätten ihm, der eine Dissertation bei Hessen angefangen habe, nahegelegt, nicht bei ihm zu promovieren. Konzept in: NL Hessen, fasz. 60. - Eine Geste mit einem gewissen demonstrativen Charakter war das Erscheinen von Kard. Frings auf der Feier zum 80. Geburtstag H.s am 14.9.1969, welche von dem «Nicolaus-von-Cues-Institut» ausgerichtet wurde. Josef Pieper hielt die Festrede. Vgl. «Mann des Fortschritts. Festakademie für Professor Johannes Hessen», in: Kölnische Rundschau vom 17.9.1969. - Zu H.s Ernennung zum päpstl. Ehrenprälaten aus Anlaß seines 80. Geburtstages erfahren wir aus einem Brief des "Baudirektors und Hochschullehrers" Rudolph (offenbar des Mäzens des "Nikolaus-von-Cues-Instituts") an Mogge vom 4.1.1971, in dem er sich gleichfalls über dessen Leserbrief beschwerte; NL Hessen, fasz. 60 (Kopie). Rudolph schildert zuerst, daß Frings seine Zustimmung verweigerte, als er bei Hessen promovieren wollte (das Nähere bleibt unbekannt). Dann berichtet er, daß er die "Festakademie" veranstaltet habe, und auch bei Kard. Frings vorstellig geworden sei, um die Prälatur für Hessen zu erwirken. "Zelebriert er denn noch?", habe ihn der Kardinal daraufhin gefragt, was Rudolph bejahen konnte. Darauf habe Frings den damals gerade in Rom befindlichen Bischof Höffner veranlaßt, den Titel zu beantragen. Die Auszeichnung "traf einige Wochen später ein", wurde aber "aus unerfindlichen Gründen in den Tageszeitungen nicht veröffentlicht". Die Ernennung zum "Prelato d'onore di S.Santità" erfolgte am 26.9.1969; Annuario Pontificio per l'anno 1971, Città del Vaticano 1971, 1631.

den dreibändigen Nachschlagewerk "Christliche Philosophie im katholischen Denken des 19. und 20. Jahrhunderts", das unter Leitung der Innsbrucker Theologischen Fakultät 1990 herausgebracht wurde[28], zwar viele Gegner Hessens und eine große Palette katholischer Philosophen auch nichtorthodoxer Prägung eingehend behandelt werden, der Jesuiten-Kontrahent Hessen aber von der Betrachtung ausgeschlossen wurde. Das Gedächtnis weltanschaulicher Parteien ist eben sehr lange.

b. Quellen und Literatur zu Hessens Leben

So bleiben neben knappen Würdigungen zu seinen späteren Geburtstagen und einigen wenigen Lexikon-Artikeln[29] nur die Memoiren Hessens als literarische Quelle für sein Leben. Dieses Werk aber, das den Titel "Geistige Kämpfe der Zeit im Spiegel eines Lebens" (1959) trägt, ist keine vollständige Autobiographie, sondern eher ein problemgeschichtlich orientierter Bericht über die grundsätzlichen, philosophisch-theologischen Konflikte und Entwicklungen, in die sich Hessen gestellt sah. Die trotz gelegentlicher Kritik an Personen im allgemeinen objektiv gehaltene Erzählung ist ganz auf den Entstehungszusammenhang seiner Werke ausgerichtet. Von den zahlreichen Einzelkonflikten erwähnt er nur einen kleinen Teil, so etwa nur eine einzige der vielen "Imprimatur"-Streitigkeiten, die er durchmachen mußte[30]. Viele wissenschaftliche Kontroversen und literarische Gegner werden dem Leser vorenthalten, aber auch der menschlich-persönliche Sektor bleibt ausgespart.

---

28 H.M. Schmidinger. Außergewöhnlich stark vertreten sind im 3. Band dieses großen, sehr nützlichen und inhaltsreichen Werkes die thomistischen Existentialisten und Angehörigen der Maréchal-Schule. Auffallend ist nicht nur der Wegfall Hessens, sondern auch anderer kritischer Philosophiehistoriker, wie die später hier zu erwähnenden Josef Santeler SJ und Albert Mitterer. Daß katholische Philosophen, die sich von der Kirche abwendeten, wie A. Messer und J.M. Verweyen, nicht berücksichtigt werden, mag man akzeptieren. Aber daß die Auswahl die engere Schulrichtung der Rahner/Lotz-Schule bevorzugt, läßt doch allzuviel unter den Tisch fallen. Instruktiv dennoch die Einleitung: H.M. Schmidinger, Der Streit um die christliche Philosophie in seinem Zusammenhang, 23-48. - Nicht von einem Fachmann, aber doch heranzuziehen ist die Würdigung Hessens bei: Hans Drexler, Begegnungen mit der Wertethik, Göttingen 1978, 29-62 (die ausführlichste neuere Befassung).
29 Ziegenfuß, I, 525; C. Flaskamp (Nr. 237). - Anm. 1. - Peter Wilhelm N. Roth, Leben und Werk Johannes Hessens. In: Die Rolle der Werte im Leben. Festschrift für Johannes Hessen zu seinem 80. Geburtstag, hrsg. von Cornel Bock, Köln 1969, 7-10. - Matthias Laros, Ein spannungsreiches Priesterleben (1959, hier Nr. 645). - H. Fries in: Härle/Wagner, 110.
30 J.H., Geistige Kämpfe, 255-59.

So findet sich beispielsweise nichts Näheres über die finanziellen Verhältnisse Hessens. War er wirklich so besitzlos, wie es den Anschein hat? Informationen über seine Freunde und Bekannten sind ebenfalls selten und betreffen eigentlich nur solche, die zur Zeit der Abfassung der Erinnerungen bereits verstorben waren. Auch die Darstellung der - maßgeblichen - Beteiligung Hessens und seines Studienfreundes Dr. Oskar Schroeder an dem Reformkreis niederrheinischer Priester bietet nichts konkret Greifbares.[31] 1959, als das Buch erschien, war die Ära Pius' XII. gerade erst zu Ende gegangen. Diese Memoiren sind also noch in einer kirchenpolitischen Ära geschrieben worden, in der das Hl. Offizium nach wie vor mit allem Nachdruck das Wiederaufsprießen des Modernismus zu verhindern suchte[32], unterstützt nicht zuletzt von deutschen Integralisten, die, auch in den westlichsten Diözesen Deutschlands, mit inquisitorischen Mitteln dasselbe Ziel verfolgten.[33] Hessen wußte, daß er unter Beobachtung stand, daß jeder seiner Schritte zur Kenntnis genommen wurde - von kirchlicher und staatlicher Seite übrigens, wie noch zu zeigen sein wird. Er war ein "Suspect" in jeder nur denkbaren Beziehung, und seine Memoiren verraten die Sorge, nur ja nicht seine Freunde zu kompromittieren.

Diesen Umstand verdeutlicht auch die Lektüre von Hessens Nachlaß im Archiv der Universität zu Köln.[34] Unter den 64 Mappen befindet sich tatsäch-

---

[31] Ebd. 110-35. Vgl. dagegen die relativ weitergehende Darstellung bei O. Schroeder, 473-94. Obwohl dem Herausgeber zu diesem Reformkreis viel Material zur Verfügung steht, kann dieses große Thema hier nicht behandelt werden. Zuletzt dazu: A. Brecher, 72-74.
[32] Zur Enzyklika «Humani generis» (1950) vgl. hier Kapitel 7. Zu verschärfter Inquisition rief 1950 auch Karl Rahner auf; vgl. dessen: Gefahren im heutigen Katholizismus, Einsiedeln 1950, z.B. 68f. Unter den ablehnenden Stellungnahmen gegenüber Hessen ist diejenige von H. Fries von 1949 (Nr. 519) 194-211 die seriöseste. Der Vorwurf, bei Hessen herrsche eine "Unausgeglichenheit" vor (206), trifft in einem gewissen Umfang zu, muß sich allerdings den Einwand gefallen lassen, daß dem damals auf einem neuscholastischen Standpunkt stehenden Verf. das Hessensche System möglicherweise als zu "einheitlich" erschien, was es in Wirklichkeit gar nicht war. Die dahinterstehende Frage - wie einheitlich können Philosophien sein, und sind sie nicht etwa immer verzweifelte Versuche, das "Chaos" zu bändigen? - kann hier nicht erörtert werden.
[33] O. Schroeder, 491-99; A. Brecher, 72-91. Einer der damaligen Vorkämpfer der Orthodoxie war der Aachener Kanonist Heribert Schauf (1910-1988), der z.B. noch im Jahre 1968 versuchte, den Neudruck des Werks «Der mündige Christ» von J. Thomé zu behindern; Brecher, 104f. zu Schauf vgl. H. Hammans/H.-J. Reudenbach/H. Sonnemans (Hrsg.), Geist und Kirche. Studien zur Theologie im Umfeld der beiden Vatikanischen Konzilien. Gedenkschrift für Heribert Schauf, Paderborn 1990. In dieser ursprünglich als Festschrift geplanten Sammlung von Aufsätzen kommt naheliegenderweise die Tätigkeit Schaufs als Ketzerjäger - der er zweifellos war - nicht zur Sprache.
[34] Der Nachlaß Hessen im Universitätsarchiv Köln besteht aus 64 Faszikeln, meist Archivtüten, in denen das sehr heterogene Material verwahrt wird. Die eigentliche

lich erstrangiges historisches Material. Es fällt jedoch auf, daß eine Gattung von Dokumenten fast vollständig fehlt: Briefe deutscher Gesprächspartner, von denen nur einige wenige in größeren Faszikeln verstreut sind, die selbst von ihrer Anlage her keine Korrespondenzen enthalten. Ihre beinahe restlose Eliminierung kann aber kein Zufall sein. Es gibt nicht wenige Briefe ausländischer Korrespondenten, z.B. aus Polen und Südafrika, aus den USA und aus Argentinien[35] - aber die Briefe der deutschen Modernisten seiner Zeit fehlen ebenso wie eine etwaige Familienkorrespondenz oder wissenschaftliche Briefe an philosophische Berufskollegen. Hessen muß selbst dafür Sorge getragen haben, daß sie vernichtet wurden, denn er hatte ja Erfahrung genug gesammelt mit Situationen, in denen bei ihm auffindbare Briefe für andere bedrohlich werden konnten. Hatte doch schon im Frühjahr 1933 eine Hausdurchsuchung bei ihm stattgefunden[36], und er selbst seit etwa 1940 in einem Zustand der Sorge vor einer Inhaftierung gelebt.[37] Aber auch danach wird Hessen daran gedacht haben, daß nicht alles, was er an Schriftlichem besaß, in seinem Todesfalle etwa an das Erzbistum Köln fallen dürfe, und aus dieser Situation heraus ist die gezielte Lückenhaftigkeit seines Nachlasses sehr wohl verständlich. Der Grund, weshalb er seine beiden Mappen "Schwierigkeiten mit den kirchlichen Behörden"[38] nicht beseitigte, ist ebenfalls einsichtig: deren Inhalt kam ohnehin von kirchlichen Amtsstellen und konnte daher niemandem mehr schaden, wenn er wieder an diese zurückfiel. In seine Erinnerungen aber ist, wie erwähnt, von den dort dokumentierten Vorgängen kaum etwas eingegangen.

Nach den Memoiren Hessens ist auf die Behandlung seiner NS-Verfolgungen durch Frank Golczewski hinzuweisen. Er widmet Hessens Wiedergutmachungsfall, mithin auch seiner Entfernung von der Universität Köln acht Druckseiten, die auf den diversen dortigen Amtsakten, nicht aber auf dem Nachlaß selbst, zu dem er noch keinen Zugang hatte, beruhen.[39] Trotz einer Anzahl von Versehen ist die Darstellung der häßlichen Wiedergutmachungsaffäre, die erst 1954 mit einem Minimum an Zugeständnissen seitens der Behörden abgeschlossen wurde, im wesentlichen richtig und von Unvoreinge-

---

Archisvsignatur lautet "Zug. 51", aber für die bessere Verständlichkeit wird hier die Form "NL Hessen" benutzt.
[35] Vgl. dazu den Abschnitt 9 (Schlußüberlegungen).
[36] J.H., Geistige Kämpfe, 137.
[37] Ebd.
[38] NL Hessen, fasz. 49 und 50.
[39] F. Golczewski, 410-18.

nommenheit und dem Willen zu historischer Gerechtigkeit getragen. Golczewski ist somit der erste, der Hessen überhaupt im eigentlichen Sinne wissenschaftlich behandelte.[40]

Leider hat Golczewski aber auch die Memoiren Hessens nicht zur Kenntnis genommen, so daß ihm verborgen blieb, daß Hessens Bücher seit 1937 von den NS-Stellen vernichtet wurden. Seine Behauptung, "daß Hessen - von seiner Lehrtätigkeit abgesehen - weniger Schwierigkeiten als andere Verfolgte hatte"[41], hätte er nicht aufgestellt, wenn er von den Büchervernichtungen gewußt hätte, denn er begründet das Mindermaß an Schwierigkeiten gerade damit, daß Hessen ja noch 1940 und 1941 habe Bücher veröffentlichen können. Auch muß schon jetzt Golczewskis Angabe korrigiert werden, es sei Hessen bei seinem erbitterten Kampf um Wiedergutmachung um den "Status" an der Universität, letztlich also um die Umwandlung des apl. Professoren-Titels in den eines a.o. Professors gegangen, also um eine akademische Prestigefrage der kümmerlichsten Art.[42] Nein, Hessen mußte um jeden Preis diese Statusänderung ereichen, wenn er eine Pensionsberechtigung erwerben wollte - der Wunsch eines 63jährigen, der wohl nachvollziehbar sein dürfte. So dankbar wir Golczewski für sein wertvolles und quellennahes Werk sein müssen, - das möglichst vielen deutschen Universitäten dringend als Vorbild empfohlen sei! - so wenig ist damit die Rolle Hessens im «Dritten Reich» und in der jungen Bundesrepublik erschöpfend behandelt.

Über Hessens Aktivität als öffentlicher Gegner der Wiederbewaffnungs- und Atomrüstungspolitik unterrichtet das merkwürdige, jedoch sachliche und materialreiche Buch, das der damalige kommunistische Agitator (oder Verfassungsschutzagent?) Werner Sticken 1959 unter einem Pseudonym[43] veröffentlichte. Dieser fungierte seinerzeit als rechte Hand des in Düsseldorf als Verleger tätigen Kommunisten Johann Fladung, der auch das

---

[40] Als Versehen kann man folgende Lapsus ansehen: Hessen sei "alles andere als kirchentreu" gewesen (411). - Zwei Bücher seien 1928 auf den «Index» gekommen (ebd.). - Das Wort "Staatskirche" (ebd.) ist nicht recht verständlich. - Die Charakterisierung Hessens durch den Dekan Kauffmann mit "schulmäßiger Enge" (412) bedarf genauerer Interpretation. Vgl. hier Kapitel 5, Abschnitt c. - Beim Kampf um die Wiedergutmachung ging es in erster Linie um die Existenz, dann erst um den "Status" (416). - In der «Kölner Universitätsgeschichte» von B. Heimbüchel/K. Pabst, Bd. II 476 findet sich eine knappe Behandlung Hessens als Kölner Professor.
[41] Golczewski, 414 Anm. 87.
[42] Ebd. 416. Über eine Verschränkung von Hessens Versorgungsansprüchen mit der Frage seines universitären Status vgl. hier Kapitel 6.
[43] Karl Richter.

Amt eines Bundessekretärs des "Demokratischen Kulturbundes Deutschlands" innehatte und die kommunistische Agitation unter den Intellektuellen Westdeutschlands leitete. Ob die Darstellung Stickens, der Hessen letzten Endes doch eher die Rolle eines "Unterzeichners" zuspricht als die eines wirklich Eingeweihten, richtig ist, kann hier leider auch nicht entschieden werden. Erst eine Gesamtdarstellung der linken Kulturszene Deutschlands zwischen 1949 und 1959 und des tatsächlichen Ausmaßes ihrer kommunistischen Infiltration könnte die Rolle Hessens wirklich klären. Immerhin wird durch die hier edierten Dokumente doch ein erstes Licht auf diesen Lebensabschnitt Hessens geworfen.

c. Allgemeines zu den Texten, Dokumenten und Regesten

Unter den gegebenen Bedingungen - dem Vorliegen einer Autobiographie, aber dem Fehlen jeglicher Darstellung der konkreten Konflikte Hessens mit dem kirchlichen "Lehramt", dem nationalsozialistischen Regime, der Kölner Universität sowie der Politik der Bundesregierung in den fünfziger Jahren - erscheint eine Sammlung aussagekräftiger Dokumente als der geeignetste Weg, das Leben dieses Querdenkers und streitbaren Philosophen näher zu beleuchten. Dokumente von großer Aussagekraft fanden sich im Nachlaß Hessens, in den Personalakten der Universität Köln, bei staatlichen Behörden im Landeshauptarchiv Düsseldorf und zuletzt im Historischen Archiv des Erzbistums Köln. Auf dieser Grundlage werden hier sechs Dossiers vorgelegt, die möglichst weitgehend so ediert werden, wie sie seinerzeit angelegt wurden, allerdings in einer Auswahl, die rein behördeninterne Überweisungen und Ausfertigungsvermerke usw. beiseite läßt. In wenigen Ausnahmefällen wurden Einzelstücke aus benachbarten Beständen in die Dossiers zusätzlich aufgenommen. Aber auch nach diesen unvermeidlichen Kürzungen behalten unsere sechs Aktensammlungen ihrer ursprünglichen Charakter. Die wichtigste ist dabei immer noch die private Sammlung Hessens, von der schon die Rede war. Von den übrigen fünf ist eine kirchlicher, die übrigen vier staatlicher Herkunft. Jedes Dossier trägt eine andere Akzentuierung, ein anderes Milieu, ja eine andere Epoche deutscher Geschichte in sich; erst alle zusammen widerspiegeln alle Facetten des öffentlichen Lebens unseres Philosophen.

Im Laufe der Arbeit an den Dokumenten stellte sich aber heraus, daß es nicht genügt, die verschiedenen Verfolgungen Hessens losgelöst vom Denken des Philosophen zu betrachten. So sehr Hessen politisch interessiert und kirchenreformerisch weit vorausplanend tätig war - ganz ohne einen Einblick in sein philosophisches Denken blieben allzuviele Einzelvorgänge unverständlich. Daher wird den unedierten Dokumenten eine Textauswahl aus den Werken Hessens vorangestellt, die auch solchen Lesern, die der akademischen Disziplin "Philosophie" fernstehen, einen Einblick in Hessens Grundgedanken vermitteln und zu den einzelnen Problemen, an denen sich wiederholt Konflikte oder Diskussionen entzündeten, hinführen will. Solche Fragestellungen lauteten z.B.: sind die Gottesbeweise zwingend? Wie wird Religion überhaupt begründet? Was ist Intuition? Was ist von dem Ansatz Kants heute noch gültig? Ist der moderne Idealismus prinzipiell ungläubig? Was bedeutet heute [d.h. 1920] Augustinus? Muß man bei Thomas von Aquin bleiben oder ist er überholt? Wie begründet man Werte? Wie verhält sich Glaube zu Wissen, Religion zu Kirche, Erfahrung zu Dogma? Wer unsere Textauszüge liest, hat, so ist zu hoffen, einen ersten Zugang zu diesem so leicht verständlichen, aber deshalb keineswegs trivialen oder unproblematischen Denker gewonnen. Um den vollen Ton der Hessenschen Schreibweise zum Klingen zu bringen, dürfen auch einige Rezensionen nicht fehlen, die deutlich machen, daß Hessen nicht nur viel einstecken mußte in seinem Leben, sondern daß er auch "auszuteilen" wußte.

Ein besonderes Problem bildet die adäquate Wiedergabe der geistesgeschichtlichen Position Hessens und seiner Diskussionen und Kontroversen in der langen Epoche von 1910 bis 1960. Wie kann man, ohne eine geistesgeschichtliche Totaldarstellung Deutschlands in diesen 50 Jahren geben zu wollen, doch einen Eindruck von der Fülle der Diskussionen rund um Hessen vermitteln? Was hierzu vor allem fehlt, ist eine kritische Geschichte der deutschen Neuscholastik im 20. Jahrhundert[44], die idealerweise Geistesge-

---

[44] Für das 19. Jahrhundert ist die Neuscholastik teilweise genau erforscht; ich nenne nur als bahnbrechende neuere Studie: Luciano Malusa, Neotomismo e intransigentismo cattolico. Il contributo di Giovanni Maria Cornoldi per la rinascita del Tomismo (= Ricerche di filosofia e di storia della filosofia, 3), Milano 1986, 510 S., in der der Durchbruch des Neuthomismus abschließend erforscht wird. Auch die deutsche Neuscholastik des 19. Jahrhunderts ist relativ bekannt; ich verweise kurzerhand auf H.M. Schmidinger, Bd.I und II. - Doch recht subjektiv bleibt: Peter Henrici SJ, Das Heranreifen des Konzils. Erlebte Vorkonzilstheologie. In: Internationale katholische Zeitschrift «Communio» 19(1990) 482-96, hier 486ff. zur "Neuscholastik in Deutschland" (die hier aber massiv verharmlost wird; immerhin gibt H. zu, daß diese Philosophie "einen blutleeren und wirklichkeitsfernen Eindruck" macht; 487). - Bibliographie: Wilh. Totok,

schichte mit politischer, Kirchen- und Gesellschaftsgeschichte verbinden würde. Ein beachtenswertes Modell stellt zweifellos die Geschichte des Neukantianismus von Köhnke dar[45], bei deren Lektüre im übrigen auffällt, wie parallel die Aufstiegs- und Niedergangskurven des Neukantianismus und der Neuscholastik bei allen Unterschieden verlaufen. Aber in der Einleitung zu den Hessen-Dokumenten kann natürlich für die Neuscholastik nicht das nachgeholt werden, was Köhnke in seinem Buch für die gegnerische Schule geleistet hat.

Sollte es nicht nur bei grobflächigen Skizzierungen bleiben, die Gemeinplätze wiederholten, wie bestimmte Äußerungen Wusts und Guardinis über die "Heimkehr der deutschen Katholiken aus dem Exil" oder "das Erwachen der Kirche in den Seelen", mit denen man die Zeit der stärksten Aktualität Hessens zu charakterisieren pflegt[46], dann blieb nur ein Weg: eine Regestensammlung, die in chronologischer Form die hauptsächlichen polemischen, programmatischen Äußerungen rund um Hessen zusammenstellte. Eine bloße Verwertung der betreffenden Dokumente in den Anmerkungen hätte das stürmische Anschwellen der zentralen Diskussion um die umstrittensten Themen im deutschen Katholizismus gerade in den Jahren von etwa 1925 bis 1933 nicht deutlich werden lassen: die Diskussion um den kausalen Gottesbeweis, die praktisch alle vorher geführten Einzelkontroversen brennspiegelartig bündelte.[47] Diese Regesten umfassen die Zeit zwischen dem Studienbeginn Hessens (1910) und dem Erlöschen der Hessen-Kontroversen in den sechziger Jahren. Zugrunde liegt ihnen eine Auswertung der wichtigsten deutschsprachigen theologischen und philosophischen Zeitschriften, zusammen mit einer Einbeziehung des darüberhinaus dem Herausgeber bekannt gewordenen Materials. Die Rezensionen von Hessens Werken sind ja - von den Nachkriegslücken

---

Handbuch der Geschichte der Philosophie, Bd. VI, Frankfurt 1990, 106-09. Die neueste Gesamtinterpretation bietet G. Wieland, der sehr zu Recht die Rolle von Clemens Baeumker als Schlüsselfigur des Überganges zur historischen Deutung der mittelalterlichen Philosophie hervorhebt. Dem Verf. nicht erreichbar (auch nicht über den Verlag) war: Gerald A. McCool SJ, From Unity to Pluralism. The internal Evolution of Thomism, Fordham University Press 1989.
[45] Köhnke, Entstehung und Aufstieg des Neukantianismus (1986). Vgl. bereits die für religionsphilosophische Fragen belangreiche Arbeit von H.-L. Ollig, Der Neukantianismus, Stuttgart 1979.
[46] Die beste Schilderung dieser Stimmung noch bei W. Spael, 195-290, bes. 216ff. - Neuerdings: Schatz, 207ff.
[47] Vgl. dazu die Monographie von R. Laverdière, in der auch die deutschen Bezüge, z.B. Hessen behandelt werden.

abgesehen - in dem bekannten Dietrichschen Sammelwerk und für die Jahre nach 1945 in dem Löwener Répertoire Bibliographique de Philosophie greifbar, eine größere Zahl findet sich auch im Nachlaß Hessens.[48] Aber von den hunderten von Rezensionen konnten hier doch nur die wichtigsten Stimmen berücksichtigt werden, so wie es auch nicht sinnvoll war, alle Besprechungen, die Hessen selbst verfaßt hat, aufzuzählen. Hessen hat zahllose kurze Anzeigen philosophischer Werke und religiöser Bücher besonders für die "Kölnische Volkszeitung" veröffentlicht, die hier ohne Schaden ignoriert werden können. Dafür bietet die Hineinnahme zahlreicher Äußerungen anderer Autoren, besonders seiner Kritiker, die Basis für eine facettenreiche Analyse.

---

[48] Die Rezensionen konzentrieren sich hauptsächlich in den ersten zwei Faszikeln, aber auch in den übrigen Teilen des Nachlasses finden sich noch einige verstreute Exemplare. Wo in den Regesten Rezensionen nur aus dieser Quelle genannt werden, so geschieht dies, weil ihre Verifizierung an anderer Stelle nicht möglich war oder unangemessene Arbeitsgänge erfordert hätte und wird dies stets vermerkt.

2. Hessens philosophischer Standort und seine Hauptwerke

a. Hessens Standort und frühe geistige Entwicklung

In knapper Form hat Johannes Hessen seine philosophische Absicht in der Selbstbeschreibung dargestellt, die er für das Ziegenfußsche Philosophenlexikon verfaßte, und deren kompakte und gleichzeitig zugespitzte Formulierung den Standort seines Arbeitens deutlich kennzeichnet:

"Hessen sieht sich als katholischer Theologe in einem gewissen Gegensatz zu der offiziellen Philosophie und Theologie, sofern er sich im Unterschied von der dogmatisch gebundenen, thomistischen Philosophie um eine voraussetzungslose wissenschaftliche Philosophie bemüht. Er knüpft an die augustinische Richtung der christlichen Philosophie an und will sowohl die Einsichten des Kritizismus, als auch die reinen Erkenntnisse der phänomenologischen Schule zu einer erkenntnis- und werttheoretischen Fundierung der Religion verwerten. Sein innerstes Anliegen gilt der Herausbildung einer religiösen Weltanschauung, wie sie etwa H. Lotze gestaltet hat."[49]

Trotz der gedrängten Fachterminologie werden hier einige Tendenzen deutlich, die - wie die Opposition gegen den kirchenoffiziellen Thomismus - in ein Feld von Verknüpfungen verschiedener, ja disparater Elemente führen, so zum Beispiel Augustinismus und Voraussetzungslosigkeit oder Kritizismus und Phänomenologie. Vertrauen wir vorerst darauf, daß Hessen sich etwas bei diesem Telegramm gedacht hat, und halten wir uns an den letzten Satz, auf den ja alles hinausläuft: es geht ihm um eine "religiöse Weltanschauung" in der Nachfolge Lotzes.

Rudolf Hermann Lotze (1817-1881)[50] war tatsächlich einer seiner Leitsterne. Als weitere sind zu nennen: das alte und neue Testament, beson-

---

[49] Ziegenfuß, I, 525. Die Autorschaft Hessens ist hier nicht ausdrücklich erwähnt, liegt aber bei der Gesamtanlage des Z.schen Werkes, das auf Fragebogen beruht, sehr nahe.
[50] Zu Lotze (1817-1881) vgl. Ernst Wolfgang Orth, Rudolph Hermann Lotze: Das Ganze unseres Welt- und Selbstverständnisses. In: Grundprobleme der großen Philosophen, hrsg. von Josef Speck, Bd. Philosophie der Neuzeit IV, Göttingen 1986, 9-51. - Ziegenfuß, II, 80-87. - George Santanaya, Lotze's System of philosophy, ed. with an introduction and Lotze bibliography by Paul Grimley Kunz, Bloomington/London 1971. - Für unsere Zusammenhänge vgl. auch J.W. Schmidt-Japing, Lotzes Religionsphilosophie (vgl. Nr. 177). - "Lotze war der erste, der der materialistischen Flut einen starken, mit außerordentlicher Kunst gebauten Damm entgegensetzte. An ihn schließt sich direkt oder indirekt die aus schwerer Ohnmacht, in die sie der Zusammenbruch der idealistischen Spekulation geworfen hatte, wiedererwachte Kraft des deutschen philosophischen Genius an"; Wladimir Szylkarski, Adolf Dyroff. In: PhJB 56(1946), 26-46, hier 37f. Die geistige Herkunft Dyroffs von Lotze (auch Deutinger und Braig) verhinderte bei diesem Bonner

ders die prophetischen Texte darin; Augustinus, Windelband, Scheler; Otto, Heiler; die Modernen unter ihnen aber alle mit dem Vorbehalt einer Einordnung in eine philosophia perennis. Lotze aber zeichnet sich dadurch aus, daß er von Hessen immer wieder als abschließende Autorität zitiert wird. Bei der mystischen Veranlagung Hessens muß davon ausgegangen werden, daß die Lektüre folgender Stelle aus Lotzes "Mikrokosmus", die er später wiederholt zitiert[51], bei Hessen in der Jugend einmal zu einer Erleuchtung geführt hat:

"Das Wesen der Dinge besteht nicht in Gedanken, und das Denken ist nicht imstande, es zu fassen; aber der ganze Geist erlebt dennoch vielleicht in anderen Formen seiner Tätigkeit und seines Ergriffenseins den wesentlichen Sinn alles Seins und Wirkens; dann dient ihm das Denken als ein Mittel, das Erlebte in jenen Zusammenhang zu bringen, den seine Natur fordert, und es intensiver zu erleben in dem Maße, als er dieses Zusammenhanges mächtig wird. Es sind sehr alte Irrtümer, die dieser Einsicht entgegenstehen ... der Schatten des Altertums, seine unheilvolle Überschätzung des Logos, liegt noch breit über uns und läßt uns weder im Realen noch im Idealen das bemerken, wodurch beides mehr ist als alle Vernunft".[52]

Auf der gleichen Linie lag auch die folgende, von Hessen ebenfalls gerne zitierte, geradezu zum Schlagwort und Epochenzitat gewordene Aussage Diltheys aus seiner "Einleitung in die Geisteswissenschaften":

"In den Adern des erkennenden Subjekts, das Locke, Hume und Kant konstruierten, rinnt nicht wirkliches Blut, sondern der verdünnte Saft von Vernunft als bloßer Denktätigkeit. Mich führte aber historische wie psychologische Beschäftigung mit dem ganzen Menschen dahin, diesen in der Mannigfaltigkeit seiner Kräfte, dieses wollende, fühlende, vorstellende Wesen auch der Erklärung der Erkenntnis und ihrer Begriffe zugrunde zu legen"[53].

---

katholischen Philosophen die Unterordnung unter die Neuscholastik, wie sich ja auch aus dessen Rosmini-Studien ergibt. Dyroff stand - meist stillschweigend - auf Seiten Hessens.
[51] J.H., Mercier als Philosoph (1918), 17. - Hegels Trinitätslehre (1921), 43 als Schlußwort. - Die Religionsphilosophie des Neukantianismus(^{2}1924), 177. - Erkenntnistheorie (1926), 146 als Schlußwort. - Wertphilosophie (1937), 15. - Die Philosophie des heiligen Augustins (1947), 58. - Von der Aufgabe und dem Wesen des Philosophen (1937), 36f. - Religionsphilosophie, I (1948), 190. - Lehrbuch der Philosophie, III (1950), 243.
[52] R.H. Lotze, Mikrokosmos, Bd. III, Leipzig 1864, 243f.
[53] J.H., Erkenntnistheorie (1926), 98. - Die philosophischen Strömungen der Gegenwart (^{2}1940), 84. - Wertphilosophie (1937), 117f. - Lehrbuch der Philosophie, I (1947), 179. Das Zitat ist aus W. Dilthey, Einleitung in die Geisteswissenschaften, Leipzig/Berlin 1922, p. XVIII (Vorrede). Zu ihm: Helmut Johach, Wilhelm Dilthey: Die Struktur der geschichtlichen Erfahrung. In: Grundprobleme der großen Philosophen, hrsg. von Josef Speck, Bd. Philosophie der Neuzeit IV, Göttingen 1986, 52-90.

Ein weiteres Zitat, und zwar von Windelband, ist geeignet, die Herkunft seiner Wertphilosophie aus dem Spannungsfeld von Neukantianismus und sittlichem Bewußtsein zu verdeutlichen. Im letzten Essay seiner "Präludien" verläßt Windelband, nachdem er zuletzt noch "Das Heilige" behandelt hatte, das Feld des deutlich Beweisbaren und überläßt sich einer "Meditation" mit dem Titel "sub specie aeternitatis", indem er das letzte von ihm Gemeinte formuliert:

"Zeitlos-ewig ist nichts von dem, was - im Sinne der empirischen Erkenntnis - ist. Denn ich erfahre kein Sein und kann keins erkennen das nicht geworden und vergänglich wäre. Ewig-zeitlos ist für mein Denken und Verstehen nur dasjenige, *was gilt, ohne sein zu müssen*. Wenn man dies "ideale Sein", das ontos on, wenn man es das Ding-an-sich genannt hat, - immer hat man nur das gemeint, was da gilt, auch wenn es sich vor unserer Erfahrung nicht als das Wirkliche darstellt. Mein Wissen ist auf das, was wirklich ist, beschränkt; aber ich habe ein Bewußtsein von dem, was sein soll. Mein Gewissen ist es, was mich die zeitlosen Bestimmungen lehrt, die über aller Bewegung der in die Zeit getauchten Wirklichkeit gelten. Das Licht der Ewigkeit leuchtet mir nicht im Wissen, sondern im Gewissen."[54]

Diese Auffassungen Lotzes, Diltheys und Windelbands blieben für Hessen sein ganzes Leben lang gültig. Sie waren für ihn Ausdruck einer über Augustinus bis auf Platon zurückreichenden Tradition.

Es versteht sich fast von selbst, daß Hessen ein Augustinusbild entwickelte, das jener Zeitströmung entsprang, die in dem afrikanischen Kirchenvater vor allem die mystische Innerlichkeit, die persönliche Erleuchtung durch Gott und daher eine Spiritualität entdeckte, die dem hochgeschätzten Individualismus der Epoche um und nach 1900 von ihrer Mentalität her entsprach. Daß er nicht den ganzen, speziell nicht den alten Augustinus übernahm, sondern den neuplatonisch-optimistischen, ist eine unvermeidbare Voraussetzung seiner Vereinigung von moderner Religionsphilosophie und der augustinischen Tradition. Hessen ist von daher auch nicht als Schüler von

---

[54] W. Windelband, Präludien (1907), 460 (aus: Sub specie aeternitatis. Eine Meditation, 451-64). Zu W. vgl. Heinrich Rickert, Wilhelm Windelband, Tübingen 1915. - Hans-Ludwig Ollig in: ders., Die Religionsphilosophie der Südwestdeutschen Schule. In: ders. (Hrsg.), Materialien zur Neukantianismus-Diskussion (= Wege der Forschung, Bd.637), Darmstadt 1987, 428-57. - Die Deutung W.s durch K. Chr. Köhnke, 416ff. erscheint mir entschieden zu negativ. Sie ist daraus zu erklären, daß dem sonst so verdienstvollen Autor offensichtlich zur Interpretation des Bismarck-Reiches nur H.-U. Wehler zur Verfügung stand. So muß man einer regelrechten «Windelband-Abschlachtung» beiwohnen, die ebenso bedauerlich wie verfehlt ist.

Max Scheler anzusehen, sosehr er stets bestimmte Auffassungen seines "Habilitationsvaters" beibehielt und, wie er beanspruchte, korrigierend weiterentwickelte.[55] Das Verhältnis läßt sich wohl dahingehend bestimmen, daß Hessen, der bereits seine beiden Doktorgrade erlangt hatte, als er Scheler kennenlernte, auf einer Stufe seiner philosophischen Entwicklung stand, die mit den Begriffen Neuscholastik, historische Scholastikforschung, Augustinismus und Neukantianismus zu umschreiben wäre, während er Scheler die Einweisung in die von diesem entwickelte Religionsphänomenologie verdankte.[56] So wichtig diese Horizonterweiterung war, die beiden "Nachfahren" Lotzes sind doch eher "Cousins" als "Vater und Sohn" gewesen.

Hessens "Wertphilosophie" von 1937 allerdings, das muß eingeräumt werden, ist ohne Scheler schwer vorstellbar. An zahllosen wichtigen Wendepunkten, z.B bei der Einführung von Terminologien, von Einteilungsprinzipien, aber auch bei grundlegenden Gedankengängen, übernimmt Hessen ohne Sorge um die eigene Originalität ganze Komplexe aus Schelers Formalismus-Buch[57]. Scheler ist noch vor Nikolai Hartmann der am meisten zitierte und auch übernommene Autor. Daß Hessen den späteren Wandel Schelers weg vom christlichen Theismus hin zu einem Evolutionspantheismus nicht mitmachte, zeigt aber auch deutlich, daß er in letzter Instanz vom Gedankenweg des großen Phänomenologen unabhängig blieb.[58]

Hessen sah sich also durchaus als Schüler und Nachfolger einer großen Zahl erleuchteter Denker; in seiner "Philosophie des 20. Jahrhunderts" (1951) hat er sich selbst ausdrücklich in die Linie der "platonisch-augustinischen Richtung" der "im Mittelalter wurzelnden Philosophie" verortet (35ff.). Zu den positiven Vorbildern gehören außer den bereits Genannten noch Eucken und Volkelt, Hertling und Bäumker, Frischeisen-Köhler und Messer, Tyrrell

---

[55] Zu Max Scheler (1874-1928) vgl. Wilfried Hartmann (Hrsg.), Max-Scheler-Bibliographie, Stuttgart/Bad Cannstadt 1963. - Paul Good (Hrsg.), Max Scheler im Gegenwartsgeschehen der Philosophie, Bern 1975. - H. Althaus, Kölner Professorenlexikon (unveröffentl. Manuskript), ad vocem. - J.H., Max Scheler, Essen 1948. - Vgl. auch Anm. 123.
[56] Ferrari, II 156.
[57] J.H., Wertphilosophie, Paderborn 1937. Die Kapitel «Werte und Sollen» (58-64), «Die Rangordnung der Werte» (87-92) sind ohne Scheler nicht denkbar. Allerdings kritisiert Hessen Scheler bezügl. dessen "proklamatorischen Atheismus" entschieden; vgl. das Kapitel: «Die seminaturalistische Anthropologie: Der ohnmächtige Geist (145-160); ferner 209f.
[58] J.H., Max Scheler (1948), 124ff.

und Schell, Troeltsch und (mit großen Einschränkungen) Nikolai Hartmann.[59] Wollte man die Fäden der von Hessen ausdrücklich als positives Vorbild anerkannten Denker weiter in die Vergangenheit zurückverfolgen, blieben nicht viele idealistisch-metaphysische Schulen unerwähnt; auch die Neuscholastiker, die sonst seine Hauptgegner sind, werden mit einigen ihrer Vertreter, z.B. seinem Lehrer Joseph Geyser, in gewissem Umfang anerkannt. Von Geyser dürfte er die ersten, aus der suaresianischen Tradition entnommenen kritischen Gedanken zur Metaphysik des Thomas von Aquin übernommen haben. Die Schlußfolgerung ist klar: Hessen war ein Eklektiker und dies bewußt. Ein Teil seines erheblichen Erfolges als Autor und akademischer Lehrer geht auf den völligen Verzicht auf eigene Neologismen zurück, auf literarische Unverwechselbarkeit, auf den Verblüffungseffekt, den derjenige stets erreicht, der da sagt: "Kommt zu mir, ich bin der erste, der Euch die Welt ganz erklären kann". Seine wiederholt auch von den Gegnern anerkannte leichte Verständlichkeit ist auf den klaren Verzicht auf diese Originalitätsattitüde zurückzuführen, die bei manchen Philosophen auf die Dauer so abstoßend wirkt.

Das heißt nun nicht, daß Hessen ein bloß schulmäßiger Kompilator gewesen wäre, der etwa keine wirklich eigene Meinung gehabt hätte. Der ganze Lebenslauf mit seinen zahlreichen und heftigen Kämpfen schließt diese Vermutung ja von vorneherein aus. Aber Hessen hatte auch wirklich den Anspruch, etwas Wichtiges zu sagen: er sah sich als einen jener nicht sehr zahlreichen Philosophen der Gegenwart, die in der Lage waren, die philosophia perennis aus ihrer neuscholastischen Einsargung zu befreien und die

---

[59] Zu den meisten von ihnen genügt das Lexikon von Ziegenfuß, wo auch von N. Hartmann, Messer und Volkelt Selbstdarstellungen geboten werden. - Zu Troeltsch vgl. Fr. W. Graf und Hartmut Ruddies, Ernst Troeltsch: Geschichtsphilosophie in praktischer Absicht. In: Grundprobleme der großen Philosophen, hrsg. von J. Speck, Bd. Philosophie der Neuzeit IV, 128-64. - Zu Tyrrell vgl. Bruno Faupel, Die Religionsphilosophie George Tyrrells (= Freiburger Theologische Studien, 29. Bd.), Freiburg 1976. - Zu Hertling und Baeumker vgl. Anm. 76. - Zur philosophiehistorischen Genealogie Weiße-Eucken-Windelband-Scheler vgl. neben, oder besser vor dem Werke Schnädelbachs: Kurt Leese, Die Krisis und Wende, 73-88, 89-103, 263-71, 293-339. - Zur Situation Euckens bezüglich der Neuscholastik vgl. Joseph Watzlawick, SVD, Leo XIII and the new scholasticism, Cebu City (Philippines), 1966, 15ff. - Kurt Kesseler, Rudolf Euckens Bedeutung für das moderne Christentum, Bunzlau 1912. - Hessen war beeindruckt von dem kleinen Heft von Joh. Volkelt, Was ist Religion?, Leipzig 1913. - Wie ablehnend allerdings die strengen kath. Dogmatiker Eucken gegenüberstanden, dazu vgl. Nr. 104, 107. - Zur Beeinflussung H.s durch Tyrrell sei hier nur auf das öfters von H. zitierte Werk verwiesen: George Tyrrell, Zwischen Scylla und Charybdis. Hier bes. der Aufsatz "Die Rechte und die Grenzen der Theologie", S. 245-94, wo es z.B. 259 heißt: "In ihrer ersten Gestalt war die christliche Offenbarung rein apokalyptischen, prophetischen, visionären Charakters".

großen Denker der Vergangenheit für die Lösung der entscheidenden Gegenwartsaufgabe fruchtbar zu machen, die da lautete: es muß eine moderne Wertphilosophie geschaffen werden, die dem ganzen modernen Menschen den Weg zu einem werterfüllten Dasein weist.[60]

Dieser Impuls war in den Jahren, als Hessen erwachsen wurde, im Geistesleben Europas allgemein gegenwärtig. Die Neuscholastik hatte mit dem Antimodernismuskampf Pius' X. endgültig die Chance verspielt, dem müde gewordenen Neukantianismus, der seinerseits um 1910 sein kritisches Moment bereits eingebüßt hatte, eine im lebendigen Dialog mit der Zeit sich fortentwickelnde, durch selbständiges, undogmatisches Denken sich ins Ungedachte vorwagende philosophia perennis entgegenzusetzen.[61] Beide Schulen bildeten jetzt sich selbst genügsam gewordene Hochschulparteien, die fast ausschließlich damit beschäftigt waren, ihre jeweiligen Aporien (z.B. das Ding an sich oder die Materia prima) umzuwälzen oder die Philologie ihrer magistralen Texte zu betreiben, statt erfolgreich die brennenden Tagesprobleme zu bewältigen.

Genau das hat Hessen immer für unverzichtbar gehalten, und vielleicht ist auf das intensive Interesse, das er allen Neuerscheinungen Deutschlands über sein Fach, die Religionsphilosophie, entgegenbrachte, die Tatsache zurückzuführen, daß er nicht zum Quellenforscher im Stile eines Grabmann wurde. Er hat sich anscheinend nie mit unedierten mittelalterlichen Handschriften befaßt, nie einen verschollenen Quaestiones-Band herausgegeben, und in seinen Büchern findet man eigentlich keine deutlichen Spuren eines über Augustinus und Thomas hinausgehenden intensiven Studiums anderer lateinischer Autoren der Spätantike oder des Mittelalters aus ihren Schriften heraus. Den damals noch rein aristotelisch verstandenen Thomas von Aquin muß er unter dem negativen Eindruck seiner Münsteraner neuscholastischen

---

[60] Zu Hessens Wertphilosophie außer dem gleichnamigen Werk von 1937 besonders noch das «Lehrbuch», Bd II (1948), das den Untertitel «Wertlehre» trägt, seine Vorträge «Der Sinn des Lebens» (1933), sowie der Sammelband «Im Ringen um eine zeitnahe Philosophie», Nürnberg 1959, in dem seine wichtigeren Aufsätze aus der Zeit nach 1940 enthalten sind.
[61] Den besten Einblick in die etwas unübersichtliche Modernismus- und Antimodernismus-Literatur bietet: Manfred Weitlauff, "Modernismus litterarius". Der "Katholische Literaturstreit", die Zeitschrift "Hochland" und die Enzyklika "Pascendi dominici gregis" Pius'X. vom 8. September 1907. In: Beiträge zur altbayerischen Kirchengeschichte 37(1988), 97-175; Trippen, Theologie und Lehramt. - Imkamp (vom intransigenten Standpunkt aus, aber mit viel Literatur), hat einen eigenen Abschnitt «Theologische Kontroversen» (S. 551-81). - Für die fundamentaltheologische Seite wichtig: J. Flury. Wenig bedeutsam ist: Lester R. Kurtz, The Politics of Heresy. The Modernist Crisis in Roman Catholicsm, Berkeley 1986.

Lehrer Bernhard Dörholt und Joseph Geyser tief abzulehnen gelernt haben, im Gegensatz dazu Augustin zu verehren; aber davon, daß er in genauesten Quellenstudien nun den Augustinismus über das 13. und 14. Jahrhundert in der franziskanischen Schule und von ihr ausgehend über den spätmittelalterlichen Augustinismus bis zu demjenigen des 16. und 17. Jahrhunderts im eigentlichen Sinne und im Stile der Schule von Clemens Baeumker verfolgt hätte, kann keine Rede sein.[62] Daß er um diese Entwicklungslinie wußte, ist selbstverständlich; auch war der Zusammenhang Augustinus - Pascal - Newman um 1920 sozusagen jedermann bekannt, besonders seinem Freund und Schicksalsgenossen Matthias Laros (1882-1965), der Pascal und Newman bearbeitete und sich dabei die gleichen harten Nasenstüber seitens der Ecclesia docens zuzog wie Hessen mit seinem Augustinismus.[63]

Hessen sah vielmehr in der Ausfaltung der zukunftsweisenden Neuansätze der Gegenwart seine Aufgabe - und dies war die Schule oder Gruppe, die mit den Namen Lotze, Eduard v. Hartmann, Volkelt, dann auch Külpe und Messer zusammenhing: eine Schule, die mit dem Begriff Kritischer Realismus bezeichnet werden konnte, oder, sofern sie noch dem Neukantianismus angehörte, wie Windelband, als an der Grenze zum Theismus stehend interpretiert werden durfte.[64] Noch, also um 1910/20, war die Erkenntniskritik die Königin der philosophischen Disziplinen, aber für Hessen hatte dieses Fach, so ernst er es nehmen mußte, doch nur soviel zu bedeuten, daß es den damals erreichten Stand des Kompromisses zwischen Kritizismus und Realismus repräsentierte, den er selbst auch in seiner Habilitationsschrift "Die Kategorienlehre Eduard von Hartmanns" (1919/24) und in seiner "Erkenntnistheorie" (1926) wiedergab. Als der «Weisheit letzten

---

62 Vgl. hier Nr. 70, 82, 94. Das heißt natürlich nicht, daß Hessen z.B. nicht Albertus Magnus oder Duns Scotus gekannt und studiert hätte, wovon es sehr wohl Spuren in seinen Werken gibt. Gemeint ist hier nur der offensichtliche Verzicht auf Handschriftenstudien.
63 Matthias Laros (1882-1965) wurde 1907 in Trier zum Priester geweiht und promovierte 1913 bei Sebastian Merkle zum Dr. theol. Merkle empfahl ihn für eine Professur in Straßburg, jedoch erhob sein Diözesanbischof Korum gegen diese Ernennung Einspruch. Laros blieb zeitlebens Pfarrer kleiner, meist entlegener Pfarreien. Zu seinem reichen literarischen Schaffen, seinen Indizierungen und Bestrafungen vgl. NDB 13(1982) 641-42 (V. Conzemius). - Lautenschläger, 194-210. - Eine vorerst sehr befriedigende Darstellung mit Schriftenverzeichnis bei: Franz Grosse, Dr. theol. Matthias Laros (1882-1965). Der große geistige Brückenbauer, Koblenz o.J. (1971).
64 Der «kritische Realismus» ist Hessen in erster Linie durch seine Beschäftigung mit Eduard von Hartmann erwachsen, bildete sich jedoch bereits im Zusammenhang mit seinem Lehrer Geyser, und mit der Lektüre von O. Külpe und A. Messer heraus. Vgl. Nr. 251. Näheres bei J.H., Die Kategorienlehre (Nr. 132), 73-90: "Hartmanns Begründung des kritischen Realismus". Gut zur Gesamtlage der betr. Abschnitt bei A. Messer, Die Philosophie der Gegenwart, 120-26; ders., Einführung, 65ff.

Schluß» hält er die These fest, daß der Dualismus zwischen Subjekt und Objekt nicht endgültig zu lösen ist.[65] Es war dies bereits damals eine rückblickende Feststellung.

Jede Beschäftigung mit Hessen und seiner Zeit würde fruchtlos bleiben, berücksichtigte sie nicht vor allem, daß Hessen ja von 1910-1914 in Münster katholische Theologie studiert hatte, also mitten in den Jahren, in denen die Modernismus-Krise schwerste Erschütterungen im deutschen Katholizismus auslöste. Diese wirkten sich insofern bis weit in die Politik hinein aus, als mit der Stabilität der Zentrumspartei zugleich auch diejenige der damaligen Reichsleitung unter ihr zu leiden hatte.[66] Münster war eine Bischofs- und Universitätsstadt, in der diese Krise sich sehr stark bemerkbar machte: Professorenabsetzungen gab es hier und vor allem eine "Anti-Index-Liga", wie diese Laienbewegung kurz genannt wurde, d.h. sehr energische Anfragen an die kirchliche Autorität von bestimmten Sektoren des Münsteraner katholischen Bildungsbürgertums, deren Vertreter auch schon 1870 viel rebellischer waren, als dem Rufe dieser Stadt entsprach.[67] Der Münsteraner Professor Renz hatte 1908 seinen Lehrstuhl für Exegese verloren, weil er damit begonnen hatte, die Bibel symbolisch statt historisch-wörtlich zu interpretieren; es ist angebracht, kurz darauf hinzuweisen, daß damals bereits alle intellektuellen Voraussetzungen gegeben waren, den Schritt zu einer wirklich wissenschaftlichen, die Entstehungsbedingungen der einzelnen biblischen

---

[65] J.H., Erkenntnistheorie (1926), 85 im Schlußresümee zum Kampf zwischen Realismus und Idealismus: "Mit dem Gesagten haben wir wenigstens die Richtung angedeutet, in der unseres Erachtens die Lösung des in Rede stehenden Problems zu suchen ist. Mehr scheint uns nicht möglich zu sein. Handelt es sich doch um ein Problem, das, wie die gegensätzlichen Lösungen, bei denen auf beiden Seiten scharfsinnige Denker stehen, zeigen, hart an den Grenzen des menschlichen Erkenntnisvermögens liegt und sich darum einer glatten und absolut sicheren Lösung durch unser endlich beschränktes Denken entzieht. Diese Anschauung läßt sich auch noch tiefer begründen. Wie wir als wollende und handelnde Wesen an den Gegensatz von Ich und Nichtich, Subjekt und Objekt gebunden sind, so ist es uns auch nicht möglich, diesen Dualismus theoretisch zu überwinden, d.h. das Subjekt-Objekt-Problem endgültig zu lösen. Wir werden uns hier vielmehr bescheiden und als der Weisheit letzten Schluß das Wort Lotzes ansehen müssen, der einmal von einem «Aufblühen der Realität in unserem Geiste» spricht." - Hessen selbst behandelt die "kritischen Realisten", zu denen er auch Geyser, Switalski u.v.a. rechnet, in seinen «Philosophischen Strömungen der Gegenwart» (1923), 44-51. Zu Eucken hier 73-81.
[66] Dazu ausführlich: E. Hegel, Fakultät Münster, I 388-440; Trippen, Theologie und Lehramt, ad vocem ten Hompel, Diekamp, Mausbach, Dingelstad.
[67] Zur Geistesgeschichte Münsters im 19. Jahrhundert vgl. jetzt das sehr intensive, 524 S. starke Werk von Bernd Mütter, Die Geschichtswissenschaft in Münster zwischen Aufklärung und Historismus, Münster 1980, in dem auch viel Konfessionelles behandelt wird.

Schriften kritisch berücksichtigenden Interpretation zu vollziehen.[68] Der junge Hessen hat so wie seine Freunde Wilhelm Wilbrand und Oskar Schroeder den Schritt zu einer kritischen Bibelauslegung in jeder Hinsicht mitvollzogen[69] und Jahre später in seinem mit Schroeder zusammen verfaßten Werk "Der Katholizismus. Sein Stirb und Werde" (1937) der konsternierten Neuscholastik präsentiert.[70]

Hessen war ohne jeden Zweifel Modernist in mehr als nur einem engeren Sinne; auch die Tatsache, daß für ihn Kant eine unüberholbare Epochengrenze der Reflexion des Menschen über sich selbst bedeutete, gehört hierher. Seine neuscholastischen Gegner konnten oder wollten nicht zur Kenntnis nehmen, daß er dennoch kein "Kantianer" war. Von ihrem Standpunkt aus waren diese Thomisten konsequent, es blieb ihnen aber nicht erspart zu sehen, wie der Kritizismus seit den zwanziger Jahren dann doch selbst unter den inneren Tempelwächtern (also: im Jesuitenorden) um sich griff.[71]

Was Hessen während seines Studiums an Bleibendem sich aneignete, stammte nicht von seinen Lehrern Dörholt, Geyser und Mausbach[72], sondern aus absichtlich gesuchter Anti-Lektüre: aus Euckens Buch über Thomas von

---

[68] Ebd., I 392-98; Trippen, Theologie und Lehramt, 159f.
[69] Wilhelm Wilbrand, Kritische Erörterungen über den katholischen Religionsunterricht an höheren Schulen. Fragen religiöser Erziehung und wissenschaftlicher Belehrung, Tübingen 1919, 212f. Vgl. J.H., Geistige Kämpfe, 111-21; O. Schroeder, 453-55. - Auf eine vernichtende Rezension seines Buches durch den Münsteraner Neutestamentler Max Meinertz in der ThR hin veröffentlichte Wilbrand: Im Kampf um meine "Kritischen Erörterungen". Grundsätzliche Auseinandersetzung mit Prof. M. Meinertz, Tübingen 1920, 97 S. Als diese zweite Schrift erschien (ca. Juli 1920), war die erste noch nicht auf dem «Index», was aber noch im selben Jahre geschah; Sleumer 189. Im Vorwort zur Replik geht W. auf die Denunziation und die befürchteten Folgen näher ein. - Zum Leben W.s vgl. O. Schroeder, Wilhelm Wilbrand (1880-1949). In: Gaesdoncker Blätter 21(1968) 6-19 mit Bemerkung S. 119.
[70] Siehe hier Nr. 370.
[71] Vgl. dazu aufgrund längerer Vorarbeiten: Otto Muck, Die deutschsprachige Maréchal-Schule - Transzendentalphilosophie als Metaphysik. In: H.M. Schmidinger, II, 590-6222.
[72] Zu Josef Geyser (1869-1948) vgl. die informative, seltsam verhaltene Würdigung in: H.M. Schmidinger, II, 630-36. - Fritz-Joachim von Rintelen, Joseph Geyser zum Gedächtnis. In: PHJb 58(1948) 307-11. - Beträchtlich vielsagender ist der Nachruf von Palmaz Rucker O.F.M., J. Geysers philosophische Persönlichkeit. In: Franziskanische Studien 33(1951) 1-22. Hessen bewertete im Rückblick seinen ersten Philosophielehrer so: "Nicht Autoritäten bestimmten hier (d.h. in G.s "Grundlagen der Logik und Erkenntnislehre", die H. ebd. für "wirklich wissenschaftliche Philosophie" anerkennt) das philosophische Denken, sondern ausschließlich die Sache selbst. Geyser scheute sich nicht, an Aristoteles und der Scholastik Kritik zu üben und die moderne Philosophie positiv zu werten und auszuwerten - zum großen Leidwesen jener ewig Unentwegten, für die Aristoteles der Philosoph und Thomas der Theologe ist"; J. H. Geistige Kämpfe, 19. - Zu Dörholt vgl. Anm. 97, zu Mausbach Anm. 96.

Aquin (1910), aus Cornills, eines Hallenser Theologen, Arbeit über den israelitischen Prophetismus (1912), aus Deißmanns Werk über Paulus (1911), aus Schells "Gott und Geist" (2 Bde. 1895/96), aus Tyrrells "Scylla und Charybdis", die 1909 in deutscher Sprache erschienen war.[73] Er, der ein zum Grübeln neigendes Temperament hatte[74], verband für immer den "Prophetismus" einer flammenden Religiosität mit dem Geiste einer kritischen, voraussetzungslosen "Begriffszergliederung". Dies ergab eine Religiosität, in der Mystik und Kritik unlösbar miteinander verknüpft waren. Seine Abneigung galt wohl schon früh dem Thomismus, so wie er ihn als Kompromißsystem zweier miteinander nicht verschmelzbarer Weltanschauungen kennengelernt hatte. Und diese Abneigung übertrug er auf die gesamte Neuscholastik, in der er eine innerlich unehrliche "Ideologie" (so wie wir heute das Wort verstehen) erblickte, einen durchaus bösartigen

---

[73] J.H., Geistige Kämpfe, 23f. Dort S. 26 zu dem von ihm stets sehr geschätzten F.X. Kiefl, der an das Domkapitel von Regensburg versetzt worden war, um ihn vom Lehrstuhl zu entfernen. Ausführlich zu ihm: Imkamp, 553ff. Franz Xaver Kiefl (1869-1928), der Monarchist und Antipazifist, wies nur partielle Übereinstimmungen mit Hessen auf; das Verbindende war wohl die Figur H. Schells. - Adolf Deißmann, Paulus. Eine kultur- und religionsgeschichtliche Skizze, Tübingen 1911. - Carl Heinrich Cornill, Der israelische Prophetismus, 8.-10. Aufl., Stuttgart 1912. Zur Lektüre dieser protestantischen Autoren, die bei Abwesenheit brauchbarer kath. Exegeten von H. gelesen und rezipiert wurden vgl. J.H., Geistige Kämpfe, 22ff.
[74] J.H. Geistige Kämpfe, 30. Aus dem Zusammenhang geht hervor, daß während der Studienzeit Hessens (1910-14) auch Fragen der biblischen Kritik im Vordergrund des Interesses standen; ebd. 23f. Notizen Hessens über seine Lektüre in den Jahren 1911 und 1912 (NL Hessen, fasz. 44) ergeben einen bereits ausgeprägten Schwerpunkt auf der Philosophie. Neben klassischen älteren Autoren fallen folgende Namen aus H.s Gegenwart auf:
- Sentroul, Kant und Aristoteles
- Husserl, Logische Untersuchungen
- Lodge, Leben und Materie
- O. Liebmann, Analysis und Wirklichkeit
- Harnack, Wesen des Christentums
- E. v. Hartmann, Philosophie des Unbewußten
Mehr als ein Buch hat Hessen 1911/12 von folgenden Autoren gelesen: H. Schell, Eucken, Kiefl, Grabmann, Geyser, Battifol, Drews, Hunzinger, Wilh. Koch, W. Wundt. Zu seinem Geschichtsbild dürfte die frühe Lektüre von Bernheims Lehrbuch der historischen Methode, von Verweyens Theologie und Philosophie des Mittelalters, von Troeltschs Religionsphilosophie, des Religionswissenschaftlers Clemen, einiger Werke von A. Riehl, O. Willmann, H. St. Chamberlain, des Freiherrn von Hügel, Karl Lamprechts und nicht zuletzt Schleiermachers wesentlich beigetragen haben. Es überrascht und veranlaßt zu Vorsicht bei der Auswertung derartiger Leselisten, daß kein Philosoph von H. in diesen Jahren so oft gelesen wurde wie Hegel - einer der Denker, die aber schon bald von Hessen völlig aus seinem Gedankengebäude ausgeschlossen wurden.

Traditionalismus, der seine innere Schwäche durch Repression zu kompensieren sucht.[75]

Wie aber kam Hessen als junger Theologe, der selbst keine modernistischen akademischen Lehrer hatte, überhaupt zu seiner spezifisch philosophiehistorischen Meinungsbildung, wenn er nicht nur einem geschlossenen niederrheinisch-bäuerlich-katholischen Milieu entstammte, sondern auch von der Münsteraner Theologie her nur auf den strengen Thomismus verwiesen wurde? Hinter dem bereits als Vermittler genannten Joseph Geyser stand ein damals berühmterer Mann, Georg Freiherr von Hertling, der wie auch sein Schüler Clemens Baeumker daran arbeitete, den Thomismus in seinen historischen Rahmen zu stellen und dementsprechend auch das Phänomen der Aristotelisierung - und das hieß auch: Loslösung von der Augustinischen Tradition - der mittelalterlichen Philosophie und Theologie philologisch-historisch zu erforschen und kritisch einzuordnen.[76]

Auf Einladung des damals sehr jungen Historikers Martin Spahn hatte Hertling 1901 eine Augustinus-Biographie veröffentlicht, die bereits die Erwartungen der Neuscholastiker Deutschlands enttäuscht hatte: schien es doch so, als gebe der angesehene Präsident der Görres-Gesellschaft den Kirchenvater den Gegnern des katholischen Objektivismus preis, als erblicke er in ihm einen Sujektivisten, als nähere er die Erkenntnistheorie des Bischofs von Hippo derjenigen des "Alleszermalmers" an. Die Unzufriedenheit streng

---

[75] Vgl. die gesamten geistigen «Väter» Hessens, die Modernisten und Historiker, die Bibelwissenschaftler und Dogmenkritiker, deren grundsätzlicher Bruch mit der älteren Methode der Harmonisierung widersprüchlicher Texte zum «springenden Punkt» wurde. In vielen Kulturen, die noch nicht über ausgebildete Text-, Redaktions- und Literaturkritik verfügten, war die «Harmonisierung» der einzige Weg zur Bewältigung des Problems divergierender Traditionsbestände. Die Kanonisierung eines festen Textkorpus ging dabei stets mit den Harmonisierungsbestrebungen Hand in Hand und bildete die Voraussetzung für deren erfolgreiche Verwirklichung. Die moderne Geschichtsforschung hingegen sucht Differenzen, Bruchstellen, Abweichungen so genau wie möglich zu erfassen, um möglichst stark individuell verschiedene Stimmen zu hören. Vgl. den Sammelband von Helmut Riedlinger (Hrsg.), Die historisch-kritische Methode und die heutige Suche nach einem lebendigen Verständnis der Bibel, München/Zürich 1985.
[76] Zu Georg Freiherrn von Hertling (1843-1919) als Philosophen vgl. Ziegenfuß, I 521f.; EF 3, 558. - Zu Clemens Baeumker (1853-1924), seit 1912 Nachfolger Hertlings auf dessen Münchener Professor, vgl. Ziegenfuß, I 87-89; EF 1, 707. - Zuletzt: G. Wieland (mit neuer Einordnung seines Stellenwertes). - Zur sog. Hertling-Baeumker-Schule vgl. Wolfgang Kluxen, Die geschichtliche Erforschung der mittelalterlichen Philosophie und der Neuscholastik. In: H.M. Schmidinger, II, 362-89, 368ff. Zu Hertlings philosophischer Frühgeschichte vgl. W. Becker, Georg von Hertling 1843-1919, Bd. 1, Mainz 1982, 161-74, hier 174 zu der nicht geringen Beeinflussung Hertlings durch Lotze, sowie generell zu Hertlings Aristoteles-Kritik.

scholastischer Kreise hierüber ist an den Rezensionen des Werkes abzulesen.[77]

Es waren dieselben Kreise, die auch Hertlings Projekt einer theologischen Fakultät in Straßburg beinahe zu Fall gebracht hätten.[78] Ob dieser sehr politische Kontext Hertling zusätzlich motivierte, steht dahin; auf jeden Fall ist der Zusammenhang zwischen der Ablehnung seiner Augustinus-Biographie und seiner 1904 veröffentlichten Abhandlung über "Augustinus-Zitate bei Thomas von Aquin"[79] mit Händen zu greifen. Der Vorwurf gegen die Biographie hatte gelautet: hier wird Augustin fälschlicherweise von der Hochscholastik weiter entfernt, als es richtig ist. Hertling bewies, daß die Wahrheit noch viel härter war: nicht nur war die Kluft zwischen Augustin und Thomas wirklich so groß, wie behauptet, vielmehr hat der hochscholastische Meister Augustinus sozusagen verfälscht. Der Begriff "Verfälschung" fällt nicht - aber inhaltlich liegt er in der Luft.

Das Verfahren war so einfach und mühsam, wie es historisch-philologische Methoden immer sind: die Augustinus-Zitate des Princeps Scholasticorum wurden mit den originalen Stellen des Kirchenvaters genau verglichen und die Frage gestellt, ob Thomas die originale Denkintention tradiert, oder, wenn er sie ablehnt, wenigstens genau dem Leser vorlegt. Das Ergebnis war - für einen korrekten Neuscholastiker - erschütternd: ganz negativ. Thomas hatte, so Hertling, Augustinus so interpretiert, daß er zu einem Aristoteliker wurde.[80]

- "In der Regel befolgt daher Thomas eine andere Methode: die Augustinus-Zitate werden umgedeutet durch stillschweigende Assimilierung, durch leise Korrektur oder auch durch völlig gewaltsame Interpretation."[81]
- "Aber Thomas irrt."[82]
- "Die Theorie des scholastischen Aristotelismus wird in die Aussprüche Augustins unbedenklich hineingelegt."[83]

---

[77] Zur Kontroverse um Hertlings «Augustinus» (Mainz 1901), der von dem Trierer Integralisten Einig für sehr unzureichend erklärt wurde, vgl. C. Weber, Der «Fall Spahn», 108, 168f.
[78] Vgl. ebd., 62-73 und K. Hausberger.
[79] G. Freiherr von Hertling, Augustinus-Zitate bei Thomas von Aquin. Vortrag in der philos.-philol. Klasse der Kgl. Bayer. Akademie der Wissenschaften am 3. Dezember 1904. In: Ders., Historische Beiträge zur Philosophie, hrsg. von J.A. Endres, Kempten/München 1914, 97-151.
[80] Ebd. 116.
[81] Ebd. 115.
[82] Ebd. 140.
[83] Ebd. 144.

- "Kein Element der Augustinischen Überlieferung soll aufgegeben werden, und doch ist so gut wie nichts von der ursprünglichen Denkweise des Kirchenvaters übriggeblieben."[84]

Solche Sätze wirkten in dem Milieu, in dem sie in erster Linie zur Kenntnis genommen wurden, schockierend. Daß ein Führer des deutschen Katholizismus Thomas offen eines Irrtums bezichtigen konnte, war eine Art Dammbruch, in dessen Folge sich die Neuscholastik (die doch von einer Art Unfehlbarkeit des Aquinaten ausgegangen war) in Deutschland von diesem Jahre 1904 an im Niedergang befand. Der Hertling-Aufsatz gelangte erst 1914 durch die Aufnahme in einen Sammelband des Autors in die Hände einer breiteren Öffentlichkeit und es ist davon auszugehen, daß spätestens jetzt auch Hessen ihn kennengelernt hat. Für sein 1926 veröffentlichtes Thomas-Büchlein sollte Hertling (neben Eucken, Baeumker und Frohschammer) ein, wenn nicht *der* Hauptzeuge sein.[85] Hessen hat stets den Freiherrn von Hertling als den Forscher anerkannt, von dem er die Arbeitsweise und den Geist der historisch-kritischen Methode lernte.[86] Damit war - viel später - auch seine innere Nähe zu jenen kritisch denkenden deutschen Katholiken gegeben, die denselben intellektuellen Weg gegangen waren, z.B. Martin Spahn und selbst Heinrich Brüning. Auch die Spezialschüler Hertlings, wie Clemens Baeumker, Matthias Baumgartner, Hans Meyer oder Schüler von Baeumker, wie Georg Grunwald und Artur Schneider, schätzte Hessen hoch ein, und wurde auch seinerseits von ihnen geschätzt, obwohl er selbst ja nicht zu dieser "Seilschaft" zählte.[87]

---

[84] Ebd. 145.
[85] J.H., Die Weltanschauung des Thomas von Aquin (1926), 15, 125, 128, 136f., 167. Hier zitiert Hessen vor allem Hertlings «Vorlesungen über Metaphysik», Kempten/München 1922. Die Stellen, die Hessen heranzieht, zeigen die tatsächliche Entfernung Hertlings vom strengen Thomismus; so lehnt er die bekannte Realdistinktion ab; J.H., ebd. 136f.
[86] Vgl. Hessens kleine Schrift zu Hertling als Augustinus-Forscher; hier Nr. 65.
[87] In Hessens Broschüre über Thomas von Aquin (1926) werden die Hertling-Schüler Baeumker und Matthias Baumgartner (1865-1933), seit 1901 Prof. der Philosophie in Breslau häufig zitiert, letzterer mit einem Aufsatz «Augustinus und Thomas von Aquin» (in: Große Denker, hrsg. von E. v. Aster, I. Bd., Leipzig 1911), der manche Hessensche Idee vorwegnimmt. Zu Baeumkers Abhandlung «Das Problem der Materie in der griechischen Philosophie», München 1890, bemerkt Hessen a.a.O. 128f.: "Wie v. Hertling, so kommt auch Baeumker zu einer Ablehnung des aristotelischen Möglichkeitsbegriffs" (Anm. 1). Die Tragweite dieses Satzes erschließt sich nur, wenn man berücksichtigt, daß gerade erst der Thomist Gallus M. Manser O.P. (hier Nr. 323) die Akt-Potenz-Lehre zum Kern des thomistischen Systems erklärt hatte, und dieses als notwendig zur Fassung des Glaubensinhaltes angesehen wurde. Und wer die 1913 in Freiburg/Br. erschienene "Festgabe zum 70. Geburtstag Georg Freiherrn von Hertling gewidmet von seinen Freunden und Schülern" mit dem Titel "Abhandlungen aus dem

b. Hessens Hauptwerke

Hessen hat seine zahlreichen Bücher - von denen viele allerdings schmale Heftchen sind - in zwei Hauptgruppen gegliedert: philosophische und religiöse Werke. Die philosophischen teilte er in historische und systematische Arbeiten ein.[88] Die religiösen Schriften, von denen eine, das kleine Gebetbuch "Unser Vater", zahlreiche Auflagen erlebte, waren der kirchlichen Zensur in einigen Fällen durchaus unheimlich, wie aus verschiedenen Gutachten (Dok. 5, 20, 21, 28-35) deutlich wird. Denn in ihnen wird die symbolistisch-modernistische Auffassung der Dogmen demjenigen, der ein Gespür für solche Tendenzen besitzt, unzweifelhaft wahrnehmbar. Was in den Konzils- und Papstentscheidungen von der biblischen Frohbotschaft in feste juridische und materielle Sätze und Tatsachenbehauptungen möglichst gar physikalischer Art übersetzt worden war, suchte Hessen wieder als Heilsereignis in die menschliche Seele zurückzuverlegen. Bei traditionellen Dogmatikern und Moraltheologen konnte das nur als nackte Zerstörung wahrgenommen werden.

Im Laufe der Jahre erwiesen sich wohl alle "Dogmen" der Kirche für Hessen als historische Formulierungen einer scholastischen Denkart, deren Gehalt prinzipiell ihrem eschatologisch-personalistischen Ursprung zurückgegeben werden mußte. So hat er sich später wiederholt von der Zwei-Naturen-Lehre bezüglich Christus distanziert, in der er eine der griechischen Metaphysik entstammende, nicht mehr adäquate Formulierung der prophe-

---

Gebiete der Philosophie und ihrer Geschichte" durchsieht, in der praktisch alle damals in Deutschland namhaften katholischen Philosophen auftreten, findet dort auch einen Aufsatz von M. Baumgartner, Zur thomistischen Lehre von den ersten Prinzipien der Erkenntnis, S. 1-16, in der die spannungsreiche, historische Zusammengesetztheit der thomasischen Grundideen deutlich wird: "Denn historisch betrachtet, sind in der thomistischen Prinzipienlehre aristotelische, stoische und augustinische Gedanken zu einem Ganzen zusammengewoben"; ebd. 16. In dieselbe Richtung zielt der Aufsatz Baumgartners, Zum thomistischen Wahrheitsbegriff. In: Studien zur Geschichte der Philosophie. Festgabe zum 60. Geburtstag Clemens Baeumker gewidmet von seinen Schülern und Freunden, Münster 1913, 241-60. Daß diese Festschrift von Bern. Geyer in der ThR 13(1914), Nr. 7 vom 30.4.1914, Sp. 1093-98 besonders ausführlich besprochen und empfohlen wurde, zeigt die Durchdringungskraft der kritischen Thomas-Forschung in dieser Schule, der es allerdings noch nicht gelungen war, den innerkirchlichen Bereich völlig zu erobern. - Zu Baumgartner vgl. Ziegenfuß, I, 87: Kleineidam, 171; EF 1, 773; H. Schiel, Briefe Freiburger Theologen an Franz Xaver Kraus, 1. Teil, in: Freiburger Diözesan-Archiv 97(1977) 279-379, hier 313-17.
[88] So im Schriftenverzeichnis in der Festschrift: Die Rolle der Werte im Leben, 139f.

tisch-personalen Realität des Messias erblickte.[89] Die hier abgedruckten Zensurdokumente aus den Jahren 1934, 1935 und 1951 (Dok. 20, 21, 25, 27, 35) sind so inhaltsreich, daß das Nähere dort am deutlichsten nachgelesen werden kann. Besonders Dokument 35, das ausführliche Gutachten eines Rottenburger Weihbischofs über ein umfassendes, das Kirchenjahr begleitendes Betrachtungsbuch, ist ein sprechendes Zeugnis für die Unvereinbarkeit der nachtridentinischen, sakramentalistisch-hierarchischen Frömmigkeit der Orthodoxie mit dem alles nach "Innen" wendende kritischen Mystikertum Hessens.

Bei den philosophischen Schriften Hessens fällt zuerst auf, daß er tatsächlich noch zu denen gehörte, die ernstlich den Anspruch erhoben, ein Gesamtsystem der Philosophie zu liefern. Sein dreibändiges "Lehrbuch der Philosophie" erschien von 1947 bis 1950, war aber bereits in den Jahren von 1940 bis 1945 in seinem "Patmos"[90] in Aegidienberg im Siebengebirge, als er stellungslos war, verfaßt worden.

Hessens Überzeugung, daß ein Philosoph auf dem Höhepunkt seiner Schaffenskraft gewissermaßen verpflichtet sei, seine Weltanschauung in einer systematischen Gesamtdarstellung zusammenzufassen, ergab sich aus seiner insgesamt "universalistischen" Auffassung. Über den Geist dieses "Lehrbuches" - das nicht etwa nur für Studierende bestimmt war - geben einige Abschnitte aus dem Vorwort Auskunft:

"Der Verfasser des vorliegenden Werkes empfindet es als eine glückliche Fügung und Führung, daß ihm schon in jungen Jahren die Geisteswelt der mittelalterlichen und antiken Philosophie erschlossen wurde. Ihre Verschmelzung im "christlichen Platonismus" Augustins bildete den Gegenstand seiner ersten wissenschaftlichen Untersuchungen. Schon damals wurden ihm die mehr oder weniger verborgenen Fäden sichtbar, die von dort zu den großen Denkern der Neuzeit, insbesondere zu Leibniz und Kant sowie zur kritizistischen und phänomenologischen Wertphilosophie der Gegenwart gehen. Solche Schau führt zu einem Universalismus des philosophischen Denkens, der bleibend wertvolle Einsichten überall dort aufbrechen sieht, wo aus der Tiefe des Geistes und mit dem "Ernst, den keine Mühe bleichet", philosophiert wird. Dieser Universalismus schließt jede Absolutsetzung

---
[89] J.H., Griechische oder biblische Theologie (1956), 142-57 zu den "christlichen Zentrallehren". Zur christologischen Auffassung Hessens bes. 154.
[90] J.H., Geistige Kämpfe, 148.

eines Systems, jede Festlegung auf eine bestimmte philosophische Richtung, mag sie nun Thomismus oder Kantianismus oder wie immer heißen, von vornherein aus. Wer in philosophicis eine "Orthodoxie" aufrichtet oder verteidigt, hebt die Philosophie als freie Vernunftforschung auf. Er treibt Autoritätsphilosophie, aber keine Sachphilosophie.

In voller Freiheit und Aufgeschlossenheit philosophieren, nur das Gesetz der Wahrheit über sich anerkennend, das Alte schätzen und das Neue nicht verachten, aus der Problemlage der Gegenwart heraus nach neuen und tieferen Problemlösungen streben - das ist der Geist, aus dem unser Werk geboren ist."[91]

Das andere systematische Hauptwerk ist seine zweibändige "Religionsphilosophie" (1948, [2]1955), deren Zensierung durch einen Paderborner Dogmatiker in diesem Buche dokumentiert ist (Dok. 25). Auch dieses Werk ist in den Jahren 1940 bis 1945 niedergelegt worden, in den «Exiljahren» also, in denen er, wie er sich später erinnerte "wie eine Präzisionsmaschine"[92] arbeitete. Die geringe Beachtung, die Hessens Werk in jenen zahlreichen "Religionsphilosophien" zuteil wird, die in den Jahrzehnten von 1970 bis 1990 und auch danach noch veröffentlicht worden sind, erscheint im Kontext der gesamten «Nicht-Rezeption» Hessens als das am wenigsten verständliche Phänomen.

In den zuletzt genannten beiden beiden Werken sind die zentralen systematischen Bemühungen Hessens, nämlich diejenigen um eine moderne "Wertphilosophie", zusammengefaßt und verbunden; besonders das 1937 veröffentlichte, aber damals von den Nationalsozialisten vernichtete Werk mit diesem Titel. In der Mitte zwischen systematischen und rein historischen Arbeiten stehen die Werke, die Hessen 1928-1932, also im Alter von 39 bis 43 Jahren verfaßte: "Das Kausalprinzip" (1928) und "Das Substanzproblem in der Philosophie der Neuzeit" (1932). Beide stellen den Höhepunkt seines problemhistorischen Schaffens dar; besonders das erstere fand und findet wohl auch heute noch starke Beachtung. Ausgangspunkt dieser neuartigen begriffs- und problemhistorischen Untersuchung der beiden zentralen Kategorien dürfte seine Beschäftigung mit der Kategorienlehre Eduard von Hartmanns gewesen sein, deren Ertrag ihm die Habilitation ermöglicht hatte. Im Hintergrund dieser Hartmann-Untersuchung wiederum hat wahrscheinlich

---
[91] J.H., Lehrbuch, I (1947), 6.
[92] J.H., Geistige Kämpfe, 148.

die nicht unattraktive Darstellung des Kategorien-Problems gestanden, die Joseph Geyser in seinen «Grundlagen der Logik und Erkenntnislehre» (Münster 1909, 385-411) geliefert hatte. Der spezifische Gestus Hessens, auf möglichst unparteiische Weise Problemlösungen der Vergangenheit auf ihre Stärken und Schwächen zu befragen, und ihre Aporien einerseits zur Destruktion traditioneller rationalistischer und scholastischer Positionen, andererseits zu einer wertphilosophischen Neubegründung von Religion zu verwerten, wirkt hier sehr stark. Auf den Kern der Diskussion des Kausalprinzips, die Frage der Gottesbeweise, wird noch speziell eingegangen.

Die philosophiehistorischen Arbeiten Hessens kreisen um Augustinus und umfassen die erste Phase seiner Tätigkeit von 1916 bis 1931. Es klingt befremdlich, aber diese Arbeiten waren es, an denen Hessens Karriere zerbrach und die ihn mit der Amtskirche in ein irreparables Mißverhältnis brachten.[93] Aber auch bei dem spätantiken Kirchenvater verzichtete Hessen nicht darauf, die aktuelle Debatte um den "Neoaugustinismus" der zwanziger Jahre geradezu anzuheizen und sich an die Spitze derer zu stellen, die mit einer Rückkehr zu Augustinus eine Absage an Thomas von Aquin verbanden (vgl. Text Nr. 2 u. 5)[94]. Mit einem Schlage war so aus einem akademisch-philologischen "Spezialpapiere" ein Trompetenstoß von durchdringendem Ton geworden. Für Hessen hatte die Polemik, in die sich beide Seiten von 1920 bis 1930 immer wieder hineinsteigerten, zwei Anknüpfungspunkte: erstens die erwähnte Studie Hertlings aus dem Jahre 1904[95], in der dieser nachgewiesen hatte, daß Thomas v. Aquin den Kirchenvater nicht nur ganz einseitig zitiert, sondern auch noch dessen Stellungnahmen verdreht, so daß er unter dem Anschein eines Anknüpfens an Augustinus tatsächlich diesen eliminiert hatte; zweitens das Verhalten seines Doktorvaters Mausbach, der ihm das Thema der Erkenntnistheorie bei Augustinus gab (nachdem er selbst 1909 ein zweibändiges Werk über die Ethik desselben Doctor Ecclesiae veröffentlicht hatte), ihn dann aber zwang, das Ergebnis seiner Forschung zu ändern und an der grundsätzlichen Übereinstimmung von Thomas und Augustin festzuhalten.

---

[93] Zum Neoaugustinismus vgl. A. Kolping, 64-68. - H. Hermelink, Katholizismus und Protestantismus (1926), 105. - E. Przywara (hier Nr. 108, 118, 119, 125, 158, 172, 271). - M. Schoof, 115-17 (zu Guardini und Adam). - F. Heiler, Im Ringen um die Kirche, II, 190ff.
[94] Vgl. Nr. 38, 47, 48, 64, 65, 69-72, 81, 82, 94, 96, 113, 114, 131, 134.
[95] Vgl. Anm. 79.

"In der katholischen Tradition herrscht Einheit", sagte er eines Tages zu Hessen, als dieser ihm von der Divergenz der beiden Kirchenlehrer berichtete, "die Protestanten sehen überall Gegensätze, aber das ist falsch"[96]. Mit diesem ideologischen Postulat schlug der Professor für Moral und Apologetik nicht nur dem Wahrheitsempfinden des jungen Hessen, sondern auch dem historischen Grundansatz, genau auf Differenzen zu achten, direkt ins Gesicht. Es bietet sich an, die Verarbeitung des Augustinus durch Thomas so zu betrachten, daß der Doctor communis - mittelalterlich-traditionsgebunden, aber gleichzeitig bestrebt, dem Aristoteles zum Durchbruch zu verhelfen - möglichst viel an Augustinus "rettete", indem er ihn umdeutete - aber eine solche, vielleicht gerechtere Interpretation dieses Vorganges lag Männern wie Mausbach noch fern: Harmonisierung war hier, wie auf so vielen Gebieten, die eigentlich "katholische" Methode, und sie schloß einen historisch-genetischen Zugang logischerweise aus.

Der Kampf um die richtige Augustinus- und Thomas-Interpretation gehört daher in das Feld der Historisierungsproblematik, die man um 1916 nicht ohne direkte Erinnerung an die Kämpfe um die Abhängigkeiten der einzelnen neutestamentlichen Schriften voneinander, von der Frage nach der Entstehung des Pentateuch, also der fünf Bücher Mosis, sowie von zahlrei-

---

[96] J.H., Geistige Kämpfe, 35, sonst auch 35-38, 27. Zu Joseph Mausbach (1861-1931) vgl. W. Weber in: ZiLB, 3, 149-161, 289; E. Hegel, Fakultät Münster, I 348-52, II 48-51; M. Meinertz, 42-47; Selbstdarstellung Mausbachs in: E. Stange, (Hrsg.), Die Religionswissenschaft der Gegenwart in Selbstdarstellungen, Bd.3, Leipzig 1927, 57-89. NDB 16(1990), 446f. - Die bisherigen Mausbach-Würdigungen ziehen alle die «Geistige Kämpfe» Hessens nicht heran! - Das Werk, das Hessen wohl als Vorbild für seine Dissertation bei Mausbach dienen sollte, war: J. Mausbach, Die Ethik des heiligen Augustinus, 2 Bde., Freiburg 1909, 442 u. 402 S. Niemand, der es zur Hand nimmt, wird leugnen, daß Augustinus hier brutal über einen neuscholastischen Leisten geschlagen wird, was sich bereits in Mausbachs Drang zur Systematisierung verwirklicht. - Die genaueste Chronologie zu Mausbachs Leben, der Köln genau kannte (ca. 1884-89 Kaplan an St. Gereon) bei: Georg Schreiber, Joseph Mausbach (1861-1829). Sein Wirken für Kirche und Staat. Schlichte Gedächtnisblätter (= Aschendorffs zeitgemäße Schriften, 20), Münster 1931. - Die herausragende Stellung M.s im «katholischen Deutschland» wird durch eine ihm gewidmete Nummer der Sonntagsbeilage der Köln. Volksztg. («Im Schritt der Zeit») belegt, in der Meinertz, Tischleder, Donders, Finke, Schreiber, Struker, Steffes, Briefs, Weltmann den Verstorbenen feiern. Wissenschaftspolitisch beachtlich die Ausführungen Finkes, der M.s Mitgliedschaft im Vorstand der Görres-Gesellschaft seit 1912 würdigte: "So wurde Mausbach im Laufe der Jahre, ich möchte sagen, die theologische Autorität, das theologische Gewissen der Görresgesellschaft". Köln. Volksztg., Nr. 81 vom 14.2. 1931, Sonntagsbeilage, hier S. 2. Was dieser Umstand für einen jüngeren Wissenschaftler bedeutete, der bei einem solchen Doktorvater in Ungnade gefallen war, bedarf keiner Erläuterung. Eine Vorstellung von der "Machtbasis" Mausbachs gewährt auch das seinem Gedenken gewidmete Sonderheft der Zs. Unitas, 70 Jg., Nr. 9 vom Juni 1930, das ihn als führenden Kopf dieser besonders unter Theologen einflußreichen Studentenverbindung zeigt.

chen mittelalterlichen legendären Überlieferungen (unter denen sich so viele direkte Fälschungen befanden) wahrnehmen konnte. Weil die Neuscholastiker so unhistorisch dachten, drohte für sie von der gegnerischen Seite letzten Endes der Vorwurf an Thomas, er habe Augustinus verfälscht - ein Vorwurf, der nur um ein Geringes furchtbarer war als entsprechende Behauptungen bezüglich der Bibel. Der schärfste Kritiker Hessens, sein Lehrer Dörholt, fand daher 1928 in seiner Rezension von Hessens "Weltanschauung des Thomas von Aquin" als letzte Ursache für die "trunkene" Verirrung des Autors dessen historistischen Relativismus.[97]

Neben den systematischen, historischen und religiösen Schriften ist noch eine weitere Gruppe meist eher kürzerer Arbeiten anzuführen: Bücher zu Tagesproblemen weltanschaulicher Art. Es sind dies zunächst die im Druck veröffentlichten Kölner Vorlesungen im "Studium universale" noch aus der Zeit der Weimarer Republik - in denen er sich als Pazifist bekannte - sodann seine knappen Philosophiehistorien des 20. Jahrhunderts, ferner seine beiden wichtigen Versuche, dem Nationalsozialismus das philosophische Erbe Deutschlands zu entreißen, schließlich verschiedene Reden aus der Zeit nach dem Ende des «Dritten Reich» zum "geistigen Wiederaufbau" und zur Gefahr des Neonazismus an den deutschen Universitäten, sowie seine Erinnerungen. Zu dieser Gruppe gehört auch sein Luther-Buch von 1947, in dem er einen kraftvollen Vorstoß zu Gunsten eines ökumenischen Verständnisses des Reformators leistete.[98]

Eine Synthese seiner philosophiehistorischen und theologisch-systematischen Bemühungen bilden die beiden zusammenhängenden Werke "Platonismus und Prophetismus" (1939) und "Griechische oder biblische Theologie?" (1956), in denen er die Konfrontation von biblisch-prophetischem und griechisch-"intellektualistischem" Grundverhalten definitiv ausarbeitete. Diese beiden keineswegs sehr umfangreichen Werke führen am deutlichsten in die Hauptbestrebungen Hessens ein, die letztlich religiöser Natur waren und sind daher doch als sein «letztes Wort» anzusehen.

Nicht alle Bücher Hessens muß man lesen, um sich ein vollständiges Bild seines Denkens zu verschaffen. Denn Hessen nahm mit großer Unbekümmertheit Teile seiner älteren Werke in neuere hinüber, dieses Vorgehen

---

[97] Bernhard Dörholt (1851-1921), Dr. iur. can. Innsbruck, Lic. theol. Münster 1881; später Professor, las eigentlich ohne offizielle Befähigung das Fach Philosophie; später auch Hausprälat; E. Hegel, Fakultät Münster, I 371, 373f.; Kosch, I, 480 (hier seine vier eher dogmenhistorischen Abhandlungen).
[98] Nr. 495.

zwar nicht verschweigend, aber auch nicht hervorhebend. Folgende auffällige Übereinstimmungen in seinen Werken seien hier notiert:
1. Die Weltanschauung des Thomas von Aquin (1926) und Thomas von Aquin und wir (1955) sind im 1. und 2. Teil identisch (S. 33f. von 1926 wird später weggelassen), nur die Einleitung und der 3. Teil wurden 1955 neu geschrieben.
2. Die Religionsphilosophie des Neukantianismus (^{2}1924) und die Religionsphilosophie Bd.1 (1948) sind in den Partien über Cohen, Windelband, Rickert (1948: S. 89-115, 115-121, 121-134; 140-145) identisch bei kleinen Auslassungen und Änderungen. Neu verfaßt wurde 1948 eigentlich bezüglich der Marburger Schule nur die kritische Zusammenfassung S. 145ff.
3. Die "Ewigkeitswerte der Deutschen Philosophie" (1942) enthalten S. 58-67 ein Kapitel aus "Der Sinn des Lebens" (1933), S. 21-33.
4. Die Religionsphilosophie Bd.1 (1948) 290-319 ist identisch mit: Max Scheler (1948) S.58-89.
5. Die philosophischen Strömungen der Gegenwart (^{2}1940) bleiben mit sehr kleinen Änderungen erhalten in: Die Philosophie des 20. Jahrhunderts (1951), welche immerhin einen neuen Unterabschnitt über die französischen Existenzialisten (S. 148-56), sowie ein neues Hauptkapitel über "Die philosophische Anthropologie" (S. 157-173) enthält.
6. Die Wertphilosophie (1937) wird zu neun Zehnteln (S. 1-231) in das Lehrbuch der Philosophie (2.Bd. (1948) S. 1-129: Erstes Buch. Allgemeine Wertlehre) übernommen, wobei es zu einigen Einschüben und Modifizierungen kommt. Hessen begründet dies im Vorwort ausdrücklich.
7. Der daran anschließende Teil gen. Lehrbuches (2. Bd. (1948) S. 133-220: Zweites Buch. Spezielle Wertlehre. Erster Teil: Ethik) taucht erneut auf in der Ethik (1954), allerdings stark modifiziert, neu gegliedert, auch ausführlicher. Jedoch finden sich auch hier viele wörtliche Übernahmen, z.B. Lehrbuch, Bd.2, S. 198-201 entsprechend Ethik S. 91-95.
8. Der Aufsatz "Recht und Unrecht in Kants Kritik der Gottesbeweise" wurde dreimal veröffentlicht: zuerst in den Philosophischen Studien 1(1949) 260-77, dann im "Lehrbuch der Philosophie", Bd. 3, 1950, 224-41 (mit kleinsten Varianten), und dann im Sammelband "Im Ringen um eine zeitnahe Philosophie" (1959) 24-45.
9. Geistige Kämpfe der Zeit im Spiegel eines Lebens (1959). Von den 260 Seiten reinen Textes dieser Memoiren sind 116 aus älteren Werken direkt

oder - seltener - in paraphrasierter Form übernommen. Diese Übernahmen verteilen sich auf fünfzehn Stellen, sind alle korrekt angegeben, stören aber den Erzählfluß teilweise erheblich, besonders auf Seite 150-93, wo eine Kurzfassung des Buches "Der geistige Wiederaufbau Deutschlands" (1947) geliefert wird.

Diese Parallelen zeigen einen Autor, der beharrlich an dem einmal Geschriebenen festhielt und außerdem bestrebt war, seine Produkte optimal zu verbreiten. Er forderte seine Freunde auf, seine Werke zu kaufen und scheint bis zu einem gewissen Grade auch auf die Verkaufserlöse angewiesen gewesen zu sein; andererseits hat er offenbar wiederholt erhebliche eigene Druckkostenzuschüsse geleistet, so wie er in einigen Fällen auch Bücher im Selbstverlag herausbrachte.[99] Da wir, wie erwähnt, nichts über seine tatsächliche Einkommenslage wissen, bleibt es bei der Vermutung, daß seine sehr vielfältige, oft auf populäre Verbreitung zielende Produktion auch dem Zwecke eines Zusatzerwerbes diente.[100]

c. Frühe Konflikte mit der kirchlichen Behörde

Hessen selbst hat in seinen Erinnerungen die Reihenfolge seiner ersten Auseinandersetzungen mit den kirchlichen Vorgesetzten geschildert. Am Anfang standen die Unerquicklichkeiten mit seinem Doktorvater Mausbach (1916), es folgten rasch aufeinander zwei Kontroversen um eine Broschüre über Ernst Troeltsch (1917) und um ein knappes Heftchen über Kardinal Mercier (1918)[101]. Beide erschienen in aktuellen Serien zur Apologetik resp.

---

[99] So schrieb Hessen ca. 1928 (Brief undatiert, HStAD, RWN 246, Nr. 17, fol. 22) an Pfarrer Winkelmann, daß er für sein neuestes Buch - es ist wohl das «Kausalprinzip» (Nr. 230) - noch 700 Mark Druckkostenzuschuß benötige. Er bittet Winkelmann, daß möglichst viele gemeinsame Freunde es zum Autorenpreis von 9 Mark (statt 14 M) beziehen, um so die Kosten zu decken. Auch andere Briefe an denselben Pfarrer (ebd. fol. 23,24) handeln davon, daß Hessen mehrere Bücher im Selbstverlag, resp. auf eigene Kosten drucken ließ.
[100] Über die Vermögensverhältnisse Hessens liegen nur sporadische Nachrichten vor. Als er 1923 erstmals um einen besoldeten Lehrauftrag einkam, erklärte er, von der Unterstützung durch Verwandte zu leben; UAK, Zug. 44/239; Erklärung H.s vom 19.2.1923. - Daß er nicht auf Dauer vermögenslos blieb, geht aus Stiftungen hervor, die er vor seinem Tode und testamentarisch machte: so stiftete er 1961 drei Chorfenster für die Kirche des Coll. Augustinianum in Gaesdonck. Es ist davon auszugehen, daß er sowohl Besitzer seines Wohnhauses in Köln-Marienburg, Auf dem Römerberg 23, als auch seines "kleinen Landhäuschens" in Ägidienberg war, das er 1940 "unter großen Schwierigkeiten und Opfern" erbaut hatte; J.H., Geistige Kämpfe, 147. Als er starb, konnte er 150.000 DM für ein Altenheim stiften; NL Hessen fasz. 61.
[101] In Hessens «Geistigen Kämpfen» werden die frühen Konflikte Hessens in dieser Abfolge erzählt: 35-38 Streit mit Mausbach über die Dissertation, 39-42 Streit um die

zur inneren Orientierung Gebildeter im Weltkrieg, die eine im Kölner Verlage Bachem, die andere im Volksverein-Verlag in Mönchengladbach. Von den Herausgebern der Serien, Dr. Josef Froberger und Dr. Carl Sonnenschein, waren sie für wertvoll erachtet worden, für die Troeltsch-Arbeit lag das Kölner Imprimatur vor.[102]

Dennoch lösten die beiden Studien in der Kölner Orthodoxie Entrüstung aus. Besonders Kardinal v. Hartmann sprach von einer "modernistisch total verseuchten Denkart" des Verfassers und beschwerte sich brieflich bei dessen Diözesanbischof, Johannes Poggenburg von Münster[103], der aber einen Modernismus, und besonders ein kirchlich unkorrektes Verhalten Hessens nicht konstatieren konnte. Jedoch endete auf Befehl Hartmanns die Troeltsch-Broschüre "auf dem Speicher des Verlegers"[104], und auch die Mercier-Schrift mußte aus dem Buchhandel zurückgezogen werden. Nur auf energisches Betreiben Sonnenscheins durfte eine "purgierte Ausgabe", ohne das inkriminierte Schlußwort (hier Text Nr. 1) wieder erscheinen. Aus der Zeit

---

Mercier-Broschüre (Nr. 55), 42-44 Streit um die Troeltsch-Broschüre (Nr. 39). Das ist insofern irreführend, als die Mercier-Broschüre erst nach der Troeltsch-Broschüre erschien, für die das Imprimatur am 2.10.1916 erteilt wurde. Hessen schreibt a.a.O., daß dieses Imprimatur am 2.10.1917 erfolgte, durch welchen Irrtum sich ihm notwendigerweise die Chronologie verwirrte; übrigens ein Beispiel, wie für den alten Hessen diese bei der Niederschrift bereits ca. 40 Jahre zurückliegenden einzelnen Konflikte miteinander verschwammen.

[102] Zu Dr. Josef Froberger (1871-1931), zeitw. Provinzial der Weißen Väter, der sich im Gewerkschaftsstreit massiv für "Volksverein, Gewerkschaften, Zentrum" einsetzte (so 1910), zeitweise Redakteur der Köln. Volksztg. vgl. Brack, 183 Anm. 21 und Reg.; Kosch, I 864. Zu Carl Sonnenschein (1876-1929) vgl. Benz/Graml, 319f; W. Spael, Reg. (ausführliche Behandlung). Unüberholt noch die Biographie: Ernst Thrasolt, Dr. Carl Sonnenschein. Der Mensch und sein Werk, München 1930. Hier S. 169ff. zu Sonnenscheins Tätigkeit als "flämischer Aktivist" im ersten Weltkrieg im Rahmen des Volksvereins. Hier wird auch deutlich, wie problematisch Sonnenscheins Engagement in Flandern war. - W. Löhr in: ZiLb 4(1980) 92-102, 271ff. - Zum Volksverein, zu dem Hessen über verschiedene Freunde und Bekannte Beziehungen gehabt haben muß, vgl. zuletzt: Horstwalter Heitzer, Die soziale und staatsbürgerliche Bildungsarbeit des Volksvereins für das katholische Deutschland 1890-1933. In: Katholizismus, Bildung und Wissenschaft im 19. und 20. Jahrhundert, hrsg. von A. Rauscher, Paderborn 1987, 119-156.

[103] Zu Felix von Hartmann (1851-1919), 1911-12 Bischof von Münster, 1912-19 Erzbischof von Köln, 1914 Kardinal vgl. Trippen, Domkapitel, Reg.; E. Gatz, Die Bischöfe, 286-89; E. Hegel, Erzbistum Köln, 95-99. - Zu Johannes Poggenburg (1862-1933), 1911-13 Generalvikar, 1913-33 Bischof von Münster vgl. E. Gatz, Die Bischöfe, 566f. (von E. Hegel). - Zu Hartmann ist die ganze Lit. zum Gewerkschaftsbereich zu vergleichen; außerdem: E. Poulat, Intégrisme, Register, und: Trippen, Theologie und Lehramt, Register, sowie der kurze, vielsagende Beitrag von W. Löhr, Ein unglücklicher Auftakt: Erzbischof Felix von Hartmann besucht den Volksverein für das katholische Deutschland. In: Ann. des Hist. Ver. f. d. Niederrh. 192/93(1990) 145-48.

[104] (88) J.H., Geistige Kämpfe (1959), 44.

dieser Dispute, die sich also wohl eng miteinander verwoben 1917 und 1918 abspielten, stammen die beiden ersten hier edierten Dokumente: Zensurgutachten Gerhard Essers[105], damals eines einflußreichen Bonner Dogmatik-Professors, der eng mit Mausbach zusammenarbeitete und von seinem Schrifttum wie von seinem öffentlichen Auftreten her mitten in der Zentrumspartei stand, deren Chef, Graf Hertling, damals Reichskanzler war, und dessen Interessen hier ebenfalls von der Kölner Zensur geschützt werden sollten.

An der Mercier-Broschüre erregte den Zensor zweifellos die Möglichkeit, daß durch eine Kritik an Mercier[106] - und nur als eine solche wurde sie wahrgenommen - politische Verwicklungen heraufbeschworen werden könnten. Gewiß, es war keine erfreuliche Vorstellung, wenn aus Mönchengladbach, einem der Mittelpunkte des Verbands-Katholizismus, der Konflikt um Mercier neue Nahrung hätte finden sollen - waren doch die schweren Gegensätze zwischen Kardinal v. Hartmann und Kardinal Mercier während des Weltkrieges eine Belastung auch für die Situation der deutschen Katholiken. Angesichts der Tatsache, daß damals mit Graf Hertling das Oberhaupt der deutschen Neuscholastiker an der Spitze der Reichsleitung stand (1.11.1917-3.10.1918) und Kardinal Mercier der informelle Führer der belgischen Nation unter deutscher Besatzung war, ist es verständlich, daß Hartmann unter allen Umständen eine weitere Belastung dieser schwierigen Verhältnisse verhindern wollte.

Aber war denn die Broschüre überhaupt eine politisch brisante Kritik an Mercier? Das muß eindeutig verneint werden. Mercier wurde hier vielmehr für seine Leistungen als Philosoph ausdrücklich anerkannt - als der vielleicht erste katholische Philosoph, der in seiner Epoche eine historische Wendung der Neuscholastik wenigstens eingeleitet hatte; vergleichbar mit Hertling in Deutschland, aber wohl mit größerer systematischer Begabung, wie seine "Critériologie" den Zeitgenossen bewies.[107] Daß Hessen dann am

---

105 Gerhard Esser (1860-1923), Prof. der Dogmatik in Bonn; Hausprälat; früher Tertullian-Forscher; vielfältiger, später nur noch populärer Schriftsteller und Apologet; Kosch, I 666; Trippen, Domkapitel, Reg.
106 Zu Desiré Mercier (1851-1926), 1877 Prof. der Philos. in Mecheln und Löwen; 1906 Erzbischof von Mecheln, 1907 Kardinal. Die zahlreiche Lit. ist greifbar bei: I. Meseberg-Haubold, deren Werk auch die Biographie M.s gut erhellt; die ambivalente Haltung der deutschen Katholiken zu ihm auch ablesbar bei: Wilhelm Kisky, Kardinal Mercier und wir. In: Hochland, Jg. 23, Bd.2 (1926), 8. Heft vom Mai 1926, 156-71.- Ziegenfuß, II 151f.; EF 4, 543-46.
107 Da die Löwener Neuscholastik ein hochgradiges Geschichtsbewußtsein entwickelte, gibt es in der «Revue néo-scolastique de Louvain» viele Beitrage zur eigenen Geschichte.

Ende eine vorsichtige Kritik am Grundgedanken einer Wiederbelebungsphilosophie übte, hatte wiederum mit Mercier persönlich nichts mehr zu tun.

Beim Kölner Kardinal erregte Hessens Broschüre über Troeltsch mindestens ebenso große Abneigung. Tiefgreifender und auch auf längeren Vorstudien beruhend, nahm diese Schrift mit dem Titel "Die Absolutheit des Christentums" (Köln 1917) die Frage der "historischen Religionen" und die unabwendbare Tendenz zur Relativierung auf. Vorweg sei gesagt, daß Hessen ausdrücklich die "Absolutheit", d.h. Unüberbietbarkeit des christlichen Glaubens anerkannte. Aber dies war nurmehr durch ein "Werturteil" möglich, nicht mehr auf dem Wege der traditionellen Beweise. "Auch die Frage nach der Absolutheit des Christentums ist eine Weltanschauungsfrage"[108]. Und dann folgt die für Hessen typische Problemlösung, die ihn zum Modernisten machte: "In der Tat: was das wissenschaftliche Beweisverfahren nicht leisten kann, das gibt uns die unmittelbare religiöse Erfahrung. Sie läßt uns das Christentum mit völliger Gewißheit als absolute Wahrheit umfangen."[109] Besonders interessant ist die Troeltsch-Schrift deshalb, weil sie zeigt, daß alle elementaren Denkmotive Hessens bereits ihm Jahre 1916 - dem Jahre seiner theologischen Promotion - deutlich vorhanden sind, ja im Kern bereits unveränderlich für die Zukunft feststehen. Dies zu sehen ist deshalb für die Rekonstruktion seines Denkens so wertvoll, weil wir erstens den intuitiv-irreversiblen Charakter des Denkens Hessens daran deutlich aufweisen können (seine Gegner würden sagen: seine Unbelehrbarkeit), und weil wir zweitens, angesichts der noch beschränkten philosophischen Quellenkenntnis des 25jährigen sehr genau die Herkunft oder wenigstens die ältesten Belegstellen seiner Gedankengänge kennenlernen.

Da ist - nach Lotze - vor allem natürlich Troeltsch[110] selbst zu nennen, mit dem sich Hessen in den Jahren seines Studienabschlusses und danach intensiver befaßte. Von ihm und Rudolf Eucken hat er seine auf Dauer beibehaltene Auffassung von der Gesamtgeschichte des menschlichen Geisteslebens übernommen: nach Troeltsch "differenziert sich mit dem Anstieg der

---

Vor allem aber ist an die Beiträge von F. van Steenberghen, Lit.-Verz., zu denken. Dann: M. Grabmann, Maurice de Wulf (zum 80. Geburtstag). In: PhJB 57(1947), 1-11; Grabmann (hier Nr. 393). - Louis de Raeymaker, Les origines de l'Institut Supérieur de Philosophie de Louvain. In: R.néosc.Louv. 49(1951) 505-633. - Generell vgl. H.M. Schmidinger, II 540-64.
[108] J.H., Die Absolutheit des Christentums (1917, hier Nr. 46), 58.
[109] Ebd., 59.
[110] Zu E. Troeltsch vgl. Härle/Wagner, 245f.

Geschichte immer schärfer das spezifisch religiöse Leben von dem allgemeinen geistigen und kulturellen Zustande, heben energisch und einseitig religiöse Persönlichkeiten immer deutlicher als die Herde aller religiösen Kräfte sich ab und geht von ihnen allein die unwandelbare Macht grosser religiöser Bewegungen aus."[111] Diesen Gedanken Troeltschs - der sich auf Eucken und Lotze zurückführen läßt - wird noch der alte Hessen im Jahre 1955, so wie er es 1926 in seinem Thomas-Buch getan hatte, für den Schlüssel zur Religionsgeschichte halten[112]: Hessens ganzes Bemühen als Religionsphilosoph richtete sich auf eine klare Differenzierung der Religion von der Philosophie, speziell von der Metaphysik - gerade um die Religion (die ganz als prophetische Ergriffenheit erfahren wird) gegen die Kalamitäten der traditionellen vorkritischen Metaphysik abzusichern.

Die scholastischen Gegner haben die Bemühungen Hessens, die völlige Eigenständigkeit der Religion zu begründen, als deren Anheimgeben in die Beliebigkeit subjektiver Gefühle angesehen. Intendiert war das Gegenteil: die Rettung der prophetischen Offenbarung vor den hinfälligen, mindestens aber fragwürdigen scholastischen "Beweisen". Darüberhinaus bedeutet die Übernahme der Lotze-Eucken-Troeltsch-Windelbandschen Gedankengänge eine nachdrückliche Betonung des prophetisch-personalistischen Elementes in der Religion. Als besonders "kostbare Gedanken Lotzes"[113] betrachtet Hessen dessen Thesen über den Wert der "einzelnen lebendigen Geister", der "kraftvollen Menschen, die erfinderisch oder mit hartnäckiger Willensstetigkeit in den Gang der Geschichte entscheidend eingegriffen haben", jener "Einzelnen", die das Sehnen der Menschheit zur Erfüllung bringen. Überall, so Lotze, sind es die "weitsehenden Geister", die der Geschichte eine neue Richtung zu geben berufen sind, "am deutlichsten tritt [dies] zutage in der Geschichte der Religion"[114]. Windelband wiederum sprach davon, daß "das Wesen der bedeutenden Persönlichkeit" darin besteht, "daß sie überpersönliche Werte in sich entfaltet und in die Außenwelt gestaltet"[115]. Alle vier Philosophen faßt Hessen in dem Abschnitt, in dem er diesen Gedanken entwickelt, in zwei Zitaten zusammen: erstens in Lotzes Wort, "daß Gott in

---
111 J.H. (wie Anm. 108), 46ff. Das Zitat stammt aus E. Troeltsch, Die Absolutheit des Christentums, Tübingen ²1912, 76.
112 J.H., Thomas von Aquin und wir (1955), 92f.
113 J.H. (wie Anm. 108), 43-45. Entnommen aus H. Lotze, Mikrokosmos, III. Bd., Leipzig 1864, 65-68.
114 J.H. (wie Anm. 108), 44.
115 J.H. (wie Anm. 108), 47. Zitiert wird W. Windelband, Einleitung in die Philosophie, Tübingen 1914, 344.

einzelnen Augenblicken und in einzelnen Personen der Menschheit näher gestanden habe oder in eminenterer Weise sich ihnen offenbart habe, als in anderen" und in der Stelle des Hebräerbriefes (I,1) "Multifariam multisque modis olim Deus loquens patribus in prophetis"[116].

Die zentrale Bedeutung der Prophetie im Denken Hessens ist damit angesprochen. Stets wird für ihn der Prophet der positive Gegentyp zur Figur des scholastischen Hierarchen sein, der aus dem Anruf Gottes ein System der Herrschaft macht und deshalb den Propheten letzten Endes zu töten trachtet. Den Bischöfen, mit denen Hessen zu tun hatte, kann diese grundsätzliche Sichtweise des Kölner Philosophen nicht unbekannt geblieben sein. Philosophiehistorisch spielte sich das große Drama - mit langfristig fatalem Ausgang - nach Ansicht Hessens in der Epoche ab, in der Thomas von Aquin die augustinische Form des Christentums (in der das prophetische Wort noch wirkte) durch den zutiefst religionsfernen Aristotelismus ersetzte. Damit war dann die Religion endgültig zu einer logischen Konsequenz eines philosophischen Beweisverfahrens degradiert und mit dem Verlust der personalen Intuition des Gläubigen in den Raum des "Heiligen" die Kirche zu einer sozialen Zwangsanstalt geworden.[117]

Sicherlich haben die Zeitgenossen an dem Troeltsch-Bändchen und seiner Hervorhebung der geschichtlichen Religionen als "ein völlig neuer Anfang in großen Persönlichkeiten"[118] auch eine gewisse Anlehnung an Luther bemerkt, der hinter den Zitaten von Lotze, Eucken, Troeltsch und Windelband als große prophetische Figur im Hintergrund aufscheint. Auch dieses Thema - eine neue katholische Luther-Rezeption - kündigte sich bereits 1916 an und wird bei Hessen im Laufe der Jahrzehnte zu einer immer stärkeren Beschäftigung mit dem Reformator führen, bis er in den Jahren 1937 und 1947 sein neu erarbeitetes Luther-Bild öffentlich mitteilen wird[119].

Bei Kardinal von Hartmann hatte Hessen seither keine Chancen mehr. Der seltsame Brief des erzbischöflichen Sekretärs Adolf Herte an Hessen aus

---

[116] J.H. (wie Anm. 108), 49. Zitiert wird H. Lotze, Grundzüge der Religionsphilosophie, Leipzig 1894, 95.
[117] Diese Grundauffassung ist voll ausgebeitet in H.s Büchern «Platonismus und Prophetismus» (1939) und «Griechische oder biblische Theologie» (1956), die dasselbe Thema einmal von der Philosophie, dann von der Theologie her behandeln. Es ist dieses Anliegen aber bereits früher faßbar, z.B. in seinem Werk «Patristische und scholastische Philosophie» (1922), wenn er z.B. Augustinismus und Aristotelismus als "Kampf zweier Welten" (99) auffaßt.
[118] J.H. (wie Anm. 108), 46.
[119] Vgl. hier Kapitel 7.

dem Jahre 1920 (Dok. 3, nach dem Tode Hartmanns geschrieben!) gibt Einblick in die merkwürdigen Querverbindungen, die in die Frage einer Habilitation Hessens mit hineinspielten. Herte war Sekretär des neuen Erzbischofs von Köln, Carl Joseph Schulte, einem an sich der Wissenschaft zugewandten, jedoch von ganz und gar neuscholastischen Überzeugungen geprägten Manne, der demnach einem jungen Modernisten nicht gewogen sein konnte.[120] Darüberhinaus fühlte sich Schulte bis zu einem gewissen Grade dem Bestreben seines Amtsvorgängers verpflichtet, Hessens Fortkommen nach Möglichkeit zu behindern. Zu diesem Zweck hatte Hartmann Konrad Adenauer das Versprechen abgenommen, "Sorge dafür zu tragen", daß Hessen "als dem Herrn Kardinal minder genehm, nicht zur Habilitation" gelange (Dok.3). Eine unerhörte Situation! Adenauer hatte in seiner Eigenschaft als Oberbürgermeister laut den Statuten der städtischen Universität Köln das Amt eines Vorsitzenden des Kuratoriums. Dieses Gremium war ohne Zweifel das wirkliche Leitungsgremium der Universität, in dem z.B. alle Berufungsangelegenheiten entschieden wurden. Aber auch Habilitationen? Davon ist nicht die Rede![121] Aber Adenauer hätte sicher Mittel und Wege gehabt, einen unliebsamen Habilitations-Kandidaten aus dem Weg zu räumen. Deshalb nahm Adolf Herte - der später wissenschaftlich durch seine Luther-Forschungen bezüglich

---

[120] Adolf Herte (geb.1887), 1914 Priester; sechs Jahre Geheimsekretär des (Erz-) Bischofs C.J. Schulte, 1921 Professor der Kirchengeschichte in Paderborn; Lautenschläger 212, Anm. 549. Zur historischen Einordnung von Adolf Hertes Werk "Das katholische Lutherbild im Banne der Lutherkommentare des Cochläus, 3 Bde., Münster 1943 vgl. zuletzt: Ernst Schulin, Die Luther-Auffassungen in der deutschen Geschichtsschreibung. In: Karl Lehmann (Hrsg.), Luthers Sendung für Katholiken und Protestanten, München/Zürich 1982, 94-115. Zur Rezeption dieses Werkes vgl. H. Hermelink (1949), 16f.

[121] Die «Satzung der Universität zu Köln» vom 27.5.1919 (Separatdruck) beschreibt in § 10 die Befugnisse des Kuratoriums. Habilitationen gehören eindeutig nicht dazu. Die tatsächliche Stellung des ersten Vorsitzenden des Kuratoriums, also des Oberbürgermeisters, war dennoch als äußerst mächtig einzuschätzen, denn von allen 15 vollberechtigten Mitgliedern des Kuratoriums waren allein 4 direkt von ihm - dem ersten Mitglied - zu ernennen, und von den sieben von der Stadtverordnetenversammlung zu wählenden Mitgliedern müssen mindestens seine Parteifreunde ihm ohne weiteres zugeordnet werden, so daß er in der Praxis stets von vorneherein die Mehrheit hatte, mithin in allen finanziellen Dingen nicht zu übergehen war. Zur Zusammensetzung des Kuratoriums ebd. § 9. - Zum Verhältnis Adenauers zur Kölner Universität vgl. Kurt Düwell, Universität, Schulen und Museen. Adenauers wissenschafts- und bildungspolitische Bestrebungen für Köln und das Rheinland (1917-1932). In: Konrad Adenauer Oberbürgermeister von Köln. Festgabe der Stadt Köln zum 100. Geburtstag ihres Ehrenbürgers, hrsg. von Hugo Stehkämper, Köln 1976, 167-206. Hier 173ff. zu den Berufungsproblemen, u.a. bezüglich Spahn, Scheler, Ar. Schneider. - Heimbüchel/Pabst, ab S. 273 passim, hier bes. 338-47.

des Cochlaeus hervortrat und dabei ähnliche Gedankengänge entwickelte wie Hessen - auch das Versprechen Adenauers sehr ernst.

In seinen Erinnerungen berichtet Hessen dann Näheres, resp. Anderes zu seiner Habilitationsfrage, die eineinhalb Jahre in der Schwebe blieb. Unterstützung fand er einmal bei dem einflußreichen Kölner Historiker Martin Spahn, der gerne modernistisch-nichtklerikale Tendenzen im deutschen Katholizismus unterstützte[122]. Das Verhalten Max Schelers, des eigentlichen "Habilitationsvaters", war schwankend und eher ängstlich zu nennen. Spahn selbst war durch den "berühmtesten seiner Schüler"[123], den späteren Reichskanzler Brüning, auf Hessen empfehlend aufmerksam gemacht worden. Am Ende "boxte" Spahn die Habilitation Hessens geradezu durch, der in seinen Erinnerungen allerdings nichts Genaueres über seine Verbindung zu Brüning berichtet. Trotz des eher fragwürdigen Verhaltens Schelers hat Hessen stets nur achtungsvoll von ihm gesprochen. Aber ein Schüler des großen Phänomenologen war er nicht[124]. Die ausschlaggebende Hilfe hatte Spahn gewährt, der wohl auch den Bischof von Münster dazu gebracht hat, endlich die Erlaubnis zur Habilitation zu erteilen. Ich verzichte hier auf die Erörterung der Frage, ob nach damaligem weltlichen und kirchlichen Recht die beiden Oberhirten von Köln und Münster befugt waren, einer philosophischen Fakultät vorzuschreiben, wen sie habilitieren dürfe oder nicht. De facto benötigte Hessen als Priester diese Erlaubnis unbedingt, und Martin Spahn, der die Unsäglichkeiten konfessionell-hochschulpolitischer Verquickungen wirklich aus eigenem Erleben kannte, hat Hessen auch später noch fürsorgend unterstützt.[125]

---

[122] Zu Martin Spahn (1875-1945) vgl. C. Weber, der «Fall Spahn». - Gabriele Clemens, Martin Spahn und der Rechtskatholizismus in der Weimarer Republik, Mainz 1983.
[123] J.H., Geistige Kämpfe, 54. - Zu Schelers Philosophie vgl. Manfred S. Frings, Max Scheler: Drang und Geist. In: Grundprobleme der großen Philosophen, hrsg. v. J. Speck, Band Philosophie der Gegenwart II, Göttingen 1973, 3-42. - Wolfhart Henckmann, Max Scheler. In: Margot Fleischer (Hrsg.), Philosophen des 20. Jahrhunderts. Eine Einführung, Darmstadt 1990, 94.116. - Ziegenfuß, II 420-27. - Heimbüchel/Pabst, Reg.
[124] J.H., Geistige Kämpfe, 53. - Die Bekanntschaft Hessens mit Brüning dürfte über Carl Sonnenschein erfolgt sein, in dessen «Sekretariat Sozialer Studentenarbeit» Brüning 1919 kurzfristig tätig war; R. Morsey, Heinrich Brüning (1885-1979). In: ZiLb, 1, 1973, 251-62, hier 253. Auch sind natürlich Querverbindungen aus Münster her denkbar, etwa über Min. Rat. J. Schlüter. Schließlich ist an den gemeinsamen Freund Pfarrer A. Winkelmann zu erinnern. Von beiden ist im folgenden noch mehrfach die Rede.
[125] Zur Habilitation: J.H., Geistige Kämpfe, 53-56. Seine Veröffentlichungen über Scheler, darunter auch Werke, in deren Titel Scheler nicht auftaucht, hier Nr. 97, 231, 369, 503, 504, 572. Zum Kampf der katholischen Hierarchie um Erweiterung ihres Einflusses auf die theologischen Fakultäten vgl. Mussinghoff, 148-388. Zu den sog. konfessionellen Professuren für Philosophie, Geschichte und Kirchenrecht ebd. 24f.,

Neben den beiden Broschüren über Troeltsch und Mercier war es ein kürzerer Aufsatz aus dem Jahre 1917, der bei wachsamen Hütern der Orthodoxie bereits Sorgen verursachte, auch wenn er in dem kirchlich voll anerkannten "Philosophischen Jahrbuch der Görres-Gesellschaft" hatte erscheinen dürfen. Auch in ihm ist praktisch die Hauptthematik eines großen Teiles von Hessens Schaffen enthalten: "Antiker und moderner Idealismus". Hier schlug er eine Brücke vom Denken des Augustinus zu dem Wilhelm Windelbands, bei denen er sowohl tiefe Gemeinsamkeiten als auch überwindbare Unterschiede entdeckte. Hessen parallelisierte die Theorie "von der göttlichen Erleuchtung des menschlichen Intellekts", das "Evidenzerlebnis, das mit jenen apriorischen Urteilen, wie sie in den idealen Grundsätzen, den principia per se nota aller Wissenschaft vorliegen, verbunden ist" mit dem "transzendentalen Sollen" Rickerts und dem "übererfahrungsmäßigen Lebenszusammenhang" Windelbands. Dieser besonders hat für Hessen die "metaphysische Verankerung der Wahrheiten und Werte" als große Gemeinsamkeit mit Augustinus. Bei ihm stellt Hessen "ein Einlenken in die Bahnen des antiken Idealismus" fest. Dabei nimmt er die Differenz des Neukantianers Windelband zur aristotelisch-thomistischen Erkenntnislehre billigend in Kauf. Dieser Aufsatz, der vor allem auf Windelbands "Einleitung in die Philosophie" beruhte, mit einer gewissen Souveränität skizziert[126], ohne Anmerkungen, ohne absichernde Einschränkungen, dafür mit Verve und zielgerichteter Direktheit, war für die katholischen Apologeten, die gewohnt waren, Verteidigungsdämme gegen den "Subjektivismus" hochzuziehen, zu stark.

103ff., 109-115, 466f. Alle diese Ansprüche betrafen aber Hessen nicht, da er keine Theologen ausbildete. Seine Abhängigkeit von den Bischöfen war also nur die eines jeden Priesters von der Diözesanbehörde.
126 Hier Nr. 47. - W. Windelband, Einleitung in die Philosophie, Tübingen 1914, 3. Kapitel: «Religiöse Probleme» (388-432). Hier zeigt sich W.s Vorbildlichkeit für Hessen, bes. S. 420, wo W. betont, der kausale Gottesbeweis führe nur zu einer ersten Ursache, nicht zu einem Gott der Religion; ebenso S. 422 bei der Erörterung des Verhältnisses von Wahrheit und Wert.

3. Hessen und der Kampf um den Gottesbeweis im katholischen Deutschland

a. Hessen und der kausale Gottesbeweis

Der eigentliche Konfliktgegenstand blieb vom ersten Gutachten über Hessen aus dem Jahre 1918 (Dok. 1) bis zur letzten großen Zensurierung seiner "Religionsphilosophie" im Jahre 1951 (Dok. 25) immer derselbe: es ist die Frage nach der Beweisbarkeit Gottes. Das I. Vatikanische Konzil (1870) hatte den klassischen scholastischen Gottesbeweis, den Beweis einer Ursache aus den Folgen, ausdrücklich sanktioniert, und Pius X. im Antimodernisteneid, den er 1910 dem Klerus generell vorschrieb, diesen Gedankengang noch verschärft[127]. Daß Gott "wie eine Ursache aus der Wirkung mit Sicherheit erkannt und daher auch bewiesen werden" könne - das war der Punkt, um den sich seither für fast ein halbes Jahrhundert in der Philosophie des katholischen Bereiches alles drehte. Hessen lehnte diese Vorstellung, die seit etwa 1880/1890 wieder stärker von der aktuellen Philosophie bearbeitet wurde, zutiefst ab, und fast 40 Jahre lang wurde sie ihm bei jeder Gelegenheit entgegengehalten. Dann, auf einmal, irgendwann zwischen 1950 und 1960, verschwand diese Problematik aus dem Mittelpunkt der Diskussion, um sich in dem inneren Zirkel kirchlicher Philosophen wiederzufinden, in dem sie heute noch behandelt wird. Man darf jetzt schon sagen, daß de facto Hessen sich durchgesetzt hat, nicht anders als in seiner prinzipiellen Kritik an der Neuscholastik als sanktionierter, amtlicher Philosophie.

Für die neuscholastische Apologetik entwickelte sich aus der einmal vollzogenen Festlegung auf den kausalen Gottesbeweis eine Art von sich verschärfender Engführung der gesamten Philosophie und Theologie auf diesen einen Satz, der dann auch noch in einem immer restriktiveren Sinne aufgefaßt wurde: die objektive Evidenz des Kausalprinzips. Nur wenn das Kausalprinzip, also der Satz, daß alles Entstandene eine Ursache habe, eine objektive Evidenz besaß, war die Existenz Gottes gewiß, und die objektive Evidenz wiederum war nur dann gesichert, wenn das Kausalprinzip ein sog. analytischer Satz, d.h. wenn das Prädikat bereits im Subjekt tatsächlich ent-

---

[127] Vgl. Otto Muck, Funktion der Gottesbeweise in der Theologie. In: F. Ricken (Hrsg.), Klassische Gottesbeweise, 18-35. Zur Vorgeschichte des Faches «Religionsphilosophie» vgl. Konrad Feiereis, Die Umprägung der natürlichen Theologie in Religionsphilosophie. Ein Beitrag zur deutschen Geistesgeschichte des 18. Jahrhunderts, Leipzig 1965.

halten war, wenn letzten Endes die Welt nicht ohne Schöpfer gedacht werden konnte. Die allerdings bizarre Angst trat auf, daß die Religion im Kern erschüttert sei, wenn jemand die These leugnen durfte, daß das Kausalprinzip ein analytischer Satz sei! Unsere chronologischen Regesten, mehr noch das vorzügliche Werk von Laverdière und die informativen Bücher von Pottmeyer und Flury machen die obsessive Furcht der neuscholastischen Philosophie vor dem Zusammenbruch des Kausalprinzips als der letzten Grundlage der Religion deutlich.[128]

Hier ist nicht der Ort, die dahinter liegenden psychologischen Probleme speziell der deutschen Jesuiten, die auf diesem Gebiet besonderen Eifer an den Tag legten, zu erklären, oder beispielsweise näher zu erforschen, wie sich die lange Verbannung aus dem Deutschen Reich auf ihre Denkformen tatsächlich ausgewirkt hatte (ob sich etwa bei ihnen über die allgemeine konservative Verstörtheit hinaus noch eine bestimmte Verlustangst bemerkbar machte) - es genügt festzustellen, daß circa 40 Jahre lang, von etwa 1915 bis etwa 1955, der Kampf um das Kausalprinzip als letztzugespitzte Form der Auseinandersetzung mit der modernen Welt die Diskussion um die christliche Philosophie vollständig beherrschte.

Mehr als eine Generation hindurch haben bischöfliche Zensoren und offizielle Apologeten Hessen dies am übelsten genommen: daß er es wagte, gegen alle päpstlichen Vorschriften den scholastischen, kausalen Gottesbeweis für unzureichend zu erklären, und damit Generationen berühmter Theologen ins Unrecht zu setzen (Dok. 17, 22, 25, 27). Jedoch ist es wichtig festzuhalten, daß Hessen in seinem Kampf nicht völlig alleine stand. Zwar vertrat besonders er die These, daß das Kausalprinzip "nur" ein denknotwendiges Postulat sei, mit Entschiedenheit, in der Sache aber waren ihm mehrere Denker vorausgegangen, vor allem Caspar Isenkrahe und Joseph Geyser, andere, wie Franz Sawicki und Artur Schneider hatten gleichzeitig mit ihm

---

[128] Zum Gottesbeweis im 19. Jahrhundert vgl. allgemein Q. Huonder, bes. 107-154. - Grundlegend die umfassende Arbeit von Laverdière zur Kausalität. - Zum Zusammenhang des I. Vatikanum und zur Apologetik allgemein vgl. H.-J. Pottmeyer und J. Flury. - Unentbehrlich für die Argumentationsgeschichte sind die beiden sorgfältigen Dissertationen aus der Schule von R. Stölzle, die Karl Staab (1910) und Franz Schulte (1920) angefertigt haben. Man kann seine Verwunderung darüber nicht unterdrücken, wie selten diese beiden als Buch gedruckten Arbeiten herangezogen werden, während doch sozusagen täglich Aufsätze über die Gottesbeweise erscheinen, die den Eindruck erwecken, gerade jetzt finde der definitive Durchbruch statt. Nicht, daß diese Dissertationen «genial» seien - aber nach ihrer Lektüre wird jeder Leser vorsichtig sein, wenn die Versuchung an ihn herantritt, zu diesem Thema «etwas Neues» sagen zu müssen.

denselben Weg beschritten[129]. Schließlich kam es nach Erscheinen des Werkes von Sawicki über die Gottesbeweise (1926) und Hessens Buch über das Kausalprinzip (1928) zu einer Art Durchbruch: die «herrschende Meinung» auch der katholischen Philosophen gab die absolute Gültigkeit des Kausalprinzips auf. Mit gewissen Ausnahmen, wie dem greisen Mausbach, der noch 1929 in einem zweibändigen Werk die traditionelle Sicht der Dinge verteidigte, waren es jetzt nur noch die Jesuiten und Dominikaner, die um diese Weltanschauung kämpften, als ginge es um Leben und Tod. Vor allem die Jesuiten setzten diesen Kampf noch lange fort - teilweise bis in die Gegenwart hinein - weil es ihrer Mentalität entsprach, die ganze Religion auf einen einzigen rationalen, unwidersprechlichen Beweis zu stützen.[130]

Flury hat deutlich herausgestellt, welche Religionsphilosophie letztlich dahintersteckte: der rationale Gottesbeweis war das erste Glied einer langen Kette von Beweisen, die am Ende die absolute Wahrheit der katholischen Kirche und damit auch deren Anspruch auf die alleinige Berechtigung, die Menschheit zu belehren - zwingend zu belehren, da die Beweise zwingend waren! - nachwiesen. Der antimodernistische Jesuit Bessmer hat 1912 geschrieben: "Leugnet man einmal die Möglichkeit, Gott mit Sicherheit aus der sichtbaren Schöpfung und aus den Tatsachen der Geschichte zu erkennen

---

[129] H.-J. Pottmeyer, 135-44: Dasein und Wesen Gottes. - J. Flury, 107-114, innerhalb des sehr instruktiven Kapitels «Die traditionelle Fundamentaltheologie in der Modernismuskrise» (88-148). Pottmeyer, 140ff. arbeitet sehr gut die Hessen sein Leben lang beschäftigende Problematik heraus, wie denn im I. Vatikanum Gott völlig in den Vorstellungsformen der griechischen Metaphysik definiert worden sei: "una singularis simplex omnino et incommutabilis substantia spiritualis". Gerade auf einen so beschriebenen Gott mußte die Anwendung des Kausalprinzips sofort zu Aporien führen. Pottmeyer zieht dazu heran: J.H., Griechische oder biblische Theologie? (1956), 100-109. - Zu der Ausbreitung der Konflikte um den Gottesbeweis zur Zeit der Modernismuskämpfe vgl. z.B. Lorenzo Bedeschi, Modernismo a Milano, Milano 1974. 112f. G. Ballerini, Il principio di causalità e l'esistenza di Dio di fronte alla scienza moderna, Firenze 1904; O. Schroeder, Aufbruch und Mißverständnis, 145. - Zur kath. Tübinger Schule als der ersten Gruppierung, die es wagte, die überlieferten Beweise zu bezweifeln, vgl. Staab, 28-49; ebd. 50-59 zu den Neuscholastikern, 73-105 zum kosmolog. Gottesbeweis. Auf die Generation Hessens mußte auch die folgende nützliche und im Effekt kritische Arbeit ernüchternd wirken: Augustinus Daniels O.S.B., Quellenbeiträge und Untersuchungen zur Geschichte der Gottesbeweise im dreizehnten Jahrhundert (= Beitr. zur Geschichte der Philosophie des Mittelalters, VIII/1-2), Münster 1909.
[130] Neuere beachtenswerte Stimmen zu den Gottesbeweisen: Klaus Kremer, Gottesbeweise - ihre Problematik und Aufgabe. In: Trierer Theologische Zs. 82(1973) 321-38. - Theologische Real-Enzyklopädie, Bd. 13, Berlin 1984, 724-84 (J. Clayton). - W. Brugger SJ, Gibt es gültige Gottesbeweise? In: ZkTh 101(1979) 340-50 (Gegen H. Küng, Existiert Gott?, München 1978). - Wolfgang Stegmüller, Hauptströmungen der Gegenwartsphilosophie, Bd. IV, Stuttgart 1989, 342-520 (Bericht über John L. Mackie's, The Miracle of Theism, Oxford 1982. Deutsch 1985). - Frido Ricken (Hrsg.), Klassische Gottesbeweise.

und sein Dogma wissenschaftlich zu erweisen, so ist der Weg versperrt zur christlichen Offenbarung"[131].

Der Gottesbeweis bildete jenes ausschlaggebende Verbindungsstück zwischen Philosophie und Theologie, welches am Ende der Metaphysik und am Anfang der Fundamentaltheologie steht. Er gehört zur sog. demonstratio religiosa, auf die der Beweis der christlichen Offenbarung, die demonstratio christiana folgt, an die sich dann als letztes die demonstratio catholica, der Beweis der Wahrheit der katholischen Kirche anschließt. Diese ganze lange Beweiskette, bei der viele Einzelglieder zu unterscheiden sind, sollte auf rein rationalem Wege sichergestellt werden und so schließlich einen einzigen zwingenden Beweis ergeben. Die enormen Probleme, die sich dabei auftürmten, können hier gar nicht behandelt werden. Besonders von historischer Seite stellte sich der Nachweis der traditionell ganz im Mittelpunkt der Argumentation stehenden alt- und neutestamentlichen Wunder als ein immer aussichtsloseres Bemühen heraus. Nicht anders war es mit den problematischen "Weissagungsbeweisen". Das ganze Gebäude hatte nur dann Bestand, wenn jeder einzelne Stein absolute rationale (bei historischen Argumentationen wenigstens moralisch zwingende) Beweiskraft hatte. Erst danach hatte der menschliche Geist die "motiva credibilitatis", d.h. die Voraussetzungen der Glaubwürdigkeit beisammen, die nötig waren, den vernünftigen Glaubensakt des Christentums zu setzen, ja ihn dazu verpflichteten.

Wenn nun Hessen und andere leugneten, daß die Gottesbeweise (die alle letztendlich auf den einen Kausalitätsbeweis reduzierbar waren) zwingende Kraft besaßen, dann entfernten sie den untersten Stein des Fundamentes der ganzen Kirche! Dieses natürlich nur aus der Sicht des wesentlich von den Jesuiten des 19. Jahrhunderts in diese extreme Zuspitzung gebrachten Systems, obwohl Flury nachdrücklich betont, daß der Grundriß der Argumentation bei allen katholischen Einzelschulen identisch war[132].

---

[131] Flury, 117 zitiert J. Bessmer SJ, Philosophie und Theologie des Modernismus, Freiburg 1912.
[132] Hierzu Flury, passim. Im übrigen weist Flury nach, daß dieses Schema innerhalb der kath. Theologie eine außerordentliche Konstanz besaß. Der von Flury hauptsächlich verwertete Vertreter einer «klassischen» Apologetik ist Hettinger. Von einer anderen Seite beleuchtet dasselbe Feld einer «auctoritativen» Dogmatik Joseph Schuhmacher in seiner Monographie zum sog. «Denzinger», dem seit 1854 immer wieder aufgelegten und erweiterten Handbuch der katholischen Lehrentscheidungen. Für die Mentalität des Kreises von apologetisch-dogmatischen, von Jesuiten geschulten Theologen bleibt unübertroffen: Manfred Weitlauff, Zur Entstehung des «Denzinger». Der Germaniker Dr. Heinrich Joseph Dominikus Denzinger (1819-1883) in den ersten Jahren seines akademischen Wirkens an der Universität Würzburg. In: HJb 96(1976) 312-71.

In Deutschland hatte vor allem Hermann Schell (1850-1906) versucht, von diesem Schema wegzukommen, und Hessen blieb stets ein dankbarer Leser dieses originellen Denkers[133]. Es ist nicht verwunderlich, daß Hessen von allen traditionalistischen Theologen in Deutschland abgelehnt wurde, und zwar so lange, wie die ältere Auffassung der Glaubensbegründung ihre beherrschende Stellung wahren konnte, und das war, trotz aller Einbrüche, bis fast zum Ende des Pontifikates Pius'XII. (1958) der Fall. Das eigentliche Dilemma der älteren Apologetik war ihr "Alles-oder-Nichts"-Standpunkt: wer einmal dieses große Theorem innerlich übernommen hatte, war dazu verurteilt, den Rest seines Lebens nach stützenden Argumenten zu suchen, angstvoll jeden Ausgrabungsbericht aus Mesopotamien zu verfolgen, endlose Debatten mit Medizinern über die Seele und das Gehirn des Menschen, mit Kirchenhistorikern über die ältesten Papstlisten, mit Physikern über das Alter der Erde zu führen - und natürlich mit Philosophen über alle Arten von Seinsgesetzen, Erkenntnistheorien, Moralbegründungen zu disputieren. Da an unübersehbar vielen Stellen ein "Wassereinbruch" drohte, mußte auch die Ernsthaftigkeit der Argumente leiden, die ja niemals bloß wahrscheinlich, sondern stets wenigstens moralisch, auf philosophischem Gebiet aber absolut zwingend sein mußten. So gehörte noch in den sechziger Jahren dieses Jahrhunderts die alte These von der raschen Ausbreitung des Christentums zur Gesamtkette der demonstratio christiana, wobei den jungen Studenten, die dies 1965 in Bonn hörten, schon die Frage unabweisbar schien, wieso denn dann der entscheidende Durchbruch nach Persien, Indien und China nicht geglückt sei.

Flury beantwortet in seinem wertvollen Buch nicht die delikate Frage, wie ernst die katholischen Apologeten das ganze Gebäude genommen haben[134]. Für Hessen kam es jedenfalls nicht mehr in Frage. Dann aber

---

[133] So schließt sich Hessen noch im 3. Band seines «Lehrbuches der Philosophie» (1950) in der zentralen Frage einer letzten Erfassung Gottes im Rahmen der Theodizee eng an H. Schell, Gott und Geist, I, Paderborn 1895, 286f. an; a.a.O. 327. Dasselbe Werk hat er schon in seinen «Philosophischen Strömungen der Gegenwart» (1923), 14 stark hervorgehoben.
[134] Daß dieser Anspruch von den di minores der Neuscholastik völlig ernstgenommen wurde, und wie sie dabei die Rolle des Neuthomismus einschätzten, darüber mag ein Text B. Dörholts unterrichten: "Man ruft nach Apologeten, und nicht ohne Grund. Aber was wird ein ganzes Heer von Apologeten leisten, wenn es keine Artillerie mit sich führt? Unsere Artillerie ist die Metaphysik. Wir haben eine, und zwar eine vorzügliche, schon seit den Tagen Alberts d. Gr. und Thomas' von Aquin. Es fehlt aber an geschulten Artilleristen, die es verstehen, die schweren Geschütze, die in unseren Arsenalen liegen, hervorzuholen und sie bis in das Innerste des feindlichen Lagers zu werfen, wo sie mehr Wirkung haben würden, als alle die Gewehrsalven, die von Historikern, Naturwis-

konnte nur - im Gefolge der Lotze, Windelband, Dilthey, Rickert, Volkelt - ein im Herzen des Menschen verankerter Glaube verantwortbar sein: die Verbindung des Augustinus mit dem geläuterten Idealismus der Neuzeit (der über die Kantsche Metaphysik-Ablehnung hinausgelangt war) war das Programm, welches für Hessen ein Leben lang tragfähig blieb. Dies sollte nun nicht bloß ein "subjektives Gefühl" sein, als welches die Neuscholastiker den Hessenschen Gedankengang nur wahrzunehmen verstanden, sondern durchaus eine Religionsbegründung darstellen, die objektiven Wert hatte: für Hessen war die Wertordnung, die alleine fähig war, einen personalen, biblischen Gott zu begründen, etwas anderes als die Seinsordnung der Metaphysik, die kein summum bonum, sondern nur ein ens a se nachzuweisen imstande war. Die augustinische Intuition und das neukantianische Wertapriori verschmolzen in einer gewiß anfänglich nicht fugenlosen Weise zu einer religiösen Religionsbegründung, die von den üblichen kausalen Ableitungen prinzipiell unerreichbar war, weil sie an der Grenze jeder rationalen Erkenntnis lag und nurmehr - um mit Lotze zu sprechen - "vom ganzen Menschen" erlebt werden konnte.

b. Hessens Freunde und Feinde im Kampf um den Gottesbeweis und die Religionsbegründung

Die Neuscholastiker sahen in all dem nur das Nein. Wenn im folgenden einige Jesuiten genannt werden, die ihre Feder gegen Hessen spitzten, um ihn zu "widerlegen", ja gewiß auch um seine kirchliche Verurteilung herbeizuführen, so muß man doch betonen, daß es in den ersten Jahren, also von 1916 bis 1922 vor allem Weltgeistliche waren, die den jungen Nachwuchswissenschaftler kritisierten. Die drei Münsteraner Lehrer Mausbach, Dörholt und Diekamp haben damals zwar noch nichts gegen ihn geschrieben (ihn wohl auch einer öffentlichen Diskussion nicht für würdig gehalten[135]), aber anscheinend

---

senschaftlern und anderen Apologeten fortwährend abgegeben werden. Videant consules!". In: Neue thomistische Literatur. In: ThR 12(1913), Nr. 7 vom 9.5.1913, Sp. 193-201, hier Sp. 200f. Diese Äußerung war übrigens eine Spitze gegen Hertling, der einmal gesagt hatte, daß eine bedeutende naturwissenschaftliche Leistung eines Katholiken "Bände Apologetik" aufwiege.
[135] Zu Franz Diekamp (1864-1943) aus Geldern, also ebenso wie Geyser, der aus Erkelenz, und H. Lennerz SJ, der aus Kempen stammte, ein engerer Landsmann Hessens - es kann hier nicht der Frage nachgegangen werden, warum in dieser Zeit so viele katholische Philosophen und Theologen aus dem kleinen Raum am «linken Niederrhein»

schon früh ein ungünstiges Urteil über ihn gefällt. Der erste, der sich schriftlich äußerte, war der Bonner Dogmatiker Esser, dessen Gutachten wir erwähnten. Früh schlossen sich aber schon die Vertreter der systematischen Fächer und Philosophen Wunderle (Würzburg), Schreiber (Fulda), Adam (Tübingen) und Krebs (Freiburg), sowie der Kölner Priester und Philosophiehistoriker Rolfes zu einer Art Phalanx zusammen[136], ohne daß ihre Ablehnung bis 1922 bereits eine unwiderrufliche Verurteilung gewesen wäre.

Aber bereits unter den frühesten Kritikern Hessens befand sich mit Otto Zimmermann ein Vertreter der Gesellschaft Jesu, die seit dem Eingreifen Erich Przywaras im Oktober 1922 für 35 Jahre praktisch die "Federführung" in der Bekämpfung Hessens übernommen hatte[137]. Im Laufe dieser Zeit haben mindestens 30 Jesuiten, vor allem Przywara, Franzelin, Jansen, Fuetscher, de Vries, Brunner und Karl Rahner gegen Hessen geschrieben; manche, wie Alfred Delp, nur in knappen Rezensionen, manche in selbständigen Broschüren, wie Bernhard Franzelin mit seinem 52 Seiten starken Heft mit dem Titel: "Sind die Grundlagen unserer Gotteserkenntnis erschüttert?" (Wien 1929). Seinen zeitlichen Höhepunkt erreichte der Kampf der deutschsprachigen Jesuiten gegen Hessen in den Jahren zwischen 1928 und 1940, als nicht weniger als 36 negative Stellungnahmen von dieser Seite zu zählen waren, darunter auch die besonders scharfen und ausführlichen von Franzelin und Rahner. Daß Hessen trotz dieses Trommelfeuers dennoch nicht

---

stammten - vgl. E. Hegel, Fakultät Münster, I, 398-400, II, 13; Meinertz, 47; NDB 3(1957), 645. Nach anfänglichen patristischen Studien veröffentlichte er 1912-14 eine dreibändige «Katholische Dogmatik», die viele Neuauflagen erlebte und als Standardwerk galt. Diekamp gab seit 1902 die «Theologische Revue» heraus, wurde 1907 Ordinarius für Dogmatik, 1910/11 Rektor, 1912 Hausprälat und 1924 Domkapitular. Mit Mausbach, Meinertz und Greving bildete er eine Art «Kränzchen», das jeden Mittwochnachmittag einen längeren Spaziergang machte. Die Atmosphäre muß sehr dogmatisch-orthodox gewesen sein; Meinertz, 43. Hessen erschien die Dogmatik Diekamps als ein Musterbeispiel scholastischen Kausaldenkens im Kernbereich der Religion. Noch 1956 schrieb er: "Von der Richtigkeit dieser Interpretation habe ich mich nie überzeugen können. Schon als Theologiestudent opponierte ich innerlich gegen sie, als sie uns im Dogmatikkolleg vorgetragen wurde. Bedeutet die cognitio Dei naturalis denn weiteres ein rationales und kausale Erkennen? Liegt dieser Gleichsetzung nicht jene auf den griechischen Intellektualismus zurückgehende, heute längst überwundene Auffassung vom menschlichen Erkennen zu Grunde, für die alle Gegenstandserfassung rationaler Natur ist?"; J.H., Griechische oder biblische Theologie? (1956), 80.
[136] Vgl. Nr. 63, 64, 69, 81, 89, 90, 97. Zu Georg Wunderle vgl. Imkamp, 589. - Zu Erich Przywara (1889-1972) vgl. B. Gertz in H.M. Schmidinger, II, 572-89. - Zu Christian Schreiber (1872-1933), seit 1921 Bischof von Meißen, vgl. E. Gatz, Bischöfe, 672-75. Zu Engelbert Krebs (1881-1950) vgl. NDB 12(1980), 726f. (Lit.); R. Bäurer in: Badische Biographien. Neue Folge, hrsg. von B. Ottnad, Bd.2, Stuttgart 1987, 169-71.
[137] Siehe Nr. 63. Zu O. Zimmermann SJ (1873-1932), Redakteur der «Stimmen der Zeit» vgl. Kosch, II, 1872.

endgültig aus der Kirche herausgedrängt wurde, kann, wer will, als ein kleines Wunder betrachten. Zu Franzelins Broschüre bemerkt Hessen in seinen Erinnerungen: "Wer die Zustände im katholischen Lager kennt, weiß, daß es für Theologen immer sehr gefährlich ist, wenn eines seiner Werke von einem Mitglied der Gesellschaft Jesu verrissen wird. Man muß dann stets mit einem Verbot, und das heißt in der Regel mit einer Indizierung rechnen. Jeder Sachkundige kann dafür Beispiele anführen."[138] Auf das Thema der Bücherverbote resp. Indizierung von Hessens Werken wird im Zusammenhang der großen Krise von 1928 noch näher eingegangen.

Die Zahl der Gegner Hessens wuchs auch nach Auftreten der Jesuiten weiter an: alles, was irgendwie der Neuscholastik verbunden war, zog ins Feld. So unterschiedliche Köpfe wie Martin Grabmann und Robert Grosche, der polnische Prälat Leo v. Skibniewski, die Professoren Karl Adam, Michael Wittmann, Ludwig Baur, Ludwig Faulhaber, Joseph Lenz, besonders Heinrich Straubinger standen ihm sehr ablehnend gegenüber. Unter den Ordensleuten stellten sich Gallus M. Manser O.P., Thomas Graf O.S.B., Alois Mager O.S.B, Novatus Picard O.F.M. und Theodor Droege C.ss.R. sowie etliche andere mit unterschiedlicher Schärfe gegen ihn[139]. Mit anderen Worten: Hessen stand im rein innerkirchlichen Bereich sehr alleine da, nicht nur die Jesuiten und Dominikaner, sondern auch die Seminare und Fakultäten waren mehr oder weniger geschlossen gegen ihn, so daß an einen Ruf auf

---

[138] In seinen «Geistigen Kämpfen» (1959) beschreibt Hessen das Heft Franzelins von 1929 (hier Nr. 254) als eine "schamlose Fälschung der Intentionen meines Buches", sowie als "Pamphlet übelster Art"; 80f. Allerdings hat Franzelin mit äußerster Konsequenz Hessen als Kantianer und Häretiker nachgewiesen; es gibt keinen vernünftigen Zweifel daran, daß er Hessen auf den «Index» bringen wollte. Sehr schwierig wird es, wenn man fragt, ob Franzelin bewußt die Thesen Hessens "verfälscht" habe; wahrscheinlich fühlte er sich berechtigt, die in seinen Augen notwendig sich ergebenden Konsequenzen aus dem Denken H.s auch über die Intention des Autors hinaus zu treiben, um die Gefahr für die Orthodoxie zu verdeutlichen. Bernhard Franzelin (1868-1943) war seit 1906 in Innsbruck und Rom Dozent verschiedener Fächer an verschiedenen Ordensinstituten und Seminaren, 1924-28 a.o. Prof. für Philos. an der theol. Fakult. Innbruck. "Überzeugter Scholastiker alter Schule, sorgsam bedacht auf die Reinheit der Lehre"; E. Coreth, Die Philosophie, 171-74; 173.
[139] In der Reihenfolge der Namensnennung vgl. Nr. 252/235, 409/281/69, 381, 428/394, 443, 470/128, 163/209/221/167, 255, 290. Ordensleute: 323, 360/267/161, 225/526/284, 308, 350. Zu Ludwig Baur (1871-1943) vgl. M. Grabmann in: PhJB 54(1941) 137-41; E. Kleineidam, 171f.; Brandmüller, Handbuch, II, 661-63.- Zu M. Wittmann vgl. J. Hirschberger in: PhJB 59(1649) 401-05. - Zu Ludwig Faulhaber vgl. Imkamp, 588, 623. - Zu Gallus M. Manser, O.P., dem Haupt der strengen Thomisten vgl. B. Braun in: H.M. Schmidinger, II, 623-29. - Dr. theol. Eugen Rolfes (1852-1931), Hausgeistlicher der Karmeliterinnen in Köln-Lindenthal, später Pfr. in Dottendorf; Kosch, III 4037. - Zu R. Grosche vgl. Anm. 205.

einen Lehrstuhl gar nicht zu denken war. Zwar gab es diesbezüglich ab und zu einzelne Überlegungen und Vorgespräche über einen sog. Listenplatz - de facto schied Hessen aufgrund eines stillschweigenden Veto der Bischöfe von vorneherein aus. Das machte sich im übrigen im Zusammenhang mit seiner Wiedergutmachung in beinahe fataler Weise bemerkbar, als er nämlich beweisen sollte, daß er einen Lehrstuhl erhalten hätte, wenn der Nationalsozialismus nicht an die Macht gekommen wäre.

Der Standpunkt der Jesuiten, die Hessen, Scheler und die übrigen Modernisten kritisierten, gründete nicht zuletzt auf einer erheblichen Entrüstung über deren Ungehorsam gegenüber ausdrücklichen päpstlichen Befehlen - er war es, der in ihren Augen das Verhalten der Neuerer so verwerflich machte, und es war die "Verschlagenheit" dieser Modernisten, die jeden Kampf mit ihnen so erschwerte. Der einflußreiche, an der Gregoriana lehrende Jesuit Heinrich Lennerz veröffentlichte 1926 ein Buch über die "natürliche Gotteserkenntnis", so wie päpstliche Anordnungen sie in den letzten hundert Jahren definiert hatten.[140] Beschränken wir uns auf die Verlautbarungen seit 1870, so betonte ja schon der Canon 1 der dogmatischen Konstitution "Dei filius" des I. Vatikanischen Konzils die natürliche Gotteserkenntnis, oder setzt sie jedenfalls voraus.[141] In "Aeterni Patris" vom 4.8.1879 war die Beweisbarkeit Gottes angesprochen worden, so wie auch in "Humanum genus" vom 20.4.1884.[142]

Pius X. hatte diese Tendenz seiner beiden Vorgänger noch erheblich verstärkt: in der Enzyklika "Pascendi" vom 8.9.1907, derjenigen über den Hl. Anselm "Communium rerum" vom 21.4.1909, ebenso in "Sacrorum antistitum" vom 1.9.1910 und schließlich im Antimodernisteneid von 1912 war die Lehre von der natürlichen Erkennbarkeit zu einer Beweisbarkeit gesteigert worden, die keine Ausflüchte mehr zuließ.[143] In erneuten Verurteilungen des Modernismus am 1.11.1914 durch Benedikt XV. und am 23.12.1922 durch Pius XI. (in seiner ersten Enzyklika!) sowie dessen Enzy-

---

[140] Heinrich Lennerz (1880-1961) Jesuit 1899, 1914-25 Prof. am Ignatiuskolleg in Valkenburg, dann an der Univ. Gregoriana; Kosch, II 2559; Karl H. Neufeld in: NDB 14(1985), 213.
[141] Sein Werk: Natürliche Gotteserkenntnis, Freiburg 1926 (Vgl. Nr. 188). Zur Stellungnahme ebd. S. 133-84. Ganz anders klingen die Probleme bei Pottmeyer, 121-67, 168-230.
[142] Zu den Lehräußerungen Leos XIII.: Lennerz, 138-87.
[143] Lennerz 188, 191-97. Vgl. dazu die Analyse von «Lamentabili» und «Pascendi» bei Flury 108-111, und den Antimoderistenend 112-114. Zu diesem ganzen Stoff zur inhaltlichen Information noch gut brauchbar: Gisler, 611-86. Für die deutsche Reaktion auf «Pascendi» vgl. Trippen, Theologie und Lehramt, 51-109.

klika "Studiorum ducem" zum Thomas-Jubiläum vom 29.6.1923 wurde diese feste Beweisbarkeit Gottes wörtlich wiederholt ("... demonstrari etiam posse")[144]. Zuletzt noch hatte am 1.12.1924 das Hl. Offizium in einem Reskript an den Bischof von Quimper eingehend diese Beweisbarkeit behandelt und sichergestellt.[145] Ohnehin konnte jeder im Canon 1366 § 2 lesen, daß die Professoren die "philosophia rationalis" und die Theologie unbedingt "ad Angelici Doctoris rationem, doctrinam et principia" behandeln mußten. Damit war natürlich auch die Lehre von den thomasischen Gottesbeweisen juristisch vorgeschrieben.[146]

Das Vergehen Hessens war zunächst also vor allem der große Ungehorsam gegen diese Vorschriften. In den Augen eines treuen, gehorsamen Theologen sah die Sachlage dann so aus: Hessen nutzte die traurige Lage der Kirche in Deutschland, wo man ad evitanda maiora mala vielfältige Rücksichtnahme auf die Häretiker nehmen mußte, wo die Jurisdiktion des Hl. Stuhls durch die Ungunst der politischen Lage sich nicht voll entfalten konnte, dazu aus, sich ungestraft dieser wichtigen Gehorsamspflicht zu entziehen. In den Augen eines Jesuiten war ein solches Verhalten absolut unentschuldbar. Denn über allem Philosophieren stand doch fest wie der Polarstern der Gehorsam zum Papst als oberster Orientierungspunkt.

Sämtliche Kontroversen um Hessen - von den ersten ablehnenden Rezensionen um 1920 bis zum letzten Schlage Josef Kochs aus dem Jahre 1953 und der "Widerlegung" durch Hubertus Mynarek[147] (1963) - werden erst vor dem Hintergrund der Tatsache verständlich, daß er seinen Gegnern nicht nur als irriger Denker, sondern vor allem als schlechter Mensch, als

---

144 Zur erneuten Verurteilung des Modernismus durch Benedikt XV. durch die Enzyklika «Ad beatissimi Apostolorum principis» vom 1.11.1914 vgl. Lennerz, 199. Zu Pius XI., der in der Enzyklika «Studiorum Ducem» vom 29.6.1923 die Formulierungen des Vatikanum I. und Pius' X. wörtlich wiederholte ("... demonstrari posse ...") ebd. 199.
145 Reskript des S. Offizium an den Bischof von Quimper vom 1.12.1924 über zwölf Thesen zur Beweisbarkeit Gottes: ebd. 200-202. Resümierend stellt Lennerz S. 203 fest, daß alle Päpste seit Gregor XVI. wiederholt Erkennbarkeit und Beweisbarkeit Gottes, unter häufiger Zitierung von Röm. 1,20 proklamiert hätten.
146 E. Blessing zählt in seiner ablehnenden Rezension von Hessens «Thomas von Aquin und wir» (1957, hier Nr. 581) sechs Dokumente über die Verpflichtung des katholischen Lehrers zur Wahrung der thomistisch-neuscholastischen Lehre auf, zuletzt eine Papstansprache vom 17.10.1953. Weitere zahlreiche Urkunden finden sich in den Quellenangaben zum CIC, Can. 1366 § 2 (für die Zeit von 1879-1916). Die jetzt vollständigste Analyse der päpstl. Lehräußerungen findet man bei: R. Aubert, Die Enzyklika «Aeterni Patris» und die weiteren päpstlichen Stellungnahmen zur christlichen Philosophie. In: H.M. Schmidinger, II, 310-332.
147 Dok. 95 und Nr. 663. Läßt man die Konflikte H.s mit dem Jahre 1915 (Mausbach) beginnen, dann erlebte H. also 48 Jahre ideologischer Konflikte.

verwerflicher Heuchler, als die ewige Seligkeit seiner Leser und Hörer direkt gefährdender Häresiarch erschien.

Daß Hessen all die Jahrzehnte eine Partisanen- und Untergrundkämpferexistenz zu führen und daher oft auch gezwungen war, seine wahre Gesinnung zu verheimlichen, daran kann wohl kein Zweifel bestehen. Er war von Rom her gesehen einer von den "verschlagenen Menschen"[148], die Pius X. so sehr gehaßt hatte. Wie aber sonst konnte ein in sich fugendicht abgekapseltes ideologisches System mit gewaltiger politischer Macht anders aufgebrochen werden als durch äußerst vorsichtige, genau dosierte Infiltration? Der Kampf um die Gottesbeweise war nicht ein "fairer Wettkampf", in dem sich wie auf einem englischen Rasen zwei Mannschaften von sportlichen Gentlemen gegenübergestanden hätten: es war ein ideologischer Krieg, bei dem ganz andere Regeln herrschten, nämlich die Regeln der gegenseitigen Auslöschung. Daher auch die Atmosphäre von Angst, Drohung, ja auch des Hasses, der naturgemäß gegen den internen Gegner bitterer war als gegen den äußeren. So konnten die Gegner Hessens, die ihn lebenslang von einem Lehrstuhl fernhielten, natürlich nie auf den Gedanken verfallen, hier werde einem voll qualifizierten Manne unrecht getan. Im Sinne Carl Schmitts war er für die deutsche katholische Orthodoxie schlechthin ein politischer Feind.

Wer waren demgegenüber die Freunde und Anhänger Hessens auf wissenschaftlichen Gebiet? Eine völlig geschlossene Gruppe bildeten sie nicht, das kam schon wegen der grundsätzlichen Unabhängigkeit und dem Selbst-Denkertum der Antischolastiker nicht in Frage. Aber es lassen sich schon Namen nennen: die Religionsphilosophen, die vom Neoaugustinismus und von Max Scheler beeinflußt waren; vor allen: sein Studienfreund Dr. Oskar Schroeder, dann, im allgemeinen: Laros, Sawicki, Rademacher, Tillmann, Steinbüchel, Aloys Müller (wie Hessen Mitglied der kleinen Gruppe katholischer Priester, die sich an einer philosophischen Fakultät einer deutschen Universität habilitiert hatten und dort zwar in voller Freiheit lehren konnten, aber stets ein fünftes Rad am Wagen blieben), ferner, mit Reserven, Johann Peter Steffes, Artur Schneider, Joseph Engert, Jakob Barion. Vor allem aber protestantische Religionsphilosophen wie Rudolf Otto, Gustav Mensching, Günther Jacoby, Heinrich Scholz, Kurt Leese, Hermann Schuster, Robert Jelke und Ex-Katholiken wie August Messer und Friedrich

---

[148] Lennerz, 198; aus «Sacrorum antistitum» vom 1.9.1910.

Heiler[149]. Alle diese Gelehrten befanden sich an der Grenzlinie zwischen Theologie, Philosophie, moderner Bibelwissenschaft oder anderen Nachbargebieten und bemühten sich um das, was traditionelle Apologeten nicht mehr erreichten: die "Redlichkeit des Glaubens".

Im Laufe seiner Konflikte und Auseinandersetzungen geriet Hessen dabei immer stärker in das Blickfeld der protestantischen Theologen. Kurt Leese[150] in Hamburg, Robert Jelke in Heidelberg und Friedrich Heiler in Marburg haben sich am intensivsten darum bemüht, Hessen im Protestantismus bekannt zu machen, aber auch viele andere Angehörige dieses Lagers, wie der spätere Generalsuperintendent resp. Bischof von Schlesien Otto Zänker sowie Paul Althaus und Heinrich Hermelink haben ihn unterstützt[151],

---

149 Zu Franz Sawicki (1877-1952), der in Freiburg i.Br. Theologie studiert, aber auch Dyroff und Rickert gehört hatte, seit 1903 Prof. am Priesterseminar in Pelplin vgl. vor allem: Selbstdarstellung in: Die Religionswissenschaft der Gegenwart in Selbstdarstellungen, hrsg. von E. Stange, Bd. 3, Leipzig 1927, 127-165; dann: Altpreußische Biographie, II, Marburg/L. 1967, 594f. (Seine Ernennung zum Bischof von Kulm 1938 scheiterte am Einspruch der Regierung). - Zu Theodor Steinbüchel (1888-1949) aus Köln, seit 1926 Prof. für kath. Philosophie in Gießen, danach für Moraltheologie in München und Tübingen vgl. Benno Haunhorst, «Der Sozialismus als christliche Idee». Theodor Steinbüchels Beitrag zu einer christlichen Sozialethik. In: Ludwig/Schroeder, 75-100. - Zu Tillmann vgl. Lit. bei Imkamp, 633 Anm. 965. - Zu Joseph Engert (1882-1964), 1914 Prof. der Phil. in Dillingen, seit 1923 in Regensburg, der sich um eine Rehabilitierung von Schell bemühte, vgl. Kosch, I, 635; Imkamp, 546. - Zu den anderen vgl. hier Personenregister.
150 Zu Kurt Leese (1887-1965) vgl. Rainer Hering, Theologische Wissenschaft und «Drittes Reich», 148-56, 180f. - Ders., Von der Theologie zur Religionsphilosophie. Vor 100 Jahren wurde Kurt Leese geboren. In: Uni hh. Berichte und Meinungen aus der Universität Hamburg, 18. Jg., Nr. 4, Juni 1987, 42-44. Vgl. hier Nr. 403, 509. - Zu F. Heiler (1892-1967) siehe: Kurt Goldammer in: Schnack (Hrsg.), 153-68; NDB 8(1969), 259f. - Härle/Wagner 104. Zu Rudolf Otto: Jack S. Boozer/Martin Kratz in: Schnack (Hrsg.), 362-89. - Eine Art Kompendium der evangelischen Freunde Hessens bietet der Gedächtnisband für R. Otto der "Zeitschrift für Theologie und Kirche" 19(1938): als Autoren und Rezensenten findet man hier: Georg Wünsch, Gerardus van der Leeuw, G. Mensching, Herm. Schuster, Heinr. Mulert, M. Rade (mit einer Rez. zu Niggs Geschichte des religiösen Liberalismus), K. Leese, sowie Rezensionen über Werke von Althaus, Bavink, E. Brunner, Heiler, Hessen u.v.a. - Die meisten evangel. Freunde Hessens, so auch H. Mulert (1879-1950), werden behandelt in der Gesamtdarstellung von Horst Stephan/Martin Schmidt, Geschichte der evangelischen Theologie in Deutschland seit dem Idealismus, 3. Aufl., Berlin/New York 1973.
151 Bernd Jaspert, Heinrich Hermelink - Kirchenhistoriker. In: Schnack (Hrsg.), 194-209. Seine Berichte in der Zeitschrift «Die christliche Welt», in denen er seit 1921 die innerkirchliche Lage des Katholizismus verfolgte, sind sehr instruktiv. Man erfährt Dinge, die bei katholischen Kirchenhistorikern «unter den Tisch fallen». Die wichtigsten seiner Aufsätze sind dann in Buchform herausgekommen (vgl. Lit.-Verz.) Wie unangenehm seine Art von Berichterstattung strengkirchlichen Katholiken war, geht aus Friedrich Muckermanns Bemerkungen hervor: ders., Im Kampf zwischen zwei Epochen. Lebenserinnerungen, bearb. und herausgegeben von Nikolaus Junk, Mainz 1973, 351. Von der Tätigkeit des 1925 vom Predigerseminar Soest nach Breslau berufenen Lic. Otto Zänker während des «Dritten Reiches» handelt das Buch von Ehrenfort. Zänker war der

d.h. moralisch gestärkt durch Widmung von Aufmerksamkeit - ein Umstand, der "lebensrettend" wirken konnte, denn die deutschen Bischöfe dürften bei Entscheidungen über Exkommunikation oder ähnliches sicher stets die Außenwirkung bei der protestantischen Bildungsschicht in Deutschland mitberücksichtigt haben. Die Art und Weise, wie Rudolf Herrmann (Greifswald) 1951 in einem 14-spaltigen Leitartikel Hessens "Religionsphilosophie" in der Theologischen Literaturzeitung würdigte, war mehr als nur ein Rezensionserfolg für den Autor - eine derartige Anerkennung stärkte auch Hessens kirchenpolitische Position.

Als dann noch 1954 Hermann Schuster Hessens "Lehrbuch der Philosophie" in derselben Zeitschrift in einer sechsspaltigen, begeisterten Rezension den Lesern vorstellte, war klar, daß der Kölner Philosoph zu einer Schlüsselfigur des geistigen Austausches zwischen den Konfessionen geworden war.

Es besteht kein Zweifel daran, daß Hessen in den Jahrzehnten nach dem Krieg sehr nahe an den deutschen Protestantismus herangerückt war. Neben den Werken der eben Genannten - Friedrich Heiler bleibt wohl stets der wichtigste Bezugspunkt - ist noch der Name Emil Brunners zu nennen, dessen Werk "Wahrheit als Begegnung" (1938) große innere Ähnlichkeit mit seinen eigenen Auffassungen (z.B. im "Platonismus und Prophetismus" von 1939) aufwies. Auch zwischen Paul Tillich und Hessen gab es beachtliche Gleichklänge, wenn wir auch nichts über konkrete Beziehungen der beiden Letztgenannten zu dem Kölner wissen.[152]

---

früheste ausdauernde Rezensent Hessens im «Theologischen Literaturblatt». - Zu Robert Jelke (1882-1952), seit 1919 Ordin. für Religionsphilosophie/systemat. Theologie in Heidelberg, Schüler Ihmels, stark am «Theolog. Literaturblatt» (Leipzig) beteiligt, vgl. den ziemlich wegwerfenden Artikel in: Biographisch-Bibliographisches Kirchenlexikon, begr. von F. W. Bautz, Bd. 3, Heidelberg 1992, Sp. 20-22, wo Jelke seine Fremdheit gegenüber Karl Barths Theologie als unverzeihlich angekreidet wird.
[152] Vgl. Nr. 279, 408, 476. Die Übereinstimmung H.s mit E. Brunner zeigt sich am klarsten in H.s Buch: Griechische oder biblische Theologie (1956), wo z.B. S. 135 der Gedankengang Brunners zitiert wird, daß "die Verschiebung vom personalen Verständnis des Glaubens auf das intellektuelle ... wohl das verhängnisvollste Geschehen innerhalb der gesamten Kirchengeschichte" gewesen sei.

4. Die Krise um Hessen im Jahre 1928 und ihr historisches Umfeld

In der zweiten Hälfte des Jahres 1928 kam es schließlich zu der bis dahin ernstesten Krise in Hessens wissenschaftlicher und beruflicher Laufbahn. Auf Betreiben des Erzbischofs von Köln, Carl Joseph Kardinal Schulte, wurden zunächst zwei seiner Bücher verboten und sodann der - letztlich gescheiterte - Versuch unternommen, Hessen aus der Universität Köln zu entfernen. Die «Vorgeschichte» dieses Konfliktes wird bestimmt von dem grundsätzlich angespannten, aber durch das Wohlwollen des Münsteraner Bischofs Poggenburg gemilderten Verhältnis Hessens zur kirchlichen Zensur, von der in den zwanziger Jahren heraufziehenden «Krise des Katholizismus» und schließlich von dem Bemühen Kardinal Schultes, in Köln der scholastischen Orthodoxie zum Durchbruch zu verhelfen, das in prägnanter Weise in der Geschichte des dortigen Albertus-Magnus-Institutes zum Ausdruck kommt.

a. Hessen und das kirchliche "Imprimatur", besonders im Bistum Münster.

Trotz aller Ablehnung durch die katholische Orthodoxie gehörten Hessen bis tief in die Reihen des Klerus hinein geheime Sympathien - Sympathien, die sich zwar zumeist auf den mehr oder minder versteckt geäußerten Wunsch beschränkten, die "verkalkten Greise" in der Kirche mögen doch bald durch "zeitgemäße Seelsorger" ersetzt werden, aber nichtdestoweniger vorhanden waren, und zwar bis in die oberen Stufen der Hierarchie hinauf[153]. Wenn man bedenkt, daß die Theologen von Münster, namentlich Mausbach, Dörholt und Diekamp, den allerschlechtesten Eindruck von Hessen davongetragen hatten, so ist es doch erstaunlich, welchen Langmut

---

[153] Zur Metapher "verkalkt" in der Polemik gegen konservative Bischöfe usw. vgl. Joseph Thomé, Vom Staatlichen in der Kirche, Habelschwerdt 1933, 21. - Ida Fr. Görres, Die leibhaftige Kirche. Gespräch unter Laien, Frankfurt/M. 1951, 50 (Entnommen aus Valeske, I, 186). - In einem Bericht über Hessen vom 27.4.1942, der im Zusammenhang mit seinen Vorträgen entstand, heißt es seitens der Gestapo so: "Aus sonst immer bestens unterrichteter Quelle konnte weiter erfahren werden, daß Hessen beim Kölner Episkopat und Klerus so quasi als Aussenseiter gilt. Er habe in Wort und Schrift wiederholt in scharfem Affront gegen seine verkalkten Amtsbrüder gestanden. Im übrigen habe er fast täglich Auseinandersetzungen mit dem verstorbenen Kardinal Schulte gehabt und es sei dabei oft zum Krach gekommen"; HStAD, Akten der Geheimen Staatspolizei, 47318 fol. 11. Die Metapher der «Verkalkung» blieb wenigstens bis in die sechziger Jahre von großer Bedeutung.

Bischof Poggenburg und sein Generalvikar Meis dem suspekten Nachwuchswisssenschaftler entgegengebracht haben[154]. In dem Dossier "Schwierigkeiten mit den kirchlichen Behörden" befindet sich eine Serie von 14 Briefen des Generalvikars an Hessen aus den Jahren 1921 bis 1934 (Dok. 4, 6-7, 9-19), in denen es hauptsächlich um die Erteilung von "Imprimatur"-Vermerken ging, später auch um den großen, im folgenden zu behandelnden Zwischenfall von 1928.

Der Eindruck von der Person Hessens, der bei der Lektüre dieser Briefe im ersten Augenblick entsteht, ist der eines frechen Burschen, der einer schwerfälligen Behörde auf der Nase herumtanzt. Der Brief des Generalvikars an Hessen vom 28. April 1926 -, nach Erscheinen der beiden kurz danach auch von Münster aus verbotenen Bücher abgesandt, zählt nicht weniger als acht Werke Hessens auf, bei denen dieser sich gar nicht erst um ein "Imprimatur" bemüht hatte. Der drohende Ton des Schreibens täuscht, und Hessen konnte das wissen. Aufgrund einer jahrelangen Mißachtung jeder kirchlichen Vorschrift über die Vorzensur theologischer Bücher und der Genehmigungspflicht für nicht-theologische Werke hätte Hessen ohne weiteres schwer bestraft werden können, allerdings wiederum nur um den Preis eines heftigen Skandals und der Gefahr seines "Abfalls" vom Priestertum und Glauben. Die beiden Hauptverantwortlichen in Münster gingen aber wesentlich klüger vor als die Breslauer Diözesanbehörde, die in denselben Jahren Joseph Wittig durch ihr barsches und brutal-bürokratisches Verhalten gar keine andere Wahl gelassen hatte, als "zu gehen"[155]. Nicht so Poggenburg und Meis. Unter dem äußeren Anschein juristisch strenger Abmahnungen ließen sie Hessen an einer so langen Leine, wie es ohne Anstoß bei den Zeloten zu erregen überhaupt nur möglich war. Wenn ein Zensurgutachten allerdings so eindeutig ablehnend ausfiel, wie im Falle einer Münsteraner Stellungnahme aus dem Jahre 1934 (Dok. 20), dann waren selbst Meis die Hände gebunden, der in diesem Fall erklärte, daß "zu unserem lebhaften Bedauern" die Druckgenehmigung nicht erteilt werden könne.

Tatsächlich konnte Hessen dauerhaft auf das Wohlwollen Bischof Poggenburgs und seines Generalvikars rechnen. Nur - diese Männer waren

---

[154] Franz Meis (1870-1946), 1923-46 Generalvikar von Münster; E. Gatz, Die Bischöfe, 493.
[155] Zum «Fall Wittig» vgl. Rosenstock/Wittig, bes. Bd. II, Anhang (die Dokumente). - Eugen Rosenstock, Religio depopulata. Zu Joseph Wittigs Achtung, Berlin 1926. Für die Gegenseite vgl. E. Krebs, Joseph Wittigs Weg aus der kirchlichen Gemeinschaft, München 1928.

auch nicht so selbständig und frei in ihren Entscheidungen, wie es das offizielle Bild vom Bischofsamte erscheinen ließ. Nicht nur saßen den Bischöfen die Nuntien und römischen Kongregationen im Nacken, auch von unten her waren sie beaufsichtigt und wurden zum "energischen Handeln" gedrängt: von hochorthodoxen Theologieprofessoren, die vielleicht als Germaniker eigene Drähte nach Rom hatten oder beim Nuntius sich zum Frühstück ansagen konnten, von gelehrten Ordensleuten, die händeringend vor dem Bischof auf und ab gingen und ihn anflehten, den Glauben der hunderttausenden ihm anvertrauter Schafe zu retten und importune opportune das unverkürzte Wort Gottes zu predigen, von frommen Betschwestern, die irgendwo in der Provinz das gewagte Wort eines Kaplans vernommen hatten, und nun mit strenger Rechtgläubigkeit den Bischof aufforderten, doch schleunigst die Quelle des Unglaubens zu verstopfen. Die Rezension Franz Diekamps über eines der religiösen Büchlein Hessens aus dem Juni 1924 (Dok. 5) ist eine solche klare Denuntiation eines Irrlehrers, im Grunde an den Bischof von Münster gerichtet, in dessen Stadt die "Theologische Revue" ja erschien.

Ein anderer Münsteraner "Fall", in dem Hessen das "Imprimatur" verweigert wurde (Dok. 19), ist uns durch das Zensurgutachten näher bekannt (Dok. 20), aus dem die pastoralen Besorgnisse des Zensors nachvollziehbar werden. Diese Probleme werden später noch näher behandelt. Hier interessiert vorerst nur der Umstand, daß nach einem solchen, von einem gelehrten Theologen abgegebenen Votum dem Bischof praktisch die Hände gebunden waren. Nicht jedes Mal konnte und wollte der Ortsbischof um ein vielleicht objektiv wenig bedeutendes Werk einen "Gutachterkrieg" beginnen. Dann war das erste Votum auch das letzte.

Nun aber muß die Frage beantwortet werden, wie dieses Zensurvotum denn überhaupt in die Hände Hessens gelangte (und wie all die anderen, die er im Laufe der Jahrzehnte sammelte)? Daß er in den Besitz dieser doch brisanten Dokumente kam, war eine Vergünstigung seitens der bischöflichen Behörden, die vom Codex Iuris Canonici von 1917 zwar ausdrücklich vorgesehen, den Bischöfen aber völlig freigestellt war. Die Namen der Zensoren blieben dabei stets geschützt, so daß wir nicht in allen Fällen nachträglich durch Einsicht in die Diözesanarchive die Identität der Verfasser kennenlernen können. Die Überlassung eines Zensurgutachtens war übrigens nur vorgesehen, wenn ein "Imprimatur" verweigert werden sollte oder bereits verweigert wurde (can. 1394 § 2). Auch bedurfte es eines eigenen Antrages, in dem der betreffende Autor um Übersendung des Zensurvotums bat.

Eine andere wichtige Besonderheit der kirchlichen Vorzensur war die Unterscheidung zwischen theologisch-religiöser Literatur und allen anderen Büchern. Nur für den ersten Bereich mußte das "Imprimatur" (für das es verschiedene lateinische Formeln gab) erteilt und dann auch in dem Werk ohne Änderungen abgedruckt werden, in der Regel auf der Rückseite des Titelblattes. Das war der Inhalt des can. 1385 des Codex Iuris Canonici. Anders stand es um profane Literatur: hier griff die bischöfliche Zensurbehörde nur noch bei Klerikern und Ordensleuten als Autoren ein. Hier beanspruchte sie dasselbe Recht wie bei theologischen Büchern, gegebenenfalls ein Verbot des Druckes auszusprechen, versuchte aber seit der letzten Reform der Zensurverhältnisse unter Leo XIII. (1901) nicht mehr, Laien auf nichttheologischem Gebiet zu beaufsichtigen.[156]

Ein interessanter, und soweit ich sehe von der neuesten Kirchengeschichte bisher übersehener Unterschied zur theologischen Zensur bestand aber darin, daß die profanen Werke (also auch die philosophischen Arbeiten Hessens) keinen "Imprimatur"-Vermerk mehr erhielten. Zwar unterlagen sie ausdrücklich der Genehmigung des Bischofs, aber nach außen war der ganze Vorgang nicht mehr sichtbar, so daß es ohne Zweifel tausende von Büchern katholischer Priester gibt, denen ihre Zensurierung nicht anzusehen ist.[157] Damit sind wir an die Schwelle jener Konflikte gelangt, die im Jahre 1928 Hessen nahe an den Rand des Bruches mit der katholischen Hierarchie brachten, und bei denen die Frage: wie verhalte ich mich richtig, wenn meine Bücher vom Bischof verboten werden, im Vordergrund stand.

---

[156] Zur Situation der Bücherzensur um 1920/30 vgl. Andreas Eberharter, Die kirchliche Bücherzensur. In: Pastor bonus 39(1928) 268-72. - Das Bild des «Index» dieser Epoche vermittelt sehr gut die aus dem Kreis um Hessen stammende Broschüre Johann Bapt. Scherers, Vierhundert Jahre Index Romanus, Düsseldorf 1957 (36 S.). - Den mutigsten Vorstoß gegen Index und Zensur in der Epoche Hessens bildete das 95 S. starke Heft von Matthias Laros, Index und Bücherzensur heute, (Privatdruck o.J., wohl 1944; eine Photokopie in der erzb. Diözesanbibliothek Köln).
[157] Imprimatur-Vermerke waren offensichtlich schädlich für die Rezeption der betr. Bücher außerhalb des innerkirchlichen Raumes.

b. Die Verschlechterung des innerkirchlichen Klimas in den Jahren 1925 bis 1928

Um den Frontalzusammenstoß Hessens mit dem Kardinal-Erzbischof von Köln, Carl Joseph Schulte, im Sommer und Herbst 1928 zu verstehen, ist es erforderlich, die allgemeine Stimmung der katholischen Intelligenz in diesen Jahren näher zu betrachten. Nach dem Höhenflug der Erwartungen, der die ersten vier oder fünf Jahre der Weimarer Republik erfüllt hatte und deren besonderer Träger der recht integralistische katholische Akademikerverband und die bei ihm auftretenden Jesuiten gewesen waren[158], kehrte zwischen 1925 und 1927 eine schmerzhafte Ernüchterung ein: die große Wende gegen die Neuzeit hatte nicht stattgefunden, die thomistischen Gipfelstürmereien waren folgenlos geblieben und die jugendbewegten Philosophen wie Dempf und Guardini, aber auch Przywara und Wust, die im Sinne der von Pius XI. propagierten katholischen Aktion und der Christ-Königs-Programmatik ausgezogen waren, die Mittelalterschwärmerei in die Realität zu überführen, erlebten herbe Enttäuschungen.

Um 1927 gab es bereits wieder starke innere Konflikte im deutschen Katholizismus, bei denen "linke" Kritiker, besonders aus dem Kreis der "Rhein-Mainischen-Volkszeitung", dann aber vor allem die Diskussion über die Exkommunikation Wittigs dem ohnehin bereits abgeschwächten Triumphalismus jede Begründung raubten[159]. Aus der Geschichte der Zentrumspartei ist die Aufspaltung des politischen Katholizismus in mehrere

---

158 Zum politischen Katholizismus in der Weimarer Republik vgl. K.-E. Lönne, 217-47. Hier werden auch die «linken» Strömungen näher berücksichtigt. Nach wie vor gültig: H. Lutz, Demokratie im Zwielicht. Der Weg der deutschen Katholiken aus dem Kaiserreich in die Republik 1914-1925, München 1963. - R. Morsey, Der Untergang des politischen Katholizismus, Die Zentrumspartei zwischen christlichem Selbstverständnis und nationaler Erhebung 1923/33, Stuttgart 1977. - Zur Analyse der geistigen Bewegungen ist die zweibändige Aufsatzsammlung von E. Przywara (1929) wichtig, in der auch seine Vorträge vor dem kath. Akademikerverband enthalten sind. Dieser relativ junge Verband vertrat einen hochgestochenen Eliteanspruch, der sich auf einen letztlich vordergründigen Thomismus sowie auf die damalige politische Führungsrolle des Zentrums stützte. Dabei versuchte er, die Görres-Gesellschaft an den Rand zu drängen. Vgl. C. Weber in den Annalen des historischen Vereins für den Niederrhein 186(1983) 139-65. - H. Spael, 224-34. - Zum Problem des sog. katholischen Milieus vgl. M. Klöcker, Das katholische Milieu. Grundüberlegungen - in besonderer Hinsicht auf das deutsche Kaiserreich von 1871. In: Zs. für Religions- und Geistesgeschichte 44(1992) 241-262.
159 Zur «Rhein-Mainischen Volkszeitung» vgl. die beiden Monographien von B. Lowitsch und H. Blankenberg. Jetzt sehr instruktiv der Sammelband von H. Ludwig/ W. Schroeder. - W. Dirks, Das Defizit des deutschen Katholizismus in Weltbild, Zeitbewußtsein und politischer Theorie. In: Cancik, 17-3.

Lager hinlänglich bekannt, weniger hingegen der neue katholische "Literaturstreit" (1927) und die Indizierung eines kirchenpolitischen Buches Prof. Ernst Michels', des führenden Kopfes der Frankfurter Linkskatholiken (1929). Anlaß für diese Indizierung war vermutlich die dort geäußerte Kritik Michels' an dem bayerischen Konkordat, die den Nuntius Pacelli direkt treffen mußte[160].

Eine Stimme, die schon frühzeitig den kirchlichen Triumphalismus - wenn auch nur kurzfristig - aus der Fassung gebracht hatte, erhob sich in dem Werk Friedrich Heilers "Der Katholizismus" im Jahre 1920, auf das ein Engelbert Krebs zwar mit einem schrillen Wutschrei reagiert hatte, gegen das aber in seinem tatsächlichen Gehalt - der Katholizismus wurde als eine gewaltige historische Synkretion unterschiedlicher und daher gerade vielschichtig-machtvoller Ausprägungen des Religiösen erklärt -, kein Kraut

---

[160] Zu Ernst Michel (1889-1964) vgl. Benno Haunhorst, «Politik aus dem Glauben». Zur politischen Theologie Ernst Michels. In: H. Ludwig/W. Schroeder, 101-129; B. Lowitsch in: ZiLb, 5, 223-38. Sein Buch «Politik aus dem Glauben», Jena 1926, kam 1929 auf den Index, vermutlich wegen eines Aufsatzes über die «Lehren des bayerischen Konkordats» (56-58), in dem einige Teile desselben prinzipiell abgelehnt wurden, z.B. die "maßgebliche, staatsrechtlich garantierte Herrschaft der Kirche über die katholische Schule des Volkes" (54) oder auch das "zentralistische Wahl- und Ernennungsrecht des Hl. Stuhles" bzgl. der bayerischen Bischofsstühle. Leider schweigen die Arbeiten zu E. Michel über diese Hintergründe. Die «Politik aus dem Glauben» muß Anfang Dezember 1929 auf den Index gesetzt worden sein. Nach einem kurzen Artikel in «Vom frohen Leben», 9. Jg. (Okt. 1929/Sept. 1930), 231, in dem das Faktum besprochen wird, erfährt man auch, daß die «Germania», speziell Dr. E. Wewel, am 19.12.1929 es prinzipiell wegen der "Autorität" abgelehnt habe, mit Michel in eine Diskussion des Vorgangs einzutreten. - Zur beginnenden allgemeinen Krisenstimmung im deutschen Katholizismus aufschlußreich: Chrys. Schulte, 233f., 243-51, 259-62, 306f., in der die Münsteraner Verhältnisse reflektiert werden. - Leo Weismantel, Der Katholizismus zwischen Absonderung und Volksgemeinschaft, Würzburg 1926. - Zum neuen «Literaturstreit» vgl. die Stellungnahmen von Jakob Kneip, Pfarrer Mumbauer, Ed. Schröder, in denen es um das Verhältnis der katholischen Schriftsteller, speziell Belletristen zur klerikalen Aufsicht ging; z.B. B.M. Steinmetz, Zur Rede Kneips. In: Das heilige Feuer, 15. Jg. (1927/28), Oktober-Heft 1927, 15-19. - Fr. Muckermann SJ, Zur sogenannten katholischen Literaturkrise. In: StdZ 114(1917/28), 2. Heft vom Nov. 1927, 119-30. - Otto Steinbrink, Gibt es eine katholische Literatur? Eine Anfrage an P. Friedrich Muckermann SJ In: Das Heilige Feuer 14(1926/27), Juli 1927, 382-87 (gegen einen Aufsatz M.s in der «Literarischen Welt», 3. Jg. Nr. 18). - Von August bis November 1927 gab es Zeitungsauseinandersetzungen um die Zensurierung kath. Publikationsorgane, die hier nicht behandelt werden können. In etwa parallel zur Indizierung Michels und der Suspension Hessens wurde am 7.12.1929 von dem Bischof von Seckau ein Redeverbot über den Grazer Professor Joh. Ude verhängt, und zwar begründet mit einer abenteuerlichen Kombination der canones 139 § 1, 1340 § 2 und 1386 CIC. Joh. Ude (1874-1965) hatte nicht aufgehört, den christlich-sozialen Bundeskanzler Seipel zu kritisieren. Vgl. dazu: Religiöse Besinnung. Vierteljahresschrift im Dienste christlicher Vertiefung und ökumenischer Verständigung, hrsg. von Georg Boss, Stuttgart, 3(1930/31) 86. Zu Ude vgl. Donat/Holl 391f.

gewachsen war. Heilers Werk war die erste und bis heute übrigens unübertroffene Gesamtanalsyse dieser Weltreligion auf der Grundlage einer historisch-typenbildenden Methode[161]. Für alle Neuscholastiker muß es ein Schock gewesen sein; Hessen suchte und fand Kontakt zu diesem Ex-Katholiken: daß er ihn in Köln empfangen hatte, war in den Augen des Erzbischofs ein unverzeihlicher faux pas (Dok. 56).

Die zwanziger Jahre brachten unter Pius XI. und dem nach wie vor amtierenden Sekretär des Hl. Offizium Merry del Val eine neue, überraschende Flut von Indizierungen: die Fälle Vigouroux und Buonaiuti (1925), Hehn/Würzburg (1925), dann derjenige Wittigs (1925), schließlich auch einer Anzahl von Intellektuellen und Dichtern, wie D'Annunzio (1928), Turmels und Le Roys (1931), zu denen sich am Ende auch Gentile und Croce (1934) gesellten, machten klar, daß der Großinquisitor spanischer Herkunft mitnichten abgerüstet hatte[162], ebensowenig aber auch seine Nachfolger.

Der Abfall Schelers und Wittigs vom Katholizismus, der sich in dem Zeitraum von Januar 1925 bis Mai 1926 vollzog[163], kann und braucht hier nicht näher erläutert zu werden. Allein diese beiden Fälle hätten eigentlich den damals tonangebenden Geistern, z.B. Przywara und Guardini klarmachen müssen, daß es mit der Neuscholastik so nicht mehr weiterging. Beide

---

161 F. Heiler, Der Katholizismus. Seine Idee und Erscheinung, München 1923. Hier p. VII-XXXIV Überblick über die Rezeption der 1., wesentlich kürzeren Auflage von 1920. Hier p. XVIII zu der besonders scharfen Kritik von E. Krebs in der Köln. Volkszeitg. Nr. 874 von 1921.
162 Rafael Merry del Val (1865-1930), 1903-14 Kardinalstaatssekretär, wurde unter Benedikt XV. sofort, nämlich am 14.10.1914 Sekretär des Hl. Offizium. Dieses Faktum kann nach der Einschätzung des Verf. nur auf eine Absprache im Konklave Benedikts XV. (1914) zurückgehen, in der sich die Kardinäle Pius' X. bereit erklärten, auf den Kard. della Chiesa einzugehen, wenn ihr Anführer diesen wichtigen Posten, praktisch eine Art Vizepapsttum, fest zugesagt erhielt. Dazu fehlt natürlich noch jeder Beweis; eine wissenschaftliche Biographie M.d.V.s gibt es nicht; sein Seligsprechungsprozeß scheint z.Zt. nicht weiter betrieben zu werden. Wie schwierig M.d.V. zu beurteilen ist, dazu vgl. Poulat, Intégrisme, 76f.; ders., Loisy, 382. Jedenfalls wurden unter ihm viele Bücher auf den Index gesetzt. Vgl. Sleumer 124, 140, 145, 159, 160, 161, 165, 178, 185, 189, 190 zu wichtigen Indizierungen aus der Zeit von 1914-1930. Zur Indizierung Hehns vgl. Imkamp, 587-89.
163 Nach Ferrari, II, 326-30 kündigte Scheler zum ersten Mal im Dezember 1923 an, sich vom Katholizismus abzuwenden; der ausdrückliche Bruch erfolgte in dem Vortrag «Die Formen des Wissens und der Bildung» am 17.1.1925, verstärkt im Aufsatz «Mensch und Geschichte» in der «Neuen Rundschau» vom Nov. 1926, radikal dann in «Die Sonderstellung des Menschen» vom April 1927. - Sechs Schriften Wittigs wurden am 30.7.1925 verboten (nachdem die Indizierung Hehns am 3.7.25 vorausgegangen war); am 14.5.1926 erklärte das Fürstbischöfl. Ordinariat Breslau, daß Wittig in die Strafen des can. 2314 CIC verfallen sei (excommunicatio, privatio, depositio); Griepenkerl in: Pastor bonus, Jg. 1927, 53.

versuchten ja auch, ebenso wie Wust und Dempf, "neue Wege" zu gehen, aber sie griffen nicht radikal genug in die Unzulänglichkeit traditionaler Glaubensbegründung ein. Auch Karl Adam machte da keine Ausnahme. Was diesen Männern fehlte, war die Bereitschaft, wirklich historisch-kritisches Denken zu akzeptieren - sichtbar z.b. in den Christus-Büchern Adams und Guardinis, in denen jede echte Auseinandersetzung mit der sog. liberalen Bibelkritik umgangen wird[164]. Auf kirchenpolitischem Gebiet schrieben Leo Weismantel und Ernst Michel warnende Bücher über eine neue Ghettoisierung des deutschen Katholizismus. Wenn man die Wende von einem Nachkriegstriumphalismus zu einer neuen Niedergeschlagenheit, einem neuen Krisengefühl genauer datieren will, so kann man den beiden sehr unterschiedlichen Vorkämpfern, Pater Erich Przywara und Prof. Ernst Michel darin folgen, daß die "Krise im deutschen Katholizismus" im Dezember 1925 bereits eine bekannte Tatsache war.[165]

Aus einigen Briefen Hessens an den niederrheinischen Pfarrer und Kunstförderer Augustinus Winkelmann - die zwar später abgefaßt sind, aber trotzdem seine Einstellung zu bestimmten Köpfen der Zeit beleuchten ist zu entnehmen, daß er ein Gegner aller vordergründigen Modernisierungen durch "dialektisches" und "analogia-entis" - Denken war. So heißt es einmal zu Romano Guardini: "Guardinis Philosophie des Gegensatzes ist ohne Zweifel interessant und geistvoll. Aber sie gibt - wie überhaupt alles, was G. sagt und schreibt, keine Lösung jener Grundprobleme, die ich in meinem Thomas-Buch skizziert habe. Es waren ja auch die Probleme, mit denen Kerkhey sein Leben lang gerungen hat (und viele im Stillen mit ihm). Mit neuen Formulierungen und geistvollen Weiterbildungen alter Problemlösungen ist uns nicht

---

[164] Zu Guardini und Adam vgl. zum Überblick M. Schoof, 115-27 mit Lit. 129f. - R. Guardini, Der Herr, Würzburg 1937. - K. Adam, Jesus Christus, Augsburg 1933. - Zu beiden Autoren, bes. zu Guardini, gibt es viel Literatur, die oft rein doxographisch verfährt, wohl auch nicht stets kritische Distanz bewahrt. Die Christus-Bücher beider werden jeweils ausführlich behandelt in: A. Schilson, Studien zum Werk Romano Guardinis, Düsseldorf 1986 und: H. Kreidler.
[165] Leo Weismantel (1926) behandelt Themen wie die Stellung der Bischöfe zur modernen "Körperkultur", die Fürstenenteignung, die Indizierung Wittigs (33-46), die Schulfrage und den kath. Akademikerverband. Vgl. zu ihm: Spael, 199f. - Przywara, Bd. I 117, datierte die "Krise im deutschen Katholizismus" auf den Dezember 1925. - Eine Kritik an E. Michel: Otto Steinbrink, Die Situation des heutigen Christen. Zugleich einige Anmerkungen zum Buche Ernst Michels. In: Das Heilige Feuer 14(1926/27), Juni-Heft 1927, 335-50. Aufschlußreich für die Verbindung Weismantel/Michel/Ehlen/Heller: W. Löhr, Vitus Heller (1882-1956). In: ZiLb 4(1980) 186-96, 277. Hier wird klar, daß es die Fürstenabfindung war, die für die linken Katholiken in ihrer Beziehung zum Zentrum "dem Faß den Boden ausschlug".

gedient, weil die letzteren den nicht befriedigen können, der der Sache auf den Grund geht und dessen Denken durch die moderne Philosophie hindurchgegangen ist."166

Damit spielte Hessen auf das damals stark beachtete Buch Guardinis an, dessen Titel "Der Gegensatz" (1925) auf einen denkerischen Gestus des Verklammerns von Gegensätzen hinweist, der in dieser Art und Weise Hessen sehr zuwider war. Auch die anderen Autoren dieser Richtung verfaßten Werke, bei denen die Dialektik der Begriffe die bösen Ergebnisse der historisch-kritischen Religionsgeschichte überspielte.

Mit Büchern wie Przywaras "Gottgeheimnis der Welt" (1923), Guardinis "Der Gegensatz" (1925) oder Wusts "Dialektik des Geistes" (1928) konnte Hessen nichts anfangen. So ist auch eine Postkarte Hessens an denselben Pfarrer vom 21.2.1934 zu verstehen, in dem er auf Aloys Dempf und dessen Interpretation des Meister Eckhart eingeht. "Erfreulich an Dempfs Eckhart-Arbeiten ist sein Eintreten für die Rechtgläubigkeit des Meisters. Im übrigen aber ist Dempfs Methode abzulehnen. Er möchte aus Eckhart einen braven Thomisten machen, dessen Hauptlehre die heute von Przywara u.a. propagierte "analogia entis" ist. Vollkommen abwegig sind Dempfs Urteile

---

[166] Hessen an Winkelmann, kurz nach dem Februar 1929; HStAD, RWN 246, Mappe 17, fol. 19. Der undatierte Brief läßt sich bestimmen, da Hessen von einem Artikel von Maria Schlüter-Hermkes im «Hochland» spricht: Die Gegensatzlehre Romano Guardinis. In: Heft 5 vom Februar 1929, 529-39. - Joh. Ramackers, Pfarrer Augustinus Winkelmann zum Gedächtnis. In: ders., Marienthal (hier Nr. 277), 3. Aufl. 1961, 175-79, sowie: Joh. Dücker, Marienthal am Niederrhein, Düsseldorf ca. 1990, 9ff., 38. - A.W. (1881-1954) war seit 1924 Pfarrer in Marienthal, wo er die alte Augustiner-Klosteranlage zu einem Zentrum der christl. Kunst ausbaute. Er war ein Schulfreund Brünings, aber auch mit Hessen und Ramackers eng befreundet. Sein Nachlaß im HStAD ist eine Fundgrube für die Geistesgeschichte des Rheinlandes und Westfalens seiner Zeit. - Maria Schlüter-Hermkes war die Gattin des verschiedentlich im Nachlaß Hessens erwähnten Ministerialrates Schlüter, der offensichtlich Hessens wichtigste Stütze im preuß. Kultusministerium bzw. dessen Nachfolgeministerium im «Dritten Reich» war. M. Schlüter-Hermkes veröffentlichte eine Sammlung ihrer Aufsätze: Künder des Abendlandes, Düsseldorf 1949 (sehr typische kulturgeschichtl. Betrachtungen aus dem «Hochland»-Milieu). Von bleibenderer Bedeutung ist ihre Ausgabe: Friedrich von Hügel. Religion als Ganzheit. Aus seinen Werken ausgewählt und übersetzt von Maria Schlüter-Hermkes, Düsseldorf 1948, 480 S. - Ferner: Friedrich von Hügel. Andacht zur Wirklichkeit, ausgewählt, übersetzt und eingeleitet von Maria Schlüter-Hermkes, München 1952. Beide Werke dürften Hessens Bild von Hügel beeinflußt haben. - Manfred Hörhammer, Maria Schlüter-Hermkes zum 80. Geburtstag. In: Christ in der Gegenwart, 21. Jahrg., Nr. 46 vom 16.11.1969, 367: in ihrem Hause in Berlin verkehrten viele Intellektuelle der Weimarer Republik, aber auch H. Brüning. - Zum Münsteraner Domvikar Dr. Kerkhey, der ca. 1903/10 zum Modernisten wurde, dann von der vorgesehenen Berufung auf eine philosophische Professur ausgeschlossen wurde und sein Werk "Umstrittene scholastische Prinzipienfrage" nie drucken konnte, und 1927 starb, nachdem er auf Wilbrand, Laros und Hessen großen Einfluß ausgeübt hatte, vgl. J. Hessen, Geistige Kämpfe, 51-53.

über Kant, Nominalismus, Protestantismus, u.ä. Wenn er bei Eckhart von "Dialektik" spricht und darin des Rätsels Lösung erblickt, so ist das ein reiner Verbalismus. So urteilten auch hier Fachleute, als Dempf kürzlich in der Universität über Eckhart sprach. Das Beste über Eckhart ist Rudolf Ottos Buch "West-östliche Mystik" (Daß Dempf ihn überhaupt nicht zu kennen scheint, ist bezeichnend für eine Haltung: "Wie könnte vom Protestantimus etwas Gutes kommen?"). Ich habe in meiner öffentlichen Vorlesung "Der deutsche Genius und sein Ringen um Gott" eine ganze Stunde über Eckhart gesprochen. Am Mittwoch wird Luther behandelt. Aber nicht im Sinne Dempfs, für den er Nominalist und Subjektivist ist!"[167]

Die für die Generation der Guardini, Przywara und Wust typische Haltung, durch Rekurs auf vormoderne "Ganzheiten" die "Sehnsucht nach Gemeinschaft"[168] im Rahmen der hierarchischen Kirche zu befriedigen, lag Hessen völlig fern, obwohl auch er anscheinend Beziehungen zur Jugendbewegung hatte. Alle romanischen Dome, alle imposante Architektonik der thomistischen Summen, alle angebliche Unaufgespaltenheit des Menschen im Mittelalter - sie sagten ihm erst dann wieder etwas, wenn die Anfragen der modernen Kritik ehrlich beantwortet waren.

Die "Krise des deutschen Katholizismus", die seit 1925 allgemein sichtbar war, und bei der es bereits um eine Art "innerkirchlichen Antiklerikalismus" vs. "Mündigkeit des katholischen Laien" gegangen war[169], hatte in Köln seine speziellen Auswirkungen. Hier ging es um das Gelingen oder Scheitern des Lieblingsprojektes Kardinal Schultes, um die Albertus-Magnus-Akademie, von der im folgenden Abschnitt die Rede sein wird. War auch sie nur eine "momentane Konstellation", wie Waldemar Gurian den Aufschwung der katholischen Kirche in Deutschland nach 1918

---

[167] HStAD, RWN 246, Mappe 17 fol. 15. - J.H., Der deutsche Genius und sein Ringen um Gott (^{2}1937), 20-28 zu Meister Eckhart. - Rudolf Otto, West-östliche Mystik, Gotha 1926. - Zu Alois Dempf (1891-1982) vgl. H. Krings, Alois Dempf. Ein Nachruf. In: PhJb 90(1983) 225-29 (mit weiterer Lit.); EF 2, 343 ; H.M. Schmidinger, 3, 226 - 32 ; Vincent Berning / Hans Maier (Hrsg.), Alois Dempf 1891 - 1982. Philosoph, Kulturtheoretiker, Prophet gegen den Nationalsozialismus, Weißenhorn 1992.
[168] Alois Baumgartner, Sehnsucht nach Gemeinschaft, Ideen und Strömungen im Sozialkatholizismus der Weimarer Republik (= Beiträge zur Katholizismus-Forschung, Reihe B, o.Nr.), München/Paderborn 1977.
[169] Waldemar Gurian, Zur sog. Krise im deutschen Katholizismus. In: Das Heilige Feuer, 15. Jg.(1927/28), Heft Okt. 1927, 10-14 (vermittelnder Standpunkt). Ausgangspunkt war der «Spectator»-Artikel in der Frankfurter Zeitung mit dem Titel «Um die Mündigkeit der katholischen Ideenwelt», Nr. 590 vom 11.8.1927. Zur Diskussion des Jahres 1927 am deutlichsten: H. Hermelink, Vom Katholizismus der Gegenwart 41(1927) Sp. 973-77.

charakterisiert hatte[170], oder konnte sie überleben und zur Pflanzstätte eines neuen, ganz und gar kirchlichen Denkens werden? In Köln läßt sich - leider nur in schwachen Spuren - der Dissens zwischen strengkirchlichem und reformerischem Philosophieren auch an den Beziehungen zwischen Peter Wust und Hessen ablesen. In den frühen zwanziger Jahren bestand zwischen den beiden ein freundschaftlicher Verkehr; Wust erhielt öffentlichen Dank für seine Hilfestellung; beide müssen viel miteinander diskutiert haben.[171] Aber schon in der zweiten Jahreshälfte von 1923 riet Wust dem fünf Jahre jüngeren Hessen, vom "Intuitionsfanatismus als Pflicht eigener Lebensweisheit" abzulassen[172] - Wust war nicht bereit, die antithomistische Bewegung mitzumachen, und wurde dafür von Pater Przywara öffentlich belobigt.[173] Hessen hat Wust, sofern er sich im Rahmen der Wiedergewinnung einer Metaphysik bewegte, anerkannt und seine diesbezüglichen Schriften gelobt, auch noch 1940, als er Wusts Empfehlung des "augustinisch-franziskanischen Denkens" dankbar hervorhob.[174] Wusts scharfe Polemiken gegen die Neuzeit, seine Vermischung von Philosophie und Theologie in seinen späteren Hauptwerken konnte Hessen hingegen keineswegs übernehmen.[175] Es ist bislang keine Polemik zwischen den beiden bekannt geworden - aber im Laufe der Jahre zwischen 1924 und 1928 muß

---

[170] W. Gurian (wie Anm. 169), 12.
[171] Hier Nr. 113.
[172] Wust an Carl Muth, 12.11.1923. In: Peter Wust, Vorlesungen und Briefe, hrsg. von Alois Huning (= Peter Wust, Gesammelte Werke, X), Münster 1969, 294.
[173] In seiner Besprechung von P. Wust, Naivität und Pietät, Tübingen 1925; Przywara, I, 334-341 (zuerst in der Köln. Volkszeitung, Literar. Beilage Nr. 54, Sept. 1925). Obwohl Wust an sich eher augustinisch dachte, wollte er sich doch den Weg zu Thomas offenhalten: "Es ist das große Verdienst des Denkens Peter Wusts, daß diese Idee [die thomistisch-suarezianische Auffassung von der Eigenwirklichkeit des Menschen, der Hrsg.] sich in ihm durch alle heiße Liebe zu Augustin und Mittelalter hindurchringt. So wird er von neuem ein Künder, aber diesmal der kühlen, herbstlichen Reifung der lenzjugendfrohen «Wende zum Objekt», der Reifung zum Verzicht auf Rückschraubung der Weltgeschichte, der Reifung zur mühseligen Arbeit *in unserer Gegenwart*, der Reifung darum zu Thomas von Aquin." (341) Man sieht deutlich: es genügte eine ganz prinzipielle, gar nicht im Einzelnen ausgearbeitete Anerkennung der absoluten Superiorität des Thomas v. Aq., um von den «maßgebenden Männern» anerkannt zu werden. Im Grunde reichte ein Bekenntnis im Vorwort - dieses aber wurde unter allen Umständen verlangt. Im Übrigen ist nicht zu übersehen, daß Przywara und Wust sich gegenseitig rezensierten, ja durchaus "hochlobten"; eine Erforschung damaliger «Rezensionskartelle» steht noch aus. Hessen bildete mit seinen Freunden ebenfalls ein solches.
[174] J.H., Die philosophischen Strömungen der Gegenwart (1940), 32.
[175] Peter Wust, Dialektik des Geistes, Augsburg 1928; Die Krisis des abendländischen Menschentums, Innsbruck 1927. - Zu P. Wust (1884-1940) vgl. Hermann Westhoff in: H.M. Schmidinger, III, 112-28. Die Art, wie hier S. 118 die Begegnung Wusts mit Scheler rein positiv dargestellt wird, ist unbefriedigend.

eine völlige Entfremdung eingetreten sein. 1928, mitten in der noch zu schildernden Krise, kam Wust auf das Buch Hessens über das "Kausalprinzip" zu sprechen ("Was soll man sagen...?"), wozu er verallgemeinernd bemerkt: "Am meisten traurig bin ich über die ganze miserable Lage, in die wir Katholiken so allmählich wieder hineingeglitten sind. Wo man hinschaut, nichts als die alte Stagnation oder gar die Fahnenflucht vor dem großen Ideal"[176]. Mit dem "Fahnenflüchtigen" meinte er Hessen, der in seinem "Kausalprinzip" ursacheloses Werden nicht für denkunmöglich erachtet hatte. Nicht Peter Wust allein hielt Hessen für einen gefährlichen Abtrünnigen.

Dementsprechend ablehnend war Hessens Schlußurteil über Wust. In einer späten Äußerung über "die Überwindung der Scholastik durch das neuzeitliche Denken"[177] formuliert er seine Vorbehalte gegen ihn so:

"Von einer gewissen Neuromantik angehauchte katholische Geister haben die ganze neuzeitliche Geistesentwicklung als einen einzigen großen «Säkularisierungsprozeß» charakterisieren zu sollen geglaubt. Eine immer tiefer greifende Verweltlichung und Verdiesseitigung, eine immer deutlicher in die Erscheinung tretende Loslösung des geistigen Lebens von allem Religiösen und Christlichem erscheint ihnen als das innerste Wesen dieser Entwicklung. Allein, diese Sicht ist völlig einseitig und verfehlt. Die ganze Kultur der Neuzeit mit all ihren genialen Schöpfungen, ihren unvergänglichen Werten und Werken aus rein negativen Wurzeln herleiten, heißt letzten Endes den Sinn des geschichtlichen Geschehens überhaupt leugnen. Daß diese Sicht gerade von solchen Geistern vertreten wird, die von ihrem gläubigen Standpunkt aus sonst der Geschichte ein Höchstmaß von Sinnglauben entgegenbringen, ist paradox."[178]

Als Beispiel für derartiges Denken führt Hessen in der Anmerkung ausschließlich Wust an, von dem es heißt: "Von dieser Auffassung ist beispielsweise das Schrifttum von Peter Wust beherrscht. Besonders krass tritt sie zutage in seiner Schrift «Die Krisis des abendländischen Menschentums» (Innsbruck o.J.)"[179]. So hat es nichts Erstaunliches an sich, wenn wir nach 1928 nie mehr etwas von Beziehungen zwischen den beiden Kölner Philosophen hören, von denen der Priester ein Modernist, der Laie ein romantischer Theokrat geworden war.

---

[176] Wust an Carl Muth, 3.9.1928. In: Peter Wust, Vorlesungen und Briefe, hrsg. von Alois Huning (= Peter Wust, Gesammelte Werke X), Münster 1969, 462-26.
[177] J.H., Thomas von Aquin und wir (1955), 86-91.
[178] Ebd. 87.
[179] Ebd. 87 Anm 9.

c. Die Albertus-Magnus-Akademie in Köln (1924-1929)

Die mit dem Wintersemester 1924/25 eröffnete "Albertus-Magnus-Akademie" in Köln trug als "Untertitel" die Bezeichnung "Katholisches Institut für Philosophie". Ohne Zweifel darf man annehmen, daß das Löwener "Institut Superiéur de Philosophie" des Kardinal Mercier als Vorbild diente. Daß Kardinal Schulte große Hoffnungen in diese Institution setzte, von der er sich hochgradig geschulte scholastische Philosophen versprach, die in der Lage waren, endlich die Gunst der Stunde zu nutzen und der Lehre des hl. Thomas zum Siege zu verhelfen, geht aus dem lebhaften Interesse hervor, das er - nach Lage der Akten - dieser seiner anspruchsvollsten Gründung widmete.[180]

Carl Joseph Schulte (1871-1941) war ein Bischof mit wissenschaftlich-kulturellen Interessen. Wie Eduard Hegel des näheren ausführte[181], hatte der am Burggymnasium in Essen von qualifizierten Religionslehrern dem Priestertum zugeführte Studiosus die Universitäten Bonn, Münster und Paderborn besucht. Nach sechs Jahren Seelsorgetätigkeit gelangte er 1901 in die wissenschaftliche Laufbahn, wurde 1903 in Tübingen (offenbar, ohne dort studiert zu haben) promoviert und war 1905-1909 in Paderborn Professor für Apologetik und Kirchenrecht. Seine Doktorarbeit blieb seine einzige Publikation (was man für einen Akt der Klugheit halten muß), die Kombination "Apologetik und Kirchenrecht" war eine Verbindung, die mindestens so schädlich sein mußte wie die öfters anzutreffende Koppelung von "Moral und Kirchenrecht". Denn bei der mit dem Sieg der ultramontanen Ekklesiologie nun einmal vollendeten Ausbildung der vieldiskutierten "Rechtskirche" mußte das Kirchenrecht der stärkere Teil einer solchen Verbindung sein, d.h. in den Köpfen solcher Professoren mußten die "Definitionen" des Lehramtes und die "Canones" des Kirchenrechtes praktisch auf einer Ebene der direkten Anwendbarkeit liegen: auch schwierige Probleme der Religionsbegründung waren mittels Nachschlagen der entsprechenden Stellen in der Dogmensammlung Denzingers ebensoleicht lösbar wie disziplinäre Schwierigkeiten im Klerus durch Anwendung der Strafgesetze. Man tut auch Schulte nicht Unrecht, wenn man ihn für eine ausgesprochen autoritäre Persönlichkeit hält, die darunter litt, daß das Autoritätsprinzip selbst bei Katholiken ins Wanken

---
180 E. Hegel, Erzbistum Köln, 102, 455.
181 Ebd., 99-104. W. Speckner, 143-63. - Trippen, Domkapitel, Reg. - U. v. Hehl, Kölnische Kirche, passim, bes. 11-15. - E. Gatz, Bischöfe, 680-82.

gekommen war. So beklagte er 1926 lebhaft, daß "der unbedingte Gehorsam gegen unsere heilige katholische Kirche, gegen diese menschlicher Leitung anvertraute Stiftung des menschgewordenen Gottessohnes, gegen sie als höchste Autorität auf Erden" allenthalben, besonders bei der Jugend, nachlasse.[182]

Schulte war, ohne selbst wissenschaftlich irgendwie hervorzuragen, sehr an der Gründung von Bibliotheken, Bistumsarchiven, der Verbesserung von Studiengängen und eben jetzt an der Stiftung eines Institutes für höhere philosophische Studien interessiert. Wer wollte ein solches Projekt nicht an sich begrüßen? Auch der Gedanke, daß das Erzbistum Köln nach Gründung einer Universität durch die Stadt ebenfalls eine Stätte höheren geistigen Strebens stiftete, war naheliegend. Leider verdarb der Erzbischof den guten Gedanken von vorneherein durch die Faktiosität, mit der er bei der Auswahl der Personen und bei der Konzipierung des Programmes vorging. Zu den ersten Beratern und Mitarbeitern des Instituts im Planungsstadium zählten nur entschiedene Neuscholastiker, nämlich Wladislaus Switalski, Gottlieb Söhngen und Josef Koch: alle drei - wie z.T. erst ihr späterer Werdegang zeigen sollte - qualifizierte Kenner des scholastischen Systems, aber damals in einer massiven thomistischen Ideologie befangen, die dem von ihnen hauptsächlich getragenen Institut schädlich war.[183] Die beiden katholischen Priester, die sich an den Philosophischen Fakultäten von Bonn und Köln habilitiert hatten, Aloys Müller und Johannes Hessen, blieben gänzlich ausgeschlossen. Statt ihrer zählten noch Männer wie Stanislaus von Dunin-Borkowski SJ, Peter

---

182 Vgl. dazu Joseph Schuhmacher (zum «Denzinger»), J. Flury (zur Geschichte der Apologetik). Berühmt-berüchtigt waren solche Handbücher, in denen das Kirchenrecht und die Moral vollständig miteinander vermischt wurden; ein Beispiel: das auch in Deutschland benutzte Werk des spanischen Jesuiten A.M. Arregui. Das Zitat: Simon, Karl Joseph Kardinal Schulte, 28.
183 W. Switalski (1875-1945), Schüler Hertlings, seit 1903 Prof. für Philosophie in Braunsberg, 1933 Domkapitular; Ziegenfuß, I 670; Reifferscheidt, Reg. Er stand an der Grenze von Scholastik und moderner Philosophie, wie besonders seine zwei Bände «Probleme der Erkenntnis» (1923), sowie sein Vortrag vor der Görres-Gesellschaft «Kant und der Katholizismus», (= Aschendorffs zeitgemäße Schriften, 7) Münster 1925, belegen. - Zu Gottlieb Söhngen (1892-1971) vgl. A. Kolping, 401f.; Härle/Wagner 219f; EF 5, 1541. Söhngen wurde 1931 in Bonn habilitiert und kam 1937 als Professor nach Braunsberg; 1947-58 Fundamentaltheologie in München. Heinrich Fries bescheinigt ihm ebd. 220: "S. war ein Theologe der universal verstandenen Katholizität, die für ihn die Befreiung von Enge, von Angst, von Erstarrung, die Überwindung von Isolierung und Ghettomentalität bedeutete." Dies in Frage zu stellen, kann dem Hrsg. nicht einfallen, doch würde man gerne mehr über den geistigen Weg Söhngens von den zwanziger Jahren bis zu dem geschilderten Punkt wissen. Zu J. Koch vgl. Anm. 308.

Wust und Paul Simon zu den vom Erzbischof mit Vertrauen Beehrten.[184] Durch die Semesterberichte Gottlieb Söhngens an Kardinal Schulte sind wir über die kurze Blüte und den raschen Verfall des Lehrinstituts genau unterrichtet.[185] Söhngen war von 1924 bis zum Ende im Jahre 1929 der Geschäftsführer, d.h. der tatsächliche Chef der Einrichtung.

Es wurden hier "Kurse" und Vorlesungen abgehalten, die der Perfektionierung bereits fertiger oder fortgeschrittener Theologen gewidmet waren, ohne daß ein Diplom verliehen werden konnte, das staatlich oder kirchlich einen konkreten Status begründet hätte. So war die Zahl der Hörer stets sehr gering. Im Wintersemester 1926/27 waren z.B. 17 Hörer inskribiert, davon 5 Theologiestudenten aus Bonn, 4 Ordensleute, 3 Studenten aus Köln sowie ein Arzt, der bereits im Berufsleben stand.[186] Diese Hörer wurden von drei Dozenten unterrichtet, nämlich den Doktoren Söhngen, Feckes und André, die fest angestellt waren, und drei Ordensmännern, die man als Lehrbeauftragte bezeichnen kann, u.a. dem Jesuiten Kaspar Nink, der bei Joseph Geyser promoviert hatte und z.Zt. Philosophiedozent im Valkenburger Jesuitenstudium war.[187]

---

[184] Aloys Müller (1879-1952) aus Euskirchen, studierte in Bonn, Priesterweihe 1903, promovierte in Bonn 1913 in Mathematik und Physik, Habilitation ebd. 1921 für Philosophie, 1927 a.o. Prof. 1939 wurde ihm die venia legendi entzogen. Eine Einführung in seine Philosophhie findet sich in der Edition seiner Aufsätze: Aloys Müller, Schriften zur Philosophie, hrsg. und eingel. von Cornel J. Bock, 2 Bde., Bonn 1967/69, hier Bd. 1, 449-82, vom Hrsg.- Stanislaus Graf von Dunin-Borkowski (1864-1934), seit 1883 SJ, war ein Schriftsteller und Pädagoge; Kosch, I 534; NDB 4(1959), 198f.

[185] Alle folgenden Mitteilungen entstammen einer einzigen umfangreichen Akte, die zu dem kath.-philos. Institut in der «Cabinets-Registratur» des Erzbischofs angelegt wurde; heute im HAEK, CR 10.9, 1. Hier ein gemeinsamer Brief J. Hessens und A. Müllers an den Erzbischof vom 17.6.1923, in dem sich die beiden nicht ohne Schärfe darüber beschweren, in keiner Weise zur Mitarbeit am neuen Institut herangezogen worden zu sein. Aus den zahlreichen Briefen Switalskis an Kard. Schulte in diesem Aktenband geht hervor, daß er bereits damals scharf gegen Hessens Intuitionismus Stellung bezog, so besonders in seinem Brief vom 30.5.1923. Beachtlich ist ein von Schulte angefordertes Personalgutachten J. Kochs vom 10.10.1921 (ebd.), in dem der im Aufbruch nach Rom befindliche Koch sieben Namen wünschenswerter Dozenten für die Akademie nennt (Schnippenkötter, Roth, Lindworsky, André, Honecker, Steinbüchel, E. Hartmann), Hessen und Müller jedoch nicht erwähnt, übrigens auch gegen Geyer sich ausspricht. Die Beteiligungs Wusts an der Akademie scheint ganz peripher geblieben zu sein, während Paul Simon den Berichten Söhngens zufolge dessen ständiger Berater war.

[186] HAEK, ebd. Bericht über das WS 1925/26 von Gottlieb Söhngen, 12 masch.-schr. Seiten, o.D. Das Gebäude der Akademie befand sich am Sachsenring 76. Zu seiner Gründung hatte die Firma C&A 1925 10.000 Mark gespendet; ebd.

[187] Zu Carl Feckes (1894 Krefeld - 1958 Königswinter), der 1921-24 im Campo Santo Teutonico geweilt und an der Gregoriana und dem Angelicum studiert hatte, bevor er 1924-28 Dozent an der Albertus-Magnus-Akademie geworden war, vgl. den Nachruf in: ThR 54(1958) 128-31. Er wurde 1929 Professor am Priesterseminar in Köln und trat mit mariologischen Büchern hervor. - Hans André (1891-1966), 1929 a.o. Prof. der Biologie

Söhngen machte sich keine Illusionen über die Schwierigkeit, den Thomismus in Köln zur Blüte zu führen. Er sah sein Institut als den Gegenpol zur Kant-Gesellschaft, in der er das Zentrum der feindlichen Hauptideologie erblickte.[188] In seinen Semesterberichten erwies er sich als fanatischer Anhänger der damaligen philosophischen Gotteslehre, zu deren Verteidigung er große geistige Anstrengungen unternahm. So enthielt der Stundenplan für das Sommersemester 1926 eine systematisch aufgebaute "Kritik des Neoaugustinismus", bei deren Anlage und einzelner Themenstellung bereits der Eindruck entsteht, als habe hier schon Hessen als der "zu Widerlegende" gewissermaßen e contrario Regie geführt.[189] Im Herbst 1926 hielt Söhngen mit Prof. Dyroff aus Bonn einen Ferienkurs ab, bei dem er selbst über "Irrationale und intuitive Wege zu Gott" vortrug. Ontologismus, Gottesbeweise, das Gottesproblem bei Plato und Aristoteles, die Analogie in der Gotteserkenntnis, der Gottesbeweis aus dem Glückseligkeitsstreben - das waren damals die Themen der Diskussion, jedoch gelang es mit ihnen nicht, die Hörerzahl der Akademie zu steigern oder auch nur zu stabilisieren.[190] Zum Sommersemester 1926 waren es nur 12 Hörer gewesen.[191]

---

an der Akademie Braunsberg; Reifferscheidt, 46f.; Kosch, I, 40. - Kaspar Nink SJ (1885 - 1975), promovierte bei Geyser in Freiburg; Repetitor der Philosophie am Coll. Germanicum, 1924 Dozent der Philosophie am Ordenskolleg in Valkenburg; Bericht Söhngens vom 18.10.1926 (Anm. 186); Kürschners Deutscher Gelehrtenkalender, 1950, 1464. - Der Kreis um die Albertus-Magnus-Akademie ist faßbar an der Festschrift für Kard. Schulte, zu der viele Beteiligte einen Beitrag leisteten: Scientia Sacra. Theologische Festgabe zugeeignet seiner Eminenz dem Hochwürdigsten Herrn Karl Joseph Schulte Erzbischof von Köln zum fünfundzwanzigsten Jahrestage der Bischofsweihe 19. März 1935, Köln/Düsseldorf 1935. Herausgeber war C. Feckes.
[188] Bericht Söhngens wie in Anm. 186.
[189] HAEK, a.a.O. Im SS 1926 dozierten: Feckes, Söhngen und die Patres Kazubowski O.P., Nink SJ, Winzen O.F.M. - Der Abschlußbericht Söhngens zum SS 1926 vom 21.5.1926 sowie besonders der Bericht über den Herbstkurs von 1926 vom 18.10.1926, belegten die Obsession bezgl. der Gottesbeweise, aber auch, daß es nur 12 Hörer gab, darunter den bereits im August 1925 genannten Wilhelm Lenzen, der (so wie andere) vom Bonner Collegium Albertinum auch nach Köln zur Teilnahme an den dortigen Akademie-Kursen entsandt wurde. Die ca. 10 Berichte Söhngens an den Erzbischof von 1926 bis 1929 fallen darüberhinaus durch den kriecherischen Ton auf, in dem sie abgefaßt sind, untermischt mit gelegentlichen plumpen Schmeicheleien an die Adresse des Erzbischofs, sowie mit einigen denunziatorischen Seitenhieben. Die totale Abhängigkeit, in der Söhngen sich befand, mag der Historiker zwar berücksichtigen, der Gesamteindruck, der sich aber aus diesen langen Briefen ergibt, kann nichtsdestoweniger nur derjenige sein, daß dieses auf das Wohlwollen des Erzbischofs angewiesene Lehr- und Forschungsinstitut keine Stätte wissenschaftlicher Freiheit war.
[190] Prospekt des Ferienkurses vom 3.-8. Oktober 1926; HAEK, a.a.O. Hierbei hielt Söhngen den oben genannten Vortrag am 5.10.1926.
[191] Bericht Söhngens zum SS 1926; HAEK, a.a.O.

Die Gedankengänge Söhngens sind uns wohl komplett erhalten geblieben, nämlich in seinem 1930 erschienenen Buch über "Sein und Gegenstand", einem höchst gelehrten und intensiven, wirklich bohrenden Werk, in dem er u.a. Hessens Auffassung von der Profanität des Aristoteles anhand der damals ja noch jungen Deutung des Stagiriten durch Werner Jäger zu widerlegen suchte. Hessen hat die Bedeutsamkeit dieses allerdings auch teilweise schwer lesbaren Werkes bei aller prinzipieller Ablehnung ausdrücklich anerkannt.[192] Wenn Söhngen im Sommer 1926 seine Anstrengungen ganz gegen Hessen richtete, so hatte dies seine Veranlassung im Erscheinen von dessen Büchlein "Die Weltanschauung des Thomas von Aquin" wohl im März 1926, dem bei weitem umstrittensten und gehaßtesten Werke unseres Autors (vgl. Text Nr. 5). Es war ein Angriff auf Thomas von Aquin, wie man ihn seit Frohschammers Zeiten (1889) aus dem katholischen Lager nicht mehr gehört hatte. Anton Günther, Jakob Frohschammer und Eduard Michelis waren die drei letzten deutschen katholischen Theologen, die prinzipiellen Einspruch gegen die Idee einer Wiederaufnahme des mittelalterlichen Philosophen erhoben hatten. Aus großem Abstand betrachtet, lassen sich ihre und Hessens Argumente dahingehend zusammenfassen, daß sie das vormoderne Weltbild des Aristotelismus für eine veraltete Basis erachteten, daß sie die Vermengung von Glauben und Wissen und den damit verbundenen kirchlichen Autoritarismus ablehnten, und daß sie im Thomismus die vorkritische Erkenntnistheorie nicht mehr akzeptieren konnten, oder allgemeiner gesagt, die fehlende Differenzierung der Seinsbereiche für nicht mehr vertretungsfähig hielten.

Hessen hat in der Neuauflage des Büchleins 1955 seine Endabrechnung in acht Punkte zusammengedrängt, auf die wir hier einfach verweisen.[193] Er hat damals auch klar seine Bezugnahme auf Frohschammer ausgesprochen.

---

[192] Siehe Nr. 283 und 335.
[193] J.H., Thomas von Aquin und wir (1955), 135-40. - Zu Jakob Frohschammer (1821-1893) vgl. H.M. Schmidinger, I 341-63, II 48ff. Zu Anton Günther (1783-1863) vgl. H.M. Schmidinger, I 266-84 (Johann Reikersdorfer, Anton Günther und seine Schule); Härle/Wagner, 101f. Zu F. Michelis (1818-1886) vgl. das zuwenig beachtete, vorzügliche Werk von Willi Belz, Friedrich Michelis und seine Bestreitung der Neuscholastik in der Polemik gegen Joseph Kleutgen, Leiden 1978. - Zur Entstehungsgeschichte des Thomas-Büchleins ist nur soviel bekannt, daß Hessen im Sommersemester 1924 eine "allgemeine öffentliche Vorlesung" mit dem Thema "Thomas von Aquin und die Probleme der Gegenwartsphilosophie" (einstündig) hielt; Allgemeine öffentliche Vorlesungen veranstaltet durch die Universität Köln, SS 1924. Wenn man in unseren Regesten vergleicht, welche meist triumphalistischen Veröffentlichungen zu Thomas seit dem Jubiläumsjahr 1923 ans Licht getreten waren, wird die Opposition, die sich hier offenbarte, verständlich.

1926 war ihm dessen Werk möglicherweise noch in erster Linie durch die Thomas-Deutung bei Rudolf Eucken gegenwärtig, von dem feststeht, daß er mit dem exkommunizierten Münchener Priester-Philosophen in geistigem Austausch stand.[194]

Die Kritik an Thomas von Aquin konnte nicht unbemerkt bleiben, am wenigsten bei Gottlieb Söhngen, der am 29.3.1926 an Kardinal Schulte schrieb: "Sehr unerfreulich ist Joh. Hessens jüngstes Büchlein über «Thomas von Aquin». Ein direkt unwissenschaftliches, leichtfertiges Büchlein; dabei religionsphilosophisch sehr zu beanstanden. Hessen ist jetzt völlig zu den Modernisten übergegangen. Ich habe mir sehr eingehende Notizen über das Büchlein gemacht. Seine «Erkenntnistheorie» war ja schon das «Ende vom Lied». Switalski bezeichnete sie als reinen Modernismus und Herr Prof. Simon ist derselben Ansicht. Ich hatte Hessen persönlich nach seiner Erkenntnistheorie zu warnen gesucht, leider habe ich zu tauben Ohren gepredigt."[195]

---

[194] J. Frohschammer, Die Philosophie des Thomas von Aquin, Leipzig 1889. Aus diesem großen Werk zitiert Hessen in seiner «Weltanschauung des Thomas von Aquin» (1926) 116f. nur eine einzige Stelle aus dem Vorwort. Oft hingegen (auch in Zukunft) behandelte er: R. Eucken, Die Philosophie des Thomas von Aquin und die Kultur der Gegenwart, Bad Sachsa ²1910. Es ist aber auch möglich, daß Hessen Frohschammer wegen dessen kirchlicher Verurteilung nur selten zitierte. Zur Beziehung Eucken - Frohschammer hier Nr. 482. - Eucken hatte 1901 einen Aufsatz in den Kant-Studien separat als Broschüre herausgebracht: R.E., Thomas von Aquino und Kant, ein Kampf zweier Welten, Berlin 1901, 44 S. Seiner Meinung nach gehörte dieser Kampf zu den "großen Gegensätzen", zwischen denen "die geistige Bewegung der Gegenwart verläuft". Vgl. ferner: F. Paulsen, Kant der Philosoph des Protestantismus. In: Kant-Studien 4(1900) 1-31; F. Medicus, Ein Wortführer der Neuscholastik und seine Kantkritik. In: Kant-Studien 5(1901) 30-5 (Eine Rez. von D. Mercier, Critériologie générale, Louvain 1899). Besonders informativ ist der folgende Beitrag, in dem das Eindringen kantischen Denkens in die französische kath. Philosophie weiträumig dargestellt wird: Albert Leclère, Le mouvement catholique kantien en France à l'heure présente. In: Kantstudien 7(1902) 300-363. Bei Eucken spürt man deutlich, wie er von dem Vorwurf z.B. eines päpstlichen Schreibens aus dem Jahre 1899, daß der Kantianismus zu einem "subjectivisme radicale" führe, der alle Sicherheiten über die Existenz Gottes und die Unsterblichkeit der Seele aufhebe, sich bedrängt fühlte. Zur Ablehnung Euckens durch strenge Katholiken vgl. Nr. 107, 169.
[195] Söhngen an Schulte, Norderney 29.3.1926; HAEK, a.a.O. - Paul Simon (1882-1946), 1907 Priester, 1919 von Schulte zum Leiter des Collegium Leoninum in Paderborn ernannt, 1919 o. Prof. für Philos. und Apologetik in Tübingen, 1932 Rektor, seit 1933 Dompropst in Paderborn. Er betonte in schärfstem Gegensatz zu Hessen den scholastischen Rationalismus: "rational ist alles Sein", aber er war auch ein Geyser-Schüler; Friedrich M. Rintelen/Theoderich Kampmann, Paul Simon zum Gedächtnis, Paderborn 1947, 10. Seine Werke enthalten öfters Kritik an Hessenschen Positionen.- Dieter Riesenberger, Der Paderborner Dompropst Paul Simon (1882 - 1946). Ein Beitrag zur Geschichte des Nationalsozialismus, der Ökumene und der Nachkriegsjahre in Paderborn, Paderborn 1992 ; A. Kolping, Reg.

Im Grunde war dies schon eine Aufforderung, die Schrift oder beide Schriften zu verurteilen oder in Rom anzuzeigen. Warum es damit dann noch zwei Jahre dauerte, ist nicht klar. Es dürfte die Sorge um die Albertus-Magnus-Akademie gewesen sein, die den Kardinal vorerst davon abhielt, gegen einen Dozenten der Universität mit Bücherverboten vorzugehen. Denn die Beziehungen zwischen dem Erzbistum bzw. dem politischen Katholizismus in Köln und der Universität waren schon damals wohl nicht mehr ganz problemlos. Auf katholischer Seite fühlte man sich allmählich bei der Verteilung der Professuren benachteiligt; der komplizierte Modus, nach dem die drei staatstragenden Richtungen der Weimarer Republik, die Katholiken, die Sozialdemokraten und die Liberalen jeweils ungefähr gleichmäßig zum Zuge zu kommen beanspruchten und dies auch tatsächlich durchsetzten, ließ das Gefühl der Kölner Katholiken, dabei aber letzten Endes doch wieder zurückstehen zu müssen, schrittweise anwachsen. 1930 kam es dann zu einer öffentlichen Zeitungsdebatte darüber.[196]

Eine Verurteilung Hessens konnte in dieser Situation dem größeren Anliegen nicht förderlich sein. Denn in der dann zu befürchtenden Pressepolemik wäre den Akademie-Dozenten unweigerlich die Verantwortung zugeschoben worden. Das lange Zögern Schultes mit seiner Bestrafung Hessens und seine nicht eben geradlinige Vorgehensweise sind allein daher schon verständlich. Aber noch ein zeitlicher Zusammenhang fällt auf: die Verurteilung der beiden von Söhngen im März 1926 angezeigten Bücher erfolgte am 6. Juli 1928, am 29.Mai 1928 aber war Max Scheler gestorben. Daß Schulte den lange gehegten Plan einer Bestrafung Hessens in dem Augenblick realisierte, als der berühmte Philosoph dahingeschieden war, und aus Furcht vor ihm nicht vorher, ist natürlich nicht zu beweisen: aber daß die Koinzidenz eines mehr als zweijährigen Zuwartens mit einer plötzlichen, in diesem Augenblick absolut unerwarteten Verurteilung noch nicht sechs Wochen nach dem Tode von Hessens Förderer sehr auffällig ist, wird niemand leugnen. Denn zu den Besonderheiten der Verurteilung von Hessens Büchern gehört ihre Plötzlichkeit, das Fehlen irgendeiner Vorverhandlung oder Warnung, oder irgendeines Prozeßverfahrens. Hessen erfuhr von der Verurteilung durch das Amtsblatt des Erzbistums.

Die Verzögerung der Verurteilung hatte unabhängig von der Sorge um eine Pressekampagne bzgl. der Universität und der Scheu vor Scheler noch

---

[196] Zu den Paritätsfragen an der Univ. Köln vgl. K. Düwell (hier Anm. 121), 178-81.

eine weitere Ursache, die wir quellenmäßig deutlicher belegen können. Mit der Albertus-Magnus-Akademie ging es 1926 bis 1929 ständig bergab. Zum Sommersemester 1927 gab es nur noch 13 Hörer, im Sommersemester 1928 nur noch deren acht. Auch blieben die Gastdozenten aus den Ordenslehranstalten allmählich aus, von denen nur Pater Winzen O.F.M. noch länger ausgehalten hatte. Im Wintersemester 1928/29 standen die beiden Dozenten Dr. Söhngen und Dr. Feckes mit ihren 5 Vorlesungen und Übungen alleine da, ohne daß man noch die Zahl der Teilnehmer erfährt. Im Februar 1929 gestand Söhngen dem Erzbischof das Scheitern des Unternehmens ein. Er selbst bat um eine Repetentenstelle am Collegium Albertinum in Bonn; jedenfalls wollten die beiden Dozenten den Lehrbetrieb zum Sommersemester 1929 nicht wieder aufnehmen. Die Akademie sollte eventuell durch den Dominikaner-Orden übernommen werden.[197]

Söhngen schließlich verband seinen Abgang noch mit einer Spitze gegen Hessen: er behauptete, für die gefährdete Akademie könne eventuell die Universität Rettung bieten, durch eine Anknüpfung oder Eingliederung, wobei der Modus natürlich erst auszuhandeln wäre. Aber eine solche Anknüpfung werde durch Hessen erschwert, praktisch unmöglich gemacht![198] Nun war Hessen also auch schuld am Untergang des Kölner Instituts für neuscholastische Philosophie. Aber der Zusammenhang ist an sich richtig gesehen: wie konnte die Akademie noch glauben, an die Universität Anschluß zu finden, d.h. normale Philosophie-Studenten mit normalen Examina, z.B. für das höhere Lehrfach, zu gewinnen, wenn der Erzbischof vorher zwei Bücher eines dortigen Professors "verboten", d.h. jedermann vor Augen geführt hatte, daß hier mit den alten Mitteln der Bestrafung von Abweichlern und der Vernichtung mißliebiger Bücher "argumentiert" wurde. Es ist daher zu vermuten, daß das Bücherverbot so lange vertagt blieb, wie noch eine Chance gesehen wurde, von der Universität Köln aufgenommen zu werden. Als Hessen im Juli 1928 verurteilt wurde, war die Akademie aber bereits so gut wie tot.

---

[197] Sämtliche Hörerzahlen sind in den jeweiligen Semesterberichten Söhngens an Kard. Schulte festgehalten. Nach dem Aufgeben eines Lehrbetriebes wurde lange darüber verhandelt, wer das Unternehmen fortführen solle und in welcher Form; der oft zitierte Aktenband enthält dazu noch viel Material, besonders zum Versuch, Bernhard Geyer dafür zu gewinnen, der aber auf den Widerstand des Kard. Mercati stieß. 1931 übernahm er dann doch die Leitung des völlig umgewandelten, jetzt reinen Forschungsinstituts; vgl. denselben Aktenband; zu B. Geyer vgl. Kleineidam, 133.
[198] Söhngen an Kard. Schulte, wie Anm. 195.

Unter den damals in Köln lehrenden Philosophen gab es einen, der eventuell als Fürsprecher für eine Anbindung der Albertus-Magnus-Akademie in Frage gekommen wäre: Artur Schneider (1876-1945)[199], ein Baeumker-Schüler und typischer Vertreter der Hertling-Baeumker-Richtung mit vielfältigen Studien zur Philosophie des 12. und 13. Jahrhunderts, besonders gerade zu Albertus Magnus. Er wäre der geeignetste Mann gewesen, als Ordinarius, Dekan und Rektor (1926/27) der gefährdeten erzbischöflichen Akademie zur Hilfe zu kommen. Seine Berufung war von Adenauer gegen den auf Litt zielenden Vorschlag durchgesetzt worden. Mit einem Wort, er war der inoffizielle, aber effektive Vertreter der katholischen Wissenschaft im philosophischen Seminar der Universität Köln.

Gerade ihn aber hat Hessen praktisch ganz für seine Ideen gewinnen können. Als die Albertus-Magnus-Akademie 1928 einen Sammelband über die Gotteserkenntnis herausbrachte, welche den Ertrag der vorhergegangenen Bemühungen Söhngens um die Beweisbarkeit Gottes zusammenfaßte, lieferte Schneider einen Beitrag ab, der offen der Richtung Hessens folgte, zu nicht geringer Enttäuschung der jesuitischen Rezensenten.[200] In seiner 1931 erschienen "Einführung in die Philosophie" schließt er sich in der brennenden Frage, ob das Kausalprinzip ein analytischer Satz sei und objektive Evidenz besitze, der modernen, abweichenden Haltung von Isenkrahe, Sawicki und Hessen an - das war so viel wie ein Abschied vom neuscholastischen Standpunkt.[201] Das Buch Hessens über das Kausalprinzip (1928) las er im Manuskript und diskutierte mit dem Autor freundschaftlich darüber.[202] Bei den Doktorarbeiten der Hessen-Schüler bestätigte er als Korreferent die Notengebung Hessens ohne Anstände.[203] Es besteht also kein Zweifel daran, daß Hessen diesen Ordinarius auf seiner Seite hatte. Eine Anbindung der erzbischöflichen Akademie an die städtische Universität war wiederum schwer

---

[199] Artur Schneider (1876 Neustadt/Oberschlesien - 1945) hatte seit 1911 Lehrstühle in Freiburg und Straßburg; seit 1921 in Köln; Rektor ebd. 1926/27; H. Althaus, Kölner Professorenlexikon (unveröff. Manuskript), ad vocem; EF 5, 1001. Das Arbeitsfeld Schneiders fügte sich nahtlos an das Hauptkampffeld Hessens in den zwanziger Jahren an: der Aristotelismus und sein Eindringen in die christliche Weltanschauung. So hatte die Dissertation Schneiders das Thema «Das aristotelische Element in der Psychologie Alberts des Großen» (1900) bearbeitet; Ziegenfuß, II 475. Zu Schneiders Berufung vgl. Heimbüchel/Pabst, 472f.
[200] Vgl. Nr. 234.
[201] Vgl. Nr. 303.
[202] So im Vorwort von J.H., Kausalprinzip (1928).
[203] Das ergab eine Durchsicht der Promotionsakten, die Hessen-Schüler/innen betreffen, aus den Jahren 1929-1950; UAK, Promotionsakten der Philos. Fakultät.

vorstellbar ohne die Zustimmung dieses Fachvertreters, der offiziös die «katholische Philosophie» in Köln repräsentierte. Ursache für das Scheitern war jedoch nicht die Feindseligkeit Hessens, sondern der Umstand, daß die Akademie von Anfang an als Institut zur Propagierung der Neuscholastik konzipiert, die beiden bestqualifizierten Kräfte, Aloys Müller und Johannes Hessen ausgeschlossen, und die besten Jahre der Entwicklung auf den Kampf um die traditionellen Gottesbeweise verwendet worden waren, statt etwa neuzeitliche, aktuelle Themen in engem Kontakt zu den Kölner Universitätsphilosophen zu wählen. Als Gegenstände hätten sich in Köln besonders Fragen der Wirtschaftsethik, der Begründung von Demokratie oder der kirchlichen Friedensbotschaft angeboten, um nur wenige aktuelle Möglichkeiten zu nennen. Unvermeidliches Fazit: die Albertus-Magnus-Akademie ist weit davon entfernt gewesen, den Kölner Katholiken aus dem «Ghetto» herauszuhelfen, sondern hat vielmehr selbst die Mauer dieser Abgeschlossenheit verstärkt.

Hessen hat später die "invidia clericalis" für das Vorgehen Schultes gegen ihn verantwortlich gemacht. Er sprach sogar, ohne den Namen zu nennen, von "Leuten, die lieber selber jenen Posten innehätten", den er sich selbst geschaffen hatte.[204] Heute wissen wir, daß wohl vor allem Gottlieb Söhngen gemeint war. Söhngen hatte noch eine große Laufbahn vor sich, in der er vieles von dem, was seinen früheren kämpferischen Thomismus ausgemacht hatte, hinter sich ließ. In seinem Artikel "Neuscholastik" im «Lexikon für Theologie und Kirche» (1962) nimmt er eine sehr distanzierte Stellung zu dieser Bewegung ein. Aber mit keiner Silbe erwähnt er die Opfer, die von den Verantwortlichen dieser Ideologie dargebracht wurden, und selbstverständlich zitiert er kein einziges Buch von Hessen.[205]

---

[204] J.H., Geistige Kämpfe, 71. Einigermaßen irreführend ist die Darstellung, die Paul Simon, Karl Joseph Kardinal Schulte, 30f., von dem Scheitern der Akademie gibt, welches auf die Inflation zurückgeführt wird; und Schulte wird bestätigt, er habe "mit wahrem Weitblick die Forderungen der Zeit erfaßt". Irreführend ist es auch, wenn Simon sich auf Duns Scotus als geistiges Vorbild des Instituts beruft: von einer Gleichberechtigung des Skotismus (und der von ihm abstammenden, weiterführenden philosophischen Schulen) konnte in der Neugründung ja gerade nicht die Rede sein; vielmehr herrschte ein exklusiver Thomismus vor.
[205] LThK, 7(1962) Sp. 923-26. Hier ringt sich Söhngen sogar zu starken Worten der Kritik an der Neuscholastik durch. Andere damalige geistliche Mitbrüder Hessens, die sich wahrscheinlich Hoffnungen auf eine Laufbahn an der Univ. Köln gemacht haben, waren Robert Grosche und Josef Koch. Letzterer sagte später selbst, daß er seit 1922 in Köln bei Scheler und A. Schneider studiert und auf eine Dauerstellung an der Akademie gehofft habe; Lebenslauf Kochs in seinen Personalpapieren; Nachlaß Koch im UAK, fasz. 1. - Zu R. Grosche (1888 - 1967), der von 1920 bis 1930 Studentenseelsorger in Köln war, vgl.

d. Das Bücherverbot und die Suspension (Juli-November 1928)

In seinen "Geistigen Kämpfen" widmet Hessen dem Versuch des Erzbischofs von Köln, ihn "von der Kölner Universität zu entfernen", nur knapp zwei Druckseiten, von denen auch noch der bei weitem größte Teil auf zwei Gespräche zwischen dem Bischof von Münster und Prof. Arnold Rademacher entfällt. Zu Kardinal Schulte findet sich nur der Hinweis, daß er sich zur Erreichung seiner Ziele "recht grober Mittel bediente", indem er nämlich Hessen "ohne weiteres" suspendiert und ihm anschließen eine "Audienz" verweigert habe.[206] Keineswegs wird hier also alles berichtet, was tatsächlich vorgefallen war.

Am Anfang steht das merkwürdige Verbot der beiden Bücher "Die Weltanschauung des Thomas von Aquin" und "Erkenntnistheorie" durch den Erzbischof von Köln und den Bischof von Münster am 6. Juli 1928 (hier Dok. 8). Veröffentlicht wurde das Verbot im Kölner "Kirchlichen Anzeiger" vom 15. Juli 1928. Hessen erwähnt, daß er von diesem Akt durch seinen Freund Joseph Thomé (damals Kaplan an der Kirche St. Ursula) am Tage des Erscheinens dieses kirchenoffiziellen Organs erfahren habe. Man kann zwar die Empörung Hessens verstehen, aber an sich war der Erzbischof nicht streng verpflichtet, den Autor eines zu verbietenden Buches vorher zu informieren.

Denn, wie die Berufung auf die beiden Canones 1384 und 1395 § 1 bereits deutlich machte, handelte es sich ja um ein die Gläubigen betreffendes Verbot der Lektüre der Hessenschen Bücher. Ein den beiden Bischöfen als Gläubiger untergebener Katholik sündigte demnach schwer, wenn er ohne ausdrückliche Lizenz diese Bücher las.[207] Hessen hätte gegen das Verbot an den Hl. Stuhl Rekurs einlegen können, allerdings ohne daß dieses hierdurch suspendiert worden wäre. Als Handhabe dürften den Bischöfen bzw. dem Kardinal Schulte gewiß die zahlreichen vernichtenden, sehr ausführlichen Rezensionen gedient haben, die von September 1926 an über diese Bücher, vorwiegend über das Thomas-Buch erschienen waren. Ausschlaggebend

---

die Lit. bei v. Hehl/Hürten, 79; Walter Rest, Robert Grosche. In : Hans Jürgen Schultz, Tendenzen der Theologie im 20.Jahrhundert. Eine Geschichte in Portraits, Berlin 1966, 321 - 327; N. Trippen, Aus der Chronik der Pfarrei S. Ursula über die Kriegsjahre 1942-1945. In: Ann. des Hist. Ver. f. d. Niederrh. 192/93(1990), 149-81, hier 149 Anm. 1. – Grosche war damals bereits als - sehr konservativer - Ökumeniker bekannt; H. Hermelink (1949), 8f.
[206] J.H., Geistige Kämpfe, 69-75, hier 71f.
[207] Arregui, n. 458.

waren vor allem diejenigen Dörholts, Franzelins, Faulhabers, Grosches, Lenz' und Max Hortens, des gelehrten Kenners der mittelalterlichen arabischen Philosophie.[208] Befremdlich ist dabei das Verbot der "Erkenntnistheorie", die nicht nur negativ aufgenommen worden war. Vielmehr hatten anerkannte katholische Philosophen wie Engert und Sawicki dieses Buch für brauchbar erklärt. Daß der Haß, den das Thomas-Buch auslöste, eng mit der thomistischen Partei selbst zusammenhing, zeigt die ruhig-sachliche Reaktion eines Benediktiners, der in dem Buch neben manchem Schatten auch viel Licht erblickt hatte.[209] Die Hereinnahme der "Erkenntnistheorie" ist also ein recht deutliches Indiz dafür, daß es die Anzeige Söhngens war, die hier ihre Wirkung tat, in der dieses Werk als modernistisch bezeichnet worden war - ein Vorwurf, der in keiner gedruckten Rezension auftauchte.

So unbestreitbar das Kirchenrecht die Bischöfe dazu ermächtigte, Bücher zu verbieten, so enthält der Akt vom 6. Juli 1928 doch einige Besonderheiten. Erstens wäre, bei der offenbaren Gewichtigkeit des Falles, doch eine Anzeige in Rom angebracht gewesen. Dieser Fall ist im canon 1397 § 5 ausdrücklich für Bücher vorgeschrieben, die eine sorgfältigere Prüfung verlangen und für deren Abweisung ein Urteil der höchsten Autorität nötig ist.[210] Auf die Bücher Hessens traf dieser Fall gewiß zu. Denn die Grundsatzfrage, ob der Thomismus heute noch die geeignete Basis der Glaubensbegründung sei, war von allgemeinster Bedeutung. Auch war - vom zensorischen Standpunkt aus gesehen - ein Verbot für zwei Diözesen in diesem Falle wenig wirksam: Studenten beispielsweise aus Osnabrück, die in

---

[208] Vgl. Nr. 182, 197, 201, 209, 210, 221, 226, 235.
[209] Vgl. Nr. 180, 225.
[210] "libros qui subtilius examen exigant vel de quibus ad salutarem effectum consequendum supremae auctoritatis sententia requiri videatur, ad Apostlicae sedis Iudicium Ordinarii deferant"; CIC can. 1397 § 5. Zur Geschichte der bischöflichen Bücherverbote vgl. Franz Heinrich Reusch, Der Index der verbotenen Bücher, Bd.II/2, Bonn 1885. Reprint Aalen 1967, 900-906. Daraus geht hervor, daß die römische Indexkongregation sich die Arbeitsteilung so vorstellte, daß sie selbst die schweren, weittragenden Fälle bearbeiten wollte, die Bischöfe aber die zahllosen antireligiösen Propagandaschriften, kleinen Broschüren u. dergl. verbieten sollten. In mehreren Konkordaten des 19. Jahrhunderts war die Vollmacht der Bischöfe, Bücher zu verbieten, staatlich garantiert worden, so bezgl. Bayerns, Österreichs, Honduras', Venezuelas u.a.m.; Angelo Mercati (a cura di), Raccolta di Concordati su materie ecclesiastiche tra la Santa Sede e le Autorità civili, vol. I, Città del Vaticano 1954, 596, 823, 834, 937, 950, 961, 972, 984, 985, 1002.

Münster studierten, durften Hessens Werke nach wie vor lesen, wenigstens zu Hause![211]

Zweitens war der Erzbischof zwar nicht verpflichtet, Hessen vorher über das geplante Verbot zu informieren, der Eindruck aber, den ein solcher "Überraschungsangriff" in der Öffentlichkeit erwecken mußte, konnte kein guter sein. Auch war es üblich, Autoren, deren Kirchenzugehörigkeit feststand, vorher die Möglichkeit zu geben, dem Verbot zuvorzukommen, z.B. durch ein Zurückziehen der Restauflage oder durch eine "verbesserte" Neuauflage. Drittens bietet die sehr knappe Begründung des Verbotes keinerlei Klarheit darüber, warum denn nun diese beiden Bücher verboten werden mußten. Die "unkirchliche Geistesart" Hessens, von der die Rede ist, entbehrt jeder juristischen Konkretheit, und die Anfechtbarkeit vom Glaubensstandpunkt, sowie die Glaubensgefährdung des Lesers werden bloß behauptet, aber nicht einmal andeutungsweise begründet. Man könnte also - allerdings vom modernen Rechtsdenken her - von einer Nichtigkeit wegen fehlender Urteilsbegründung sprechen, oder - im System bleibend - jedenfalls feststellen, daß hier ein Gesinnungsurteil gesprochen wurde, ein Urteil mit voller, offener Parteilichkeit, wozu ja auch die Verweigerung jeder Verteidigungsmöglichkeit des "Angeklagten" paßt.[212]

Angesichts der juristischen Fragwürdigkeit dieses Urteils ist es erstaunlich, daß Kardinal Schulte anschließend darüber erbost war, daß Hessen von diesem Urteil keine Notiz nahm (Dok. 58), wozu dieser rechtlich auch nicht verpflichtet war. Aber alle Zusammenhänge deuten darauf hin, daß Schulte letztlich eine Entfernung Hessens von der Universität anstrebte.

Nun schenkte die Universität natürlich einem erzbischöflichen Bücherverbot keine Beachtung. Wie hätte sie es auch sollen? Der Mechanismus, der intendiert war, sah anders aus: am 1. September 1928 wurde Hessen, abermals ohne Vorwarnung, von Kardinal Schulte suspendiert; sein Heimatbischof folgte am 13. desselben Monats nach. Also fast zwei Monate nach dem Bücherverbot nun die Suspension vom geistlichen Amt. Die Dokumente, die mit diesen Tagen einsetzen, gehören zu den dramatischsten, die uns aus dem Leben Hessens überliefert sind (Dok. 52-72). Als es diesem endlich gelang, Auskunft über die gegen ihn erhobene Beschuldigung zu

---

[211] CIC can. 1395 § 1: "... pro suis subditis ...".
[212] Zur Gesamtproblematik: Hasenhüttl/Nolte, 68-75; H.H. Schwedt, Der römische Index der verbotenen Bücher. In: HJB 17(1987) 296-314 (behandelt auch das 20. Jahrhundert und das Ende des Index).

erhalten, mußte er hören, daß Kardinal Schulte ihm unter anderem verübelte, daß er nach dem Bücherverbot sich nicht bei ihm gemeldet habe. Aber eine solche Verpflichtung gab es gar nicht, besonders dann nicht, wenn seitens der Behörde keinerlei persönliches Anschreiben erfolgt war.

Was war das nun für eine Strafe, diese Suspendierung? Nicht von Schulte, der, wie erwähnt, Hessen nicht empfing, sondern von Bischof Poggenburg von Münster erhielt er am 26. Oktober 1928 mündlich folgende Auskunft: "Sie sind suspendiert ex informata conscientia". Darauf will Hessen dem Bischof geantwortet haben: "Hochwürdigster Herr, ich kenne fromme und streng kirchlich gesinnte Priester, die die suspensio ex informata conscientia als eine Erfindung des Teufels bezeichnen."[213] Tatsächlich handelt es sich bei dieser Art der Suspension um das im gesamten kirchlichen Strafrecht fragwürdigste Instrument unter all den mit der modernen Auffassung vom Schutz der Angeklagten unvereinbaren Mitteln der Justiz, dieselben gefügig zu machen, das noch im Codex Iuris Canonici von 1917 übriggeblieben war.

Suspensio, das bedeutete zunächst einmal ganz schlicht "eine Strafe, durch die ein Kleriker von Amt oder Pfründe oder beiden vorläufig enthoben wird" (can. 2278 § 1). Es ist also eine vorläufige Strafe, bei der von vornerein nach Ausräumung des Fehlverhaltens mit einer Wiedereinsetzung gerechnet wird. Die Suspension ist also eine bei weitem mildere Maßnahme als die Exkommunikation oder die Depositio, die echte Amtsenthebung. Da Hessen keinerlei kirchliches Amt bekleidete, muß zuerst einmal gefragt werden, wovon er denn überhaupt suspendiert werden sollte. Im Schreiben des Münsteraner Generalvikars (vgl. Dok. 67) vom 13. September 1928 heißt es einfach, daß ihm "die Befugnis zur Ausübung irgendwelcher priesterlichen Funktionen" bis auf weiteres entzogen sei. Von unmittelbar praktischer Bedeutung war dabei für Hessen nur der ihm vorgeschriebene Verzicht auf das Messelesen. Für einen geistlichen Universitätsprofessor war das peinlich, besonders gegenüber dem Kölner Stadtklerus - aber es bedrohte nicht seine Lehrtätigkeit. Die wahre Pointe lag woanders, wie sich erst später herausstellen wird.

---

[213] J.H., Geistige Kämpfe, 72f. Zur Datierung des Gesprächs auf den 26.10.1928 siehe Dok. 67.

Die spezielle Form einer Suspension, von der Hessen betroffen war, die suspensio ex informata concientia[214] - auf deutsch etwa wiederzugeben mit: "Amtsenthebung aufgrund sicheren Wissens, das aber nicht öffentlich gemacht werden darf, soll oder kann" - konnte ein Bischof verhängen, wenn er ein meist geheimes Delikt eines Priesters ohne ordentlichen Strafprozeß bestrafen wollte. Man kann sie deshalb auch als eine Amtsenthebung ohne ordentliches Strafverfahren bezeichnen. Zwar war ausdrücklich vorgeschrieben, daß der Bischof aus vorhergegangenen Untersuchungen Beweise gesammelt haben mußte, die ihm die Sicherheit gaben, daß der Priester das in Frage stehende Delikt tatsächlich begangen hatte - aber genau hier lag der wunde Punkt der ohnehin befremdlichen Konstruktion: der Bischof allein beurteilte die Kraft der Argumente, er war also im strengen Sinne Ankläger und Richter in einer Person.[215] Das ganze Verfahren, ohnehin erfunden, um die Bestrafung klerikaler Delikte im Geheimen und ohne normalen Rechtsweg und ohne wirkliche Beweisprüfung durch einen unabhängigen Richter möglich zu machen, war in einer Gesellschaft des Ancien Régime, z.B. im Italien des 17. Jahrhunderts, ein scharfes Schwert gegen pflichtvergessene Priester, z.B. Konkubinarier. Im 20. Jahrhundert

---

[214] Daß es sich um eine solche suspensio wirklich handelte, ergibt sich zweifelsfrei aus allen Umständen, unter denen sie verhängt wurde: kein reguläres Gerichtsverfahren, keine Angabe der Beweismittel, keine schriftliche Anklageschrift, keine Bestellung oder Zulassung eines Verteidigers, keine Aufklärung über das nun einzuschlagende Verfahren, insbesondere keine Aussage darüber, was der Suspendierte nun tun solle. Besonders verwirrend mußte die Unklarheit über den oder die Vorwürfe wirken.
[215] Die damals in Deutschland herrschende Lehre der Kanonistik zur «suspensio ex informata conscientia» gibt am deutlichsten Th. Gottlob wieder. Vgl. ferner: Felix M. Capello, S.I., Tractatus canonico-moralis de censuris iuxta Codicem Iuris Canonici, ed. altera, Taurinorum Augustae 1925, n. 498. - Joh. Baptist Sägmüller, Lehrbuch des katholischen Kirchenrechts, 3. Aufl., 2. Bd., Freiburg 1914, 334 (hier die zahlr. ältere Lit.). Die Gesetzesstellen: CIC, can. 2186-2194, die letzten Endes auf Conc. Trid., sess. XIV de ref. c. 1 beruhen. - Dictionnaire de Droit Canonique. ed. R. Naz, Paris, tom. 7 (1965) col. 1118-1125, hier 1122. Ein anderer Fall von suspensio ex inform. consc., der sich aber nicht ganz mit dem hier behandelten gleichsetzen läßt, war die Suspendierung Barions und Eschweilers 1934. Vgl. S. Schröcker. Hier S. 72-75 weiteres zur Rechtsgeschichte. - Fr. W. Kremzow, Die Suspension ex informata conscientia. In: Österreichisches Archiv für Kirchenrecht 11(1960) 189-221. Eine eigentlich historisch-rechtsgeschichtliche Bearbeitung dieses interessanten Rechtsinstituts, die natürlich nur über eine nähere Erforschung von Einzelfällen, entweder in einer bestimmten Diözese, oder über die Bearbeitung durch die Kurie erfolgen kann, scheint noch auszustehen. Einige ältere Entscheidungen bei P. Hinschius, System des Kirchenrechts mit besonderer Berücksichtigung auf Deutschland, Bd. 5, Berlin 1895, 608-13. - Zuletzt: Klaus Mörsdorf, Lehrbuch des Kirchenrechts auf Grund des Codex Iuris Canonici, 11. Aufl., 3. Bd., Paderborn 1979, 297-302.

stellte es eine Abnormität dar, die dem Kardinal auch nicht mehr den gewünschten Effekt brachte.

Schon die Synode von Pistoia 1786, aber auch orthodoxe Kanonisten hatten es für naturrechtswidrig angesehen, daß ein Beschuldigter ohne Angabe von Gründen, ohne Gehör und dann auch ohne Verteidigungsmöglichkeit bestraft werden konnte. Jedoch nahm der Bonner Kanonist Theodor Gottlob zu solchen Einwänden noch in seiner 1939 erschienen Monographie wie folgt Stellung:

> "Dieser Vorwurf besteht nicht zu Recht. Warum soll denn niemand ohne Verhör und Verteidigung bestraft werden? Doch deshalb, damit die Verurteilung eines Unschuldigen möglichst vermieden wird. Kann aber nicht auch die Schuld eines Menschen ohne seine Vernehmung sicher festgestellt werden? Gewiß. Für die Schuld können urkundliche Beweise vorliegen. Ferner: Es kann sich um Zeugen handeln, die durchaus glaubwürdig sind, die sich aber aus bestimmten Gründen weigern, in einem ordentlichen Gerichtsverfahren als Zeugen gegen einen Geistlichen aufzutreten, die wohl bereit sind, dem Bischof still und im Geheimen die Schuld dieses Geistlichen mitzuteilen. Allerdings, die Tatsache des Verbrechens muß sicher feststehen - das betont auch der Kodex nachdrücklich (c. 2190) -, sonst würde der kirchliche Obere ungerecht handeln, wenn er von seiner Vollmacht Gebrauch machte."[216]

Gottlob nennt damit den Nerv des ganzen Rechtsinstituts: es ging um Zeugen eines Delikts, deren Geheimnis geschützt werden sollte. Damit ist auf den historischen Entstehungsort dieses ganzen Komplexes verwiesen: die soziale, zölibatäre Disziplinierung des Klerus in der tridentinischen Epoche. Denkbar ist etwa der Fall eines adligen, reichen und mächtigen Domherren, der auf seinem Landsitz eine Konkubine unterhält, und einen dortigen frommen Katholiken, der daran Anstoß nimmt, aber als Untertan, gar als Leibeigener des Domherren sich in dessen völliger Abhängigkeit befindet: in

---

[216] Th. Gottlob, 25. Zu den Kritikern ebd. 22f. - CIC, can. 2190 verpflichtet den Bischof, die gen. Suspension nur zu verhängen, wenn er der Beweise sicher, und das Delikt entsprechend schwer sei. Gottlob gibt S. 11-22 einen historischen Überblick über diese Strafmöglichkeit, die von der Konzilskongregation 1884 nochmals neu gefaßt worden war. Die Bischöfe hatten allezeit dahin tendiert, die suspensio ex inf. consc. als bequemes Mittel, Prozesse zu ersparen, anzusehen. Das war nicht die «mens» der Konzilskongregation, die sich aber auch nicht entschließen konnte, von diesem absolutistischen Herrschaftsinstrument Abstand zu nehmen.

solchen, gewiß nicht seltenen Situationen sollte die "suspensio ex informata conscientia" helfen. Sie schützte den Zeugen vor dem Angeklagten. Um diesen Schutz perfekt zu machen, war es unter Umständen nötig, sogar den Anklagepunkt selbst, das Delikt, dem Angeklagten vorzuenthalten![217]

Im 20. Jahrhundert war es üblich geworden, daß der Bischof dem Betroffenen die Gründe für seine Bestrafung mitteilte; allerdings blieb hier eine rechtliche Grauzone, die sich unvermeidbarer Weise aus dem Zeugenschutz und der geheimen Natur der Delikte ergab, so daß eine strenge Verpflichtung für den Bischof nicht bestand.[218]

Kardinal Schulte unterrichtete Hessen bei seiner Suspendierung nur von der globalen Beschuldigung, er sei mit dieser Strafe belegt wegen seiner "Lebensführung und Gesinnung als Priester" (Dok. 52). Abweichend davon teilte ihm Poggenburg mündlich mit: "Es handelt sich um ihre Doktrin" (Dok. 60). Erst Tage nach der offensichtlich verspäteten Zustellung der Suspensionsurkunde, nachdem Schulte ihm eine "Audienz" verweigert hatte, erfuhr Hessen in einem Gespräch mit dem Kölner Dompönitentiar, Prälat Dr. Otto Paschen, was eigentlich konkret gegen ihn vorgebracht wurde. Gültig war die Suspension aber schon vorher gewesen! Die Beschuldigungen erstreckten sich auf folgende Punkte: unsittlicher Umgang mit Studentinnen, dann Zweifel an seiner Rechtgläubigkeit bezüglich des Dogmas der Transsubstantiation, bzw. seiner allgemeinen "kirchlichen Gesinnung". Schließlich kam als ein gefährlicher Vorwurf hinzu, daß er in persönlichen Beziehungen zu dem abgefallenen Priester Prof. Friedrich Heiler stand, der angeblich in

---

[217] Die Nähe der suspensio ex inf. consc. zu den typischen Klerikerdelikten der vortridentinischen Ära ist noch am CIC abzulesen, wo innerhalb des Prozeßrechtes unserem Material unmittelbar vorausgehen: die Bestrafung nachlässiger Pfarrer, die Konkubinarier, die nicht residierenden Pfarrer. Die Modalitäten, mit denen gegen Konkubinarier vorgegangen wurde (can. 2176-2181), gaben diesen einen noch etwas höheren Rechtsschutz als einem von der gen. «Suspensio» Betroffenen; es wird aus dem Vergleich deutlich, daß es bei letzterer zentral um den Zeugenschutz ging. Vgl. Gottlob, 35. - Zur grundsätzlichen Problematik der nicht vorhandenen Gewaltenteilung in der kath. Kirche vgl. Knut Walf, Die Menschenrechte in der katholischen Kirche. In: Michaela Pilters/Knut Walf (Hrsg.), Menschenrechte in der Kirche, Düsseldorf 1980, 104-119.
[218] Vgl. CIC, can. 2188, 2193. Der letztere Canon war eine Neuerung; er enthielt den Rat an den Bischof, gegebenenfalls den Grund dem Betroffenen mitzuteilen und die ganze Strafform als Besserungsstrafe aufzufassen; alles dies aber wurde dem «arbitrium» des Bischofs anheimgestellt. So heißt es daher auch noch bei Th. Gottlob, 50: "Die Liebe wird dem Ordinarius nahelegen, dem Geistlichen das Delikt bekanntzugeben. Ist aber zu befürchten, daß der Geistliche dadurch nicht zur Erkenntnis seiner Schuld kommt, vielmehr die Bekanntgabe mißbraucht, um die Zeugen anzugreifen und dadurch Unruhe und Streit unter den Gläubigen zu erregen, wird die Gerechtigkeit dem Ordinarius das Verschweigen des Delikts gebieten."

Hessens Wohnung eine Messe gelesen haben sollte. Das Anklagematerial muß über Monate hinweg gesammelt worden sein.[219] In allen den Zölibat betreffenden Punkten ging es wohl auf eine einzige Quelle, eine Haushälterin Hessens zurück.

Kardinal Schulte war schlecht beraten gewesen, oder doch bereits zu voreingenommen dem Philosophen gegenüber, als er im wesentlichen auf deren Aussagen gestützt zu dem schweren Geschütz einer Suspension gegriffen hatte. Die Äußerungen Hessens zu grundsätzlichen philosophischen und dogmatischen Problemen, die den Anlaß für das Bücherverbot gebildet hatten, konnten hier gar nicht in Anschlag gebracht werden, weil sie öffentlich bekannt waren und deshalb keineswegs mit einer suspensio ex informata conscientia zu behandeln waren.[220] Die Glaubensdelikte und ihre Bestrafung betreffenden Canones 2314 bis 2319 des Codex Iuris Canonici boten ja reichlich Möglichkeit, einen der Häresie Verdächtigen abzumahnen, danach eventuell zu suspendieren und schrittweise härter zu bestrafen. Nach der Aktenlage ist aber gegen Hessen eine solche Abmahnung (Monitio entsprechend can. 2315) nie erfolgt. Die Begründung der Suspension mit Fragen der Rechtgläubigkeit war also bereits von vornherein verfehlt, erstens weil es kein geheimes Delikt war, zweitens weil eine Admonitio unterblieben war.

Es blieben also die Vorwürfe bezüglich des Zölibatsbruches. Das umfangreiche Aktenfaszikel, das sich in Köln über die Verhöre der Haushälterin und anderer Personen bildete, hat Schulte kurz danach, nicht ohne seinen Ärger auszudrücken, nach Münster geschickt[221], wie er dem Nuntius Pacelli am 26. Oktober 1928 berichtete (Dok. 58).

Hessen reagierte auf den schweren Vorwurf äußerst geschickt: er stritt jeden der ihm vorgehaltenen Verstöße strikt ab, verwies deutlich auf die Brüchigkeit der Beweise und zeigte sich bereit, den Antimodernisteneid zu erneuern. Um hier den dramatischen Briefwechsel des Kardinals von Köln nicht im Detail wiederzugeben, mag es genügen, darauf hinzuweisen, daß

---

[219] Vgl. dazu Dok. 56, 58, sowie A. Brecher, 23, der davon weiß, daß Josef Thomé bereits am 7.8.1928 plötzlich aus Köln wegversetzt wurde, nachdem er vier Stunden lang im Generalvikariat u.a. über Hessen und Heiler verhört worden war. Zu Paschen vgl. hier Dok. 54.
[220] Daß öffentliche Delikte nicht mit einer suspensio ex inf. consc. geahndet werden konnten, gehörte zu ihrem Wesenskern; es gab wenige Ausnahmen; Gottlob, 32-38; CIC can. 2194 § 2. Eine Ausdehnung dieser Strafe auf alle Delikte hätte das kirchliche Prozeßrecht völlig zerstört.
[221] Dort ist dieses Aktenfaszikel im 2. Weltkrieg verbrannt, wie man wohl sicher annehmen muß.

Hessen es dem strengen Gerechtigkeitssinn des Bischofs Poggenburg verdankte, wenn die Strafmaßnahme am 11.11.1928 aufgehoben wurde. In die Angelegenheit war am Ende auch der Nuntius Pacelli eingeschaltet gewesen, der sich wunderte, daß Hessen immer noch sein Lehramt ausübte. Er scheint nicht ganz durchschaut zu haben, daß Hessen an einer philosophischen Fakultät lehrte, oder aber er wollte seine Unzufriedenheit damit andeuten, daß Schulte nicht in der Lage war, einen in Köln lehrenden Modernisten von der öffentlichen Lehre auszuschalten (Dok. 71).

Schulte ließ am Ende der Verhandlungen eine deutliche Verärgerung über Poggenburg erkennen, der als erster unter den Hierarchen klar ausgesprochen hatte, daß die Anklagen gegen Hessen nicht beweisbar seien (Dok. 65). Mit dieser Feststellung war die Grundlage der Suspension (ob "ex informata conscientia" oder öffentlich) hinfällig geworden, und damit auch das eigentliche Ziel Schultes vereitelt: der Abgang Hessens aus Köln. Denn das "Drehbuch" des Erzbischofs muß so ausgesehen haben: nach Bestrafung Hessens wegen Ärgernisses und falscher Doktrin sollte der Bischof von Münster ihm den Urlaub entziehen, den Hessen benötigte, um sich als Münsteraner Diözesanpriester in Köln aufhalten zu dürfen. Auch ohne Bestrafung wäre Schulte wohl noch zufrieden gewesen, wenn Poggenburg den unorthodoxen Philosophen wenigstens zurückgerufen hätte. Dann wäre der Kardinal ihn jedenfalls los gewesen, und wenn er nicht gehorcht hätte, wären weitere, schwere Strafen rasch gefolgt.

Immer bedeutet eine große Offensive, die fehlschlägt, eine schwere Niederlage. Hessen hatte sich zwar außerordentlich erniedrigen müssen - seine Briefe (Dok. 59-60, auch 52-54, 56, 63) sind Beispiele dafür, wie im innerkirchlichen Bereich die vertikalen Beziehungen gestaltet waren, und seine Erneuerung des Antimodernisteneides kann nicht ohne einige reservatio mentalis stattgefunden haben - aber am Ende dieser Demütigungen stand er als Sieger da. Ja, es war noch mehr als ein Sieg. Der häßliche Versuch, ihm Frauen-Geschichten anhängen zu wollen, die unbeweisbaren Sakrilegsanklagen bezüglich Professor Heilers, die diffusen Vorwürfe hinsichtlich seiner Doktrin, das alles war letzten Endes so gründlich gescheitert, daß Hessen in gewisser Weise von diesem Augenblick an unangreifbar war. Wer sollte jetzt noch einmal in Köln oder Münster mit einer Anklage sich hervorwagen, wer die unerquickliche Aufgabe übernehmen wollen, Haushälterinnen zu vernehmen und deren Aussagen auf ihren Wahrheitsgehalt zu überprüfen? Und wer wollte noch versuchen, mit Hessen über den Sinn einer dogmatischen Formulierung zu streiten, ohne sich der Gefahr der Lächerlichkeit auszusetzen? Es muß kaum eigens betont werden, daß Hessen keines der Versprechen, die er am 28. und am 31. Oktober 1928 abgab (Dok. 59-60), wirklich gehalten hat. Die sechs Punkte klingen fast so, als ob Hessen den Kardinal in heimlicher Form verhöhnen wollte, z.b., wenn er sich bereit erklärt, ihn am Ende jedes Semesters zu besuchen, "um zu hören, ob irgendwelche Klagen lautgeworden sind, und mir Fingerzeige für das folgende Semester zu holen". Daß der erbitterte Kardinal zweimal im Jahr mit Hessen über thomistische Prinzipien diskutieren würde, ist eine eher abwegige Vorstellung. Tatsächlich war das Verhalten Schultes wohl durch eine damals bereits ausgebrochene, wohl z.t. psychisch mitbedingte Herzkrankheit beeinflußt. Hessen muß selbst über kluge Berater verfügt haben. Denn nur seine momentan bedingungslose Unterwerfung konnte ihn in der prekären Situation einer suspensio ex informata conscientia retten, resp. konnte Bischof Poggenburg es ermöglichen, ihn aus der Gefahrenzone zu bringen. Dies gilt alles natürlich nur unter der Voraussetzung, daß er weiterhin katholischer Priester bleiben wollte.

Um die so beschämend unterwürfigen Briefe Hessens an den Kardinal von Köln richtig einordnen zu können - als taktische Züge eines Mannes, der von einer oppressiven Strafjustiz, die keinen Unterschied zwischen Ankläger und Richter kennt, vernichtet zu werden droht - ist es lehrreich, zwei Briefe Hessens an das Mitglied des Kuratoriums der Universität, Geheimrat Eckert[222], zu lesen, die aus den Jahren 1928 und 1929 stammen. War es Zufall oder nicht, genau in den Jahren, als der Konflikt mit dem Kardinal sich zuspitzte, verbesserte sich Hessens Stellung an der Universität allmählich im Rahmen dessen, was ein Nichtordinarius erreichen konnte. Nachdem er im Januar 1926 erstmalig einen besoldeten Lehrauftrag erlangt hatte, wurde er am 22.12.1927 nichtbeamteter a.o. Professor und erhielt am 17.7.1928 - also zwei Tage nach dem Bücherverbot! - eine markante Gehaltserhöhung, nämlich das Vierfache des Grundbetrages einer Lehrauftragsvergütung, eine

---

[222] Zu Christian Eckert (1874-1952), seit 1902 Prof. an der Handelshochschule Köln, 1919 erster Rektor, dann geschäftsführendes Kuratoriumsmitglied und damit nach Adenauer der im Alltag leitende Mann der Universität. Vgl. A.F. Napp-Zinn, Chr. E., Mainz 1952. - Chr. Weber, Der «Fall Spahn» (1901), Register. - H. Althaus, Professorenlexikon, ad vocem. - K. Düwell, 170-73 (Foto), sowie im Register zu dem Sammelband. - Heimbüchel/Pabst, (Reg.) - Eine Darstellung der Universität gab Eckert in seinem langen Aufsatz: Universitas Civitatis Coloniae. In: Köln. Volksztg., Nr. 309 vom 11.11.1934.

Summe, die am 1.10.1929 auf das Sechsfache erhöht wurde.[223] In diesem Zusammenhang, d.h. dem Wunsche nach Gehaltserhöhung, schrieb er an Eckert - einen Katholiken und alten Jugendfreund Martin Spahns -: "der Kampf für die Wahrheit ist ja in der Gegenwart für einen kath. Theologen, der über das kirchliche System innerlich hinausgewachsen ist und nur eine Bindung kennt: die Ehrfurcht vor der Wahrheit, besonders schwierig und leidvoll".[224]

Nach dem Abschluß der Suspensionsaffäre faßte Hessen seine Empfindungen in folgende Worte: "Sie wissen ja, wie schwierig heute die Position eines kath. Theologen ist, dem die Wahrheit über der «Partei» steht, der es als Philosoph unbedingt mit der «Freiheit der Wissenschaft» und als religiöser Mensch mit der «Freiheit des Christenmenschen» hält. Doppelt schwierig ist eine solche Position in der kommenden, durch das Konkordat zwischen Rom und Preußen eingeleiteten Ära, wo der Ultramontanismus triumphieren und der letzte Rest von Geistesfreiheit schwinden wird. Und was das Allertraurigste ist: Während früher jene kath. Theologen, die den (leider so seltenen) Mut hatten, dem römischen Absolutismus die Stirn zu bieten, auf Schutz und Hilfe seitens der Regierung hoffen durften, ist es jetzt gerade umgekehrt".[225] Hessen bezog sich damit auf eine Aussage eines Berliner Ministerialbeamten - es handelt sich wohl um den Ministerialrat Schlüter -, der ihm gesagt hatte, daß er nach einer Indizierung und Exkommunikation keine Gehaltserhöhung mehr bekommen würde.[226]

Wenn Hessen dem Geheimrat Eckert, der 1901 aus der Nähe den sog. "Fall Spahn" miterlebt hatte, in dieser Form über "Ultramontanismus" und die Notwendigkeit der "Freiheit der Wissenschaft" von klerikaler Bevormundung schrieb, dann deutet das darauf hin, daß er sich ganz allgemein - also über das Fach Philosophie hinausgehend - der Traditionslinie des deutschen antiultramontanen, anti-jesuitischen und liberal-modernistischen Katholizismus bewußt war. Später ließ er gelegentlich durchblicken, daß ihm

---
223 Alle diesbezgl. Akten in: UAK, Zug. 17/II, Nr. 1004 (Personalakte Hessen des Kuratoriums), fol. 14, 15, 17, 27, 28, 31.
224 Hessen an Eckert, 14.1.1928; wie Anm. 223, fol. 18. Eckert beantwortete den Brief am 16.1.1928 mit dem Schlusse: "Mit starkem Mitempfinden"; fol. 19. - Der Hrsg. hat übrigens nur noch zwei zeitgenössische Notizen zu Hessens Suspendierung gefunden: Die christliche Welt, 42. Jg., Nr. 15 vom 4.8.1928, Sp. 732; sowie F. Heiler, Im Ringen um die Kirche, 196 (aus dem Aufsatz: Die religiösen Bewegungen im römischen Katholizismus der Gegenwart; aus der Internat. Kirchl. Zeitschr. 1928).
225 Hessen an Eckert, 18.6.1929; ebd. fol. 33.
226 Ebd. - Zu Johannes Schlüter vgl. Anm. 298. Er war der Ehemann von Dr. Maria Schlüter-Hermkes.

nicht nur Theologen wie Hermann Schell, sondern auch Historiker wie Franz Xaver Kraus bekannt waren.[227]

e. Hessen nach der Überwindung der Krise in den letzten Jahren der Weimarer Republik. Weitere Zensurfälle 1934/35

Der Sieg über Kardinal Schulte gab Hessen, wie erwähnt, eine gewisse Unverwundbarkeit. Er konnte jetzt unbehelligt von kirchlichen Drohungen seine bescheidene Stellung als nichtbeamteter außerordentlicher Professor mit einem vollen Lehrauftrag - dies entsprach der Besoldung eines Studienrates - wahrnehmen, und er tat dies mit Engagement und Nachdruck. Sein waches politisches Bewußtsein und seinen nicht zu hemmenden Drang nach öffentlicher Wirkung realisierte er durch Beteiligung an den in Köln wichtigen "allgemeinen öffentlichen Vorlesungen", die er unter erheblichem Zulauf breiter Studentenkreise und auch städtischer Zuhörer abhielt. Mindestens einmal wurde ein solcher Vorlesungszyklus auch im Westdeutschen Rundfunk übertragen.[228]

Seine Hörerin und offenbar auch Schülerin Dr. Therese Pöhler erinnerte sich später an den wichtigsten dieser Zyklen so:

"Im Wintersemester 1932 [d.h. 1931/32, d. Hrsg.] hielt Professor D. Dr. Johannes Hessen seine Vorlesungen vom «Sinn des Lebens» im überfüllten Auditorium maximum der Kölner Universität. Uns allen wurde bald das eigentliche Anliegen dieser denkwürdigen Vorträge offenbar: in der beschwörenden Dringlichkeit seiner Aussagen wuchs die Gestalt des modernen Denkers hinein in jene tiefernste des unerschrockenen Predigers der Urkirche, der mit visionärer Kraft die Nähe kommender Bedrohung aufzeigt. Wahrhaftig, die Hörer wurden damals Zeugen einer «Paideia», in der inmitten höchster Gefahr der Abirrung die ewig gültige Kontur des Menschenbildes aufglühte, wie es in zwei Jahrtausenden nach der Christen-Lehre von der essentia (substantia) humana geformt worden war."[229]

Therese Pöhler erblickt in ihrem 1949 in der Hessen-Festschrift veröffentlichten Rückblick Hessens "prophetische Mahnworte" als eine direkte

---

[227] Vgl. hier Text 11, in dem Hessen die Kenntnis der kritischen Kirchenhistoriker der Jahre um 1900 andeutet.
[228] Siehe Nr. 332.
[229] Therese Pöhler, Eine Antithese zum Jahre 1933. Johannes Hessens prophetische Mahnworte. In: Veritati, 182-85, hier 182.

"Antithese zum Jahre 1933"[230] und wir werden die Frage, inwieweit sie damit recht hatte, im Zusammenhang mit Hessens Stellung zum Nationalsozialismus noch deutlicher untersuchen. Was Pöhler richtig sieht, bzw. richtig in Erinnerung behalten hatte, war, daß Hessens Appell als Pazifist damals einen tiefen Eindruck hinterlassen haben muß. Damit haben wir den Übergang vollzogen von der theoretisch-philosophischen auf die Ebene des praktischen Lebens, die für Hessen im Grunde stets die wichtigere war.

Für eine objektive Würdigung seiner Person ist es daher unerläßlich, sich auch mit seinen praktischen Anschauungen zum Leben zu beschäftigen, und hierbei ist die Auseinandersetzung der kirchlichen Zensur mit der Buchfassung seiner Vorlesungen vom WS 1931/32 höchst instruktiv. "Der Sinn des Lebens" lautet der Titel des Büchleins, das 12 Kapitel enthält, von denen jedes einer Vorlesung entspricht.

In gleichzeitig aktuell-anschaulicher Darstellungsweise und konzentrierter, systematischer Durchdringung bot Hessen hier eine Kritik des modernen Lebens mit seinen damals bewußt gewordenen Gefährdungen. Es war eine in den Alltag der Weimarer Republik übersetzte Wertphilosophie, eine aus dem Geist der Jugendbewegung geschöpfte Absage an die großen Irrwege der Zeit, den biologistischen Vitalismus, den Kapitalismus und den Hedonismus. Ganz speziell vertrat Hessen einen totalen Antialkoholismus, sowie einen radikalen Pazifismus (vgl. zu letzterem Text 6).[231] Fest steht ferner, daß Hessen dem Kreis um die Zeitschrift "Das heilige Feuer" nahestand, der viele bedeutende katholische Pazifisten der Weimarer Republik umfaßte, z.B. Nikolaus Ehlen, Ernst Thrasolt, Franz Keller, Friedrich Dessauer und Friedrich Wilhelm Foerster.

Die Weltanschauung der zu dieser Zeitschrift gehörenden "Großdeutschen Volksgemeinschaft", die - entgegen heutigen Assoziationen - eine christlich-sozialistische Reformbewegung war, umfaßte in etwa folgende

---

[230] Ebd.
[231] Die beiden letztgenannten Haltungen dürften gewiß aus bestimmten Sektoren der Jugendbewegung stammen. Hessen war sehr wahrscheinlich Mitglied des oder jedenfalls geistig verbunden mit dem «Bund der Kreuzfahrer - wandernde katholische Volksjugend». Dieser nicht sehr große Bund war Anfang der zwanziger Jahre entstanden, als der «Quickborn» sich weigerte, nichtstudierende Jugendliche aufzunehmen. Er blieb in der inneren Struktur demokratisch, stand Josef Wittig nahe und lehnte die Ernennung der geistlichen Führungsmitglieder von oben her ab. Nach langen Konflikten stellte das Kölner Generalvikariat am 1.10.1926 sämtliche Zeitschriften der katholischen Jugend unter Vorzensur. Einige Zeit später löste sich der Kreuzfahrer-Bund auf. A. Brecher, 19-23, rechnet auch Hessen dazu, ebenso wie Pfarrer Augustinus Winkelmann. Tatsächlich trugen die Briefe Hessens an denselben die Anrede "Lieber Bruder". Vgl. F. Henrich, 243-49.

Schwerpunkte: Antimilitarismus, Gegnerschaft zur Todesstrafe, zu jedem Alkohol- und Nikotingenuß, zur Vivisektion, hingegen eine positive Einstellung zum Neuaufbau eines demokratisch-sozialistisch-christlichen Volkslebens auf der Grundlage einer Bodenreform, einer Verständigung mit Frankreich und Polen, eines modernen Humanismus und einer Befreiung von den auf der Republik lastenden konservativen Hypotheken, wie sie beispielsweise in der Frage der Fürstenentschädigung und des Panzerkreuzers sichtbar wurden. Der Zentrumspartei stand man folgerichtig zwar nicht völlig feindlich, aber kritisch gegenüber, eben wegen ihrer immer wieder unter Beweis gestellten Nachgiebigkeit gegen "rechts".[232]

Hessen war Mitglied des "Friedensbundes deutscher Katholiken" und stand in enger Verbindung mit Pater H. Stratmann. Leider macht sich hier die zweifellos von Hessen selbst durchgeführte Vernichtung seiner Briefschaften schmerzlich bemerkbar: außer gedrucktem Material steht uns so gut wie nichts zur näheren Kenntnis seiner Aktivitäten im "Friedensbund" zur Verfügung. Aufgrund der schätzenswerten Arbeit von Dieter Riesenberger über diese Kreise und ihre Zeitungen resp. Zeitschriften ist uns das Milieu, dem Hessen auf politisch-praktischer Ebene schon um 1930 klar zuzuordnen ist, jedoch wohlbekannt. Wie eng Hessen zu der Gruppe der linkspazifistischen Katholiken in Köln gehörte, zeigt eine Notiz vom September 1932 in der Zeitschrift "Vom frohen Leben", nach der sich in Köln eine Gruppe von Lesern dieses Organs zu regelmäßigen Treffen verabredet hatte. Die Leitung übernahm eine Dr. Th. Müller-Geuer. Die erste Zusammenkunft fand am 12. Juli 1932 statt, zu der Nikolaus Ehlen, der "christliche Siedlungsvater" erschien und Hessen einleitende religiöse Worte sprach. Die übrigen namentlich Genannten unter den sechzig Erschienenen zeigen die Herkunft dieser Gruppierung aus dem Milieu des "Volksvereins" und der Caritas.[233]

---

[232] Der Linkskatholizismus der Weimarer Republik ist inzwischen relativ gut erforscht. Maßgeblich jetzt: F. Focke, sowie der neuere Sammelband von Ludwig/Schroeder. Die eigentliche Zentralfigur war wohl doch Ernst Thrasolt, der Herausgeber der Zeitschrift «Vom frohen Leben», der aber auch in «Das Heilige Feuer» unter verschiedenen Pseudonymen veröffentlichte. Zu ihm und zur «Großdeutschen Volksgemeinschaft» vgl. F. Henrich, 23-55; Riesenberger, 78 und Namensreg. - Eine knappe, aber wegen Augenzeugenschaft wertvolle Skizze der verschiedenen linkskatholischen Zeitschriften und Personen bei W. Spael, 282-89.
[233] J.H., Geistige Kämpfe, 137. Zum «Friedensbund» vgl. D. Riesenberger, der in seinem Kapitel über "die Träger der katholischen Friedensbewegung" zu den Zeitungen und Personenkreisen, um die es hier geht, gut informiert, 21-133. Man stößt übrigens bei diesen verschiedenen Bünden, Vereinen, Zeitschriften immer wieder auf dieselben Namen. Über einzelne pazifistische Personen und Gruppen informiert das «Hermes Handlexikon

Wie stand die kirchliche Zensur also zu dem Mahnruf Hessens vom Wintersemester 1931/32? Der nicht sehr lange Brief des Generalvikars Meis von Münster (Dok. 18) anerkannte in diesen Vorlesungen gerne eine "Fülle wertvoller Gedanken", die geeignet seien, "moderne Menschen zu religöser Besinnung anzuregen". Aber dann kamen nur noch Bedenken, die letztlich als Befehl zur Änderung vorgetragen wurden. Am anstößigsten war Hessens Satz: "Christentum ist Sozialismus und Sozialismus (richtig verstanden) ist Christentum".[234] Dieser These hält der Generalvikar die Enzyklika "Quadragesimo anno" von 1931 entgegen, in der Begriffsverbindungen wie "religiöser, christlicher Sozialismus" ausdrücklich abgelehnt wurden und am Ende klar festgelegt worden war: "kein guter Katholik kann im eigentlichen Sinne Sozialist sein".[235] Aber auch der radikale Pazifismus in der vom Autor vorgetragenen Schärfe wurde von Meis mißbilligt. Weitere Ausstellungen sind traditionell-antimodernistischer Art. Politisch gesprochen vertrat der Generalvikar wohl den Standpunkt der Zentrumspartei einem linken Dissidenten gegenüber, legte dabei jedoch abermals eine gewisse Mäßigung an den Tag. Aber abgesehen davon bleibt doch auch das Fazit, daß der leidenschaftliche Appell Hessens, seine Vorausahnung eines schrecklichen Krieges, bei Meis nichts "ausgelöst" hat, daß hier - wie so oft - ein prophetisches Wort in den Mühlen einer (noch nicht einmal bösartigen) Bürokratie zu Staub zermahlen wurde.

Wieweit Hessen in den gerade in Köln und überhaupt in Westdeutschland verbreiteten linkskatholischen Kreisen aktiv war, ist im Moment noch nicht sehr deutlich sichtbar. Köln war die Stadt, in der um 1930 "Das rote Blatt der katholischen Sozialisten" erschien; die bereits erwähnte Zeitschrift "Das Heilige Feuer" und das benachbarte Organ "Vom frohen Leben" bildeten Kristallisationspunkte des gesamten deutschen Linkskatholizismus, der in der "Rhein-Mainischen Volkszeitung" sein Hauptsprachrohr besaß.[236]

Die Friedensbewegung» von Donat/Holl. Zur Kölner Gruppierung vgl. Vom frohen Leben, 11. Jahrg. (1931/32), September-Heft 1932, 519.
234 Hier Text 6.
235 Vgl. Dok. 18 Anm. 35.
236 Zu der Zeitschrift «Das rote Blatt der katholischen Sozialisten», das in Köln, Ursulaplatz 16 erschien, vgl. alles Nähere bei F. Focke, 168-72. Hessen hat mehrere, meist kleinere Beiträge dazu geleistet, jedoch nichts Politisches; Nr. 275, 279. In der Zeitschrift «Vom frohen Leben» erschien im Jahrgang 8(1928/29) 281 eine Liste der pazifistischen Zeitungen/Zeitschriften, die katholisch geleitet oder beeinflußt waren; außer den beiden Genannten noch: Das neues Volk, Rhein-Mainische Volkszeitung, Bentheimer allgemeiner Lokalanzeiger, Die Menschheit, Das andere Deutschland, Der Friedenskämpfer, Erwachen der Jugend, Die allgemeine Rundschau, Deutsche Volkschaft.

Weitere Personen aus dem rheinischen Umfeld, die als Hauptbeiträger des "Heiligen Feuers" in den späten zwanziger und frühen dreißiger Jahren auftauchen und sicher Beziehungen zu Hessen hatten, waren der Pädagoge Joseph Antz, Clara Marie Faßbinder, Pfarrer Laros, der Europa-Vorkämpfer Hermann Platz.[237]

Da wir von Hessen keine eigentlich politische Abhandlung besitzen, in der er seine Ansichten zum Problem des christlichen Sozialismus deutlicher expliziert hätte, als in den kurzen genannten Andeutungen, sei statt dessen auf das Buch seines von ihm geschätzten Fachkollegen Johann Peter Steffes verwiesen: "Religion und Religiosität als Problem im Zeitalter des Hochkapitalismus", Düsseldorf 1932. In ihm sind, im Kontext der Kapitalismus-Kritik der Hellpach, Schubart, Weber, Scheler, Holl, Ragaz, Dessauer, Zehner, Jostock, Mahrholz, Tillich und Wünsch die Fragen gestellt und beantwortet, die das Umfeld Hessens kennzeichnen. Auch "Das rote Blatt" war Steffes bekannt.[238] "Läßt der Hochkapitalismus, einmal zur universellen Lebensform geworden, noch Raum für den objektiven Bestand einer positiven Religion, namentlich des Christentums mit seinen Dogmen, seiner Moral, seinen Sakramenten und Symbolen? Vor allem, ist es möglich, im hochkapitalistischen Wirtschaftsraume ein religiöses Leben zu führen?" - "Warum hat die Religion und die Religiosität der Gläubigen, auf die doch der werdende Kapitalismus stieß, nicht vermocht, die erschreckenden Entartungen der kapitalistischen Wirtschaft zu verhindern oder doch aufzuhalten?"[239] Dem bisherigen politischen Katholizismus warf Steffes eine "partikularistische Anti-Haltung" vor, die stets nur auf die "starke politische Phalanx" der

---

[237] Ferner der später zum Kreis der rheinischen Reformfreunde zählende Josef Minn; Nikolaus Ehlen aus Velbert, Pater Stratmann, seltener A. Boehm, W. Dirks; häufiger hingegen W. Gurian. «Das Heilige Feuer» war dem Zentrum gegenüber positiver eingestellt als «Vom frohen Leben». In letzterem Blatt vertrat Thrasolt einen unbedingten Pazifismus, auch gegen das Zentrum; Riesenberger, 95f. Zu den meisten hier gen. Personen vgl. die mit Lit. versehenen Artikel bei Donat/Holl. Ferner: Vincent Berning (Hrsg.), Hermann Platz 1880-1945. Eine Gedenkschrift, Düsseldorf 1980.
[238] J.P. Steffes, 55-71, 78. Johann Peter Steffes (1883-1955), habilitierte sich bei Mausbach in allg. Religionswissenschaft, Religionsphilosophie und Fundamentaltheologie; nach mehreren Stationen seit 1927 Ordinarius in Münster. Sehr vielfältiger Schriftsteller, in seiner Richtung einigermaßen schwankend zwischen Beharrung und Aufbruch. Sein posthumes Werk: Glaubensbegründung. Christlicher Gottesglaube in Grundlegung und Abwehr, 1. Bd., hrsg. von Ludwig Deimel, Mainz 1958, enthält S. 431-639 noch einmal einen Traktat mit dem Titel: "Der Gottesglaube vor dem Forum der Philosophie", in dem mit dem Versuch des Ausgleiches die Debatte seiner Generation zusammengefaßt wird.
[239] Ebd. p. VIII.

parteipolitischen Organisation geachtet habe, statt "zur Entfaltung seiner universalistischen Kräfte zu gelangen".[240]

Ähnlich wie Steffes haben damals viele gedacht. Es gab um 1930 eine recht animierte Diskussion um den Gegensatz zwischen "Liebeskirche" und "Rechtskirche"[241], bei der sich die linken und rechten Katholiken klar auf die beiden Positionen verteilten. Der "Rechtspanzer der juridischen Kirche"[242] mußte nach der Auffassung der ersteren gesprengt, die freie Liebesgemeinschaft der pilgernden Gottesvolkes endlich verwirklicht werden. Ein Linkskatholik bemerkte 1931, daß Papst Pius XI. das allmähliche Ausscheiden der Geistlichen aus den Parlamenten wünsche.[243] Das war auch ein Wink in Richtung des Prälaten Kaas und der verschiedenen anderen "Zentrumsprälaten", zu denen ja auch Joseph Mausbach gehört hatte; lauter Männer, die keinerlei Wert auf tiefgreifende Diskussionen über die theologisch-philosophischen Fundamente des Katholizismus legten, sondern die in der Neuscholastik eine unantastbare Legitimation der politischen Macht der Kirche erblickten. So gab es gewiß bereits um 1930 einen Zusammenhang von Scholastik-Kritik und "Linkskatholizismus".

Einflußreicher noch als Steffes war Theodor Steinbüchel (1888-1949), der seit seiner Bonner Dissertation von 1921 "Der Sozialismus als sittliche Idee" sich am intensivsten um die Begegnung von Christentum und Marxismus im katholischen Sektor bemüht hatte. Steinbüchel, nacheinander Professor für Philosophie, dann für Moraltheologie in Gießen, München und Tübingen, hat offenbar stets Kontakt zu seinen rheinischen Freunden gehalten. Hessen hat mit Dankbarkeit feststellen können, daß er seine Werke andauernd zustimmend rezensierte und verwertete, so zuletzt noch in seiner maßgeblichen "Philosophischen Grundlegung der katholischen Sittenlehre" von 1938, einem Werk, in dem zum ersten Male die traditionelle katholische

---

[240] Ebd. 51, 53.
[241] Der Gegensatz «Rechts»- und «Liebeskirche» spielte in der innerkirchlichen Diskussion um 1930 eine große Rolle. Für alle hier aus Freundeskreis Hessens im weiteren Sinne Zählenden war es klar, daß die «Rechtskirche» das größte Hemmnis für eine religiöse Erneuerung sei; sehr gut dargelegt bei A. Brecher, 126-32. Josef Thomé hat diese Gedankengänge, die auch die letzten Verankerungen des Kirchenrechts betrafen, 1935 in seiner Broschüre «Vom Staatlichen in der Kirche» (39 S.), Habelschwerdt, dargelegt. Ausgehend von R. Sohm, kritisierten E. Michel und R. Rosenstock den "Rechtspanzer" der Kirche. Diskussionen dazu in: Das Heilige Feuer 18(1930/31) 104-113 (H. Rommen) und 262-67 (H. Jazet). Umstritten war Heinrich Rommen, Die Kirche, ihr Recht und die neue Volksordnung, Mönchengladbach 1930. - Literatur zu diesem Thema in Valeske, 109-114.
[242] Das Heilige Feuer 18(1930/31) 104f.
[243] H. Jazet ebd. 265.

Moraltheologie, wie sie noch Mausbach vertreten hatte, grundsätzlich überwunden wurde. Ohne seine frühe Rezeption des Werkes von Marx, dann der Philosophie Schelers wäre dies undenkbar gewesen. Die gesamte moderne katholische Ethik mit ihrer Überwindung der alten Gesetzesmoral stammt von Steinbüchel ab, und mit ihm und seiner christlich-sozialistischen Gemeinschaftsidee sowie ihren personalistischen Wertvorstellungen vom Menschen stimmte Hessen praktisch vollständig überein.[244]

Wo aber die wirklichen Sorgen der kirchlichen Zensur Hessen gegenüber in den dreißiger Jahren lagen, belegen die sehr viel ausführlicheren, genau argumentierenden Gutachten zu zwei religiösen Schriften Hessens aus den Jahren 1935 und 1936, die von ihrer ganzen Anlage her noch der Schaffensphase Hessens während der Weimarer Republik zuzuordnen und deshalb in diesem Zusammenhang sinnvoll zu erörtern sind. Beide Bücher sind in der für Hessen typischen Weise aus Predigten resp. Vorträgen hervorgegangen: "Von Gott kommt uns ein Freudenlicht" (1935) war eine Sammlung von 12 im akademischen Gottesdienst gehaltenen Predigten, "Licht, Liebe, Leben" (1935), nur 60 Seiten umfassend, muß ebenfalls in irgendeiner Form der Seelsorgetätigkeit Hessens entstammen.

Beide inhaltlich verwandten Werke wurden von zwei unterschiedlichen Zensoren aus verschiedenen Diözesen begutachtet (Dok. 20 und 21). Aber der Tenor der Einwände ist verblüffend gleichlautend. Hessens Lehre von Gott als dem liebenden Vater, vor dem der Sünder nicht zittern soll, sondern an dessen unbegrenzt liebevolles Herz er flüchten darf - dies alles mißfiel den Zensoren, da in dem Ton, mit dem Hessen sie vortrug, die Sünde, Buße, Strafe, die Strenge des göttlichen Richters, die stete Mahnung der Kirche, die Gefahr der Sünde zu meiden, verloren gehen müsse. Auch der Kritik Jesu an den Pharisäern, die Hessen ohne Vorbehalt als einen leidenschaftlichen Haß Jesu gegen die "hochmütigen und unbarmherzigen Kirchenmänner" interpretierte, konnte einer der Zensoren (Dok. 20) nichts Gutes abgewinnen. Daß die deutsche katholische Hierarchie mit den "principes sacerdotum et seniores populi" identifiziert wurde, war nicht genehmigungsfähig. Auch

---

[244] Zu Theodor Steinbüchel(1888 - 1949) aus Köln, seit 1926 Prof. für kath. Philosophie in Gießen, danach für Moraltheologie in München und Tübingen vgl. Härle/Wagner 225f., sowie: Benno Haunhorst, "Der Sozialismus als sittliche Idee". Theodor Steinbüchels Beitrag zu einer christlichen Sozialethik. In: Ludwig/Schroeder, 75-100; Gerfried W. Hunold, Theodor Steinbüchel - Leidenschaft für den Menschen. Zum 100. Geburtstag. In : ThQ 168 (1988) 230-34.. Die Rezensionen und Stellungnahmen in Nr. 208, 238, 245-46, 248, 266, 274, 309 sowie die Sittenlehre von 1938 in Nr. 391.

sonst fanden sich diverse modernistische Vorstellungen, z.B. eine Bezweiflung oder symbolistische Umdeutung des traditionellen Osterglaubens. Im Ganzen aber zeigen die Gutachten, die übrigens nicht in der Lage waren, das Erscheinen beider Bücher zu verhindern, eine gewisse innere Mattigkeit. Aber auch Hessen hat sich bereit gefunden, an etlichen Stellen Abmilderungen vorzunehmen, besonders bei der so empörenden Gleichsetzung der katholischen Bischöfe mit den jüdischen Hohenpriestern im Neuen Testament.

Mehr noch als die "antiklerikalen" Äußerungen Hessens dürften auf die Dauer jene pastoralen Anmutungen des Predigers Hessen Sorge ausgelöst haben, in denen er das traditionelle Bild vom Sünder, der von Gott bestraft wird, in den Hintergrund treten läßt. Dies war wohl durchgängig der Fall, und entsprach der mystisch-modernistischen Mentalität, nach der für das "wahre Gotteskind" die Sünde völlig zweitrangig ist, da die Gnade Gottes stets unendlich viel größer sei. Damit tangierte Hessen das Dogma von der Ewigkeit der Höllenstrafen, hob es vielleicht sogar stillschweigend auf. Das Dogma war im Glaubensbewußtsein seit den neunziger Jahren des 19. Jahrhunderts auch im katholischen Deutschland allmählich untergraben worden, zusammen mit den oft peinlichen Debatten um die Qualität des Höllenfeuers.[245] Für orthodoxe Theologen war der Kampf darum jedoch noch lange nicht entschieden.

Hessens Münsteraner Lehrer Bernhard Dörholt hat sich in seinem einzigen philosophischen Werk als scharfer Apologet der Ewigkeit der Höllenstrafen gezeigt. In der 1917 erschienenen Schrift zum 700jährigen Jubiläum des Dominikanerordens führte er aus, warum die ewige Höllenstrafe der Verdammten mit der Majestät Gottes vereinbar sei. Er erläuterte, daß der

---

[245] Vgl. dazu die zwar recht dogmatische, aber auch historisch informative Abhandlung von H. Rotter, Das Problem der Sünde bei Herman Schell. In: ZkTh 89(1967) 249-93 und 385-432. Hier wird umfassend die seit ca. 1890 immer stärker unterschwellig die kath. Theologie beunruhigende Frage nach der Ewigkeit der Hölle, der «schweren Sünde», der Theodizee, des Fegefeuers usw. behandelt. Ein anderer Theologe, der um 1900 die Ewigkeit der Hölle in Frage stellte, war George Tyrrell; vgl. ders., Das Christentum am Scheideweg. Eingel. und übersetzt von Ernst Erasmi, hrsg. von F. Heiler, München/Basel 1959, 20f. "Ernst Erasmi" ist ein Pseudonym für O. Schroeder. Als Hintergrund muß man sich dabei stillschweigend die enorme Ausdehnung vor Augen halten, die die kath. Moraltheologie in der Neuzeit bezüglich der «schweren Sünden» vorgenommen hatte. Das Wirken fast aller modernistischer Theologen hängt irgendwie damit zusammen, hier eine vernünftige Reduktion vorzunehmen. Rotter S. 263 zur "optimistischen Deutung der Sünde", die ja auch Hessen vorgeworfen wurde. In der Praxis handelte es sich in der Regel um «Unkeuschheiten», die zum weitverbreiteten Phänomen der Skrupulosität führten, wenn man seitens der Seelsorger mit der «Hölle» drohte.

gesamte Schöpfungszweck ja in der Verherrlichung Gottes bestehe, die Verdammten diesen Zweck aber durchaus erfüllten: "die eiserne Ordnung der Strafe zielt auf die Verherrlichung Gottes ab", und da die Verdammten dieses "eiserne Gesetz" erfüllten, lobten sie gerade durch ihre ewigen Qualen auf die ihnen zukommende Weise ebenfalls Gott.[246] Es ist zu vermuten, daß Hessen die fünf langen Seiten, auf denen der "strenge Thomist" Dörholt offenbar seinen eigenen Haß- und Verzweiflungsgefühlen Ausdruck gab, auf jeden Fall kannte. Es war diese Art "Theologie", die er sozusagen in jeder Zeile seiner Schriften zu überwinden suchte, die man aber kennen muß, will man den Kontext seines Arbeitens und Lebens verstehen.

---

[246] B. Dörholt, Der Predigerorden und seine Theologie. Jubiläumsschrift, Paderborn 1917, 146-51.

5. Hessen während der Zeit des Nationalsozialismus

a. Hessens eigene Darstellung

Es verwundert nicht, daß Hessen nach dem Ende des «Dritten Reiches» wiederholt auf diese Epoche zu sprechen kam und sich nicht nur persönlich, sondern auch philosophisch durch den Gang der Geschichte bestätigt fühlte. Schon im Wintersemester 1945/46 hielt er in der Kölner Universität eine Vorlesung, die rasch unter dem Titel "Der geistige Wiederaufbau Deutschlands" veröffentlicht wurde.[247] In der dritten "Rede", die dem "Wiederaufbau der Rechtssphäre" gewidmet war, erzählte er von seinem eigenen Schicksal. Diese Darstellung enthält im Kern alles Notwendige und sei daher ungekürzt hierhergesetzt:

"Im Jahre 1939 wurden alle Nichtordinarien (a.o. Professoren und Dozenten) aufgefordert, ihre Aufnahme in die neue Dozentenordnung beim Minister zu beantragen. Es war uns sofort klar, was diese Maßnahme bezweckte: man wollte eine Handhabe gewinnen, um nicht genehme Lehrkräfte auszuschalten. Nachdem ich bereits kurz nach der Machtübernahme eine Haussuchung durch die Kriminalpolizei erlebt hatte - man suchte bei mir als Mitglied des «Friedensbundes deutscher Katholiken» Korrespondenz mit dem Leiter dieses Bundes, dem edlen Dominikaner Franziskus Stratmann, den man in Berlin eingesperrt hatte und den man offenbar so belasten wollte, daß man ihn womöglich hinrichten konnte - und auch in meinen Vorlesungen und Vorträgen vieles zu sagen gewagt hatte, was mich bei den Machthabern verhaßt machen mußte, war es mir klar, was ich zu erwarten hatte. Ich wunderte mich deshalb keineswegs, als ich im Frühjahr 1940 durch den Dekan der Philosophischen Fakultät ein kurzes Schreiben des Ministers erhielt, in dem mir ohne Angabe eines Grundes meine Absetzung mitgeteilt wurde. Durch ein vom Dekan unterstütztes Gesuch, in welchem ich den Minister u.a. darauf hinwies, daß ich in meiner zwanzigjährigen Forscher- und Lehrtätigkeit in Köln vielleicht mehr als andere für die Hebung des Ansehens der deutschen Wissenschaft im Ausland getan hätte - mehrere meiner wissenschaftlichen Werke seien in fremde Sprachen übersetzt und an einer ausländischen Universität seien bereits zwei Doktorarbeiten über meine

---

[247] Nr. 486. Die Darstellung in J.H., Geistige Kämpfe, 136-193 (Mein Kampf gegen den Nazismus) enthält im Grunde nicht sehr viel mehr Fakten als die hier zitierte Stelle. Dafür sind dort S. 149-93 lange Passagen aus dem hier zitierten Buch von 1946 abgedruckt.

Philosophie angefertigt worden -, erreichte ich die Umwandlung meines Lehrauftrages in ein Forschungsstipendium. Doch stellte das Kuratorium der Kölner Universität schon nach wenigen Monaten die Zahlungen (monatlich 200 Mark) wieder ein. Eine auf Anraten des Dekans unternommene Reise zum Minister blieb ohne Erfolg. (Bei dieser Gelegenheit erfuhr ich, wie schlecht ich bei der Partei angeschrieben war.) So war das Unrecht meiner Absetzung durch das Unrecht meiner völligen Brotlosmachung noch überboten worden.

Inzwischen hatte die «Gestapo» drei meiner Bücher beschlagnahmt und vernichtet. Es fing an mit der «Wertphilosophie», einem rein wissenschaftlichen Buch, in dem absichtlich jede Kritik an Rosenberg und seiner Richtung vermieden war. Ohne jegliche Begründung wurde die Auflage eingestampft. Alle Anfragen des Verlags und von mir an die «Gestapo» blieben unbeantwortet. Nicht anders verfuhr die «Gestapo» mit meinen «Philosophischen Strömungen der Gegenwart» sowie mit der religiösen Schrift «Briefe an Suchende, Irrende, Leidende».

Daß es sich dabei um reine Willkürmaßnahmen handelte, wird dadurch unter Beweis gestellt, daß das Propagandaministerium, das die Einstampfung meiner «Wertphilosophie» verfügt hatte, kurze Zeit später auf Ersuchen des «Deutschen Kulturinstituts» in Lissabon das Erscheinen einer portugiesischen Übersetzung meines Werkes, die ein Professor der Universität Coimbra angefertigt hatte und in deren Geleitwort ich als hervorragender Repräsentant deutscher Philosophie gefeiert wurde, genehmigte. Dasselbe Buch, das in Deutschland verboten und vernichtet war, durfte also im Ausland erscheinen! Hier kann man nur mit Juvenal sagen: Difficile est, satiram non scribere!

Von dem Grundsatz ausgehend, daß man allem Negativen im Leben eine Wendung ins Positive geben soll - Nietzsche sagt einmal wundervoll und echt christlich: «Auf alles, was mir im Leben widerfährt, antworte ich, indem ich mein Bestes dagegen setze» - steckte ich mir nach meiner Absetzung ein großes wissenschaftliches Ziel, dessen Verwirklichung mehrere Jahre hindurch meine ganze Zeit und Kraft in Anspruch nehmen sollte: die Abfassung eines drei Bände umfassenden «Lehrbuches der Philosophie», das heute druckfertig beim Verlag Ernst Reinhardt in München liegt. (Ein Antrag auf Papierbewilligung für den ersten Band wurde natürlich vom Propagandaministerium abgelehnt, und zwar mit der verlogenen Begründung, es sei «kein Papier» da). Um nicht gänzlich im Reich des Gedankens zu versinken, und auch im Interesse meiner wirtschaftlichen Existenz leistete ich den häufigen Einladungen zu Vorträgen bereitwillig Folge. So hielt ich in vielen deutschen Großstädten vor Katholiken und wiederholt auch vor Protestanten über gegenwartsnahe Themen («Was ist Religion? Eine zeitgemäße Betrachtung», «Der Absolutheitsanspruch des Christentums», «Christentum und Deutschtum», «Luther in katholischer Sicht» u.a.m.) Vorträge. Die «gefährlichen» Stellen hatte ich mit besonderer Sorgfalt formuliert und meinem Gedächtnis so eingeprägt, daß ich sie in der freien Rede genau nach meinem Manuskript wiedergeben konnte. Aber auch so konnte ich nicht verhüten, daß ich im Februar 1943 von der «Gestapo» ein «Redeverbot für das gesamte Reichsgebiet» erhielt. Auch dieses Verbot wurde ohne jede Begründung verhängt. Mit einem Fuß im Konzentrationslager (das mir für den Fall eines Verstoßes gegen das Verbot mit unmißverständlichen Worten angedroht wurde) stehend, sehnte ich mit heißem Herzen den Tag der Befreiung herbei, der endlich im März 1945 kam, als die Front in Aegidienberg (Siebengebirge), wo ich mich seit zwei Jahren aufhielt, über mich hinwegging."[248]

b. Die Bücher Hessens im «Dritten Reich»

Zu den hier genannten konkreten Verfolgungsmaßnahmen - Entfernung von der Universität ohne jede materielle Versorgung, Beseitigung von drei Büchern sowie Verhinderung des Druckes bzw. der Neuauflage mehrerer anderer und schließlich das "Reichsredeverbot" - gibt es quellenmäßige Belege von unterschiedlicher Dichte. Sehr genau lassen sich der erste und der dritte Komplex nachzeichnen (in den Akten der Universität Köln sowie denjenigen der Geheimen Staatspolizei, hier Dok. 40-48 und Dok. 73-78). Bedeutend weniger gut sieht es mit dem dokumentarischen Nachweis der Büchervernichtungen aus, zu denen die eigentlichen Amtsakten zwar ganz fehlen, die aber auch aus NS-offiziellem Material, wenn auch nur als bloßes Faktum, sowie einigen wenigen anderen Hinweisen, bewiesen werden können. Im folgenden werden die drei Stufen der Verfolgung nachgezeichnet, wobei mit den Büchervernichtungen als chronologisch Frühesten einzusetzen ist.

---

[248] J.H., Der geistige Wiederaufbau Deutschlands (1946), 46-49.

Sieht man von vier religiös-aszetischen Schriftchen ab (mit ihnen befaßte sich allerdings die kirchliche Zensur), so erschienen von 1933 bis 1942 neun Bücher Hessens. Unbehelligt blieben neben den religiösen Broschüren vier eigentliche Bücher, vernichtet wurden vier, ein weiteres mußte sich einer vorhergehenden Selbstzensur unterwerfen.[249] Die Neuauflage einiger Werke Hessens wurde vermutlich unter dem Vorwand der "Papierknappheit" verhindert, so wie Hessen auch der Druck des ersten Bandes seines "Lehrbuches der Philosophie" mit dieser Begründung versagt wurde.[250] Sehen wir uns nun sowohl die verbotenen als auch nicht verbotenen Werke Hessens aus den 9 Jahren von 1933 bis 1942 näher an.

Dabei ist zunächst zu berücksichtigen, daß sich die Vorstellung einer genau analysierenden, präzise abwägenden und lückenlosen Bücheraufsicht des Nationalsozialismus als unzutreffend erwiesen hat. Die sorgfältige Rekonstruktion der Indizierung "schädlichen und unerwünschten Schrifttums" durch Dietrich Aigner macht vielmehr deutlich[251], daß hier von einer einheitlichen, wirklich durchgreifenden Organisation nicht die Rede sein kann. Offiziell gab es ja im «Dritten Reich» keine Büchervorzensur. Umso stärker schlug dafür die Verfolgung unerwünschter Bücher zu, bei hauptsächlich nach zwei Modalitäten vorgegangen wurde: erstens eine - von wo auch immer ausgehende - Anzeige an die Reichs-Schrifttumskammer, welche eine monatliche Liste der in der "Deutschen Bücherei" unter Verschluß genommenen Druckschriften zusammenstellte. Seit 1939 wurde auch eine "Liste des schädlichen und unerwünschten Schrifttums" in vier Folgen (für 1938 bis

---

[249] Die vier aszetisch-religiösen Schriften waren: 1. Von der vollkommnen Freude, Breslau 1934 (40 S.) 2. Licht, Liebe, Leben, Wiesbaden 1935 (60 S.) 3. Von Gott kommt uns eine Freudenlicht, Breslau 1936 (100 S.) 4. Das Herrengebet, München 1940 (34 S.). Die wissenschaftlichen und zeitkritischen Bücher waren: 1. Briefe an Suchende, Irrende, Leidende, Regensburg 1936 (116 S.) 2. Der deutsche Genius und sein Ringen um Gott, Privatdruck Köln 1936, veröffentl. als 2. Aufl. München 1937 (110 S.) 3. Der Sinn des Lebens, Köln im Selbstverlag 1933; im Verlag Bader, Rottenburg 1936 (160 S.) 4. Die Geistesströmungen der Gegenwart, Freiburg 1937 (185 S.) 5. Wertphilosophie, Paderborn 1937 (262 S.) 6. Die Werte des Heiligen, Regensburg 1938 (282 S.) 7. Platonismus und Prophetismus, München 1939 (240 S.) 8. Die philosophischen Strömungen der Gegenwart, Rottenburg ²1940 (162 S.) 9. Die Ewigkeitswerte der deutschen Philosophie, Hamburg 1942 (228 S.). Vgl. J.H., Geistige Kämpfe 136-41 die nicht immer genügend präzisen Angaben zu den Bücherbeseitigungen.
[250] J.H., Unser Vater. Gebete des Gotteskindes, Rottenburg ³1949, 55: zur Zeit des NS-Regimes "durfte dieses Büchlein nicht mehr erscheinen". - Verbot der Neuauflage des «Der deutsche Genius»: J.H., Geistige Kämpfe, 141.
[251] D. Aigner. - Allgemein: Hermann Santer, Bücherverbote einst und jetzt, Köln 1972, 17.

1941) herausgegeben.[252] Die Aufnahme in die Liste des "schädlichen und unerwünschten Schrifttums" stand in der Kompetenz des Reichsministeriums für Volksaufklärung und Propaganda (das dann die Reichsschrifttumskammer heranzog), nur bei wissenschaftlichen Werken wurde die Aufnahme eines Buches in die Liste im Einvernehmen mit dem Reichsministerium für Wissenschaft, Erziehung und Volksbildung vorgenommen. Die zweite Möglichkeit war ein zusätzliches Verbot durch den Reichsführers SS und Chef der deutschen Polizei, welches im Gegensatz zu den mehr abwehrenden Befugnissen der Reichsschrifttumskammer ein allgemeines Verbot bedeutete. Rechtsgrundlage dieser echten Verbote war nach wie vor das Ermächtigungsgesetz vom 23. März 1933, und zwar in dem Sinne, daß durch das Verbot in der Regel ausländischer Bücher Schaden von Deutschland abgewendet werden müsse.[253] Schließlich gab es auch noch die ganz formlose Beschlagnahme von Büchern, die dann gar nicht in die "Liste des schädlichen und unerwünschten Schrifttums" aufgenommen wurden.[254]

Alle diese im Einzelnen recht komplizierten Prozeduren - als besonders schwierig erwies sich die Herstellung eines nationalsozialistischen "Index" - ließen einerseits manches Buch unbehelligt, an dessen antinazistischer Tendenz kein Zweifel möglich war, verhinderten aber andererseits keineswegs ein vollkommen willkürliches Zuschlagen, das die langwierigen Indizierungsverfahren radikal abkürzte. Von solchen Maßnahmen waren die führenden katholischen Verlagshäuser stark betroffen, wie z.B. die Firmen Herder, Kösel, Schöningh und Pustet.[255]

---

[252] Liste des schädlichen und unerwünschten Schrifttums. Stand vom 31. Dezember 1938 und Jahreslisten 1939-1941. Reprint in einem Bd., Vaduz 1979. (= Reprint der Listen von 1938, 1939, 1940, 1941). - Es gab auch die monatlich erscheinende: Liste der in der Deutschen Bücherei unter Verschluß gestellten Druckschriften. Im Auftrag des Reichsministeriums für Volksaufklärung und Propaganda bearbeitet von der Deutschen Bücherei, Leipzig 1939-1944 (dem Hrsg. nicht zugänglich). - Schon hier sei gesagt, daß sich wahrscheinlich in den Akten der Berliner Zentralen kaum etwas über Hessen erhalten haben dürfte. So taucht sein Name weder auf in: Christiana Abele und Heinz Boberach, Inventar staatlicher Akten zum Verhältnis von Staat und Kirche 1933-1945, 3 Bde., Kassel 1987, noch in den vielen Inventarbänden zum Bundesarchiv, so nicht in: Heinz Boberach, Reichssicherheitshauptamt (= Findbücher zu den Beständen des Bundesarchivs, Bd. 22: Bestand R 58), Koblenz 1982. - Wolfram Werner, Reichskulturkammer und ihre Einzelkammern (= dass., Bd. 31: Bestand R 56), Koblenz 1987. - Weiter erscheint H. nicht in: H. Boberach, Berichte des SD und der Gestapo über Kirchen und Kirchenvolk in Deutschland 1934-1944, Mainz 1971.
[253] Vgl. näheres bei Aigner.
[254] Aigner, 953ff.
[255] Dazu: Aigner, 994.

Ein Beispiel dafür, daß Bücher allein aufgrund des unsystematischen Vorgehens der Nationalsozialisten unbehelligt blieben, war Hessens Buch "Die Geistesströmungen der Gegenwart", das 1937, mit kirchlichem "Imprimatur", im Verlag Herder erschien. Auch dies war eine Vorlesungsserie. Einer dieser Vorträge trug den Titel "Rassetheoretischer Biologismus" (97-102). Hier kritisierte Hessen den "krassen Naturalismus" und den biologischen "Determinismus", den er in der "ungesunden Übersteigerung des Rasseprinzipes" erblickte, in deutlicher Form. Die bloße Rassezugehörigkeit stelle noch keinen Wert dar, weil sonst der Mensch aufhöre, ein sittliches Wesen zu sein.

"Dieser Punkt bezeichnet die unverrückbare Grenze einer «biologischen» Lehre vom Menschen. Daraus folgt, daß nicht die Rassenkunde, sondern nur die Philosophie der Werte Klarheit darüber schaffen kann, was zeitlos in die Zeit hineinragt und damit dem suchenden, fragenden, irrenden Menschen Halt in der Haltlosigkeit zu geben vermag". Mit Bezug auf die Professoren Bavink, Leese, H. Schwarz, aber auch auf den den Nationalsozialisten willkommenen Th. Häring, distanzierte er sich vom Rassismus in unmißverständlicher Weise.

Während dieses Buch unbeanstandet blieb, wurde das schmale, eher religiöse Bändchen "Briefe an Suchende, Irrende, Leidende" (Regensburg 1936) verboten und die Restauflage vernichtet. Es handelt sich um 15 nach Hessens Angaben authentische seelsorgerische Briefe, je fünf an "Suchende", "Irrende" und "Leidende". Diejenige Stelle, die wohl unzweifelhaft zur Vernichtung führte, rekapituliert das Vorleben der Gesprächspartnerin Hessens, einer "um Christus Ringenden", wie folgt:

"Ich war im Katholizismus und thomistischer Philosophie erzogen, zweifelte früh und lebte zwischen meinem sechzehnten und neunzehnten Jahr, von der Kirche bald angezogen, bald abgestoßen, im Wechsel zwischen Katholizismus und einer selbsterfundenen pantheistisch verschwommenen Religion. Dann warf ich jegliches Christentum über Bord und wurde für kurze Zeit eifrige Anhängerin Rosenbergs. Aber ich hatte den "Mythus" noch nicht einmal ganz aus, als ich bei mir feststellen mußte, daß auch diese Weltanschauung ein Fiasko sei. Nun weiß ich überhaupt nichts mehr."[256]

Nur über die Vernichtung der Hessenschen "Wertphilosophie" von 1937 haben wir einen dokumentarischen Beleg. Der Verlag Ferdinand

---

[256] J.H., a.a.O., 20. Zur Beseitigung J.H., Geistige Kämpfe, 140.

Schöningh teilte Hessen am 14.9.1938 mit, "daß die Gestapo wegen des oben erwähnten Buches bei uns vorgesprochen und den noch vorhandenen Restvorrat vorläufig sichergestellt hat. Eine weitere Auskunft wurde uns nicht gegeben, sodass wir Ihnen über die Gründe des Vorgangs noch keine Mitteilung machen können."[257] Die eben genannten beiden Werke erschienen als einzige in der Lieferung von 1940 der "Liste des schädlichen und unerwünschten Schrifttums"[258], was notabene ein Hinweis darauf ist, daß diese Liste keineswegs die Gesamtheit der unter dem Nationalsozialismus beseitigten Literatur liefert.

Die "Wertphilosophie" enthält eine derart vom Nationalsozialismus divergierende Weltanschauung, daß sich ein detaillierter Nachweis, was an dem Buch welcher Stelle in der Staats- und Parteihierarchie mißfallen haben konnte, an sich erübrigt. Hessen selbst gibt in seinen Erinnerungen einige Stellen an, die deutlich eine Absage an die Vergottung des "Bios" und ein Bekenntnis zur Geistnatur des Menschen beinhalteten.[259]

Nicht in der obengenannten Verbotsliste taucht das Werk "Die philosophischen Strömungen der Gegenwart" (1940) auf. Es war eine Neubearbeitung seiner gleichnamigen Schrift von 1923. Das in dem stark auf Catholica spezialisierten Verlag Bader in Rottenburg erschienene, 160 Seiten starke Buch fiel "sofort nach [seinem] Erscheinen der Gestapo zum Opfer, obwohl ich darin auf ausdrücklichen Wunsch des Verlages eine Auseinandersetzung mit der Ideologie des Nazismus vermieden hatte, so daß

---

[257] UAK, NL Hessen, fasz. 60. Ebd. die Abschrift eines Briefes des Verlages an die Paderborner Gestapo vom 17.11.1938, in dem um die Bekanntgabe der Gründe gebeten wurde.
[258] Liste des schädlichen und unerwünschten Schrifttums. Hier im Jahrgang 1940 sub voce Hessen. Dementsprechend auch in: Verzeichnis der Schriften, 116. Bemerkenswert ist, daß die "Wertphilosophie" erst am 21.6.1940 - also zweifellos im Zusammenhang mit Hessens Entlassung - auf die "Liste des schädlichen und unerwünschten Schrifttums" kam, die "Briefe" erst am 15.11.1940. Demnach muß sich mindestens die Aktion gegen die "Wertphilosophie" auf einer anderen bürokratischen Ebene abgespielt haben, die 1940 in Berlin nicht mehr bekannt war. Die Datierungen der Verbote finden sich nicht in den Jahreslisten, sondern nur in dem "Befehlsblatt des Chefs der Sicherheitspolizei und des SD", hrsg. vom Reichssicherheitshauptamt, Jahrgang 1 bis 6, Berlin 1940-1945, im Falle Hessens 1. Jahrgang, S. 58 und 158, in den Nummern 8 vom 29.6.40 und 29 vom 23.11.40. Ein Exemplar dieses Amtsblattes ist im Bundesarchiv Koblenz; Signatur: RD 19/2, Bd. 1-6.
[259] Kurze Zitate in J.H., Geistige Kämpfe, 139f. Innerhalb von Hessens «Wertphilosophie» sei auf die Kapitel zur Anthropologie, 133-180, dann auch auf den kleinen Abschnitt "Die Vergöttlichung des Lebens" (212-16) und "Die Vergötzung eines irdischen Gutes" (216-18) verwiesen.

dieses Werk weit weniger «staatsgefährlich» war als das frühere", nämlich die "Geistesströmungen der Gegenwart".[260]

Die herrschenden Ideologen mußten sich in der Tat durch dieses Buch herausgefordert fühlen, denn obwohl Hessen im Vorwort ausdrücklich den Anspruch erhob, "alle das Antlitz der Gegenwartsphilosophie prägenden Strömungen in ihrem objektiven Gedankengut" darzustellen, wurde der Nationalsozialismus nicht an einer einzigen Stelle erwähnt. Statt dessen fand man aber am passenden Ort, im Rahmen der Behandlung der "deutschen Lebensphilosophie" die für Hessen üblichen Warnungen vor dem "Biologismus", demgegenüber die geistige Natur des Menschen betont werden müsse. Der tonangebende Ideologe E. Kriek wurde in einer Weise zitiert, die jedem Denkenden die Ablehnung des Referenten deutlich machte.[261]

Das vierte Buch, das in dieser Reihe zu nennen ist, und in dem Hessens philosophische Strategie am klarsten zutage tritt, ist sein "Der deutsche Genius und sein Ringen um Gott", das 1936 im Selbstverlag und 1937 im Verlag Ernst Reinhardt in München erschien, danach aber nicht wieder aufgelegt werden durfte.[262] Auch dies war eine öffentliche Vorlesung, die er im Wintersemester 1934/35 in Köln gehalten hatte, und in der er die Stellung des deutschen Geistes zum Gottglauben philosophie- und weltanschauungsgeschichtlich deutete. Die Intention dabei war, die Grundrisse der "deutschen Glaubensbewegung" J.W. Hauers und der "christentumsfreien Deutschtheologie" Ernst Bergmanns, der damals als Prophet einer "Deutschreligion" auftrat, zurückzuweisen.[263] Die genaue Position Hessens ist die, daß er nachzuweisen versucht, daß alles Große und Erhabene am deutschen Geist letztendlich christlich sei, und daß deshalb der Nationalsozialismus notwendigerweise auch das Christentum als einen

---

[260] J.H., Geistige Kämpfe, 139.
[261] J.H., Philosophische Strömungen der Gegenwart (1940), 116f.
[262] J.H., Geistige Kämpfe, 141. Vgl. Nr. 364.
[263] Zu den Religionsphilosophen und -stiftern Jakob Wilhelm Hauer und Ernst Bergmann, Professoren in Tübingen und Leipzig, vgl. E. Schlund, 177f. und 203-19, sowie viele andere Nennungen. Der Einflußreichere scheint Bergmann gewesen zu sein, dessen Werk: Die deutsche Nationalkirche, Breslau 1933, zeitweise Aufsehen erregte. Vgl. Ziegenfuß, I, 109 (Lit.). - Ekkehard Hieronimus, Zur Religiosität der völkischen Bewegung. In: Cancik, 159-75, und: Hubert Cancik, "Neuheiden" und totaler Staat. Völkische Religionen am Ende der Weimarer Republik. In: Cancik, 176-212. - Margarete Dierks, Jakob Wilhelm Hauer 1881-1962, Heidelberg 1986 (umfangreiche, quellengesättigte, aber letztlich apologetische Biographie).

unablösbaren Bestandteil des deutschen Volkstums, ja des Deutschtums selbst anerkennen müsse[264].

Die ganze Bedeutung dieses Konzepts erweist sich erst vor dem Hintergrund des brisanten Vorwurfes radikal-nationalsozialistischer Kreise, das Christentum habe das ursprüngliche germanische Wesen verfälscht, vergewaltigt, seiner Ursprünglichkeit beraubt. Der bekannte Streit um Karl den Großen als "Sachsenschlächter" war nur eine kleine Facette in der Diskussion um die immerhin grundsätzlich legitime Frage, ob die Übertragung des Christentums auf die germanischen Stämme in der Form, wie sie geschah, nicht letzten Endes die seelisch-religiöse Identität dieser Naturvölker in schwerwiegender Weise verletzt habe.[265] Diese Debatte war zwar über weite Strecken unwissenschaftlich, aber doch brennend und nicht einfach aus der Luft gegriffen. Hessen ging das Thema in seinen Vorlesungen in der Weise an, daß er - neben einem Einleitungs- und einem Abschlußvortrag - je eine Stunde folgenden religiösen Persönlichkeiten widmete: Eckhart (für die deutsche Mystik), Luther (für die deutsche Religion), Cusanus/Leibniz/Hegel (für die deutsche Philosophie), Kant (für die deutsche Ethik), Fichte (für die deutsche Weltanschauung), Schleiermacher (für die deutsche Theologie), Goethe (für den deutschen Menschen), Nietzsche (für den deutschen Gottsucher). Als Ertrag dieser Betrachtungen formulierte er am Ende die These, daß die deutsche "Weltanschauung zutiefst auf einer Verschmelzung von Deutschtum und Christentum" beruhe. Erst durch die Vermählung von germanischem Blut und christlichem Geist sei "die deutsche Seele" entstanden.[266]

Diese Vorlesungsreihe, die Hessen später teilweise in mehreren Städten West- und Norddeutschlands in Kirchen wiederholte - wir kommen darauf zurück - fand, nach der Selbstaussage des Verfassers, unter seinen Kölner Hörern "begeisterte Aufnahme"[267]. Sehen wir uns den Gehalt und die Zielsetzung daher noch etwas näher an. Inhaltlich behandelte Hessen mit der ihm eigenen Gabe der Gesamtschau die religiöse Einstellung deutscher Geistesheroen, und zwar in einer Weise, die deren letzte Rückbindung an die

---

[264] Im Vorwort zur 1. Auflage heißt es: "Ihr [d.h. der folgenden Blätter, d. Hrsg.] innerstes Anliegen war der Nachweis, daß es Verrat an den unvergänglichen Werten der deutschen Geistesgeschichte bedeutet, wenn man heute versuchtem deutschen Volke den christlichen Glauben aus dem Herzen zu reißen."
[265] Zur Problematik bes. Zwangsbekehrung der Sachsen durch Karl d. Großen vgl. jetzt: R. Schieffer, Die Karolinger, Stuttgart/Berlin 1992, 80, Lit. S. 236f.
[266] J.H., Der deutsche Genius und sein Ringen um Gott, 2. Aufl. 1937 (Nr. 364), 98.
[267] Vorwort ebd.

Grundprinzipien der abendländischen Philosophie und Religion in überzeugender Weise deutlich machte. Er entriß sie also der nationalsozialistischen Vereinnahmung. So schreibt er z.b. zu Hegel wie folgt, indem er zuerst ein abschließendes Zitat dieses Denkers bringt: "« Der Geist, der an und für sich ist, hat nun in seiner Entfaltung nicht mehr einzelne Formen, Bestimmungen seiner vor sich, weiß von sich nicht mehr als Geist in irgendeiner Bestimmtheit, Beschränktheit, sonder er hat jene Beschränkungen, diese Endlichkeit überwunden und ist für sich, wie er an sich ist. Dieses Wissen des Geistes für sich, wie er an sich ist, ist das An- und Fürsichsein des wissenschaftlichen Geistes, die vollendete, absolute Religion, in der es offenbar ist, was der Geist, Gott ist; dieses ist die christliche Religion.» Diese Position Hegels verdient heute, wo man dem Christentum nicht bloß das Diadem der Absolutheit von der Stirne zu reißen versucht, sondern es sogar als etwas Minderwertiges hinstellt, besondere Beachtung. Allzuleicht finden sich heute die Gegner des Christentums mit der Tatsache ab, daß der größte deutsche Philosoph des 19. Jahrhunderts die Absolutheit des Christentums mit Leidenschaft verteidigt hat. Möchten sie wenigstens seine Gedanken nicht länger ignorieren, sondern das Bedürfnis empfinden, sich mit ihnen auseinanderzusetzen! Sie laufen sonst Gefahr, daß sie in ihrem vermeintlichen Sicheinsetzen für das Deutschtum und den deutschen Geist wertvolle Gedanken eben dieses Geistes unterschlagen."[268] Daß dabei der Nationalsozialismus nicht direkt angegriffen, sondern daß - im Gegenteil - dieser Ideologie gewissermaßen das Herzstück, die "Seele des Deutschtums", mit sicheren und gezielten Griffen entwunden wurde - das war die beachtliche intellektuelle Kampfesleistung dieses Werkes. Der einzelne Hörer und Leser wurde nicht vor die Alternative gestellt: willst Du Deutscher oder Christ sein, sondern es wurde ihm gesagt: weil Du Deutscher bist, lebt in Dir auch untrennbar vom Deutschtum die christliche Religion! So wie sie diese Kernaussage erfaßt hatten, waren die nationalsozialistischen Beobachter nicht mehr bereit, derartiges zu dulden.

Ein Buch ähnlicher Tendenz konnte jedoch noch 1942 im Hoffmann und Campe Verlag in Hamburg erscheinen. "Die Ewigkeitswerte der Deutschen Philosophie"[269] waren "ein philosophisches Brevier" im Umfang von 287 Seiten, in dem 40 Einzeltexte zu den drei Hauptthemen "Mensch", "Welt" und "Gott" zusammengestellt waren, deren symphonischer Zusammenklang in eindrucksvoller Weise die Bindung der deutschen

---
[268] Ebd., 48.
[269] Nr. 478.

Philosophie an die idealistisch-theistisch-wertorientierte Weltanschauung Europas dokumentierte. Neben 26 Philosophen, die je einmal angeführt werden, sind 6 Denker mit je zwei Texten vertreten (Leibniz, Scheler, N. Hartmann, Lotze, Goethe, Herder), dreimal wird Fichte zitiert und fünf Texte entstammen der Feder Kants. Unter den jeweils nur einmal verwerteten Autoren seien hier nur die Namen Eucken, Liebmann, Otto, Paulsen, Troeltsch, Volkelt, Windelband und Wundt genannt, die alle zur Generation von Hessens "Lehrern" gehörten[270]. Der letzte Text des Buches mit den Titel "Ewiges Leben" ist Fichtes "Anweisung zum seligen Leben" entnommen.

Aus den beiden Büchern zum Thema "Deutscher Geist und Christentum" geht aber auch hervor, wie stark Hessen auf eine katholische Neubewertung Luthers drängte. Seine ganze Geistesentwicklung, besonders auch seine Beziehung zu Friedrich Heiler und Rudolf Otto, sowie zu den evangelischen Religionsphilosophen schlug sich in dem Luther-Kapitel im "deutschen Genius" nieder, das er mit einem Zitat des Protestanten Ehrenburg abschloß: "Der Papst, der Luther zum Heiligen erklären wird, vollendet das Werk der Reformation, und nur ein Papst vermag den letzten Schlag zu führen, um die Reformation der Kirche ganz Kirche sein zu lassen."[271]

Als fünftes und letztes Buch Hessens, das im «Dritten Reich» von Gesinnungskontrolle betroffen war, ist die 2. Auflage von "Der Sinn des Lebens" (1936) zu nennen, in dem das doch zentrale Kapitel über den Pazifismus in einem Akt von - vielleicht vom Verlag herbeigeführter - Selbstzensur wegfallen mußte.

Nicht vom Regime verfolgt wurden anscheinend (jedenfalls nach der impliziten Aussage Hessens) vier eigentliche Bücher (die "Geistesströmungen" 1937, die "Werte des Heiligen" 1938, der "Platonismus und Prophetismus" 1939 und die "Ewigkeitswerte der deutschen Philosophie"

---

270 Otto Liebmann (1840-1912), seit 1882 o. Prof. für Philosophie in Jena, entwickelte sich vom Neukantianer zu einem "kritischen Metaphysiker"; Ziegenfuß, I 58; H.-L. Ollig, Neukantianismus, 9-15 (Lit.). - Zu Wilh. Wundt (1832-1920) vgl. Ziegenfuß, I 915-921.
271 J.H. (wie Anm. 266), 38 mit Anm. 42 auf S. 107. An letzter Stelle heißt es abschließend zu H.s Lutherdeutung: "Ich bin mir bewußt, daß meine Darstellung Luthers einseitig ist, insofern sie fast nur das Positive an ihm herausarbeitet. Aber ich meine, in einer Zeit, wo wir im Kampf wider das moderne Neuheidentum mit unsern evangelischen Mitchristen in gleicher Front stehen, sollten wir auch im Hinblick auf den deutschen Reformator das Trennende, das oft und vielleicht allzu oft betont worden ist, zurückstellen und das Gemeinsame, für beide Teile Bedeutsame und Wertvolle in den Vordergrund rücken. Wer diese Einstellung nicht zu teilen vermag, möge die Vorlesung überschlagen und sich statt dessen einmal allen Ernstes die Gewissensfrage vorlegen, wie es um sein Christentum bestellt ist."

1942) sowie mehrere religiöse Broschüren. Darüber wunderte sich Hessen zum Teil; andere "Verschonungen" erwähnt er gar nicht.[272] Solange die engen oder weiteren Maschen der Bücherkontrolle noch nicht vollständig erforscht sind, lassen wir es dabei vorläufig bewenden. Konzessionen an den Nationalsozialismus finden sich in diesen Werken nicht.

Eine andersgeartete, merkwürdige Form von Zensur erlebte Hessen in der Zeit, als er bereits als Professor entlassen war. Am 7.5.1940 stellte sein Schüler, der Franziskaner Karl Coelestin Lauer den Antrag auf Zulassung zur Promotion, indem er die Dissertation "Wert und Sein. Eine Untersuchung zur Wertphilosophie der Gegenwart" einreichte.[273] Hessen benotete die Arbeit mit "Gut", verlangte nur eine Umarbeitung der an Rickert, Scheler und Hartmann geübten Kritik. Auch der Korreferent Artur Schneider gab dieselbe Note, ebenso Heimsoeth, der allerdings nicht mit herber Kritik sparte.[274]

---

[272] J.H., Geistige Kämpfe, 137-41. - Zur Selbstzensur im "Sinn des Lebens" in der 2. Aufl. 1936 vgl. das Vorwort zur 3. Aufl., Rottenburg 1947. - Immerhin gibt die Tatsache, daß von den "Ewigkeitswerten" nicht eine einzige Rezension feststellbar ist, Anlaß zu der Vermutung, daß die Distribution dieses Buches behindert wurde.

[273] Alles Folgende ist aus der Promotionsakte Lauers; UAK, Zug. 44/575 (Promotionsakten der phil. Fakultät), Nr. 1246. Karl Cölestin Lauer, geb. 10.6.1907 in Worms, wurde in der Ordensschule in Sittard erzogen, studierte in den Ordenshochschulen in Gorheim (Sigmaringen) zwei und in Fulda vier Jahre; O.F.M. Danach Weiterstudium in Frankfurt und Köln seit 24.4.1939; Lebenslauf, ebd. Hier verschwieg Lauer seine Zugehörigkeit zum Franziskanerorden.

[274] Das Gutachten Hessens ist vom 15.5.1940, dasjenige Artur Schneiders vom 25.5.1940. Der weitere Bericht Heimsoeths stammt vom 8.7.1940; wie Anm. 273. - Am 23.2.1941 erteilte Hessen sein Plazet zur Umarbeitung (ebd.); man kann davon ausgehen, daß die Arbeit danach bald an die NS-Prüfungskommission geschickt wurde, die dann am 1.10.1941 ihren Entscheid mitteilte; ebd. Die einschlägigen Korrespondenzen (in Abschrift) finden sich auch im NL Hessen, fasz. 57. - Heinz Heimsoeth (1886 Köln - 1975 ebd.) stammte aus einer evangelischen Kölner Familie des Großbürgertums und der hohen preußischen Beamtenschaft; 1931-54 o. Prof. der Philos. in Köln; H. Althaus, Kölner Professorenlexikon (unveröff. MS), ad vocem. - Frida Hartmann und Renate Heimsoeth (Hrsg.), Nikolai Hartmann und Heinz Heimsoeth im Briefwechsel, Bonn 1978, hier S. 223 biogr. Notiz. - Kritik und Metaphysik. Studien Heinz Heimsoeth zum achtzigsten Geburtstag, Berlin 1966. - Heimsoeth wurde im Oktober 1933 in den Vorstand der «Gesellschaft für deutsche Philosophie» gewählt (zusammen mit Hartmann, Freyer und Günther); am 20.11.1934 wurde eine Ortsgruppe Köln gegründet, in der diese dem Regime nahestehende Gesellschaft Heimsoeth zum Vorsitzenden des Vorstandes (in Köln) wählte. Später wurde Heimsoeth Mitglied des (Zentral-)Vorstandes. So finden wir ihn 1942 unter dem Vorsitzenden Arnold Gehlen als eines der 11 Mitglieder des Vorstandes. Innerhalb der «Gesellschaft» war er mit der Herausgabe der «Blätter für Deutsche Philosophie» betraut, und zwar von Band 8(1934/35) bis Band 18(1944). Zur Zeit der «Machtergreifung» war ein sehr weitgehender Personenwechsel sowohl in der «Gesellschaft» als auch in den «Blättern» erfolgt. Einige Beiträge Heimsoeths bezeugen eine erhebliche Annäherung an den Nationalsozialismus, so z.B.: Macht und Geist in Nietzsches Geschichtsphilosophie (= Kölner Universitätsreden, 35), Köln 1938. Die nach dem Krieg erschienenen Fest- und Auswahlschriften vermeiden jedes Eingehen auf die zwölf Jahre. Vgl. Blätter für Deutsche Philosophie 3(1934) 121-25; 16(1942/43), 194;

Die Umarbeitung war kein Problem, jedoch teilte der Dekan am 24.7.1940 Hessen mit, daß nach ihrer Erledigung die Dissertation an die "Parteiamtliche Prüfungskommission zum Schutze des NS-Schrifttums" in Berlin eingesandt werden müsse.[275] Diese zur NSDAP-Reichsleitung gehörige Behörde erstreckte ihre ansonsten ausgedehnte Tätigkeit "nur auf solche Doktorarbeiten, die Probleme, Fragen, Ziele und Leistungen der nationalsozialistischen Bewegung (insbesondere ihr Wesen, ihre Führung, ihre Geschichte, ihre Organisation usw.) und des nationalsozialistischen Staates in praktischer, rechtlicher, geisteswissenschaftlicher, volkstum- und bevölkerungspolitischer Hinsicht zum Gegenstand der Erörterung haben"[276]. Wieso die Dissertation Lauers hier einschlägig war, ist wohl nur auf eine besonders extensive Auslegung dieser Vorschrift oder aber auf ein Mißtrauen nationalsozialistischer Kräfte gegen Hessen zurückzuführen. Daß eine Arbeit über die neuere Wertphilosophie an sich schon eine indirekte Kritik am Nationalsozialismus bedeutete, war allerdings jedem Sachkenner klar.

Nach einigem Hin und Her - zuerst wurde eine Kurzfassung der Doktorarbeit eingereicht, an der die Prüfungskommission der NSDAP bereits bemängelte, daß die "nichtarischen" Autoren im Literaturverzeichnis nicht

---

13(1939/40), 249 (kurze Notizen). Insgesamt scheint Heimsoeth Hegel und Nietzsche im faschistisch-voluntaristischen Sinne propagiert zu haben. Vgl. auch seinen Art.: Politik und Moral in Hegels Geschichtsphilosophie; dies. Zeitschr. 8(1934) 127-48, sowie noch einen recht schlimmen Nietzsche-Aufsatz ebd. Jg. 17(1943/44). Im Nachlaß Hessen gibt es noch einige Briefe und Stellungnahmen zu Heimsoeth, der als ein geschickter, anpassungsfähiger Mann erscheint, der ohne innerlich Nationalsozialist gewesen zu sein, jederzeit das gerade Erforderliche lieferte. Dies ließe sich durch einen Vergleich seiner Schriften mit den Hauptströmungen der vier Epochen deutscher Geschichte, in denen er publizierte, im Detail belegen. - Das Verhältnis Heimsoeths zu Hessen muß bis zum «Fall Lauer» gut gewesen sein, was sich in der recht gemäßigten Art widerspiegelt, in der Hessens Werke in den «Blättern» rezensiert wurden, sowie an der Aufnahme Hessenscher Rezensionen ebendort. Nach 1945 hielt der Freundeskreis Hessens ein weiteres Verbleiben Heimsoeths an der Universität Köln für einen Skandal. So schrieb am 13.2.1948 Kurt Leese an Heimsoeth, daß es ganz unverständlich sei, warum Hessen immer noch nicht das ihm moralisch zustehende Extraordinariat erhalten habe, so wie er, Leese, es am 1.10.1945 bekommen habe. Wieso helfe Heimsoeth dabei nicht? "Sie stehen, wenn ich das ganz offen sagen kann, im Rufe, während der Nazizeit ein Nazi-Propagandist gewesen zu sein, um sich dadurch in unangefochtener Weise in Ihrem Amte erhalten zu können. Unbetroffen durch Ihre Zugehörigkeit zur Partei führen Sie auch heute noch Ihr Amt weiter, während der arme Hessen trotz seiner unbezweifelten wissenschaftlichen Verdienste sozusagen als armseliger Bettler draußen vor steht"; UAK, Zug. 44/239, Bd. 1 (Personalakten Hessen des Phil. Dekanates); masch.-schriftl. Abschrift.
[275] Ebd. wie in Anm. 273.
[276] Ebd., darin Zitat eines Erlasses des Reichserziehungsministeriums dieses Inhalts.

gekennzeichnet waren[277] - genehmigte sie die Arbeit, jedoch in eingeschränkter Form: "Nach den vorliegenden Gutachten bestehen keine grundsätzlichen Bedenken gegen die Drucklegung der Pflichtexemplare, jedoch kann einer Veröffentlichung der Schrift im Buchhandel von hier aus nicht zugestimmt werden."[278] Oberdienstleiter Hederich, der den nicht im Einzelnen begründeten Bescheid unterschrieb, äußerte sich nicht über die Zahl der Pflichtexemplare, erwähnte auch keine Möglichkeit, von diesem Urteil an eine höhere Instanz zu appellieren.

Große Sorge muß im Dekanat der Philosophischen Fakultät dennoch über die Arbeit Lauers geherrscht haben. Denn der Dekan teilte anschließend dem Dissertanden mit, was die Partei beschlossen hatte, verschärfte deren Veto aber noch dadurch, daß Lauer ausdrücklich anbefohlen wurde, nur nicht etwa die üblichen 200 Exemplare einzureichen! Da bereits acht maschinenschriftliche Exemplare vorlägen, habe er alle Forderungen erfüllt, und damit müsse es sein Bewenden haben.[279] Wir wissen nicht, welche Angst oder welche Voreingenommenheit im Herbst 1941 - Hessen war längst endgültig außerhalb der Universität - gegen die "Wertphilosophie der Gegenwart" herrschte. Sie ging jedenfalls in Köln soweit, daß man das Urteil der NSDAP nochmals entscheidend verschärfte. Lauers Arbeit ist nie als Buch, nach dem Kriege jedoch in einer sicher nur wenig gekürzten Fassung im Philosophischen Jahrbuch der Görres-Gesellschaft erschienen.[280] Es war dies insofern nicht ohne Akzent, als in den strengkatholischen Kreisen die Hessensche Wertphilosophie ja stets als die wahre Moral untergrabend aufgefaßt worden war.

c. Die Entfernung Hessens von der Universität Köln

Eine erste Krise bezüglich Hessens Verbleib an der Universität Köln gab es im Frühjahr 1933, als die Gestapo eine Hausdurchsuchung bei ihm durchführte, um seine Kontakte zu dem Dominikaner Franziskus Stratmann

---

[277] Parteiamtl. Prüfungskommission an den Dekan der philos. Fakultät Köln, 1.7.1941. Offensichtlich hatte man seitens der Fakultät vorerst nur eine Kurzfassung eingereicht. Die Behörde hatte ihren Sitz in Berlin, Friedrich-Wilhelm-Str. 13; ebd.
[278] Dieselbe an denselben, 1.10.1941; ebd.
[279] Dekan Kauffmann an Lauer, 13.10.1941; ebd.
[280] Ein schön gebundenes Exemplar der Dissertation Lauers mit Widmung an Hessen befindet sich im NL Hessen, fasz. 57. Die Arbeit hatte 124 S. masch.-schriftl. Umfang. Tag der mündl. Prüfung 20.7.1940. Zur Veröffentlichung vgl. hier Nr. 512.

zu überprüfen[281], dem führenden Mann des "Friedensbundes deutscher Katholiken". Gleichzeitig brachte einer seiner Hörer, der Generalmajor a.D Dr. Samwer, in einem Schreiben an den neuen Staatskommissar der Universität Köln (Dok. 38) die pazifistischen Äußerungen Hessens in seinen Vorlesungen vom Wintersemester 1930/31 zur Anzeige und fügte hinzu, er halte "es für dringend geboten", "daß einem solchen Manne die Lehrbefugnis entzogen wird, da er nur Unheil in den Köpfen unserer Jugend stiften kann. Ich freue mich, daß endlich die Zeit gekommen ist, solchen Schädlingen unseres Volkes das Handwerk zu legen". Warum Staatskommissar Winkelnkemper auf sein Schreiben hin offensichtlich gar nichts unternommen hatte, ist nicht erkennbar. Jedoch richtete der Denunziant am 24.11.1933, also mehr als ein halbes Jahr später, einen fast gleichlautenden Brief an den Rektor der Universität, Leupold.[282] Dieser rief daraufhin Hessen zu sich und so fand am 28.11.1933 ein Gespräch zwischen beiden statt, in dem Hessen - zweifellos auf Anraten Leupolds - seine Verteidigung dahingehend formulierte, daß er sich zu einem rein "religiösen Pazifismus" bekannte. Dies wurde dann auch - vermutlich doch wohl durch den Rektor persönlich - General Samwer "mündlich beschieden".[283] Er hat sich damit offenbar begnügt und so ging eine Amtsentfernung auf Grund des Gesetzes zur "Wiederherstellung des Berufsbeamtentums" an Hessen wider Erwarten vorbei[284]

Für die Akten, oder aber für die Vorlage an den erzürnten General, verfaßte Hessen am 29.11.1933 einen Brief an den Rektor, in dem bei aller

---

[281] J.H., Geistige Kämpfe, 137.
[282] UAK, Zug. 27/76 fol. 71. Zu Ernst Leupold, Direktor des patholog. Instituts und Rektor der Univ. Köln vgl. Kürschners Deutscher Gelehrten-Kalender 1940/41, 1. Bd., Berlin 1941, 636; Heimbüchel/Pabst, Register.
[283] Handschriftl. Vermerke auf dem Brief Samwers ebd.; Brief des Rektorats an Hessen vom 7.11.1933, mit der Bitte, sich am 28.11. beim Rektor einzufinden; ebd. fol. 72.
[284] Für Hessen kam der § 4 des «Gesetzes zur Wiederherstellung des Berufsbeamtentums» vom 7.4.1933 in Betracht, der sich gegen Beamte richtete, die "nach ihrer bisherigen politischen Haltung nicht die Gewißheit dafür bieten, daß sie jederzeit rückhaltlos für den nationalen Staat eintreten". Wenngleich dieses Gesetz auf den n.b.a.o. Prof. H. nicht direkt anzuwenden war, so steht es fest, daß auch solche Wissenschaftler, ebenso wie Privatdozenten bereits im ersten Jahre der Diktatur in großen Zahlen von den Universitäten entfernt wurden; H.-P. Bleuel, 219f.; M. Leske, 23. Vgl. allgemein: Hans Mommsen, Beamtentum im «Dritten Reich». Mit ausgewählten Quellen zur nationalsozialistischen Beamtenpolitik, Stuttgart 1966, 39-61. An der Univ. Köln kam es bereits im April 1933 zu den ersten "Beurlaubungen", dann zu Entlassungen, im Nov. 1933 zu Entziehungen der Lehrbefugnis. Die "Rechtsgrundlagen" scheinen sehr unübersichtlich gewesen zu sein; so wurde bspw. Bruno Kuske nur wegen seiner SPD-"Vergangenheit" entlassen; Golczewski, 104-11. Bei dem ersten Vorstoß gegen Hessen 1933 wurde nirgendwo eine Gesetzesnorm erwähnt.

gebotenen Vorsicht doch zumindest eine Bemerkung, nämlich diejenige über die "Zentrumsherrschaft", für eine echte Meinungsäußerung genommen werden kann:

"Ich bin stets Gegner des radikalen Pazifismus gewesen, der nach meiner Überzeugung das Problem zu einfach, bzw. gar nicht sieht. Ich habe damals in der Vorlesung auf die Organisation des passiven Widerstandes und des Boykotts, wie sie Ghandi in Indien durchführt, hingewiesen. Ich gestehe offen, daß ich in diesem Punkte umgelernt habe und heute jenen Weg als für uns gänzlich ungangbar ansehe. Wie vielen anderen, so hat auch mir die nationalsozialistische Bewegung, die ich schon deshalb freudig begrüßt habe, weil sie die Zentrumsherrschaft, unter der gerade wir freier gerichteten katholischen Philosophen zu leiden hatten, gebrochen hat, den Blick für bestimmte Wesensnotwendigkeiten des Staates neu eröffnet. Meine heutige Überzeugung in der Friedensfrage deckt sich vollkommen mit dem Bekenntnis zum Frieden, das unser Führer in seiner bekannten Rede abgelegt hat und das man vielleicht auf die Formel bringen darf: Friedenswille ohne Selbstpreisgabe der Nation." Hessen beteuerte des weiteren, daß er durchaus für "Nationales" Sinn und Verständnis besitze, was sich schon daran zeige, "daß ich seit Jahren für eine deutsche Philosophie kämpfe im Gegensatz zu einer romanisch-scholastischen."[285]

Es ist nicht schwer, das Zweideutige des "Bekenntnisses" zu durchschauen. Geschrieben in einer Lage, in der die Entfernung aus dem Lehramt unmittelbar drohte, verband es eine Unterwerfung unter das Regime mit einem Beharren auf der eigenen Interpretation. Immerhin ist anzunehmen, daß Hessen im Frühjahr 1933 mit echter Erleichterung das Verschwinden der Zentrumspartei zur Kenntnis genommen hat, einer Partei, die ihm gegenüber stets eine Bedrohung dargestellt hatte.

Daß Hessen das «Dritte Reich» weiterhin, viele Jahre hindurch, auch unter diesem Gesichtspunkt wahrgenommen hat, als eine Befreiung vom

---

[285] Hessen an Rektor Leupold, 29.11.1933; ebd. fol. 73. Zur Situation der Kölner Universität im «Dritten Reich» vgl. außer den oft zitierten Werken von Golczewski und Heimbüchel/Pabst noch die beiden Arbeiten: Wolfgang Blaschke u.a. (Hrsg.), Nachhilfe zur Erinnerung. 600 Jahre Universität zu Köln (= Kleine Bibliothek Geschichte, 509), Köln 1988, und: Karl Otto Conrady, Völkisch-nationale Germanistik in Köln. Eine unfestliche Erinnerung, Schernfeld 1990. Eine interessante Parallele waren die Verfolgungen des Pazifisten B. Altaner: Joachim Köhler, Professor Dr. Bertolt Altaner und sein Engagement in der katholischen Friedensbewegung. Quellen zur Entfernung aus dem akademischen Lehramt. In: Archiv für schlesische Kirchengeschichte 45(1987), 205-20.

politischen Katholizismus, das belegt ein Aufsatz vom November 1938 in der Zeitschrift "Deutsches Volkstum" mit dem Titel "Das Ringen um eine deutsche Philosophie in der katholischen Sphäre"[286]. In ihm legt er die schmerzhafte Geschichte des deutschen Modernismus und Reformkatholizismus auf philosophischem Gebiet und seines Kampfes hauptsächlich mit der jesuitischen Neuscholastik dar.[287] Unter Berufung auf den ehemaligen Würzburger Dogmatiker Franz Kiefl und seinen Kampfgefährten Aloys Müller in Bonn möchte er letzten Endes den nationalen "Aufschwung" dazu nutzen, endlich der eigenen philosophischen Richtung in Deutschland zum Siege zu verhelfen. Das war besonders deshalb schwierig, wenn nicht unmöglich, weil das Regime eher dahin tendierte, das Fach Philosophie zurückzudrängen.[288] Inhaltlich waren die Forderungen Hessens für die praktische Politik gar nicht umsetzbar; die Autoren, auf die er sich berief, waren z.t. dem Regime entweder völlig unbekannt oder fremd, oder sogar direkt unliebsam - wie z.B der Emigrant D. v. Hildebrand[289] -, bemerkenswert bleibt aber doch, daß Hessen noch 1938 mit einer langfristigen Entwicklung des Faches Philosophie unter dem Nationalsozialismus rechnete, auf die er in einem antirömischen Sinne einwirken wollte. Nationalsozialistische Thesen werden nicht vertreten; der Aufsatz hätte genausogut auch schon 1930 geschrieben werden können. Im übrigen stand die Zeitschrift "Deutsches Volkstum" damals bereits ideologisch am Rande; der Herausgeber Wilhelm Stapel mußte bald danach zurücktreten.[290]

---

[286] Nr. 386.
[287] Hessen stellt hier die Vertreter der (Neu-)Scholastik Ehrle, Willmann, de Vries, Przywara den Vertretern einer «Überwindung des Intellektualismus», Hertling, Kiefl, Baeumker, Steinbüchel, Al. Müller gegenüber. S. 725 wird der interessante Zusammenhang erwähnt, daß auch Hertling ein Lotze-Schüler gewesen sei. Der Schlußsatz des Aufsatzes lautet, nachdem auseinandergesetzt wurde, daß nach "der neuen Studienordnung" die kath. Theologiestudenten die einzigen sein werden, die noch ein «Philosophicum» ablegen müßten, und welch weitreichenden Einfluß Seelsorger auf das Volk haben: "dann kann es eigentlich keinem Deutschen einerlei sein, ob die philosophische Erziehung der Theologen im Geiste deutscher Wahrheitsforschung oder im Sinne einer dem Wesen zutiefst fremden romanischen Geistesart erfolgt"; ebd. 753.
[288] Zur minderen Stellung der Philosophie in der Hierarchie der Wissenschaften im «Dritten Reich» vgl. M. Leske, 101-112. Sie dauerte von 1933 bis ca. 1939/40, und zeigte sich z.B. darin, daß die Zahl der betr. Lehrstühle von 1931 bis 1938 von 56 auf 36 absank.
[289] Zu D. v. Hildebrand (1899-1968) vgl. J. Seifert in: H.M. Schmidinger, III, 172-20.
[290] Wilhelm Stapel (1882-1954) war ein vielseitiger, nationalistischer, antimarxistischer, "völkischer" Journalist und Zeitkritiker, dessen Zeitschrift "Deutsches Volkstum" unabhängig von der NS-Bewegung entstand. Er sah sich als "Nichtnazist", hat aber sicher lange parallel zur "Bewegung" gearbeitet, bis er seine Zeitschrift 1938 kurz nach Erscheinen des Hessenschen Artikels wegen Zensurschwierigkeiten aufgeben mußte. Vgl.

Vielleicht hat sich Hessen wirklich Hoffnungen darauf gemacht, bei einer eventuellen Neuordnung der Staats-Kirchen-Beziehungen doch noch ein Ordinariat für Philosophie z.B. an einer theologischen Fakultät zu erlangen. Beweise dafür gibt es nicht[291], aber der genannte Aufsatz würde zu einer solchen Aspiration passen, allerdings noch mehr zu entsprechenden Hoffnungen, die vielleicht Aloys Müller gehabt hat, denn dessen Philosophie wird am stärksten positiv herausgestellt. Außerdem wird der Umstand, daß zu diesem Zeitpunkt, also im November 1938, bereits mehrere Bücher Hessens durch die Nationalsozialisten vernichtet worden waren, diesen vor allzu großen Illusionen bewahrt haben. Somit hat die Vermutung, er habe seinem Freunde Aloys Müller bei der Erlangung eines Lehrstuhles helfen wollen, noch am meisten für sich. Hessen erscheint hier - wie schon vorher - als ein deutscher Universitätsprofessor mit ausgeprägt antischolastischen, antijesuitischen, antirömischen Überzeugungen und läßt erkennen, wie sehr er sich in der Tradition des bayerischen Modernisten Kiefl sah.[292]

Er sollte nicht mehr lange ein deutscher Universitätsprofessor bleiben! Dies zeigt, nebenbei, wie unsinnig es wäre, die mehr oder weniger große Affinität eines deutschen Theologen zum Nationalsozialismus mit seiner Pro- oder Kontra-Stellung zur Neuscholastik und zum Ultramontanismus direkt zu parallelisieren. Zahlreiche romtreue Neuscholastiker blieben die 12 Jahre hindurch unbehelligt auf ihren Lehrstühlen, und einer der wenigen wirklich zum Nationalsozialismus Bekehrten, Joseph Lortz, war zutiefst neuscholastisch geprägt.[293] Der Gegensatz zwischen ultramontanen und, sagen wir ruhig: "deutschgesinnten" katholischen Theologen war uralt, ist seit dem Investiturstreit deutlich greifbar und hat auch das «Dritte Reich» überdauert.

Das Ende für Hessens Laufbahn nahte, als 1939 alle Nichtordinarien aufgefordert wurden, ihre Aufnahme in den Geltungsbereich der neuen Dozentenordnung zu beantragen. Dementsprechend beantragte Hessen am

---

Albert Schäfer, Dr. Wilhelm Stapel. In: Wolfram-Jahrbuch 3(1954), 111f. Die Nähe zu Hessen ergab sich wohl aus dem gemeinsamen Streben nach einem deutschen, aber nicht nationalsozialistischen Christentum.
[291] In Dok. 102 erwähnte H. 1954 eine recht vage Möglichkeit, mit Hilfe von Ministerialrat Schlüter und Ministerialdirigent Roth zu einem Lehrstuhl zu gelangen. Wie gering die objektiven Aussichten waren, sagt der Brief J. Kochs von 1953, hier Dok. 95.
[292] J.H., Das Ringen um eine deutsche Philosophie in der katholischen Sphäre (1938), 747 macht besonders auf Kiefls Aufsatz von 1917 aufmerksam: «Martin Luthers religiöse Psyche als Wurzel eines neuen philosophischen Weltbildes» (in K.s «Katholische Weltanschauung und modernes Denken», 1922). Dadurch wird Hessens Luther-Engagement an die Luther-Forschungen der Modernisten (Merkle!) zurückgebunden.
[293] Vgl. dazu sehr eingehend die neue Lortz-Biographie von Lautenschläger.

23.3.1939 seine Ernennung ("Überleitung" würde man heute sagen) zum apl. Professor neuer Ordnung (Dok. 40). Dagegen erhob der Dozentenführer Birkenkamp scharfen Einspruch, indem er erstens einen Bedarf an den Lehrveranstaltungen Hessens bestritt und zweitens ihn für außerstande erklärte, "den Anforderungen, die die nationalsozialistischen Weltanschauung an einen Lehrer der Philosophie heute stellt, gerecht werden zu können" (Dok. 41).

Der Dekan der Philosophischen Fakultät, der Kunsthistoriker Kauffmann[294] hat hingegen Hessens Antrag am 26.5.1939 nachdrücklich unterstützt. Er bescheinigte ihm eine "fleissige und saubere Arbeitsweise" und bestätigte, seine "weitere Beschäftigung" sei "erwünscht". Immerhin ist die Bemerkung, Hessens Vorlesungen seien "für Anfänger belehrend", nicht nur ein Kompliment.[295] Nachdem Kauffmann als Kunsthistoriker über die fachliche Qualifikation Hessens nicht gut urteilen konnte, muß dieses zweifelhafte Lob von den philosophischen Ordinarien, Heimsoeth oder Schneider, eher wohl von Heimsoeth herrühren.

Nachdem aber die schneidende Ablehnung des Dozentenführers vorlag, schickte der Rektor dem Dekan dessen positives Votum zurück und forderte ihn am 16.10.1939 auf, unter Beachtung des Gutachtens Birkenkamps eine neue Stellungnahme vozulegen.[296] Dies erfolgte am 18.11.1939 (Dok. 42) und bildete die dann wirksam gewordene Grundlage für die Entlassung Hessens. Auch jetzt noch befürwortete Kauffmann die Beibehaltung des Antragstellers, jedoch mit so schwerwiegenden Einschränkungen, daß auch eine Entlassung mit diesem Schreiben gerechtfertigt werden konnte.

Für das übrige können wir uns hier kurz fassen. Die beiden Versionen der Erinnerungen Hessens, die Darstellung Golczewskis und unsere Dokumente Nr. 40 bis Nr. 50 schildern exakt den Ablauf: am 19.1.1940 wurde Hessens Antrag abgelehnt und damit auch mit dem Ende des Wintersemesters 1939/40 seine Lehrbefugnis für erloschen erklärt.[297] Was danach noch dokumentiert ist, ist zwar durchaus noch von Interesse, war aber ein Nachhutgefecht: der zähe Kampf Hessens um die Fortführung seiner Besoldung in Form

---

[294] Hans Kauffmann (1896-1983), Privatdozent Berlin, seit 1936 Ordin. für Kunstgeschichte Köln, Rektor 1956, seit 1957 FU Berlin; H. Althaus, Kölner Professorenlexikon (ungedruckt), ad vocem; Köpfe der Forschung, ad vocem; Udo Kultermann, Geschichte der Kunstgeschichte, München 1990, 230.
[295] Dekan Kauffmann an den Reichserziehungsminister, 26.5.1939; UAK, Zug. 44/239, Bd. 1 (Personalakten Hessen des philos. Dekanats).
[296] Rektor Kleinschmidt an Kauffmann, 16.10.1939, ebd.
[297] J.H., Geistige Kämpfe, 141f; F. Golczewski, 412ff.

eines Forschungsstipendiums. Dabei spielte jetzt die nunmehr erneut ins Gespräch kommende Denunziation Hessens durch Generalmajor Dr. Samwer eine Rolle. Sie gab den Hessen feindlich gegenüber eingestellten nationalsozialistischen Universitätsspitzen, konkret: dem Kurator Faßl, die Handhabe, sich jeder weiteren Zahlungsverpflichtung gegenüber Hessen zu entledigen (Dok. 43). Tatsächlich hat Hessen das Stipendium nur vom 1.4. bis zum 31.8.1940, also fünf Monate lang, bezogen. Interessant ist in diesem Zusammenhang eigentlich nur die Stellungnahme des Beamten des Berliner Reichsministeriums für Wissenschaft etc., Heinrich Harmjanz, der ohne Zweifel solange es irgendwie aussichtsreich schien, versuchte, Hessen sein Stipendium zu sichern.[298]

Dieser setzte, nachdem alles umsonst war, doch noch ein Übergangsgeld in Höhe von 1565,64 RM durch, das ihm im März 1941 ausgezahlt wurde (Dok. 49). Es ist sehr typisch für das nationalsozialistische System, wie offener Terror und penibelste Berechnung der Ansprüche, die noch die Pfennigbeträge als Ausdruck staatsrechtlicher Korrektheit sorgfältig in Rechnung stellt, unlösbar miteinander verquickt wurden; ja diese scheinkorrekte Gewalttätigkeit ist ein oft beobachtetes Phänomen, das übrigens zu den Herrschaftstechniken jeder längerfristig angelegten Diktatur gehört. Von März 1941 an hat die nationalsozialistische Universität von Hessen keine Notiz mehr genommen.

d. Hessens öffentliche Vorträge 1940-1943 und die Verhängung des "Reichsredeverbotes" (1943)

"Um nicht im Reich des Gedankens zu versinken und auch im Interesse meiner wirtschaftlichen Existenz leistete ich häufigen Einladungen zu Vorträgen bereitwillig Folge."[299] So beginnt, wie bereits zitiert, Hessen seine

---

[298] Heinrich Harmjanz, geb. Neuruppin 1904; Privatdozent für Volkskunde in Königsberg 1935; Ordin. 1937, in Frankfurt 1938; gab seit 1938 das Archiv für Religionswissenschaft und die Z. f. Volkskunde heraus; Kürschners Deutscher Gelehrten-Kalender, 6. Ausgabe, 1. Bd., Berlin 1941, 636. Hessen kannte persönlich den einflußreichen Ministerialrat im preuß. Min. für Wissenschaft etc. Johannes Schlüter (1878-1951), der seit 1935 im Reichskirchenministerium tätig war, aber schon während der Weimarer Republik als unmittelbarer Untergebener des Min.Dir. Trendelenburg mit den preuß. Kirchensachen betraut war; L. Volk (Bearb.), Akten Kardinal Michael von Faulhabers 1917-1945, Bd. II, Mainz 1978, 58, 60ff.; Handbuch über den preußischen Staat. 137. Jahrg., Berlin 1931, 230.
[299] J.H. Geistige Kämpfe, 142.

Ausführungen über die letzte Zuspitzung seiner Auseinandersetzung mit dem Nationalsozialismus. Als Themen nennt er Probleme, die damals schon zu seinen "Standardthemen" geworden waren: "Was ist Religion?", "Der Absolutheitsanspruch des Christentums" (- im Jahre 1940 klang das noch ganz anders! -), "Christentum und Deutschtum", "Luther in katholischer Sicht". De facto unterschieden sich diese Vorträge, die er in Hamburg, Bremen, Düsseldorf, Elberfeld und Neuss hielt[300], nicht sehr von Predigten oder geistlichen Konferenzen; die uns nachweisbaren "Auftritte" Hessens fanden stets in katholischen Kirchen statt; ob dies in Hamburg und Bremen auch der Fall war, sagen unsere Quellen nicht. Dementsprechend war es im Rheinland auch der katholische Pfarrklerus, der Hessen zu solchen Vorträgen einlud.

Die letzte Phase dieser Aktivitäten lag in der Zeit vom Mai bis November 1942, als Hessen in der St. Andreas - Kirche in Düsseldorf und in der St. Sebastianus - Kirche sowie im Münster von Neuss Vorträge hielt, die durch die Gestapo mitgeschrieben wurden, und über deren Verlauf wir uns deshalb ein gutes Bild machen können (Dok. 73-76). Wohl stets am Nachmittag, meist um 16 Uhr, sprach Hessen gegen Zahlung von Eintrittsgeld oder wenigstens Entrichtung eines freiwilligen Obulus über die vertrauten Themen. Als religiös-wissenschaftliche Vorträge waren es keine eigentlich kirchlichen Veranstaltungen, und es scheint am Anfang und Ende daher auch keine sakralen Handlungen oder auch nur das Singen von Kirchenliedern gegeben zu haben.

Der Zulauf zu diesen Vorträgen, die von den meisten Besuchern als von "der Kirche" veranstaltete Angebote zur Vertiefung des Glaubenslebens wahrgenommen worden sein dürften (nicht etwa als Reden eines innerkirchlichen Oppositionellen), war stark und vergrößerte sich von Mal zu Mal, so daß in Neuss die Vorträge von der Sebastianus- in die Münsterkirche verlegt werden mußten. Uns liegen insgesamt fünf Vorträge in der Mitschrift von Gestapobeamten vor, die als erstes belegen, wie diese Ansprachen auf

---

300 Ebd., 147. - In der Düsseldorfer St. Andreaskirche hielt am 23.4.1940 Matthias Laros einen Vortrag über das christliche Gewissen, der von der Gestapo mitgehört wurde. Er ergab nicht genügend Material für ein beabsichtigtes Redeverbot. Schon die stark besuchten Vorträge von Laros in der Düsseldorfer Pfarrkirche St. Paulus am 19.3.1937 und 26., 28., 30.1.1938 waren von der Gestapo beobachtet worden. Näheres in: HStAD, Akten der Geheimen Staatspolizei, Nr. 9541 (= Akte zu Laros). Die näheren Beziehungen der reformorientierten Geistlichen zu den Pfarren der niederrhein. Großstädte sind noch ganz unbekannt. In einem Bericht über Hessen "und seine Beurteilung in Kölner klerikalen Kreisen", der mit Sicherheit auf einen Spitzel der Gestapo im Kölner Klerus zurückgeht, heißt es, daß "ein Pastor wirklich Mut gebrauchen müsse, wenn er Hessen zu Vorträgen in seiner Pfarre beauftragt habe"; Bericht vom 25.4.1942 in: HStAD, Akten der Geheimen Staatspolizei; Nr. 47318, fol. 11. Gemeint ist damit: Mut gegenüber dem Erzbischof.

nationalsozialistische Hörer wirkten. Die Verschiebung der Akzente ist bei aller von den Mitschreibenden aufgewandten Mühe leicht faßbar. So veränderte der Düsseldorfer Beamte in seinem Bericht über Hessens "Absolutheitsanspruch des Christentums" das Schlüsselwort in "Totalitätsanspruch"! Je nach Tendenz der Auffassung der einzelnen Beamten verschiebt sich das Bild von einem Redner, der Gemeinsamkeiten zwischen dem Nationalsozialismus und der Kirche aufdecken will, zu einem Agitator, der offen regimefeindliche Propaganda betreibt.

Es wäre keine leichte Sache, nur auf diese Mitschriften angewiesen, die Tendenz der Hessenschen Vorträge genau zu rekonstruieren. Da es sich aber um Texte handelt, die in praktisch allen einzelnen Partien von Hessen bereits vorher veröffentlicht worden waren - zum größten Teil in "Der deutsche Genius und sein Ringen um Gott" - können wir sehr genau feststellen, aus welchem geistigen Kontext die mitgeschriebenen Passagen stammen.[301]

Auch in diesen Reden wandte Hessen seine Taktik an, nationalsozialistische Größen oder Vorläufer, wie Arthur Rosenberg und Houston St. Chamberlain, in bestimmten ihrer Äußerungen für seine christliche These, zu beanspruchen, so z.B. eine Gedächtnisrede Rosenbergs zum 50jährigen Todestag Paul de Lagardes. Wenn Hessen dort etwa sagt, er könne die Rassenlehre, so wie sie Houston St. Chamberlain formuliert habe[302], akzeptieren, so wußten die Hörer, daß mit dieser Formulierung die eigentliche nationalsozialistische Rasselehre indirekt verworfen wurde. Gewiß balancierte Hessen hier auf einem schmalen Grat zwischen zu großem Entgegenkommen gegen den Zeitgeist und unpolitisch bleibender rein religiöser Pastoral; daß er tatsächlich den Nagel genau auf den Kopf traf, beweist nicht nur das positive Echo im Kirchenvolk, sondern besonders die widersprüchlichen und anfangs verwirrten Reaktionen der Staatspolizei. Auf

---

[301] Einen Vortrag hat Hessen in seinen «Geistigen Kämpfen», 142-46 wörtlich abgedruckt. Er stammte vom 14.9.1940 (ohne Ortsangabe) und enthält die gedrängteste Zusammenfassung dessen, was er in seinen Zyklen sonst auf drei Vorträge verteilt darbot.
[302] Dok. 73. Diese Interpretation stützt sich auf den Umstand, daß Hessen wahrscheinlich das folgende Werk kannte: Desiderius Breitenstein, Houston Steward Chamberlain. Ein Wegbereiter des rassischen Weltbildes (Die religiöse Entscheidung. Hefte katholischer Selbstbesinnung, hrsg. von Dr. P. Cornelius Schröder O.F.M., 10), Warendorf 1936, in dem Chamberlain zwar in wesentlichen kritisiert, jedoch auch die Berechtigung von Teilen seiner Kritik anerkannt wurde. Hier kann nicht der Rassebegriff H. St. Chamberlains diskutiert werden, der durch eine unlösliche Verbindung mit der Kulturpsychologie, der Dekadenz- und Evolutionstheorie des 19. Jahrhunderts und einer unwissenschaftlichen Einfügung naturwissenschaftlichen Denkens in eine methodisch unsichere Historie gekennzeichnet war.

einzelne lokale Polizeibeamte haben die Reden auch tatsächlich erheblichen Eindruck gemacht, aber im Reichssicherheitshauptamt kannte man diese von vielen christlichen oder in anderer Weise vom Regime abweichenden Köpfen angewandte Taktik, aus der diffusen, widersprüchlichen Masse der NS-Ideologie und aus den vielen Kraftsprüchen der führenden Männer der Bewegung (die ja auch oft opportunistisch den Kirchen entgegengekommen waren) einzelne, ihnen günstig klingende Zitate herauszugreifen, um sich damit einerseits abzusichern, andererseits - und darauf wird es Hessen angekommen sein - weltanschaulich schwankenden Menschen, die etwa von der Machtentfaltung des «Dritten Reiches» beeindruckt waren - den Weg zurück in die Heimatreligion zu ebnen.

Nachdem das Referat IV B 1 des Reichssicherheitshauptamtes, zuständig für den "politischen Katholizismus", sich über die Natur und die Tendenz der Hessenschen Vorträge aufgrund eines zusammenfassenden Berichtes aus Düsseldorf (Dok. 76) klar geworden war, gab es kein langes Zögern mehr: am 17.12.1942 erfolgte das "Redeverbot für das gesamte Reichsgebiet". Solche Redeverbote, von denen nicht selten katholische Geistliche betroffen waren, waren sehr ernst zu nehmen. Hessen meint, daß ihm im Übertretungsfalle die Einlieferung in ein KZ gedroht habe.[303] Bestätigt wird diese Befürchtung durch die Tatsache, daß Hessen von dem über ihn verhängten Redeverbot von der Kölner Gestapo im Rahmen einer persönlichen Vorladung (am 16.2.1943) unterrichtet und zugleich darauf hingewiesen wurde, daß jeder Verstoß "gegen dieses Verbot mit den schärfsten Maßnahmen geahndet" werde (Dok. 78).

In einem Rundschreiben der Staatspolizeileistelle Düsseldorf vom 5.3.1943 an alle nachgeordneten Behörden wurde neben der Verhaftung einiger Juden auch mehrere Redeverbote bekanntgemacht, darunter das über Hessen verhängte. Neben diesem erhielt der in Schlesien ansässige Studienrat und Religionsprofessor Johann Blaschke ein "Reichsredeverbot", während ein Kaplan Josef Wisdorf aus Köln nur ein Redeverbot für Rheinland und Westfalen "erhalten" hatte. Dazu hieß es dann für alle drei formelhaft: "Sofern die Vorgenannten dort auftauchen sollten, Bericht vorlegen. Jedes öffentliche Auftreten verhindern."[304]

---

[303] J.H., Geistige Kämpfe, 147.
[304] HStAD, Akten der Geheimen Staatspolizei, Nr. 47318. - In einem Bericht, der auf ein Gespräch des bereits zitierten Spitzels mit dem Kölner Stadtdechanten R. Grosche zurückgeht, heißt es (ebd., vom 1.5.1942): "Auch von Dr. Grosche wurde die wissenschaftliche Größe des Prof. Dr. Hessen anerkannt. Leider sei er seinerzeit bei der Gleichschaltung der

An dieses Verbot hat sich dann Hessen wohlweislich gehalten, je er zog auf Anraten eines Juristen und Staatsbeamten von Köln weg nach Aegidienberg im Siebengebirge, wo er mitsamt seiner Bibliothek vom März 1943 bis zum 16. März 1945, als die amerikanischen Truppen dieses Dorf einnahmen, so unauffällig wie möglich lebte.[305]

Fakultäten mit ausgebootet worden. Auch von Dr. Grosche wurde H. als ein Außenseiter bezeichnet, der Vegetarier sei und weder rauche noch trinke. Es sei eigentlich schade, dass derartige Grössen heute so abseits stehen müssten." Zur tatsächlich starken Ablehnung H.s durch den einflußreichen Stadtdechanten - der in den zwanziger Jahren lange Zeit Universitätsprediger gewesen war und daher von Hessen wohl auch als einer jener Neider angesehen wurde (vgl. Anm. 205), die ihn beseitigen wollten, liegen zwei Briefe (undat., sicher um 1947) Hessens an Grosche vor, in denen die tiefe Kluft zwischen den beiden deutlich wird. Hessen warf dem Stadtdechanten vor, zusammen mit Frau Teusch den Rektor Kroll zu stützen, ihn selbst zu verleumden und ihn mit Äußerungen wie die, er (H.) habe "nur kleinere Sachen" veröffentlicht, herabzusetzen. Aus diesen beiden Briefkopien geht hervor, daß Grosche ihn für den Autor des "Katholizismus"-Buches hielt.
[305] J.H., Geistige Kämpfe, 149.

6. Hessens Kampf um "Wiedergutmachung" (1945-1954)

Das Schicksal Hessens nach 1945 glich dem zahlreicher Opfer des Nationalsozialismus, die geglaubt hatten, nunmehr werde ein besseres Deutschland ihnen nicht nur eine angemessene Entschädigung gewähren, sondern auch ein tieferes Bedürfnis danach empfinden, den Rat solcher Personen zu nutzen, die im Gegensatz zum System des «Dritten Reiches» gestanden hatten: sie erlebten zu einem großen Teil herbe Enttäuschungen.

Christian Pross nennt sein Buch über die Wiedergutmachung im Untertitel "Der Kleinkrieg gegen die Opfer"[306]. Obwohl die Untersuchung sich in erster Linie mit KZ-Opfern befaßt, trifft die hier geschilderte Atmosphäre auch auf das Umfeld des natürlich weit weniger geschädigten, aber auch vergleichsweise bescheidene Ansprüche stellenden Hessen zu: eine kaum verhohlene Ablehnung durch die "Kollegen" von der Universität, der dauernd geschürte Verdacht, er würde unverschämt hohe Forderungen stellen, die makabre Situation, daß Männer, die dem «Dritten Reich» vorbehaltlos gedient hatten, jetzt über ihn zu Gericht saßen, die Taubheit gegen den Gedanken, daß nach dem Ende der Nazi-Herrschaft eine grundsätzliche personelle Umgestaltung der Universitäten nötig sei. Warum dies alles so war, kann wohl nur die Sozialpsychologie erklären.

Nicht weniger als neun Jahre dauerte es, bis Hessen das Ziel seiner Wiedergutmachungsanträge erreichte: eine bescheidene Stellung an der Uni-

---

[306] Vgl. Christian Pross (1988). - Die neue, sehr detaillierte Arbeit von Constantin Goschler, Wiedergutmachung. Westdeutschland und die Verfolgten des Nationalsozialismus (1945-1954), München 1992, behandelt vorwiegend die Verhältnisse in der US-Besatzungszone. - Hessen war natürlich nicht der einzige Gegner des Nationalsozialismus, der zu seiner Überraschung feststellen mußte, wie unwillkommen sein Rat und sein ganzes Dasein auch nach 1945 und nach 1949 andauernd blieb. Zwei Exempla: Christian Jansen, Emil Julius Gumbel. Porträt eines Zivilisten, Heidelberg 1991 (Der Heidelberger Lehrkörper beschloß 1945 "sich einem Wiederauftreten Gumbels, das man befürchtete, widersetzen zu wollen"). - Oswald Wachtling, Joseph Joos (1878-1965). In: ZiLB, 1, 236-50: er erhielt nach 1945 niemals mehr die ihm 1938 entzogene Staatsbürgerschaft zurück. Die Frage, warum in der Nachkriegszeit die früheren nationalsozialistischen Funktionäre so oft wieder in Führungsämter gelangten, Gegner der Diktatur aber häufig ausgeschaltet blieben, ist m.W. von der Geschichtsforschung zur Adenauerzeit noch nicht beantwortet worden. Klarer als die Historiker (die oft eine parteipolitisch getrübte Erkenntniskraft besitzen) sahen darin stets die Dichter, so z.B. Heinrich Böll in omnibus operibus. Ein jüngeres, äußerst eindrucksvolles Zeugnis dazu: Thomas Bernhard, Auslöschung. Ein Zerfall (= Suhrkamp TB 1563), Frankfurt/M. 1988, 442-448. Die Adenauer-Forschung sollte sich einmal seriös mit dem mündlich weit verbreiteten, ja wirklich vorherrschenden Urteil befassen, «der Alte» habe moralisch gebrochene Gestalten bevorzugt, um keinerlei Widerspruch zu finden. Einige wenige diesbezügliche Bemerkungen findet man A. Baring, Aussenpolitik in Adenauers Kanzlerdemokratie, München/Wien 1969, 19ff.

versität Köln, die ihm aber eine Pension sicherte. Wäre es nach dem Willen der philosophischen Fakultät gegangen, die 1952/53 lediglich in rechtlich unverbindlicher Weise ihre Bereitschaft bekundet hatte, ihm irgendeine Form von Ersatz-Versorgung zukommen zu lassen, so wäre er nach Verfall seiner "Diätendozentur" mit dem 65. Geburtstag ohne jeden Pensionsanspruch dagestanden (Dok. 80, 83).

Über die jahrelangen Kämpfe Hessens mit der Fakultät, bei denen sich unbeantwortete Briefe, ohne Ergebnis tagende Kommissionen, mündliche, dann "vergessene" Zusagen, monatelanges Verzögern einer Briefaufgabe, Versuche, Hessen zum Psychopathen zu stempeln oder als Querulanten abzutun, häufen, liegen drei knappe, veröffentlichte Stellungnahmen vor: eine sehr kurzer Protestaufruf aus dem Jahre 1951, eine von Hessen autorisierte, mit vielen Quellen angereicherte Darstellung aus dem Jahre 1953, und schließlich ein diesbezügliches Kapitel seiner Erinnerungen aus dem Jahre 1959[307]. Die Unkorrektheiten und Abnormitäten im Verfahren der philosophischen Fakultät sind so zahlreich und bitter, daß es eines eigenen Buches bedürfte, um sie zu rekonstruieren. Dies kann hier nicht geleistet werden. Schon 1951 war es einem Beobachter klar, daß Hessen nicht nur auf den Widerstand der ehemaligen Nationalsozialisten, wie des Philosophen Heinz Heimsoeth stieß, sondern auch nach wie vor auf die strikte Ablehnung streng katholischer Kräfte, in der philosophischen Fakultät vor allem vertreten durch den katholischen Philosophen Josef Koch, der wiederholt in seiner Vorlesung gegen ihn polemisierte und sich auch sonst als ein unermüdlicher Gegner erwies.[308] Die Darstellung, die 1951 Fritz Hammacher - offenbar ein Freund

---

[307] F. Hammacher (1951). - Johannes Scherer, Neonazismus an deutscher Universität? Aktenmäßige Darstellung der Behandlung eines Naziopfers seitens der Universität Köln. In: J.H., Universitätsreform, Düsseldorf u.a.O. 1953, 16-30. - J.H., Geistige Kämpfe, 194-221.

[308] Josef Koch (1885 Münstereifel - 1967 Köln), studierte in Freiburg, Straßburg und Bonn 1903-1907 Theologie, Philosophie, alte Sprachen; war in Straßburg Schüler von Baeumker, Erhard, Ziegler, A. Lang, in Bonn von Esser, Schroers, Rauschen, Dyroff, Erdmann, im Kölner Priesterseminar danach von Joseph Vogt, damals Kanonist ebd., Priester 1908; promovierte 1914 über «Die Philosophie Herman Schells», weilte 1921/22 für ein Jahr im Collegio Teutonico in Rom, wo er mit Handschriftenstudien begann; studierte 1922 bei Scheler und Ar. Schneider in Köln, und beteiligte sich am Aufbau der Albertus-Magnus-Akademie, was aber nicht zu einer dauernden Stellung führte. 1925 Dr. theol. Breslau, im selben Jahre Habilitation ebd. (bei B. Geyer), 1933 Extraordinarius, 1933-45 Ordinarius für Fundamentaltheologie ebd., 1947 Ord. in Göttingen, 1948-53 in Köln; hohe akad. Ehrungen und Mitgliedschaften; Hausprälat. Vgl. Althaus, Kölner Professorenlexikon, ad vocem. - Kleineidam, 136f. (mit Werkverzeichnis). - Nachlaß Koch im Universitätsarchiv Köln, fasz. 1 (private Personalakten). - Köpfe der Forschung, ad vocem: vita und Foto. - Koch hat sehr viele textkritische Studien und Editionen

oder Schüler Hessens - von der Situation gibt, ist nach unserer Quelleneinsicht zutreffend:

"Seit 1927 außerordentlicher Professor, gab man ihm erst zwanzig Jahre später nach langem Kampf eine Diätendozentur, mit der aber kein Rechtsanspruch auf eine Altersversorgung verknüpft ist. Diese nur dürftige Anerkennung hat zwei Gründe.

Einmal begann im Jahre 1933 für Johannes Hessen eine «tote Zeit»; denn er hat sich damals - was übrigens von Seltenheitswert war - offen zu seinem Wort bekannt; sein Gewissen schwieg nicht, als der Staat befahl. Damit wurde nicht nur jede Berufung hinfällig. 1940 wurde Johannes Hessen sogar ganz aus dem Universitätsdienst entlassen, durch Rede- und Schreibverbot für das Reichsgebiet sowie durch Einstampfung seiner Bücher wirtschaftlich und gesundheitlich ruiniert. Noch bis heute wartet er, der fünf Jahre brotlos war, auf die erste Nachzahlung, während man den Professoren, die sich einem Entnazi-

---

vorgelegt, besonders zu Durandus de S. Porciano O.P., Meister Eckhart und Cusanus. Er hat daher großen Einfluß auf die Mediävistik in Bezug auf Erschließung handschriftlicher Texte gewonnen. Ob die Charakterisierung Kleineidams: "führender Mediävist von Weltruf" 1961 zutraf oder noch heute zutrifft, kann der Hrsg. nicht entscheiden. Jedenfalls war Koch reiner Philosophiehistoriker, eher noch Texteditor, nicht, wie Hessen, ein in die aktuelle philosophische Diskussion mit eigenen Lösungsvorschlägen eingreifender Philosoph. Die Feindschaft Kochs, die sicher bereits aus der Zeit der «Albertus-Magnus-Akademie», also seit etwa 1925 her datierte, skizzierte Hessen 1953 so: "Herrn Professor Koch muß ich in dieser Hinsicht [d.h. bezüglich der Bewertung seiner eigenen Person, Hessens, d. Hrsg.] jede Kompetenz absprechen. Seine Leistungen liegen auf historisch-philologischem Gebiet. In sachphilosophischer Hinsicht hat er keinerlei Leistungen aufzuweisen"; J.H., Universitätsreform, 23. Da J. Koch fast nur philologische Werke, wie Editionen u.ä. veröffentlichte, muß man bis zum Jahr 1928 zurückgehen, will man eine aktuelle, gegenwartsbezogene Äußerung von ihm vernehmen: J. Koch, Die Glaubenskrisis der Gegenwart und ihre Überwindung. In: Schlesisches Pastoralblatt 48(1928), 1-5, 21-27, 41-48. Im mittleren Teil wird der geistesgeschichtliche Hintergrund umrissen, der vollständig in der Kontraposition zwischen der "einheitlichen gottesbezogen Lebensordnung des Mittelalters" und dem "immer neuen Anstürmen" des "Menschen der Neuzeit" besteht, "diese Gotteswelt zu zertrümmern". Das Bild von Luther, der Aufklärung, Kant, dem 19. Jahrhundert ("Los von Gott"), Haeckel, Darwin, Bölsche, dem Sozialismus ist so holzschnittartig wie nur möglich. Das Rätsel der Persönlichkeit Kochs löst sich erst, wenn man zu seiner phil. Dissertation über H. Schell aus dem Jahre 1914 greift (hier Nr. 43). In ihr verurteilte er Schell mit aller Schärfe. Das bedeutete die Loslösung von allen nur irgendwie modernen oder modernistischen Strömungen und das Bekenntnis zur neuscholastischen Orthodoxie eines Pius X. Wer auf dieser Basis dann noch wissenschaftlich arbeiten wollte, dem stand tatsächlich nur der Weg in die Textedition offen. Erstaunlich undifferenziert ist das Bild, das M. Schmaus in seinem Artikel zu Koch in der NDB 12(1980), 268f. entwarf. Von Kochs Antimodernismus und seiner o.g. Diss. ist hier gar nicht die Rede. Aber in dem Artikel über ihn bei Kosch, II, 2227, der doch wohl auf eigenen Angaben Kochs beruht, wird diese Schrift nicht mehr erwähnt.

fizierungsverfahren zu unterziehen hatten, das Gehalt für die Zeit, in der sie abgesetzt waren, sofort nachgezahlt hat. Umso unverständlicher ist das, als andere Universitäten ihre politisch verfolgten Professoren längst in großzügiger Weise rehabilitiert haben.

Der zweite Grund wiegt noch schwerer. Johannes Hessen ist als katholischer Theologe nicht «linientreu», er kann nämlich selbständig denken und glaubt, daß «der Geist Gottes weht, wo er will». Er, der geistige Schüler Augustins, vertritt innerhalb des Katholizismus eine philosophische Richtung, die zu der kirchlicherseits geforderten neuthomistischen Schulrichtung in einem Spannungsverhältnis steht. Damit erklärt es sich, daß Johannes Hessen, der nach wie vor der Nazizeit mehrfach auf Berufungslisten gestanden hat, doch keine Berufung erlebte. Sie scheiterte in allen Fällen daran, daß die kirchlichen Stellen sich für einen Mann der oben gekennzeichneten Richtung aussprachen. Bereits vor ungefähr dreißig Jahren hat der für Hessen zuständige Bischof ihm erklärt: «Hätten Sie eine andere philosophische Richtung eingeschlagen, Sie wären längst bei uns ordentlicher Professor».

Lehrte Hessen wider besseres Wissen den kirchlich approbierten Neuthomismus, so sprächen die kirchlichen Stellen nicht gegen ihn.

Wäre Hessen im Jahre 1933 oder später der NSDAP beigetreten, 12 Leidensjahre wären ihm erspart geblieben. So aber muß er es sich gefallen lassen, als Querulant beschimpft zu werden, weil er sein Recht nicht kampflos aufgibt. Im Zeitalter der Massenorganisationen ist selbständiges Denken unerwünscht. Was gefordert wird, ist «Linientreue»."[309]

Der hartnäckige Widerstand gegen eine Ernennung Hessens zum planmäßigen außerordentlichen Professor, der von der philosophischen Fakultät ausging, wäre sicher schneller zusammengebrochen, wenn nicht unter der Hand bekannt gewesen wäre, welch ungern gesehene Figur Hessen nach wie vor bei der kirchlichen Hierarchie - also dem Erzbischof von Köln - war. Hierüber informiert ein Brief seines Hauptgegners in der Fakultät, Josef Koch, in eindeutiger Weise (Dok. 95).

Besonders ungünstig wirkte sich auch zweifellos die schlechte Meinung aus, die Josef Kroll, der langjährige Rektor der Universität von Hessen hatte.

---

[309] F. Hammacher, 190. Das betr. Heft wurde am 1.12.1951 ausgeliefert. In welcher Beziehung der Autor Fritz Hammacher zu Hessen stand, ist nicht ersichtlich.

Er hielt ihn für einen Psychopathen.[310] Dieser Vorwurf gegen den beliebten akademischen Lehrer und Forscher sollte weder stillschweigend als irrelevant übergangen, noch aber ernsthaft auf seinen Wahrheitsgehalt überprüft, sondern als das angesehen werden, was er tatsächlich war: ein Standardargument, mit dem immer wieder Entschädigungsanträge von NS-Opfern zurückgewiesen wurden. Viele Gutachter (meist Ärzte) verdächtigten sie, ihre Leiden maßlos zu übertreiben, in wehleidiger und unverfrorener Weise aus "früheren Vorgängen" jetzt Kapital schlagen zu wollen.[311]

Wenn Kroll wiederholt Hessen in die Ecke des geistig nicht für voll zu nehmenden Querulanten drängte, dann urteilte ein äußerst erfolgreicher Manager, der es noch mit jedem Regime "gekonnt" hatte, über einen Philosophen, der alles andere war als ein wendiger, anpassungsfähiger, kollegialverbindlicher Mann. Letztlich gründeten die Krollschen Äußerungen wohl in dessen Überzeugung, Hessen sei mit seiner zwar ehrlichen, aber bisweilen etwas penetrant zur Schau gestellten Überzeugungstreue einfach ein Idiot ge-

---

[310] J. Kroll schrieb schon am 13.2.1946 an Oberbürgermeister Pünder: "Ich fürchte, der Fall Hessen entwickelt sich zu einer psychopathischen Angelegenheit. Die Berufung auf einen Lehrstuhl wird für die philosophische Fakultät schwerlich in Frage kommen. Man könnte es auch verantworten, hier zuredend einen solchen Rat zu geben, denn, wie ich neuerdings erfahren habe, steht die kirchliche Behörde ihm so ablehnend gegenüber, daß sie die Berufung auf einen Lehrstuhl der Kölner Universität geradezu als einen Affront auffassen müßte"; UAK, Zug. 44/239, Bd.1. Vorausgegangen war eine studentische Petition an den Rektor Kroll vom 7.2.1946 mit 52 Unterschriften, in der die Ernennung Hessens zum Ordinarius verlangt wurde; ebd. Möglicherweise hielt Kroll letzten Endes Hessen für den Urheber dieser Bittschrift. - Josef Kroll (1889-1980), seit 1922 Ord. für klassische Philologie in Köln, 1944-49 Rektor der Universität (u. zw. praktisch ohne Unterbrechung!), 1945 Kulturdezernent der Stadt Köln u.a.m. Vgl. Heimbüchel/Pabst, Reg., besonders 601-614 zu seinem Rektorat; W. Janssen, 414; F. Golczewski. Reg.; Köpfe der Forschung, ad vocem, mit Foto. In dem Artikel der NDB zu Kroll, Bd. 13, 1982, 72f. wird behauptet, er sei 1945 Rektor geworden. Seine Briefe zeigen eine erhebliche Kraft der Insinuation, der Überredungsgabe und die Bereitschaft zur rücksichtslosen «Abschlachtung» von ihm abgelehnter Personen. Wenn Koch um 1950 der fanatischste Gegner Hessens war, dann Kroll der gefährlichste.
[311] Vgl. dazu das ganze Kapitel IV («Gutachter und Opfer»), in dem viele Gutachten über NS-Opfer in den fünfziger Jahren genau den Tenor aufweisen, den Kroll gegenüber Hessen anschlug: wer sich über die Behandlung im «Dritten Reich» beschwerte, war «psychpathisch»; S. 185-274. Eine interessante Parallele zur Diffamierung Hessens als Psychopathen bildet die Situation von Clara Marie Faßbinder, die 1954 vom Düsseldorfer Kultusministerium im Zusammenhang mit dem Disziplinarverfahren gegen die Professorin wegen ihrer Ostkontakte allen Ernstes einer psychiatrischen Untersuchung zugeführt werden sollte; Posser, 71f. - Aber Wissenschaftler neigen offenbar per se dazu, andersdenkende Kollegen, die man nicht für minderbemittelt erklären kann, für psychopathisch zu halten. Schon Hermann Schell wurde von seinem Gegner Commer für "nur noch pathologisch" erklärbar gehalten; Kiefl, Die Stellung der Kirche, 210. Aber auch Hessen selbst hat wenigstens einmal einen literarischen Gegner mit diesem Begriff diffamiert; vgl. Nr. 81.

wesen. Ist mit dieser Charakterisierung der Auffassung Krolls zugleich in etwa die Mentalität der philosophischen Fakultät umrissen, so muß doch unterstrichen werden, daß die letzte Möglichkeit, jene mit Hessen zu einem freundlichen Ausgleich gelangen zu lassen, nicht von einem "Neo-Nazi", wie er selbst meinte, sondern von seinem Confrater im Priesteramt, dem Ordinarius für mittelalterliche Philosophiegeschichte, Josef Koch torpediert wurde. Nachdem am 18.9.1950 der damalige Dekan Alder Hessen mitgeteilt hatte, die Fakultät wolle ihm "aus grundsätzlichen Erwägungen" (die nicht weiter erläutert wurden) kein planmäßiges Extraordinariat geben[312], war dann doch wieder eine Kommission eingesetzt worden, die sich mit der Versorgung Hessens befassen mußte. Am 13.2.1952 kam es zu der entscheidenden Sitzung, auf der abermals bekräftigt wurde, man solle Hessen irgendwie versorgen, aber ohne das so sehr befürchtete planmäßige Extraordinariat. Über die Höhe der später freiwillig zu gewährenden Unterhaltsbeihilfe schwieg die Kommission sich jetzt wie vorher vollständig aus. Als Begründung für die Unmöglichkeit, Hessen eine Planstelle zu verleihen, wurde dessen Rezension eines Buches in der Theologischen Literaturzeitung (1951, S. 488) angegeben, auf die Josef Koch hingewiesen hatte und die Teil einer polemischen Auseinandersetzung Hessens mit dem Jesuiten August Brunner war. Selbst wenn Hessens Stil und seine Art zu argumentieren in dieser Rezension mißlungen sein sollten, so rechtfertigte dieser "Fehltritt" doch keineswegs die Ablehnung seines Antrages auf eine angemessene Entschädigung.[313] Aber genau dies geschah: kurz nach der Sitzung richtete Dekan Louis einen langen Brief an den Universitätsreferenten für Köln im Kultusministerium, Ministerialrat Konrad, in dem er eben jene Rezension als Grund anführte, warum Hessen kein Extraordinariat erhalten dürfe.[314]

Schon damals muß im Ministerium die Erkenntnis gereift sein, daß die Kölner philosophische Fakultät auf seltsamen Wegen wandele; ganz

---

312 Dekan der phil. Fakultät Alder an Hessen, 18.9.1950; UAK, Zug. 44/239. Vgl. dazu Scherer 21f. Schon am 16.5.1950 hatte das Kuratorium Hessen mitgeteilt, es könne keine bindende Verpflichtung für eine Pensionszahlung übernehmen: Hessen könne eine Unterstützung nach seiner Altersgrenze aber erwarten; NL Hessen, fasz. 60.- Zu dem Chemienobelpreisträger (1950) Kurt Alder vgl. Köpfe der Forschung, ad vocem: vita und Foto.
313 Protokoll der Kommissionssitzung (Dekan Louis, Koch, Hoheisel, Volkmann-Schluck) vom 13.2.1952; UAK, Zug. 44/239. Bd. 1. Die inkriminierte Rezension: Nr. 545.
314 Dekan Louis an Ministerialrat Konrad, 11.3.1952: Mitteilung, daß eine a.o. Professur für Hessen wegen dessen Rezension in der ThLZ abgelehnt wird.

abgesehen davon, daß dem gläubigen Protestanten Konrad - ursprünglich Pfarrer in Breslau - die Zeitschriftenpolemik Hessens mit einem militanten Jesuiten sicher nicht so abwegig erschien wie dem strengkatholischen Josef Koch. Dennoch schien es so, als habe dieser und die in diesem Zusammenhang von ihm dirigierte Fakultät mit ihrem grotesken Einspruch Erfolg: abermals tat sich in Sachen Wiedergutmachung für Hessen monatelang nichts.

Wie absolut einseitig die Fakultät verfuhr, als sie eine Wiedergutmachung an Hessen wegen der erwähnten Rezension ablehnte, zeigt der im ganzen Verfahren verschwiegene Umstand, daß in demselben Heft 8 von 1951 der "Theologischen Literaturzeitung" der vierzehn Spalten umfassende Leitartikel Rudolf Hermanns über Hessens zweibändige Religionsphilosophie erschienen war - eine weitausholende Anerkennung dieser Leistung, durch die Hessen in die erste Reihe der zeitgenössichen Religionsphilosophen gerückt wurde. Daß Josef Koch die Kommission zwar in für Hessen vernichtender Absicht auf die seiner Meinung nach verunglückte Rezension hingewiesen, die Würdigung der "Religionsphilosophie" aber verschwiegen hatte - das bedarf keines Kommentars. Denn natürlich lasen die anderen Kommissionsmitglieder nicht die "Theologische Literaturzeitung", sondern verließen sich hier völlig auf ihren gleichrangigen Kollegen Koch, der für sie wohl einfach der bevollmächtigte Vertreter der damals fast dominierend einflußreichen katholischen Kirche war.

Hier soll nur noch die letzte Phase der Auseinandersetzungen von Ende 1952 bis zum Frühjahr 1954 näher beleuchtet werden. Am 15.12.1952 - nachdem sich für Hessen jede Hoffnung auf ein Extraordinariat zerschlagen hatte - richteten fünf seiner Freunde aus dem Kreise der deutschen Hochschulphilosophen eine Eingabe an die Kultusministerin Christine Teusch, den Rektor der Universität Köln und an den zuständigen Dekan, in der sie betonten: "Die Verweigerung einer Rehabilitation für Professor Hessen bedeutet im Grunde genommen also eine Fortführung der Bestrafung durch die Nationalsozialisten und somit ein doppeltes Unrecht". Die Unterzeichner waren der Hamburger Religionsphilosoph Kurt Leese, der Marburger Religionswissenschaftler Friedrich Heiler, der Münchener Philosoph Aloys Wenzl und die beiden Priester-Philosophen aus Bamberg und München Hans Pfeil und Romano Guardini.[315]

---

[315] Die gemeinsame Eingabe der Professoren K. Leese, F. Heiler, H. Pfeil, Al. Wenzl und R. Guardini an die Kultusministerin, den Rektor der Univ. Köln und an deren Dekan der phil. Fakultät vom 15.12.1952 ist ediert (ohne Datum) bei: Scherer, 28f.; J.H., Gei-

Jetzt erst geriet im Düsseldorfer Kultusministerium etwas in Bewegung - und es beginnt jene Schlußphase der ganzen Angelegenheit, die bislang so gut wie unbekannt blieb, da sie bei Hessen (in den Erinnerungen) und bei Golczewski nur ganz summarisch abgehandelt wurde.[316] Am 26. März 1953 schlug schließlich das Kultusministerium Hessen vor, einen Antrag nach dem Gesetz zur Regelung der Wiedergutmachung nationalsozialistischen Unrechts für Angehörige des öffentlichen Dienstes vom 11.5.1951 (BGBl I S. 291) zu stellen![317] Offensichtlich hatte man fast zwei Jahre lang versäumt, Hessen auf diesen Weg aufmerksam zu machen; er selbst hat anscheinend stets die philosophische Fakultät für die allein zuständige Instanz gehalten, die ihn ebenfalls nicht auf diese Möglichkeit hingewiesen hatte. Endlich konnte Hessen also am 25. April 1953 dem Staatssekretär Busch seinen ausgefüllten Antrag persönlich überreichen. Aus diesem Antrag geht übrigens hervor, daß Hessen nicht Mitglied der NSDAP war; aber auch, daß die Aufhebung seiner Entlassung vom 1.3.1940 erst am 25.10.1945 erfolgte. Als die "Art des Einkommens", das er jetzt hatte, nennt er "Diätendozentur in Höhe eines Studienratsgehaltes".[318]

Von größtem Interesse ist nun die hier als Dok. 79 edierte "Beilage", in der er die zentrale Frage des Antragsformulars zu beantworten suchte, die da lautete: "Wie hätte sich die regelmäßige Laufbahn des geschädigten Beamten, Angestellten oder Arbeiters ohne die Schädigung bis zum 8.5.1945 gestaltet?" Hier entschied sich alles! Denn der konkrete Entschädigungsantrag Hessens lautete bei der Frage "Falls Nachholung von Beförderungen beantragt wird": "Beförderung zum pl. a.o. Professor", also zum planmäßigen, (d.h. pensionsberechtigten) Extraordinarius. Hessen hatte nun den Nachweis zu führen, daß

---

stige Kämpfe, 199-201. - Original in: UAK, Zug. 44/239, Bd. 1. - HStAD, 172 Nr. 78 Bd.II: Aus dem Original des Ministeriums, das in der Wiedergutmachungakte vorliegt, geht hervor, daß der Krefelder Bibliotheksdirektor Friedrich Christoph Schlüter die drei Originalbittschriften mit ihren Unterschriften den Adressaten überreichte. Die Bittschrift an die Ministerin wurde an Min.-Rat Konrad am 19.12.1952 abgesandt und wurde dort am 22.12.1952 als eingegangen vermerkt. Die Tatsache, daß Hessen (und Scherer) das genaue Datum nicht kannten, ist wohl darauf zurückzuführen, daß er von den Unterzeichnern eine undatierte Kopie erhalten hatte.
[316] J.H., Geistige Kämpfe, 201-21; F. Golczewski, 414-18.
[317] Das Kultusministerium an Hessen, 26.3.1953; HStAD NW 172, Nr. 78 Bd.II. Vorangegangen war ein kurzer Briefwechsel vom 14.2./3.3.1953, in dem das Ministerium noch behauptet hatte, daß seitens der Universität "bereits alles getan wurde, was überhaupt möglich war". Man ersieht daraus, daß das Ministerium noch im Februar 1952 voll unter dem Einfluß der Universität stand. Ebd.
[318] Antrag auf Wiedergutmachung, Köln, 20.4.1953; ebd. (4 ausgefüllte Vordruckblätter und 1 Blatt Beilage; hier Dok. 79)

er in den Jahren von 1940 bis 1945 auf eine solche Stelle befördert oder berufen worden wäre, wenn er nicht 1940 von der Universität entfernt worden wäre.

Nur ein einziger der Beteiligten hat die Absurdität dieser Zumutung und die Unmöglichkeit, ihr zu entsprechen, beim Namen genannt: Karl Jaspers, der später als Gutachter befragt wurde (Dok. 90). Alle anderen, die Kollegen von der Universität, die Beamten vom Ministerium gingen selbstverständlich davon aus, daß Hessen diesen Nachweis führen müsse. Die Scholastiker haben sich in ihrer Zeit gerne mit dem irrealen Problem der sog. futura contingentia befaßt, d.h. mit der Frage, ob Gott auch jene Dinge kennt, die ohne Notwendigkeit in der Zukunft eintreten werden oder können. Es war ein wegen seiner Überspanntheit berüchtigtes Problem. Hier aber wurde dasselbe in umgekehrter Zeitfolge verlangt: Hessen sollte beweisen, daß er berufen worden wäre, wenn in Deutschland alles anders gekommen wäre.

Es mutet geradezu seltsam an, daß er dieser Aufforderung überhaupt Folge leistete, denn der Versuch eines solchen Nachweises war von vorneherein zum Scheitern verurteilt. Die vier Fälle, die er aufzählt, in denen er beinahe einen Ruf erhalten hätte, paßten alle nicht: erstens fiel keiner von ihnen in die Zeit des «Dritten Reiches», und zweitens scheint Hessen auch in der Mehrzahl dieser Fälle gar nicht bis auf die Berufungsliste vorgedrungen zu sein. So konnte es nicht ausbleiben, daß an dieser Nachweisfrage beinahe jeder Anspruch Hessens gescheitert wäre. Besonders niederschmetternd war die Auskunft von Josef Kroll, der aus seiner Verachtung und Abneigung für Hessen gar kein Hehl machte. Er begründete seine Ablehnung mit dem dreißig Jahre zurückliegenden negativen Urteil des Freiburger Dogmatikers Engelbert Krebs, einem Gegner Hessens im Kampf um den "Neoaugustinismus", über die "Zuverlässigkeit der philosophischen Haltung" Hessens (Dok. 87). Kroll schien nicht ohne Zynismus die Eintaxierung eines katholischen Philosophen nach seiner "Zuverlässigkeit" für völlig in Ordnung gehalten zu haben. "Nach dieser Charakterisierung von theologischer Seite [mußte] klar sein, daß eine eventuelle Kandidatur Hessens nicht weiter verfolgt zu werden brauchte". So sprach ein früherer Rektor, der zu den einflußreichsten Männern an der Universität Köln von den zwanziger bis in die fünfziger Jahre hinein gehörte: daß sich ein Wissenschaftler in weltanschaulicher Hinsicht seiner jeweiligen Gruppe "unterzuordnen" habe, war diesem Angehörigen einer Generation höchster ideologischer Durchdringung völlig selbstverständlich.

Die Erregung der Kölner Professoren erreichte ihren Höhepunkt, als Ende Mai 1953 Hessens Broschüre "Universitätsreform" erschien, in der die wichtigsten Dokumente zu Causa Hessen bis Ende 1952 aus dessen Besitz zusammengestellt waren. Vor allem aber enthielt sie einen Anhang aus der Feder seines Freundes, des pensionierten Fabrikdirektors Joh. Bapt. Scherer, die den unheilverkündenden Titel "Neonazismus an deutscher Universität?" trug und am Beispiel des Falles Hessen in knappen Strichen das vernichtende Bild einer Nachkriegsgesellschaft zeichnete, die nicht fähig gewesen war, einen wirklichen Elitenaustausch zu vollziehen, und die daher zwangsläufig auch in gewissen Grenzen die Verfolgungen des «Dritten Reiches» fortführte.[319]

Die angegriffene Fakultät reagierte mit großer Schärfe. Die Philosophieordinarien Koch, Heimsoeth und Volkmann-Schluck alarmierten als erste den Dekan Theodor Schieder und verlangten baldigste Erörterung in der philosophischen Fakultät.[320] Insofern weder Heimsoeth noch Volkmann-Schluck in den Akten als aktive Kräfte in Erscheinung treten, liegt es nahe, auch hier in Josef Koch den Initiator zu vermuten. Die Fakultät zog klugerweise dann doch, bevor sie juristische Schritte wegen Beleidigung in die Wege leitete, drei Rechtskundige hinzu, die Professoren H.C. Nipperdey, Robert Ellscheid und Philipp Möhring.[321]

Über die erbitterte Atmosphäre einer Sitzung im Rektorat am 20.7.1953, an der neben einer neuen "Hessen-Kommission" auch diese drei Juristen teilnahmen[322], berichtet ein späterer Brief Ellscheids[323], der damals

---

[319] Von dem "Fabrikdirektor a.D." J.B. Scherer aus Bensberg wissen wir nicht viel; er gehörte zum Freundeskreis um Hessen und Schroeder. Von ihm erfahren wir, daß er in seiner Jugend H. Schell in Würzburg gehört hatte: Ders., Erinnerungen an Herman Schell und seinen Freundeskreis. In: Eine Heilige Kirche, Jg. 1953/54, Heft II, 95-101. Er kannte Kraus und Merkle als Leitfiguren. Von ihm stammt ferner: J.B. Scherer, Vierhundert Jahre Index Romanus, Düsseldorf 1957, eine Broschüre mit vielen entlegenen Informationen.
[320] Gemeinsames Schreiben der drei gen. Ordinarien an den Dekan Th. Schieder, 1.6.1953 mit Übersendung der Broschüre von Hessen/Scherer (siehe hier Anm. 321 und Nr. 558), mit der Bitte, diese baldigst in der Fakultät zur Beratung zu bringen.
[321] Prof. Hamburger an den Juristen Prof. Dr. Philipp Möhring, 14.7.1953 (Durchschlag): er übersendet im Auftrage des Dekans Schieder das Pamphlet Hessens(/Scherers) mit der Anfrage, ob man klagen solle? Er bittet Möhring, am 20.7.1953 zur diesbezgl. Kommissionssitzung zu kommen; UAK, Zug. 44/239.
[322] Aktenvermerk über eine Besprechung beim Rektor unter Hinzuziehung der Juristen H.C. Nipperdey, Ellscheid und Möhring am 20.7.1953. Die Mitglieder seitens der philos. Fakultät waren die Prof. Hamburger, Karstien, Alewyn sowie Caskel, der aber nicht erschien. Vorsitzender war Th. Schieder; ebd. Dr.jur. Robert Ellscheid (RA beim OLG) und Dr.jur. Philipp Möhring (RA beim Bundesgericht) waren Honorarprofessoren an der Univ. zu Köln; Kürschners Deutscher Gelehrten-Kalender, 1954, 450, 1582.

ein scharfes Vorgehen gegen Hessen befürwortete. Aber die der philosophischen Fakultät angehörenden Mitglieder kamen nach reiflicher Überlegung zu dem Schluß, daß weder eine einstweilige Verfügung, noch ein Disziplinarverfahren, noch ein Offizialverfahren wegen Beleidigung noch eine öffentliche Erklärung ratsam seien: "die Gefahr unerwünschter Weiterungen (Auseinandersetzungen in der Öffentlichkeit und in der Presse)" war zu groß! Sicherlich nicht ohne gute Gründe schreckte die Fakultät davor zurück, in der Öffentlichkeit den Beweis anzutreten, sie sei nicht "neonazistisch" durchdrungen - und erkannte damit implizit die Aussagen der Hessen-Broschüre als wahr an. Man raffte sich dann zu folgendem minimalen Schritt auf: der Rektor bat das Ministerium, zu prüfen, "ob ein Disziplinarverfahren gegen Prof. Hessen eingeleitet werden soll" (Dok. 84). Dieser Bitte wurde zwar entsprochen, aber das Ergebnis war durchaus nicht im Sinne der Kölner: es stellte sich heraus, daß an ein Disziplinarverfahren schon deshalb von vorneherein nicht zu denken sei, weil Hessen gar kein Beamter war. Man hatte ihm 1947 bei seiner Ernennung zum Diätendozenten keine Ernennungsurkunde ausgestellt (ein Umstand, den sich jetzt auch niemand zu erklären wußte: vgl. Dok. 84). Somit verlief die Aktion der philosophischen Fakultät gegen die Broschüre "Universitätsreform" völlig im Sande.

Überhaupt hat diese Schrift Hessen beim Kultusministerium nicht geschadet. Im Gegenteil: Jetzt endlich ließ es diese Behörde nicht mehr damit gut sein, Kölner Entschließungen zu ratifizieren. Maßgeblich an der Entscheidung über Hessen beteiligt waren hier die Ministerin, Christine Teusch, der Ministerialdirektor (in der Stellung eines Staatssekretärs) Dr. Hans Busch, der Ministerialdirigent Dr. Hans v. Heppe, und der bereits erwähnte Referent für die Universität Köln, Prof. Dr. theol. Dr. phil. Joachim Konrad. Alle vier

---

323 In einem vier Seiten langen masch.-schriftl. Brief an H.C. Nipperdey hat Robert Ellscheid am 24.12.1953 rückblickend zur Sitzung am 20.7.1953 und zum Gesamtvorgang Stellung genommen. Auch er hielt Hessen für einen Psychopathen. Aber er betonte auch seine große Verwunderung über das Verhalten der Fakultät seit 1946. Er erfaßte den Kern der juristischen Frage sehr klar, wenn er darauf hinwies, daß nach dem Willen der Fakultät Hessen bereits 1939 beamteter apl. Professor geworden wäre. "Was hätte näher gelegen, als mit Wirkung vom 1.4.1945 so zu verfahren, als ob dies geschehen wäre?" (ebd. S. 3). Ellscheid fand die Bemühungen der Fakultät um eine Wiedergutmachung um Hessen völlig unzureichend. Besonders "beschämend" fand Ellscheid die Tatsache, daß Hessen noch immer keine Altersversorgung habe, und daß die Fakultät diesbezüglich immer noch nicht "rechtsverbindlich" tätig geworden war. Der Brief Ellscheids ist m.W. das einzige Dokument der Zeit, in dem auch davon gesprochen wird, daß es in der ganzen Angelegenheit an "Herzlichkeit" gefehlt habe (ebd. S. 2); UAK, Zug. 42/3903. Die Antwort H.C. Nipperdeys an Ellscheid vom 29.12.1953 (ebd. S. 2) hingegen ist wieder in dem typischen abwehrenden, innerlich ablehnenden Ton abgefaßt.

waren offensichtlich niemals Nationalsozialisten gewesen; der Grad ihrer Verfolgung oder Marginalisierung war jeweils verschieden. Auffallend ist die enge berufliche Parallele zwischen Konrad und Hessen: Joachim Konrad[324] hatte nach einem Theologie- und Philosophiestudium in seiner Heimatstadt Breslau, dann in Göttingen, Marburg und Berlin 1917 den Grad des Lic. theol. in Göttingen und 1928 den des Dr. phil. in Breslau erlangt. 1933 dort in Theologie habilitiert, entzogen ihm die Natinalsozialisten wegen seiner regimefeindlichen Haltung bereits 1935 den Lehrauftrag und erteilten ihm 1938 ein Redeverbot für ganz Deutschland. Seine Aktivitäten in der "bekennenden Kirche" führten zur vorübergehenden Ausweisung aus Schlesien. 1945 wurde er der letzte evangelische Stadtdekan von Breslau, 1946 planmäßiger Extraordinarius in Münster. 1950 trat Konrad ins nordrhein-wesftfälische Kultusministerium ein, wo er ein Jahr später zum Ministerialrat befördert wurde. Als zeitweiliger Gruppenleiter für Universitäten und Hochschulen, war Konrad 1953/54 für die Universität Köln zuständig.

Der über ihm stehende Ministerialdirigent Dr. v. Heppe[325] hatte während des ganzen «Dritten Reich» nur innerhalb der Hamburger Straßenbahnbetriebe "Karriere" gemacht. Er entstammte einer alten protestantischen Beamtenfamilie aus Hessen, die aber seit längerem in preußischen Diensten stand: sein Großvater war preußischer Regierungspräsident, sein Vater Landrat gewesen. Über seine geistige Physiognomie ist weiter bisher nichts bekannt. Sein Vorgesetzter, Ministerialdirektor Dr. Hans Busch[326] war als persönlicher Referent des Zentrums-Ministers Hirtsiefer (seit 1928) Oberre-

---

[324] Zu Joachim Konrad (1903-1979) vgl. Kürschners Deutscher Gelehrten-Kalender, Jg. 1961 bis 1980, ad vocem. - Wer ist wer, Jg. 1962, 796. - Eich, Reg. - Gerhard Ehrenforth, Die schlesische Kirche im Kirchenkampf 1932-1945 (= Arbeiten zur Geschichte des Kirchenkampfes, Ergänzungsreihe, Bd.4), Göttingen 1968: wichtige Nennungen, bes. 202-205.
[325] Dr. Hans v. Heppe (geb. 1907 Fraustadt/Posen), Studium juris in Tübingen, Königsberg, Berlin 1926-29; 1936-45 bei der Reichsbahn, Bevollmächtigter für den Nahverkehr in Hamburg; 1946-52 Leiter der Hochschulabtlg. im Kultusmin. NW, 1965-66 Senatssyndikus und Staatsrat in Hamburg, seit 1966 Staatssekretär im Bundesmin. für Bildung und Wissenschaft; Hans von Heppe, Forschung innerhalb und außerhalb der Universitäten, Wilhelmshaven 1970, Umschlagblatt innen; Wer ist Wer, Jg. 1958, 486. Zur Familie (1767 in Hessen-Kasselschen Diensten geadelt) siehe Gothaisches Genealogisches Taschenbuch der Briefadeligen Häuser. 1914, 413-14.
[326] Hans Busch (1896-1972), Jurastudium in Köln, 1923 Dr. iur., nach richterlichen und verwaltungsjuristischen Vorstufen im Rheinland seit 1928 in Preuß. Wohlfahrtsministerium, 1932-37 Oberreg.-Rat im Innenministerium; 1951 Leiter der Abteilung I des Kultusmin.; ab Mai 1952 Ministerialdirektor mit der Funktion des Staatssekretärs ebd.; seit 1957 Staatssekretär des Bundesmin. für Arbeit. Vgl. K.-P. Eich, Register; W. Janssen, 398. Eine acht masch.-schriftl. S. umfassende biographische Skizze von Heinz Trautwein über Busch befindet sich in: HStAD, RWN 227, fasz. 7.

gierungsrat geworden, als Nicht-Parteimitglied aber 1937 nach Düsseldorf abgeschoben worden. Hessen hielt ihn - wohl etwas übertreibend - für einen "politisch Verfolgten"[327]. 1951 wurde Busch ins Düsseldorfer Kultusministerium berufen, um Christine Teuschs rechte Hand zu werden, deren Bekanntschaft er spätestens in den Jahren 1946-51, als er Beigeordneter der Stadt Köln war, gemacht hatte. Busch, seit 1952 Ministerialdirektor, 1954 in die bis dahin unbesetzte Stelle eines Staatssekretärs aufgerückt, war in Hessens Augen der eigentliche Chef des Ministeriums und genoß sein besonderes Vertrauen.

Der Ministerin selbst scheint Hessen hingegen weniger nahe gestanden zu haben. Die frühere Zentrumskämpferin dürfte für den Reformkatholiken und Modernisten keine Sympathien gehegt haben. Wie Christine Teusch persönlich zu Hessen stand, ist aus der Wiedergutmachungsakte nicht erkennbar. Verschiedene Briefe im Nachlaß Hessens deuten darauf hin, daß die Ministerin unter dem Einfluß Krolls stand, aber wohl auch deshalb Hessen gegenüber wenig günstig gestimmt war, weil sie ihn - zutreffenderweise - für einen der Autoren des Reformbuches "Der Katholizismus. Sein Stirb und Werde" von 1937 hielt. Teusch selbst war Repräsentantin der katholischen Amtskirche und gehörte mithin zum anderen «Lager». In der letzten Phase hat sie aber keinen Widerstand gegen eine Wiedergutmachung für Hessen geleistet.[328]

Dieses Mal also beließ es das Ministerium nicht bei den ablehnenden Stimmen aus Köln, die so lange den Tenor des Geschehens bestimmt hatten.

---

327 J.H., Geistige Kämpfe, 219f. Bei Trautwein (Anm. 326) ist von einer eigentlichen Verfolgung Buschs durch den Nationalsozialismus nicht die Rede, wohl aber von einem Ende seiner Karriere.
328 Zu Christine Teusch (1888-1968) vgl. K.-P. Eich, bes. 84ff. Sie war vom 18.12.1947 bis Juli 1954 nordrhein-westf. Kultusministerin. Biogr. Skizze: R. Morsey, Christine Teusch. In: Aus dreißig Jahren. Rheinisch-westfälische Politiker-Porträts, hrsg. von W. Först, Köln/Berlin 1979, 200-209. Zu den enormen Schwierigkeiten in der Personalpolitik, bes. bezüglich ehemaliger Nationalsozialisten vgl. Eich, 117-34. Aus der informativen Arbeit von Eich - praktisch eine Geschichte der Schulpolitik in NW unter Chr. Teusch - geht u.a. hervor, daß sie stark unter dem Einfluß von J. Kroll stand, sicherlich von diesem zusätzlich gegen Hessen beeinflußt wurde. Auf verschiedene Bemühungen Hessens, durch Vermittlung von Dr. Therese Pöhler, die mit ihm ebenso wie mit Chr. Teusch befreundet war, auf die Ministerin einzuwirken, kann hier aus Raumgründen ebensowenig eingegangen werden wie auf eine kurze Befassung Adenauers und seines Staatssekretärs Wuermeling mit Hessen. Alle diese Personen waren um 1950/52 von Kroll vollständig davon überzeugt worden, daß die Univ. Köln zu Gunsten Hessens bereits alles in ihrer Macht Stehende getan habe, und alle weitergehenden Forderungen auf dessen Psychopathie zurückzuführen seien. Dabei zeigten sich sowohl Teusch wie Wuermeling nicht darüber informiert, daß H. die Pensionsberechtigung fehlte. Zahlreiche Akten und Briefe im NL Hessens, fasz. 52.

Am 7.9.1953 wurden vier der fünf Professoren, die sich im Dezember 1952 mit der gen. Eingabe für Hessen eingesetzt hatten, nämlich Leese, Heiler, Pfeil und Guardini, und außerdem die Professoren Luchtenberg und Jaspers um ein Gutachten über Hessens "Beförderungswahrscheinlichkeit" gebeten. Auch jetzt noch beharrte das Ministerium mit allem Nachdruck auf der Frage, "ob Herr Professor Hessen bei normalem Verlauf der Verhältnisse ausserhalb Kölns an einer anderen Hochschule wahrscheinlich eine derartige [d.h. a.o. Professur] Stellung erreicht hätte" (Dok. 88). Aber immerhin war durch die Auswahl der Gutachter Hessen entscheidend geholfen worden. Diese Männer würden anders reagieren als die Kölner, das stand von vorneherein fest.

Damit ist auch die Grundlage für eine Beurteilung des ganzen jetzt eingeschlagenen Verfahrens gegeben. Auch den Beamten im Kultusministerium - unter denen v. Heppe doch manchmal durch Beharren auf streng juristischen Kriterien auffällt - muß es rasch bewußt geworden sein, daß eine wörtliche Auslegung des Gesetzes zur vollständigen Ablehnung des Antrages Hessens führen mußte. Schließlich kennt die Universität grundsätzlich keine "Beförderung" im Sinne der Beamtenlaufbahnen, weshalb der Nachweis einer versäumten Beförderung von vorneherein unmöglich war. Man kann sich fragen, warum dieser Umstand im Ministerium so lange unbeachtet blieb. Sollte Hessen davor bewahrt werden, als Almosenempfänger vor das Kuratorium seiner Universität treten zu müssen, mußte das Beweisverfahren dahingehend abgeändert werden, daß seine Benachteiligung im «Dritten Reich» im Ganzen in Betracht gezogen wurde. Daß dieser Schritt im Kultusministerium getan wurde, ist ein entscheidender Unterschied zum Verhalten der Universität. Mit Ausnahme der Stellungnahme Guardinis, die wohl als ausweichend bezeichnet werden muß (Dok. 96), waren die Gutachten, die nun eingingen, positiv (Dok. 89-92). Die Voten von Leese, Luchtenberg, Heiler und Jaspers waren sogar vorzüglich. Es waren alles Protestanten! Daß die beiden Katholiken Guardini und Pfeil (Dok. 93), sowie die weiteren im Januar 1954 herangezogenen ebenfalls katholischen Gutachter Dempf, Steffes und Neuß sich so gewunden oder ausweichend äußerten (Dok. 100-101, 103-104), hängt damit zusammen, daß alle diese Genannten Hessen und seine Bücher wohl von 1920 an kannten, aber gerade deshalb wußten, daß er niemals in seinem Leben einen Ruf auf eine katholische Philosophieprofessur erhalten hätte - und dies nicht nur aufgrund des mit Sicherheit zu erwartenden Vetos der Bischöfe.

Die unaussprechliche Wahrheit war eben die, daß in der völligen Ablehnung Hessens die katholische Kirche und das «Dritte Reich» übereinstimmten. Jaspers sagte klar, daß niemand beweisen könne, daß er 1933-45 einen Ruf erhalten hätte, wenn es nicht zur Diktatur gekommen wäre. Er sprach aus - was sonst auch keiner wagte -, daß das Verdikt der Kölner philosophischen Fakultät über Hessen ungerecht war: Jaspers, der sicherlich mehr von Psychopathologien verstand, als die meisten Kollegen (war er doch am Anfang seiner Laufbahn Psychiater gewesen), war es schließlich, der den Psychopathievorwurf Krolls gegen Hessen im Kern zurückwies, nämlich als Ausdruck von dessen eigener tiefer Abneigung gegen die Person, die "dem nationalsozialistischen Regime persona ingratissima war" (Dok. 90). Jaspers erlaubte sich auch das fachliche Werturteil, daß Hessen als Philosoph Heimsoeth "vorzuziehen" sei, ein Urteil, das natürlich alle innerkölnischen Maßstäbe auf den Kopf stellte.

Nach Eingang aller neun Gutachten - abgegeben von fünf Katholiken und vier Protestanten, acht Philosophen und einem Kirchenhistoriker - wurde dann endlich am 30.3.1954 der Wiedergutmachungsbescheid ausgefertigt, der für Hessen - der kurz zuvor endlich seine Pensionsberechtigung in Form einer Ernennungsurkunde zum "Dozenten" erhalten hatte - den prinzipiellen Sieg bedeutete, insofern ihm neben einer Geldentschädigung ein "Anspruch auf bevorzugte Anstellung als außerordentlicher Professor in der Besoldungsgruppe H 2 der Reichsbesoldungsordnung" zuerkannt wurde.[329]

Hessen wurde nicht mehr in eine solche Stelle befördert. Die Fakultät weigerte sich, irgend etwas in dieser Richtung zu unternehmen, und so blieb es bei dem leeren Versprechen. Erhielt doch Hessen bereits zum 1.11.1954, pünktlich zur Vollendung des 65. Lebensjahres, seine Entpflichtung. Die ersehnte außerordentliche Professur wurde ihm nicht mehr übertragen. In einem Schreiben der vom 24.9.1954 teilte ihm die Universitätsverwaltung seine künftigen Bezüge mit: als entpflichteter a.o. Professor der Gehaltsstufe H 1 erhielt er brutto 1125 DM Grundgehalt und 124 DM Wohngeld, zusammen also 1249 DM pro Monat.[330]

---

[329] Der Original-Wiedergutmachungsbescheid vom 26.2.1954 befindet sich im NL Hessen, fasz. 52; der Entwurf dazu in der Wiedergutmachungsakte des Kultusministeriums; HStAD NW 172, Nr. 78 Bd. II. Ein Exemplar auch in UAK, Zug. 17/II Nr. 1004. Hessen erhielt als Entschädigung 11.025,33 DM.
[330] Rektor Wessels an Hessen, 24.9.1954; UAK, Zug. 44/239. Unmittelbar an den Wiedergutmachungsbescheid schloß sich ein bis 1958 andauernder Streit zwischen der Fakultät und Hessen über dessen Status an: die Fakultät betrachtete ihn nach wie vor als apl. Professor, Hessen war vom Ministerium der Status eines a.o. Professors gegeben worden, allerdings ohne eine solche Planstelle. Die Akten dazu in: HStAD, NW 172, Nr. 78 Bd. II. Letzten Endes drehte es sich um die Plazierung Hessens unter den Extraordinarien im Vorlesungsverzeichnis, was die Fakultät für immer verweigerte. In den

7. Neue Bücherzensuren gegen Hessen (1945-1952), aber schließlich der Zusammenbruch der Neuscholastik (1956-67)

a. Die Bücherzensuren gegen Hessen nach dem 2. Weltkrieg

Daß für Hessen mit dem Ende des «Dritten Reiches» keine Zeit des Triumphes und der Anerkennung begann, haben wir gesehen. Wie wenig verändert das innerkirchliche Klima ihm gegenüber war, zeigt ein kleiner Fall von Präventivzensur des Erzbistums Köln aus dem Jahre 1945. Hessen hatte noch in diesem Jahre drei Predigten gehalten, in denen er das furchtbare Geschehen, besonders die "einzige große Sinnlosigkeit" des Weltkrieges zu deuten versuchte. Er sprach - ohne einzelne Personen und Gruppen besonders herauszustellen (etwa einzelne Verantwortliche anzuklagen; nur Arthur Rosenberg wird einmal als Autor des «Mythus» genannt) - von den Konzentrationslagern und der Tyrannei des Regimes, sowie der prinzipiellen Religionsfeindlichkeit des Nationalsozialismus und seine sehr einfachen Gedankengänge zielten auf eine religiöse Erneuerung Deutschlands, dann aber auch auf die Schaffung einer neuen Friedensordnung.[331]

Alles in allem weder eine aus dem Rahmen fallende Leistung - viele solcher Äußerungen aus der «Stunde Null» bewegen sich in ähnlichen Bahnen - noch auch eine irgendwie unangenehm klingende Polemik. Dies zu betonen ist notwendig angesichts des Gutachtens, das ein unbekannter erzbischöflicher Zensor zu den drei Predigten abgab, als Hessen diese im Verlag Bachem veröffentlichen wollte. Bemängelt wurde ein zu starkes Eingehen auf das Thema «Nationalsozialismus», welches "in einer deutschen Diözese den Priestern vom Ordinarius geradezu verboten" worden sei! Nicht erstaunlich ist, daß der Gutachter Hessens Darlegungen für "äußerlich, historisch, zu sehr im Natürlichen" hängenbleibend ansah.[332] War doch die generelle Einschätzung Hessens in strengkirchlichen Kreisen die, daß bei ihm das spezifisch Christliche verloren gehe, auf jeden Fall das spezifisch Katholische. Das Gutachten macht deutlich, daß Hessen hier als ein Modernist abgestempelt war, der den Kernbereich der Religion nicht erreiche.

Vorlesungsverzeichnisen von 1955 bis 1971 wurde Hessen zwar die Bezeichnung "em. a. o. Prof." gegeben, der Name aber unter den "Ausserplanmäßigen Professoren" eingereiht.
[331] J.H., Gott im Zeitgeschehen (1946).
[332] Das Kölner Zensurgutachten ist undatiert, entstand aber zwischen dem 8.11.1945 und dem 6.12.1945, wie aus dem knappen Material, unter dem es sich auch befindet (1 Seite masch.-schr.), hervorgeht: HAEK, CR. Gen. 18. 1,1.

Das Imprimatur für die drei Predigten wurde nicht schlechthin verweigert, sondern es wurden Änderungen vorgeschrieben: vor allem sollte die Bezugnahme auf den Nationalsozialismus wegfallen und es sollte der Text so geändert werden, daß er nicht mehr als Predigtvorlage für andere Geistliche dienen könne. So lautete die nach etwa einem Monat dem Verlag Bachem mitgeteilte Entscheidung.[333] Ob es nun der Verlag war, oder Hessen selbst, der die Zumutung ablehnte, die Predigten ihres politischen Gehaltes zu berauben, ist unbekannt. Auf jeden Fall erschien die Broschüre nicht im Verlage Bachem, von wo aus sie eine gute Chance gehabt hätte, im Pfarrklerus der Erzdiözese verbreitet zu werden, sondern in dem kleinen Bonner Verlag Götz Schwippert, aber dafür auch offensichtlich unverändert.

Unter den verschiedenen Stellungnahmen und Wegweisungen, die Hessen in der Nachkriegszeit verbreitete, war die gehaltvollste zweifellos seine 72 Seiten starke Abhandlung "Luther in katholischer Sicht", die zu Recht den Untertitel "Grundlegung eines ökumenischen Gespräches" trug.[334] Mit diesem Büchlein traf er den Nerv der Zeit gewiß in hohem Maße, und die Qualität dieser Abhandlung wurde auch gerade von protestantischen Theologen vollkommen anerkannt. Hier breitete Hessen seine in Jahrzehnten gewonnene positive Sicht Luthers als eines aus dem Geist Augustins schöpfenden Propheten vor der Öffentlichkeit aus. Zehn Jahre vorher hatte er bereits einen seiner Vorträge Luther gewidmet.[335]

Eine gedrängte Fassung seiner Luther-Interpretation war auch schon in seinem "Platonismus und Prophetismus" von 1939 enthalten. Fußend auf Rudolf Otto und Friedrich Heiler, aber auch auf der von Heimsoeth in seinem so zeittypischen Meisterwerk "Die sechs großen Themen der abendländischen Metaphysik und der Ausgang des Mittelalters" von 1922 vorgenommenen positiven Wertung des Nominalismus als einer notwendigen Durchbrechung des hochscholastischen Systemdenkens, schildert er Luther als Vertreter einer "prophetischen Gottesauffassung".[336]

---

[333] Brief des Generalvikariats an den Verlag J.P. Bachem, 6.12.1945; ebd.
[334] Nr. 495.
[335] «Deutsche Religion (Luther)». In: J.H., Der deutsche Genius (hier Nr. 364), 1. Aufl. 1936, 28-38.
[336] J.H., Platonismus und Prophetismus (1939), 178-189. Das Luther-Bild Hessens ist hier wesentlich von Fr. Heiler und R. Otto beeinflußt. Außer auf Heiler bezieht sich Hessen dann noch auf den Freiherrn von Hügel. Auch scheint Hessen damals die Erlanger Luther-Ausgabe studiert zu haben. Zu der interessanten Theoriebildung Hügels, der drei Elemente der Religion in ihrem fruchtbaren Widerstreit annimmt, das mystische (vertreten durch den Propheten), das wissenschaftlich-kritische (verwaltet durch den "Professor") und das historisch-institutionelle (repräsentiert durch den Priester) vgl. Peter Neuner,

Im allgemeinen verbindet sich die Neugewinnung eines positiven Luther-Bildes im katholischen Bereich mit den Namen von Lortz und Herte (wenn man einmal von Merkle als Vorgänger absieht).[337] Lortz wird dabei die entscheidende Wiederentdeckung zugeschrieben, während Herte das Verdienst zugebilligt wird, den Schutt der Polemik, der seit dem 16. Jahrhundert den Zugang zu Luther versperrt hatte, beiseitegeräumt zu haben.[338]

Aber schon die Rezensenten der Arbeiten von Lortz, Herte und Hessen fanden, daß Hessen dem genuinen Denken Luthers am nächsten kam.[339] Ihm lag vor allem die Lortz'sche These, Luther sei "Subjektivist", der unfähig gewesen sei, die "vollkatholische" Wahrheit zu erfassen, fern.[340] Sein Ausgangspunkt war nicht die in katholischen Kreisen bis heute verbreitete Deutung Luthers als Erben des Nominalismus, mithin als Vertreter der «Neuzeit» mit ihrem Subjektivismus und Individualismus, also auch als Anti-Thomist und deshalb zum Scheitern verurteilt, wenn es um die Erfassung der objektiven Wahrheit gehe. Diese Lesart wurzelt in der antirevolutionären Ideologie des katholischen 19. Jahrhunderts, die bereits vor dem Durchbruch der Neuscholastik die Linie, die von Luther zur Französischen Revolution geführt habe, betonte.[341] Mit der Neuscholastik vereint, brachte sie dann ein Bild hervor, das Luther nicht nur für die Revolution, sondern auch für Kant verantwortlich machte. Übrigens waren solche Gedankengänge einer oft geistreich klingenden, im Detail brüchigen globalen typenbildenden Geistesgeschichte auch auf der protestantischen Seite beliebt: hier war Luther der Vorläufer Kants, der dann zu Bismarck hinführte![342]

Religiöse Erfahrung und geschichtliche Offenbarung. Friedrich von Hügels Grundlegung der Theologie (= Beiträge zur ökumenischen Theologie, 15), München 1977, hier Kapitel 2, Abschnitt 1.
[337] Zur Geschichte der kath. Luther-Deutung vgl. jetzt: Karl Lehmann (Hrsg.), Luthers Sendung für Katholiken und Protestanten (= Schriftenreihe der katholischen Akademie der Erzdiözese Freiburg, o.Nr.), München/Zürich 1982.
[338] Zu J. Lortz' Hauptwerk «Die Reformation in Deutschland», 2 Bde., Freiburg i.Br. 1939/40 vgl. G. Lautenschläger 346-87. - Zu Herte und seinem Cochläus-Werk ebd., Register, sub voce, sowie: R. Bäumer, Johannes Cochläus (1479-1552), Münster 1980. Übrigens ist zu erwähnen, daß bereits Martin Spahn in seiner Dissertation über Cochläus einer Neuinterpretation Luthers seitens der Katholiken vorgearbeitet hatte; C. Weber, Der «Fall Spahn», 20. Vgl. auch: H. Hermelink, Das katholische Lutherbild von Cochläus bis zur Gegenwart. In: ThLZ 69(1944), 193-202.
[339] S. Anm. 345 sowie Nr. 513, 521.
[340] J.H., Luther in katholischer Sicht (1947), 23.
[341] G. Lautenschläger, 377ff., 381. Die Autorin hat insbesondere die Beeinflussung Lortz' durch den Dominikaner Mandonnet nachgewiesen.
[342] Vgl. Ernst Bammel, Die Reichsgründung und der deutsche Protestantismus, Erlangen 1973; F. Paulsen, Philosophia militans, Berlin ³1908 (hier 29-38: Kant, der Philosoph des Protestantismus). Dazu C. Weber, Der «Fall Spahn»(1901), 24ff.

Ebensowenig wie die globalen Geschichtsphilosophien der zwanziger Jahre, also der Przywara, Wust, Guardini, Dempf, die er ablehnen mußte, weil er neben seiner augustinischen Religiösität auch stets der historischen Kritik verbunden war, konnte Hessen eine Deutung Luthers als modernem Subjektivisten zusagen. Luthers Grunderlebnis war zwar "der Form nach subjektiv (als Erlebnis eines Subjektes), dem Gehalt nach dagegen so objektiv wie nur möglich. Nichts steht so im Gegensatz zu der innersten Geistesstruktur des Reformators wie der moderne Subjektivismus, der das menschliche Subjekt zum Maß aller Dinge macht. Luther war weder Subjektivist noch Individualist"[343]. Vielmehr, so betonte Hessen abermals, sei er nur als besonders markanter Vertreter des "prophetischen Typs" zu verstehen.

Mit diesem Schlüsselbegriff - der für Hessen längst zu einer allgemeinen religionsgeschichtlichen Konstante geworden war: der Prophet steht auf gegen den Hohenpriester - erfaßt er Luthers Ringen als das schwere Wiedergewinnen der biblischen Gnadenbotschaft gegen alle Formen von Verdinglichung, Institutionalisierung, Hierarchisierung. Die vier Begriffe, mit denen Hessen die Gegenkraft, die jede Religion als Prozeß der Veralltäglichung bedroht, zu erfassen sucht - 1. Intellektualismus, 2. Moralismus, 3. Sakramentalismus und 4. Institutionalismus - zeigen seine Affinität zum Denken des Reformators.[344] Der erste Punkt meint die scholastische Grundannahme einer aristotelischen Fassung des Christentums und verdeutlicht, daß vieles von dem, was Luther an Aristoteles und Thomas aufbrachte, auch von Hessen abgelehnt wurde. Die folgenden drei Punkte bedürfen hier keiner weiteren Erläuterung mehr.

Hessen stand Luther nicht kritiklos gegenüber, aber seine Einwände, wie sie z.B. von Paul Althaus in freundschaftlicher Weise aufgegriffen wurden, bestreiten Luthers Wirken nicht die Gültigkeit in seiner Zeit.[345]

Die Nachkriegszeit zeigte ein starkes Voranschreiten der ökumenischen Bewegung zwischen Katholiken und Protestanten. In vielen Städten Deutschlands bildeten sich spontane ökumenische Gruppierungen, die auch gemeinsame religiöse Feiern abhielten.[346] Angesichts dessen hielt es die

---

343 J.H., Luther in katholischer Sicht (1947), 16. Hier wendet sich H. gegen die Aussage von Lortz: "Luther ist von der Wurzel her subjektivistisch angelegt" (Die Reformation in Deutschland, I 162). Vgl. allgemein: W. v. Löwenich, 312-45.
344 Ebd., 34-38.
345 Vgl. Paul Althaus, Das Bild Luthers bei Johannes Hessen. In: Veritati, 162-69.
346 Zur Geschichte des Nachkriegsökumenismus vgl. W. v. Löwenich, 354-79; J.H., Geistige Kämpfe, 222-259. - Valeske, Teil I, 237-50, - M. Laros, Schöpferischer Friede unter den Konfessionen, Recklinghausen 1950. Die maßgeblichen Figuren eines

deutsche katholische Orthodoxie für geboten, einzugreifen. Besonders Erzbischof Gröber von Freiburg schreckte nicht vor direkten Verboten ökumenischer Feiern zurück.[347] Aus Rom kam 1948 ein Monitum des Hl. Offizium, von dem besonders die Una-Sancta-Bewegung betroffen war. Die Jesuiten, z.b. Hugo Rahner und Max Pribilla, standen den Büchern von Lortz und Hessen innerlich ablehnend gegenüber: Ökumenismus konnte nur Rückkehr nach Rom bedeuten und eine "communicatio in sacris" mit Protestanten blieb selbstverständlich verboten.[348]

In dieser Situation veröffentlichte Hessen die zweite Auflage seines Luther-Buches 1949, in dessen Vorwort (hier Nr. 515) er sich über die antiökumenische Einstellung der deutschen Jesuiten beklagte, hinter der er "bestimmte Direktiven der Ordensleitung" vermutete. Diese von der Societas Jesu gewiß als herabsetzend empfundene Äußerung führte auf nicht mehr genau rekonstruierbaren Wegen zu einem Verbot dieser Auflage, die auf Befehl des Nuntius (oder des Erzbischofs von Köln) aus dem Verkehr gezogen wurde. Das Buch wurde also nicht indiziert, sondern Autor oder Verleger informell genötigt, die Restauflage zu vernichten - ein damals durchaus übliches Vorgehen. Diese Angabe ist zwar bislang nur von Hessen selbst überliefert[349], entbehrt aber schon allein deswegen nicht der

---

unermüdlichen Ökumenismus waren damals auf kath. Seite M. Laros und K. Adam. Vgl. F. Grosse, 25-27, 63-68. - Vom jesuitischen Standpunkt aus werden die Aktivitäten von Adam, Lortz, Herte, Hessen, Meißinger, sowie das Monitum des Hl. Offizium vom 5.6.1948 besprochen durch: Max Pribilla SJ, Interkonfessionelle Verständigung. Das Gespräch zwischen Katholiken und Protestanten. In: StdZ 143(1948/49) 329-42. - Die Hauptquelle dürften die 16 «Rundbriefe der Una-Sancta-Bewegung» sein, die M. Laros 1946-1949 im Kyrios-Verlag (Meitingen/München) herausbrachte, und die F. Grosse, 66, einzeln verzeichnet. - Über mancherlei Hintergründe ist auch informiert: H. Hermelink (1949), 16-46
[347] Vgl. dazu den Abschnitt «Wegbereiter ökumenischer Gesinnung» in: A. Brecher, 57-62. Hier S. 59 zu der 1947 geplanten Tagung aller Una-Sancta-Gruppen des deutschsprachigen Raums in Konstanz und ihrem Verbot durch Erzbischof Gröber.
[348] Vgl. Ulrich Valeske, Das Gespräch zwischen Katholiken und Protestanten. In: Oekumenische Einheit, 2. Heft des 1. Jahres (1950), 174-80 zum Monitum S. Officii vom 5.6.1948. - W. v. Löwenich, 356ff. - Die ausführlichste Darstellung findet sich bei den Hauptbetroffenen: M. Laros, Schöpferischer Friede, 193-98: hier der Brief des Erzbischofs von Paderborn an Laros 26.6.1948, ein Brief des in Rom lebenden P. Hürth SJ vom 23.9.1948 (das o.g. Monitum verlangt für Una-Sancta-Veranstaltungen eine Erlaubnis des Hl. Stuhls, die vom Ortsbischof einzuholen ist), ein neues Monitum vom 20.12.1949, in dem ökumenische Zusammenkünfte "unter besonderer Aufsicht der kirchlichen Behörden gestellt" werden. Laros blieb nichts übrig, als sich völlig zu unterwerfen. Vgl. ferner: Nr. 515, 523, 532. Dazu: J.H., Geistige Kämpfe, 251.
[349] J.H., Geistige Kämpfe, 251f.: "Das Vorwort [d.h. zur 2. Auflage 1949, d. Hrsg.] war offenbar Anlaß für das Heilige Offizium, das ja, wie die Leitung der Kirche überhaupt, ganz unter dem Einfluß der Gesellschaft Jesu steht, einzugreifen und die Zurückziehung der Schrift aus der Öffentlichkeit zu fordern, eine Maßnahme, die mir durch den Kölner

Glaubwürdigkeit, weil die zweite Auflage des Luther-Buches nur in seltenen Fällen in eine Bibliothek gelangt ist.[350]

Daß Hessen stark von der deutschen protestantischen Religionsphilosophie geprägt war, ist bereits deutlich gemacht worden. Aber auch in den mehr praktisch-pastoralen Anschauungen bewegte er sich nach Meinung strengkatholischer Zeitgenossen in einem protestantischen Fahrwasser. Dafür ist der erbitterte Kampf um das Imprimatur für sein Buch "Das Kirchenjahr im Lichte der Frohbotschaft" (1952) ein klarer Beleg.[351] Von allen Imprimatur-Kämpfen wurde dieser mit dem stärksten Aufwand an Emotionen geführt. Hessens Kontrahent, Weihbischof Fischer von Rottenburg, war damals 82 Jahre alt und offenbar ein durch und durch orthodoxer Theologe.[352] Seine Gutachten (Dok. 30, 34, 35) greifen neben anderen angeblichen Mängeln vor allem eines an, Hessens Neigung, die besonders konfessionstrennenden Kontroverspunkte des nachtridentinischen Katholizismus bewußt zurücktreten zu lassen: Maria wird nicht genügend gewürdigt, die Sakramente eher symbolisch als real wirksam gedeutet, die schwere Sünde und die Hölle treten zurück, die Kirche erscheint eher als hinderliche "Rechtskirche" denn als einzig objektive Heilsanstalt.

Der Weihbischof bemerkte, daß dieses Betrachtungsbuch eher für Christen der Una-Sancta-Bewegung geeignet sei als für Seelsorger, die ihre Gemeinde im ererbten Status confessionis fest erhalten wollten. So wurde das Imprimatur nach einem erbitterten Briefwechsel definitiv verweigert, und Hessen ließ das Buch in einem evangelischen Verlag, mit einem Geleitwort eines evangelischen Pfarrers erscheinen. Strafmaßnahmen seitens der katholischen Bischöfe wurden allerdings nicht ergriffen. Dies ist wichtig festzuhalten: belegt es doch, daß bereits um 1952 das innerkirchliche Disziplinarrecht, welches für eine derartige Mißachtung der bischöflichen Autorität wenigstens mit einer erneuten Suspendierung hätte antworten sollen, nicht mehr voll «griff».

Generalvikar David mitgeteilt wurde." - Nach einer Mitteilung des Verlags Bouvier, Bonn, vom 3.9.1990 "existieren die Alt-Akten des Röhrscheid-Verlages leider nicht mehr."
350 Aufgrund des Mikrofiche-Zentralkatalogs NRW 1800-1975 und des DBI-Verbundkatalogs kann man für die 2. Auflage je ein Exemplar in der Stadtbibliothek Trier und der UB Siegen feststellen. Die 1. Auflage ist recht weit verbreitet.
351 Nr. 553.
352 Franz Joseph Fischer (1871-1958), 1929-52 Weihbischof von Rottenburg; E. Gatz, Bischöfe, 194.

Abgesehen von seinen geheimen alten Gönnern Bischof Dr. Poggenburg und Generalvikar Meis ist in den gesamten Akten nur noch ein höherer Kirchenmann anzutreffen, der sich Hessen gegenüber im amtlichen Schriftverkehr einer gewissen Urbanität befleißigte: Dr. Franz Rintelen[353], Generalvikar von Paderborn im Jahre 1951, der die ihm selbst sichtlich unangenehme Aufgabe, Hessen abermals ein Imprimatur zu verweigern, so freundlich wie möglich zu erfüllen suchte (Dok. 24). Gegenstand war die Neuauflage der zweibändigen "Religionsphilosophie", einem Hauptwerk Hessens, das 1948 ohne Imprimatur in einem kleinen Essener Verlag veröffentlicht worden war[354] und jetzt mit kirchlicher Druckerlaubnis - anscheinend im Verlag Schöningh - in Paderborn erscheinen sollte. Rintelen selbst hatte 1934 bei Johann Peter Steffes in Münster zum Thema Gottesbeweise eine für ihr Genre typische Dissertation angefertigt[355], kannte also die Kernproblematik der Religionsphilosophie; aber auch er verwies auf die vor kurzem erst veröffentlichte Lehrenzyklika "Humani generis", die an einigen ihrer Stellen direkt gegen Hessens Grundposition gerichtet schien.

Im übrigen fiel es ihm schon deshalb nicht schwer, freundlich aufzutreten, weil die Verantwortung für die Imprimatur-Verweigerung nicht er, sondern der Gutachter, der Paderborner Fundamentaltheologe Eduard Stakemeier trug. Die Mentalität Stakemeiers war einerseits geprägt "von seiner sauerländischen Heimat"[356] und ihrem traditionsverhafteten Katholizismus, andererseits durch die streng neuscholastische Schulung, die er in seinen Studienjahren 1932-35 an der Dominikaner-Hochschule von S. Tommaso in Rom erhalten hatte[357], sowie allgemein durch seine lebenslange Betätigung als «Fundamentaltheologe». Tat Stakemeier sich auch später, zur Zeit des II. Vatikanums, als Peritus zu ökumenischen Fragen hervor, so vertrat er um

---

[353] Fr. M. Hr. Rintelen, geb. 1899, 1941-51 Generalvikar von Paderborn, danach Weihbischof mit Sitz in Magdeburg; E. Gatz, Bischöfe, 622. Seine «Erinnerungen ohne Tagebuch», Paderborn ²1983 befassen sich nicht mit unseren Fragen.
[354] Nr. 502.
[355] Hier Nr. 346.
[356] Eduard Stakemeier (1904 Meschede - 1970 Würzburg), 1929 Priester, studierte 1932-35 an der Univ. S. Tommaso in Rom, dort Promotion, 1936 Habilit. in Tübingen: Prof. der Fundamentaltheologie, der vergleichenden Religionswiss. und Konfessionskunde in Paderborn; viele kirchliche Würden und Ämter, auch auf dem II. Vatikanum. Vgl. Johann-Adam-Möhler-Institut (Hrsg.), Eduard Stakemeier zum Gedenken, Paderborn 1971. Zitat S. 10.
[357] Vgl. Sadoc Szabó O.P., Die Auktorität des heiligen Thomas von Aquin in der Theologie, Regensburg 1919. In dieser Abhandlung des Rektors der römischen Dominikaneruniversität werden die extremsten Ansprüche des Neuthomismus formuliert. Gegen ihn wesentlich ist wohl die Arbeit von Markovics gerichtet.

1950 ohne irgendeinen Abstrich die volle Linie Pius'XII., so wie dieser sie in seiner erwähnten Enzyklika noch einmal verkündigt hatte - und nur dies macht die Härte seiner Ablehnung von Hessens "Religionsphilosophie" begreiflich.

Durch verschiedene moderne Forschungen zur Theologiegeschichte der Zeit des Zweiten Weltkrieges und danach wissen wir, gegen welche jüngsten Herde kritisch-modernistischer Theologie Pius XII., resp. seine zweifellos dem Jesuitenorden angehörigen Berater sich wandten, als am 12. August 1950 eine neue Enzyklika "über irrige Lehren unserer Tage" mit den Anfangsworten "Humani generis" veröffentlicht wurde.[358] In dem schon klassischen Tonfall (dessen tiefere Quellen einmal freigelegt werden sollten) betonte der Papst, daß von jeher für die Gläubigen und aufrechten Söhne der Kirche das "Abirren von der Wahrheit" des Menschengeschlechts "der Grund und die Ursache allertiefsten Schmerzes" gewesen sei.[359]

Wieder einmal also mußte der Papst feststellen, daß die Dinge im argen lagen. Dieses Mal war es ein ganzes Bündel sehr grundsätzlicher Irrtümer, welche die wahre Lehre bedrohten. Man muß schon bis zu Pius'X. "Pascendi" (1907) und Pius'IX. "Quanta cura" (1864) zurückgehen, um eine derartige Anhäufung von "Irrtümern" zu finden, wie sie hier zusammengetragen wird. Aber was im Jahre 1864 heftige Pressediskussionen in ganz Europa auslöste und 1907 noch für starken Wirbel in weiten Kreisen

---

[358] Zur Enzyklika «Humani generis» vom 12.8.1950 vgl. die Originalpublikation in: Acta Apost. Sedis 42(1950) 561-78. - Übersetzung: Über einige falsche Ansichten, die die Grundlagen der katholischen Lehre zu untergraben drohen. In: Herder-Korrespondenz 5(1950/1951) 25-31. - Ignaz Backes, hier Nr. 535. - Augustin Bea SJ, Die Enz. «H.g.», ihre Grundgedanken und ihre Bedeutung. In: Scholastik 26(1951) 36-56. - K. Rahner SJ, Hemmschuh des Fortschritts? Zur Enz. «H.g.». In: StdZ 147(1950/51), Heft 3 vom Dez. 1950, 161-71 (sehr apologetisch). - Anon., Was will die Enzyklika «Humani generis»? In: Herder-Korrespondenz 5(1950/51), März-Heft 1951, 260-66. - W. Sucker, Zur inneren Lage der katholischen Kirche. Teil 3: Materialien zum Verständnis der Enzyklika «Humani generis». In: Materialdienst des konfessionskundlichen Institutes. Bensheim, Jg. 1953, Nr. 5, S. 65-70. - Karl Gerhard Steck, Die Bedeutung der Enz. «H.g.» für das Problem von Kirche und Lehre. In: Evangelische Theologie 11(1951/52) 549-61. - R. Grosche, hier Nr. 569 - W.v. Löwenich, 295-312. - O. Schroeder, 486-94. - A. Kolping, 211-14. - Christian E. Lewalter, Rom und die Modernisten 1950. In: Die Zeit, Nr. 43 vom 26.10.1950, S. 4. - Die intensivste Kommentierung seitens der deutschen Jesuiten, die sich völlig mit diesem Rundschreiben identifizierten, bietet der Sammelband von A. Hartmann. Die französischsprachigen Kommentare bei: A. Dondeyne, Les problèmes philosophiques soulevés dans l'encyclique «Humani generis». In: Revue philosophique de Louvain 49(1951) 5-56, 141-88, 293-356.
[359] Hier wird die Übersetzung benutzt, die erschienen ist in: Kirchlicher Anzeiger für die Diözese Aachen, 20. Jg., Stück 20, 15.10.1950, 107-114 (aus dem Nachlaß von Dr. W. Lenzen, mit dessen hs. Noten).

sorgte, konnte 1950 nur noch bestimmte Sektoren der innerkatholischen Diskussion betreffen. Zu ihnen gehörten sicher auch Hessen und seine Gegner.

Zur Veranschaulichung hier die philosophisch-weltanschaulichen Begriffe, die Pius XII. geißelte, und zwar einfach in der Reihenfolge ihres Auftretens:
- "monistische und pantheistische Auffassung".
- "Kommunismus".
- "dialektischer Materialismus".
- "Idealismus" und "Pragmatismus".
- "Existentialismus".
- "Historizismus, der nur auf das Ereignishafte im menschlichen Leben achtet und so die Grundlagen jeder Wahrheit und jedes allgemeingültigen Gesetzes für die Philosophie wie für die christlichen Glaubenssätze unterdrückt".
- "Rationalismus".
- "Irenismus".
- "Immanentismus".
- "Relativismus".[360]

Darüber hinausgehend versuchte Pius XII. auch die Bibelwissenschaft noch einmal zu disziplinieren, die Dogmengeschichte einzudämmen, den Neuthomismus einzuschärfen. Hier gab es nun Passagen, die, wenn sie nicht persönlich auf Hessen gemünzt waren, doch seine Auffassungen trafen. Bei einigen Stellen scheint es aber doch sehr wahrscheinlich, daß die Redaktoren der Enzyklika auch an ihn gedacht haben. Daß dies nicht eindeutig belegbar ist, hat seinen Grund darin, daß ja nicht nur Hessen allein von einer "Verachtung der scholastischen Theologie"[361] erfüllt war, sondern auch etliche französische, belgische, ja auch italienische Kirchenautoren.

Während die eigentlich aktuellen Teile der Enzyklika sich gegen die neuere französische dogmengeschichtliche Theologie und gegen die moderne Entwicklungslehre (Polygenismus) wandte, sind doch auch lange Abschnitte der Verteidigung der Scholastik, der "natürlichen" Gotteserkenntnis und speziell den "unerschütterlichen Grundgesetzen der Metaphysik" gewidmet. Mit diesen "Grundgesetzen" waren "das Prinzip vom hinreichenden Grunde, der Kausalität und der Finalität"[362] gemeint. Damit ist zweifelsfrei auf die

---
[360] Ebd., 108. In der Edition A. Hartmanns 235.
[361] Aachener Ausgabe (Anm. 359), 110. In der Edition A. Hartmanns 239.
[362] Aachener Ausgabe (Anm. 359), 112. In der Edition A. Hartmanns 243.

Diskussion um den kausalen Gottesbeweis und um seine Grundlage, das Kausalprinzip hingewiesen, also jene Diskussion, in der Hessens Buch über das Kausalprinzip von 1928 mit den Ausschlag für die Niederlage der Neuscholastik gegeben hatte.

Der betreffende Abschnitt der Enzyklika umfaßt in der Ausgabe der Frankfurter Jesuiten, die einen breiten Kommentar zu ihr herausgaben, dreieinhalb der 15 Druckseiten, ist also nicht als bloßer Anhang oder als "Pflichtübung" zu deuten.[363] Im Zuge der Verteidigung des Thomismus werden gewiß auch noch andere Philosophen getroffen, z.B. die französischen christlichen Existentialisten, aber die große Besorgnis des Papstes um den Fortbestand dieser de facto kanonisierten und de jure privilegierten Lehre bezieht sich generell auf das, wogegen Hessen seit 1920 kämpfte.

Stakemeier hatte also ein Dokument vor sich, das für ihn bei der Prüfung von Hessens "Religionsphilosophie" Richtschnur sein mußte. Er selbst hat in der Paderborner theologischen Zeitschrift "Theologie und Glaube" einen völlig zustimmenden Kommentar zu der ihrem Gehalt nach anachronistischen Enzyklika verfaßt.[364] Dementsprechend lagen seine Bemerkungen zur "Religionsphilosophie" auf einer Argumentationsebene, die sich von dem Gedankengang Gerhard Essers aus dem Jahre 1918 nicht unterschied und seine Gutachten (Dok. 25, 27) formulieren konsequenterweise auch auch klar den Vorwurf: Modernismus!

Der Unterschied zur Situation zur Zeit der Enzyklika "Pascendi" von 1907 war jetzt nur der, daß Hessen zwar kein Paderborner Imprimatur erhielt, sein Werk also auch nicht im Verlage Schöningh erscheinen konnte, aber daß man ihn offenbar nicht weiter verfolgte, als er das Werk (natürlich ohne die von Stakemeier verlangten und zum Teil von Hessen bereits konzedierten Veränderungen) im Münchener Verlag Reinhardt herausbrachte.[365] Die Benachteiligung war nach wie vor schwerwiegend: ohne Imprimatur konnte dieses Werk nicht von den Professoren der theologischen Seminare und Fakultäten ihren Hörern empfohlen oder gar als Lehrbuch dem Vorlesungsbetrieb zugrundegelegt werden. «Draußen» ließ

---

[363] A. Hartmann, 242-46 (nach der dortigen Numerierung Nr. 28-34. In der Aachener Übersetzung (vgl. hier Anm. 359), 111-13. Daß sich die Enzyklika gegen die Arbeiten des rheinischen Reformkreises richtete, war die Meinung seines Historikers O. Schroeder, 386-90.
[364] E. Stakemeier, Die Enz. «H.g.». In: ThGl 40(1950) 481-93,
[365] Nr. 579.

man den Dingen ihren Lauf, im innerkirchlichen Bereich war auch jetzt noch das verweigerte Imprimatur ein schweres Hindernis.

b. Der Zusammenbruch der Neuscholastik

Die innerkirchliche Lage hatte sich aber 1950 gegenüber der Zeit vor dem 2. Weltkrieg entscheidend gewandelt. Zuerst in Frankreich, dann in Deutschland waren "neue Theologien" entstanden, die sich als vom Hl. Offizium trotz aller Anstrengungen, die bis zum Tode Pius' XII. 1958 durchgehalten wurden, unüberwindbar erwiesen. Die hauptsächlichen Träger dieser Bewegung, de Lubac, Congar, Daniélou, Chenu, Jungmann, Karrer, Urs von Balthasar, Schillebeeckx, Schoonenberg u.v.a. sind bekannt; auch mancher, der heute kaum mehr als "Reformtheologe" angesehen werden kann, war um 1940 oder 1950 eine Figur, die zukunftsweisend schien.[366] Die breite Palette einzelner Reformvorschläge und Reformbereiche kann hier nicht wiedergegeben werden; es genügt, aus dem Umfeld von Hessen ein paar Schlagworte und Buchtitel zu nennen, um zu zeigen, daß der von ihm so dringend angemahnte Bewußtseinswandel sich auch in Deutschland vollzog[367]:
- "Vom Staatlichen in der Kirche" (Thomé 1934)
- "Neue Zeit und alter Glaube" (Laros 1936)
- "Die Frohbotschaft und unsere Glaubensverkündigung" (J.A. Jungmann SJ 1936)
- "Ärgernisse in der Kirche" (H. Fassbinder 1936)
- "Bauschäden im Hause Gottes" (W. Everhard 1937)
- "Lebendige Seelsorge" (P.W. Meyer und P.P. Meyer OFM 1937)
- "Der neue Christ" (J. Liesser 1937)
- "Unsere Kirche im Kommen" (G. Fenner 1937)
- "Erlösender Glaube" (Thomé 1937)
- "Die Wiedervereinigung der christlichen Kirchen" (Rademacher 1937)
- "Der Katholizismus. Sein Stirb und Werde" (Hessen/Schroeder 1937)

---

[366] M. Schoof, 148ff. - R. Aubert, Die Theologie während der ersten Hälfte des 20. Jahrhunderts. - Der wichtigste theologiehistorische Beitrag zu unserer Zeit (ca. 1940 - ca. 1950) ist der quellenintensive Aufsatz von A. Guelluy.
[367] Die folgenden Buchtitel sind dem Hrsg. entweder direkt begegnet, oder aus folgenden Werken entnommen: U. Valeske, F. Grosse, A. Brecher, einer Rezension K. Adams in der ThQ 1937, 513f., sowie dem sehr bezeichnenden Aufsatz von E. Przywara, Corpus Christi Mysticum - Eine Bilanz. In: Zeitschr. für Aszese und Mystik 15(1940) 197-215 (vgl. hier Nr. 458).

- "Volk im heiligen Geist" (Laros 1937)
- "Vom christlichen Amt der Laien" (E. Michel 1937)
- "Pilgernde Kirche" (Grosche 1938)
- "Kirchenmüdigkeit?" (Adam 1939)
- "Der religiöse Sinn unserer Zeit und der ökumenische Gedanke" (Rademacher 1939)
- "Eine Theologie der Verkündigung" (H. Rahner SJ 1939)
- "Die Reformation in Deutschland", 2 Bde. (Lortz 1939)
- "Die personalistische Grundhaltung des christlichen Ethos" (Steinbüchel in "Theologie und Glaube" 1939, 475f.)
- "Die Kirche und die Welt. Beiträge zur christlichen Besinnung in der Gegenwart" (E. Kleineidam/O. Kuss, Hrsg. 1939)
- "Vom Abbau des Konfessionalismus" (Thomé 1940)
- "Irrwege und Umwege im Frömmigkeitsleben der Gegenwart" (Kassiepe ²1940)
- "Der Schlaf der Jünger" (Anon. in Wort und Wahrheit 1940)
- "Der mystische Leib Christi und seine sichtbare Manifestation" (Y. Congar in: Die Kirche Christi, hg. von O. Iserland 1940, 13.ff.)
- "Das christliche Gewissen in der Entscheidung" (Laros 1940)
- "Leib Christi" (L. Deimel 1940)
- "Der Katholizismus der Zukunft" (Hessen/Schroeder, ed. H. Mulert 1940)
- "Brief über die Kirche" (I.F. Görres 1946)
- "Aufstieg oder Niedergang der Kirche?" (Kard. Suhard, dt. Ausgabe Offenburg 1947)
- "Grundlagen und Grenzen des kanonischen Rechts" (J. Klein 1947)
- "Die Kirche der Sünder" (K. Rahner 1948)
- "Von fünf Wunden am Leibe der Kirche" (L. Bopp 1949)
- "Der mündige Christ" (J. Thomé 1949)
- "Das Menschliche in der Kirche" (P. Simon 1949)
- "Schöpferischer Friede der Konfessionen" (M. Laros 1950)
- "Situation und Entscheidung. Grundfragen der christlichen Situationsethik" (J. Fuchs SJ. 1952)
- "Meinungsfreiheit in der katholischen Kirche" (Herder-Korrespondenz 1952, 106)
- "Das «heilige Mahl» in der Religionsgeschichte und die «heilige Messe»" (J. Thomé 1953)
- "Christentum am Morgen des Atomzeitalters" (Kl. Brockmöller SJ 1953)

- "Der Weg aus dem Ghetto" (R. Grosche 1955)
- "Kritik an der Kirche" (Sammelband 1958)

Inmitten dieses generellen «Aufbruches», der nach dem Weltkrieg durch den Paukenschlag von Ida Friederike Görres in ihrem "Brief über die Kirche" in den "Frankfurter Heften" (1946, 715ff.) ins allgemeine Bewußtsein gebracht wurde[368], bildete Hessen nur eine Stimme unter vielen. Aber das Modell einer mündigen Gemeinde, die sich als pilgerndes Gottesvolk und nicht mehr als hierarchisch aufgebaute Gemeinschaft in einer ghettoartigen Festung versteht, die daher von "Klerikalismus" und "Sakramentalismus" befreit in voller Kritikfähigkeit (der "Dialog" kam später hinzu) nicht mehr "andächtig eine Hl. Messe hört", sondern mit dem Gemeindevorstand ein "Liebesmahl" veranstaltet - dieses Modell, das sich natürlich auch auf die Moral, Dogmatik, Philosophie erstreckte, war nach 1945 nicht mehr aufhaltbar. Sehr vieles, was Leser der neunziger Jahre wohl als typisch für die späten sechziger Jahre in Erinnerung haben, war intellektuell bereits 1950 voll ausgebildet vorhanden und wartete nur darauf, daß durch irgendein Ereignis dem Hl. Offizium das Steuer aus der Hand gleiten würde. Diese Situation trat ein, als zu Beginn des II. Vatikanischen Konzils durch die Intervention des Erzbischofs von Köln, Kardinal Frings, diese oberste Kirchenbehörde für kurze Zeit entmachtet wurde[369]; daß sie nicht für immer aufgelöst wurde, bedeutete so viel wie ihren nochmaligen Wiederaufstieg.

Die zentrale Metapher, mit der nach dem 2. Weltkrieg die innerkirchliche Situation kritisiert wurde, war die der "Verkalkung"[370], die Vorstellung also, daß die normalerweise recht betagten Kirchenhäupter an durch Arteriosklerose bedingter verlangsamter Wahrnehmungs- und Handlungsfähigkeit litten. Das konnte nie im Ernst die wirkliche Erklärung sein; es war eine diffamierende, aber auch resignative Zusammenfassung der schwierigen Situation, die Hessen immer schon als den Zusammenstoß von "prophetischen" und "priesterlichen" Strukturen in jeder Religion und zu allen Zeiten erkannt hatte.

Vor diesem Hintergrund kann natürlich nicht mehr die Rede davon sein, daß der Zusammenbruch der Neuscholastik, von der im folgenden zu reden sein wird, die Hauptursache aller Wandlungen im Gesamtkatholizismus

---

[368] Ida Friederike Görres, Brief über die Kirche. In: Frankfurter Hefte 1(1946), 715-733.
[369] Josef Kardinal Frings, Für die Menschen bestellt. Erinnerungen, Köln 1973, 272ff., 279f.
[370] Vgl. hier Anm. 153.

nach 1945 gewesen sei.[371] Für die meisten Gläubigen und Seelsorger spielte sich dieser Vorgang vielmehr auf den konkreteren Alltagsebenen ab, in der Moral und Pastoral, in der Liturgik und in der Politik. Innerhalb der "Kader" (sit venia verbi) aber bedeutete das Ende der Neuscholastik nichtsdestoweniger den Einsturz einer tragenden Säule der Gesamtideologie: fiel die Neuscholastik, dann war die traditionelle Apologetik nicht mehr zu halten, dann mußten auch die entscheidenden Schranken für die Exegese, Ekklesiologie und alles weitere hinfällig werden.

Wie mehrfach erörtert, war um 1928, zur Zeit der Suspension Hessens, die Front der Neuthomisten noch unüberwindbar gewesen. Bereits zehn Jahre später hatte der Wind umgeschlagen: in diesen Jahren erschienen im deutschen Sprachraum die Bücher von Lorenz Fuetscher SJ über "Akt und Potenz" (1933), die ersten Studien Albert Mitterers zur Weltbildforschung bezüglich Thomas von Aquin (1933/34), die für ihre Zeit definitive Arbeit von Hans Meyer über den Aquinaten (1938), sowie die tiefdringende Untersuchung des Jesuiten Josef Santeler über den Platonismus in der Erkenntnislehre desselben Kirchenlehrers (1938).[372] Für alle Interessierten

---

[371] Zum Gestaltwandel der kath. Kirche in Deutschland nach 1945, zu dem naturgemäß zahlreiche Meinungsäußerungen existieren, nenne ich nur das völlig neue methodische Wege gehende Werk von M. Klöcker, der als erster eine in die Lebenswelten des gewöhnlichen Katholiken vordringende Sichtweise bietet. Er hat erstmalig die ganze Breite der religiösen Ratgeber-Literatur erfaßt und verarbeitet, in der sich das reale Bewußtsein der deutschen Katholiken spiegelt. Demgegenüber repräsentiert Klaus Schatz eine traditionelle Sicht der Dinge. Andere Autoren - es sind nicht wenige - sind in ihrer Perspektive derart an den sog. Verbandskatholizismus gefesselt, daß auch hochspezialisiertes Detailwissen nicht mehr weiterhilft. Eine konservative, aber recht geistreiche Sicht der Dinge bietet: Vincent Berning, Die geistig-kulturelle Ausstrahlung des deutschen Nachkriegskatholizismus. In: H. Maier (Hrsg.), Deutscher Katholizismus nach 1945, München 1964, 136-160.
[372] Nr. 340, 342, 352, 390, 426. Nicht unbedeutend war die Arbeit von Günther Schulemann, einem Breslauer Baumgartner-Schüler: Die Lehre von den Transcendentalien (1929). Er ließ hier die Fäden, die von Augustinus zu Suarez laufen, sehr gut sichtbar werden. Die Leistung des Suarez, nämlich die Einsicht, daß Einzeldinge Gegenstand der Erkenntnis sind, wurde in passender Weise herausgearbeitet. Daß Thomas diesem Problem letztlich ganz hilflos gegenüber gestanden hatte, bildete dann das Thema Santelers. - Viel später, 1948, als Josef Koch seinen neugeschaffenen Lehrstuhl für christliche Philosophie in Göttingen mit dem in Köln vertauschte, äußerte er sich gutachtlich über denkbare Nachfolger und empfahl eine Reihe Persönlichkeiten - u.a. J. Klein in Bonn -, warnte aber nachdrücklich vor Günther Schulemann mit wenig substantiellen Argumenten wie dessen Alter von 59 Jahren und angeblich fehlender Lehrerfolge. Tatsächlich wird bei einer Einsicht in die Werke Schulemanns, der ziemlich markante suaresianische Tendenzen aufwies (Nr. 53, 61; Lit.-Verz.) deutlich, daß der strenge Thomist Koch - der diese Bücher kannte (wie er erwähnt)- hier einen Parteigegner beseitigte, und zwar ohne dem Adressaten, dem zuständigen Bischof, dies zu offenbaren. Sowohl Schulemanns Kausallehre als auch seine abweisende Behandlung der Transzendentalien müssen Koch

war durch diese vier erstmals im Vollsinn historisch-kritischen Werke über die Voraussetzungen des Denkens des Doctor angelicus dessen unablösliche Verankerung im physikalischen, anthropologischen, kosmologischen und daher auch metaphysischen Weltbild der Antike nachgewiesen worden. Zu einer Zeit, in der an der römischen Kurie noch einflußreiche Männer wirkten, die die Doktrin des Thomas für "wahr, sicher und irrtumslos" hielten, stellte dies einen bedeutenden Umbruch dar.[373]

Auffallend dabei ist, daß zwei dieser vier Forscher Jesuitenprofessoren in Innsbruck waren. Emerich Coreth hat herausgestellt, daß die Innsbrucker Philosophenschule ein Zentrum des sog. Suaresianismus war, d.h. jener spezifisch jesuitischen Weiterbildung der Scholastik, die eine unmittelbare Vorstufe der neuzeitlichen Philosophie darstellt, besonders bezüglich Descartes, der von der Doktrin des Franz Suarez (1548-1617) beeinflußt war. In ihrem Kern tendiert diese Doktrin zu einer Überwindung des Ideenrealismus und einer modernen Sicht des Individuums und der materiellen Welt (so wie sie bereits bei Duns Scotus gegeben war).[374] Hier tritt eine unterschwellige, von den Protagonisten aber nie anerkannte Verwandschaft zwischen Hessen und der neueren Jesuitenschule ans Licht: der Kölner Philosoph hatte auf dem Wege über Frohschammer und Eucken die ungenügende Differenzierung von Seins- und Erkenntnissphäre bei Thomas erkennen können und dies in seinem Pamphlet von 1926 neu publiziert; die beiden Innsbrucker Jesuiten haben via Suarez inhaltlich dasselbe Ergebnis erbracht, allerdings in einer viel genaueren, quellenmäßigeren, gelehrteren Form.

Bedauerlicherweise hat Hessen niemals die beiden Innsbrucker persönlich kennengelernt, wohl nie mit ihnen korrespondiert, niemals versucht, mit ihnen zu arbeiten. Die Klüfte zwischen den Weltanschauungsparteien waren in dieser Generation noch so groß, daß man jahrzehntelang aneinander vorbei lebte, obwohl sachlich so vieles für einen engeren Kontakt gesprochen hätte. Coreth erwähnt auch - etwas indirekt - daß die jüngere Generation der

---

direkt gestört haben; Brief Kochs an J.G. Machens, Bischof v. Hildesheim, vom 25.1.1948; Nachlaß Koch im UAK, fasz. 1.
[373] Ausfürliche Belege dazu bringt R. Markovics, ein Schüler A. Mitterers, der S. 35 Anm. 174a beinahe versteckt die Aufsätze nennt, in denen der Redemptorist Georg Pfaffenwimmer den letzteren verdächtigt hatte. - E. Hegel, Fakultät Münster, I 383 bringt ein Zitat aus Jos. Pohle, Lehrbuch der Dogmatik, I, 4. Aufl. 1908, 35, nach dem die aristotelische Erkenntnislehre "auf unbedingte Wahrheit Anspruch hat". Jos. Pohle (1852-1922), Germaniker, war 1894-97 Dogmatiker in Münster gewesen, bevor er nach Breslau ging. Sein "Lehrbuch der Dogmatik" in 3 Bänden (192ff.) erreichte bis 1933 sieben Auflagen und ist mit demjenigen Diekamps vergleichbar.
[374] G. Schulemann, 56-71.

Innbrucker Philosophen unter dem Druck des Pater Franzelin stand, der abweichenden Nachwuchskräften "lästig, ja gefährlich"[375] werden konnte. Fuetschers Werk "Akt und Potenz. Eine kritisch-systematische Auseinandersetzung mit dem neueren Thomismus" (1933) ist von Coreth in zutreffender Weise wie folgt resümiert worden:

"Die Auseinandersetzung greift den entscheidenden Zentralpunkt der neuthomistischen Metaphysik und ihrer Akt-Potenz-Lehre auf. Fuetscher geht kritisch auf diese Lehre, wie sie im heutigen Neuthomismus vorgetragen wird, ein und sucht Schritt für Schritt die Argumente für den *actus de se illimitatus* und die *potentia ut principium limitationis* zu widerlegen, er sieht darin einen unkritischen Begriffsrealismus, d.h. einen unberechtigten Übergang von der Denkordnung auf die Seinsordnung, und setzt der thomistischen Seinslehre eine Auffassung entgegen, die im wesentlichen von Suarez her bestimmt ist, aber nicht nur Suarez wiederholt, sondern in spekulativ eigenständiger Weise weit über Suarez hinaus dessen Grundansatz bis in die letzten Konsequenzen fruchtbar zu machen sucht. Wie immer man Fuetschers Werk sachlich beurteilen mag - auch der Verfasser dieses Berichtes kann ihm durchaus nicht in allem folgen -, jedenfalls zeigt das Werk ein hohes Niveau philosophischen Denkens und zwingt eine thomistisch ausgerichtete Metaphysik, Fuetschers Argumente ernst zu nehmen, sich mit ihnen auseinanderzusetzen und die Grundlagen der Metaphysik nicht, wie es zuweilen geschieht, unkritisch vorauszusetzen und thesenhaft festzusetzen, sondern kritisch neu zu durchdenken und zu begründen."[376]

Der zentrale Kritikpunkt gegenüber Thomas von Aquin ist dessen entgegen seiner Intention über Aristoteles hinaus auf Plato zurückgreifender "Begriffsrealismus", d.h. sein Festhalten an einer Ideenlehre, die freiwillig oder unfreiwillig zur Erklärung der Dinge eine für sich bestehende Ideenwelt benötigt.

Wenn Fuetscher dasjenige Dogma angegriffen hatte, das den strengen Thomisten als der innere Kern des Thomismus erschien - die Akt-Potenz-Lehre -, dann kritisierte gleichzeitig sein Innsbrucker Ordensbruder und Kollege Josef Santeler einen anderen Zentralbereich des Thomismus, die Erkenntnistheorie. Schon sein Aufsatztitel aus dem Jahre 1934 "Hat Aristote-

---

[375] E. Coreth, 172.
[376] Ebd., 178f.

les den Platonismus überwunden?" ließ hier die Richtung erkennen.[377] In seinem Hauptwerk "Der Platonismus in der Erkenntnislehre des heiligen Thomas von Aquin" (1939) bewies er nun, daß zentrale Positionen des Aquinaten, besonders in der Erkenntnistheorie, dem Universalienproblem, dem Hylemorphismus und dem Individuationsprinzip einem nie völlig überwunden platonischen Ultrarealismus verhaftet blieben, der seine letzte Ursache in der alten Auffassung von der Materie als einer von Gott nicht geschaffenen fremden Gegenmacht hatte. Natürlich lehrte Thomas, wenn direkt davon die Rede war, die Geschöpflichkeit der ganzen Welt.[378] Aber in den tieferliegenden, allgemeineren Voraussetzungen bleibt er an jene platonische Vorstellung gebunden, die komplizierte Hilfskonstruktionen erforderlich machte, um die an sich unerkennbare Materie doch der Erkenntnis zugänglich zu machen.[379]

Santeler nennt auch das letzte Motiv, das noch aus dem vorsokratischen Philosophieren kommt, das zur Unerkennbarkeit der Materie führte: das alte Axiom "Nur Gleichartiges kann durch Gleichartiges erkannt werden", also jene älteste Schicht der griechischen Erkenntnistheorie[380], in der insbesondere eine letzte moralische Abwertung der Materie und des menschlichen Körpers, sowie der Wunsch nach einer unangreifbaren, leidfreien «geistigen» Existenz des Menschen ihren Ausdruck findet.[381] Man kann es auch so sagen, daß allen Bemühungen zum Trotz die These der Eleaten - Sein und Denken sind gleich - sich bis auf Thomas hin hat halten können.[382] Das Urdogma, das all dem zugrunde lag: daß das

---

[377] In: ZkTh 58(1934) 161-96. Josef Santeler SJ (1888-1968), habilitierte sich 1926 in Innsbruck für scholastische Philosophie, dozierte 1926 bis 1938 Logik, Erkenntniskritik und Ontologie, lehrte nach Aufhebung der Theol. Fakultät Innsbruck 1938 einige Jahre am Priesterseminar in Gurk, und erhielt 1946 den Lehrstuhl für christliche Philosophie an seiner Heimatfakultät. Zu ihm: E. Coreth in: ZkTh 90(1968) 210-12, sowie ders., Die Philosophie, 180ff. Er war 1912 Priester geworden und trat 1915 dem Jesuitenorden bei, in dem er 1930 zum 4. Gelübde zugelassen wurde. Über seine bäuerliche Jugend veröffentlichte er Erinnerungen: Josef Santeler SJ, Als ich noch ein Geisshirt war, Innbruck 1966. - EF 5, 1001.
[378] J. Santeler, Der Platonismus (Nr. 426), 153-62.
[379] J. Santeler, Der Platonismus (Nr. 426), 4-65: Erster Teil. Die thomasische Lehre vom intellectus agens.
[380] Ebd., 150. Das Axiom wird ebd. aus Aristoteles, De anima 2 (404 b 9-18), übers. von A. Busse, Leipzig 1922, 8 zitiert.
[381] Ernst Topitsch, Vom Ursprung und Ende der Metaphysik, Wien 1958. - Neuerdings vor allem: Ders., Erkenntnis und Illusion. Grundstrukturen unserer Weltauffassung, zweite, überarbeitete und erweiterte Aufl., Tübingen 1988.
[382] Das Werk Santelers besteht aus zwei Teilen: erstens "Die thomasische Lehre vom intellectus agens (S. 4-66), zweitens "Erkenntnis und Erkenntnisgegenstand" (S. 67-272), in dem das Universalienproblem, der Hylemorphismus, der Wissensbegriff, die Erkenntnis

Unveränderliche besser sei als das Veränderliche, verweist auf die von Ernst Topitsch beschriebene Entstehungssituation der Metaphysik überhaupt.[383] Die vollen ideologiekritischen Konsequenzen zog Santeler natürlich nicht! Scheinbar beschränkt er sich darauf, ehrfurchtsvoll bestimmte Grenzen der Verarbeitungsfähigkeit bezüglich der griechischen Philosophie bei Thomas festzustellen. Sein Buch ist in einem milden und völlig unpolemischen Tone abgefaßt, aber er bleibt unerbittlich konsequent in der Durchführung des Gedankens. Eine große Zahl unlösbar scheinender Probleme der Thomas-Interpretation fielen mit einem Schlag in sich zusammen, nachdem Santeler durchdringend die Frage gestellt hatte: warum hält Thomas die Materie für nicht erkennbar?

Danach war im Grunde kein "Neuthomismus" mehr möglich. Albert Mitterer untersuchte in Forschungen, für die er eine eigene Reihe eröffnete, das genaue biologisch-physikalische Weltbild des Aquinaten, hin bis zu Details der menschlichen Physiologie, über die man sonst eher global hinwegzugehen pflegte, und verglich es nicht nur mit dem der modernen Naturwissenschaften, sondern auch mit dem der Vorläufer, wie z.B. Augustinus.[384] In diesen sehr vielschichtigen und komplizierten Untersuchungen kam die selbstverständliche, aber noch nie vor ihm auf einem solchen Niveau herausgearbeitete Zeitgebundenheit der Kosmologie, Biologie, Anthropologie des

---

des Einzelnen, und der Sinn der thomasischen Lehre von der Materie als Individuationsprinzip behandelt werden. Wer die Gesamtlektüre dieser brillantesten aller Bücher, die dem Hrsg. während seiner Arbeit zu diesem Thema begegnet ist, scheut, findet eine präzise, ausführliche Inhaltsangabe in der Rez. durch Palmaz Rucker (hier Nr. 462). Daß auch anderen gleichzeitigen Philosophen die letzte Bindung des Thomas an Parmenides klar wurde, zeigt deutlich G. Schulemann, Die Lehre von den Transcendentalien, 1ff. - Eine vergleichbar qualitätvolle Arbeit ist der Aufsatz Santelers: Der Endzweck des Menschen nach Thomas von Aquin. Eine kritisch-weiterführende Studie. In: ZkTh 87(1965) 1-60.
[383] Vgl. neuerdings: E. Topitsch, Heil und Zeit, Tübingen 1990, besonders aber das Kapitel "Mythos als Philosophie" in: Erkenntnis und Illusion, hier Anm. 381, 124-240, hier S. 174 zu Parmenides.
[384] Albert Mitterer (1887-1966) war 1920-40 Prof. der Apologetik, resp. der christl. Philosophie am Priesterseminar von Brixen, seit 1948 o. Prof. der Fundamentaltheologie in Wien, em. 1958. Vgl. Ernst Chr. Suttner (Hrsg.), Die katholisch-theologische Fakultät der Universität Wien 1884-1984. Festschrift zum 600-Jahr-Jubiläum, Berlin 1984, 142-45, 408f.(Lit.); EF 4, 689. Seine sechs Bände zur «Weltbildvergleichenden Thomasforschung» sind zus. mit seinen Aufsätzen verz. bei Marcovics. Das Werk von 1935 mit seinem Angriff auf den Hylemorphismus bedeutete an sich schon das Ganze. - A. Kolping, 390f. - Hier noch einschlägig: A. Mitterer, Die Zeugung der Organismen insbesondere des Menschen nach dem Weltbild des hl. Thomas und dem der Gegenwart, Wien 1948. - Ders., Die Entwicklungslehre Augustins im Vergleich mit dem Weltbild des hl. Thomas und dem der Gegenwart, Wien 1956.

Aquinaten in einer Weise ans Licht, die ihre völlige wissenschaftliche Überholtheit jedem einsichtig machte.

Der Hertling-Schüler Hans Meyer[385] legte in seiner großen Gesamtdarstellung über Thomas von Aquin gewissermaßen die Summe aus 50 Jahren katholischer deutscher Scholastik-Forschung vor. So wie sein Lehrer übte auch Meyer an Thomas eine zwar ruhige, aber prinzipielle Kritik. Der Tradition der Görres-Gesellschaft entsprechend, die auf den Abbau der Inferiorität der Katholiken bedacht war, bezog er sich dabei vor allem auf die bei Thomas natürlich vorhandene Vermengung von theologischen und philosophischen Argumenten, oder allgemeiner gesagt, auf seine ganze Wissenschaftslehre.[386]

Hessen zitierte später besonders aus dem letzten Abschnitt des Werkes, wo es um das Verhältnis von Theologie und Philosophie geht: "Die Reinheit des Philosophiebegriffs hätte gewonnen, wenn Thomas der philosophischen Kritik gegenüber sich nicht auf den Glauben, sondern nur auf philosophische Gründe berufen und nicht biblische Berichte als Glieder in die Beweisführung eingebracht hätte. Sein philosophisch-theologisches Lehrgebäude bringt solches Ineinandergreifen und solche unstatthafte Vermengung mit sich."[387] Als Hessen diese Werke las, muß er das Gefühl gehabt haben, daß er selbst "gewonnen" hatte. In umfangreichen Rezensionen würdigte er Mitterer und Santeler in deutschen Zeitschriften, und man spürt das Erstaunen und die Begeisterung über diese in der Summe entscheidenden Fortschritte.[388] Nach 1939 konnte im deutschsprachigen Raum kein Wissenschaftler mehr die Lehre von dem ewig gültigen, unübertrefflichen, stets allgemeinen Doctor angelicus mehr propagieren: der Aquinate war endlich wieder der Geschichte zurückgegeben und damit überhaupt erst Gegenstand seriöser Erforschung geworden.[389]

---

[385] Hans Meyer (1884-1966) habilitierte sich 1909 bei Hertling in München mit der Schrift «Der Entwicklungsgedanke bei Aristoteles», 1915 a. o. Prof. ebd., 1922-53 o. Prof. der Philos. und Pädag. in Würzburg; Schorcht, 274-80. - Festschrift für Hans Meyer (= PhJB 63. Jg., 1955, 2. Halbbd., 241-460); EF 4, 612f.; H.M.Schmidinger, 3, 637-41.
[386] Hessen zitierte mit Zustimmung aus Meyers Th. v. A. (1938), 79: "Materie und Form sind das Produkt einmal eines zu weitgehenden Analogieschlusses von der Kunst in die Natur hinein, sodann das Ergebnis eines übertriebenen Festhaltens an der Parallelität von Denken und Sein."; J.H., Lehrbuch (hier Nr. 494), I 200. Weitere wichtige Zitierungen Meyers in J.H., Thomas von Aquin und wir (1955), 83, 100, 103f., 106, 111, 117. Die gedanklichen Parallelen J.H.s und H. Meyers sind durch ihre gemeinsame «Abstammung» von Hertling leicht zu erklären.
[387] J.H., Thomas von Aquin und wir (1955), 83. Zitiert aus H. Meyer, l.c., 580.
[388] Vgl. Nr. 388, 442.
[389] Unverständlich ist die vollständige Nichtbeachtung der Werke von Mitterer, Santeler, H. Meyer, Schulemann, ja sogar von Hertling und Baeumker in dem Werk von L.J.

Verglichen mit diesen bahnbrechenden Werken war Hessens eigener Beitrag zur Thomas-Forschung gering. Sein Pamphlet von 1926 beanspruchte ja auch nicht, eine neue originale Gesamtdarstellung zu sein, sondern war eine Polemik gegen den damals jedes Maß überschreitenden Thomas-Kult der offiziellen, politisch dem Zentrum zugehörigen Neuscholastiker.[390] Hessens eigener Beitrag zur Überwindung der Neuscholastik in den späten dreißiger Jahren besteht (abgesehen von dem "Katholizismus"-Buch) vor allem in seinem "Platonismus und Prophetismus" (1939), in dem er diese beiden idealtypisch aufgefaßten "Geisteshaltungen" zuerst auf je ihre Gottesidee, ihr Weltbild und ihre Idee des Menschen hin untersucht, um dann im zweiten Teil die Synthese und Antithese dieser beiden Grundstrukturen von Augustin über Thomas, Luther, die neuere katholische Theologie bis zum Idealismus, die dialektische Theologie und am Ende die Phänomenologie und die Existenzphilosophie hin zu verfolgen. Den Grundgedanken hat Hessen dabei in ein Schema gebracht, das bei aller Verallgemeinerung doch mit verblüffender Prägnanz die beiden antagonistischen «Geisteshaltungen» auf den kürzesten Nenner bringt.[391]

PLATONISMUS		PROPHETISMUS
	ONTOLOGISCHE SICHT:	
Sosein		Dasein
	ergibt:	
Idealismus		Realismus
Rationalismus		Irrationalismus
Logismus		Nominalismus
Ontologismus		Aktualismus
	ANTHROPOLOGISCHE SICHT:	
Erkennen		Wollen
	ergibt:	
Intellektualismus		Aktivismus
Asthetizismus		Voluntarismus
Objektivismus		Subjektivismus
Impersonalismus		Personalismus

Elders, Die Metaphysik des Thomas von Aquin in historischer Perspektive, 2 Bde., Salzburg/München 1985/87, die aus dessen Autorenregister leicht ersichtlich wird. Hessen wird einmal zitiert. Blickt man genauer hin, stellt man einen extrem engen Thomismus fest, der es sogar wagt, zum Problem des Vorherwissens Gottes nicht einmal J. Stufler SJ zu zitieren. Es stellt sich also heraus, daß dieses Werk aus dem Jahre 1987 systematisch alle von der streng thomistischen Doktrin abweichenden Autoren unterschlägt. Die wenigen Stellen, an denen Suarez zitiert wird, zeigen ihn als Vorläufer des Glaubensabfalls.
[390] Zu dem 1924/25 seinen Höhepunkt erreichenden Personenkult um Thomas v. Aquin vgl. Nr. 137, 139, 147, 148, 154, 159, 169, 175.
[391] J.H. , Platonismus und Prophetismus (1939), 21.

Hessen ist hier weit entfernt von der polemischen Schärfe von 1926. Die "ontologische" und "anthropologische Fundierung" beider Hauptauffassungen sind so tief in der allgemeinen Geschichte des menschlichen Denkens verankert, daß sich jede spezielle Polemik gegen Thomas von selbst verbot. Mit der "ontologischen Fundierung" der Differenz zwischen beiden Geisteshaltungen meint Hessen folgendes: "Platonismus bedeutet Ausrichtung des Geistes auf das Sosein, die essentia; Prophetismus die Einstellung des Geistes auf das Dasein, die existentia"[392] Die "anthropologische Fundierung"[393] der genannten Alternative bietet nach Hessen einen noch tieferen Einblick, da sie die Differenzierung der menschlichen Fähigkeiten in Erkenntnis- und Willensfunktionen erfaßt. In der Betonung der volitiven Seite des Menschen kann Hessen die gesamte "Erbschaft" seiner frühen Vorbilder, aber auch besonders Scheler in einen jetzt für ihn definierten Rahmen einfügen.

Auf Thomas von Aquin angewandt - der in diesem Buch aber nur 20 von 240 Seiten erhält[394] - formuliert Hessen eine ganze Kette von Antithesen, in denen das platonisch(aristotelisch)-thomasische dem biblisch-prophetischen Denken gegenübergestellt wird. Die "Verschmelzung der religiösen Wertwelt der Bibel mit der philosophischen Begriffswelt des großen heidnischen Denkers"[395] entfaltete sich in folgenden Antagonismen:
- "Für die Bibel ist der Mittelpunkt der Welt die Menschenseele, für Aristoteles der Kosmos".
- "Für die Bibel ist der Mensch wesentlich Wille, für Aristoteles wesentlich Intellekt."
- "Für die Bibel ist der Sinn des menschlichen Daseins ein ethischer, für Aristoteles ein theoretischer."
- Für Aristoteles ist Gott Denken, für die Bibel ist er Leben.
- Für Aristoteles ist Gott der erste Beweger, für die Bibel Schöpfer der Welt.
- Für Aristoteles ist die Welt ein Kosmos von allgemeinen Wesensformen, für die Bibel ist das wahrhaft Seiende das Individuum.
- Für Aristoteles ist "die Welt ihrem Kern nach ein ruhendes, sich gleichbleibendes Sein." Für die Bibel ist das "innerste Wesen" der Welt "Wirken und Werden".

---

[392] Ebd. 16.
[393] Ebd. 19-21.
[394] Ebd. 158-77.
[395] Ebd. 173. Hier 173-75 die folgenden Zitate und Zusammenfassungen.

- Für Aristoteles liegt der Schwerpunkt der Welt in ihrer Gegenwart, für die Bibel in der Zukunft.
- "Für die aristotelische Weltschau steht im Mittelpunkt die Natur, für die biblische die Geschichte. Dort ist die entscheidende Weltkategorie der Raum, hier die Zeit. Wie die Welt dort wesentlich als ein Nebeneinander erlebt wird, so hier als ein Nacheinander. Das bedeutet aber, daß sie dort vorwiegend mit dem Auge, hier mit dem Gehörsinn erfaßt wird."[396]

Dieser Beitrag Hessens zur Neuorientierung des philosophisch-theologischen Denkens fügt sich ohne Zwang in die Gruppe der soeben erwähnten drei Philosophiehistoriker Mitterer, Santeler und Meyer ein. Auch auf anderen Gebieten lassen sich in den letzten Jahren vor dem 2. Weltkrieg entscheidende Durchbrüche durch den Damm neuscholastischer Theoriebildung finden, so z.B. in Theodor Steinbüchels "Philosophischer Grundlegung der katholischen Sittenlehre" (1939), welche in großem Umfange die Anstöße der Phänomenologie und der neueren Wertphilosophie verarbeitete und positiv aufnahm.[397] Im Rheinland vertrat damals der junge Moraltheologe Werner Schöllgen eine zweifellos auch direkt von Hessen beeinflußte "moderne Wertethik", und es kam, zweifellos von Scheler herrührend, bereits zu einer breiten Diskussion um den Gegensatz von "formaler Gesetzesethik und moderner Wertethik".[398] Der Zusammenbruch der herkömmlichen Gesetzesmoral war angebahnt.

Trotz der Vorbehalte, die hier bereits angebracht wurden, ist doch auch Joseph Lortz' Werk über "Die Reformation in Deutschland" (1940) an dieser Stelle anzuführen. Ohne eine ziemlich fortgeschrittene Loslösung von den Grundprinzipien der Neuscholastik wäre es undenkbar gewesen. Was an diesem Buch nach wie vor unzulänglich war, die einseitige Erklärung Luthers als Nominalisten und "Subjektivisten", stammte noch direkt aus dem Milieu des Neuthomismus, war ein Überrest der Thesen des Pater Denifle O.P. und ist auf die Herkunft von Lortz aus dem Umfeld des Neuthomisten Mandonnet O.P. zurückzuführen.[399]

Aus der Summe der erbrachten geistigen Leistungen die Konsequenz ziehend, hätte der Papst demnach im Jahre 1940 in einer feierlichen Enzyklika das Ende der Neuscholastik verkünden können und müssen. Aber

---
[396] Ebd. 174f.
[397] Nr. 391.
[398] Nr. 421. Vgl. Nr. 369, 375-77, 391, 394, 396, 398-401, 441, 443, 470-72.
[399] Vgl. hier Anm. 338.

erstens hatte diese Schule ihr letztes Fundament nicht in der Wissenschaft, sondern in dem Bedürfnis des politischen Katholizismus ganz Europas nach einer Fundamentalideologie, und zweitens waren das Papsttum und die Hierarchie nicht gewillt, während des 2. Weltkrieges irgendwelche grundsätzlichen Änderungen in Erwägung zu ziehen; eine Haltung, an der sich auch nach 1945 zunächst noch nichts änderte. Vielmehr folgte nun eine etwa zehnjährige Periode der "Abendland"-Utopien[400], die begleitet wurden von objektiv überholten Neoscholastizismen, in die das Erscheinen der Enzyklika "Humani generis" und der Aufruf Karl Rahners zu neuer Inquisition gegen die "latente Häresie" der Zeit fielen.[401] Erst Mitte der fünfziger Jahre konnte so die wissenschaftliche Diskussion wieder an ihren Stand von 1939 anknüpfen.

Zur Bestimmung des Zeitpunktes, zu dem diese Ära zu Ende war, und die «Moderne» den deutschen Katholizismus endgültig erreichte, bietet sich, wie vom Verfasser an anderer Stelle schon einmal vorgeschlagen[402], der Kölner Katholikentag von 1956 an, auf dem bereits die Vorstellung der "pilgernden Kirche" propagiert und die "menschlichen Schwächen der Kirche" diskutiert wurden. Diese allgemeine Datierung findet eine genaue Entsprechung auf dem so speziellen Gebiet der Neuscholastik. Im Jahre 1957 lasen die Interessenten des "Philosophischen Jahrbuches der Görres-Gesellschaft" einen Aufsatz, der einem Umsturz aller Werte gleichkam: Albert Mitterers "Formen und Mißformen des heutigen Thomismus"[403] war eine Abrechnung von einer Schonungslosigkeit, die - bei allem gebührenden Abstand! - an die geheime Rede Chruschtschows vor dem XX. Parteitag der KPDSU (1956) erinnert. Der Vergleich mag befremden, aber in der ängstlich-gehorsamen Atmosphäre kirchlicher Philosophie war dies wirklich der Sturz eines Götzen. Was Mitterer über den "totalitären", was er über den "opportunistischen" Thomismus schrieb - das hatte es noch nie gegeben. Im Vergleich dazu war Hessens Kritik geradezu harmlos gewesen. Die

---

[400] Vgl. dazu den instruktiven Aufsatz von W. Löhr, sowie den Sammelband von A. Langner, Katholizismus.
[401] Karl Rahner, Gefahren im heutigen Katholizismus, Einsiedeln 1950. Hier der 3. Teil: «Ein Gestaltwandel der Häresie» S. 63-80, in dem Rahner zum Kampf gegen die "occulta oppugnatio" (Bened. XV.) aufruft, wobei er die beiden Bände von Mensching und Mulert S. 74 ausdrücklich nennt. Es war praktisch eine Aufforderung zur Zerschlagung der Reformkreise im deutschen Katholizismus, die dann ja auch in den fünfziger Jahren z.B. in Aachen versucht wurde.
[402] Vgl. C. Weber, Ultramontanismus, 42 Anm. 42.
[403] Nr. 602.

Atmosphäre und die Methoden der Ideologiekritik, welche von da an so folgenschwere Auswirkungen auf allen Gebieten der Weltanschauung haben sollten, und allgemeingeschichtlich mit dem Ende des «Kalten Krieges» zusammenhingen, sind bei Mitterer deutlich spürbar.

Unter "totalitären Thomismus"[404] versteht Mitterer das Bestreben bestimmter (von ihm nicht namentlich genannter) Kirchenmännern, "in autoritärer, totalitärer und diktatorischer Weise" gegen die "gerechte kirchlich garantierte Denk- und Lehrfreiheit" eine weitgehende Unterwerfung unter eine möglichst eng gefaßte thomistische Schultradition durchzusetzen. Ein solcher "totalitärer Thomismus" mußte "unwissenschaftlich" werden, zur "Unehrenhaftigkeit" im wissenschaftlichen Kampf mit all seinen Erscheinungsformen von Mundtotmachung, Verschweigung und Diskreditierung führen.[405]

Der "opportunistische Thomismus"[406] bildete nach Mitterer das peinliche Feld eines breiten, oberflächlichen Zitierens des Aquinaten, das er im Einzelnen auch als "Modethomismus", "Zitatenschatzthomismus", "panegyrischen" und "dilettantischen Thomismus" verurteilt. Mitterer meint damit jene Phänomene, die bei totalitären Ideologien unvermeidlicherweise auftreten: das liebedienerische, oberflächliche, untertänig-opportunistische Anführen eines vorgeschriebenen «Klassikers», möglichst noch mit abgegriffenen Hauptzitaten, um als Autor sofort als "korrekt" oder "linientreu", als "zuverlässig" und als "weltanschaulich eindeutig auf dem Boden" der jeweils vorgeschriebenen Lehre stehend anerkannt zu werden. Empfindet Mitterer vor dem "totalitären Thomismus" Furcht, so gegenüber dem "opportunistischen" Verachtung.

Schon 1949 verfaßt - sicherlich unter dem Eindruck eigener erschreckender Erfahrungen - wurde Mitterers Manifest erst acht Jahre später vom "Philosophischen Jahrbuch der Görres-Gesellschaft" abgedruckt.[407] Unter den damals elf Herausgebern des "Philosophischen Jahrbuches" gab es zwar verschiedene "rechtgläubige" katholische Philosophen (wie z.B. Alois Dempf, Josef Koch, Johannes Hirschberger, Paul Wilpert), aber auch einige Gelehrte, die entschieden nicht der neuscholastischen Ideologie huldigten, wie z.B. Jakob Barion, Fritz-Joachim v. Rintelen, Hans Meyer, vor allem aber

---
[404] Ebd. 98f.
[405] Ebd. alle Zitate.
[406] Ebd., 101f.
[407] Vorbemerkung der Herausgeber zu dem gen. Aufsatz Mitterers.

Max Müller, von dem in besonderem Maße angenommen werden kann, daß er Mitterers Aufschrei Zustimmung entgegenbrachte.[408] Kritisierte Mitterer von Österreich aus die totalitären Praktiken des offiziellen Thomismus, so tat Fernand van Steenberghen Gleiches in Löwen. Dieser profunde Kenner der Philosophie des Mittelalters war im Laufe seiner Studien zur Einsicht in dasjenige Phänomen gelangt, das Hessen schon 1926 in seinem Pamphlet als die Verquickung von Logischem und Metaphysischem bei Thomas gebrandmarkt hatte[409]; übrigens nicht als eigene Entdeckung, sondern angeregt von Joseph Geyser und Clemens Baeumker. Es ist im wesentlichen das, was Santeler als Ultrarealismus gekennzeichnet hatte. Van Steenberghen schildert diese Erfahrung so:

"D'autre part, plus j'avancais dans la connaissance de S. Thomas et de son siècle, plus j'étais frappé par le charactère médiéval de son oeuvre littéraire. Déjà à l'époque de mes études, le chanoine Becker avait souvent attiré notre attention sur ce qu'il appellait «la tournure dialectique» dans la pensée de S. Thomas, c'est-à-dire sa tendence à exprimer les relations *ontologiques* entre les etres réels ou les composants réels par le détour des relations *logiques* entre les concepts correspondants. Les conditionnements historiques de la pensée du saint Docteur et surtout de son expression littéraire sont innombrables; ils sont d'ailleurs tout á fait normaux et dès lors inévitables: tout penseur s'exprime nécessairement dans le langage de son temps et en fonction de l'état du savoir de son temps; si, par impossible, il ne le faisait pas, il serait inintelligible pour ses contemporains. La vérité ne change pas, mais l'expression de la vérité a toujours quelque chose de relatif et de provisoire. Dès lors le role des disciples actuels de S. Thomas est de dégager sa pensée de son écorce médiévale.

De plus en plus frappé par ces faits comme historien, j'ai compris que, par leur attachement servile à la lettre dans la manière d'exposer la pensée de

---

[408] Vgl. Max Müller, Die Aktualität des Thomas von Aquin. In: PhJB 82(1975) 1-9. Der Autor berichtet über den "Viererkreis", den er mit Siewerth, Lotz und Rahner gebildet habe, um die Aktualität des Thomas v. Aq. zu erneuern, z.b. durch ein Wiederauffinden von Thomas bei Denkern wie Marx und Habermas. Wenngleich derartige Versuche Hessen völlig fernlagen, so war damit doch auch eine Distanzierung von der Neuscholastik gegeben, über deren inneren Wert hier nichts zu sagen ist.
[409] J.H., Die Weltanschauung des Thomas von Aquin (1926), 122f. Hessen bezieht sich hier auf J. Geyser, Grundlagen, 87ff. Der ganze Abschnitt "Zur Würdigung der aristotelischen Logik", 87-92 ist beachtenswert als Quelle des Denkens H.s. Die Nähe zur Grundsatzkritik Santelers ist groß und läuft bzgl. Aristoteles auf einen fortwirkenden Ideenrealismus hinaus. Die gemeinsame suaresianische Wurzel ist gut erkennbar.

leur maitre, les thomistes de stricte observance compromettent gravement la renaissance thomiste et l'engagent dans une impasse."[410]

In einer Broschüre "Le retour à Saint Thomas a-t-il encore un sens aujourd'hui?" von 1977 gibt van Steenberghen dann einen Rückblick auf die brutalen Methoden, mit denen von Anfang an die Neuthomisten die Durchsetzung ihrer Ideologie betrieben, wobei es auffällt, wie wenig die kleinen minoritären anti-thomistischen Zirkel voneinander wußten.[411] So sind van Steenberghen nicht nur die Werke Santelers und Mitterers, sondern auch Hessen als Autor und Person offensichtlich weitgehend unbekannt geblieben. Umgekehrt hat Hessen zwar von Mercier im Jahre 1918 Kenntnis genommen, aber in seiner erweiterten Neuausgabe des Thomas-Pamphlets, die er 1955 veranstaltete - das Verbot des Erzbischofs von 1928 wird dem Leser verschwiegen - zeigt er eigentlich keine Kenntisse der französischsprachigen Thomismus-Kritik der letzten 30 Jahre. Weder das monumentale Werk des Bergsonianers Rougier, noch die antithomistischen Äußerungen Gabriel Marcels, noch das in seiner Wirkung tiefgreifende Oeuvre des Suaresianers Descoq waren Hessen bekannt.[412] Deutlich wird, daß die Antithomisten nur über eine schwache Binnenstruktur verfügten. Der Franziskanerorden fiel aus den verschiedensten Gründen als Träger einer bewußten antithomistischen Philosophie aus (die Franziskaner haben Hessen öfters scharf kritisiert); eigene Zeitschriften, die etwa dem neunjährigen "Totschweigen" Hessens seit dessen Bücherverbot durch die "Theologische Revue" - dem einzigen katholischen Rezensionsorgan Deutschlands - von 1928 bis 1936 etwas hätten entgegensetzen können, besaß die Richtung nicht.

---

410 F. van Steenberghen, La lecture et l'étude de Saint Thomas. In: R.neosc.Louv. 53(1955) 301-20, hier 307.
411 F. van Steenbergehn, Le retour (hier Nr. 675).
412 In dieser Arbeit über Hessen können nicht die zahlreichen Ansätze der französischen Philosophen zur Überwindung der Neuscholastik behandelt werden, für die nur diese drei unterschiedlichen Namen stellvertretetend genannt seien. - Der Jesuit Pedro Descoqs (1877-1946) hat in der Zwischenkriegszeit einen harten, langandauernden Kampf gegen die "école dite thomiste" vom Standpunkt des Suaresianismus geführt. Zu ihm: In Memoriam. Le Père Pedro Descoqs. In: Archives de philosophie 18(1949) 125-35 (innerhalb des Sonderhefts: Suarez. Modernité traditionelle de sa philosophie, ebd. cahier 1, 1-175; EF 2, 383). - Das Werk des Bergsonianers Louis Rougier (hier Nr. 166) ist die wissenschaftlich bedeutsamste Thomas-Kritik des 20. Jahrhunderts. - Zu Gabriel Marcel (1889-1973) vgl. Xavier Tilliette in: Dictionnnaire de spiritualité, ascétique et mystique 10(1980) col. 290-93. In seinem Journal métaphysique (1927), 65 heißt es: "la théodicée, c'est l'athéisme", eine Vorstellung, die Hessens Empfinden sehr nahe kommt, und zwar gerade in seinen Ausführungen «Die Weltanschauung des Thomas von Aquin» aus dem Jahre 1926.

So beachtenswert die neuformulierten Abschnitte in "Thomas von Aquin und wir" (1955), also vor allem sein dritter, kritischer Teil (S. 82-145) sind, so legen sie doch auch eine schwere Isolierung Hessens von der außerdeutschen Geisteswelt bloß. Entsprechend verblüffend ist die damit umso stärker hervortretende Tatsache, daß dann in den Jahren 1955-57 ohne gegenseitige Absprache, ohne «Verschwörung» eine einmütige, geschlossene Opposition gegen den Neuthomismus an die Öffentlichkeit trat.

Die Parallelen zum Stalinismus sind keine Erfindung des Bearbeiters. Ein Hauptbeteiligter, der wegen seiner Kritik an den thomistischen Gottesbeweisen bereits damals in Mißkredit geratene Fernand van Steenberghen schilderte uns den Druck, der 1950 auf dem thomistischen Kongreß in Rom lastete. Das Verhalten zweier Protagonisten einer amtlichen Neuscholastik, Charles Boyer SJ und Reginald Garrigou-Lagrange O.P. bezeichnete er als "moskowitisch"[413]. Sie drohten unverhüllt oder in nicht mißzuverstehenden «Winken» mit dem Einschreiten des Hl. Offizium. Man lebte in finsteren Zeiten, eben im Zeitalter der Ideologien.[414]

Außer Mitterer und van Steenberghen gab es noch eine größere Zahl anderer Autoren, die um das Jahr 1956 herum genau in derselben Weise wie Hessen der Neuscholastik die Absage erteilten, z.B. Urs von Balthasar, Msgr. De Raeymaker, Guggenberger, Körner, Markovics.[415] Bei manchen mochte das auf dem vorsichtigen Wege einer «rilettura» vor sich gehen, d.h. man entdeckte jetzt Züge und Akzente an Thomas von Aquin, die man für zu

---

[413] F. van Steenberghen, Un incident révélateur, 386, wo der Autor einen an ihn gerichteten Brief eines Schülers zitiert, der von den "moeurs moscovites du p. Boyer et C¹ᵉ" spricht. Während des ganzen Thomisten-Kongresses von 1950, "l'encyclique [i.e. Humani generis, d. Hrsg.] sera citée à longueur des journées et l'ombre menacante du Saint-Office ne cessera de planer sur l'assemblée"; ebd. 381. Es gab Thomisten, die damals offen ihren Kontrahenten mit dem Hl. Offizium drohten, so Garrigou-Lagrange O.P. und Ch. Boyer SJ. Betroffen waren E. Gilson und alle Löwener, die eine solche Behandlung natürlich nie vergaßen. Zu R. Garrigou-Lagrange (1877-1964) und Charles Boyer (geb. 1884), von denen der erstere von 1909 bis 1960 Prof. der Dogmatik an der Univ. "Angelicum" in Rom, der letztere Prof. an der «Gregoriana», aber seit 1932 Sekretär der Accademia romana di S. Tommaso war, vgl. EF 1, 1044f. und 2, 1589f. Zu G.-L. vgl. die allerdings ungewöhnlich scharfe Kritik durch R. Gilbert in: H.M. Schmidinger, II 426-29.
[414] Vgl. K.D. Bracher, Das Zeitalter der Ideologien. In: ders., Geschichte und Gewalt. Zur Politik im 20. Jahrhundert, Berlin 1981, 127-50. Die antiliberalen, ja totalitären Tendenzen in allen christlichen Kirchen der Epoche werden verhältnismäßig deutlich herausgearbeitet bei: Andreas Lindt, Das Zeitalter des Totalitarismus. Politische Heilslehren und ökumenischer Aufbruch (= Christentum und Gesellschaft, Bd. 13), Stuttgart 1981. Siehe auch Anm. 462.
[415] Vgl. Nr. 522, 551, 557, 568, 570, 574, 592, 595, 601-603, 664, sowie Marcovics im Lit.-Verz.

Unrecht übersehen ausgab; dies waren vorwiegend konservative Strategien, den Thomismus zu «retten», indem man ihm ein «offeneres» Gepräge gab. Hessen hat die Adaptations-und Amalgamierungsversuche, die oft von Jesuiten ausgingen und darauf abzielten, Thomas mit der modernen oder modernsten Philosophie «ineinszusetzen», mit Sarkasmus und tiefer Ablehnung verfolgt. So sehr er das ehrliche und kritische Werk des Jesuiten Santeler anerkannte, so gründlich verabscheute er Neuthomisten, die sich das Sprachgewand des Kritizismus oder Existentialismus umwarfen, um das ewig Selbe mit neuem Glanze zu «verkaufen». Ob er z.B. Karl Rahners "Geist in Welt" wirklich mit voller Gerechtigkeit bewertet hat, kann hier nicht beurteilt werden; jedenfalls erhob er den Vorwurf an Rahner, daß er die alte thomistische Philosophie, im Kern unverändert, dem Leser in täuschender Weise als etwas ganz Neues anbiete.[416]

Seit etwa der Mitte der fünfziger Jahre konnte Hessen also feststellen, daß nach und nach die Front der Neuscholastik zurückwich. Seit dem Auftreten des Augustinus-Forschers Franz Körner stand es fest (auch im innerkirchlichen Zirkel), daß Hessens Deutung des Kirchenvaters im wesentlichen richtig gewesen, und das alte Axiom, daß man Augustinus im Geiste Thomas' lesen müsse, ein Irrweg war.[417] Der Jesuit Josef de Vries fand in einer Rezension seiner Ethik unvermittelt die "Wertethik" ganz nahe an der (scholastischen) "Seinsethik" und schränkte die Bedeutung des vielumstrittenen sog. Transzendentale "ens et bonum convertuntur" derartig ein, daß er fast keine Unterschiede mehr zu Hessen sah.[418] In der Frage der Gottesbeweise war es Albert Lang, der 1957 zugab, daß von eigentlichen zwingenden Beweisen nicht die Rede sein könne: "es kommt ihnen eine freie oder moralische Gewißheit zu!"[419] Mit anderen Worten: auf einmal «entdeckten» zahllose katholischen Theologen und Philosophen, daß das alte System völlig überholt war. Zwar gab es immer noch vereinzelte Stimmen,

---
416 So in Nr. 641.
417 Franz Körner, Deus in homine videt. Das Subjekt des menschlichen Erkennens nach der Lehre Augustins. In: PhJB 64(1956) 166-217. Vgl. Nr. 607.
418 Nr. 606. Vgl. auch Johannes B. Lotz, Konstitution transzendentaler Bestimmungen des Seins nach Thomas von Aquin. In: Miscellanea Medievalia, hrsg. von Paul Wilpert, Bd. 2, Berlin 1963, 334-40. Lotz formuliert die Auffassung der Transzendentalien jetzt als gedankliche Beziehung des Wahren und Guten zum Sein: "ein Gedankending, dem freilich etwas im Seienden selbst entspricht"; 339. Ansonsten kritisierte Lotz jetzt die thomistische Transzendentalienlehre, so wie es Hessen stets getan hatte. Die zunehmend "revisionistische" Position von Lotz findet man in dessen "Sein und Existenz", Freiburg 1965, 89.
419 Nr. 639.

die Hessen grundsätzlich ablehnten, wie den Würzburger Fundamentaltheologen Hubertus Mynarek, der noch 1963 ein ganzes Buch veröffentlichte, um Hessens Religionsphilosophie als völlig irrig und aller Kirchenlehre widersprechend nachzuweisen[420] - aber das war jetzt ein Anachronismus, der nur aus der isolierten Situation der polnischen Nachkriegstheologie zu erklären ist, obgleich auch in Polen einige katholische Philosophen Hessen in hohem Grade schätzten.[421]

Der Meinungsumschlag bezüglich des Kölner Philosophen ist zeitlich an der Würdigung festzumachen, die 1959 in der "Theologischen Revue" erschien[422], in jenem einflußreichen Rezensionsorgan seiner Heimatfakultät, in dem 1924 Franz Diekamp praktisch seine Verurteilung gefordert hatte. Die Zeiten, in denen Diekamps Dogmatik vorherrschte, waren nun vorbei.

Was den Wert dieser Würdigung, die Hessen "meine kirchliche Rehabilitation" nannte[423], allerdings mindert, ist das Verschweigen all der Konflikte und Quälereien, die es gegeben hatte. Auch im Augenblick der Rehabilitierung galt das Gesetz des Machtapparates: es hat niemals eine Verfolgung gegeben, die Oberen haben nicht gefehlt, niemand ist schuldig geworden! Weil nichts weiter vorgefallen war als einige schmerzliche «Mißverständnisse», konnte - nach offizeller Ansicht - von jetzt an auch wieder «Ruhe herrschen». Dementsprechend wurden die 1959 veröffentlichten Lebenserinnerungen Hessens auch in katholischen Zeitschriften totgeschwiegen; weder die «Zeitschrift für katholische Theologie», in der es über 30 Jahre lang so zahlreiche "Verrisse" Hessens gegeben hatte, noch die «Theologische Revue» oder die «Theologische Quartalschrift», auch nicht «Theologie und Glaube», «Divus Thomas», oder das «Philosophische Jahrbuch der Görres-Gesellschaft» nahmen die gehaltvollen und sehr problemgeschichtlich orientierten Lebenserinnerungen zur Kenntnis. Das ist umso weniger verständlich, als Hessen sorgfältig jeden Angriff auf Lebende und jede «Enthüllung» persönlicher Details vermieden hatte.

Wie nahe hätte es gelegen, daß ein überzeugter Thomist sich mit dem hier entworfenen Bild einmal gründlich und ehrlich befaßt hätte. Daß dies

---

[420] Mynarek hat bezgl. Hessens Religionsphilosophie einen Wandel durchgemacht, der ihn von starker Bewunderung zu ebenso ausgeprägter Ablehnung führte, wie sie sich in seinem eben gen. Buch ausdrückt; Nr. 663.
[421] Siehe hier Kapitel 9.
[422] Hier Nr. 644.
[423] Auf einer Kopie dieser Würdigung, die er seinem Freunde Lenzen schickte, schrieb er: "Meine kirchl. Rehabilitierung! J."; Nachlaß Dr. W. Lenzen.

nicht geschah, daß die Thomisten der «Endabrechnung» auswichen, muß man daher als stillschweigendes Eingeständnis ihrer Niederlage ansehen. Trotzdem war das Totschweigen durch alle maßgeblichen Zeitschriften für die Verbreitung seiner Memoiren natürlich fatal. Nur der engere Freundeskreis Hessens machte in den weniger prominenten oder gar nicht spezifisch theologisch-philosophischen Journalen auf diese wichtige Bilanz eines antischolastischen Lebens aufmerksam.[424] Und da Rezensionen nun einmal das wichtigste Mittel der Information über wissenschaftliche Bücher sind, wird verständlich, warum Hessens Erinnerungen weder in die Kirchengeschichte noch in die Philosophiehistorie oder gar allgemeine Geschichte, ebensowenig in die rheinische Geschichte jemals eingedrungen sind.

---

[424] Hier Nr. 634, 645, 657.

8. Hessen in der Bewegung gegen Wiederbewaffnung und gegen atomare Aufrüstung (1954-58)

Zu den Merkwürdigkeiten der Personalakte Hessens bei der Universitätsverwaltung gehört ein dort noch vor seinem Wiedergutmachungsbescheid eingefügtes gedrucktes Heft von nur 12 Seiten Umfang[425], das den Titel trägt: "Offener Brief an den Herrn Bundeskanzler Dr. Konrad Adenauer überreicht vom Bundesarbeitsausschuß des Demokratischen Kulturbundes Deutschlands" und datiert auf den 14./15.10.1950 datiert ist. Es war dies die Antwort auf einen Beschluß der Bundesregierung vom 19.9.1950, daß die Mitglieder dieser Vereinigung aus den Diensten der Bundesregierung auszuscheiden hätten. Der Kulturbund selbst wurde dort als getarnte kommunistische Organisation bezeichnet. Unterschrieben war der "offene Brief" auch von dem Mitglied des Arbeitsausschusses Johannes Hessen. Die Organisation hatte ihren Sitz in Düsseldorf und wir sind durch die Arbeit von Karl Richter über fast alle Verzweigungen ihrer Tätigkeit informiert.[426]

Dessen Beschreibung der linksintellektuellen Szene stimmt völlig mit dem Dossier überein, das der nordrhein-westfälische Verfassungsschutz über Hessen anlegte. Praktisch bei allen öffentlichen Kundgebungen ist er "in Erscheinung getreten, die sich gegen den Abschluß der Pariser Verträge, gegen die Einführung der allgemeinen Wehrpflicht, gegen die Notstandsgesetze und gegen die atomare Aufrüstung richteten" (Dok. 105). Die Komitees, in denen er mitarbeitete, die Aufrufe, die er unterschrieb, die öffentlichen Auftritte, bei denen man ihn sah - das alles erweckt den Anschein, als ob hier ein unermüdlicher Agitator am Werke gewesen sei. Und doch war dem aller

---

[425] In: UAK, Zug. 17/II 1004 fol. 105. Weitere Maßnahmen gegen den "Kulturbund", vor allem aber gegen die KPD und FDJ, erfolgten am 28.3.1951, wohl im Zusammenhang mit den damaligen Aktivitäten des Neutralisten und Würzburger Historikers Ulrich Noack, der am 18.3.1951 in Frankfurt einen Kongreß neutralistischer Tendenz abgehalten hatte. Noack wurde am 3.8.1951 aus der CSU ausgeschlossen; Keesings Archiv der Gegenwart, 21. Jahrg., 1951, Sp. 2826, 2877, 3053.
[426] K. Richter. Gewollt oder ungewollt ist das Buch K. Richters eine einzige Erzählung der Aktivitäten des Kommunisten Hans Fladung (geb. 1889 Frankfurt/M.), der seit 1924 hauptamtlicher Funktionär , 1923-33 MdL in Preußen, 1928-33 Stadtverordneter in Düsseldorf war und seit 1938 in England lebte, nachdem er 1933-36 in einem KZ gesessen hatte. In England schuf er sich weitreichende Freundschaften. Seit 1946 wieder in Düsseldorf, war er der maßgebliche Mann des «Demokratischen Kulturbundes». Ein Prozeß wegen Staatsgefährdung vor dem Düsseldorfer Landgericht begann am 13.1.1964, wurde aber am 30.1.1964, wahrscheinlich wegen englischer Interventionen ausgesetzt. Vgl. Biographisches Handbuch der deutschen Emigration nach 1933, Bd. I (Politik, Wirtschaft, öffentliches Leben), hrsg. von Werner Röder und Herbert A. Strauss, München 1980, 180. - K. Richter, 21. - NL Hessen, fasz. 51.

Wahrscheinlichkeit nach nicht so. Es entsteht vielmehr der Eindruck, daß Hessen sich eher als eine Art "Aushängeschild" zur Verfügung stellte, nicht aber konkrete Organisationsarbeit leistete. Die öffentlich eindrucksvollste Aktion, an der er als Redner teilnahm, war die große Paulskirchen-Kundgebung in Frankfurt am 29. Januar 1955[427].

Diese Veranstaltung - deren politischer Stellenwert übrigens insofern umstritten ist, als es Kritiker gibt, die der SPD-Parteiführung vorwerfen, sie habe es damals gar nicht mehr ernst mit ihrer Ablehnung der «Pariser Verträge» gemeint - war vom SPD-Vorsitzenden Erich Ollenhauer und dem DGB-Vorsitzenden Walter Freitag sowie den Professoren Helmut Gollwitzer und Alfred Weber veranstaltet worden. Neben Ollenhauer, Gollwitzer, Weber und dem Gewerkschafter Georg Reuter sprachen noch der evangelische Pfarrer Ernst Lange, Gustav Heinemann und eben Hessen, dieser also gewissermaßen als Vertreter des deutschen Katholizismus. Das Motto lautete: "Rettet Einheit, Frieden und Freiheit! Gegen Kommunismus und Nationalismus!" Die meist recht kurzen Reden wurden von einem Teil der westdeutschen Rundfunkanstalten übertragen.[428]

In seinem Vortrag führte Hessen unter anderem aus: "Als katholischer Theologe kann ich nur tief bedauern, daß meine geistlichen Mitbrüder in der Bundesrepublik bis auf wenige Ausnahmen sich heute hinter eine Politik stellen, die sich eine «Politik der Stärke» nennt, anstatt sich für eine Politik einzusetzen, die [...] eine «Politik des Dienstes am Frieden» ist." Für Hessen war "die mit christlichem Pathos auftretende Politik" Adenauers "eine lebensgefährliche Vereinfachung, eine verhängnisvolle Selbsttäuschung". Die politische Kernfrage, so wie er sie sah, formulierte er vor der respektablen Versammlung so: "Im Hinblick auf die Weihnachtsbotschaft des Papstes muß die Frage erlaubt sein, ob nicht in der sogenannten Integrationspolitik und ihrer bis jetzt ständigen Bevorzugung gegenüber der kollektiven Sicherheit

---

[427] H.K. Rupp, 49-51.
[428] Vgl. Hans-Josef Legrand, Friedensbewegungen in der Geschichte der Bundesrepublik Deutschland. Ein Überblick zur Entwicklung bis Ende der siebziger Jahre. In: Janning/Legrand/Zander, 19-35, hier 22f. Nach K. Herbert, 214, wurde die Veranstaltung über alle Sender übertragen. Zum parteipolitischen Hintergrund vgl. Josef Müller, Die gesamtdeutsche Volkspartei. Entwicklung und Politik unter dem Primat nationaler Wiedervereinigung 1950-1957, Düsseldorf 1990.

eine letzten Endes traditionelle macht- und militärpolitische Blockpolitik steckt"[429], die größte Kriegsgefahren in sich berge.

Die Paulskirchenkundgebung hat sowohl bei Anhängern wie Gegnern ein breites Echo gefunden. So fanden u.a. in Bonn und Würzburg parallele akademische Versammlungen statt, bei denen die Professoren Franz Rauhut, Franz Paul Schneider, der Historiker Michael Seidlmayer ihre Stimme erhoben. Wie tief der Protest in die Schichten der Nazi-Verfolgten reichte, zeigt auch das Engagement des Bonner evangelischen Theologen Georg Dehn und des Münchener Anthropologen Karl Saller. Und wer erinnert sich noch daran, daß auch der Geschichtsphilosoph Alfred von Martin, der Philosoph Helmuth Plessner, der Theologe W. Schneemelcher und der Bildhauer Ewald Mataré die Paulskirchen-Resolution unterstützten? Für den kritischen Zeitgenossen aber dürfte die Gegenkundgebung, die Adenauer dann doch für nötig hielt, noch vielsagender gewesen sein: am 17.2.1955 sprachen in der Ernst-Merck-Halle in Hamburg die vier Parteivorsitzenden der Regierungskoalition: Adenauer (CDU), Dehler (FDP), sowie Oberländer (Gesamtdeutscher Block) und Hellwege (Deutsche Partei).[430]

Dem Stil seiner Memoiren entsprechend, druckte Hessen dort zwar recht ausführlich seine damaligen Paulskirchen-Ausführungen und andere seiner Friedensappelle ab, verschwieg aber, welche konkrete Rolle er in der Friedensbewegung spielte. Daß in seinem Nachlaß sich dazu nichts findet, scheint ein Hinweis darauf zu sein, daß Hessen mit dem Wirken staatlicher Organe ihm gegenüber rechnete. Nach Auskunft der Dossiers des Landes-Verfassungsschutzes kann davon aber nur insofern die Rede sein, als die Dokumente und Tagungen, mit und in denen er öffentlich auftrat, registriert wurden. Belegt sind dabei - im Ganzen doch sporadische - Kundgebungen aus den Jahren zwischen 1950 und 1959. Seine letzte behördlich registrierte Unterschrift leistete er Anfang September 1959, als er eine Adresse von 57 Professoren an den 5. DGB-Kongress in Stuttgart mit unterzeichnete, mit dem Ziel, es solle der atomaren Rüstung der Bundesrepublik entgegengewirkt

---

[429] Die Rede Hessens ist abgedruckt in der gleichzeitigen Broschüre: «Rettet Einheit, Freiheit, Frieden! Gegen Kommunismus und Nationalismus». o.O. 16 S. Hier zit. nach der Teilausgabe in: J.H., Geistige Kämpfe, 260-62.
[430] Die Unterzeichner der Paulskirchen-Resolution sind genannt in der Anm. 429 gen. Broschüre, 14-16. Zur massiven Beteiligung evangelischer Geistlicher vgl. J. Vogel, 192-97. - Die Berichterstattung der FAZ bietet vom 3.2.1955 (Nr. 28) bis zum 21.2.1955 (Nr. 43) einen Überblick über den Meinungskampf, hier Nr. 37 vom 14.2. (Bonn), Nr. 41 vom 18.2. (Hamburg), Nr. 43 vom 21.2. (Würzburg).

sowie Verhandlungen über eine militärische Entspannungszone in Mitteleuropa in die Wege geleitet werden (vgl. Dok. 109).

Karl Richter alias Werner Sticken schreibt Hessen bei einer Gelegenheit eine Rolle zu, die über die Funktion eines Redners oder Unterzeichners hinausgeht. Unmittelbar nach der Paulskirchen-Kundgebung wurde vom KPD-Vorstand, und zwar von dessen Sekretär der Abteilung Massenorganisation, Kontakt zu Hessen aufgenommen.[431] Unterstützt vom «Bund der Deutschen» - einer 1953 in Düsseldorf von dem ehemaligen Reichskanzler Joseph Wirth und dem ehemaligen Oberbürgermeister von Mönchengladbach, Wilhelm Elfes, gegründeten Partei, die im Rufe stand, kommunistisch beeinflußt zu sein[432] - wurde schon im Februar 1955 in Köln der «Deutsche Club 1954» gegründet, zu dessen geschäftsführendem Vorstand Hessen zählte. In diesem mit besonders klangvollen, konservative Assoziationen weckenden Namen geschmückten "Club"[433] hat Hessen wohl in der Phase der Neubildung der westdeutschen Friedensbewegung eine aktive Rolle gespielt (Dok. 105). Das ergibt sich auch aus einem kurzen Briefwechsel mit dem Kölner Generalvikar Teusch, der ihm am 20.11.1955 schrieb: "Es sind ernste Klagen wegen Ihren politischen Betätigungen eingegangen, und aus diesem Grunde möchte ich Sie bitten, mich zu einer Rücksprache aufzusuchen. Geht es Freitag, den 25. ds. 15 Uhr?"[434] Hessen antwortete dem Behördenchef (und man spürt in dem Brief die Erleichterung eines Mannes, der nichts mehr von einem Generalvikar zu befürchten hat):

"Verehrter Mitbruder!

Sie sind falsch informiert: ich bin eine ganz unpolitische Natur und habe mich nie in meinem Leben politisch betätigt. Ich habe derartige Ansinnen stets entschieden zurückgewiesen. Mit hervorragenden deutschen Männern habe ich seinerzeit in Frankfurt meine Stimme für den Frieden erhoben. Aber meine Rede (zu der ich übrigens von einem bekannten Bundestagsabgeordneten der CDU aufgefordert worden war) hatte einen überpolitischen, genauer ethischen Charakter. Im vorigen Sommer habe ich auf einer Tagung in Königswinter über den "Frieden als sittliche Forderung" gesprochen, und zwar zusammen mit Pater Brockmöller SJ, der ähnlich wie

---
[431] K. Richter, 255.
[432] Zum «Bund der Deutschen», gegründet am 10.5.1953 vgl. A. Esser, 238.
[433] Zum «Deutschen Club 1954», gegründet im Februar 1954 in Köln, vgl. K. Richter, 255. Vor diesem Verein hielt Hessen eine einzeln gedruckte Rede: Friede als sittliche Forderung (hier Nr. 585).
[434] Generalvikar Teusch an Hessen, 20.11.1955; NL Hessen fasz. 50.

ich betonte, daß er nicht als Politiker, sondern als Priester und Seelsorger spreche. Sie sehen also, daß meine "politischen Betätigungen" eine Erfindung böswilliger Ignoranten und Denunzianten sind, und daß deshalb eine Aussprache gegenstandlos wäre."[435]
Zwar bestand Teusch auf einem Besuch, aber worum es konkret ging, erfahren wir nicht.[436]
Da Hessen gewiß nicht die treibende Kraft hinter all diesen Aktivitäten war - nach Meinung unseres wichtigsten Gewährsmannes war dies die DDR - ist es auch nicht nötig, die schwierige Frage anzuschneiden, welchen Stellenwert all dies in der Nachkriegsgeschichte hat. Auffallend ist es jedenfalls, daß unter den Unterzeichnern nicht wenige ethisch besonders sensible Katholiken waren, die Adenauers Politik mit größter Sorge und auch innerem Widerwillen betrachteten, und deren Wurzeln in den eher links orientierten Katholizismus der Weimarer Republik hinabreichen. So ist es natürlich kein Zufall, daß auf der eindrucksvollen Liste der 44 Unterzeichner des Appells vom 26.2.1958 (Dok. 108) neben Hessen auch Namen auftauchen, die aus diesem Umfeld bereits der Jahre um 1930 stammen: Leo Weismantel und Aloys Wenzl.[437] Der aktivste "Friedenskämpfer" (der in unseren Dokumenten nicht erscheint) war in dieser Richtung Joh. Bapt. Aufhauser, Professor für Missionswissenschaft in München, daneben auch Clara Marie Faßbinder, die schon in der Weimarer Republik im "Heiligen Feuer" mitgearbeitet hatte. Auch den rheinischen Pädagogen Joseph Antz finden wir, vor allem aber Professor Franz Paul Schneider. Sicher haben auch viele unter ihnen im «Dritten Reich» Benachteiligungen erlitten.[438] Es ist ebenfalls

---

[435] Hessen an Teusch, 22.11.1955; ebd.
[436] Teusch an Hessen, 24.11.1955, ebd., betonte, daß "es um andere als in Ihrem Schreiben erwähnte Vorgänge geht".
[437] Zu Leo Weismantel vgl. Anm. 165, 453. Seine Stellung gegen den NATO-Beitritt in s. Aufsatz: Für ein neues Deutschland. In: Heute und Morgen 5(1955) 747-49. - Aloys Wenzl (1887-1967), Münchener, zuerst Gymnasiallehrer, 1926 Privatdozent, 1933 a. o. Prof. der Philos. ebd., 1938 Entzug der Lehrbefugnis (im NL Hessen fasz. 16 ein langer Brief vom 28.12.1938 Wenzls an H., in dem er die näheren Umstände seiner Entfernung schildert.) - 1946 Ordinarius, 1947/48 Rektor der Univ. München. Vgl. C. Schorcht, 207-15, 363-71.
[438] Zu Josef Antz (1880-1960), Volksschullehrer, Schulrat, Prof. an der pädagog. Akademie Bonn seit 1927, Leiter der Gruppe «Pädagogische Hochschulen» im Kultusministerium Düsseldorf 1947 vgl. Kosch, I 47. - W. Spael, Reg. - D. Riesenberger, Reg. - W. Janssen, 391. - J.B. Aufhauser (1881 Moosham/Regensburg - 1963), seit 1918 a.o. Prof. für Missionsgeschichte in München; Kürschners Deutscher Gelehrten-Kalender 1950, 49; dass. 1976, Bd.2, 3643. - Zu Clara Marie Faßbinder (1890-1974) vgl. die Lit. bei v. Hehl/Hürten, Reg. Zuletzt, besonders wichtig: D. Posser, 60-90 (zu ihren

höchst bezeichnend, daß sich unter den evangelischen Theologen, die an sich bereits in großer Zahl in den verschiedenen Gruppierungen auftauchen, 1953 auch noch Heinrich Scholz befindet, jener Religionsphilosoph aus der Schule des Neukantianismus und Rudolf Ottos, der gedanklich Hessen nahe gestanden hatte.[439]

Unsere Hauptquelle, der Bericht des nordrhein-westfälischen Verfassungsschutzes aus dem Jahre 1970 (Dok. 105), nennt 10 Eingaben, Aufrufe, Proteste, die Hessen von 1954 bis 1959 unterzeichnet hat, als letzten die erwähnte Erklärung an den DGB-Kongreß vom September 1959.

Jedoch erbringt die Durchsicht der Zeitschrift «Geist und Zeit», die von Fladung herausgegeben wurde, noch sechs weitere, meist beachtenswerte Aufrufe, die Hessen unterschrieb. Wenn man eine verunglückte (da sachlich falsche) Stellungnahme gegen den Verband deutscher Schriftsteller von 1953 einmal wegläßt, ist zuerst der Aufruf "Wählt die Opposition!" vom September 1957 zu nennen, den neben vielen anderen auch Otto Pankok, Otto Dix und Ruth Schaumann unterschrieben.[440]

Die Zeitschrift «Geist und Zeit. Eine Zweimonatsschrift für Kunst, Literatur und Wissenschaft» war in den Jahren 1956 bis 1961 das «Flaggschiff» des Kulturbundes und vermittelte die ganze Palette linker Intelligenz, wie Hans Mayer, Anna Seghers, Alfred Kantorowicz, oder aus der Anti-Atom-Bewegung Carl Friedrich v. Weizsäcker, Max Born und viele andere.[441] Die Tendenz war eindeutig im Sinne einer positiven Bewertung der DDR und einer Gegnerschaft zur Regierung Adenauers. Erwähnenswert

---

Verfolgungen). - Franz Paul Schneider, geb. 1902 Poing/Obb. seit 1948 Ordin. für Finanzwissenschaft und Soziologie/Würzburg. Er war der maßgebliche Organisator der Friedensaktivitäten in Süddeutschland, worüber K. Richter und H.K. Rupp ausführlich berichten. Kürschners Deutscher Gelehrten-Kalender, Jg. 1976, Bd.2, 1840. Über eine Kontroverse zwischen Schneider und Rauhut einerseits und der Zeitschrift "Mann in der Zeit" andererseits (Februar 1960), bzw. der CSU und dem BHE spricht ein "Offener Brief an Herrn Dr. Franz Herre/Augsburg", den Joh. Scherer/Bensberg, am 31.3.1960 an alle Bischöfe versandte, und in dem dieser gegen die "moralische Mißhandlung" dieser beiden, sowie von Prof. Hagemann, Prof. Faßbinder, Reinhold Schneider, Christa Thomas, Admiral Stummel protestierte. Der Artikel in der gen. Zeitschrift hatte gelautet "Professoren auf Ostkurs", und hatte die "sogenannten Friedenskämpfer" scharf angegriffen. Nachlaß Dr. W. Lenzen.
[439] K. Richter, 186. Zu Scholz hier Nr. 84, 165.
[440] «Aufruf deutscher Hochschul- und Akademieprofessoren» vom August/September 1957. In: Blätter für deutsche und internationale Politik, 2. Jg., Heft 9 vom 10.9.1957, 337-39, mit H.s Unterzeichnung.
[441] Die Zeitschrift «Geist und Zeit. Eine Zweimonatsschrift für Kunst, Literatur und Wissenschaft» erschien 1956-1961 im Progreß-Verlag Johann Fladung GmbH, Düsseldorf. Zum Mitarbeiterkreis zählten viele kath. und ev. Theologen, so auch Johannes Ude (1874-1965), der österreichische Reformtheologe und Pazifist. Vgl. zu ihm Anm. 160.

sind in unserem Zusammenhang die Bemühungen, fortschrittliche Katholiken zu gewinnen, z.b. durch einen Erstdruck in deutscher Sprache eines zentralen Textes von Teilhard de Chardin, durch eine Würdigung der Memoiren Hessens, vor allem aber durch zwei fulminante Artikel Leo Weismantels und Franz J. Bautz' gegen den Jesuiten Gustav Gundlach, dessen Atomkriegstheologie damals die extremste Ausbildung einer den eigenen Untergang einkalkulierenden Apokalyptik darstellte.[442]

In diese Zeit fallen vier der neu gefundenen Aufrufe Hessens: erstens ein Appell "An die Bischöfe und Pfarrer der christlichen Kirchen in der Bundesrepublik" vom 13.5.1958, in dem diese beschworen werden, sich gegen atomare Rüstung in der Bundesrepublik und für eine Politik der Entspannung einzusetzen, zweitens ein "Aufruf zur Bildung einer Aktionsgemeinschaft gegen die atomare Aufrüstung in der Bundesrepublik" vom Frühjahr 1958, drittens eine Rede "Der Standpunkt der Christen" auf dem Kongress "aller Gegner der atomaren Aufrüstung in der Bundesrepublik", der am 15. Juni 1958 in Gelsenkirchen stattfand und viertens ein Manifest aus dem Jahre 1959, veröffentlicht Juli/August-Heft von «Geist und Zeit», welches die Bezeichnung trug: "«Leitgedanken des «Fränkischen Kreises»" und in dem genau dasselbe erstrebt wurde.[443] Der Unterzeichner- und Teilnehmerkreis war letzten Endes derselbe. Unter den Unterstützern des letztgenannten Manifestes waren zahlreiche Personen, die auch schon im Zusammenhang mit dem Aufruf an die Bischöfe und Pfarrer in Erscheinung getreten waren, so beispielsweise Joh. Bapt. Aufhauser, A. Gallinger, Alfred von Martin, Ulrich Noack, Hans Rheinfelder, Franz Rauhut, Renate Riemeck, Franz Paul Schneider, Leo Weismantel und Aloys Wenzl. Im zweiten Manifest finden wir praktisch dieselbe "Besetzung", nämlich Joh. Bapt. Aufhauser, Fritz Behn, Clara Marie Faßbinder, Gallinger, Hagemann,

---

[442] Der Teilhard-de-Chardin-Text erschien 1957, H. 5, 13-33. - Die Rez. über Hessen: Nr. 634. - Leo Weismantel, Christus - Christen - Atomtheologen - Atomkriegsstrategen. In: Geist und Zeit, 1959, H. 4 vom Juli/August 1959, 32-38 (gegen Hirschmann und Gundlach). - Franz J. Bautz, Atom-Moral oder Abgang einer Theologie. In: Geist und Zeit, 1960, H. 1, 61-75 (gegen Gundlach).
[443] An die Bischöfe und Pfarrer der christlichen Kirchen in der Bundesrepublik, 13.5.1958. In: Geist und Zeit, 1958, H. 4, 156f. Der "Aufruf zur Bildung einer Aktionsgemeinschaft gegen die atomare Aufrüstung in der Bundesrepublik", o.D. in: Gelsenkirchner Protokoll, 70. - Hessens Rede am Gelsenkirchner Kongreß: ebd., 27-30; hier Nr. 625. Zur Gründung der "Aktionsgemeinschaft" vgl. K. Richter, 290. - Leitgedanken des «Fränkischen Kreises». In: Geist und Zeit, 1959, H. 4, 157-59.

Hertlein, Franz Paul Schneider, Hans Rheinfelder, Karl Saller, Hans Secker und Leo Weismantel.[444]

Hessens «Wahlheimat» in der von Diskussionsfreude und heftigen Kontroversen belebten politischen Landschaft der Bundesrepublik in diesen Jahren war der "Demokratische Kulturbund Deutschlands". Innerhalb dieses "Kulturbundes" gab es eine Art "Renommierstück", wie es Werner Sticken alias Karl Richter nennt, nämlich die "Philosophische Gesellschaft im DKBD" mit Sitz in Düsseldorf. Sie veranstaltete Vorträge angesehener Redner, darunter Hans Mayer (Leipzig), Wolfgang Harich (Berlin), Friedrich Delekat (Mainz), Franz Rauhut (Würzburg), Franz Paul Schneider (Würzburg), Joh. Bapt. Aufhauser (München) und wahrscheinlich auch gelegentlich Hessen.[445] Aus dem Umfeld des «Demokratischen Kulturbundes» und des «Deutschen Club 1954» stammen die 1956 ins Leben gerufenen "Blätter für deutsche und internationale Politik", als deren "Mitarbeiter" Hessen in den ersten vier Jahrgängen (1956-1959) auf dem Titelblatt aufgeführt wird.

Als alleiniger Herausgeber trat nur Manfred Pahl-Rugenstein in Köln auf, so daß die ständig als "Mitarbeiter" genannten Personen wohl so etwas wie einen Ersatz für ein normales Herausgebergremium darstellten. Unter den Autoren dieser Jahre begegnen wir u.a. Pater Clemens Brockmöller SJ, Leo Weismantel, Walter Hagemann, Renate Riemeck, Hermann Rauschning, Franz Paul Schneider, Karl Graf von Westphalen, Hans-Joachim Iwand[446],

---

444 Zur Amtsenthebung W. Hagemanns vgl. H.K. Rupp, 242; Blätter für deutsche und internationale Politik, 1959, 140ff.
445 K. Richter, 67f. In dieser Gesellschaft sprachen viele Persönlichkeiten, die Hessen in diesem Werdegang ähnelten, wie die meisten der oben Genannten, bes. aber Karl Saller. Zu Karl Saller (geb. 1902 Kempten), 1927 PD für Anthropologie in München, 1928 in Göttingen, dem 1935 die Lehrbefugnis entzogen wurde und der danach als Internist tätig war, bis er 1948 auf den Lehrstuhl für Anthropologie in München berufen wurde und sich seit 1952 massiv gegen die Remilitarisierung engagierte, vgl. dessen vita in: ders., Aufstand des Geistes. Essays, Düsseldorf (Progress-Verlag K. Fladung) 1953, 187-190. Hessen wird 1956 in einer Liste von 19 Rednern genannt, die mit bestimmten Themen von den Ortsgruppen des DKBD angefordert werden konnten; seine drei Themen bewegten sich im Bereich der Ethik und der Thematik Glauben und Wissen. Die engagiertesten Redner waren demnach Schneider, Aufhauser, Saller, Gallinger, Secker seitens der Hochschullehrerschaft; DKBD Mitteilungen. Mitteilungs- und Aussprachebatt für die Mitglieder und Freunde des Demokratischen Kulturbundes Deutschlands. Sitz Düsseldorf Jg. 1956, Nr. 11/12, S. 12. Eine Durchsicht der fragmentarischen Sammlung dieses Organs in der UB Düsseldorf erbrachte sonst keine Aktivitäten Hessens.
446 Hans Joachim Iwand (1899-1960), ev. Theologe, erhielt 1937 Redeverbot. 1945 Ord. für systemat. Theologie in Göttingen, 1952 in Bonn. Nach dem Kriege entschiedener Gegner der Wiederbewaffnung. "Das eigentliche Versagen sieht Iwand darin, daß es zu einer radikalen Umkehr in unserem Volke nicht kam ...": Walter Kreck, Hans Jochim Iwand. In: Bonner Gelehrte. Beiträge zur Geschichte der Wissenschaften in Bonn. Evangelische Theologie, Bonn 1968, 215-26.

dann immer mehr jüngere Intellektuelle, wie Hans Magnus Enzensberger, und - erstmals am 20. Juli 1958 - Ulrike Meinhof. Neben Hessen findet sich im Gremium der ständigen Mitarbeiter noch ein zweiter katholischer Geistlicher, Dechant Josef Emonds aus Kirchheim in der Eifel.[447] Hessen selbst hat im Grunde dort nur einmal etwas veröffentlicht, eine "Weihnachtsbotschaft" am 20.12.1956.[448] Sein Name verschwindet, als mit dem Band 5 (1960) die Angabe der "Mitarbeiter" auf dem Titelblatt entfällt. Damit bricht mit dem Jahre 1959 jeder sichtbare Kontakt Hessens zu dieser Szene ab. Ob es gesundheitliche oder andere Gründe waren, die den damals 70 Jahre alten Hessen zur Aufgabe seiner pazifistisch-linken Tätigkeiten bewegten, bleibt vorerst unbekannt. Sie fällt jedoch zusammen mit der Auflösung des «Demokratischen Kulturbundes Deutschlands» im März 1959 auf Weisung des Düsseldorfer Innenministeriums[449] und dem Erscheinen des hier mehrfach erwähnten Buches von Karl Richter/Werner Sticken, in dem jedermann die Fernsteuerung wichtiger Sektoren der linken Kulturszene mit allen Namen und Daten nachlesen konnte.[450] Ganz unabhängig davon schwächte sich um 1955/59 die Adressen- und Aufrufbewegung entscheidend ab, so daß sich das Verstummen Hessens auch von hierher erklären läßt.

An der «Deutschen Friedensunion» - in der viele bewußte Katholiken aktiv waren - hat er sich offenbar nicht mehr beteiligt. Daß seine Gesinnung unverändert geblieben ist, belegt ein Brief an den Strafverteidiger Johann Fladungs vom Januar 1964, als dieser in Düsseldorf vor Gericht stand. Er hatte von dieser Seite eine hektographierte Information zum bevorstehenden Prozeß wegen "Staatsgefährdung" erhalten und antwortete in einem längeren Brief[451]: "Ich kenne Herrn Fladung seit vielen Jahren und schätze ihn. Gewiß

---

[447] Zu Josef Emonds (geb. 1889, Priester 1922, Pfr. 1938, Dechant von Kirchheim, 1964 Erzb. Rat), der schon als Kölner Kaplan 1926/28 auf dem linken Flügel des Katholizismus aktiv war, vgl. die wenigen Hinweise bei F. Focke, 171; K. Richter, 33, 255; Rupp, 203; Directorium 1968, 2. Teil, 8.
[448] Hier Nr. 597.
[449] K. Richter, 294 zur Krise des «Kulturbundes». Nach der Auflösung durch das Innenministerium fiel Sticken, wie er sich S. 295 ausdrückte, "im Juni 1959 ... bei den kommunistischen Funktionären in Ungnade". Wegen der Gefahr für alle Beteiligten wurde Fladung zur Niederlegung seiner Ämter gezwungen und behielt nur den «Progreß-Verlag».
[450] Die Kritik, die H.K. Rupp, 94 Anm. 473 an Richter/Sticken übt, halte ich für unzutreffend. Tatsächlich kann Rupp im folgenden nur wenige Versehen in den Angaben unseres Hauptgewährsmannes nachweisen. Gewiß ist Richters Darstellung weder unparteilich noch mit großer Reflexion verfaßt worden; aber indem ich mit diesem Buch arbeiten mußte, fand ich seine Angaben plausibel.
[451] Hektographierte Information zum Prozeß gegen J. Fladung vor dem Landgericht Düsseldorf, 12 Seiten; NL Hessen, fasz. 51. - Ebd. das Konzept des Briefes, o.D., an den

wird mich als kath. Priester weltanschaulich manches von ihm trennen, aber nicht Anschauungen entscheiden über den Wert des Menschen, sondern Gesinnungen und Taten. Und diese sind bei Herrn F. in seltenem Ausmaß vorhanden." - Bezugnehmend auf ein bestimmtes Dokument Fladungs - eine gedruckte Weihnachtskarte - rief er aus: "Wer sich in dieser Weise zu Papst Johannes XXIII. und J. F. Kennedy bekennt, soll eine Gefahr für den Staat sein?" - "Ich wiederhole nur den Ausspruch hervorragender politischer Köpfe, wenn ich sage: Die wirklich staatsgefährlichen Elemente in der Bundesrepublik sind nicht links, sondern rechts zu suchen. Man findet sie u.a. auf deutschen Universitätskathedern in jenen Professoren, die 12 Jahre lang das Mordsystem Hitlers unterstützt und durch die Tatsache, daß man sie in ihrem Amt belassen hat, eine Gefahr für den neuen Staat darstellen, womit ich nur einen Gedanken ausspreche, den K. Adenauer im Sommer 1945 in einem Gespräch mit mir über die Neugestaltung der Kölner Universität geäußert hat."[452]

Die maßgeblichen Darstellungen zur Opposition gegen die Wiederbewaffnungspolitik, also die Bücher von Hans Karl Rupp und Anselm Doering-Manteuffel sind insofern enttäuschend, als auch dort das Milieu, in dem Hessen sich bewegte, keine echte Kontur gewinnt.[453] Für Doering-Manteuffel

---

Strafverteidiger Dr. Ammann in Heidelberg. Der Prozeß wurde rasch eingestellt; vgl. Anm. 426.
[452] Nähere Schilderung des Gesprächs in: J.H., Geistige Kämpfe, 195.
[453] Zu den Gegnern der Wiederbewaffnung vgl. H.K. Rupp, und speziell zu den Katholiken unter ihnen A. Doering-Manteuffel, 157-191. Allerdings führt die Entgegensetzung "Einzelgänger" - "Einheitsstreben", wie sie D.-M. anwendet, zu einer massiven Unterbelichtung der sehr zahlreichen katholischen Intelligenz, die sich oft jahrelang gegen die Wiederbewaffnung aussprach. Doering-Manteuffel behandelt von ihr nur sehr wenige Namen, vor allem R. Schneider. Das hängt mit seiner Bevorzugung kirchlicher Zeitschriften zusammen. So benutzt er «Geist und Zeit» überhaupt nicht. Die Gegnerschaft von vielen Katholiken, wie C.M. Faßbinder, Jos. Antz, J.B. Aufhauser, Leo Weismantel, Karl Graf v. Westphalen, Jos. Emonds, H. Rheinfelder, Noack, Pater C. Brockmöller SJ, Fr. Rauhut, Al. Wenzl, und von Protestanten, die mit diesen eng zusammenarbeiteten, wie Fr. Delekat, H.J. Iwand, Heinrich Scholz (dem Religionsphilosophen), bleibt unbeachtet. Auch R. Guardini war übrigens ein Gegner der Wiederbewaffnung. Über diese Personen bedürfte es grundlegender biographischer Studien, besonders für den Würzburger Finanzwissenschaftler Franz Paul Schneider, den Würzburger Romanisten Franz Rauhut, und den Münchener Romanisten Hans Rheinfelder. Diese Männer waren wohl alle bereits im «Dritten Reich» kirchlich engagiert, oft überdurchschnittlich anti-nationalsozialistisch und dann umso tiefer enttäuscht, als es zu einer Wiederaufrüstung kam. Ein markantes Beispiel für diesen Typus war Leo Weismantel (1888-1964), der hier schon als Linkskatholik der Weimarer Republik begegnete, 1939-1944 in Gestapo-Haft war und seit 1947 am Pädagogischen Institut in Fulda wirkte. Zu den beiden Romanisten wenige, periphere Notizen in: H.H. Christmann und F.-R. Hausmann, Deutsche und österreichische Romanisten als Verfolgte des Nationalsozialismus, Tübingen 1989, Reg. Wenig nur zur Opposition Intellektueller findet

sind Männer und Frauen wie er im Grunde Außenseiter; was für ihn zählt, ist die Verbandsmacht; Rupp hingegen hält die vielen hundert Professoren - die er immerhin nennt - doch am Ende nur für eine Kulisse von "Prof. Dr.", für offensichtlich gutbürgerliche Feigenblätter, die dazu dienten, in einer konservativen Gesellschaft Reputation für linke Aktivitäten zu gewinnen. Tatsache ist, daß nur eine gesonderte und sorgfältige Erforschung der einzelnen Lebensläufe zu einer sinnvollen Einordnung und gerechten Bewertung dieser vielen Einzelpersönlichkeiten führen kann. So dürfte es im Falle Hessens nunmehr leicht verständlich sein, warum dieser die Wiederbewaffnung Deutschlands verabscheute, welche Reaktionen die Befürwortung des Atomkriegs durch einen Jesuiten bei ihm auslöste und wie er wohl innerlich dem Bundeskanzler gegenüber eingestellt war. Es war zweifellos so, daß der Exilkommunist und Agitator Johann Fladung ihm innerlich näher stand als Pater Gustav Gundlach.

Von der Gegenseite wurde 1960 eine einigermaßen vollständige Liste von Intellektuellen in der Bundesrepublik (meist Professoren, Künstler und Pfarrer, nur vereinzelt Schriftsteller) herausgegeben, die als Basis für eine echte sozial- und mentalitätshistorische Untersuchung dieses Milieus dienen könnte. Eine erhebliche wissenschaftliche Anstrengung wird unumgänglich sein, will man die innere Geschichte der deutschen Innen- und Verteidigungspolitik des Jahrzehnts 1950-1960 wirklich verstehen.[454]

Die eigentliche "Pointe" unserer Quelle aus dem Landesamt für Verfassungsschutz besteht nun darin, daß es ein Antrag auf Ordensverleihung war, der im Jahre 1969 die Behörden dazu veranlaßte, das so nützliche und übersichtliche Verzeichnis zahlreicher "linker" Aktivitäten Hessens zu erstellen. Am 7.8.1969 richtete ein gewisser Martin Asholt aus Brackwede an den Bundespräsidenten Heinemann den Antrag, Hessen, der sich seinem 80. Geburtstag näherte, das Bundesverdienstkreuz zu verleihen.[455]

---

man bei Klaus von Schubert, Wiederbewaffnung und Westintegration, Stuttgart 1970, ebensowenig bei Rolf Steininger, Wiederbewaffnung, Erlangen 1989.
[454] Vgl. Heinz Hürten, Zur Haltung des deutschen Katholizismus gegenüber der Sicherheits- und Bündnispolitik der Bundesrepublik Deutschland 1948-1960. In: A. Langner (Hrsg.), 83-102. - Martin Stankowski, Linkskatholizismus nach 1945, Köln 1976. - Hans-Josef Legrand (hier Anm. 428). - Lorenz Knorr, Geschichte der Friedensbewegung in der Bundesrepublik, Köln 1983. - Alexander Fischer (Hrsg.), Wiederbewaffnung in Deutschland nach 1945 (= Schriftenreihe der Gesellschaft für Deutschlandforschung, Bd. XII), Berlin 1986.
[455] Martin Asholt an Heinemann, 7.8.1969; HStAD, NW-O-10842. Asholt taucht im Nachlaß Hessens nicht auf.

Die Angelegenheit ging ihren vorgesehenen Gang, d.h. von der Ordenskanzlei des Bundespräsidenten zur nordrhein-westfälischen Staatskanzlei, von dort zum Innenministerium, zum Landesamt für Verfassungsschutz, dem Wissenschaftsministerium und dem Regierungspräsidenten von Köln. Letzterer befragte immerhin noch weitere drei Amtsträger, und zwar in einer Form, die dem Einholen einer Zustimmung gleichkam. Einwände wurden von keiner der drei Stellen, nämlich dem Oberstadtdirektor, dem Generalvikar und dem Dekan der philosophischen Fakultät erhoben. Auch die Auskunft des Berliner Document-Center der U.S. Mission Berlin erbrachte nichts Belastendes[456]. Somit konnte die Staatskanzlei - allerdings erst fast ein Jahr nach Eingang des Antrages! - den Ordensvorschlag bejahend nach Bonn zurückreichen. Dabei wurde ausdrücklich auf die Erkenntnisse des Verfassungsschutzes hingewiesen, gleichzeitig allerdings auch betont, daß die Aktionen Hessens von "Persönlichkeiten mit sehr unterschiedlicher Weltanschauung und aus sehr unterschiedlichen Lagern" geteilt worden seien, "so daß die Interpretation im einzelnen einer weitgehenden Differenzierung bedarf". Von daher gesehen wollte die Staatskanzlei Hessen "nicht außerhalb des Personenkreises" angesiedelt wissen, "der für eine Ordensverleihung in Frage kommt"[457]. Somit konnte Gustav Heinemann Hessen das Bundesverdienstkreuz 1. Klasse verleihen; am 27.11.1970 überreichte es Wissenschaftsminister Johannes Rau an den Geehrten. Neun Monate später, am 28.8.1971, starb Johannes Hessen.

---

[456] Über den Regierungspräsidenten von Köln wurden die drei o.g. Instanzen zu H. befragt; ebd. - Antwort des Erzbistums Köln (Unterschrift: Nettekoven) vom 17.1.1969 ebd. - Antwort des Dekans der philos. Fakultät Menze vom 28.1.1970 ebd. - Auskunft des Berlin Document Center US Mission Berlin: Eingang 21.4.1970 - Ausgang 5.5.1970, gez. David H. Small, Director. Hier werden vor allem Details zur Sicherstellung des Redeverbots in Süddeutschland mitgeteilt; ebd.
[457] Staatskanzlei Düsseldorf an die Ordenskanzlei des Bundespräsidialamtes, 26.8.1970; ebd. - Ordenskanzlei an die Staatskanzlei Düsseldorf, 3.9.1970: "Gegen die Vorlage eines Ordensvorschlages für den Obengenannten bestehen keine Bedenken"; Mitteilung der Ordenskanzlei an dieselbe Staatskanzlei, 5.11.1970; das Verdienstkreuz 1. Klasse wurde Hessen am 30.10. 1970 verliehen; Schreiben des Min. für Wiss. und Forschung NW an den Ministerpräsidenten, 1.12.1970; am 27.11.1970 hat der Minister dem Beliehenen Orden und Urkunde ausgehändigt; ebd. - Die Originalurkunde in: NL Hessen, fasz. 63.

9. Schlußüberlegungen

Wie ist der lange Weg der Neuscholastik von ihrer Vorherrschaft im «katholischen Deutschland» bis zu ihrer Diskreditierung letztlich zu erklären? Wie kann es kommen, daß ein ganzes philosophisches «System» gewissermaßen zusammenbricht? Nutzen sich Philosophien ab wie ein Auto-Motor? Werden sie «widerlegt» wie eine irrige naturwissenschaftliche Annahme? Gibt es ein Wachstum in der Erkenntnis oder hilft das Konzept der «wissenschaftlichen Revolution»? Alle diese Vorstellungen über die Entwicklung von Wissenschaft sind hier unangebracht, denn die Neuscholastik war kein kein denkerisches Naturprodukt, sondern eine Treibhauspflanze, die von der siegreichen ultramontanen Partei in langen Kämpfen als herrschende kirchliche Lehre durchgesetzt wurde, zuletzt mit direkten kirchlichen Zwangsmaßnahmen.[458] Die Opposition gegen sie war sehr zäh und konnte nie ganz überwunden werden.

Die Geschichte antischolastischer Tendenzen in der katholischen Kirche von 1860 bis 1960 ist noch nicht geschrieben, wiewohl es jetzt eine ganze Reihe wertvoller Monographien gibt.[459] Die Ursache hier für ist darin zu suchen, daß die Institutionen der Erinnerung in den Händen der offiziellen Schule lagen, daß die Antischolastiker isoliert waren, auch voneinander, und daher jeder öffentlichen Anerkennung entbehrten. Die Neuscholastiker "triumphierten" (war doch das Bedürfnis nach feierlichen Solennitäten, in denen "Triumph" gerufen wurde, eines der tiefsten Motive des ganzen Ultramontanismus), und wenn es sich bloß um das 25jährige Jubiläum einer Zeitschrift handelte.[460] Sie waren es, die Kongresse einberiefen, Karrieren

---

[458] Zuletzt dazu: Luciano Malusa, 278-80 zur Absetzung von fünf Professoren der Gregoriana und von drei Professoren des Seminarium Romanum im Jahre 1879. Eine auch nur statistisch-deskriptive Darstellung aller Professorenabsetzungen in der katholischen Kirche zwecks Durchsetzung des Neuthomismus steht noch aus. Wenn es schon an deutschen Universitäten derartige Vorfälle gab, wieviel leichter war es dann französischen, englischen, amerikanischen Bischöfen, Professoren zu entfernen. Wie sehr die deutschen Bischöfe, jedenfalls ein großer Teil von ihnen, darunter litten, unabsetzbaren Universitätsprofessoren der Theologie gegenüber zu stehen, belegt jetzt deutlich: Karl Hausberger, Sieben oberhirtliche Stellungnahmen zur Ausbildung des Klerus an den staatlichen Universitätsfakultäten Deutschlands aus dem Jahre 1899. In: Staat, Kultur, Politik - Beiträge zur Geschichte Bayerns und des Katholizismus zum 65. Geburtstag von Dieter Albrecht, Kallmünz 1992, 273-85. - Die Praxis, unliebsame Professoren abzusetzen, war auch 1960 noch in Gebrauch: zwei Jesuiten des Bibelinstituts wurde die Lehrerlaubnis "vorläufig" entzogen; P. Henrici, 495.
[459] Vgl. hier Anm. 44, 61, 71, 72, 76, 87.
[460] Charles A. Hart, Twenty-Five Years of Thomism. In: The New Scholasticism 25(1921) 3-45.

zimmerten, Institute und Buchreihen ins Leben rufen konnten, Segens- und Glückwunschschreiben des Heiligen Vaters erhielten[461] - ihren Gegnern blieb nur das längere, das bessere Gedächtnis, allerdings stets nur in den Köpfen weniger.

Was die Neuscholastik langfristig das Leben kostete, war ihr Charakter als Ideologie. Darunter verstehe ich jede Theorie, die sich mit Gewaltanwendung und nicht nur durch die eigene Überzeugungskraft durchzusetzen bemüht.[462] Gewaltanwendung, das heißt hier: mit Bücherzensur, mit Studienvorschriften, mit Professorenabsetzungen oder irgend einem anderen Mittel der «Personalpolitik», die auf die Gesinnung und nicht auf die streng wissenschaftliche Leistung der Bewerber achtet, mit «Verurteilungen» abweichender Doktrinen, mit Manipulationen durch Zitier- und Rezensionskartelle, mit einseitiger finanzieller Förderung bevorzugter Schulen und dergleichen mehr.

Ohne all dies wäre es völlig undenkbar gewesen, daß die Neuscholastik eine derartig mammuthafte Ausdehnung in der ganzen Welt, besonders noch in den Jahrzehnten nach 1918 erfahren hätte, wie dies tatsächlich der Fall war.[463] Nun erzeugte aber die neuscholastische Forschung selbst durch ihre Hinwendung zu den Quellen ihres Denkens immer wieder von neuem die historische Desillusionierung: wo man die eindeutige Doktrin erwartet hatte, stieß man auf historische Gemengelagen, geniale Konzepte erwiesen sich als zeitgebundene Amalgamierungen; die als kathedralenartige Monumentalität gepriesene Geschlossenheit des thomasischen Werkes enthüllte sich als kompliziertes Adaptations- und Interpretationsphänomen voller innerer

---

[461] Über die Politik päpstlicher Anerkennungsschreiben ist wohl noch nicht zusammenhängend berichtet worden. Sie war vor allem in den Pontifikaten Leos XIII. und Pius' X. akut. Wie schwerwiegend die päpstliche Ermunterung eines kämpferischen Theologen sein konnte, zeigt das Buch von F.X. Kiefl, Die Stellung der Kirche zur Theologie von Hermann Schell, das schon im Untertitel ("Ein theologischer Kommentar zum päpstlichen Schreiben an Prof. Ernst Commer in Wien vom 14.Juni 1907,") dies belegt.
[462] Ich folge hier im wesentlichen den Gedanken von Werner Becker, Ideologie. In: Handlexikon zur Wissenschaftstheorie, hrsg. von H. Seifert und G. Radnitzky, München 1992 (unver. Nachdruck von 1989), 144-50. - Zur Vorstellung des 20. Jahrhunderts als Epoche der Ideologien vgl. Karl Dietrich Bracher, Zeit der Ideologien. Eine Geschichte politischen Denkens im 20. Jahrhundert, Stuttgart, Erweiterte Neuausgabe 1984. Die hier 44f. gegebenen Äußerungen zum Katholizismus sind eher oberflächlich.
[463] Wenn man die Bibliographie von W.J. Bourke durchsieht, in der es S. 306-311 einen Index der Zitierungen nach Zeitschriften gibt, stellt sich heraus, daß in seinem Berichtszeitraum (1920-40) ca. 53 wichtigere Zeitschriften mit neuscholastischer Tendenz existierten. Nach Nationen gegliedert stehen Italien (14) und Frankreich (13) an der Spitze, gefolgt von Deutschland (6) und Belgien und Spanien (je 4). Schwach vertreten sind die USA (2), Schweiz und England (je 1). Nicht alle bei Bourke genannten Zeitschriften sind exklusiv neuscholastisch-philosophische Fachorgane.

Brüche und zeitgebundener Voraussetzungen, kurzum als Werk eines Menschen und nicht eines Engels. In Deutschland war diese Erkenntnis verhältnismäßig früh da, und wir sahen Hessen als ihren Schüler.

Aber noch mehr: die deutschen und österreichischen Jesuiten, die stets als Verteidiger des Thomismus gegen Hessen auftraten, waren selbst seit etwa 1930 nicht mehr voll von dieser Ideologie überzeugt. Als erste sind hier Bernhard Jansen und Erich Przywara zu nennen, die schon um 1925 innerlich eine Annäherung - so reserviert sie sein mochte - an Kant vollzogen[464]; nach dem Bekanntwerden der Studien des belgischen Ordensmitgliedes Joseph Maréchal (1878-1944) um 1929 gab es hier kein Halten mehr. Seit der Mitte der dreißiger Jahre waren die deutschen und österreichischen Jesuiten für die Neuscholastik praktisch verloren, auch wenn etliche unter ihnen, wie wir sahen, den Kampf noch einige Zeit hindurch fortsetzten.[465]

Aber auch ohne diesen - sehr hoch zu veranschlagenden - Einfluß aus Löwen wäre im Jesuitenorden die Neuscholastik nicht auf Dauer haltbar geblieben. Der Ideologiecharakter zahlreicher einzelner Thesen trat einer in dieser Hinsicht empfindlich gewordenen Generation immer klarer vor Augen.[466]

Daß die Neuscholastik insgesamt eine Ideologie war, die ihre stärksten Wurzeln im antiliberalen Kampf des Papsttums und der politischen Parteien des Katholizismus hatte, haben für Italien die Arbeit Luciano Malusas und für

---

[464] In seinem Werk "Aufstiege zur Metaphysik" (1933) vollzog nach langer Vorbereitung Bernhard Jansen SJ eine völlige Abwendung von Thomas von Aquin aus dem Geist des Suaresianismus. Er nahm, wenngleich an versteckter Stelle, wichtige Gedanken vorweg, die einige Jahre später Fuetscher und Santeler mit großem wissenschaftlichem Aufwand definitv ausarbeiten sollten. S. 397: die Widersprüche in der Akt-Potenz-Lehre, S. 399: fortwirkender Platonismus bei Thomas, S. 402: "unlösbare Dunkelheiten oder gar Widersprüche" in der Individuationslehre, S. 405: Widersprüche in der "materia prima". Jeweils mit Hilfe von Suarez wird eine mit dem modernen Bewußtsein vereinbare Lösung gefunden. Es lag wohl nicht nur an der versteckten Stelle, daß Jansens Ausführungen ohne Resonanz blieben. In wichtigen Punkten hat er sich an Baeumker, Hertling, H. Meyer angeschlossen. - Auch an der Universität Köln wurde mit einer Dissertation bei Artur Schneider dieser Weg der Thomas-Kritik eingeschlagen: Johannes Assenmacher, Die Geschichte des Individuationsprinzips in der Scholastik (= Forschungen zur Geschichte der Philosophie und Pädagogik, I/2), Leipzig 1926; hier 38-46 zur Dominikanerschule, 81-86 zu Suarez. Zum Suaresianismus vgl.: Suarez. Modernité traditionelle de sa philosophie (= Archives de philosophie, vol. 18, cahier 1, p. 1-175), Paris 1949. - Ebd. 125-35: In Memoriam. Le père Pedro Descoqs (1877-1946).
[465] Vgl. Otto Muck in: H.M. Schmidinger, II, 590-622; ders., Die transzendentale Methode in der scholastischen Philosophie der Gegenwart, Innsbruck 1964.
[466] Dies ist an der allmählichen Aufgabe der scholastischen Transzendentalienlehre, bes. des "ens et bonum convertuntur", gegen das Hessen jahrelang ankämpfte, auch seitens wichtiger Jesuiten, wie J.B. Lotz, ablesbar. Vgl. Anm. 418.

Deutschland das Werk Konrad Deufels bewiesen.[467] Daß eine Philosophie, die einer bestimmten politischen Konstellation entspringt - hier dem Kampf um die Rettung des Restaurationskatholizismus in den Jahren 1849 bis 1870 - noch nicht eine Ideologie sein muß, soll hervorgehoben werden. Der Protest gegen bestimmte Erscheinungen des Hochliberalismus, z.B. auf sozialpolitischem Gebiet, war berechtigt und wichtig. Um 1860 auf Grundgedanken eines christlichen Vorbehaltes gegen die unbeschränkte Herrschaft des mobilen Kapitals aufmerksam zu machen, war notwendig.[468] Aber darum ging es der triumphierenden Neuscholastik ja gar nicht primär. Es ging um eine globale Abtrennung der Katholiken vom Strom des geistigen Lebens ihrer Epoche, um das, was Malusa zu Recht den ungebrochenen päpstlichen Theokratie-Anspruch[469] nannte, also um die Formierung des Katholizismus als politischer Partei. In Deutschland wurde die Neuscholastik praktisch zur privilegierten Weltanschauung der Zentrumspartei, des Verbandskatholizismus, der christlichen Soziallehre, der Stätten der Priesterausbildung, der Görresgesellschaft und des katholischen Akademikerverbandes.[470] Mit ihr wurde ein Philosoph groß und angesehen, gegen sie erging es ihm wie unserem Hessen. Der Thomas-von-Aquin-Kult trieb Blüten einer Popularisierung, welche die historische Problematik des 13. Jahrhunderts aussparte oder verniedlichte.[471]

In Gestalten wie den Vertretern der Münsteraner Theologie Diekamp, Dörholt und Mausbach, in jesuitischen Polemikern wie den Patres Bernhard Franzelin und Karl Rahner, in Repräsentanten der katholischen Sonderkultur

---

[467] Konrad Deufel, Kirche und Tradition, Paderborn 1976. Man vergleiche auch H.H. Schwedt über "Georg Hermes (1775-1831), seine Schule und seine wichtigsten Gegner" in: H.M. Schmidinger, I, 221-41.
[468] Vgl. bes. Ernst Hanisch, Konservatives und revolutionäres Denken. Deutsche Katholiken und Sozialisten im 19. Jahrhundert, Wien/Salzburg 1975. - Reinhold Knoll, Zur Tradition der christlich-sozialen Partei. Ihre Früh- und Entwicklungsgeschichte bis zu den Reichsratswahlen 1907, Wien/Köln/Graz 1973.
[469] L. Malusa, 460-12: "Tradizionalismo, Teocrazia, dottrina del «potere indiretto»"; speziell 470ff. zur theokratischen Vision Leos XIII.
[470] Sofort greifbar wird diese wechselseitige Durchdringung bei einer Durchsicht der beiden Bibliographien von Hans Elmar Onnau: Das Schrifttum der Görres-Gesellschaft zur Pflege der Wissenschaft 1876-1976, Paderborn 1980, und: Die Vorträge auf den Generalversammlungen 1876-1985, Paderborn 1990. - Für die neuscholastische Orientierung des Akademikerverbandes vgl. dessen Zeitschrift "Der katholische Gedanke", sowie die beiden Aufsatzbände E. Przywara SJ. - Ein "Klassiker": Gerhard Esser/Joseph Mausbach (Hrsg.), Religion-Christentum-Kirche. Eine Apologetik für wissenschaftlich Gebildete, 3 Bde, Kempten/München 1911/1913, zus. 1569 S.
[471] Vgl. Anm. 390. Das popularisierte Thomas-Bild findet man bei G.K. Chesterton, Der hl. Thomas von Aquin, übersetzt von E. Kaufmann, Salzburg 1935, Heidelberg 1957; als Taschenbuch unter dem Titel "Der stumme Ochse", Freiburg 1960.

wie Pater Przywara, der alljährlich dem katholischen Akademikerverband die Richtung wies, oder wie Peter Wust, dem Hauptexponenten der katholischen Metaphysik nach dem 1. Weltkrieg, in Vertretern der philologischen Mediävistik wie Josef Koch, in Katherderfürsten wie Engelbert Krebs, Hausprälaten wie Michael Wittmann und mariologischen Seminarprofessoren wie Carl Feckes treten uns verschiedene Typen entgegen, die alle auf unterschiedliche Weise streng an der Neuscholastik als der von oben vorgeschriebenen Lehre festhielten. Die Stärke dieser ganzen Phalanx, die im einzelnen natürlich große Stilunterschiede aufwies, beruhte auf dem, was man den Komplex der kirchlich-politischen Interessen nennen kann. In der Person Adenauers ist uns ein Vertreter der politischen Seite dieses Konglomerates begegnet. Nur so lange als dies alles eine geschlossene soziale Größe war, konnte die Neuscholastik florieren.[472] Aus eigener Kraft wäre sie nicht mehr gewesen als eine winzige «Gemeinde», wie sie für jeden beachtenswerten Denker selbstverständlich existiert, z.B. in Form einer Gesellschaft oder eines Museums.

Vor diesem Hintergrund sind letztlich alle Entscheidungen für oder gegen Hessen aus Parteilichkeiten zu erklären. Nicht nur die sein ganzes Leben andauernden Zurücksetzungen, auch die wenigen Erfolge, wie seine Habilitation, sind von Männern bewirkt worden, die aus kirchenpolitischen Motiven heraus handelten. Die frühe Ablehnung durch Mausbach und die Förderung durch Spahn und Brüning, die Anfeindung durch die Kardinäle von Hartmann und Schulte und die Begünstigung durch Scheler und einige andere Philosophen, der Vernichtungsfeldzug der Jesuiten und die zunehmende Unterstützung durch eine ganze Gruppe protestantischer Religionswissenschaftler - all dies hatte mit der "objektiven" Qualität seiner Schriften nur sekundär etwas zu tun. So bietet es sich geradezu an, das Schmittsche Schema von der Politik, die nur Freund oder Feind kennt, auf das Leben Hessens anzuwenden. Auch ruft sein Schicksal eindrücklich die Tatsache in Erinnerung, daß die Weimarer Republik nachgerade an der unüberwindlichen Kluft zugrundeging, die feindliche Parteien damals voneinander trennte.

Von der kleinsten Rezension in den zwanziger Jahren bis zur Frage seiner Wiedergutmachung, von der Nichtberücksichtigung bei einer Berufungsliste und der Behauptung, er sei ein "Psychopath" bis zur tiefen Vereh-

---

[472] Zur Erosion des katholischen Milieus vgl. das grundlegende Werk von M. Klöcker.

rung durch bestimmte Anhängerinnen und Anhänger - all dies entschied sich entlang einer Grenze, die im Alltag mit der politischen Scheidelinie zwischen «Rechts» und «Links» identifiziert wurde.

Über seine Frontstellung gegen die Neuscholastik hinaus läßt sich Hessens Standort auch aus den Rezensionen seiner Werke - gerade wegen deren meist rasch durchschaubarer Parteilichkeit - näher ermitteln: abgelehnt wurde er, wie bereits erläutert, von allen, die die katholische Amtskirche mit ihrem Anspruch auf maßgeblichen Einfluß in Staat und Gesellschaft zu stärken gewillt waren. Wer aber stimmte ihm denn zu? Vier Gruppierungen finden wir, die am Ende eine gewisse Konvergenz aufweisen: erstens solche katholischen Philosophen und Theologen, die das Anliegen des «Modernismus» in irgendeiner Weise akzeptierten und weitertrugen, also Männer wie Theodor Steinbüchel, Franz Sawicki, Matthias Laros, Joseph Engert, Aloys Wenzl, Arnold Rademacher, Artur Schneider, August Messer oder auch viele Angehörige solcher religiöser Orden, die sich nicht in strenger Weise an die Neuscholastik gebunden fühlten, wie z.B. die Benediktiner, Zisterzienser, die Steyler Patres - also Orden, die nicht hundertprozentig in das ultramontane «System» eingebunden waren, deren Absichten tatsächlich nicht mehr auf eine Restauration der "weltlichen Herrschaft" der Kirche zielten, deren Spiritualität etwas augustinisch-innerliches besaß und nicht so sehr von der Idee der «ecclesia militans» beherrscht wurde.

Zweitens begegnen wir hier einen bestimmten Sektor des liberalen Protestantismus, der gleichzeitig ökumenisch orientiert war, der sich zur Religionsgeschichte öffnete und an einer ständigen Arbeit an der modernen Religionsphilosophie interessiert war, also auch jeden biblizistischen Fundamentalismus ablehnte. Solche Theologen und Philosophen wie Rudolf Otto und Friedrich Heiler, Martin Rade und Heinrich Hermelink, Kurt Leese und Heinrich Scholz, Günther Jacoby und Robert Jelke waren an den Arbeiten und Kämpfen Hessens positiv interessiert (während aus dem Lager Karl Barths gelegentlich Unzufriedenheit geäußert wurde). Die "Christliche Welt" in Marburg, aber auch viele kleinere protestantische Blätter haben oft von den Büchern Hessens berichtet. Man könnte Hessen sogar als auswärtiges Mitglied der «Marburger Schule» betrachten, und die Zeitschrift, in der er zuletzt völlig «zu Hause» sein konnte, war Heilers «Una Sancta», resp. «Oekumenische Einheit».

Drittens sind einige kleinere Konfessionen zu nennen, die von ihrer ökumenischen, irenischen, aufgeklärten oder auch pazifistischen Haltung her in Hessens Schriften einen adäquaten Ausdruck ihrer Grundüberzeugung erblickten, so z.b. die Quäker, die Freireligiösen, die Anthroposophen, die Altkatholiken[473]. Die von Hessen betonte Tatsache, daß es jenseits aller dogmatischen Formulierungen eine «Tiefenschicht» der Glaubenslehre gebe, die durch jeweils bestimmte «Werterlebnisse» gebildet werde, wirkte auf zahllose Menschen, die sich von den dogmatischen Formulierungen der Jahrhunderte samt zugehörigen Anathema abgestoßen fühlten, befreiend und erhebend.

Der Pazifismus Hessens tat ein übriges, ihn jenen Gemeinden zu empfehlen, die in der Ablehnung des Krieges, im Verzicht auf Gewaltanwendung jeder Art ein zentrales moralisches Postulat vertraten.

Viertens kam die mit historischem Tiefenbewußtsein ausgestattete Gruppierung der deutschen Antiultramontanen hinzu, eine nicht organisierte, kleine Zahl von katholischen und protestantischen Theologen, die sich zuletzt um Franz Xaver Kraus und in bestimmten Sektoren des Protestantismus konzentriert hatten. Bei nicht wenigen Professoren war diese Traditionslinie sehr lebendig, jedoch spielt sie bei Hessen keine vorherrschende Rolle. Denn Hessen wurde im Laufe der Zeit ein sog. Linkskatholik, während z.B. sein Gönner Martin Spahn, ein typischer "antiultramontaner Katholik" immer weiter nach rechts rückte. Für das Gesamtverständnis des "Linkskatholizismus" nach 1945 ist es aber angebracht, das antiultramontane Erbe, das hier weiterwirkte, nicht zu übersehen.[474]

Für die gesamte Epoche - 1910 bis 1960 - ist die durchdringende Parteilichkeit des Geisteslebens das eigentliche prägende Kennzeichen. Die gegenwärtigen Debatten um die Grundzüge der deutschen Geschichte im 20. Jahrhundert sind ohne jene alles beherrschende Dichotomie von "linker" und "rechter" Gesinnung nicht verständlich, ja nicht einmal denkbar. Woher es kommt, daß eine solche im Alltag klar differenzierte Spaltung der politisch-geistigen Gesamthaltung sich derart übergreifend durchsetzen konnte - das kann hier nicht geklärt werden. Jedenfalls hat das ganze Leben Hessens unter dem Diktat dieser Alternative gestanden: alle Vorgesetzten und Hochgestellten verlangten von ihm im Kern eine Haltung, die mehr "rechts" hätte sein

---

[473] Rez. durch Quäker: Nr. 435; durch Anthroposophen: Nr. 658; durch Altkatholiken: Nr. 422, 581; durch Freireligiöse : Nr. 658.
[474] Vgl. die Rez. durch einen St. Gallener Antiultramontanen: Nr. 619.

sollen, weniger kritisch, weniger eigenständig, weniger spiritualistisch, weniger augustinisch-franziskanisch, weniger sozialistisch-demokratisch - und er weigerte sich stets, diesen Aufforderungen nachzukommen. Das «Objektive des Katholizismus», der «Gehorsam», die «Hierachie», der Thomismus, der kirchlich-politische Komplex, die deutsche Universität, die neben den theologischen Fakultäten nur einige wenige kirchlich anerkannte Weltanschauungsprofessuren für Katholiken akzeptierte - all diese Mächte und machtvollen Denkformen nahmen regelmäßig Anstoß an ihm. Hätte Hessen eine kleine, streng neuscholastische Doktorarbeit geschrieben und dann noch eine etwas dickere historisch-philologische Untersuchung über die Verwendung irgendeines Fachterminus bei irgendeinem Schriftsteller des 13. Jahrhunderts und hätte er danach nie mehr eine Zeile veröffentlicht - ein Lehrstuhl für katholische Philosophie wäre ihm nahezu sicher gewesen. So aber sprach die "rechte Hälfte" des deutschen Gesamtbewußtseins ihr Veto über ihn aus, und diese "rechte Hälfte" dominierte zu seinen Lebzeiten, besonders aber in der Kirche und an den Hochschulen.

Auch Hessens Charakter und seine Werke haben durch diese alle Beziehungen durchtränkenden Parteilichkeiten gelitten. Er selbst reagierte auf «schlechte» Rezensionen stets sehr erregt.[475] Mit dem Status des «Außenseiters» hat er sich nie abgefunden; sein Bedürfnis nach voller akademischer Reputation war umso weniger zu stillen, als die offiziellen Organe der deutschen Wissenschaft ihn «schnitten». Bei einem Philosophen, der von augustinischer Innerlichkeit geprägt war, hätte man eine distanziertere Haltung gegenüber Titelfragen und Prestigeproblemen erwarten können. Hessens grüblerische Natur entwickelte im Laufe der jahrzehntelangen Benachteiligungen einen Zug ins Rechthaberische, Starre, Unkonziliante. Auch in seinem Freundeskreis galt er als schwierig, als überempfindlich, als eher unflexibel. Jeder Kenner der Universität weiß, wie leicht Gelehrte zu kränken sind; «Einsamkeit und Freiheit» führen dazu, daß manche unter denen, die dieses Privileg genießen, nicht die notwendige Abhärtung gegen die üblichen Grobheiten des Daseins, sondern vielmehr den typischen Charakterzug einer Mimose entwickeln. Der Ärger, mit dem Hessen noch im Jahre 1957 auf eine gewöhnlich-herabsetzende Anfeindung eines Jesuiten rea-

---

[475] Vgl. Hessens Reaktionen auf die Kritik von E. Rolfes (1920) in Nr. 81 bis zu seiner Verärgerung über Nikol. Greitemann (1957) in Nr. 614.

gierte, war übertrieben[476], und ein ähnlich reizbares und gereiztes Verhalten war bei ihm anscheinend an der Tagesordnung.

Wenn dies aber der einzige bemerkenswerte Charakterdefekt war, den er in den langen Jahrzehnten des Geisteskampfes davongetragen hat, so wird dies durchaus als entschuldbar gelten können. Zwar gibt es nicht wenige bittere Beschwerdebriefe an alle möglichen Instanzen, aber der Herausgeber fand in dem umfangreichen Dokumentenmaterial, das ihm vorlag, kein einziges Denunziationsschreiben, also einen Brief, in dem Hessen einen Konkurrenten oder Gegner menschlich oder sachlich zu «erledigen» versucht hätte. Das ist beachtlich in einem Leben, das sich ganz im «Zeitalter der Ideologien» abspielte.

Was sein Werk betrifft, so enthielt es neben der großen Leistung, die bereits hervorgehoben wurde, einige Defekte, die nicht zu verschweigen sind. Erstens entwickelte sich Hessen früh zum Vielschreiber, der offensichtlich bestrebt war, an jedem Ostermorgen das Vorwort zu einem neuen Buch unterzeichnen zu können.[477] Es wäre gewiß besser gewesen, hätte er nur alle drei Jahre etwas jeweils Neues publiziert. Ob wirklich die Notwendigkeit, ein Zubrot zu verdienen, ihn dazu antrieb, ist eher zweifelhaft. Vielmehr ist daran zu denken, daß ihn die «effrenata libido scribendi», jene bei Klerikern (aller geistesgeschichtlichen Stufen) vorhandene Gier, ein nagelneues Buch in Händen zu halten, beherrschte. Darunter mußte die Qualität des Geschriebenen wenigstens teilweise leiden.

Dies vor allem durch eine allmählich zu schmal werdende Literaturaufarbeitung, die sich nach 1945 immer deutlicher bemerkbar machte. Schon vorher hatte der eine oder andere Rezensent das Fehlen z.B. angelsächsischer Literatur zum Problem der Moralbegründung moniert[478], auch fällt schon vor 1939 auf, daß aus Frankreich und Italien ebenfalls keine Werke in nennens-

---

[476] Vgl. den Wortwechsel mit E. Gutwenger SJ in Nr. 626. Die Gereiztheit Hessens ist stets vor dem Hintergrund seiner völligen Marginalisierung an der Kölner Universtät nach 1945 zu sehen. Nach dem Bericht eines Kölner Gelehrten, der die Verhältnisse sehr genau miterlebte, hatte H. keinen Schlüssel zum philosophischen Seminar, selbstverständlich kein Zimmer und dementsprechend in der Universität "nicht einmal einen Kleiderhaken, an dem er seinen Mantel hätte aufhängen können".
[477] Vgl. hier die Angaben in den bibliogr. Regesten zur Datierung der Vorworte der Buchveröffentlichungen H.s.
[478] So hat schon E. Rogge 1939 die fehlende Kenntnis der angelsächsischen Moralphilosophie moniert; Nr. 432.

wertem Umfang rezipiert werden.[479] Nach 1945 wurde dies praktisch für jedermann offensichtlich. Die zweiten Auflagen seiner "Religionsphilosophie" (1955), seines "Platonismus und Prophetismus" (1955) und seines "Kausalprinzips" (1958) enthielten nicht eine echte Neueinarbeitung der Stoffe, die vorher unbeachtet geblieben oder seither erschienen waren.[480] Hessen war damals 65 Jahre alt und schied durch dieses Versäumnis praktisch aus der aktuellen Diskussion aus.

Überhaupt war die vollständige Literatur- und Quellenbenutzung, resp. -zitierung nicht unbedingt sein Fall. Er war eben kein Philologe und teilte den Berufsfehler aller - auch der heutigen - Religionsphilosophen, nicht die älteren Bearbeiter einer systematischen Frage wirklich vollständig zu kennen. Wenn der Bearbeiter im Laufe seiner Arbeit durch etwas irritiert wurde, dann war es die Unverfrorenheit, mit der Religionsphilosophen über ihre eigenen unmittelbaren Vorgänger hinweggehen und ihre Arbeiten ignorieren. An die gegenwärtig verbreiteten Autoren zu Kants Religionsphilosophie gerichtet, läßt die Frage nach ihrer Rezeption von Hessens brillantem Aufsatz über die Stellung des Königsberger Meisters zu den Gottesbeweisen[481] in einen Abgrund von fehlender historischer Tiefenschärfe und schulmäßiger Kohärenz blicken. Gerade das Gebiet der sog. Gottesbeweise ist ein Tummelplatz von Denkern, die glauben, mit ihnen selbst setze die Diskussion überhaupt erst ein. Bei Hessen macht sich der Trend zur Selbstüberschätzung des «Systematikers» zwar nicht so grob bemerkbar - dazu war er zu sehr und zu bewußt Fortsetzer und Erneuerer der augustinischen Schule - aber auch bei ihm siegte letztendlich der religiöse Denker über den Philosophiehistoriker. Hätte er doch statt eines dreibändigen Lehrbuches der Philosophie eine kritische Geschichte der "christlichen Philosophie", von seinem Standpunkt aus schonungslos und ins Detail gehend, geschrieben! Bis heute fehlt es an einer solchen, und Hessen hätte dies gekonnt. Im Laufe seines Lebens wandte er sich immer mehr von der Philosophiegeschichte ab und einer systematischen Wertphilosophie zu. Seiner beiden meisterlichen Studien über "Platonismus und Prophetismus" (1939) und "Griechische oder biblische Theologie?" (1955) stehen mit ihrer tiefgreifenden Typenbildung an der Grenze der Historie zur Systematik, dienen vor allem der einen großen

---
[479] So vermißt man eine Befassung mit den doch für H.s Intentionen so wichtigen Werken von L. Rougier, von E. Le Roy und G. Zamboni; hier Nr. 166, 253, 361, um nur einige zu nennen.
[480] Vgl. Nr. 579, 612, 622.
[481] J.H., Recht und Unrecht in Kants Kritik der Gottesbeweise, hier Nr. 517.

Aufgabe, die Hessen sich gestellt hatte: der Neubegründung einer Wertphilosophie. Dieses Werk, das seit 1937 in verschiedener Bearbeitung vorlag, stellt das eigentliche Zentrum seiner Bemühungen dar. Entstanden aus der Begegnung mit Lotze, Windelband und Scheler, hatte es die klare Zwecksetzung, dem «modernen Menschen», der seit Kant keine supranaturalistische Wertbegründung mehr kannte, einen nicht mit den Aporien und Unhaltbarkeiten der traditionellen Scholastik belasteten Zugang zu einer Welt transzendenter Werte zu verschaffen. Der weltanschauliche Ort dieses Vorhabens ergibt sich aus der doppelten Frontlinie Hessens (und Schelers): auf der einen Seite standen diese Denker im Widerspruch zu jenen philosophischen Tendenzen des 19. Jahrhunderts, aus denen fast gleichzeitig mit Hessens literarischem Anfang Kommunismus und Nationalsozialismus hervorgingen, also den diversen Spielarten des sog. Naturalismus, auf der anderen Seite kämpften die Wertphilosophen gegen die sterilen Schulphilosophien ihrer Väter- und Großvätergenerationen, also gegen den Neukantianismus, die Neuscholastik, den Positivismus. Die typische Auffassung der Generation Hessens hat im Jahre 1923 Richard Müller-Freienfels in seiner Überblicksdarstellung ausgedrückt, wenn er abschließend zur zeitgenössischen Wissenschaftsphilosophie schreibt: "Der Gesamtaspekt der Wissenschaftsphilosophie in fast allen ihren Sonderformen ist daher der einer ungeheuren, höchst raffiniert konstruierten Maschinerie, die ihre Räder mit viel Energie und Geklapper herumwirbelt, die aber erstaunlich wenig brauchbare Produkte liefert. Es wird gemahlen und gemahlen, aber es ist sehr wenig Korn zwischen den Steinen. Alle diese Denker glauben, durch konsequentes Denken über das Denken die Weltprobleme lösen zu können in der Meinung, daß das Denken das Sein irgendwie einschlösse, eine Haltung, die zuweilen etwas an jene indischen Denker erinnert, die die Rätsel der Welt im Beschauen des eigenen Nabels zu lösen glauben."[482]

Was Müller-Freienfels hier vorwiegend im Hinblick auf den späten Neukantianismus schrieb, traf vollkommen auch auf die Neuscholastik der Epoche um 1920 zu. "Die Meinung, daß das Denken das Sein irgendwie einschlösse" - das war ja das vorsokratische Erbteil, das für die scholastische Tradition erst Santeler 1938 in voller Klarheit erkannte, von dem aber bereits die Phänomenologen resp. die kritischen Realisten sich befreien wollten.

---

[482] R. Müller-Freienfels, 64.

Übrigens stoßen wir hier auf den seither oft wie einen großen Fund behandelten Sachverhalt, daß es bestimmte, tiefliegende Gemeinsamkeiten zwischen Thomas und Kant gibt, die genau in diesem Satze angedeutet sind. Hier war darauf nicht einzugehen, weil Hessen in der Bemühung, Kant mit Thomas zu versöhnen, doch eher nur ein taktisches Manöver erblickte - aber man darf doch sagen, daß z.b. die Kritik Santelers an der thomasischen Erkenntnistheorie mutatis mutandis ganz gut auch auf Kants komplizierte Apparaturen übertragen werden könnte.[483]

Stand Hessen also mit seiner Wertphilosophie zwischen den Ideologien des 20. Jahrhunderts und ihren Herrschaftsansprüchen auf der einen Seite und dem von ihm tief empfundenen Bedürfnis, das "Herz" der philosophia perennis für die Zukunft zu erhalten, so erklärt sich daraus die oft leidenschaftliche Zuwendung, die seine Wertphilosophie in einem bestimmten Sektor der Welt-Christenheit fand. Was er bot, war ein begründeter Übergang von einem nur noch mit Gewalt aufrechterhaltenen Traditionalismus zu einer emotional-rationalen modernen Religiosität in einer "entzauberten" Welt. Wie stark und auf wen diese Anziehungskraft wirkte, darüber belehren uns die Korrespondenzen Hessens mit seinen ausländischen Gesprächspartnern, besonders seinen Übersetzern und den auswärtigen Dissertanden über seine Philosophie.

Hessen hatte Anhänger, Übersetzer und Promovenden über sein Werk in folgenden nicht deutschsprachigen Ländern: Polen, Spanien, Belgien in

---

[483] Den Wert der Arbeit Santelers - der in manchem Detail, z.B. seiner Vermengung von theologischen und philosophischen Argumenten dennoch tadelnswert bleibt - vermag ich nicht höher zu veranschlagen, als wenn ich ihn mit Schopenhauer vergleiche, der Kant kritisiert. Das Gemeinsame ist tatsächlich vorhanden, nämlich in der definitiven Kritik der Erkenntnistheorie, auf Santelers Seite also des "intellectus agens" bei Thomas. Inhaltlich gar nicht weit entfernt ist Schopenhauer, wenn er Kants "Thätigkeit des Verstandes und seine zwölf Funktionen" im Verhältnis zum "Objekt der Erfahrung" als innerlich widersprüchlich durchschaut. "Davon ist es vielleicht auch abzuleiten, daß er aus dem Erkenntnißvermögen eine so seltsame, komplicirte Maschine machte, mit so vielen Rädern, als da sind die zwölf Kategorien, die transcendentale Synthesis der Einbildungskraft, des innern Sinnes, der transcendentalen Einheit der Apperception, ferner der Schematismus der reinen Verstandesbegriffe u.s.w. Und ungeachtet dieses großen Apparats wird zur Erklärung der Anschauung der Außenwelt, die denn doch wohl die Hauptsache in unserer Erkenntniß ist, nicht einmal ein Versuch gemacht."; Schopenhauer's sämmtliche Werke in fünf Bänden, hrsg. von E. Grisebach (= Großherzog Wilhelm Ernst Ausgabe), Bd I-II Welt als Wille und Vorstellung, Leipzig 1905, 574. Hier 539-693 "Kritik der kantischen Philosophie". Die weitgehenden Parallelen zwischen Thomas und Kant werden sehr deutlich, wenn man die Kant-Kritik von E. Topitsch auf die thomasische Metaphysik überträgt: Ernst Topitsch, Die Voraussetzungen der Transzendentalphilosophie. Kant in weltanschauungs-analytischer Beleuchtung, Hamburg 1975.

erster Linie, sodann in markanter Form in Portugal, Argentinien, Brasilien, Kolumbien, den Niederlanden, Griechenland, Japan, verstreut auch (durch Emigranten) in den USA und Südafrika. Während Großbritannien den Kölner Philosophen vollständig ignoriert zu haben scheint, und aus Frankreich und Italien fast nur ablehnende Stimmen von Thomisten hörbar wurden, blieb Hessen auch in Skandinavien nahezu unbekannt.[484]

Bei näherem Hinsehen zeigt sich, daß es katholische Sonderkulturen mit einem hohen Grad an Isolierung und kultureller Gefährdung waren, aus denen die Zurufe an Hessen drangen wie Hilferufe von schwer Bedrängten.

Diese Religionsphilosophen aus der Provinz Argentiniens, aus dem salazarianischen Portugal und dem Spanien Francos, aus dem kommunistisch beherrschten Polen und all den anderen katholischen Provinzen hatten mit Hessen doch eines gemeinsam: sie benötigten dringend eine Basis, die unabhängig war von den traditionellen Herrschaftsideologien und gleichzeitig in der Lage war, der Religion gegenüber dem angelsächsischen Positivismus einen Halt zu bieten. Die Neuscholastik, die vom ersten Augenblick ihrer Existenz an eine autoritär-diktatorische Tendenz enthalten hatte (entstammte sie doch dem konterrevolutionären Impuls der Jahre um 1800), war dazu in jeder Hinsicht unfähig. Daß gerade an der Peripherie der katholischen Kirche die Unzulänglichkeit der Neuscholastik die selbstdenkenden Philosophen zu Hessen trieb, ist aufschlußreich. Wo das Christentum selbst am tiefsten in Frage gestellt war und es nur noch darum gehen konnte, das Wesentliche zu retten, konnte und wollte man sich nicht mehr den Luxus einer ahistorischen Ideologie leisten, sondern fragte nach dem einzig Nötigen. Und das bot aus argentinischer, polnischer, selbst japanischer Sicht Hessen in seltener Klarheit.

Es waren dies auch z.T. Kulturen, die von dem Mangel der «Drittländer» an einem Kontakt zur wissenschaftlichen Diskussion gekennzeichnet waren. Hier übte die moderne anglo-amerikanische Weltzivilisation mit ihrem Modernisierungszwang überall einen massiven Einfluß auf die jungen Eliten aus und bewirkte in kurzer Zeit (vor allem im Jahrzehnt 1950-1960) einen reihenweisen Zusammenbruch älterer nationaler Kulturen in dem Sinne, daß der Kulturtransfer auf die nächste Generation nicht mehr gelang.

Die katholischen Länder waren davon besonders betroffen. Die traditionelle Kultur (also auch die scholastische Theologie) war oft genug faschistisch

---

[484] Die Briefe ausländischer Korrespondenten befinden sich in NL Hessen, fasz. 46.

kompromittiert, aber auf jeden Fall unfähig, im Zeitalter der beginnenden globalen Einheitskultur die nationale und religiöse Identität zu sichern. Hier wurde Hessen als der Denker angesehen, der eine Abgrenzung sowohl gegen die neuscholastische Verkrustung auf der einen als auch gegen das Eindringen der angelsächsischen Weltkultur mit ihrer Depravierung der Unterworfenen auf der anderen Seite ermöglichen konnte: nämlich die Schaffung einer Identität, die den Katholizismus und die Moderne in der Wurzel versöhnte - ohne Preisgabe des Wesentlichen, aber auch ohne Fundamentalismus.[485] Die Wertphilosophie Hessens wurde dort am leidenschaftlichsten begrüßt, wo in faschistischen und kommunistischen Diktaturen (Argentinien, Spanien, Portugal, Polen) am verzweifelsten nach einem Ausweg aus dem Dilemma der Moderne gesucht wurde. In dieser Weise haben wir es zu verstehen, wenn 1956 der polnische Geistliche Ceslaw Orlik an Hessen schrieb: "Seit Jahren bin ich ein Anbeter und Enthusiast ihrer Philosophie, die dargelegt ist in so vielen lehrreichen Büchern".[486] Nicht weniger bezeichnend ist auch der Brief von Emmanuel Markakis aus Athen aus dem Jahre 1964: "Ich möchte Ihnen meine herzlichen Gratulationen ausdrücken. In Ihrem Büchlein [gemeint ist: "Unser Vater"] kann ich meinen großen religiösen Durst löschen. Für den suchenden Geist gibt es immerhin keine dogmatischen Grenzpfähle, sondern nur die Ewige Wahrheit, die die Quelle aller Dogmen ist, und der Grund der großen heutigen christlichen Familie".[487]

Von Universitäten in Argentinien, Brasilien und Japan erreichten ihn Nachrichten, daß man seine Bücher Vorlesungen zugrunde legte[488]; ein in Japan wirkender Jesuit versicherte ihm, daß sein Büchlein über die Absolut-

---

[485] Chr. Weber, Ultramontanismus als katholischer Fundamentalismus. In: W. Loth (Hrsg.), Deutscher Katholizismus im Umbruch zur Moderne, Stuttgart u.a.O. 1991, 20-45.
[486] Brief Orliks an Hessen, 4.1.1956; NL Hessen, fasz. 46. In einem weiteren Brief dess. vom 15.5.1958 erklärt er seine Begeisterung über H.s "Religionsphilosophie", seinen "Platonismus und Prophetismus" und seine "Philosophie des 20. Jahrhunderts". - Die polnischen Übersetzungen H.s konnte ich nicht verifizieren.
[487] Brief an Hessen vom 25.1.1964; NL Hessen, fasz. 46. - Mehrere Briefe von Dr. Spyridion N. Lagopatis, Dozent in Athen von 1952 und 1953 handeln von einer Übersetzung der "Existenzphilosophie" H.s ins Neugriechische. Dieses Werk erregte auch in Argentinien Interesse, wo Dr. Otto E. Langfelder (Buenos Aires) für den Jesuiten Ismael Quiles die Rechte für die Übersetzung erbat; ebd. Langfelder gab sich als Kelsen- und Husserl-Schüler zu erkennen, Quiles war Prof. am Collegio San Miguel.
[488] Zuschriften von Francisco Cimino, Prof. der Psychologie in Ampaco (S. Paolo), o.D., Aurelio Fuentes, z. Zt. Kloster Kreuzberg/Bonn vom 10.6.1937, Francisco Aguilar, Rosario, Prof. an der phil. Fakultät vom 30.9.1956, Pablo Heinrich-Didier, La Plata, Univ.-Prof., vom 20.3.1951, ebd., Alfons Deeken SJ, Prof. St. Mary's College, Tokio, 2.3.1964, ebd.

heit des Christentums so geschrieben sei, als habe der Verfasser dabei an die japanische religiöse Welt gedacht.[489] Zum XIII. internationalen Philosophenkongreß in Mexiko 1962 wurde Hessen sehr ehrenvoll zu einem Referat über seine Wertphilosophie eingeladen.[490] L. Cabral de Moncada, sein portugiesischer Übersetzer, berichtete ihm 1953 über die Wichtigkeit seines Buches über Luther, dessen Übersetzung von großer Wirkung sei, wenngleich sie totgeschwiegen werde! Die "Wertphilosophie" "hat große Anerkennung bei uns sowohl wie in Brasilien und lat. Amerika gefunden und ist schon vergriffen".[491] Ein neuernannter Professor der Erkenntnistheorie am Priesterseminar in Murcia/Diöz. Cartagena bat Hessen um ein Gesamtkonzept seiner philosophischen Bemühungen, er kannte die Übersetzungen von Hessens Erkenntnistheorie und seiner "Philosophie des Hl. Augustinus"[492]. Solche Briefe gibt es zahlreiche; am intensivsten war naturgemäß der Austausch mit Übersetzern sowie mit Promovenden, die Hessen als Thema hatten, wie Hubertus Mynarek und Alfons Nossol, der 1962 eine

---

[489] Alfons Deeken SJ, wie Anm. 488. In dem von Begeisterung gekennzeichneten Brief erzählt Deeken sein Leben: Geboren in Südoldenburg, wurde er 1952 Jesuit, weilte seit 1959 in Japan, wo er an der Sophia-Universität lehrt. Ihm war offenbar die Stellung der S.J. zu Hessen unbekannt geblieben. - In Japan war der entschiedenste Interessent an den Werken Hessens Prof. Dr. Seiichi Ohe, von dem eine ganze Serie von Briefen aus der Zeit von 1956/60 vorliegt und der am 19.11.1956 von nicht weniger als vier von ihm übersetzten Werken H.s sprach. Ein weiterer japanischer Korrespondent war Teruyoshi Tanaka aus Fukukoa, von dem ebenfalls Briefe in Hessens Nachlaß vorhanden sind. Dann existiert ein Brief von H. Dumoulin SJ von der Sophia-Universität, vom 7.6.1948, der davon berichtet, daß die 1. Auflage der japanischen Übersetzung von Hessens "Sinn des Lebens" bereits vergriffen sei; ebd.
[490] XIII. Congreso internacional de filosofia, Mexiko. Brief des Organisationskomitees an Hessen, 11.9.1962, mit der Bitte, am Symposion "Valor in genere y valores especificos" im Sept. 1963 teilzunehmen. - Die starke Resonanz auf Hessen in Lateinamerika wird durch die zahlreichen Neuauflagen seiner "Erkenntnistheorie" in spanischer Übersetzung, erschienen in Buenos Aires, belegt, wo dieses Werk bis 1976 immer wieder aufgelegt wurde; vgl. Nr. 181. Gonzalo Diaz Diaz y Ceferino Santos Escudero, Bibliographia filosofica hispanica (1901-1970), Madrid 1980, ad vocem Hessen. - Nur in Südamerika aber kam es überhaupt zu einer Übersetzung seines "Lehrbuches der Philosophie", und zwar durch den argentinischen Philosophieprofessor Juan Adolfo Vasquez (Univ. Tucuman). Vgl. dazu hier Nr. 503, 529, 572, 623, 661, 685. Ein Brief von Vasquez an H. vom 13.2.1951 a.a.O. - Der Professor am Priesterseminar von Bogota Daniel Cruz Vélez trat am 6.12.1951 mit H. in Kontakt; von ihm stammten zwei ausführliche Rezensionen des "Lehrbuches" in der dortigen Zeitschrift "Ideas"; hier Nr. 552.
[491] L. Cabral de Moncada an H., Coimbra 13.1.1953; NL Hessen, fasz. 46. - J.H., Filosofia dos valores, traducao e prefacio de L. Cabral de Moncada (= Colleccao Studium temas filosoficos, juridicos e sociais), Coimbra 1944, 344p. - 2. ed. corr. 1953. - J.H., Lutero visto pelo católicos, trad. de L. Cabral de Moncada, Coimbra 1951. - L. Cabral de Moncada (cf. H.M. Schmidinger, II 779) beteiligte sich auch an der ersten Hessen-Festschrift von 1949 ("Veritati")
[492] Domingo Martinez Ripoll an H., 22.8.1963; NL Hessen, fasz. 46.

Zusammenfassung seiner Arbeit "DDr. Johannes Hessens Lehre von der religiösen Gotteserkenntnis" übersenden konnte.[493] Er berichtete stolz, daß diese Arbeit an der Universität Lublin großes Interesse erregt habe.

So gab es eine über alle Kontinente verstreute Gruppe von Menschen, die in Hessens Religionsbegründung und Wertphilosophie das entscheidende Wort in der Zeit erblickten. Unter den protestantischen Lesern müssen Hermann Ehlers und Paul Tillich genannt werden, auf die er die gleiche Wirkung hatte.[494] Wer immer mit einem Tropfen augustinisch-franziskanischen Öls gesalbt war, erkannte in Hessen einen begnadeten Denker.

Dabei waren seine Hauptadressaten natürlich jenes Drittel der deutschen Bevölkerung, das der katholischen Konfession angehörte. Dieses «Katholische Deutschland» befand sich zum weitaus größeren Teil fest in den Händen jener Hierarchen, die in der Neuscholastik die einzig brauchbare Ideologie zur Perpetuierung ihrer Herrschaft erblickten, gewiß auch selbst irgendwie an die absolute Wahrheit des Thomas von Aquin glaubten oder wenigstens glaubten, sie müßten daran glauben. Für all diese Menschen, für die doch in den meisten Fällen die offizielle Kirchenphilosophie gar nicht selbst überprüfbar war, bot Hessen einen Ausweg, indem er aus Augustin, dem deutschen kritischen Realismus, der Phänomenologie Schelers und der gesamten religiös-prophetischen Tradition Europas eine Synthese anbot, die einer freieren Form von Religiosität in der modernen Demokratie einen begründeten Platz anwies. Der grundsätzlichen Wende Hessens von der Neuscholastik zur Wertphilosophie und phänomenologischen Religionsbegründung korrespondierte eine Abwendung vom Obrigkeitsstaat und eine Hinwendung zur «modernen Gesellschaft». Das politische Engagement

---

[493] Alfons Nossol aus Nysa an Hessen, 15.9.1962, übersendet Inhaltsverzeichnis und Zusammenfassung der Dissertation; NL Hessen, fasz. 46. Vgl. hier Anm. 19. Nossol wurde später Bischof von Oppeln. Weitere polnische Wissenschaftler, die zu Hessen Kontakt aufnahmen, waren Stanislaus Kowalczyk vom Seminar in Sandomierz (1963) und Dr. Ryszard Paciorkowski aus Warschau, der sich in Apologetik habilitieren wollte (1958); ferner ein Dr. Borowski (1958). Damit steht Polen an der Spitze aller Kontaktaufnahmen mit Hessen, nur übertroffen von Spanien und Lateinamerika zusammengenommen; NL Hessen, fasz. 46.

[494] Vgl. hier Nr. 377, 476. Ein Übersetzer aus den USA meldete sich am 23.8.1954 bei ihm: der junge Jesuit Patrick Killough vom Spring Hill College, Mobile/Alabama, der Hessens "Kausalprinzip" übersetzen wollte. In den einschlägigen Katalogen wird es nicht als erschienen gemeldet; NL Hessen, fasz. 46. An sonstiger vom Ausland kommender Kontaktsuche ist noch ein Brief Michele Frederico Sciaccas aus Genua vom 11.12.1949 zu nennen (ein zweiter Brief ist vom 15.4.1949), der einen freundlichen Austausch erstrebte; sodann der Promovend Agostino Amaroli, der 1958 mit einer Dissertation "Fondamenti storici e teoretici della filosofia della religione del Prof. Johannes Hessen" an der Univ. catt. del Sacro Cuore/Milano befaßt war (mehrere, z.T. lange Briefe).

Hessens auf dem linken Flügel des demokratischen Spektrums, sein Eintreten für eine Friedenspolitik, seine Abscheu vor einer Geisteshaltung, in der mittelalterliche Philosophie, politischer Katholizismus und hierarchisch-autoritäres Denken unauflöslich miteinander verschmolzen waren, fügen sich nahtlos in seine religionsphilosophischen Überzeugungen ein. Ein Gott, der im Herzen jedes Einzelnen als Erfahrung der Transzendenz zur Gegebenheit kommt, ist ungeeignet dazu, soziale Zwangsmaßnahmen zu legitimieren, politischen Parteien als Grundlage zu dienen und in der Gestalt von Hierarchen den Menschen zu befehligen.

Das ist der tiefere Grund, warum die Jesuiten eine solche Abneigung gegen den Neoaugustinismus und gegen Max Scheler entwickelten. Daß Scheler, und später Hessen aber ein solches Echo im katholischen Deutschland, speziell auch im Rheinland haben konnten, hat seine Ursache darin, daß hier eine Brücke, ein gradueller Übergang von dem versteinerten Traditionalismus zur modernen Welt immer dringender verlangt und von diesen Philosophen geboten wurde. Der einzelne Katholik wurde nicht zur Abwendung von der ererbten Religion aufgefordert - wie im Sozialismus - sondern es wurde eine psychisch-kulturelle Kontinuität gewährleistet, die es ermöglichte, Katholik zu bleiben, und dennoch «modern» zu werden. Dieses Modell von «Modernisierung» hat in den Jahren von 1920 bis 1970 eine tatsächliche Bedeutung gehabt, und zwar weit über den eigentlich religiösen Rahmen hinaus.

So steht Hessen am Anfang eines effektiven Ökumenismus in Deutschland; er und viele seiner Freunde durchbrachen die Identifizierung von katholischer Kirche und Zentrumspartei (resp. CDU); aus diesem Milieu kam die fundamentale Kritik an der Kirche als hierarchisch-autoritärer Anstalt. Die Insistenz, mit der er und seine Gesinnungsgenossen auf einer "biblischen Theologie" beharrten, trug zum großen Kulturumbruch bei, der nach dem II. Vatikanischen Konzil das Bewußtsein der deutschen Katholiken veränderte. Sein Wirken, wenn es auch vergessen ist, blieb letzten Endes nicht wirkungslos, seine Vergessenheit kann auch so verstanden werden, daß das Wesentliche an seinen Bestrebungen längst zur Selbstverständlichkeit geworden ist.

Abbildung 2

Prof. Hessen

TEXTE AUS HESSENS WERKEN

Vorbemerkung:
Die vorliegenden Texte von Hessen wurden nur insoweit revidiert, als die Zitierweise moderner Autoren dem heutigen Usus angepaßt wurde. Zitate patristischer und mittelalterlicher Autoren wurden unverändert übernommen.

Text 1
Zur Würdigung der neuscholastischen Philosophie (1918)

(Aus: Johannes Hessen, Mercier als Philosoph, hrsg. vom Sekretariat Sozialer Studentenarbeit, M. Gladbach 1918, S. 15-19. Es handelt sich um das fünfte und letzte Kapitel, von dem auch der Titel übernommen wurde. - Zu den Vorgängen, die zur Zurückziehung dieses Heftchens aus dem Buchhandel führten, und zwar wegen des hier abgedruckten Schlußwortes, vgl. Hessen, Geistige Kämpfe, 39 ff. Aufgrund der Intervention Sonnenscheins durfte eine Auflage ohne dieses Schlußwort erscheinen. Das Exemplar, das hier vorlag, befindet sich in der Stadtbibliothek von Mönchengladbach und entstammt der Bibliothek der Zentralstelle des Volksvereins für das katholische Deutschland. Das Werk trägt kein Erscheinungsjahr; das Jahr 1918 ist als solches entnommen der Bibliographie der Werke Hessens in dessen Autobiographie "Geistige Kämpfe", S. 269. Das Heft erschien als Nr. 16 der Serie "Der Kampf um Belgien". Sperrungen im Text wurden beseitigt.)

Die Bedeutung Merciers als Philosophen dürfte aus den sachlichen Darlegungen sowohl wie aus den Urteilen der Zeitgenossen zur Genüge erhellen. Seine wissenschaftliche Lebensarbeit stellte eine bedeutende, ja imposante Leistung dar. Eine andere Frage ist es freilich, ob die von ihm vertretene philosophische Richtung, die Neuscholastik, allen berechtigten Forderungen des modernen philosophischen Denkens entspricht, ob sie eine innerlich berechtigte und lebensfähigen Synthese darstellt. Und hier dürften sich neben der Größe auch die Grenzen von Merciers Lebensarbeit zeigen.

Nova et vetera ! so lautet die Devise der Löwener Schule. Die Verschmelzung von Neuem und Altem, moderner Forschung und antiker Metaphysik gab, wie wir sahen, dem Lebenswerke Merciers seine charakteristische Note. Daß es freilich in Merciers System überall zu einer organischen Verbindung von Altem und Neuem gekommen ist, wird man schwerlich behaupten können. Vielmehr steht in Merciers Psychologie, wie Prof. Geyser seinerzeit im Kolleg urteilte, doch vielfach das Neue neben dem Alten, ohne daß beides miteinander organisch verbunden und verschmolzen wäre. Dieser Mangel einer wirklichen Synthese scheint mir jedoch nicht in einer Unfähigkeit des Philosophen, sondern in der Sache selbst begründet zu sein.

"Die moderne Betrachtungsweise, soweit sie nicht der Metaphysik überhaupt ablehnend gegenübersteht oder ihr doch eine nur hypothetische Geltung beilegt, erkennt jedenfalls der metaphysischen Deduktion nur nach vorgängiger erkenntniskritischer Prüfung (vielleicht auch Einschränkung) objektiven Wert zu. Für die metaphysische Erweiterung und abschließende Begründung des empirischen Weltbildes verlangt sie eine vorgängige gründliche Umschau im empirischen Wissensbereich. Dagegen läßt der antike Vernunftoptimismus umgekehrt das Denken ohne weitere Umschweife, wie im Fluge, das Hochland des Metaphysischen und Transzendenten erreichen und erst von dort aus den Einblick in die ganze Breite des Empirischen gewinnen" (Baeumker). Die moderne Metaphysik ist mit anderen Worten eine streng induktive im Gegensatz zu der im Grunde genommen deduktiven Metaphysik der antiken Philosophie. Auch Mercier betont, wie wir gesehen haben, daß die Metaphysik induktiv vorgehen müsse, ihre Schlüsse nur aufgrund eines zureichenden empirischen Materials ziehen dürfe. In Wirklichkeit aber führt er die Induktion nicht rein durch. Die metaphysischen Begriffe werden nicht aus dem empirischen Material herausgearbeitet, sondern werden aus der antiken Metaphysik herübergenommen und in das empirische Materiel hineingearbeitet. Werden aber metaphysische Begriffe zur Erklärung des empirischen Materials eingeführt, so müssen sie aus diesem gleichsam organisch herauswachsen und dürfen nicht in den apriorischen Konstruktionen einer vorwiegend deduktiven Metaphysik ihren Ursprung haben. Darum kann eine wirkliche Synthese zwischen den empirischen Forschungsergebnissen der modernen Wissenschaft und den auf vorwiegend deduktivem Wege gewonnenen Begriffen der aristotelisch-scholastischen Philosophie niemals zustande kommen. Es handelt sich hier um zwei völlig heterogene Dinge.

Eine Bestätigung dieser, manchem vielleicht zu radikal erscheinenden Ansicht sehe ich in der Tatsache, daß die Neuscholastiker, die eine tiefere Berührung und ernste Auseinandersetzung mit der modernen Wissenschaft und Philosophie nicht scheuen, immer mehr dahin kommen, die alten Begriffe umzumodeln oder gar völlig neue an ihre Stelle zu setzen. Ich denke hier vor allem an Geyser, der in seiner "Allgemeinen Philosophie des Seins und der

Natur" (Münster i.W. 1915) den scholastischen Substanzbegriff durch einen neuen und bessern zu ersetzen sucht. Der Unterschied zwischen dem alten und neuen Begriff ist so groß, daß die Anwendung des letztern auf die menschliche Seele zu einer von der alten Auffassung völlig abweichenden Anschauung, nämlich zur modernen Aktualitätstheorie führen würde. Was sodann die erkenntnistheoretischen Grundlagen von Merciers System angeht, so kommt es hier vor allem auf die Kritik Kants an. Mercier sieht in Kants Philosophie "Subjektivismus" und "Phänomenalismus". Demgegenüber dürfte aber der Neukantianismus im Rechte sein, wenn er Kants Erkenntniskritik im tranzendentallogischen Sinne auslegt. Auch katholische Philosophen, wie z.B. Switalski, erblicken in dem "transzendentalen Grundgedanken das Wesentliche in Kants Auffassung" (Probleme der Begriffsbildung. In: PhJb 25(1912) 67-84; 69). Dadurch erhält Kants Erkenntnistheorie ein ganz anderes Gesicht. Aus seinem "Subjektivismus" wird jetzt ein Objektivismus, der die überindividuelle Geltung der Erkenntnisprinzipien, ihre Unabhängigkeit vom individuellen Subjekt anerkennt. Freilich bleibt auch von diesem Standpunkt aus die Unerkennbarkeit des Dinges an sich bestehen. Und hier dürfte auch Mercier eine völlige Überwindung der Kantschen Position nicht gelungen sein. Das Problem scheint eben zu jenen zu gehören, die hart an der Grenze der menschlichen Vernunft liegen und sich einer absolut sicheren Lösung durch unser endliches, beschränktes Denken entziehen.

Gerade Kant ist dazu angetan, einem den Blick für die Tiefe der Grundprobleme der Philosophie und die unüberwindlichen Grenzen des menschlichen Intellekts zu öffnen. Er ist ein lebendiger Protest gegen allen einseitigen Intellektualismus und darum der beste Erzieher zu kritischer Besonnenheit in philosophischen Dingen. "Als der große Frager vor allem hat er eine unvergängliche Jugend. Als solcher ist er nicht nur eine historisch interessante Figur, sondern wendet sich unmittelbar an das volle Leben der Gegenwart. Nur die Satten und geistig Bequemen mögen den lästigen Fragesteller hassen" (Baeumker).

Ganz besonders erweist sich der einseitige Intellektualismus auf religiösem Gebiete als unzulänglich. Die Fragen nach Gottes Dasein und Wesen, nach Freiheit und Unsterblichkeit des menschlichen Geistes liegen jenseits des Bereichs streng wissenschaftlicher Beweisbarkeit; es sind religiöse und keine eigentlich wissenschaftlichen Fragen. Neuerdings hat uns ja Isenkrahe durch seine scharfsinnige Kritik der "Gottesbeweise" dieser Erkenntnis um einen bedeutenden Schritt nähergebracht. Mercier steht hier offenbar noch allzusehr unter dem Banne des "antiken Vernunftoptimismus", der "noch nicht in die Schärfe der Kritik an sich erfahren hat" (Baeumker, Die europäische Philosophie des Mittelalters. In: Die Kultur der Gegenwart, hrsg. von P. Hinneberg, Teil I. Abt. 5, Berlin/Leipzig 1909, 288-381, hier 346). Solchem Intellektualismus gegenüber verdient das schöne Wort Lotzes beherzigt zu werden: "Das Wesen der Dinge besteht nicht in Gedanken, und das Denken ist nicht imstande, es zu fassen; aber der ganze Geist erlebt dennoch vielleicht in andern Formen seiner Tätigkeit und seines Ergriffenseins den wesentlichen Sinn alles Seins und Wirkens; dann dient ihm das Denken als ein Mittel, das Erlebte in jenen Zusammenhang zu bringen, den seine Natur fordert, und es intensiver zu erleben in dem Maße, als er dieses Zusammenhanges mächtig ist. Es sind sehr alte Irrtümer, die dieser Einsicht entgegenstehen. Der Schatten des Altertums, seine unheilvolle Überschätzung des Logos, liegt breit über uns und läßt uns weder im Realen noch im Idealen das bemerken, wodurch beides mehr ist als alle Vernunft" (Mikrokosmus III, S. 243 f.).

Es muß der Löwener Schule zum besondern Verdienst angerechnet werden, daß sie die Selbständigkeit der Philosophie gegenüber dem Glauben und der Theologie betont. De Wulf zieht, wie wir gesehen haben, aus jener Verhältnisbestimmung die praktische Folgerung, daß ein Katholik auch Anhänger einer andern als der neuscholastischen Philosophie sein könne. In der Tat müssen wir an diesem Grundsatz unbedingt festhalten. Wer durch Kants Philosophie hindurchgegangen ist und dadurch den antiken Intellektualismus in wesentlichen Punkten als unzulänglich erkannt hat, braucht darum seinen christlichen Glauben keineswegs preiszugeben. "Daraus, daß die herkömmlichen apologetischen Stützen zusammenbrechen, folgt nicht, daß der Katholizismus fallen muß." Dieser Gedanke muß jedem Katholiken, der sich mit der modernen Philosophie beschäftigt, gegenwärtig bleiben. Anderseits enthält die Philosophie der Gegenwart auch manche Ideen, die sehr wohl eine Synthese mit dem christlichen Glauben eingehen können. Wir finden hier einen modernen Platonismus, der, in Platos und Augustins Spuren wandelnd, die Absolutheit der theoretischen Grundwahrheiten und der ethischen Normen anerkennt und ihren letzten Erklärungsgrund in einem absoluten Wesen, der Gottheit, sucht. Ich denke hier vor allem an den unlängst verstorbenen Philosophen Windelband, der in seinem letzten und reifsten Werke, der "Einleitung in die Philosophie" (Tübingen 1914) diese Gedanken klar und schön entwickelt hat. Nach ihm "steckt in dem Inhalt des Gewissens, das ein zweifellos ebenso gewisses Erlebnis ist wie jede andere Erfahrung, die wir im Aufbau unserer Welterkenntnis verwenden, die Beziehung auf eine übersinnliche Realität. So real wie das Gewissen, so real ist Gott". Wenn dann Windelband in seinen vielgelesenen "Präludien" (5. Aufl., II, Tübingen 1916, 313) vom absoluten Wesen folgende Inhaltsbestimmung gibt: "Den Inhalt der göttlichen Person bildet der Inbegriff der höchsten Werte, sie ist das reale Normalbewußtsein, diejenige Persönlichkeit, in der alles Wirklichkeit ist, was sein soll, und nichts ist, was nicht sein soll: die Wirklichkeit aller Ideale", so dürfte damit eine Gottesidee gewonnen sein, die dem Gottesbegriff des Aristoteles weit überlegen ist. Dem letztern hat ja neuerdings auch ein katholischer Forscher jeden religiösen Wert abgesprochen (A. Boehm, Die Gottesidee bei Aristoteles, auf ihren religiösen Charakter untersucht, Köln 1915) und so die Ansicht Euckens bestätigt, die dieser in seinem lesenswerten Schriftchen: "Die Philosophie des hl. Thomas von Aquino und die Kultur der Neuzeit" (2. Aufl., Bad Sachsa 1910) in Bezug auf Aristoteles, den "Philosophen der Immanenz", niedergelegt hat.

Wie einst Augustin die zeitgenössische, damals also "moderne" Philosophie der Neuplatoniker mit dem christlichen Glauben zu verschmelzen gewußt hat, so erscheint auch eine Synthese zwischen den idealistischen Ideen der Gegenwartsphilosophie und dem christlichen Glauben als eine uns von der Gegenwart gestellte Aufgabe. Wenn dann dieser modernplatonische Idealismus ergänzt wird durch eine an den Realwissenschaften und ihrer Methode orientierte Erkenntnislehre und Metaphysik und durch eine an Eucken u.a. angelehnte Geschichts- und Kulturphilosophie vervollständigt wird, so dürfte auf diese Weise eine Philosophie entstehen, die den wissenschaftlichen Forderungen des modernen Denkens mehr entspricht und darum auch mehr werbende Kraft für den christlichen Glauben besitzt als die neuscholastische Philosophie. Die hier gezeichnete Ansicht kann das schöne Wort O. Willmanns für sich in Anspruch nehmen, das da lautet: "Auch das Wahre in der heutigen, außerchristlichen Wissenschaft ist vom Logos, und es wird zu ihm zurückgebogen werden. In der christlichen Wissenschaft aber sind neue freudige Kräfte erwacht, dies zu leisten."

Text 2
Schelers Neubegründung der Religion (1922)

(Aus: Akademische Bonifatius-Korrespondenz, Jahrgang 37, Nr.2 vom 1.Juni 1922, S.100-104.)

Schelers Neubegründung der Religion
Von Privatdozent D. Dr. Johs. Hessen.

Wie in der Hochscholastik neben der aristotelisch-thomistischen Richtung eine an Plato und Augustin orientierte Strömung einherging, so macht sich auch im katholischen Geistesleben der Gegenwart neben der neuthomistischen eine platonisch-augustinische Gedankenbewegung immer mehr bemerkbar. Sie tritt uns deutlich entgegen in den erkenntnistheoretischen Schriften des katholischen Philosophen und Theologen Switalski, der den Kerngedanken der augustinischen Noetik zu erneuern und für die Auseinandersetzung mit modern-philosophischen Strömungen fruchtbar zu machen trachtet. Dasselbe Ziel verfolgt der Schreiber dieser Zeilen mit seinen Arbeiten über Augustins Erkenntnislehre und Gottesbeweis, in denen er die augustinische Theorie des wissenschaftlichen wie des religiösen Erkennens in ihrem Gegenwartswerte zu beleuchten sucht. Neuerdings hat sich dann K. Adam mit seiner Antrittsrede über "Glaube und Glaubenswissenschaft im Katholizismus" (Rottenburg 1920) ebenfalls in die Linie Augustins gestellt.

Alle diese Erneuerungsversuche augustinischer Positionen werden nun aber weit übertroffen von Schelers neuestem Werk: "Vom Ewigen im Menschen" (Leipzig 1921), das der Hauptsache nach die Religionsphilosophie des Verfassers enthält. Es ist von der Überzeugung getragen, daß "weder auf dem Boden der Philosophie des Thomas Aquinas noch auf dem Boden der durch Kant eingeleiteten philosophischen Periode" eine solide Begründung der Religion zu gewinnen ist. Das ist nur möglich, wenn die Religionsphilosophie, der "Kern des Augustinismus von seinen zeitgeschichtlichen Hüllen befreit und mit den Gedankenmitteln der phänomenologischen Philosophie neu und tiefer begründet wird". Sie wird dann "jenen unmittelbaren Kontakt der Seele mit Gott immer klarer aufweisen, den Augustin mit den Mitteln des neuplatonischen Denkens an der Erfahrung seines großen Herzens immer neu aufzuspüren und in Worte zu fassen bemüht war" (Vorrede).

Das Neue und Wertvolle des Schelerschen Werkes liegt in dem Versuch, unter Orientierung an jenem augustinischen Grundgedanken das Recht der Religion zu begründen. Die traditionelle, auf Thomas von Aquin zurückgehende Art der Religionsbegründung hält Scheler für unzulänglich. Nach ihr ruht die Religion auf der Metaphysik. Durch metaphysische Schlüsse sucht sie daher das Dasein Gottes und damit das Recht der Religion zu erweisen. Der Kausalschluß von der kontigenten Welt auf ein absolutes Wesen, einen Weltschöpfer, bildet hier den eigentlichen Nerv der Beweisführung.

Gegen diesen Kausalbeweis wendet nun Scheler folgendes ein. Wenn ich die Welt als kontigent betrachte, wenn sie mir als verursacht, als "Werk" erscheint, bin ich schon nicht mehr in der wissenschaftlichen, sondern in der religiösen Einstellung. Das Kreatürlichkeitsmoment, das ich an der Welt wahrnehme, setzt eine religiöse Betrachtungsweise voraus. Die Behauptung, daß die Natur "an sich trage den Stempel der Herkunft aus einem Seienden, das durch sich Grund seines Wesens ist, ist eine Behauptung, die Deckung findet nur und ausschließlich in den Anschauungsmaterien, welche die religiöse Weltauffassung den Tatsachen der außerreligiösen als ganz neue positive Phänomene hinzufügt" (568). Die traditionelle Apologetik befindet sich also hier in einem "Grundirrtum". Sie "schließt innerhalb der religiösen Anschauungswelt, vermeint aber ihre Stoffe aus vorreligiösen Tatbeständen zu erschließen" (569 f.). Sie sieht nicht, daß "es evident sinnlos ist, durch logische Prozesse von einer andern, nicht religiösen Einstellungs-und Erfassungsart erst in die religiöse hinüber gelangen zu wollen" (573).

Die Struktur der kausalen Gottesbeweise ist demnach keine rein logische, sie weist vielmehr auch religiöse Momente auf. Mit diesem Ergebnis sind nun aber für Scheler die Gottesbeweise keineswegs entwertet. Vermögen sie auch das Dasein Gottes nicht als denknotwendig zu erweisen, so können sie uns doch dazu dienen, das Wesen Gottes näher zu bestimmen. Auch Kant gegenüber behalten darum diese Beweise "ihr volles Recht und ihren tiefen Sinn, wo es sich um die Attribute Gottes handelt" (579). Nicht darum ist es Scheler zu tun, die Gottesbeweise zu entwerten, sondern nur zu betonen, "daß Sein und Gültigkeit dieser Beweise noch etwas anderes voraussetzt als die formalen Gesetze der Logik, das Kausalprinzip und die Tatsachen der Erfahrung im induktiven Sinne: die wesensmäßige Umspanntheit dieses beweisenden Denkens durch die religiöse Betrachtungsform der Welt und die besonderen Wesenstatsachen und

Wesenstatsachenzusammenhänge, die in dieser und nur in ihr gegeben sind" (579 f.).

Der Gottesbeweis - so läßt sich Schelers These kurz formulieren - ist nicht die Grundlage der Religion, vielmehr bildet umgekehrt die Religion die Grundlage für den Gottesbeweis. Wenn sich nun aber die Wahrheit der Religion nicht mit Hilfe des Gottesbeweises sicherstellen läßt, wie kann sie dann begründet werden? Darauf antwortet Scheler: Die Religion begründet sich selbst. Sie braucht sich den Wahrheitsbeweis nicht von der Philosophie zu borgen, sondern besitzt ihn selbst, und zwar in der Selbstevidenz des religiösen Bewußtseins, in jener unmittelbaren Gewißheit, die dem religiösen Erkennen eigentümlich ist. "Kann denn", so fragt Scheler, "die Religion - auch subjektiv die wurzeltiefste aller Anlagen und Potenzen des menschlichen Geistes - auf einer festeren Basis stehen als auf sich selbst, auf ihrem Wesen? ... Wie sonderbar ist doch das Mißtrauen in die Eigenmacht, die Eigenwirkung des religiösen Bewußtseins, das sich darin bekundet, daß seine ersten und evidentesten Aussagen auf etwas anderes gestellt werden sollen als auf den Wesensgehalt der Gegenstände eben dieses Bewußtseins selbst" (582).

Bedeutet nun aber die Annahme einer besonderen religiösen Erfahrung und spezifisch religiöser Erkenntnisakte nicht ein Zugeständnis an den Subjektivismus? Wer so urteilt, übersieht nach Scheler, daß durch die subjektiven Akte eine objektive, vom Subjekt unabhängige Gegenstandswelt erfaßt wird. Der religiöse Akt eröffnet dem Menschen "einen Ausblick in eine gegenständliche Seinsschicht und in essentielle, dieser und nur dieser zukommende Anschauungsmaterien, die dem Menschen sonst ganz und gar verborgen sind und notwendig verborgen sind, so wie einem Wesen, das nicht der Funktion des Hörens und Sehens teilhaftig wäre verborgen wäre das Wesen von Farbe und Ton" (586). Von "Subjektivismus" kann hier also keine Rede sein. Vielmehr handelt es sich, wie Scheler weiter ausführt, um eine Lehre, die mannigfache Stützpunkte in der christlichen Tradition hat. Sie tritt uns bei den griechischen Vätern unter dem Namen des "religiösen Sinnes" entgegen. Auf sie griff in der Neuzeit der französische Oratorianer Gratry zurück. Endlich hat "die gesamte augustinische Richtung der mittelalterlichen und neueren Philosophie und Theologie bis zu Newman, der in diesen Fragen durchaus auf ihrer Seite steht, stets den Satz festgehalten, daß die Seele, sofern sie alles in lumine Dei erkennen und lieben könne, einen direkten und unmittelbaren Kontakt mit dem Allichte besitze, den sie sich ins reflexive Bewußtsein bringen könne. Erst Thomas von Aquino hat aus diesem in lumine entschlossen ein nur objektiv kausal gemeintes per lumen machen zu dürfen gemeint und dadurch die gegenwärtige Richtung des Gottesbeweises der natürlichen Theologie vorbereitet" (589).

Nach Scheler ist also die Religion ein völlig selbständiges, in sich gegründetes Wertgebiet. Sie ist wesensmäßig verschieden von aller Metaphysik, so daß kein Weg aus dem einen in das andere Gebiet führt. Damit will aber Scheler keineswegs Religion und Philosophie auseinanderreißen. Den von der protestantischen Theologie statuierten Dualismus, zwischen Glauben und Wissen, Religion und Philosophie lehnt er ab. Er bestimmt das Verhältnis, in dem beide zueinander stehen, im Sinne eines "Konformitätssystems". Danach reichen sich "Religion und Metaphysik frei die Hände, ohne daß die eine Hand die andere heimlich schon zu sich herzwingt, gleichwohl aber den Anspruch erhebt, sie frei empfangen zu haben" (356). Auch so glaubt Scheler, an der Idee einer "natürlichen Theologie" festhalten zu können. Diese bedeutet jetzt freilich nicht mehr eine metaphysische Gotteslehre, sondern eine wissenschaftliche Verarbeitung und Schematisierung des Inhalts der religiösen Erfahrung. Sie stützt sich also nicht auf die Metaphysik, sondern auf die natürliche Religion. "Gibt es", so sagt Scheler, "das selbständige Aktgebiet religiöser Erkenntnis, so haben wir anzunehmen, es habe sich auch die natürliche Theologie als rationales Wissen um Gott zu stützen auf die natürliche Religion, d.h. auf jene eigentümliche wesenhafte Anschauungs- und Erlebensquelle des Göttlichen - wie sehr sie als Wissenschaft auch später befugt sein mag, diese Anschauungsgehalte und stoffgebenden Quellen einer Reinigung, einer Kritik und ihre Gegebenheiten ferner einer systematischen Bearbeitung durch das Denken zu unterwerfen" (567).

Damit haben wir die Grundlagen der Schelerschen Religionsphilosophie kennengelernt. Das Prinzip, auf dem sie aufgebaut ist, ist die strenge Sonderung der verschiedenen Gebiete, insbesondere die Scheidung der Religion von der Metaphysik und die damit gegebene Verselbständigung der Religion und der religiösen Erkenntnis. Diese Grundposition bedeutet eine Erneuerung der augustinischen Lehre von der unmittelbaren Gotteserkenntnis, zugleich aber auch eine Absage an die traditionelle, auf Thomas fußende Apologetik. Ihr steht Schelers Auffassung antithetisch gegenüber, und nur einer, der diesen Gegensatz nicht in seiner Tiefe erkannt hat, kann hier von der Möglichkeit einer Synthese reden. In Wirklichkeit gibt es hier kein Sowohl - als auch, sondern nur ein entweder - oder.

Nun kann sich jedenfalls die an Thomas orientierte Apologetik auf eine starke Tradition berufen. Auch Scheler muß zugeben, daß der in ihr verkörperte Typ der Verhältnisbestimmung von Religion und Metaphysik "in Europa am längsten gegolten hat und die stärkste Verbreitung, besonders in den christlichen Schulen, gefunden hat" (321 f.). Allein, Alter und Verbreitung einer Lehre sind noch kein Beweis für ihre Wahrheit. Unter Umständen kann es sogar gegen eine philosophische Lehre sprechen, wenn sie in eine ferne Vergangenheit zurückreicht. Denn auch in der Philosophie gibt es einen Fortschritt. Dieser besteht vor allem darin, daß das philosophische Denken die einzelnen Gegenstandsgebiete immer deutlicher in ihrer Besonderheit erkennt und gegeneinander abgrenzt. Hatten die griechischen Philosophen Denken und Sein, Logik und Metaphysik vielfach miteinander verquickt, so haben wir inzwischen die ideale und die reale Ordnung scharf voneinander trennen gelernt. Und wie zwischen Denken und Sein, so unterscheiden wir heute auch genau zwischen Sein und Wert und erkennen neben der realen und der logischen Ordnung ein Reich der Werte an. Weil so unser philosophisches Bewußtsein differenzierter geworden ist, stellt sich uns manches Denkgebilde, das früheren Zeiten als streng rational galt, letzten Endes als Ausfluß einer wertenden Betrachtungsweise dar. Wie sind uns z.B. längst darüber klar, daß die Systeme der griechischen Philosophie letztlich von bestimmten Wertungen getragen sind, die größtenteils mit der Struktur des hellenischen Geistes zusammenhängen.

Schelers Bestreben geht nun dahin, auch in den traditionellen Gottesbeweisen den Einschlag einer wertenden Denkens aufzudecken, sie als Produkte einer religiös wertenden Betrachtungsweise und Stellungnahme zu erweisen. Und diesen Nachweis werden viele für erbracht ansehen. Für sie ist dann aber ein Abrücken von der thomistischen und eine Wiederaufnahme der augustinischen Religionsbegründung notwendig geworden. Dabei bietet freilich nicht bloß, wie Scheler meint, Augustins Lehre von der unmittelbaren Gotteserkenntnis, sondern auch sein Gottesbeweis Anknüpfungspunkte, und zwar im Sinne einer rationalen Begründung des Daseins Gottes, wie ich das in meiner Arbeit über den augustinischen Gottesbeweis zu zeigen versucht habe.

Ist nun aber, so werden vielleicht manche fragen, nach den kirchlichen Kundgebungen der letzten Jahrzehnte ein solches Abrücken von Thomas und Anknüpfen an Augustin statthaft? Nun, so werden jene, die Scheler zuzustimmen geneigt sind, antworten, durch die Empfehlung der thomistischen Philosophie sind die ausdrücklichen Gutheißungen anderer

Richtungen nicht umgestoßen. Wie früher, so wird die Kirche auch heute noch diese andern Richtungen dulden, zumal wenn sie sich auf eine so gefeierte Autorität, wie der Bischof von Hippo sie darstellt, berufen können. Wer sodann die Geschichte der Scholastik kennt, der weiß auch, daß es einmal eine Zeit gegeben hat, wo dieselbe Philosophie, die heute kirchlicherseits empfohlen wird, von den kirchlichen Instanzen abgelehnt und verboten wurde. Wer solche Wandlungen betrachtet, der kann unmöglich annehmen, daß wir heute den Endpunkt der Entwicklungsreihe erreicht haben und weitere Wandlungen ausgeschlossen sind.

Aber ist die Gründung der Religion auf die unmittelbare Erfahrung des Göttlichen nicht Modernismus? Nun, wenn das der Fall ist, dann war auch Augustin Modernist; denn er lehrte eine unmittelbare Erkenntnis Gottes und kannte keinen kausalen Gottesbeweis. In Wirklichkeit liegt aber bei Augustin so wenig wie bei Scheler Modernismus vor. Denn Modernismus bedeutet in erster Linie Agnostizismus, d.h. Ablehnung jeder Metaphysik, womit eine dualistische Verhältnisbestimmung von Glauben und Wissen ohne weiteres gegeben ist. Nun haben wir aber gesehen, daß Scheler diesen Dualismus ebenso entschieden ablehnt, wie er die Möglichkeit einer Metaphysik behauptet. Wer darum mit dem Schlagwort "Modernismus" gegen Schelers Religionsphilosophie operiert, der kennt sie entweder nicht, oder er weiß nicht, was Modernismus ist. Wenn irgendwo, dann ist also in diesem Fall die beliebte, weil sehr bequeme Methode der Verketzerung verfehlt. Dem aber, der von ihr nicht lassen mag, sei das Wort eines mittelalterlichen Scholastikers, mit dem dieser seinen angegriffenen Lehrer gegen einen übereifrigen Sionswächter in Schutz zu nehmen suchte, zugerufen: "Ich bitte dich, erlaube ihm, mit dir ein Christ zu sein. Und wenn du es ihm gestattest, wird er mit dir ein katholischer Christ sein. Und wenn du es ihm auch nicht gestattest, so wird er doch ein katholischer Christ sein."

Text 3
Recht und Unrecht des Intuitionismus (1926).

(Aus: J. Hessen, Erkenntnistheorie, Berlin/Bonn 1926, 97-105. Der Titel ist original und bezeichnet den 2. Abschnitt des Kapitels "Die Arten der Erkenntnis".)

Ob man neben dem rational-diskursiven ein intuitives Erkennen gelten läßt, hängt vor allem davon ab, wie man über das Wesen des Menschen denkt. Wer im Menschen ausschließlich oder vorwiegend ein theoretisches Wesen sieht, dessen Hauptfunktion das Denken ist, wird auch nur ein rationales Erkennen gelten lassen. Wer dagegen den Schwerpunkt des menschlichen Wesens mehr in die Gemüts- und Willensseite verlegt, wird von vornherein geneigt sein, neben der rational-diskursiven Erkenntnisweise auch noch andere Arten der Gegenstandserfassung beim Menschen anzuerkennen. Er wird überzeugt sein, daß der Vielseitigkeit der Wirklichkeit auch eine Mehrheit von Erkenntnisfunktionen entspricht.

Die erstere Auffassung bedeutet offenbar eine Einseitigkeit. Sie geht meistens aus einer welt- und lebensfremden /-98-/ Haltung hervor, wie sie ja gerade bei Philosophen vielfach anzutreffen ist. Der Philosoph, dessen eigentliche Lebensfunktion das Erkennen ist, kommt nur leicht dazu, daß er - wie man zu sagen pflegt - "von sich auf andere schließt" und den Menschen überhaupt als ein vorwiegend erkennendes Wesen auffaßt. Wer dagegen in Fühlung mit den konkreten Realitäten des Lebens steht, der überzeugt sich schon bald davon, daß nicht in den intellektuellen, sondern in den emotionalen und volitiven Kräften der eigentliche Schwerpunkt des menschlichen Lebens liegt. Er sieht, daß der menschliche Intellekt ganz und gar in die Totalität der menschlichen Geisteskräfte eingebettet und darum auch in seiner Funktion auf sie angewiesen und durch sie mannigfach bedingt ist. Nicht der Verstand, sondern die Gemüts- und Willenskräfte des Menschen erscheinen ihm als die Dominanten in jenem Kräftespiel, das wir Leben nennen.

Von den neueren Philosophen hat namentlich Dilthey auf diese Tatsache hingewiesen. Er wendet sich in seiner "Einleitung in die Geisteswissenschaften" mit Nachdruck gegen jenen Rationalismus und Intellektualismus, nach welchem "in den Adern des erkennenden Subjekts nicht wirkliches Blut, sondern der verdünnte Saft von Vernunft als bloßer Denktätigkeit rinnt." "Mich führte", so erklärt er, "historische und philosophische Beschäftigung mit dem ganzen Menschen dahin, diesen in der Mannigfaltigkeit seiner Kräfte, dieses wollende, fühlende und vorstellende Wesen auch der Erklärung der Erkenntnis und ihrer Begriffe zugrunde zu legen." (Vorwort). So kommt er dazu, dem rational-diskursiven ein irrational-intuitives Erkennen zur Seite zu stellen.

Aber bedeutet die Anerkennung der Intuition nicht das Ende aller wissenschaftlichen Erkenntnis? Bedeutet sie nicht die Preisgabe der Allgemeingültigkeit und Beweisbarkeit, die doch die Seele alles wissenschaftlichen Erkennens ausmachen? /-99-/ Diesem Einwand gegenüber müssen wir eine Unterscheidung machen. Es ist die Unterscheidung zwischen theoretischem und praktischem Verhalten. Auf theoretischem Gebiet kann die Intuition nicht den Anspruch erheben, ein selbständiges, der rational-diskursiven Erkenntnis ebenbürtiges Erkenntnismittel zu sein. Alle Intuition hat sich hier vor dem Forum der Ratio zu legitimieren. Wenn die Gegner des Intuitionismus diese Forderung erheben, so sind sie durchaus im Recht. Anders dagegen verhält sich die Sache auf praktischem Gebiet. Hier kommt der Intuition eine selbständige Bedeutung zu. Als fühlende und wollende Wesen ist für uns die Intuition das eigentliche Erkenntnisorgan. Soweit der Intuitionismus nichts anderes lehrt als dies, so ist das Recht auf seiner Seite.

Auf dem Gesagten ergibt sich, daß wir die metaphysische Intuition im Sinne Bergsons ablehnen müssen. Nicht als ob es so etwas wie eine metaphysische Intuition nicht gäbe! Die Geschichte der Metaphysik beweist auf Schritt und Tritt das Gegenteil. Zeigt sie doch, daß alle großen metaphysischen Systeme letzten Endes in gewissen Intuitionen verankert sind. An der psychologischen Tatsächlichkeit einer metaphysischen Intuition kann darum nicht gezweifelt werden. Etwas ganz anderes aber ist die Frage nach der logischen Geltung der Intuition. Und hier müssen wir dem Gesagten zufolge daran festhalten, daß die Intuition auf theoretischem Gebiet und damit auch in der Metaphysik niemals die letzte Geltungsgrundlage für irgendwelche Urteile sein kann. Die letzte Instanz ist hier vielmehr der Verstand, und alle Intuition hat sich seiner Prüfung zu unterziehen.

In Konsequenz der vorhin aufgestellten Sätze werden wir auch der Soseinsintuition oder Wesensschau Husserls die Anerkennung versagen müssen. Abgesehen davon, daß diese Wesensschau, wie namentlich die Kritik Volkelts und /-100-/ Geysers gezeigt hat, nicht ein so absolut einfacher und selbständiger Akt ist, wie Husserl will, sondern aus einer Mehrheit von Denkakten besteht, kann diese Intuition auch niemals als letzte Instanz gelten wollen. Denn wenn wir Erkenntnistheorie treiben, verhalten wir uns, wie schon der Name sagt, theoretisch und müssen darum der Ratio das letzte Wort zuerkennen. Es dürfte das Ende aller wissenschaftlichen Philosophie bedeuten, wollte jemand z.B. das Kausalprinzip, wonach alles Entstehen eine Ursache hat, damit rechtfertigen, daß er erklärt: Zwischen den Begriffen Entstehen und Ursache besteht ein Wesenszusammenhang, den ich unmittelbar schaue. Müßte man einem solchen Erkenntnistheoretiker doch die Tatsache entgegenhalten, daß fast alle übrigen Philosophen diesen Zusammenhang nicht zu schauen vermögen. Die Anerkennung einer Wesensschau würde hier die Philosophie um ihre Allgemeingültigkeit und damit um ihren rational-wissenschaftlichen Charakter bringen. Es ist daher auch nicht angängig, die obersten Denkgesetze mit dem Hinweis auf ihre "unmittelbare Evidenz" zu rechtfertigen. Auf diesen Punkt werden wir später noch näher eingehen.

Ganz anders werden wir uns zur Daseinsintuition Diltheys stellen müssen. Sie liegt ja nicht auf theoretischem, sondern auf praktischem Gebiet. Als wollende und handelnde Wesen treten wir mit der Wirklichkeit in Kontakt, erleben in den Widerständen, die sie uns entgegensetzt, die Realität. Daß unsere Überzeugung vom Dasein der Außenwelt in der Tat auf einer solchen innern Erfahrung, einem unmittelbaren Erleben beruht, dafür spricht vor allem die unmittelbare und unerschütterliche Gewißheit, die jener Überzeugung anhaftet. Vom Standpunkt des kritischen Realismus aus ist diese Gewißheit nicht zu erklären. Denn wie auch die Vertreter dieses Standpunktes zugeben, haben die Beweise für das Dasein der Außenwelt keinen absolut zwingenden Charakter. Würde nun unsere Überzeugung /-101-/ von der Existenz einer realen Außenwelt auf rationalen Beweisen und Schlußfolgerungen beruhen, dann besäße sie eben nicht jene unmittelbare und unwiderstehliche Gewißheit, die ihr tatsächlich eignet. Hat doch Schopenhauer einmal bemerkt, daß wir den, der das Dasein der Außenwelt leugnen wollte, einfach ins Tollhaus verweisen würden.

Die hier vertretene Auffassung hat der von Dilthey ausgegangene Philosoph M. Frischeisen-Köhler in seiner Schrift über das "Realitätsproblem" (Berlin 1912) in sehr klaren und tiefdringenden Erörterungen zu begründen versucht. Man steht nach ihm dem Realitätsproblem hilflos gegenüber, solange man mit Kant nur zwei Erkenntnisquellen annimmt: Empfindung und Denken. Es ist dann nicht möglich, den Idealismus zu überwinden. Man kann dann höchstens an die Stelle der idealistischen Konstruktion eine andere setzen. Dabei ist man aber vom methodischen Standpunkt aus dem Idealismus gegenüber entschieden im Nachteil, insofern dieser eine weit einfachere und einheitlichere Theorie der Erkenntnis gibt, indem er eben ohne die Annahme einer außerbewußten Realität das Erkenntnisphänomen zu erklären sucht. Eine wirkliche Lösung des Problems ist nur möglich, wenn man außer Empfindung und Denken noch eine weitere Erkenntnisquelle annimmt: die innere Erfahrung und Intuition. Ihre Bedeutung erhellt aus einer geschichtlichen Betrachtung der menschlichen Kultur. Die großen religiösen, philosophischen und künstlerischen Gebilde beweisen durch ihre Eigenart, daß an ihrem Enstehen noch ganz andere Bewußtseinsfunktionen beteiligt waren, als Empfindung und Denken. Diese irrationalen Erkenntniskräfte bilden das Organ für die Erkenntnis der Außenwelt. Sie wird von uns unmittelbar erfahren und erlebt. Und dasselbe gilt von der Existenz unserer Mitmenschen. Auch "die fremde Innerlichkeit der Mitmenschen wird nicht erschlossen, sondern in ursprünglicher Weise erlebt" (90).

Weit weniger umstritten als die Erkenntnis der Außenwelt ist die Erkenntnis unseres Ich. Hier sind die weitaus meisten Erkenntnistheoretiker der Ansicht, die zuerst Descartes formuliert hat, daß wir unsere eigene Existenz unmittelbar erleben und erfassen. In unserm Denken und Wollen erleben wir uns als seiend, als real existierende Wesen. Es bedarf keiner Schlußfolgerung, sondern einer einfachen Selbstanschauung, um unserer eigenen Existenz gewiß zu werden. Treffend bemerkt in dieser Hinsicht Bergson: "Es gibt eine Realität zum wenigsten, /-102-/ die wir alle von innen, durch Intuition und nicht durch bloße Analyse begreifen. Es ist unsere eigene Person in ihrem Verlauf durch die Zeit. Es ist unser Ich, das dauert. Wir vermögen kein anderes Ding intellektuell mitzuerleben. Sicherlich aber erleben wir uns selbst." (Einführung in die Metaphysik, Jena 1912, 5 f.).

Gehen wir jetzt zu den Wertgebieten über, so dürfte die Intuition am wenigsten auf ästhetischem Gebiet umstritten sein. Daß der ästhetische Gehalt eines Bildes, eines Kunstwerkes, einer Landschaft von uns in unmittelbarer, gefühlsmäßiger Weise erfaßt wird, daß es also eine ästhetische Intuition gibt, ist wohl kaum jemals ernstlich bestritten worden. Hier genügt ja schon eine einfache Reflexion, um das zu sehen. Wenn wir z.B. die Schönheit einer Landschaft erleben und nun versuchen würden, sie einem andern, der nichts von all der Schönheit empfindet, durch Verstandesoperationen nahe zu bringen und zu erschließen, dann würden wir schon bald einsehen, daß dies ein Versuch mit untauglichen Mitteln ist. Ästhetische Werte lassen sich eben nicht verstandesmäßig, sondern nur gefühlsmäßig, nicht diskursiv, sondern nur intuitiv erfassen. Hier gilt in der Tat das Wort des Dichters: "Wenn ihr's nicht fühlt, ihr werdet's nicht erjagen."

Nicht so einfach liegt die Sache auf ethischem Gebiet. Wenn wir menschliche Gesinnungen und Handlungen bewerten, einer Tat das Prädikat "gut", einern andern das Prädikat "böse" beilegen, so kommt ein solches Werturteil nach verbreiteter Auffassung dadurch zustande, daß wir einen obersten Maßstab, eine Sittennorm an die betreffenden Handlungen anlegen und sie gewissermaßen daran messen. Danach beruhen also unser sittlichen

Werturteile auf einem rational-diskursiven Erkennen. Daß es in der Tat Werturteile gibt, die in dieser Weise zustande kommen, soll nicht geleugnet werden. Allein es sind doch nicht die primären und grundlegenden. Diese beruhen vielmehr auf /-103-/ einem unmittelbaren, gefühlsmäßigen Erfahren und Erfassen der Werte. Das zeigt sich auch hier daran, daß es uns nicht gelingt, jene Werte anderen auf dem Verstandeswege zugänglich zu machen. "Wem", so bemerkt Messer treffend, "bei einem Vergleich eines Lebemenschen mit einer sittlich geläuterten Persönlichkeit der höhere objektive Wert der letzteren nicht mit innerer Überzeugungskraft, mit unmittelbarer Evidenz einleuchtet, dem kann er auch durch verstandesmäßige Beweise nicht nahegebracht werden." (Ethik, Leipzig 1918, 92). Und wenn man auch zugibt, daß sich bestimmte Verhaltensweisen (z.b. Gerechtigkeit, Mäßigkeit, Reinheit) wenigstens bis zu einem gewissen Grade durch eine rationale Betrachtung des Wesens und Zieles des Menschen als ethisch wertvoll erweisen lassen, so wird man doch anderseits zugeben müssen, daß der innere Gehalt, die eigentliche Wertqualität von Gesinnungen wie Gerechtigkeit, Mäßigkeit, Reinheit doch nur unmittelbar erfahren und erlebt, nur geschaut werden kann.

Betrachten wir noch kurz das religiöse Wertgebiet. Auch hier geht eine weitverbreitete Auffassung dahin, daß das Wertobjekt des religiösen Verhaltens, der Gegenstand der Religion nur auf rational-diskursivem Wege erkannt werden kann. Demgegenüber zeigen aber Religionsgeschichte wie Religionspsychologie, daß auch auf religiösem Gebiet Erlebnis und Intuition eine hervorragende Rolle spielen. In seiner Schrift über "die religiöse Erfahrung als philosophisches Problem" bemerkt der Religionspsychologe Oesterreich: "Überall, wo religiöses Leben in Stärke vorhanden ist, stoßen wir auf den Glauben, in unmittelbarer Bewußtseinsberührung mit Gott zu stehen. Das Göttliche hört auf, transzendent zu sein, es rückt in die Sphäre des Immanenten hinein, es wird unmittelbar erfahren, erlebt" (Die religiöse Erfahrung als philosophisches Problem, Berlin 1915, 11). Ebenso urteilt Volkelt in seinem höchst wertvollen Schriftchen: "Was ist Religion?", wenn er das Eigentümliche des religiösen Lebens darin erblickt, "daß wir in unmittelbarer, also nicht erst durch Den- /-104-/ ken, Schließen, Beweisen vermittelter Weise eines ins Unerfahrbare hineinreichenden Inhalts inne werden" (Leipzig 1913, 10). "In vielmillionenfacher Weise", so bemerkt er, "ist die Tatsache bezeugt, daß eine durchaus eigenartige, intuitive Gewißheit dort vorhanden ist, wo der Mensch unmittelbar dessen gewiß ist, sich in

Einheit mit dem Unendlichen, mit dem Absoluten, mit dem tiefsten Grund alles Seins, mit dem Ewig-Sein zu fühlen" (12 f). Welche Bedeutung die Theorie der mystisch-intuitiven Gotteserkenntnis in der Geschichte der Philosophie und Theologie gespielt hat, haben wir bei der Darstellung der Geschichte des Intuitionsproblems gesehen. Von Augustin, der jene Theorie im Anschluß an Plotin aufgestellt und in die christliche Mystik des Mittelalters eingeführt hat, geht eine fast kontinuierliche Linie bis in die Gegenwart hinein, wo Scheler in seinem Werke: "Vom Ewigen im Menschen" gerade dieses als das Ziel seiner religionsphilosophischen Bemühungen bezeichnet hat, "jenen unmittelbaren Kontakt der Seele mit Gott immer klarer aufzuweisen, den Augustin mit den Mitteln des neuplatonischen Denkens an der Erfahrung seines großen Herzens immer neu aufzuspüren und in Worte zu fassen bemüht war." (Vorwort)[1].

Die Vertreter des religiösen Intellektualismus, die wie Geyser, Messer u.a. auf religiösem Gebiet nur ein rational-diskursives Erkennen gelten lassen, gehen hierbei von einer falschen Voraussetzung aus. Sie verwechseln nämlich Religion und Metaphysik. Auf metaphysischem Gebiet gibt es, wie wir gesehen haben, letzten Endes nur ein rationales Erkennen. Hier hat der Verstand das letzte Wort. Nun ist aber - und das wird von den genannten Philosophen übersehen - Gott nicht Gegenstand der Metaphysik, sondern der Religion. Die Metaphysik hat es immer nur mit dem Absoluten, dem Weltgrund zu tun. Aber dieses /-105-/ Absolute der Metaphysik ist vom Gott der Religion toto coelo verschieden. Jenes ist ein Sein, dieses in erster Linie ein Wert. Und wie alle Werte, so ist uns auch der Gotteswert ausschließlich in der inneren Erfahrung gegeben. Nicht in der rational-metaphysischen Einstellung, sondern allein in der religiösen Erfahrung kommt Gott zur Gegebenheit.

Dem religiösen Intellektualismus muß auch die Tatsache entgegengehalten werden, daß die Gewißheit, die der religiöse Mensch in Bezug auf Gott besitzt, ganz anderer Art ist, als jene Gewißheit, die durch komplizierte metaphysische Schlüsse zustande kommt. Würde der Gottesglaube auf solcher Grundlage ruhen, dann besäße er nicht jene absolute Unüberwindlichkeit, die er beim religiösen Menschen tatsächlich hat. Für eine metaphysische Hypothese hat sich bis heute noch niemand martern lassen; für ihren Gottesglauben haben dagegen schon Millionen innerhalb und außerhalb des

---

[1] Näheres darüber in meiner Schrift: Augustinus und seine Bedeutung für die Gegenwart, Stuttgart 1924.

Christentums ihren letzten Blutstropfen in den Sand rinnen lassen. Diese Tatsache redet für jeden Unbefangenen eine deutliche Sprache.

Text 4
Glauben und Wissen (1926)

(Aus: J. Hessen, Erkenntnistheorie, Berlin/Bonn 1926, 140-146. Originalüberschrift. Es handelt sich um die Schlußbemerkung zu dem ganzen Buch.)

Eine philosophische Ergründung und Begründung des menschlichen Wissens war das Ziel unserer Bemühungen. Wir haben gesehen, daß das menschliche Erkennen sich nicht auf die Erscheinungswelt beschränkt, sondern darüber hinaus ins Gebiet des Metaphysischen vordringt, um so zu einer philosophischen Weltansicht zu gelangen. Nun gibt aber auch der religiöse Glaube eine Sinndeutung der Welt. Da fragt es sich, wie beide sich zueinander verhalten: Religion und Philosophie, religiöser Glaube und philosophisches Erkennen, Glauben und Wissen.

Dieses Verhältnis ist im Laufe der Philosophiegeschichte sehr verschieden bestimmt worden. Es lassen sich etwa vier Haupttypen der Verhältnisbestimmung unterscheiden. Die beiden ersten behaupten eine Wesensidentität, die beiden letzten eine Wesensverschiedenheit von Religion und Philosophie, Glauben und Wissen. Jene Identität kann zunächst eine totale sein. Dabei lautet die Formel entweder: Religion ist Philosophie, oder: Philosophie ist Religion, d.h. man löst entweder die Religion in Philosophie oder umgekehrt die Philosophie in Religion auf. Im ersten Falle kann man von einem gnostischen Identitätssystem sprechen. Danach sind Religion und Philosophie dasselbe. Beide wollen erkennen, beiden ist es um Gnosis zu tun. Ein und derselbe philosophische Erkenntnistrieb regt sich in ihnen. Nur der Unterschied besteht, daß die Religion eine niedere Stufe des philosophischen Erkennens ist, insofern sie nicht in abstrakten Begriffen, sondern in konkreten Vorstellungen spricht. Dieser Auffassung begegnen wir im Altertum namentlich im Buddhismus, Neuplatonismus und Gnostizismus; in der Neuzeit bei Spinoza, Fichte, Schelling, Hegel und v. Hartmann.- Im zweiten Falle ergibt sich das traditionalistische Identitätssystem. Danach geht alle Philosophie auf die Religion /-141-/ zurück. Die Philosophen haben ihre Ideen aus der religiösen Tradition geschöpft. Die Philosophie ist also nichts

Selbständiges neben der Religion, sondern fällt mit ihr im Grunde genommen zusammen. Diese Auffassung ist besonders von den französischen Philosophen und Theologen De Maistre, De Bonald und Lamennais vertreten worden.

Statt einer totalen kann man auch eine partielle Identität von Religion und Philosophie behaupten. Beide decken sich dann teilweise, indem sie ein bestimmtes Gebiet miteinander gemein haben. Dieses gemeinsame Gebiet ist die "natürliche Theologie" (Scholastik) oder die "rationale Theologie" (Aufklärungsphilosophie). Ihre Aufgabe besteht darin, mittels der natürlichen Vernunftkräfte das Dasein Gottes zu beweisen und sein Wesen zu bestimmen. Indem sie das tut, legt sie die Grundlage für den übernatürlichen Glauben. Dieser hat also ein rationales Fundament. Die Religion ruht sachlich auf der Philosophie, der Glaube auf dem Wissen. In diesem Sinne hat namentlich Thomas von Aquin und die an ihm orientierte Theologie und Philosophie das Verhältnis von Glauben und Wissen bestimmt.

Den Identitätssystemen stehen die dualistischen Systeme gegenüber. Dabei kann es sich sowohl um einen strengen als auch um einen gemäßigten Dualismus handeln. Der erstere trennt beide Gebiete vollständig. Das Gebiet des Wissens ist die Erscheinungswelt, das Gebiet des Glaubens die übersinnliche Welt. Ein Wissen von der letzteren gibt es nicht. Metaphysik ist als Wissenschaft unmöglich. Begründer dieser Auffassung ist Kant. Die protestantische Theologie des 19. Jahrhunderts ist größtenteils von ihr beherrscht. Das gilt namentlich von Ritschl und seiner Schule. - Nach dem gemäßigten Dualismus sind Religion und Philosophie zwei wesensmäßig verschiedene Gebiete, die sich jedoch an einem Punkte berühren. Dieser Berührungspunkt ist die Idee des Absoluten. Nach Auffassung des gemäßigten Dualismus ist nämlich Metaphysik als Wissen- /-142-/ schaft möglich, und diese Metaphysik vermag auch bis zum Absoluten, zum Weltgrund vorzudringen. Dieser bildet somit den gemeinsamen Gegenstand von Religion und Philosophie. Freilich bestimmen beide ihn unter ganz verschiedenen Gesichtspunkten: die Philosophie unter rational-kosmologischem, die Religion unter ethisch-religiösem Gesichtspunkt. Dort ergibt sich die Idee eines geistigen Weltgrundes, hier die Idee eines persönlichen Gottes. Diese Auffassung ist in der neueren Philosophie mehrfach vertreten worden, zuletzt in bewußter und systematischer Weise von Scheler, der dafür die Bezeichnung "Konformitätssystem" gefunden hat.

Nehmen wir zu den verschiedenen Verhältnisbestimmungen kritisch Stellung, so werden wir Scheler zustimmen müssen, wenn er gegen die Identitätssysteme bemerkt: "Nichts ist freilich heute - wo sonst die religiösen Stellungnahmen so tief auseinander gehen wie nur je - einheitlicher und sicherer angenommen von allen, die sich mit Religion verständnisvoll beschäftigen, als dies: daß Religion einen von Philosophie und Metaphysik grund- und wesensverschiedenen Ursprung im Menschengeiste hat, daß die Stifter der Religion - die großen homines religiosi - völlig andere menschliche Geistestypen gewesen, denn Metaphysiker und Philosophen; daß ferner ihre großen historischen Umbildungen niemals und nirgends erfolgt sind kraft einer neuen Metaphysik, sondern auf grundverschiedene Weise." (Vom Ewigen im Menschen, Leipzig 1921, 327). Damit ist nicht nur das totale, sondern auch das partielle Identitätssystem als unzulänglich erwiesen. Letzteres beruht ja ebenfalls auf einer Verkennung der Verschiedenheit von Religion und Metaphysik, auf die wir früher bereits hingewiesen haben. Wenn die Vertreter der natürlichen oder rationalen Theologie glauben, auf dem Wege rational-metaphysischer Schlüsse an den Gegenstand der Religion, das Göttliche, herankommen zu können, so sehen sie eben nicht, daß Religion und /-143-/ Metaphysik wesensverschiedene Gebiete sind und darum ein Übergang aus dem einen in das andere unmöglich ist. Auch konnten wir ja zeigen, daß das Hauptmittel, deren sich die Vertreter der natürlichen Theologie bedienen, nämlich das Kausalprinzip, nicht jenen logisch-erkenntnistheoretischen Charakter hat, den es haben müßte, wenn es den ihm zugedachten Zweck erfüllen sollte. Endlich läßt sich unschwer zeigen, daß jene angeblich rein rationalen metaphysischen Schlüsse in Wirklichkeit aus einer religiösen Einstellung heraus geboren sind, sodaß man hier mit Scheler sagen darf, daß jene Schlüsse und Beweise nicht die Religion begründen, sondern umgekehrt selbst in der Religion gründen. Daraus erklärt sich auch die sonst völlig unbegreifliche psychologische Tatsache, daß die angeblich so stringenten Gottesbeweise nur auf solche Eindruck machen, die bereits gläubig sind, sich in der religiösen Einstellung befinden, dagegen gerade bei solchen versagen, die rein rational und kritisch eingestellt sind. Diese eigenartige Psychologie der Gottesbeweise wirft auf ihren logisch-erkenntnistheoretischen Charakter ein helles Licht.

Allen Versuchen gegenüber, Religion und Philosophie, Glauben und Wissen zu verquicken, muß mit allem Nachdruck betont werden, daß die Religion ein völlig selbständiges Wertgebiet ist. Sie ruht nicht auf einem anderen

Wertgebiet, sondern steht ganz auf eignen Füßen. Sie hat ihre Geltungsgrundlage nicht in der Philosophie und der Metaphysik, sondern in sich selber und zwar in der dem religiösen Erkennen eigentümlichen unmittelbaren Gewißheit. Die Anerkennung der erkenntnistheoretischen Selbständigkeit der Religion hängt somit von der Anerkennung eines besonderen religiösen Erkennens ab. Indem wir bei der Behandlung des Intuitionsproblems ein solches Erkennen, das wir näherhin als ein unmittelbares, intuitives Erkennen charakterisierten, herausstellten, legten wir die erkenntnis- /-144-/ theoretische Grundlage für die hier behauptete und verteidigte Selbständigkeit der Religion.

Den Philosophen und Theologen, die sich sträuben, die Religion auf eigne Füße zu stellen, hält Scheler mit Recht entgegen: "Kann denn die Religion - auch subjektiv die wurzeltiefste aller Anlagen und Potenzen des menschlichen Geistes - auf einer festeren Basis stehen als auf sich selbst, auf ihrem Wesen?... Wie sonderbar ist doch das Mißtrauen in die Eigenmacht, die Eigenevidenz des religiösen Bewußtseins, das sich darin bekundet, daß seine ersten und evidentesten Aussagen auf etwas anderes «gestellt» werden sollen als auf den Wesensgehalt der Gegenstände eben dieses Bewußtseins selbst ?" (Vom Ewigen im Menschen, 582).

Dieses Mißtrauen hat seinen tiefsten Grund in jener bereits oben erwähnten Verwechslung von Objektivität und Allgemeingültigkeit. Man meint eben, ein Urteil, das nicht allgemeingültig, d.h. logisch erzwingbar, beweisbar sei, könne auf Objektivität keinen Anspruch erheben. Man sieht darum in der Annahme einer besonderen religiösen Erkenntnisart und Gewißheit nichts als Subjektivismus, während in Wirklichkeit, wie oben nachgewiesen wurde, ein Urteil durchaus Objektivität besitzen kann, ohne deshalb auch schon ohne weiteres allgemeingültig zu sein. Die meisten Einwände, die A.Messer am Schluß seiner "Einführung in die Erkenntnistheorie" (2. Aufl. Leipzig 1921, 166-199) gegen die dualistische Verhältnisbestimmung von Glauben und Wissen geltend macht, beruhen auf der ungenügenden Unterscheidung zwischen Objektivität und Allgemeingültigkeit. Der tiefste Grund für diese mangelnde Unterscheidung liegt in jener intellektualistischen Denkart, die nur das anerkennt, was sich mit rationalen Gründen stützen, kurz gesagt: was sich beweisen läßt.

Manche Philosophen sind der Meinung, daß die Philosophie der Religion den größten Dienst erweist, indem sie ihre Wahrheit durch metaphysische Schlüsse sicherstellt. Allein diese Philosophen übersehen, daß die von ihnen be- /-145-/ fürwortete Verhältnisbestimmung von Religion und Philosophie nur dann und solange von Vorteil ist, als das philosophische Erkennen sich in den Bahnen eines fertigen, der Religion gewissermaßen angegliederten Systems bewegt. Sobald sich dagegen der philosophische Erkenntnistrieb auf eigne Füße stellt und an den Grundlagen des überkommenen Systems rüttelt, besteht die Gefahr, daß mit dem philosophischen Fundament auch die Religion selbst problematisch wird und daß so der vermeintliche Grundstein der Religion zum Mühlstein wird, der sie mit in den Abgrund des Skeptizismus hineinzieht. Bücher wie A.Messers "Glauben und Wissen" (München 1919) oder J.M. Verweyens "Der religiöse Mensch und seine Probleme" (München 1922) beleuchten grell die hier für die Religion bestehende Gefahr. Denn bei dem einen wie bei dem andern Autor ist die Preisgabe des Gottesglaubens letzthin bedingt durch die Verquickung von Religion und Philosophie und den damit gegebenen religiösen Intellektualismus.

Zuletzt sei noch kurz auf eine praktisch-pädagogische Konsequenz, die sich aus unserer Verhältnisbestimmung von Religion und Philosophie, Glauben und Wissen ergibt, hingewiesen. Wenn es ein eigenes religiöses Wertgebiet und dementsprechend ein besondere religiöses Erkennen, also gewissermaßen ein besonderes religiöses Organ gibt, so folgt daraus, daß die Pflege der Religion nur durch religiöse Mittel erfolgen kann. Nicht durch intellektuelle Betätigung, nicht durch philosophische Reflexionen, nicht durch theologische Studien und Grübeleien wird man religiös, sondern allein dadurch, daß man die von Gott empfangene, durch falsche religiöse Erziehung und Belehrung aber vielleicht verkümmerte religiöse Anlage zu entwickeln und zu entfalten, das religiöse Organ gleichsam zu verfeinern und auszubilden trachtet. Sowenig wie man durch das Studium von Ästhetiken künstlerisch sehen und empfinden lernt, ebensowenig wird man durch das Studium religionsphilosophischer oder theologischer Werke wirklich religiös. Im /-146-/ einen wie im andern Fall gilt es vielmehr, die gegebene Anlage in Tätigkeit zu setzen und sie dadurch zur Entwicklung und Entfaltung zu bringen. Geschieht das, dann tritt die religiöse Wertwelt immer lebendiger und machtvoller in das Bewußtsein des Menschen hinein. Er kommt dann auf religiösem Gebiet schließlich dazu, daß er ganz im Göttlichen lebt und dadurch immer wieder neue Gewißheiten empfängt, die ihn über alle kritischen Nöte des problembekümmerten Intellekts mit einem heiligen Lachen triumphieren lassen.

Ich schließe mit einem Wort aus Lotzes "Mikrokosmus" (III, 1864, 243f.), das ein ganzes philosophisches Programm enthält.

"Das Wesen der Dinge besteht nicht in Gedanken, und das Denken ist nicht imstande, es zu fassen; aber der ganze Geist erlebt dennoch vielleicht in andern Formen seiner Tätigkeit und seines Ergriffenseins den wesentlichen Sinn alles Seins und Wirkens; dann dient ihm das Denken als ein Mittel, das Erlebte in jenen Zusammenhang zu bringen, den seine Natur fordert, und es intensiver zu erleben in dem Maße, als er dieses Zusammenhangs mächtig wird. Es sind sehr alte Irrtümer, die dieser Einsicht entgegenstehen ... Der Schatten des Altertums, seine unheilvolle Überschätzung des Logos, liegt noch breit über uns und läßt uns weder im Realen noch im Idealen das bemerken, wodurch beides mehr ist als Vernunft."

Text 5
Aristotelismus und Christentum (1926)

(Aus: Johannes Hessen, Die Weltanschauung des Thomas von Aquin, Stuttgart 1926, S. 152-163. Es handelt sich um den sechsten und letzten Abschnitt des dritten Hauptteils dieses Werkes, in dem nach einem historischen und systematischen Teil abschließend die Kritik an der Weltanschauung des Aquinaten geübt wird. Der Titel ist original. Es folgt danach nur noch S. 164-167 ein knappes Schlußwort. In dem hier wiedergegebenen Teil wird also die Schlußbeurteilung geliefert. Die wenigen griechischen Begriffe, die auftauchen, werden hier in lateinischen Buchstaben wiedergegeben. Die Anmerkungen sind alle vom Autor. Kursivierungen und Sperrungen wurden beseitigt.)

Hatten wir bisher unseren Blick auf das eigentlich Philosophische in der Weltanschauung des Aquinaten gerichtet, so wenden wir jetzt ihrem religiösen Gehalt unser Augenmerk zu. Das bedeutet aber im Grunde nichts anderes, als das Verhältnis vom Aristotelismus und Christentum in der Weltanschauung des Aquinaten betrachten. Denn wie das Philosophische bei ihm der Hauptsache nach auf Aristoteles zurückgeht, so ist das Religiöse in seiner Weltanschauungssynthese identisch mit dem Christlichen.

Treten wir an diese Aufgabe heran, so erhebt sich zunächst die allgemeine und grundsätzliche Frage: Sind Aristotelismus und Christentum überhaupt miteinander vereinbar oder stellen sie unversöhnliche Gegensätze dar? Die Patristik im Allgemeinen und auch einzelne Scholastiker trugen kein

Bedenken, das zweite Glied dieser Alternative zu bejahen. Bekannt ist der Ausspruch Tertullians: "Du armer Aristoteles, du hast die Menschen die Dialektik gelehrt, die Meisterin im Aufbauen und Niederreißen, die so verschmitzt ist in ihren Sätzen, so geschäftig im Wortstreit, die sogar, sich selbst zur Last fallend, alles behandelt, um schließlich nichts behandelt zu haben."[2] Bekannt sind auch die Ausführungen Augustins im vierten Buche der /-153-/ Confessiones, wo er die negativen Wirkungen schildert, die das Studium der aristotelischen Schrift "Über die zehn Kategorien" auf sein Denken ausgeübt hat. "Was nützte mir dieses?" so fragt er. "Ja es hat mir sogar geschadet, da ich in dem Wahn, jene zehnfache Prädizierung umfasse alles erdenkliche Sein, auch dich, o mein Gott, dich, den wunderbar Einfachen und Unvergänglichen, in der Weise verstehen wollte, als ob du von deiner Größe und Schönheit abhängig seiest, so daß diese nur Eigenschaften an dir seien wie an einem Körper; und doch bist du selbst deine Größe und Schönheit, der Körper ist aber nicht insofern Körper, als er groß und schön ist, weil er ja auch Körper bliebe, wenn er weniger groß und weniger schön wäre."[3]

Auch in der Scholastik begegnet uns eine Reihe von Aristotelesgegnern. Zu ihnen gehört vor allem Bernhard von Clairvaux, "das religiöse Genie des zwölften Jahrhunderts" (Harnack). Wie er überhaupt ein Gegner der Dialektik ist, so spricht er von Aristoteles geradezu mit Verachtung[4]. Dieselbe Haltung finden wir bei dem Kanoniker von St. Viktor Absalon, der den prägnanten Satz aufstellt: Non regnat spiritus Christi, ubi dominatur spiritus Aristotelis[5]. Daß die Anhänger des Augustinismus im dreizehnten Jahrhundert nicht anders dachten, haben wir oben gesehen, wo wir das /-154-/ scharfe Urteil des Erzbischofs Johann Peckham wiedergaben. Aber auch Rom stand anfangs auf seiten der Aristotelesgegner und suchte durch entsprechende Verbote die neue Bewegung zum Stillstand zu bringen[6].

---

2 Vgl. meine Schrift: Patristische und scholastische Philosophie, Breslau 1922, 17.
3 Conf. IV, c. 16.
4 Vgl. besonders: In festo Pentecostes, Sermo III, 5, wo Bernhard von Platonis argutias und Aristotelis versutias spricht.
5 Vgl. J. M. Verweyen, Die Philosophie des Mittelalters 131, Berlin und Leipzig 1921.
6 In einem "Briefe an die Pariser Theologen" von Gregor IX aus dem Jahre 1228 heißt es: Quidam apud vos, spiritu vanitatis ut uter distenti, positos a Patribus terminos profana transferre sataguent novitate, coelestis paginae intellectum, Ss. Patrum studiis certis expositionum terminis limitatae, quos transgredi non solum est temerarium, sed profanum, ad doctrinam philosophicam naturalium inclinando (Denzinger, Enchiridion Symbolorum12, 442). "Nichts ist bezeichnender", so bemerkt Fr. Heiler dazu, "als daß die Anwendung der aristotelischen Philosophie auf die Theologie von Rom ursprünglich

Den Aristotelesgegnern stehen nun die Aristotelesanhänger gegenüber. Während die ersteren die Frage nach der Vereinbarkeit des Aristotelismus mit dem Christentum verneinen, wird sie von den letzteren entschieden bejaht. Hier fragt man sich unwillkürlich, wie ein solcher Gegensatz der Meinungen möglich sei.

Mir scheint die Erklärung dafür im folgenden zu liegen. Die aristotelische Philosophie erscheint so lange mit der christlichen Glaubenswelt vereinbar, als man sich an die lehrhaften Formulierungen, an das System als solches hält. Nun ist aber ein philosophisches System letzten Endes nur der begriffliche Ausdruck einer bestimmten Geisteshaltung. Geht man auf diesen Geist /-155-/ des aristotelischen Systems, auf die in ihm sich darstellende Grundhaltung Philosophen, dann scheint jene Frage verneint werden zu müssen.

Aristoteles wird von R. Eucken mit Recht charakterisiert als "Philosoph der Immanenz". "Die Welt, wie sie vorliegt, ist ihm ein eng zusammenhängendes und vernünftig geordnetes Ganzes. Was er an Gegensätzen annimmt, auch der Gegensatz des Irdischen und des Himmlischen, liegt innerhalb dieser Welt. Wie er die platonische Scheidung zweier Welten ablehnt, so kennt er keine Richtung des Strebens auf ein Jenseits, keine Erziehung des Menschen für ein Jenseits. Was er an Ewigem verehrt, das ist innerhalb dieses Lebens erreichbar; eine individuelle Unsterblichkeit kann nur künstliche Interpretation in ihn hineinsehen. Ebensowenig kennt er einen Vorsehungsglauben. Gerade darin, daß sich die Welt aus eigenen Zusammenhängen als vernünftig darstellt, daß die Dinge im Wirken ihr ganzes Wesen, ihre innerste Seele erschließen oder vielmehr erst gewinnen, daß kein dunkler Grund hinter oder über der umgebenden Welt verbleibt, sondern daß die Wirklichkeit in dem, was hier geschieht, ihre ganze Fülle erschöpft, eben darin liegt das Eigentümliche des Aristoteles, das seiner Forschung in Inhalt und Form ein unterscheidendes Gepränge gibt. Ob alle seine Äußerungen sich genau in der Konsequenz jener Weltanschauung halten, darüber mag man streiten; unbestreitbar ist der Kern seiner Lehre. Wäre richtig, was die tun, welche aufgrund einzelner herausgegriffener und umgedeuteter Stellen /-156-/ den Aristoteles zu einem Vorläufer des Christentums, ja zu einem halben Christen machen, so könnte man ziemlich

---

als Ketzerei verurteilt, dann durch Thomas sich die kirchliche Anerkennung errang und von Pius X. unter Androhung kirchlicher Strafen geboten wurde" (Luthers religionsgeschichtliche Bedeutung, München 1918, 9).

aus jedem Philosophen je nach Wunsch einen Christen oder Buddhisten, einen Juden oder Mohammedaner formen."[7]

Der Gegensatz von Aristotelismus und Christentum bedeutet demnach nichts Geringeres als den Gegensatz einer immanenten, im Diesseitigen verbleibenden und einer tranzendenten, auf das Jenseits gerichteten Geisteshalung. Eine solche, auf die letzten Motive gehende Betrachtungsweise lag natürlich dem Aquinaten wie überhaupt dem Mittelalter fern. Nur so erklärt es sich, daß er beide Größen für vereinbar halten konnte. "Wenn Thomas", so bemerkt Eucken, "alle Arbeit daran setzte, Aristotelismus und Christentum zusammenzubringen, so konnte das nur geschehen, weil ihm beider Welten Eigenart nicht in ihrer lebendigen, treibenden und stoßenden Kraft gegenwärtig war, weil sein Mühen viel weniger auf ein Schaffen von tiefstem Grunde her, auf ein Aneignen der letzten Triebfedern als auf ein Nebeneinanderausbreiten und Zusammenbringen der einzelnen Ergebnisse gerichtet war."[8]

Aber vielleicht ist doch noch eine Synthese der beiden Größen möglich, indem man nämlich das aristotelische System zur begrifflichen Gestaltung des diesseitigen Bereiches verwendet und ihm dann eine theologische Krönung gibt.

/-157-/ Ein solcher Versuch würde eine ganz falsche Auffassung vom philosophischen System verraten. Dieses ist nämlich - um mit Fichte zu sprechen - kein "toter Hausrat", sondern ein lebendiger Organismus. Darum ist es nicht möglich, ein philosophisches System zu ergänzen und zu vollenden, daß man gleichsam noch ein Stockwerk darauf setzt. Gerade darin äußert sich die ein System beherrschende und tragende Grundhaltung, daß sie eine solche Ergänzung nicht duldet. Wenn wir die Haltung des Aristoteles als eine weltimmanente charakterisierten, dann bedeutet das eben, daß der natürliche Bereich nach ihm völlig in sich abgeschlossen und darum keiner weiteren Ergänzung und Erweiterung fähig ist. Versucht man trotzdem eine solche Ergänzung, dann entsteht nichts Organisches, aus einer inneren Notwendigkeit heraus Gewachsenes, sondern etwas Mechanisches, Gemachtes und Gekünsteltes.

Suchen wir jetzt die Gegensätzlichkeit von Aristolismus und Christentum an einigen Hauptpunkten aufzuzeigen! Wir beginnen mit dem Gottesbegriff. Hier

---

[7] Die Philosophie des Thomas von Aquin und die Kultur der Neuzeit[2], Bad Sachsa 1910, 16f.
[8] A.a.O. 18f.

leistet uns die sorgfältige, streng quellenmäßige Untersuchung von A. Boehm: "Die Gottesidee bei Aristoteles auf ihren religiösen Charakter untersucht" (Köln 1915) die besten Dienste. Boehm kommt zu folgendem Ergebnis: "Die aristotelische Gottesidee in sich betrachtet bietet keinerlei Anhaltspunkte dafür, daß der Stagirite bei ihrer Darstellung irgendwie ein religiöses Verhältnis im Auge gehabt hätte. Der Gottesbeweis ist seinem Grundgedanken nach von Rücksichten beherrscht, die mit /-158-/ religiösen Gesichtspunkten nichts gemein haben, und der näheren Bestimmung des Wesens Gottes fehlen gerade jene Momente, deren eine religiöse Gottesidee nicht entraten kann... Daß das proton kinoun akineton letzte Finalursache der ewigen Kreisbewegung des Universums sei, das ist das einzige Moment, auf das es Aristoteles ankam; es ist auch die einzige Beziehung der Gottheit zur Welt, die er ausdrücklich feststellt."[9] Zu dem Streit zwischen Brentano und Zeller über den Kreatianismus des Stagiriten bemerkt er: "Beiderseits ist man sich darüber klar, daß Aristoteles selbst diese Frage gar nicht ausdrücklich behandelt hat. Unbesorgt um ein Problem, das er nicht kannte, weil er mit seiner Gottheit nicht das Sein der Dinge zu erklären suchte, sondern nur deren Bewegung, hat er das Hervorgehen der Dinge aus Gott weder im Sinne einer Schöpfung, deren Idee übrigens den Griechen fernlag, noch in irgendeinem anderen Sinne behauptet. Er hatte aber aus demselben Grunde auch keine Veranlassung, sie zu leugnen. Ein Ähnliches läßt sich sagen von der angeblich das All durchwaltenden Providenz der aristotelischen Gottheit. Der Stagirite glaubt, sein proton kinoun akineton nach dem Wesen hinreichend charakterisiert zu haben, wenn er ihm jene Tätigkeit zuschreibt, die allein eine reine Aktualität darstellt, die noeseos noesis. Von einem eigentlichen Wissen Gottes ist dabei keine Rede, geschweige von einem Wissen außergöttlicher Dinge."[10] /-159-/ Boehm weist dann noch darauf hin, daß bei Aristoteles "auch dem sittlichen Streben des Menschen die Hinordnung auf die Gottheit und damit die religiöse Orientierung" fehlt.[11] "Von einem sittlichen Streben des Menschen nach der Gottheit in dem Sinne, daß er in ihr seine Vollendung und seine höchste Befriedigung findet, weiß Aristoles nichts".[12] Vergleicht man mit diesem Gottesbegriff oder besser gesagt dieser Idee des Absoluten die christliche Gottesidee, deren Grundzüge die Persona-

---
[9] S. 104.
[10] A.a.O. S.107f.
[11] A.a.O. 116.
[12] A.a.O. 115.

lität und die schöpferische Ursächlichkeit Gottes in Bezug auf die Welt sind, so sieht man sofort, daß es sich hier um den Gegensatz zweier Welten handelt. Unwillkürlich fragt man sich, wie Thomas den Versuch machen konnte, diese durch eine unüberbrückbare Kluft getrennten Welten zusammenzubringen. Man darf diese Frage nicht mit der Erklärung beantworten, Thomas habe eben die aristotelische Gotteslehre ergänzt und weitergeführt. Denn die ganze Struktur der aristotelischen Weltanschauung verbietet eine solche Weiterführung, wie wir ja bereits gesehen haben. Von hier aus versteht man den Ausspruch eines durch Wissenschaftlichkeit und Frömmigkeit in gleichem Maße ausgezeichneten Mannes, der einmal gesagt hat, man hätte an der ebenfalls eine universale Synthese anstrebenden kantischen Philosophie nicht mehr zu ändern brauchen, um sie zur Unterlage einer christlichen Philosophie zu machen, als an Aristoteles; denn /-160-/ Kant sei immerhin ein religiöser Denker gewesen, während bei Aristoteles jedes genuine religiöse Empfinden fehle.[13] Der Grundmangel des aristotelischen Gottesbegriffs, der auch seinen nichtreligiösen Charakter bedingt und durch keine nachträglichen Ergänzungen und Verbesserungen behoben werden kann, ist seine ausschließlich kosmologische Provenienz. Eine solche läßt sich aber nicht nur beim Gottesbegriff, sondern auch bei den übrigen Grundbegriffen der aristotelischen Philosophie feststellen. Damit sind natürlich neue Spannungen mit der christlichen Glaubenswelt gegeben. Sie zeigen sich vor allem in der thomistischen Gnadenlehre. Wie wir oben gesehen haben, wird die Gnade vom Aquinaten mittels der aristotelischen Begriffe accidens und qualitas bestimmt. Jeder religiöse Mensch, dem das, was man "Gnade" nennt, aus eigener Erfahrung bekannt ist, fühlt sofort die Unmöglichkeit, so feine seelische Dinge mittels kosmologischer, auf Naturdinge und -vorgänge in erster Linie zugeschnittener Kategorien zu bestimmen. Hier liegt /-161-/ der tiefste Grund dafür, daß die scholastische Gnadenlehre auf religiöse Geister vielfach abstoßend wirkt. Und hiermit

---

[13] Ich entnehme diesen Ausspruch dem oben zitierten Aufsatz von J.P. Steffes, Thomas von Aquin und seine Bedeutung für die Gegenwart. In: Hochland 22. Jg.(1924/25), Oktob. 1924, 44-48, und Nov. 1924, 216-32, hier 217. - Zur Aristotelesinterpretation sei noch eine kurze Bemerkung gestattet. Im Gegensatz zu Zeller, mit dessen Aristotelesauffassung sich die von Boehm vertretene in allem Wesentlichen deckt, haben vor allem Brentano und Rolfes versucht, den Stagiriten im Sinne des christlichen Theismus zu deuten. Demgegenüber sei auf die Feststellung von H. Meyer, einem anerkannten Aristotelesforscher, hingewiesen: "Die gesamte philologisch-philosophische Aristotelesforschung der Gegenwart ist sich einig in der Interpretation im Zeller'schen Sinne und einig in der Verkehrtheit der Rolfes'schen Auslegung." Theol. Revue 19(1920) Sp. 32 . Hier Nr. 79.

hängt auch der von protestantischer Seite immer wieder erhobene Vorwurf zusammen, die katholische Auffassung von der Gnade sei eine "magische". Was die Protestanten an der katholischen Gnadenlehre als "magisch" empfinden, beruht eben auf dem kosmologischen Charakter der zur Wesensbestimmung der Gnade verwandten Begriffe und Kategorien.

Noch auf eine letzte bedeutsame Spannung zwischen aristotelischem und christlichem Denken sei hingewiesen. Wie die Griechen überhaupt, so betrachtet auch der Stagirite als die wichtigste und wertvollste Geistesfunktion das Erkennen. Man pflegt diese Auffassung kurzweg Intellektualismus zu nennen. Demgegenüber wird man die christliche Auffassung, wie sie im neuen Testamente zum Ausdruck kommt, als Voluntarismus bezeichnen müssen. Hier werden über die intellektuellen Kräfte die Gemüts- und Willenskräfte, über das Erkennen die Liebe gestellt. Ihr singt Paulus im ersten Korintherbrief seinen unsterblichen Hymnus, in welchem er schon gleich im zweiten Vers der Liebe den Primat vor der Erkenntnis zuspricht: "Wenn ich auch alle Geheimnisse wüßte und alle Erkenntnis besäße..., hätte aber der Liebe nicht, so wäre ich nichts".[14] Und er schließt seinen Hymnus mit den bekannten Worten: "Nun aber bleiben Glaube, Hoff- /-162-/ nung und Liebe, diese drei, aber die größte unter ihnen ist die Liebe"[15].

Diese verschiedene Bewertung der menschlichen Geistesfunktionen macht ihre Konsequenzen bis in den Gottesbegriff hinein geltend: während Aristoteles von seinem intellektualistischen Standpunkt aus Gott als "Denken des Denkens" auffaßt, sieht das Christentum das tiefste Wesen Gottes in der Liebe. "Indem", so bemerkt Scheler treffend, "an Stelle des Sichselbstdenkers (noesis noeseos) und -betrachters, den der Gang der Weltdinge nicht kümmert und der auch nicht wahrhaft verantwortlich ist für die Welt, jenes logischen Egoisten, in dem sich für die griechische Metaphysik das Lebensideal des "Weisen" verabsolutiert hat, der persönliche Gott tritt, der aus Liebe, aus einem unendlichen Überfluß der Liebe die Welt schuf - nicht um einem Vorhandenen zu helfen, denn «nichts» war vor ihm - sondern nur als Äußerung seines Überflusses an Liebe, findet eben dieselbe geistige Lebenswendung auch ihren theologisch-begrifflichen Ausdruck."[16]

Wie sehr gerade die Auffassung Gottes als Liebe zu einer der aristotelischen diametral entgegengesetzten Welt- und Lebensanschauung

---

[14] I. Kor. 13,2.
[15] I. Kor. 13,13.
[16] Vom Umsturz der Werte I, Leipzig 1919, 124.

führt, das ist von Scheler in unübertrefflicher Weise gezeigt worden. Dort erscheint "das Weltall, die Dinge vom Sein der materia prima angefangen bis zum Menschen als eine Kette, in der das Niedrige auf zum Höheren strebt, und von ihm, /-163/ das sich nicht zurückwendet, sondern wieder nach seinem Höheren strebt, angezogen wird - und dies hinauf bis zur Gottheit, die selbst nicht mehr liebt, sondern nur das ewig ruhende, einheitgebende Ziel all jener mannigfaltigen Liebesregsamkeiten darstellt."[17] Dieser Konzeption stellt Scheler die christliche gegenüber. Hier "ist Gott für die Liebe der Dinge kein ewiges, ruhendes Ziel - gleich einem Sterne - mehr, das die Welt bewegt, wie «das Geliebte den Liebenden bewegt», sondern sein Wesen selbst wird Lieben und Dienen und daraus folgt erst Schaffen, Wollen, Wirken. An Stelle des ewigen «ersten Bewegers» der Welt tritt der «Schöpfer» der sie «aus Liebe» schuf. Das Ungeheure für den antiken Menschen, das nach seinen Axiomen schlechthin Paradoxe, soll sich in Galiläa begeben haben: Gott kam spontan herab zum Menschen und ward ein Knecht und starb am Kreuz den Tod des schlechten Knechts"[18]. Damit hat sich auch das Bild vom Menschen und vom Sinn des menschlichen Lebens radikal verschoben. "Das ist nicht mehr eine Schar zur Gottheit emporrennender und sich dabei überflügelnder Dinge und Menschen; das ist eine Schar, deren jedes Glied auf das Gott Fernere zurückschaut, ihm hilft und dient - und eben darin der Gottheit gleich wird, die ja selbst dieses eine große Lieben und Dienen und Sichherablassen zum Wesen hat."[19]

Text 6
Der Sinn der Gemeinschaft (1933)

(Aus: J. Hessen, Der Sinn des Lebens. Zwölf Vorlesungen, Rottenburg 1933, S.144-53. Der Titel ist original, der Text umfaßt aber nur einen Teil der betreffenden Vorlesung. Sperrungen im Text wurden beseitigt.)

/-144-/ Inzwischen hat sich eine Geisteswende vollzogen, die eine Erschütterung der weltanschaulichen Grundlagen des Marxismus bedeutet. Der Naturalismus ist heute als das Produkt einer völlig einseitigen

---
[17] A.a.O. 109.
[18] A.a.O. 110f.
[19] A.a.O. 113f.

naturwissenschaftlichen Denkweise durchschaut. Der Materialismus wird gegenwärtig von keiner ernsten Philosophie mehr vertreten. Der Atheismus endlich, wie ihn Feuerbach, von dem Marx abhängig ist, durch eine anthropologische Deutung der religiösen Phänomene zu begründen suchte, ist durch die jüngsten religionsphänomenologischen Forschungen ad absurdum geführt worden. Damit ist jene "Krisis des Sozialismus" eingeleitet, wie sie seit der Jahrhundertwende in den "Sozialistischen Monatsheften" besonders deutlich in die Erscheinung getreten ist, und deren Sinn dort schon im Jahre 1902 von Losinsky treffsicher gedeutet wurde: "Der Sozialismus hört auf, materialistisch und athei- /-145-/ stisch zu sein, er wird idealistisch und religiös".[20]

Dieses Wort ist inzwischen immer mehr in Erfüllung gegangen. Freilich nicht in dem Sinne, daß der gesamte Sozialismus sich "bekehrt" hätte. Man wird vielmehr sagen müssen, daß der Sozialismus als politische Partei auch heute noch durchaus marxistisch orientiert ist. Aber es ist inzwischen im Sozialismus eine Strömung hervorgetreten und besonders in der Nachkriegszeit erstarkt, die sich der Weltanschauung des Marxismus mit ihrer Verneinung von Religion und Christentum scharf entgegensetzt und sich "religiöser" oder auch "christlicher Sozialismus" nennt. Sie möchte dem Sozialismus zur richtigen Selbsterkenntnis verhelfen, die in der Einsicht liegt, daß die tiefsten Kräfte der sozialistischen Bewegung religiöser und christlicher Natur sind. "Religiöser Sozialismus, so erklärt ein Führer dieser neuen Bewegung, ist der Versuch, den Sozialismus religiös zu verstehen und aus diesem Verständnis heraus zu gestalten."[21]
Damit ist ein neues Verhältnis zwischen (antimarxistischem) Sozialismus und Christentum statuiert. Diese stehen sich jetzt nicht mehr fremd und feindlich gegenüber, sondern erscheinen als Bundesgenossen. Der Sozialismus braucht das Christentum, wenn er seine soziale Mission wirklich erfüllen will, und eine Besinnung auf sein tiefstes Wollen führt ihn auf die ewigen Werte des christlichen Ethos. Aber auch das Christentum ist nach /-146-/ der Überzeugung der religiösen Sozialisten auf ein solches Bündnis angewiesen, wenn es seiner Mission an der heutigen Menschheit wirklich gerecht werden will. Es darf sich, wie die Wortführer der Bewegung immer wieder betonen, heute weniger denn je auf die Betreuung und Führung der Einzelseele beschränken,

---
[20] Vgl. dazu die Schrift von G. Merz: Religiöse Ansätze im modernen Sozialismus, 2. Aufl., München 1919.
[21] P. Tillich, Religiöse Verwirklichung, Berlin 1930, S.190.

sondern muß im Namen Gottes eine Umgestaltung der Welt, eine gerechtere Gesellschafts- und Wirtschaftsordnung fordern und heraufzuführen trachten. Es darf die Geknechteten und Entrechteten nicht trösten wollen mit dem Hinweis auf das Jenseits, wo sie in höherer Form alles bekommen sollen, was sie hienieden entbehren mußten. Es hat sich vielmehr mit aller Macht einzusetzen für die ewigen Rechte der vom modernen Kapitalismus Entrechteten und darf dabei den Kampf nicht scheuen mit den herrschenden Mächten, mit dem Kapitalismus und allem, was ihn stützt und fördert. Jesu Botschaft - das ist die tiefe Überzeugung des religiös-christlichen Sozialismus - ist zwar keine unmittelbar soziale, sondern eine religiöse; aber es ergeben sich aus seiner religiösen Botschaften unmittelbare Folgerungen und Forderungen für das soziale und wirtschaftliche Leben. In diesem Sinne gilt in der Tat der Satz: Christentum ist Sozialismus und Sozialismus (richtig verstanden) ist Christentum.

Wer sich eingebettet fühlt in die Gemeinschaft des Volkes, wer sich mit ihr tiefinnerlich verbunden und sich für sie mitverantwortlich fühlt, kurz wer sozial denkt, wird nicht anders können, als /-147-/ die Ziele jener Bewegung bejahen. Denn, so bemerkt Friedrich Naumann sehr richtig, "sozial denken, das heißt nicht von oben herunter als Intellektueller oder Besitzender Verständnis und tätiges Mitleid zeigen für die Not des Arbeiterstandes und für den einzelnen Menschen. Es heißt auch nicht nur, für ihre Rechte eintreten. Es heißt sich bemühen, mit ihren Augen statt der eigenen die sozialen Verhältnisse ansehen und von da aus für sie eintreten."[22]

Die Volksgemeinschaft ist, wie eingangs bemerkt wurde, eingegliedert in eine noch umfassendere Gemeinschaft: die Völkergemeinschaft. Ihre Bedeutung ist uns aufgegangen in der Zeit, wo wir sie schmerzlich vermißten: in den Jahren blutigen Völkerringens. Seitdem ist das Hochziel aller Edeldenkenden und für die Ideale der Menschheit Streitenden die Wiedergewinnung einer wahren Völkergemeinschaft, die Völkerversöhnung, die Befriedung der Menschheit.

---

[22] Zit. in: "Vom frohen Leben", 8. Jahrg. (1929), S.341. Vgl. auch die in derselben Zeitschrift (9. Jahrg. S.299) wiedergegebenen, höchst beachtenswerten Ausführungen von Dr. M. Pfliegler in der katholischen Zeitschrift: "Der Seelsorger" (Wien): "Der Sozialismus ist der unerbittliche Mahner, der seinen Finger auf die eingessenen Inkonsequenzen und Bequemlichkeiten unseres bürgerlichen und behaglichen Christentums legt. Keine Front gegen ihn; nur Lösung seiner Fragen aus einem neu erwachten katholischen Gewissen wird die Kirche Christi auch politisch sichern." In diesem Sinne wollen meine Ausführungen über "Sozialismus" verstanden sein.

Die Bewegung, die sich die Befriedung der Völker, die Überwindung des Krieges zum Ziel gesetzt hat, heißt Pazifismus. Von der Idee des Friedens, für die diese Bewegung kämpft, sagt Scheler: "Die Klarheit der geistigen und sittlichen Einsicht, daß Ewiger Friede ein hoher positiver Wert ist und darum sein «sollte», muß von strahlender Helligkeit sein, wenn sie von den größten und reinsten Genien der Menschheit selbst immer wieder emporgehoben ward aus dem Schutte der Erfahrung; wenn sie mit ganz verschiedenen, oft entgegengesetzten Gründen immer wieder ver/-148-/teidigt wurde, und wenn sie - das Wichtigste - trotz immer wiederkehrender grausamer Enttäuschung durch den Gang der geschichtlichen Dinge, und diesem Gange selbst zum Trotze, immer wieder neu in die Erscheinung getreten ist und mächtige Anhängerschaften gewonnen hat."[23]

Ist der Friede, wie Scheler sagt, ein "hoher positiver Wert" und deshalb ein "Seinsollendes", so folgt daraus, daß die Verneinung jenes Wertes, der Krieg, ein Unwert und damit ein Nichtseinsollendes ist. Und in der Tat, der Krieg erweist sich, wie hier nur kurz ausgeführt werden kann, unter den verschiedensten Gesichtspunkten als ein Unwert, ein Übel.

Erstens läuft der Krieg seinem innersten Wesen nach hinaus auf einen Bruch mit allem Recht und aller Moral. Denn hier siegt nicht das Recht und die Gerechtigkeit, sondern die brutale Macht. Krieg ist Völkerstreit. In diesem Streit siegt aber nicht das Volk, das im Recht ist, sondern das die Macht hat, das stärkere Volk. Wenn es im Privatleben als unsittlich gilt, einen Streit durch brutale Gewalt zum Austrag zu bringen, dann auch im Völkerleben. Krieg ist seiner Idee nach ein Verstoß gegen die sittliche Ordnung, ja ihre Aufhebung. Denn er beruht auf dem Gesetz: Macht geht vor Recht.

Als ein Übel erweist sich der Krieg zweitens in seinen Folgen und Begleiterscheinungen. Der Krieg gebiert eine Kloake von Unmoral. Haß und Lüge, Verleumdungen und Gemeinheiten aller Art sind immer und überall /-149-/ das Gefolge des Krieges. Von allem Krieg gilt, daß in ihm die Wahrheit und die Liebe am Boden liegen und Haß und Lüge auf dem Throne sitzen. Drittens verstößt der Krieg gegen das elementare Sittengebot: Du sollst nicht töten! Aber bedeutet - so wird man hier einwenden - wenigstens der gerechte Krieg nicht eine Notwehr, und ist es nicht in der Notwehr erlaubt, den Angreifer zu töten um das eigene Leben zu retten? Darauf antworte ich mit dem katholischen Moraltheologen Fr. Keller: "Das Notwehrrecht erlaubt nur

---

[23] "Die Idee des Friedens und des Pazifismus", Berlin 1931, S.7 f.

dann die Tötung des Gegners, wenn kein anderes Mittel der Selbsterhaltung mehr vorliegt."[24] Nun gibt es aber, davon sind alle Anhänger der Friedensbewegung fest überzeugt, heute andere und bessere Mittel der Notwehr. Die Organisation des passiven Widerstandes und des Boykotts, wie sie heute Gandhi in Indien durchführt, sind moralische Mittel der Notwehr, Mittel, die ganz anders als der Krieg gegen das Unrecht angewandt werden können. Sie werden umso wirksamer werden, je mehr die Menschheit sich vom unsittlichen Machtstandpunkt freimacht und in moralischem Sinne fortschreitet. Jedenfalls gilt hier das Wort von Bertrand Russell: "Kein Übel, das man durch den Krieg vermeiden will, ist ein größeres Übel als der Krieg selbst."[25]

Damit kommen wir zum vierten Punkt: der Krieg ist nicht bloß widersittlich, er ist auch widersinnig. Denn er bedeutet eine - fast möchte man sagen - wahnsinnige Werver- /-150-/ nichtung, eine Vernichtung höchster Persönlichkeits- und Kulturwerte. Oder war der Krieg, den wir erlebt haben, etwas anderes als eine ungeheure Wertevernichtung? Das war er aber deshalb, weil er infolge unserer hochentwickelten Technik im Grunde nichts anderes als ein Maschinenkrieg war. Vom Krieg der Zukunft gilt das aber noch viel mehr. Der kommende Krieg - darüber sind alle Sachkundigen einig - wird ein Luft- und Gaskrieg sein, der eine Menschenvernichtung zur Folge hat, die der Insektenvertilgung ähnlich ist. Damit ist aber - und das kann gar nicht laut genug gesagt werden - der Krieg als ultima ratio zur Schlichtung von Streitigkeiten im Völkerleben restlos ad absurdum geführt.

Fünftens: der Krieg ist nicht bloß widersittlich und widersinnig, sondern auch widerchristlich. Christ sein heißt Jesu Jünger und Nachfolger sein. Jesus hat aber den Krieg wie überhaupt jede Anwendung blutiger Gewalt abgelehnt. Das beweisen seine Worte - ich nenne nur seine ernste Mahnung an Petrus: "Stecke dein Schwert in die Scheide; denn wer sein Schwert gebraucht, wird durch das Schwert umkommen"(Matth. 26, 52) - wie sein ganzes Verhalten. Wer sich sich Christ nennt, muß Gegner des Krieges sein. Die Kriegsgegnerschaft gehört zum Wesen jenes neuen Menschentums, das Paulus meint: "Ist jemand in Christus, so ist er eine neue Kreatur; das Alte ist vergangen, siehe, alles ist neu geworden" (2. Kor. 5, 17). Dieser

---

24 Univ.-Prof. Dr. Franz Keller, Moralische Initiative zur Friedensrüstung. In: Katholische Stimmen gegen der Krieg. Eine internationale Sammelschrift, Berlin, o.J. (1929), 18-24, hier 21.
25 Vgl. ebd. S.22.

Gegensatz von Krieg und Christentum muß um so /-151-/ schärfer betont werden, als die Christenheit in den Kriegsjahren und zum Teil auch noch heute mit einer geradezu erschütternden Blindheit für diesen Gegensatz geschlagen ist. Mit Recht spricht Fr. Keller von einer "Vergasung der Gehirne durch den Militarismus". Durch das Giftgas der hohlen Schlagworte und gewohnten Denkschablonen "werden nicht nur die Gehirne der Volksmassen betäubt und gelähmt, sondern auch die Vertreter der Wissenschaft und Religion, die zur Führung des Volkes berufen sind, erstarren zu blindem Kadavergehorsam gegen die eigentlichen Kriegsmacher. Dieses Giftgas ist leider im Laufe der Zeit auch eingedrungen in das Heiligtum der christlichen Wortverkündigung und in die wissenschaftliche Darlegung der Sittenlehren unseres Meisters".[26]

Gegenüber dem beliebten Einwand: der Krieg läßt sich nicht ausrotten, weil er in der Natur des Menschen begründet ist; der Kampf für Friede und Befriedung der Völker ist zwecklos, denn er wird nie Erfolg haben, - muß zunächst hingewiesen werden auf die tatsächlichen Erfolge der Friedensbewegung.[27] Sodann auf die Erfolge, die Gandhi mit seinem Prinzip der non-violence, des passiven Widerstandes erzielt hat und die für den Sieg der Friedensidee von der größten Bedeutung sind, weil hier die Theorie in die Praxis umgesetzt und ein Beweis des Geistes und der Kraft erbracht wird. Endlich muß jenem Einwand gegenüber betont werden, daß alle Aufstellung von Idealen schließlich auf einem Glauben beruht, dem Glauben, daß die Wirklichkeit /-152-/ sich dem Ideal trotz allem annähern wird, daß sie sich trotz aller Widerstände und Rückschläge auf das Ideal hin bewegt. Es ist der Glaube an den sittlichen Fortschritt der Menschheit, an die Vergeistigung und Versittlichung des Einzelmenschen wie der Völker und des Völkerlebens. Dieser Glaube ist kein lebensfremder Idealismus, sondern "gläubiger Realismus". Er kann sich auf eine Fülle realer Tatsachen stützen, die beweisen, daß die Menschheit wie in kultureller so auch in sittlicher Hinsicht Fortschritte gemacht hat. Das sittliche Wertbewußtsein der Menschheit, ihr Gewissen, hat sich im Laufe der Jahrhunderte verfeinert und vervollkommnet: die Sklaverei ist gefallen, die Würde der Frau anerkannt, die Tötung der Ketzer überwunden und dergleichen mehr. Es wird die Zeit kommen, wo auch der Krieg einer überwundenen Stufe der

---

[26] Ebd. S.18.
[27] Vgl. "Siege im Kampf gegen den Krieg", in: "Vom frohen Leben", 9. Jahrg. ("Friedensheft" 1930), S. 473.

Menschheitsentwicklung angehört, ähnlich wie Sklaverei, Ketzerverbrennung und andere Dinge.

Bis dahin hat die Schar der Friedenskämpfer freilich einen dornenvollen Weg. Doch leuchtet über ihren Häuptern wie ein strahlendes Gestirn das Wort Jesu, das aus dem tiefsten Born des Menschentums geschöpft ist und dem deshalb die Herzen aller tiefen und edlen Geister der Menschheit entgegenschlagen: "Beati pacifici!" "Selig die Friedensstifter!" (Matth. 5, 9) Ihren Weg finden sie gezeichnet in dem tiefen Wort Gandhis, das zugleich den beliebten und besonders auf jugendliche Schwärmer und sogenannte "Idealisten" /-153-/ Eindruck machenden Vorwurf einer schwachen und unheldischen Haltung abwehrt: "Der Weg des Friedens ist nicht der Weg der Schwäche. Wir sind viel weniger Feinde der Gewalt als Feinde der Schwäche. Was der Kraft entbehrt, hat keinen Wert: weder das Schlechte noch das Gute. Der Weg des Friedens ist die Aufopferung seiner selbst."[28]

Text 7
Erfahrung und Denken (1937)

(Aus: Johannes Hessen, Wertphilosophie, Verlag Ferdinand Schöningh/Paderborn, Raimund Fürlinger/Wien, B. Götschmann/Zürich 1937. Unser Textauszug befindet sich im 2. Teil des Werkes ("Gnoseologie der Werte"), dort im Kapitel III ("Zwei erkenntnistheoretische Vorurteile"), dessen ersten Abschnitt er bildet. S.109-121. Der Titel ist original. Sperrungen wurden beseitigt. Kursive Stellen bleiben erhalten.)

/-109-/ Daß manche Philosophen sich gegen den Gedanken einer besonderen Werterfahrung sträuben, hat seinen Grund in einer sehr alten und immer wieder erneuerten Auffassung von der menschlichen Erkenntnis, die sich heute aber immer mehr als ein Vorurteil erweist. "Die Philosophie, so bemerkt M. Scheler, neigt bis zur Gegenwart zu einem Vorurteil, das historisch seinen Ursprung in der antiken Denkweise hat. Es besteht in einer der Struktur des Geistes völlig unangemessenen Trennung von «Vernunft» und «Sinnlichkeit». Diese Scheidung fordert gewissermaßen die Zuteilung alles /-110-/ dessen, was nicht Vernunft ist, - Ordnung, Gesetz u. dgl. - zur Sinnlichkeit. Es muß also auch unser gesamtes emotionales Leben - und für

---
[28] Vgl. ebd.

die meisten Philosophen der Neuzeit auch unser strebendes Leben - zur «Sinnlichkeit» gerechnet werden, außerdem auch Liebe und Haß"[29] Diese Auffassung muß nach Scheler bekämpft werden, weil sie keinen Raum läßt für eine besondere *Werterfahrung*. "Nur eine endgültige Aufhebung des alten Vorurteils, der menschliche Geist sei durch den Gegensatz von «Vernunft» und «Sinnlichkeit» irgendwie *erschöpft* oder es müsse sich alles unter das eine *oder* andere bringen lassen, macht den Aufbau einer a priori-materialen Ethik möglich. Dieser grundfalsche Dualismus, der geradezu zwingt, die *Eigenart* ganzer Aktgebiete zu übersehen oder zu mißdeuten, muß in *jedem* Betrachte von der Schwelle der Philosophie verschwinden."[30]

Jener erkenntnistheoretische Dualismus geht zurück auf Aristoteles. Ein zweifaches Erkennen gibt es nach ihm: ein *sensuelles* und ein *intellektuelles*. *Erfahrung* und *Denken* sind die Quellen der Erkenntnis. Auch Kant steht auf dem Boden dieses Dualismus. Auch nach ihm gibt es ein doppeltes Erkenntnisvermögen: das niedere heißt "Sinnlichkeit", das höhere "Verstand" bzw. "Vernunft". Jenes ist das Prinzip der sinnlich-anschaulichen, dieses das der begrifflich-abstrakten Erkenntnis. Für beide Denker erschöpft sich demnach das höhere Erkennen im intellektuellen.

Im Mittelalter hat Thomas von Aquin die aristotelische Anschauung erneuert. Auch er unterscheidet sinnliches und intellektuelles Erkennen und setzt letzteres mit dem *geistigen* Erkennen überhaupt gleich. Daß er von diesem Standpunkt aus der Eigenart der Werterkenntnis nicht gerecht werden kann, geben heute auch einsichtige Neuscholastiker zu. So /-111-/ bemerkt der oben zitierte J. von Rintelen, daß nach Thomas "wertphilosophisch gesehen in der Seele allein das *intellektuelle Verhalten* für die Erkenntnis des Guten sowie zu seiner Realisierung die ausschlaggebende Rolle spielt"[31]. Diese Auffassung hatte "zur Folge, daß die anima *intellectiva* (S. th. I. q. 76 a. 2) fast ausschließlich in ihrer rationalen Tätigkeit wertmäßig betont wurde und alle übrigen menschlichen Funktionen als minder empfunden werden mußten. Ein gleichwertiges *geistiges Gefühlsleben*, das aus irrationalen Tiefen schöpft und für die nicht aus Zwecken ableitbaren letzten Haltungen des Menschen entscheidend ist, fand hier keinen rechten Platz. - So hat Thomas wohl die Einheit von Geist und Körper durch die Einheit der Seelenform intendiert und gefunden; jedoch de facto zog er durch den Wertunterschied

---
[29] Der Formalismus in der Ethik und die materiale Wertethik, Halle 1916, 260.
[30] Ebd. 60.
[31] Der Wertgedanke in der europäischen Geistesentwicklung, I, Halle 1932, 209.

der Seelenkräfte den Trennungsstrich zwischen dem *rationalen Denken* im Menschen und seinem gemüthaften, gerade auf nicht weiter reduzierbare Wertinhalte gerichteten *Erleben* schärfer als der Augustinismus, obgleich dieser eine Pluralität der Formen annahm."[32] Während der Augustinismus "durch Anerkennung geistiger Emotionen eine enge Verbindung der Seelenkräfte und die Vermeidung einer Überbetonung des Intellektuellen" erreicht, tritt bei Thomas "besonders in der Erkenntnislehre die Neigung des Philosophen zu rational-diskursivem Verfahren stark hervor und läßt daher keine selbständige Form des Werterkennens sich entwickeln"[33]

Es ist interessant, zu beobachten, wie im Laufe der Philosophiegeschichte immer wieder von Denkern an jenem Vorurteil gerüttelt und das auf einer einseitigen Auffassung des Geistes beruhende erkenntnistheoretische Schema gesprengt wurde. Der zitierte /-112-/ Autor wies bereits auf den Augustinismus als Gegenbewegung gegen die aristotelisch-thomistische Auffassung der menschlichen Erkenntnis hin. Und in der Tat bedeutet die Erkenntnislehre Augustins, deren Kernstück die Illuminationstheorie ist, die Statuierung einer *dritten*, von "sensus" und "ratio" wesensverschiedenen Erkenntnisquelle. Aus ihr leitet er auch die (ethische) *Werterkenntnis* her. Woher haben, so fragt er, die Gottlosen die Kenntnis der ethischen Normen, die sie doch offenbar besitzen? Aus ihrer Natur können sie jene Wertnormen unmöglich ablesen, weil sie veränderlich ist, letztere dagegen unwandelbar sind; auch nicht aus dem Habitus ihres Geistes, weil es Normen der Sittlichkeit sind, die ihnen ja abgeht. Wo also stehen diese Gesetze geschrieben? Wo anders als in dem Buche jenes Lichtes, das Wahrheit heißt, aus welchem jede sittliche Norm gleichsam abgeschrieben und in das Herz des Menschen, der sie erfüllt, eingetragen wird, nicht durch Hinüberwandern, sondern durch Einprägung, so wie das Bild vom Siegelring auf das Wachs übergeht und dabei den Ring doch nicht verläßt[34].

Jene dritte Erkenntnisquelle spielt bei Augustin ganz besonders auf *religiösem* Gebiet eine entscheidende Rolle. Vom Strom der neuplatonischen, inbesondere der plotinischen Mystik berührt, lehrt auch der Bischof von Hippo eine *mystische Gottesschau*. Zwischen Gott und Seele besteht der denkbar innigste Zusammenhang. Gott ist dem Geiste näher als die Dinge der

---

[32] Ebd. 209f.
[33] Ebd. 211 u. 219.
[34] De Trinitate XIV n. 21. Vgl. mein Buch: Augustins Metaphysik der Erkenntnis, Berlin/Bonn 1931, 91.

Welt. Er wohnt in der Seele, wie auch umgekehrt die Seele in ihm wohnt. Diese unmittelbare Gegenwart Gottes in der Seele bedingt eine unmittelbare Erkenntnis Gottes durch die Seele. Diese vermag, wenn auch in unvollkommener Weise und nur für kurze Augenblicke, /-113-/ Gott unmittelbar zu schauen, in mystisch-intuitiver Weise zu erfassen. Stärker als Plotin, der noch allzusehr unter dem Bann des antiken Intellektualismus steht, betont Augustin, der in diesem Punkt auch von der Bibel bestimmt ist, den emotionalen Zug in dieser mystischen Gotteserkenntnis[35].

Aus Augustins Schrifttum ist der Gedanke einer dritten, besonders für das religiöse Gebiet bedeutsamen Erkenntnisquelle in die *Mystik des Mittelalters* eingeströmt, die, unter diesem erkenntnistheoretischen Gesichtspunkt gesehen, das Widerspiel der intellektualistisch gerichteten Scholastik darstellt. Während diese nur ein rational-diskursives Erkennen gelten läßt, tritt die Mystik für das Recht der intutitiv-emotionalen Erkenntnis ein. "Nicht das affektlose, abstrakte und unpersönliche Verfahren der Syllogistik mit ihren starren Formeln, Regeln und Argumenten gilt der Mystik als Ideal oder als einziges und ausschließliches Mittel zur Ergreifung der Wahrheit. Sie sieht vielmehr einen ebenso sicheren, wenn nicht höheren Wahrheitsquell im subjektiven Erleben und Erfahren, im subjektiven Schauen, im geistigen videre, sentire und experiri und in den an die inneren Erlebnisse und Schauungen geknüpften, unter Umständen außerordentlich mächtigen Gefühlen und Strebungen."[36]

Sehr klar unterscheiden die von Augustin stark beeinflußten *Victoriner* (Hugo und Richard von St. Victor) eine dreifache Erkenntnisweise: cogitatio, meditatio und contemplatio. Während mit der ersten das sinnliche und mit der zweiten das begrifflich schließende, diskursive Erkennen gemeint ist, bezeichnet die letzte die unmittelbare, schauende Erkenntnis. /-114-/ Von ihr gibt Richard von St. Victor, der "Theoretiker der Beschauung", folgende nähere Bestimmung. "Intelligentiae siquidem oculus est sensus ille, quo invisibilia videmus, non sicut oculo rationis, quo occulta et absentia per investigationem quaerimus et invenimus, sicut saepe causas per effectus vel effectus per causas et alia atque alia quocumque ratiocinandi modo comprehendimus. Sed sicut corporalia corporeo sensu videre solemus

---

[35] Vgl. mein Buch 200-265 ("Das religiöse Erkennen. Zweiter Teil: Die mystische Gottesschau").
[36] Fr. Ueberweg, Grundriß der Geschichte der Philosophie, II. Bd., 10. Aufl., hrsg. von M. Baumgartner, Berlin 1915, 328.

visibiliter, praesentialiter et corporaliter, sic utique intellectualis ille sensus invisibilia capit, invisibiliter quidem, sed praesentialiter, sed essentialiter"[37].

Die religiös-mystische Intuition wird hier einerseits zum rational-diskursiven und anderseits zum sinnlichen Erkennen in Beziehung gesetzt und dadurch in ihrer Eigenart klar herausgearbeitet. Was sie mit jenem teilt, ist ihre Geistigkeit; was sie mit diesem gemein hat, ist ihre Unmittelbarkeit, die auf der direkten Gegebenheit ihres Gegenstandes beruht. So erscheint sie als ein oculus und sensus, der jedoch als sensus *intellectualis invisibilia invisibiliter* capit. Es ist im Grunde derselbe Gedanke, den der ebenfalls auf Augustins Spuren wandelnde Bonaventura im folgenden Jahrhundert ausdrücken will, wenn er von einer *"cognitio Dei experimentalis"* spricht[38].

Verfolgen wir diese erkenntnistheoretische Linie weiter in die Neuzeit, so begegnen wir hier zunächst Malebranche und Pascal als Verfechtern einer dritten Erkenntnisquelle. Für unsere Fragestellung kommt ganz besonders der letztere in Betracht. Hat er doch durch seine Lehre von der Intuition, deren emotionalen Charakter er nachdrücklich betont, den Grundgedanken der modernen Wertethik nach der erkenntnistheoretischen Seite hin gewissermaßen vorweggenommen. Nach Pascal gibt es außer der Erkenntnis, die eine /-115-/ Funktion des Verstandes (raison) ist, noch eine andere Erkenntnisweise, deren Organ das Herz (coeur) ist. Der Verstandeserkenntnis steht die Herzerfahrung, dem rational-diskursiven ein emotional-intuitives Erkennen gegenüber. Mit dieser Auffassung stellt sich Pascal "unzweideutig in die Linie Augustins". "Er wollte den ganzen Menschen erfassen und auch das Herz als einen wahren und wirklichen Erkenntnisfaktor erweisen, der dem logischen Denken ebenbürtig sei"[39].

Im 18. Jahrhundert lebt die Idee einer intuitiv-emotionalen Erkenntnisweise vor allem in der englischen Ethik, bei Shaftesbury und Hutcheson, wieder auf. Sowohl die Werte des Schönen als auch die des Guten werden nach ihrer Lehre von uns unmittelbar, gefühlsmäßig erfaßt. Das Erkenntnisorgan ist im ersten Falle der "ästhetische Sinn", im zweiten der "moralische Sinn". Hutcheson ist bemüht, den Begriff des "moral sense" in die Ethik einzuführen. Unsere ethischen Werturteile, so lehrt er, beruhen nicht auf Reflexion, sondern auf Intuition. Der ethische Wert oder Unwert einer Handlung wird nicht dadurch erkannt, daß wir einen allgemeinen

---

[37] De gratia contemplationis III, 9. Zitiert ebd., 346.
[38] In sent. III, d. 35, q. I.
[39] M. Laros, Das Glaubensproblem bei Pascal, Düsseldorf 1918, 174 und 127.

Maßstab, eine oberste Sittennorm an die Handlung herantragen und sie daran messen, sondern in unmittelbarer, intuitiver Weise. Wie unser Gesichtssinn die Farben unmittelbar wahrnimmt, so der moralische Sinn die Wertqualitäten einer Handlung bzw. Gesinnung.

Ein intuitiv-emotionales Erkennen lehren im 19. Jahrhundert vor allem Fries und Schleiermacher. Der erstere unterscheidet drei Erkenntnisquellen: Wissen, Glauben und Ahndung. "Wir wissen von den Erscheinungen, wir glauben an das wahre Wesen der /-116-/ Dinge, wir ahnen dieses in jenen"[40]. Fries bestimmt die Ahndung als "Erkenntnis durch reines Gefühl." Mittels ihrer erfassen wir im Zeitlichen das Ewige, im Irdischen das Göttliche. Die Ahndung ist demnach das religiöse Erkenntnisorgan. Ähnlich denkt Schleiermacher. Gegenüber dem Rationalismus und dem Moralismus betont er, daß Religion weder Wissen noch Tun ist. Sie hat ihren Sitz weder im Verstande noch im Willen, sondern im Gemüte. Ihrem Kern nach besteht sie in einem gefühlsmäßigen, intuitiven Erfassen des Weltganzen und des Weltgrundes. Religion, so erklärt Schleiermacher, in seinen vielgelesenen "Reden über die Religion", ist "Anschauung und Gefühl des Universums"[41].

Für den intuitiv-emotionalen Charakter aller Werterkenntnis setzt sich dann in der zweiten Hälfte des 19. Jahrhunderts namentlich H. Lotze ein. Ja man wird sagen müssen, daß er zuerst die Werterkenntnis in ihrer Eigenart klar gesehen und herausgearbeitet hat. Ist "es eine ursprüngliche Eigentümlichkeit des Geistes, Veränderungen nicht nur zu erfahren, sondern sie vorstellend wahrzunehmen, so ist es ein ebenso ursprünglicher Zug desselben, sie nicht nur vorzustellen, sondern in Lust und Unlust auch des Wertes inne zu werden, den sie für ihn haben"[42]. Hier wird das Werterfassen klar und scharf gegen das Vorstellen (und Denken) abgegrenzt. Nicht in Verstandes-, sondern in Gefühlsakten erfassen wir den Wert. Und dieses Wertfühlen ist eine ebenso selbständige und ursprüng- /-117-/ liche Tätigkeit des Geistes wie das Vorstellen und Denken. Auf das Inhaltliche gesehen kommt ihm sogar der Vorrang zu. Denn im Denken erfassen wir nur die *Formen* der Wirklichkeit, im Wertgefühl dagegen ihren innersten *Sinn* und *Gehalt*. Diesen Gedanken bringt Lotze zum Ausdruck in seinem berühmten Wort: "Das Wesen der Dinge besteht nicht in Gedanken und das *Denken* ist

---

[40] Vgl. sein Werk: Wissen, Glaube und Ahndung, neu herausg. von L. Nelson, Göttingen 1905.
[41] Den besten Kommentar zu dieser vielfach mißverstandenen Formel gibt R. Otto in seiner vorzüglichen Ausgabe der "Reden" (Göttingen 1913).
[42] Mikrokosmos, 6. Aufl., hrsg. von R. Schmidt, Leipzig 1923, I, 269.

nicht imstande, es zu fassen; aber der *ganze* Geist erlebt dennoch vielleicht in andern Formen seiner Tätigkeit und seines Ergriffenseins den wesentlichen Sinn alles Seins und Wirkens; dann dient ihm das Denken als ein Mittel, das Erlebte in jenen Zusammenhang zu bringen, den seine Natur fordert, und es intensiver zu erleben in dem Maße, als er dieses Zusammenhangs mächtig wird. Es sind sehr alte Irrtümer, die dieser Einsicht entgegenstehen ... Der Schatten des Altertums, seine unheilvolle Überschätzung des Logos, liegt noch breit über uns und läßt uns weder im Realen noch im Idealen das bemerken, wodurch beides mehr ist als alle Vernunft."[43]

In der Philosophie der Gegenwart hat in bedeutsamer Weise W. Dilthey das Recht des unmittelbaren Erlebens und Erfahrens verfochten. In seiner "Einleitung in die Geisteswissenschaften" wendet er sich mit Nachdruck gegen jenen Rationalismus und Intellektualismus, nach welchem "in den Adern des erkennenden Subjekts ... nicht wirkliches Blut rinnt, sondern der verdünnte Saft von Vernunft als bloßer Denktätigkeit. Mich führte, so fährt er fort, historische wie psychologische Beschäftigung mit dem ganzen Menschen dahin, diesen, in der Mannigfaltigkeit seiner Kräfte, dies wollend fühlend vorstellende Wesen auch der Erklärung der Erkenntnis und ihrer Begriffe /-118-/ zugrunde zu legen"[44]. So kommt er dazu, dem rational-diskursiven ein irrational-intuitives Erkennen an die Seite zu stellen. Auf ihm beruht sowohl unsere Überzeugung vom Dasein einer realen Außenwelt wie auch unsere Gewißheit hinsichtlich der Existenz anderer Personen. Es spielt ferner auf historischem Gebiete eine entscheidende Rolle. Jene seelischen Totalitäten, wie sie uns in den geschichtlichen Persönlichkeiten entgegentreten, können nur unmittelbar, gefühlsmäßig erfaßt, nur intuitiv erkannt werden. So erscheint die Intuition als das eigentliche Erkenntnisorgan des Historikers[45].

Auf Dilthey fußend hat dann M. Frischeisen-Köhler in eindringender Untersuchung zu zeigen versucht, daß wir manchen Problemen, so besonders dem Realitätsproblem, hilflos gegenüberstehen, wenn wir nicht außer Erfahrung (Empfindung) und Denken noch andere Erfahrungs- und Erfassungsweisen annehmen. Ohne sie bleibt die geistige Kultur und ihre Entstehung im menschlichen Geiste ein Rätsel. "Wenn wir von den geschichtlichen Kulturleistungen auf ihre Entstehung in unserem Geiste

---

[43] Ebd. III, 243 f.
[44] Einleitungen in die Geisteswissenschaften (1883), Neudruck 1922 (Leipzig u. Berlin), XVIII (Vorrede).
[45] Vgl. mein Bändchen (der Sammlung Kösel): Die philosophischen Strömungen der Gegenwart, Kempten 1923, 66ff.

zurückgehen, so gelangen wir zu elementaren Bewußtseinsfunktionen, die nicht aus Empfinden und Denken allein sich zusammensetzen. Überblicken wir die Wissenschaft in ihrer ganzen Verzweigung, gehen wir auf den Grund der Religionen, des Rechtes und der Kunst zurück, dann eröffnen sich uns allerorten Quellen, aus denen wie aus unerschöpflich fließenden Brunnen immer neues Leben strömt, das in den verschiedenen Kulturgebieten sich niedergeschlagen hat. In der Tat muß den objektiven Schöpfungen ein subjektives Verhalten /-119-/ korrespondieren. Neben der mathematischen Konstruktion von Gegenständen und Vorgängen im Raum, welche das Schema des naturwisssenschaftlichen Denkens ist, muß es andere Arten, den Gegenstand aufzubauen und zu erfassen, geben."[46] Es muß deshalb eine "Erweiterung des Erfahrungsbegriffes" vorgenommen werden[47]. Außer der sinnlichen Erfahrung gibt es eine Erfahrung höherer Art, eine *geistige* Erfahrung, die ein unmittelbares Erleben und gefühlsmäßiges Erfassen geistiger Gegebenheiten bedeutet.

Um die erkenntnistheoretische Sicherstellung speziell der Werterkenntnis hat sich in der Gegenwartsphilosophie als erster Franz Brentano bemüht. Seine diesbezüglichen Untersuchungen bedeuten eine Fortführung der Linie, die von Pascal über die englische Ethik zu Lotze führt. Brentano teilt die psychischen Phänomene ein in Vorstellungen, Urteile und Gemütsbewegungen. Die dritte Klasse ist der psychische Ort der Werterkenntnis. Werte werden von uns in Gemütsakten, d.h. in Akten des Liebens und Hassens, des Gefallens und Mißfallens erfaßt. Wir haben von Natur ein Gefallen an gewissen Geschmäcken und einen Widerwillen gegen andere; aber beides rein instinktiv. Wie das evidente Urteil vom blinden Vorurteil, so unterscheidet sich von dieser niederen Art ein Gefallen und Mißfallen höherer Art. "Wir haben auch von Natur ein Gefallen an klarer Einsicht und ein Mißfallen an Irrtum und Unwissenheit. «Alle Menschen», sagt Aristoteles in seinen schönen Eingangsworten zu seiner Metaphysik, «begehren von Natur nach dem Wissen». Dies Begehren ist ein Beispiel, das uns dient. Es ist ein Gefallen von jener höheren Form, die das Analogon ist von der Evidenz /-120-/ auf dem Gebiete des Urteils. In unserer Spezies ist es allgemein; würde es aber eine andere Spezies geben, welche, wie sie in Bezug auf Empfindungen anders als wir bevorzugt, im Gegensatze zu uns den Irrtum als solchen liebte und die Einsicht haßte, so würden wir gewiß nicht so

---

[46] Das Realitätsproblem, Berlin 1912, 47.
[47] Ebd. 54.

wie dort sagen: das ist Geschmackssache, «de gustibus non est disputandum»; nein, wir würden hier mit Entschiedenheit erklären, solches Lieben und Hassen sei grundverkehrt, die Spezies hasse, was unzweifelhaft gut, und liebe, was unzweifelhaft schlecht sei in sich selbst. - Warum hier so und anders dort, wo der Drang gleich mächtig ist? - Sehr einfach! Dort war der Drang ein instinktiver Trieb; hier ist das natürliche Gefallen eine höhere, als richtig charakterisierte Liebe. Wir bemerken also, indem wir sie in uns finden, daß ihr Objekt nicht bloß geliebt und liebbar und seine Privation und sein Gegensatz gehaßt und haßbar sind, sondern auch, daß das eine liebenswert, das andere hassenswert, also das eine gut, das andere schlecht ist.[48"] Es ist also so, "daß die unmittelbar als richtig charakterisierten Akte von Liebe und Haß denjenigen unter den als richtig charakterisierten unmittelbaren Urteilsakten vergleichbar sind, die als Vernunftwahrheiten apodiktisch einleuchten."[49] So hat denn die *theoretische* Erkenntnis ihr Seitenstück in der *Wert*erkenntnis. Beide sind einander völlig ebenbürtig. Hier wie dort gibt es *echte Evidenz* und *apodiktische Gewißheit*, nur daß sie im ersten Falle an intellektuellen, im zweiten an emotionalen Akten haftet.

Von Fr. Brentano führt die Linie weiter zur *phänomenologischen* Wertforschung unserer Tage, zu Scheler und Hartmann, deren Werterkenntnistheorie wir bereits kennen gelernt haben.

Dieser kurze und sehr unvollständige Überblick dürfte deutlich gemacht haben, daß sich die Werterkenntnis in der neuzeitlichen Erkenntnislehre in steigendem Maße als "phaenomenon sui generis" durchgesetzt und jenes alte erkenntnistheoretische Vorurteil, wonach (sinnliche) Erfahrung und Denken die einzigen Erkenntnisquellen sind, immer mehr einer differenzierteren Auffassung vom erkennenden Geiste hat Platz machen müssen.

Text 8
Die wertphilosophische Weiterbildung der phänomenologischen Religionsphilosophie (1948)

(Aus: J. Hessen, Religionsphilosophie. Erster Band: Methoden und Gestalten der Religionsphilosophie, Essen 1948, 352-359. Die Anmerkungen, meist Eigenzitate Hessens, sind weggelassen.)

---

[48] Vom Ursprung sittlicher Erkenntnis, 2. Aufl., hrsg. von O. Kraus, Leipzig 1921, 20f.
[49] Ebd. 77.

Schon in der spekulativen Religionsphilosophie begegneten wir dem Wertbegriff. Wir sahen, wie Volkelt ihn zur Charakterisierung des religiösen Verhaltens benutzte. Eine beherrschende Rolle spielte er in der wertkritizistischen Religionsphilosophie. Aber auch in der ganz anders orientierten phänomenologischen Religionsphilosophie trat er uns entgegen. Wir fanden ihn bei Scheler, der mit ihm Ethik und Religionsphilosophie neu zu fundieren suchte, wie auch bei Otto. Zwar stand dieser der modernen Wertphilosophie fern; aber seine Analyse des religiösen Phänomens führte ihn auf die in ihm enthaltenen Wertmomente und ließ ihn den Wertbegriff sowohl auf den religiösen Gegenstand als auch auf den religiösen Akt anwenden. Freilich kann von einer systematischen Durchführung des Wertgedankens in seiner Religionsphilosophie keine Rede sein. Ohne Zweifel hätte Otto manchen Einwänden gegen seine Religionstheorie von vornherein den Boden entzogen, wenn er die Welt des Religiösen ganz konsequent unter den Wertgesichtspunkt gestellt hätte. Man hat mit Recht gesagt, daß seine Religionstheorie erst dann ganz verständlich und zugleich einwandfrei würde, wenn man sie ins Wertphilosophische übersetze.

Aus der konsequenten Anwendung des Wertgedankens erwachsen der Religionsphilosophie bedeutsame Vorteile. Zunächst ermöglicht sie eine Einordnung der Religion in das menschliche Geistesleben, bei der sowohl das, was sie mit dem übrigen Geistesleben verbindet, als auch das, was sie von ihm trennt, deutlich sichtbar wird. Die Religion stellt eine bestimmte Form des Wertlebens dar. Wie es ein wissenschaftliches, künstlerisches und sittliches Wertverhalten gibt, so auch ein religiöses. Während es sich dort um die profanen oder Kulturwerte des Wahren, Guten und Schönen handelt, handelt es sich hier um den Wert des Heiligen. Schon damit ist gezeigt, daß die Religion ein selbständiges Wertgebiet darstellt. Denn wenn das Wahre, das Schöne und das Gute je eine besondere Wertsphäre konstituieren, dann muß ein Gleiches auch vom Heiligen gelten.

Nun genügt es freilich nicht, das Heilige neben die anderen Wertgebiete zu stellen. Wie wir gesehen haben, protestiert namentlich der Wertkritizismus gegen solche Koordination. Das Heilige ist nach ihm nicht neben, sondern in den anderen Werten zu suchen. Es ist identisch mit ihrer Totalität. Diese Auffassung mußten wir zurückweisen. Gleichwohl steckt in ihr ein Körnchen Wahrheit. Was sie richtig gesehen, aber falsch gedeutet hat, ist die eigenartige Stellung der Heiligkeitswerte im System der Werte. Diese

Stellung ist eine Zentralstellung. Das Religiöse ist das Zentrum des Wertlebens und strahlt nach verschiedenen Seiten aus. Es ist also mehr als eine Zusammenfassung der übrigen Werte; denn es ist etwas Eigenes, Neues, Selbständiges. Und doch eignet ihm die Funktion des Zusammenfassens: es ist der einheitliche Mittelpunkt für die übrigen Werte, der Lichtquell, dem die geistigen Werte wie Strahlen entströmen. Diese haben ihren metaphysischen Ursprung in ihm. Sie wesen und gründen in ihm. "Alle möglichen Werte, sagt Scheler, sind «fundiert» auf den Wert eines unendlichen persönlichen Geistes und der vor ihm stehenden «Welt der Werte»." Diese Bezogenheit der profanen Werte auf die Heiligkeitswerte läßt sich unschwer aufzeigen. Das Wahre erhebt Anspruch auf absolute Geltung. Durch diesen Absolutheitsmoment weist es auf das Göttliche hin. Denn die logische Absolutheit wird uns in ihrer Tiefe erst verständlich, wenn wir sie, wie es schon der "christliche Platoniker" Augustinus getan hat, als Ausdruck und Ausfluß eines metaphysischen Absoluten, eines unendlichen Geisteslebens verstehen. Analoges gilt vom Guten. Auch dieses steht in einem inneren Zusammenhang mit dem Heiligen. Wie das Wahre vermöge seiner absoluten Geltung auf das Göttliche hindeutet, so das Gute durch seine absolute Verpflichtungskraft. Zwar ist das Sollensmoment als solches im Wesen des sittlichen Wertes fundiert. Wollen wir es aber in seiner letzten Tiefe begreifen, so müssen wir über den ethischen Bereich hinaus gehen. Wir müssen das absolute Sollen als Ausdruck eines absoluten Wollens, eines heiligen, göttlichen Willens betrachten. Beim Schönen scheint die Sache zunächst anders zu liegen. Das Kunstwerk wie überhaupt jeder Gegenstand ästhetischer Bewertung scheint nicht über sich hinauszuweisen. Das trifft auch zu, solange man bei den rein abstrakten Bestimmungen der Ästhetik stehen bleibt. Sobald man sich aber der Verwirklichung der ästhetischen Werte zuwendet, erkennt man, daß auch das Ästhetische den Zug zum Unendlichen, Göttlichen in sich trägt. Der ästhetische Gehalt deutet auf ein Überästhetisches hin. Das ist auch der Sinn des bekannten Wortes: "Immer fromm sind wir Poeten."

Eine besondere Nahstellung zu den Heiligkeitswerten zeigen gewisse ethische Grundwerte. Das Heilige strahlt hier gewissermaßen in die Sphäre des Guten hinein. Es heißt diese Strahlen auffangen, wenn man das religiöse Moment in der Tiefenschicht des Guten aufdeckt. Ich habe das bei den sittlichen Grundwerten Demut, Ehrfurcht, Reinheit und Güte versucht und damit jene Zone im Wertkosmos durchleuchtet, die man als "Randzone der Heiligkeitswerte" bezeichnen kann.

Der Wertgedanke dient demnach zunächst dazu, an die religiöse Wertsphäre heranzuführen. Er leistet aber auch bei der Erforschung dieser Sphäre der Religionsphilosophie die besten Dienste. Das gilt zunächst von der Bestimmung des religiösen Wertobjekts. Ich bin dabei von einem konkreten Beispiel ausgegangen, von jenem Erlebnis des Heiligen, das im zweiten Buch Moses beschrieben wird. Dort wird geschildert, wie Gott dem Moses am Berg Horeb in einem brennenden Dornbusch ersheint und dem Herantretenden aus dem Dornbusch zuruft: "Tritt nicht näher heran! Ziehe die Schuhe von deinen Füßen; denn der Ort an dem du stehst ist heiliger Boden." Dann fährt er fort: "Ich bin der Gott deines Vaters, der Gott Abrahams, Isaaks und Jakobs." Da verhüllt Moses sein Angesicht: denn er fürchtet sich, Gott anzuschauen (2. Mos. 3). Was ist es, so frage ich, was der große Gottesmann hier erlebte? Meine Antwort lautet: er erlebte eine Wirklichkeit. Sein Erlebnis war ein Wirklichkeitserlebnis. Nicht ein Phantasiegebilde, nicht ein Gedanke, nicht irgendein fiktives Sein bildete den Gegenstand seines Erlebens, sondern ein höhst reales Sein. Dieses ist aber - und damit stoßen wir auch schon auf ein zweites Merkmal - kein Sein, wie es uns in der Erfahrung gegeben ist. Es ist weder mit einem bestimmten Ding oder Wesen der Welt, noch mit dem Weltganzen identisch, sondern von überweltlichem Charakter. Die Wirklichkeit, die er erlebte, ist ausgezeichnet durch das Merkmal der Transzendenz. Diese transzendente Wirklichkeit ist aber kein factum brutum, kein wertindifferentes Sein. Ihr Sosein bedeutet vielmehr zugleich Wertsein. Sie besitzt Wertcharakter. Sie erscheint als etwas unendlich Hohes, Gutes, Erhabenes. Sie besitzt eine unaussprechliche Würde. Sie löst in ihm das Gefühl der Kleinheit, Ohnmacht, Unwertigkeit aus. Sie zwingt ihn in die Knie. Er verhüllt sein Angesicht und fürchtet sich, sie anzuschauen. Gleichwohl flieht er nicht vor ihr, wie man etwa vor drohenden Naturgewalten flieht. Seine Furcht ist keine Angst, sondern heilige Scheu, tiefste Ehrfurcht. Das besagt aber, daß er sich irgendwie zu ihr hingezogen fühlt. Die Macht, die er anbetet, erlebt er zugleich als anziehende, beseligende, begnadende Macht. So ist der Gegenstand seines Erlebnisses, durch drei Züge gekennzeichnet: Transzendenz, Wirklichkeits- und Wertcharakter. Dabei ist der letztere spezifischer Natur: er besagt Heiligkeit.

Betrachten wir die einzelnen Momente näher, so gibt das Merkmal der Transzendenz gewissermaßen den ontologischen Ort für das religiöse Objekt an. Dieses wird überall dort, wo genuin religiöse Erfahrung vorliegt, als etwas erlebt, das sich deutlich von der Welt abhebt. Es ist wesensverschieden vom Inbegriff der endlichen, irdischen Dinge. Es ist, wie Augustin es klassisch formuliert hat, aliud, aliud valde ab istis omnibus (Conf. VII, c.10). Von entscheidender Bedeutung ist sodann das Wirklichkeitsmoment im Erlebnis des Heiligen. Ohne dieses Wirklichkeitsmoment ist der Gedanke des Heiligen schlechterdings unvollziehbar. Wie immer auch das Göttliche im Laufe der religiösen Entwicklung der Menschheit gedacht worden ist, stets und überall galt es als ein Seiendes, Wirkliches, ja in gesteigertem Sinne Wirkliches: ens realissimum. Der religiöse Glaube hat es immer mit einem Wirklichen zu tun. Mit diesem Wirklichkeitsmoment verbindet sich das Wertmoment. Der Mensch hat Wirklichkeitserlebnisse verschiedenster Art. Er erlebt die Wirklichkeit der Dinge und Geschehnisse, der Mitmenschen, ihrer Handlungen und Gesinnungen, der geschichtlichen Vorgänge und Persönlichkeiten, soweit er inneren Kontakt mit ihnen gewinnt. Von diesen Arten der Wirklichkeitserfahrung hebt sich die religiöse Erfahrung durch ihren eigentümlichen Wertgehalt ab. Das Göttliche wird nicht bloß als ens realissimum, sondern auch als summum bonum, als oberster Wert, als "Wert aller Werte" erlebt. Dabei stellt sein Wertgehalt eine eigenartige Spannungseinheit dar. Er umschließt zwei polar entgegengesetzte Momente: das Heilige ist mysterium tremendum et fascinosum. Dieser spezifische Wertgehalt des Heiligen verurteilt jeden Versuch, es mit dem Wahren, Schönen und Guten zu konfundieren, anders gesagt, Religion in Kultur aufzulösen, zum Scheitern.

Fassen wir die am Gegenstand des religiösen Bewußtseins aufgezeigten Merkmale zusammen, so können wir das Göttliche charakterisieren als transzendente Wertwirklichkeit. In dieser Wesensbestimmung scheint freilich ein Moment zu fehlen, auf das echte und lebendige Religion nicht verzichten kann: das personale Moment. Indes fehlt es nur scheinbar. In Wirklichkeit ist es in der gegebenen Bestimmung bereits enthalten. "Persönlichkeit" besagt ja letzten Endes nichts anderes als "Wertwirklichkeit". Persönlichkeit kommt dadurch zustande, daß der Mensch die geistigen Werte in sein zunächst naturhaftes Wesen aufnimmt und es mit ihnen gleichsam durchtränkt. Wenn wir also das Göttliche als "Wertwirklichkeit" kennzeichnen, so liegt darin die Bejahung seines personalen Charakters ausgesprochen. Die transzendente Wertwirklichkeit kann und muß im Hinblick auf den tiefsten Sinn des

Persönlichkeitsbegriffes als transzendent-personale Wertwirklichkeit charakterisiert werden.

Nicht nur der religiöse Gegenstand, auch der religiöse Akt empfängt vom Wertgedanken her das rechte Licht. Wir kennzeichneten bereits das religiöse Erleben als Werterleben. Nun werden Werte nicht verstandesmäßig, sondern gefühlsmäßig erfaßt. Dieses "Wertfühlen" stellt eine Mischung von Erkennen und Fühlen dar. Es ist ein Fühlen, mit dem ein kognitiver Faktor verbunden ist. Dieser begründet die Intentionalität des Wertfühlens, das stets gegenständlich gerichtet ist. Beim religiösen Wertfühlen ist dieser Gegenstand das Heilige oder Göttliche. Damit ist sowohl dem Vorwurf des "Irrationalismus" als auch dem des "Subjektivismus" die Spitze angebrochen. Die Anerkennung einer Gefühlskomponente im religiösen Erlebnis hat mit "Irrationalismus" nichts zu tun; sie gehört einfach zum Wesen des religiösen Erlebnisses als eines Werterlebnisses. Aber auch der auf die "Subjektivität der Gefühle" sich stützende Einwand ist hinfällig geworden, nachdem gezeigt ist, daß und wie im religiösen Wertfühlen ein Objektives erfaßt wird.

Wenn wir dieses Wertfühlen als eine Mischung von Erkennen und Fühlen bezeichneten, so liegt darin zugleich eine Absage an alle Theorien, die die Religion in ein einzelnes Seelenvermögen verlegen. Die Religion hat ihren Sitz weder im Gefühl noch im Verstand noch im Willen. Sie ist eine Funktion der ganzen Persönlichkeit. Alle Kräfte des Geistes sind an ihr beteiligt. Das religiöse Verhalten beruht auf einer Kooperation der verschiedenen Seelenfunktionen: der intellektuellen, emotionalen und voluntativen. Religion ist weder Denken noch Fühlen noch Wollen sondern ein alle diese Funktionen in Anspruch nehmendes geistiges Leben, Leben in der Tiefe der Persönlichkeit, im "Gemüte", im "Seelengrund". Auch das ergibt aus dem Wertcharakter des religiösen Erlebnisses. Ein Werterlebnis setzt gewissermaßen alle Funktionen des Geistes in Tätigkeit. Er aktualisiert nicht nur das Gefühls- sondern auch des Erkenntnis- und Willensvermögen. Jedes Werterlebnis beruht im Grunde auf einer Kooperation dieser verschiedenen Potenzen. So schließt der Wertgedanke in der Anwendung auf das religiöse Verhalten jede einseitige psychologische Theorie der Religion von vornherein aus. Er duldet weder eine intellektualistische noch eine emotionalistische noch auch eine voluntaristische Interpretation des religiösen Erlebnisses. Das schließt freilich die Möglichkeit des Prävalierens einer bestimmten seelischen Funktion im konkreten Erlebnis des Heiligen nicht aus. Je nachdem, um welche Funktion es sich dabei handelt, gestaltet es sich in typisch verschiedener Weise. Es erscheint bald mehr als ein willensmäßiges Erfahren der Gottesmacht, bald mehr als ein gefühlsmäßiges Erleben des Gotteswertes, bald mehr als ein erkenntnismäßiges Erfassen der Gotteswirklichkeit.

Mit dem Gesagten ist zugleich deutlich geworden, daß der Wertgedanke auch für die Wahrheitsfrage von entscheidender Bedeutung ist. Erscheint er doch in besonderem Maße geeignet, die Wahrheit der Religion sicherzustellen. Wenn der Kern der Religion im religiösen Werterlebnis liegt, dann ist ihre Wahrheit unbestreitbar. Wer einen Wert erlebt, hat die Gewißheit, daß ein Übersubjektives in sein subjektives Seelenleben hineingetreten ist. (Nicht mit Unrecht hat man das Erfahren und Erfassen eines Wertes als "Introzeption" bezeichnet.) Wenn ich den ethischen Wert einer Gesinnung oder einer Person erlebe, wenn ich den ästhetischen Gehalt eines Kunstwerkes in mich aufnehme, habe ich beide Male das deutliche Gefühl, daß es sich dabei um etwas Objektives, meiner subjektiven Willkür Entzogenes handelt. Das Wertfühlen, betont N. Hartmann, "ist nicht weniger objektiv als die mathematische Einsicht. Sein Objekt ist nur durch den emotionalen Charakter des Aktes mehr verschleiert: es muß erst besonders aus ihm herausgehoben werden, wenn man es bewußt machen will" (Ethik, Berlin/Leipzig 1926, 141). Beim religiösen Werterlebnis tritt diese Objektivität noch stärker hervor, weil sein Gegenstand zugleich Realität besitzt, Wert und Wirklichkeit in einem ist. Es ist so, wie wir es bei Volkelt formuliert fanden, daß wir im religiösen Werterlebnis "in unmittelbarer, also nicht erst durch Denken, Schließen, Beweisen vermittelter Weise eines ins Unerfahrbare hineinreichenden Inhalts inne werden" (J. Volkelt, Was ist Religion ?, Leipzig 1913, 10).

Die Religion entfaltet ihr ideales Wesen in einer Fülle von religiösen Ideen. Bei ihrer Darstellung erweist der Wertgedanke seine größte Fruchtbarkeit. Er macht nämlich deutlich, daß jene Ideen Wertideen oder Werte sind, daß somit die Idee des Heiligen einen ganzen Werthimmel in sich birgt. Der Religionsphilosoph steht damit vor der Aufgabe, einen Überblick über diese Wertfülle zu gewinnen, eine Einteilung der Heiligkeitswerte durchzuführen. Ihre Lösung glaube ich in einer Dreiteilung gefunden zu haben. Danach zerfallen die religiösen Werte in weltbezogene, menschbezogene und innerseelische Werte. Zur ersten Klasse gehören Schöpfung, Vorsehung und Wunder. Zur zweiten Offenbarung und Erlösung. Die dritte umfaßt Akte, Zustände und Erlebnisse. Die erste Gruppe bilden Anbetung, Glaube und

Liebe (amor); die zweite Sünde, Gnade und Wiedergeburt, die dritte Freude und Liebe (caritas).

Die Analyse der religiösen Werte führt erst in das innerste Heiligtum der Religion hinein. Indem sie in den Mittelpunkt der Religionsphilosophie tritt, gewinnt diese ein neues Gesicht. Wie das gemeint ist, habe ich durch einen Vergleich zu verdeutlichen gesucht, der zugleich die innerste Intention meines religionsphilosophischen Versuchs offenbar macht. Ich vergleiche den Leser der bisherigen Religionsphilosophien mit einem Menschen, der an einen hohen Berg geführt wird, dessen Gipfel einen Wundergarten trägt. Die Lage und Größenverhältnisse dieses Gartens werden ihm genau angegeben; er erhält eine genaue Zeichnung von seiner Umgrenzung. Es wird ihm sodann durch eine ganze Fülle von Argumenten in überzeugender Weise dargetan, daß dieser Garten wirklich existiert. Aber es bleibt ihm versagt, den Garten mit eigenen Augen zu sehen, einen Blick in seine Blumenfülle zu werfen. Gerade diesen Einblick in den Wundergarten der Religion möchte ich dem Leser verschaffen. Ich möchte ihn in diesen Garten hineinführen, möchte ihn durch alle seine Herrlichkeiten hindurchgeleiten. Er soll die Wunderblumen, die darin wachsen und blühen, sehen und sich daran erfreuen. Er soll einige Stunden leben und atmen in dieser Gotteswelt, ihren lebendigen Odem in seiner Seele verspüren. Sein innerer Mensch soll von dem Wunderreichtum dieser erhabenen Welt erfüllt werden und sie als Wertgesättigter verlassen. - Um es in mehr nüchterner Sprache zu sagen und meinen Versuch zugleich philosophiegeschichtlich einzuordnen: Was Scheler in mehr grundlegender, N. Hartmann in ausführender Weise für die Ethik getan haben, das möchte ich für die Religionsphilosophie leisten. Wie jene den Kosmos der sittlichen Werte gewissermaßen neu entdeckt und in seiner Größe und Erhabenheit den Menschen von heute sichtbar gemacht haben, so möchte mein Versuch die religiösen Werte in lebendiger Darstellung herausarbeiten. Wie jene gezeigt haben, welchen Wertreichtum das Wort "gut" deckt, so will mein Buch dartun, welche Fülle von Werten im "Heiligen" verborgen liegt.

Text 9
Religion und Dogma (1948)

(Aus: J. Hessen, Religionsphilosophie. Zweiter Band: System der Religionsphilosophie, Essen 1948, Bd.II, 200-204. Der Titel ist original.)

Damit ist auch schon das wesentliche über das (vorhin schon berührte) Dogma gesagt. Verstehen wir unter Dogma ganz allgemein die lehrhafte, für eine bestimmte religiöse Gemeinschaft normative Geltung beanspruchende Formulierung einer religiösen Wahrheit, so wird der Wesenszusammenhang zwischen Religion und Dogma sofort sichtbar. Alle höhere Religion beruht, wie wir fanden, auf Offenbarung. Die logische Entfaltung und Darstellung des Offenbarungsinhaltes ist aber, wie uns ebenfalls deutlich geworden ist, ein unabweisbares Bedürfnis der menschlichen Natur. Mithin stellt die Entstehung des Dogmas eine im Wesen der Religion begründete Notwendigkeit dar. Die ebenso beliebte wie oberflächliche Polemik gegen das Dogma erscheint darum vom religionswissenschaftlichen Standpunkt aus als völlig sinnlos. Nicht das Dogma als solches, sondern nur seine falsche Auffassung kann und darf Gegenstand der Kritik sein. Welche Auffassung das ist, dürfte nach dem Gesagten nicht mehr zweifelhaft sein. Es ist jener Intellektualismus, der die Dogmen wie wissenschaftliche Sätze betrachtet, für die er nach Inhalt und Form absolute Geltung beansprucht. Die Auslegung der Offenbarung wird von ihm mit der Offenbarung selbst verwechselt. Darauf beruht die Absolutsetzung des Dogmas. Die Verquickung von Offenbarung und Dogma hat aber ihren Grund darin, daß der suprarationale Charakter der Offenbarung verkannt wird. Sobald dieser gesehen wird, wird auch die Unmöglichkeit eingesehen, ihn mit einer Summe von Lehrsätzen gleichzusetzen. Wird diese Ineinssetzung trotzdem vollzogen, so ist der Konflikt zwischen Dogma und Wissenschaft oder allgemeiner zwischen Glauben und Wissen unvermeidlich. Mit dem Fortschritt der Wissenschaft, der philosophischen und historischen zumal, werden nämlich jene lehrhaften Formulierungen immer mehr in ihrer zeitgeschichtlichen Bedingtheit erkannt und damit ihrer /-201-/ Absolutheit entkleidet. Der in der intellektualistischen Auffassung vom Dogma befangene Gläubige steht dann vor der schmerzlichen Wahl, entweder seine wissenschaftliche Erkenntnis oder seinen dogmatischen Glauben preiszugeben.

Die Lösung des Konfliktes liegt in der richtigen Erkenntnis der Sinnstruktur des Dogmas. Als begriffliche Ausformung des Offenbarungsinhaltes ist das Dogma ein mehrschichtiges Gebilde. Sehen wir von der verbalen Außenschicht ab, so weist es zwei innere Schichten auf: eine rationale und eine religiöse. Es ist nun ohne weiteres klar, daß sein Absolutheitsanspruch sich nicht auf die erstere, sondern nur auf die letztere beziehen kann. Die rationale Form hat bloß relativen Wert, weil sie stets zeitgeschichtlich bedingt ist und darum später durch eine bessere ersetzt werden kann. Ewigkeitswert hat ausschließlich der religöse Gehalt des Dogmas. Er stellt gewissermaßen die göttliche Seite am Dogma dar. Ist sie auch mit der menschlichen aufs innigste verknüpft, so kann es doch für den, der sich klargemacht hat, daß die göttliche Seite das am Dogma ist, was nur in der religiösen Erfahrung erfaßt werden kann, was also erlebt, nicht gedacht sein will, nicht schwer sein, beide Seiten zu unterscheiden.

Die hier umschriebene Sicht und Wertung des Dogmas ist dem katholisch-theologischen Denken der Gegenwart keineswegs fremd. Wir finden sie, wenn auch nur angedeutet, bei A. Rademacher, für den das Dogma der Versuch ist, "das Geheimnis in Worte zu kleiden", ein Versuch, der sich seiner "Unzulänglichkeit und des analogischen Charakters der Vernunftformeln" bewußt bleiben muß. Der Glaube an das Dogma darf nicht zum "Buchstabenglauben" werden, "der die rationale Form mit dem geheimnisvollen Inhalt der Lehre verwechselt"[50]. Deutlicher heißt es bei J.P. Steffes: "Das Dogma ist der Versuch, den Gottesbesitz der religiösen Genien gegen Fälschung und Abschwächung zu bewahren und allen kommenden Geschlechtern zugänglich zu machen. Nicht soll die Religion - was stets zu verhüten ist - in Begriffe und rationales Wissen aufgelöst werden, sondern der an sich unfaßbare religiöse Gehalt soll durch harte Begriffe wie mit einem schützenden Damm umgeben werden, damit keine Trübung und kein Zerfließen ihn zer- /-202-/ setzt, und damit das Begriffsgerüst den suchenden Geist in die Richtung verweist, in der die religiösen Gehalte gefunden werden."[51] Eingehend entwickelt und begründet wurde diese Auffassung von G. Tyrrell. In aller Offenbarung kommt nach ihm "in höherem oder geringerem Grade der göttliche Geist im Menschen, der Geist Gottes zum Ausdruck; aber die Form, in der der Geist zum Ausdruck kommt, ist nicht notwendig eine göttliche; denn der Ausdruck ist nur die willkürliche oder unwillkürliche Rückwirkung des menschlichen Geistes auf die Berührung Gottes, die er im Herzen fühlt, und diese Rückwirkung wird völlig durch die Ideen, Formen und Bilder bestimmt, mit denen der Geist in jedem einzelnen Falle ausgestattet ist"[52]. Die Verkennung dieses Sachverhaltes führt zu jener

---

[50] Die Kirche als Gemeinschaft und Gesellschaft, Augsburg 1931, S. 66.
[51] Religionsphilosophie, München/Kempten 1925, 251f.
[52] Zwischen Scylla und Charybdis (übers. von E.Wolff), Jena 1909, S. 256. In dem Aufsatz: "Die Rechte und die Grenzen der Theologie" [zuerst englisch 1905], hier S.245-94.

intellektualistischen Auffassung der Offenbarung, die man nach Tyrrell als "Theologismus" bezeichnen kann. "In der Annahme, die der Eingebung entstammende Bildersprache der Offenbarung sei eine Darstellung der göttlichen Ideen, die sich der Art nach von einer Zusammenfassung menschlicher Denkinhalte in einem philosophischen oder wissenschaftlichen System nicht unterscheidet, und in der Voraussetzung, die Offenbarung sei eine auf wunderbare Weise vermittelte wissenschaftliche Erkenntnis, geeignet, die Ergebnisse des theologischen Denkens und Forschens zu ersetzen und zu berichtigen, liegt der Grundirrtum des Theologismus."[53] Dieser verwandelt die Offenbarung in Theologie. Die anschaulichen Bilder, in denen der alle menschlichen Begriffe übersteigende Gehalt der Offenbarung sich einen ihm angemessenen, überbegrifflichen Ausdruck geschaffen hat, nimmt er buchstäblich. Die prophetische Sprache der Offenbarung verwechselt er mit der philosophischen und baut auf der so mißverstandenen Offenbarung ein Lehrsystem auf, das als adäquate Wiedergabe ihres Inhalts gewertet sein will, während es in Wirklichkeit eine Summe von menschlichen Reflexionen und Spekulationen über die geheimnistiefe Gottesoffenbarung darstellt. Alle deutenden Vorstellungen und klärenden Begriffe, die der menschliche Geist an den Offenbarungsinhalt heranträgt, haben nach Tyrrell letztlich nur einen /-203-/ pragmatischen Sinn: sie wollen ein Schutz für jenen Inhalt sein. Die dogmatischen Lehrsätze stellen eine "schützende Hülle" dar, die den Kern der apostolischen Offenbarung umschließt[54]. Ihre Wahrheit ist eine rein religiöse. Sie liegt nicht in ihrem logischen Sinn, sondern gleichsam eine Schicht tiefer: in ihrem religiösen Gehalt. Sie ist fundiert in ihrer Bezogenheit auf den Offenbarungsinhalt, an dessen Wahrheit sie gewissermaßen partizipiert. "Es ist klar, daß viele in hohem Grade veraltete Begriffe des jüdischen und griechischen Denkens, welche in die die apostolische Offenbarung bildende prophetische Darstellung der übernatürlichen Sphäre verwoben sind, dadurch eine höhere Weihe erhalten und für immer ihren erläuternden, wenn auch nicht ihren eigentlichen Wert und Sinn bewahrt haben. Das gleiche gilt von den theologischen und sonstigen Begriffen, in die die Kirche von Zeit zu Zeit ihre dogmatischen Entscheidungen eingebettet hat. Diese Dogmen sind in ihrem tiefsten Sinne für immer wahr. Sie sind wahr mit der Wahrheit der Offenbarung, die sie bestätigen und schützen, zu der sie aber nichts hinzufü-

---

[53] Ebd. S. 258.
[54] Zwischen Scylla und Charybdis, S. 405.

gen und nichts hinzufügen können."[55] So kommt Tyrrell schließlich zu einer durchaus positiven Wertung des kirchlichen Dogmas. "In dem Bekenntnis der Kirche lebt für uns, wie Gold in Erz eingebettet, die ureigene Selbstäußerung der ursprünglichsten und doch kraftvollsten Gestalt ihres geistlichen Lebens weiter, eingekleidet in die nun stark veralteten Begriffe und Kategorien jener Tage; ihre dogmatische Theologie aber, die nur die genauere Bestimmung und weitere Entfaltung dieses Bekenntnisses sein will, stellt nicht nur ein Ergebnis apologetischer und theologischer Klugheit und Gewandheit dar; in ihr müht sich der Geist des Christentums in stets erneutem Ringen um die Anpassung der Begriffe der Vergangenheit an die religiösen Bedürfnisse der Gegenwart. Ein Zeugnis, das in unnachgiebigen, aber dauerhaften Felsen eingehauen ist, ist weniger leicht zu lesen und knapper, aber es ist wertvoller für die Nachwelt als der ausführlichste Bericht in den Sand geschrieben. Geduldige Erwägung und Kritik dieses Zeugnisses werden uns schließlich in den Stand setzen, die Elemente unseres Lehrsystems, die durch die Bedürfnisse unseres geistlichen Lebens ausgewählt, wenn nicht gestaltet /-24-/ worden sind, von jenen anderen zu unterscheiden, die ihre Entstehung theologischem Forschungstrieb oder anderen guten, schlechten oder indifferenten Ursachen verdanken."[56]

Text 10
Rezension eines Buches von Heinrich Fries (1950)

(Aus: Theologische Literaturzeitung 75(1950), Nr.2, Februar-Heft, Sp.102-104. - Namentlich gekennzeichnet.)

Fries, Heinrich, Dr. theol.: Die katholische Religionsphilosophie der Gegenwart. Der Einfluß Max Schelers auf ihre Formen und Gestalten. Eine problemgeschichtliche Studie. Heidelberg: F.H. Kerle [1949]. 398 S. 8°. Hlw. DM 9.80.

Unter sorgfältiger Verarbeitung der gesamten einschlägigen Literatur gibt Fries eine detaillierte Darstellung der verschiedenen Gestalten und Richtungen heutiger katholischer Religionsphilosophie. Der erste Hauptteil ist

---

[55] Ebd. S. 402.
[56] Zwischen Scylla und Charybdis, S. 272.

überschrieben: "Der Ausgangspunkt der modernen katholischen Religionsphilosophie: die Religionsphilosophie Max Schelers". Der zweite: "Die Weiterbildung der religionsphilosophischen Gedanken Max Schelers in der katholischen Religionsphilosophie". Wenn man die Reaktion der offiziellen katholischen Theologie und Philosophie auf Schelers Religionsphilosophie, wie er sie in seinem Werk "Vom Ewigen im Menschen" (1921) niedergelegt, miterlebt hat und sich erinnert, wie damals auf katholischer Seite eine Schrift nach der andern erschien, um Scheler zu widerlegen (ich nenne die einschlägigen Arbeiten von Geyser, Wittmann, Lennerz S.J., Przywara S.J.), ist man versucht, sich angesichts der Charakterisierung der katholischen Religionsphilosophie der Gegenwart als einer "Weiterbildung der religionsphilosophischen Gedanken Schelers" an den Kopf zu greifen. Wie ich im ersten Band meiner "Religionsphilosophie" (1948), der eine Darstellung der verschiedenen Richtungen heutiger Religionsphilosophie bietet, festgestellt habe, waren es außer mir eigentlich nur zwei katholische Religionsphilosophen, die sich den Gedanken Schelers öffneten, sie aufnahmen und verarbeiteten: K. Adam und A. Rademacher. (Was mich betrifft, so hatte ich mich, als Schelers religionsphilosophisches Werk erschien, bereits ein Jahrzehnt lang mit diesen Fragen beschäftigt und bestimmte Anschauungen gewonnen, und zwar vor allem durch Reflexion auf mein religiöses Leben und Erleben sowie durch jahrelange Beschäftigung mit der augustinischen Ideenwelt und Geistesrichtung. Schelers Werk war für mich weithin eine Bestätigung und Festigung meiner Anschauungen, nicht ihre Fundgrube, wie Fries anzunehmen scheint.) Zur Stützung seiner These zieht Fries eine Reihe von Autoren heran, die überhaupt nicht dahin gehören. O. Gründler ist Protestant, O. Bauhofer hat sein Werk "Das Metareligiöse", in dem jede Religionsphilosophie abgelehnt wird, ebenfalls als Protestant geschrieben. (Der Verf. weiß das übrigens sehr wohl, unterläßt es aber, daraus die Konsequenzen zu ziehen.) B. Rosenmöller, der dreimal behandelt wird, ist weniger von Scheler als vom Augustinismus (Bonaventura) bestimmt; zudem ist seine kleine "Religionsphilosophie" keine Religionsphilosophie im strengen Sinne, was er duch Änderung des Titels in der Neuauflage ("Metaphysik der Seele") selber zugibt. Bei Wust, Guardini und Rahner S.J. von einer "Weiterbildung der religionsphilosophischen Ideen Schelers" zu sprechen, dürfte doch wohl abwegig sein. Noch unverständlicher ist es, wie der Verf. in dem Teil, der überschrieben ist: "Die Weiterbildung der religionsphilosophischen Gedanken Max Schelers in der katholischen

Religionsphilosophie" auch die in einem völlig gegensätzlichen Verhältnis zu Scheler stehenden katholischen Religionsphilosophen (Wunderle, Straubinger, Steffes) behandeln kann. Hier ist auch in formal-logischer Hinsicht seine Arbeit nicht in Ordnung.

Ein Drittel dieser Arbeit ist der Darstellung Schelers gewidmet. Sie beginnt mit einem fast überschwänglichen Lobpreis. Auf die Darstellung folgt eine kritische Würdigung. War Scheler vorher als "Entdecker des religiösen Phänomens" gefeiert worden, so werden seine Ideen jetzt einer Kritik unterzogen, die im wesentlichen auf eine Destruktion hinausläuft. Gerade die neuen und grundlegenden Erkenntnisse Schelers, die eine Überwindung der sich in den Bahnen der Scholastik bewegenden Wert- und Religionsphilosophie bedeuten, werden vom Verf. abgelehnt. Es sind das vor allem folgende:

1. Gegenüber der scholastischen Konfundierung von Wert und Sein setzt Scheler in Übereinstimmung mit der gesamten modernen Wertphilosophie die Wertsphäre von der Seinssphäre deutlich ab. Die Wertordnung ist eine Ordung sui generis. Wie es deshalb unmöglich ist, aus dem Sein sittliche Werte und Normen herzuleiten, wie es die neuscholastische Ethik tut, so geht es auch nicht an, die Gottesidee durch eine bloße Seinsbetrachtung auf dem Wege metaphysischer Spekulationen gewinnen bzw. sicherstellen zu wollen.

2. Wie das Gute, so kommt auch das Göttliche dem Menschen in bestimmten Akten des Geistes zur Gegebenheit. Die sittliche Werterfahrung hat ihr Gegenstück in der religiösen. Damit statuiert Scheler einen zweiten fundamentalen Gegensatz zur Scholastik, insbesondere zu Thomas v. Aquin, der in der Nachfolge des Stagiriten die Gotteserkenntnis ganz und gar intellektualistisch deutet, indem er ihr eine rational-diskursive und kausale Struktur zuschreibt: die Gotteserkenntnis ist ein Akt des schlußfolgernden Denkens, das aus dem Dasein und Sosein der Welt die Existenz Gottes herleitet. Mit Recht sieht Scheler darin eine totale Verkennung des religiösen Erkennens.

3. Weil es ein spezifisch religiöses Erkennen, eine religiöse Erfahrung gibt, in der Gott unmittelbar erfaßt wird, begründet die Religion sich selber. Für den Erweis ihrer Wahrheit ist sie nicht auf die Philosophie angewiesen; sie trägt ihn in sich selbst. Und zwar liegt er in der Eigenevidenz des religiösen Bewußtseins. "Kann denn, so fragt Scheler, die Religion - auch subjektiv die wurzeltiefste aller Anlagen und Potenzen des menschlichen

Geistes - auf einer festeren Basis stehen als - auf sich selbst, auf ihrem Wesen? ... Wie sonderbar ist doch das Mißtrauen in die Eigenmacht, die Eigenevidenz des religiösen Bewußtseins, das sich darin bekundet, daß seine ersten und evidentesten Aussagen auf etwas anderes «gestellt» werden sollen als auf den Wesensgehalt der Gegenstände eben dieses Bewußtseins selbst? Soll das Fundamentalste auf ein weniger Fundamentales gestellt werden?" (Vom Ewigen im Menschen, Leipzig 1921, S.582.)

4. Die Selbstbegründung der Religion schließt nach Scheler eine Fremdbegründung im strengen Sinne, d.h. eine Begründung mittels rationaler Demonstrationen wesensmäßig aus. Eine Betrachtung der angeblich streng rationalen Gottesbeweise zeigt ihm, daß sie die Religion, die sie begründen wollen, in Wirklichkeit schon voraussetzen, insofern sie aus einer zutiefst religiösen Einstellung zur Welt geboren sind. Sie müssen daher ihren Anspruch, die Wahrheit der Religion zu beweisen, aufgeben und sich mit der bescheideneren Funktion einer nachträglichen Rechtfertigung und Bestätigung dieser Wahrheit begnügen.

5. Aus dem zuletzt Gesagten ergibt sich, daß die Religion von der Philosophie prinzipiell unabhängig, ihr gegenüber selbständig ist. Jede Verquickung der beiden Größen muß daher nach Scheler abgelehnt werden. Insbesondere ist auch das scholastisch "partielle Identitätssystem" abzulehnen, nach welchem Religion und Philosophie sich teilweise decken, insofern es religiöse Wahrheiten (über Gottes Dasein und Wesen) gibt, die sich mit philosophischen Mitteln sicherstellen lassen, wie es die theologia naturalis versucht.

Alle diese fundamentalen Erkenntnisse Schelers werden vom Verf. abgelehnt. Diese Ablehnung ist freilich manchmal etwas verklausuliert. Daß er sie aber prinzipiell ablehnt, beweist er dadurch, daß er sich grundsätzlich auf den Boden der traditionellen Gottesbeweise und damit auf den Standpunkt der von Scheler am leidenschaftlichsten bekämpften Verhältnisbestimmung von Religion und Philosophie stellt. Die Grundposition der Scheler'schen Religionsphilosophie ist damit verlassen, und es ist schwer verständlich, wie der Verf. seine Kritik an Scheler ausklingen lassen kann in dem Satz: "Es verbleibt bei dem zu Beginn der Kritik schon ausgesprochenen Urteil: des Positiven, Unvergänglichen, Wahren an Schelers Religionsphilosophie ist es ungleich mehr als des Negativen, Vergänglichen, Falschen". Nein, wenn der Verf. mit seiner Kritik recht hat, dann hat Scheler in allen entscheidenden

Punkten unrecht, und dann sind seine "genialen Ideen" in Wirklichkeit nichts anderes als grandes passus extra viam.

Wie wenig empfänglich der Verf. für die neue Sicht des religiösen Phänomens, die neue Schau der religiösen Wertwelt ist, wie sehr er hier noch im Banne der Scholastik steht, zeigt auch seine Würdigung meines Buches "Die Werte des Heiligen" (1938). Ich gehe darauf nicht näher ein, weil ich hoffe, daß der Verf. nach dem Studium meiner inzwischen erschienenen, oben bereits erwähnten zweibändigen "Religionsphilosophie" (1948) selber einsehen wird, wie töricht sein Versuch ist, meine Verhältnisbestimmung von Sein und Wert, meine Auffassung von Autonomie und Theonomie sowie meine Stellung zu den Gottesbeweisen, als widerspruchsvoll zu erweisen. Es zeigt sich hier (wie auch bei der Kritik an den religionsphilosophischen Ideen von Aloys Müller) das typische Unvermögen eines traditionsgebundenen Denkens, neue, von der scholastischen Tradition abweichende Ideen richtig zu erfassen und vor allem gerecht zu würdigen.

Text 11
Rezension der Adam-Festschrift (1953)

(Aus: Theologische Literaturzeitung 78(1953), Nr.10, Oktober-Heft, Sp.592f. - Namentlich gekennzeichnet.)

[Adam-Festschrift:] Abhandlungen über Theologie und Kirche. Festschrift für Karl Adam. In Verb. mit H. Elfers und F.Hofmann hrsg. von Marcel Reding. Düsseldorf: Patmos Verlag [1952]. 320 S. 1 Titelbild. gr. 8°. Lw. DM 28.50.

Der Tübinger Dogmatiker Karl Adam ist im In-und Ausland namentlich durch zwei Werke bekannt geworden: "Das Wesen des Katholizismus" und "Jesus Christus". Auch wer beiden mit gewissen kritischen Bedenken gegenübersteht - das erste versagt gegenüber wichtigen neutestamentlichen Problemen (Jesu eschatologisches Bewußtsein, Stiftung des Papsttums u.a.), das zweite bewegt sich ganz in dem mehr griechischen als biblischen Denken entsprungenen Begriffschema der Zweinaturenlehre -, wird es doch sachlich gerechtfertigt finden, daß zu seinem 75. Geburtstag eine Festschrift erschienen ist. Ihr Inhalt überrascht freilich. Von den brennenden Problemen der historischen und systematischen Theologie, wie sie etwa in dem von katholischen

Theologen und Laien verfaßten und von Gustav Mensching herausgegebenen Werk "Der Katholizismus. Sein Stirb und Werde" (1937) erörtert werden, wird kaum eins berührt. Statt dessen bieten die Mitarbeiter größtenteils geschichtliche Abhandlungen über ungefährliche Themen. So schreibt M. Pfliegler über "Glaube, Hoffnung und Liebe als Mächte des Lebens und der Geschichte", J. Betz über den "Abendmahlskelch im Judenchristentum", K. Rahner über die "Theologie der Buße bei Tertullian", A. Knoll über "Thomismus und Skotismus als Standestheologien". Von allgemeinerem Interesse ist die Studie von G. Söhngen: "Die christliche Welt in Goethes Werk" sowie die vom Herausgeber: "Nietzsches verhältnis zu Religion, Christentum und Katholizismus in der Leipziger und ersten Baseler Zeit". Bei Söhngen überrascht die positive Stellung zu E. Brunners Werk "Wahrheit als Begegnung", in dem das biblische Denken dem griechischen, wie es in der Scholastik und damit auch in der heutigen katholischen Theologie weiterlebt, antithetisch gegenübergestellt wird. Ist sich der Münchener katholische Theologieprofessor wohl bewußt, daß er mit seinem Ja zu Brunners Anschauungen den Rubikon überschritten hat? - Für den Referenten ist der interessanteste Beitrag der letzte, in dem der bekannte Benediktiner Hugo Lang seinem 1907 verstorbenen Ordensbruder Odilo Rottmanner, der mit Recht als der beste Augustinus-Kenner in Deutschland galt, ein schönes Denkmal setzt. Wenn man liest, wie diesen eigenwüchsigen, von echt wissenschaftlichem Ethos erfüllten Mann weder kirchlicher Rang noch wissenschaftlicher Ruhm in seinem Urteil beirren konnte, weil er es mit dem von ihm Gregor dem Großen vindizierten Wort hielt: Melius est ut scandalum oriatur quam veritas relinquatur, wenn man auf Äußerungen bei ihm stößt wie: "Lacordaire ist den «Frommen» verhaßt, weil er «liberal» ist - das Schrecklichste, was es - neben dem Teufel - gibt. Il semble, schreibt Lacordaire 1856 von den Jesuiten, que ces gens la aient le talent de rendre fous, et ceux qui les attaquent et ceux qui les defendent", dann wundert man sich nicht, daß dieser Freund und Kampfgenosse aller freien Geister im Katholizismus (Schell, Kraus u.a.) mit Rom in Konflikt geriet und vom römischen Inquisitionstribunal eine scharfe Verwarnung erhielt. Aber wie Newman, Schell und Tyrrell, so wurden auch ihm diese schmerzlichen Erlebnisse zu einer Teilnahme an der Passion seines Herrn und Meisters. "Ein letztes Reifen zu tiefgläubiger Gelassenheit, weltüberlegener inniger Frömmigkeit und lauterer Güte brachten die letzten Jahre seines Lebens, in denen er christlichen Leidensheroismus wahrhaft überzeugend bewies, bis er am 11. September 1907 in früher Morgenstunde friedvoll entschlief". Fürwahr, das Finale eines Lebens, dessen Tenor das "Deus meus est omnia" war.

Text 12
Rezension eines Aufsatz-Bandes von Robert Grosche (1960)

(Aus: Theologische Literaturzeitung 85(1960), Nr.2, Februar 1960, Sp.126f. - Namentlich gekennzeichnet.)

Grosche Robert: Et intra et extra. Theologische Aufsätze. Düsseldorf: Patmos-Verlag [1958]. 340 S., 3 Taf. gr 8^0. Lw. DM 24.-.

Robert Grosche, Pfarrer, Stadtdechant und Domkapitular, wurde vor einigen Jahren Honorarprofessor für katholische Theologie an der Universität Köln. Für seine Freunde mag das der Anlass gewesen sein, zu seinem 70. Geburtstag seine theologischen Aufsätze zu sammeln und herauszugeben. In fünf Gruppen sind sie geordnet: Zur Glaubenslehre, Ökumenik, Biblica, Die Kirche heute, Der Christ und die Welt. Es ist natürlich nicht möglich, in einer Besprechung auf alle einzugehen. Manche liegen auch sehr weit zurück, sind recht kurz und inhaltlich überholt. Wie sehr letzeres zutrifft, erkennt man, wenn man z.B. den Aufsatz "Das prophetische Element in der Kirche" vergleicht mit der Arbeit des katholischen Theologen Georg Sebastian Huber: "Das Prophetische. Sein Wesen, sein Charakter, seine Notwendigkeit" (die augenblicklich als hektographisches Munuskript in einem Freundeskreis zirkuliert, aber hoffentlich bald veröffentlicht werden kann). Wenn Grosche meint, die Kirche bekenne sich zum Prophetischen (S.85), so dürfte es wohl mehr der Wirklichkeit entsprechen, wenn Huber von der "Umgehung des prophetischen Wortes heute" und vom "Fehlen des prophetischen Wortes in der Kirche selbst" (beides sind Kapitelüberschriften) spricht. - Nicht mehr zu halten ist heute Grosches Behauptung, daß "die moderne Kosmologie und Biologie das Weltbild des hl. Thomas bestätigt habe" (S.292). Die Arbeiten des katholischen Theologieprofessors Albert Mitterer haben das genaue Gegenteil erwiesen. - Der vor 36 Jahren geschriebene kleine Aufsatz "Kirche und Ketzer" muß als überholt gelten durch das bedeutsame Werk von Walter Nigg "Das Buch der Ketzer" (1949), das den ersten Versuch darstellt, den

Verkannten, Verfolgten, Verbrannten gerecht zu werden, ohne für sie Partei zu ergreifen oder sie gar zu glorifizieren. (Wenn Grosche zu Beginn des Aufsatzes den Modernismus als "eine aus dem Historismus erzeugte abstrakte Ketzerei" (S.74) brandmarkt, so kennt er ihn anscheinend nur aus der Darstellung der ihn verurteilenden päpstlichen Enzyklika, nicht dagegen aus den Werken der führenden Geister dieser Bewegung.) - Mit Interesse werden viele den Aufsatz lesen "Die dialektische Theologie und der Katholizismus" (1932). Aber was darin gesagt ist, kann heute nicht mehr genügen, nachdem die Konturen dieser Theologie und damit auch ihre Fragwürdigkeit inzwischen für jeden, der sich ihr nicht blindlings verschrieben hat, deutlich geworden sind.

Hier seien nur kurz drei Punkte herausgestellt:

1. Barths Theologie steht im Widerspruch mit der gesamten Religionsgeschichte, die beweist, daß es in den außerchristlichen Religionen nicht nur ein Gottsuchen, sondern ein echtes Gottfinden gibt. Am eindrucksvollsten hat das zuletzt P. Ohm in seinem Werk über die Gottesliebe in den außerchristlichen Religionen gezeigt.

2. Sie steht im Widerspruch mit der gesamten Geschichte der philosophischen Ethik, die offenbar macht, daß es eine natürliche Sittlichkeit gibt, die in der philosophischen Ethik (von Aristoteles bis Nic. Hartmann) gewissermaßen ihre Kodifikation gefunden hat.

3. Das Fundament der Barthschen Theologie ist brüchig, weil die von ihr statuierte Neuorthodoxie auf einer falschen Auffassung vom Dogma beruht. Was Barth nicht sieht, ist die Mehrschichtigkeit des Dogmas. Wie müssen an ihm drei Schichten unterscheiden: eine verbale, eine rationale und eine religiöse. Barth bleibt im Grunde genommen bei der vorletzten Schicht stehen und beansprucht deshalb für das alte Dogma eine Absolutheit, die ihm nicht zukommt. Um es an einem Beispiel zu erläutern: die Zweinaturenlehre stellt den Versuch dar, mit den Begriffsmitteln der hellenistischen Philosophie das Geheimnis Christi rational zu erfassen und auf eine lehrhafte Formel zu bringen. Nicht diese begriffliche Fassung und Formulierung besitzt zeitlose Geltung, sondern der eine Schicht tiefer liegende religiöse Gehalt, den sie bergen und mit einer schützenden Hülle umgeben will. Es gilt darum, nicht zu einer neuen Orthodoxie fortzuschreiten, sondern zurückzugehen auf die neutestamentlichen Formeln("Gott war in Christus" u.a.), die noch frei sind von der Überfremdung durch griechische Philosophie und die unserem kritischen Denken kein sacrificium intellectus zumuten. (Um die Aufhellung

dieser Dinge habe ich mich in meinem letzetn Buch bemüht: Griechische oder biblische Theologie? Das Problem der Hellenisierung des Christentums in neuer Beleuchtung, 1956.)

Überblickt man das Ganze der Aufsätze, so muß man leider feststellen, daß die entscheidenden Probleme der wissenschaftlichen Theologie darin kaum berührt sind. Es sind das vor allem folgende: das eschatologische Bewußtsein Jesu, die Entmythologisierung des Neuen Testaments, die Frage nach dem historischen Charakter des vierten Evangeliums, das Problem der Stiftung des Papsttums durch den historischen Jesus, endlich das Problem der Hellenisierung des Christentums. Es gibt nur ein Werk, in dem diese Probleme von katholischen Geistern in wissenschaftlicher Weise angegangen worden sind: es ist das von katholischen Theologen und Laien verfaßte, von Gustav Mensching herausgegebene Werk "Der Katholizismus, sein Stirb und Werde" (Leipzig 1937). Die negative Beurteilung, die das Werk seinerzeit im "Literarischen Ratgeber für die Katholiken Deutschlands" gerade durch Grosche erfahren hat, beweist, daß er für die eigentlichen Probleme einer wissenschaftlichen Theologie kein rechtes Organ hat. Das vorliegende Werk bestätigt das. Jene "heißen Eisen" werden nirgendwo angefaßt.

Damit soll der Aufsatzsammlung keineswegs jeder Wert abgesprochen werden. Wer jene wissenschaftlichen Ansprüche nicht stellt, wird aus ihr mannigfache Belehrung und Anregung schöpfen. Auch wird er sich über manches mutige Wort der Kritik an katholischen Dingen freuen. Dahin gehört z.B. die realistische und illusionsfreie Schilderung der gegenwärtigen Lage des Katholizismus, insbesondere auch der katholischen Frömmigkeit, wie sie in praxi weithin aussieht. Erfreulich sind auch Grosches Ausführungen zu dem Thema "Maria mediatrix" (S.122ff.). Grosche stützt sich hier auf die saubere und gründliche Untersuchung des belgischen Theologen Werner Goossens, der zu einer "völligen Ablehnung der These von der unmittelbaren Mitwirkung Mariens bei der objektiven Erlösung kommt" (S.125). Mit Recht tadelt Grosche das Schweigen der deutschen Theologen zu diesem Fragenkomplex und betont: "Tempus tacendi - tempus loquendi!" Er hätte ihnen auch das schöne Wort des hl. Ambrosius entgegehalten können: "Nihil in sacerdote tam periculosum apud Deum, tam turpe apud homines, quam quod sentiat non libere denunutiare."

SECHS DOSSIERS ÜBER LEBEN UND KÄMPFE VON JOHANNES HESSEN

1. Die Mappen "Schwierigkeiten mit den Kirchlichen Behörden" im Nachlaß Hessens (1918-1952)

Dokument 1
Gutachten von Gerhard Esser über Hessens "Mercier als Philosoph" (1918)

(Durchschlag des maschinenschriftl. Originals. Unterstreichungen und Abkürzungen so wie in der Vorlage. Die Identität des Verfassers ergibt sich aus den engen Parallelen, die sich gedanklich in einer Rezension Essers aus dem Jahre 1923, hier Nr. 64, vorfinden. Zur Sachfrage vgl. Text 2. - NL Hessen, fasz. 50)

Zur Broschüre "Mercier als Philosoph", von Joh. Hessen (Duisburg)

1. Die auf den letzten Seiten[1] hervortretende Wertschätzung der Kantschen Philosophie äussert sich in Sätzen, die mit dem katholischen Glauben nicht verträglich sind. Die Beweisbarkeit des Daseins Gottes, der Unsterblichkeit der Seele und der Freiheit des Willens wird bezweifelt, wenn nicht in Abrede gestellt. Damit tritt die Broschüre in Widerstreit zu Entscheidungen des kirchl. Lehramtes, was speziell das Dasein Gottes angeht, zu dem vom Vatikan proklamierten Dogma und der Folgerung, welche die kirchl.Autorität im sog. Modernisteneid aus ihm gezogen hat (Deum ... tamquam <u>causam per effectus certe cognosci adeoque demonstrari</u> etiam posse)[2].
Der von Kant aufgestellte und vom Neukantianismus und Modernismus vertretene <u>Agnostizismus</u> ist damit, wenigstens soweit er die Erkennbarkeit des Daseins Gottes bestreitet, als <u>Häresie</u> verurteilt. Dieser Agnostizismus wird aber in der Broschüre nicht nur nicht abgewiesen, sie redet ihm vielmehr das Wort.
2. Auch andere Sätze sind als teils sehr missverständlich, teils bedenklich und schädlich zu bezeichnen.

---

[1] Siehe hier Text 1.
[2] Zu diesem Passus des Antimodernisteneides vom 1.9.1910 (Denzinger-Bannwart, Nr.2145) vgl. die ausführliche Behandlung bei Flury, 112f.

Der Verfasser rechnet es der Löwener Schule als besonderes Verdienst an,dass sie die Selbständigkeit der Philosophie gegenüber der Theologie scharf betont habe.Als ob die Kirche nicht stets die berechtigte Freiheit der Philosophie anerkannt und sie sogar, ehe es eine Löwener Schule gab,in ihren dogmatischen Lehrentscheidungen betont habe. (Vaticanum cap. IV, de fide ac ratione: iustam libertatem agnoscens etc.)[3]
Der Verfasser spricht aber von einer Unabhängigkeit der Philosophie gegenüber der Theologie in einer Weise, die sehr anfechtbar ist und dem kirchl. Standpunkt nicht entspricht.Ich zitiere bloss Syllabus Pius IX. prop. 10 damnata (Cum aliud sit philosophus aliud philosophia ille ius et officium habet se submittendi auctoritati ... at philosophia neque potest neque debet ulli se submittere auctoritati)[4]. Ich brauche wohl hierüber keine weiteren Ausführungen zu machen.
Ferner stellt die Broschüre ganz allgemein, ohne jede nähere Erklärung und Einschränkung die Sätze auf,dass es eine katholische Philosophie nicht gibt, und der Katholik Anhänger auch einer andern als der scholastischen (bzw. neuscholastischen) Philosophie sein könne. Die Kirche denkt, wie die Enzykl.Leo XIII. und Pius X. beweisen, anders. Sie will und fordert in aller Form,dass die scholastische Philosophie zur Grundlage der philosophischen Studien gemacht werde, und dabei denkt sie an bleibenden Prinzipien dieser Philosophie, vor allem in Bezug auf die Metaphysik. Deshalb spricht die Broschüre auch eine unkatholische Sprache,wenn sie von der "völlig unfruchtbaren und wertlosen" Wiederaufnahme eines philosophischen Systems der Vergangenheit - und dabei denkt der Verfasser an die Philosophie des Mittelalters, die Scholastik, speziell den Thomismus - spricht.
3. Die wenn auch nicht offen ausgesprochene, so doch deutlich durchblickende Wertschätzung und stillschweigende Anpreisung der Kantschen Philosophie muss schädlich wirken. Irreführend ist auch, wenn einzelne Sätze katholischer Philosophen angeführt werden, die dem Denker Kant oder der neuzeitlichen Philosophie gelten,ohne dass auch nur ein Satz angeführt wird, in dem diese katholischen Philosophen das System Kants und die neuzeitliche Philosophie auf das schärfste bekämpfen und verurteilen.
Die Verbreitung dieser Broschüre unter den Studenten ist sehr bedenklich, ja sie darf m.E.unter ihnen nicht verbreitet werden.

---

[3] Denzinger-Bannwart, Nr. 1799.
[4] Die «propositio 10» des Syllabus errorum vom 8.12.1864 ist, wie der ganze Syllabus, oft ediert; Denzinger-Bannwart, Nr.1710.

Dokument 2
Gutachten von Gerhard Esser zur Neufassung von Hessens "Mercier als Philosoph" (1918)

(Durchschlag des maschinenschriftl. Originals. Unterstreichungen, auch doppelte, und Abkürzungen wie in der Vorlage. Die Identität des Verfassers ergibt sich aus den Parallelen zu den Argumentationen des ersten Gutachtens. Es handelt sich um eine dritte Stellungnahme des Verfassers: er redet von einem "Rechtfertigungsversuch" Hessens und von seinem "letzten Gutachten", in dem er diesen Rechtfertigungsversuch "beleuchtete". Diese beiden Dokumente sind nicht überliefert. - NL Hessen. fasz. 50)

U r t e i l
Über die verkürzte Broschüre "Mercier als Philosoph".

Durch den Wegfall der letzten Seiten werden zwar die anstössigsten Stellen getilgt; aber auch in dieser verkürzten Form darf m.E. die Broschüre nicht gedruckt und verbreitet werden, da schon früher beanstandete Stellen unverändert geblieben sind.
1. S.3 steht noch immer die Stelle: " Wie nun die Kunst vergangener Zeitabschnitte für uns als eine <u>tote Sprache</u> gilt (Nb. es ist vorher von der christlichen Kunst des Mittelalters die Rede), so kann auch von einer eigentlichen Wiederaufnahme eines philosophischen Systems der Vergangenheit im Ernste keine Rede sein usw." Ich habe die Stelle am Rande umklammert, diese Stelle darf nicht gedruckt werden; denn sie enthält einen Angriff auf klare und entschiedene Anordnungen und Vorschriften des Apostolischen Stuhles, sie ist ferner in einem Tone geschrieben, den ich nicht zu charakterisieren brauche.
Im Anschluss an diese Stelle spricht der Verfasser von einem "Paleothomismus", der " in erster Stelle die Schuld daran trage, dass innerhalb der modernen Wissenschaft und Philosophie das Wort "Scholastiker" als Schimpfwort gilt". Der Verfasser scheint nicht zu wissen, dass das Wort "Scholastiker" und "Thomisten" ein beliebtes Schimpfwort bei Luther war, dass ferner das Wort "Scholastiker" als Schimpfwort in der antikirchlichen Renaissance gebraucht wurde, bei der auch das Wort "Gothik" als Schimpfwort galt. Die moderne Philosophie in ihrer antichristlichen Tendenz hat sich also nur als eine gelehrige Schülerin erwiesen. Von vielen, die dieses Wort als Schimpfwort gebrauchen, gilt das alte bekannte Wort: Blasphemant, quod ignorant. Der berühmte Rechtslehrer Ihering hat in der 8.Auflage seines Werkes: Zweck ein Recht [sic] es lebhaft bedauert, dass er erst durch die

Kritik der 1.Auflage von seiten eines Kaplans im Literarischen Handweiser auf den hl.Thomas aufmerksam geworden sei, da doch "dieser grosse Geist das realistisch praktische und gesellschaftliche Moment des Sittlichen ebenso wie das historische bereits vollkommen richtig erkannt hat". Er fährt fort: "Den Vorwurf der Unkenntnis kann ich nicht von mir abweisen, aber mit ungleich schwererem Gewichte als mich trifft er die modernen Philosophen und protestantischen Theologen, die es versäumt haben, sich die grossartigen Gedanken dieses Mannes zu nutze zu machen"[5]. Dem Herrn Verfasser unserer Broschüre seien diese Worte eines Gelehrten, der mehrere Dutzend andere aufwiegt, und ebenso die Worte des Rechtsphilosophen Kohler[6], auf die ich schon in meinem zuletzt erstatteten Gutachten hinwies, zur eigenen Beherzigung empfohlen. Sodann sei die Frage an ihn gerichtet: Wer sind diese "Palaeothomisten"? Er möge Namen nennen. Wahrscheinlich versteht er unter ihnen die Anhänger der thomistischen Schule im engeren Sinne, wie die hauptsächlich von den Dominikanern vertreten wird. Grade dieser Schule hat aber neulich Papst Benedikt XV. das höchste Lob gespendet wegen ihres treuen Festhaltens an der Lehre des h.Thomas[7]. Diese "Palaeothomisten" werden demnach es sich zur Ehre anrechnen können, wenn sie von der modernen Wissenschaft als Scholastiker beschimpft werden. Uebrigens bezweifle ich es, ob der Verfasser, der in den Ton der "modernen" Philosophen einzustimmen scheint, wenigstens nichts dagegen zu erinnern hat, auch nur eines der zahlreichen und vorzüglichen Werke kennt , welche die Palaeothomisten besonders in Belgien, Frankreich und in der Schweiz geschrieben haben. Nun kann man aber mit Sicherheit annehmen, dass eine in unserer aufgeregten Zeit unter dem Aufsehen erregenden Titel: Mercier als Philosoph erscheinenden Broschüre sowohl vom Herrn Kardinal Mercier selbst, wie von

---

[5] Vgl. die ausführliche Darstellung dieser Episode bei Klaus Kreppel, Entscheidung für den Sozialismus. Die politische Biographie Pastor Wilhelm Hohoffs 1848-1923, Bonn-Bad Godesberg 1974, 56ff.; Rudolf von Ihering, Der Zweck im Recht, II. Bd., 2. Aufl., Leipzig 1886, Vorrede p. XXIII, S.161 Anm. - Den Begriff "Paläothomismus" übernahm Hessen aus der in Anm. 8 zitierten Einleitung L. Habrichs zu dessen Mercier-Übersetzung, und zwar aus der dort zitierten Broschüre des Versailler Diözesanpriesters Cl. Besse, Deux Centres du Mouvement Thomiste, Paris 1902. Sonderdruck aus der Revue du Clergé Francais 1902. Bei Habrich p. XII.
[6] Joseph Kohler (1849-1919), seit 1888 Prof. der Rechtswissenschaft in Berlin; Ziegenfuß, I 674. Da das gemeinte Gutachten nicht vorliegt, ist der Zusammenhang nicht zu klären. Jedenfalls hat Kohler sich in seinem "Lehrbuch der Rechtsphilosophie", Berlin/Leipzig 1909, 3f. mit den stärksten Worten zu Aristoteles als dem Begründer des Naturrechtes bekannt.
[7] Motuproprio Benedikts XV. an die Accademia Romana di S. Tommaso vom 31.12.1914 in: Acta Apost. Sedis 7(1915) 5-7. Vgl. H.M. Schmidinger, II 327.

vielen anderen in Belgien und Frankreich gelesen werden wird. Sie wird ihnen ein erwünschter Fund sein, um an einer im Verlag des katholischen Volksvereins erschienen und für die katholischen Studierenden bestimmten Broschüre eine sehr berechtigte scharfe Kritik zu üben und zugleich auf den Geist hinzuweisen, der im katholischen Deutschland hinsichtlich der von der Kirche empfohlenen Philosophie zu herrschen scheint. Eine solche in unserer Zeit erscheinende Broschüre muss unbedingt vollständig einwandfrei sein. Die vorliegende Broschüre entspricht dieser Forderung keineswegs. Die kirchliche Autorität darf nach meinem Urteil ihre Zustimmung nicht dazu geben, dass solche Stellen, wie die angegebenen gedruckt werden, sowohl mit Rücksicht auf die Zeitumstände und die Gefahr einer öffentlichen Anklage als auch - abgesehen hiervon - mit Rücksicht auf den Inhalt als solchen.
2. Es kommt hinzu, dass S.5 und 6 bei einer Erörterung über die Selbständigkeit der Philosophie gegenüber der Theologie (wie es jetzt heisst) aus dieser Selbständigkeit der Schluss gezogen wird, dass es eine katholische Philosophie ebensowenig wie eine katholische Wissenschaft gibt. Der Satz erscheint zwar als ein Zitat aus de Wulf, wobei der Verfasser Auslassungszeichen anbringt, also die Ausführungen de Wulf's nicht vollständig wiedergibt[8]. Aber dieser Umstand kommt weniger in Betracht. Der Verfasser übernimmt offenbar den Satz als eigenen. Er bringt ihn in Sperrdruck. Der Satz ist aber

---

[8] J. Hessen, Mercier als Philosoph, 5f. - Hessen entnimmt die von Esser monierten These aus: L. Habrich, Die neuscholastische Philosophie der Löwener Schule, in: D. Mercier, Psychologie. Nach der sechsten, völlig umgearbeiteten Auflage des Französischen übersetzt und mit einer Einleitung versehen von L. Habrich, 1. Bd., München/Kempten 1906, p. XI-XXVII, hier p. XV s. Habrich entnahm seine Zitate wiederum: Maurice de Wulf, Introduction à la philosophie néo-scolastique, Louvain 1904, 247f., 254. - Aus diesem Passus, abgesehen von der Konsonanz dieses Gutachtens mit sonstigen Veröffentlichungen Essers, geht auch eindeutig seine Verfasserschaft hervor, da er genau denselben Gedankengang in einer Rezension von Hessens «Philosophischen Strömungen der Gegenwart» (1923) äußerte. Darin sagt er: "Da die hier vorliegende Schrift wohl auch in die Hände mancher junger Akademiker kommen wird, bedauern wir es lebhaft, daß der Verfasser es sich nicht versagen konnte, ohne jede Einschränkung und nähere Erklärung S. 12 den Satz zu schreiben: Aufs Schärfste betont de Wulf die Unabhängigkeit und Selbständigkeit der neuscholastischen Philosophie gegenüber der Theologie. Er zieht daraus die Schlußfolgerung, daß ein Katholik «sich auch an andere Philosophen anschließen kann als an die Neuscholastik». Was den ersten Teil dieses Satzes angeht, so hat das kirchliche Lehramt sich wahrlich oft genug über die Pflicht der Philosophie, sich unbeschadet ihrer eigenen Ausgangspunkte und ihrer selbständigen Methode der kirchlichen Autorität unterzuordnen, ausgesprochen."; in: Die Bücherwelt 20(1923), 89-91, hier 90. Was den zweiten Satzteil angeht, fährt Esser fort, "so ist hier nicht maßgebend, was de Wulf etwa sagt, sondern was die kirchliche Lehrautorität in ihrer Sorge um die Reinerhaltung des Glaubens verkündet und eindringlich befohlen hat". - M. Grabmann, Maurice de Wulf. Das Institut supérieur de Philosophie an der Universität Löwen und die Erforschung der mittelalterlichen Scholastik. In: PhJb 57(1947) 1-11.

falsch und darf nicht gedruckt werden. Er wird dem katholischen Standpunkte, den oft wiederholten und feierlich verkündeten Grundsätzen über das Verhältnis von Glauben und Vernunft, Glaubens - und Vernunftwissenschaft nicht gerecht. (vgl. die Verurteilung Günthers[9], die verurteilten Sätze im Syllabus Pius IX., die feierlichen Erklärungen des Vatikanums und die Erklärungen in der Enzyklika "Pascendi" Pius X.). Die Philosophie hat die Pflicht, sich dem Glauben und der Glaubenswissenschaft als Richterin zu unterwerfen (negative Norm, Stella rectrix), und die Philosophie charakterisiert sich als katholische dadurch, dass sie auf diese höhere Instanz Rücksicht nimmt.

Dass es übrigens eine katholische Wissenschaft und katholische Philosophie gibt, und in welchem Sinne sie zu fassen,ist oft genug z.B. vom jetzigen Reichskanzler Grafen von Hertling in programmatischen Reden auf den Generalversammlungen der Görresgesellschaft dargelegt worden[10]. In ihrem programmatischen Hirtenbrief vom Allerheiligenfeste 1917 fordern die deutschen Bischöfe die Errichtung von Lehrstühlen für ausgesprochen katholische Vertreter der Philosophie, Geschichte, Religionsphilosophie und Religionsgeschichte, weil die Katholiken verlangen können, dass ihre studierenden Söhne und Töchter diese Wissenschaften nach katholischem Gesichtspunkte kennen und beurteilen lernen[11]. Die Broschüre schlägt dieser Forderung der Bischöfe ins Gesicht.

3. Der Schlußpassus, der jetzt an die Stelle der ausgemerzten Stellen treten soll, gibt zu <u>schweren Bedenken</u> Anlass:

Im Anschluss an kritische Bemerkungen, in denen Mercier vorgehalten wird, dass er seine Aufgabe nicht immer rein und immer gründlich gelöst habe (wobei der Verfasser sich bei diesen allgemeinen Vorwürfen begnügt, ohne auch nur einen einzigen Punkt zu nennen), wird ihm auch vorgehalten, dass er im System Kants Subjektivismus erblicke, während doch das System

---

[9] Breve «Eximiam tuam» vom 15.6.1857; Denzinger-Bannwart Nr.1655. Die folgenden genannten Texte liegen in vielen Editionen vor, bes. in den entsprechenden Ausgaben des «Denzinger». Das Vatikanum I bei Denzinger-Bannwart, Nr.1781-1840; die Enzyklika «Pascendi» vom 7.9.1907 ebd., Nr.2071-2109.
[10] Vgl. Georg von Hertling, Reden, Ansprachen und Vorträge des Grafen Georg von Hertling. Mit einigen Erinnerungen an ihn gesammelt von Adolf Dyroff, Köln 1929. Zu dem Zyklus der Hertlingschen Grundsatz-Vorträge von 1893 bis 1912 vgl. Weber, Der "Fall Spahn" (1901), 41ff.
[11] Hirtenbrief der deutschen Bischöfe, am Feste Allerheiligen 1917. In: Kirchlicher Anzeiger für die Erzdiözese Cöln, Nr. 24 vom 15.11.1917 (57. Jahrg.), 155-64. Hier wurde S. 158 die Forderung nach einer katholischen Darstellung der Philosophie, besonders Religionsphilosophie, und der Geschichte, besonders Reformationsgeschichte an der Universitäten erhoben. Vgl. M. Laros, Katholische Professuren. In: Das Heilige Feuer 4. Jg. (1917/18), 273-79.

Kants (seine Erkenntnistheorie) ein anderes Gesicht zeige und Objektivismus sei, weil Kant die überindividuelle Geltung der Denkgesetze zuerkenne[12]. Diese letztere Erkenntnis ist nun wahrhaftig nichts neues, und sie wird sicherlich auch Mercier aufgegangen sein. Ich habe schon in meinem letzten Gutachten, in dem ich den Rechtfertigungsversuch des Verfassers beleuchtete[13], betont, dass durch diese Erkenntnis am Charakter des Systems Kants nichts geändert wird, weil er die Objektivität der Erkenntnis im wahren und allein berechtigten Sinne des Wortes leugnet. In diesem Punkte aber handelt es sich um eine entscheidende Frage der Philosophie, mit der sie Berechtigung der Metaphysik und der Möglichkeit der Erkenntnis religiöser Wahrheiten auf das innigste zusammenhängt. Für den agnostischen, von der Kirche als Haeresie verworfenen Standpunkt Kants und des Neukantianismus hat aber der Verfasser kein Wort der Kritik, obwohl man bei dieser Stelle, bei diesem Zusammenhang und bei einer solchen Kritik Merciers ein solches Wort erwarten musste zumal in einer Broschüre, die für die katholischen Studenten bestimmt ist. Und weiter: Es wird in diesem Zusammenhang wiederum, wie auch früher, auf Windelband verwiesen, der "die logischen Gesetze, die ethischen Normen klar und schön"[14] auf Gott als ihren Erklärungsgrund zurückführe. Ich habe in dem vorher genannten Gutachten den Standpunkt Windelbands hinlänglich beleuchtet und ich wiederhole es hier: Es ist mit unbegreiflich wie der Verfasser solche direkte irreführende Behauptungen aussprechen kann, und ich kann meine starke Verwunderung darüber nicht unterdrücken, dass der Verfasser es noch immer wagt, Katholiken in dieser ernsten religiösen Frage auf einen Mann als philosophische Autorität hinzuweisen, der jede Gotteserkenntnis durch die theoretische Vernunft bestreitet, alle Gottesbeweise leugnet, ganz in den Netzen des Kantschen Agnostizismus in den religiösen Fragen festhängt und über Religion, über Gott, Gottheit, in - gelinde ausgedrückt - verschwommenen und pantheistisch gefärbter Sprache spricht.

Mercier aber und den katholischen Philosophen in Belgien und Frankreich würde es eine leichte Sache sein, den Vorwurf, der Standpunkt Kants sei unrichtig beurteilt, abzuwehren. Sie würden alsdann den Spiess umkehren gegen die Broschüre und darauf hinweisen - und zwar mit Recht -, dass der katholische Standpunkt in ihr bei dieser für die religiöse Wahrheit und den

---
[12] J. Hessen, Mercier als Philosoph, 16f. Hier Text 1.
[13] Diese beiden Dokumente fehlen.
[14] J. Hessen, Mercier als Philosoph, 18. Hier Text 1.

katholischen Glauben so eminent wichtigen Frage nicht zum Ausdruck komme, dass sie im Gegenteil mit dem Kantianismus liebäugele. So sei auch diese vom katholischen Volksverein Deutschlands verlegte und unter den katholischen Studierenden verbreitete Broschüre ein deutliches Zeichen dafür, daß der gebildete deutsche Katholizismus innerlich vom Kantianismus angesteckt sei. Und in verschärftem Tone würden solche Anklagen - und man müsste wiederum sagen nicht mit Unrecht - laut werden, wenn die Herren Gelehrten in Belgien und in Frankreich das in der Broschüre gerühmte Werk Windelbands und dessen Ausführungen über Religion, Seele, Seelensubstanz, Unsterblichkeit, Gott, Gottesbeweise sich näher anschauen und zum Gegenstand ihrer Kritik ansehen würden[15]. Und wenn sie zuletzt den Artikel, den der Herr Verfasser der Broschüre im philosoph.Jahrbuch geschrieben hat, und auf den er hier verweist, sich ansehen würden, würden sie in ihrer Meinung nur bestärkt werden können[16].

Nach meinem Urteil kann die kirchliche Autorität nicht dulden, dass diese Broschüre in der jetzt vorliegenden Form gedruckt und verbreitet werde.

Dokument 3
Brief des Erzbischöfl. Sekretärs Dr. Herte an Hessen vom 26.7.1920

(Maschinenschriftl. Original mit eigenhd. Unterschrift. Der letzte Passus von "daß der Herr Oberbürgermeister ..." an ist von Hessen zum größten Teil unterstrichen - NL Hessen, fasz. 60)

Cöln, den 26. Juli 20.

Ew.Hochwürden

---

[15] Wilhelm Windelband, Einleitung in die Philosophie, Tübingen 1914, 388-432: "Drittes Kapitel. Religiöse Probleme". Hier bes. der § 20 "Das Heilige", 390-400, § 21 "Die Wahrheit der Religion", 401-21, § 22 "Wirklichkeit und Welt", 422-432. Zur Unsterblichkeit der Seele S.405-15, zu den Gottesbeweisen S.417f. (der kosmologische Gottesbeweis hat keine Beweiskraft S. 419-22), zur Theodizee 431; zur Seelensubstanz 407. - Zentral ist die Auffassung Windelbands: "In diesem Sinne verlangt das Wertleben eine metaphysische Verankerung und wenn man nun jenen übererfahrungsmäßigen Lebenszusammenhang der Persönlichkeiten mit dem Namen der Gottheit bezeichnet, so kann man sagen, daß ihre Realität mit dem Gewissen selbst gegeben ist. So real wie das Gewissen, so real ist Gott".
[16] Hier Nr. 47. Vgl. Einleitung, Kapitel 2, Abschnitt a.

namens Sr.Erzb.Gnaden für ihren gfl.Brief dankend,beehre ich mich sehr ergebenst zu erwidern,daß ihre Habilitationsangelegenheit seitens der Universität auf das nächste Semester vertagt worden ist.Gelegentlich der Fuldaer Konferenz werden Se.Erzb.Gnaden Gelegenheit nehmen,mit dem hochwürdigsten Herrn von Münster Ihre Angelegenheit in aller Ruhe und in allem Wohlwollen zu besprechen und Ihnen dann Nachricht geben. Der hochwürdigste Herr versteht es ,daß Ihnen daran liegt ,zum Ziele zu kommen, aber die Schwierigkeiten,die sich dem entgegenstellten,lägen doch in Ihrer Person.Mißverständlich ist es zu hören, als ob mein hochwürdigster Herr Herrn Professor Scheler mitgeteilt hätte,Sie hätten sich vor längerer Zeit bereits an den Herrn Oberbürgermeister[17] gewandt,um an der Handelshochschule angestellt zu werden.An der Sache ist - nach Informationen,die Sr.Erzb.Gnaden geworden sind - nur wahr,daß der Herr Oberbürgermeister von Cöln dem seligen Herrn Kardinal versprochen habe,dafür Sorge zu tragen,daß Sie,als dem Herrn Kardinal minder genehm,nicht zur Habilitation gelangten.

In vorzüglicher Hochachtung
ergebenst
Dr.Herte
Erzb.Sekr.

Dokument 4
Brief des Generalvikars von Münster, Dr. Hasenkamp, an Hessen vom 23.7.1921

(Maschinenschriftl. Original mit eigenhd. Unterschrift und der Gegenzeichnung eines Sekretärs (?) rechts unten, die unleserlich ist. Der Briefkopf ist gedruckt. - NL Hessen, fasz. 50.)

Das Bischöfliche Generalvikariat.   Münster, den 23.Juli 1921
J.Nr. 8432.

Zu der Schrift:"Die Stellung des hl.Thomas von Aquin zur augustinischen Erkenntnistheorie von Johannes Hessen Dr.theol.et phil.",deren Manuskript

---

[17] Konrad Adenauer.

hierneben zurückgeht, erteilen wir hierdurch die kirchliche Druckerlaubnis unter der Bedingung, dass Seite 15 nach Zeile 15 der Satz eingefügt werde: "Bekanntlich hat sich das kirchliche Lehramt auf dem allgemeinen Konzil von Vienne (1311) für die aristotelisch-thomistische Auffassung entschieden (Denzinger-Bannwart, Enchir.n.481) und auf diese dogmatische Definition auch bei der Verurteilung der Güntherschen Irrtümer (1857) wieder hingewiesen (Denz.-B.n.1655)."[18]
Von Ihrer Mitteilung, dass Sie seit Kurzem Hausgeistlicher bei den Vinzentinerinnen in Köln-Vingst sind, haben wir Kenntnis genommen.
Der Ihnen vom Hochwürdigsten Herrn Bischof mündlich erteilte Urlaub wird Ihnen bis auf weiteres gewährt.
Dr. Hasenkamp[19]

Dokument 5
Franz Diekamps Rezension von Hessens "Gotteskindschaft", Juni 1924

(Aus: Theologische Revue, hrsg. von Univ.-Prof. Dr. Franz Diekamp, 23. Jahrgang, Nr.6 von 1924 (= Juni-Nummer), Sp.225f. - Eine Rezension der 2. Auflage desselben Buches, ebenfalls von Diekamp, findet sich in der Dezember-Nummer dess. Jahrganges, Sp.451-53, in der Diekamp auf die Reaktion Hessens im Vorwort der 2. Auflage, Habelschwerdt 1924, 8f. antwortet.)

Hessen, Johannes, **Gotteskindschaft**. [Bücher der Wiedergeburt. Herausgeber: Ernst Laslowski, Joseph Wittig, Rudolf Jokiel, 10.Bd.]. Habelschwerdt, Frankes Buchhandlung, 1924 (83 S. 12º)

Dem Charakter der "Bücher der Wiedergeburt" entsprechend beabsichtigt H. keine theologische Würdigung und Vertiefung der Lehre von der Kindschaft Gottes. In 12 Kapitelchen behandelt er allerlei mit der Gotteskindschaft der Christen enge oder lose zusammenhängende Dinge. Kritische, ich will nicht sagen reformerische Gedanken laufen mit unter, vielleicht nicht

---

[18] Das Buch erschien unter dem Titel «Augustinische und thomistische Erkenntnislehre» 1921 (hier Nr. 81). Auf S. 21 wurde als Anm. 1 wörtlich der hier geforderte Zusatz eingefügt. In der Sache ging es darum, daß Augustinus stärker die Selbständigkeit des geistigen Prinzips betonte, während Thomas bekanntlich auf den Menschen die Form-Materie-Lehre übertrug. Es standen sich also zwei Psychologien gegenüber. Das Concilium Viennense (1311/12) verurteilte die «Irrtümer» des Petrus Ioannis Olivi, der vertreten hatte: "anima rationalis seu intellectiva non sit forma corporis humani per se et essentialiter"; Denzinger-Bannwart, Nr.481. - Die Verurteilung Anton Günthers erfolgte durch das Breve «Eximiam tuam» vom 15.7.1857; ebd., Nr.1655. Vgl. Anm. 9.
[19] Heinrich Hasenkamp (1853-1923), studierte in Innsbruck und Rom, Dr. iur. can., 1911 Domkapitular in Münster, 1913-23 Generalvikar ebd.; Gatz, Bischöfe, 290.

immer aus der Notwendigkeit des Themas geboren. Wer H. kennt, wird auch nicht erstaunt sein, daß der Grundgedanke seiner gesamten Schriftstellerei, seine Einstellung gegen den "Intellektualismus", in diesem Büchlein die Kapitel eröffnet und begleitet.

Besonders aber fordert das 10. Kap. "Gotteskind und Kirche" Kritik und scharfe Zurückweisung geradezu heraus. Es heißt dort (S. 66f.):

"Vor längeren Jahren wandte sich ein mit den religiösen Fragen ernstlich ringender Naturforscher an einen katholischen Theologen. Er erklärte diesem, er sehe sich genötigt, aus der katholischen Kirche auszutreten, weil seine wissenschaftlichen Überzeugungen in manchen Punkten mit den Lehren der Kirche nicht mehr übereinstimmten. Der Schritt sei für ihn zwar schmerzlich, aber Pflicht.

"Darauf antwortete der katholische Theologe etwa folgendes: Sie haben von ihrem Standpunkt durchaus recht. Solange man nämlich in der Kirche in erster Linie eine Lehrgemeinschaft sieht, hat man die Pflicht, sie zu verlassen, sobald man ihre Lehren nicht mehr vertritt. Allein dieser Standpunkt ist verfehlt. Die Kirche ist nicht in erster Linie eine Lehrgemeinschaft, sondern eine Lebensgemeinschaft. Wäre sie vorwiegend eine Lehrgemeinschaft, so hätte sie nichts vor den Philosophenschulen in alter und neuer Zeit voraus. Die Kirche will dagegen eine religiöse, keine philosophisch-wissenschaftliche Institution sein. Auf religiösem Gebiete aber ist das Leben das Primäre, die Lehre das Sekundäre. Das kirchliche Lehrsystem ist im Grunde genommen nur ein Versuch, das in der Kirche wogende und wirkende Leben verstandesmäßig zu deuten und zu erfassen, es auf eine lehrhafte Formel zu bringen. Zur Kirche gehöre ich mithin, wenn ich den Geist, das Leben dieser religiösen Gemeinschaft in mir trage, mag dabei auch mein Verstand in den kirchlichen Lehren manche Schwierigkeit finden.

"Was hier der katholische Theologe dem Naturforscher antwortet, läßt sich durch einen Vergleich leicht verdeutlichen. Die heute in der Kunst vorherrschende Richtung ist der Expressionismus. Man denke sich nun eine Künstlerschar, die ganz im Expressionismus lebt. Ihr ganzes Sehen und Gestalten ist expressionistisch geartet. Einige von ihnen haben nun neben den künstlerischen auch philosophische Bedürfnisse und Fähigkeiten. Sie stellen philosophische Reflexionen über das Wesen des Expressionismus an und kommen so dazu, eine Theorie des expressionistischen Kunstschaffens aufzustellen. Nun ist es doch sehr wohl möglich, daß diese Theorie nicht von allen Expressionisten anerkannt wird. Hören diese letzteren damit etwa auf, Expressionisten zu sein? Keineswegs! Expressionist ist doch jeder, der die Dinge expressionistisch sieht und gestaltet, der in der expressionistischen Einstellung und Haltung lebt, mag er sich zu einer Theorie dieser Kunst stellen, wie er will. Dasselbe gilt nun auch vom religiösen Gebiet. Auch hier ist letzten Endes nicht die Lehre, sondern das Leben entscheidend.

"Für das Gotteskind sind das eigentlich selbstverständliche Dinge."

Hat der Verf. nicht gesehen, daß seine Vorlage - wenn er eine solche benutzt hat - hier unverfälschten Modernismus vorträgt? Das objektivwahre, unveränderliche Dogma und die Verpflichtung darauf werden mit vollem Bewußtsein preisgegeben. Hat H. es auch nicht gemerkt, daß er einen Satz von Loisy, den die kirchlcihe Verurteilung (im Decr. *Lamentabili* thes.

22) getroffen hat, in freier Übersetzung übernimmt und wiedergibt? Man vergleiche nur:

Decr.*Lamentabili*:
Dogmata, quae Ecclesia perhibet tamquam revelata,...sunt interpretatio quaedam factorum religiosorum, quam humana mens laborioso conatu sibi comparavit.[20]

Hessen:
Das kirchliche Lehrsystem ist im Grunde genommen nur ein Versuch, das in der Kirche wogende und wirkende Leben verstandesmäßig zu deuten und zu erfassen, es auf eine lehrhafte Formel zu bringen.

Das Büchlein, das für die weitesten Kreise bestimmt ist, muß Verwirrung stiften, und darum wäre es unverantwortlich, wie es leider schon geschehen ist, bei einer Besprechung sich mit einer allgemeinen und den klaren Kernpunkt umgehenden Verwahrung zu begnügen. - Vgl. auch CIC can. 1394.[21]

Münster i.W. Fr. Diekamp

Dokument 6
Brief des Generalvikars von Münster, Meis, an Hessen vom 28.4.1926

(Maschinenschriftl. Original mit eigenhd. Unterschrift und der Paraphe "G" rechts unten. Der Briefkopf ist gedruckt. - NL Hessen, fasz. 50.)

Das Bischöfliche General-Vikariat   Münster, den 28. April 1926
J.Nr. 2519

Folgende von Ew. Hochwürden verfasste Schriften sind ohne Vermerk eines kirchlichen Imprimatur erschienen:
1. Patristische und scholastische Philosophie - 1922;
2. Hegels Trinitätslehre - 1922;
3. Die philosophischen Strömungen der Gegenwart - 1923;
4. Augustinus, Vom seligen Leben - 1923;

---

[20] Das Dekret des Hl. Offizium «Lamentabili» vom 3.7.1907 besteht aus 65 Thesen, die verurteilt wurden; thes. 22 in Denziger-Bannwart n. 2022.
[21] Can. 1394 schreibt in § 1 die genaue Form des Imprimatur vor, gegen die Hessen in diesem Buch verstoßen hatte, da die 1. Auflage gar keinen solchen Vermerk trägt. Vgl. Nr. 133.

5. Augustinus und seine Bedeutung für die Gegenwart - 1924;
6. Die Kategorienlehre Eduard von Hartmanns und ihre Bedeutung für die Philosophie der Gegenwart - 1924;
7. Erkenntnistheorie - 1926;
8. Die Weltanschauung des Thomas von Aquin - 1926.
Wir legen Ew. Hochwürden deshalb folgende Fragen vor:
1. Haben Sie für irgend eines der oben genannten Werke das im CJC can.1385 § 1,2º geforderte kirchliche Imprimatur nachgesucht und erhalten?
2. Wenn ja, für welches Werk und bei welchem Ordinarius?
3. Weshalb haben Sie gegebenenfalls in dem betreffenden Werke, den Vermerk des kirchlichen Imprimatur, wie er im CJC can.1393 § 1 verlangt wird, nicht zum Abdruck gebracht?
4. Haben Sie für eines der oben genannten Werke wenigstens den im CJC can.1386 § 1 geforderten Consensus Ordinarii erbeten und erhalten?
5. Wenn ja, für welches Werk und von welchem Ordinarius?
6. Weshalb haben Sie sich, falls die Fragen 1 und 4 von Ihnen negative beantwortet werden müssen, nicht an die im CJC cc 1385 und 1386 gegebenen Vorschriften gehalten?
Wir ersuchen Ew. Hochwürden, diese Fragen binnen 14 Tagen zu beantworten.
Meis

Dokument 7
Brief des Generalvikars von Münster, Meis, an Hessen vom 19.7.1926

(Maschinenschriftl. Original mit eigenhd. Unterschrift. Der Briefkopf ist gedruckt. - NL Hessen, fasz. 50)

Bischöfliches Generalvikariat Münster, den 19. Juli 1926
G.Nr.2519 I

Ew. Hochwürden erwidern wir auf das Schreiben vom 8.6.1926, dass Sie aufgrund des CJC can.1385 § 1, 2º verpflichtet waren, für verschiedene Ihrer bislang herausgegebenen, ohne kirchlichen Imprimaturvermerk erschienenen Schriften das kirchliche Imprimatur nachzusuchen.

Ausserdem weisen wir Ew. Hochwürden hin auf CJC can.1386 § 1, in dem es heisst: "Vetantur clerici saeculares sine consensu suorum Ordinariorum libros quoque, qui de rebus profanis tractent, edere, et in diariis, foliis vel libellis periodicis scribere vel eadem moderari."
Danach bedürfen Weltgeistliche auch zur Herausgabe von Schriften profanen Inhalts sowie zur Mitarbeit an Zeitungen und Zeitschriften oder zu deren Redaktion der Erlaubnis ihres Ordinarius.
Wir haben besondere Gründe, von Ew. Hochwürden die strenge Beobachtung dieser Vorschrift zu verlangen, und erwarten, dass Sie in Zukunft vor der Herausgabe auch solcher Schriften, die an sich der Zensur nicht unterworfen sind, sich vergewissern, dass von Seiten Ihres Ordinarius Bedenken nicht erhoben werden.

Meis

Dokument 8
Das Bücherverbot von 1928

(Der Text wurde wortgleich und am selben Tage, dem 15.Juli 1928, in Köln und Münster veröffentlicht, und zwar in: Kirchlicher Anzeiger für die Erzdiözese Köln, 68.Jahrg., Stück 16, Nr.140, S.69, und in: Kirchliches Amtsblatt für die Diözese Münster, Jahrg.62, Nr.11, S.58. - Das Kölner Exemplar im NL Hessen, fasz. 60; das Münsterische Exemplar ebd. fasz. 49. - Das Kölner Exemplar ist mehrfach von Hessen stark unterstrichen.)

Verbot einiger Schriften des Professors Dr. Johannes Hessen-Köln, Priesters der Diözese Münster.

Verschiedene Schriften des Prof. Dr. J o h a n n e s   H e s s e n - K ö l n, Priesters der Diözese Münster, enthalten Darlegungen, die zum Teil eine unkirchliche Geistesart offenbaren, zum Teil vom Glaubensstandpunkte aus anfechtbar und geeignet sind, den Glauben der Leser zu gefährden. Infolgedessen sehen wir uns gezwungen, die Gläubigen zu warnen und auf Grund des CIC cc. 1384 und 1395 § 1 das Lesen der Schriften:
"Die Weltanschauung des Thomas von Aquin" 1926 und
"Erkenntnistheorie" 1926
zu untersagen.
K ö l n - M ü n s t e r, den 6. Juli 1928

gez.: Karl Joseph Kard. Schulte
Erzbischof von Köln.

gez.: Johannes, Bischof von Münster.

Dokument 9
Brief des Generalvikars von Münster, Meis, an Hessen vom 11.3.1929

(Maschinenschriftl. Original mit eigenhd. Unterschrift. Der Briefkopf ist gedruckt. - NL Hessen, fasz. 49)

Bischöfliches Generalvikariat. **Münster (Westf.), den 11. März 1929.**
zu **G-.Nr. 6840/28**

Ew. Hochwürden haben am 10. November 1928 u.a. folgende Verpflichtung auf sich genommen:
"Ich verpflichte mich, die Schriften "Erkenntnistheorie" und "Die Weltanschauung des Thomas von Aquin" aus dem Buchhandel zurückzuziehen und Euer Bischöflichen Gnaden von den Schritten, die ich zu diesem Zwecke tue, unter Beifügung der Belege Mitteilung zu machen."22

Wir ersuchen Sie nunmehr, bis zum 1. April 1929 eine diesbezügliche Mitteilung hier einsenden zu wollen.

Meis

Dokument 10
Brief des Generalvikars von Münster, Meis, an Hessen, vom 16.5.1929

(Maschinenschriftl. Original mit eigenhd. Unterschrift und der Paraphe (K ?) eines Sekretärs rechts unten. Der Briefkopf ist gedruckt. - NL Hessen, fasz. 49.)

Bischöfliches Generalvikariat   Münster (Westf.), den 16. Mai 1929
zu **G-.Nr. 6840II/28**

---

22 Der Wortlaut dieser Verpflichtung ist nicht erhalten. Vgl. hier Dok. 16.

Ew. Hochwürden erwidern wir auf Ihr Schreiben vom 29. April 1929 betreffs Zurückziehung Ihrer beiden seinerzeit verurteilten Schriften aus dem Buchhandel folgendes:
Wir können uns mit den von Ihnen in dieser Angelegenheit unternommenen Schritten und mit Ihrem Schreiben vom 29. April nicht zufrieden geben.
Sie haben am 10. November 1928 die bedingungslose Zurückziehung Ihrer beiden verurteilten Schriften aus dem Buchhandel versprochen und mussten damals doch auch wissen, dass dieses ohne finanzielle Opfer Ihrerseits nicht gut möglich sein würde.
Wir ersuchen Ew. Hochwürden, uns mitteilen zu wollen, wie Sie sich damals die Zurückziehung der beiden verurteilten Schriften aus dem Buchhandel vorgestellt haben.

Meis

Dokument 11
Brief des Generalvikars von Münster, Meis, an Hessen vom 20.6.1929

(Maschinenschriftl. Original mit eigenhd. Unterschrift und der Paraphe "G" rechts unten. Der Briefkopf ist gedruckt. - NL Hessen, fasz. 49.)

Bischöfliches Generalvikariat   Münster (Westf.), den 20. Juni 1929.
zu **G-.Nr. 3505**

Ew. Hochwürden erwidern wir auf Ihr Schreiben vom 9. Juni 1929 folgendes:
Wir nehmen Bezug auf unser Schreiben Nr.6840II/28 vom 16.Mai 1929 und erwarten Mitteilung über weitere Schritte Ihrerseits in dieser Angelegenheit.
Das Manuskript: "Das Substanzproblem in der Philosophie der Neuzeit" wollen Sie uns, bevor Sie diese Schrift veröffentlichen, zur Einsichtnahme und Prüfung einsenden[23].

Meis

---

[23] Vgl. Nr. 315. Das Werk erschien ohne Imprimatur, was gerade nicht etwa beweist, daß es der bischöflichen Behörde nicht zur Genehmigung vorgelegen hätte.

Dokument 12
Brief des Generalvikars von Münster, Meis, an Hessen vom 18.7.1930

(Maschinenschriftl. Original mit eigenhd. Unterschrift und der Paraphe "G" rechts unten. Der Briefkopf ist gedruckt. - NL Hessen, fasz. 49.)

Bischöfliches Generalvikariat Münster (Westf.), den 18. Juli 1930.

G-.Nr. L 239

Ew. Hochwürden teilen wir hierdurch in Ergänzung unseres Schreibens vom 25. Juni 1930 mit, dass sich die Prüfung Ihres Werkes: "Augustins Metaphysik der Erkenntnis" leider länger hinausziehen wird, als wir anfangs angenommen haben[24].

Meis

Dokument 13
Brief des Generalvikars von Münster, Meis, an Hessen vom 1.9.1930

(Maschinenschriftl. Original mit eigenhd. Unterschrift und der Paraphe "G" rechts unten. Der Briefkopf ist gedruckt. - NL Hessen, fasz. 49.)

Bischöfliches Generalvikariat Münster (Westf.), den 1. September 1930.

G-.Nr. L 239I.

In einem unter dem 29. Juli hier eingegangenen Schreiben baten Ew. Hochwürden, Ihr Manuskript "Augustins Metaphysik der Erkenntnis" erst nach vorheriger Benachrichtigung nach dort zu senden. Unter dem 18. August teilten wir Ihnen mit, dass das Werk in der vorliegenden Form in Druck gegeben werden könne. Infolge Ihres Schreibens vom 29. August lassen wir Ihnen das Manuskript mit gleicher Post wieder zugehen.

---

[24] Vgl. hier Dok. 13 und 14.

Meis

Dokument 14
Brief des Generalvikars von Münster, Meis, an Hessen vom 10.8.1931

(Maschinenschriftl. Original mit eigenhd. Unterschrift und der Paraphe "G" rechts unten. Der Briefkopf ist gedruckt. - NL Hessen, fasc. 50.)

Bischöfliches Generalvikariat   Münster (Westf.), den 1o. August 1931

G-.Nr.139/30

Ew. Hochwürden hatten wir durch Schreiben Nr. L 239 vom 18. August 1930 mitgeteilt, "dass Ihr Manuskript 'Augustinus Metaphysik der Erkenntnis' in der vorliegenden Form in Druck gegeben werden kann." Dieses Schreiben war unterzeichnet: "J. A. Peters".
Ihr Buch "Augustinus Metaphysik der Erkenntnis" trägt den Vermerk: "Imprimatur. Monasterii, die 18. 8. 1930. Meis, Vicarius Generalis."
Wir machen Ew. Hochwürden darauf aufmerksam, dass Sie nicht befugt waren, Ihrem Buche diesen Imprimaturvermerk zu geben, da unsere oben angeführte Mitteilung an Sie vom 18. August 1930 kein Imprimatur im Sinne von CIC can. 1385, sondern lediglich eine Erklärung des von Ihnen gemäss Ihrem schriftlich gegebenen Versprechen am 10. November 1928 für Ihre sämtlichen Veröffentlichungen einzuholenden Consensus Ordinarii im Sinne von can. 1386 § 1 war, und da wir bei Erteilung des Imprimatur im Sinne des can. 1385 die Form, in der es abgedruckt werden soll, selbst genau festzulegen pflegen.
Ew. Hochwürden ersuchen wir deshalb, bei eventuellen weiteren Auflagen des genannten Werkes den Imprimaturvermerk fortzulassen.

Meis

Dokument 15
Brief des Generalvikars von Münster, Meis, an Hessen vom 31.8.1931

(Maschinenschriftl. Original mit eigenhd. Unterschrift und der Paraphe "G" rechts unten. Der Briefkopf ist gedruckt. - NL Hessen fasz. 50.)

Bischöfliches Generalvikariat Münster (Westf.), den 31. August 1931.

G-.Nr. 5010

Wir sehen uns veranlasst, Ew. Hochwürden folgendes mitzuteilen: Im Verlag Frankes-Buchhandlung, Habelschwerdt ist unlängst unter ihrem Autornamen das Buch: "Christus, der Meister des Lebens" erschienen[25]. Das Buch trägt den Vermerk: "Mit kirchlicher Druckerlaubnis." Wir machen Ew. Hochwürden darauf aufmerksam, dass die ohne Vorwissen des Hochwürdigsten Herrn Bischofs von Münster erfolgte Herausgabe dieses Buches gegen Ihr in Ihrem Schreiben vom 10. November 1930[26] dem Hochwürdigsten Herrn ausdrücklich gegebenes Versprechen verstösst. Ew. Hochwürden bitten wir deshalb um gefl. Aufklärung.

Meis

Dokument 16
Brief des Generalvikars von Münster, Meis, an Hessen vom 21.12.1931

(Maschinenschriftl. Original mit eigenhd. Unterschrift und der Paraphe "G" rechts unten. Der Briefkopf ist gedruckt. - NL Hessen, fasz. 50.)

Bischöfliches Generalvikariat Münster (Westf.), den 21. Dezember 1931

G.Nr. 5010I

Ew. Hochwürden erwidern wir auf Ihre Erklärung vom 12. Dezember 1931 betreffs Ihres Büchleins "Christus, der Meister des Lebens" folgendes:

---

[25] Nr. 298. Das 90 Seiten starke Büchlein enthält 15 religiöse Betrachtungen.
[26] recte 1928.

Sie haben unser Schreiben Nr.5010 vom 31. August 1931 nicht richtig aufgefasst.

Am 10. November 1930[27] haben Sie dem Hochwürdigsten Herrn Bischof von Münster folgendes, eigenhändig schriftlich niedergelegte Versprechen gegeben:

"4. Ich verpflichte mich, in Zukunft meine Schriften gemäss den Bestimmungen des CIC can.1385 § 1. 2 vor der Veröffentlichung der kirchlichen Behörde vorzulegen.
5. Ich wiederhole mein Versprechen, alles, was ich herauszugeben beabsichtige, Euer Bischöflichen Gnaden vorher vorzulegen."

Das unter 5 gegebene Versprechen haben Sie bei dem Büchlein "Christus, der Meister des Lebens" nicht beachtet.

Wir erwarten, dass Ew. Hochwürden in Zukunft bei "allem, was Sie herauszugeben beabsichtigen" Ihr dem Hochwürdigsten Herrn gegebenes Versprechen einlösen werden.

Meis

Dokument 17
Brief des Generalvikars von Münster, Meis, an Hessen vom 20.1.1932

(Maschinenschriftl. Original mit eigenhd. Unterschrift und der Paraphe "G" rechts unten. Der Briefkopf ist gedruckt. Unterstreichungen wie in der Vorlage. - NL Hessen, fasz. 49.)

Bischöfliches Generalvikariat   **Münster (Westf.), den 2o. Januar 1932.**

G-.Nr. 6644/31

Ew. Hochwürden senden wir mit gleicher Post das uns am 29. November zugegangene Manuskript "Die Methode der Metaphysik" zurück und bemerken dazu folgendes:

Im allgemeinen ist gegen den Inhalt des Manuskriptes nichts einzuwenden. Zu einigem Bedenken geben allerdings zwei Stellen Anlass, auf die wir Ew. Hochwürden aufmerksam machen.

---
[27] recte 1928.

Wir setzen voraus, dass Ew. Hochwürden nicht der kirchlichen Lehre entgegentreten wollen, wie sie der Antimodernismuseid, in näherer Erklärung der Definition des Vatikanischen Konzils (Sessio 3. caput 2), als verpflichtend darstellt:
"Deum, rerum omnium principium et finem,.... tamquam causam per effectus certo cognosci adeoque demonstrari etiam posse profiteor." Es wird also die Möglichkeit eines "kausalen" Gottesbeweises gelehrt; und diesem Beweis wird Gewissheit zugeschrieben.

Damit scheinen folgende zwei Äusserungen Ihres Manuskriptes nicht recht vereinbar zu sein:

    1. S.63 wird gesagt "Weltanschauungsfragen", wozu ausdrücklich die "Gottesfrage" gezählt wird, seien "mit metaphysischen Mitteln nicht lösbar"[28]. Zu diesen metaphysischen Mitteln wird offenbar der Schluss von der Wirkung auf die Ursache gerechnet.

    2. S.75 wird aller Metaphysik ein nur hypothetischer Charakter zugeschrieben, jedenfalls in dem Sinne, dass ihr keine absolute Gewissheit zukomme[29]. Wenn dass nur heissen soll, dass metaphysische Beweise keine mathematische Gewissheit bieten, ist nichts dagegen einzuwenden; aber im Zusammenhang muss man mehr verstehen: es scheint allen metaphysischen Schlüssen nur Wahrscheinlichkeit zugesprochen zu werden.

Wir legen Ew. Hochwürden nahe, diese beiden zu Bedenken Anlass gebenden Stellen des Manuskriptes abzuändern, was unseres Erachtens durch einfaches Auslassen der bedenklichen Sätze geschehen könnte, da hierdurch der Zusammenhang kaum gestört würde.

Meis

---

[28] Nr. 316: J.H, Die Methode der Metaphysik, Berlin/Bonn 1932. Der hier monierte Passus ist in dem Kapitel "Metaphysik und Weltanschauungslehre" (42-46) nicht mehr vorhanden.
[29] Vgl. dann die Druckfassung S. 70, wo Hessen im Anschluß an E. v. Hartmann der Metaphysik einen hypothetischen Charakter zuspricht: "In der Tat fehlt den metaphysischen Sätzen die absolute, apodiktische Gewißheit".

Dokument 18
Brief des Generalvikars von Münster, Meis, an Hessen vom 19.6.1932

(Maschinenschriftl. Original mit eigenhd. Unterschrift und der Paraphe "G" am Ende. Eine Unterstreichung wie in der Vorlage. - NL Hessen, fasz. 49.)

Bischöfliches Generalvikariat.   Münster, den 19. Juni 1932.
G.-Nr. 2637<u>II</u>.

Euer Hochwürden übersenden wir mit gleicher Post das uns zur Begutachtung vorgelegte Manuskript "Der Sinn des Lebens"[30] und bemerken dazu folgendes:

Das Manuskript enthält eine Fülle wertvoller Gedanken und ist wohl geeignet, moderne Menschen zu religiöser Besinnung anzuregen.

Zur Vermeidung von Missverständnissen und zur Wahrung eines korrekten Standpunktes sind aber folgende Änderungen notwendig:

1. Vorl. 2, S.5: Es geht nicht an, den biblischen Schöpfungsbericht als "Schöpfungsmythos" zu bezeichnen[31].

2. Vorl. 4, S. 8 bezeichnen Sie Christus, den Gottessohn, im Vergleich zu Sokrates als "einen noch Grösseren". Die Bezeichnung "noch Grösseren" ist abzuändern[32].

3. Vorl. 11, S. 5 ist die Rede vom "religiösen Sozialismus", der "ein neues Verhältnis zwischen Sozialismus und Christentum anbahnt. Diese stehen einander nicht mehr feindlich und unversöhnlich gegenüber, sondern gehen ein brüderliches Miteinander ein"...."Christentum ist Sozialismus und Sozialismus (<u>richtig</u> verstanden) ist Christentum"[33].

Mit den Zielen des "religiösen Sozialismus" erklären Sie sich dann einverstanden: "Wer sich eingebettet fühlt in die Gemeinschaft des Volkes, wer sich mit ihr tief innerlich verbunden und sich für sie verantwortlich fühlt,

---

[30] J.H., Der Sinn des Lebens, Rottenburg 1933. Vgl. Nr. 332 sowie Einleitung, Abschnitt 4e.
[31] In der Druckfassung heißt es dann, wie verlangt, "Schöpfungsbericht"; J.H., Der Sinn des Lebens, Rottenburg 1933, 26.
[32] In der Druckfassung ebd. 57 wird "einen noch Größeren" in "den Gekreuzigten" abgewandelt. Der Zusammenhang ist die Haltung von Sokrates und Christus zu ihrem nahe bevorstehenden Tod.
[33] In der Druckfassung ebd. 146 heißt es: "In diesem Sinne gilt in der Tat der Satz: Christentum ist Sozialismus und Sozialismus (richtig verstanden) ist Christentum".

kurz wer sozial denkt, wird nicht anders können, als die Ziele jener Bewegung zu bejahen."[34]

Gewiss soll das nach dem gedanklichen Zusammenhang nicht eine Leugnung dessen sein, was Papst Pius XI. in seinem Rundschreiben über die gesellschaftliche Ordnung gerade vom "religiösen Sozialismus" sagt: "Quodsi socialismus, ut omnes errores, aliquid in se veritatis admisit,(quod quidem Summi Pontifices numquam sunt inficiati), nititur tamen doctrina de humana societate, ipsi propria, a vero Christianismo absona. Socialismus religiosus, Socialismus christianus pugnantia sunt: nemo potest simul catholicus probus esse et veri nominis socialista." (Ausgabe Herder S.88)[35]

Damit nun Ihre Ausführungen wirklich, wie Sie es ja wünschen, "richtig verstanden" werden, ist ein Hinweis auf die Unterscheidung des mit dem Christentum unvereinbaren "Sozialismus" und des aus dem Wesen des Christentums geforderten "Sozialismus" notwendig.

4. Vorl. 11, S. 9 nennen Sie die Lehre unserer Moralisten vom gerechten Krieg als Notwehrrecht des Staates "ein Kapitel, in dem die Vergasung der Gehirne durch den Militarismus die höchsten Triumphe feiert".- Das Urteil ist in dieser Form zu scharf und auch nicht berechtigt[36].

5. Vorl. 11 S.9 sagen Sie:"Ihren Weg finden sie gezeichnet in dem eben so tiefen Wort Gandhis"....- Hier dürfte das Wort "ebenso" zu streichen sein[37].

6. Vorl. 12, S. 1 f. wollen Sie den Lebenssinn des Menschen als Gotteskindschaft im Lichte der Frohbotschaft Christi entwickeln. Es wird sodann eine "Gotteskindschaft" in rein natürlicher Deutung dargelegt. Das übernatürliche Gnadengeheimnis der Gotteskindschaft aber wird gar nicht berührt[38]. -

---

34 Ebd. 147.
35 Leos XIII. und Pius' XI. Rundschreiben über die Arbeiterfrage und die gesellschaftliche Ordnung, autorisierte Ausgabe, lateinischer und deutscher Text, Freiburg (Herder) 1931, 88. Vgl. zum Inhalt O. v. Nell-Breuning, Die soziale Enzyklika. Erläuterungen zum Weltrundschreiben Papst Pius' XI. über die gesellschaftliche Ordnung, Köln 1932, 204-206.
36 In der Druckfassung, a.a.O., 151, bleibt der Inhalt dieser Stelle voll erhalten, wird jedoch als Zitat des Pazifisten Fr. Keller kenntlich gemacht.
37 Vgl. hier Text 6.
38 In der Vorlesung 12 ("Das neue Menschentum"), 154-65 wurde auf diese Anmahnung hin offenbar ein längerer Absatz über die Kirche (158-64) eingefügt. Ob dabei Änderungen erfolgten, ist nicht ersichtlich. Dabei bezieht sich Hessen auf: A. Rademacher, Die Kirche als Gemeinschaft und Gesellschaft, Augsburg 1931.

Ebenso wird daran anschliessend das Geheimnis der Kirche in rein natürlicher Weise ausgeführt, ohne dass die göttliche Stiftung der Kirche irgendwie berührt wird[39].

Wir erteilen hiermit für Ihre Schrift "Der Sinn des Lebens" den nach CIC can. 1386 § 1 notwendigen Consensus ordinarii unter der Bedingung, dass die erwähnten 6 Stellen eine den oben gemachten Ausführungen entsprechende Abänderung erhalten, die unseres Erachtens ohne Schwierigkeit gemacht werden kann.

Meis

Dokument 19
Brief des Generalvikars von Münster, Meis, an Hessen vom 30.12.1934

(Maschinenschriftl. Original mit eigenhd. Unterschrift und der Paraphe "G" rechts unten. Der Briefkopf ist gedruckt. - NL Hessen, fasz. 49. - Das Gutachten, von dem die Rede ist, wird hier als Dokument 20 vorgelegt.)

Bischöfliches Generalvikariat   Münster (Westf.), den 30. Dezember 1934.

G-.Nr. 1356

Ew. Hochwürden senden wir in der Anlage das im Februar d. J. eingereichte Manuskript zurück. Aus dem beigefügten Gutachten unseres Censors werden Sie ersehen, dass wir für die Schrift in dieser Fassung die Genehmigung zum Druck zu unserm lebhaften Bedauern nicht erteilen können. Ob Sie dieselbe nach einer gründlichen Umarbeitung erneut vorlegen wollen, müssen wir Ihnen anheimgeben.

Meis

---

[39] Gemeint ist die Abwesenheit einer expliziten Bezugnahme auf Petrus und den Primat des Papstes. Durch die Hereinnahme der Gedanken Rademachers war diesem Monitum wohl nur in minimaler Weise Rechnung getragen.

Dokument 20
Gutachten zu Hessens Schrift "Dein Reich komme!" (1934)

(Maschinenschriftl. Abschrift des Originals, deren sieben Seiten durch eine Metallklammer fest miteinander verbunden sind. Die Identität mit dem in Dokument 18 genannten Gutachten ergibt sich aus der Identität der benutzten Schreibmaschine. Es handelt sich also um eine Abschrift, die im Generalvikariat von Münster für Hessen, auch um die Anonymität des Verfassers zu sichern, angefertigt wurde. Das hier zensierte Werk erschien 1935 unter dem Titel "Von Gott kommt uns ein Freudenlicht", und zwar unverändert. - NL Hessen, fasz. 49.)

Dein Reich komme!

Religiöse Betrachtungen von Johannes Hessen.

Das Werk enthält nicht nur einzelne überspitzte Formulierungen, wie der Verfasser selbst in seinem Begleitschreiben als möglich hinstellt, sondern es gibt auch in seiner Gesamtheit ein einseitiges Bild vom christlichen Leben, das sich mit der katholischen Auffassung schwer vereinigen lässt.

Das christliche Leben scheint sich beinahe zu erschöpfen in gewissen Gefühlen, Gesinnungen, Gedanken: Liebe, Vertrauen, Sehnsucht, Hingabe usw.; die tätige Mitwirkung des Menschen, sittliche Lebensführung, Halten der Gebote, gute Werke, Reue und Busse im gewöhnlichen Sinne treten dagegen sehr stark zurück.

1). Der Autor zeichnet in scharfen Zügen die jüdische Gesetzesreligion: "Gott ist der Gesetzgeber, der König, der durch seine Gesetze und Vorschriften bestimmte Leistungen von den Menschen fordert. Wer diese erfüllt, verdient sich dadurch Gottes Wohlgefallen. Wer sie nicht erfüllt, zieht sich seinen Zorn und seine Strafen zu" (Predigt 3, Seite 2 unten)[40]. Aber das hat Christus doch auch gesagt! Hessen fährt fort: "Mit diesem Moralismus, wie er zur Zeit Jesu herrschte und insbesondere die Religion der Pharisäer kennzeichnete, räumt Jesus auf. Das Verhältnis der Seele zu Gott und Gottes zur Seele ist kein Rechtsverhältnis, sondern ein Liebes- und Vertrauensverhältnis". (ebenda Seite 3 oben)[41]. Er spricht vom Vatergott, der nichts ist als lauter Liebe und Güte, der nur eins vom Menschen verlangt: "vertrauensvolle Hingabe an seine Liebe" (ebenda Seite 4 oben). Hessen

---
[40] Das Werk erschien nicht im Bereich des Bistums Münster, und unter einem anderen Titel: Von Gott kommt uns ein Freudenlicht, Breslau o.J. (1935), 100 S. Es handelt sich um 12 Predigten. - Der hier monierte Passus ist S. 34 erhalten geblieben.
[41] Ebd. 35 unverändert.

tadelt jenen Geist, "der das Heil der Seele an bestimmte äussere Werke und Übungen knüpft" (ebenda Seite 4 unten)[42].

Aber Christus knüpft doch als Weltenrichter die ewige Seligkeit sogar an die Ausübung der Werke der Barmherzigkeit! "Er wird einem jeden vergelten nach seinen Werken" (Math.16, 27). Das Tridentinum nennt das ewige Leben eine merces, ex ipsius Dei promissione bonis ... operibus et meritis fideliter reddenda (S. 6 cap. 16). Das Tridentinum sagt auch: "Si quis dixerit, iustos non debere pro bonis operibus, quae in Deo fuerint facta, exspectare et sperare aeternam retributionem ...A. S. (S. 6 can. 26; vgl. ebenso can. 32).

Als Lehre des Evangeliums von den Arbeitern im Weinberge stellt Hessen die Erkenntnis hin, "dass uns Christen letzten Endes nur eines not tut: dass wir Gott als Vater erleben und im Herzen tragen und uns in allen Lagen unseres Lebens als seine Kinder wissen und fühlen" (Predigt 3 S. 5 oben)[43]. Aber Christus verlangt doch noch mehr: "Nicht jeder, der zu mir sagt ......" "Willst du zum Leben eingehen, so halte die Gebote". Das Tridentinum sagt: "Si quis dixerit, nihil praeceptum esse in Evangelio praeter fidem, cetera esse indifferentia, neque praecepta neque prohibita, sed libera, aut decem praecepta nihil pertinere ad christianos, A.S. (S. 5 can.19).

Diese zu geringe Berücksichtigung der eigenen Mitwirkung des Menschen durch sittliche Lebensführung kommt nicht nur gelegentlich vor, sondern zieht sich mehr oder weniger durch die ganze Schrift hindurch. Z. B. die siebente ist eine Predigt zur Adventszeit[44]. Sonst wird aus dem Nahen des Gottesreiches der Schluss gezogen: "Tuet Busse! Bekehret euch! Bringt würdige Früchte der Busse!" Bei Hessen kommt fast alles nur hinaus auf Sehnsucht nach dem Erlöser.

2). Die Rechtfertigung des Sünders wird falsch oder doch sehr missverständlich geschildert: "(Gottes Güte) setzt keine Leistungen auf Seiten des Menschen voraus, sondern wendet sich auch dem zu, der mit leeren Händen dasteht, ja, sie teilt sich auch dem Sünder mit. Er braucht nicht erst grosse Busswerke auf sich zu nehmen, um mit Gott versöhnt zu werden, nein, es

---

[42] Ebd. 36 unverändert ist der Passus "vertrauensvolle Liebe etc." geblieben, während der folgende Satz "der das Heil etc." entfallen ist.
[43] Ebd. 38 unverändert.
[44] Der im Gutachten als siebte Predigt bezeichnete Text, die Adventspredigt, ist im gedruckten Buch die achte, S. 63-70 ("Adveniat regnum Tuum"), in der allerdings die Sehnsucht nach dem Erlöser das Zentralmotiv bildet.

bedarf nur eines vertrauensvollen Aufblickes zum Vater, eines demütigen Rufes: Herr, sei mir Sünder gnädig! Gottes Vaterherz steht jedem offen, er streckt allen seine Hand entgegen, und der Mensch braucht nur diese Hand zu ergreifen, den Sprung an sein Vaterherz zu wagen, um mit ihm versöhnt und vereinigt zu werden und jenen Frieden zu verkosten, den Gott denen bereitet, die ihn lieben." (Predigt 3 S.3 Mitte)[45]. "Er hält seine Vaterhand ausgestreckt, und der Sünder braucht nur seine Hand hineinzulegen, und alles ist gut." (Predigt 4 S. 3 oben)[46].

Das Tridentinum schildert die Rechtfertigung des Sünders anders. Es definiert die nötige contritio als animi dolor ac detestatio de peccato commisso, cum proposito non peccandi de cetero (S. 14 cap. 4). Es nennt als Akte des die Rechtfertigung suchenden Sünders nicht nur Glaube, Hoffnung und den Anfang der Liebe, sondern auch: "moventur adversus peccata per odium aliquod et detestationem; .... proponunt suscipere baptismum, inchoare novam vitam et servare divina mandata" (S. 6 cap. 5). Das Tridentinum verlangt auch "satisfactionem per jejunium, eleemosynas, orationes et alia pia spiritualis vitae exercitia" (S. 6 cap. 14).

3). Über die Sünde, ihre Stellung im Weltplan Gottes und ihre Verursachung durch den Menschen finden sich Ausdrücke, die zwar bildhaft und daher sehr dehnbar sind, die aber doch dazu führen müssen, die Sünde als etwas anzusehen, das zwar bedauerlich, aber nicht zu vermeiden ist, so dass dadurch das Bewusstsein der Verantwortung für die Sünde in ungesunder Weise geschwächt wird.

"Weil Gott die schöpferische Ursache alles Seins und Geschehens ist, darum fällt auch die sündhafte Handlung nicht aus dem Zusammenhang göttlichen Wirkens heraus. Auch sie hat noch einen letzten göttlichen Sinn ...... Für Jesus, der alles im Lichte des Vatergottes schaut, ist auch die Sünde letzten Endes nur ein Mittel in der Hand Gottes, eine Kette, durch die Gott die Menschenherzen an sich ziehen, zu einer höheren Stufe der Gottesliebe führen will" (Predigt 5 S. 1 Mitte)[47]. "Dann wissen wir, dass alles Sein und

---

[45] Der Passus ist im Druck S. 35f. unverändert.
[46] Ebd. 43 unverändert.
[47] Der monierte Passus lautet in der Druckfassung S. 50: "Und weil Gott die schöpferische Ursache alles Seins und Geschehens ist, darum fällt auch die sündhafte Handlung nicht aus dem Zusammenhang göttlichen Wirkens heraus. Wenn sie auch nicht von Gott gewollt, sondern nur zugelassen wird, so hat sie doch einen letzten göttlichen Sinn, und der positive Sinn der Sünde besteht darin, daß sie dem Menschen zum Ansporn und Mittel werden kann, im religiösen Leben fortzuschreiten, in der Liebe Gottes zu wachsen. Für Jesus, der alles" usw. wie oben.

Geschehen einen Wert hat, auch die Sünde. Auch sie ist eingeordnet in Gottes Heilsplan. Sie ist letzten Endes ein Mittel und Werkzeug in Gottes Hand, durch das er den Einzelnen zu einer höheren Stufe der Gottesliebe führen will. Wenn wir aber davon tief durchdrungen sind, ... dann werden wir uns selbst von aller Sündenangst freimachen, werden uns mit dem fröhlichen Leichtsinn der Gotteskinder in Gottes Vaterarme werfen und uns nicht weiter darum kümmern, was vielleicht noch alles für uns kommen wird." (Predigt 5 S. 2 unten)[48].

Von dem Sünder sagt Hessen: "Dann würde es dir klar, dass Gott dich in jenes Dunkel führt, damit du dich in brennend heisser Sehnsucht hintastest zum Urquell aller Kraft; dann würdest du einsehen, dass der Ewige dir den Brand der Gewissensqualen in die Seele warf, weil er weiss, dass es Kräfte gibt, die nur in Flammengluten wirken, weil er dich endlich einmal aus deiner Lauheit und Weltseligkeit aufschrecken, dir eine innere Erneuerung und Wiedergeburt zu teil werden lassen wollte" (Predigt 8 S. 2 Mitte)[49]. Die Ausführung im Zusammenhang zeigt, dass die <u>Führung in</u> die Sünde, nicht nur in die daraus hervorgehenden Gewissensqualen, auf Gott zurückgeführt wird.

"Die Sünde, der Weg zu einer höheren Stufe der Gottesliebe, ... das ist Jesu Wertung der Sünde" (Predigt 5 S. 1 unten)[50]. Die Wahrheit, dass Gott die Sünde nicht will, sondern nur zulässt, ist schwer mit den vorstehenden Ausführungen zu vereinigen. Der Gedanke, dass die Sünde und ihre Strafe eine Offenbarung der Macht und Gerechtigkeit Gottes sind, fehlt vollständig, wie in dem ganzen Werke der Gedanke an ewige Strafe, Hölle usw. vollkommen fehlt; hier wäre dieser Gedanke wohl am Platze gewesen.

In der oben zitierten Stelle müssen die letzten Worte "uns nicht weiter darum kümmern, was vielleicht noch alles für uns kommen wird"[51] verstanden werden nicht etwa von Leiden oder von Versuchungen, sondern von wirklichen Sünden, die in unserm Leben "noch kommen werden". Denen gegenüber uns nicht weiter darum kümmern, uns mit dem fröhlichen Leicht-

---

[48] In der Druckfassung S. 54 heißt es nach den Auslassungspunkten im obigen Zitat: "Und dann werden wir uns selbst von aller falschen Sündenangst freimachen, werden uns mit dem starken Vertrauen der Gotteskinder in die Arme des Ewigen werfen und uns an seinem Herzen geborgen wissen für Zeit und Ewigkeit".
[49] In der Druckfassung, ebd. 75, unverändert erhalten; in der Predigt "Osterglaube".
[50] In der Druckfassung lautet der Text S. 52 unverändert: "Die Sünde der Weg zu einer höheren Stufe der Gottesliebe - das ist der Sinn von Jesu Wort, das ist Jesu Wertung der Sünde"; in der Predigt "Jesu Wertung der Sünde".
[51] Diese Stelle ist im Druck weggelassen worden.

sinn der Gotteskinder in Gottes Vaterarme werfen, entspricht nicht der Lehrverkündigung Christi, der immer wieder zur Wachsamkeit, zur Meidung der Gefahr gemahnt hat, entspricht noch weniger der ständigen Auffassung und Praxis der Kirche.

4). Zusammenfassend kann man folgendes sagen: Die beanstandete Richtung beherrscht unstreitig das Werk von Hessen in seiner Gesamtheit.Hier und da kommen auch die vermissten Gedanken zur Geltung. Er fordert z. B. für den Gottsucher ein "reines Herz", "Beherrschung der Triebe"(Predigt 1 S. 2 unten)[52]. Aber solche Gedanken klingen nur selten und leise an.

Der Autor wird für seinen Standpunkt wohl in Anspruch nehmen, dass eine Gesinnung doch von selbst in entsprechender Lebensführung sich auswirken wird. Er wird sagen, dass selbstverständlich in dem "vertrauensvollen Aufblick zu Gott", in dem "Sprung an das Vaterherz Gottes", in dem "Hineinlegen der Hände in die Hand Gottes"[53] die Abkehr von der Sünde und die Bereitwilligkeit zum treuen Dienste Gottes eingeschlossen seien. Aber die Zuhörer werden das nicht als so selbstverständlich finden und werden der sittlichen Lebensführung, den guten Werken nicht den Wert beilegen, der nach der katholischen Auffassung ihnen zukommt.

Man braucht nur die vorliegende Schrift als Ganzes zu lesen und dann ein Evangelium durchzusehen oder einen Paulinischen Brief, ganz zu schweigen von den Beschlüssen des Tridentinum, um sogleich den starken Unterschied, fast möchte man sagen Widerspruch, zu merken.

Dabei ist diese Beschränkung auf eine Seite des christlichen Lebens und die Vernachlässigung anderer sittlicher Ideen in keiner Weise durch die Veranlassung der Vorträge (Sonntagspredigten beim Akademikergottesdienst) oder durch den Titel (Dein Reich komme) nahe gelegt.

Man muss befürchten, dass durch solche Vorträge die christliche Tatkraft der Gläubigen eingeschläfert wird, dass die Wirkung dieser Predigten nicht ein lebendiges Tatchristentum sein würde, sondern eine reine Gefühlsreligion.

5). An Einzelheiten wäre noch zu bemerken:

---

[52] Ebd. 13.
[53] Alle drei Stellen ebd. 35f.

Den biblischen Bericht über die Erschaffung der ersten Menschen kann man nicht einfach als Schöpfungsmythus bezeichnen (Predigt 9 S. 1 Mitte)[54].

Der Autor sagt vom Osterglauben, dass er "in seinem tiefsten Kern und Wesen nach nichts Anderes ist als ein Glaube an den Sieg des Lichtes über die Finsternis, den Sieg des Guten, den Sieg Gottes" (Predigt 8 S. 2. oben)[55]. Als Symbol für diesen Glauben bezeichnet er aber nicht etwa die leibliche Auferstehung Christi, sondern die Tatsache, dass Christus trotz seines furchtbaren Todes in den Herzen seiner Getreuen eine geistige Auferstehung feierte, dass er ihnen zu einer Lebenskraft wurde, die Not und Tod, Welt und Sünde überwand (Predigt 8 S. 2 unten)[56]. An diesem Gedankengang Hessens kann auch das später dazwischengeflickte Wort "nach seiner leiblichen Auferstehung" nichts ändern. Für die Apostel (siehe die Reden in der Apostelgeschichte) war aber die leibliche Auferstehung Christi das Symbol, die Grundlage ihre Glaubens.

Der Unterschied, der Abstand zwischen Glauben und Wissen, wird mehrmals sehr stark betont. Der Verfasser tadelt den Vernunftstolz des Menschen: "Bei ihm sitzt gleichsam die Vernunft auf dem Richterstuhl. Sie zieht alles vor ihr Forum und lässt nur das gelten, was sich vor ihr rechtfertigen kann." (Predigt 1 S. 1 unten, auch das Folgende[57]; ähnlich Predigt 8 S. 1 unten und S. 3 letzter Absatz[58]). Aber die Theologie spricht doch von Motiva credibilitatis, und Paulus nennt den Glauben ein rationale obsequium.

---

[54] In der Druckfassung (J. Hessen, Von Gott kommt uns ein Freudenlicht, Breslau 1935, 81) ist nicht mehr von einem "Schöpfungsmythos" die Rede, sondern von "den ersten Blättern der Hl. Schrift".
[55] Diese Textstelle blieb in der Druckfassung unverändert, ebd. 74.
[56] Ebd. 77 heißt es in der Druckfassung: "Und auch heute noch lebt er [Christus] in den Herzen seiner Jünger und Nachfolger und ist in ihnen als eine heilige Lebensenergie lebendig, als eine Kraft, die selbst die Schatten des Todes bezwingt und aus armen, hilflosen Menschen Helden und Überwinder macht". Ferner ebd.: "Nun ist es uns deutlich geworden, worin unser Osterglaube besteht. Er ist im Grunde nichts anderes als unser christlicher Gottesglaube, der Glaube an die Macht des Guten, an den Sieg Gottes".
[57] Dieser Passus ist in der Druckfassung, ebd. 9, erhalten geblieben (Predigt 1 mit dem Titel "Gottsucher")
[58] Die beiden monierten Absätze lauten, wohl völlig unverändert, so: "Freilich, zu diesem Aspekt der Wirklichkeit und des Lebens, wie ihn die christliche Weltanschauung bietet, führt kein rationaler Beweis, kein logischer Schluß, keine philosophische Spekulation. Der Weg, der zu ihm hinführt, heißt <u>Glauben</u>, Glauben nicht im profanen Sinne eines bloßen Meinens, oder Vermutens, sondern im religiösen Sinne, im Sinne einer letzten irrationalen, aber gerade deshalb unüberwindbaren Gewißheit"; ebd. 73. Dann: "Dieser Glaube liegt jenseits aller wissenschaftlichen Forschung und Fragestellung, und dem Wissenschaftler, der den Boden dieses Glaubens betreten will, gelten die Worte: «Zieh deine Schuhe aus, denn der Boden, auf welchem du stehst, ist heilig»; ebd. 78.

Dokument 21
Gutachten zu Hessens Schrift "Licht, Liebe, Leben" aus Limburg vom 10.4.1935

(Maschinenschriftlich, wahrscheinlich Abschrift des Originals. Kein Briefkopf, jedoch ist jedes der drei Blätter, die es umfaßt, mit dem Stempel "Ordinariatus Ep. Limburgensis" abgestempelt. Es liegt kein Begleitschreiben vor. - NL Hessen, fasz. 49. Verfasser dieses Gutachtens war der Limburger Domvikar Dr. Alfred Gollasch[59], wie aus dem Original des Gutachtens im Diözesanarchiv Limburg [213 BA 6: "Kirchliche Druckerlaubnisse" : Grünewald Verlag 1933-1938] hervorgeht, welches eigenhändig unterzeichnet ist; briefliche Mitteilung des Diözesanarchivs Limburg vom 6.5.1991.)

Bemerkungen des Zensors zu N.O.E. 3282/35
Dr. Johannes Hessen "Licht, Liebe, Leben"[60].
I. In dem Abschnitt "Liebe" maschinenschriftlich S. 7, oben, wird behauptet, dass Jesus die hochmütigen und unbarmherzigen Kirchenmänner hasst, leidenschaftlich hasst, sodass er ihnen das Wort entgegenschleudert: "Zöllner und Huren kommen eher in das Himmelreich denn ihr!" Matth. 21,31.

Hier sind zwei Dinge zu bedenken: 1. Der Inhalt des Wortes Jesu schliesst nicht aus, dass auch die von ihm angeredeten Personen noch in das Himmelreich hineinkommen können. Das Wort besagt nur, dass bei Zöllnern und Huren die seelische Disposition zum Eintritt in das Himmelreich leichter vorhanden ist. Wie der ganze Context zeigt, sind die angeredeten Personen nämlich die principes sacerdotum et seniores populi (Vers 23) der Auseinandersetzung mit der Wahrheit aus dem Wege gegangen. Sie hätten sich schon mit der Taufe des Johannes auseinandersetzen müssen. Sie weichen einer Stellungnahme dazu aus. Darum hält Jesus sie auch nicht für wert, ihnen eine tiefere Offenbarung über sein inneres Wesen zu geben. Er macht Ihnen dann an einem Beispiele klar, dass der wirkliche ernste Wille, des himmlischen Vaters Gebot zu erfüllen, notwendig ist, knüpft dann an die von seinen Gegnern selbst ausgesprochene Überzeugung und zieht die Folgerung mit dem

---

[59] Dr. iur. can Alfred Gollasch (1897 Griesheim - 1958 Frankfurt) 1922 Priester des Bistums Limburg, danach zum Studium des Kirchenrechts im Collegio dell'Anima in Rom (1922-25), seit 1927 bischöfl. Sekretär, 1930 Domvikar, 1940 Pfarrer von St. Bonifatius/Frankfurt. Eine Kurzbiographie von Walter Kampe in: Der Sonntag, Jg. 12, Nr. 12 vom 23.3.1958, 8f.
[60] J.H., Licht, Liebe, Leben, Wiesbaden 1935. Vgl. Nr. 357.

Satz: Zöllner und Huren ......Es geht also zu weit, wenn man behauptet, Jesus hasse seine Gegner, ja er hasse sie leidenschaftlich[61].

2. Nach dem Zusammenhang sind von Jesus angeredet die principes sacerdotum et seniores populi, also die Hohenpriester und Ältesten des Volkes; das einfach mit "Kirchenmänner" zu übersetzen ist nicht gebräuchlich. Gebraucht man den Ausdruck Kirchenmänner hierfür, so liegt darin ausser einer Übersetzung für den Leser auch die Folgerung des Verfassers, dass die heutigen Kirchenmänner in erster Linie mit dem Vorwurf gemeint seien. Selbstverständlich ergibt sich aus dem Worte Jesu die allgemeine Folgerung, dass solche Menschen, die zwar Gott gegenüber schön reden, aber seinen Willen nicht erfüllen, nicht die seelische Disposition besitzen zum Eintritt in das Reich Gottes; daraus ergibt sich auch die Folgerung, dass selbst hohe Kirchenmänner, wenn sie eine so verworfene Gesinnung hätten, durch das Wort des Heilandes getroffen wären. Warum aber die Folgerung einschränken auf die Kirchenmänner?

Wie sich aus dem Obigen ergibt, muss auch noch einmal erwogen werden, ob die Beiworte "hochmütig und unbarmherzig", insbesondere das letztere, nach dem Context begründet sind. Vielleicht läge gerade in einer eingehenderen Darlegung des ganzen Zusammenhanges eine Möglichkeit, hier noch tiefer die Liebe Jesu zu deuten, die sich selbst um solche Menschen bemüht, die ihm auszuweichen suchen.

II. In demselben Abschnitt "Liebe",maschinenschriftlich S.8 unten und S. 9 oben; hier wird ein Gegensatz konstruiert, der nicht vorhanden ist. Wenn man das Wort des Herrn zugrundelegt, dass auf dem Gebot der Gottes- und Nächstenliebe das ganze Gesetz und die Propheten ruhen, kann man nicht leicht die Nichterfüllung des Gesetzes als gleichzeitig mit der Vollkommenheit in der Liebe betrachten[62].

---

[61] In der Druckfassung, ebd. 39, ist der hier monierte Text abgemildert worden. Es heißt jetzt: "und wie ganz andere Maßstäbe legt er an die Menschen an, als wir es im bürgerlichen und vielfach auch im kirchlichen Leben und Denken tun, er, der die Sünderin hebt, den Hohepriestern und Volksoberen aber das Wort entgegenschleudert: «Zöllner und Huren kommen eher in das Himmelreich denn ihr!» (Matth. 21, 31)."

[62] Auch an dieser Stelle hat Hessen eine Abmilderung vorgenommen: Sie lautet S. 41 jetzt: "Das ewige Schicksal des Menschen wird also von Jesus abhängig gemacht von seiner Liebesgesinnung und Liebestat. Der göttliche Richter fragt nicht nach großen weltbewegenden Taten, nach epochemachenden Leistungen auf dem Gebiet der menschlichen Kultur, er fragt nur nach der stillen, schlichten Tat der Bruderliebe, danach also, ob der Mensch werktätige Nächstenliebe geübt hat". Die von Gollasch paraphrasierte Schriftstelle ist Matth. 22, 40.

Daraus, dass Jesus bei der Schilderung des Jüngsten Gerichtes gerade die Werke der Liebe hervorhebt, kann man nicht schliessen, dass alle anderen Gebote und ihre Erfüllung beim Gericht keine Rolle spielen. Man kann daraus nur positiv schliessen, wieviel Jesus an der Betonung der Liebe gelegen war. Es könnte aus den Darlegungen, so wie sie jetzt vorliegen, ein Leser den falschen Schluss ziehen: Wenn ich nur immer wieder besorgt bin, die Werke der Liebe zu üben, dann kann ich mich im übrigen vollständig gehen lassen.

III. Abschnitt "Leben", Unterpunkt "Wollen"[63]. Hier dürfte noch einmal geprüft werden, ob nicht der Leser die Auffassung erhalten wird: für den Menschen, der im Besitz der heiligmachenden Gnade ist, gibt es gar keine Möglichkeit mit Gott zu brechen. Wozu hat Christus dann das Bussakrament eingesetzt, nur zur Tilgung von lässlichen Sünden? Warum spricht die Kirche von materia necessaria des Bussakramentes?

Es möge dem Herrn Verfasser nahegelegt werden, diese Stellen noch einmal so zu überarbeiten, dass dem Leser keine irrigen Auffassungen über die katholische Glaubenslehre kommen.

Limburg, den 10. April 1935.

---

[63] Ob der folgende Abschnitt in der Druckfassung (51ff.) gegenüber dem Manuskript geändert wurde, läßt sich nicht genau sagen. Da er die Auffassung Hessens zu Sünde und Bekehrung gut wiedergibt, sei er auszugsweise hier angeführt: "Das neue Wollen bedeutet nun, daß diese Schwachheit und Verkehrtheit des Willens im Prinzip überwunden ist. Der Mensch, der in der Werttiefe des Seins wurzelt, der mit jener heiligen Wertmacht verbunden ist, fühlt eine innere Nötigung in sich, den Wert zu bejahen, das Gute zu wollen und zu vollbringen. Eine wundersame Kraft ist in ihm, die ihn über die wertwidrigen Tendenzen seiner Natur immer mehr siegen läßt. Ein wert- und normwidriges Handeln ist ihm kaum mehr möglich. Das Böse, die Sünde, ist im Prinzip überwunden. «Wer aus Gott geboren ist, kann nicht sündigen.» (I. Joh. 3, 9.) Unzulänglichkeiten und Unvollkommenheiten aller Art mögen dem neuen Menschen noch anhaften: aber eine eigentliche Verneinung und Verleugnung des Guten und Gottes ist bei ihm so gut wie ausgeschlossen. Er mag in vielen Dingen hinter dem Ideal zurückbleiben; aber eine grundsätzliche Abweichung vom Ideal, ein Bruch mit dem Guten, ist für ihn sozusagen ein Ding der Unmöglichkeit.
So steht sein inneres, sittliches Leben nicht sowohl unter einem Imperativ als vielmehr unter einem Indikativ. Das Gute, der sittliche Wert, macht sich in ihm nicht mehr in Form eines harten und strengen «Du sollst» geltend: du sollst das Gute tun und das Böse meiden, und wehe dir, wenn du anders handelst! Das Gute ist gewissermaßen aus der Sollenssphäre in die Seinssphäre getreten: es steht ihm nicht mehr als Forderung gegenüber, sondern ist als lebendige Kraft und Wirklichkeit in ihm, insofern er mit dem wesenhaft Guten, der Gotteswirklichkeit tiefinnerlich verbunden ist. So kommt ein freudiger Zug in sein sittliches Leben hinein: as Gesetz für das neue Wollen nimmt die Form einer Seligpreisung an. Es heißt jetzt nicht mehr: Du mußt dieses tun und darfst jenes nicht tun, sondern: Selig bist du, wenn du solches tust! Von hier aus verstehen wir den tiefsten Sinn der acht Seligpreisungen, mit denen die Bergpredigt anhebt, die ja nichts anderes sein will als die Ethik des neuen Menschentums."

Dokument 22
Auszug aus einer Denkschrift Karl Rahners (1943)

(Maschinenschriftl. Abschrift der Seiten 46 bis 48, von S. 48 nur die erste Hälfte, der vom Erzbischöflichen Ordinariat in Wien herausgegebenen und vervielfältigten Denkschrift. Auf der Rückseite des dritten und letzten Blattes steht handschriftlich von Hessen: "Denkschrift Karl Rahner". Diese Denkschrift wird erstmals vollständig ediert in Karl Rahner, Theologische und philosophische Zeitfragen im katholischen deutschen Raum (1943), hrsg., eingeleitet und kommentiert von Hubert Wolf, Ostfildern (Schwabenverlag) 1994. Der hier edierte Text ebd. 177 - 182. Hier genügt es, den in Hessens Hand geratenen Auszug mitzuteilen. Über den Entstehungszusammenhang der Denkschrift unterrichtet Th. Maas-Ewerd, Odo Casel OSB und Karl Rahner SJ, bes. 196ff. Demnach hatte sie einen Gesamtumfang von 55 masch.-schriftl. Seiten. - Einzelne Tippfehler werden stillschweigend korrigiert. - Einen anderen, umfangreicheren Abschnitt hat bereits Maas-Ewerd, Die Krise, 599-608, veröffentlicht. - Universitätsarchiv Köln, Nachlaß Hessen, fasz.49.)

"Theologische und philosophische Zeitfragen im katholischen deutschen Raum"
Denkschrift, herausgegeben und vervielfältigt
vom erzbischöfl. Ordinariat, Abt. f. Seelsorge
Wien I, Stephansplatz 3

S. 46

Was die Frage hingegen angeht, ob das irrationale Lebensgefühl in die Lehre und Verkündigung selbst in einer schädigenden Weise, sei es durch Ausfallerscheinungen, sei es durch positive Verbiegungen der fundamental-theologisch wichtigen Wahrheiten, eingebrochen sei, so sind für eine klare Beantwortung dieser Fragen wohl drei Gruppen von Problemen und literarischen Erscheinungen auseinanderzuhalten : erstens die Literatur, die mehr oder minder deutlich eine modernistische Tendenz oder modernistischen Einschlag enthält, zweitens die Literatur über das Kausalitätsprinzip, drittens die Literatur über die Analysis fidei. Es wäre sehr wenig objektiv, ungerecht und gefährlich, alle diese Dinge in einen Topf zu werfen.

Was die erste Gruppe angeht, so ist nicht zu leugnen, daß sie im deutschen Raum besteht. Sie ist aber sehr klein, personal und landschaftlich lokalisiert, wirklich (wie die Berufung auf Tyrrell zeigt) ein Restbestand aus der Zeit des alten Modernismus, nicht eine neu auftauchende Gefahr, und in ihren deutlichsten Erzeugnissen durch das kirchliche Lehramt schon verurteilt, sodaß ein Umsichgreifen dieser Richtung wohl nicht zu befürchten ist.

Es handelt sich bei dieser Gruppe vor allem um J. Hessen (z.B. "Erkenntnistheorie" 1926, "Die Weltanschauung des Thomas von Aquin" 1926, Das Kausalprinzip, 1928, Wertphilosophie, 1937, Die Werte des Heiligen, 1938 usw.), noch mehr um die sichtlich von Hessen inspirierten und von Mensching bzw. Mulert herausgegebenen modernistischen Programmschriften: "Der Katholizismus, sein Stirb und Werde" 1937 und "Der Katholizismus der Zukunft" 1940. Deutlich sachliche (und wohl auch persönliche) Verbindungslinien führen von Hessen einerseits zu Aloys Müller ("Einleitung in die Philosophie" 1925, "Psychologie" 1927) und A. Rademacher (für den seine Besprechung des Mensching-Buches in "Eine heilige Kirche" 1938, S.2ff. schon symptomatisch genug ist ; vgl. z.b. auch sein Buch "Religion und Bildung" 1935 u.a.) und andererseits zu Josef Thomé (wie z.b. "Vom Glauben an Gott" 1941).[64] Bei dieser Gruppe haben wir wirklich eine zur grundsätzlichen Theorie gewordene antiintellektualistische Haltung vor uns, aus der dann auch ausgesprochen modernistische Konsequenzen für die Religionsbegründung und für Sinn und Geltung der Dogma gezogen werden. Aber, wie gesagt, diese Gruppe scheint doch offenbar landschaftlich und personell sehr begrenzt zu sein; ihre Theorien wurden, vor allem was die Mensching- und Mulert-Bücher angeht, in der katholischen wissenschaftlichen Literatur allgemein und deutlich abgelehnt, (K. Adam, Kösters, K. Rahner, Th. Hoffmann, Paderborner Akademie)[65]; von dieser Richtung ist schließlich durch die kirchliche Indizierung der beiden Mulert- Mensching-Bücher eindeutig und genügend gewarnt. Wichtig ist aber auch, schon hier zu betonen, daß diese Gruppe nicht identifiziert werden darf mit den Theologen und Philosophen, die gleich bei den beiden anderen Gruppen genannt werden müssen. Die erste Gruppe vertritt bewußt kirchenamtlich verworfenen Lehren, die beiden anderen bemühen sich unter der selbstverständlichen

---

[64] Die hier nicht nochmals vollständig genannten Titel befinden sich in den Regesten. - Aloys Müller, Einleitung in die Philosophie (= Leitfäden der Philosophie, Bd. 1), Berlin/Bonn 1925. - Ders., Psychologie (= Leitfäden der Philosophie, Bd. 3/4), Berlin/Bonn 1927. - Arnold Rademacher, Religion und Bildung, Bonn 1935. - Zu seiner oben gen. Rezension s. Nr. 375. - Josef Thomé, Vom Glauben an Gott, Regensburg 1942. Neudruck Würselen 1988. Zu diesem Werk, seiner Theologie und seiner relativ hohen Auflage vgl. A. Brecher, 38f. Als Hauptgedanken nennt Brecher: "Der Glaube ist wie eine Anzahl von Gleichungen mit vielen Unbekannten. Wenn man in langsamer Arbeit die einzelnen Gleichungen auflöst, bleibt zuletzt etwas sehr Einfaches: Der Glaube an Gott, den Vater"; ebd.; eine Übernahme Thomé's von Erzbischof Mignot.
[65] Alle diese Rezensionen sind in den Regesten der Jahre 1937 bis 1940 erfaßt. Mit «Paderborner Akademie» ist Nr. 406 gemeint. Das "Mensching-Buch" ist «Der Katholizismus. Sein Stirb und Werde» (1937); Nr. 370. - Das "Mulert-Buch" ist hier in Nr. 436.

Voraussetzung der Verbindlichkeit amtlicher Lehräußerungen der Kirche, um eine gründlichere Bereinigung der damit /S.47/ noch offenen philosophischen und theologischen Fragen. Die Notwendigkeit dieser Unterscheidung ergibt sich schon am einfachsten daraus, daß z.B. das Mulert-Burch den gleich zu erwähnenden K. Adam in der heftigsten Weise angreift.[66] - Ein beziehungsloser Einzelfall ist das Buch von G. Koepgen, Die Gnosis des Christentums, 1939, das insofern hier erwähnt werden mag, als die darin gelehrte heterogene und radikale Pluralität von Denkformen, unter denen das rationale Denken bloß eine letztlich zweitrangige Form ist, Sinn und Bedeutung des Rationalen in Philosophie und Theologie falsch bestimmt. Da auch dieses Werk eine beziehungslose Einzelerscheinung und schon kirchenamtlich indiziert ist, bedarf es ihm gegenüber oder seinetwegen auch keiner weiteren Maßnahme. Bedenklicher als das Buch war eigentlich bei seinem Erscheinen die unklare und theologisch instinktlose Belobigung des Werkes in der theologischen Halbwelt vieler Kirchenblätter und ähnlicher Zeitschriften, die einen bedauerlichen Mangel im notwendigen Niveau des Buchbesprechungswesens verriet.[67]

Die zweite Gruppe, die hier zu nennen ist, bilden Schriften über die rationale Aufweisbarkeit und Geltung des metaphysischen Kausalprinzips als der Grundlage der rationalen Gottesbeweise. Hier sind zu nennen Isenkrahe (Über die Grundlage eines bündigen kosmologischen Gottesbeweises, 1915), Geyser (Erkenntnistheorie, 1922 ; Einige Hauptprobleme der Metaphysik, 1923; Das Prinzip vom zureichenden Grunde, 1929 ; Das Gesetz der Ursache, 1923), Hessen (vgl. oben!), L. Faulhaber (Wissenschaftliche Gotteserkenntnis und Kausalität; Die drei Wege der Gotteserkenntnis und der

---

[66] "Offener Brief an Professor Adam". In: Der Katholizismus der Zukunft, hrsg. von Hermann Mulert, Leipzig 1940, 113-123. Dem Stil nach müßte dieser Brief von Hessen sein.
[67] Georg Koepgen, Die Gnosis des Christentums, Leipzig 1939. Dieses eigenwillige und bedeutende Werk, das u.a. eine Relativierung des neuscholastischen Denkens bezweckte, wurde am 7.5.1941 auf den Index gesetzt; Acta Apost. Sedis 33(1941) 331. Gegen dieses Werk des Krefelder Priesters veröffentlichte K. Rahner eine ziemlich erboste Miszelle in: Scholastik 15(1940) 1-15. Zum Zusammenhang vgl. Th. Maas-Ewerd, Odo Casel OSB und Karl Rahner SJ, 201. Die von Rahner gemeinten positiven Rezensionen konnten hier nicht verifiziert werden. Relativ positiv war diejenige von Eugen Walter in: Wissenschaft und Weisheit 7(1940), 66-71, während E. v. Kienitz in: Hochland, 37. Jg., Bd.1, 4. Heft vom Januar 1940, 159-64 sich sehr kritisch geäußert hatte.- Vgl. Nikolaus Hens, Georg Koepgen (1898 - 1975). Geistlicher - Studienrat - Religionslehrer. In : Karl Schein (Hrsg.), Christen zwischen Niederrhein und Eifel. Lebensbilder aus zwei Jahrhunderten,Bd.1, Aachen 1993, 181 - 202.

wissenschaftliche Gottesbegriff, 1924), Sawicki (Die Gottesbeweise, 1926), Artur Schneider (im Sammelwerk "Probleme der Gotteserkenntnis" 1928).[68] Gewiß machen sich in diesen Schriften da und dort Tendenzen geltend, die eine Gefahr für eine rational einsichtige Erkenntnis Gottes aus der Welt bilden könnten. So, wenn unter Aufgabe der Bemühungen um die Begründung der Einsichtigkeit des metaphysischen Kausalprinzips dieses als bloßes Postulat eines nicht mehr rational einsichtig machbaren Vertrauens auf die Sinnhaftigkeit der Wirklichkeit betrachtet wird (Sawicki, Hessen). Aber das grundsätzliche Bemühen geht doch auf eine genauere und tiefer greifende Begründung des metaphysischen Kausalprinzips und die Kritik an manchen herkömmlichen Versuchen einer solchen Begründung steht im Dienste dieser letzten Absicht ; nicht aber ist eine Leugnung dieses Prinzip und damit der Möglichkeit der kausalen Gotteserkenntnis aus der Welt beabsichtigt. (Man kann auch nicht sagen, daß eine kritische Schärfung des wissenschaftlichen Gewissens in dieser Hinsicht nicht da und dort nützlich wäre ; vgl. z.B A. Michelitsch, Repetitorium Metaphysicae, Graz 1929, S 4). Wenn die positiven Bemühungen dieser Gruppe um die Begründung des Kausalprinzips nicht immer befriedigend ausgefallen sind, so ist das noch kein Grund zur Besorgnis, denn wie oft ist man in der christlichen Philosophie über gewisse letzte Grundsätze als These einig und geht dabei doch tiefgreifend in der näheren Begründung und Deutung solcher Grundsätze auseinander, ohne daß sich deswegen das kirchliche Lehramt zu Beanstandungen veranlaßt sieht. Selbst Kardinal Ehrle meinte 1933 (Die Scholastik und ihre Aufgaben in unserer Zeit, 2.Auflage, S. 53) daß bezgl. des Kausalproblems "eine allgemein /S.48/ befriedigende und klärende Antwort bis jetzt noch nicht gegeben wäre. Letzte Fragen verlangen Zeit und allgemeines Zusammenarbeiten." Überdies fehlt es innerhalb der deutschen katholischen Philosophie nicht an Arbeiten, die unter Verwertung dieser fruchtbaren Kontroversen die Beantwortung dieser Fragen in einer im Vergleich zu früher eingehenderen Weise versucht haben, die dennoch sich in der traditionellen Linie hält, so z.B. B. Franzelin, Die neueste Lehre Geysers über das Kausalprinzip, 1924, L. Fuetscher, Die ersten Seins- und Denkprinzipien, 1931, Mausbach, Wesen und Dasein Gottes (vgl. oben!),C.Nink, Sein und Erkennen, 1938.[69] Schließlich ist dieses

---

[68] Die meisten hier genannten Werke sind in den Regesten genannt; die anderen auch ohne Druckort leicht wiederzufinden.
[69] Der Vermerk zu dem Werke Mausbachs "vgl. oben!" bezieht sich auf eine kurze Nennung, die in der Edition Wolfs sich auf S. 160 findet.

Problem in seiner Vorhandenheit und Schwierigkeit nicht gestellt durch die Mode einer antiintellektualistischen Zeitphilosophie (ein Geyser mit seiner eher zu rationalen Denkhaltung kann gewiß nicht als Symptom solcher Gefahren gewertet werden), sondern ist ein Problem, das, weil zu den Grundproblemen der Metaphysik überhaupt gehörend, immer wieder neu gestellt und immer wieder aufs neue durchdacht werden muß. Diese Gruppe kann also, aufs Ganze gesehen, nicht als Beweis dafür gelten, daß sich in Deutschland im christlichen philosophischen Denken eine antiintellektualistische Strömung breitmache, die zu einer Gefahr für eine theologia naturalis führe. Außerdem kann bemerkt werden, daß die oben erwähnte "Popularphilosophie", die im allgemeinen jünger ist als diese Diskussion über das metaphysische Kausalprinzip, von ihr nicht ungünstig beeinflußt wurde, es sich also zeigt, daß es sich dabei um eine nützliche, aber im wesentlichen auch interne Angelegenheit der Fachphilosophie handelt.
Die dritte Gruppe ....

Dokument 23
Brief des Generalvikars von Paderborn, Dr. Rintelen, an Hessen vom 26.5.1951

(Maschinenschriftl. Original mit eigenhd. Unterschrift des Verfassers. Der Briefkopf ist gedruckt. Der letzte Relativsatz ist größtenteils von Hessen unterstrichen, ebenso das Wort "Religionsphilosophie". NL Hessen, fasz. 50 - Das im Text genannte Votum des Zensors ist hier als Dokument 25 ediert.)

Erzbischöfliches Generalvikariat
Tgb.-Nr. A 1814/51
Es wird gebeten, bei der Antwort die Tgb.-Nr. anzugeben

Paderborn am 26. Mai 1951
Postfach 112

Hochwürden Herrn Prof.D.Dr.Joh. H e s s e n
K ö l n
Universität

Leider sehe ich mich nicht in der Lage, für die beiden Bände ihrer Religionsphilosophie, wie sie jetzt vorliegen, die kirchliche Druckerlaubnis zu erteilen. Das Votum des Zensors füge ich bei. Nachdem dieses Votum vorlag, habe ich das Werk noch einem 2. Zensor gegeben, der auch eine kirchliche Druckerlaubnis nicht für verantwortbar hielt.

2 Bände   Dr. Rintelen
                                       Generalvikar

Dokument 24
Brief des Generalvikars von Paderborn, Dr. Rintelen, an Hessen, vom 28.5.1951

(Maschinenschriftl. Original mit eigenhd. Unterschrift. Der Briefkopf ist gedruckt. Das Wort "Religionsphilosophie" im 2. Satz ist von Hessen unterstrichen. - NL Hessen, fasz. 50. Der Durchlag des Briefes befindet sich im Erzbistumsarchiv Paderborn, Akte Censur var. 1950, A 1814/51)

Erzbischöfliches Generalvikariat
Tgb.-Nr.........
Es wird gebeten, bei der Antwort die Tgb.-Nr. anzugeben

Paderborn, am 28.Mai 1951
Postfach 112

Hochwürden
Herrn Prof.D.Dr.Joh.H e s s e n
K ö l n
Universität

Sehr geehrter Herr Professor!
Zu dem amtlichen Schreiben noch einige persönliche Zeilen, die ich aber Sie bitte, persönlich aufzufassen und bei einem vielleicht entstehenden weiteren Schriftwechsel nicht zu verwerten. Mir persönlich war ihre Religionsphilosophie noch nicht bekannt. Man ist halt als Generalvikar einer Riesendiözese so mit Arbeit überlastet, daß man sich literarisch und wissenschaftlich nicht

auf dem Laufenden halten kann. Das Votum des Zensors war mir aber Anlaß, den 2.Band Ihrer Religionsphilosophie zum grösseren Teil zu lesen. An der Lebendigkeit der Darstellung habe ich mich ausserordentlich gefreut und manche Partien des Werkes haben mich auch stark beeindruckt. Ich möchte auch glauben und wünschen, daß nach einigen Überarbeitungen sich doch eine kirchliche Druckerlaubnis ermöglichen läßt. Vielleicht klingt es naiv, wenn ich die Anregung gebe, das Werk vielleicht einmal einem Ihnen bekannten Dogmatiker oder Apologeten zur Durchsicht zu geben, der in der modernen Philosophie bewandert ist, aber gleichzeitig bei der Durchsicht die einschlägigen kirchlichen Verlautbarungen (besonders das Vaticanum, den Antimodernisteneid und "Humani generis") im Auge behält.

Als ich Ihr Werk erhielt, hatte ich wirklich gewünscht, Ihnen in kurzer Frist eine Druckerlaubnis erteilen zu können. Ich bedaure, daß das nicht möglich war.

Mit freundlichem Gruß
Ihr
ergebener
Rintelen

Dokument 25
Erstes Gutachten des Paderborner Zensors Eduard Stakemeier über Hessens "Religionsphilosophie" von 1951

(Maschinenschriftl. Abschrift, ohne Titelzeile oder sonstigen erklärenden Vermerk. Da in Dok. 23 ein solches Gutachten ausdrücklich als beiliegend genannt wird, besteht kein Zweifel daran, daß es sich um das genannte, erste Paderborner Gutachten handelt. Unterstreichungen wie in der Vorlage. - NL Hessen, fasz.50. - Die Autorschaft ergibt sich aus einem Schreiben des Generalvikars Rintelen an Stakemeier vom 9.4.1951, in dem dieser "um Prüfung im Sinne der Imprimaturbestimmungen" der beiden Bänder der "Religionsphilosophie" gebeten wird. Daraus ergibt sich, daß die Neuauflage offenbar im Verlag Schöningh geplant war ("in einem Paderborner Verlag"). Das Konzept des Briefes Rintelens in: Erzbistumsarchiv Paderborn, Akte Censur var. 1950-51, A 1814/51.)

" Das Imprimatur für dieses Werk glaube ich nicht verantworten zu können. Es stehen folgende Bedenken entgegen, die meiner Ansicht nach fundamentale Glaubenslehren berühren:

Bd.I.[70] Es dürfte mit dem Vaticanum und erst recht nicht mit dem Antimodernisteneid zu vereinbaren sein, wenn S.35 die Möglichkeit, mit Hilfe des Kausalgesetzes durch schlußfolgendes Denken zu Gott zu kommen, geleugnet wird.[71] An vielen Stellen wird die Anwendbarkeit des Kausalitätsbegriffes auf das Verhältnis Gottes zur Welt geleugnet. Der religiöse und der metaphysische Gottesbegriff seien völlig voneinander verschieden, und der metaphysische habe nicht nur keinen religiösen, sondern auch keinen religionsphilosophischen Wert.

Bd.II S.92 -93 sagt der Verfasser: "Gott kann nicht Gegenstand rationaler Erkenntnis sein .... Wäre Gott Erkenntnisgegenstand im eigentlichen Sinn, dann wäre er vom erkennenden Bewußtsein des Menschen irgendwie abhängig .... Gott kann nicht Gegenstand (menschlicher) Erkenntnis sein, weil er Gott ist."[72]

Demgegenüber ist zu betonen:

a) Nur wenn man einer idealistischen, etwa neukantianischen Erkenntnislehre huldigt, kann man behaupten, Gott würde vom Erkennenden abhängig, wenn er erkannt würde.

b) Wir erkennen Gott in mittelbarer und analoger Weise - H. lehnt dies ausdrücklich ab - und können ihn durchaus als Person erkennen, wie wir ja auch die anderen mit uns lebenden Personen durchaus nicht als unpersonale "Gegenstände" erkennen.

Bd.II S.99 sagt der Verf.: "Weil Gott ist und darum immer nur als Subjekt, niemals als Objekt fungieren kann, deshalb kann er dem Menschen nur im inneren Erlebnis zur Gegebenheit kommen."[73] Im religiösen Erlebnis habe die Seele einen "unmittelbaren Kontakt mit Gott" (S.104), eine Wesenserfahrung des Göttlichen. Im religiösen Erlebnis erlebt der Mensch das Göttliche, welches das Subjekt ist.

Hier setzt der Verf. bestimmte höchste Stufen der christlichen Mystik mit dem religiösen Erlebnis überhaupt in eins.

---

[70] Stakemeier lag die 1. Auflage von 1948 vor. Nr. 502.
[71] An dieser Stelle steht gesperrt: "das kausale Denken als solches führt gerade nicht zu Gott", im Rahmen einer längeren Auseinandersetzung mit dem Religionsphilosophen Wunderle, der bekanntlich das Gegenteil in schärfstmöglicher Form behauptete. Es handelt sich hier um den einleitenden Absatz "Die neuscholastische Religionsphilosophie", S.27-38.
[72] J.H., Religionsphilosophie, II, 1. Aufl., 92f. Die Zitate sind richtig, wenngleich stark gerafft.
[73] Im Original gesperrt gedruckt.

Bd.II S.210 behauptet er wiederum die prinzipielle Verschiedenheit des "Gottes der Philosophen" von dem "Gott der Religion" und zwar mit den beiden oben schon beanstandeten Argumenten[74]. II.S.99 wird der Glaube definiert " als ein inneres Überzeugtsein, das sich nicht sowohl auf ein beweisbares Wissen als vielmehr auf ein inneres Erleben und Erfahren stützt". II S.184 f wird der antiintellektualistische, nur auf religiösem Erleben aufgebaute Glaubensbegriff noch weiter ausgeführt, obwohl anderswo auch ein intellektuelles Element zugegeben wird. II.S. 197 wird in einer an den Modernismus erinnernden Weise das Dogma als eine Formung des Erlebnisses bezeichnet. Die "Rationalisierung des religiösen Erlebnisses" sei "eine Notwendigkeit logischer, teleologischer und soziologischer Art"[75]. Zustimmend wird die modernistische Theorie Hauers zitiert (S.198 Bd.II).

---

[74] Die Stelle lautet vollständig ebd. 210f: "Die philosophische und religiöse Gottesidee divergieren nun aber nicht nur in einzelnen wesentlichen Momenten ihres Inhalts, sondern die beiden Konzeptionen als solche sind grundverschieden. Wir stoßen damit auf den tiefsten Divergenzpunkt. Wir können ihn in dem Satz formulieren: Der Gott der Philosophie ist Objekt, der Gott der Religion Subjekt. Wir haben den ungegenständlichen Charakter der religiösen Gottesidee bereits hervorgehoben. Wir sahen: Gott kann nicht Gegenstand im strengen Sinne sein, weil er dann, ontologisch gesehen, mit den endlichen Dingen in einer Reihe stünde und nicht mehr das «ganz Andere» wäre. Auch würde sein Gegenstandsein eine Abhängigkeit vom menschlichen Bewußtsein einschließen, insofern er dann den begrifflichen Bestimmungen dieses Bewußtseins unterläge. Eine solche Abhängigkeit würde aber seiner Absolutheit widerstreiten. Gewiß ist am Zustandekommen der religiösen Gottesidee auch das begriffliche Denken beteiligt. Aber der eigentliche Gegenstand des Denkens ist hierbei nicht Gott, sondern das Gotteserlebnis. Die Gottesidee erwächst aus dem Gotteserlebnis. Sie kommt, wie gezeigt, durch eine begriffliche Ausdeutung des religiösen Erlebnisses zustande. Anders der philosophische Gottesbegriff. Er ist ein Erzeugnis des Denkens. Die spekulative Vernunft schließt von der Welt auf einen Weltgrund. Sie stützt sich dabei auf die Kontingenz der Welt, die die Setzung eines ens a se als eine Forderung der Vernunft erscheinen läßt. Den in dieser Weise erschlossenen Weltgrund sucht sie dann begrifflich näher zu bestimmen. So ist der Gott der Philosophie ein Denkgegenstand, der den begrifflichen Bestimmungen der menschlichen Ratio unterliegt. Er ist Objekt im vollen Sinne des Wortes."

[75] Ebd. 198: "Damit dürfte deutlich geworden sein, daß die (richtig verstandene) Rationalisierung des religiösen Erlebnisses eine Notwendigkeit darstellt. Es ist eine Notwendigkeit logischer, teleologischer und soziologischer Art, eine Notwendigkeit für den Erlebenden, für das Erlebnis selbst und für die andern, die Anteil an ihm gewinnen sollen.

Die Religionsgeschichte macht das Bestehen dieser Notwendigkeit vollends evident. Läßt sich doch in jeder geistigen Religion der beschriebene Rationalisierungsprozeß nachweisen. Die Religionsgeschichte zeigt auch den stufenmäßigen Aufbau dieses Prozesses. Zunächst ist es das sinnliche Erkenntnisvermögen, das sich um eine Deutung und Darstellung des religiösen Erlebnisinhaltes bemüht; erst auf höherer Stufe tritt das geistige Erkenntnisvermögen in Aktion. Dort entsteht der Mythos, ein Gebilde der religiös erregten Phantasie; hier das Dogma (im weitesten Sinne), ein Erzeugnis der religiös ergriffenen Vernunft. Sehr gut beschreibt Hauer diesen Prozeß." Es folgt ein längeres Zitat aus Wilhelm Hauer, Die Religion, 1. Bd., Stuttgart 1923, 40.

"Offenbarung ist keine spezifisch christliche oder biblische Kategorie, sondern eine Grundkategorie des religiösen Bewußtseins " (II 239). Jedes religiöse Erlebnis ist direkte Offenbarung Gottes (II 239 ff). Die Unterscheidung von natürlicher und übernatürlicher Offenbarung wird abgelehnt, weil jede echte religiöse Erfahrung eine unmittelbare Offenbarung Gottes sei (II 242). Die "übernatürliche" revelatio specialis unterscheide sich von der revelatio generalis nur durch ihren soziologischen Charakter (II 243), durch das damit verbundene Sendungsbewußtsein und ihren grösseren Reichtum (ebda). Wunder im speziellen Sinne sind nur " der Name für besondere, aus dem Rahmen des gewöhnlichen Geschehens heraustretende Begebenheiten. Und zwar sind es solche, an denen der Fromme der Allwirksamkeit Gottes in besonderer Weise inne wird." (II 236). Das fromme Gemüt belegt nur deshalb einzelne auffallende Ereignisse mit dem Namen "Wunder", weil es in ihnen die in allem Geschehen waltende und wirkende Gottheit besonders stark gegenwärtig spürt"[76] (II 238).

Es bedarf nur der Aufzählung dieser Irrtümer, um sie als unvereinbar mit dem Vaticanum und der Enzyklika Pascendi zu erkennen.

II 249 wird die vom Tridentinum gelehrte Auffassung der Gnade als "Verdinglichung" und die Wirksamkeit der Sakramente ex opere operato als Naturalismus und Magie abgelehnt. Gnade sei, wie Luther treffend gesagt habe, ein favor Dei[77].

---

[76] Der volle Text hierzu lautet ebd., II 237f.: "Wenn das fromme Gemüt - so möchten wir Ottos Gedankengang im Sinne unserer Darlegungen ergänzen und weiterführen - einzelne Ereignisse mit dem Namen «Wunder» belegt, so tut es das deshalb, weil es in ihnen die in allem Geschehen waltende und wirkende Gottheit besonders stark gegenwärtig spürt. Daß es aber an und in besonderen Ereignissen Gottes im besonderen Maße inne wird, ist bedingt durch den Charakter dieser Ereignisse. Ihnen haftet etwas Außergewöhnliches, Unerklärliches, Geheimnisvolles an. Sie lassen sich nicht ohne weiteres in den Zusammenhang des Naturgeschehens einordnen. Das darf freilich nicht im Sinne einer «Durchbrechung der Naturgesetze» verstanden werden. Denn damit wäre die Unterscheidung einer doppelten Wirksamkeit Gottes wieder eingeführt, die wir im Interesse eines genuin religiösen Wunderbegriffs ablehnen mußten Diesen können wir nicht besser gegen den kosmologischen Wunderbegriff abgrenzen als dadurch, daß wir das Wunder im speziellen Sinne definieren als «ein außerordentliches Ereignis der sinnlich-wahrnehmbaren Welt, an dem der Fromme Gottes und seines Wirkens in dieser Welt überwältigend inne wird.»" Das letztere Zitat ist aus M. Rade, Das religiöse Wunder, Tübingen 1909, 27; die Bezugnahme auf R. Otto meint dessen Buch «Sünde und Urschuld», München 1922, 222, 207f. (Übrigens ein klarer Beleg dafür, wie eng sich Hessen an die Marburger Schule anlehnte).
[77] Diese Stelle lautet vollständig, ebd. II 249: "Wie Offenbarung und Glaube der Gefahr der Intellektualisierung ausgesetzt sind, so die Gnade der Gefahr der Verdinglichung. Eine solche liegt vor, wenn die Gnade nicht personalistisch, sondern substantialistisch gefaßt wird. Sie ist dann etwas Objektives, Gegenständliches, Dingliches. Sie stellt eine von Gott geschaffene dingliche Qualität dar, die in die Seele einströmt und dort wunderbare Wir-

II 215-220 wird die analoge Gotteserkenntnis abgelehnt, weil sie den Intellektualismus nicht wirklich überwinde. Der Verfasser vertritt den reinen Symbolcharakter aller religiösen Erkenntnis: Gott bleibt in sich völlig unerkannt, und der Wert religiöser Begriffe liegt darin, daß sie infolge ihres Symbolcharakters religiöse Erlebnisse darzustellen und anzuregen vermögen."[78]

Dokument 26
Brief Hessens an das Paderborner Generalvikariat vom 19.6.1951

(Maschinenschriftl. Original mit eigenhd. Unterschrift und Datierung, sowie einem Stempel als Absenderangabe, in: Erzbistumsarchiv Paderborn, Akte Censur var. 1950-51, A 1814/51. - Durchschlag im NL Hessen, fasz.50. - Einige Tippfehler werden stillschweigend korrigiert, einige hs. Korrekturen Hessens nicht eigens ausgewiesen, da sie ebenfalls nur Tippfehler betreffen.)

An das Hochwürdigste Erzbischöfliche Generalvikariat!

Den Bedenken des H.H.Zensors Rechnung tragend,habe ich für die Neuauflage meiner "Religionsphilosophie" folgende Textänderungen vorgesehen:
Bd. I S.35. Der betreffende Passus wird gestrichen;in einer Fußnote wird auf die einschlägigen Ausführungen in meinem (mit dem Imprimatur versehenen) Werk "Das Kausalprinzip" verwiesen. Die Unterscheidung zwischen metaphysischem und religiösem Gottesbegriff - die sich übrigens bei vielen katholischen Religionsphilosophen findet - wird an den betreffenden Stellen modifiziert[79].
Bd.II S.92-93. Die Stelle wird gestrichen(vgl. beiliegenden zweiten Band)[80].

---

kungen hervorruft. Als die Kanäle, durch die sie einströmt, gelten die Sakramente. Sie sind Träger und Vermittler dinglicher Gedankenkräfte und wirken nach Art der Naturkräfte: ex opere operato. Gegenüber dieser naturalistischen, im Grunde magischen Auffassung der Gnade muß nachdrücklich betont werden, daß Gnade nichts Naturhaftes, Dingliches, sondern etwas höchst Persönliches bedeutet. Gnade ist ein Verhalten, eine Gesinnung Gottes. Sie ist, wie Luther treffend sagt, favor Dei oder, wie Gerhard in seinen «Loci theologici» sich im Hinblick auf die uns in Christus geschenkte Gnade ausdrückt: Dei misericordia, dilectio et favor, quo credentes in Christum complecitur."
[78] Die Bemerkungen über Hessens Symboltheorie geben nur eine schwache Vorstellung von dem, was er ebd. II 215-20 tatsächlich ausgeführt hat. Hessen verwertet dabei Gedankengänge von P. Lippert SJ, O. Karrer, A. Messer, G. Tyrrell, B. Duhm, A. Sabatier, R. Otto, Pseudo-Dionysius Areopagita, Max Müller und Jacobi.
[79] Der Text wurde in der 2. Auflage von 1955 II 33, nicht geändert. - Nr. 579.
[80] Der Text wurde in der 2. Auflage von 1955, II 80-82 nicht gestrichen oder verändert.

Bd.II S.99. Die Stelle wird ebenfalls gestrichen.S.99(zweite Hälfte) wird die Definition des Glaubens entsprechend geändert[81].Ebenso S.184 Zeile 4 von oben. Ich bemerke,daß es sich hier um die Analyse eines biblischen Erlebnisberichtes handelt (S.182) und daß nicht nur das Erkenntnismoment (S.183),sondern auch der Gegensatz zu Ritschls Auffassung (S.186) scharf betont wird, sodaß es mir schlechterdings unverständlich ist, wie man aus meinen Ausführungen einen "antiintellektualistischen Glaubensbegriff" herauslesen kann, was bisher auch noch keiner meiner Rezensenten getan hat![82]
Bd.II S.197. Auch von anderen katholischen Religionsphilosophen ist das Dogma als eine Formung des religiösen Erlebnisses bezeichnet worden[83]. Vor mir liegt die mit dem Imprimatur versehene "Religionsphilosophie" von Steffes,in der die Ausführungen über das Dogma S.251 f fast wörtlich mit den meinen übereinstimmen[84]. Auf diese Übereinstimmung werde ich in einer Fußnote hinweisen.Ich bin bereit, auf S.198 den ganzen mittleren Abschnitt mit dem Zitat aus Hauer zu streichen. (Übrigens darf man den Hauer von 1923 nicht mit dem Hauer der Nazizeit gleichsetzen!)[85]
Bd.II S.239. Die Beanstandung verstehe ich nicht. Daß "Offenbarung" (im weitesten Sinne genommen) eine religiöse Grundkategorie ist,kann doch kein Sachkundiger bestreiten.Es steht das auch in meinem Buch "Die Werte des Heiligen" (Regensburg 1938),das mit dem Imprimatur erschienen ist und in wenigen Wochen wiederum mit dem Imprimatur neu erscheinen wird. Der Satz:"Jedes religiöse Erlebnis ist direkte Offenbarung Gottes" steht so nicht

---

[81] In der 2. Auflage, II 87 nicht gestrichen oder verändert. In dem mittleren Abschnitt von S.198 geht es um die Entstehung des Dogmas als "Erzeugnis der religiös ergriffenen Vernunft". Dabei wird ausführlich zitiert: Jakob Wilh. Hauer, Die Religion (1923), 40. Der ehemalige Indienmissionar und Prof. für Indologie und Religionswissenschaft in Tübingen gehörte zuerst zur protest. Jugendbewegung, gründete aber im Juni 1933 eine "Arbeitsgemeinschaft der deutschen Glaubensbewegung"; E. Schlund, 177ff. u. Reg.
[82] In der 2. Auflage, II 156-59, nicht geändert.
[83] In der 2. Auflage, II 169, nicht geändert. J. Hessen, Die Werte des Heiligen (1938), 123ff. Gemeint ist: K. Adam, Glaube und Glaubenswissenschaft im Katholizismus, 2. Aufl. Rottenburg 1923, 74, 79f.
[84] J. P. Steffes, Religionsphilosophie, München/Kempten 1925, 251. Es trifft zu, daß Steffes hier das Dogma im wesentlichen als die Durchdringung und Formulierung einer "besonders tiefen Gotteserfahrung" ansieht.
[85] Der Text wurde in der 2. Auflage der Religionsphilosophie von 1955, Bd. II 169f. nicht geändert. - Der "Hauer der Nazizeit" meint die von Hauer gegründete "Deutsche Glaubensbewegung", gegen die Hessen in seinem Buch "Der deutsche Genius und sein Ringen um Gott" (1937), 14, Stellung genommen hatte. Hauer hatte sich "für einen germanischdeutschen Glauben" ausgesprochen, für den er "unentwegt, wenn es sein muß, rücksichtslos" einstehen wollte; ebd.

bei mir.Um aber dem Bedenken des Zensors Rechnung zu tragen,habe ich S.239 eine entsprechende Streichung vorgenommen(vgl.beiliegenden Band)[86].

Zu der beanstandeten Unterscheidung von natürlicher und übernatürlicher Offenbarung bemerke ich,daß sie sich in meinen "Werten des Heiligen" findet und sich auf Ausführungen von Karl Adam stützt. Den einschlägigen Text meines genannten Werkes habe ich in meine "Religionsphilosophie" hineingelegt,damit der Herr Zensor sich von der Richtigkeit meiner Angaben überzeugen kann. Daß das Werk von Adam das Imprimatur besitzt,brauche ich wohl nicht eigens zu erwähnen.Vielleicht ist der Herr Zensor damit einverstanden,daß ich den Text stehen lasse und mich durch die S.243 angebrachte Fußnote "salviere"[87].

In noch größere Verlegenheit bringt mich die Beanstandung meiner Ausführungen über das Wunder,die allerdings von der Tendenz beherrscht sind,die Bezogenheit des Wunders auf das religiöse Subjekt stark hervorzukehren. Doch habe ich diese Auffassung bereits in meinen "Werten des Heiligen" (die zweimal die kirchliche Zensur passiert haben) entwickelt,ohne daß bis heute ein Theologe oder Laie daran Anstoß genommen hätte. Vielleicht darf ich auch hier dem Zensor den Vorschlag machen,daß ich in einer Fußnote auf die eingehenderen Ausführungen in dem genannten Werk hinweise[88].

Bd.II S.249. Wenn ich zwar nicht von "Verdinglichung" (wie der Zensor mit unterstellt),wohl aber von einer "Gefahr der Verdinglichung" der Gnade spreche,so denke ich dabei nicht an die Lehre des Tridentinums, sondern an die das spätmittelalterliche Frömmigkeitsleben weithin beherrschende Auffassung von der Gnade, die auch von katholische Kirchenhistorikern als "naturalistisch","magisch" etc gebrandmarkt worden ist (Ich brauche wohl keine Namen zu nennen.) Ich bin aber bereit,den Passus zu streichen(vgl. die im beiliegenden Band S.249 vorgenommene Streichung)[89].

---

[86] Dieser Text ist in der 2. Auflage, II 203 unverändert.
[87] Der Text ist in der 2. Auflage, II 207 unverändert, auch ohne die angebotene Anmerkung. Vgl. J. Hessen, Die Werte des Heiligen, Regensburg 1938, 130-137 zu der "inneren Offenbarung" und der "speziellen Offenbarung". Hessen bezieht sich dabei auf Karl Adam, Glaube und Glaubenswissenschaft im Katholizismus, ^{2}Rottenburg 1923, 128f.
[88] Der Text ist in der 2. Auflage, II 201 unverändert. Zum Wunder vgl. J. Hessen, Die Werte des Heiligen, Regensburg 1938, 113-22.
[89] Der Text ist in der 2. Auflage, II 212ff. unverändert. Vgl. Joseph Lortz, Die Reformation in Deutschland, 1. Bd., Freiburg 1939, 102 ("magisch"), 109 ("Zaubermittel") a.a.O. zur spätmittelalterl. Frömmigkeit, hier bezüglich des Wetterzaubers und der Meßauffassung.

Nun zur letzten Beanstandung,die Bd.II S.215-220 betrifft[90].
Ich bin durchaus Gegner der Barth'schen Theologie, die den Gedanken der analogia entis geradezu perhorresziert. Ich halte an ihm fest, glaube aber mit Rücksicht auf die Mentalität des modernen Gottsuchers, dem der scholastische Begriff einer "analogen Erkenntnis" unverständlich ist von einer "symbolischen Erkenntnis" der göttlichen Dinge sprechen zu sollen.Dabei grenze ich den Begriff "Symbol" aufs schärfste gegen den Begriff "Fiktion" ab und gebe ihm einen Sinn,der ihn ganz in die Nähe des Begriffs "Analogie" bringt, ja ihn fast mit diesem zusammenfallen läßt. Ich glaube, daß auch der Herr Zensor sich davon überzeugen wird, wenn er die Seiten 215-220 noch einmal aufmerksam liest und dabei beachtet,daß ich namhafte Kronzeugen unter den katholischen Theologen für meine Auffassung anführen kann.(S.215f). Sollte sich meine Hoffnung nicht erfüllen,so bitte ich,mir anzugeben,in welcher Weise der Text geändert werden soll.
Mit der Bitte um gütige Erteilung der kirchlichen Druckerlaubnis ergebenst

J. Hessen

Dokument 27
Zweites Gutachten des Paderborner Zensors Eduard Stakemeier über Hessens "Religionsphilosophie", Juli/August 1951

(Maschinenschriftl. Abschrift in drei Seiten, die mit einer Metallklammer zusammengehalten sind. Die Textanordnung und die Unterstreichungen werden beibehalten. - NL Hessen, fasz. 50. - Ein Durchschlag dieser Abschrift und das Konzept eines Begleitschreibens des Generalvikars Rintelen an Hessen vom 9.8.1951 in: Erzbistumsarchiv Paderborn, Akte Censur var. 1950-51, A 1841/51. Die Autorschaft Stakemeier ergibt sich klar aus dem ersten Abschnitt dieses zweiten Gutachtens.)

<u>Bemerkungen zu Joh. Hessens</u>
<u>"R e l i g i o n s p h i l o s o p h i e"</u>

---

[90] Der Text ist in der 2. Auflage, II 182-88 ganz unverändert. Hessen behandelt S.218 das Verhältnis vom "Mysterium" zum "Symbol". Er stimmt Bernhard Duhm, Das Geheimnis in der Religion, Freiburg/Leipzig 1896, 6f. zu der gesagt hatte: "Wir müssen, um zu dem religiösen Kern [der Dogmen, d. Hrsg.] zu gelangen, erst die Form abtrennen".

Unter Aufrechterhaltung der dem Verfasser bereits mitgeteilten Bedenken, die durch das Antwortschreiben des Verfassers vom 19.6.51 nur zum Teil behoben werden, möchte ich noch auf Folgendes hinweisen:
Bd.I 34 und Bd. II 32 - 33 wird gesagt, die Scholastik identifiziere Religion und Metaphysik[91]. Tatsächlich hat die Scholastik die Religionsphilosophie zum krönenden Abschluss der Metaphysik gemacht, wie der Verfasser auch gelegentlich zu erkennen gibt.

Bd. I 149 - 150 wird mit Recht Gottes Kausalität hinsichtlich der Welt betont und von dem Propheten gesagt: "Ihre Gottesidee besitzt durchaus metaphysischen Charakter". Dies ist sogar "scholastischer" als alle Scholastiker! Denn der Gottesbegriff der Propheten ist aus der Selbsterschliessung des lebendigen Gottes gewonnen und hat übernatürlich-religiösen, nicht eigentlich metaphysischen Charakter.

Jedoch heisst es dann an anderen Stellen, man könne den Begriff von Ursache und Kausalität auf das Verhältnis von Gott und Welt überhaupt nicht anwenden.

Auch die Scholastiker wussten schon, dass Religion und Metaphysik verschiedene Bereiche sind. Zweifellos besteht auch zwischen Metaphysik und Religionsphilosophie ein Unterschied, aber man darf den Gegensatz nicht so weit treiben wie H. es tut, wenn er dem metaphysischen Gottesbegriff jeden religiösen Wert abspricht und ihn vom religiösen Gottesbegriff als völlig verschieden darstellt. Da H. die <u>tatsächliche</u> Identität des metaphysischen und religiösen Gottesbegriffs zugibt, hätte er, ohne sich untreu zu werden, den Gegensatz nicht so unerträglich ins Relief zu setzen brauchen, damit die rationale Apologetik möglich bleibt, die in "Humani generis" verteidigt wird[92]. Denn die Kontingenz des Welt - Seins, in dem auch H. den Ausgangspunkt aller Gottesbeweise sieht, hat nicht nur metaphysischen, sondern auch religiösen Charakter, und das "Kreaturgefühl" schwingt noch in der höchsten mystischen Erfahrung mit.

---

[91] Tatsächlich spricht Hessen in II 32f. nur von einem partiellen Identitätssystem von Religion und Metaphysik. Bd. I 34 wird an Hand Georg Wunderles die neuscholastische "Identifizierung von Religion und Metaphysik" dargelegt, allerdings auch hier nur als partielle.
[92] Vgl. hier Einleitung, Abschnitt 7. Zu den auf Hessen beziehbaren Teilen der Enzyklika vgl. A. Hartmann SJ (Hrsg.), Bindung und Freiheit des katholischen Denkens, 98ff. (Beitrag J. de Vries).

Bd. II 93 und 210: Gott würde duch das Erkennen vom menschlichen Bewusstsein abhängig: Wir haben ja auch von anderen Personen eine Erkenntnis, die das Personale des Anderen durchaus nicht zum "Objekt" verwandelt[93].

Bd. II 218: Zustimmend wird Duhm zitiert, der eine modernistische Auffassung vom Wert der dogmatischen Formeln vertritt, eine Auffassung, die durch "Humani generis" direkt verurteilt wurde[94].

Schliesslich möchte ich mir erlauben, an einer Reihe von Beispielen aufzuzeigen, in welchem Sinne H's Buch umgearbeitet werden müsste, um das Imprimatur zu erhalten:
(Alle Seitenangaben aus Bd. II.)

S. 15: Hier müsste die Sonderstellung des Christentums (A.T. u. N.T.) als einzige übernatürl. Offenbarungsreligion in Form eines Einschubs ausgesagt werden[95].

S. 20: Zeile 8 - 9: Es muss der Gedanke abgewehrt werden, als ob der von der Religion intendierte Gegenstand bewusstseinsimmanent wäre[96].

S. 21 oben: 1. Absatz gilt nur von der religio naturalis[97].

---

[93] Vgl. hier Anm. 68 und 70. Auch diese Stellen blieben in der 2. Auflage unverändert.
[94] Vgl. Anm. 74. Hessen bezieht sich auf Bernhard Duhm, Das Geheimnis in der Religion, Leipzig 1896. Eine "direkte" Verurteilung Duhms konnte sich schon deshalb in «Humani generis» nicht finden, weil in dieser Enzyklika überhaupt keine Namen genannt wurden. Es erübrigt sich daher eine nähere Identifizierung der geistigen Brücke, die Stakemeier zwischen dem sonst längst vergessenen Werke dieses Autors und der Enzyklika schlägt.
[95] J.H., Religionsphilosophie, II. Bd., Essen 1948, 15 (Neuauflage: II 14): "Gegenstand und Aufgabe der Religionsphilosophie". Hier den von Stakemeier gewünschten Einschub über die "einzige übernatürliche Offenbarungsreligion" zu machen, würde den grundsätzlichen Aufbau der Hessen'schen Religions*philosophie* geradezu vernichten. Es zeigt sich daran, daß es für Stakemeier letztlich gar keine Religionsphilosophie gab, und keine theologia naturalis, sondern nur Apologetik im traditionellen Sinne der drei «demonstrationes».
[96] Die monierte Stelle (I 20) lautet: "Es ist in der Tat das religiöse Urphänomen, d.h. der religiöse Akt einerseits und der von ihm intendierte Gegenstand, das Heilige, anderseits, die den Gegenstand der religionsphänomenologischen Methode bilden."
[97] Es handelt sich um einen längeren Absatz, in dem die Kritik Tillichs an der Religionsphänomenologie (ders. in: Lehrbuch der Philosophie, hrsg. von M. Dessoir, Berlin o.J., II 781f.) zurückgewiesen wird. Stakemeier scheint den methodischen Anspruch der Religionsphänomenologie, eine "Wesensanalyse der aller einmalig geschichtlichen Verwirklichung und aller individuell persönlichen religiösen Erfahrung zugrunde liegenden Sinnbeziehungen und letzten Gegebenheiten" zu leisten, nur für die theologia naturalis, nicht aber für das Christentum zuzulassen; J.H., Religionsphilosophie, II 21 (unverändert in der 2. Auflage, II 19).

S. 23	Mitte: "und die so gewonnene Gottesidee .... zu setzen" streichen, weil unklar[98].
S. 26	3.Abschnitt streichen bis auf das Gedicht von Meyer[99]. Nach dem Gedicht muss zumindestens in folgenden Sätzen zugefügt werden: Religion ist nicht nur Gedanke, sondern auch Erlebnis.
S. 26	unten und 27 Zeile 16: S.26 unten "nur sekundäre Bedeutung" streichen; S.27:"Das Wesen der Religion liegt im Irrationalen" streichen[100].

---

[98] Dieser Passus behandelt den Übergang von der phänomenologischen Methode zur kritischen Methode, um den "Schritt von der Gotteserfahrung zum Gottesbegriff", danach darum, "die so gewonnene Gottesidee zu den obersten Ideen des philosophischen Denkens in eine fruchtbare Beziehung zu setzen"; ebd. II 23 (in der Neuauflage II 21 unverändert). Ob diese Stelle "unklar" ist, hängt davon ab, ob man überhaupt Hessens Ansicht teilt, daß die phänomenologische Methode "die grundlegende Methode der Religionsphilosophie" sei, auf der dann die "metaphysische Methode" aufbaue; ebd. 23.
[99] Der Stakemeier mißliebige Absatz lautet (ebd. II 26): "Besinnen wir uns auf unser religiöses Verhalten, so werden wir schon bald inne, daß es kein theoretisch-intellektuelles, sondern ein atheoretisch-praktisches Verhalten ist. E. Troeltsch hat dafür die klassische Formel geprägt: In der Religion wird immer etwas ergriffen, nichts begriffen. Es ist jene innere Haltung, wie sie C.F. Meyer in seinen vielberufenen Versen umschreibt:
«Die Rechte streckt' ich schmerzlich oft in Harmesnächten»
Und fühlt' gedrückt sie unverhofft von einer Rechten -
Was Gott ist, wird in Ewigkeit kein Mensch ergründen,
doch will Er treu sich alle Zeit mit uns verbünden.»
Religion ist nicht Gedanke, sondern Erlebnis; nicht Theorie, sondern Leben. Der religiöse Akt ist kein Denk-, sondern ein Lebensakt. Es ist nicht der bloße Intellekt, sondern die Persönlichkeit in ihrer Totalität, die ihn vollzieht, die in ihm lebt und sich auswirkt."
[100] Der Absatz Bd. II, 26-27, den Stakemeier hier verändern will, schließt sich unmittelbar an den Text in Anm. 95 an und lautet: "Ein Blick in die Religionsgeschichte bestätigt das. Überall, wo uns echtes religiöses Leben entgegentritt, stehen wir vor einem Aufbruch irrationaler Kräfte. Gewiß setzt ein solcher Aufbruch auch das Vorstellungs- und Denkvermögen des Menschen in Tätigkeit. Aber alle Vorstellungen und Denkinhalte haben nur sekundäre Bedeutung. Sie wollen jenes geheimnisvolle Leben darstellen und deuten und es dadurch dem Verstande näherbringen; aber sie sind nicht mit jenem Leben identisch, machen nicht seinen Kern aus.
Daß die Religion Leben und Erleben ist, diese Anschauung hat sich in der neueren Religionsforschung immer mehr durchgesetzt. Schon Max Müller erklärt: «Wahre Religion, d.h. praktische, tätige, lebendige Religion hat wenig oder nichts mit logischen oder metaphysischen Haarspaltereien zu tun. Praktische Religion ist Leben, ein neues Leben, ein Leben vor den Augen Gottes, und sie entspringt aus dem, was an mit Recht eine Wiedergeburt nennen kann.» Ein Religionswissenschaftler der Gegenwart bezeichnet es als eine «Grunderkenntnis» der heutigen Religionsforschung, daß «Religion Leben und nicht rationale Anschauung oder zeiträumlicher Ritus» ist. Das Wesentliche an der Religion, so betont er, sind nicht «Vorstellungen», sondern das eigentümliche Leben, das hinter ihnen steht». Das Wesen der Religion liegt «im Irrationalen, in einem ganz eigentümlichen Leben und Erleben»."
Die Zitate sind aus M. Müller, Leben und Religion, Stuttgart o.J., 153f. und aus G. Mensching, Vergleichende Religionswissenschaft, Leipzig 1938, 20, 11 u. 9. Der Text blieb in der Neuauflage, II 24f. unverändert.

S. 29	muss hinzugefügt werden, dass die Grundlage der Religion die Beziehung zum persönlichen Gott ist, wie S.42 gesagt wird[101].
S. 36	letzter Abschnitt bis S.37 1. Abschnitt: widerspricht dem Antimodernisteneid[102].
S. 37	letzter Abschnitt: Dies ist sehr richtig![103]
S.38/39:	vide Enzyklika Humani generis![104]
S. 42	Z. 4-5: "Die Religion stellt ein atheoretisches Verhalten dar"; streichen[105].
S. 94	Zeile 10 vom nur intellektuellen abzuheben![106]

---

[101] Der beanstandete Abschnitt (II 29; in der Neuauflage unverändert II 26f.) ist der Schluß des Kapitels "Der Begriff der Religion". Er lautet: "Fassen wir das Gesagte kurz zusammen, so können wir sagen: Religion ist Leben, Wertleben. Dieses empfängt seinen spezifischen Gehalt durch die Werte, die es tragen und erfüllen. Zum Unterschied von den Werten des Wahren, Guten und Schönen heißen sie die Werte des Heiligen. Dementsprechend können wir die Religion definieren als Erlebnis des Heiligen. Wollen wir nicht nur das Prinzip, aus dem das Ganze der Religion hervorwächst, sondern auch dieses selbst irgendwie in die Begriffsbestimmung aufnehmen, so können wir sagen: Religion ist die Lebensbeziehung des Menschen zum Heiligen."

[102] In diesem langen Abschnitt erläutert Hessen seinen Kerngedanken, daß "das ens a se ein Postulat unserer theoretischen Vernunft ist", sowie "die Annahme eines ens a se ist nicht beweisbar". - "Im Begriff des Seins ist der Gedanke des Grundes nicht enthalten; ein grundloses Sein ist sehr wohl denkbar. Es handelt sich somit nur um eine Forderung, die wir an die Wirklichkeit stellen: die Forderung nach ihrer Begreifbarkeit"; ebd. II 37, in der Neuauflage, II 33f., unverändert.

[103] In diesem Abschnitt, der unmittelbar auf die in Anm. 98 kurz referierte Passage folgt, führt Hessen den Gedanken aus: "Das Absolute der Metaphysik und der Gott der Religion sind realiter identisch"; ebd. II 37; in der 2. Auflage, II 34, unverändert.

[104] Anlaß zu diesem warnenden Hinweis auf die Enzyklika «Humani generis» gab Stakemeier gewiß der ebd. II 38 gesperrt gedruckte Satz Hessens: "Die Wahrheit der Religion läßt sich mit rationalen Mitteln nicht restlos sicherstellen", sowie ebd. II 38f.: "Aber wenn das metaphysische Denken auch außerstande ist, die Wahrheit der Religion zwingend zu beweisen, so kann es doch bedeutsame Gründe für diese Wahrheit anführen". Beide Stellen bleiben in der 2. Auflage (II 35) unverändert.

[105] Der ganze Abschnitt, so typisch für Hessens Auffassung ist, lautet ebd. II 41-42 (unverändert in der 2. Auflage II 38): "Philosophie ist eine Funktion des Verstandes. Sie bedeutet eine Bestätigung der intellektuellen Kräfte der Seele. Der Philosoph ist wesensmäßig Intellektualist. Religion dagegen ist eine Funktion der ganzen Persönlichkeit. An ihr sind zwar auch die intellektuellen Kräfte beteiligt; aber ihnen fällt nicht die Hauptrolle zu. Diese spielen vielmehr die Gemüts- und Willenskräfte. Die Religion stellt ein atheoretisches Verhalten dar. Sie ist nicht Theorie, sondern Leben. - Als Funktion der Ratio will die Philosophie alles rational erklären. Es liegt in ihrem Wesen begründet, wenn sie sich von einem formalen Rationalismus leiten läßt. Demgegenüber vertritt die Religion einen ausgesprochenen Irrationalismus oder besser Suprarationalismus. Sie hält es mit dem, was «höher ist als alle Vernunft». Sie weiß das, «was kein Verstand der Verständigen sieht» (Schiller). Ihre Welt ist die Welt des Geheimnisses."

[106] Es handelt sich um folgenden Passus, der ebd. II 94 von Kierkegaards "existierendem Denker" spricht und dann fortfährt: "Unter dem Einfluß der Existenzphilosophie, wie sie heute namentlich von Heidegger und Jaspers vertreten wird, die beide Kierkegaard stärkste Anregung verdanken, pflegt man weithin und mit gutem Grunde das religiöse Verhalten

S. 95   Abschnitt 2, Zeile 5 - 7 streichen[107].
S. 99   confer.: Vatikanischer Glaubensbegriff![108]
S. 200 Abschnitt 2, Zeile 6: statt "alle höhere" muss es heissen: "Die höchste"[109].
S. 200 Zeile 17 ff. müsste es etwa wie folgt heissen: Es ist jener Intellektualismus, der das Mysterium (die res ipsa credita) mit der dogmatischen Formulierung (der Einkleidung des Mysteriums durch die propositio credenda) gleichsetzt und für die Tatsache der dogmatischen Entwicklung blind ist.
S. 201 - 204 zu streichen![110]

Ich bemerke, dass ich hier nur Beispiele für eine Umarbeitung angegeben habe. Im Sinne meiner Bemerkungen müsste der Verfasser sein ganzes Werk nochmal einer genauen Durchsicht unterziehen.

Dokument 28
Brief des Bischofs von Rottenburg, C.J. Leiprecht, an die Bader'sche Verlagsbuchhandlung vom 25.10.1951

(Durchschlag einer maschinenschriftl. Abschrift. NL Hessen, fasz. 50).

---

als ein existentielles zu kennzeichnen und dadurch vom intellektuellen abzuheben." Keine Veränderung in der 2. Auflage, II 82.
[107] Zeile 5-7 beginnen im folgenden Zitat des ganzen Passus mit der zweiten Klammer; ebd, II 95 (in der 2. Auflage, II 83 unverändert): "Die Überzeugung der sittlichen Persönlichkeit, daß das Gute vom Menschen verwirklicht werden kann (Freiheit), daß es voll verwirklicht werden kann (Unsterblichkeit) und daß es deshalb verwirklicht werden kann, weil es in den Tiefen des Seins lebendige Wirklichkeit ist (Dasein Gottes), diese mit wissenschaftlichen Mitteln nicht mehr sicherzustellende Überzeugung als «Glaube» anzusprechen, wird man Kant nicht verwehren können."
[108] Zum "Vatikanischen Glaubensbegriff" vgl. Denziger-Rahner, Nr.1789-94 (De Fide, cap. 3): "propter auctoritatem ipsius Dei revelantis" erfolgt der Glaube. Derselbe Text bei Denziger-Bannwart, ebd. In der Religionsphilosophie (II 99) hatte Hessen gesagt: "Wenn ich Gott erlebe, werde ich von ihm erfaßt, ergriffen. Nicht ich, sondern er ist dabei der zutiefst Wirkende. Und zwar wirkt er, in dem er mich gewissermaßen in sein Leben hineinnimmt. Gott ist also hier letzten Endes nicht Objekt, sonden Subjekt. Und so können wir sagen: Weil Gott Gott ist und darum immer nur als Subjekt, niemals als Objekt fungieren kann, deshalb kann er dem Menschen nur im innern Erlebnis zur Gegebenheit kommen. Die der Struktur des Göttlichen allein entsprechende Erfassungsweise ist das religiöse Erlebnis oder die religiöse Erfahrung."
[109] An der angegebenen Stelle (ebd. II 200 Zeile 6) heißt es "Alle höhere Religion beruht, wie wir fanden, auf Offenbarung". Keine Veränderung in der Neuauflage, II 171.)
[110] Die von Stakemeier zur ersatzlosen Streichung vorgesehenen Seiten werden hier als Text 9 neu ediert. Ursache für den radikalen Schnitt des Paderborner Dogmatikers wird doch wohl vor allem die zustimmende Zitierung Tyrrells gewesen sein.

Abschrift

BISCHÖFLICHES ORDINARIAT   Rottenburg (Neckar) 25.Oktober 1951.

Nr.A. 12 178

An die
Bader'sche Verlagsbuchhandlung
Adolf Bader
R o t t e n b u r g
Betr.: Imprimatur für Hessen:
Freudiges Christsein
Auf das Schreiben vom 19.9.1951
1 Beil.

Das unter dem 19. September vorgelegte Manuscript Johannes Hessen: "Freudiges Christsein" haben wir eingehend geprüft[111]. Bei dem Band von 417 Seiten konnte das nicht so schnell geschehen, als der Verlag gewünscht und gehofft hat. Dies umso weniger, weil bei der Lesung des Buches bald manche Ausführungen des Verfassers fraglich erschienen. Das veranlasste uns, das Buch besonders sorgfältig und gründlich durchzusehen, um ein möglichst klares und sicheres Urteil darüber zu gewinnen. Auf Grund solch genauer Durchsicht des Buches müssen wir nun leider erklären, dass es uns <u>unmöglich</u> ist, dem Buche die kirchliche Druckerlaubnis zu geben. Wenn wir recht unterrichtet sind, soll das Buch früher unter einem anderen Titel in einem anderen Verlage erschienen sein und das "Imprimatur" erhalten haben. Weil dies für uns sehr wichtig ist, bitten wir uns mitzuteilen, ob das Buch, das jetzt unter dem Titel "Freudiges Christsein" erscheinen soll, früher, aber unter einem anderen Titel, in einem anderen Verlage und mit Bischöflichem Imprimatur heraus kam, welches der frühere Titel des Buches war, wer der Verleger war und welche Bischöfliche Behörde das Imprimatur gegeben hat[112].

---

[111] Es handelt sich um das bereits 1947 erschienene Buch H.s "Die Frohbotschaft für die Menschen von heute", Essen (Verlag Dr. Hans von Chamier), 419 S. Die hier zur Zensur vorgelegte Neuauflage erschien dann nicht unter dem Titel "Freudiges Christsein" im Verlag Bader (Rottenburg), sondern 1952 im Verlag Ehrenfried Klotz in Stuttgart unter dem Titel "Das Kirchenjahr im Licht der Frohbotschaft". Vgl. Nr. 553.
[112] Die erste Ausgabe (vgl. vorige Anm.) hatte kein "Imprimatur".

(gez.) + Carl Jos. Leiprecht

Dokument 29
Brief Hessens an den Bischof von Rottenburg, C. J. Leiprecht vom 7.11.1951

(Durchschlag des maschinenschriftlichen Originals. - NL Hessen, fasz. 50.)

Hochwürdigster Herr Bischof!

Wie mein Verleger Bader mir mitteilt, ist das Imprimatur für mein Predigtwerk "Frohbotschaft" in einem von Ihnen unterzeichneten Schreiben rundweg abgelehnt worden, und zwar ohne Angabe von Gründen. Gestatten Sie mir, dieses unqualifizierbare Vorgehen ein wenig zu kommentieren. Ich bin 62 Jahre alt, seit 37 Jahren Priester und seit 31 Jahren Universitätslehrer. Ich habe in meinem Leben 50 Bücher geschrieben, von denen 10 in fremde Sprachen übersetzt worden sind. Meine Werke sind nicht nur in allen europäischen Kulturländern, sondern auch in drei anderen Erdteilen verbreitet. Noch unlängst schrieb mir ein Jesuit, der Professor der Universität Tokio in Japan ist, daß mein bei Bader erschienenes Werk "Der Sinn des Lebens" dort mehrfach aufgelegt worden sei und sehr viel Segen gestiftet habe. Zu meinen Schülern und Doktoranden gehören Geistliche aus dem Welt- und Ordensklerus.Für viele junge Katholiken bin ich gleichsam die Klammer, die sie mit dem Katholizismus verbindet. Mehr als einer von ihnen hat mir versichert, wenn Sie nicht wären, wäre ich nicht mehr in der katholischen Kirche.
Und da wird mir nun von anonymen Zensoren einer kleinen süddeutschen [sic] Diözesanbehörde attestiert, daß ich bzw. mein Buch nicht katholisch sei. Difficile est, satiram non scribere! - möchte ich da mit dem antiken Dichter ausrufen. Das umso mehr,als man es nicht für nötig gehalten hat, die negative Stellungnahme irgendwie zu begründen. Wie Sie als Bischof einen solchen modus procedendi mit ihrem Namen decken können, ist nicht nur mir, sondern auch meinen geistlichen Freunden unverständlich.
Ich gehöre zu den wenigen deutschen Universitätsprofessoren, die in der Nazizeit für ihre Überzeugung geradegestanden haben. Ich war fünf Jahre abgesetzt und völlig brotlos. Mehrere meiner Werke sind von der Gestapo

eingestampft worden. Zuletzt erhielt ich ein Redeverbot für das gesamte Reichsgebiet und stand seitdem mit einem Fuße im KZ. Wenn es mir nicht ergangen ist wie meinen beiden Freunden, die hingerichtet worden sind[113], so ist das ein halbes Wunder. Jedenfalls zeigen Ihnen die Tatsachen, daß ich die res catholica nicht nur theoretisch, sondern auch praktisch vertreten, ja für sie mein Leben aufs Spiel gesetzt habe. Als politisch Verfolgter kann ich in Ihrem Vorgehen offen gestanden nur eine Parallele zu den in der Nazizeit üblichen Methoden sehen.

Wenn ich zum Schluß noch kurz auf den Inhalt meines Buches eingehen soll, das im wesentlichen aus Predigten besteht, die ich im akademischen Gottesdienst und bei Einkehrtagen gehalten habe[114], so darf ich wohl darauf hinweisen, daß das Werk von vielen katholischen Priestern als Predigtquelle und Betrachtungsbuch benutzt und bei katholischen Laien schon sehr viel Gutes gestiftet hat. Auch hat mit kürzlich ein geistlicher Freund berichtet, daß ein Bischof, der früher Dogmatikprofessor war, im Gespräch mit ihm geäußert habe, in dem Buch stünde nichts, was man vom dogmatischen Standpunkt beanstanden könne.[115]
Ich werde mich nun noch acht Tage gedulden. Wenn mir bis dahin die beanstandeten Stellen nicht exakt angegeben worden sind, werde ich, wozu ich nach katholischer Lehre berechtigt bin, auf das Naturrecht zurückgreifen und mein Buch in einem anderen Verlag ohne Imprimatur herausgeben, damit es weiter in der Kleriker- wie in der Laienwelt Segen stiften kann.
Da wir beide im Grunde denselben ordo empfangen haben, darf ich wohl als der Ältere von uns beiden Sie bitten, mein Schreiben als Anlaß zu einer ernsten Prüfung des dort anscheinend üblichen Zensurverfahrens zu nehmen.

Dixi et salvavi animam meam!
Ihr in Christo ergebener

---

[113] Es ist nicht bekannt, um welche Personen es sich dabei handelt. Auch wenn man den Kreis der in Frage Kommenden auf Priester einschränkt, ist er doch zu groß, um die Gemeinten zu bestimmen.
[114] Das Werk enthält 57 Predigten, die das Kirchenjahr vom 1. Advent bis zum 1. Sonntag nach Pfingsten abschreiten.
[115] Es dürfte sich dabei um Friedrich Hünermann (1886-1969) handeln, der in Bonn und Aachen Dogmatikprofessor gewesen war, bevor er 1938 Weihbischof von Aachen wurde; Gatz, Bischöfe, 334.

Dokument 30
Brief des Weihbischofs von Rottenburg, Fischer, an Hessen vom 19.11.1951

(Der Brief ist das maschinenschriftl. Original mit eigenhd. Unterschrift des Verfassers und gedrucktem Briefkopf. Die Unterstreichungen sind aus dem Original übernommen. Einige Tippfehler werden stillschweigend korrigiert. Ein als Anlage beigefügter Textauszug aus Hessens "Freudiges Christsein", S.391 über das letzte Abendmahl wird hier weggelassen. - NL Hessen, fasz. 50.)

**Bischöfliches Ordinariat
Nr.A 14 499
Rottenburg (Neckar), den 19.Nov.1951**

Hochwürden
Herrn Universitätsprofessor
Dr. Johannes H e s s e n
K ö l n - M a r i e n b u r g
Auf dem Römerberg 21
O Beil.

Hochwürdiger Herr Professor!

Im Auftrag seiner Exzellenz, des Hochwürdigsten Herrn Bischofs von Rottenburg Dr.Carl Joseph Leiprecht bestätige ich Ihnen den Eingang Ihres Schreibens vom 7.November 1951. Sie werden gewiss selbst nicht erwarten, daß der Bischof von Rottenburg persönlich dazu Stellung nimmt. Ich habe es mir erbeten, Ihnen antworten zu dürfen, weil ich das älteste Mitglied des Bischöflichen Ordinariates Rottenburg (seit Mai 1924; geboren 1871), bin und - wie ich Ihnen ganz offen sage - der erste Censor, dem Ihr Buch:"Freudiges Christsein" zur Prüfung zuging. Weil nun ich bei aller Anerkennung des Schönen und sehr Anregenden, an dem ich mich freute, doch allzuviel und Grundsätzliches zu beanstanden fand, beauftragte der Bischof, der, nebenbei bemerkt, Ihre Schrift "Sinn des Lebens" rühmte, noch einen anderen Herrn, das Buch genau durchzusehen und ihm sein Votum abzugeben, damit er sich ein sicheres Urteil bilden könne. Auch dieser 2. Censor[116], der mein Votum nicht vor sich hatte und mit dem ich keine Silbe über Ihr Buch sprach, solange er mit dessen Prüfung beschäftigt war, anerkannte unumwunden, daß das Buch "Ausgezeichnetes", -so seine Charakterisierung- enthält, aber aus grundsätzlichen Bedenken, die er im Einzelnen darlegte, das "Imprimatur" nicht erhalten könne. Als Ergebnis der Prüfung der beiden, von ihm beauftragten Censoren teilte der Bischof dann dem Verlag Adolf Bader mit:"Auf Grund solch genauer Prüfung müssen wir nun leider erklären, daß es uns unmöglich ist, dem Buche die kirchliche Druckerlaubnis zu geben", zunächst ohne Angabe der Gründe für den ablehnenden Bescheid[117]. Diese Mitteilung entsprach ganz dem § 2 des ca. 1394 CJC. Der CJC scheint anzunehmen, daß es Autoren gibt, die die Gründe nicht wissen wollen oder denen sie aus besonderen Gründen nicht angegeben werden können[118]. Ob Sie zu der einen oder anderen Art Autoren gehören, konnten wir zum Voraus nicht wissen. Wir waren aber von vornherein entschlossen,Ihnen, wenn Sie darum nachsuchen, roganti auctori, unsere Gründe bekannt zu geben. Daß unser Bescheid Ihnen sehr mißfiel,verstehe ich vollkommen. Aber war wirklich ein berechtigter Anlaß zu einem Schreiben von der Art des Ihrigen vom 7.November? Was war denn geschehen? Hatte der Bischof von Rottenburg, einer Diözese, die z.Zt. über 1 302 000 Seelen zählt, Ihre Person, Ihre Lebensführung, Ihre Amtstätigkeit, Ihr litterarisches Schaffen angegriffen? Es handelt sich doch nur um das einzige Buch "Freudiges Christsein", das wir zu bescheiden hatten. War die Form der Mitteilung an den Verlag unhöflich? War zum Voraus schon abgelehnt worden, Ihnen die Gründe des Bescheides anzugeben? Oder hatten sie gar schon von dem (im can.1394 § 2) Ihnen eingeräumten Recht, um Angabe der Gründe zu bitten - roganti auctori - Gebrauch gemacht und war Ihre Bitte abgelehnt worden? Nichts von alledem!

---

116 Der Name des 2. Zensors ist unbekannt; ebensowenig liegt sein Gutachten im Diözesanarchiv Rottenburg vor, wo die betreffende Korrespondenz an sich vollständig erhalten ist (Bestand G 1.1. - D 1 4b). Freundliche Mitteilung des gen. Diözesanarchivs vom 28.5.1991.
117 Dieser Bescheid wird dem Verlag Bader kurz vor dem 29.1.1951 gegeben worden sein, denn an diesem Tage teilte der Verlag das unerwünschte Ergebnis Hessen mit; NL Hessen, fasz. 50. Schon vorher war die bevorstehende Ablehnung des Imprimatur mündlich mitgeteilt worden, was der Verlag in einem langen Klagebrief an Hessen am 20.10.51 mitteilte, in dem es auch um die bereits aufgewendeten 12.000 DM geht, die durch den bereits erfolgten Satz verloren zu gehen schienen. NL Hessen, fasz. 50.
118 Der § 2 des CIC can. 1394 lautet: "Si vero licentia deneganda videatur, roganti auctori, nisi gravis causa aliud exigat rationes indicentur". Es ist dies die Basis für unsere Edition, insofern aufgrund dieses canon Hessen wiederholt die Zensurgutachten, wenngleich anonym, übermittelt wurden.

Sie aber lassen sich von Ihrem Ärger über den Ihnen unangenehmen Bescheid zu einem Schreiben hinreissen, in dem Sie den Bischof von Rottenburg wie einen Schulbuben abkanzeln und sich darauf berufen, daß sie beide im Grunde denselben ordo empfangen haben!! und Sie der ältere seien. Der Bischof von Rottenburg ist immerhin ein Mann von 48 Jahren. Und dann erklären Sie:"Ich werde mich nun noch acht Tage gedulden. Wenn mir bis dahin die beanstandeten Stellen nicht exakt angegeben worden sind, werde ich, wozu ich nach katholischer Lehre berechtigt bin, auf das Naturrecht zurückgreifen und mein Buch in einem anderen Verlag ohne Imprimatur herausgeben, damit es weiter in der Kleriker- wie in der Laienwelt Segen stiften kann."

Was nun das Letztere betrifft, wiederholen Sie nur, was Sie vor Übergabe Ihres Buches an den Bader'schen Verlag bereits getan haben: Sie haben es ja 1947 unter dem Titel:"Die Frohbotschaft" im Verlag Dr.Hans von Chamier herausgegeben und zwar ohne daß ein Imprimatur vermerkt war. Sie werden sich nicht wundern, wenn ich annehme, daß ein solches mindestens nicht erbeten wurde. Hätte der Verlag Bader diese Tatsache bei Einsendung Ihres Buches zur Erteilung des "Imprimatur" mitgeteilt, so hätten wir es ohne befriedigende Aufklärung des Fehlens des Imprimatur für die "Frohbotschaft" zur Prüfung gar nicht angenommen. Die von Ihnen ausgesprochene Drohung und die anderen Beleidigungen Ihres Schreibens wären wirklich ein Grund, jede weitere Diskussion über Ihr Buch mit Ihnen abzubrechen und Ihr Schreiben an den Bischof von Rottenburg mit meiner Antwort darauf je in Abschrift und der Darlegung der Gründe für die Verweigerung des Imprimatur dem für Sie zuständigen Erzbischöflichen Ordinariat in Köln zu senden mit der Bitte, Sie über die Begründung unseres Bescheides zu unterrichten. Wiewohl wir nun trotz Ihres beleidigenden Schreibens letzteres doch selbst tun wollen, halten wir es für geraten, unseren Schriftwechsel mit Ihnen der Erzbischöflichen Behörde in Köln zur Kenntnis zu bringen. Sie haben ja nach Äusserungen Ihres Briefes vom 7.11. Ihrem Unmut über das Ihnen angeblich widerfahrene Unrecht mannigfach Luft gemacht; nun soll wenigstens Ihre kirchliche Behörde von uns amtlich über die gewiß bedauerliche Angelegenheit informiert werden.

Wir werden Ihnen also mitteilen, was uns veranlasst hat, Ihrem Buche:"Freudiges Christentum" die kirchliche Druckerlaubnis zu versagen. Sie müssen sich aber noch ein paar Tage gedulden, weil wir Standort und Wortlaut der von uns beanstandeten Stellen nochmals genau nachsehen wollen. Dazu bedürfen wir des Censurexemplars, das wir erst von Ihrem Verlag

zurückerbitten mussten; wir hatten es seinerzeit mit unserem Erlaß vom [Lücke im Text; der Satz bleibt in einer angefangenen Zeile unvollendet.]
    Was mich persönlich betrifft, glaube ich Ihnen, Herr Professor, jetzt schon erklären zu sollen: Mag auch ein Buch des Schönen und Guten viel enthalten, und dies trifft bei dem "Freudiges Christsein" zu, wenn aber darin eine so dürftige Madonnenbetrachtung geboten wird, wie Sie es tun - S.104 f. - darin auch der Satz steht: Die Madonna als Urbild der Gott geeinten Seele, die das göttliche Leben auch empfängt, um es der Welt zu schenken, - wenn da zu lesen ist: Evangelische haben das gleiche Abendmahl wie die katholische Kirche ..... S.204, wenn bei der Frage der Zugehörigkeit der Nichtkatholiken zur Kirche mit Rademacher operiert und die Enzyklika Mystici corporis völlig ignoriert wird[119], S.188 u.a., wenn es da S.221 nach Anführung eines Zitats aus R.Otto, in dem Christus als "Charismatiker" bezeichnet wird, heisst: Damit ist der historische Charakter der Wunderheilungen prinzipiell gesichert!
    Und vor allem, wenn ich mich erinnere an Joh.13,1: Und Jesus wusste, daß die Stunde gekommen sei .... Da er die Seinen liebte, bewies er ihnen

---

[119] In der Ausgabe des Werkes unter dem Titel "Das Kirchenjahr im Lichte der Frohbotschaft", Stuttgart 1952, die seitengleich mit der von der Rottenburger Zensur bearbeiteten Form ist - es ist anzunehmen, daß nach Ablehnung des Werkes durch die Zensur der protestantische Verlag E. Klotz den Satz vom katholischen Verlag Bader übernahm - heißt es S.188: "Er [Christus] lebt in so vielen Seelen, die zwar äußerlich nicht zur Kirche gehören, die aber seinen Geist in sich tragen und daher Mitglieder jener unsichtbaren Kirche sind, die alle wahren Jünger Jesu umschließt". Diese weitherzige Auffassung einer "unsichtbaren Kirche" war von Arnold Rademacher in einem sehr eigenständigen ekklesiologischen Entwurf, seinem Werk: Die Kirche als Gemeinschaft und Gesellschaft. Eine Studie zur Soziologie der Kirche, Augsburg 1931, vorgetragen worden; einer wichtigen Quelle des neueren Ökumenismus; vgl. J. Ries, 48ff. Demgegenüber bestand die Enzyklika «Mystici corporis» vom 29.6.1943 streng darauf, daß allein die (sichtbare) Kirche ein Heilmittel sei, alle "außerordentlichen Heilswege" nur durch sie vermittelt würden. Vgl. Carl Feckes, Das Mysterium der hl. Kirche, ³1951. Übrigens zitiert Hessen a.a.O. Rademacher gar nicht; daß dessen Gedankengang sofort erkannt wurde, belegt die Verbreitung seiner Theologie. Zu «Mystici corporis» vgl. zahlr. Lit. bei Valeske, 2. Teil, 47f.
Weitere Arbeiten Rademachers zum Thema: Die Wiedervereinigung der christlichen Kirchen, Bonn 1937 und: Das Mysterium der Kirche. Ihr Sein und Wirken im Organismus der Übernatur, Paderborn 1934. Die Ekklesiologie Rademachers war konservativen Dogmatikern zu wenig an den äußeren Kriterien der Kirchenzugehörigkeit orientiert. Einen Einblick in die theologische Auffassung Fischers bietet sein Beitrag: Fr. J. Fischer, Bischof von Keppler als Seelsorger. In: Dr. Paul Wilhelm von Keppler. Fünfundzwanzig Jahre Bischof. Festschrift .. hrsg. von J. Baumgärtner, Stuttgart 1925, 119-130. Hier tritt seine scharfe Betonung der katholischen Differenzlehre zum Protestantismus hervor: Meßopfer, Hierarchie (S.123: der "Inthronisationshirtenbrief"), Exerzitien und Volksmissionen, eucharistische Weltkongresse, Zölibat, Beichte, Immakulata, all dies anhand der Hirtenbriefe Kepplers.

seine Liebe bis zum Äussersten ..... Obwohl er wusste, daß der Vater ihm alles in die Hände gelegt und daß er von Gott ausgegangen sei und wiederum zu Gott zurückkehre, und Lucas 23,15: Sehnlichst hat es mich darnach verlangt, dies Ostermahl mit euch zu halten, bevor ich leide, und nun daneben Ihren"Einsetzungsbericht" S.391 [handschriftl. Randbemerkung des Verfassers: "siehe Beilage"] lese, werde ich nie für dieses Buch die kirchliche Druckerlaubnis empfehlen. Warum? Wegen der darin sich besonders klar kundgebenden Mentalität des Autors, nämlich: peinliche Rücksichtnahme auf die "Aber" evangelischer "Una Sancta" Christen gegen katholische Anschauungen, nicht bloß bis zur Grenze katholischen Glaubens, sondern bis zum Widerspruch mit dem katholischen Dogma. Daß Ihre Darstellung der Einsetzung der Eucharistie mit der Heiligen Schrift und dem Tridentinum unvereinbar ist, bedarf keines Beweises. Doch genug davon heute. Sie werden alles erfahren, was die "Zensoren einer kleinen süddeutschen Diözesanbehörde" am Buche "Freudiges Christsein" glaubten beanstanden zu müssen.

Mit bestem Gruss in Domino
Weihbischof Fischer

Dokument 31
Notizen Hessens zu seinem Brief an Bischof Leiprecht, bzw. zu dem Brief Weihbischof Fischers vom 19.11.1951

(Eigenhändig, auf einem karierten Blatt im Kladdenformat, ohne Datum, aber zweifellos kurz nach Empfang des o.g. Schreibens des Weihbischofs (hier Dok.28) verfaßt. - NL Hessen, fasz. 50.)

1. Ist mein Brief an den Bischof beleidigend, oder darf ein Univ. Prof. von 62 Jahren sich diesen Ton erlauben?
2. Darf die Behörde eine neue Prüfung ablehnen, wenn der Verf. sich bereit erklärt hat, die geforderten Änderungen vorzunehmen?
3. Ist es im Sinne der Bestimmungen des Codex, daß ein Greis von 81 Jahren als erster Zensor fungiert?
4. Lassen die beanstandeten Stellen nicht eine katholische Deutung zu, wenn man sie im Zusammenhang liest?

5. Bedeutet die Eucharistiepredigt mit ihrem psychologischen Versuch einen Verstoß gegen das Dogma?
6. Ist der Vorwurf des "Subjektivismus" angesichts der Betonung der objektiven Heilstatsachen (bes. in den Predigten zu Weihnachten, Ostern + Pfingsten) berechtigt?
7. Verdient mein Werk, das die christl. Wahrheiten in der <u>Sprache unserer Zeit</u> suchenden + fragenden Menschen verkündet u. das infolgedessen überall eine starke Resonanz gefunden hat, ein solches Anathema?

Dokument 32
Brief Hessens an Weihbischof Fischer von Rottenburg vom 24.11.1951

(Durchschlag des maschinenschriftl. Originals mit handschriftl. Nachtrag des Datums oben links auf dem ersten der zwei Blätter. Die im Postskript erwähnte "Beilage" ist der Text über das letzte Abendmahl in Hessens "Freudiges Christsein", S.391. - NL Hessen, fasz. 50.)

24.11.51
Hochwürdigster Herr Weihbischof!

Haben Sie aufrichtigen Dank für die eingehende Beantwortung meines Briefes und verzeihen Sie mir, wenn ich meine Antwort auf Ihr frdl.Schreiben mit ein paar Richtigstellungen beginne.

Sie sprechen von einem "beleidigenden Schreiben". Ich versichere Ihnen,daß mir jede derartige Absicht ferngelegen hat.

Sie meinen, ich hätte Ihren Bischof "wie einen Schulbuben" behandelt.Ich bin der Meinung,daß diese Ausdrucksweise eher auf die Behandlung paßt,die ich von ihrem Bischof erfahren habe.Dabei gebe ich gerne zu,daß ich durch das,was ich in der Nazizeit habe durchstehen müssen,vielleicht etwas überempfindlich geworden bin,zumal wenn ich in Methoden einer kirchlichen Stelle gewisse Nazimethoden wiederzuerkennen glaube.(Als die Gestapo meine Bücher einstampfte und ein Redeverbot für das gesamte Reichsgebiet über mich verhängte, tat sie das alles ohne Angabe irgendwelcher Gründe.)

Meine Bemerkung, Ihr Bischof und ich hätten im Grunde denselben ordo empfangen, kommentieren Sie mit zwei Ausrufezeichen.Darüber bin ich umso mehr erstaunt,als ein mir bekannter Bischof sich genau jener Ausdrucksweise einmal seinem Kaplan gegenüber bediente[120].

Was nun die Beanstandung betrifft,so bin ich weit entfernt,mich für unfehlbar zu halten.die Methode in meinem Buch ist nicht die dogmatische,sondern die pädagogische: ich habe in den Predigten versucht, ringenden und zweifelnden Menschen die religiöse Wertwelt unserer Kirche nahezubringen.Wenn ich darin zu weit gegangen sein sollte,bin ich gern bereit,mich zu korrigieren.Wir kommen darum am schnellsten zum Ziel,wenn Sie mir angeben,welche Predigten sie nicht in dem Buch sehen möchten - ich werde sie dann durch andere ersetzen - und welche Formulierungen in den übrigen Predigten Sie anders wünschen.Ich bin grundsätzlich bereit, die Änderungen, die Sie fordern werden,nach bestem Wissen und Gewissen vorzunehmen.Ich sehe darin einen Akt der Demut und Gehorsams,der zum Wesen der Gotteskindschaft und Christusgliedschaft gehört.

Es ist sehr schade,daß eine mündliche Aussprache wegen der großen Entfernung nicht gut möglich ist.Ich glaube,wir würden uns dann schnell verständigen und vielleicht als Freunde auseinandergehen.
Vivimus ex uno Christo!
In diesem Sinne bin ich
Ew. Excellenz in Christo ergebener

N.B. Der auf der Beilage wiedergegebene Text ist ein psychologischer Erklärungsversuch,der an den Gedanken der Realpräsenz heranführen,nicht ihn darstellen oder ausschöpfen will.Obwohl bisher niemand daran Anstoß genommen hat,ersehe ich doch aus Ihren Bemerkungen,daß er leicht mißverstanden werden kann,und will ihn deshalb lieber streichen.

---

[120] Zum Problem, inwieweit Priester- und Bischofsweihe ein einziges Sakrament «Ordo» bilden, dürfte Hessen den Aufsatz von F. Heiler, Apostolische Sukzession, im Kopf gehabt haben (zuerst in: Hochkirche, Jg. 1930), jetzt in: F. Heiler, Im Ringen um die Kirche, 2. Bd. 479-516. Hier wird am Anfang die ursprüngliche Einheit des «Ordo» behandelt, die natürlich mit dem nach wie vor "reichsfürstlichen" Bewußtsein der deutschen Bischöfe scharf kontrastierte.

Dokument 33
Brief des Rottenburger Ordinariates an die Bader'sche Verlagsbuchhandlung vom 30.11.1951

(Maschinenschriftl. Abschrift, vermutlich vom Verlag an Hessen übersandt. - NL Hessen, fasz. 50.)

A b s c h r i f t
Bischöfliches Ordinariat
Nr. A 14 816
(14b) Rottenburg/N. den 30. Nov.1951
An die
B a d e r 'sche Verlagsbuchhandlung
R o t t e n b u r g
2 Beilagen

Wir geben mit verbindlichstem Danke die Bücher von H.H. Professor Dr. Hessen "Frohbotschaft" und "Freudiges Christsein" zurück. Die Überprüfung unserer Beanstandungen an dem Buche "Freudiges Christsein" hat keine Möglichkeit ergeben, unseren bereits mitgeteilten Bescheid zu ändern. Es bleibt dabei. Wir halten uns vom Standpunkt des Glaubens aus verpflichtet, dem Buche "Freudiges Christsein" die kirchliche Druckerlaubnis nicht zu erteilen.

Generalvikar Dr.
(gez.) Hagen[121]

---

[121] August Hagen (1889-1963), Priesterweihe 1914, Priv.-Doz. für Kirchenrecht Tübingen 1930, o. Prof. dess. Fachs Würzburg 1935, Generalvikar des Bistums Rottenburg 1948-60; Hans Waldmann (Hrsg.), Verzeichnis der Geistlichen der Diözese Rottenburg-Stuttgart von 1874 bis 1983, Rottenburg 1984, 178.

Dokument 34
Brief des Generalvikars des Bischofs von Rottenburg, Dr. Hagen, an Hessen vom 30.11.1951

(Original, maschinenschriftl., mit zwei eigenhändigen Unterschriften und gedrucktem Briefkopf. Die Unterstreichungen sind aus dem Original übernommen. - NL Hessen, fasz. 50.- Die hier genannte Beilage ist als Dok. 33 ediert.)

Bischöfliches Ordinariat
Nr. A 15 134
Rottenburg (Neckar), den 30.Nov.1951

Hochwürden
Herrn Professor D.Dr Johannes H e s s e n
K ö l n - M a r i e n b u r g
Auf dem Römerberg 21

Betr.: Versagung des Imprimatur für das
Buch "Freudiges Christsein"
Mitteilung der Gründe

1 Beilage

In der Anlage erhalten Euer Hochwürden eine Zusammenfassung der Vota der zwei vom Bischof von Rottenburg mit der Prüfung des Buches "Freudiges Christsein" beauftragten Zensoren und darin die Angabe der Gründe für die Versagung des "Imprimatur" für genanntes Buch. Wir wollen schon jetzt dazu bemerken: wir werden in keine Diskussion über Einzelheiten eintreten, denn wir haben nicht nur wegen der zu beanstandenden einzelnen Punkte - von denen diese und jene leicht zu verbessern sind - uns vom Standpunkt katholischen Glaubens aus verpflichtet gefühlt, die kirchliche Druckerlaubnis für "Freudiges Christsein" nicht zu erteilen, sondern wegen der uns bedenklich erscheinenden Grundhaltung, von der das Buch mehr oder weniger durchwirkt ist. Darum die Versagung des Imprimatur für das Buch als Ganzes, trotz des Guten und Schönen, das es enthält, das auszuscheiden aber nicht unsere Aufgabe ist und trotz der guten Absicht, die den Verfasser nach seinem Brief an Weihbischof Fischer leitete.

Selbst eine gründliche Umarbeitung des Buches, wenn Ihnen diese möglich wäre und von Ihnen vorgenommen würde und im Verlag Adolf Bader hier erscheinen sollte, würden wir nicht zur Prüfung annehmen. Grund sind unsere Erfahrungen mit dem Buch "Freudiges Christsein". Ihr <u>Verlag</u> hat uns das Buch zur Erteilung des Imprimatur vorgelegt. Darum musste auch der Bescheid an den <u>Verlag</u> gehen. Ihr Verlag benachrichtigte Sie, dass wir ihm leider erklären mussten, es sei uns unmöglich, dem erwähnten Buche die kirchliche Druckerlaubnis zu erteilen, wobei dem Verlag zwar keine Gründe dafür angegeben wurden, aber auch mit keiner Silbe eine spätere Mitteilung derselben im voraus verweigert wurde: can. 1394 § 2 lautet: Si vero licentia deneganda videatur, <u>roganti auctori</u>, nisi gravis causa aliud exigat, rationes indicentur. Nach diesem canon sind wir verfahren, wir haben dem Verlag den ablehnenden Bescheid ohne Angabe der Gründe mitgeteilt in einer durchaus höflichen Form, die dem Autor keinerlei Anlass gab, zu vermuten: roganti autori [sic] würden die Gründe nicht mitgeteilt. Es stand Ihnen durchaus frei, nach diesen zu fragen, wenn Sie dieselben erfahren wollten. Der CJC rechnet offenbar mit Autoren, die darauf verzichten, zu erfahren, warum ihr Buch das Imprimatur nicht erhielt. Sie aber schicken einen Brief an den Hochwürdigsten Bischof von Rottenburg am 7./12. November. Darin heisst es: "Gestatten Sie mir, dieses <u>unqualifizierbare</u> Vorgehen (Nichtangabe der Gründe) ein wenig zu kommentieren!" Nun zählen Sie Ihre Verdienste um die katholische Kirche auf, die niemand bestritten hat. Dann schreiben Sie in Abs.4 : "Und da wird mir von anonymen Zensoren einer kleinen süddeutschen Diözesanbehörde attestiert, daß ich bzw. mein Buch nicht katholisch sei." NB. In unserem Erlaß an Ihren Verlag heisst es nur: Wir müssen leider erklären, daß es uns unmöglich ist.... etc; weiter nichts. Dann wieder die Klage wegen Nichtangabe der Gründe: Ihr Schlußsatz in Abs.4 lautet:"Wie <u>Sie als Bischof</u> einen solchen - NB. dem CJC völlig entsprechenden - modus procedendi mit <u>Ihrem Namen</u> decken können, ist nicht nur mir, sondern auch meinen geistlichen Freunden <u>unverständlich</u>." Und can.1394?! § 2! In Absatz 5 rühmen Sie Ihre aufrechte Haltung den Nazis gegenüber und erzählen, was Sie von ihnen ausgestanden haben, über das Eine kann man sich freuen, wegen des anderen mit Ihnen Mitleid haben: Aber all das wurde mit keinem Worte in unserem Bescheide angetastet. Am Schluss dieses Absatzes wird dann dem Bischof gesagt:"Als politisch Verfolgter kann ich in <u>Ihrem Vorgehen offen gestanden</u> nur eine Parallele zu den in der <u>Nazizeit üblichen Methoden</u> sehen". Auf Seite 2 Abs. 2 teilen Sie mit:"Auch hat mir kürzlich

348

ein geistlicher Freund berichtet, daß ein Bischof, der früher Dogmatikprofessor war, im Gespräch mit ihm geäussert habe, in dem Buche stehe nichts, was man vom dogmatischen Standpunkt beanstanden könnte". Wir haben gar nichts dagegen einzuwenden, wenn Sie Ihr Buch diesem Bischof zur Erteilung des Imprimatur zugehen lassen. In Absatz 2 heisst es: "Ich werde mich nun noch acht Tage gedulden. Wenn nicht bis dahin die beanstandeten Stellen exakt angegeben worden sind, werde ich ...... etc."

Endlich der Schluss:"Da wir beide im Grunde denselben Ordo empfangen haben, darf ich wohl als der Ältere von uns beiden Sie bitten, mein Schreiben als Anlaß zu einer ernsten Prüfung des dort anscheinend üblichen Zensurverfahrens zu nehmen.".

Und all das sollen keine beleidigenden Anwürfe gegen den Bischof von Rottenburg sein, der, um ja gerecht zu sein, eine besonders genaue Prüfung Ihres Buches veranlasste und, um es noch einmal zu sagen, ganz dem CJC entsprechend vorging.

Weihbischof Fischer bemühte sich, Ihnen in einer Anwort auf diesen Brief vom 19.November das Unrecht Ihrer beleidigenden Vorwürfe gegen den Bischof von Rottenburg klar zu machen und kennzeichnete sie als ein "Abkanzeln des Bischofs wie einen Schulbuben". In Ihrer Erwiderung auf diesen Brief,datiert 24. November, bestreiten Sie jegliche beleidigende Absicht, weisen die Kennzeichnung Ihrer Behandlung des Bischofs von Rottenburg zurück und - wiewohl Ihnen Weihbischof Fischer des Langen und Breiten das Unrecht Ihrer Vorwürfe nachgewiesen hat - schreiben Sie:"Ich bin der Meinung, daß diese Ausdrucksweise: (Abkanzeln wie einen Schulbuben) <u>eher auf die Behandlung passte, die ich von Ihrem Bischof erfahren habe</u>". Also keinerlei Entschuldigung, sondern noch bekräftigende Wiederholung der ungerechten Beleidigung.

Wir werden darum mit Ihnen nicht weiter über die obschwebende Angelegenheit verhandeln, fühlen uns aber verpflichtet, die Akten darüber Ihrem zuständigen Ordinarius, Seiner Eminenz, dem Hochwürdigsten Herrn Erzbischof von Köln, Kardinal Frings, zuzusenden.

Generalvikar Dr. Hagen
P.S. Die Ausfertigung wurde verzögert infolge Überlastung der Kanzlei u.wegen Weihnachten erst am 27.Dezember ausgeführt.

Generalvikar Dr. Hagen

Dokument 35
Gutachten der Rottenburger Zensur über Hessens Werk "Die Frohbotschaft für den Menschen von heute" (1951)

(Maschinenschriftl. Abschrift. Dementsprechend ist auch die Unterschrift am Ende maschinenschriftlich. Unterstreichungen, Textanordnung, Zitierweise usw. bleiben erhalten. Einige wenige handschriftl. Zufügungen werden in eckiger Klammer wiedergegeben. Sie stammen zweifellos aus Rottenburg, wahrscheinlich von Dr. Hagen selbst. - Vgl. hier Dok. 34. - NL Hessen, fasz. 50.)

An das Hochwürdigste Bischöfliche Ordinariat Rottenburg
Votum der Zensur
Beil. 1
Abschrift

Betr.: Imprimatur für Johannes Hessen: "Freudiges Christsein"
Untertitel:"Die Frohbotschaft für den Menschen von heute"[122]Verlag Adolf Bader, Bader'sche Verlagsbuchhandlung Rottenburg N. 417 Seiten.

"Die Frohbotschaft für die Menschen von heute" war der Titel des 1947 im Verlag Hans von Chamier - Essen erschienenen Buches, dem kein Imprimatur aufgedruckt ist, das sich nach der Mitteilung des Verlages inhaltlich von "Freudiges Christsein" nur unwesentlich unterscheidet. Der Verlag Bader erklärt, daß er sich an dem Fehlen des Imprimatur nicht weiter gestossen habe, weil Professor Dr. Hessen ihm gesagt habe, seine Bücher hätten noch immer das Imprimatur erhalten; so habe er gehofft, daß dies auch für "Freudiges Christsein" zu erwarten sein werde. (Schreiben vom 12.Nov.ds.Js.). Wir haben dies erst nachträglich erfahren. Hätte der Verlag es schon bei Einsendung des Buches "Freudiges Christsein" uns mitgeteilt, so hätten wir dasselbe vor befriedigender Aufklärung des Fehlens des Imprimatur bei "Die Frohbotschaft..." zur Prüfung nicht angenommen.
 "Freudiges Christsein", ein Predigt- und Betrachtungsbuch nennt es der Verleger bei der Einsendung des Buches am 19.Sept., beginnt mit dem ersten Adventssonntag und schliesst mit dem 24. Sonntag nach Pfingsten, zieht sich also durch das ganze Kirchenjahr hin, die einfallenden Feste einschliessend. Manche Predigten sind ansprechend und eindrucksvoll; schöne Homilien werden geboten, wie z.B. über Röm.8,23: Denen, die Gott lieben etc. Um Freu-

---
[122] Zu den verschiedenen Titeln dieses Buches vgl. Anm. 111.

diges Christsein zu wecken, betont der Verfasser grundsätzlich die tröstenden Seiten des Christentums, verkündet immer wieder Gott ist die Liebe, der gütige, erbarmende Vater Gott, dessen Kinder wir sind; das Glück der Gotteskindschaft usw. Daß der Alliebende, der Vater Gott auch der Herr und der Richter ist, und das Gericht dem Sohne übergeben, dieser Teil der Offenbarung bleibt - offenbar bewusst - ausser Betracht, wohl aus der irrigen Meinung heraus, daß diese und andere ernste Wahrheiten dem Menschen von heute die Freude am Christsein verderben könnten. Ausserdem sind in dem Buche verschiedentlich Formulierung [sic] und Ausführungen, die Bedenken erregen. Um ja klar genug zu sehen und dem Autor ganz gerecht zu werden, begnügte sich der Hochwürdigste Bischof von Rottenburg nicht mit dem Votum eines Zensors, sondern beauftragte noch einen zweiten mit der Prüfung des Buches. Auch dieser anerkennt die Vorzüge desselben, fand ebenfalls Mehreres und Grundsätzliches zu beanstanden. Beide Vota erklärten die Erteilung des Imprimatur für unmöglich. Im Folgenden sind die Ausstellungen der beiden Zensoren zusammengefasst.

I. Einzelne Ausstellungen

Zuerst seien die einzelnen Bedenken erregenden Formulierungen und Ausführungen aufgeführt:

1. Seite 14:"Je mehr der Mensch die Lebensgemeinschaft mit Gott pflegt ... Er kann jetzt nicht mehr anders, als das Gute tun" geht zu weit für den status viatoris[123].

2. S.46: Der Ausdruck: Dreifache Gnade ist etwas schief[124].

3. S.82: Die Auserwählten können in Wirklichkeit die Verworfenen sein; es müsste heissen: Die Berufenen[125].

---

[123] "Je mehr ein Mensch die Lebensgemeinschaft mit Gott pflegt, umso mehr wird Gottes Geist und Gnade in ihm wirksam. Er kann jetzt nicht mehr anders als das Gute tun. Eine überirdische Kraft und Freudigkeit zum Guten erfüllt sein Inneres"; J.H., Das Kirchenjahr im Lichte der Frohbotschaft, Stuttgart 1952, 14. Vgl. Anm. 63.
[124] "Diese Gnade ist Vergebungsgnade, Heiligungsgnade, Vollendungsgnade. Der Besitz dieser dreifachen Gnade bedeutet die große Erneuerung und Wiedergeburt des Herzens"; ebd. 46.
[125] "Die Auserwählten können in Wirklichkeit die Verworfenen sein, während die, die von Gott verlassen und verworfen zu sein scheinen, in Wahrheit die Erwählten sein können. Wie erklärt sich diese paradoxe Tatsache?"; ebd., 82.

4. S.87: Wer die Verbindung und Lebensgemeinschaft mit Gott nur durch äussere Gnadenmittel zu erlangen sucht, dem fehlt noch ....; hier zeigt sich die auch sonst - unausgesprochen - sich geltendmachende - wenig gesagt - Unterbewertung der hl.Sakramente[126].

5. S.105:"Was ist uns die Madonna? ..... die Madonna ist für uns das Urbild der gottgeeinten Seele". Damit ist die Bedeutung Mariens, der jungfräulichen Gottesmutter für das religiöse Leben,wahrlich sehr gering taxiert[127].

6. S. 104: Werden mindestens nicht katholische, wenn nicht auch halbgebildete katholische Leser die Bemerkung: Freilich ist es nicht die thronende Madonna mit dem goldenen Heiligenschein als eine Kritik an der Dogmatisierung der Assumptio B.M.V. empfinden?[128]

7. S.107/108: Die Madonna hat das Göttliche empfangen,um es der Welt zu schenken! Auch wir sollen das Göttliche! den Menschen vermitteln. Was soll diese Formulierung bedeuten?[129]

8. S. 113: Der Sünder braucht nicht erst .... lieben! Wo bleibt da die stellvertretende Genugtuung durch Jesus Christus und deren Zuwendung in den hl.Sakramenten? Diese Stelle ist einer der Beweise, daß das Buch katholisches Dogma ausser acht lässt, also mehr an nichtkatholische Leser denkt[130].

---

[126] "Wer die Verbindung und Lebensgemeinschaft mit Gott nur durch äußere Gnadenmittel zu erlangen sucht, dem fehlt noch jenes unmittelbare Herzensverhältnis und jener unmittelbare Herzensverkehr mit Gott von Geist zu Geist, von Angesicht zu Angesicht, in dem doch das innerste Wesen aller echten Religion besteht"; ebd. 87.
[127] "Was ist uns die Madonna? Welche Bedeutung hat sie für unser religiöses Leben? Die Antwort möchte ich an die Spitze unserer Betrachtung stellen: Die Madonna ist für uns das Urbild der gottgeeinten Seele, die das göttliche Leben empfängt, um es der Welt zu schenken"; ebd. 105.
[128] Unter Berufung auf den evangelischen Dichter Max Jungnickel, der Maria in die evangelische Kirche "zurückholen" wolle, schrieb Hessen ebd. 104: "Freilich ist es nicht die thronende Madonna mit dem goldenen Heiligenschein, sondern «eine Madonna aus dem Volke», die der Dichter verehrt wissen möchte."
[129] "Auch wir sollen das Göttliche den Menschen vermitteln. Was uns an Licht und Kraft und Gnade geschenkt wurde, sollen wir weiterschenken an die Brüder und Schwestern"; ebd. 107.
[130] "Er [der Sünder] braucht nicht erst große Bußwerke auf sich zu nehmen, um mit Gott versöhnt zu werden, nein, es bedarf zunächst nur eines vertrauensvollen Aufblickes zum Vater, eines demütigen Rufes: Herr, sei mir Sünder gnädig! Gottes Vaterherz steht jedem offen. Er streckt allen seine Hand entgegen, und der bußfertige Sünder braucht nur diese Hand zu ergreifen, den Sprung an Gottes Vaterherz zu wagen, um mit ihm versöhnt und

Gewiss tilgt die Liebesreue, die vollkommene Reue, die dort allerdings ohne Beziehung zu Christus dem Gekreuzigten geschildert wird, auch schwere Schuld. Aber es muss der Wille da sein, die Sünde baldmöglichst zu beichten. Will diese Entscheidung des Tridentinums durch die Bemerkung S.114 unten getroffen werden?131

9. S.115: Die Gotteskindschaft empfängt der Mensch in der hl.Taufe, haben also die allermeisten Katholiken ohne alles eigene Bemühen empfangen und erlangt; ihre Aufgabe ist es, als Gotteskinder zu leben und sich in der Nachfolge Christi zu bewähren. "Als seine Kinder wissen und fühlen.....", wie voraus S.115 Abs.2 unten um den Frieden zu verkosten.

10. S.115 Das Evangelium ... weist uns darauf hin, daß uns Christen letzten Endes nur Eins not tut, daß wir Gott als Vater erleben und im Herzen tragen..... 132. Dazu vergl.Joh.17,2 f: Sicut dedisti.... Haec est autem vita aeterna, ut cognoscant te solum Deum verum et quem misisti, Jesum Christum und Jo.14,6: Nemo venit ad Patrem nisi per me! und Math.11,27! und Paulus ad Ephesios 3,1; 8 ff!
In obigem Passus wird der subjektive Glaube als ein blosses Fühlen als das Entscheidende hingestellt: also Subjektivismus in folio. Gegen die wiederholte Forderung, daß wir uns als Kinder Gottes fühlen, als von Sünde befreit wissen und erleben müssen etc., ist darauf hinzuweisen, daß es darauf ankommt, daß wir Kinder Gottes sind, daß wir von der Sünde befreit sind, nicht darauf, daß wir uns als Kinder Gottes fühlen. Das Gefühl kann täuschen; über die Tatsächlichkeit unseres Begnadetseins aber gibt uns nur der Glaube Aufschluss, der durchaus keine Gefühlssache ist. Christus als Weg zum Vater ist ganz ausgeschaltet.

---

vereinigt zu werden und jenen Frieden zu verkosten, den Gott denen bereitet, die ihn lieben!" Ebd., 113.
131 Hessen bemerkt ebd. S. 114, daß Augustinus die Gnade in den Mittelpunkt stellt. "Aber der Doctor gratiae hat nicht verhüten können, daß auch in der Kirche Christi zeitweise der Geist der Gesetzesreligion eindrang - man denke an das Spätmittelalter -, jener Geist, der aus dem Akt der Versöhnung, dem schlichten Aufblick zum gnädigen Vater, ein kompliziertes rechtliches Verfahren macht und damit den Menschen den Zugang zum Vaterherzen Gottes versperrt ..."; ebd.
132 Das Evangelium "weist uns darauf hin, daß uns Christen letzten Endes nur eines not tut: daß wir Gott als Vater erleben und im Herzen tragen und uns in allen Lagen unseres Lebens als seine Kinder wissen und fühlen. Die Gotteskindschaft ist die kostbare Gabe, für die es alles hinzugeben gilt, um sie zu erlangen. Wer sie besitzt, ist reich, wenn er äußerlich auch arm ist"; ebd. 115.

11. S.128: Jesus und die Ehebrecherin: Jesus sah in der Ehebrecherin wohl noch mehr als irregegangenes Glückstreben: War sie nicht durch die Todesangst auf dem Weg zur Steinigung und durch den Eindruck der Persönlichkeit des Heilandes, vor dem sie länger stand und den sie sah und hörte, zu ernster Reue gekommen und so für das Erbarmen des Heilandes disponiert worden? Und der Herr erklärt ihren Ehebruch als Sünde und mahnt zu künftiger Treue im Eheleben. Dem Menschen von heute mit seinen libertini[sti]schen Eheanschauungen täte es not, daß er ernster angefasst würde, als es im Abschnitt 2/ 128 geschieht[133].

12. S.145: "So weiß ich mich von Schuld befreit", die Menschen von heute sind leider nicht derart, daß jeden Abend das Gewissen nur mit leichten Schwachheitssünden belastet wäre, klagt [sie] schwere Sünde an, dann gilt das zu S.113 Gesagte[134].

13. S.155: "Von Gott geliebt, kann sie nun nicht mehr anders, als ihn wieder lieben. Gottes Liebe zur Kreatur löst mit innerer Notwendigkeit in ihr Gegenliebe aus. Die Bewegung der göttlichen Liebe von oben nach unten bewirkt eine Bewegung von unten nach oben: ...... Eine heilige Wertmacht ist in ihr lebendig und wirksam. Sie kann nicht mehr anders als das Gute tun. Das göttliche Leben in ihr ist wie eine organische Naturkraft, die mit innerer Notwendigkeit gute Früchte hervorbringt" [135].
Trifft das für den status viatoris zu ??? Der Abschnitt geht wieder in der Richtung des schon beanstandeten Subjektivismus.

14. S.172: "So stellt er sein menschliches Ich unter das göttliche Du"![136]

---

[133] "Jesus beugt sich über eine Dirne, der Heilige über eine Sünderin. Die Pharisäer wollen sie steinigen. Ihre Seelen sind hart, erstarrt und darum ohne Verstehen. Jesus hat den hellseherischen Blick der Liebe, der überall in die Tiefe, in die heilige Tiefe des Seins dringt. Er ist verstehend und aus Verstehen gütig, erbarmend"; ebd. 128. Im 2. Abschnitt dieser Seite heißt es dann: "In jedem Menschenherzen lebt die Sehnsucht nach Glück. So stark ist sie, daß sie, um zum Ziele zu kommen, den Menschen oft auf falsche Wege drängt. So manches Menschliche und Allzumenschliche wird uns erst verständlich, wenn wir es betrachten als Ausfluß eines in die Irre gehenden Glücksstrebens. So hat Jesus auch die Ehebrecherin gesehen."
[134] In einem Abendgebet Hessens ebd. 145 heißt es: "So weiß ich mich von aller Schuld befreit durch deine Huld und Gnade und lege nun vertrauensvoll mein müdes Haupt in deinen Schoß."
[135] Der hier zitierte Passus ist ein wörtliches Zitat aus demselben Werk, 115. An Stelle der Auslassungspunkte finden sich einige Ausführungen über die "Gottverähnlichung" und "Einschmelzung" der "begnadeten Seele", sowie dazu, daß der "begnadeten Seele" Gott einwohne. Die Anführungsstriche sind vom Editor.
[136] Im Text handelt es sich um eine Verarbeitung der Gethsemane-Szene (Matth. 26, 39). Anscheinend hat der Zensor hier Befürchtungen bezüglich der zu starken Betonung der

15. S.173:"Er bringt nicht äussere dingliche Gabe dar, sondern eine innere persönliche Gabe, sich selbst." Hat Christus nicht seinen Leib dargebracht? und war dieser keine äussere Gabe?[137]

16. S.182:"Christi Opfertod bewirkt nicht das Gnädigsein Gottes, sondern offenbart es nur"[138]. Wenn man auch hinter dieser Formulierung an sich noch einen dogmatisch korrekten Sinn finden kann, so ist doch aus dem Zusammenhang herauszulesen, was bereits angedeutet wurde: die Erlösungstat Christi hat in keiner irgendwie ursächlichen Weise die Erlösung bewirkt, sondern nur offen gemacht, daß Gott ja ein ganz gnädiger Vater ist, ganz anders, als die Pharisäer ihn dargestellt. Nebenbei bemerkt: Offenbart die Passion seines Sohnes nicht auch die Heiligkeit und Gerechtigkeit des Vaters! S.184:"In der Tat der Mensch braucht sich nur in die Arme jener Liebe zu werfen, um ihrer vergebenden Gnade inne zu werden und als erlöster von aller Sündenschuld befreiter Mensch vor Gott zu wandeln"[139].
In der Seele des wiedergeborenen Menschen hat die Sünde ihre Macht verloren. Es ist eine Kraft in ihr, die stärker ist als alle Sünde!!
Von objektiver Erlösung keine Spur mehr. Es gilt auch das oben zu Seite 113 Gesagte.

---

menschlichen Natur Jesu, was auf eine latente monophysitische Tendenz in der abendländischen Theologie hinweist.

[137] Der Text heißt vollständig ebd. 173: "Er bringt nicht äußere, dingliche Gaben dar wie die alttestamentlichen Hohenpriester, sondern eine innere, persönliche Gabe: sich selbst. Er braucht darum nicht wie jene, immer wieder von neuem Opfer darzubringen". Der Hintergrund dieser Äußerung ist einmal in dem Problem er Soteriologie, dann wiederum in dem Problem der Meßopfertheorie zu suchen. In beiden Punkten gab Hessen Anlaß zu orthodoxen Besorgnissen.

[138] Der Satz steht am Ende einer längeren Ausführung über den theologischen Sinn des Kreuzesopfers Jesu, den Hessen nicht im Sinne einer echten Satisfaktion gedeutet wissen will. Der letzte Satz vor dem Zitat S. 182 lautet: "Gerade darin liegt ... der tiefste Sinn des Kreuzopfers Christi, daß in ihm die vergebende, sündentilgende Gnade Gottes zur Darstellung gelangt". Vgl. die damals geltende Lit. zu diesem Stoff in K. Algermissen, 337f. Es muß vorerst dahingestellt bleiben, ob Hessen hier etwa gegen seinen Lehrer Bernhard Dörholt anschreibt, der 1891 ein Buch mit dem Titel "Die Lehre von der Genugtuung Christi" publiziert hatte. Zur neueren Entwicklung dieser theolog. Lehren vgl. R. Lackenschmid, Christologie und Soteriologie. In: Vorgrimler/Van der Gucht, III, 82-119.

[139] Nach diesem Zitat folgt ebd. 184: "Darin besteht zutiefst die Erlösung, daß der Mensch der Liebe Gottes begegnet, von dieser Liebe, wie sie in Christus Fleisch geworden ist, innerlich berührt, ergriffen, erlöst wird".

17. S.188: Der Passus über die Zugehörigkeit gutwilliger Nichtkatholiken zur unsichtbaren Kirche stimmt nicht mehr mit der Encyklika "Mystici corporis" überein[140]. So auch S.201 und 331.

18. S.191:"Ein auferstandener Mensch sein. Es heisst nichts anderes als ein Stück Gottesleben sein, das sich vom Herzen Gottes losgelöst hat (!) und unter die Menschen gegangen ist"[141]. Wohl nur rhetorische Entgleisung? Die Rebe, die vom Weinstock getrennt ist etc.
S.193:"Selig, die nicht sehen und doch glauben ...." das Wort, das Johannes den Auferstandenen sprechen läßt". Also hat der Auferstandene es nicht wirklich gesprochen?! So mag der eine und andere modern "biblisch geschulte " Mensch fragen.

20. S.201:Mit Rademacher ist in der Frage der Zugehörigkeit zur Kirche nicht mehr zu operieren, nachdem die Encyklika "Mystici Corporis" erschienen ist[142].

21. S.204:"Auch ihre Seele nährt sich vom Brote des Schriftwortes und vom Brote des Abendmahles". Haben die Protestanten wirklich das gleiche Abendmahl wie die Katholiken?[143]

22. S. 205:"Sie haben nichts preiszugeben etc." Glauben wirklich alle evangelischen Christen namentlich aus den gebildeten Kreisen an die wesensgleiche Gottessohnschaft Jesu Christi? Und muß nicht der protestantische Subjektivismus geopfert werden?[144]

---

140 Vgl. Anm. 119. Auf S. 201 wird ebd. für den 2. Sonntag nach Ostern eine eigene Predigt für die Una-Sancta-Bewegung angeboten. Auf S. 331 wird nochmals die Unterscheidung zwischen äußerer und innerer Kirchenzugehörigkeit getroffen.
141 Das Zitat aus S. 191 des oft zitierten Werkes ist korrekt.
142 Das nicht näher nachgewiesene Zitat von Rademacher, welches hier kritisiert wird, lautet: "Wer nicht zum Leibe der Kirche gehört, kann doch zu ihrer Seele gehören, und dann steht er dem Reiche Gottes näher als derjenige, welcher zwar zum Leibe der Kirche gerechnet wird, aber ein totes Glied an diesem Leibe, eine verdorrte Rebe am Weinstock ist". Vgl. Anm. 119 und 140.
143 Die Stelle lautet vollständig ebd. 204: "auch ihre Seele nährt sich vom Brote des Schriftwortes und vom Brote des Abendmahls; auch sie streben nach christlicher Vollkommenheit"; die Rede ist von den "getrennten Brüdern".
144 Die Rede ist ebd. 205 von einer jungen gebildeten Protestantin, die konvertieren wollte, und die befürchtete, alles verbrennen zu müssen, was sie angebetet habe. Darauf habe er, H., geantwortet: "Seien sie beruhigt! Sie brauchen im Grunde genommen gar nichts preiszugeben, sondern bekommen nur noch etwas hinzu. Sie sollen nichts verlieren,

23. S.209. Die Unsterblichkeit der Seele ist für Hessen nur ein "Postulat der praktischen Vernunft" oder wie wir sagen würden, eine Forderung d.h. eine notwendige Annahme des sittlichen Bewusstseins[145].

S.225: Wir Zensoren einer "kleinen süddeutschen Diözesanbehörde" gehören offenbar auch zu den "weniger begnadigten", dürfen aber leider nicht schweigen![146]

24. S.233: Die ängstlichen Seelen: Ob die Antwort Blumhardts wirklich die rechte und befriedigende ist? Ist jeder Getaufte ohne weiteres "im Vater", "im Himmel"[?][147]

25. S.254: "Im Wirken Gottes offenbart sich sein Wesen. Der Dreifaltigkeit seines Wirkens muß eine Dreifaltigkeit seines Wesens entsprechen. Die Wirkenstrinität deutet auf eine Wesenstrinität!!"[148]

26. S. 255: "Wir reden - bemüht". Liest man die Stelle St. Augustins im Zusammenhang, so zeigt es sich, daß es sich dabei um den Personenbegriff handelt, der damals weder in der philosophischen noch in der theologischen

---

sondern nur gewinnen. Katholizismus ist Fülle, Ganzheit. Die echten religiösen Werte Ihres evangelischen Glaubens sollen Sie der großen katholischen Synthese einfügen".
[145] Ebd. 207-14 Ausführungen zur Unsterblichkeit der Seele, bei denen allerdings die Argumentation Kants, daß sie ein "Postulat der praktischen Vernunft, oder, wie wir sagen würden, eine Forderung unseres sittlichen Bewußtseins" sei, eher positiv referiert werden.
[146] Die Verärgerung des Zensors entzündet sich an folgendem Passus: "Wer es ernst nimmt mit der Nachfolge Jesu, muß darauf gefaßt sein, auch von seinen eigenen Glaubensgenossen verkannt und verleumdet zu werden. Nicht alle sind gleich tief in den Geist der Religion eingedrungen. Nicht alle haben in gleichem Maße den Sinn dessen, was Jesus gewollt hat, den Sinn seiner «Frohbotschaft» erfaßt. Solche, die in dieser Hinsicht weniger begnadet sind, pflegen mit einem gewissen Mißtrauen auf die zu blicken, denen ein tieferes Verständnis geschenkt ist. Gedanken und Anschauungen, die aus einer größeren Sicht heraus geboren sind, stehen sie verständnislos gegenüber und sind geneigt, sie als «unkirchlich», als «häretisch» zu brandmarken"; ebd. 225.
[147] Ebd. 233 führt H. den württembergischen Pietisten Joh. Christoph Blumhardt (1805-1880) an, der einer "ängstlichen Seele", die sich mit der Frage quälte, ob sie in den Himmel komme, gesagt habe, daß sie bereits im Himmel sei, und nur noch eine Binde vor den Augen habe, die Welt. Jeder Getaufte sei beim Vater im Himmel. Zu Blumhardt vgl. Härle/Wagner, 36.
[148] Im Originaltext S. 254 fehlen die beiden Ausrufungszeichen. Es handelt sich um eine Predigt zum Dreifaltigkeitsfest, in der das Wirken Gottes als dreifaches dargestellt wird: Schöpfung, Erlösung, Heiligung. Der Terminus "Wesenstrinität" mußte allerdings bei dem Zensor Befremden auslösen, da die orthodoxe Trinität ja gerade ein Wesen in drei Personen meint.

Fachsprache ganz ausgebildet war. Was Augustinus meint, ist also etwas ganz anderes, als was Hessen hineinliest[149].

27. S. 267:"Für Jesus .... ist auch die Sünde letzten Endes nur ein Mittel in der Hand Gottes ....mit dem er zu einer höheren Stufe der Gottesliebe emporführen will!"
"Es ist nun einmal so ...., daß wir einen positiven Wert in seinem ganzen Gehalt erst dann zu erleben vermögen...."[150].
S.268:"Der Mensch, der die Qual der Gottesferne durchkostet hat, erlebt die Seligkeit des Gottesbesitzes tiefer und stärker als der, der ihn nie verloren hatte. Die Hingabe des bekehrten Sünders an Gott stellt einen höheren Grad der Gottesliebe dar"! Und die Immaculata? und die Heiligen, die die Taufunschuld bewahrten?

28. S. 293:"Petrus ist der erste Jünger Jesu". Nein, sondern Andreas und Johannes, Jo.I,40. "An ihn erging zuerst der Ruf "Folge mir nach". Nein, sondern an Philippus 1.c.43. "So verstehen wir es, daß Jesus ihm eine besondere Stellung im Jüngerkreis anwies". Warum so? Warum nicht Andreas? oder Johannes? oder Jakobus? welch letztere auch auf Tabor und in Gethsemane dabei waren? Und Petrus hatte doch seinen besonderen Platz, den ersten im Jüngerkreis erhalten vor Tabor [Mt 17,16] und erst recht vor Gethsemane v. Johannes I,42 und besonders Matth. 16,18. Und warum? v.Mt.16,17: Und Simon Petrus erwiderte: Du bist Christus, der Sohn Gottes[151].

29. S. 294:"In den neutestamentlichen Schriften erscheint Petrus überall als

---

[149] An dieser Stelle führt Hessen Augustinus an, der betont habe, daß "unser Reden von Gott nur ein Stammeln ist, und daß unsere Begriffsworte nur schwache Hindeutungen auf eine allem menschlichen Verstandesbegriff sich entziehende Wirklichkeit sind. «Wir reden», so sagt er in seinem großen Werk über die Trinität, «von drei Personen, nicht weil diese Aussage zutreffend ist, sondern nur, um nicht ganz verstummen zu müssen». Wäre diese tiefe Erkenntnis des Bischofs von Hippo den späteren Theologen stets gegenwärtig gewesen, so hätten sie sich wohl weniger um eine theologisch-begriffliche als vielmehr um eine religiös-praktische Fruchtbarmachung des Trinitätsgeheimnisses bemüht"; ebd. 255.
[150] In der Predigt zum 3. Sonntag nach Pfingsten "Jesus und die Sünde" wiederholt Hessen seine Theorie von der Sünde. Das zweite, hier vom Zensor zu stark gekürzte Zitat lautet ebd. 267 vollständig so: "Es ist ja nun einmal so, und es hängt mit der Endlichkeit unseres Wesens zusammen, daß wir einen positiven Wert in seinem ganzen Gehalt erst dann zu erleben vermögen, wenn wir vorher den negativen Gegenwert kennen gelernt haben."
[151] Die Zitate stammen aus der Predigt zum 7. Sonntag nach Pfingsten mit dem Titel "Petrinisches und paulinisches Christentum", ebd. 292-295.

der nüchterne! Mann der Praxis!" Und Mt.16,17 und Mt.17,4 und Jo.6,69 f. und Jo.13,9! Und das erste Kapitel von I Petr.: "Der Befürworter des Gesetzes. Er tritt dafür ein, daß auch die Christen an das alttestamentliche Gesetz gebunden sind....etc." und Apg.10,47 und Apg.cap.15: Apostelkonzil!! So wird der Petrus verzeichnet, damit er als Sprungbrett diene zum Kampf gegen das "petrinische Christentum!"[152]

30. S. 295:"Als Petrus für die Bindung der Christen an das alttestamentliche Gesetz eintritt..!", daß Petrus auch nach der Taufe des Cornelius, AG.10,44 theoretisch dafür eingetreten [sei] ist nirgends in den neutestamentlichen Schriften zu lesen[153].
Kann ein katholischer Priester über das Thema: Rechts- und Liebeskirche predigen, ohne sich um die Enzyklika "Mystici Corporis" zu kümmern?![154]

31. S.315: Ist es wirklich der Gebetsgeist des Jeremias, der uns in den Psalmen entgegentritt und nicht der Davids? 41 und 22? Herkenne: Das Buch der Psalmen schreibt sie David zu!, gemäss der Überschrift der Psalmen, an deren Echtheit nicht zu zweifeln sei[155].

32. S.321:"Die Wunder, die er wirkt, sind nichts anderes, als der Hereinbruch des Gottesreiches .... sondern wesensnotwendig und aus dem Einheitssinn des Ganzen heraus ist er Charismatiker (R.Otto). Damit ist der historische Charakter der Wunderheilungen Jesu prinzipiell gesichert". Wenn

---

[152] Ebd. 294: "In den neutestamentlichen Schriften erscheint Petrus überall als der nüchterne Mann der Praxis, der Befürworter des Gesetzes und der Form, der Kirchenmann. Er neigt zu einem Gesetzeschristentum, einer Verschmelzung des Evangeliums mit dem jüdischen Gesetze. Er tritt dafür ein, daß auch die Christen an das alttestamentliche Gesetz gebunden sind. Er erscheint so als der konservative Geist, der die alten Formen schützen möchte, weil er in ihnen notwendige Mittel für die Erhaltung und Förderung des religiösen Lebens erblickt."
[153] "Als Petrus für die Bindung der Christen an das alttestamentliche Gesetz eintritt, widersteht er [Paulus] ihm, wie er sagt, «ins Angesicht» und stellt seinem Gesetzeschristentum das Evangelium von der «herrlichen Freiheit der Gotteskinder» entgegen"; ebd. 295.
[154] Zur Diskussion um die sog. Rechts- und die sog. Liebeskirche vgl. hier in der Einleitung Abschnitt 4b.
[155] "Schöner noch als in diesen vom Propheten selbst niedergeschriebenen Worten tritt uns der Gebetsgeist Jeremias in allem Psalmen entgegen. Man hat sie zu Recht «das in der Poesie übertragene Gebetsleben des Jeremias» genannt"; J.H:, a.a.O, 315. - Heinrich Herkenne, Das Buch der Psalmen (= Die Heilige Schrift des Alten Testaments. Übersetzt und erklärt ..., hrsg. von F. Feldmann und H. Herkenne, V/2), Bonn 1936. Hier wird S.104 David als "der traditionelle Verfasser" von Ps.22 bezeichnet; bei Ps.41 (S.160) aber nicht einmal das!

in dem letzten Satz kein logischer Sprung vorliegt, dann liegt im Satz zuvor ein Wunderbegriff zu Grunde, wie ihn moderne evangelische Theologie im Gegensatz zum katholischen Wunderbegriff herausgearbeitet hat[156].

33. S.334ff.: Vom Priestertum: Nur als Helfer und Diener des Volkes dargestellt; nichts von den inneren Beziehungen des Priesters zum göttlichen Hohenpriester Jesus Christus, zu Eucharistie und Bußsakrament[157].

34. S.372:"Bei einem Dritten ist mehr die Gefühlssphäre in der sich jenes Erlebnis abspielt. Erlebt aber so der Mensch sein eigenes Unvermögen..." Erleben und immer erleben auf dieser Seite.

35. S.388:"In einem Buch über die christliche Religion heisst es ebenso treffend wie schön: In welches Entzücken versetzt den Fommen eine würdige Kommunion; er schaut das grosse Geheimnis, er durchschaut alle Hüllen der Welt und sieht den Himmel offen. Wer solche Freuden genossen, der kann nie mehr ganz unglücklich und ungläubig werden...."[158] Wie viele von den Lesern des Buches, die würdig kommunizieren, empfinden dieses beseligende Entzücken nicht! Werden diese dann nicht beunruhigt, wenn diese Gefühlsfreuden als mit jeder würdigen Kommunion ipso facto verbunden dargestellt werden? Und was sagt Christus Joh.6,52ff?[159]

---

[156] Das fast unverständliche Zitat aus Hessen, a.a.O., 320f. lautet vollständig so: "Die Wunder, die er [Jesus, d. Hrsg.] wirkt, sind nichts anderes als der «Hereinbruch des Gottesreiches». «So hängt ihm nicht durch einen seltsamen Zufall ein Stücklein 'Heilsgabe' an, sondern wesensnotwendig und aus dem Einheitssinn des Ganzen heraus ist er Charismatiker» (R. Otto). Damit ist der historische Charakter der Wunderheilungen Jesu praktisch gesichert." - Hessen hat sich ausführlich mit dem Wunder auseinandergesetzt in: Die Werte des Heiligen, Regensburg 1938, 113-122. Resümierend heißt es da am Ende: "So gehört das Wunder für den religiösen Menschen zu den unmittelbaren Gewißheiten des inneren Lebens, die eines rationalen Beweises weder fähig noch bedürftig sind." Hessen zitiert in diesem Kapitel: Maria Rade, Das religiöse Wunder, Tübingen 1909, und W. Hunzinger, Das Wunder, Leipzig 1912 sowie F.X. Kiefl, Katholische Weltanschauung, 369f. Vgl. auch H. Scholz, 114f.
[157] In der Predigt zum 13. Sonntag nach Pfingsten mit dem Titel "Vom Priestertum" heißt es: "Indem der Priester die «Frohbotschaft» den Menschen vermittelt, wird er ihr aller Diener, Helfer und Freund. Seine Funktion ist keine andere, als die große Liebesbewegung Gottes zur Kreatur, wie sie in Christus sichtbar geworden ist, fortzusetzen ...."; Hessen, a.a.O. 334f. Hessen nennt aber in seiner enthusiastisch-begeisterten Schilderung des Priestertums S. 337 ausdrücklich die Funktion des Beichtvaters.
[158] Zitat aus: Georg Grupp, Jenseitsreligion. Erwägungen über brennende Fragen der Gegenwart, 2. u. 3. Aufl., Freiburg i.Br. 1916, 203 (das Zitat ist zusammengezogen).
[159] Mit auffallender Härte und dem strikten Beharren auf einer nichtsymbolischen, sondern realistisch-wörtlichen Deutung des Passus Joh. 6, 52, der zum Anlaß genommen wird,

36. S.391. Die Eucharistiefeier[160]. Man lese zuerst Joh.13, 1-3 und Lucas 23,13 und dann die Ausführungen über die Einsetzung der hl.Eucharistie und des : mitten unter euch sein! "Indem er das tat, <u>blitzte der Gedanke</u> in ihm auf:....... Dann floss Wein aus dem Schlauch in den Kelch...... Und <u>nun</u> ward der entsprechende Gedanke in seiner Seele <u>lebendig</u>. Wie dieser Wein jetzt in den Kelch fliesst, so wird morgen dein Blut fliessen. So sprach er.... "Tut dies zu meinem Andenken! ...... Brot und Wein sollt ihr dann zu meinem Gedächtnisse weihen. Dabei bin ich unsichtbarerweise unter euch gegenwärtig. Ich habe euch ja gesagt: Wo zwei oder drei versammelt sind in meinem Namen, da bin ich mitten unter ihnen". Man muß den ganzen Passus lesen, auch den über das Opfer und fragt sich: Kann ein katholischer Priester, der an die Gottheit Jesu Christi und an die Wahrheit seines Wortes glaubt, so etwas bei einem katholischen Gottesdienst predigen! Was müssen die Zuhörer von ihm denken!

37. S.393:"Dieser Tod (der Liebestod Christi) ist die höchste Offenbarung der unendlichen Vaterliebe Gottes"[161], aber auch dessen Heiligkeit und Gerechtigkeit und zunächst der Erlöserliebe des bis zum Tode gehorsamen Gottessohnes vergl. [2] Cor.5,14.

38. S.407:"So söhnt sich in dieser Bitte das Gotteskind mit dem Vater aus. Der hl.Augustinus knüpft darum an diese Bitte <u>mit Recht</u> die schöne Bemerkung: Für den guten (NB.) Christen besteht die Beichte eigentlich darin, daß er jeden Tag spricht: Vergib uns unsere Schuld,wie auch wir....." Dazu ist 1. bei dieser Äusserung die Bußpraxis z.Zt. des hl.Augustinus zu beachten und 2. wird dieser Satz jedenfalls nicht zum Empfang des Bußsakramentes ermuntern, selbst wenn dieser angezeigt, ja notwendig wäre. Denn wie viele, die es nicht sind, halten sich für "gute" Christen!

---

extreme Positionen zum "Glaubensgehorsam" zu beziehen, tritt zur Eucharistie-Einsetzung hervor: Willibald Lauck, Das Evangelium und die Briefes des heiligen Johannes (= Herders Bibelkommentar, Bd. XIII), Freiburg i.Br. 1941, 198ff.
[160] Die Deutung der Einsetzung der Eucharistie durch Hessen, die auf eine mehr geistig-symbolische als materiell-reale Präsenz Christi zu deuten schien, hat Fischer besonders empört, so daß er eine Abschrift dieses Passus seinem Brief an Hessen (Dok. 30) nochmals beifügte.
[161] Der Text fährt a.a.O., fort: "Zu ihm aufblickend, von seiner Liebesherrlichkeit ergriffen, beten wir dann frohen Herzens das «Pater noster»".

39. S.410: <u>Unser</u> Vater, eine von den Formulierungen, die erkennen lassen, für wen das Buch "Freudiges Christsein" in erster Linie gedacht zu sein scheint[162].

II. Zusammenfassung:
1. Das Buch "Freudiges Christsein" macht auf den katholischen Leser den Eindruck, daß es dem Verfasser zunächst und zu vorderst um evangelische Una Sancta Christen zu tun ist. Für einfache, schlichte Katholiken kann es nicht gedacht sein, von allem andern abgesehen, ist für sie schon die akademische, mit vielen vielen Fremdwörtern durchsetzte Sprechweise ein Hindernis des Verständnisses. Für sogenannte gebildete Katholiken, und erst recht für im Glauben gefährdete ist das Buch ungeeignet, sie im katholischen Glauben und in der Liebe zur Kirche zu festigen, dazu fehlt es ihm an katholischer Substanz; es wirkt dadurch und wegen der sich immer wieder kundgebenden Abneigung gegen die "Rechtskirche" eher irreführend. Ferner befremdet den katholischen Leser die Vorliebe des Verfassers für die Verwertung von Äusserungen nichtkatholischer Philosophen, Theologen und Dichter. Diese in Predigten vor katholischem Publikum auffallende Eigenart, verbunden mit der überaus besorgten Rücksichtnahme auf antikatholische Instinkte und Anschauungen, welche Form und Inhalt verschiedner Themen wie "Madonna", Una Sancta (mit Ausserachtlassung der Enzyklika "Mystici Corporis"), "Petrinisches und Paulinisches Christentum", das Priestertum, die Eucharistiefeier wesentlich beeinflusste, zeigt deutlich an, um wen es dem Verfasser des "Freudiges Christsein" vor allem zu tun ist. In den eben erwähnten Predigten und in anderen Ausführungen geht Hessen mitunter bis an den Rand des katholischen Glaubens, ja bis zum offenkundigen Widerspruch mit dem katholischen Dogma. Es ist erschütternd, wenn ein katholischer Priester die Einsetzung der hl.Eucharistie darstellt, wie Hessen S.391, als ob Christus nicht von Anfang an gewusst hätte, was er beim Abendmahl tun wollte und momentan aufblitzenden bezw. sich einstellenden Gedanken gefolgt sei und wenn er zur Illustration der wirklichen Gegenwart Christi als Speise und als Opfer auf die Verheissung Christi hinweist: Mt.18,20: Wo zwei oder drei beieinander sind, da bin ich mitten unter ihnen! Dabei wird nicht hervorgehoben, daß es bei der hl. Eucharistie wie bei anderen christlichen Dogmen sich um Geheimnisse handelt, die im <u>Glauben</u> anzunehmen sind

---

[162] Offenbar für Protestanten. Gemeint ist die erste Zeile des sog. Herrengebetes, dem die Predigt zum 23. Sonntag nach Pfingsten galt, a.a.O. 403-410.

und erst wenn sie nach demütiger Annahme im Glauben im christlichen Leben sich auswirken können, das in ihnen verborgene Licht und ihre erlösende Kraft dem Glaubenden beglückend kundgeben. Die Wirkung der hier in Betracht kommenden Äusserungen Hessens wird nur [die] der Befestigung in antikatholischen Vorurteilen und Anschauungen sein. Bezeichnend ist hiefür, daß ein evangelischer Religionslehrer seinem katholischen Kollegen, der auch in der Una Sancta Bewegung tätig ist, Hessens "Frohbotschaft", das 1947 ohne Imprimatur erschienene Buch vorwies mit der Bemerkung, darin finde der katholische Kollege die richtige Auffassung über die "Una Sancta".

2. Die zweite, sich ebenfalls durch das ganze Buch hinziehende Eigenart des Verfassers ist, daß er sich darin vom Geist der "Erlebnistheologie" bis zum unkatholischen Subjektivismus leiten läßt, wofür oben die Beweisstellen angeführt sind.

Selbstverständlich ist es Pflicht des katholischen Predigers vor allem nur Äusserlichen in der Religionsübung zu warnen und auf echte Innerlichkeit zu dringen. Etwas anderes aber ist es, zu sagen, letzten Endes komme es nur darauf an, sich als Kind Gottes zu erleben, zu fühlen etc. (siehe oben), also die Religiosität im Wesentlichen in das Gefühl zu verlegen, das ist unbiblisch und unkatholisch (vergl.die Bemerkungen zu Seite 115 und I Tim.1,5. Finis autem praecepti est caritas de corde puro et conscientia bona et fide non ficta). Er muß auch sagen, daß es der Heilige Geist ist, der namentlich durch seine Gaben der Weisheit und der Frömmigkeit zu tieferer religiöser Erkenntnis und christlicher Liebe führt. Man muß ihn darum bitten. Aus diesem Subjektivismus kommt noch eine bedauerliche Unterbewertung der objektiven Erlösungstat Christi und deren Fruchtbarmachung in den hl.Sakramenten, namentlich in der Taufe und im Bußsakrament.

3. Da die eben skizzierte Geistesrichtung das ganze Buch beherrscht, ist es mit der Verbesserung einzelner Stellen, auch wenn diese in dem erforderlichen Maße vorgenommen würde, nicht getan. Vom Standpunkt katholischen Glaubens aus ist es unmöglich, dem Buch auch als ganzes genommen die kirchliche Druckerlaubnis zu geben. Wenn Professor Hessen in der Zuschrift an Weihbischof Fischer vom 24.11.ds.Js. sagt, seine Methode sei nicht die dogmatische, sondern die pädagogische, so ist zu sagen: auch die Pädagogik muß auf dem Boden der Wahrheit und der Offenbarung stehen und im Einklang mit der regula fidei bleiben; etwas anderes ist es, in der Aussprache schrittweise mit dem Irrenden vorwärts zu gehen, wobei aber auch bei dem "Heranführen" an den Glauben nie die

Wahrheit preisgegeben werden darf, und etwas anderes, in einem Buche solche pädagogischen Versuche als abschliessende Lösungen erscheinen zu lassen. Wir haben darum die Bitte, sich mit Herrn Professor Hessen in keine weitere Diskussion über Einzelheiten einzulassen, sondern die Ablehnung des Imprimatur aufrecht zu erhalten.

4. Nach den mit Herrn Professor Hessen gemachten Erfahrungen bitten wir weiter, falls er, was wir zwar nicht glauben, je das Buch von Grund aus umarbeiten wollte oder würde, es nicht mehr zur Zensur anzunehmen, auch wenn es bei der Bader'schen Verlagsbuchhandlung erscheinen sollte, sondern den Verfasser an eine andere, für ihn persönlich zuständige kirchliche Behörde zu verweisen.

Für die beiden Zensoren des Buches "Freudiges Christsein" zeichnet derjenige, der es zuerst zur Prüfung bekam.

Rottenburg, 29.November 1951
Weihbischof Dr. F i s c h e r

Dokument 36
Brief Hessens an Bischof Leiprecht von Rottenburg vom 13.1.1952

(Durchschlag des maschinenschriftl. Originals. Das Datum ist handschriftl. oben rechts nachgetragen. Ein Tippfehler wird stillschweigend korrigiert. - Das anfangs genannte Schreiben ist hier als Dok. 32 ediert. - NL Hessen, fasz. 50.)

13.1.52

Hochwürdigster Herr Bischof!

Die Antwort auf mein Schreiben vom 24.11.51 ist am 5.1.52 eingetroffen. Ich habe zu dem Votum folgendes zu sagen:

Es ist nicht der sensus auctoris, sondern der sensus censoris, der beanstandet worden ist. Wäre es anders, wie kann dann ein Bischof, der früher Dogmatikprofessor war, erklären: In dem Buch steht nichts, was man vom dogmatischen Standpunkt beanstanden müßte? Wie können katholische Priester mein Werk ständig als Predigtquelle benutzen und mich auffordern,ein weiteres Buch dieser Art für sie zu schreiben? Wie können theologisch gebildete Laien es als Betrachtungsbuch täglich benutzen? Wie kann ein katholischer Theologieprofessor mein Werk so beurteilt,wie es in der beiliegenden Besprechung geschieht?[163]

Ich habe inzwischen mit zwei hervorragenden theologischen Kollegen und einem katholischen Laien, der als "Priester im Laiengewande" gilt, über das Gutachten gesprochen[164]. Sie alle fanden es unfaßbar, wie man einen Greis von 81 Jahren mit der Beurteilung eines Buches betrauen kann, in dem der heiße Atem der Gegenwart lebt. Sie rieten mir,von jeder Diskussion mit dem Zensor Abstand zu nehmen. (Das Entsetzen des Zensors über die Eucharistiepredigt hat allgemeines Kopfschütteln ausgelöst.)

Wenn ich auch entschlossen bin,jenen Rat zu befolgen, so kann ich doch zu zwei Punkten nicht schweigen.

Wenn ein Autor sich bereit erklärt, beanstandete Stellen zu ändern, dürfen Sie eine erneute Prüfung nicht von vorneherein ablehnen. Nach dem Urteil des einen der beiden Theologieprofessoren,der Kirchenrechtler ist, setzen Sie sich damit ins Unrecht.

Der andere Punkt betrifft die Weitergabe unserer Korresspondenz an die hiesige Behörde.Wenn ich dagegen auch grundsätzlich nichts einzuwenden habe,so scheint es mir doch unfair,eine Korrespondenz weiterzugeben, die noch garnicht abgeschlossen ist. Auf jeden Fall muß ich erwarten,daß das vorliegende abschließenden Schreiben unverzüglich nachgeschickt wird. (Übrigens ist der hiesige Kardinal nicht mein Ordinarius, ich gehöre einer anderen Diözese an.)

Ich werde mir nun von einigen Kollegen in theologischen Fakultäten ein theologisches Gutachten geben lassen und dann der Entscheidung meines Gewissens folgen, das ja auch nach katholischer Lehre die letzte Instanz in sittlichen Fragen ist.

In der Hoffnung,daß die sachlich unüberbrückbare Kluft zwischen uns auf der höheren Ebene des Gebetes und der gegenseitigen Fürbitte eine Überbrückung finden wird, bin ich
Ihr in Christo ergebener

---

[163] Die einzige dem Herausgeber bekannte Rezension zu H.s "Frohbotschaft", diejenige von F.X. Arnold (vgl. hier Nr. 497) ist eher kritisch, wengleich ein Schlußlob nicht fehlt.
[164] Es gibt keine Anhaltspunkte für die Identifizierung dieser Personen. Man könnte an Oskar Schroeder und Josef Thomé sowie den Fabrikdirektor Scherer denken.

2. Aus den Personalakten Hessens an der Universität zu Köln (1924 - 1950)

Dokument 37
Antrag der Fachvertreter für Philosophie auf einen Lehrauftrag für Hessen vom 3.12.1924

(Maschinenschriftl. Original mit eigenhd. Unterschriften Max Schelers und Artur Schneiders. - Universitätsarchiv Köln, Personalakte Hessen des Kuratoriums, fol. 10 r-v.)

Köln, den 3. XII. 1924.

Es erscheint uns als wichtig, dass an unserer Universität die Geschichte der patristischen und scholastischen Philosophie in Spezialvorlesungen und besonderen Uebungen vertreten wird. Da wir selbst durch Abhaltung der grösseren Vorlesungen hierzu nicht in genügendem Masse kommen können, schlagen wir vor, Herrn Privatdozent Dr. theol. et phil. H e s s e n für dieses Gebiet einen Lehrauftrag zu erteilen.
Herr Dr. Hessen habilitierte sich am 15. November 1920 für Philosophie. Auf seine Doktor- und Habilitationsschrift folgte eine Reihe literarischer Veröffentlichungen. Als selbständige Arbeiten seien erwähnt:
1. Die Begründung der Erkenntnis nach dem hlg. Augustinus Münster 1916.
2. Die Absolutheit des Christentums Köln 1917.
3. Die unmittelbare Gotteserkenntnis nach d. hlg. Augustinus Paderborn1916.
4. Der augustinische Gottesbeweis Münster 1920.
5. Augustinische und thomistische Erkenntnislehre Paderborn 1921.
6. Die Religionsphilosophie des Neukantianismus Freiburg 2.A.1924
7. Patristische und scholastische Philosophie Breslau 1923.
8. Die philosophischen Strömungen der Gegenwart Kempten 1923.
9. Augustinus: Vom seligen Leben(übers. u. eingel.) Leipzig 1923.
10. Augustinus u. seine Bedeutung für d. Gegenwart Stuttgart 1924.
11. Die Kategorienlehre Ed. v. Hartmanns und ihre Bedeutung für die Philosophie der Gegenwart (von der Kantgesellschaft preisgekrönt) Leipzig 1924.
Im Rahmen dieser Zeit erweist sich die literarische Produktion Hessens als eine verhältnismässig sehr umfangreiche. Seine Schriften sind von der Kritik durchaus anerkannt worden. In seinen historischen Schriften geht er durchweg auf die Quellen zurück und weiss hier - sowohl auf dem Gebiete der älteren wie der neueren Philosophie - eine Reihe neuer Perspektiven zu eröffnen. Seine Arbeiten über Augustinus und seine Studien über die scholastische Philosophie qualifizieren ihn im besonderen zur Vertretung des Lehrauftrages. Werden auch die Resultate seiner Augustinusforschung zum Teil angefochten, so ist dies bei der Schwierigkeit dieser Forschung kaum zu verwundern; aber auch von seinen literarischen Gegnern wird Hessen als einer der besten zeitgenössischen Kenner der Augustinischen Lehre eingeschätzt.
Seine vierjährige Lehrtätigkeit an unserer Fakultät ist immer von sehr gutem Erfolge begleitet gewesen.

Da der Lehrauftrag als ein bezahlter zu gelten hat, so würde er an Stelle des bisher Hessen gezahlten Stipendiums zu treten haben. Die damit eintretende geringe Erhöhung seiner Bezüge würden wir in Anbetracht der schwierigen finanziellen Lage Hessens sehr begrüssen.

Ar. Schneider
Dr. Max Scheler

Dokument 38
Brief des Generalmajors a.D. Dr. Samwer an Hessen vom 6.12.1930

(Maschinenschriftl. Abschrift. - Universitätsarchiv Köln, Personalakte Hessen des Kuratoriums fol. 73 r-v. - Ein Durchschlag des Originalbriefes (?) mit eigenhd. Unterschrift. ebd. fol. 70 r-v. - Die Sperrungen sind aus der Vorlage übernommen.)

Abschrift.
                                        Köln - Marienburg, den 6.12.1930
                                                Goethestr. 41.

Herrn Universitätsprofessor Dr.theol. et phil. H e s s e n .
                                        K ö l n , Pantaleonswall 7.

Geehrter Herr Professor!

    Am Mittwoch, d.3.h.von 17 - 18 Uhr hörte ich im Hörsaal 13 der Universität in Ihrem öffentlichen Vortrage über "Die geistigen Strömungen der Gegenwart" Ihre Ansichten über den Pazifismus.
    Ich habe volles Verständnis dafür, daß sie als katholischer Geistlicher nicht für den Krieg eintreten; diesen wünsche auch ich nicht. Solange aber im Leben der Völker Macht vor Recht geht - wir erleben dies leider fast täglich und auch die katholische Kirche hat immer reichlich davon Gebrauch gemacht - halte ich die Verfechtung der These: "Nie wieder Krieg", wie Sie es getan haben, für völlig verwerflich.
    Wenn ein fremdes Volk in unser Land einfällt, dann müssen wir den festen Willen haben, uns zu wehren. Ein Streik oder Boykott nützt zu unserer Verteidigung gar nichts, denn der Feind führt für seinen eigenen Bedarf Verpflegung und Ausrüstung mit sich und kann unsere Eisenbahnen und Wasserstraßen benutzen. Unser Volk wird unterdessen durch Streik und Boykott zu Grunde gehen. Damit ist also eine Abwehr unmöglich. Ich schätze auch die von Ihnen erwähnten Erfolge des indischen Nationalführers G a n d h i nicht hoch ein. Die Tagung am runden Tisch war schon durch den S i m o n s - Bericht angeregt worden.[165]

    Durch die Verteidigung der These: "Nie wieder Krieg" vernichtet man nur den Verteidigungs- und Wehrwillen einer Nation und trägt weitere Uneinigkeit in unser Volk hinein. Eine im Wehrwillen einige Nation kann z.B.

---
[165] Zum Bericht des Komitees von Sir John Simon und sechs Parlamentsmitgliedern (1928) zur Klärung der Lage in Indien vgl. J.C. Powell-Price, A History of India, London 1955, 611f.

auch stärkere Staaten zu Fall bringen. Ich erinnere nur an den Kampf Spaniens gegen N a p o l e o n I 1808-1810.

Nur Feiglinge werden sich widerstandslos in ihr Schicksal ergeben; sie werden nicht dadurch zu Helden gestempelt, daß sie ein Wort von Nietzsche: "Das Heldische liegt in Deiner Brust" in geschickter Verdrehung des Sinnes dieser Worte auf die Kriegsdienstverweigerer anwenden. N i e t z s c h e hat den Anbruch des ewigen Friedens nur von der kühnen Tat des Siegers erhofft, der die Waffen von sich werfen und mit dieser stolzen Geste dem Kriege ein für allemal ein Ende bereiten würde.[166] In dieser glücklichen Lage des Siegers befinden wir uns leider nicht. Wir haben wirklich genug Beweise unserer Friedfertigkeit gegeben. Sorgen Sie lieber durch die großen Verbindungen Ihrer Kirche dafür, daß auch die uns feindlichen Völker nicht immer Macht vor Recht gehen lassen und dadurch den Weg zur Verständigung verschließen.

Wenn bei uns solche pazifistischen Ideen, wie Sie sie vorgetragen haben, um sich greifen, dann ist unser Volk dem Untergange geweiht! Die Geschichte hat gezeigt, daß Völker, die auf den Wehrgedanken verzichten, untergehen. Sie treten von der Weltbühne ab, aber nicht zu Gunsten des ewigen Friedens, sondern zu Gunsten anderer empostrebender Völker.

Daher empfand ich es sehr traurig, daß Sie vor einer großen Schar junger deutscher Männer und Frauen solche m.e. eines deutschen Mannes unwürdigen Ausführungen gemacht haben. Ich weiß, daß ich Sie in Ihrer Weltanschauung nicht ändern werde; ich hielt es aber für norwendig, diesen Brief zu schreiben, damit Sie nicht glauben, daß alle ihre Zuhörer mit Ihren Ausführungen einverstanden seien. Eine Antwort auf diesen Brief erwarte ich nicht und grüße sie achtungsvoll
als Ihr ergebener

gez.Dr.Samwer
Generalmajor a.D.

Dokument 39
Schreiben des Generalmajors a.D. Dr. Samwer an den Staatskommissar der Universität zu Köln, Dr. Peter Winkelnkemper, vom 10.5.1933

(Original, ganz eigenhd. - Universitätsarchiv Köln, Personalakte Hessen der Kuratoriums, fol. 71 r-v. - Eine maschinenschriftl. Abschrift ebd. fol. 72.)

Köln - Marienburg, den 10.5.1933
Goethestraße 41.

Sehr geehrter Herr Staatskommissar!

---

[166] Vgl. J.H., Der Sinn des Lebens (1933), 147ff. In der Druckfassung findet sich kein Nietzsche-Zitat.

Am 6. Dezember 1930 schrieb ich den im Durchschlage beifolgenden Brief an den nichtbeamteten Universitätsprofessor Dr.theol. et phil. Johannes Hessen, der jetzt in Köln-Bayenthal, Höltystr. 6, wohnt und einen Lehrauftrag für die Philosophie des Mittelalters hat. Eine Antwort habe ich von ihm nicht bekommen; ich habe sie auch nicht erwartet.

Sie wollen aus diesem Brief ersehen, daß Professor Hessen ein Vertreter des übelsten Pazifismus ist und in diesem Sinne auf die Studenten einwirkt. Es hörten ihm damals etwa 400 Studenten zu, von denen keiner gegen seine Ausführungen ein Zeichen des Mißfallens gab. Professor Hessen erklärte, daß es eine Sünde sei, das Vaterland mit der Waffe in der Hand zu verteidigen; man könne dies höchstens durch Streik oder Boykott tun.

Ich halte es für dringend erforderlich, einem solchen Mann die Lehrbefugnis zu entziehen, da er nur Unheil in den Köpfen unserer Jugend stiften kann. Ich freue mich, daß endlich die Zeit gekommen ist, solchen Schädlingen unseres Volkes das Handwerk zu legen. Ich habe in den vergangenen Jahren in Vorträgen vor den studentischen Korporationen des Waffenringes und den Kriegervereinen wiederholt auf dieses Beispiel des Professors Hessen hingewiesen, wie im deutschen Volke der Wehrgedanke untergraben und eine überaus starke Quelle unserer Volkskraft allmählich zum Versiegen gebracht würde.
Gott sei Dank, daß dieser Unfug nun aufgehört hat.

Heil Hitler!
Mit vorzüglichster Hochachtung verbleibe ich
Ihr
sehr ergebener
gez.Dr. Samwer
Generalmajor a.D.

Dokument 40
Antrag Hessens auf Ernennung zum außerplanmäßigen Professor neuer Ordnung vom 23.3.1939

(Durchschlag einer maschinenschriftl. Abschrift. - Universitätsarchiv Köln, Personalakte Hessen des Kuratoriums, fol. 45)

Abschrift

Köln-Marienburg,23.3.39
Auf dem Römerberg 23

An das Dekanat
der Philosophischen Fakultät.

Ich beantrage hiermit meine Ernennung zum ausserplanmässigen Professor neuer Ordnung.

Die Lehrbefugnis wurde mir am 9.Mai 1921 für das Fach der Philosophie verliehen.

Die Ernennung zum n.b.a.o.Professor wurde am 22.Dezember 1927 von Herrn Minister Becker ausgesprochen.

Heil Hitler!

gez. Prof.Dr.Johs.Hessen

Dokument 41
Stellungnahme des Dozentenführers der Universität Köln zu Hessen vom 19.6.1939

(Durchschlag einer maschinenschriftl. Abschrift. Textgestaltung und eine Unterstreichung wie in der Vorlage. Der gesamte letzte Abschnitt ist mit einem Bleistift unterstrichen, ohne daß eine Datierung mit Sicherheit möglich wäre. Ein Tippfehler wird stillschweigend korrigiert. - Universitätsarchiv Köln, Personalakte Hessen des Kuratoriums, fol.44.)

<u>Abschrift !</u>

Dozentenschaft der
 der Universität
  Köln
Der Dozentenführer

Köln, den 19.Juni 1939

Betr.: n.b.a.o.Prof. Dr. Johannes H e s s e n .

Der Antrag des n.b.a.o. Prof. der Philosophie Dr. Johannes Hessen auf Ernennung zum apl. Professor neuer Ordnung findet den <u>Widerspruch</u> der Dozentenführung.
He. ist katholischer Theologe. Sein Arbeitsgebiet ist das katholische Mittelalter; außerdem hält He. religionsphilosophische Übungen ab. Eine Arbeitsaufgabe auf dem von He. vertretenen Gebiet besteht an der Universität Köln, die keine theologische Fakultät hat, n i c h t. Da ihn seine Fragestellung stets auf engste weltanschauliche Probleme führt, ist seine konfessionelle Bindung besonders schwerwiegend.
He. ist m.E. nicht in der Lage, den Anforderungen, die die nationalsozialistische Weltanschauung an einen Lehrer der Philosophie heute stellt, gerecht werden zu können.

Der Dozentenführer
gez. Birkenkamp

Siegel.Siegel.

Dokument 42
Stellungnahme des Dekans der Philos. Fakultät vom 18.11.1939 zu Hessens Antrag

(Durchschrift des maschinenschriftl. Originals, jedoch mit eigenh. Unterschrift Kauffmanns. - UAK, Personalakte Hessen des Kuratoriums, fol.43. - Dem hier vorgelegten definitiven Antrag des Dekans ging eine frühere Fassung vom 20.5.1939 voraus, in der Kauffmann Hessens "weitere Beschäftigung" für "erwünscht" erklärt hatte. Hessen wurde darin eine "fleissige und saubere Arbeitsweise" bescheinigt. Dieser Antrag wurde nach Eingang des Gutachtens des Dozentenführers (Dok. 39) von Rektor Kleinschmidt dem Dekan am 16.10.1939 zurückgereicht, mit der Aufforderung, unter dessen Berücksichtigung einen neuen Antrag zu stellen. Dieser Schriftwechsel ist in: UAK Personalakte (Phil. Dekanat) Hessen, Bd.1)

XX/1167   Köln, den 18.November 1939

An den
Herrn Reichsminister für
Wissenschaft, Erziehung
und Volksbildung

B e r l i n W 8
Unter den Linden 69

- auf dem Dienstwege -

Den beiliegenden Antrag des n.b.a.o. Professors der Philosophie Dr.Johannes H e s s e n auf Ernennung zum ausserplanmässigen Professor nach Abschnitt III, Absatz 2 der neuen Reichs-Habilitationsordnung vom 17.2.1939 reiche ich befürwortend weiter.

Professor Hessen bearbeitet vorwiegend die Philosophie des Mittelalters und vertritt sie auf Grund des ihm erteilten Lehrauftrages in Vorlesungen und Übungen. Ausserdem behandelt er in Schriften und im Unterricht die Aufklärung und den Idealismus; zuletzt erschien von ihm eine "Wertphilosophie" (1937), die eine nicht durchaus günstige Beurteilung erfahren hat.[167] Seine Arbeitsweise wird dahin gekennzeichnet, dass sich Fleiss und Darstellungsgeschick mit einer gewissen schulmässigen Enge verbinden.

Die Frage, ob es angebracht ist, Fächer der Philosophischen Fakultät durch katholische Geistliche wahrnehmen zu lassen, müsste einer grundsätzlichen Regelung vorbehalten sein.

                                    Kauffmann
                                    Dekan.

---

[167] Offensichtlich Anspielung auf die Rezensionen dieses Buches; vgl. hier Nr. 369.

Dokument 43
Schreiben des Geschäftsführenden Kurators der Universität an den zuständigen Reichsminister vom 5.6.1940

(Durchschlag des maschinenschriftl. Originals, mit eigenhd. Unterschrift des Verfassers. Unterhalb dieser Unterschrift findet sich der folgende Aktenvermerk: "Die Angelegenheit ist am 23.7.40 im Minist. besprochen worden. Eine Entscheidung ist in Kürze zu erwarten". - Universitätsarchiv Köln, Personalakte Hessen des Kuratoriums, fol. 69)

An den
Herrn Reichsminister für
Wissenschaft, Erziehung
und Volksbildung
<u>Berlin W 8.</u>

5.6.40

Bei der Durchsicht alter Akten fanden sich ein Durchschlag eines Schreibens des Generalmajors a.D. Dr. Samwer vom 6.12.30, gerichtet an den Prof. Dr. H e s s e n, und ein Schreiben vom 10.5.33, gerichtet an den Herrn Staatskommissar der Universität Köln, ebenfalls Prof. Hessen betreffend. Dieses Schreiben dürfte seinerzeit versehentlich nicht dem Herrn Minister vorgelegt worden sein. Die beiden Schriftstücke gestatte ich mir nunmehr nachträglich in der Anlage vorzulegen.

Wenn auch die Schriftstücke eine Reihe von Jahren zurückliegen, so dürften sie doch im Hinblick auf die Mentalität des Prof. Hessen, die sich aus seiner Stellung als katholischer Kleriker ergibt, heute noch so aktuell sein, wie zur Zeit ihrer Abfassung.

Der Herr Minister hatte mit Erlass vom 19.1.40 W P Hessen c/3 die Ernennung des nichtbeamteten ao.Prof.Hessen zum ausserplanm.Prof. abgelehnt und dem Genannten zugleich die Lehrbefugnis mit Ablauf des Monats März 1940 als erloschen erklärt. Mit Erlass vom 7.3.40 WP Hessen d hat sodann der Herr Minister die Weiterzahlung der früheren Lehrauftragsvergütung in Form eines Forschungsstipendiums aus Mitteln der Universität Köln angeordnet. Mit meinem Bericht vom 2.4.40 hatte ich alsdann beantragt, dieses Forschungsstipendium auf die Staatskasse zu übernehmen, da Prof. Hessen durch Erlöschen seiner Lehrbefugnis in keinerlei Beziehung mehr zur Universität Köln stünde.

An diesen Bericht gestatte ich mir im Hinblick auf den vorliegenden Fall anzuknüpfen und beantrage, dass dem Prof. Hessen das ihm gewährte Forschungsstipendium entzogen wird, da, wie ich bereits bemerkte, kaum anzunehmen ist, dass Prof.H. seine pazifistische Haltung inzwischen einer Revision unterzogen hat.

Faßl

Dokument 44
Schreiben des Geschäftsführenden Kurators an Hessen vom 6.8.1940

(Durchschlag des maschinenschriftl. Originals mit eigenhd. Bleistiftunterschrift des Verfassers. - Universitätsarchiv Köln, Personalakte Hessen des Kuratoriums, fol. 75.)

Herrn
Professor Dr. Joh. Hessen
Köln - Marienburg
Auf dem Römerberg 23

6.8.40

Nachdem der Herr Reichsminister für Wissenschaft, Erziehung und Volksbildung mit Erlaß vom 29.7.40 die Einstellung des Ihnen seit 1. 4. 40 widerruflich gewährten Forschungsstipendiums angeordnet hat, wird Ihnen das Forschungsstipendium mit Wirkung vom 1. September 1940 nicht mehr gezahlt.

Faßl
(Dr. Faßl)
Geschäftsführender Kurator.

Dokument 45
Schreiben Hessens an den Reichserziehungsminister vom 9.10.1940

(Durchschlag des maschinenschriftl. Originals, ohne Unterschrift. Die Absenderangabe erfolgt durch neu aufgedrückten Stempel, unter dem von Hessen ebenfalls neu das Datum nachgetragen wurde. Universitätsarchiv Köln, Personalakte Hessen des Kuratoriums, fol. 77.)

**PROFESSOR D. DR.
JOHANNES HESSEN**

Köln-Marienburg, Auf dem Römerberg 23

9.10.40

An den Herrn Reichsminister für Wissenschaft,
Erziehung und Volksbildung.

Gemäß einer am 4.10.40 von dem Sachbearbeiter, Herrn Ministerialrat Frey, mir gewährten Unterredung darf ich schriftlich folgendes darlegen:

373

Der Herr Kurator unserer Universität hat mir das vom Herrn Minister durch Erlaß vom 1.4.40 bewilligte Forschungsstipendium wieder entzogen. Diese Maßnahme trifft mich um so härter als sie mich nicht nur wirtschaftlich vor das Nichts stellt, sondern mir auch die Durchführung einer in Angriff genommenen Forschungsaufgabe, ein streng wissenschaftliches Lehrbuch der Philosophie in drei Bänden, die Frucht einer zwanzigjährigen Lehr- und Forschertätigkeit, unmöglich macht. Die Maßnahme dürfte aber auch dem gesunden Rechtsempfinden, wie der heutige Staat es fordert und fördert, kaum entsprechen. Habe ich doch nicht nur zwanzig Jahre lang meine ganze Kraft in den Dienst der Universität gestellt, sondern ihr auch durch meine großen öffentlichen Vorlesungen so erhebliche Gelder eingebracht, daß die Weiterzahlung des kleinen Stipendiums auch von diesem Standpunkt aus nicht als ein unbilliges Verlangen erscheinen kann. Jedenfalls möchte ich bitten, die Angelegenheit zu überprüfen, gegebenenfalls durch Befragung der Akademischen Stellen.

Heil Hitler!

Dokument 46
Schreiben des Dekans der Philos. Fakultät an den Reichserziehungsminister vom 11.10.1940

(Durchschrift des maschinenschriftl. Originals mit eigenhd. Unterschrift das Dekans. - Die absendende Instanz ist durch einen Druckstempel angegeben; ferner ist auf der Vorlage vorhanden: ein Weiterleitungsvermerk des Rektorates vom 14.10.1940. - Universitätsarchiv Köln, Personalakte Hessen des Kuratoriums, fol 76.)

Philosophische Fakultät
 der Universität Köln

XXII/403   Köln, den 11. Oktober 1940

An den
Herrn Reichsminister für
Wissenschaft, Erziehung
und Volksbildung
B e r l i n W 8
Unter den Linden 63

- auf dem Dienstwege -

In der Anlage überreiche ich einen Antrag des früheren n.b.a.o. Professors Dr. Johannes H e s s e n und gestatte mir, dazu folgendes zu bemerken:

1.) Über die Vorgänge, die zu der Einstellung des Forschungsstipendiums geführt haben, bin ich nicht unterrichtet worden. Die Fakultät wurde nicht gehört. Sie hat bisher keine Gelegenheit gehabt, dazu Stellung zu nehmen.

2.) Der in meinem Begleitschreiben vom 29.1.1940 - XXI/806- ausgesprochenen Bitte wurde durch Erlass vom 7.3.1940 - W P Hessen d - stattgegeben. Ich erneuere sie aus Anlaß des beiliegenden abermaligen Antrages.

Anlage.

Kauffmann
D e k a n .

Dokument 47
Schreiben des Geschäftsführenden Kurators an den Reichserziehungsminister vom 30.10.1940

(Durchschlag des maschinenschriftl. Originals mit Bleistiftunterschrift des Verfassers. - Universitätsarchiv Köln, Personalakte Hessen des Kuratoriums, fol. 78/1-2.)

An den
Herrn Reichsminister für
Wissenschaft, Erziehung
und Volksbildung

B e r l i n W 8 .
Unter den Linden 69

30.10.40

In der Anlage lege ich Bericht der Philosophischen Fakultät zu einem gleichfalls beigefügten Antrag des früheren nb.ao. Professors Dr. Johannes Hessen auf Weiterzahlung eines Forschungsstipendiums vor. Ich berichte dazu folgendes:

Gemäß Erlaß vom 19.1.40 -WP Hessen c/39- hatte der Herr Minister mitgeteilt, daß einer Ernennung des Dr. Hessen zum außerplanmäßigen Professor nicht hätte entsprochen werden können und ferner daß die Lehrbefugnis des Dr. Hessen mit Ende des Monats März 1940 erloschen sei. Da ein Dienstverhältnis des Prof. Hessen zur Universität damit nicht mehr bestand, wurde die Zahlung der von Hessen bezogenen Lehrauftragsvergütung in Höhe von 260.- RM monatlich mit Ende März 1940 eingestellt. Auf einen Bericht der Philosophischen Fakultät vom 29.1.40, in dem die Fakultät, um dem Prof. Hessen die weitere Ausübung seiner Forscherarbeit zu ermöglichen, die Gewährung einer wirtschaftlichen Grundlage befürwortete, hatte ich im Sichtvermerk empfohlen, den Übertritt des Prof. Hessen zu einer theologischen Fakultät zu erwägen. Auf Grund der hierauf ergangenen Entscheidung des Herrn Ministers und mit Erlaß vom 7.3.40 WP Hessen d, ist dann die Fortzahlung der Lehrauftragsvergütung in Form eines Forschungsstipendiums in der früheren Höhe ab 1.4.40 aufgenommen worden. Nachdem ich unterm 5.6.40 einen weiteren Bericht vorgelegt habe, den ich ich auch bei meiner

Anwesenheit im Ministerium am 23.7.40 mit dem zuständigen Fachreferenten noch besprochen habe, hat dann der Herr Minister mit Erlaß vom 29.7.40 WP Hessen 1 entschieden, daß der Minister die Angelegenheit als erledigt ansehe, wenn die Universität Köln die Zahlung des Forschungsstipendiums einstelle. Die Einstellung der Zahlung ist dann ab 1.9.1940 erfolgt.

Die Anhörung der Philosophischen Fakultät zu dieser Maßnahme erübrigte sich, da Dr. Hessen, nachdem ihm die Lehrbefugnis entzogen war, nicht mehr als Mitglied der Philosophischen Fakultät angesehen werden konnte.

Nachdem Dr. Hessen durch die Entziehung der Lehrbefugnis in keinerlei Beziehung zur Universität Köln mehr steht, würde die finanzielle Belastung, die durch die Weitergewährung des Forschungsstipendiums für die Universität Köln entstünde, nicht vertretbar sein. Auch die Begründung, die der Antragsteller in seinem Gesuche gibt, reicht für eine andere Auffassung nicht aus.

Ich bitte daher den Herrn Minister, den vorliegenden Antrag abzulehnen.

Faßl

Dokument 48
Schreiben des Reichserziehungsministeriums an den Staatskommissar der Universität zu Köln vom 10.1.1941

(Original eines vom absendenden Beamten nicht eigenhändig unterzeichneten, aber durch die Kanzlei des Ministeriums beglaubigten Schreibens. Vom gedruckten Briefkopf werden die Angaben über Fernsprecher, Postscheckkonto usw. weggelassen. Eingangsvermerk des Kuratoriums vom 15.1.1941. - Auf der Rückseite findet sich ein Aktenvermerk des Kuratoriums, daß "die Zahlung irgendwelcher Remunerationen an Prof. Hessen aus Mitteln der Universität" nicht "in Frage kommen" kann (18.1.1941), sowie daß von einem "erneuten Bericht an den Minister sowie Benachrichtigung des Prof. H. und der akademischen Stellen ... Abstand zu nehmen" sei. - Universitätsarchiv Köln, Personalakte Hessen des Kuratoriums, fol. 79.)

Der Reichsminister   Berlin W 8, den 10. Januar 1941
für Wissenschaft, Erziehung   Unter den Linden 69
und Volksbildung

W P Hessen p

Auf den Bericht vom 31. Oktober 1940.

Dem Antrage des früheren nichtbeamteten außerordentlichen Professors Dr. Johannes H e s s e n auf Weiterzahlung des Forschungsstipendiums vermag ich von hier aus nicht zu entsprechen. Ich halte es jedoch für angebracht, Hessen aus Ihren eigenen Mitteln zu unterstützen.

An das
Universitätskuratorium
K ö l n
d.d.Herrn Staatskommissar

Im Auftrage
gez. Harmjanz.

Dokument 49
Schreiben des Kuratoriums an Hessen vom 13.3.1941

(Durchschlag des maschinenschriftl. Originals mit eigenhd. Paraphe des Kurators. - Universitätsarchiv Köln, Personalakte Hessen des Kuratoriums, fol. 84.)

Herrn

Professor Dr. H e s s e n

Köln - Marienburg
Auf dem Römerberg 23

Betr.: Zahlung eines Übergangsgeldes.
13.3.41

Nachdem gemäß Erlaß des Herrn Reichserziehungsministers vom 19.1.40 WP Hessen c/39 Ihre Lehrbefugnis mit Ende März 1940 erlosch, war damit, da Sie ein Anspruch auf Fortzahlung Ihrer Bezüge nicht hatten, die Zahlung der Lehrauftragsvergütung mit dem gleichen Zeitpunkte einzustellen. Dennoch ist Ihnen diese für die Zeit April/August 1940 fortgezahlt worden. Mit Ihrer Lehrtätigkeit war weder ein Beamtenverhältnis- noch ein sonstiges festes Anstellungsverhältnis an der Universität Köln verbunden. Infolgedessen war auch ein Anspruch Ihrerseits für eine Regelung gemäß § 62 Abs.2 des Deutschen Beamtengesetzes nicht gegeben. In Ansehung Ihrer wirtschaftlichen Lage hat jedoch das Kuratorium im Einvernehmen mit dem Herrn Minister sich damit einverstanden erklärt, daß Ihnen ein Übergangsgeld nach Maßgabe der angezogenen Bestimmungen gezahlt wird. Unter Zugrundelegung Ihrer Beschäftigungszeit vom 21.12.20 (Tag der Habilitation) bis 31.3.40 (Tag des Erlöschens Ihrer Lehrbefugnis) wird Ihnen nunmehr des 6fache Ihrer zuletzt bezogenen Lehrauftragsvergütung, dies ist
$$6 \times 260.94 = 1\ 565.64\ RM$$
in einer Summe als Übergangsgeld gezahlt. Hierbei hat das Kuratorium von der an sich vorhandenen Berechtigung der Aufrechnung der Ihnen für April/August 1940 gezahlten Beträge keinen Gebrauch gemacht. Es geschah dies, um durch die vorliegende Maßnahme Ihre wirtschaftliche Lage möglichst wirksam zu überbrücken. Damit ist das Kuratorium weit über die Regelung hinausgegangen, die durchzuführen gewesen wäre, wenn Sie die Beamteneigenschaft auf Widerruf besessen hätten.

Die Universitätskasse ist inzwischen mit Anweisung versehen, Ihnen den vorbezeichneten Betrag steuerfrei zu zahlen.

Die Angelegenheit wird mit der vorliegenden Regelung als erledigt betrachtet.

H e i l H i t l e r !
Im Auftrage:

Dokument 50
Schreiben Hessens an das Kuratorium vom 9.4.1941

(Maschinenschriftl. Original mit eigenhd. Unterschrift. Die Absenderangabe erfolgt durch einen Briefstempel; darunter die eigenhd. Datierung. Eingangsstempel des Kuratoriums vom 5.4.1941. Ein schwer entzifferbarer interner Vermerk des Kuratoriums. - Universitätsarchiv Köln, Personalakte Hessen des Kuratoriums, fol. 85.)

PROFESSOR D. DR.
JOHANNES HESSEN
Köln-Marienburg, Auf dem Römerberg 29

9.4.41.

An das Kuratorium der Universität Köln!

Auf das Schreiben des Kuratoriums vom 13.3.habe ich folgendes zu erwidern:
Vor Jahresfrist hat der Herr Minister meinen Lehrauftrag in ein Forschungsstipendium umgewandelt,um mir damit eine,wenn auch schmale wirtschaftliche Basis für die Fortführung meiner wissenschaftlichen Arbeiten zu schaffen.Diese Basis zerstörte das Kuratorium,indem es mir wenige Monate später das Stipendium entzog, wobei es sich lediglich auf die Auslegung eines Ministerialerlasses stützen konnte.Auf Grund meiner Unterredung mit dem Sachbearbeiter am 4.10.40 bin ich der Überzeugung,daß die durch einen neuen Erlaß des Ministers veranlaßte Regelung meiner Angelegenheit durch das Kuratorium den Intentionen des Ministers - wie sie eindeutig in der Gewährung des Stipendiums zum Ausdruck gekommen sind - nicht entspricht.Ich habe mich deshalb erneut an das Ministerium gewandt.
Den Eingang des mir überwiesenen Betrages bestätige ich hiermit.Ich habe ihn angenommen,weil meine wirtschaftliche Lage mich dazu nötigte.Bei einer Neuregelung kann er ja verrechnet werden.

Heil Hitler!
Hessen.

Dokument 51
Rundschreiben Hessens an die Mitglieder der Philos. Fakultät vom 17.6.1950

(Hektographiertes Original, ohne Unterschrift. - Universitätsarchiv Köln, Personalakte Hessen des Kuratoriums, fol. 107/1-2. - Ediert in: J. Hessen, Geistige Kämpfe, 196-98.)

Professor D.Dr.Johannes Hessen
Köln-Marienburg
Auf dem Römerberg 23

den 17.Juni 1950

An die Mitglieder der Philosophischen
Fakultät.

Sehr geehrter Herr Professor!

In der nächsten Fakultätssitzung soll meine Rehabilitierungsangelegenheit zur Sprache kommen. (Es handelt sich um meinen bereits vor Jahren gestellten Antrag auf Umwandlung meines (damaligen) Lehrauftrages in ein planmäßiges Extraordinariat.) Um Ihnen ein sachliches und gerechtes Urteil in dieser Angelegenheit zu ermöglichen, erlaube ich mir, Ihnen in aller Kürze folgende Angaben zu machen:

1. In der von Gelehrten des In- und Auslandes mir zu meinem 60. Geburtstage dargebrachten Festgabe "Veritati" ist in einem besonderen Beitrag ("Eine Antithese zum Jahre 1933") einiges über meinen Kampf wider den Nazismus gesagt.[168] Die Antwort der damaligen Machthaber war: Absetzung und Brotlosmachung (von 1940 bis 1945 habe ich keinen Pfennig Gehalt bekommen), Einstampfung mehrerer Bücher, Beaufsichtigung durch die Gestapo und zuletzt ein "Redeverbot für das gesamte Reichsgebiet".

2. Als ich 1945 nach Köln zurückkehrte, stellte ich fest, daß mehrere Kollegen während meines Exils in Planstellen aufgerückt waren. (Die Namen brauche ich wohl nicht zu nennen.) Allen hiesigen wie auswärtigen Kollegen, mit denen ich damals über die Sache sprach, erschien es als eine selbstverständliche Pflicht des Anstandes und eine unabdingbare Forderung der Gerechtigkeit, bei einem politisch Verfolgten diese Beförderung unverzüglich nachzuholen. Dieser Ansicht war auch der damalige Oberbürgermeister und jetztige Bundeskanzler, Dr.Adenauer, der mir im Sommer 1945 schrieb: "Sollten Sie in Ihren Bezügen und in Ihrer Stellung an der Universität aus politischen Gründen geschädigt worden sein, so beantragen Sie doch sofort Wiedergutmachung". In Wirklichkeit warte ich auf diese Wiedergutmachung bis zur Stunde. (Warum die mir gegebene Diätendozentur keine "Wiedergutmachung" bedeutet, wird weiter unten gesagt.)

3. Daß ich als politisch Verfolgter bis heute auf eine Rehabilitierung vergebens warte, ist umso paradoxer, als alle anderen Universitäten in

---

[168] Th. Pöhler, Eine Antithese zum Jahre 1933. In: Veritati (hier Nr. 518), 182-85.

Deutschland ihre politisch verfolgten Dozenten längst rehabilitiert haben. Ich nenne nur einige Beispiele: dem gleichzeitig mit mir abgesetzten n.b.a.o.Prof. Wenzl gab die Universität München sofort nach Kriegsende ein Ordinariat. (Wenzl wurde bald darauf Dekan und Rektor.) Die Universität Münster beförderte in derselben Weise Prof. Pfeil. Die Universität Hamburg beförderte den ebenfalls gleichzeitig mit mir abgesetzten n.b.a.o. Prof. Kurt Leese zum planmäßigen Extraordinarius. Die Universität Bonn verlieh dem Privatdozenten Lützeler, die Universität Freiburg dem Privatdozenten Max Müller ein Ordinariat. In dieser Weise haben die genannten Universitäten die Opfer des Nazismus rehabilitiert. Dabei hat keiner von ihnen das durchgemacht, was ich habe durchstehen müssen. Die anderen Universitäten haben also ein viel geringeres Unrecht, als es mir widerfahren ist, in der angegebenen Weise gutgemacht.

4. Genau ein Jahr nach meiner Absetzung mußte ich mich einer Operation auf Leben und Tod (Magenresektion) unterziehen. Die Ursache des Leidens wurde von den Ärzten als neurogen bezeichnet und auf schwere seelische Erschütterungen zurückgeführt. Infolge dieses schweren Eingriffes in meinen Organismus bin ich voraussichtlich genötigt, meine Lehrtätigkeit vorzeitig einzustellen. Wovon ich dann leben soll, ist mir unklar; denn mit der Diätendozentur ist kein Rechtsanspruch auf eine Pension verbunden, wie mir das Kuratorium noch kürzlich in einem Schreiben erklärt hat. Damit erfährt "mein Fall" geradezu eine Steigerung ins Groteske: ich habe im Kampf wider die Mächte, die Deutschland zugrunde richteten, ein Stück meiner Gesundheit geopfert und darf zum Lohn dafür demnächst hungern, während zahllose Nutznießer des Systems eine sichere Garantie für eine Altersversorgung haben.

Als ich auf dem Mainzer Philosophenkongress mit dem Rektor magnificus einer süddeutschen Hochschule über meine Angelegenheit sprach, äußerte er: "So etwas wäre an keiner süddeutschen Hochschule möglich. Ich hätte an Ihrer Stelle diese Dinge längst der Weltöffentlichkeit bekannt gegeben. Das Odium, das Sie damit auf sich laden würden, könnte Sie in den Augen aller rechtlich Denkenden doch nur ehren!"

Indem ich mich der Hoffnung hingebe, daß Sie aus meinen Ausführungen die Überzeugung gewinnen werden, daß in meiner Sache nun endlich etwas Durchgreifendes geschehen muß, bin ich

Ihr ergebener

3. Die "causa Hessen" in der "Cabinets-Registratur" des Erzbischofs Kard. Schulte (1928)

Dokument 52
Brief Hessens an Kard. Schulte, Erzbischof von Köln, vom 22.9.1928

(Maschinenschriftl. Abschrift mit Stempel des Erzb. Generalvikariates vom 26.10.1928. - AEK, CR 9.A4.3. In dieser Abschrift ist das Datum vervollständigt.)

KÖLN-BAYENTAL,Höltystraße 4, den 22.9.

Eminenz!
Da ich Sie heute morgen nicht sprechen konnte,muß ich auf diese Weise mein Herz erleichtern.
Wie vom Schlage gerührt war ich,als ich heute morgen das Schreiben Ihres Hochw.Herrn Generalvikars las,in dem er mir meine Suspension mitteilt.Wie es möglich war,daß Ew.Eminenz dieselbe über mich verhängten auf bloße "Mitteilungen" hin, ohne mich zu hören,ist mir ein vollkommenes Rätsel. Ich gestehe Ihnen offen:es wird mir manchmal schwer,in einer Kirche,deren oberste Instanzen solche Methoden anwenden,noch die Kirche Christi zu erblicken.Oder bin ich etwa,weil zwei Schriften von mir,in denen bis heute kein Sachkundiger etwas Glaubenswidriges gefunden hat,verboten worden sind,vogelfrei,sodaß jeder meine Ehre mit Füßen treten darf?
In genanntem Schreiben ist die Rede von meiner "Lebensführung und Gesinnung als Priester".Was die erstere betrifft, so darf ich Ew.Eminenz vor dem Angesichte des allwissenden Gottes versichern,daß sie weit ernster, innerlicher und asketischer ist als die der meisten Geistlichen.Ich verzichte seit Jahren auf Tabak und ähnliche Genußmittel,esse kein Fleisch und trinke keinen Tropfen Alkohol.Jedes Jahr ziehe ich mich acht Tage lang in die Einsamkeit zurück und mache unter strengstem Fasten meine Exerzitien.Wie oft haben meine Mutter und meine Freunde gesagt: "Du ruinierst mit Deinem Fasten und Deiner Aszese schließlich Deine Gesundheit!" Vielen ringenden jungen Menschen durfte ich Berater und Führer sein.Ich war dabei aus einer gewissen Lebensfremdheit heraus,die nun einmal zum Wesen des Philosophen zu gehören scheint,manchmal vielleicht zu arglos und zu vertrauensselig,und ich vermute stark,daß hier der Anlaß zu den ehrenrührigen Mitteilungen zu suchen ist.Zudem habe ich die Unklugheit begangen,eine Haushälterin zu behalten,die in ihren Eifersuchtsanwandlungen zu Geistlichen lief und dort Äußerungen von mir wiedergab,die entweder mißverstanden oder entstellt waren.
Zur Bekräftigung und Beglaubigung des hier Gesagten möchte ich Ew.Eminenz bitten,einen Blick in das beiliegende Büchlein[169] zu werfen und sich dann einmal im Angesichte des Gottes,den wir beide unsern Vater nennen,zu fragen,ob der Verfasser wohl die Suspension verdient hat.
Indem ich einer gütigen Audienz am Montag entgegensehe, bin ich

Ew.Eminenz
in Christo ergebener
gez.: Johannes Hessen.

---

[169] Wahrscheinlich das 1926 erschienene Büchlein H.s "Unser Vater", Rottenburg, 50 S.

Dokument 53
Brief Hessens an Kard. Schulte, Erzbischof von Köln, vom 24.9.1928

(Maschinenschriftl. Abschrift mit Stempel des Erzb. Generalvikariates vom 26.10.1928. - AEK, CR 9.A4.3)

KÖLN-BAYENTAL, Höltystr.4, 24.9.28.

Eminenz!
Verzeihen Ew.Eminenz gütigst,daß ich noch einmal mit der herzlichen Bitte an Sie herantrete,mir die am Samstag in Aussicht gestellte Audienz gütigst gewähren zu wollen.Sollte in meinem letzten Schreiben die eine oder andere Wendung Ew.Eminenz mißfallen haben, so bitte ich,dies meiner seelischen Erregung zugute zu halten.Ich wollte Ew.Eminenz durch meinen Brief doch nur zeigen,wie sehr mir daran liegt,die Angelegenheit durch eine persönliche Aussprache mit Ihnen aus der Welt zu schaffen.Und darum möchte ich Ew.Eminenz jetzt noch einmal flehentlich bitten.Seien Ew.Eminenz doch nicht hart.ersparen Sie mir das Betreten des kirchenrechtlichen Weges,auf den Sie mich hinweisen.Lassen Sie noch einmal Gnade vor Recht ergehen.Sagen Ew. Eminenz mir doch, was man Ihnen Nachteiliges über meine Gesinnung und Lebensführung mitteilte.Sagen Sie mir doch bitte,was ich ändern und abstellen muß,um Ihr Vertrauen,an dem mir immer so sehr viel gelegen ist,wiederzugewinnen.Ich will gerne alles und jedes tun,was Ew. Eminenz von mir fordern.
Schon drei Tage und drei Nächte zermartere ich mein Gehirn,um herauszubekommen,um was es sich handeln kann.Immer wieder komme ich zu dem Ergebnis, daß es sich letzten Endes um Mißverständnisse,Mißdeutungen meiner Äußerungen und Handlungsweisen handeln muß.Noch vor wenigen Wochen habe ich Exerzitien gemacht.Da kann doch mein Gewissen nicht so eingeschläfert sein,daß es wesentliche Dinge nicht sieht.Jedenfalls möchte ich Sie herzlichst bitten,doch wenigstens an meinen guten Willen zu glauben und damit an die Möglichkeit,durch eine persönliche Aussprache alles in Ordnung zu bringen.
Im Vertrauen auf das Verständnis und Wohlwollen Ew.Eminenz werde ich mir erlauben,in den nächsten Tagen noch einmal um Audienz bei Ew.Eminenz anzuklopfen.

Ew. Eminenz ergebenster
gez.:Johs. Hessen.

Dokument 54
Brief Hessens an Kard. Schulte, Erzbischof von Köln, vom 25.9.1928

(Maschinenschriftl. Abschrift mit Stempel des Erzb. Generalvikariates vom 26.10.1928. - AEK, CR 9.A4.3. Die Unterstreichungen in dieser Abschrift sind wahrscheinlich aus dem Original übernommen.)

KÖLN-BAYENTAL, Höltystr.4, 25.9.28.

Eminenz! Auf Grund der Unterredung,die ich gestern Nachmittag mit Herrn Prälaten Paschen[170] hatte,muß ich annehmen,daß mir vor allem mein Verkehr mit Studentinnen zur Last gelegt wird.Gestatten Ew.Eminenz,Ihnen darüber folgendes zu sagen.Ich bemerke zuvor,daß ich jedes meiner Worte auf meinen Eid zu nehmen bereit bin.

1) Es ist richtig,daß in letzter Zeit wiederholt Studentinnen in meiner Wohnung übernachtet haben.Allein diese hatten mit mir gar nichts zu tun,sondern waren bei der Studentin zu Besuch,an die ich ein Zimmer vermietet hatte.Diese gehörte der katholischen Studentinnenverbindung "Hochland"[171] an und lud hin und wieder ihre Bonner Freundinnen ein,um mit ihnen von Köln aus "auf Fahrt zugehen",wie man in der Jugendbewegung sagt.Bei diesem Übernachten,das ich nur ungern gestattet,wurden alle Formen des Anstandes gewahrt,wie alle Beteiligten eidlich bekräftigen können.Auch bemerke ich,daß die Studentin,die bei mir wohnte - Maria Schmitz aus Kempen - eine in jeder Hinsich tadellose Person ist,häufig zu den Sakramenten geht,mir aber innerlich ganz fernsteht.Sie hat sich auch inzwischen ein anderes Zimmer gesucht.

2) In den 7 1/2 Jahren,wo ich in Köln bin,hat meines Wissens eine einzige Studentin als mein Besuch einige Male bei mir übernachtet.Sie kam häufiger zu mir,daß sie bei mir ihre Doktorarbeit machte.Sie wohnte bei den Schwestern U.L.Fr. in der Weberstraße.Da dort das Haus um 9 Uhr geschlossen wird,war sie bei längeren Besprechungen wiederholt genötigt,anderwärts zu übernachten.Meistens fuhr sie dann zu ihrer Tante nach Lindental.Einige Male ist sie aber bei mir geblieben und hat in meiner Wohnung geschlafen.Dabei wurden alle Formen der guten Sitte strengstens gewahrt.Ich kann Ew.Eminenz nur bitten,sich bei den Schwestern U.L.Fr. nach Frl.Dr.Minrath,die jetzt Studienreferendarin bei denselben Schwestern in Mülhausen (Rhld) ist, zu erkundigen.[172]
Auch möchte ich noch bemerken,daß ich seit Jahren ihr Seelenführer und Beichtvater bin.

3) Vor längerer Zeit erschien eine ältere Frau bei mir und erklärte mir folgendes:"Ich komme,um Sie und Ihre Ehre zu schützen.Wissen Sie auch,daß Sie fortwährend angezeigt werden und zwar durch Ihre Haushälterin,die sich bei einem Geistlichen der Pantaleonspfarre ausspricht und alles,was sie hört und sieht,in eine falsches Licht stellt ? Sie scheint sehr eifersüchtig auf die Studentinnen zu sein,die zu Ihnen kommen,und ich rate Ihnen dringend,sie zu entlassen".Leider habe ich diesen Rat erst kürzlich,nachdem alle Versuch,die Haushälterin zur Vernunft zu bringen und von ihrer Eifersucht zu heilen, fehlgeschlagen waren,befolgt.Sie war zwei Jahre bei mir.Ich hatte sie auf

---

[170] Dr. Otto Clemens Paschen (1873-1947), 1903 Direktor des Coll. Leoninum, 1907 des Coll. Albertinum in Bonn, 1921 Domherr, 1922 Großpönitentiar am Dom von Köln, ebd. 1930 Domdechant, 1931 Domprobst. Verf.: Der ontologische Gottesbeweis in der Scholastik, 1903; Kosch, II 3429f. Directorium, 1. Teil, 100.
[171] Zur Verbindung «Hochland» vgl. F. Henrich, Reg. Diese Verbindung stand dem «Quickborn» nahe.
[172] Hedwig Minrath (*1901) promovierte im Juli 1925 bei Hessen mit der Note «sehr gut»; Korreferent war M. Scheler. Vgl. hier Nr. 217; UA Köln, Promotionsakten der philos. Fakultät, Nr.319.

Empfehlung meiner Schwester genommen,die Ordensfrau ist und meine Haushälterin kannte,da sie auch ein Jahr im Kloster war.

Dem Gesagten gemäß kann ich Ew.Eminenz die absolut ehrliche,eidesstattliche Versicherung geben,daß meine Beziehungen zu den Studentinnen völlig einwandfrei sind und daß die mir zur Last gelegten Dinge falsche und aufgebauschte Darstellungen von an sich einwandfreien Geschehnissen sind.Sollte das Ew.Eminenz nicht genügen,so kann ich Sie nur bitten,die genannten Personen selber zu vernehmen.Ich habe ihnen noch nichts von der ganzen Angelegenheit mitgeteilt,damit sie gänzlich unbefangen und unbeeinflußt von mir gegebenenfalls ihre Aussagen machen.Vielleicht darf ich Ew.Eminenz noch bitten,doch einmal meinen Kollegen Prof.Lindworsky[173] zu fragen,ob er jemals etwas Nachteiliges über meinen Verkehr mit Studentinnen gehört hat.

Um noch auf einen anderen Punkt,den Herr Prälat Paschen andeutete, kurz einzugehen,so habe ich freilich solchen,die Schwierigkeiten mit dem Dogma von der Eucharistie empfanden,erklärt,die Lehre von der Transsubstantiation sei letzten Endes eine menschliche Formulierung des göttlichen Geheimnisses der Realpräsenz Christi im hlst.Sakramente.Allein diese Ansicht ist doch dogmatisch korrekt und kann eigentlich nur von böswilligen Menschen dahin mißdeutet werden,daß das Dogma als Menschenwerk zu betrachten sei.Jedenfalls kann ich Ew.Eminenz versichern,daß mir die lebendige Wirklichkeit des eucharistischen Christus nicht nur eine Glaubensüberzeugung ist,sondern daß sie mir sehr oft bei der Opferfeier zum innersten und beglückendsten Erlebnis geworden ist.Auf diese Weise wird mir die Realität des eucharistischen zu einem Beweis für die Realität des historischen Christus.

Sollten Ew.Eminenz noch irgendwelche Zweifel an meiner Rechtgläubigkeit und kirchlichen Gesinnung hegen,so erkläre ich mich,um diese Zweifel zu zerstreuen,bereit,den Antimodernisteneid,den ich zuletzt bei der theologischen Promotion abgelegt habe,coram Episcopo zu erneuern.

Ich vertraue und bete zu Gott,daß er alles zum Guten wenden und mir Ihr volles Vertrauen wieder schenken möge.Der Preis meiner leidvollen Tage und der schlaflosen Nächte wäre in meinen Augen nicht zu hoch dafür.

Indem ich einer Aussprache mit Ew.Eminenz vertrauensvoll entgegensehe,bin ich Ew.Eminenz in Christo ergebener

gez. Johs. Hessen

Dokument 55
Brief des Erzb. Geheimsekretärs Dr. Corsten an Hessen vom 27.9.1928

(Maschinenschriftl. Durchschlag auf Original-Briefpapier mit dem gedruckten Briefkopf des Erzbistums Köln. Die Unterschrift nachträglich maschinenschriftl. eingefügt. Stempel des Erzb. Generalvikariates vom 26.10.1928. - AEK, CR 9.A4.3)

---

[173] Johannes Lindworsky, geb. 1875; Jesuit, Habilitation in Köln 5.6.1920, also kurz vor Hessen; a.o. Prof. 1923, o. Prof. Prag 1928. Modern arbeitender experimenteller Psychologe; H. Althaus, Kölner Professorenlexikon, ad vocem. - H.O. Uhlein, Johannes Lindworsky, ein Jesuit und Experimentalpsychologe, Passau 1986. - Zu den Schwierigkeiten seiner Stellung in Köln vgl. hier Anm. 184.

Erzbistum Köln. *Köln, den* 27.September 1928.
J.-Nr.
Bitte um Angabe der
J.-Nr. in der Antwort

Sr. Hochwürden
Herrn Prof.Dr.Johannes HESSEN
K ö l n - Bayental,Höltystr.4

Euer Hochwürden
läßt Seine Eminenz der H.H.Kardinal durch mich mitteilen,daß er,im Besitze Ihrer beiden Briefe vom 24.und 25.ds.Ms Ihre dringende Bitte um eine persönliche Aussprache sehr wohl würdigt,aber nach gewissenhafter Prüfung des Für und Wider doch zu der Überzeugung gekommen ist,daß momentan "die Möglichkeit,durch eine persönliche Aussprache alles in Ordnung zu bringen"(Worte Ihres Briefes) noch nicht besteht.Seine Eminenz will aber gerne das gegen Sie vorliegende Material nochmals überprüfen lassen.Nach Beendigung dieser ohne Säumen zu erledigenden Arbeit wird er sofort auf Ihre Bitte zurückkommen.Bis dahin aber hält Seine Eminenz sich im Gewissen verpflichtet,die bekannte vorläufige Maßnahme der Entziehung der Befugnis zu priesterlichen Funktionen in der Erzdiözese Köln aufrecht zu erhalten.Diese Maßnahme pflichtgemäß haben treffen zu müssen,kann niemand lebhafter bedauern als der H.H.Kardinal selber.
Eurer Hochwürden
ergebenster

gez.: Dr.Corsten[174]
Erzb.Geheimsekretär

Dokument 56
Brief Hessens an Kard. Schulte, Erzbischof von Köln, vom 29.9.1928

(Maschinenschriftl. Abschrift mit einem Stempel des Erzb. Generalvikariates vom 26.10.1928. - AEK, CR 9.A4.3)

z.Zt.Hemisburg b.Münster i.W.,29.9.28.
Eminenz!
Gestern war ich beim hochw.Herrn Generalvikar in Münster,der meiner Angelegenheit das größte Verständnis und Wohlwollen entgegenbrachte.Als ich ihm zu zeigen versucht hatte,wie wenig gesichert die Kölner Mitteilungen in ihren letzten Grundlagen seien,äußerte er,auch er habe ihnen von vorneherein mit einem gewissen Mißtrauen gegenübergestanden und habe meine vorherige Vernehmung verlangt,sei damit aber nicht durchgedrungen.Ich erfuhr dann von ihm,daß zu dem Inhalt der Mitteilungen auch die Anzeige eines holländischen Bischofs gehört,von der ich im Nov. vorigen Jahres durch Herrn Generalvikar Dr. Vogt Kenntnis erhalten habe.Daß auch diese Anzeige

---

[174] Wilhelm Corsten, geb 1890, erzb. Kaplan und Geheimsekretär 1921-34, 1939 Domkapitular; Dr. theol.; Herausgeber verschiedener Editionen und Rechtssammlungen betr. das Erzbistum Köln; Robert Steimel, Kölner Köpfe, Köln 1971, 95.

letzten Endes auf meine Haushälterin zurückgeht,die gerade vorher zwei Monate lang in Marienwerth in Holland,wo meine Schwester im Kloster war,gewesen war,ist mir nicht nur von glaubwürdiger Seite mitgeteilt,sondern auch von der Haushälterin selbst zugegeben worden.damit dürfte auch dieser Teilinhalt der Mitteilungen in seinem Werte hinreichend gekennzeichnet sein.
Wie wenig zuverlässig die genannte primäre Quelle der Mitteilungen ist,dafür habe ich einen weiteren schlagenden Beweis erhalten durch eine Unterredung mit meinem Freunde Josef Thomé,der ja am 10.Sept.verhört und dabei unter anderm nach Prof.Heiler und seinem Besuch bei mir gefragt worden ist.[175] Prof.Heiler war wirklich im vorigen Winter bei mir.Er hatte in Bonn einen Vortrag gehalten und besuchte mich auf der Heimreise von 10 Uhr vormittags bis 6 Uhr nachmittags.Das ist Tatsache,alles andere aber ist Lüge.

1)Es ist nicht wahr, daß Prof.Heiler bei mir zu Abend gegessen hat.

2)Es ist nicht wahr,daß ich mit Prof.Heiler meinen Freund Pater Marcus in Aachen besucht habe.[176]

3)Es ist nicht wahr und eine geradezu frivole Lüge,daß Prof.Heiler bei mir "die Messe gelesen hat".

Aus alldem ersehen Ew.Eminenz,wie völlig unhaltbar die Grundlage ist,auf der das Vorgehen Ihrer Behörde gegen mich aufgebaut ist.Ew.Eminenz werden es darum verstehen,wenn ich nunmehr an Sie die dringende Bitte richte,die über mich ausgesprochene Suspension zurückzunehmen.Der Umstand, daß ich als Universitätsprofessor und als ein Mann,der in der deutschen Wissenschaft und zumal im katholischen Geistesleben einen Namen hat,diese Bitte an Sie richte,dürfte ihr wohl einen besonderen Nachdruck verleihen.
Bei meiner Rückkehr nach Köln am Montag hoffe ich eine Mitteilung von Ihnen vorzufinden.

Ew.Eminenz ergebenster
Johs.Hessen.

Dokument 57
Brief Kard. Schultes an den Bischof von Münster, Poggenburg, vom 25.10.1928

(Maschinenschriftl. Abschrift mit dem hs. Vermerk (wohl Corstens) "fct.25.10.28 c." Es handelt sich also nicht etwa um einen Durchschlag oder ein Konzept, wie sich auch aus der Überschrift (maschinenschriftl.) "An den H.H. Bischof Dr. Poggenburg in Münster" ergibt. - AEK, CR 9.A4.3)

---

[175] Näheres dazu bei A. Brecher, 23.
[176] P. Marcus Müssig OFM Cap (gest. 1952) war ein alter Freund Hessens, der zum Kreis der rheinischen Reformpriester zählte. Vgl. das Widmungsblatt bei O. Schroeder, Aufbruch und Mißverständnis.

K ö l n, den 25.Oktober 1928.

Ew.Bischöfl.Gnaden wird mein Geheimsekretär H.Dr.Corsten persönlich die Akten über die causa Prof.Hessen überbringen.Ihr Herr Generalvikar wird gewiß die Freundlichkeit haben,H.Dr.Corsten die Ablieferung der Akten kurz zu bescheinigen.[177]
Die von mir im September ds.Js.bei meinem Generalvikariate veranlaßte Überprüfung des gegen die priesterliche Lebensführung und Gesinnung vorliegenden Materials hat wegen der Unerreichbarkeit verschiedener Zeugen nicht lückenlos durchgeführt werden können.Auch war es bislang nicht möglich,über die Glaubwürdigkeit mancher Zeugen zur vollen Klarheit zu kommen.Mein zusammenfassendes Urteil geht aber dahin,daß die Überprüfung bzw.neue Untersuchung manches an dem Priester Hessen Befremdliche,ja mit den Vorschriften der Kirche über priesterliche Gesinnung und Lebensweise Schwervereinbarliche festgestellt hat,sodaß ich,zumal im Hinblick auf seine mit der Lehre der Kirche oft unverträgliche philosophische Denkart die größten Bedenken trage,die unter dem 1.September gegen Prof.Hessen ergriffene Maßnahme der Entziehung des Zelebrets und der Jurisdiktion für meine Erzdiözese zurückzunehmen.Bei solcher Sachlage mag es aber wohl im Interesse der Gerechtigkeit liegen,wenn Ew.Bischöfl.Gnaden ohne Rücksicht auf mein Urteil prüfen,ob meine Auffassung nicht etwa zu scharf ist bzw.ob für die dortige Diözese die genannte Maßnahme zurückgezogen werden soll.
Im Laufe der seit September hier geführten Untersuchung bin ich zu der Überzeugung gekommen,daß die causa hier in Köln,wo Prof.Hessen ein ehrenvolles Universitätsamt einnimmt und im öffentlichen Leben der akademischen Kreise immerhin eine Rolle spielt,wo jetzt schon aus diesen Kreisen das Für und Wider in der nicht unbekannt gebliebenene causa sich vordrängt,wo aber Professor Hessen kirchlich extraneus sacerdos ist,nicht ungestört durchgeführt werden kann.In Münster und in Köln die causa weiterzuführen,geht schon aus kirchenrechtlichen Gründen nicht an.Die Sache selbst aber drängt zur baldigen Entscheidung.Es bedeutet ja einen unhaltbaren Zustand,daß ein Priester einer auswärtigen Diözese,der auf die öffentliche und die offizielle Mitteilung von dem kirchlichen Verbote mehrerer seiner Bücher überhaupt nicht reagiert,und ein Priester,dem wegen der gegen seine priesterliche Lebensführung und Gesinnung vorliegenden Bedenken Zelebret und Jurisdiktion nicht belassen werden konnten,an der hiesigen Universität ohne Einspruch der kirchlichen Instanzen weiterhin eine Philosophie vorträgt,die nicht ad mentem ecclesiae ist.
Ew.Bischöfl.Gnaden bitte ich deshalb,unter Benutzung der Ihnen überreichten einschlägigen hiesigen Akten die causa als Hessens zuständiger Ordinarius ganz nach dort zu ziehen.Die Untersuchung de fide orthodoxa wurde ja schon bislang in der Hauptsache dort geführt und bedarf noch des Abschlusses.

Der Erzbischof von Köln:
gez. CJ.Card.Schulte.

---

[177] Quittung des Generalvikars Meis für Corsten über die Kölner Akten betr. Causa Hessen vom 26.10.1928; AEK, ebd.

Dokument 58
Brief Kard. Schultes an den Nuntius in Berlin, E. Pacelli, vom 26.10.1928

(Maschinenschriftl. Reinkonzept mit hs. Paraphe Schultes und dessen eigenhd. Notiz "scrib" (atur) sowie einem hs. Expeditionsvermerk "f 26/x R". Als Adresse ist angegeben "S. Exz. Nuntius Pacelli in Berlin, Rauchstr.21", ebenfalls maschinenschriftl. - AEK, CR 9.A4.3)

K ö l n , den 26.Oktober 1928.

Ew.Exzellenz beehre ich mich in der Anlage meinen heutigen Brief an den hochw.Herrn Bischof von Münster ergebenst vorzulegen,auf daß Sie über den gegenwärtigen Stand der Angelegenheit des Herrn Prof. Hessen Aufschluß bekommen.
Die Erlaubnis zu priesterlichen Funktionen in der Erzdiözese Köln hielt ich mich unter dem 1.Sept.d.J.verpflichtet,dem genannten Priester zu entziehen,als mir mein Generalvikar das bis dahin hier vorliegende Material vorgelegt hatte.Da dieses Material in der Hauptsache jedoch nur auf dem Wege von gelegentlichen teils schriftlichen teils mündlichen Mitteilungen bzw.Denuntiationen zusammengekommen war,ordnete ich an,daß das Material einer genaueren Nachprüfung unterzogen werden solle.Das Material bezog sich zum größten Teil auf die priesterliche Lebensführung und seltener nur auf Dinge,die das Glaubensleben des p.Hessen verdächtig machten.Infolgedessen konnte auch in der Nachprüfung die Untersuchung de fide orthodoxa nur den weitaus geringeren Raum einnehmen.Immerhin ist das Aktenstück der Nachprüfung,von deren Ergebnis mein anliegender Brief an den hochw.Bischof von Münster berichtet,auf 283 Seiten angeschwollen.Manche Zeugen,deren Aussagen sehr wichtig gewesen wären,ließen sich nicht erreichen,und das Zeugnis der verschiedensten weiblichen Zeugen,die ungünstig aussagten,mußte mit größter Vorsicht gewertet werden,da Prof.Hessens Behauptung,diese weiblichen Zeugen litten an Hysterie,von einwandfreien anderen Zeugen bestätigt wurde.Es hat sich überdies,wie ich auch dem hochw.Herrn Bischof von Münster schrieb,herausgestellt,daß die Weiterführung der Untersuchung bei der hiesigen Kurie ganz untunlich ist,daß nunmehr die Kurie in Münster allein die causa Hessen,deren wichtigster Teil doch die Untersuchung der fide orthodoxa bleibt,zu einer baldigen und endgültigen Entscheidung führen muß.
In Münster hat man trotz meiner mehrfachen Anregung bis heute gezögert,Herrn Prof.Hessen den für seine Lehrtätigkeit in Köln seinerzeit bewilligten Urlaub zu entziehen.Die Tatsache,daß mehrere Bücher von Prof.Hessen kirchlich proskribiert werden mußten,und daß deren Verfasser dann weder auf die öffentlich noch auf die ihm amtlich zugestellte Bekanntgabe des kirchlichen Verbotes seiner Bücher irgendwie reagierte,hätte meines Erachtens eine solche Urlaubsentziehung und zum allerwenigsten die Androhung dieser Maßnahme gerechtfertigt.Freilich konnte ich mit dem hochw.Herrn Bischof von Münster wegen seiner Romreise (Sept./Okt.) nicht in ununterbrochenem Briefwechsel bleiben,und der Herr Generalvikar von Münster[178] mochte ohne spezielle Anweisung seines Bischof nicht vorgehen.Jedenfalls kommt nun nach der Rückkehr des Herrn Bischofs und nach der heute erfolgten Übersendung der hiesigen Akten auch die Frage der

---

[178] Der oft genannte Franz Meis.

Abberufung Hessens von seiner Kölner Lehrtätigkeit in Münster zur Entscheidung.
Indem ich Ew.Exzellenz bei dieser Gelegenheit meine innigsten Wünsche für die gute Erledigung Ihrer eigenen so überaus entscheidungsvollen Arbeiten zum Ausdruck bringe und Sie meines täglichen Gebetes versichere,bin ich in bekannter treuester Verehrung und größter Ehrerbietung Eurer Exzellenz ergebenster

+ CJ

Dokument 59
Brief Hessens an den Bischof von Münster, Johannes Poggenburg, vom 28.10.1928

(Maschinenschriftl. Abschrift. - AEK, CR 9.A4.3). Welchen Ursprung und welche Bedeutung die Unterstreichungen haben, ist nicht ersichtlich.)

Köln-Bayental, Höltystr.4, 28.10.28.

Ew. Bischöfliche Gnaden!
Da mir unendlich viel daran liegt, in gutem Einvernehmen mit der kirchlichen Autorität zu lehren und zu wirken, erkläre ich mich bereit, den Forderungen und Wünschen Ew.Bischöfl.Gnaden in folgender Weise zu entsprechen.

1. Ich bin bereit, im Kirchl. Amtsblatt folgende Erklärung abzugeben:
Bezüglich der beiden von den hochw. Herren Bischöfen von Münster u. Köln verbotenen Schriften erkläre ich, dass es mir gänzlich fern gelegen hat, darin Ansichten zu vertreten, die unkirchlich oder gar antikirchlich wären.[179] Hervorragende Fachleute, kath. Theologie- und Philosophieprofessoren haben meine Schriften besprochen und nichts Unkirchliches darin gefunden. Andere haben freilich Stellen der beiden Schriften in diesem Sinne gedeutet. Um eine solche Deutung vor aller Welt als falsch hinzustellen und allen weitern Missdeutungen die Grundlage zu entziehen, bin ich bereit, in einer Neuauflage der beiden Schriften jene Stellen zu tilgen bzw. so zu ändern, dass die kirchliche Autorität sich damit einverstanden erklärt.
Ich bemerke noch, dass mein Buch über Thomas v.Aq. durchaus nicht als Angriff oder gar als "Attentat auf den Fürsten der Scholastik"[180] gedacht war, sondern von einer warmen Verehrung und Hochschätzung des Doctor angelicus getragen ist und lediglich eine Warnung vor einem einseitigen und exklusiven Thomismus sein wollte. Diese Tendenz ist auch von verschiedenen kath. Kritikern aus dem Welt- und Ordensklerus richtig erkannt und mit warmen Worten anerkannt worden.[181]

---

[179] In einer Mitteilung vom 20.11.1928 ("Nr. 239 Betr. Verbot einiger Schriften des Professors Dr. Johannes Hessen, Köln, Priester der Diözese Münster") wurde als Mitteilung des Generalvikars von Münster vom 12.11.1928 bekanntgegeben, daß Hessen sich unterworfen "und versprochen [habe], die beiden dort namentlich aufgeführten Schriften zurückzuziehen und bei einer Neuauflage die erforderlichen Änderungen vorzunehmen"; Kirchlicher Anzeiger für die Erzdiözese Köln, 68. Jg., Stück 24, 15.11.1928, S. 114.
[180] Vgl. Nr. 581, sowie J.H., Geistige Kämpfe, 67f.
[181] Vgl. Nr. 581.

2. Ich bin bereit, in Zukunft alles, was ich herausgebe, vorher Ew. Bischöfl. Gnaden vorzulegen. Ich erwarte dann freilich, dass meine Arbeiten nicht von solchen Zensoren geprüft werden, die dafür bekannt sind, dass sie eine extreme Richtung vertreten und alles, was nicht im Sinne ihrer Richtung ist, sofort als unkirchlich brandmarken. Ich habe das Vertrauen, dass die Ehrfurcht vor der Wahrheit, die niemals in ihrer ganzen Fülle von einer Schule oder Richtung erfaßt wird, Ew.Bischöfliche Gnaden davor bewahren wird, in der angegebenen Weise meine Arbeiten begutachten zu lassen.

3. Ich will in Zukunft in meinen Vorlesungen alle Erörterungen über theologische oder mit der Theologie eng zusammenhängende Fragen vermeiden. Innerhalb des philosophischen Bereichs werde ich weniger den Gegensatz zwischen St. Augustin und St. Thomas als vielmehr das Gemeinsame und Verbindende hervorheben. Jedenfalls werde ich mich bemühen, auch nur den Anschein einer Opposition gegenüber der thomistischen Philosophie zu vermeiden. Andererseits muß ich freilich mit allem Nachdruck auf das hinweisen, was seinerzeit B.Jansen S.J. in den "Stimmen der Zeit"[182] gesagt hat, um den von einem modernen Philosophen erhobenen Vorwurf, die katholische Kirche habe sich auf Thomas v.Aquin festgelegt und die thomistische Philosophie "zur offiziellen Kirchenphilosophie erhoben" zurückzuweisen. Demgegenüber betonte der genannte Jesuitenpater, dass mit der päpstlichen Empfehlung des hl. Thomas noch keineswegs alle anderen Richtungen (Augustinische, skotistische usw.) verdammt seien.

4. Der Minister hat mir kürzlich einen Lehrauftrag für Geschichte der mittelalterlichen Philosophie verliehen. Damit ist für mich auch ein äusserer Anlass gegeben, mich noch mehr als bisher mit der Scholastik zu beschäftigen. Ich hoffe und will auch alles tun, dass diese Beschäftigung zugleich zu einer stärkeren Orientierung meines philosophischen Denkens nach dem hl. Thomas hin führen wird.

5. Schon lange, besonders aber seitdem ich im Besitze des obengenannten ministeriellen Lehrauftrags bin, habe ich vor, mich für ein oder zwei Semester beurlauben zu lassen, um während dieser Zeit in Rom an der Gregoriana und am Angelicum Vorlesungen zu hören und so mit den klassischen Systemen der Philosophie der Vorzeit noch mehr vertraut zu werden. Ich verspreche mir dabei besonders viel von einem persönlichen Verkehr und Gedankenaustausch mit den führenden Thomisten in Rom, mit Garrigou-Lagrange u.a.[183] Aller Voraussicht nach wird es mir möglich sein, diesen Plan im nächsten Jahre auszuführen.

6. Ich bin bereit, falls Ew. Bischöfl. Gnaden es wünschen, Sie sowohl wie auch den hochwürdigsten Herrn Kardinal in Zukunft am Ende eines jeden Semesters zu besuchen, um zu hören, ob irgend welche Klagen über meine Lehrtätigkeit laut geworden sind, und mir gegebenenfalls Direktion für das folgende Semester zu holen.

Wenn ich in dieser Weise alles tue, um den bestehenden Konflikt zu beseitigen und weiteren vorzubeugen, so geschieht das nicht aus einer irgendwie selbstischen Gesinnung heraus -- meine materielle Existenz wie auch meine

---

[182] Vgl. Nr. 242.
[183] Reginald Garrigou-Lagrange (1877 Auch - 1964), O.P. 1897, seit 1909 Prof. am Angelicum; maßgeblicher und intransigenter Thomist in seiner Epoche. Vgl. Einleitung Anm. 413.

Stellung an der Universität würden durch ein Fortbestehen der Konflikte nicht in Frage gestellt -- sondern lediglich aus dem Willen heraus, <u>der Kirche zu dienen</u> und meine Mission als Theologe an einer weltlich-philosophischen Fakultät, als Priester unter modernen Neuheiden im Sinne der Kirche und zu ihrem Besten zu erfüllen. Nur ihr habe ich dienen wollen mit meinen Werken und meinen Vorlesungen. Ihr möchte ich weiter dienen bis zu meinem letzten Atemzug.
Indem ich meine <u>dringende</u> Bitte um Aufhebung der Suspension noch einmal wiederhole, bin ich

Ew.Bischöfl.Gnaden ergebenster
gez. Johannes Hessen.

Dokument 60
Brief Hessens an Kard. Schulte, Erzbischof von Köln vom 31.10.1928

(Maschinenschriftl. Abschrift. - AEK, CR 9.A4.3. Die Unterstreichungen scheinen vom Original übernommen zu sein.)

Köln-Bayental, den 31.Oktober 1928.

Ew.Eminenz
mögen es mir nicht als eine Verletzung der Ehrfurcht,die ich Ihnen schulde,auslegen,wenn ich das Fortbestehen meiner Suspension als ein schweres Unrecht empfinde und bezeichne.
Ich bin suspendiert worden wegen meiner "Lebensführung und Gesinnung als Priester". Nun konnte ich aber alles,was man in dieser Beziehung gegen mich vorgebracht,mit bestem Gewissen widerlegen. Gleichwohl besteht die Suspension fort.
Als ich in Münster auf dieses Unrecht hinwies,erhielt ich sowohl vom Hochw.Herrn Bischof als auch von seinem Hochw.Herrn Generalvikar die Antwort:"Es handelt sich um Ihre <u>Doktrin</u>".
Man sucht also meine Suspension jetzt mit dem Hinweis auf meine Doktrin zu rechtfertigen,nachdem die ursprüngliche Begründung hinfällig geworden ist. Das ist ein Verfahren,das ich -verzeihen Ew.Eminenz mir den Ausdruck- als illoyal bezeichnen muss, und ich möchte wohl wissen, wie die Oeffentlichkeit urteilen würde,wenn das weltliche Recht, das sich nicht auf Christi Namen beruft, so verfahren wollte.
Zudem rechtfertigt meine Doktrin doch nur dann eine Suspension,wenn sie häretisch ist. Nun hat sich aber in den 7 1/2 Jahren,wo ich in Köln doziere,noch niemals ein kath.Dozent oder Student über häretische Aeusserungen von mir beklagen können. Es ist eine von Ew.Eminenz viel zu wenig gewertete Tatsache,dass alle Klagen,die nach dieser Richtung hin laut geworden sein mögen,nicht aus Kreisen der kath.Dozenten oder Studenten stammen.
Ew.Eminenz haben nun freilich in Ihrem Schreiben an meinen Bischof den schweren Vorwurf gegen mich erhoben, ich lehre eine Philosophie,die unkirchlich sei. Eminenz,ich weiss bestimmt,dass meine kath.Kollegen verständnislos den Kopf schütteln und meine kath.Schüler und Hörer nicht nur

erstaunt,sondern masslos empört sein werden,wenn sie erfahren,das mir von hoher kirchlicher Seite ein solcher Vorwurf gemacht worden ist.
Geht es denn an,so muss ich Ew.Eminenz mit allem Nachdruck fragen,eine Philosophie,die nicht streng die thomistische Linie einhält,schon ohne weiteres als unkirchlich zu brandmarken? Ist denn nur noch die Philosophie des hl.Thomas kirchlich? Kann eine Kirche,die <u>katholisch</u> sein will,sich auf <u>eine</u> Richtung festlegen? Hört sie nicht,wenn sie solches tut,im selben Augenblick auf,katholisch zu sein?
Auf der andern Seite habe ich freilich volles Verständnis für die schwierige Situation,in der Ew.Eminenz sich infolge bestimmter Vorschriften des C.J.C.einem geistlichen Dozenten gegenüber befinden,der nicht im strengen Sinne Thomist ist. Ich kann es sehr wohl begreifen,dass sich diese Lage für Ew.Eminenz schliesslich zu einem ernsten Gewissenskonflikt zuspitzt. Gerade deshalb erachte ich es als meine heilige Pflicht,hier alles zu tun,um Ew.Eminenz die Lösung des Konfliktes zu erleichtern.
Ich habe deshalb nach meiner Rückkehr von Münster an meinen Bischof ein längeres Schreiben gerichtet,in dem ich folgende Erklärung abgegeben habe:

1. Ich bin bereit im Kirchl.Amtsblatt bezüglich der beiden verbotenen Schriften zu erklären,dass es mir gänzlich fern gelegen habe,darin unkirchliche Ansichten zu vertreten,und dass ich bereit sei,in einer Neuauflage <u>sämtliche irgendwie missverständliche Stellen zu tilgen bzw.zu ändern</u>.

2. Ich bin bereit,<u>alles,was ich in Zukunft herausgebe</u>, vorzulegen und den consensus ordinarii dafür einzuholen.

3. Ich will in meinen Vorlesungen noch mehr als bisher alle Erörterungen über theologische Fragen vermeiden. Ich will weniger den Gegensatz zwischen der augustinischen und der thomistischen Richtung als vielmehr das Gemeinsame und Verbindende hervorheben. <u>Auch nur den Schein einer Opposition gegenüber der thomistischen Philosophie will ich zu vermeiden suchen</u>.

4. Der mir kürzlich zuteil gewordne ministerielle Lehrauftrag für Geschichte der mittelalterlichen Philosophie bedeutet für mich einen Anlass,mich noch mehr als bisher mit der Scholastik zu beschäftigen. Ich hoffe und werde mich bemühen,dass dieses Studium auch zu einer <u>stärkeren Orientierung meines philosophischen Denkens nach St.Thomas hin</u> führen wird.

5. Schon lange habe ich vor,mich für ein oder zwei Semester beurlauben zu lassen,um während dieser Zeit <u>in Rom Scholastik zu studieren</u>, und womöglich mit den führenden Thomisten in Gedankenaustausch zu treten.Ein solches Studium dürfte auch ganz im Sinne meines ministeriellen Lehrauftrags sein.Ich hoffe,den Plan im nächsten Jahr ausführen zu können.

6. Ich bin bereit,Ew.Bischöflichen Gnaden wie auch den Hochw.Herrn Kardinal in Zukunft am Ende eines jeden Semesters zu besuchen,um zu hören,ob irgendwelche Klagen laut geworden sind,und mir Fingerzeige für das folgende Semester zu holen.

Aus diesen Erklärungen mögen W.Eminenz ersehen,wie ungeheuer viel mir daran liegt,auch weiterhin der Kirche zu diesen und meine -besonders nach

dem Fortgang von Prof.Lindworsky[184] - grosse und schwierige Mission an der hiesigen Universität in gutem Einvernehmen mit der kirchlichen Autorität zu erfüllen. Auch hoffe ich,dass es Ew.Eminenz auf Grund der in meinen Erklärungen enthaltenen Garantien möglich sein wird,den vorhin genannten Gewissenskonflikt in einer Weise zu lösen,die auch für mich tragbar ist.
Indem ich mich am Feste Allerheiligen in Ew.Eminenz Opfergebet empfehle und der Hoffnung lebe, dass auch mir das Feiern des eucharistischen Mysteriums wieder bald vergönnt sein wird, bin ich

Euerer Eminenz
in Christo ergebener
gez.Joh. Hessen.

Dokument 61
Brief der Studentin Maria Schmitz an das Erzb. Generalvikariat vom 1.11.1928

(Maschinenschriftl. Abschrift. Der Name der Haushälterin ist hier anonymisiert. - AEK, CR 9.A4.3)

Köln,den 1.November 1928.

An das Hochwürdigste Erzbischöfliche Generalvikariat
Köln.

In aller Ergebenheit bitte ich Euer Hochwürden, in Sachen der Suspension des Herrn Prof. Dr. Hessens auch meine Aussage zur Kenntnis zu nehmen.
Ich habe während der letzten beiden Semester als Studentin bei Herrn Prof. Hessen gewohnt und glaube, über die in Frage stehenden Dinge urteilen zu können.
Meiner Ueberzeugung nach kann von sittlicher Verschuldung nicht die Rede sein.
Ich bitte Euer Hochwürden dringend, die Aussagen der Haushälterin mit Vorsicht zu werten, da Fräulein N.N. zeitweise krankhafte, geradezu hysterische Reizbarkeit und Eifersucht zeigte und sich ihr die Dinge in diesem Zustande notwendig verzerrt darstellen mussten.
Zu näherer mündlicher oder schriftlicher Erläuterung bin ich gern bereit.

gez. Maria Schmitz.

Anschrift z.Z. Köln, Wormserplatz 25 II.

---

[184] Zum Fortgang Lindworskys 1928 nach Prag, der erst nach langen Verhandlungen in Köln erfolgte, wo die philos. Fakultät keinen Jesuiten als Ordinarius zu akzeptieren bereit war, vgl. Heimbüchel/Pabst, 481-83, 576.

Dokument 62
Brief des Generalvikars von Köln, Dr. Joseph Vogt[185], an Hessen vom 3.11.1928

(Maschinenschriftl. Reinkonzept mit Paraphe Vogts und Expeditionsvermerk vom 3.11.1928, sowie der Überschrift: "Ad acta Hessen". - AEK, CR 9.A4.3. Hier befindet sich auch eine maschinenschriftliche Abschrift, bei der die Paraphe aufgelöst ist.)

Köln 3/11 28

Ew.Hochwürden gfl.Schreiben vom 31.Oktober hat Seine Eminenz der H.H.Kardinal und Erzbischof uns zur weiteren Veranlassung überwiesen.Seine Eminenz hegt von Herzen den Wunsch,daß Ihr abschriftlich oder auszüglich mitgeteiltes Schreiben an den hochwürdigsten Herrn Bischof von Münster als an Ihren Ordinarius,das bezüglich Ihrer Doktion und Doktrin für die Zukunft weitgehende Versprechen enthält,den Anfang einer guten Beilegung Ihrer Angelegenheit bilden möge. Es erscheint uns aber,um neue Mißverständnisse auf Ihrer Seite von vorneherein unmöglich zu machen,notwendig zu betonen,daß die Voraussetzungen nicht zutreffen,von denen Sie in Ihrem Briefe an Seine Eminenz ausgegangen sind.Sie schreiben wörtlich:
"Ich bin suspendiert worden wegen meiner `Lebensführung und Gesinnung als Priester`.Nun konnte ich aber alles,was man in dieser Beziehung gegen mich vorgebracht,mit bestem Gewissen widerlegen.Gleichwohl besteht die Suspension fort.Als ich in Münster auf dieses Unrecht hinwies,erhielt ich sowohl vom Hochw.Herrn Bischof als auch von seinem Hochw.Herrn Generalvikar die Antwort:"Es handelt sich um Ihre Doktrin".Man sucht also meine Suspension jetzt mit dem Hinweis auf meine Doktrin zu rechtfertigen,nachdem die ursprüngliche Begründung hinfällig geworden ist.Das ist ein Verfahren,das ich - verzeihen Ew.Eminenz mir den Ausdruck - als illoyal bezeichnen muß,und ich möchte wohl wissen,wie die Öffentlichkeit urteilen würde,wenn das weltliche Recht,das sich nicht auf Christi Namen beruft,so verfahren wollte".

Um Ihnen zu zeigen,daß Sie so zu schreiben und zu urteilen nicht berechtigt sind,stellen wir folgendes fest:

Es ist richtig,daß Ihnen von hier aus wegen des gegen Ihre "Lebensführung und Gesinnung als Priester" bei uns eingegangenen Materials die Erlaubnis zu priesterlichen Funktionen für die Erzdiözese Köln bis auf weiteres entzogen worden ist und entzogen werden mußte.Als die von Seiner Eminenz gleichzeitig angeordnete genauere Untersuchung,die möglichst bis zu den Einzelheiten des vorliegenden belastenden Materials vordringen sollte,vor ca.14 Tagen hier abgeschlossen wurde,haben wir das gesamte Aktenmaterial zur selbständigen Überprüfung und Beurteilung nach Münster geschickt,weil Sie dort zuständig,hier aber sacerdos extraneus sind. Die Übersendung des

---

[185] Joseph Vogt (1865-1937), seit 1893 an der Bistumsleitung von Köln immer einflußreicher beteiligt, 1920-31 Generalvikar, dann Bischof des neugegründeten Bistums Aachen; vgl. E. Gatz, Bischöfe, 779f.; Trippen, Domkapitel, 472 u.ö.; Speckner, 164-70. Zum Inhalt des Schreibens ist hier nur anzumerken, daß Hessen kirchenrechtlich nicht verpflichtet war, auf die Mitteilung des Verbotes seiner Bücher in irgendeiner Weise zu "reagieren". Eine solche Pflicht kannte der CIC nicht.

Aktenmaterials begleitete ein von Seiner Eminenz unterzeichnetes Schreiben an den hochwürdigsten Herrn Bischof von Münster,in dem es heißt:
"Die von mir im September d.J.bei meinem Generalvikariate veranlaßte Untersuchung des gegen die priesterliche Lebensführung und Gesinnung von Prof.Hessen vorliegenden Materials hat wegen der Unerreichbarkeit mancher Zeugen nicht lückenlos durchgeführt werden können.Auch war es bislang nicht möglich,über die Glaubwürdigkeit verschiedener wichtiger Zeugen zur vollen Klarheit zu kommen.Mein zusammenfassendes Urteil geht aber dahin,daß die Untersuchung so manches an dem Priester Hessen Befremdliche,ja mit den Vorschriften der Kirche über priesterliche Gesinnung und Lebensweise Unvereinbarliche festgestellt hat,daß ich zumal im Hinblick auf seine mit der Lehre der Kirche nicht verträgliche philosophische Denkart die größten Bedenken trage,die unter dem 1.Sept.d.J.gegen Prof.Hessen ergriffene Maßnahme der Entziehung des Zelebrets und der Jurisdiktion für meine Erzdiözese zurückzunehmen".

Der Zwischensatz,"zumal im Hinblick auf seine mit der Lehre der Kirche nicht verträgliche philosophische Denkart",war umso mehr berechtigt,weil Sie,wie uns das Generalvikariat von Münster vor ca.14 Tagen mitteilte,bis dahin weder auf die öffentliche noch auf die amtlich zugestellte Bekanntgabe das schon anfangs Juli erfolgten kirchlichen Verbotes mehrerer Ihrer Bücher im geringsten reagiert hatten.
Angesichts der verschiedenen erheblichen Zugeständnisse,die Sie bei Ihrer Vernehmung selber gemacht haben,durften Sie in Ihrem Briefe an Seine Eminenz nicht schreiben:"Nun konnte konnte ich aber alles,war man in dieser Beziehung(Lebensführung und Gesinnung als Priester)gegen mich vorgebracht,mit bestem Gewisen widerlegen".Ebenso unrichtig und unwahr ist in demselben Briefe Ihr Satz:"Man sucht also meine Suspension jetzt mit dem Hinweis auf meine Doktrin zu rechtfertigen,nachdem die ursprüngliche Begründung hinfällig geworden ist".
Daß,wie Sie schreiben,Ihnen in Münster gesagt worden ist,"Es handelt sich um Ihre Doktrin",kann nicht die Bedeutung haben,als ob der Herr Bischof von Münster Sie wegen Ihrer priesterlichen Lebensführung und Gesinnung als vollkommen zu Unrecht beschuldigt ansähe;es wird das Wort,wenn es so gefallen ist,wie Sie schreiben,vielmehr den Sinn haben,daß es sich bei der dem Ordinariate in Münster obliegenden Weiterführung und,Gott gebe,baldigen Zuendeführung Ihrer Angelegenheit vornehmlich um die Untersuchung handeln wird,ob Sie sich wirklich nicht im Widerspruch zum kirchlichen Lehramt befinden.Die Versprechungen, die Sie laut Ihrem Briefe Ihrem hochwürdigsten Ordinarius gemacht haben,lassen Gottdank hoffen,daß diese Untersuchung zu einem guten Endergebnis wenigstens für die Zukunft führen wird.
Das Kölner Ordinariat wird sich mit Ihrer Angelegenheit fortan nur dann noch zu befassen haben,wenn etwa, was Gott verhüte,in Köln über Sie ein neues Gerede entstände,von dem Ärgernis unter den Gläubigen befürchtet werden müßte,oder das uns aus einem anderen Grunde die Pflicht des Eingreifens auferlegte.Sobald das Ordinariat Münster,das für Sie die zuständige bischöfliche Instanz bleibt,sein Votum zu Ihren Gunsten uns mitteilt,wird Ihnen selbstverständlich wegen der Ausübung priesterlicher Funktionen von hier aus kein Hindernis in den Weg gelegt.

Das Erzbischöfliche Generalvikariat
gez. Dr. Vogt

Dokument 63
Brief Hessens an Kard. Schulte, Erzbischof von Köln vom 4.11.1928
(Eigenhd. Original. - AEK, CR 9.A4.3)

Köln-Bayental, Höltystr.4, 4.11.28.

Ew. Eminenz

danke ich verbindlichst für die ausführliche Antwort auf mein Schreiben vom 31.10., die Ew. Eminenz mir durch Ihren Hochw. Herrn Generalvikar haben geben lassen. Ich muß freilich gestehen, daß ich durch die Ausführungen Ihres Antwortschreibens in meiner Auffassung hinsichtlich der Begründung meiner Suspension nicht erschüttert worden bin. Meine Auffassung stützt sich nicht bloß auf die eine Äußerung: "Es handelt sich um Ihre Doktrin", sondern auf die ganzen Unterredungen mit dem Hochw. Herrn Bischof und dem Hochw. Herrn Generalvikar in Münster. Ew. Eminenz werden es darum gewiß verstehen, und wohlwollend beurteilen, wenn ich Ihnen mit aller Ehrerbietung versichere, daß es mir angesichts jener Unterredungen einstweilen nicht möglich ist, anders zu urteilen als ich es in meinem Schreiben getan habe.
Was nun meine Doktrin selbst betrifft, so hoffe ich, daß Ew. Eminenz Ihr Urteil, sie sei unkirchlich, nach Kenntnisnahme meiner Erklärungen an meinen Bischof einer gütigen Revision unterzogen haben. Jedenfalls dürften Ew. Eminenz aus jenen Erklärungen ersehen, daß ich in meiner Doktrin nicht unkirchlich sein will, und darum alles tun werde, um auch einen solchen Anschein zu vermeiden. Ein großer Trost ist es mir, daß Ew. Eminenz wünschen, mein Schreiben an unsern Bischof möge den Anfang einer guten Beilegung meiner Angelegenheit bilden.
In Ihrem Brief an meinen Bischof bemerken Ew. Eminenz die Untersuchung habe so manches Befremdliche und mit den Vorschriften der Kirche über priesterliche Gesinnung und Lebensweise Unvereinbarliche festgestellt. Ich wäre nun Ew. Eminenz sehr dankbar, wenn Sie mir, vielleicht in einer mündlichen Aussprache im einzelnen angeben wollten, worum es sich hierbei handelte, damit ich Ihnen und meinem Bischof auch nach dieser Seite hin bestimmte Garantien für die Zukunft geben kann.
Als ich mehreren älteren Geistlichen meine Erklärungen an meinen Hochw. Herrn Bischof vorlas, meinten alle ohne Ausnahme, ich hätte das Äußerste getan, um den Konflikt zu beseitigen, und ein Höchstmaß von gutem Willen gezeigt. "Hätte Wittig", so meinte einer von ihnen, "auch nur halb so viel guten Willen gezeigt, alles wäre anders gekommen".[186]
Daß auch Ew. Eminenz an meinen guten Willen den ernsten und heiligen Willen, der Kirche treu zu bleiben und ihr zu dienen, glauben mögen, ist mein innigster Wunsch und mein heißes Gebet.

Ew. Eminenz
ergebenster
Johs. Hessen.

---

[186] Zu Wittig vgl. hier Einleitung, Abschnitt 4b.

Dokument 64
Brief des Bischofs von Münster, Johannes Poggenburg, an Hessen vom 5.11.1928

(Maschinenschriftl. Durchschlag, wahrscheinlich des Reinkonzeptes. Die Kopfzeile ist nachträglich maschinenschriftl. eingefügt. Der Textteil nach der Unterschrift, von dem schon vorher als "Anlage 1" die Rede ist, befindet sich auf einem eigenen Blatt. - AEK, CR 9.A4.3)

Der Bischof von Münster   Münster, den 5. November 1928.

Ew. Hochwürden erwidere ich auf Ihr Schreiben vom 28. Oktober 1928 folgendes:
Nachdem ich durch Einsichtnahme in die vom Ordinariat in Köln mir zugesandten Akten die Überzeugung gewonnen habe, dass wesentliche gegen Sie erhobene Anschuldigungen nicht bewiesen sind, wenn auch manche Vorkommnisse sich mit priesterlicher Lebensweise nicht vereinbaren lassen, erkläre ich mich bereit, Ihnen die Erlaubnis zur Ausübung priesterlicher Funktionen wiederzugeben und mich mit dem Hochwürdigsten Herrn Kardinal-Erzbischof von Köln bezüglich dieser Angelegenheit in entsprechender Weise in Verbindung zu setzten, wenn Sie folgende Bedingungen erfüllen:

1). Sie erklären Ihre Unterwerfung unter die vom Hochwürdigsten Herrn Kardinal-Erzbischof von Köln und mir durch Erlass vom 6.Juli 1928 ausgesprochene Verurteilung.

2). Sie verpflichten sich, die im genannten Erlass namentlich aufgeführten Schriften aus dem Buchhandel zurückzuziehen und mir von den Schritten, die Sie zu diesem Zwecke unternehmen, unter Beifügung der Belege Mitteilung zu machen.

3). Sie verpflichten sich, bei einer Neuauflage der angegebenen Schriften die Änderungen vorzunehmen, die von hier Ihnen benannt werden.

4). Sie verpflichten sich, dem Sinne des CIC can.1385 § 1. 2° entsprechend von jetzt an alle Ihre Schriften, die irgendwie das daselbst bezeichnete Gebiet berühren, vor ihrer Veröffentlichung der kirchlichen Behörde vorzulegen.

5). Sie wiederholen Ihr in Ihrem Briefe vom 28.Okt.1928 gegebenes Versprechen, alles was Sie herauszugeben beabsichtigen, mir vorher vorzulegen.

6). Sie legen vor dem Ordinariat in Köln oder in Münster die Professio fidei nach der im CIC enthaltenen Form[187] und das durch die Constitution Pius X. "Sacrorum Antistitum" vom 1.9.1910 vorgeschriebene Iuramentum[188] ab und

---

[187] Die tridentinische «Professio Catholicae Fidei» ist als Bestandteil des CIC dem Gesetzestext unmittelbar vorangesetzt.
[188] Der Antimodernisteneid vom 1.9.1910 steht nicht im CIC, wohl aber an vielen anderen Orten, z.B. P. Gasparri, Codicis Iuris Canonici Fontes, vol. III, Roma 1925, 783f.

versprechen im voraus ausdrücklich, Professio und Iuramentum ohne jede innere Restriktion ablegen zu wollen.

7). Sie geben zu den hier auf Anlage 1 beigefügten Fragen, auf deren Beantwortung ich besonderen Wert legen muss, eine durch Ja oder Nein ausgesprochene Erklärung ab.

Ich ersuche Sie, sich darüber zu erklären, ob Sie bereit sind, diese Bedingungen zu erfüllen.
Die Bekanntmachung im Kirchl.Amtsblatt würde folgende Fassung enthalten: "Der Universitätsprofessor Dr.Johannes Hessen in Köln hat sich der durch Erlass vom 6.Juli 1928 (s.Kirchl.Amtsblatt 1928 Art.87) ausgesprochenen Verurteilung unterworfen und versprochen, die beiden dort namentlich aufgeführten Schriften aus dem Buchhandel zurückzuziehen und bei einer Neuauflage die erforderlichen Änderungen vorzunehmen."[189]
Zum Schluss bemerke ich, dass ich den guten Willen, der mir aus Ihrem Briefe entgegentritt, gerne anerkenne, und spreche die Hoffnung aus, dass Sie nicht nur in Ihren Schriften, sondern auch in Ihren Vorlesungen und in Ihrem persönlichen Verkehr diesen guten Willen durch die Tat beweisen.

gez. + Johannes.

1
1. Kann Jemand, der bewusst einen von der Kirche als Dogma gelehrten Satz innerlich als unrichtig ablehnt, und zwar so ablehnt, dass er den ursprünglichen d.h. bei der ersten Verkündigung des Dogmas von den Vertretern des kirchlichen Lehramtes damit bezeichneten Sinn als unhaltbar verwirft, sich noch als gläubigen Katholiken bezeichnen?
2. Ist das, was das Tridentinum als Bußsakrament bezeichnet, eine Sache, der die tridentinische Begriffsbestimmung eines Sakramentes im eigentlichen Sinne zukommt?[190]

Dokument 65
Brief des Bischofs von Münster, Johannes Poggenburg, an Kard. Schulte vom 5.11.1928

(Original mit eigenh. Unterschrift und gedrucktem Briefkopf. - AEK, CR 9.A4.3)

Der Bischof von Münster.
G.-Nr.
              Münster (Westf.), den 5. November 1928.

Ew. E m i n e n z

übersende ich in der Anlage

---
[189] Siehe Anm. 179.
[190] Es ist nicht ersichtlich, auf welche Äußerung H.s sich dieser Satz bezieht. Zur Sache vgl. CIC, can. 870 mit den Quellenangaben aus dem Tridentinum, bes.: Sess. VII, de sacramentis in genere, und: Sess. XIV, de poenitentia.

1. die Abschrift eines Schreibens des Herrn Professors Dr. Hessen - Köln, das dieser nach einer voraufgegangenen eingehenden mündlichen Aussprache am 28. Oktober 1928 an mich gerichtet hat,
2. den Entwurf einer meinerseits an Dr. Hessen zu richtenden Antwort, die ich zuvor Ew. Eminenz zur geneigten Begutachtung vorlegen möchte.

Da durch die gegen Dr. Hessen bislang geführte Untersuchung bezüglich seines priesterlichen Wandels und seiner priesterlichen Gesinnung nicht so schwere Verfehlungen seinerseits mit Sicherheit festgestellt sind, dass daraufhin die über ihn verhängte Suspension weiter aufrecht erhalten werden könnte, so bin ich der Ansicht, dass die Suspension aufgehoben werden kann, zumal Dr. Hessen durch sein Schreiben vom 28. Oktober und durch die darin bezüglich seiner Lehrtätigkeit gemachten Versprechen sich so sehr gebunden hat, dass nötigenfalls sofort wieder gegen ihn eingeschritten werden kann. Wenn die von Dr. Hessen gegebenen Versprechungen ihm ernst und ehrlich gemeint sind, woran zu zweifeln einstweilen kein Grund vorliegt, so glaube ich wohl, annehmen zu dürfen, daß er in Zukunft in Wort und Schrift sich grösserer Zurückhaltung und Korrektheit befleissigen wird.
Ich bitte ganz ergebenst, mir Ew. Eminenz Ansicht bezüglich des Inhaltes des an Dr. Hessen zu richtenden Antwortschreibens gütigst mitteilen zu wollen.

In tiefster Ehrfurcht
bin ich Ew. Eminenz ganz ergebenster

+ Johannes.
Bischof von Münster.

Dokument 66
Brief Kard. Schultes an den Bischof von Münster, Johannes Poggenburg, vom 7.11.1928

(Maschinenschriftl. Fassung auf dem Briefpapier Schultes mit dem gedruckten Briefkopf "Der Erzbischof von Köln", von Schulte hs. korrigiert und paraphiert. Expeditionsvermerk: "fct.7.11.28.C." - Es handelt sich also wohl zweifelsfrei um ein Reinkonzept, und nicht um eine "Abschrift", wie maschinenschriftlich unter die Kopfzeile geschrieben wurde. - AEK, CR 9. A4.3).

Der Erzbischof von Köln   K ö l n , den 7.November 1928.

Euer Bischöflichen Gnaden

erwidere ich auf das geschätzte Schreiben vom 5.ds.Ms.,daß ich mit Ihrem Entwurf des an Prof.Hessen zu richtenden Schreibens,den Sie mir zur Begutachtung vorgelegt haben,im ganzen einverstanden bin. Nur möchte ich, um einer Mißdeutung von seiten Dr. Hessens vorzubeugen, wünschen daß im ersten Satze hinter dem Worte "Vorkommnisse" als Relativsatz zugefügt wird,"die Sie selber nicht in Abrede stellen konnten".Auch scheint es mir dem Ergebnis der Untersuchung mehr zu entsprechen,wenn in demselben ersten Satze statt "wesentliche gegen Sie erhobene Beschuldigungen nicht bewiesen sind" die Wendung genommen wird:"von den gegen Sie erhobenen Beschuldigungen verschiedene wesentliche nicht bewiesen sind".Ferner habe ich den Wunsch,daß professio fidei und iuramentum nicht vor dem Ordinariate in Köln, sondern in Münster abgelegt wird,da Prof.Hessen Priester der Diözese Münster ist und nach hier nur beurlaubt wurde. Um ganz sicher zu gehen,möchte ich aber dringend empfehlen,das mir unter dem 5.ds.Ms.zugesandte Schreiben vor der Absendung an Prof.Hessen nebst seinen Anlagen Seiner Exzellenz dem Hochwürdigsten Herrn Apostolischen Nuntius in Berlin vorzulegen,da es gar nicht ausgeschlossen ist,daß der Hochw.Herr Nuntius direkt aus Rom in der causa Hessen,soweit dessen Doktrin und Verbleiben in der Doktion in Frage kommt,besondere Weisungen erhält,die vielleicht die von Eurer Bischöflichen Gnaden vertretene Auffassung desavouieren.

In bekannter treuester Verehrung bin ich
Eurer Bischöflichen Gnaden
ergebenster

+ CJ
Erzbischof von Köln.

Dokument 67
Brief des Bischofs von Münster, Johannes Poggenburg, an den Nuntius in Berlin, E. Pacelli, vom 8.11.1928

(Maschinenschriftl. Durchschlag. Die Kopfzeile, der Vermerk "Abschrift" und die Unterschrift sind nachträglich maschinenschriftl. eingetragen. - AEK, CR 9.A4.3)

Der Bischof von Münster.   Münster, den 8.November 1928.
G.-Nr. 6695.

Ew. Exzellenz

beehre ich mich auf das Schreiben Nr. 39851 vom 2. August 1928 und das Schreiben Nr. 40287 vom 30. Oktober 1928 in der Angelegenheit des Herrn Professors Dr. Hessen[191] - Köln folgendes ganz ergebenst mitzuteilen:
Am 13. September 1928 habe ich durch meinen Generalvikar nachstehendes Schreiben an Dr. Hessen senden lassen:

"In besonderem Auftrage Ihres Ordinarius, des Hochwürdigsten Herrn Bischofs von Münster, entziehen wir Ihnen auf Grund der vom Kölner Erzbischöflichen Generalvikariat hierher gemachten Mitteilungen über Ihre Lebensführung und Gesinnung als Priester hiermit bis auf weiteres die Befugnis zur Ausübung igendwelcher priesterlichen Funktion."

Der Ordinarius von Köln hatte am 1. September 1928 ein ähnlich lautendes Schreiben an Dr. Hessen richten lassen.

---
[191] Diese beiden Schreiben waren dem Hrsg. unerreichbar, da das Bistumsarchiv Münster im Kriege zerstört wurde und das Archiv des Staatssekretariates (Vatikan) für diesen Zeitraum noch geschlossen ist.

Daraufhin hat Herr Dr. Hessen nach einer eingehenden mündlichen Aussprache hierselbst am 26. Oktober das in der Anlage 1 in Abschrift beigefügte Schreiben vom 28. Oktober an mich gerichtet.[192]
Da Dr. Hessen einerseits in diesem Schreiben sich bezüglich seiner Gesinnung und Doktrin zu weitgehenden Versprechungen bereit erklärt hat, und da ich andererseits nach Einsicht der Dr. Hessen betreffenden, von Köln mir unlängst zugestellten Akten zu der Ansicht gekommen bin, dass, wenn auch manche Vorkommnisse, die Dr. Hessen nicht in Abrede stellen konnte, sich mit priesterlicher Lebensweise nicht vereinbaren lassen, von den gegen ihn erhobenen Beschuldigungen verschiedene wesentliche nicht bewiesen sind, so scheint mir die weitere Aufrechterhaltung der Suspension nicht gerechtfertigt zu sein.
Ich habe deshalb an Dr. Hessen das in Anlage 2 in Abschrift beigefügte Schreiben[193], mit dem sich der Ordinarius von Köln einverstanden erklärt hat, gesandt und beabsichtige, falls Dr. Hessen die gestellten Bedingungen erfüllt, die Suspension aufzuheben. Über den weiteren Verlauf dieser Angelegenheit werde ich nicht verfehlen Ew. Exzellenz ehestens Mitteilung zu machen.
Was nun die in Ew. Exzellenz Schreiben vom 2. August[194] von der Suprema Congregatio S. Officii ausgesprochene Erwartung, "die Verurteilung der beiden bischöflichen Ordinariate möge auch auf die anderen Schriften von Professor Hessen, die nicht weniger irrig und gefährlich sind als die schon verurteilten, ausgedehnt werden", anlangt, so erlaube ich mir dazu folgendes zu bemerken:
Drei der 19 bislang erschienenen Schriften Dr. Hessens kommen für ein eventuelles Verbot kaum noch in Frage, weil sie durch den Buchhandel nicht mehr zu beziehen sind.
Sechs der übrigen Schriften Dr. Hessens haben einen kirchlichen Imprimatur-Vermerk. Einem bischöflichen Verbot dieser Schriften stehen eben wegen des gegebenen "Imprimatur" meines Erachtens ernste Bedenken entgegen.
Was ferner das bischöfliche Verbot als solches anlangt, so habe ich feststellen müssen, dass das bisherige Verbot im allgemeinen nur geringen Eindruck auf die Öffentlichkeit gemacht und sehr wenig praktischen Erfolg gezeigt hat. Auch ein eventuelles weiteres bischöfliches Verbot würde meines Erachtens und nach Ansicht des Ordinarius von Köln, wie auch anderer einsichtiger Persönlichkeiten voraussichtlich keinen grösseren Effekt erzielen.
Dr. Hessen selbst hat auf das Verbot, das ihm offiziell mitgeteilt war, zunächst gar nicht reagiert. Erst als die Suspension über ihn verhängt war, hat er sich dazu verstanden, sich mit dem Ordinarius von Köln und mit mir persönlich in Verbindung zu setzen.
Nicht unerwähnt möchte ich lassen, dass ich gelegentlich meiner Visitatio liminum Apostolorum im Monat Oktober auch mit dem Heiligen Vater über die Angelegenheit Dr. Hessen persönlich gesprochen habe, dass besonders das von mir bezüglich eines eventuellen weiteren bischöflichen Verbotes geäusserte Bedenken wegen des den Schriften Dr. Hessen gegebenen Imprimatur von Seiner Heiligkeit geteilt wurde, und dass der Heilige Vater mir nahelegte, diese Bedenken durch Ew. Exzellenz nach Rom mitzuteilen.

---

[192] Eine weitere Kopie des Schreibens Hessens vom 28.10.1920 (hier Dok. 59) liegt nicht bei.
[193] Gemeint ist das Schreiben Poggenburgs an Hessen vom 5.11.1928 (hier Dok. 64).
[194] Liegt nicht vor.

Aus diesen Gründen halte ich es nach reiflicher Überlegung nach wie vor für das Beste, dass in Rom eine Prüfung der Schriften Dr. Hessens vorgenommen wird.

Mit dem Ausdruck tiefster Verehrung bin ich
Ew. Exzellenz
ganz ergebenster

gez. + Johannes
Bischof von Münster.

Dokument 68
Brief des Bischof von Münster, Johannes Poggenburg, an Kard. Schulte vom 10.11.1928

(Maschinenschriftl. Original mit eigenhd. Unterschrift und gedrucktem Briefkopf. Stempel des Erzb. Generalvikariates vom 12.11.1928. Bearbeitungsvermerk, wahrscheinlich des Generalvikars Dr. Vogt, vom selben Tage. - AEK, CR 9.A4.3).

Der Bischof von Münster.
G.-Nr. 6695.
                    Münster (Westf.), den 10. November 1928.

Ew. Eminenz

übersende ich in der Anlage eine Abschrift meines am 8. November an Se. Exzellenz den Hochwürdigsten Herrn Apostolischen Nuntius Pacelli in der Angelegenheit Dr. Hessen-Köln gerichteten Schreibens zur geneigten Kenntnisnahme.
Ich habe in dem an Dr. Hessen am 8. November abgegangenen Schreiben die von Ew. Eminenz vorgeschlagenen Abänderungen vorgenommen, hielt es aber nicht für zweckmässig, das Schreiben zuvor noch dem apostolischen Nuntius in Berlin zur Begutachtung vorzulegen, da ich in Anbetracht der von Dr. Hessen bezüglich seiner Gesinnung und Doktrin gegebenen weitgehenden Versprechungen und einer durch das vorliegende Aktenmaterial nicht genügend bewiesenen schweren Verschuldung eine weiter Verzögerung der Zurücknahme der Suspension nicht verantworten zu können glaubte.
Auf das Schreiben vom 8. November hin ist Herr Dr. Hessen heute hier erschienen und hat die ihm gestellten Bedingungen, soweit sie im Augenblick erfüllt werden konnten, erfüllt. Daraufhin habe ich die über ihn diesseits verhängte Suspension zurückgenommen und bitte Ew. Eminenz ganz ergebenst, auch Ihrerseits die Zurücknahme der Suspension Dr. Hessens in Erwägung ziehen zu wollen.

In tiefster Verehrung
Ew. Eminenz
ganz ergebenster

+ Johannes.
Bischof von Münster.

Dokument 69
Brief Kard. Schultes an den Bischof von Münster, Johannes Poggenburg, vom 11.11.1928

(Maschinenschriftl. Durchschlag. Die Kopfzeile, die Unterschrift sowie ein Vermerk "Abschrift" sind maschinenschriftl. nachgetragen. Expeditionsvermerk vom 11.11.1928 sowie hs. Anweisung "A.A. Hessen". AEK, CR 9.A4.3)

Der Erzbischof von Köln   Köln, den 11. November 1928.

Euer bischöflichen Gnaden

danke ich ich für den Brief vom 10.ds.Ms.nebst der Abschrift Ihres Schreibens vom 8.ds.Ms.an den hochwürdigsten Herrn Nuntius Pacelli.Da Euer Bischöflichen Gnaden mitteilen können,daß Herr Dr.Hessen die ihm gestellten Bedingungen,soweit sie im Augenblick erfüllt werden können,in aller Form erfüllt hat,will auch ich die am 1.September crs.gegen Herrn Prof Hessen ergriffene Maßnahme zurückziehen und ohne Verzug denselben darüber benachrichtigen.Ich hoffe gern,daß hiermit die peinliche Angelegenheit zu einem guten Abschluß gekommen ist,und daß Herr Prof.Hessen keinen neuen Anlaß zu einer Wiederaufnahme der Angelegenheit geben wird.

In mitbrüderlicher Liebe und Verehrung bin ich
Euer Bischöflichen Gnaden
ergebenster

gez.:CJ.Card.Schulte
Erzbischof von Köln.

Dokument 70
Brief des Generalvikars des Erzbischofs von Köln, Dr. Vogt, an Hessen vom 11.11.1928

(Maschinenschriftl. Durchschlag, in dem nachträglich der Vermerk "Abschrift", die Ortsangabe und die Unterschriftzeile ebenfalls maschinenschriftl. eingetragen wurden. Expeditionsvermerk vom 11.11.1928. - AEK, CR 9.A4.3)

K ö l n , den 11.November 1928.

Seiner Hochwürden
Herrn Univ.Prof.Dr. H e s s e n
K ö l n - Bayental,Höltystraße 4

Im besonderen Auftrage Seiner Eminenz unseres hochwürdigsten Herrn Kardinals und Erzischofs teilen wir Ew. Hochwürden mit,daß die unter dem 1.September ds.Js.verfügte Entziehung der Befugnisse zu priesterlichen Funktionen in der Erzdiözese Köln hiermit zurückgenommen wird.Diese Zurücknahme erfolgt,nachdem heute der Hochwürdigste Herr Bischof von Münster nach hier mitgeteilt hat,daß Sie vor ihm die Ihnen gestellten Bedingungen, soweit sie im Augenblicke erfüllt werden konnten,erfüllt haben.

Das Erzbischöfliche Generalvikariat
gez.: Dr.Vogt.

Dokument 71
Brief des Nuntius E. Pacelli an Kard. Schulte vom 28.11.1928

(Original, maschinenschriftl. und mit eigenh. Unterschrift, sowie gedrucktem Briefkopf. - AEK, CR 9.A4.3)

APOSTOLISCHE NUNTIATUR N.40432
\- BERLIN W10, den 28.November 1928.
DEUTSCHLAND Rauchstr. 21

Hochwürdigste Eminenz!

Aus dem Kirchlichen Amtsblatt für die Diözese Münster,Nr.15 vom 19.d.M.,habe ich ersehen,daß der H.Herr Prof.H e s s e n sich der durch Erlaß vom 6.Juli d.J. ausgesprochene Verurteilung unterworfen hat.

Außerdem hat mir der Hochwürdigste Herr Bischof von Münster mit Schreiben desselben Tages mitgeteilt, daß auch vonseiten Eurer Eminenz die über den genannten Geistlichen verhängte Suspension aufgehoben worden ist. Ich wäre nun Eurer Eminenz zu besonderem Danke verbunden, wenn Sie mich gnädigst wissen lassen wollten, ob H.H.Dr.Hessen sein Lehramt noch weiter ausübt.

Mit dem ehrerbietigsten Dank für Eurer Eminenz diesbezügliche Mitteilung bleibe ich, in tiefster Ehrfurcht den hl.Purpur küssend,
Eurer Eminenz
verehrungsvoll ergebenster

+ Eugen Pacelli Erzbischof von Sardes
Apostolischer Nuntius

Dokument 72
Brief Kard. Schultes an den Nuntius E. Pacelli vom 3.12.1928

(Maschinenschriftl. Konzept mit Expeditionsvermerk vom 3.12.1928. Einige Tippfehler und Kürzel wurden korrigiert und aufgelöst, ansonsten der Charakter dieses nicht paraphierten Konzeptes erhalten. Mit den Buchstaben a, b, c, d, e, f und g sind Briefauszüge gemeint, deren Vorlagen alle hier ediert sind. AEK, CR 9.A4.3)

An Nuntius Pacelli in Berlin.   Köln, den 3.12.1928.

Hochwürdigste Exzellenz!
Die geschätzte Anfrage vom 28.d.M.(Nr.40432)beehre ich mich mit folgenden Darlegungen ergebenst zu erwidern:

Unter dem 26.Okt.d.J. habe ich E.E. über den damaligen Stand der causa Prof. Hessen Aufschluß gegeben u.zwar unter Anlage meines Briefes vom gleichen Tage an den Hochw.H.B. von Münster. Auf diesen meinen Brief erhielt ich unter dem 5.v.M. von Münster folgende Antwort: (ins.a b c).
Der am Schlusse seines Briefes ausgesprochenen Bitte des H.H.Bischofs v,.Münster, ich möchte ihm meine Ansicht bez. des Inhaltes seines an Herrn Dr.Hessen geplanten Antwortschreibens mitteilen, entsprach ich unter dem 7.v.M. mit folgendem Briefe (ins. d)

Raum lassen.

Unter dem 10.v.M. schrieb mir der H.H.B.v.M. in Beantwortung meines Schreibens an ihn vom 7.v.M. folgendes: (ins.e und f).
Da der H.H.B.v.M. laut s.Briefe vom 10.v.M. an mich die über Prof.H. verhängte Suspension bereits zurückgenommen hatte, und mich dann bat, auch für Köln die Suspension zurückzuziehen, so musste ich, wenn die Dinge nicht vollkommen verwirrt werden sollten, auch meinerseits die Suspension aufheben. Dies ist am 11.v.M. mit folgendem Schreiben meines Generalvikars an Prof.Hessen geschehen (ins. g).

Um schließlich direkt die von E.E. an mich gerichtete Frage zu beantworten, teile ich ergebenst mit, dass Herr Prof. H. sein Lehramt an der hies.Universität nach wie vor ausübt. Ich muss auch im Hinblick auf meine bisherigen vergeblichen Bemühungen bekennen, dass ich zurzeit keinen gangbaren Weg sehe, auf dem man, ohne unliebsame und unwillkommene Erörterungen in der Öffentlichkeit hervorzurufen, H.Dr.Hessen, der m.E. freiwillig nicht verzichten wird, von seiner akademischen Lehrtätigkeit entfernen könnte.

In wahrer Ehrerbietg u.treuester Verehrung

bin ich stets E.E. in Christo ergebenster

4. Berichte und Vorgänge der Stapoleitstelle Düsseldorf (1942-1943)

Dokument 73
Bericht der Stapoleitstelle Düsseldorf vom 15.5. 1942

(Maschinenschriftl. Konzept, mit einigen handschriftl. Korrekturen des Kriminalrates Friedrich, die wegen ihrer geringfügigen Bedeutung nicht eigens ausgewiesen werden. Die drei handschriftlichen Angaben im Kopf werden hier in eckige Klammern gesetzt. Nicht ediert werden der Ausgangsstempel aus dem eine Ausfertigung des Berichtes am 18.5. 1942 sowie die Ablage am 19.5. 1942 hervorgehen, sowie am Ende des Textes vier Anweisungen über die Verwendung von Durchschlägen und die Anforderung eines "Personen-Bogens für Dr. Hessen vom Stapo Köln", sowie die Anlage eines "Personal-Akten-Merkblatt[es]". Die Paginierung des Dokuments wird wiedergegeben, jedoch ist es auch innerhalb der Gesamtakte foliiert. Unterstreichungen bleiben erhalten. - Hauptstaatsarchiv Düsseldorf, Akten der geheimen Staatspolizei, Nr. 47318 fol. 18-21.)

Stapoleitstelle   Düsseldorf, den [15.] Mai 1942
II B 1 - Dr. Hessen Tg.Nr. [305]/42

1. Eintragen im Tagebuch. [erl.]

2. An das
    Reichssicherheitshauptamt
    - Amt IV -
    in   B e r l i n SW 11
      Prinz-Albrecht-Str. 8

Betrifft : Vortragsreihe des katholischen Universitäts-Professors
           Dr. H e s s e n in der St. Andreas-Kirche in Düsseldorf

Vorgang :   Ohne

Vom 21. - 23.4.1942 hielt der katholische Universitäts-Professor Dr. H e s s e n aus Köln-Marienburg, Auf dem Römerberg 23, in der St. Andreas-Kirche in Düsseldorf zu dem Thema : " Was ist Religion " eine Vortragsreihe, die von hier vertraulich überwacht wurde.
In seinem ersten Vortrage am 21.4. 1942 führte der Redner zu der Frage " Was ist Religion " u.a. aus, daß man hierzu zunächst die Diagnose der Seele stellen müsse.

"Nach christlicher Auffassung sei die Seele ein Funken des Göttlichen Lebens im Menschen, der vom Himmel in unser Menschendasein hineingesenkt worden sei. Wie der Kirchenlehrer Augustinus sei auch der große Dichter Goethe von der Göttlichkeit der Gnadenwirkung in der menschlichen Seele überzeugt gewesen. Alle Religion aber wurzele in der Offenbarung, die die Brücke zu Natur und Übernatur wäre. Auch Max Scheler habe als Philosoph bewundernd vor dem göttlichen Wunder im Menschen gestanden. Auch das Gleichnis vom brennenden Dornbusch aus dem Alten Testament sei für die Gegenwart bestimmt und auch heute höre man noch die Stimme Gottes, die damals ausgerufen habe: "Ziehe deine Schuhe aus, denn der Boden, wo du stehst ist heilig!" Von Houston St. Chamberlain sagte er, daß er von tiefer Religiösität gewesen sei. Als Vater der völkischen Rassentheorie habe Ch. den Rassegedanken in einer Form propagiert, wie er auch vom Standpunkt des Christentums aus akzeptiert werden könne. Persönlich stehe er - der Redner - damit auf dem gleichen Boden wie Chamberlain. Seit 1900 Jahren leuchte das Licht Jesu Christi der Menschheit als ein Wegweiser in die Finsternis. Auch in unserer Gegenwart müsse es wieder leuchten, das göttliche Licht als das Fanal des Glaubens und des Sieges."

Der Untertitel des zweiten Vortrages am 22.4.1942 lautete : "Der Totalitätsanspruch der christlichen Religion". /- 2 -/ Im Verlaufe dieses Vortrages brachte Dr. Hessen für den kirchlichen Totalitätsanspruch die gleichen Argumente, wie sie in den weltanschaulichen Auseinandersetzungen von Seiten der Kirche seit Jahren immer wieder gebraucht werden. Besonders erwähnenswert aus diesem Vortrag erscheinen mir wegen ihrer Schärfe seine Ausführungen über Nietzsche und Mathilde Ludendorff. Sinngemäß führte er hierzu aus:

"Im Mittelpunkte der christlichen Religion stehe der Erlösungsglaube an Jesus Christus, den Gottessohn. Nur aus Gott und durch Gott könne die Erlösung kommen. Nietzsche, der mehr Dichter als Philosoph gewesen sei, habe mit seinem "Antichrist" dem Christentum den Todesstoss versetzen wollen. Aber der Giftpfeil, den er gegen Christus geschleudert habe, sei auf ihn zurückgeprallt und habe Nietzsche selber getroffen. Er sei im Wahnsinn geendet. Erschütternd seien seine Versuche, den unbekannten Gott einige Jahre vor seiner Krankheit zurückzurufen, die heute noch in die Welt hineinschrieen.[195]
Mathilde Ludendorff habe gleichfalls bei dem Versuch, die Welt von Christus zu erlösen, die Gehässigkeiten eines französischen Gottesleugners kopiert, und die fast einmütige Ablehnung der wissenschaftlichen Geschichtsforschung erfahren. Die verdiente moralische Abfuhr sei ihr von dem bekannten Leipziger Historiker Professor Hertel erteilt worden[196]. Noch nie habe er (Redner) eine wissenschaftliche Hinrichtung erlebt, wie sie der Mathilde Ludendorff passiert sei und dabei ausgerechnet vor dem Forum der Wissenschaft. Der Gewährsmann der Mathilde Ludendorff sei gleichfalls als Lügner und Betrüger von der Wissenschaft entlarvt worden. Allen Angriffen sei es

---

[195] Vgl. J.H., Der deutsche Genius (1937), 89-97. In diesem Kapitel über Nietzsche bezieht sich H. zustimmend auf Alois Riehl, Friedrich Nietzsche, 7Stuttgart 1920, 165f.
[196] Zu der "Deutschen Gotteserkenntnis" von Mathilde und Erich Ludendorff vgl. E. Schlund, 74ff., 219-31, 263f. a.a.O. Zur Kontroverse mit Hertel siehe hier Anm. 206.

nicht gelungen, die Kirche Christi zu erledigen, geschweige denn zu beseitigen. So stehe Gottes Gründung wie ein Fels allen Gewalten trotzend, die die Pforten der Hölle nicht überwältigen würden."

Der dritte und letzte Vortrag hatte das Unterthema : " Christentum und Deutschtum ". Die Ausführungen waren sinngemäß folgende :

"Die Welt sei vor zweitausend Jahren Zeuge der Hinrichtung Christi gewesen, von der sie zunächst keine Notiz genommen habe. Von diesem Kreuzestod des Erlösers aber sei ein Brand in den Herzen entfacht worden und von dem vermeintlichen Revolutionär in dem Judenvolk sei über die Apostel die Botschaft des Herrn in die Welt hinausgetragen. So sei Petrus nach Rom geeilt, wo der römische Adler über dem Blut der Märtyrer hinweg dem sieghaften Kreuzesbanner weichen musste, weil der Same auf fruchtbaren Boden gefallen sei. Mit Tertullian sei der Triumph des Kreuzes sieghaft in alle Welt gezogen, denn das Blut der Märtyrer sei der Same gewesen, der die Fruchtbarkeit in sich getragen hätte. So sei auch die Botschaft des Heilandes zu den alten Germanen gekommen. Veranlagung und Naturgegebenheit habe der Botschaft des Heilandes auch den Boden in den Herzen der germanischen Völker vorbereitet. Die Botschaft des Heilandes habe die Germanen von den dunklen Schicksalsrätseln befreit und die Gottesidee habe sich triumphfhaft /- 3 -/ mit der germanischen Seele vermählt. Die Wertewelt der christlichen Religion habe Vollendung in den edelsten germanischen Anlagen gefunden. Nur die Werbekraft der Gottesidee habe den hohen Sieg des Christentums über die germanische Naturreligion ermöglicht, denn dieses hohe Ideal musste sich gegen die Götter sieghaft durchsetzen. Wenn ein angeblicher Historiker aus Karl dem Grossen versuchsweise einen Sachsenschlächter gemacht habe, so sei dieses restlos von der wissenschaftlichen Geschichtsforschung widerlegt worden[197]. Ungeheure Geisteskräfte seien aus der germanischen Einung Karls des Grossen erwachsen. Ein Sachse sei der Dichter des Heiland[198] gewesen, dessen ergreifende Darstellung Christi die Werbekraft der Kirche dokumentiert habe. Hier finde man die Antwort auf die Schicksalsfragen. Aus der innigen Verbindung des germanischen Geisteslebens mit dem Christentum sei die herrliche Frucht der deutschen Geisteskultur erwachsen. Mit Recht sage das Evangelium: "An ihren Früchten werdet ihr sie erkennen."[199] Nirgendwo habe das Deutschtum und Christentum einen Gegensatz offenbart. Im Gegenteil seien unsterbliche Leistungen auf allen Gebieten der der deutschen Geisteskultur auf der Basis des Christentums zu verzeichnen. Drum sei auch der Vorwurf der Artfremdheit gegenüber dem Christentum durch die objektive Geschichtsforschung restlos widerlegt.- Zu den grössten Meistern

---

[197] Hier bezieht sich H. auf bekannte Thesen E. Bergmanns und der "Deutschen Glaubensbewegung", nach denen das Christentum den Germanen mit Gewalt aufgezwungen wurde; besonders bezieht sich H. aber auf dessen Widerleger Karl Kindt. Vgl. J.H., Der deutsche Genius (1937), 14ff., 102f. Zu Bergmann vgl. E. Schlund, 203-19 (Lit.) - Ziegenfuß, I 109f. - Rudolf Neuwinger, Die Philosophie Ernst Bergmanns, Stuttgart 1938. - Seine wichtigsten Werke zu unserem Thema: Die deutsche Nationalkirche, Breslau 1933; Die 25 Thesen der Deutschreligion, Breslau ²1934. - B. war Pfarrerssohn und seit 1916 Philosophieprofessor in Leipzig. Zur gegnerischen Position vgl. u.a. K. Leese, Rasse-Religion-Ethos, Gotha 1934, sowie später: H. Pfeil, 99-107. Vgl. hier Anm. 210.
[198] Hier wie an anderen Stellen bezieht sich H. auf den Aufsatz von Karl Kindt, Ernst Bergmann - eine deutsche Gefahr. In: Die Neue Literatur 5. Jg., 5. Heft vom Mai 1934, 270-84; J.H., Der deutsche Genius (1937), 17 zum Heliand.
[199] Matth. 7, 20.

unserer Geistesgeschichte gehöre auch Meister Ekkehart, der Dominikaner. Auch der Dichterfürst Goethe habe mit seinen letzten Bindungen im Christentum gewurzelt. Dem geistigen Schaffen Paul de Lagarde habe Alfred Rosenberg in seiner jüngsten Gedächtnisrede Anerkennung gezollt[200]. Dabei hätte de Lagarde seine nationalen und völkischen Ideale aus dem christlichen Ethos bestimmt. Auch der grosse Philosoph Emanuel Kant habe als letzte Zielsetzung den christlichen Geist betont. Auch Martin Luther habe trotz aller Gegensätzlichkeiten an sich bahnbrechende Arbeit für das christliche Deutschland und die Verdeutschung der Bibel geleistet. Auch der Maler und Dichter Hans Thoma habe seine Verwurzelung mit dem Christentum betont."[201]

Die Vorträge des Dr. Hessen scheinen mir wegen ihrer starken Bejahung deutscher Geistesgrössen, die entweder das Christentum restlos ablehnen oder wenigstens dogmatische Bindungen an das Christentum vermieden wissen wollen, besonders bemerkenswert. Ganz besonders eigenartig berührt es aber, daß im ersten Vortrage der Philosoph Max Scheler als scharfer Gegner der katholischen Weltanschauung und im dritten Vortrag Emanuel Kant, der mit seinem Buch "Kritik der reinen Vernunft" auf dem päpstlichen Index steht, sowie Paul de Lagarde in Zusammenhang mit der Gedächtnisrede des Reichsleiters Rosenberg für den Absolutheitsanspruch des Katholizismus herangezogen werden. In der gleichen Linie liegt es, daß der Redner glaubt, sich zu dem gleichen Rasseprinzip bzw. Rassegedanken bekennen zu können wie H.St.Chamberlain. /-4-/ Es handelt sich bei den Vorträgen offenbar um einen teilweise recht geschickten Versuch, der weiteren Entfremdung geistig interessierter, dem kirchlichen Dogma aber nicht restlos verschriebener Kirchenangehöriger durch scheinbare Anlehnung an die nationalsozialistische bzw. völkische Weltanschauung zu begegnen. Derartige Versuche sind im Laufe der Zeit immer wieder unternommen worden, waren jedoch bisher nicht so deutlich erkennbar. Er muss daher unterstellt werden, dass Dr. Hessen seine Ausführungen nicht auf eigene Faust gehalten hat, sondern in Übereinstimmung mit der offiziellen kirchlichen Haltung, zumal hier bekannt ist, dass Hessen die gleichen Vorträge kürzlich in Köln gehalten hat.

Zur Person des Dr. Hessen ist hier lediglich bekannt, daß er im Kölner Episkopat als Aussenseiter gelten soll, der schon wiederholt in Opposition zu den sogenannten "verkalkten Amtsbrüdern" gestanden habe. Dem Vernehmen

---

[200] Eine Äußerung H.s zu Paul de Lagarde in: Der deutsche Genius (1937), 99. - Zu Rosenberg ebd. 13f. Die Ansprache Rosenbergs zum 50. Todestag de Lagardes ist auszugsweise wiedergegeben in: Völkischer Beobachter, Norddt. Ausg., Nr.356 vom 22.12.1941. Es gab über 80 Feierstunden im ganzen Reich aus diesem Anlaß, der von Rosenberg mit großem Aufwand begangen wurde.
[201] Vgl. J.H., Der deutsche Genius (1937), 50-57 zu Kant, 28-38 zu Luther. Zu Hans Thoma vgl. Konrad Weiß, Hans Thoma, ein deutscher Maler. In: Hochland, 7. Jg., Bd.1 (1909/10), 1. Heft vom Okt.1909, 70-78; Gregor Uhlhorn, Hans Thoma und das Christentum. In: Schönere Zukunft, 15. Jg., Nr.3/4 vom 15.10.1939, 26-27. Beide Artikel dürfte Hessen gekannt haben.

nach ist er bei der Gleichschaltung der Fakultäten als Professor der Philosophie der Universität Köln entlassen worden. ZZt. lebt er als freier Schriftsteller und Kanzelredner.

Der Inspekteur in Düsseldorf hat einen Durchschlag dieses Berichtes erhalten.

Dokument 74
Bericht der Kriminalpolizei von Neuß an die Staatspolizeileitstelle Düsseldorf vom 19./20. 10 1942

(Maschinenschriftl. Durchschlag des Berichtes vom 19.10.1942, der am 20.10 1942 vom 2. Kommissariat der Kriminalpolizei von Neuß nach Düsseldorf an die Geheime Staatspolizei - Staatspolizeileitstelle Düsseldorf weitergegeben wurde. Handschriftlich ist im Kopf das Geburtsdatum Hessens eingetragen. Am 27.10. 1942 wurde von der Staatspolizeileitstelle Düsseldorf dieser Bericht an die Staatspolizeistelle in Köln mitgeteilt. Die hier fehlende Paginierung des Berichts wird vom Editor eingefügt. - Hauptstaatsarchiv Düsseldorf, Geheime Staatspolizei, Nr. 47318 fol. 25-27.)

Neuss, den 19. 0.1942

B e r i c h t

Über den religiös-wissenschaftlichen Vortrag am 18.10.1942, um 16 Uhr, gehalten von Universitätsprofessor Dr. Johannes Hessen aus Köln, in der Sebastianuskirche in Neuss. Der Redner sprach über das Thema "Der Absolutheitsanspruch des Christentums"[202] und brachte sinngemäß folgendes zum Ausdruck: Vor neunzehnhundert Jahren wurde in einem kleinen Ort einer hingerichtet. Die Welt nahm wenig Notiz davon. Was bedeutete es schon, wenn einer, ein kleiner Mensch, zum Kreuzestode verurteilt wurde, zumal seine Anhänger auch alles kleine Leute waren. Aber diese Anhänger des Gekreuzigten waren von seinem Geist beseelt, sie zogen hinaus, die Heilsbotschaft ihres Herrn zu verkünden. Der erste von ihnen, Petrus, zog nach Rom, der Metropole des damaligen Heidenlandes. Rom hallte wieder von den Schritten der heidnischen Legionäre. Und doch fand Petrus Menschen, die sich zu ihm bekannten, die die Botschaft des Herrn in sich aufnahmen. Dann kam der erste Zusammenstoss zwischen den heidnischen Herrschern und den Christen, den wir unter dem Namen Christenverfolgung kennen. Viele der neuen Anhänger der christlichen Lehre liessen sich lieber in die Arena werfen und ihren letzten Tropfen Blut in den Sand der Arena

---

[202] Vgl. dazu Nr. 661.

verlaufen, als dass sie von ihrem Glauben abliessen. Haben damals die heidnischen Herrscher geglaubt, mit dieser Methode den christlichen Glauben ausgerottet zu haben, so hatten sie sich bitter getäuscht. Schon der erste Geschichtsschreiber der christlichen Kirche schrieb, dass jeder Blutstropfen dieser Märtyrer Samen für neue Anhänger des christlichen Glaubens sei. Die apostolischen Gesandten zogen weiter nach Norden in das Land, das man Germanien nannte. Und gerade die Germanen in ihrer Innerlichkeit, Gemütstiefe und Sittlichkeit nahmen die Frohbotschaft des Herrn freudig auf. So kam es, wie ein nationalsozialistischer Schriftsteller schrieb, zur Vermählung der Frohbotschaft des Geistes mit dem germanischen Blut und daraus entstand die deutsche Seele[203]. Die deutsche Seele, die so unvergleichliche Kulturwerke geschaffen, aus der überaus grosse Denker und Künstler erstanden. Die christliche Religion ist die Religion des deutschen Volkes, die zu ihm passt, da sie den Absolutheitsanspruch erheben kann. Es gibt in /-2-/ der Welt drei Weltreligionen, den Mohamedanismus, den Buddhismus und die christliche Religion. Der Mohamedanismus ist eine Gesetzes-Religion. Der Fromme lebt nach dem Gesetz, wer es nicht tut, gilt als Abtrünniger und ist dem Gesetz verfallen. Der Mohamedanismus ist demnach nur eine relative Religion. Der Buddhismus, auch Islam, ist zwar eine Erlösungs-Religion, hat aber auch nur eine relative Bedeutung. Der Buddhismus betrachtet das Erdendasein nur als Scheindasein. Er sagt "Alles Dasein ist Leiden". Die Welt ist nur da, um dem Menschen den Weg zur Erlösung zu seinem eigentlichen Dasein im Jenseits zu erschweren und ihn in Versuchungen zu locken. Aus ihm spricht eine grosse Lebensverneinung, weil er in der Welt nur das Böse sieht. Seine Religion ist nur hinauf auf's göttliche eingestellt, in der Welt findet er nichts göttliches. Das Christentum dagegen ist eine Religion der Erlösung und Gnade. Es verlangt eine Lebens- und Weltbejahung, weil es in der Welt eine Schöpfung Gottes sieht. Auf der ersten Seite der hl. Schrift lesen wir, dass Gott die Welt erschaffen und alles für gut befunden hat. Gott, der Stifter der christlichen Religion, ist auf die Welt gekommen und hat in ihr gelebt. Dadurch, dass er Mensch geworden ist, hat er Mensch und Gott auf das innigste vereinigt. Alles Grosse und Gewaltige, was der Mensch schafft, angefangen von grossen geistigen Werken bis zur herrlichsten Musikschöpfung, entspringt der göttlichen Kraft, die im Menschen wohnt. Alles Schöne, was wir um uns sehen, ist Gottes Schöpfung, ist aus göttlicher Kraft und Gnade entstanden. Diejenigen, die für all das Böse

---

[203] Ernst Walter Schmidt, Ist da Christentum die Religion des deutschen Volkes? In: Kommende Gemeinde, hrsg. von J.W. Hauer, 4(1932) 24-41. Zitiert bei J.H., Der deutsche Genius (1937), 103. Das Heft 1 vom April 1932 dieses Jahrganges trägt den Sondertitel: "Das deutsche Volk im Kampf um seinen Glauben".

und die Bitternisse der Welt, wie wir sie auch jetzt zu tragen haben, Gott verantwortlich machen wollen, beweisen nur, dass aus ihnen nur eine ganz grosse Ignoranz spricht. Die christliche Religion ist also eine Religion, die nicht an Land und Volk gebunden, den Menschen zum Göttlichen erhebt und allein den Absolutheitsanspruch erheben kann. Aus diesem Grunde ist sie die Religion, die zum deutschen Volke passt, die die deutsche Seele geschaffen hat. Der grosse deutsche Denker und Philosoph Hegel hat das auch in einem seiner Werke zum Ausdruck gebracht und dabei gesagt, dass es der Zukunft vorbehalten sei, die deutsche Seele zu morden[204]. Auch bei Nietzsche, der sich sehr gegen die christliche Religion ereifert hat und in geistiger Umnachtung gestorben ist, finden wir in einem Werk, dass er ca. 5 Jahre vor seinem Verhängnis geschrieben hat, noch ein Sehnen nach Gott und ein Erkennen von Gottes Kraft und Grösse im Menschen[205]. In neuerer Zeit machte die /-3-/ Schriftstellerin Mathilde Ludendorff durch ihr Werk "Erlösung vom Christentum" von sich reden. In diesem Werk, in dem sie für die deutsche Seele Erlösung vom Christentum fordert, bringt sie Aussprüche und Ansichten eines französischen Philosophen wieder, der schon im 18. Jahrhundert von deutschen Wissenschaftlern als Schwindler und Betrüger entlarvt worden ist[206]. Der Universitätsprofessor Hertel aus Leipzig, ein Protestant, hat den Fehdehandschuh, den Mathilde Ludendorff hingeworfen hat, aufgegriffen und all ihre Begriffe als Betrug und Schwindel aufgedeckt und widerlegt, und zwar mit nachweislich echtem Quellen-Material. Aus Mathilde Ludendorffs Werk spricht nicht die deutsche Seele, sondern ein ganz grosser, impertinenter Christenhass. Die deutsche Seele spricht vielmehr aus dem grossen deutschen Freiheitskämpfer und Dichter Ernst Moritz Arndt, der der Deutscheste der Deutschen genannt wird und aus dessen Gedichten die wahre deutsche Seele spricht[207]. Nicht als katholischer Theologe, sondern als Wissenschaftler an einer deutschen Universität sage ich, dass Mathilde Ludendorff mit ihrem Werk die deutsche Seele nicht entchristlichen kann.

---

[204] Eine solche Stelle ist bei J.H., ebd., 44-49 (wo von Hegel gesprochen wird) nicht feststellbar. Das Zitat ist tatsächlich von E.W. Schmidt (Anm. 203), 38.
[205] Gemeint ist zweifellos Nietzsches "Also sprach Zarathustra" (1883-85); J.H., ebd., 89-97.
[206] Gegen Mathilde Ludendorffs oft aufgelegtes Buch "Erlösung von Jesu Christo" schrieb der Leipziger Indologe Joh. Hertel, Vom neuen Trug zur Rettung des alten oder Louis Jacolliot und Mathilde Ludendorff (= Protestantische Studien, 20), Berlin 1932. Vgl. auch: Guida Diehl, Erlösung vom Wirrwahn. Wider die von Dr. Mathilde Ludendorff beeinflußte "Deutschgläubigkeit", 2. Aufl. Eisenach 1936.
[207] Gedichte E.M. Arndts hat Hessen einige Male zitiert, bes. am Ende des Briefs "An eine um Christus Ringende", der ja zweifellos Anlaß war für das Verbot seines Buches "Briefe an Suchende, Irrende, Leidende" (1936), 27, wo er ein Gedicht Arndts vorlegt ("Ich weiß, an wen ich glaube").

Der Vortrag war von ca. 500 Personen besucht, um 17.30 Uhr beendet und wurde von einer zuverlässigen Vertrauensperson überwacht.
   gez. Neumann
   Krim.-Sekretär

Dokument 75
Bericht der Kriminalpolizei von Neuß an die Staatspolizeileitstelle Düsseldorf vom 16.11. 1942

(Maschinenschriftl. Durchschlag des Berichtes vom 16.11. 1942, der am selben Tage vom 2. Kommissariat der Kriminalpolizei von Neuß an die Geheime Staatspolizei - Staatspolizeileitstelle Düsseldorf weitergeschickt wurde (im angeg. Akt, fol. 28), und zwar in dreifacher Ausfertigung. Das hier vorliegende Exemplar ist an verschiedenen Stellen mit Bleistift unterstrichen, meist bei der Nennung bestimmter Namen berühmter Deutscher, dann besonders an folgenden Stellen: 1) auf Seite 2 der ganze Passus von "Wenn dieser Wert des Geistes" bis "an eine Rasse gebunden sein kann"; 2) auf Seite 3 die Sätze: "Bei diesem Anlass hat Alfred Rosenberg" bis "durchaus zutreffend" mit Ausrufungszeichen; 3) der letzte Absatz zum größten Teil. - Die in der Vorlage fehlende Paginierung wird vom Editor eingefügt. - Hauptstaatsarchiv Düsseldorf, Akten der Geheimen Staatspolizei, Nr. 47318 fol. 29-31.)

Neuss, den 16.11. 1942

B e r i c h t

Über den religiös-wissenschaftlichen Vortrag des Universitätsprofessors Dr. Johannes Hessen aus Köln, gehalten am 15.11. 1942 um 16 Uhr in der Münsterkirche in Neuss.

Professor Johannes H e s s e n sprach über das Thema "Christentum und Deutschtum" und führte sinngemäß folgendes aus:

Ein deutscher Maler, Max Klinger, hat in seinem Gemälde "Christus im Olymp" eine grosse Verherrlichung Christi zum Ausdruck gebracht[208]. Es stellt den Olymp dar. Man hat einen Anblick auf ein ruhiges Meer und sieht die Götter des Olymps. Da schreitet durch die Mitte die hohe, aufrechte Gestalt Christi, hinter ihm vier Frauengestalten, die christlichen Tugenden

---

[208] Zu Max Klingers (1857-1920) Gemälde "Christus im Olymp" (1897) vgl. Thieme-Becker, Allgemeines Lexikon der bildenden Künste 20(1927) 513-18, speziell 515.

darstellend, das Kreuz tragend. Die Götter des Olymps nehmen mit Verwunderung Kenntnis von der Gegenwart Christi. Ares, der Kriegsgott, hält sein Schwert bereit. Here, die Liebesgöttin, tändelt im Hintergrund weiter in ihrem Spiel. Eros, der Liebesgott, richtet seinen Pfeil auf Christus. Dyonsius, der Gott der Lebensfreude, reicht Christus einen Becher hin, nur Psyche, die menschliche Seele kniet in klarer Erkenntnis, dass ihr von Christus Erlösung und Heil kommt, in Anbetung vor Christus nieder und streckt ihm ihre Hände entgegen. Christus reicht nur ihr die Hand. Klinger hat das Bild "Christus im Olymp" genannt. Man könnte es aber auch "Christus, der König der menschlichen Seele" benennen. Denn Christus ist hier in treffendster Art als der König der Seele dargestellt und verherrlicht worden. Es gibt ja viele Zeitgenossen, die Christus nicht als König der Seele anerkennen wollen, zumal nicht der deutschen Seele. Sie behaupten, der christliche Glaube sei eine "Fremdreligion", die auf anderem Boden erstanden, nicht zur deutschen Art und Rasse passe. Dass eine Religion nicht an eine Rasse gebunden ist, ist religions-geschichtlich und philosophisch einwandfrei nachzuweisen. So haben z.B. die arischen Inder eine /-2-/ Religion der absoluten Lebensverneinung, die arischen Völker der asiatisch-europäischen Länder dagegen eine Religion der Lebensbejahung. In Japan war zuerst der Hinduismus[209] die Religion des Landes, weil diese Religion dem Japaner nicht genügte, da sie sich in der Hauptsache nur auf Ahnenkult erstreckt, hat er sich später dem Buddhismus zugewandt. Man sieht, eine Rasse mit verschiedenen Religionen und grundsätzlich verschiedenen Auffassungen. Auch vom philosophischen Standpunkte aus betrachtet, kann man nicht behaupten, dass die Religion rassisch gebunden ist, denn die Religion ist ein Geisteswert des Menschen. Wenn dieser Wert des Geistes an eine Rasse gebunden ist, dann müssen auch alle anderen Geisteswerte des Menschen, Kunst, Wissenschaft, Musik und dergl. rassisch gebunden sein. Wer das behauptet, zeigt, dass er ein Materialist ist, wenn wir auch nicht gleich sagen wollen, der spricht im Sinne der sozialdemokratisch-marxistischen Lehre, die doch nur die Verkörperung des "Ich" herausstellte. Es ist also klar nachzuweisen, dass die Religion ebensowenig wie jeder andere Geisteswert des Menschen an eine Rasse gebunden sein kann.

Wie kam das germanische Volk zur Annahme des christlichen Glaubens? Darüber ist viel gesprochen und geschrieben worden. Ernst Bergmann, Leipzig, schrieb in einem seiner Bücher, dass den Germanen der christliche Glaube aufgezwungen worden sei und zwar mit Waffengewalt. Er nennt dabei Karl den Grossen schlechthin der "Sachsenschlächter", weil er bei Verden an

---

[209] Zweifellos verhört statt "Shintoismus".

der Aller viertausend Sachsen habe hinmorden lassen. Dagegen weist der Forscher und Schriftsteller Karl Kindt in seinem Buch "Warnung vor Ernst Bergmann" daraufhin, dass zu der Zeit Karl des Grossen schon 7/8 des germanischen Volkes den christlichen Glauben friedlich angenommen hatten und die Hinrichtung der Sachsen bei Verden an der Aller nur eine Vergeltung für einen Überfall Widukinds auf ein Frankenregiment gewesen sei[210]. Zudem sollte man die germanische Rasse, die man sonst so tapfer und stark schildert, nicht so gering einschätzen und ihnen nachsagen, dass sie sich die christliche Religion, wenn auch mit Waffengewalt, hätten aufzwingen lassen. Die Germanen haben in der christlichen Religion die Religion gesehen, die ihnen, da sie immer von der Ungewißheit des Schicksals umschattet waren, Antwort auf die bange Frage brachte "Wohin nach der Nacht des Todes?" Das Evangelium brachte ihnen die Verheißung der Erlösung nach dem Tode und sie nahmen die Heilsbotschaft in sich auf. /-3-/ Auf die Frage, wie hat sich die christliche Religion in der deutschen Geschichte ausgewirkt, können wir nicht im Rahmen eines Vortrages auf alles eingehen. Nehmen wir nur die deutsche Wissenschaft und Kunst zur Betrachtung und von ihren Meistern nur einige Vertreter heraus. Da haben wir den grössten deutschen Philosophen, den Königsberger Kant. Aus seinen Werken spricht eine große Gotterkenntnis und Verherrlichung. In dem grossen Reformator Luther finden wir Deutschtum und Christentum auf das innigste verbunden. Man mag zu Luther stehen wie man will, niemand wird bestreiten können, dass er ein guter Deutscher und gläubiger Christ war. Der Meister der Dichtkunst, Goethe, hat sich zwar mal "Nichtchrist" genannt und doch spricht aus einigen seiner Werke eine Verherrlichung Christus. Auch in Schillers Werken finden wir Gotterkenntnis und Lobpreisungen Christi. Von den Meistern der Musik nennen wir nur Bach, Beethoven und Wagner. Über die christliche Einstellung Bachs, der seine Kompositionen mit "Gott allein die Ehre" überschrieb, noch etwas zu sagen, erübrigt sich. Beethoven, der grosse Meister, der uns auch das herrliche Werk "Missa Solemnis" schuf, hat kurz vor seinem Tode von einem katholischen Geistlichen die Sterbesakramente empfangen. Auch der gewaltige Tonschöpfer Richard Wagner hat in christlicher Lebensauffassung Werke zur Verherrlichung Gottes geschaffen. Zu erwähnen sind noch der grosse Schriftsteller Ekkekard, der den deutschen Mythus und den Heliand schrieb und Paul Delagarte, aus dessen Werke eine

---

[210] Hessen schöpft hier ganz aus: Karl Kindt, Ernst Bergmann - eine deutsche Gefahr. In: Die Neue Literatur 35(1934), Heft 5 vom Mai 1934, 270-84. Hier werden die drei Schriften Bergmanns: Die deutsche Nationalkirche, Breslau 1933; Deutschland, das Bildungsland der neuen Menschheit, ebd. 1933; Die 25 Thesen der Deutschreligion, ebd. 1934, kritisiert, so S.276 zu Verden. Vgl. hier Anm. 197.

strenge Sittlichkeit spricht und der ähnlich wie Fichte in mitreissenden Versen seine Gotterkenntnis preisgibt. Vor Jahresfrist feierte man das Gedenken Paul Delagartes. Bei diesem Anlass hat Alfred Rosenberg Paul Delagarte den Wegweiser der Deutschen genannt. Dieses Urteil ist durchaus zutreffend. Er war ein grosser deutscher Mann , doch von christlicher Lebensauffassung. Den Grabstein seines einsamen Grabes schmückt ein schlichtes Kreuz mit einer Inschrift, wie ich mir keine bessere wünschen könnte. Inschrift lautet: " Weg des Kreuzes - Weg des Heiles ".

Deutschtum und Christentum sind zwei Fundamente, die zueinander passen, sich gegenseitig ergänzen und vereint, Grosses zu vollbringen, im Stande sind.

Der Vortrag war von ca. 800 Personen (überwiegend Männer aus gebildeten bezw. akademischen Kreisen) besucht, um 17,15 Uhr beendet und wurde von einer zuverlässigen Vertrauensperson besucht.

gez. Neumann
Kriminal-Sekretär

Dokument 76
Bericht der Stapoleitstelle Düsseldorf an das Reichssicherheitshauptamt in Berlin vom 30.11. 1942

(Maschinenschriftl. Konzept mit einigen handschriftl. Korrekturen des Polizeirates Friedrich, der das Konzept auch am 25.11. 1942 paraphiert hat. Nicht ediert werden fünf dienstinterne Anweisungen, die besonders den Personalbogen und die "II F Sachkarte" Hessens betreffen. Die Korrekturen Friedrichs, die sich nur auf Verdeutlichung und Stilisierung beziehen, werden nicht eigens ausgewiesen. Die maschinenschriftl. Unterstreichungen bleiben erhalten; ein Ausgangsstempel und diverse Erledigungsvermerke bleiben unberücksichtigt. - Hauptstaatsarchiv Düsseldorf, Akten der Geheimen Staatspolizei; Nr. 47318 fol. 32 -34.)

Stapoleitstelle   Düsseldorf, den 30. November 1942
II B 1/Dr. Hessen/Tgb.Nr. 305/42
An das
Reichssicherheitshauptamt
 - Amt IV -
in B e r l i n

Betrifft : Vortrag des katholischen Geistlichen Professor Dr. Hessen aus Köln , geb. 14.9.1889 in Lobberich.

<u>Vorgang</u> : Bericht vom 15.5.1942-II B 1/Dr. Hessen, Tgb.Nr. 305/42
<u>Berichterstatter</u> : Polizei-Rat Friedrich
<u>Anlagen</u> : 2 lose.

Am 15.5.1942 berichtete ich unter II B 1/Dr. Hessen Tgb.Nr. 305/42 über eine Vortragsreihe, die der katholische Geistliche und Universitätsprofessor Dr. H e s s e n aus Köln vom 21. - 23.4.1942 in einer Düsseldorfer Kirche zu dem Thema "was ist Religion" hielt. Ich wies im besonderen darauf hin, daß der in den Vorträgen eindeutig erkennbare Versuch, unter scheinbarer Anlehnung an die nationalsozialistische bezw. völkische Weltanschauung deutsche Geistesgrössen, wie <u>Max Scheler</u>, <u>Emanuel Kant</u>, <u>Paul de Lagarde</u> und <u>H.St. Chamberlain</u>, für das katholische Christentum in Anspruch zu nehmen, untragbar sei.
In der Zwischenzeit hat Hessen am 18.10.1942 in der Sebastianuskirche in Neuß über das Thema : "Der Absolutheitsanspruch des Christentums", und am 15.11.1942 in der Münsterkirche, ebenfalls in Neuß, über das Thema : "Christentum und Deutschtum" gesprochen. Beide Vorträge wurden vertraulich überwacht. Eine inhaltsmässige Wiedergabe der Ausführungen liegt bei. Beide Vorträge liegen auf derselben Linie wie die Vorträge in Düsseldorf. Die Reihe großer Persönlichkeiten des deutschen Kulturlebens, die er für das katholische Christentum in Anspruch nimmt, hat Hessen in diesen Vorträgen jedoch noch erweitert und zwar in seinem Vortrag am 18.10.1942 <u>durch</u> /-2-/ die Inanspruchnahme des Dichters <u>Ernst Moritz Arndt</u>, und in seinem Vortrag vom 15.11. 1942 durch die Nennung von <u>Schiller</u>, <u>Bach</u>, <u>Beethoven</u> und <u>Fichte</u>. Besonders bemerkenswert erscheinen mir ausserdem aus dem Vortrag vom 15.11.1942 die Ausführungen Hessens, mit denen er die Bindungen des Geistes an die Rasse leugnet, um damit den überrassischen absoluten Charakter der Religion nachzuweisen. So sagt er nach dem beiliegenden Bericht sinngemäss:

"Wenn dieser Wert des Geistes an eine Rasse gebunden ist, dann müssen auch alle anderen Geisteswerte des Menschen, Kunst, Wissenschaft, Musik und dergl. rassisch gebunden sein. Wer das behauptet, zeigt, daß er ein Materialist ist, wenn wir auch nicht gleich sagen wollen, der spricht im Sinne der sozialdemokratischen-marxistischen Lehre, die doch nur die Verkörperung des "Ich" herausstellt. Es ist also klar nachzuweisen, daß die Religion ebensowenig wie jeder andere Geisteswert des Menschen an eine Rasse gebunden sein kann."

Der andeutungsweise Vergleich, daß die Bindung des Geistes an die Rasse sozialdemokratischer Marxismus sei, kann im übrigen nur als ein Angriff auf die nat.soz. Weltanschauung, die kirchlicherseits offiziell vielfach als krasser Materialismus hingestellt wird, gewertet werden.
Es erscheint mir untragbar, derartige Vorträge weiterhin zu dulden. Ich bitte, dabei zu berücksichtigen, daß der Vortrag am 18.12.1942 in Neuß eine Besucherzahl von etwa 500 Personen aufwies, während nach dem beiligenden Bericht am 15.11.1942 bereits 800 Personen anwesend waren, und zwar überwiegend Männer aus gebildeten bezw. akademischen Kreisen. Es ist dieses ein Beweis dafür, daß die Vorträge besonders in intellektuellen katholischen Kreisen starken Anklang finden. Andererseits ist es gerade in den gegenwärtigen Verhältnissen der NSDAP unmöglich, auf geistigem Gebiet aktiv gegen den katholischen Totalitätsanspruch aufzutreten.
Von einer staatspolizeilichen Verwarnung oder der Verhängung eines Sicherheitsgeldes verspreche ich mir in diesem Falle keinen Erfolg, da eine derartige Maßnahme wahrscheinlich Erörterungen und Auseinandersetzungen über die Ansichten Hessens nach sich ziehen würden. Ich bitte daher, den Erlaß eines Reichsredeverbotes gegen Hessen in Erwägung zu ziehen.
Der Inspekteur der Sicherheitspolizei und des SD in Düsseldorf hat Durchschrift dieses Berichtes erhalten.

Dokument 77
Erlaß des Reichssicherheitshauptamtes vom 17.12. 1942

(Maschinenschriftl. Abschrift. Die gesperrt geschriebenen und unterstrichenen Stellen werden hier beibehalten. Die letzten fünf Zeilen des Textes sind wörtlich transskribiert und nicht etwa anonymisiert. - Hauptstaatsarchiv Düsseldorf, Akten der Geheimen Staatspolizie, Nr. 47318 fol. 35.)

A b s c h r i f t
Vorgang Dr. Hessen

Reichssicherheitshauptamt   Berlin, den 17.Dez. 1942.
IV B 1 - 886/42

An alle Staatspolizei - leit - stellen.

Betrifft: Kath. Geistlicher Professor Dr. Johannes H e s s e n
             aus Köln, geb am 14.9.1889 in Lobberich.

Vorgang: Ohne.

Mit sofortiger Wirkung wird gegen den Geistlichen Professor Dr. H e s s e n aus Köln ein Redeverbot für das gesamte Reichsgebiet erlassen, weil seine Reden staatsabträgliche Äußerungen enthalten, die geeignet sind, Zwiespalt in die Bevölkerung zu tragen und Ruhe und Ordnung zu stören.

Zusatz für die Staatspolizeileitstelle Düsseldorf
Unter Bezugnahme auf den dortigen Bericht vom 30.11.42 - II B 1/Dr. Hessen, Tgb.Nr. 305/42 bitte ich, das Verbot dem Professor Dr. Hessen protokollarisch zu eröffnen und Abschrift des Verhandlungsprotokolls hierher zu übersenden.

Im Auftrage :
gez. Unterschrift

Beglaubigt:
gez. Unterschrift

Kanzleiangest.

Dokument 78
Verhandlungsprotokoll der Staatspolizeistelle Köln vom 16.2. 1943

(Maschinenschriftl. Durchschlag mit eigenhd. Unterschrift Hessens und eines Kriminal-Oberassistenten, dessen Name hier weggelassen wird. - Die Zeilenanordnung bleibt hier erhalten. Die Eröffnung des Reichsredeverbotes wurde von der Stapoleitstelle Düsseldorf am 13.1.1943 zuständigkeitshalber an die Staatspolizeistelle in Köln abgegeben (im selben Akt, fol. 36). Von dort ging am 19.2. 1943 eine Vollzugsmeldung an das RSHA (ebd. fol. 37). - Hauptstaatsarchiv Düsseldorf, Akten der Geheimen Staatspolizei, Nr. 47318 fol. 39.)

Köln, den 16. Februar 1943.

Auf Vorladung erscheint der ausserordentliche Universitätsprofessor
Dr. theol., Dr. phil.,
Johannes H e s s e n, geboren am 14.9.1989 zu Lobberich,
kath. Geistlicher,

ledig,
röm.- katholisch,
wohnhaft in Köln-Marienburg, Am Römerberg 23,
und erklärt:

Durch die Staatspolizeistelle Köln wurde mir heute eröffnet, dass gegen mich ein Redeverbot für das gesamte Reichsgebiet verhängt wurde.
Ich wurde darauf hingewiesen, dass jeder Verstoss gegen dieses Verbot mit den schärfsten Massnahmen geahndet wird.
v. g. u.
Johannes Hessen

            g. w. o.
            N. N.
           Krim. - O - Asst.

5. Aus der Wiedergutmachungsakte des nordrhein-westfälischen Kultusministeriums (1953/54)

Dokument 79
Beilage zu Hessens "Antrag auf Wiedergutmachung" vom 20.4.1953

(Maschinenschriftl., ohne Unterschrift. Unterstreichungen wie im Original. - Diese Beilage bezieht sich auf den Abschnitt 18c) des Antragsformulars, der den Wortlaut hat: "Wie hätte sich die regelmäßige Laufbahn des geschädigten Beamten, Angestellten oder Arbeiters ohne die Schädigung bis zum 8.5.1945 gestaltet?" Auch zu Abschnitt 23, in dem nach Begründungen und Beweisen gefragt wird, verweist Hessen auf die hier edierte Beilage. - HStAD, NW 172, Nr.78 Bd.II (= Wiedergutmachungsakte Prof. Dr. Johannes Hessen.)

Beilage
Betrifft Beförderung

Ich kann nachweisen, daß ich mehrere Male auf Berufungslisten gestanden habe.

1. Im Jahre 1922 bin ich vom Dekan der Philosophischen Fakultät in <u>Braunsberg</u>, Professor Kroll, für den philosophischen Lehrstuhl vorgeschlagen worden. Der hiesige Ordinarius für Philosophie, Professor A.Schneider +, wurde um ein Gutachten über mich gebeten, das im Sinne einer warmen Empfehlung ausfiel (wie er mir selbst erzählt hat). Damals war der Inhaber des philosophischen Lehrstuhls in Braunsberg, Professor Switalski, an das von Kardinal Schulte gegründete Institut für scholastische Philosophie berufen worden. Als dieses sich aber als nicht lebensfähig erwiesen hatte, kehrte sein Leiter auf seinen Lehrstuhl in Braunsberg zurück, sodaß es nicht zu einer Berufung kam.
2. Kurze Zeit später wurde in <u>Gießen</u> eine Professur für katholische Weltanschauung errichtet. Damals schrieb mir der inzwischen verstorbene Gießener Professor August Messer, er habe in der Fakultät für mich gearbeitet und erreicht, daß mein Name auf die Berufungsliste gesetzt wurde. Den Ruf erhielt dann Professor Behn.[211]
3. Fast um dieselbe Zeit suchte die Technische Hochschule in <u>Darmstadt</u> einen Dozenten für Philosophie. Im Auftrage der Philosophischen

---
[211] Siegfried Behn, geb. 1864, Habil. in Bonn 1913, seit 1931 dort Ord. für Philosophie; Ziegenfuß, I, 98.

Fakultät erschien damals Professor Paul Luchtenberg bei mir,um mich zu fragen,ob ich bereit sei,evtl. die dortige Professur für Philosophie zu übernehmen. Ich habe dann pari loco mit Dr.M.Meier auf der Liste gestanden. Dieser wurde berufen, weil man in Darmstadt offenbar einen Laien bevorzugte.212

4. Vor etwa drei Jahren nahm der mir befreundete Professor Dr. theol. et phil. Hans Pfeil in <u>Münster</u> einen Ruf nach Bamberg an. Pfeil gehörte wie ich zu den politisch Verfolgten und hatte von seiner Fakultät in Münster als Wiedergutmachung ein Ordinariat (Konkordatslehrstuhl) erhalten. Er schrieb mir damals: Ich muß mich schämen,Ordinarius geworden zu sein,wo Sie es noch immer nicht sind,obwohl Sie älter sind als ich und auch weit mehr an wissenschaftlichen Leistungen aufzuweisen haben. Aus dieser Gesinnung heraus bemühte sich Professor Pfeil,mich zu seinem Nachfolger in Münster zu machen. Er sprach mit dem anderen Ordinarius für Philosophie,Professor Scholz und erreichte,daß dieser sich auch für mich entschied. So war die Sache sozusagen perfekt. Da kam in letzter Stunde der Einspruch des Kapitularvikars Vorwerk: Wir wünschen nicht, daß Hessen den Lehrstuhl bekommt. Hätte damals der kurz vorher verstorbene Bischof von Galen,der mich gut kannte und meine Denkrichtung durchaus anerkannte, noch gelebt,so wäre jenes Veto unterblieben und der Ruf an mich ergangen. Professor Pfeil hat mir bei einem Besuch in Köln die ganzen Vorgänge genau geschildert,sodaß sich meine Darstellung auf die denkbar sicherste Quelle stützt.213 Aber auch die anderen Angaben entsprechen genau den Tatsachen. <u>Ich bin bereit,jede einzelne durch einen Eid zu bekräftigen.</u>

---

212 Matthias Meier, geb. 1880 Vilsheim, Hertling-Schüler, "baute (mit Baeumker) das Philos. Seminar der Univ. München zu einer großen Bibliothek aus"; a.o. Prof. ebd. 1920, o. Prof. Dillingen 1925, seit 1927 in Darmstadt; Kosch, II 2909. Er gab 1922 Hertlings "Vorlesungen über Metaphysik" heraus. Vgl. H.M. Elzer, Gedenkrede auf Prof. Dr. Matthias Meier (gest. 7.3.1949). In: PhJB 6(1950), S.1-6.
213 Zu Hans Pfeil, geb. 1903, Prom. 1926 bei Geyser in München, 1929 Priester, 1932 Habilitation in Würzburg, 1940 Lehrbeauftragter in Münster, 1946 o. Prof., 1947 in Bamberg (bis 1968); Schorcht, 280-84 und 360-63. Zwei seiner Bücher wurden von der Gestapo verboten, resp. beschlagnahmt: Die Grundlehren des Deutschen Glaubens, Padb. 1936; Der Mensch im Denken der Zeit, ebd. 1938, beide im Schöningh-Verlag. Die o.g. Episode hat Wahrscheinlichkeit für sich, denn wenngleich Pfeil (Schorcht zufolge) als sympathische und integre Gestalt erscheint, so war sein Oeuvre im Grunde recht mager, und seine Bevorzugung vor Hessen war eine krasse Parteilichkeit zugunsten eines zutiefst "Harmlosen". - Seine Werke verzeichnet er in: Grundfragen, 240. - Der hier genannte Prof. Scholz war der evgl. Religionsphilosoph, der wohl seit langem Bekanntschaft mit H. hatte; vgl. Nr. 63. - Zu Kapitularvikar Franz Vorwerk (1884-1963) vgl. E. Gatz, Bischöfe, 781.

Dokument 80
Bericht des Kuratoriums der Universität zu Köln an das Kultusministerium vom 25.6.1953

(Maschinenschriftl. mit eigenhd. Unterschrift Holms. Gedruckter Briefkopf. Postanschrift und Telephonnummer werden weggelassen. Eingangsstempel des Kultusministeriums vom 27.6.1953. Verschiedene Aktenvermerke, von denen zwei beachtenswert sind: Zu der Stelle, an der das Kuratorium sagt, daß "der weiteren Behauptung des Antragstellers, ... , nicht ohne weiteres beigetreten werden" könne, schrieb Ministerialdirigent v. Heppe an den Rand: "m.E. keine ganz überzeugende Begründung". Am Schluß des Textes schrieb Ministerialrat Dr. Konrad: "Ich bitte zu überprüfen, ob damit (letzter Absatz) Herrn Prof. Hessen die Pension garantiert werden kann. M.E.s nicht. Dann aber wäre der Wiedergutmachungsantrag faktisch abgelehnt, was ich nicht für gut halte. Kd. 30 VI." - Stempelvermerk des Absenders: "Einschreiben". Die übrigen Bearbeitungsvermerke werden ebenso wie die gedruckten Adressenangaben weggelassen. - HStAD, NW 172, Nr.78, Bd.II - Wiedergutmachungsakte Prof. Dr. Johannes Hessen.)

Kuratorium der Universität zu Köln

An das
Kultusministerium des Landes
Nordrhein Westfalen

D ü s s e l d o r f
Cecilienallee 2

Köln, den 25.Juni 1953.

Betr.: Wiedergutmachung des Professors D.Dr. Johannes H e s s e n.
Bezug: Der Kultusminister NW. I W 3-03-40/4 Nr. 3261/53 vom 19.5.1953.

Unter Bezugnahme auf den vorstehenden Erlass werden die Wiedergutmachungsunterlagen des Professors Dr. Johannes Hessen unter Beifügung der hier geführten Personalakten mit nachfolgender Stellungnahme wieder vorgelegt:

Professor Dr. Johannes Hessen habilitierte sich am 21.12.1920 an der Philosophischen Fakultät der Universität zu Köln. Der Antragsteller, der nach der Habilitation als Privatdozent an der Universität zu Köln tätig war, wurde durch einen Erlass des preußischen Ministers für Wissenschaft, Kunst und Volksbildung U I Nr. 22119,1 vom 22.12.1927 zum nichtbeamteten außerordentlichen Professor ernannt. Ab Juli 1923 bezog Prof. Dr. Hessen eine Unterhaltsbeihilfe. Auf einen Antrag hin wurde ihm dann ab Wintersemester 1928 durch ministeriellen Erlass ein Lehrauftrag " Die Geschichte der Philosophie des Mittelalters " erteilt und mit Wirkung vom 1.10.1928 eine Vergütung in Höhe des vierfachen Grundbetrages der Lehrauftragsvergütung bewilligt (204,65 RM monatlich).Ab 1.10.1929 wurde die Lehrauftragsvergütung auf den 6-fachen Grundbetrag somit auf 306,98 RM monatlich erhöht.

Im Jahre 1939 legte Prof. Dr. Hessen einen Antrag auf Ernennung zum apl. Professor entsprechend der neuen Reichshabilitationsordnung vor, der von der Fakultät befürwortet, vom Dozentenführer der Universität jedoch verneinend an das Ministerium weitergeleitet wurde. Mit ministeriellem Erlass W P Hessen c/39 vom 19.1.1940 wurde der Antrag auf Ernennung zum außerplanmässigen Professor abgelehnt und dem Professor Dr. Johannes Hessen die Lehrbefugnis mit Ablauf des Monats März entzogen. Dem Genannten wurde als Übergangsgeld abschließend das 6-fache der zuletzt bezogenen Lehrauftragsvergütung gezahlt.

Durch Beschluss des Kuratoriums der Universität vom 14.1.1947 wurde dem Professor Dr. Johannes Hessen eine freie Diätendozentur in der Philosophischen Fakultät der Universität zu Köln übertragen und ihm rückwirkend ab 1.4.1945 als Wiedergutmachung die Bezüge entsprechend der Diätenordnung des Hochschullehrer-Besoldungsgesetzes mit einem Diätendienstalter vom 21.12.20 gewährt.

In seinem Wiedergutmachungsantrag macht Professor Dr. Hessen geltend, dass:

a) Die Entziehung der Lehrbefugnis im Jahre 1940 eine politische Massregelung war und dass
b) er ohne diese Schädigung bis 1945 die Rechtsstellung eines beamteten außerordentlichen Professors erhalten hätte.

Ausweislich der Personalakte (Bl. 43 und 44) kann die Behauptung zu a) nicht verneint und die Entziehung der Lehrbefugnis unter Fortfall der Lehrauftragsvergütung als politische Massregelung im Sinne des § 1 BWGöD angesehen werden.

Der weiteren Behauptung des Antragstellers, dass er ohne diese Schädigung bis 1945 beamteter a.o. Professor geworden wäre, kann nicht ohne weiteres beigetreten werden. Eine Berufung bis 1945 in ein Extraordinariat an der Universität zu Köln muss anhand des vorhandenen Aktenmaterials mit besonderem Hinweis auf Bl. 30,72,73,95 R.d.Akte bezweifelt werden.[214] Berufungsverhandlungen mit anderen Universitäten sind in der Personalakte nicht verzeichnet.

In diesem Zusammenhang wird ergänzend berichtet, dass der Kultusminister des Landes Nordrhein-Westfalen im Einvernehmen mit dem Finanzminister Herrn Professor Dr. Hessen nach Blatt 110 d.Akte die Gewährung eines Unterhaltsbeitrages gemäss § 76 (3) DBG bei Erreichung der Altersgrenze oder bei Eintritt der Dienstunfähigkeit zugesichert hat. Diese Zusicherung kann jedoch nicht wirksam werden, weil die rechtliche Voraussetzung hierfür, die Verleihung der Beamteneigenschaft, fehlt. Zwar ist Herrn Professor Dr. Hessen mit Wirkung vom 1.4.1945 eine Diätendozentur übertragen worden, eine Ernennungsurkunde zum Dozenten oder ausserplanmässigen Professor wurde ihm aber nicht ausgehändigt.

Um der ministeriellen Zusicherung über die Gewährung einer Versorgung auch die rechtliche Grundlage geben zu können, wird gebeten, den Professor Dr. Johannes H e s s e n nachträglich mit Urkunde unter Berufung in das Beamtenverhältnis zum Dozenten zu ernennen.

m Auftrage :
Holm

<u>Anlagen</u>
1 Band Wiedergutmachungsunterlagen
1 Band Personalunterlagen.

---

[214] Die Personalakte Hessens beim Kuratorium der Univ. Köln (UAK 17/II Nr. 1004) enthält auf fol. 30 einen kleinen Presseausschnitt mit dem Titel "Prof. Johannes Hessen auf dem Index" aus dem Kölner Tageblatt Nr. 368 vom 22.7.1928. Die anderen folia enthalten hier verwendete bzw. edierte Dokumente aus der Zeit des Nationalsozialismus.

Dokument 81
Brief des Dekans der Philosophischen Fakultät, Schieder, an Ministerialdirigent v. Heppe vom 26.6.1953

(Maschinenschriftl. mit eigenhd. Unterschrift. Gedruckter Briefkopf, hier ohne Adressen- und Telephonangaben abgedruckt. - Eingangsstempel des Kultusministeriums vom 7.7.1953. Handschriftl. Anweisung v. Heppes: "Wo sind die Vorgänge? Bitte beifügen. v.H. 8. VII." Die anderen Bearbeitungsvermerke werden weggelassen. - HStAD, NW 172, Nr.78 Bd.II - Wiedergutmachungsakte Prof. Dr. Johannes Hessen.)

UNIVERSITÄT KÖLN   Köln, den 26.Juni 1953
DER DEKAN DER
PHILOSOPHISCHEN
   FAKULTÄT

Herrn
Ministerialdirigenten Dr.v.Heppe

im Kultusministerium des Landes
Nordrhein-Westfalen
Düsseldorf
Cecilienallee 2

Sehr verehrter Herr Ministerialdirigent!

Ich gestatte mir, Ihnen zu Ihrer Unterrichtung eine Broschüre von Herrn Professor H e s s e n zuzusenden, die schwere Angriffe gegen Mitglieder unserer Fakultät sowie gegen die Gesamtfakultät selbst enthält.[215] Die Fakultät hat eine Kommission zur Beratung des Falles gebildet, sie zusammentreten wird, sobald der Rehabilitierungsantrag, den Sie uns nach Ihrer Mitteilung in unserer letzten Besprechung zur Stellungnahme zusenden wollten, vorliegt.

Über den Verlag, in dem die Broschüre erschienen ist, bin ich dabei, Erkundigungen einzuziehen. Ich wäre Ihnen jedoch außerordentlich dankbar, wenn

---

[215] Nr. 558.

Sie vielleicht von sich aus etwas Ähnliches versuchen würden. Vielleicht kann ich Ihnen über diese Seite der Sache mündlich etwas mitteilen.[216]

Mit besten Empfehlungen
bin ich Ihr sehr ergebener
Schieder[217]
Dekan.

Dokument 82
Brief des Dekans der philosophischen Fakultät, Schieder, an Ministerialdirektor Busch vom 23. 7. 1953

(Maschinenschriftl. mit eigenhd. Unterschrift. Vom gedruckten Briefkopf wird der Adressen-Teil weggelassen. - Der Brief ist eine Antwort auf eine Aufforderung des Kultusministeriums an die philosophische Fakultät vom 14.7. 1953, zum Wiedergutmachungsantrag Hessens Stellung zu nehmen, insbesondere zu der Frage, welche Rechtsstellung und Besoldung Hessen ohne Schädigung bis zum 8.5.1945 voraussichtlich erreicht hätte. - Beide Texte in: HStAD, NW 172, Nr.78 Bd.II - Wiedergutmachungsakte Prof. Dr. Johannes Hessen.)

UNIVERSITÄT KÖLN Köln, den 23.Juli 1953
DER DEKAN DER
PHILOSOPHISCHEN
FAKULTÄT

Herrn Ministerialdirektor B u s c h

im Kultusministerium des Landes
Nordrhein-Westfalen
Düsseldorf
Cecilienallee 2

Sehr geehrter Herr Ministerialdirektor!

---

[216] Dies ist eine Andeutung auf den Verlag Johann Fladung in Düsseldorf, der bei Kennern der politischen Landschaft natürlich als weit links stehend bekannt war. Aus diesem Passus muß ein erhöhter Wille Schieders geschlossen werden, Hessen zu bekämpfen.
[217] Zu Theodor Schieder (1908-1984), der weniger als drei Jahre nach seiner Habilitation in Königsberg am 2.12.1939 ebendort ein Ordinariat erhielt (1.11.1942), seit 1.11.1948 Ord. in Köln, vgl. H. Althaus, Kölner Professorenlexikon (maschinenschriftl.), ad vocem; Wolfgang Weber, Priester der Klio, Frankfurt/Bern 1984, 245, 462.

Auf den der Fakultät zugegangenen Erlaß des Kultusministers vom 14.7.1953 hat die Philosophische Fakultät in ihrer gestrigen Sitzung die beigefügte Stellungnahme vollzogen. Ich darf mir gestatten, Ihnen darüber hinaus noch mitzuteilen, daß in der Fakultätssitzung u.a. auch die Beilage des Wiedergutmachungsantrages von Herrn Hessen "betrifft: Beförderung" besprochen wurde. Dabei hat sich eine Reihe von Irrtümern und Unklarheiten herausgestellt, über die ich Ihnen bei meinem morgigen Besuch einige Aufklärung geben kann. Was die von Herrn Hessen berührte Möglichkeit einer Berufung nach Münster anlangt, so kam die Philosophische Fakultät der Universität Köln gestern zu dem Ergebnis, beim Kultusministerium eine unmittelbare Befragung der Philosophischen Fakultät in Münster anzuregen.

Es wird Ihnen bekannt sein, daß Herr Hessen in einer veröffentlichten Schrift über "Universitätsreform" schwere und beleidigende Angriffe auf die ganze Philosophische Fakultät wie auf einzelne ihrer Mitglieder gerichtet hat. Sie werden verstehen, daß es unter diesen Umständen für uns nicht leicht war, das Problem der Wiedergutmachung völlig von dieser Veröffentlichung abzutrennen, da diese Schrift auch inhaltlich sich auf die Frage der Wiedergutmachung bezieht. Trotzdem hat die Fakultät versucht, den Wiedergutmachungsantrag ohne Rücksicht auf die Beantwortung der Schrift zu behandeln. Die für die Fakultät und die Universität aus der Veröffentlichung der Schrift von Herrn Hessen erwachsenden Konsequenzen werden unabhängig davon erörtert und zur Zeit im Rahmen der Universität unter dem Vorsitz Seiner Magnifizenz des Rektors behandelt. Es steht bereits fest, daß die Universität die gegen sie erhobenen ehrenrührigen Vorwürfe nicht unbeantwortet lassen wird.

Mit den besten Empfehlungen
bin ich Ihr sehr ergebener

Th. Schieder
Dekan.

Dokument 83
Stellungnahme der philosophischen Fakultät der Universität Köln zum Wiedergutmachungsantrag Hessens vom 23. 7. 1953

(Maschinenschriftl., mit eigenhd. Unterschrift des Dekans Schieder. Eingangsstempel des Kultusministeriums vom 27.7.1953. Maschinenschriftl., vom Prorektor unterzeichneter Vermerk: "Gesehen und weitergereicht" vom 24.7.1953. Verschiedene weitere Bearbeitungsvermerke im Ministerium - HStAD, NW 172, Nr. 78 Bd.II - Wiedergutmachungsakte Prof. Dr. Johannes Hessen.)

UNIVERSITÄT KÖLN Köln, den 23.Juli 1953
DER DEKAN DER
PHILOSOPHISCHEN
FAKULTÄT

An den

Kultusminister des Landes
Nordrhein-Westfalen
Düsseldorf
Cecilienallee 2

- auf dem Dienstwege -

Die Philosophische Fakultät der Universität Köln hat in ihrer Sitzung vom 22.7.1953 zu dem Antrag von Herrn Prof.D.Dr.Johannes H e s s e n auf Wiedergutmachung nach dem Gesetz der Regelung der Wiedergutmachung nationalsozialistischen Unrechts für Angehörige des öffentlichen Dienstes vom 11.5.1951 in folgender Weise Stellung genommen:

1.) Nach den in der Philosophischen Fakultät der Universität Köln angewandten Maßstäben hätte Herr Prof.Hessen zwischen 1933 und 1945 auch unter normalen politischen Voraussetzungen keine andere Stellung erreicht, als er sie vor seiner Entlassung tatsächlich erreicht hatte.

2.) Die Fakultät wiederholt ihre früheren Beschlüsse und befürwortet nach wie vor, daß Herrn Hessen eine Altersversorgung bindend zuerkannt wird.

Th. Schieder
Dekan.

Dokument 84
Schreiben des Rektors der Universität zu Köln, Wessels, an die Kultusministerin vom 5.8.1953

(Maschinenschriftl. mit eigenhd. Unterschrift. Gedruckter Briefkopf mit ebensolchem Universitätssiegel. Die gedruckte Adressangabe wird weggelassen. Eingangsstempel des Ministeriums vom 6.8.1953. Zahlreiche Bearbeitungsvermerke. Hervorzuheben sind zwei eigenhd. Notizen des Ministerialdirigenten v. Heppe: "Frau Min. vorzulegen", sowie; "Auch Frau Min. hält zunächst eine gründliche Prüfung des Wiedergutmachungsantrages für notwendig. Es ist eher zweifelhaft, ob die Schrift Anlass zu einem Disziplinarverfahren gibt, ganz abgesehen davon, daß ein solches wahrscheinlich gar nicht rechtlich möglich ist, da Prof. H. gegenwärtig nicht Beamter ist (mangels Urkunden-Aushändigung)". - HStAD, NW 172, Nr. 78 Bd.II - Wiedergutmachungsakte Prof. Dr. Johannes Hessen.)

DER REKTOR DER UNIVERSITÄT ZU KÖLN

An den

Kultusminister des Landes
Nordrhein-Westfalen
D ü s s e l d o r f
Cecilienallee 2

5. August 1953

Betr.: außerplanmäßiger Professor Dr.theol. et phil. Johannes H E S S E N
   Der außerplanmäßige Professor Dr. Johannes H e s s e n hat in einer die Universitätsreform betreffenden Schrift schwere Angriffe gegen das Kultusministerium und die Universität, sowie beleidigende Vorwürfe gegen die Philosophische Fakultät der Universität Köln erhoben.[218]
   Rektor und Senat bitten den Minister, zu prüfen, ob ein Disziplinarverfahren gegen Prof. Hessen eingeleitet werden soll.

Wessels

---

[218] Wenigstens bezüglich des Ministeriums trifft diese Behauptung nicht zu. Als Beleidigung der Fakultät werden von dieser, resp. dem Rektor, wohl jene Stellen empfunden worden sein, an denen Hessen als Briefschreiber verschiedentlich von den Kölner "Naziprofessoren" (wenngleich im Zitat Dritter oder in Anführungsstrichen) redete, namentlich bezüglich Heimsoeths; J.H., Universitätsreform (1953), 24. Es handelt sich um einen Brief Hessens an den Dekan vom 29.6.1952.

Dokument 85
Brief Hessens an den Ministerialdirektor im Kultusministerium Busch vom 6.8.1953

(Handschriftlich, jedoch nicht von Hessen, der diesen Brief nur unterzeichnete. Zwei Aktenvermerke betr. Überweisung an Dr. Sell und einen anderen Beamten. Ferner eine Registrierungsnummer: 344/53. - HStAD, NW 172, Nr. 78 Bd.II - Wiedergutmachungsakte Prof. Dr. Johannes Hessen.)

Z. Zt. Ägidienberg über Bad Honnef, den 6.8.53.

Sehr geehrter Herr Ministerialdirektor!

Als ich im April bei Ihnen war, stellten sie mir eine beschleunigte Behandlung meiner Angelegenheit seitens des Innenministeriums in Aussicht. Auf eine fernmündliche Anfrage (vor ca. 3 Wochen) antworteten Sie mir, das Innenministerium habe sich positiv zu Ihren Vorschlägen gestellt. Sie werden nun verstehen können, daß ich über die Maßen erstaunt war, als mir der Sachbearbeiter, Herr Dr. Sell, eröffnete, meine Sache ginge jetzt an das Innenministerium weiter und die Entscheidung könne wohl erst im September fallen. Das bedeutet für mich insofern eine arge Enttäuschung, als Sie mir vorige Woche am Telefon sehr bestimmt erklärt hatten, meine Sache würde noch vor Ihrem Urlaub entschieden werden. Vielleicht ist es Ihnen doch noch möglich, die Entscheidung bis dahin herbeizuführen. Ich bitte Sie darum aus folgendem Grunde.

Ein Jahr nach meiner Absetzung (1940) mußte ich mich einer schweren Magenoperation unterziehen. Der Professor, der sie vornahm, äußerte damals: Es handelt sich um ein neurogenes Magengeschwür, das seine Ursache in starken seelischen Erschütterungen hat. Der Internist, in dessen Behandlung ich seitdem bin, hat mir auch diesmal eine längere Badekur verordnet, die ich heute angetreten habe. Bei der letzten Untersuchung erklärte er mir: die gesundheitlichen Schädigungen, die Sie sich in der Nazizeit zugezogen haben, sind so erheblich, daß sie in meinen Augen nur noch 30% arbeitsfähig sind. Der Erfolg Ihrer Kur hängt wesentlich davon ab, daß der Kampf, den Sie so lange führen mußten, beendet, und damit jene seelische Entspannung eingetreten ist, die die psychische Voraussetzung für eine physische Heilung bedeutet.

Sie werden es jetzt, sehr verehrter Herr Ministerialdirektor, gewiß verstehen, warum ich Sie so dringend um die Erledigung meiner Angelegenheit vor Ihrem Urlaub bitte.

Mit verbindlichem Dank für Ihre Bemühungen
Ihr ergebener
Prof. Johs. Hessen.

Dokument 86
Schreiben des Dekans der Philosophischen Fakultät (Münster), von Wiese, an das Kultusministerium vom 7.8.1953

(Am 5.8.1953 hatte sich das Kultusministerium an den o.g. Dekan mit der Bitte gewandt, zu der Behauptung Hessens in seinem Wiedergutmachungsantrag, "dass er vor ca. drei Jahren, als Professor Dr. theol. et phil. Hans Pfeil einem Ruf nach Bamberg folgte, auf die Berufungsliste gesetzt worden sei und seine Streichung von der Liste auf Grund eines Einspruches des Domkapitularvikars Vorwerk erfolgte" (am selben Fundort). In der hier (Dok.79) edierten "Beilage" Hessens, Absatz 4, findet sich allerdings eine entscheidend abweichende Formulierung! - Das hier vorliegende Schreiben enthält einen Sichtvermerk des Rektors der Universität Münster vom 11.8.1953 und einen ebensolchen Vermerk des Universitätskurators vom 15.8.1953, einen Eingangsstempel des Kultusministeriums vom 18.8.1953 sowie einige weitere Registraturvermerke. Die gedruckte Absenderadresse wird gekürzt wiedergegeben. - HStAD, NW 172, Nr. 78 - Wiedergutmachungsakte Prof. Dr. Johannes Hessen.)

Dekanat
der Philosophischen Fakultät   Münster (West.), den 7.August 1953
der Universität Münster (Westf.)

Nr. 262

An das Kultusministerium
des Landes Nordrhein-Westfalen
d.d.Hd.des Herrn Rektors der Westf.Wilhelms-Universität
D ü s s e l d o r f

Betr.: Wiedergutmachungsantrag des apl.Professors Johannes Hessen,
Kln
Bezug: I U 1.2 43-40/4 Nr.5609/53, Schreiben vom 3.8.53

Auf die obige Anfrage teile ich Ihnen mit, daß die dem Ministerium eingereichte Vorschlagsliste für die Wiederbesetzung des Konkordatslehrstuhls für

Philosphie vom 22.8.47 die Namen Rosenmöller, Wilpert, Pieper und Schwarz enthielt.[219]

In einer vertraulichen Vorfrage hatte die Fakultät zwar am 17.7.47 bei Herrn Prof.Grabmann in München über acht verschiedene Kandidaten Auskunft eingeholt, darunter auch über Herrn Johannes Hessen. Auf der offiziellen Vorschlagsliste, die dem Ministerium zuging, wurde er aber nicht genannt.

von Wiese[220]
Prodekan

Dokument 87
Brief des ehemaligen Rektors der Universität zu Köln, Josef Kroll, an die Kultusministerin vom 15.8.1953

(Maschinenschriftl. mit eigenh. Unterschrift. Am 5.8.1953 hatte sich das Kultusministerium an Kroll gewandt mit der Bitte, zu der Behauptung Hessens in seinem Wiedergutmachungsantrag, "dass Sie ihn im Jahre 1922, als damaliger Dekan der Philos. Fakultät in Braunsberg, für den philos. Lehrstuhl vorgeschlagen haben. Die Berufung sei in Erwägung gezogen worden, als der damalige Inhaber des Lehrstuhls, Professor Switalski an das von Kardinal Schulte gegründete Institut für scholastische Philosophie berufen wurde. Eine Berufung kam deshalb nicht zustande, weil Professor Switalski nach Braunsberg zurückkehrte" (am selben Fundort). - Eingangsvermerk des Kultusministeriums vom 17.8.1953; einige weitere Registraturvermerke. - Absendername und -adresse sind gedruckt. - HStAD, NW 172, Nr. 78 - Wiedergutmachungsakte Prof. Dr. Johannes Hessen.)

---

[219] Zu Bernhard Rosenmöller (geb. 1883), seit 1930 a.o. Prof. in München, 1934 o. Prof. in Braunsberg, 1937 in Breslau, nach dem 2. Weltkrieg Direktor der pädagog. Akad. Paderborn, war ein augustinisch-franziskanischer Philosoph, der an sich Hessen relativ nahestand; Kleineidam, 172. - Paul Wilpert (1906-67), 1954 Nachfolger J. Kochs in Köln; EF 6, 1131. - Joseph Pieper (geb. 1904), Dozent Univ. Münster 1946, o. Prof. 1959; Kürschners Deutscher Gelehrten-Kalender 1992, Bd. I-R, 2772. - Richard Schwarz (geb. 1910), Habil. 1948, seit 1957 o. Prof. Wien; Kürschners Deutscher Gelehrten-Kalender 1983, Bd. S-Z, 3906. Schwarz vertrat in seinem folg. Beitrag ziemlich genau Hessens These von den zwei existentiell unterschiedlichen Ansätzen in Hellas und im Evangelium: Probleme der menschlichen und geschichtlichen Existenz in der modernen Welt. In: R. Schwarz (Hrsg.), Menschliche Existenz und moderne Welt. Ein internationales Symposion zum Selbstverständnis des heutigen Menschen, Teil II, Berlin 1967, 639-848, hier bes. S. 682 mit Anm. 109.
[220] Zur Tätigkeit von Wieses in Münster vgl. Benno von Wiese, Ich erzähle mein Leben. Lebenserinnerungen, Frankfurt 1982, 219ff.

PROFESSOR JOSEF KROLL	KÖLN-MARIENBURG
	KASTANIENALLEE 15
	15.8.53

An den
Kultusminister
des Landes Nordrhein-Westfalen
Düsseldorf
Cecilienallee 2

Betr.: Wiedergutmachungsantrag des apl. Prof. J. Hessen.
Aktenzeichen : IU 1.2 43-40/4-Nr. 5609/53

Es hat mich erstaunt, zu erfahren, daß ich im Jahre 1922 Herrn Professor Hessen für den Philosophischen Lehrstuhl der Akademie in Braunsberg vorgeschlagen hätte.

Es ist damals überhaupt keine Vorschlagsliste für eine Berufung aufgestellt worden. Allerdings habe ich als Dekan, da ich eine Zeitlang annahm, der Lehrstuhl für Philosophie werde vakant, vorsorglich Erkundigungen nach etwaigen Kandidaten eingezogen. Einzelheiten der Aktion sind mir begreiflicherweise entfallen, aber auf etwas, was Herrn Professor Hessen entscheidend angeht, besinne ich mich genau. Mir ist fest in der Erinnerung geblieben, daß ich den hochangesehenen, inzwischen verstorbenen Freiburger Theologen Engelbert Krebs[221] befragt habe, dem ich auf wissenschaftlichem Felde begegnet war und dessen Urteil ich von daher vertrauen zu können meinte. Bei unserer Korrespondenz sind wir auf Herrn Hessen gekommen; ich meine mich dunkel zu besinnnen, daß ich ihn ausdrücklich nach Herrn Hessen gefragt hätte. Woher ich den Namen bekommen haben könnte, weiß ich nicht mehr. Mir ist in diesen Tagen berichtet worden, Herr Hessen behaupte, daß damals der (inzwischen gleichfalls verstorbene) Kölner Philosoph Artur Schneider bei mir für ihn eingetreten sei. An sich wäre das möglich, da ich Herrn Schneider flüchtig persönlich kannte und es deswegen für mich nahegelegen haben könnte, ihn als Philosophen, der in Straßburg einen dem Braunsberger gleichgearteten Lehrstuhl bekleidet hatte, zu

---

[221] Engelbert Krebs (1881-1950), habilitierte sich 1911 in Freiburg, 1919-36 o.Prof. für Dogmatik ebd., 1936 vom Lehramt entfernt. Kosch, II, 2342. Dogmatiker von oft leidenschaftlich apologetischem Charakter; schrieb zahlreiche oft halb- oder ganz populäre Bücher. Vgl. Nachrufe im Oberrh. Pastoralblatt 52(1951) 10-19 und im Freiburger Diözesanarchiv 71(1951) 260-65; ferner : NDB 12 (1980), 726f. ; R. Bäurer in : Badische Biographien. Neue Folge, hrsg. von B. Ottnad, Bd.2, Stuttgart 1987, 169 - 71.

befragen. Aber ich besinne mich in keiner Weise darauf. Ich habe mit Herrn Schneider in den zwei Jahrzehnten, die er mein Fakultätskollge gewesen ist, viel verkehrt, kann mich aber nicht erinnern, daß er auf die Braunsberger Angelegenheit jemals Bezug genommen, daß wir überhaupt über Herrn Hessen jemals gesprochen hätten. Wenn wirklich eine Empfehlung Hessens durch Herrn Schneider vorgelegen haben sollte, kann sie nicht so nachdrücklich gewesen sein, daß ich eine starke Diskrepanz zwischen diesem Votum und dem von Engelbert Krebs hätte feststellen müssen. Denn das wäre mir bestimmt im Gedächtnis geblieben. Ich weiß nur mit aller Sicherheit, daß Professor Krebs Herrn Hessen abgelehnt hat: er traute ihm nicht, bezweifelte die Zuverlässigkeit seiner philosophischen Haltung, konnte ihn für einen nach katholischer Philosophie orientierten Lehrstuhl nicht als geeignet ansehen. Da nun der Braunsberger Lehrstuhl für Philosophie ein sogenannter Konkordatslehrstuhl war - bei dem Philosophen hatten alle katholischen Theologen zu hören - mußte es nach dieser Charakterisierung von theologischer Seite klar sein, daß eine eventuelle Kandidatur Hessens nicht weiter verfolgt zu werden brauchte. Die Angelegenheit erübrigte sich nach meiner Erinnerung ohnehin bald. Der Fall als solcher hat mich freilich rein theoretisch, sozusagen aus wissenschaftspolitischen Gründen interessiert. Ich habe ihn auch deswegen in Erinnerung behalten, weil ich kurz darauf Herrn Hessen in Köln vorfand. Zu Herrn Hessen habe ich außer einer allgemeinen freundlichen Einstellung nie Beziehungen unterhalten. Als ich ihn seit 1945 nach Denkart und Charakter näher kennenlernte, habe ich manchmal denken müssen, daß Engelbert Krebs damals Recht gehabt habe, vor ihm zu warnen. Es hat also seine besondere Bewandtnis, daß ich von dem Braunsberger Vorgang, der fast ganz unter der Schwelle der Erinnerung vesunken ist, just die auf Herrn Hessen bezügliche Einzelheit behalten habe.

Zusammenfassend muß ich sagen: es ist nicht richtig, daß Herr Professor Hessen im Jahre 1922 für die Besetzung des Philosophischen Lehrstuhles der Akademie in Braunsberg in Vorschlag gebracht worden sei.

Kroll

Dokument 88
Anweisung des Ministerialdirigenten v. Heppe zu Schreiben des Kultusministeriums an die Professoren Luchtenberg, Leese, Heiler, Pfeil, Guardini und Jaspers vom 7.9.1953

(Maschinenschriftl. Reinkonzept auf 4 Seiten, durch eine Metallklammer zusammengeheftet. - Paraphe v. Heppes mit Datum vom 7.9. am Ende. Zwei kleine eigenhd. Korrekturen v. Heppes. - Ausgangsstempel mit weiterer Paraphe vom 8.9.1953. - Ein weiterer, technischer Bearbeitungsvermerk Dr. Sells. - Im Abschnitt 2) ist der letzte Satz des Brieftextes ("Da Sie, sehr geehrter Herr Professor .... dankbar") handschriftlich eingeklammert. Darauf bezieht sich in Abschnitt 3) die Zeile "Wie zu 2.) ohne ( )." - HStAD, NW 172, Nr.78 - Wiedergutmachungsakte Prof. Dr. Johannes Hessen.)

Der Kultusminister
des Landes Nordrhein-Westfalen   D'dorf,d. 7. Sept. 1953.
- Min.Dirigent Dr.v.Heppe -

1.)   Herrn
Prof. Paul Luchtenberg[222]
<u>Burscheid</u>

<u>Betr.</u>: Wiedergutmachungsantrag von Prof. Hessen, Köln.
Sehr verehrter Herr Professor Luchtenberg!

Gestatten Sie mir, dass ich mich mit der Bitte um eine Frage zu dem Wiedergutmachungsantrag von Herrn Prof. Hessen in Köln an Sie wende.

Herr Prof. Hessen, der gegenwärtig Privatdozent und ausserplanmässiger Professor in Köln ist und aus einer Diätendozentur bezahlt wird, hat einen Wiedergutmachungsantrag gestellt. Er erstrebt die Rechtsstellung eines beamteten ausserordentlichen Professors und behauptet, dass er ohne die politische Schädigung während des 3. Reiches bei regelmässigem Verlauf seiner Dienstlaufbahn mit grosser Wahrscheinlichkeit eine solche Stellung bis zum 8.5.1945 erreicht haben würde.

In der Begründung zum Wiedergutmachungsantrag ist davon die Rede, dass Sie ihn im Auftrage der technischen Hochschule in Darmstadt einmal aufgesucht hätten, um ihn zu fragen, ob er

---

[222] Paul Luchtenberg (1890-1973), Habilitation in Köln 1921, Philosoph und Pädagoge, a.o. Prof. Darmstadt 1925, o. Prof. 1930-36 Dresden; nach dem 2. Weltkrieg Mitbegründer der FDP; MdL, MdB und Kultusminister von NW; Althaus, Kölner Professorenlexikon, ad vocem. - Lore Breuer-Reinmöller, Prof. Dr. Dr. hc. Paul Luchtenberg zum Gedenken, Bergisch-Gladbach 1973. - W. Janssen, 417.

bereit sei, die dortige Professur für Philosophie zu übernehmen. Er habe an gleicher Stelle mit Dr. Meier gestanden, jedoch sei Dr. Meier später berufen worden.

Ich wäre Ihnen für eine Stellungnahme dankbar.
Mit verbindlichem Dank für ihre Mühewaltungs

    und besten Grüßen
      Ihr sehr ergebener

2.) a) Herrn
   Prof. Dr. theol. et phil. Dr. Kurt Leese
   H a m b u r g
   Hallerstr. 5
 b) Herrn
   Prof. D.Dr. Friedrich Heiler
   M a r b u r g
   Marbacherweg 18
 c) Herrn
   Prof. Dr.phil. et theol. Hans Pfeil
   B a m b e r g
   Oberer Stefansberg 49 f
 d) Herrn
   Prof. Romano Guardini
   M ü n c h e n 23
   Kunigunderstr. 51 IIr.   (je besonders)

Betr.: Wiedergutmachungsantrag von Prof. Hessen, Köln.

Sehr geehrter Herr Professor........

Herr Prof. Hessen, Köln, der gegenwärtig dort als Privatdozent und ausserplanmässiger Professor Bezüge aus einer Diätendozentur erhält, hat einen Wiedergutmachungsantrag gestellt. Er erstrebt Rechtsstellung und Besoldung eines beamteten ausserordentlichen Professors mit der Begründung, dass er diese Stellung ohne die aus politischen Gründen erfolgte Zurückstellung bei regelmässigem Verlauf seiner Dienstzeit bis zum 8.5.1945 aller Voraussicht nach erreicht hätte.

Nach Auffassung der Philosophischen Fakultät der Universität Köln, die zum Wiedergutmachungsantrag gehört worden ist, hätte Herr Prof. Hessen zwischen 1933 und 1945 dort auch unter normalen politischen Voraussetzungen keine andere Stellung erreicht, als er sie vor seiner Entlassung tatsächlich erreicht hatte.

Für die Entscheidung über den Wiedergutmachungsantrag ist es jedoch von Bedeutung festzustellen, ob Herr Professor Hessen bei normalem Verlauf der Verhältnisse ausserhalb Kölns an einer anderen Hochschule wahrscheinlich eine derartige Stellung erreicht hätte.

Da Sie, sehr geehrter Herr Professor, sich durch die Unterzeichnung der gemeinsamen Eingabe vom 15.12.1952 warm für Herrn Prof. Hessen eingesetzt haben, wäre ich Ihnen für eine ergänzende Stellungnahme zu der genannten Frage dankbar.

+++   +++

3.) Herrn
Prof. Jaspers
B a s e l /Schweiz
Universität

Betr.: Wiedergutmachungsantrag von Prof. Hessen, Köln.

Sehr geehrter Herr Professor Jaspers!

Wie zu 2.) ohne ( ).

Da Sie, sehr geehrter Herr Professor, wie Herr Prof. Hessen mitgeteilt hat, der gemeinsamen Eingabe deutscher Professoren, Leese, Heiler, Pfeil, Guardini u.a. auch zugestimmt haben, wäre ich Ihnen für eine ergänzende Stellungnahme zu der genannten Frage dankbar.[223]

Mit verbindlicher Empfehlung

---

[223] Jaspers hatte Hessen, nachdem er von ihm die Schrift "Universitätsreform" erhalten hatte, am 10.7.1953 geantwortet, daß er ihm und den ihn unterstützenden Kollegen voll zustimme, und daß Hessen davon Gebrauch machen könne; NL Hessen, fasz. 52.

                        Ihr sehr ergebener
        +++   +++

4.)   Nach Abgang
        Herrn Regierungsrat Dr. Seel n.R. vorzulegen.
        Ich halte es für vordringlich, dass nunmehr zunächst die Ernennung zum Beamten auf Widerruf für Herrn Prof. Hessen in formell richtiger Form nachgeholt wird. Nach der Mitteilung des Kuratoriums vom 25.6.1953 ist nicht nachweisbar, dass Prof. Hessen eine Ernennungsurkunde ausgehändigt sei. Auf der anderen Seite hatten sich allerdings bisher sowohl der Oberbürgermeister Köln wie auch das Kultusministerium auf den Standpunkt gestellt, dass Hessen Beamter auf Widerruf sei, auch ist seine Vereidigung erfolgt.
        Da die ganze Zusicherung des Kultusministeriums und des Finanzministeriums für das Ruhegehalt jedoch von dem Status eines Beamten auf Widerruf abhängt, muss unbedingt sichergestellt sein, dass Prof. Hessen noch vor Erreichung des 65. Lebensjahres diese Stellung erhält. Wenn wir also zu der Auffassung kommen, dass Prof. Hessen bisher nicht Beamter auf Widerruf geworden ist, so muss die Ernennung unverzüglich nachgeholt werden. Ich bitte, dies in die Wege zu leiten.

        Die Einleitung eines Disziplinarverfahrens kommt z.Zt. schon deshalb nicht in Betracht, weil Prof. Hessen gar kein Beamter ist.
                                v.H. 7/9

Dokument 89
Brief Friedrich Heilers an Ministerialdirgent Dr. v. Heppe vom 10.9.1953

(Maschinenschriftl. eigenhd. Unterschrift. - Paraphe v. Heppes mit Datum vom 14.9. - Heppe unterstrich die Worte "nicht nur verdient, sondern auch erhalten hätte". HStAD, NW 172, Nr. 78 - Wiedergutmachungsakte Prof. Dr.Johannes Hessen.)

Professor D. Dr. Friedrich Heiler D.D.   Marburg-L., den 10.9.1953
    Universität Marburg   Marbacherweg 18

Herrn
Ministerialdirigent Dr. v. Heppe
Kultusministerium des Landes
Nordrhein - Westfalen

D ü s s e l d o r f
Cäcilienstrasse 2.

Sehr verehrter Herr Ministerialdirigent,

auf Ihre Frage erlaube ich mir zu antworten, daß nach meiner Meinung Professor H e s s e n den Ruf auf eine Planstelle für Philosophie oder systematische Theologie an einer Hochschule außerhalb Kölns nicht nur verdient, sondern auch erhalten hätte, wenn nicht die politische Umwälzung von 1933 eingetreten wäre. Professor Hessen hatte nicht nur besondere Lehrerfolge aufzuweisen, sondern auch zahlreiche wertvolle Werke auf dem Gebiet der Philosophie und Religionsphilosophie veröffentlicht, die ihn als einen bedeutenden Gelehrten vor aller Welt ausweisen. Verschiedene seiner Kollegen sind in eine Planstelle eingerückt, obgleich ihre literarischen Leistungen an die Hessens nicht heranreichen. Ich könnte z.B. auf einen Philosophieprofessor verweisen, der schon über zwei Jahrzehnte einen ordentlichen Lehrstuhl an einer deutschen Universität einnimmt, obgleich seine Veröffentlichungen nur einen kleinen Bruchteil der Veröffentlichungen Hessens bilden.

Ich würde es dankbar begrüßen, wenn Ihr Ministerium in der Lage wäre, das an Professor Hessen begangene nationalsozialistische Unrecht durch die Verleihung der Rechtsstellung und Besoldung eines beamteten Professors wiedergutzumachen.

Mit dem Ausdruck meiner Hochschätzung bin ich

Ihr sehr ergebener
Friedrich Heiler

Dokument 90
Brief Karl Jaspers' an das Kultusministerium vom 10.9.1953

(Maschinenschriftl. mit eigenhd. Unterschrift. - Die Absenderadresse ist mit einen Gummistempel aufgetragen. - Eingangsstempel des Kultusministeriums vom 14.9.1953. - Zum 3. Absatz des Briefes, näherhin zu den Worten "die Leistungen Hessens ... besetzen" findet sich die Randbemerkung des Ministerialrats Dr.Dr. Konrad: "Dieses Urteil von

Jaspers hat Gewicht. Kd." - Ein weiterer, nicht identifizierter Vermerk am Kopf des Briefes: "sehr interessant". - Mehrere weitere Anstreichungen und Registrierungsvermerke. - HStAD, NW 172, Nr. 78 - Wiedergutmachungsakte Prof. Dr. Johannes Hessen.)

PROF. KARL JASPERS
BASEL
Austr.126

Basel, den 10. September 1953

An das Kultusministerium
des Landes Nordrhein-Westfalen

D ü s s e l d o r f

z.H. des Herrn Min.Dirigenten Dr.v.Heppe

Sehr geehrter Herr Ministerialdirigent!

Auf Ihre Anfrage vom 7. September wegen Prof. Hessen in Köln gestatte ich mir, folgendes zu erwidern:

Mir ist Prof. Hessen persönlich nicht bekannt. Ich habe ihn nie gesehen und nie gesprochen. Mein Urteil beruht ausschliesslich auf der Kenntnis einiger seiner Hauptschriften.

Ueber die Wahrscheinlichkeit einer Berufung bis Mai 1945 ist der Natur der Sache nach nicht zwingend zu urteilen. Es ist nur möglich, über die Qualifikation für eine solche Berufung zu sprechen. Was die letztere betrifft, so halte ich die Leistungen Hessens für so beträchtlich, dass seine Nichtberufung eine ausserordentliche Ungerechtigkeit gewesen wäre, wenn man vergleicht mit dem Durchschnitt der Dozenten, die heute die philosophischen Lehrstühle besetzen. Man kann wie bei Berufungsverhandlungen nur vergleichen und ein relatives Urteil fällen. Nach seinen Schriften würde ich z.B. Prof. Hessen im Vergleich zu Prof. Heimsoeth in Köln vorziehen.

Das Urteil der Kölner philosophischen Fakultät wundert mich. Kennt man die Leistungen Hessens, so kommt man auf die Vermutung, dass andere Gründe als das Urteil über die Leistungen massgebend gewesen sein müssen. Ich weiss nicht, ob die Persönlichkeit Hessens von der Art ist, dass eine nach Ruhe und Kollegialität begierige Fakultät ihn nicht gerne sehen würde. Gewisse auch mir keineswegs angenehme Töne und Redeweisen in seinen

Briefen und Eingaben könnten darauf hinweisen. Mir würde ein solches Motiv allerdings völlig unberechtigt erscheinen. Aber bei Wahrscheinlichkeitserwägungen einer durch persönliche Eindrücke voreingenommenen Fakultät könnte dies eine Rolle spielen: nämlich der Ausdruck des eigenen Willens, man würde ihn nicht berufen haben.

Anderseits ist kein Zweifel, dass Hessen dem nationalsozialistischen Regime persona ingratissima war. Infolgedessen war eine Berufung in der Nazizeit ausgeschlossen. Diese Jahre waren aber dem Lebensalter nach grade die Jahre, in denen normalerweise eine Berufung von auswärts erfolgt wäre.

Aus dem Gesamtaspekt und - noch einmal - auf Grund der Leistungen und auf Grund der faktischen Benachteiligung durch das nationalsozialistische Regime würde ich eine Wiedergutmachung in dem vorgesehenen Sinne für völlig gerechtfertigt halten.

Mit vorzüglicher Hochachtung
Ihr sehr ergebener
Karl Jaspers

Dokument 91
Brief Kurt Leeses an Ministerialdirigent v. Heppe vom 11.9. 1953

(Maschinenschriftl. mit eigenhd. Unterschrift. - Eingangsstempel des Kultusministeriums vom 14.9.1953. - Verschiedene Registraturvermerke und Beamtenparaphen, so auch von Min.Rat. Dr.Dr. Konrad. - HStAD, NW 172, Nr. 78 - Wiedergutmachungsakte Prof. Dr. Johannes Hessen.)

Prof. Dr. theol et phil. Kurt Leese   Hamburg 13
Universität Hamburg   Hallerstrasse 6
    (z.Zt. Westerland/Sylt
    Hotel Belvedere)
    11.9.53

An
die Landesregierung von Nordrhein-Westfalen
Abt. Kultusministerium
z.Hd. von Herrn Ministerialdirigent Dr. v. Heppe
<u>Düsseldorf</u>
Cecilienallee 2

Betr.: Professor Hessen, Köln.

Sehr geehrter Dr. v. Heppe!

Ich danke Ihnen bestens, dass Sie mir durch Ihren Bief vom 7. d.M. Gelegenheit geben, mich zum Fall Prof. Hessen näher zu äussern.

Ich bin mit Herrn Hessen infolge mannigfacher Berührungspunkte der wissenschaftlichen Arbeit seit vielen Jahren näher persönlich bekannt und habe es schon seit dem Herbst des Jahres 1945 auf das tiefste bedauert, dass ihm so wenig Gerechtigkeit zu widerfahren schien.

Wenn, wie Sie schreiben, die philosophische Fakultät Köln der Auffassung ist, dass Prof. Hessen "zwischen 1933 und 1945 dort auch unter normalen politischen Voraussetzungen keine andere Stellung erreicht hätte, als er sie vor seiner Entlassung tatsächlich erreicht hatte", so ist das m.E. eine sehr fragwürdige Stellungnahme. Welches Gremium kann denn heute sagen, was in jenem Zeitraum von 12 Jahren unter veränderten politischen Voraussetzungen möglich bezw. unmöglich gewesen wäre?! Es ist doch zur Genüge bekannt, dass bei Berufungen keineswegs nur die wissenschaftliche Qualifikation des zu Berufenden, sondern auch Zufälle, Glücksumstände, persönliche Beziehungen, Animositäten, Antipathien oder Sympathien aller Art, eine Rolle spielen. Über so verwickelte Konstellationen scheint mir keine nachträgliche Weissagung möglich zu sein.

Die wissenschaftliche Qualifikation von Prof. Hessen steht doch wohl ganz ausser Frage. Kaum hätten sich Männer von solchem Ruf wie Prof. Romano Guardini in München und Prof. Friedrich Heiler in Marburg für Hessen eingesetzt, wenn dem nicht so wäre. Dazu kommt, soviel mir bekannt ist, sein grosser Lehrerfolg, der sich ja statistisch nachprüfen läßt.

Ich glaube deshalb Ihre Frage:"ob Herr Prof. Hessen bei normalem Ablauf der Verhältnisse ausserhalb Kölns von einer anderen Hochschule wahrscheinlich eine derartige Stellung erreicht hätte", durchaus bejahen zu dürfen, soweit in dieser Beziehung angesichts der oben dargelegten Umstände Mutmassungen überhaupt möglich sind.

Bei der Frage der "Wiedergutmachung" wäre m.E. besonders der Umstand in Betracht zu ziehen, was ein Dozent unter dem Naziregime durchzustehen hatte. Prof. Hessen gehörte ja bei seiner Kaltstellung im Jahre 1940 nicht zu den Dozenten, die "pensioniert" oder "emeritiert" wurden, die also eine ausreichende Lebensbasis behielten, bis ihre Wiedergutmachung sie in der Wieder-Besitz der eingebüssten Bezüge brachte. Er verlor ohne eine

Abfindung seine sämtlichen Einkünfte, die ihm bis dahin aus seiner Dozentur erwachsen waren. Auch durch Vortragstätigkeit konnte er diese Ausfälle nicht wettmachen, da ihm das Halten von Vorträgen untersagt war.

Dass Prof. Hessen angesichts einer derartig bedrohlichen Situation dennoch der Versuchung widerstand, mit dem Nazi-Regime zu paktieren und den Ehrenschild eines Erziehers der akademischen Jugend zu wissenschaftlicher Sauberkeit und politischer Unbestechlichkeit unbefleckt erhielt, kann m.E. nicht dadurch abgegolten werden, dass man einen zudem wissenschaftlich so verdienten Mann bis ans Ende seines Lebens auf einer Diäten-Dozentur sitzen lässt.

Es ist allgemein bekannt, dass der ordentliche Professor für Philosophie der Universität Köln, Prof. Heimsoeth, Pg. gewesen ist, und zwar längst vor 1937. Er konnte meines Wissens nach 1945 unangefochten weiter lehren. Herrn Hessen dagegen verweigerte man das Geringe einer Berufung in ein planmässiges Extraordinariat und begrenzte die "Wiedergutmachung" auf die rein formale Wiederherstellung seines früheren Status. Nach meiner eigenen und anderer Kollegen besserer Erfahrung glaube ich sagen zu dürfen, dass das nicht fair gehandelt war.

Ich bitte Sie, sehr verehrter Dr. Heppe, es mir nicht zu verübeln, wenn ich in der Beantwortung Ihres Briefes etwas weiter ausgegriffen habe. Nur so glaubte ich, mich dazu äussern zu können.

Mit hochachtungsvoller Begrüssung bin ich
Ihr ergebener
Leese

Dokument 92
Brief Paul Luchtenbergs an Ministerialdirigent Dr. v. Heppe vom 12.9.1953

(Maschinenschriftl. mit eigenhd. Unterschrift. Der Adressenkopf ist gedruckt. - Paraphe v. Heppes mit Datum vom 14.9. - HStAD, NW 172, Nr. 78 - Wiedergutmachungsakte Prof. Dr. Johannes Hessen.)

PROF. DR. PAUL LUCHTENBERG
BURSCHEID
Bezirk Düsseldorf   Burscheid, am 12. September 1953

Herrn
Min.Dirigent Dr. VON HEPPE
Kultusministerium des Landes
Nordrhein-Westfalen

<u>Düsseldorf</u>
Cecilienallee 2

Sehr verehrter Herr Dr. von Heppe!

Ihr Brief vom 7. d.M. hat mich veranlasst, festzustellen ob in meinen Darmstädter Akten noch irgendwelche Unterlagen zum Fall Hessen vorhanden seien; da ich leider nichts mehr gefunden habe, müssen Sie mit dem vorliebnehmen, was ich aus meiner Erinnerung zu der Angelegenheit zu sagen vermag.

Nach meiner Berufung auf den Lehrstuhl für Philosophie, Psychologie und Pädagogik in Darmstadt im Jahre 1925 sollte dort ein zweiter Lehrstuhl für Philosophie mit einem katholischen Kollegen besetzt werden, und ich erhielt den Auftrag, einen Dreier-Vorschlag vorzubereiten. Als Kölner Privatdozent hatte ich im Jahre 1921 bereits Herrn Hessen kennen gelernt, und da ich seine Arbeit schätzte, lag es nahe, bei der vorgesehenen Berufung an ihn zu denken. Ich bestätige ausdrücklich, dass ich mit Herrn Hessen verhandelt habe, wie er es nach Ihrem Brief berichtete. An welcher Stelle der Vorschlagsliste Herr Hessen gestanden hat, weiss ich nicht mehr. Herr Prof. Meier hatte vor Herrn Hessen voraus, dass er bereits eine beamtete Hochschulstellung inne hatte, und so kam es, dass er den Vogel abschiessen konnte, obgleich ich nach wie vor überzeugt bin, dass Herr Hessen der bessere Schütze war. Ich würde es deshalb auch begrüssen, wenn seinem Wiedergutmachungsantrag entsprochen werden könnte.

                         Mit besten Grüssen
                         Ihr sehr ergebener
                         P. Luchtenberg

Dokument 93
Brief von Hans Pfeil an das Kultusministerium vom 15.9.1953

(Maschinenschriftl. mit eigenhd. Unterschrift, die darunter maschinenschriftl. wiederholt wird. Eingangsstempel des Kultusministeriums vom 18.9.1953. Verschiedene Registraturvermerke und Paraphen, so auch von Min.Rat. Dr.Dr. Konrad, von dem auch zu dem letzten Satz des Briefes die Randbemerkung "ja" stammt. - HStAD, NW 172, Nr. 78 - Wiedergutmachungsakte Prof.Dr. Johannes Hessen.)

Bamberg, den 15.9.1953.

An das
Kultusministerium
Nordrhein-Westfalen

Betreff: Ihr Schreiben vom 7.9.1953 bezüglich des Wiedergutmachungsantrages von Prof. Hessen, Köln.

Sehr geehrter Herr Ministerial-Dirigent!

Die Frage, ob Herr Prof. Hessen bei normalem Ablauf der Verhältnisse zwischen 1933 und 1945 eine Berufung nach auswärts erhalten hätte, wage ich nicht zu entscheiden. Wie sich über Berufungen nie etwas Zuverlässiges voraussagen läßt, so wird sich auch die Frage nach einer etwaigen Berufung unter anderen Verhältnissen nicht eindeutig beantworten lassen. Sicher aber ist, daß über ein Jahrzehnt lang Herrn Prof. Hessen jede Chance, einen Ruf zu erhalten, genommen war.

Mit ausgezeichneter Hochachtung!
Ihr sehr ergebener
Hans Pfeil
(Prof.D.Dr. Hans Pfeil)

Dokument 94
Entwurf des Kultusministeriums zur Berufung von Hessen in das Beamtenverhältnis mit begleitendem Schreiben vom 8.10.1953

(Aus sechs Vermerken, Texten und Anweisungen bestehendes Schriftstück des Regierungsrates Dr. Seel, von denen die drei letzteren als rein technische Durchführungsanweisungen hier weggelassen werden. Der Gesamttext enthält acht Paraphen von Amtsträgern, von denen folgende mit dem jeweiligen Datum identifiziert wurden: CT.8.X (=Christine Teusch), sodann: Staatssekretär Busch 7.X., v. Heppe 6.10.; Konrad 29.IX. Zu dem unter 3.) konzipierten Schreiben an das Kuratorium der Universität zu Köln wurde ein Ausgangsstempel vom 14.10.1953 gesetzt. - HStAD, NW 172, Nr. 78 - Wiedergutmachungsakte Prof. Dr. Johannes Hessen.)

<u>Entwurf</u>
D.Kult.Min.d.Ld. NRW. Düsseldorf, den 8. Oktober 1953.
I U 2 - 43-40-4 Nr. 8532/53. Br.
- Seel -

1.) <u>V e r m e r k</u>:
Nach einem Schreiben des Vorsitzenden des Kuratoriums der Universität Köln vom 28.2.1947 an Professor D.Dr. Johannes H e s s e n ist ihm durch Beschluss des Kuratoriums vom 14.1.1947 mit Wirkung vom 1.4.1945 eine Diätendozentur an der Philosophischen Fakultät der Universität Köln verliehen worden. Wenn dieses Schreiben auch weiterhin feststellt: "durch diese Verleihung sind Sie Beamter auf Widerruf geworden", so ist dennoch nach den geltenden Bestimmungen des Beamtenrechts für die Begründung eines Beamtenverhältnisses die Aushändigung einer Ernennungsurkunde erforderlich.

+++ +++

2.) Es ist daher folgende Ernennungsurkunde mit zwei Durchschriften zu fertigen:
Der ausserplanmässige Professor
D.Dr. Johannes H e s s e n
wird hiermit
unter Berufung in das Beamtenverhältnis
zum
D O Z E N T E N
ernannt.

Düsseldorf, den (Datum wie oben)

(Trockensiegel)   Im Namen der Landesregierung des
Landes Nordrhein-Westfalen

(Az. wie oben) Der Kultusminister

(2-fach fertigen):
3.) An das
   Kuratorium
   der Universität
   in K ö l n

Betr.: Professor D.Dr. Johannes H e s s e n .
Bezug: Bericht vom 25.6.1953.
Anlagen: 1 Urkunde,
         3 Durchschriften.

Mit Urkunde vom heutigen Tage habe ich Herrn Professor D.Dr. Johannes H e s s e n unter Berufung in das Beamtenverhältnis zum Dozenten ernannt. Durch Beschluss des Kuratoriums der Universität Köln vom 14.1.1947 war ihm mit Wirkung vom 1.4.1945 bereits eine freie Diätendozentur in der Philosophischen Fakultät der Universität Köln übertragen worden. Die Aushändigung der erforderlichen Ernennungsurkunde ist jedoch, wie aus den Personalakten ersichtlich, seiner Zeit irrtümlich unterblieben.

Ich bitte, die beiliegende Ernennungsurkunde Herrn Professor D.Dr. Johannes Hessen persönlich auszuhändigen unter Hinweis darauf, dass hierdurch einer Entscheidung in dem schwebenden Wiedergutmachungsverfahren nicht vorgegriffen wird.

2 Durchschriften der Ernennungsurkunde und 1 Durchschrift des Begleiterlasses sind für Ihre Akten und die Besoldungsakten beigefügt.

Dokument 95
Brief Josef Kochs an Ministerialdirektor Busch vom 15.10.1953

(Durchschlag des maschinenschriftl. Originals. - UAK Zug. 44/239: Personalakte Hessen der philosophischen Fakultät, Bd.1. - Einige kleinere hs. Korrekturen Kochs sind ohne Vermerk berücksichtigt. Die Unterstreichungen im Original bleiben erhalten. Diesen Durchschlag übersandte Koch dem Dekan der philosophischen Fakultät mit Begleitschreiben vom selben Tag; ebd. - In der Wiedergutmachungsakte Hessens des Kultusministeriums ist das Original nicht enthalten, so daß anzunehmen ist, daß Busch diesen Brief nicht in den amtl. Geschäftsgang einbrachte. Er liegt auch nicht im Teilnachlaß Hans Busch im HStAD vor.)

D.Dr.Josef Koch Köln-Lindenthal, 15.10.1953
Univ.-Professor M.-Ekkehartstr.3/II

          Herrn
          Ministerialdirektor Dr. Busch
Düsseldorf
Cäcilienallee 2

Sehr verehrter Herr Ministerialdirektor,

Die kurze Unterredung, die ich mit Ihnen am Montag über die Angelegenheit des Herrn Kollegen H. hatte[224] läßt mir keine Ruhe. Sie sagten mir, daß es sich dabei um einen eindeutigen Fall von politischer Wiedergutmachung handelt, und daß die Philos. Fakultät der U. Köln hier eine Fehlentscheidung getroffen habe. Wenn ich nun hier meine abweichende Meinung schreibe, so bin ich in einer prekären Lage, da Sie mich nicht um meine Meinung gefragt haben und die Fakultät mich nicht zu einer Stellungnahme beauftragt hat. Dazu kommt, daß ich als Priester gegen den Konfrater Stellung nehme, und das bereitet mir denkbares Unbehagen. Wenn ich trotz all dieser Bedenken schreibe, so deshalb, weil ich Herrn H. seit 1922 kenne und das meiste von seinen Schriften gelesen habe; vor allem aber glaube ich über die Berufungen von Theologen auf Lehrstühle der Philosophie und auch über die Entlassungen während der Nazi-Zeit gut unterrichtet zu sein.

Da nach meiner Auffassung der Fall einer notwendigen politischen Wiedergutmachung dann vorliegt, wenn ein Hochschullehrer durch die Entlassungen (Pensionierung usw.) während der Nazi-Zeit daran gehindert worden ist, ein Extraordinariat oder Ordinariat zu erhalten (oder - was uns hier nicht interessiert - den Lehrstuhl durch die Nazis verloren hat), so dürfte die entscheidende Frage die sein, <u>ob Herr H. bis zu seinem 50. Lebensjahr wirkliche Aussicht hatte, auf einen philos. Lehrstuhl berufen zu werden.</u> Nach dem 50. Jahr wäre er - unter normalen Verhältnissen - aus dem Rennen ausgeschieden.

---

[224] Aus den Beiakten im UAK, Zug. 44/239 (Personalakte Hessen der philos. Fakultät), geht hervor, daß J. Koch gelegentlich einer Sitzung der "Arbeitsgemeinschaft für wissenschaftliche Forschung" in Düsseldorf Busch getroffen hatte.

Für einen kath. Theologen, der für Philosophie habilitiert war, kamen vor 1933 in Betracht die Konkordatslehrstühle in Bonn, Breslau, Münster, Braunsberg, Würzburg. Der Münchener Lehrstuhl, auf dem die Katholiken Freiherr v. Hertling, Baeumker und Geyser saßen und den jetzt Dempf innehat, ist m.W. nicht durch ein Konkordat den Katholiken vorbehalten; jedenfalls hätten die genannten Herrn nicht daran gedacht, einen Theologen für ihre Nachfolge vorzuschlagen, noch weniger aber die Fakultät. Wie steht es mit den übrigen Lehrstühlen? In Bonn war seit 1921 der kath. Theologe Alois Müller für Philos. habilitiert; es ist begreiflich, daß die Fakultät, als A. Dyroff starb, nicht daran dachte, einen Theologen auf die Liste zu setzen. In Breslau hat der kath. Theologe M. Baumgartner lange Jahre den philos. Lehrstuhl innegehabt und ein sehr großes Ansehen genossen. Als sein Nachfolger wurde wieder ein Theologe, L. Baur (Tübingen) berufen, der ebenfalls wegen seiner wissenschaftlichen und menschlichen Qualitäten in der Philos. Fakultät sehr angesehen und beliebt war. Obwohl Herr H. 1925 bereits vier Jahre habilitiert war, kam er nicht auf die Liste. In Münster kam gegen den Willen der Fakultät P. Wust als Nachfolger Ettlingers[225] auf den Lehrstuhl; er war alles andere als ein "zünftiger Neuscholastiker". Trotzdem gab der Bischof seine Zustimmung, ich betone das deshalb, weil Herr H. sagt, seine phänomenologisch-wertphilos. Richtung sei für ihn in Münster immer ein Hindernis gewesen. In Braunsberg hatte der Theologe Switalski den Lehrstuhl bis 1934 inne. Er schied aus, als er Domherr in Braunsberg wurde. Nun wäre es dem seit 1933 in Braunsberg höchst einflußreichen Prof. Eschweiler[226] (Dogmatik), der bis zu seinem frühen Tod Rektor war, ein Leichtes gewesen, Herrn H., mit dem er persönlich gut stand, dorthin zu berufen. Statt dessen wurde der /-2-/ Laie Prof. Rosenmöller (jetzt Akademiedirektor i.R. in Paderborn) berufen, der philosophisch Herrn H. sehr nahe steht. Also war auch hier die philos. Richtung des Herrn H. für seine Nichtberufung nicht maßgebend. In Würzburg hatte H.Meyer den Lehrstuhl von 1922 bis 1952 inne. Eine Berufung war also nie aktuell.

Auch nach 1933 gab es noch Berufungen von Theologen auf philos. Lehrstühle. So wurde zwar der von der Fakultät primo loco benannte Prof.Mitterer (damals Brixen, jetzt Wien) nicht nach Breslau berufen, sondern Rosenmöller. Auf den vakanten Lehrstuhl in Braunsberg wurde Herr Barion berufen. 1941 wurde aber der Theologe Pfeil nach Münster berufen, der dort bis 1947 wirkte.

---

[225] Max Ettlinger (1877-1929), 1903-17 Schriftleiter des «Hochland», 1914 Habilitation in München, Schüler Hertlings, 1917 o. Prof. für Philosophie in Münster; Kosch, I 672.
[226] Zu ihm vgl. Schröck, passim.

Meines Wissens ist Herr H. erst 1939 oder 1940 "entlassen" worden. Aus dem, was ich im Vorigen berichtet habe, ergibt sich, daß seit 1921 hinreichend Vakanzen stattgefunden haben, ohne daß eine Fakultät Herrn H. in Betracht gezogen hätte. M.E. handelt es sich dabei aber um etwas ganz Normales. Es wird in den Universitäten immer Leute geben, die Privatdozenten bleiben. Dabei kann man natürlich bei kath. Theologen, die Privatdozenten in der Philos. Fakultät sind, gar nicht deren besondere Lage außer Acht lassen. Denn sie haben nicht die geringste Aussicht, auf einen "neutralen" Lehrstuhl für Philosophie berufen zu werden. Klassisches Beispiel: Alois Müller, der vor allem die Grenzgebiete zwischen Philosophie und den Naturwissenschaften beherrschte, ist nie berufen worden. Auch er wurde in Bonn gleichzeitig mit Herrn H. entlassen und erhielt nach dem Kriege von der Philos. Fakultät seine Venia wieder - nicht mehr. Sehen Sie einmal in den Akten nach, ob er oder die Bonner Fakultät für ihn einen Wiedergutmachungsantrag gestellt hat. Dabei war er Herrn H., mit dem er freundschaftlich verbunden war, turmhoch überlegen.

Was nun die Entlassungen angeht, so waren sie gegen die Theologen <u>als solche</u> gerichtet; betroffen wurden davon der evgl. Theologe Leese und die beiden kath. Theologen Müller und Hessen. Hingegen wurde Wenzl (München) aus politischen Gründen ausgebootet. Herr Wenzl war nun nach dem Krieg in München der einzige politisch tragbare Philosoph; daher sein schneller Aufstieg zum Ordinariat. Hamburg hat Herrn Leese einen Lehrstuhl (Extraordinariat ?) gegeben. Man müßte feststellen, ob das in einem Verfahren zur Wiedergutmachung geschehen ist.

Wenn nun Herr Leese oder Herr Heiler u.a. Herrn H. bescheinigen, daß er ein Extraordinariat verdiene, so können sie das mit großer Seelenruhe tun, weil sie genau wissen, daß er niemals nach Hamburg oder Marburg berufen würde, auch wenn er heute 20 Jahre jünger wäre. Als wir in Göttingen meine Nachfolge berieten, kamen kath. Theologen primo loco nicht in Betracht. Hessen wurde von Nikolai Hartmann a limine abgelehnt, obwohl Herr H. in seinem Lehrbuch viel von Hartmann übernommen hat. Bezeichnend ist folgendes: das Gmelin-Institut in Clausthal lud im Herbst 1947 zu einem philos.-naturwissenschaftlichen Gespräch ein.[227] Als Hartmann, den man auch zu einem Vortrag eingeladen hatte, hörte, daß Herr H. auch reden sollte, sagte er: "Ich steige nicht auf einen Katheder, auf dem Herr H. gestanden hat."

Warum hat Herr Heiler ein so großes Interesse an Herrn H.? Herr H. steht ihm religiös nahe. 1937 erschien das Buch: "Der Katholizismus. Sein Stirb

---

[227] Der dortige Vortrag wurde 1949 gedruckt; J.H., Geistige Kämpfe, 275.

und Werde. Von kath. Theologen und Laien", hrsg. von G. Mensching. In dem ersten Teil (Kritik des Katholizismus) erscheint vor allem Herr Hessen als Autorität zum Beweis der Unhaltbarkeit der scholastischen Philosophie und der Verquickung von Philosophie und Religion in der kath. Kirche. Herr H. hat abgestritten, etwas mit dem Buch zu tun zu haben; er vertritt aber dieselben Ideen in "Platonismus und Prophetismus", und die führen ihn in die Nähe von Heiler. Denn Heiler ist in dem gen. Buch die erste theologische Autorität.

Um das Kapitel der Entfernung von der Kölner Universität abzuschliessen, meine ich, Herr H. sollte Gott auf den Knien danken, daß ihm das widerfahren ist. Denn dadurch, daß er sich in ein Dorf hinter dem Siebengebirge zurückzog, rettete er Hab und Gut und konnte in Ruhe sein /-3-/ Lehrbuch schreiben, das ihm Einnahmen bringt. Wäre er nach Braunsberg, Breslau oder Münster berufen worden, so hätte er wahrscheinlich alles verloren wie ich selbst. Ich schreibe das nicht aus Neid gegenüber dem Marienburger Hausbesitzer, sondern weil ich selbst Gott jeden Tag dafür danke, daß die Gestapo mich Anfang 1945 aus Breslau ausgewiesen hat. Ich habe dabei zwar allen Besitz verloren, bin aber sicher, daß die freundliche Gestapo mir damit das Leben gerettet hat.

Wenn Sie Geduld gehabt haben, bis hierher zu lesen, darf ich Ihnen auch vielleicht verständlich machen, weshalb wir Herrn H. wissenschaftlich ablehnen. Sein Buch "Augustins Metaphysik der Erkenntnis" (1931), eine Ueberarbeitung früherer Arbeiten über Augustin, ist eine gute Leistung und wurde als solche anerkannt. Sein Büchlein über "Thomas von Aquin", 1924[228], ist voll von Mißverständnissen. Das, was er dort polemisch gegen die thomistischen Gottesbeweise sagt, hat er in andern Büchern öfters wiederholt, ohne daß er tiefer in den Sinn dieser Beweise eingedrungen wäre. - Nach dem Kriege hat Herr H. u.a. ein Büchlein über "Die Philosophie der Gegenwart" veröffentlicht, in dem ein Kapitel "Die Philosophie Johannes Hessens" behandelt.[229] Wer sich so etwas leistet, kann nicht verlangen, ernst genommen zu werden. - Herr H. legt aber besondern Wert auf seine systematischen

---

[228] recte 1926.
[229] J.H., Die Philosophie des 20. Jahrhunderts, Rottenburg 1951, enthält den Unterabschnitt: "Die platonisch-augustinische Richtung" (S.30-41), in dem ohne jede weitere Überschrift H. Schell, B.W. Switalski, Al. Müller, J. Hessen, M. Scheler, B. Rosenmöller und E.K. Winter referiert werden. Wenn man von der Annahme ausgehen will, daß Koch nicht absichtlich die Unwahrheit sagte, so ergibt sich die Situation, daß für ihn Hessen identisch war mit der "platonisch-augustinischen Richtung". Weiter wird dann verständlich, daß er diese Richtung nicht mehr schätzte als Hessen persönlich, mithin dieser nicht irrte, wenn er (wie aus mehreren Briefen im NL Hessen, fasz. 52 hervorgeht) Koch für einen fanatischen Thomisten hielt.

Bücher (Wertphilosophie; Die Werte des Heilige; Lehrbuch d.Phil. usw.). Erlauben Sie nun, daß ich die Kritik zitiere, die <u>Heinrich Fries</u> (Tübingen) in seinem Buch "Die kath. Religionsphilosophie der Gegenwart", 1949, an "Die Werte des Heiligen" übt (1.c., S.206):
"Was dem kritischen Blick zunächst auffällt, ist eine gewisse Unausgeglichenheit und Uneinheitlichkeit seiner Philosophie. <u>Fast alle Untersuchungen Hessens</u> schreiten so voran: gegen sehr scharf pointierte Antithesen sucht er dialektisch seine These herauszustellen und gegen alles "Sowohl-als-auch" abzugrenzen, um nachher <u>doch wieder anzuerkennen, was er ehedem abgelehnt hatte, ja um es letztlich darin zu begründen</u>. Nirgends ist das so auffällig wie in der Frage Sein und Wert. Zuerst betreitet H. in schärfsten Formulierungen jeden Seinscharakter der Werte und jeden Wertcharakter des Sein, um dann doch das Sein dem Wert zuzuordnen und den Wert im Sein zu verankern und so einen letzten und tiefsten Wertgehalt des Seins festzuhalten. Diese Diskrepanz ist durch den ohne Zweifel bestehenden Unterschied zwischen phänomenologischer und metaphysischer Betrachtungsweise nicht völlig zu erklären. Auf der einen Seite - um ein weiteres Beispiel zu gebrauchen - sieht H. die Autonomie und Selbständigkeit der ethischen Werte durch den Gottesgedanken in Frage gestellt, anderseits weisen nach ihm die ethischen Werte über sich hinaus und bedürfen einer letzten Fundierung in Gott. Auf der einen Seite lehnt H. jeden Gottesbeweis als einen Rückfall in das Identitätssystem, als Eingriff und Uebergriff in das souveräne Gebiet des Heiligen ab, anderseits führt er faktisch selbst einen Gottesbeweis, wenn er von den Werten Wahr, Gut und Schön zum Heiligen vorzudringen sucht."

Fries kennzeichnet die Art der Arbeiten H.s sehr gut. Sie sind voll von innern Widersprüchen. Die Fragen sind nicht eigentlich innerlich durchdrungen, sondern werden von einem Standpunkt aus beantwortet, der Augustin und die Phänomenologie, wie sie Scheler und Hartmann verstanden, verbindet. Das ist aber innerlich unmöglich.

H. hat, wie seine Vorlesungen zeigen, die Gabe, für Anfänger verständlich zu sprechen. Seine Vorlesungen sind daher immer gut besucht. Aber seine ganze Denkart bleibt gewissermaßen in diesem Anfänger-Unterricht stecken. Man lernt nie etwas aus seinen Büchern, sie reizen einen höchstens zum Widerspruch. Wenn Sie sich selbst einen Eindruck verschaffen wollen, lesen Sie vielleicht "Der geistige Wiederaufbau Deutschlands, Stuttgart, Schröder, 1946".

/-4-/ Man kann einen Hochschullehrer weithin nach der Qualität der Dissertationen beurteilen, die er anfertigen läßt. Ich habe das zweifelhafte Vergnügen gehabt, wiederholt als Korreferent bei H.schen Arbeiten herangezogen zu werden. Die Themen der Arbeiten bewegten sich in einem recht engen Kreis und waren durchweg unfruchtbar. Die Arbeiten selbst waren entweder so minderwertig, daß ich sie überhaupt zurückwies, oder bedurften einer weitgehenden Umarbeitung, um annahmefähig zu werden. Eine Arbeit habe ich gelten lassen können, aber auch sie war nicht mehr als durchschnittlich. Für H. bezeichnend ist, daß in einer Arbeit "Ueber den Augustinismus in der Philosophie des 20.Jhdts" ein breites Kapitel über den Augustinismus bei J. Hessen handelte. Dabei hatte die Arbeit ihm selbst mehrfach vorgelegen. Gerade bei dieser Arbeit habe ich auch, um der Gerechtigkeit willen, Herrn Ritter (Münster) um eine gutachtliche Aeußerung gebeten. (Ich war damals Dekan.) Sie fiel ebenso negativ aus wie mein eigenes Urteil. - Damit Sie aber nicht denken, ich trüge den Gegensatz zu Herrn H. auf dem Rücken seiner Schüler aus, möchte ich bemerken, daß ich einem Doktoranden für die unbedingt notwendige Umarbeitung alle Hilfsmittel des Thomas-Instituts zur Verfügung gestellt habe.

Endlich ein letztes Kapitel: die philos. Vorprüfungen (der angehenden Philologen). Hier ist es nun eine unbezweifelbare Tatsache, daß Herr H. bis in die letzte Zeit sehr geringe Anforderungen gestellt hat. Meistens verlangte er die Beschäftigung mit einem Band seines Lehrbuches. Die Prüfungsordnung unseres Landes verlangt die Beschäftigung mit einem philos. Werk von klassischer Bedeutung. Auch Sie werden ja bei allem Wohlwollen für Herrn H. sein Lehrbuch nicht für klassisch halten. Um aber nicht ungerecht zu sein, möchte ich betonen, daß er in letzter Zeit höhere Anforderungen zu stellen scheint.

Mit den vorliegenden Ausführungen habe ich zweierlei darzulegen versucht: 1) Wenn Herr H. bis 1939/40 nicht auf ein Ordinariat oder Extraordinariat berufen worden ist, so sind daran die Nazis nicht schuld, sondern die Fakultäten, die ihn nicht wollten. 2) Ich habe versucht, Ihnen verständlich zu machen, weshalb wir sein philosophisches Schrifttum und die Früchte seiner Lehrtätigkeit nicht so hoch bewerten, daß beides die Philos. Fakultät zu einem Antrag auf Verleihung eines Extraordinariats hätte veranlassen müssen.

Eins möchte ich noch hinzufügen: angesichts der langen Zugehörigkeit des Herrn H. zu unserm Lehrkörper würden wir alle mit jeder finanziellen Regelung des Ministeriums einverstanden sein, die Herrn H. derzeitige Bezüge und seine Altersversorgung betrifft.

Mit verehrungsvollen Grüßen
Ihr ergebener

Dokument 96
Brief Romano Guardinis an Ministerialdirigent v. Heppe vom 26.11.1953

(Maschinenschriftl. mit eigenhd. Unterschrift. Der Briefkopf ist gedruckt. - Paraphe v. Heppes mit Datum vom 20.11. - Hs. Vermerk v. Heppes: "H. Seel z.d. Vorgängen". - Registraturvermerk. - Vorausgegangen war ein Brief v. Heppes an Guardini vom 9.11.1953, in dem er ihn an seinen Brief vom 7.9.1953 betr. Hessen erinnerte. - HStAD, NW 172, Nr. 78 - Wiedergutmachungsakte Prof. Dr. Johannes Hessen.)

PROF. DR. ROMANO GUARDINI   MÜNCHEN, Kunigundenstr. 51
den 26. November 1953

Herrn
Ministerialdirigenten Dr. v. Heppe,
Kultusministerium
<u>Düsseldorf</u>
Cecilienallee 2

Sehr verehrter Herr Ministerialdirigent!

Ich bitte sehr um Entschuldigung, daß ich auf Ihren Brief vom 7.9. noch nicht geantwortet habe. Er kam aber in meiner Abwesenheit; nach meiner Rückkehr mußte ich wieder abreisen, und zwar ins Ausland. So ist vieles liegengeblieben.

Was Ihre Anfrage angeht, so bin ich leider nicht in der Lage, darauf eine bestimmte Antwort zu geben. Ich habe mich für Herrn Kollegen Hessen in der Weise verwandt, wie es aus der Eingabe hervorgeht. Wie sich für ihn die Berufungsmöglichkeiten außerhalb Köln gestaltet haben mögen, kann ich leider nicht mit Sicherheit beurteilen, bin jedoch geneigt, die Frage zu bejahen.
Mit dem Ausdruck vorzüglicher Hochachtung verbleibe ich
Ihr Ihnen sehr ergebener
Romano Guardini

Dokument 97
Schreiben der Philos. Fakultät (Köln) an die Kultusministerin, Frau Teusch, vom 30.11.1953

(Maschinenschriftl. mit eigenhd. Unterschrift des Dekans. Der gedruckte Briefkopf wird um technische Angaben gekürzt. - Sicht- und Weiterleitvermerk des Rektors, Prof. Wessels, vom 2.12.1953. - Eingangsstempel des Kultusministeriums vom 3.12.1953. - Verschiedene Registratur- und Zuleitungsvermerke. - In der "Erklärung" der philos. Fakultät vermerkte v. Heppe handschriftlich: "Das kann ich verstehen". - HStAD, NW 172, Nr. 78 - Wiedergutmachungsakte Prof. Dr. Johannes Hessen.)

PHILOPHISCHE FAKULTÄT DER UNIVERSITÄT KÖLN

KÖLN-LINDENTHAL, DEN 30.November 1953

An den
Kultusminister des Landes
Nordrhein-Westfalen
<u>Düsseldorf</u>
Cecilienallee 2

- auf dem Dienstwege -

Die Philosophische Fakultät der Universität Köln hat in ihrer Sitzung vom 11.11.1953 zum Fall H e s s e n eine Erklärung beschlossen, die ich mir gestatte, dem Kultusministerium mitzuteilen. Die Erklärung lautet:

> Die Fakultät sieht sich gezwungen zu erklären, daß sie angesichts der beleidigenden Anwürfe, die Herr Hessen gegen die ganze Fakultät, ihre amtierenden Dekane und ihren einzelnen Mitglieder in seiner Schrift "Universitätsreform" gerichtet hat, nicht in der Lage wäre, Herrn Hessen in den engeren Kreis ihrer Korporation aufzunehmen.

Th. Schieder
Dekan.

Dokument 98
Vorlage des Ministerialrates Prof. Konrad an Ministerialdirigent v. Heppe vom 5.1.1954

(Ganz eigenhändig. - Hs. Vermerk v. Heppes am Fuße des Textes "einverstanden". - HStAD, NW 172, Nr. 78 - Wiedergutmachungsakte Prof. Dr. Johannes Hessen.)

Herrn Min.Dirig. v. Heppe.
Als weitere Begutachter in der Sache Hessen schlage ich vor
1. Prof. Aloys Dempf, München 27, Felix Dahnstr. 2a
2. Prof. Dr. theol. Dr. phil. Steffes, Münster, Waldeyerstr.51
3. Prof. Dr. Wilhelm Neuss, Bonn, Humboldtstr. 9.

Dempf ist als katholischer Philosoph der Univ. München allgemein bekannt.
Steffes ist kathol. Fundamental-Theologe und Päpstlicher Hausprälat. Als Emeritus steht er über den Fakultätsstreitigkeiten. Er ist wissenschaftlich und kirchlich angesehen. Thomist, aber ohne Enge!
Neuss ist kathol. Kirchenhistoriker und auch Emeritus. Ich empfehle einen Kirchenhistoriker, weil Hessen auch eine Reihe historischer Arbeiten aufzuweisen hat. Neuss ist aber auch vom Kirchenkampf her bekannt. Er hat gegen Rosenbergs "Mythos" geschrieben und wird daher auch Verständnis für die Lage Hessens im Kirchenkampf aufbringen.

Konrad 5.I.

Dokument 99
Vorlage des Ministerialdirigenten v. Heppe an Staatssekretär Busch vom 5.1.1954

(Maschinenschriftl. mit eigenhd. Unterschrift. Einige Tippfehler werden stillschweigend korrigiert. - Am Fuße des Textes finden sich zwei hs. Vermerke. Erstens: "Ich bin mit dem Vorschlag auf Grund der vorherrschenden Hindernisse einverstanden. Busch 6.I."; zweitens: "Herrn MR Konrad m.d.B., die Gutachter zu hören. v.H. 6.I." - HStAD, NW 172, Nr. 78 - Wiedergutmachungsakte Prof. Dr. Johannes Hessen.)

Düsseldorf, den 5. Januar 1954.

Herrn
Staatssekretär Dr. B u s c h
vorgelegt.

Betr.: Wiedergutmachungsantrag Prof. Dr. Hessen, Köln.

Den von Min.Rat. Prof.Konrad vorgeschlagenen drei neutralen Fachgutachtern stimme ich zu.

Dagegen halte ich die von Ihnen gestellte Frage, wie die Chancen einer Berufung des Herrn Hessen zwischen 1940 und 1945 gewesen seien, für zu eng. M.E. muss die den Fachgutachtern zu stellende Frage sich auf die Berufungsaussichten von Prof. Hessen sich auf die Zeit von 1933 bis 1945 erstrecken. Aus der Tatsache, dass Prof. Hessen bis Anfang 1940 unangefochten weiter in Köln einen besoldeten Lehrauftrag ausgeübt hat, folgert noch nicht, dass seine Berufungschancen als katholischer Theologe und bekannter Gegner des Nationalsozialismus sich schon ab 1933 erheblich vermindert hatten. Die Durchsicht der Personalakte zeigt, dass der Dozentenführer im Juni 1939 (Bl. 44 der Personalakte) sich in entschiedener Weise gegen die Ernennung von Prof. Hessen zum apl. Professor ausgesprochen hat.[230] Es ist bekannt, dass die Dozentenführung in Köln und an anderen Hochschulen auch schon vor dieser Zeit massgebenden Einfluss auf das Zustandekommen und die Aufstellung der Berufungslisten genommen hat und also durchaus denkbar, dass schon aus diesem Grunde eine Nennung von Prof. Hessen auf einer Liste nicht erfolgen konnte. Ich darf in diesem Zusammenhang auch auf das Schreiben des Generalmajors Dr. Samwer an den Staatskommissar vom 10.5.1933 (Bl. 71) verweisen, in dem beantragt wird, Prof. Hessen wegen politischer Unzuverlässigkeit die Lehrbefugnis zu entziehen.[231] Es ist möglich, dass derartige Vorkommnisse und Auffassungen bei den üblicherweise vor Aufstellung einer Berufungsliste eingeholten Erkundigungen dazu geführt haben, von der Nennung von Prof. Hessen auf einer Liste Abstand zu nehmen.

Wenn noch weitere neutrale Gutachter gehört werden sollen, schlage ich vor, diesen ganz allgemein die Frage vorzulegen, wie sie die Berufungsaussichten von Prof. Hessen auf Grund seiner wissenschaftlichen und sonstigen

---
[230] Hier Dok. 41.
[231] Hier Dok. 39.

Leistungen beurteilen würden, wenn die Ereignisse des Jahres 1933 nicht eingetreten wären.

v. Heppe

Dokument 100
Schreiben des Kultusministeriums an die Professoren Dempf, Steffes und Neuss vom 7.1.1954

(Maschinenschriftl. Konzept Konrads, von diesem paraphiert. Ausgangsstempel vom 7.1.1954. - Wiedervorlageverfügung zum 20.2.1954. - HStAD, NW 172, Nr. 78 - Wiedergutmachungsakte Prof. Dr. Johannes Hessen.)

Entwurf

Düsseldorf, 7. Januar 1954.

D.Kult.Min.d.Ld. NRW.　　　Nr.
I U 2/ 43-40/4 Nr.11802/53.
- Min.Rat. D.Dr. Konrad -

I.) a) Herrn
Professor Dr. Alois Dempf
M ü n c h e n 27
Felix-Dahnstr. 2 a.
b) Hern Prof.Dr.theol.Dr.phil. Steffes, Münster, Waldeyerstr.51
c) Herrn Prof.Dr. Wilhelm Neuss, Bonn, Humboldtstr.9

Sehr geehrter Herr Professor!

Darf ich Sie um vertrauliche Auskunft in folgender Angelegenheit bitten: Professor D.Dr. Johannes H e s s e n , Philosophische Fakultät Köln, hat einen Wiedergutmachungsantrag (Verfolgung seitens des Nationalsozialismus) gestellt. Professor Hessen sagt, er sei aus politischen Gründen nicht auf einen Lehrstuhl berufen worden. Sind Sie der Meinung aufgrund Ihrer Beurteilung der wissenschaftlichen und sonstigen Leistungen Professor Hessens, dass er einen Ruf erhalten hätte oder hätte erhalten müssen, wenn die Ereignisse von 1933 nicht eingetreten wären?

Ich wäre Ihnen für eine baldige Beantwortung dieser Frage besonders dankbar.

Mit bester Empfehlung
Ihr sehr ergebener
Kd.

Dokument 101
Brief von Wilhelm Neuss[232] an Ministerialrat Dr. Konrad von 10.1.1954

(Maschinenschriftl. mit eigenhd. Unterschrift. - Eingangsstempel des Kultusministeriums vom 13.1.1954. - Verschiedene Registraturvermerke. - Zu dem Wort "Fachkollegen" schrieb Konrad an den Rand: "Also die Bonner theolog. Systematiker! Kd. 12.I.". - HStAD, NW 172, Nr. 78 Wiedergutmachungsakte Professor Dr. Johannes Hessen.)

Prof. W. Neuss   Bonn, den 10.Januar 1954
Zu I U 2/43-40/4 Nr. 11802/53

Herrn
Ministerialrat Dr. J.Konrad
Düsseldorf

Sehr geehrter Herr Ministerialrat!

Auf Ihre Anfrage vom 7.Januar kann ich Ihnen antworten, dass Herr Professor Hessen nach seinen wissenschaftlichen Leistungen sicher für eine Berufung auf ein Ordinariat in Frage gekommen wäre. Ich weiss, dass das auch die Ueberzeugung mehrerer bzw. überhaupt derjenigen hiesigen Kollegen Fachkollegen von Prof. Hessen ist, mit denen ich Gelegenheit hatte, über seine Arbeiten zu sprechen ,Kollegen, die persönlich übrigens keine näheren Beziehungen zu ihm haben.

Mit besten Empfehlungen bin ich
Ihr sehr ergebener
W. Neuss

---

[232] Zu Wilhelm Neuß (1880-1965), Ordin. für Kirchengeschichte in Bonn 1927-49 vgl. E. Hegel, Erzbistum Köln, 216, 219, 606f. (Lit.).

Dokument 102
Brief Hessens an Staatssekretär Busch vom 10.1.1954

(Maschinenschriftl. mit eigenhd. Unterschrift und Datierung. Der Briefkopf ist mit einem Gummistempel aufgetragen. - Mehrere schwer lesbare Paraphen, darunter diejenige v. Heppes vom 12.1.1954, weniger gut lesbar, aber noch erkennbar diejenige Buschs. - HStAD, NW 172, Nr. 78 - Wiedergutmachungsakte Professor Dr. Johannes Hessen.)

PROFESSOR D.DR.
JOHANNES HESSEN
KÖLN-MARIENBURG
Auf dem Römerberg 23, Tel. 3 27 57
10.1.54.

Sehr geehrter Herr Staatssekretär!

Wunschgemäß erhalten Sie hiermit die näheren Angaben über die beiden besprochenen Punkte.
1. Nicht erst mit meiner Absetzung 1940, sondern bereits mit dem "Umbruch" 1933 begann die Zeit, in der für mich jede Berufung auf einen philosophischen Lehrstuhl ausgeschlossen war. Zwei Tatsachen mögen als Beweis dafür dienen:
a) Bereits im Frühjahr 1933 erlebte ich den ersten Zusammenstoß mit dem Naziregime. Als Mitglied des "Friedensbundes deutscher Katholiken" mußte ich eine Haussuchung über mich ergehen lassen, bei der man nach Korrespondenz mit dem Leiter des Bundes, dem Dominikaner Franziskus Stratmann[233], den man in Berlin eingesperrt hatte, fahndete. Zwar verlief die Haussuchung ergebnislos; aber ich war damit als Pazifist und das hieß als Staatsfeind "entlarvt".
b) Als ich 1930 in einer öffentlichen Vorlesung über Pazifismus gesprochen hatte, erhielt ich am folgenden Tag einen geharnischten Brief von General Samwer, der meine Vorlesung gehört hatte und in seinem Schreiben meinem Pazifismus einen blutigen Militarismus entgegensetzte. Drei Jahre später, nach der "Machtübernahme", sandte er eine Abschrift seines Briefes an eine Nazistelle, um meine Entfernung von der Universität zu erwirken. Diese wäre auch unweigerlich erfolgt, wenn der damalige Rektor[234] das Unglück nicht verhütet

---

[233] Franziskus-Maria Stratmann O.P. (1883-1971), der maßgebliche Theoretiker des kath. Pazifismus; Donat/Holl, 378f. (Lit.).
[234] Vgl. hier Einleitung, Abschnitt 5c.

hätte. Doch konnte er durch seine edle Tat nicht verhindern,daß die Nazis in diesem zweiten Vorkommnis einen neuen Beweis für meine staatsfeindliche Gesinnung erblickten. Daß sie unter diesen Umständen mich eher in ein KZ gesteckt als auf einen Lehrstuhl berufen hätten,ist wohl luce clarius.

2. Daß ich - um zu dem anderen Punkt überzugehen - aus politischen Gründen in der Nazizeit keinen Lehrstuhl erhalten habe,dafür spricht wohl eindeutig die Tatsache,daß Kollegen,die ebenfalls katholisch und Gegner des Nazismus waren,die aber nicht wie ich als Antinazisten abgestempelt waren,in jenen Jahren befördert worden sind. So wurde der katholische Theologe Pfeil 1941 nach Münster berufen (wo er später ein Ordinariat erhielt). Der als katholischer Philosoph im In- und Ausland bekannte von Rintelen[235] erhielt 1934 den Konkordatslehrstuhl in Bonn,1936 den in München. Der Philosoph Barion,ebenfalls ein positiver Katholik,wurde 1938 nach Braunsberg berufen.[236] Der Kölner Privatdozent Heiß erhielt 1943 ein Ordinariat in Freiburg,obwohl auch er Katholik und innerlich Gegner des Nazismus war.[237] Als er berufen wurde,war ich bereits abgesetzt und brotlos gemacht worden,hatte die Einstampfung mehrerer Bücher erlebt und ein "Redeverbot für das gesamte Reichsgebiet" erhalten.

Anstatt noch weitere Beispiele anzuführen, möchte ich ein Faktum erwähnen,das vielleicht noch beweiskräftiger ist.

Durch einen katholischen Ministerialrat im Kultusministerium war der ihm vorgesetzte Ministerialdirigent Roth[238] (ein katholischer Geistlicher,der aber von seinem Bischof,Kardinal Faulhaber,suspendiert worden war) auf mich aufmerksam gemacht worden. Ich sei einer der deutschen Philosophen,die durch ihre in fremde Sprachen übersetzten Werke zur Verbreitung deutscher Philosophie im Ausland wesentlich beigetragen hätten,und verdiene schon deshalb eine Beförderung. Roth nahm sich daraufhin meiner Sache an,und es wäre auch zu einer Berufung gekommen,wenn die Auskunft der hiesigen Parteistelle über mich nicht so vernichtend ausgefallen wäre. Wäre ich parteifreundlicher oder gar Pg gewesen,so hätte ich nach dem Urteil aller Mitwisser damals einen Lehrstuhl erhalten.

---

[235] Zu dem Philosophen F.J. von Rintelen vgl. C. Schorcht, 179-189.
[236] Gemeint ist Jakob Barion, geb. 1898, 1938 o. Prof. in Braunsberg, seit 1947 in Bonn, dort o. Prof. für Philosophie 1955-66; Kürschners Deutscher Gelehrten-Kalender 1992, Bd. 1, Berlin/New York, 119. Vgl. hier Nr. 359.
[237] Robert Heiß, geb. 1903; Habilitation für Philosophie in Köln 1928; Ziegenfuß, I 497.
[238] Gemeint sind Min.Rat. Joh. Schlüter und Joseph Roth (1897-1941), Priester 1922, seit 1935 Min.Rat im Kirchenministerium, der eine gewagte Vermittlertätigkeit zwischen NS-Staat und kath. Kirche ausübte, allerdings keineswegs suspendiert war, wie Hessen meinte; vgl. L. Volk (Hrsg.), Akten Kardinal Michael von Faulhabers, II 794-96.

Sie würden mich nun,sehr verehrter Herr Staatssekretär,zu größtem Dank verpflichten,wenn Sie meine Angelegenheit womöglich in den nächsten Tagen zum Abschluß brächten,damit der neue status im Vorlesungsverzeichnis für das Sommersemester,dessen Korrekturen jetzt aufliegen,noch berücksichtigt werden kann.

In Ergebenheit und Dankbarkeit
Ihr
Hessen.

Dokument 103
Brief von Johann Peter Steffes[239] an Ministerialrat Dr. Konrad vom 11.1.1954

(Ganz eigenhändig. - Eingangsstempel des Kultusministeriums vom 12.1.1954, sowie ein Registraturvermerk. - HStAD, NW 172, Nr. 78 - Wiedergutmachungsakte Prof. Dr. Johannes Hessen.)

Münster i.W., Waldeyerstr.51, den 11. I. 54.
Herrn Min.Rat D.Dr. Konrad
Düsseldorf.

Sehr geehrter Herr Ministerial-Rat!

Zu Ihrer vertraulichen Anfrage vom 7.1. (I U 2/43-40/4 Nr. 11802/53) hätte ich ebenso vertraulich Ihnen folgendes mitzuteilen.

Herr Prof. Hessen in Köln hat seit vielen Jahren als Redner in Vorlesungen und Vorträgen, vor allem aber auf historischem Gebiet eine sehr vielseitige und fruchtbare Wirksamkeit entfaltet. Wenn auch seine Publikationen keineswegs alle gleichrangig sind und mancherlei Niveauunterschiede aufweisen, so haben sie doch m.E.'s seit langem seine Qualifikation unter Beweis gestellt, ein Ordinariat voll und ganz verwalten zu können. Herr Hessen durfte aufgrund seiner Leistungen erwarten, bei Berufungen berücksichtigt zu werden.

---

[239] Zu ihm s. Einleitung, Anm. 238.

Es ist feststehende Tatsache, daß der Nazismus ihn schwer geschädigt hat. Wie weit dieser allein für Herrn Hessen ein Hindernis der Berufung war, vermag ich nicht zu sagen. Da bei den Fakultäten im Hinblick auf die Aufstellung von "Listen" oft Imponderabilien eine entscheidende Rolle spielen, die der Aussenstehende weder kennt noch beurteilen kann, entzieht es sich meinem Wissen, wie oft sich Herrn Hessen eine konkrete Chance der Berufung geboten hat oder geboten hätte, wenn normale politische Verhältnisse vorgelegen hätten.

Mit frdl. Empfehlungen
Ihr sehr ergebener
J.P. Steffes

Dokument 104
Brief Aloys Dempfs an Ministerialrat Dr. Konrad vom 18.1.1954

(Maschinenschriftl. mit eigenhd. Unterschrift und maschinenschriftl. Wiederholung der Unterschrift. Der Briefkopf ist gedruckt. Paraphe und Eingangsvermerk Konrads vom 22.1.1954. - HStAD, NW 172, Nr.78 - Wiedergutmachungsakte Prof. Dr. Johannes Hessen.)

Philosophisches Seminar I
der Universität München   München, den 18.1.54
    Der Vorstand   Geschw.-Schollplatz 1

Herrn Ministerialrat
D.Dr. Konrad
D ü s s e l d o r f
Cäcilienallee 2

Nr. 11802

Sehr verehrter Herr Ministerialrat!
Die Beantwortung Ihres Briefes vom 7.1. ist ziemlich schwierig. Bei Beurteilung der gesamten Sachlage halte ich es für zweifellos, dass Prof.Hessen ohne die Dazwischenkunft des Nationalsozialismus ein persönliches Ordinariat erhalten hätte, aber ich kann natürlich nicht abschätzen, ob er einen Konkordatslehrstuhl, die ja in erster Linie für ihn in Frage kämen, erhalten hätte. Ich hoffe, dass diese Auskunft für die positive Befürwortung seines Wiedergutma-

chungsantrags genügt, denn entscheidend ist ja doch, dass seine reiche philosophische Produktion und sein Lehrerfolg ohne den Nationalsozialismus bestimmt auch durch eine Berufung, wenn auch nicht unbedingt auf einen der wenigen genannten Lehrstühle, anerkannt worden wäre.

Mit ergebensten Grüßen
Ihr

A. Dempf
(Prof.Dr. A. Dempf)

6. Erkundigungen vor der Verleihung des Bundesverdienstkreuzes an Hessen (1970)

Dokument 105
Bericht des Innenministers von Nordrhein-Westfalen an den Chef der Staatskanzlei vom 14.7.1970

(Von einem Beamten "im Auftrage" unterzeichneter, hier anonymisierter Bericht, maschinenschriftl., mit Datumsstempel der Landesregierung vom 21.7.1970 und zwei Bearbeitungsvermerken, darunter Erledigungsvermerk vom 30.7. - Der Briefkopf wird um die Post- und Telefonangaben gekürzt. Von den 11 Anlagen werden hier im folgenden nur die Nummern 1,7 und 9 abgedruckt, da es sich hierbei um Aufrufe handelt, an denen Hessen anscheinend einen deutlicheren Anteil hatte. - HStAD, Ministerialarchiv NW - 10842)

Der Innenminister
des Landes Nordrhein-Westfalen   4 Düsseldorf, den 14. Juli 1970
VII- B4d   Tgb.Nr. 82 564/70

An den
Chef der Staatskanzlei
des Landes Nordrhein-Westfalen

4 D ü s s e l d o r f

Betr.: Verleihung des Verdienstordens der Bundesrepublik
　　　Deutschland;
　　　hier: Prof. Dr. Johannes H e s s e n, geb. am
　　　　　14.9.1889 in Lobberich, wohnhaft in Köln-
　　　Bayenthal, Auf dem Römerberg 23

Bezug: Schreiben des Regierungspräsidenten in Köln vom
　　　　9.4.1970 . Az.: 21.-4.31 (167/69) -

Anlg.: 1 Broschüre, 1 Heft Fotokopien und
　　　　15 Fotokopien geheftet (DC-Auskunft)

Prof. Dr. H e s s e n ist in den Jahren 1951/59 in Verbindung mit Organisationen und Einzelaktionen in Erscheinung getreten, die sich gegen den Abschluß der Pariser Verträge, gegen die Einführung der allgemeinen Wehrpflicht, gegen die Notstandsgesetze und gegen atomare Aufrüstung richteten. Wegen der Hintergründe wird auf die 1959 erschienene Broschüre "Die trojanische Herde" von Karl RICHTER verwiesen, in der Prof. Dr. H e s s e n auch namentlich erwähnt wird. Ein Exemplar der Broschüre füge ich als Anlage bei.

In folgenden Organisationen ist Prof. Dr. H e s s e n tätig gewesen:

1. <u>Deutscher Club 1954</u>
1955 Mitglied des geschäftsführenden Ausschusses
 (siehe Anlg. 1)
1956 Mitarbeiter der dem Club nahestehenden "Blätter für
 deutsche und internationale Politik".

Der "Deutsche Club 1954" wurde im Februar 1955 in Köln gegründet. Er ging aus der sogenannten "Paulskirchenbewegung" hervor, einer Protestbewegung gegen die Aufrüstung in der Bundesrepublik Deutschland, die sofort kommunistisches Infiltrationsobjekt wurde. Der "Deutsche Club 1954" wurde dann auch unter maßgeblicher kommunistischer Beteiligung gegründet, wobei sich die kommunistischen Drahtzieher allerdings im Hintergrund hielten.

Nähere Einzelheiten über die Tätigkeit von Prof. Dr. H e s s e n in diesem Club sind der Broschüre "Die trojanische Herde" von Paul Richter - Seite 255 ff. - zu entnehmen.

2. <u>Aktionsgemeinschaft gegen die atomare Aufrüstung der Bundesrepublik</u>
1958 Mitglied des zentralen Arbeitsausschusses
 (siehe Anlg. 7)[240]
Die "Aktionsgemeinschaft gegen die atomare Aufrüstung der Bundesrepublik" wurde 1958 im Rahmen der Kampagne gegen die atomare Aufrüstung der Bundeswehr gegründet und hat bis zu ihrer Auflösung Anfang 1965 unter dem Einfluß kommunistischer Kreise gestanden (siehe auch die Broschüre "Die trojanische Herde", Seite 290 ff.).
Von Prof. Dr. H e s s e n wurden folgende Eingaben, Aufrufe pp. mitunterzeichnet:

---
[240] Hier Dok. 107.

1954 Schreiben an die Herren Hohen Kommissare
(Anlg. 2)[241]

Dez. 1954 Eingabe an den Bundestag zur ersten Lesung der
Pariser Verträge (Anlg. 3)[242]

6.2.1955 Eingabe an den Bundestag zur zweiten und dritten
Lesung der Pariser Verträge (Anlg. 4)[243]

1956 Petition der kommunistisch beeinflußten "Liga der
Wehrdienstgegner" (Anlg. 5)[244]

1957 Petition des "Fränkischen Kreises" an den Bundestag
(Anlg. 6)[245]

20.4.1958 Aufruf des zentralen Arbeitsausschusses der
"Aktionsgemeinschaft ... " (Anlg. 7)[246]

15.11.1958 Erklärung des "Deutschen Kulturtages Bundesrepublik" (Anlg. 8)[247]

1958 Appell von 44 Professoren an die Gewerkschaften
(Anlg. 9)[248]

26.4.1959 Erklärung des zentralen Arbeitsausschusses der
"Aktionsgemeinschaft..." zur Genfer Aussenminister-

---

[241] Hier nicht ediert.
[242] Hier im Auszug ediert in Dok. 109. Diese Eingabe ist auch veröffentlicht in: Junge Kirche. Protestantische Monatshefte 16(1955), 39-41.
[243] Vgl. Dok. 109.
[244] Ebd. auszugsweise ediert.
[245] Ebd. auszugsweise ediert.
[246] Hier Dok. 107.
[247] Erklärung des deutschen Kulturtages Bundesrepublik. München, 15.11.1958; ebd. Anlage 8. - Es handelt sich um ein einzelnes Blatt, bei dem am Fuße Raum für eine Unterschrift zum Beitritte war. 55 Personen waren als Unterzeichner bereits abgedruckt, u.a. Karl Saller, Joh. Aufhauser, Otto Dix, C.-M. Faßbinder, Gallinger, Julius Mayr, H. Rheinfelder. Der Kernpunkt 4 lautete: "Die Bildung einer deutschen Konföderation würde in der Folge das Ausscheiden der beiden deutschen Staaten aus ihren militärischen Bündnissen ermöglichen, die beiden militärischen Machtblöcke auf europäischem Boden auseinanderrücken und so die europäischen Völker von einem Alpdruck befreien." Ein anderer Auszug in Dok. 108.
[248] Hier Dok. 108.

konferenz (Anlg. 10)[249]

Sept.1959 Erklärung an den 5. DGB-Kongreß (Anlg. 11)[250]

Die erbetene Auskunft der Dokumentenzentrale in Berlin habe ich beigefügt.

                                        Im Auftrag
                                        N.N.

Dokument 106
Rundschreiben des "Deutschen Klub 1954" vom 20.6.1955

(Maschinenschriftl. vervielfältigt, mit eigenhd. Unterschrift. Eingangsstempel des Innenministeriums vom 20.6.1955. Es handelt sich um die Nr. 1 der in Dokument 105 erwähnten Anlagen.)

DEUTSCHER KLUB 1954   **Köln,** den 20.6.1955
z.Hd. von Herrn   Hohenstaufenring 57
KARL GRAF VON WESTPHALEN   (Agrippina Haus)

Sehr verehrte Damen und Herren!

Die nicht öffentliche Kundgebung des DEUTSCHEN KLUB 1954 vom 11.6.1955 in Königswinter verlief erfolgreich und war ermutigend. Vor etwa 250 Persönlichkeiten des öffentlichen Lebens unter Teilnahme von Abgeordneten des Bundestages und verschiedener Landtage sprachen die Herren:

    Prof. Dr. Johannes HESSEN, Köln
    Pastor Lic. Hermann SAUER, Geisenheim
    Pater Klemens BROCKMÖLLER S.J., Dortmund
    Staatssekretär a.D. H.-J. VON ROHR, Bad Godesberg
    Botschafter a.D. Dr. W.O. VON HENTIG, Hinterzarten/Schwarzw.[251]

---

[249] Auszugsweise ediert in Dok. 109.
[250] Auszug in Dok. 109.

Die Redner gaben ihrer Sorge über die gefahrvollen Tendenzen der einseitigen Außenpolitik der Bundesregierung Ausdruck und forderten von ihren verschiedenen Standorten her die sofortige Nutzung aller Verhandlungsmöglichkeiten zur Entspannung der internationalen Lage. Verhandlungen über die Wiedervereinigung in Frieden und Freiheit dürfen nicht durch einschränkende und belastende Vorausbedingungen hinausgezögert oder erschwert werden.

Die wesentlichen Grundzüge der Referate wurden in beiliegender Entschließung festgehalten.

Wenn auch Sie dem Inhalt der Entscheidung zustimmen, dürfen wir um Ihre Unterschrift bitten. Weitere Unterschriften aus Ihrem Wirkungskreis sind willkommen. Selbstverständlich berührt diese Entschließung nicht alle Probleme. Vielmehr stellt sie einen Kompromiß von in Einzelfragen abweichenden Meinungen dar, um eine einheitliche Willensäußerung zu den dringenden nationalen Fragen zu erzielen.

Wir bitten Sie deshalb, falls Sie wesentliche zusätzliche Bemerkungen wünschen, uns diese mitzuteilen.

Zur Erarbeitung eines einheitlichen deutschen Standpunktes für kommende Viermächte-Verhandlungen wollen wir beiliegende Entschließung - versehen mit Unterschriften zahlreicher Persönlichkeiten - der Regierung und der Öffentlichkeit unterbreiten.

Das Echo auf unsere Kundgebung und Tätigkeit, das wir aus Regierungsparteien, aus den Verwaltungen großer Städte, aus Wirtschaft und Wissenschaft erhalten, ist erfreulich groß. Dem Wunsch zahlreicher Kundgebungsteilneh-

---

[251] Zu diesen Personen, die nicht zu den typischen Angehörigen der pazifistischen Zirkel gehörten (mit Ausnahme Hessens), aber doch alle irgendwann einmal sich gegen die Wiederbewaffnung, resp. Atomrüstung aussprachen, vgl. K. Richter, 255; H.K. Rupp, 50, 66. Zur Gründung des "Deutschen Klub 1954" vgl. den Bericht in der "Deutschen Volkszeitung", Nr. 7 vom 19.2.1955. Daraus geht hervor, daß der Klub in Köln gegründet wurde, in erster Linie von Pfr. Lic. Hermann Sauer und Prof. Dr. Karl Rode. Zu den Gründern zählten auch Hermann Rauschning, Hermann Etzel (Ex-MdB). Hessen selbst war bereits im vorbereitenden Ausschuß tätig und von Anfang an Vorstandsmitglied. - Von Klemens Brockmöller stammte die damals für aufsehenerregend gehaltene Zeitanalyse: Christentum am Morgen des Atomzeitalters, 6. Auflage Frankfurt 1955. Sie richtete sich de facto gegen die in CDU-Kreisen verbreitete "Abendland"-Vorstellung, und war eines der frühen Programme für eine Ära nach Pius XII. und K. Adenauer. - Werner-Otto von Hentig, Bis zum Botschafter auch der Bundesrepublik. In: Frankfurter Hefte 10(1955) 21-24, 117-22, 194-97, 266-74.

mer folgend, erlauben wir uns, die Gründungserklärung "Deutscher Klub 1954" beizufügen.

Am Sonntag, den 12. Juni, tagte ebenfalls in Königswinter der DEUTSCHE KLUB 1954 mit geladenen Gästen. Die wesentlichen Ergebnisse dieser Tagung sind:

1. Billigung der Entschließung vom Vortage
2. Einstimmige Annahme der Geschäftsordnung
3. Satzungsgemäße Wahl des Geschäftsführenden Vorstandes.

Ihm gehören an:

Geschäftsführer: Karl Graf VON WESTPHALEN

Weitere Mitglieder des Vorstandes:

Herr Dr. iur. Hermann ETZEL, Bamberg

Frau Hildegard FEHLHABER, Köln

Herr Prof. D. Dr. Johannes HESSEN, Köln

Herr Prof. Dr. Guido HOHEISEL, Köln

Herr Tidemann Ulrich LEMBERG, Wirtschaftsberater, Hamburg

Herr Prof. Dr. Ulrich NOACK, Würzburg

Herr Prof. Dr. Karl RODE, Aachen

K.E. Freiherr von TUREGG-TÜRCKE, Bundesrichter, Köln-Stotzh.

Herr Johannes WEIDENHEIM, Schriftsteller, Stuttgart

Die Herren Dr. W.O. VON HENTIG, Botschafter a.D., Dr. Hermann RAUSCHNING, Senatspräsident a.D. und Pater Klemens BROCK-MÖLLER S.J. erklärten sich zu beratender Mitarbeit bereit.

4. Bildung folgender Arbeitsausschüsse:
   a) Ausschuß für Deutschland- und Außenpolitik
   b) Ausschuß für Wirtschaftspolitik
   c) Ausschuß für Atomfragen
   d) Ausschuß für Rechtsfragen

5. Der Geschäftsführende Vorstand wurde mit der Bildung regionaler Arbeitsgruppen beauftragt.

Der DEUTSCHE KLUB 1954 wird auch weiterhin als Kreis unabhängiger, nur ihrem Gewissen verantwortlicher Persönlichkeiten zur friedlichen Lösung der deutschen Frage beitragen. Wir wissen, daß dieses Ziel nur durch die opferbereite Arbeit Vieler erreicht wird. Wir rechnen auch auf Ihre Mitarbeit.

Mit verbindlichem Gruß

Karl Graf von Westphalen

Dokument 107
Aufruf der Aktionsgemeinschaft gegen die atomare Aufrüstung der Bundesrepublik vom 20.4.1958

(Gedruckt, erschienen in: Wochenbericht der Aktionsgemeinschaft gegen die atomare Aufrüstung der Bundesrepublik, Nr. 2 vom 25.4.1958, S.1. - Die auf den hier edierten Text folgende alphabetische Aufzählung von Unterzeichnern wird weggelassen. Es handelt sich um Nr.7 der in Dokument 105 erwähnten Anlagen. - HStAD, Ministerialarchiv NW-O 10842).

Aufruf[252]
Wir fordern alle verantwortungsbewußten Menschen in der Bundesrepublik auf, sich in diesem Jahr mit den Gewerkschaften am 1. Mai zu gemeinsamer öffentlicher Bekundung des Volkswillens gegen die atomare Aufrüstung der Bundesrepublik zu verbinden. Die Gewerkschaften wollen für den Frieden und die Freiheit demonstrieren. Sie wissen, daß der Frieden bedroht und die Existenz der Menschheit gefährdet ist, wenn dem Wettrüsten, der Herstellung und Erprobung der atomaren Massenvernichtungsmittel nicht Einhalt geboten wird.

---
[252] Vgl. das Nähere zum Zusammenhang bei H.K. Rupp, 135-38.

Das deutsche Volk ist seit dem 25. März tief beunruhigt. Es wehrt sich dagegen, daß man über uns alle das Risiko der atomaren Selbstzerstörung verhängen will. Es besteht kein Zweifel: der Beschluß der Bundestagsmehrheit, in unserm Land die Atomaufrüstung durchzuführen, verschärft die gefahrvollen internationalen Spannungen in der Welt, macht die Hoffnung auf Wiedervereinigung aussichtslos und bedeutet im Ernstfall die endgültige, unabwendbare Vernichtung Deutschlands.

Die Warnungen der bedeutendsten und urteilsfähigsten Wissenschaftler werden von den verantwortlichen Politikern in unbegreiflicher Weise mißachtet.

Schon stehen deutsche Soldaten bereit, um in Amerika und Nordafrika an Atomraketen ausgebildet zu werden. In der "Bundeswehr", der bundesrepublikanischen Zeitschrift für Wehrfragen, kann jedermann lesen, daß unsere Soldaten "psychologisch" darauf vorbereitet werden sollen, im Konfliktfall "auch deutsche Städte in das Inferno der nuklearen Vernichtung einzubeziehen". Wir wissen also, was uns bevorsteht. Wir protestieren dagegen, daß man den Gedanken eines atomaren Brudermordes überhaupt zu fassen wagt.

Die Anwendung von Massenvernichtungsmitteln - und dazu gehören auch die "taktischen Atomwaffen" - steht im Widerspruch zum Völkerrecht, dem unsere Verfassung (Art.25) den Vorrang vor allen anderen Gesetzen gegeben hat.

Die Mehrheit des deutschen Volkes lehnt die atomare Aufrüstung ab. Der 1. Mai sollte deshalb zu einer machtvollen Demonstration des Volkswillens werden.

Der 1. Mai sollte vor aller Welt offenbar machen, daß nicht nur die Gewerkschaften, sondern das ganze deutsche Volk die Bundesregierung mahnt, den Beschluß über die atomare Aufrüstung rückgängig zu machen.

Wir rufen jedermann auf, sein Gewissen zu prüfen, und sich den Arbeitern und Angestellten anzuschließen, wenn sie am 1. Mai gegen die atomare Aufrüstung demonstrieren.

Köln, den 20. April 1958

    Aktionsgemeinschaft gegen die atomare
    Aufrüstung der Bundesrepublik

    Der zentrale Arbeitsausschuß

        i.A. gez.   Prof. Dr. Johannes Hessen

Prof. Dr. Renate Riemeck
Prof. Dr. Franz Paul Schneider

Dokument 108
Appell von 44 Professoren an die Gewerkschaften, Köln 26.2.1958

(Aus: Blätter für deutsche und internationale Politik, 3. Jg., Heft 3 vom 20.3.1958, 211-12. Es handelt sich um die Nr.9 der in Dokument 105 genannten Anlagen. Da in der Vorlage keine Datierung enthalten ist, wurde sie aus Rupp, 139, entnommen, wo auch Näheres zum Zusammenhang zu finden ist. - HStAD, Ministerialarchiv - O 10842.)

Appell von 44 Professoren an die Gewerkschaften

Die amtliche Schlußverlautbarung der NATO-Konferenz in Paris vom 19. Dezember 1957 und die Erklärung der Bundesregierung vom 23. Januar 1958 machen offenkundig, daß die Bundesrepublik in das System der Abschußrampen für Raketen und der Atomwaffenlager einbezogen werden soll. Millionen deutscher Menschen sind dadurch von tiefer Sorge und Unruhe erfaßt. Die Aufrüstung mit Atomwaffen auf unserem Boden verschärft die gefährlichen Spannungen, macht die Hoffnungen auf Wiedervereinigung aussichtslos und bedeutet im Konfliktfall die endgültige, unabwendbare Vernichtung Deutschlands. Die ernsten, ja beschwörenden Stimmen kenntnisreichster und wahrhaft urteilsfähiger Wissenschaftler sind von den verantwortlichen Politikern in unbegreiflicher und folgenschwerer Weise übergangen worden. Wir wenden uns daher an das ganze deutsche Volk, die Mahnungen und Warnungen der Wissenschaftler nicht unbeachtet zu lassen.

Wir wenden uns besonders an die Gewerkschaften als größte berufsständische Organisation. Die Gewerkschaften sind politisch neutral. Als Organisation freier Staatsbürger haben sie sich jedoch das Recht vorbehalten, zu entscheidenden Lebensfragen des Volkes Stellung zu nehmen. Uns scheint, dieses Recht ist jetzt zu einer Pflicht geworden! Jetzt geht es nicht mehr allein um Tarifverhandlungen. Was nützen höhere Löhne und ein besserer Lebensstandard, wenn die friedlichen Voraussetzungen hierfür nicht politisch gesichert werden? Die Fortsetzung und Steigerung des Wettrüstens aber untergräbt unvermeidlich die Grundlagen jedes sozialen und wirtschaftlichen Aufstiegs. Heute kommt es darauf an, den mitteleuropäischen Raum nicht in die tödlichen Fesseln atomarer Militärpolitik zu verstricken.

Dieser Krisenherd muß von Atomwaffen frei bleiben. Das liegt im Interesse beider Teile unseres gespaltenen Vaterlandes und aller europäischen Völker. Die Schaffung einer atomwaffenfreien Zone wäre ein erster wesentlicher Schritt in die gemeinsame freiheitliche und friedliche Zukunft aller Deutschen.

Wollen die Gewerkschaften die Wissenschaftler angesichts der drohenden Gefahren allein lassen? Warum zögern und worauf warten sie? Ungeachtet verschiedener Auffassungen über Wirtschafts- und Sozialfragen fordern die Unterzeichner die Gewerkschaften auf, sich in dieser ernsten, entscheidenden Stunde mit ihnen zu gemeinsamer öffentlicher Bekundung zu verbinden.

Prof. Dr. Otto Bauernfeind, Theologe, Tübingen; Prof. Dr. Georg Brauer, Chemiker, Freiburg i.Br.; Prof. Dr. Herbert Braun, Theologe, Mainz; Prof. Walter Brudi, Akademie der bildenden Künste, Stuttgart; Prof. Dr. Walther Bulst, Philologe, Heidelberg; Prof. Dr. Georg Dehn, Geologe, München 23; Prof. D. Hermann Diem, Dekan der Theologischen Fakultät, Tübingen; Prof. Dr. Luitpold Dussler, Kunsthistoriker, München 23; Prof. Dr. Fritz Eichholtz, Pharmakologe, Heidelberg; Prof. Dr. Ernst Fraenkel, Soziologe Frankfurt a.M.; Prof. Dr. Julius von Gierke, Jurist, Göttingen; Prof. Gerhard Gollwitzer, Akademie der bildenden Künste, Stuttgart; Prof. Dr. Walter Hagemann, Direktor des Instituts für Publizistik, Münster i.W.; Prof. Dr. Wilhelm Hasenack, Nationalökonom, Göttingen; Prof. Dr. Carl Hermann, Kristallograph, Marburg; Prof. Dr. Adolf Hertlein, Betriebswirt, München 8; Prof. D. Dr. Johannes Hessen, Theologe und Philosoph, Köln-Bayenthal; Prof. Dr. Guido Hoheisel, Mathematiker, Köln; Prof. Dr. Helmut Hönl, Physiker, Freiburg i.Br.; Prof. Dr. Erich Hückel, Physiker, Marburg/Lahn; Prof. D. Renatus Hupfeld, Theologe, Heidelberg; Prof. Dr. Karl Kammüller, Ingenieur, Karlsruhe-Rüppurr; Prof. Dr. Karl Otto Kiepenheuer, Astrophysiker, Freiburg i.Br.; Prof. Dr. Erich Lange, Chemiker, Erlangen; Prof. Dr. Wilhelm Loew, Theologe, Mainz; Prof. Dr. Wilhelm Nestle, Philosoph, Stuttgart-Degerloch; Prof. Dr. Otto Pflugfelder, Stuttgart-Hohenheim, Landwirtschaftliche Hochschule; Prof. Dr. Hans Rheinfelder, Romanist, München; Prof. Dr. Leonhard Riedel, Physikochemiker, Karlsruhe; Prof. Dr. Renate Riemeck, Historikerin, Wuppertal-Elberfeld; Prof. Dr. Karl Rode, Geologe, Aachen; Prof. Dr. med. Hans Schaefer, Physiologe, Heidelberg; Prof. Dr. Levin L. Schücking, Anglist, Farchant b. Garmisch; Prof. Dr. Max Schuler, Physiker, Göttingen; Prof. Dr. Alexander Graf Schenk von Stauffenberg, Historiker, München; Prof. Rudolf Steinbach,

Architekt, Aachen; Prof. D. Hermann Strathmann, Theologe, Erlangen; Prof. Dr. Kurt Trautwein, Biologe, München 23; Prof. D. Georg Wehrung, Theologe, Tübingen; Prof. Dr. Leo Weismantel, Pädagoge, Jugenheim/Bergstraße; Prof. Dr. Aloys Wenzl, Philosoph, München; Prof. Dr. Folkert Wilken, Nationalökonom, Freiburg i.Br.; Prof. D. Ernst Wolf, Theologe, Göttingen. Federführend: Prof. Dr. Renate Riemeck, Wuppertal-Elberfeld, Am Wasserturm 41.

Dokument 109
Vermerk der nordrhein-westfälischen Staatskanzlei vom 17.8.1970

(Diese Ausarbeitung wurde offensichtlich auch am 26. August 1970 an die Ordenskanzlei des Bundespräsidialamtes übersandt, wie aus einem Schreiben der Staatskanzlei von diesem Tage ersichtlich. - HStAD, Ministerialarchiv O - 10842)

I B 2 - 23-69 - 550/69　　　　　　　　　　Düsseldorf, 17. August 1970

1.　V e r m e r k
　　Betr.: Verleihung des Verdienstordens der Bundesrepublik
　　　　　Deutschland an Herrn Prof. Dr. Johannes H e s s e n ,
　　　　　Köln;
　　　　　hier: politische Überprüfung

　　A.　Auskunft der Dokumentenzentrale

Ausweislich der übersandten Unterlagen wurde dem Obengenannten 1940 aus politischen Gründen ein bewilligtes Forschungsstipendium wieder entzogen. Ein Jahr darauf erfolgte seine Entfernung aus dem Hochschuldienst. Ende 1942 hatte des Rasse- und Siedlungshauptamt der SS Prof. Dr. Hessen Redeverbot für das gesamte Reichsgebiet mit der Begründung erteilt, seine Reden enthielten "staatsabträgliche Äußerungen".[253]

---

[253] Daß dies eine mehrfach irrtümliche Zusamenfassung ist, ergibt sich aus der hier gegebenen Darstellung ohne weiteres. Tatsächlich stimmt die Auskunft des Document-Center mit den Düsseldorfer Gestapo-Akten überein und brauchte daher hier nicht eigens berücksichtigt zu werden.

B. Auskunft des Landesamtes für Verfassungsschutz

Nach Mitteilung des LfV ist Prof. Dr. Hessen von 1951 bis 1959 durch Einzelaktionen und in Verbindung mit Organisationen in Erscheinung getreten, um den Abschluß der Pariser Verträge, die Einführung der allgemeinen Wehrpflicht, die Notstandsgesetzgebung und die atomare Aufrüstung zu verhindern.
Er gehörte dem geschäftsführenden Vorstand des "Deutschen Klubs 1954" an, der im Februar 1955 in Köln gegründet wurde. Dieser Kreis ging aus der sogenannten "Paulskirchen-Bewegung" hervor, einem Zusammenschluß von Protestierenden gegen die Aufrüstung in der Bundesrepublik, der sogleich kommunistisches Infiltrationsobjekt wurde. Die Gründung des "Deutschen Klubs 1954" erfolgte dann auch unter massgeblicher kommunistischer Beteiligung, wobei sich die Kommunisten allerdings im Hintergrund hielten.
Auch war Prof. Dr. Hessen Mitarbeiter der die Ziele des Klubs unterstützenden "Blätter für deutsche und internationale Politik".

Ferner wirkte Prof. Dr. Hessen im Zentralen Arbeitsausschuss der Aktionsgemeinschaft gegen die atomare Aufrüstung der Bundesrepublik mit. Die Aktionsgemeinschaft wurde 1958 gegründet und stand bis zu ihrer Auflösung Anfang 1965 unter dem Einfluss kommunistischer Kreise.

In den vorgenannten Eigenschaften unterzeichnete Prof. Dr. Hessen eine Reihe von Eingaben, Aufrufen und Erkärungen, denen nachstehende Auszüge entnommen wurden und zu denen im übrigen folgendes zu sagen ist:

Die im "Deutschen Klub 1954" zusammengeschlossenen Personen bekundeten gegenüber der Öffentlichkeit als unabhängige Staatsbürger ihren Willen, zur friedlichen Lösung der deutschen Frage beizutragen. Im Verlaufe einer nicht öffentlichen Kundgebung des Klubs im Juni 1955 gaben die Redner, unter ihnen Prof. Dr. Hessen, ihrer Sorge über die gefahrvollen Tendenzen der einseitigen Aussenpolitik der Bundesregierung Ausdruck und forderten die sofortige Nutzung aller Verhandlungsmöglichkeiten zur Entspannung der internationalen Lage und zur Förderung der friedlichen Wiedervereinigung Deutschlands.

Prof. Dr. Hessen ist Mitunterzeichner einer an die Aussenminister der vier Grossmächte gerichteten Eingabe westdeutscher Wissenschaftler, Erzieher und Künstler aus dem Jahre 1954, in der gemeinsame Beratung beider deutscher Staaten zwecks Ausarbeitung von Vorschlägen zur Vorbereitung eines Friedensvertragsabschlusses gefordert werden. Für den kulturellen Bereich wurde empfohlen, durch gegenseitige Vereinbarungen folgende Möglichkeiten zu schaffen:

1. das ungehinderte freie Zusammenwirken aller deutschen Hochschulen, wissenschaftlicher Institute und Akademien und die Freizügigkeit der deutschen Gelehrten und Studierenden;
2. die freie Aufführung aller menschlich wertvollen Spiel- und Kulturfilme in ganz Deutschland, unabhängig von ihrem Produktionsort; freie Gastspielreisen für alle deutschen Bühnen, Orchester und Künstler in alle Teile Deutschlands; die freie Beteiligung aller deutschen Künstler an Ausstellungen und künstlerischen Wettbewerben in beiden Teilen Deutschlands;
3. die freie Verbreitung aller wissenschaftlichen und aller künstlerisch wertvollen Bücher und Zeitschriften und aller Kunstwerke in ganz Deutschland, unabhängig davon, in welchem Teil Deutschlands sie entstanden sind bzw. verlegt wurden.

Im Dezember 1954 richtete eine Anzahl Männer und Frauen aus geistigen Berufen, darunter Prof. Dr. Hessen, zur ersten Lesung der Pariser Verträge und im Februar 1955 zur 2. und 3. Lesung der Verträge Eingaben an den Deutschen Bundestag. Wörtlich heisst es darin u.a.:

"Die Fortführung der westlichen Taktik, nur aus der Position der militärischen Stärke, sei es auch nur auf der Grundlage erst ratifizierter, nicht schon ausgeführter Militärverträge zu verhandeln, hat die angebahnte Tendenz zu internationaler Verständigung unterbrochen, die Spannung zwischen den Weltblöcken wieder verschärft, die Gefahr eines dritten Weltkrieges erhöht und die Aussichten für die deutsche Wiedervereinigung erneut verdüstert. Sie bedroht die in der UNO eingeleiteten Abrüstungsgespräche ....
Sicher ist, dass die Remilitarisierung der Bundesrepublik die Spaltung Deutschlands endgültig machen, sie petrifizieren würde. Die Politik der Aufrüstung Westdeutschlands und seiner politischen und militärischen Einfügung in den Westblock ruft die unmittelbare und dringende Gefahr hervor, dass nicht die deutsche Wiedervereinigung, sondern die bereits sichtbar werdende internationale Festlegung der gegenwärtigen Machtgrenzen in den Vordergrund rückt ...
Die Verkündung der Integrierung eines wiedervereinigten Deutschlands in die (klein-) europäische Gemeinschaft durch Artikel 7 Abs. 2 des

neuen Deutschlandvertrages als gemeinsames Ziel des Westens ist ein Sperriegel gegen die Wiedervereinigung. Sie steht im schroffen Widerspruch zu der westlichen Beteuerung, die Wiedervereinigung zu wollen ... Die Remilitarisierungspolitik hat eine tiefgreifende und fortschreitende Entfremdung zwischen grossen Teilen des Volkes und der Bundesregierung bewirkt .... Weite Kreise haben den Verdacht, hintergangen, gefährdet und verkauft zu werden...
Das Unterfangen, die Jugend unter Vorspiegelung unwirklich gewordener Ideale und unerreichbarer Kriegsziele militärreif zu machen, muss als verabscheuungswürdige, zynische Verführung bezeichnet werden ...
Wir bitten Sie im Namen der politischen Vernunft, den Ratifizierungsgesetzen über die Pariser Verträge Ihre Zustimmung zu versagen...
Die beiden deutschen Teilstaaten, Geschöpfe nicht des Volkswillens, sondern künstliche Erzeugnisse besatzungsrechtlicher Weisung, sehen sich zu der ebenso riskanten wie unwürdigen Rolle von Werkzeugen des kalten Krieges erniedrigt. Immer stärker staatsmässig entwickelt, drohen die beiden Behelfsheime zu massiven Bauwerken zu werden...
Der Irrweg der Jahre 1948 und 1949 muss rückgängig gemacht werden.

Die Bundesrepublik ist keine Nation, sie ist wie die Deutsche Demokratische Republik ein Provisorium. Keine der beiden ist moralisch berechtigt und politisch legitimiert, selbständig aufzurüsten... Die Angelsachsen betreiben die Einbeziehung des ganzen Deutschland in das atlantische Militärsystem....
Im übrigen besteht, wie auch aus der amtlichen Dokumentensammlung "Die Bemühungen der Bundesrepublik um die Wiederherstellung der Einheit Deutschlands durch gesamtdeutsche Wahlen" hervorgeht, zwischen dem Bonner und dem Ostberliner Wahlgesetzentwurf weitestgehende Übereinstimmung...
Der Einwand des Bundeskanzlers, dass auch das ganze Deutschland nicht zur Aufstellung ausreichender nationaler Streitkräfte imstande sei und die Möglichkeit zu militärischen Bündnissen haben müsse, ist zurückzuweisen. Die strategische Lage Deutschlands zwingt gebieterisch zur Unterlassung des militärischen Anschlusses an den Westen oder Osten...
Es verbreiten sich die Überzeugung und Befürchtung, dass die Verwirklichung der westlichen Konzeption das Schicksal der Nation besiegeln würde. Die Empörung gegen die Wiederaufnahme der unheilvollen Bündnispolitik wächst. Die uns eindeutig zugedachte Rolle, Legionär, vorderster schmutziger Graben und Vernichtungszone fremder Machtinteressen zu sein, erweckt wachsendes Entsetzen und Widerstand...
Die Behauptung, die überwältigende Mehrheit der Bevölkerung habe am 6. September 1953 für die deutsche und aussenpolitische Linie des Bundeskanzlers gestimmt, ist ein Mythos. Sie war keine nationale Entscheidung; sie war die Frucht der Unterlassung einer nüchternen, unverkürzten und objektiven Darstellung der wirklichen Weltlage, - sie war das Ergebnis einer in den Massen hervorgerufenen bequemen Illusion.
Verweigert der Westen Verhandlungen mit Russland über die Wiedereingliederung vor der Ratifizierung, dann muss der Bundestag mit der Ablehnung oder mindestens Vertagung der Ratifizierung auf unbestimmte Zeit und mit dem Auftrag an die Regierung antworten, die Frage der Wiedervereinigung in Verbindung mit dem anderen deutschen Teilstaat unmittelbar an die Sowjetunion heranzutragen...."

Auszug aus einer von Prof.Dr.Hessen mitunterzeichneten Erklärung der Wehrdienstgegner und Kriegsdienstverweigerer an die Regierungen der beiden deutschen Staaten gegen die Einführung der allgemeinen Wehrpflicht von Juni 1956:
"In Deutschland, 11 Jahre nach dem Kriege, verfällt man wiederum auf eine Politik der Remilitarisierung, die auf allen Gebieten zu einer Katastrophe für Deutschland führen muss." Die Petition schliesst mit einer Forderung an die Mitglieder des Bundestages, die 2. und 3. Lesung über das Wehrpflichtgesetz abzusetzen und eine allgemeine öffentliche Volksbefragung über deren Einführung vorzunehmen.

In einer von Prof.Dr.Hessen mitunterzeichneten Petition das "Fränkischen Kreises" an den Deutschen Bundestag aus dem Jahre 1957 wird die Enttäuschung über die atomare Aufrüstung der Bundeswehr ausgedrückt. Wörtlich heisst es darin u.a.:

"Es unterliegt keinem Zweifel mehr, dass die Bundesregierung und die CDU nach eindeutigen Ausserungen ihrer Führung an der Ausrüstung der Bundeswehr mit atomaren Waffen festhalten und nach ihrer bisherigen Haltung auch keine ernsthaften Schritte unternehmen werden, die Lagerung atomarer Waffen durch fremde Truppen auf dem Gebiet der Bundesrepublik abzuwenden".

Als Mitglied des zentralen Arbeitsausschusses der Aktionsgemeinschaft gegen die atomare Aufrüstung des Bundesrepublik unterzeichnete Prof.Dr.Hessen an erster Stelle einen im Wochenbericht der Aktionsgemeinschaft vom 25. April 1958 abgedruckten Aufruf zur Bekundung des Volkswillens gegen die atomare Aufrüstung der Bundesrepublik am 1.Mai 1958. Wörtlich heisst es darin u.a.:

"Das deutsche Volk ist seit dem 25.März tief beunruhigt. Es wehrt sich dagegen, dass man über uns alle das Risiko der atomaren Selbstzerstörung verhängen will. Es besteht kein Zweifel: der Beschluss der Bundestagsmehrheit, in unserem Land die Atomaufrüstung durchzuführen, verschärft die gefahrvollen internationalen Spannungen in der Welt...
Die Warnungen der bedeutendsten und urteilsfähigsten Wissenschaftler werden von den verantwortlichen Politikern in unbegreiflicher Weise missachtet...
Jedermann kann lesen, dass unsere Soldaten "psychologisch" darauf vorbereitet werden sollen, im Konfliktfall "auch deutsche Städte in das Inferno der nuklearen Vernichtung einzubeziehen". Wir wissen also, was uns bevorsteht. Wir protestieren dagegen, dass man den Gedanken eines atomaren Brudermordes überhaupt zu fassen wagt...."

Auszug aus einer von Prof.Dr.Hessen mitunterzeichneten Erklärung des vorbezeichneten Arbeitsausschusses vom 26.4.1959 zur Genfer Aussenministerkonferenz:

"Mit ihren Erklärungen und Aktionen wurde die Aktionsgemeinschaft zur Vorkämpferin von Millionen Gegnern der Atomrüstung in der Bundesrepublik ... Die in aller Hast vorangetriebene Ausrüstung der Bundeswehr mit atomaren Waffen hat nicht nur in den Ländern des Ostens, sondern auch in denen des Westens die Gefahr deutlich gemacht, die dadurch für die europäische Sicherheit und den Weltfrieden heraufbeschworen wird.... Der Widerstand der überwältigenden Mehrheit der Bevölkerung gegen die atomare Rüstung der Bundeswehr, die vom Bundestag am 25.März 1958 beschlossen wurde, kann für sich in Anspruch nehmen, die Durchführung dieses Beschlusses verzögert zu haben. Neben anderen Faktoren hat er auch dazu beigetragen, dass Dr.Adenauer als Bundeskanzler zurücktreten muss...
Der Beitrag aller demokratischen, verständigungsbereiten Organisationen und Parteien zur weltweiten Entspannung besteht darin, in gemeinsamen Anstrengungen die atomare Aufrüstung der Bundesrepublik zu verhindern und dafür zu sorgen, dass die mit dem Rücktritt Dr.Adenauers als Bundeskanzler eingeleitete Entwicklung nicht auf halbem Wege stehen bleibt. Eine grundsätzliche Wende der Politik der Bundesregierung muss herbeigeführt werden, damit sich nicht noch einmal das tragische Schicksal der Weimarer Republik wiederholt..."

Auszug aus einer von Prof.Dr.Hessen mitunterzeichneten Erklärung des "Deutschen Kulturtages Bundesrepublik" vom 15.Nov.1958:

"Deutschland ist wieder zu einem der gefährlichsten Herde eines drohenden Weltbrandes geworden...
1952 und 1954 wurde die Möglichkeit freier deutscher Wahlen als Weg zur Einheit Deutschlands ignoriert. ...Es unterliegt keinem Zweifel, dass die Wiedervereinigung Deutschlands in erster Linie eine Angelegenheit der Deutschen ist. Es wäre beschämend, an die Rechtspflicht der vier Mächte zu appellieren, ohne dass vorher die beiden deutschen Staaten in dieser Frage zu einer Übereinstimmung gekommen wären. Die Vertreter beider deutscher Regierungen und Parlamente müssen sich ohne Vorbedingungen in echter Kompromissbereitschaft an den Verhandlungstisch setzen, um zu einer gemeinsamen Plattform für das Zusammenleben aller Deutschen zu kommen..."

Auszug aus einem Appell von 44 Professoren - darunter Prof.Dr.Hessen - an die Gewerkschaften, mit dem sich erstere gegen die Einbeziehung der Bundesrepublik in das System der Abschussrampen und Atomwaffenlager wenden:

"Die ernsten, ja beschwörenden Stimmen kenntnisreichster und wahrhaft urteilsfähiger Wissenschaftler sind von den verantwortlichen Politikern in unbegreiflicher und folgenschwerer Weise übergegangen worden. Wir wenden uns daher an das ganze deutsche Volk, die Mahnungen und Warnungen der Wissenschaftler nicht unbeachtet zu lassen.... Die Fortsetzung und Steigerung des Wettrüstens untergräbt unvermeidlich die Grundlagen jedes sozialen und wirtschaftlichen Aufstiegs. Heute kommt es darauf an, den mitteleuropäischen Raum nicht in die tödlichen Fesseln atomarer Militärpolitik zu verstricken..."

Das "Neue Deutschland" veröffentlichte am 8.Sept.1959 einen Artikel über eine Erklärung, die 57 Professoren der Bundesrepublik - darunter Prof.Dr.Hessen - an den 5. DGB-Kongress in Stuttgart richteten. Darin wurde gefordert, der atomaren Rüstung in der Bundesrepublik entgegenzuwirken und Verhandlungen über eine militärische Entspannungszone in Mitteleuropa zu führen. In der Erklärung heisst es u.a. wörtlich:

"Unter den gegebenen Umständen ist die technische und psychologische Verwirklichung des Atomrüstungsprogrammes in der Bundesrepublik ein gefährlicher Anachronismus, eine Barriere auf dem Weg zur internationalen Entspannung, ein unübersteigbares Hindernis für die Lösung der deutschen Frage..."

DIE PHILOSOPHISCHE UND THEOLOGISCHE DISKUSSION IM UMFELD HESSENS

Vorbemerkung. Die folgenden Regesten kombinieren zwei Aufgaben: erstens wird ein neues Werkverzeichnis Hessens geliefert und zweitens die literarische Diskussion rund um Hessen erfaßt.

Werkverzeichnisse von Hessen gibt es bisher nicht weniger als vier, alle sind jedoch in markanter Weise unvollständig (Nr. 518, 634, 676, 679). In ihnen - die gewiß unter Aufsicht Hessens entstanden - fehlen nicht nur alle Rezensionen, sondern auch eine größere Anzahl von Aufsätzen, z.B. fast alle Zeitungsaufsätze. Der Herausgeber hat, gestützt besonders auf den Nachlaß, hier vieles Unbekannte einfügen, echte Vollständigkeit aber nicht erreichen können. Dazu hätte man mehrere Zeitungen (Köln. Ztg., Köln. Volksztg., Rhein-Mainische Volksztg.) für die Jahre 1920 bis 1940 Blatt für Blatt durchsehen müssen; dies war nicht vertretbar. Dennoch wird hier gegenüber den älteren Werkverzeichnissen ein wesentlicher Informationszuwachs geboten.

Die Diskussion rund um Hessen umfaßt Rezensionen zu seinen Werken, Broschüren, die gegen ihn gerichtet waren, Stellungnahmen in der philosophisch-theologischen Diskussion, die zu den Kämpfen Hessens in Beziehung stehen, selbst gelegentlich Bücher, in denen er offensichtlich «totgeschwiegen», oder Aufsätze, in denen gegen ihn polemisiert wurde, ohne daß sein Name fiel. Auch einige «benachbarte» Zusammenhänge, die zum Komplex «die katholische Philosophie Deutschlands von 1910 bis 1960» gehörten, werden gelegentlich berücksichtigt. Basis dieser Notizen ist die Durchsicht vieler Zeitschriften, oft durch die ganze Periode hindurch, manchmal auch nur für bestimmte Zeitabschnitte, der Nachlaß Hessen, die Überprüfung der Quellen zu seinen Werken, die Dietrisch'sche Rezensionenbibliographie, sowie diverse philosophische Bibliographien.

Die für die Hessenschen Kontroversen wichtigsten Zeitschriften sind, in der Reihenfolge ihrer Bedeutung:
Die Theologische Revue, das Philosophische Jahrbuch vor allen anderen; dann ebenfalls noch erstrangig die drei Jesuitenzeitschriften: Stimmen der Zeit, Zeitschrift für Theologie, Scholastik, die Zeitschrift der Dominikaner in Freiburg (Schweiz) Divus Thomas, sowie die beiden protestantischen Rezensionsorgane Theologisches Literaturblatt und Theologische Literaturzeitung. Die Kerndiskussion um die Neuscholastik wäre hier bereits vollständig dokumentiert. Die tatsächliche Reichweite des Hessenschen

Ausstrahlens wäre aber verloren, wollte man die vielen Dutzend anderen, oft nicht mehr spezifisch theologisch-philosophischen Diskussionsforen vernachlässigen. Mengenmäßig sind an zweiter Stelle zu nennen: Theologie und Glaube, Hochland, Literarischer Ratgeber, Die Christliche Welt, Theologische Quartalschrift, Die Schönere Zukunft, die Kant-Studien. Die volle Breite wird erst deutlich, wenn man auch die kleinen und besonderen Organe beachtet, wie die Jenaer Tatwelt, Das heilige Feuer, Das rote Blatt der katholischen Sozialisten, die in Brünn erscheinende Revue internationale de la théorie du droit, oder die kurzlebige Zeitschrift Philosophie und Leben.

Nicht in unsere Regesten aufgenommen werden konnte die allgemeine philosophische Diskussion in Deutschland, die bekanntlich in den Jahren des Niedergangs des Neukantianismus sehr lebhaft war. Die Werke der Bergson, Windelband, Husserl, Külpe, Eucken, Scheler, N. Hartmann, Heimsoeth, Messer, dann der Heidegger, Jaspers, Tillich und Barth, der Troeltsch, Otto und Heiler, dann der Adam, Guardini, Wust und Przywara wurden grundsätzlich - mit wenigen Ausnahmen - nicht aufgenommen. Hessen hat seine Stellung zu ihren Werken hauptsächlich in seinen philosophiegeschichtlichen Überblicksdarstellungen mitgeteilt. Eine Ausnahme wurde für die Studienjahre Hessens gemacht, für die es die Möglichkeit gibt, die formativen Einflüsse festzuhalten, die in den Jahren von 1910 bis 1920 die deutsche Philosophie nachhaltig veränderten und die Hessen stark in sich aufnahm.

Die Anordung der Regesten erfolgt für jedes Jahr so, daß zuerst die Werke Hessens, dann die Werke anderer Autoren genannt sind, jeweils in der Reihenfolge: Bücher, Aufsätze, Rezensionen.

- 1910 -

1. Rudolf Eucken, Die Philosophie des Thomas von Aquino und die Kultur der Neuzeit. Zweite Auflage, Bad Sachsa 1910, 52 S.
   Dieses Heft prägte nachhaltig das Thomas-Bild Hessens in seiner doppelten These: erstens besteht zwischen Aristotelismus und Christentum ein wesentlicher Gegensatz, den Thomas nur deshalb glaubte überwinden zu können, "weil ihm beider Welten Eigenart nicht in ihrer lebendigen, treibenden und abstoßenden Kraft gegenwärtig war, weil sein Mühen viel weniger auf ein Erfassen vom tiefsten Grunde her, auf ein Aneignen der letzten Triebfedern als auf ein Nebeneinanderausbreiten und Zusammenbringen der einzelnen Ergebnisse gerichtet war"(19).

Zweitens war der Thomismus nach E. ungeeignet, "die Weiterbewegung der Menschheit in sich aufnehmen zu können"(27ff.).

- 1911 -

2. Charles Sentroul, Kant und Aristoteles. Ins Deutsche übertragen von Ludwig Heinrichs, Kempten 1911, XVI u. 368 S.
Der aus der Löwener Schule Merciers stammende Sentroul beantwortete mit dieser Schrift eine Preisfrage der Kant-Gesellschaft und erhielt den Preis. Das Buch stellt eine Etappe in der von Mercier inaugurierten Begegnung von Neuscholastik und Neukantianismus dar. Hessen las es in den Osterferien 1912 (NL Hessen, fasz. 44.)

3. Franz Brentano, Aristoteles und seine Weltanschauung, Leipzig 1911, VIII u. 153 S.
Hessen las dieses Werk im SS 1912 (NL Hessen, fasz. 44), ohne jedoch seine Anschauung zu übernehmen.

4. Adolf Deißmann, Paulus, Tübingen 1911, X u. 202 S.
"Ein Buch [...], das zu den wunderbarsten Büchern zählt, die je ein Theologe geschrieben hat. Jedes Kapitel darin ist ein kleines Kunstwerk [...]"; J. Hessen, Der geistige Wiederaufbau Deutschlands (1946), 89. Ähnlich hohes Lob mit Zitaten in: J. Hessen, Geistige Kämpfe, 23ff. Demnach gehörte dieses Werk zu den wichtigsten formativen Einflüssen auf H.

5. Otto Liebmann, Zur Analysis der Wirklichkeit. Eine Erörterung der Grundprobleme der Philosophie, 4., verb. Aufl., Straßburg 1911, X und 722 S.
Hessen las dieses Hauptwerk des Neukantianers L. im WS 1911/12 (NL Hessen fasz. 44). Zu L. vgl. H.-L. Ollig, 9-15.

6. F.X. Kiefl, Der geschichtliche Christus und die moderne Philosophie, Mainz 1911, XVI u. 222 S.
Hessen las dieses Werk im SS 1911 (NL Hessen, fasz. 44). Zur Wichtigkeit dieser Verteidigung der Existenz Jesu gegen A. Drews vgl. J. Hessen, Geistige Kämpfe, 26. Im WS 1911/12 las er Kiefls biogr. Skizze über H. Schell (Kempten 1907), sowie Schells "Gott und Geist" (1895).

7. Martin Grabmann, Die Geschichte der scholastischen Methode, 2 Bde., Freiburg 1909, 1911 XIII u. 354; XIII u. 586 S.
Hessen las dieses Werk im SS 1911 und in den folgenden Herbstferien, den 2. Bd. aber nur zum Teil (NL Hessen, fasz. 44).

8. Friedrich Klimke SJ, Der Monismus und seine philosophischen Grundlagen, Freiburg i.Br. 1911, XXII u. 620 S.
Hessen las dieses Hauptwerk des Gregoriana-Professors und Monismus-Spezialisten Klimke in den Herbstferien 1911 (NL Hessen, fasz. 44). Es ist hauptsächlich gerichtet gegen: Arthur Drews, Der Monismus, dargestellt in Beiträgen seiner Vertreter, Jena 1908.

9. Johannes Maria Verweyen, Philosophie und Theologie im Mittelalter. Die historischen Voraussetzungen des Antimodernismus, Bonn 1911, 136 S.
Hessen las diese Broschüre im SS 1911 (NL Hessen, fasz. 44).

- 1912 -

10. Rudolf Eucken, Hauptprobleme der Religionsphilosophie der Gegenwart, 4./5., verb. u. erweit., Aufl., Berlin 1912, 8 u. 182 S.
Hessen las 1911/12 zahlreiche Werke des Nobelpreisträgers und berühmten idealistischen Philosophen. In den Weihnachtsferien 1911 las er Euckens populäre Schrift "Können wir noch Christen sein?" (Leipzig 1911; NL Hessen, fasz. 44).

11. Rudolf Eucken, Die Lebensanschauungen der großen Denker. Eine Entwicklungsgeschichte des Lebensproblems der Menschheit von Plato bis zur Gegenwart, 10. Aufl., Leipzig 1912, X u. 544 S.
Hessen las dieses Werk (wohl in der 9. Auflage, später zitierte er diese) im SS 1911 (NL Hessen, fasz. 44).

12. Oswald Külpe, Die Realisierung, Bd. I, Leipzig 1912, X u. 257 S.
Hauptwerk des sog. «Kritischen Realismus»; für Hessen wichtig während seiner frühen, noch erkenntnistheoretisch geprägten Lebensphase. Vgl. ders., Die philosophischen Strömungen der Gegenwart (1940), 59-67. Die Bände 2 und 3 wurden von A. Messer 1920 und 1923 aus dem Nachlaß herausgegeben.

13. Henri Bergson, Einführung in die Metaphysik. Autorisierte Übertragung, Jena 1912, 58 S. Ders., Schöpferische Entwicklung, Berechtigte Übersetzung, Jena 1912, 373 S.
    Hessen hat die antiintellektualistische Grundannahme Bergsons zustimmend rezipiert (s. Erkenntnistheorie, 1926, 96, 99, 101), ohne aber sein System anzuerkennen. Erst Bergsons Spätwerk "Die beiden Quellen der Moral und der Religion" (1932, dt. 1933) haben ihn voll für B. gewonnen; vgl. J. Hessen, Die Philosophie des 20. Jahrhunderts (1931), 110-18.

14. Ernst Troeltsch, Die Absolutheit des Christentums und die Religionsgeschichte, 2. Aufl. Tübingen 1912, XXVII u. 150 S.
    Vgl. J. Hessen, Geistige Kämpfe, 42.

15. Max Frischeisen-Köhler, Das Realitätsproblem (= Philosophische Vorträge. Veröff. von der Kant-Gesellschaft, Nr. 1/2), Berlin 1912, 98 S.
    Vortrag in Berlin vom 15.6.1912, der eine Zusammenfassung seines Buches "Wissenschaft und Wirklichkeit", Leipzig 1912, bietet.
    71: "Realexistenz kommt einem Gegenstand zu, sofern er als Teil dieses Wirkungszusammenhanges [= der Wahrnehmungszusammenhang "der in der willentlichen Auseinandersetzung als ein Wirkungszusammenhang erfahren wird, mit welchem wir in lebendiger Wechselbeziehung stehen, der in seiner Verzweigung nach allen Richtungen hin die Grenzen der Subjektivität überschreitet"] vorgefunden, das heißt, in der willentlichen Erfahrung erlebt werden kann". - Hessen schätzte dieses Werk des Dilthey-Schülers F.-K. sehr hoch ein; er fand in ihm andauernd einen ausschlaggebenden Beleg für die Gegebenheit von "geistiger Erfahrung"; J. Hessen, Wertphilosophie (1938), 118.

16. Joseph Geyser, Lehrbuch der allgemeinen Psychologie, 2. Aufl. Münster 1912, 750 S.
    Hessen las dieses Werk seines Lehrers in den Herbstferien 1912 (NL Hessen, fasz. 44). Zweifellos hat Geyser versucht, in breitestem Umfang naturwissenschaftliche Ergebnisse der Experimental-Psychologie in das neuscholastische System einzubauen.

17. Wladislaus Switalski, Probleme der Begriffsbildung. Eine kritische Würdigung des transzendentalen Idealismus. In: PhJb 25(1912), 1. Heft, 67-84.
Vortrag vor der Görres-Gesellschaft am 3.10.1911 über die Preisaufgabe der Kant-Gesellschaft, Aristoteles und Kant zu vergleichen und die daraus entstandenen Werke von Sentroul, Aicher und Görland. Ausführlich zu Cassirer, Natorp, Bauch. Switalski betont, daß man sehr ausführlich den Subjektivisten und Psychologisten Kant kritisiert habe, "während der transzendentale Gedankengang, der auch nach meiner Ansicht das Wesentliche in Kants Auffassung bildet"(69), bei den Marburgern folgerichtig neu erarbeitet werde. Hessen hat diesen Standpunkt Switalskis, dessen Werke er genau studierte, sich zu eigen gemacht. Später vertrat Switalski einen strengeren neuscholastischen Standpunkt.

- 1913 -

18. Maurice de Wulf, Geschichte der mittelalterlichen Philosophie. Autorisierte Übersetzung von Dr. Rudolf Eisler, Tübingen 1913, XVI u. 461 S.
Vorläufiges Hauptergebnis der Löwener Schule, von Hessen hoch geschätzt.

19. Georg Freiherr von Hertling, Historische Beiträge zur Philosophie, hrsg. von J.A. Endres, Kempten/München 1914, IV u. 345 S.
Ein Sammelband, der auf Hessen den größten Einfluß ausübte.

20. Clemens Baeumker, Die christliche Philosophie des Mittelalters. In: Die Kultur der Gegenwart. Ihre Entwicklung und ihre Ziele, hrsg. von Paul Hinneberg, Teil I, Abteilung V: Allgemeine Geschichte der Philosophie, Berlin/Leipzig 2. Auflage 1913, 338-431 (1. Aufl. 1909).
Perspektivenreiche, materialgesättigte und doch frische und urteilsfreudige Darstellung des führenden kathol. Philosophiehistorikers, der neben den eigentümlichen Leistungen der Scholastik auch ständig deren unvermeidliche Begrenzungen hervorhebt, so daß die Weiterentwicklung zur Neuzeit nicht als Dekadenz, sondern als notwendig erscheint. Hessen ist dieser Auffassung stets treu geblieben.

21. B.W. Switalski, Vom Denken und Erkennen. Eine Einführung in das Studium der Philosophie, 5. Tausend (= Sammlung Kösel, 57), Kempten und München o.J. (1913), Widmung an Hertling, dessen Schüler Sw. war, zu dessen 70. Geburstag.
Deutliche Kritik an der aristotelisch-scholastischen Erkenntnistheorie S.175ff. sowie Bekenntnis zum "kritischen Realismus" S.198-203.
Die Schriften Switalskis haben Hessen stark beeindruckt, wenigstens während seiner Jugend.

22. Johannes Volkelt, Was ist Religion?, Leipzig 1913, 24 S.
Wegen der "scharfen Abgrenzung des religiösen Werterlebnisses gegen alle andern Arten der Werterfahrung", die Volkelt in dieser kleinen Schrift vertrat, hat Hessen ihn dauernd hoch geschätzt; J. Hessen, Religionsphilosophie (1948), I, 75.

23. Aloys Müller, Wahrheit und Wirklichkeit. Untersuchungen zum realistischen Wahrheitsproblem, Bonn 1913, IV u. 64 S. Bonner phil. Diss.
Referent: A. Dyroff.
Rez.: Jos. Schnippenkötter in: PhJb 28(1915) 397-406.

24. Franz Sawicki, Der Modernismus. In: ThR 12(1913), Nr. 1 von Jan. 1913, Sp. 1-9.
Rezension der Neuerscheinungen zum Thema, besonders zu den Werken von A. Gisler, Jul. Beßmer SJ, R. Schultes O.P., B. Baur, F.X. Kiefl, S. Weber, J. Marx. Der Ton ist gemäßigt.

25. Bernhard Dörholt, Neue thomistische Literatur. In: ThR 12(1913), Nr. 7 vom Mai 1913, Sp. 193-201.
Leidenschaftliche Verteidigung des strengen Thomismus an Hand von neuen Werken N. Del Prados und Ant. Wagners durch den Münsteraner Lehrer Hessens.

- 1914 -

26. Wilhelm Windelband, Einleitung in die Philosophie, Tübingen, 1914, XII u. 441 S.
Von großem Einfluß das 3. Kapitel: "Religiöse Probleme" (388-432).
N.B. Es handelt sich nicht etwa um eine Einführung, sondern um das abschließende Werk W.s.

27. Wilhelm Windelband, Präludien. Aufsätze und Reden zur Philosophie und ihrer Geschichte, 5., erweit. Aufl., 2 Bde., Tübingen 1914, XI u. 299, IV u. 345 S.
Die beiden letzten Texte ("Das Heilige. Skizze zur Religionsphilosophie" und "Sub specie aeternitatis. Eine Meditation") dürfen als Höhepunkt von W.s Religionsphilosophie gelten.

28. William James, Die religiöse Erfahrung in ihrer Mannigfaltigkeit. Deutsche Bearbeitung von G. Wobbermin, 2. Aufl., Leipzig 1914, XXIV u. 404 S.
Die Lehre James' von den "Realitätsgefühlen" hat Hessen nachhaltig beeinflußt. "Gott ist wirklich, weil er wirksam ist"; J. Hessen, Religionsphilosophie, II (1948), 125.

29. Arthur Liebert, Das Problem der Geltung (= Ergänzungshefte der Kant-Studien, 32) VI u. 262 S.
S.3: Die Einzelwissenschaften haben mit dem zu tun, was "ist" ..., der Philosophie ist es vorbehalten, "die Frage nach der Geltung, nach dem Gehalt, nach dem Sinn, nach dem Wert des Seins aufzuwerfen". Der spätere Generalsekretär der Kant-Gesellschaft stand an der Grenze von Neukantianismus und Wertphilosophie und hat auf den jungen Hessen erheblich eingewirkt. Vgl. dessen "Religionsphilosophie des Neukantianismus" (^{2}1924), 8-12.

- 1915 -

30. Caspar Isenkrahe, Über die Grundlegung eines bündigen kosmologischen Gottesbeweises, Kempten 1915, VIII u. 304 S.
Mit diesem Buch des Trierer katholischen Gymnasialprofessors für Mathematik begann der neueste Schub der Diskussion um die scholastischen Gottesbeweise, der bis in die Zeit des 2. Weltkrieges hinein andauerte. - Zum Leben C. Isenkrahes (1844-1921) vgl. Josef Schnippenkötter, Kaspar Isenkrahe und seine wissenschaftliche Bedeutung. In: Das Heilige Feuer 14(1926/27) 129-136 und 175-183. - Vgl. J. Hessen, Geistige Kämpfe, 77.

31. Friedrich Ueberwegs Grundriss der Geschichte der Philosophie. Zweiter Teil: Die mittlere oder die patristische und scholastische Zeit. Zehnte, vollständig neu bearbeitete und stark vermehrte Auflage, hrsg.

von Matthias Baumgartner, Berlin 1915, XVIII u. 658 S., und 266 S. Literaturverz. und Register.
Das monumentale Werk des Hertling- und Baeumker-Schülers B. stellte die Zusammenfassung der philosophiehistorischen Bemühungen dieser Schule im Kaiserreich dar. Zu Thomas v. Aq. 477-502 (also vergleichsweise wenig).

32. Jos. Geyser, Allgemeine Philosophie des Seins und der Natur, Münster 1915, 479 S.
Im Vorwort: "Solche, die von der Scholastik nur eine recht vage Kenntnis haben, pflegen mich für einen extremen Scholastiker auszugeben. Die Scholastiker selbst hingegen entdecken in meinen Schriften mancherlei, was von den Anschauungen der mittelalterlichen Scholastik abweicht ..." Dieses Werk, in dem wichtige thomistische Thesen, z.B. die Realdistinktion und die materia prima abgelehnt werden, hat auf Hessen einen großen Einfluß ausgeübt. Die kritische Darstellung des Substanzbegriffes (408-69) hat gewiß Hessens späteres Substanz-Buch mitverursacht.

33. Heinrich Rickert, Der Gegenstand der Erkenntnis. Einführung in die Transzendentalphilosophie, 3. Aufl. Tübingen 1915, XII u. 456 S.
"Wer an Gott glaubt, wird sich mit der bloßen Geltung der Werte nie begnügen, sondern ihre Macht über die Wirklichkeit annehmen. Mit welchem Recht er das tut, steht nicht in Frage. Das ist nicht Sache des beweisbaren Wissens, sondern des Glaubens"; 448, zit. nach J. Hessen, Die Religionsphilosophie des Neukantianismus (^{2}1924), 72. Diese These steht natürlich im Gegensatz zum Conc. Vatican. I. Vgl. H.-L. Ollig, 61.

34. Alfred Boehm, Die Gottesidee bei Aristoteles auf ihren religiösen Charakter untersucht, Köln 1915, 118 S.
Der Schluß (117f.) lautet: "Die aristotelische Gotteslehre wächst aus der metaphysischen Begründung der Bewegung heraus, und dieser ihr Ausgangspunkt hat auf ihre nähere Ausbildung bestimmend eingewirkt. Die Gottheit erscheint als der letzte unbewegte Beweger aller Bewegung, nicht aber als der letzte Urgrund alles Seins. Es fehlt darum jedwede nähere ontologische Bestimmung des Verhältnisses Gottes sowohl zu den ewigen Geistern als auch zum Menschen und damit jede

Basis für ein religiöses Verhältnis". Auch Thomas habe sein Gottesbild nur durch Überschreiten des aristotelischen Rahmens erhalten können.

35. Konstantin Oesterreich, Die religiöse Erfahrung als philosophisches Problem (= Philosophische Vorträge. Veröffentl. von der Kant-Gesellschaft, Nr. 9), Berlin 1915, 54 S.
Von Hessen hochgeschätzter Beitrag, auf den er immer wieder zurückkam.
Rez.: G. Wunderle in: PhJb 29(1916) 83-86.

36. Otto Zimmermann SJ, Der Gottesbeweis des Weltkrieges, Münster 1914, 52 S.
Rez.: A. Donders in: ThR 13(1914), Nr. 17/18 vom Nov. 1914, Sp. 316: Lob für das kleine Heft, in dem die Aussprüche großer Männer in dieser Zeit in einen "Gottesbeweis" überführt werden, der dem Rez. zufolge freilich keine zwingende, sondern "moralische" Gültigkeit habe. Das Werk erreichte acht Auflagen.

37. Joseph Thomé, Kants Stellung zu den Gottesbeweisen in seiner vorkritischen Periode. In: PhJB 28(1915), 3. Heft, 380-96.
Früher Versuch des später (nach der Ablehnung seiner Bonner Dissertation über Vaihinger) als Schriftsteller und Theologe bekanntgewordenen Aachener Diözesangeistlichen, der zum Kreis um Hessen zählte.

- 1916 -

38. J. Hessen, Die Begründung der Erkenntnis nach dem heil. Augustinus (= Beiträge zur Geschichte der Philosophie des Mittelalters, hrsg. von Clemens Baeumker, Bd. XIX, Heft 2), Münster (Aschendorffsche Verlagsbuchhandlung) 1916, XII u. 118 S.
Vorwort dat. "Duisburg, Epiphanie 1916".
p.v.: "Dem Collegium Augustinianum in Gaesdonck in Dankbarkeit gewidmet".
Kein Imprimatur-Vermerk.
Ein Teildruck von 55 S. Umfang mit demselben Titel, Münster 1916 nennt im Lebenslauf die Lehrer Hessens. Ein Exemplar im NL Hessen, fasz. 60. Das Jahresverzeichnis der an den Deutschen Universitäten und Technischen Hochschulen erschienenen Schriften, Bd. 32, Jahrg.

1916, Berlin 1917, 22 nennt das Promotionsdatum vom 5.7.1916 und die beiden Referenten Mausbach und Diekamp. Vgl. J. Hessen, Geistige Kämpfe, 35ff.
Rez.: Artur Schneider in: HJb 37(1916), 4. Heft, 762: sehr anerkennend. - J.A. Endres/Regensburg in: ThR 15(1916), Nr. 19/20 vom 19.12.1916, Sp. 445 f.: "sehr interessant ist die Parallele, welche der Verf. zwischen dem «theologischen Apriorismus» Augustins und einigen erkenntnistheoretischen Richtungen der Gegenwart zieht" (446). - Bernard Kälin O.S.B./Sarnen in: PhJB 30(1917), April-Heft, 216-24: sehr lobend. Der letzte Satz endet damit, daß diese Schrift "zum Besten gezählt werden darf, was bisher darüber geschrieben worden ist". - Ludwig Baur in: ThQ 100(1919) 354-56: trotz einiger Einwände und Vorbehalte, z.B. wegen des zu hoch bewerteten Eucken, "darf die wertvolle Arbeit des Verf. keineswegs nur ein historisches Interesse beanspruchen. Es kommt ihr zugleich eine sehr aktuelle Bedeutung zu". - R. Seeberg in: ThLBl 38(1917) Nr. 23, Sp. 401: kurze Anzeige. - Lic. Zänker in: Theologischer Literaturbericht, Jg. 1917, Nr. 4, 102f.: anerkennend. Vgl. Nr. 87.

39. **J. Hessen, Freies Christentum. Eine apologetische Studie zur Religionsphilosophie von E. Troeltsch. In: ThGl 8(1916) 237-50.**
Studie über verschiedene religionsphilosophische Arbeiten Troeltschs, bes. sein "Die Absolutheit des Christentums und die Religionsgeschichte" [2]Tübingen 1912. Der Tenor ist insgesamt noch dogmatisch-orthodox. S. 249 wird Troeltsch ein nicht genügendes Verständnis des "prophetischen Gottesideals" vorgehalten. - Vgl. J. Hessen, Geistige Kämpfe, 47.

40. Max Scheler, Der Formalismus in der Ethik und die materiale Wertethik, Halle 1916, Sonderdruck aus der Zs. f. Philos. u. phänomenologische Forschung 1913/16, zus. VIII u. 620 S.
Dieses wohl bedeutendste deutschsprachige Werk zur Ethik im 20. Jahrhundert hat Hessen nicht nur rezipiert, sondern dauernd verwertet. Sein Schlußurteil in: J. Hessen, Max Scheler (1948), 41-57.

41. August Messer, Die Philosophie der Gegenwart (= Wissenschaft und Bildung, 138), Leipzig 1916, 140 S.
Der Gießener Prof. der Philosophie, der sich vom Katholizismus abgewandt hatte, teilt seine Übersicht in drei Hauptabschnitte ein: 1. Religi-

ös-kirchliche Philosophie (hierin 1-17 katholische Philosophie), 2 Irrationalistische Philosophie, 3. Rationalistische (wissenschaftl.) Philosophie. Der letzte Unterabschnitt heißt: "Der kritische Realismus" (120-126). Hessen stand Messer so nahe, als es Messers strikte Gegnerschaft jedem "Irrationalismus" gegenüber erlaubte.

42. Josef Geyser, Der kosmologische Gottesbeweis und seine begriffliche Grundlage. In: ThR 15(1916) Nr. 3/4 vom 14.3.1916, Sp. 49-53.
Zu Nr. 30.
"An der Spitze des Gottes<u>beweises</u> dürfen unbedingt nur solche Sätze gestellt werden, die nicht von bloßer <u>Annahme</u> abhängen, sondern <u>echte</u> Axiome, d.h. unmittelbar evidente Wahrheiten bilden. Freilich hat der Apologet, wenn er solche Axiome aufstellt, mit peinlicher Gewissenhaftigkeit ihre Evidenz allen sichtbar zu machen. Und das ist, wie auch der Gottesbeweis selbst, eine schwere Sache, eine viel schwerere, als manche meinen, die apologetische Bücher geschrieben haben und schreiben. Wenn Isenkrahes Arbeit die Apologeten hiervon überzeugt, so ist sie nicht umsonst geschrieben".

43. Joseph Koch, Die Erkenntnislehre Herman Schells. In: PhJb 29(1916), 1. Heft, 1-35.
Teildruck der gleichnamigen phil. Diss. von Koch; Bonn, Rigorosum am 9.12.1914.
Scharfe Ablehnung der diesbez. Leistungen Schells, die insgesamt für "wertlos" gehalten werden. Die tiefe Kluft zwischen Koch und Hessen (der Schell stets verehrte) ist hier schon angebahnt.

44. Remigius Stölzle, Windelbands Stellung zu den Gottesbeweisen. In: PhJb 29(1916), 3. Heft, 264-78.
"Windelband wiederholt meist längst erkannte Irrtümer" (278). Völlig ablehnend.

45. Martin Grabmann, Der kritische Realismus Oswald Külpes und der Standpunkt der aristotelisch-scholastischen Philosophie. In: PhJb 29(1916), 4. Heft, 333-69.
Umfassende Würdigung des Hauptvertreters des «Kritischen Realismus», nicht ohne triumphales Bewußtsein, als Neuscholastiker alles Gute an Külpes Werk ohnehin schon immer besessen zu haben.

- 1917 -

46. **J. Hessen, Die Absolutheit des Christentums. Religionsphilosophisch und apologetisch dargestellt** (= Rüstzeug der Gegenwart. Eine Sammlung von religiösen, philosophischen und apologetischen Tagesfragen. Neue Folge. Herausgegeben von **J. Froberger.** Sechster Band), Köln, Verlag und Druck **J.** Bachem, **1917, 62 S.**
Imprimi permittitur. Coloniae, die 2 Octobris 1916 Nr. 3579 Dr. Kreutzwald. Vicarius Archiep. Glis.
Vgl. dazu Einleitung, Kapitel 2, Abschnitt c.
Da dieses Werk vom Verlag zurückgezogen oder die Auslieferung gestoppt wurde, wird hier bemerkt, daß das vom Editor über die Fernleihe eingesehene Exemplar auf S. 5 ein Exlibris enthält, das offenbar von der Bibliothek der TH Aachen eingeklebt wurde und wie folgt lautet: "Aus der Bibliothek von Prof. Dr. Johannes Ramackers Aachen 1967. 2719". Ein weiteres Exemplar, in der Bibliothek der Phil.-theol. Hochschule von St.Georgen/Frankfurt, enthält den zweifelsfrei von Carl Bachem stammenden Bleistifteintrag: "Im Dec. 1917 auf Wunsch von Card. v. Hartmann aus dem Buchhandel zurückgezogen. 26/12. 17 CB" (Freundl. Mitteilung von Dr. H.H. Schwedt).
Rez.: F.X. Kiefl in: Lit. Ratg. 16(1918/19) 22: "Von der «Absolutheit des Christentums ...» handelt Hessen in einer hochinteressanten, die modernsten Forschungsergebnisse vorsichtig und mit erfreulichem Erfolg berücksichtigenden Darstellung. Die Schrift enthält eine Fülle neuer, apologetischer Gedanken. Gerade für solche, welche im modernen Geisteskampfe stehen und nach einer lebenswarmen Begründung des alten, nie wankenden Glaubens mit Mitteln der heutigen Wissenschaft inniger sich sehnen als nach schulmäßiger Form, die heutzutage vielfach in ihren tiefsten Voraussetzungen nicht mehr verstanden wird, da die scholastische Erkenntnisbegründung vielen nicht mehr vertraut ist." Zu F.X. Kiefl (1869-1928) ausführlich: Imkamp 553-55 (Lit.). - Lic. Lauerer in: ThLBl 39(1918) Nr.4, Sp. 77: positiv.

47. **J. Hessen, Antiker und moderner Idealismus.** In: PhJb30 (1917), **192-199.**
Vgl. Einleitung, Kapitel 2, Abschnitt c.

48. J. Hessen rez. M. Grabmann, Die Grundgedanken des h. Augustinus über Seele und Gott in ihrer Gegenwartsbedeutung, Köln 1916. In: ThR 16(1917), Nr. 7/8 vom 30.5.1917, Sp. 166f.
Tadelt Grabmanns Auffassung von Substanz und Kausalprinzip.

49. Rudolf Otto, Das Heilige, Breslau 1917, IV u. 192 S.
Epochemachendes Werk, das auf Hessen dauernden Einfluß ausübte, und auf das er immer wieder zu sprechen kommt, zuletzt in seiner "Religionsphilosophie", I (1948), 319-51. Gegen das Werk schrieb Joseph Geyser, Intellekt oder Gemüt? Eine philosophische Studie über Rudolf Ottos Buch "Das Heilige", Freiburg 1922, die von Hessen a.a.O., 344-46 zurückgewiesen wird. Auch andere Kritiker Ottos werden dort beleuchtet.

50. Karl Dunkmann, Religionsphilosophie. Kritik der religiösen Erfahrung als Grundlegung christlicher Theologie, Gütersloh 1917, XXI u. 496 S.
Trotz einiger Vorbehalte hat Hessen diese Arbeit hoch geschätzt, denn D. betrachtet die Religion als "in der Erfahrung gegeben, eine Erfahrungs- und Erlebnisgröße", die unabhängig von philosophischer Deduktion ist; J.Hessen, Religionsphilosophie, I (1948), 230-42, hier 238.

51. Georg Mehlis, Einführung in ein System der Religionsphilosophie, Tübingen 1917, IV u. 135 S.
Vgl. J. Hessen, Die Religionsphilosophie des Neukantianismus (1924), 77-89, 159-62.

52. Anton Seitz, Kausalität und Kontingenz als Grundlage für die Gottesbeweise. In: PhJb 30(1917), 3. Heft vom Juli 1917, 259-92.
Gegen Isenkrahe. - Zu A. Seitz (1869-1951) vgl. Imkamp, 622.

53. Martin Grabmann rez. Günther Schulemann, Das Kausalprinzip in der Philosophie des hl. Thomas v. Aquin (= Beiträge zur Geschichte der Philosophie des Mittelalters, VIII/5), Münster 1915. In: ThR 16(1917), Nr. 5/6 vom 12.4.1917, Sp. 99-102.
"Während diese historische Quellenanalyse in dankenswerter Weise Thomas von Aquin als den Philosophen und Theologen der Vermittlung, als den Meister feinsinniger Synthese zeichnet, scheint mir die inhaltliche Darstellung der thomistischen Lehre von der

Gewißheit und Geltung des Kausalprinzips, von seiner Stellung zu den inneren höchsten Prinzipien doch zu kurz ausgefallen zu sein." - Günther Schulemann war ein Schüler Matth. Baumgartners. - Vgl. Nr. 61. - Zu Günther Schulemann, geb. 1889 zu Neiße, Priester 1918, 1923 in Breslau für Philosophie habilitiert, 1930 a.o. Prof., vgl. Kleineidam, 172 (nur wenig). Vgl. hier Einleitung Anm. 372.

54. Matthias Laros, Newman. In: Akademische Bonifatius-Korrespondenz, Jg. 32, S.-S. 1917, VI. Kriegsnummer, 137-45.
Der Neoaugustinismus Hessens war Teil einer Aufbruchsatmosphäre, zu der auch die Wiederentdeckung Newmans und Pascals gehörte. Vgl. Nr. 62.

- 1918 -

55. J. Hessen, Mercier als Philosoph. (= Der Kampf um Belgien, hrsg. Sekretariat Sozialer Studentenarbeit, Heft 16), Mönchengladbach 1918, 19 S.
Das dem Editor vorliegende Exemplar der ursprünglichen Fassung stammt aus der Stadtbibliothek Mönchengladbach, und zwar aus der Bibl. der Zentralstelle des Volksvereins für das katholische Deutschland. - Die tatsächlich in den Buchhandel kommende, um das letzte Kapitel gekürzte Fassung enthielt dementsprechend nur 15 Seiten; Gesamtverzeichnis des deutschsprachigen Schrifttums (GV), hrsg. von R. Oberschelp, Bd. 65, München 1978, 470.
Vgl. hierzu Text Nr. 1 (die Seiten 15-19) und J. Hessen, Geistige Kämpfe, 39.

56. J. Hessen, Religionsphilosophie. In: Der Katholik, 98. Jg., 4. Folge Bd. 21 (1918), 9. Heft von 1918, 217-23.
Zur Religionsphilosophie von Windelband und Natorp. H. berichtet, daß von Windelband im Laufe des Krieges eine Feldpostausgabe hergestellt worden sei, weil "das religiöse Problem, das unsere gebildete Jugend vor dem Feinde mehr als jemals zuvor beschäftigt, erst in dieser universalen Beleuchtung diejenige Durchdringung erfahren hat, nach der die Fragestellung bisher vergeblich verlangte" (217). Gemeint ist: W. Windelband, Das Heilige. Skizze zur Religionsphilosophie. Feldpostausgabe aus den "Präludien", Tübingen 1916.

57. Franz Ehrle SJ, Grundsätzliches zur Charakteristik der neueren und neuesten Scholastik (= Ergänzungshefte zu den Stimmen der Zeit. Erste Reihe: Kulturfragen, 6. Heft), Freiburg i.Br. 1918, 32 S.
S. 1: "Fragen wir nach dem Wesen der Scholastik, so müssen wir sie zunächst als ein historisch gewachsenes Gebilde bezeichnen, dessen Begriff sich jedoch nachträglich logisch umgrenzen läßt. Uns auf das Wesentliche beschränkend, können wir als ihr eigentliches Merkmal und ihren innersten Bestandteil ihr korrektes Verhältnis zu den beiden uns erschlossenen Erkenntnisquellen bezeichnen: zu der christlichen Offenbarung und zu der aristotelischen Philosophie als der höchsten Leistung und vollsten Zusammenfassung des durch die Naturkraft der rein menschlichen Vernunft Erreichten. Diese beiden Momente enthalten den vollen und einzig möglichen Erweis ihres Wahrheitsgehaltes und ihrer Alleinberechtigung". - Vgl. hierzu J. Hessen, Die philosophischen Strömungen der Gegenwart, ^{2}1940, 17.

58. Georg Wunderle, Grundzüge einer Religionsphilosophie, Paderborn 1918, 224 S.
Vorwort dat. "Würzburg 1.3.1918".
Dieses Werk blieb für immer Hessens Hauptbeleg für eine verfehlte, intellektualistische Sicht der Religion. Vgl. seine Religionsphilosophie (1948), Bd. I, 28-36. Hauptanstoß war der § 12: "Das kausale Denken als einziger Weg zu Gott" (105-13); eine These, die sich auf die Frage reduzierte: "Hat das Kausalgesetz objektiven, allgemeingültigen Charakter?" (108). Dieser § 12 bildete den Hauptteil des 2. Kapitels des Werkes, das den (in den Augen Hessens anstößigen) Titel "Gott als Objekt der Religion" trug (104-180).

59. Eugen Rolfes, Die Körperlehre in der griechischen und scholastischen Philosophie. In: Der Katholik, 98. Jg., Bd. XXI, 1918, 4. Heft, 259-67.
Gegen Clem. Baeumker, Roger Bacons Naturphilosophie, Münster 1916. Rolfes verteidigt die Lehre von der materia prima sowie das Akt-Potenz-Schema unbedingt gegen seine Kritiker. Gelegentlich wird deutlich, daß er letztlich den Transsubstantiationsbegriff verteidigt.

60. Christian Schreiber rez. Engelbert Krebs, Die Wertprobleme und ihre Behandlung in der katholischen Dogmatik, Freiburg 1917. In: PhJb 31(1918), Januar-Heft, 92f.

Zur Freiburger Antrittsvorlesung von Krebs am 18.6.1917, in der dieser sich gegen die Windelband-Rickert-Schule und bes. gegen A. Messer gewandt hatte.

61. Eduard Hartmann rez. G. Schulemann, Das Kausalprinzip in der Philosophie des hl. Thomas von Aquino, Münster 1915. In: PHJb 31(1918), Januar-Heft, 95-96.
Thomas' Auffassung vom Kausalprinzip hängt von zwei Systemen der Vorzeit ab: erstens von der aristotelischen Ursachenlehre, zweitens von "einer Fülle der verschiedensten Axiome und Definitionen, die auf frühere Scholastiker, auf Augustinus, den Neuplatonismus, Pseudo-Dionysius, den liber de causis, Ibn Gebirals «Fons vitae»" und letztlich auf Plato zurückgehen. "Erkenntnistheoretische Bedenken, die sich gegen die objektive Geltung des Kausalprinzips richten, liegen dem hl. Thomas fern." - "Die fünf Gottesbeweise, die in der summa theologica ihren klassischen Ausdruck gefunden, sind ausschließlich Kausalbeweise". Sehr anerkennender Schluß. Vgl. Nr. 53.
Zu Eduard Hartmann (1874-1951) vgl. den Nachruf von G. Siegmund in: PhJb 61(1952) 499. Er war Prof. in Fulda und seit 1924 Herausgeber des "Philos. Jahrbuches".

62. Johann Peter Steffes rez. Matthias Laros, Der Intuitionsbegriff bei Pascal und seine Funktion in der Glaubensbegründung, Düsseldorf 1917. In: PhJb 31(1918), Januar-Heft, 96-98.
Unter den drei möglichen Formen der Intuition vertritt Pascal die metalogische oder intellektuelle Intuition, die ein "personaler Erkenntnisakt" ist, "an dem alle Seelenkräfte beteiligt sind". Die Analyse von Laros wird lobend anerkannt.

- 1919 -

63. J. Hessen, Die Religionsphilosophie des Neukantianismus, dargestellt und gewürdigt (= Freiburger theologische Studien, unter Mitwirkung der Professoren der Theologischen Fakultät hrsg. von Dr. Gottfried Hoberg, Professor an der Universität zu Freiburg i. Breisgau, 23. Heft), Freiburg i.Br. (Herder) 1919, VIII und 94 S.
Imprimatur Freiburg 1.5.1919 Fritz, Vic. Archiep. Glis.
p.V: "Dem Andenken meines gefallenen Bruders".
Vorwort dat. "Lette, Bez. Münster i.W. Nov. 1917".

Ein Teildruck mit demselben Titel, Dettelbach 1918, 63 S. nennt als Referenten den Geh. Hofrat Prof. Dr. R. Stölzle, sowie das Datum der Vorlage der Arbeit, den 22.12.1918. Das "Jahresverzeichnis der an den Deutschen Universitäten und Technischen Hochschulen erschienenen Schriften", Bd. 35, Jg. 1919, Berlin 1920, 450 nennt als Datum der Dissertation den 9.12.1918.
Rez.: Georg Wunderle in: Lit. Hand. 55(1919), Nr. 12 vom Dez. 1919, Sp. 594f.: H. betont zu sehr das "religiöse Erleben": - "Ist es dabei möglich, die objektive und alleinige Gültigkeit bestimmter relig. Werte (etwa derjenigen des Christentums) zu sichern?" - Eine weitere Rez. Wunderles in: ThprQS 73(1920), 1. Heft, 16, sowie eine Rez. der Neuauflage hier Nr. 130. Zu G. Wunderle (1881-1950), o. Prof. der Apologetik in Würzburg vgl. Imkamp, 623. - Otto Zimmermann SJ in: StdZ 99(1920), 177f.: scharfe Kritik, Tadel für eine Berufung auf Isenkrahe, Vorwurf des Intuitionismus. - Christian Schreiber in: PhJb 33(1920), Oktober-Heft, 382-85: unter Berufung auf das I. Vatikanum und Pius X. wird H.s These, daß die unmittelbare Intuition an die Stelle des rationalen Schlußfolgerns zu setzen sei, so wie H. sie bes. 79 äußere, klar zurückgewiesen. - F. Klimke SJ in: ZkTh 44(1920) 287f.: K. ist vom Schlußkapitel "weniger befriedigt", da hier "der Wert der alten apologetischen Methode zu gering, derjenige der der neukantischen Methode zu hoch" eingeschätzt wird. Im ganzen eine scharfe Kritik. - Heinrich Scholz in: ThLZ 46(1921), Heft 1/2 vom 29.1.1921, Sp. 15 f.: positives Referat, das mit den Worten endigt: "Ich bemerke noch, daß die Dogmatik des Katholizismus sich an keiner Stelle der vorliegenden Erörterung störend oder gar aufdringlich bemerkbar macht".

64. **J. Hessen, Die unmittelbare Gotteserkenntnis nach dem hl. Augustinus, Paderborn (Schöningh) 1919, 60 S.**
Imprimatur Paderborn V.Gen. Klein 7.5.1919.
Vorwort: Lette, Bez. Münster, März 1919.
Schlußwort S. 59.
Den Inhalt und die Resonanz dieser Schrift faßte Hessen 1924 in seinem "Augustinus und seine Bedeutung für die Gegenwart", 70, so zusammen: "1. Augustin nimmt außer der platonisch bestimmten rational-diskursiven eine mystisch-intuitive Art der menschlichen Gotteserkenntnis an. 2. Er unterscheidet sich wesentlich vom Ontologismus, indem er immer wieder die Unvollkommenheit unserer irdi-

schen Gotteserkenntnis betont und deshalb weit davon entfernt ist, den ganzen Inhalt der menschlichen Erkenntnis aus der Intuition des Göttlichen herzuleiten. 3. Augustins Lehre von der mystisch-intuitiven Gotteserkenntnis ist nicht sowohl eine Theorie des wissenschaftlichen Erkennens (wie bei den Ontologisten) als vielmehr eine auf Plotin und den Neuplatonismus zurückgehende Theorie der religiösen Erfahrung. Diese Ergebnisse meiner Arbeit wurden nach ihrem Erscheinen vom weitaus größten Teil der Kritiker anerkannt und als endgültige Lösung einer vielumstrittenen Frage begrüßt."
Rez.: C.W. (= Carl Weymann) in: HJb 14(1921), 1. Heft, 123f.: anerkennend. - Otto Scheel in: ThLZ 46(1921), Heft 1/2, Sp.7f. Rez. hält die Frage nach dem "Ontologismus" bei Augustin für überflüssig. - Lic. Zänker (Soest) in: ThLBl 42(1921), Nr. 15 vom 22.7.1921, Sp. 230f.: positiv, auch zu H.s "Der augustinische Gottesbeweis" von 1920. - B. Bartmann in: ThGl 12(1920), 181: positiv. - Christian Schreiber in: PhJb 33(1920) 399f.: es bleibt nicht erwiesen, "dass die Erkenntnis der obersten Wahrheiten und Begriffe nach Augustinus wirklich eine wahre und eigentlich unmittelbare Gottesschau sei". - Vgl. Nr. 89, 108, 110, 120, 127, 189.

65. **J. Hessen, Graf von Hertling als Augustinusforscher, Düsseldorf (Cäcilienverlag) 1919, 21 S.**
Würdigung des kurz zuvor verstorbenen Hertling, dessen Augustinus-Forschungen als Beispiel objektiver, "streng sachlicher" (20) Forschung besonders gelobt werden. Ausführliches Referat der Stellung Hertlings zum Problem der thomistischen Augustinus-Interpretation (11). - Vgl. Nr. 110.

66. August Messer, Glauben und Wissen. Die Geschichte einer inneren Entwicklung, München 1919, 169 S.
Bericht, wie er über die Frage des Übels zu einem "Abschied vom Gottesglauben" gekommen sei. Messers damals erhebliche Bedeutung ist ersichtlich aus: Clemens Kopp, A. Messers religiöse Entwicklung. In: Akademische Bonifatius-Korrespondenz, Jg. 34, W.-S. 1918/19, IX. Kriegsnummer, 99-106.

67. Wilhelm Wilbrand, Kritische Erörterungen über den katholischen Religionsunterricht an höheren Schulen. Fragen religiöser Erziehung und wissenschaftlicher Belehrung, Tübingen 1919, VII u. 212 S.

Entgegen dem Titel enthält dieses 212 S. starke Buch im wesentlichen eine kritische Bilanz der damaligen katholischen Bibelwissenschaft, deren Negativsaldo recht schonungslos vorgerechnet wird. Dieses Buch des ehemaligen Germanikers und persönlichen Freundes von J. Hessen und O. Schroeder aus Münster kam bereits 1920 auf den Index (vgl. J. Hessen, Geistige Kämpfe, 110ff., Sleumer, 189)
Rez.: Max Meinertz in: ThR 19(1920), Nr. 5/6 vom April 1920, Sp. 94-106: äußerst scharfe Ablehnung mit Qualifizierung des Autors als von modernistischer Gesinnung. "W. erklärt wiederholt, daß er das Dogma nicht angreifen wolle, tatsächlich versucht er ihm aber seine Grundlage zu entziehen" (105). Der konservative Exeget muß den Autor persönlich gekannt haben. Gegen Wilbrand schrieben dann: R. Stapper (Prof. in Münster), Aus protestantischen Urteilen über die Messe. In: Münsterisches Pastoral-Blatt 58(1920), 4. Heft vom April 1920, 49-53: Vorwurf, von F. Heiler beeinflußt zu sein. - Urban Holzmeister SJ, W. Wilbrands Vorwürfe gegen die neutestamentliche Bibelforschung. In: ZkTh 44(1920) 609-30. - K. Adam in: ThQ 101(1920), 1. Heft, 105-08: ablehnend. - Vgl. J. Hessen, Geistige Kämpfe, 120. - Vgl. Nr. 75.

68. Heinrich Straubinger, Die Religion und ihre Grundwahrheiten in der deutschen Philosophie seit Leibniz, Freiburg i.Br. 1919, 343 S.
Der Verf. bezeichnet sich auf dem Titelblatt als "o.ö. Professor der Apologetik und Religionswissenschaft an der Universität zu Freiburg i.Br." Er berichtet über die religionsphilosophischen Auffassungen sehr zahlreicher deutscher Philosophen, auch solcher, die sonst nie mehr behandelt wurden. Die letzten beiden Kapitel sind den Denkern ab Fechner und Lotze gewidmet (270ff.). In seiner Art noch nicht veraltet.

- 1920 -

69. **J. Hessen, Der augustinische Gottesbeweis historisch und systematisch dargestellt, Münster (Heinrich Schöningh) 1920, 112 S.**
Imprimatur Münster 26.5.1920.
Vorwort dat. "Lette, Bez. Münster i.W., Pfingsten 1918".
1. Historischer Teil 13-86. - 2. Systemat. Teil 87-112. - Es geht um die rationale Begründung der Existenz Gottes "auf dem Boden einer anderen als der aristotelischen Erkenntnislehre" (11). Im 2. Teil wird auf

moderne Denker, u.a. Bolzano, die Neukantianer, Switalski, Verweyen, Geyser, Troeltsch, Lotze rekurriert.
Rez.: K. Adam in: ThQ 101(1920) 409f.: ablehnend. - Lic. Zänker in: ThLBl 42(1921), Sp. 231 vom 22.7.1921: positiv. - Ant. Michelitsch in: ThR 22(1923) Sp. 63: positiv. Vgl. Nr. 90, 127.

70. **J. Hessen, Augustinismus und Aristotelismus im Mittelalter. Ein Beitrag zur Charakteristik der Franziskanerschule. In: Franziskanische Studien 7(1920) 1-13.**
Ausgehend vom Vergleich der franziskanischen Autoren des 13. Jahrh. mit modernen Religionspsychologen (Simmel, Eucken, Karl Heim, K. Oesterreich, W. James) und modernen Scholastikforschern (Hertling) kommt er zu dem Schluß: "Die mitgeteilten Ergebnisse der modernen religionspsychologischen Forschung bedeuten eine offensichtliche, beim letztgenannten Forscher [W. James] sogar bis in die Ausdrücke hinabreichende Bestätigung der augustinischen Lehre, daß Gott im Menschengeiste in eigentümlicher Weise gegenwärtig ist, und daß diese Immanenz Gottes auch irgendwie in das Bewußtsein hineinragt. Die Wendungen Augustins und seiner Anhänger vom «Schauen», «Innewerden» und «Berühren» der ewigen Wahrheit enthalten also, im Lichte der modernen Religionspsychologie gesehen, eine tiefe Wahrheit: im religiösen Werterlebnis tritt der Mensch in der Tat mit Gott in Kontakt, erlebt und schaut er ihn gewissermaßen." (13)

71. **J. Hessen, Malebranches Verhältnis zu Augustin. In: PhJb 33(1920), 1. Heft vom Januar 1920, 53-60.**
Am Anfang referiert H. die Auffassung M. Grabmanns, daß es sich bei der Berufung der späteren Ontologisten auf Augustin und Bonaventura "um eine längst erwiesene falsche Auffassung und Missdeutung von Stellen der beiden genannten Kirchenlehrer" handle. Am Ende lautet H.s Urteil so: "Ziehen wir jetzt das Fazit aus unserer Untersuchung, so werden wir sagen müssen, dass das eingangs angeführte Urteil Grabmanns auf Malebranche nicht zutrifft. Denn von einer falschen Auffassung und Missdeutung von Stellen aus Augustin kann bei ihm durchaus keine Rede sein. Seine Berufung auf den Kirchenvater ist vielmehr völlig sachgemäß und berechtigt. Eine wesentliche Identität der Augustinischen und der Malebrancheschen Erkenntnislehre ist damit aber in keiner Weise behauptet. Malebranche geht vielmehr, wie er ja auch selbst zugibt, in wesentlichen Punkten über seinen großen Meister hin-

aus. Er gestaltet den Augustinischen Kerngedanken in einer Weise aus, die durch die von Descartes heraufgeführte Problemstellung bedingt und durch den okkasionalistischen Grundzug seines eigenen Systems bestimmt ist."

72. **J. Hessen, Religion und Mystik. In: Heliand. Monatsschrift zur Pflege des religiösen Lebens für gebildete Katholiken 10. Jg., 7. Heft vom April 1920, 195-212.**
Bezugnahme auf Meister Eckhart, Hirscher, Hertling, O. Prohaszka, A. Ehrhard. Ablehnung des "Trockenen und kalten Intellektualismus" (206). Empfehlung neuerer Mystiker-Editionen.

73. **J. Hessen, Lebenslauf. In: Bericht über das sechste Preisausschreiben der Kant-Gesellschaft (Eduard-von-Hartmann-Preisaufgabe). In: Kant-Studien 24(1920) 182-195, hier 195f.**
Anlaß war ein dritter Preis für Hessen, den er für seine Arbeit über E. v. Hartmanns Kategorienlehre (1924) erhielt. Vgl. J. Hessen, Geistige Kämpfe, 48.

74. **J. Hessen, Das Tragische in der russischen Religiosität. In: Akademische Bonifatius-Korrespondenz, Jahrg. 36, Nr. 1, 1.11.1920, 55-58.**
Befassung mit verschiedenen Schriften Schelers, u.a. "über westliches und östliches Christentum", ferner Stepuns und Simmels, dann Pflegers und R. Ottos ("das kostbare Büchlein" über "das Heilige") Stellungnahme zum Erkenntnisproblem der Religion als Schlußresümée: "Die Aufgabe einer Synthese zwischen dem Mystisch-irrationalen und dem Philosophisch-rationalen hat auf dem Boden des Christentums wohl Augustinus am genialsten und glücklichsten gelöst. Er hat dadurch den Geist des abendländischen Christentums maßgebend bestimmt. Dabei bleibt freilich bestehen, daß die Geschichte desselben ein Überwiegen bald des einen, bald des andern Momentes aufweist. Auf Zeiten mit ausgeprägt rationalem Religionsbegriff sind immer wieder solche gefolgt, die in der Auffassung von der Religion das andere, mystische Moment zur Geltung zu bringen suchten. Und nicht nur ein Nacheinander, auch ein Nebeneinander der beiden im Wesen der Religion begründeten Richtungen gewahren wir im Laufe der Geschichte. Die Erkenntnis dieses Lebensgesetzes aller Religion dürfte dazu angetan sein, uns ein tieferes Verständnis zu vermitteln für die

Bewegungen und Gegensätze auf religiösem Gebiete in Vergangenheit und Gegenwart."

75. Wilhelm Wilbrand, Im Kampf um meine "Kritischen Erörterungen". Grundsätzliche Auseinandersetzung mit Professor Dr. M. Meinertz, Tübingen 1920.
Diese 97 S. starke Broschüre wehrt sich gegen das "Urteil, die Schrift werde von einem verschwindend kleinen Nutzen abgesehen nur Unheil und Verwirrung stiften" und gegen "die Denunziation, ihre Gedankeneinstellung sei durchaus modernistisch" (Vorwort). Vor allem Entgegnung auf Meinertz.
Rez.: M. Meinertz in: ThR 19(1920), Nr. 17/18 vom 16.11.1920, Sp. 314-20: nach der Indizierung der ersten Schrift Wilbrands verfaßt. Vgl. zum Vorgang J. Hessen, Geistige Kämpfe, 111-122. - Vgl. Nr. 67.

76. Friedrich Heiler, Das Wesen des Katholizismus. Sechs Vorträge, gehalten 1919 in Schweden, München 1920, 137 u. 6 S.
Die wichtigeren Rez. sind vom Verf. besprochen in der 2. Auflage, die 1923 unter dem Titel "Der Katholizismus. Seine Idee und seine Erscheinung" (ebd.) erschien, p. VII-XXXV. - Unter den besonders negativen nennt Heiler auch diejenige von E. Krebs in der Köln. Volksztg. 1921, Nr. 874; p. XVIII.

77. Peter Wust, Die Auferstehung der Metaphysik, Leipzig 1920, X u. 280 S.
"Das heute allerdings völlig überholte Buch" (J. Hessen, Lehrbuch, I, 1950, 13) war zur Zeit seines Erscheinens aufsehenerregend. Es war einer der Leittexte der sog. "Wende zum Objekt".
Vgl. A.F. Lohner, 178-198.

78. Friedrich Klimke SJ, Die Hauptprobleme der Weltanschauung, 4. Aufl. (= Sammlung Kösel, 37), Kempten/München 1920, 167 S.
1. Aufl. 1910.
Gegen Pantheismus und Monismus gerichtete Verteidigung der "wahren Weltanschauung" (147). Hauptgegner sind W. Wundt, Arthur Drews, E. v. Hartmann, Haeckel, Schopenhauer, Fechner, Comte, Huxley, H. Spencer, die im wesentlichen stets per reductionem ad absurdum widerlegt werden.

79. Hans Meyer, Entgegnung. In: ThR 19(120), Nr.1/2 vom 9.2.1920, Sp. 31-73.
Gegen Eugen Rolfes' Rezension seines Buches "Platon und die aristotelische Ethik" (1919) in der ThR 1919 Sp.368-71.
Von beiden Seiten recht erregte Diskussion um die Frage, wie "christlich" Aristoteles war. "Mag die Scholastik A. richtig oder falsch interpretiert haben, das ist eine Sache für sich. Aristoteles muß aus seinen Quellen und den historischen Einflüssen verstanden werden. Der Weg führt nicht von der Scholastik zu Aristoteles, sondern von Aristoteles zur Scholastik" (Sp. 32). Für Rolfes stand aber indirekt die Gültigkeit der Scholastik auf dem Spiel, wenn sich herausstellen würde, daß in zentralen Fragen der Ethik die Scholastik diesen falsch oder einseitig interpretiert hatte.

80. Franz Sladeczek SJ, Die erkenntniskritischen Grundlagen des kosmologischen Gottesbeweises. In: StdZ 99(1920), August 1920, S. 427-440.
Gegen Isenkrahe und Wilbrand (Nr. 30, 67). Verteidigt die objektive Evidenz des Kausalgesetzes im Anschluß an das I. Vatikanum.

- 1921 -

81. **J. Hessen, Augustinische und thomistische Erkenntnislehre. Eine Untersuchung über die Stellung des hl. Thomas v. Aquin zur augustinischen Erkenntnislehre, Paderborn (Schöningh) 1921, 71 S.**

Imprimatur Münster 23.7.1921 Dr. Hasenkamp Vic. Eppi Glis.
Vorwort dat. "Cöln, den 3. Juli 1921".
Auf den Spuren Hertlings und mit sehr kritischer Befassung mit neuscholastischen Autoren weist Hessen die tiefe Verschiedenheit der Erkenntnistheorie der beiden Doctores auf.
Kritik an E. Rolfes S. 70.
Rez.: E. Rolfes in: ThR 21(1922), Nr. 5/6, Sp. 103f.: bemerkt zu Hessens These, daß Thomas zwar alle Elemente der augustinischen Überlieferung äußerlich beibehalten habe, von der "ursprünglichen Denkweise" A.s aber nichts übriggeblieben sei: "Ich habe bei der Durchsicht der vorliegenden Schrift nicht den Eindruck gewonnen, daß der Kühnheit der Aufstellungen die Tragkraft der Gründe entspricht".
Im selben Heft der ThR, Sp. 104f. rezensierte Rolfes: Artur Schneider, Die Erkenntnislehre bei Beginn der Scholastik, Fulda 1921. Zu Rolfes'

Kritik schrieb Hessen in seinem "Augustinus und seine Bedeutung für die Gegenwart" (1924) S. 67 Anm. 1 folgendes: "Wenn E. Rolfes bei der Besprechung meiner Schrift in der Theologischen Revue (1922, 103f.) trotzdem noch an der thomistischen Interpretation festhält und die Erleuchtungstheorie bei Augustin schlankweg leugnet, so ist eine solche Hartnäckigkeit nahezu pathologisch. Jedenfalls könnte man mit demselben Rechte dem heiligen Thomas die Lehre vom intellectus agens absprechen. Leider glaubte die Schriftleitung der Theologischen Revue eine kurze Richtigstellung meinerseits ablehnen zu sollen. So begünstigt man die thomistische Richtung und stellt über die Wahrheit - die Partei!" - Josef Vordermayer in: ThprQS 76(1923) 165f.: wendet sich dagegen, daß H. das Vorgehen Thomas' gegenüber Augustinus als "verfehlt" bezeichnet. - R. Seeberg in: ThLBl 44(1923), Nr. 14 vom 6.7.1923, Sp. 213: Anzeige. - Vgl. Nr. 164.

82. **J. Hessen, Bonaventuras Verhältnis zum Ontologismus. In: PhJb 34(1921), 3. Heft von Juli 1921, 370-78.**
Analysiert die Erkenntnistheorie Bonaventuras anhand der neueren Forschungen von Grunwald, Daniels, E. Lutz und K. Heim und kommt am Ende zu folgendem Resümee: "Scharf ausgedrückt würde man sagen können: als Mystiker ist Bonaventura Ontologist, als Philosoph ist er Idealist im Sinne Platos und Augustinus".

83. **J. Hessen, Religion und Kultur. In: Heliand. Monatsschrift zur Pflege des religiösen Lebens für gebildete Katholiken, 11. Jg., 11./12. Heft von Aug./Sept. 1921, 161-169.**
Kurzer Bericht über die Religionsphilosophie der Gegenwart. Die Schlußsätze lauten: "Es ist der Sinn für jene transzendente Realität, die hinter allen endlichen Realitäten wie eine stets unsichtbare Sonne steht, deren Gestalt und Glanz uns verborgen ist durch einen Wolkenschleier von verschiedener Dichtigkeit und deren Licht uns nur als leuchtende Dunkelheit bekannt ist. In dem Ideal, in dem Wahren, Guten und Schönen besitzen wir das Endliche, in verschiedener Weise durchdrungen und verklärt von den Strahlen des Unendlichen, so daß sich uns die Idee einer Lichtquelle aufdrängt."

84. **J. Hessen rez. Heinrich Scholz, Der Unsterblichkeits-Gedanke als philosophisches Problem, Berlin 1920. In: ThR 20(1921) Sp. 64f.**

Sehr positive Würdigung der kleinen Schriften des Kieler evangel. Religionsphilosophen, der die Unsterblichkeit aus "Erlebnissen der Unzerstörbarkeit des Geistes und der Kraft" beweist.

85. Max Scheler, Vom Ewigen im Menschen, Leipzig 1921, 725 S.
Im Vorwort, dat. Köln 17.10.1920, bekennt sich Scheler zu einem erneuerten Augustinismus, der im Gegensatz zur Philosophie des Thomas und Kants in der Gegenwart alleine in der Lage sei, die "natürliche Gotteserkenntnis" zu ermöglichen. Der Hauptteil dieses Buches besteht aus dem Werk "Probleme der Religion" (278-723), in dem die antischolastische Religionsbegründung durchgeführt wurde, die sich aus dem phänomenologischen Ansatz ergab. Nach R. Ottos Hauptwerk das einflußreichste religionsphilosophische Buch der Epoche. Eine gute Einführung in dieses kompliziert-vielschichtige Werk bietet J. Hessen, Max Scheler (1948), 58-89. Die Zeitgenossen dürften vor allem die doppelte Distanzierung vom scholastischen Gottesbeweis wie von den neukantianischen Formen der Religionsbegründung (so auch von Windelband) wahrgenommen haben, so wie sie im Abschnitt "Über einige Versuche einer natürlichen Religionsbegründung" (in der 4. Aufl., Bern 1954, S.265-328) erfolgte. Rez.: H. Lennerz SJ in: ThR 22(1923), Nr. 1/2, Sp. 22f. Nach recht kurzer Darlegung des Inhalts folgt als zweiter Abschnitt: "Zur Würdigung sei kurz auf die Lehre der Kirche hingewiesen", mit ausgiebigen lat. Zitaten aus Conc. Vatican., Sess. 3 cap. 3 de fide et ratione. Mehrfach werden die Begriffe "irrig, irrtümlich" verwendet.

86. Heinrich Rickert, Allgemeine Grundlegung der Philosophie, Tübingen 1921, XVI u. 419 S.
Von Hessen sehr häufig, wenn auch nur selten uneingeschränkt beipflichtend zitiertes Werk. H. dürfte insgesamt Rickerts Thesen, Terminologien und Einteilungen für eine unnötige Radikalisierung Windelbands gehalten haben.

87. Bernard Kälin O.S.B., Die Erkenntnislehre des hl. Augustinus (= Beilage zum Jahresbericht der Kantonalen Lehranstalt Sarnen 1920/21), Sarnen 1921.
Diese 86 S. umfassende, sehr sorgfältige Studie kritisiert die theol. Dissertation Hessens "Die Begründung der Erkenntnis nach dem hl. Augustinus" (1916) gerade und gezielt an jenen Thesen bezüglich des

kausalen Gottesbeweises und der aristotelischen Erkenntnistheorie, die Hessen auf Anordnung seines Doktorvaters Mausbach in das Denken Augustins hatte hineintragen müssen: 62-65, 72. Vgl. J. Hessen, Geistige Kämpfe, 35-38. Die folgenden Thesen Kälins trafen dogmatische Neuscholastiker direkt: "Alle Wesenheiten bzw. Begriffe der Dinge werden nach dem Kirchenvater nicht durch Abstraktion aus dem Sinnlichen, sondern mittels der göttlichen Erleuchtung gewonnen" (62); "Die augustinische Lösung des Erkenntnisproblems hat ein ausgesprochen platonisch-plotinisches Gepräge" (81). Damit war de facto zwischen Augustin und Thomas eine Kluft aufgerissen, die der neuscholastischen Konzeption widersprach.

88. August Messer, Einführung in die Erkenntnistheorie, Zweite, umgearbeitete Auflage (= Wissen und Forschen, Bd. 11), Leipzig 1921, 212 S.

Der markante Vertreter des kritischen Realismus behandelt als letztes ausführlich das Thema "Wissenschaftliche Erkenntnis und religiöser Glaube" (164-199), wobei seine modernistische Kritik am kirchlichen Lehramt (164-74) sehr deutlich ist.

89. Engelbert Krebs, Vom übernatürlichen Glauben und Glaubenkönnen. In: Lit. Hand. 57(1921), Nr. 12 vom Dezember 1921, Sp. 537-46.

Ausgehend von der Lehre des I. Vatikanum über den Glauben (sess. 3, c.3), wird herausgestellt, daß "die Kirche der Beweggrund der Anerkennung" sei, "daß der Inhalt des christlichen Glaubens glaubwürdig ist". Daran werden neuere Bücher von Adam, Hessen ("Die unmittelbare Gotteserkenntnis nach dem hl. Augustinus") und Messer beurteilt: Adams "Glaube und Glaubenswissenschaft im Katholizismus" (1921) hebt zwar die Kirche als erste Glaubensquelle genügend hervor, "doch glaube ich dargetan zu haben, daß er den rational erkennbaren Zeichen der göttlichen Sendung dieser Kirche eine zu geringe Bedeutung im Glaubensakt beimißt". Hessens Arbeit wird zwar gewürdigt, weil sie beweise, daß Augustinus nicht Ontologist gewesen sei, "aber es darf nicht der Anschein entstehen, als ob unser Glaubensleben etwas durchaus Irrationales im Sinne eben des neuzeitlichen Glaubensbegriffes sei". Auch Messer und abschließend Felix Weltsch werden so rektifiziert. Am Ende folgt eine emphatische Beteuerung des "kirchlichen Glaubensbegriffs".

90. Christian Schreiber rez. Hessens "Der augustinische Gottesbeweis" (1920). In: PhJb 34(1921), 2. Heft vom April 1921, 284-88.
Sehr eingehendes, bis S. 287 lobendes Referat. Dann folgt: "Der Verf. hat vieles Schöne und Gute aus Augustinus zutage gefördert und es in eine moderne Beleuchtung zu rücken verstanden. Er hat den Kirchenvater namentlich mit der neueren Methode der Religionsbegründung durch die badische neukantianische Schule in überraschende Verbindung gebracht. Vielleicht hatte er dabei den stillen Wunsch, ihr dadurch den Weg zum Theismus zu ebnen. Trotzdem habe ich große Bedenken vorzubringen. Es erscheint mir nach wie vor nicht bewiesen, daß Augustins Gottesbeweis nicht auf dem Kausalprinzip beruhe. Viel mehr bin ich der Auffassung, daß A.s dargelegte Gedankengänge keine anderen sind als diejenigen, die die Scholastik später klarer und deutlicher im noetischen und ideologischen Gottesbeweis zusammengefaßt hat. Es kann dem großen Denker von Hippo auch gar nicht entgangen sein, daß ohne Rückhalt in der empirischen Wirklichkeit ein Aufsteigen zu Gott nicht möglich ist." - "Ohne die Anwendung des Kausalprinzips gelangen wir weder zu einer gesicherten Erkenntnis der Aussenwelt, noch zu einer gesicherten Erkenntnis des ausserweltlichen absoluten Geistes. Ob man dieses Kausalprinzip als «Postulat» ansehen will oder als eine «Denknotwendigkeit», ist eine Frage für sich. Jedenfalls ist es ein Postulat nicht einfachhin, sondern ein auf dem Prinzip des hinreichenden Grundes beruhendes denknotwendiges Postulat." (287f.).

91. Reginald M. Schultes O.P. rez. R. Garrigou-Lagrange O.P., Dieu, son existence et sa nature, Paris 1920. In: ThR 20(1921) Sp. 23-26.
Dringende Empfehlung an die deutschen katholischen Theologen, dieses Meisterwerk der natürlichen Gotteslehre zur Kenntnis zu nehmen.

92. Bernhard Jansen SJ, Religionsphilosophische Bewegungen der Gegenwart. Verstandes- oder Willenswege zu Gott? In: StdZ 101(1921), August 1921, 333-52.
Vor allem zu den Gottesbeweisen, für die zuletzt die lehramtlichen Entscheidungen (351f.) herangezogen werden.

93. Karl Adam, Pascals Intuition und der theologische Glaube. In: Hochland, 19. Jg. (1921/22), 2. Heft vom November 1921, 168-75.
Zu M. Laros, Das Glaubensproblem bei Pascal, Düsseldorf 1918.

Im Kern und im Schlußresümee wird die Position Pascals entschieden abgelehnt. Im Gegensatz dazu berichtete Paul Simon über dieselbe Arbeit in der ThR 20(1921) Sp. 19-21 in günstiger Weise. Die Parallelität der Beschäftigung mit Augustinus zu der Neuentdeckung Pascals (und dann Newmans) war jedem Leser klar.

- 1922 -

94. **J. Hessen, Patristische und scholastische Philosophie (= Jedermanns Bücherei, Abt. Philosophie, hrsg. von Ernst Bermann, o. Nr.), Breslau (Ferdinand Hirt), 1922, 128 S.**
Rez.: Hugo Koch in: ThLZ 48(1923), Nr. 18, Sp. 384: positiver Tenor. - Josef Kramp SJ in: ThR 22(1923), Sp. 370: Hessen wird als Augustinist erkannt; Kard. Ehrle bezüglich einer Äußerung zu "Alleinberechtigung" der Scholastik verteidigt. - Lemme (Heidelberg) in: ThLBl 44(1923), Nr. 11 vom 25.5.1923, Sp. 168: referierend. - Vgl. Nr. 128.

95. **J. Hessen, Hegels Trinitätslehre. Zugleich eine Einführung in Hegels System (= Freiburger Theologische Studien, 26. Heft), Freiburg i. Br. (Herder) 1922, 45 S.**
Vorwort: "Köln, im Juni 1921". Ebd. "Das Manuscript der vorliegenden Arbeit war schon seit mehreren Jahren druckfertig".
Kein Imprimaturvermerk.
Rez.: Carl Ihmel in: ThBL 43(1922), Nr. 20 vom 29.9.1922, Sp. 324f.: zustimmend mit erheblichen Einschränkungen. - Maurice Festugière in: Revue Bénédictine 35(1923) 38f.: relativ positiv. - Oskar Graber in: ThprQS 76(1923), 358: positiv.

96. **J. Hessen, Zur Beurteilung des augustinischen Gottesbeweises. In: PhJb 35(1922) 178f.**
Gegen Chr. Schreibers Rez. seines Buches "Der augustinische Gottesbeweis" im PhJb 1921, 284ff. "Baeumker hat in seinem Witelo unwiderleglich dargetan, dass in der Frühscholastik ein platonisierendes, aprioristisches Beweisverfahren vorherrschte und dass der kausale Gottesbeweis erst unter dem Einflusse der aristotelischen Philosophie hervortrat: Mühsam arbeitet sich der Gottesbeweis durch den Kausalschluss heraus" (179).

97. J. Hessen: Schelers Neubegründung der Religion. In: Akademische Bonifatius-Korrespondenz, Jahrg. 38, Nr. 2 vom 1. Juni 1922, 100-104.
Hier ediert als Text 2.
Scharfer Protest gegen diesen Aufsatz durch Engelbert Krebs, Thomas von Aquin und Augustin. In: Akademische Bonifatius-Korrespondenz, Jg. 38, Nr. 2 vom 1.5.1923, 47-51.

98. Georg von Hertling, Vorlesungen über Metaphysik, hrsg. von Matthias Meier (= Sammlung Kösel, 93), München/Kempten 1922 XX u. 137 S.
Es handelt sich um eine Edition des von Hertling selbst genau niedergelegten, oft überarbeiteten Kollegheftes, welches jedoch eher eine Zusammenfassung, nicht eine wörtliche Wiedergabe jener Vorlesung bietet, die Hertling seit 1873 regelmäßig hielt. In wichtigen Punkten erweist sich Hertling als vom Thomismus erheblich abweichend (22-27).

99. F.X. Kiefl, Katholische Weltanschauung und modernes Denken. Gesammelte Essays über die Hauptstationen der neueren Philosophie, Regensburg 1922, 516 S.
Aufsätze zu den Klassikern der modernen deutschen Philosophie, aber auch zu Darwin, Eucken, den Monismus, A. Drews, der Enzyklika «Pascendi».

100. Ludwig Faulhaber, Wissenschaftliche Gotteserkenntnis und Kausalität. Eine Untersuchung zur Grundfrage der Apologetik mit besonderer Berücksichtigung aktueller Probleme (= Abhandlungen zur Philosophie und Psychologie der Religion, hrsg. von D.Dr. Georg Wunderle, Professor der Apologetik und der vergleichenden Religionswissenschaft an der Universität Würzburg, Heft 2), Würzburg 1922, 122 S.
Habilitationsschrift für das Fach Apologetik in Würzburg. Verf. dankt im Vorwort Joseph Geyser und G. Wunderle.
Hauptsächlich diskutierte Autoren sind: Geyser, Hume, Scheler und Windelband. Hauptziel der Arbeit ist "der Aufweis der Evidenz des Kausalgesetzes" (90-95). Einzelne Thesen Hessens werden mehr im Vorübergehen abgewiesen (18, 21, 25). Ausführlich widerlegt werden Scheler (44-51) und Rudolf Otto (51-55). Das Buch endet mit dem Bekenntnis: "So ruht die Kraft des Gottesbeweises im Ursachengesetz

und auch die Möglichkeit jeder Aussage über die göttliche Wesenheit geht auf dieses Gesetz zurück. Darum muß für den, der die Frage nach Gott stellt, in erster Linie dieses Gesetz erkenntniskritisch feststehen. Daß es der Prüfung standhält, ist eine wissenschaftliche Rechtfertigung der Kirchenlehre: "Deum, rerum omnium principium et finem, naturali rationis lumine per ea quae facta sunt, hoc est, per visibilia creationis opera, tamquam causam per effectus, certo cognosci, adeoque demonstrari etiam posse." (119). Kritik durch J. Hessen, Die Religionsphilosophie des Neukantianismus (1924), 186.

101. Johannes M. Verweyen, Der religiöse Mensch und seine Probleme, München 1922, 399 S.
Umfassende modernistische Auseinandersetzung mit der traditionellen Gottesvorstellung. Das zweite Kapitel (40-75) ist der "Logik der Gottesbeweise" gewidmet, die "kein unerschütterliches Fundament für die theistische Weltanschauung aufzurichten" vermögen (71). Das Buch ist eine sicher zu Unrecht vergessene, bedeutsame kritische Religionsphilosophie, die hier nicht einmal andeutungsweise referiert werden kann.

102. Heinrich Scholz, Religionsphilosophie, zweite, neuverfasste Auflage, Berlin 1922, 332 S.
Am Ende dieses sehr selbständigen Werkes heißt es: "Es gibt keinen «Beweis» für die Wahrheit der Religion. Die Philosophie hat das Höchste geleistet, was sie von sich aus zu leisten vermag, wenn sie Gründe entdeckt, die stark genug sind, um die religiöse Gesinnung zu stützen ..." (318). Hessen hat das Buch oft zitiert; Zu seiner Kritik vgl. seine "Religionsphilosophie" (I, 1948), 266-86.

103. Otto Gründler, Elemente zu einer Religionsphilosophie auf phänomenologischer Grundlage, München/Kempten 1922, 136 S.
Vorwort p. I-II von Max Scheler, der die Arbeit dieses jungen Philosophen empfiehlt: "Mit schöner und naiver Geradheit geht sie auf den höchsten Gegenstand der Religion, die Gottesidee selbst, zu. Sie tut dies mit den Denkmitteln, die der Verfasser sich angeeignet hat durch ein sorgfältiges und treues Studium der Arbeiten jener jungen philosophischen Richtung, die einer ihrer Hauptvertreter (Edmund Husserl) «Phänomenologie» genannt hat. Diese Richtung hat, obzwar sie ohne Anlehnung an eine scharf bestimmte historische Tradition

durch eine neue und originäre Durchprüfung aller philosophischen Sachprobleme entstanden ist, mit den Grundsätzen der überlieferten christlichen Philosophie eine tiefere Verwandschaft als irgendeine moderne philosophische Schule seit Cartesius." Dieses Vorwort (in dem noch weitere Bemerkungen über die Tragweite der Phänomenologie für die Religionsbegründung gemacht werden) datiert vom Juni 1921.
Sehr kritische Rezension durch: Alois Mager O.S.B., Phänomenologische Religionsphilosophie. In: Hochland, 20. Jg. (1922/23), 11. Heft vom August 1923, 544-46.

104. Franz Sawicki, Lebensanschauungen moderner Denker. Vorträge über Kant, Schopenhauer, Nietzsche, Haeckel und Eucken, Fünfte und sechste unveränd. Auflage, Paderborn 1922 [1. Aufl. 1919], 264 S.
Hier von Belang die Zurückweisung von R. Eucken (200-239), der ein "Christentum ohne den Gottmenschen und Erlöser, ohne Dogmen, Sakramente und eine feste kirchliche Autorität" vertrete.

105. Die Tat. Monatsschrift für die Zukunft deutscher Kultur, 13 (1921/22), Heft 1 vom April 1922: "Katholisches Sonderheft".
In diesem Sonderheft der von Eugen Diederichs hrsg. Zeitschrift finden sich 10 Aufsätze, die im ganzen der national-reformistischen Tendenz dieses Kreises entsprechen, u.a. von R. Guardini, Ernst Michel, Joh. Mumbauer, Chr. Flaskamp, Ph. Funk und H. Hefele. "Ringen" und "Streben" sind Zentralvorstellungen eines "Katholizismus zwischen den Zeiten".

106. Wladislaus Switalski, Wesensschau und Gotteserkenntnis. In: Jahrbuch des Verbandes der Vereine katholischer Akademiker zur Pflege der katholischen Welt-Anschauung, Augsburg 1922, 127-40.
Gegen Schelers Trennung von Religion und Metaphysik; allgemein gegen Schelers Auffassungen. "Abschließend möchten wir unsere Stellung zu der Hypothese Schelers folgendermaßen präzisieren: Bei aller Anerkennung der Fülle von Anregungen, die sie unzweifelhaft bietet, können wir sie nicht als befriedigende Lösung unseres Problems betrachten. Die Wesensschau als Mittel der Gotteserkenntnis entbehrt der grundlegenden Merkmale, die wir von jeder Erkenntnis verlangen: der klaren Bestimmtheit und der sachlich bedingten

Allgemeingültigkeit" (138). Gottesbeweise sind "Beweise im strengen Sinne des Wortes" (139). Dies sei bei Scheler nicht gewährleistet.

107. Bernhard Jansen SJ, Rudolf Eucken. In: Akademische Bonifatius-Korrespondenz, Jahrg. 37, Nr. 2 vom 1.6.1922, 92-99.
Eucken ist zwar ein "intuitiver, genialer, affektiv gerichteter, tiefsinniger Metaphysiker, Gottsucher und Lebensphilosoph" (97), deutet aber das ganze Christentum rationalistisch um. "Bei aller Anerkennung für Euckens edle Bestrebungen, christlichen oder auch katholischen Lehren und Gebräuchen gerecht zu werden, bleibt unser Philosoph doch durch und durch Rationalist, der sich in keiner Weise Christi Lehrautorität unterwirft, sondern sie als mit seinem Religionsbegriff unvereinbar entschieden bekämpft. Verschiedene Zentraldogmen der Offenbarung lehnt er schroff ab; den katholischen Kirchenglauben klagt er als ein elementares Hindernis der wissenschaftlichen Forschung und Freiheit an." (99).

108. Erich Przywara SJ, Gotteserfahrung und Gottesbeweis. In: StdZ 104(1922/23), Oktober 1922, 12-19. Nachdruck in: Ders., Ringen der Gegenwart, I, Augsburg 1929, 389-402.
Nimmt bereits auf S. 14 Stellung gegen Hessens "Die unmittelbare Gotteserkenntnis nach dem hl. Augustinus", und zwar unter Berufung auf eine Rezension Karl Adams (hier Nr. 69). Verteidigung der traditionellen Gottesbeweise gegen den modernen Intuitionismus. Betonung der "analogia entis".

109. Erich Przywara SJ, Metaphysik und Religion. In: StdZ 104 (1922/23), November 1922, 133-40. Nachdruck in: Ders., Ringen der Gegenwart, I, Augsburg 1929, 403-18.
Gegen die Trennung dieser Sphären, gegen falsche Berufung auf Pascal und Augustin, für die "analogia entis".

110. Georg Grunwald rez. Hessens "Die unmittelbare Gotteserkenntnis nach dem hl. Augustinus" (1929) und "Graf Hertling als Augustinus-Forscher" (1919). In: ThR 21(1922), Sp. 219.
G. Grunwald, geb. 1879 in Braunsberg, 1903 Priester, 1910 Privatdozent für Philosophie und Pädagogik in Braunsberg, seit 1920 Prof. in Regensburg, hatte 1907 ein Buch "Geschichte der Gottesbeweise im Mittelalter bis zum Ausgang der Hochscholastik" veröffentlicht. Jetzt

verteidigt er Hessen gegen E. Rolfes (Nr.81) und betont, die Erkenntnisse Hertlings zum Verhältnis des Thomas v. Aquin zu Augustinus seien eben nicht von den Lehrbüchern übernommen worden. Es handelt sich um den bekannten Aufsatz Hertlings über die Augustinus-Zitate Thomas von Aquins. Grunwald betont, daß Thomas letzten Endes nichts von Augustinus wirklich übernommen habe.

111. Matthias Laros rez. J.G. Kardinal Newman, Christentum. Ein Aufbau, aus seinen Werken zusammengestellt und eingeleitet von E. Przywara SJ, übertragen von O. Karrer SJ, 4 Bde. Freiburg 1922. In ThR 21(1922), Nr. 16/18, Sp. 289-95.
Laros erhebt den Vorwurf, daß hier gegen den klaren Wortlaut Newmans, der den kosmologischen Gottesbeweis grundsätzlich abgelehnt habe, das Gegenteil in ihn hineininterpretiert würde. So werde am Ende auch aus Newman ein Scholastiker. Laros belegt seine Kritik mit vielen Originalzitaten und deren Wiedergabe bei den beiden Jesuiten. - Erwiderung von E. Przywara SJ und Entgegnung darauf von Laros in: ThR 22(1923), Nr. 1/2, Sp. 31f.

- 1923 -

112. J. Hessen, Die philosophischen Strömungen der Gegenwart (= Sammlung Kösel, 95), Kempten (Kösel & Pustet) 1923, 118 S.
Die fünf Hauptkapitel heißen: I. Die im Mittelalter wurzelnde Philosophie, II. Die auf Kant fußende Philosophie, III. Die an den Naturwissenschaften orientierte Philosophie, IV. Die an den Geisteswissenschaften orientierte Philosophie, V. Die vom Leben ausgehende Philosophie. - Für H.s eigene Position vgl. die Darstellung der "platonisch-augustinischen Richtung" (14-19) und der "Phänomenologie" (98-107).
Rez.: Emil Spieß in: Divus Thomas 2(1924) 487f.: "sehr guter Überblick". Tadelt jedoch das Schweigen über die Neuscholastik, besonders derjenigen von Freiburg/Schweiz. - Goedeckemeyer/Königsberg in: Archiv für Rechts- und Wirtschaftsphilosophie 17(1923/24), Heft 3, 1924, 461: lehnt eine "Wendung zum Intuitiven, Metaphysischen und Theistischen" ab. - J. Engert in: ThR 24(1925) Sp. 102: knappe, aber sehr positive Würdigung. - Aloys Müller in: Archiv für die gesamte Psychologie 48(1929) 175: positiv, aber viele einzelne Ausstellungen. - Vgl. Nr. 125, 128, 129.

113. J. Hessen, Augustinus vom seligen Leben übersetzt und erläutert sowie mit einer Einführung in Augustins Philosophie versehen (= Der Philosophischen Bibliothek Band 183), Leipzig (Felix Meiner) 1923, XXX u. 44. S.
"Einführung in Augustins Philosophie" p. VII-XXX.
Im Vorwort lautet der letzte Satz: "Nicht geringeren Dank schulde ich meinem Freunde Dr. Wust, der mich zu der vorliegenden Arbeit angeregt und ihre Entstehung mit großem Interesse und Verständnis verfolgt hat".
Rez.: Adolf Jülicher in: ThLZ 48(1923), Nr. 25/26 vom Dezemb. 1923, Sp. 539-41: sehr negative Bewertung: "durchweg Schülerarbeit". - Vgl. Nr. 161.

114. J. Hessen, Augustin und die religiöse Intuition. In: Köln. Volksztg. Nr. 567 vom 7.8.1923.

115. Friedrich Heiler, Der Katholizismus. Seine Idee und seine Erscheinung, München 1923, XXXVIII u. 704 S.
Rez.: J.P. Steffes in ThR 22(1923) Nr.16/17, Sp. 321-23.

116. Jakob Wilhelm Hauer, Die Religionen. Ihr Werden, ihr Sinn, ihre Wahrheit. Erstes Buch: Das religiöse Erleben auf den unteren Stufen, Berlin/Stuttgart 1923, 556 S.
Im Zentrum dieses Buches stehen die Begriffe "religiöses Erlebnis" oder "religiöse Erfahrung", mit deren Hilfe das weite anthropologische Material zu den "primitiven" Religionen verstanden wird. Hessen hat dieses Buch sehr geschätzt.

117. Wladislaus Switalski, Probleme der Erkenntnis. Gesammelte Vorträge und Abhandlungen. 2 Bde. (= Veröff. des katholischen Instituts für Philosophie Albertus-Magnus-Akademie zu Köln, Bd. I, Heft 1 u. 2), Münster 1923.
Hier II 7-25: "Probleme der Begriffsbildung" (aus PhJb 1912), wo ein Vergleich zwischen Aristoteles und dem neuesten Idealismus gezogen wird, der Hessen beeindruckte. Auch die anderen Aufsätze zeigen ein Bemühen um ein Verstehen Kants.

118. Erich Przywara SJ, Gottgeheimnis der Welt. Drei Vorträge über die geistige Krisis der Gegenwart (= Der katholische Gedanke. Veröf-

fentlichungen des Verbandes der Vereine katholischer Akademiker zur Pflege der katholischen Weltanschauung, o. Nr.), München 1923, 191 S.
Erstens eine Kritik der phänomenologischen, der liturgischen sowie der Jugend-Bewegung. Zweitens ein Aufriß der griechischen, scholastischen und neuzeitlichen Philosophie. Drittens: "Gott über uns und in uns als Polaritätsgrund". Das letzte Wort für P., "die Antwort, die uns die Geschichte gibt", ist der eine große, herrliche Dom der «philosophia perennis» (123f.). Durchgehend das Bemühen, Thomas über Augustin zu stellen.

119. Erich Przywara SJ, Religionsbegründung. Max Scheler - J.H. Newman, Freiburg 1923, XVI u. 298 S.
Kritik auch an Hessen S. 67, 110f., besonders aber in dem Anhang "Die neue katholische Intuitionsschule und ihre historischen Unterlagen" 225-288. Hier wird 225-40, 244-49, 257-60 ganz ausdrücklich Hessen widerlegt, der im engeren Zusammenhang mit Laros behandelt wird. Beiden Autoren wird, ebenso wie Scheler, eine Fülle von Verwirrungen, Mißverständnissen und philosophiehistorischen Irrtümern vorgehalten.
Rez.: G. Wunderle in: ThR 23(1924) Nr. 7, Sp. 264-66: sehr zustimmend.

120. Joseph Geyser, Augustin und die phänomenologische Religionsphilosophie der Gegenwart mit besonderer Berücksichtigung Max Schelers (= Veröffentlichungen des Katholischen Instituts für Philosophie Albertus-Magnus-Akademie zu Köln, Bd. I, Heft 3), Münster 1923, 241 S.
Grundsätzliche Auseinandersetzung des "Intellektualisten" Geyser mit dem "Antiintellektualisten" Scheler, dessen Lehren betreffend Glaubensgewißheit, Evidenz usw. besonders abgelehnt werden. Geyser behandelt auch den Augustinismus, Gratry, R. Winkler, K. Adam und Otto Gründler. Hessen, dessen Werk "Die unmittelbare Gotteserkenntnis nach dem hl. Augustinus" im wesentlichen abgelehnt wird, ist ein Unterkapitel (66-71) gewidmet. Für seinen Schüler hat Geyser nur das zweideutige Lob des "Bienenfleisses", mit dem er "alle die Stellen aus den verschiedenen Werken Augustins zusammengetragen" habe, die für eine von den Gottesbeweisen unabhängige, direkte natürliche Erkenntnis Gottes bei Augustin sprächen.

121. Viktor Kolb SJ, Die Gottesbeweise mit besonderer Berücksichtigung auf die neuesten Ergebnisse der Naturforschung, 3. Aufl. Graz/Leipzig 1923.
Dieses 108 Seiten starke Werk versucht besonders die Harmonie der Welt, "das Weltgebäude und seine Wunder" (61) als Beweisgrund zu verwerten. Der kausale Gottesbeweis (44-60) lautet so: "Es besteht Bewegung in der Welt, also gibt es einen ersten Beweger".
Rez.: E. Rolfes in: ThR 22(1924) Sp. 62: Anerkennung für Kolbs traditionelle Haltung.

122. Bernhard Rosenmöller, Gott und die Welt der Ideen, Münster 1923, VII u. 46 S.
Versuch eines nomologischen Gottesbeweises. Vgl. J. Hessen, Lehrbuch, II (1950), 264f., der diesem Ansatz zwar Sympathie entgegenbringt, aber doch zögert, ihn anzuerkennen. - Vgl. Nr. 161.

123. Clemens Baeumker, Ringende Mächte im philosophischen Weltanschauungskampfe der Gegenwart. In: Jahrbuch katholischer Akademiker, Augsburg 1923, 34-54.
Auseinandersetzung mit allen modernen weltanschaulichen Strömungen, u.a. auch mit dem "Intuitionismus", der in der Figur Bergsons bekämpft wird.

124. Günther Schulemann, Über die Grundlegung der christlichen Philosophie. In: Hochland, 20. Jg. (1922/23), 6. Heft vom März 1923, 649-58.
Zur Gründungsfeier der Albertus-Magnus-Akademie und der zu ihr gehaltenen Programmrede W. Switalskis. Nach anfänglicher Zustimmung rückt der Verfasser allmählich mit seinen Reserven gegen einen triumphalistischen Thomismus heraus. Er betont, daß keinesfalls an Suarez und Leibniz vorbeigegangen werden dürfe. "Alles Bisherige wird Kant weder historisch und gar in seiner Nachwirkung bis in unsere Tage gerecht und überwindet ihn darum nicht völlig. An keiner Hauptrichtung der Gegenwart darf man achtlos vorbeigehen, will man die philosophia perennis fortführen" (651).

125. Erich Przywara SJ, Unmittelbare Intuition? (Augustinus-Pascal-Newman). In: StdZ 105(1923), Mai und Juni 1923, 121-31 und 218-40. - Nicht in die Sammeledition aufgenommen.

Versuch, die o.g. Denker auf eine neuscholastische, jedenfalls orthodoxe Linie zu bringen. Kritik an Isenkrahe, Hessen und Laros. S. 218 erhebliche Verärgerung über Hessens "Die philosophischen Strömungen der Gegenwart" (1923), in welcher Studie Hessen den Kardinal Ehrle in eine Linie mit E. Commer gestellt hatte.

126. Bernhard Franzelin SJ, Der Satz vom zureichenden Grund, verteidigt gegen Isenkrahe. In: ZkTh 47(1923) 329-368.
Verteidigung der Grundlagen des kosmologischen Gottesbeweises gegen den Trierer Mathematiker, dessen Werk weiterhin von Joseph Schnippenkötter und in der Zeitschrift "Das Heilige Feuer" (1922,30) propagiert wurde.

127. Joseph Feldmann rez. H.s "Die unmittelbare Gotteserkenntnis" (1919) und "Der augustinische Gottesbeweis" (1920). In: Archiv für die Geschichte der Philosophie 35(1923) 78-80.
Die Parallelisierung des hl. Augustinus mit dem Neukantianismus wird abgelehnt. Nicht die subjektive "Gewißheit des Erlebens", sondern nur die "Gewißheit des Denkens" komme für die Gottesbeweise in Frage.

128. Ludwig Baur rez. Hessens "Patristische und scholastische Philosophie" (1922) und "Die philosophischen Strömungen der Gegenwart" (1923). In: ThQ 104(1923) 105f.
Das Bild erscheint dem Rez. "doch etwas verzeichnet". Zum zweiten Buch sagt er: "So bedaure ich es u.a. daß der Verf. die nichtssagende Journalistenschablone von «fortschrittlichen» und «konservativen» Vertretern der aristotelisch-neuscholastischen Richtung verwendet."

129. Gerhard Esser rez. Hessens "Die philosophischen Strömungen der Gegenwart" (1923). In: Die Bücherwelt. Zeitschrift für Literatur und Volksbüchereien, hg. vom Borromäusverein 20(1923), 5./6. Heft vom Mai/Juni 1923, 89-91.
Tadelt besonders Hessens These (nach de Wulf), daß die neuscholast. Philosophie Unabhängigkeit von der Theologie besitze. Die Schlußfolgerung H.s, daß der Katholik "sich auch an andere Philosophien anschließen kann als an die Neuscholastik", sei vom Kirchlichen Lehramt sicher nicht gestattet. An sich ist diese Rezension nicht unfreundlich gehalten. Sie anerkennt gewisse Stärken im Bestreben der Gegenwartsphilosophie, wieder zu Gott zu finden. Aber: "Noch immer

gleicht die außerkirchliche Philosophie einem geistigen Nomadentum ohne Heim und Heimat, noch immer arbeitet sie sich in rastloser Geistesarbeit ab, ohne dem schwer bedrängten Leben Sinn und Halt geben zu können. Und stammt dieses Verhängnis nicht auch daher, daß sie in hochmütiger Selbstherrlichkeit, dem strahlenden Lichte der von Gott gegebenen stella rectrix absichtlich den Rücken kehrte? Als die Hegelsche Philosophie von ihrer künstlichen Höhe herabstürzte, sagte ihr Dubois-Reymond ins Gesicht, sie sei der grenzenlosen Verachtung eines ernüchterten Geschlechtes anheimgefallen, weil sie es seit Kant verlernt habe, die Sprache des gesunden Menschenverstandes zu sprechen. Gilt letzteres nicht auch von manchen Systemen der Gegenwart?" Prälat Gerhard Esser starb am 6.12.1923.

- 1924 -

130. **J. Hessen, Die Religionsphilosophie des Neukantianismus, Zweite, erweiterte Auflage, Freiburg i.Br. (Herder) 1924, XII u. 198 S.**
p. II: Imprimatur Freiburg 5.11.1923 Dr. Mutz, Vic. Gen.
p. III Widmung: "Dem Andenken meines gefallenen Bruders".
Vorwort dat. "Köln, den 1. März 1924".
Rez.: M.O. Roland-Gosselin O.P. in: R.sc.phil.th. 14(1925) 215. - Martin Doerne (Meißen) in: ThLBl 45(1924), Nr. 21/22 vom 24.1.1924, Sp. 235f.: sehr positiv. - A. Fuchs in: ThGl 17(1925) 284f.: kurze Anzeige. - G. Wunderle in: Lit. Hand. 60(1924), 8. Heft vom August 1924, 403. - Vgl. Nr. 180, 201.

131. **J. Hessen, Augustinus und seine Bedeutung für die Gegenwart, Stuttgart (Verlag Strecker und Schröder) 1924, XII u. 129 S.**
Vorwort dat. "Köln, Ostern 1924".
Widmung p. V: "Meinem lieben Freunde/dem Franziskusjünger P. Marcus/gewidmet".
Über weite Strecken ist diese Schrift eine polemische Auseinandersetzung mit den 1923 erschienenen Büchern Geysers und Przywaras gegen Scheler (hier Nr. 119, 120). Von Prz. schreibt H. S. 124 Anm. 1: "Die ganze Arbeits- und Kampfesweise Przywaras ist aber von der Tendenz getragen, den Gegner unbedingt und überall ins Unrecht zu setzen". - Vgl. auch das Kapitel "Die Aporien des kausalen Gottesbeweises", 49-63, in dem diese Aporien als endgültig nachgewiesen werden (gegen Geyser, Faulhaber) und daher der augustinische Gottesbeweis "als

besonders bedeutsam und wertvoll", de facto als alleingültig hingestellt wird.
Rez.: Otto Steinbrink in: Der Gral 19(1924) 176f.: verteidigt Przywara gegen die Angriffe Hessens. - Vgl. Nr. 160, 202, 222, 310.

132. **J. Hessen, Die Kategorienlehre Eduard von Hartmanns und ihre Bedeutung für die Philosophie der Gegenwart (= Wissen und Forschen Bd. 17), Leipzig (Felix Meiner) 1924, 140 S.**
Auf dem Titelblatt: "Gekrönte Preisschrift der Ed. v. Hartmann-Preisaufgabe der Kant-Gesellschaft".
Im Vorwort (dat. "Köln, Pfingsten 1924") erwähnt Hessen, daß die Kant-Gesellschaft zum 70. Geburtstag Ed. v. Hartmanns (23.2.1912) ein Preisausschreiben mit dem o.g. Thema ausschrieb. Diese Arbeit wurde von der Philos. Fakultät in Köln als Habilitationsschrift anerkannt.
Rez.: U.M. Rossi in: Rivista di psicologia, a. XXI, Nr. 4, ottobre-dicembre 1925, 214f. - Roland-Gosselin in: R.sc.phil.th. 14(1925) 540. - A. Gatterer SJ in: ZkTh 49(1925) 131f.: bei einer gewissen Anerkennung für die historische Darlegung betont der Rez., daß er "nicht in allem einverstanden sein kann". - Wilh. Koppelmann in: Philosophische Monatshefte der Kant-Studien 1. Jg., 2. Heft von 1925, 90-92: anerkennend. - Martin Doerne (Meißen) in: ThLBl 47(1926), Nr. 5 vom 26.2.1926, Sp. 71f.: hält das Buch für "lehrreich". - Adelbert W. Centner (Pont. Collegium Josephinum) in: The New Scholasticism 2(1928), Heft 1 vom Januar 1928, 73-75: empfehlend.

133. **J. Hessen, Gotteskindschaft (= Bücher der Wiedergeburt, hrsg. von E. Laslowski, J. Wittig, R. Jokiel, Bd. 10), Habelschwerdt (Frankes Buchhandlung) 1924, 82 S.**
Widmung p. V: "Meiner Mutter".
Kein Imprimatur-Vermerk.
2. Auflage, 95 S. ebd. 1924.
Vorwort dat. "Köln, 14.9.1924".
Imprimatur des Generalvikars von Glatz vom 14.6.1924.
Hier im Vorwort der 2. Aufl. S.8-9 Angriff auf F. Diekamp wegen dessen Rez. der 1. Auflage: "... denen sich die Religion in Theologie aufgelöst hat und die Dich nun mit dem Lineal ihres fertigen theologischen Systems maßen ..." Diekamp wird ebd. ein "gehässiger Ton" und ein "regelrechtes Ketzergericht" vorgehalten. Im Kern ging es um

die Unwandelbarkeit des Dogmas und den Gegensatz von "Lehrsystem" und "Liebesgemeinschaft" (ebd.8).
Rez.: Franz Diekamp zur 1. Auflage in: ThR 23(1924), 6. Heft vom Juni 1924, Sp.225: hier ediert als Dok. 5. Zur 2. Auflage Rez. von demselben, ebd., 12. Heft vom Dezember 1924, Sp. 451-53: hier wird, bei steigender Heftigkeit, definitiv vor den "falschen Lehren" H.s gewarnt. - Theobald (Nürnberg) in: ThLBl 46(1925), Nr. 6 vom 13.3.1925, Sp.92f.: sehr positiv. - P. Chrysostomus Panfolder O.S.B. in: Benediktinische Monatsschrift 7(1925) 233: nur für theologisch gut Vorgebildete empfehlenswert.

134. **J. Hessen, Augustins Erkenntnistheorie im Lichte der neuesten Forschungen. In: PhJb 37(1924), 2. Heft, 183-90.**
Fortsetzung seiner Auseinandersetzung um das o.g. Thema, besonders mit dem Herausgeber des PhJb, Christian Schreiber, und E. Rolfes (vgl. hier Nr. 64, 81, 90). Hessen zieht hier einige ungedruckte philosophiehistorische resp. theologische Dissertationen heran, und zwar von B. Kälin O.S.B., Maria Offenberg und A. Grass.

135. **J. Hessen rez. Eduard von Hartmann, Kategorienlehre, 2. Aufl. hrsg. von Fritz Kern, Leipzig 1923. In: Philosophische Monatshefte der Kant-Studien, 1(1925), 2. Heft, 89f.**

136. Johannes M. Verweyen, Die Philosophie des Mittelalters (= Geschichte der Philosophie, Bd. 4), Berlin/Leipzig 1924.
Verweyen war neben Bruno Bauch, N. Hartmann, R. Hönigswald u.a. Mitherausgeber dieser Serie. - Kritische Darstellung der mittelalterlichen Philosophie, besonders bezüglich der praktisch-sozialen Theorien z.B. des Thomas v. Aquin, weniger in der Erkenntniskritik, in der V. keineswegs ein unkritischer Nachfolger Kants ist; vgl. dann seine Ausführungen zu den Gottesbeweisen 182-198. Die negativste Sicht der Scholastik entwickelt V. im Abschnitt "Staat und Kirche" (263-280), in dem er die scholastischen Wurzeln des "Ultramontanismus", Bonifaz' VIII., Pius IX. unter Berufung auf L.K. Goetz, F.X. Kraus, A. Ehrhard und Hugo Koch nachweist. Hessen hat die verschiedenen Werke Verweyens oft und zustimmend benutzt.

137. Engelbert Krebs, Die Kirche und das neue Europa. Sechs Vorträge für gläubige und suchende Menschen, Freiburg i.Br. 1924, 192 S.

Sechs Vorträge aus dem Januar 1924, die Krebs in St. Martin in Freiburg hielt, und die sowohl der Apologetik als auch der Einladung an Protestanten und Orthodoxe zur Rückkehr zur Kirche dienten. Eine sehr konservative Grundauffassung verbindet sich mit Tagesaktualität. Bemerkenswert 54-56 die Hinweise auf die vielen öffentlichen Thomasfeiern zum Siebenhundertjahrgedächtnis 1923, die z.B. an den Universitäten Freiburg, Breslau, Bonn, Münster, München, Leipzig stattfanden, manchmal in glänzender Form, sowie auf spezielle katholische Vorlesungsreihen in Göttingen, Frankfurt, Berlin, Heidelberg, Karlsruhe, Tübingen, Leipzig/Halle, an denen er selbst, Karl Adam und Christian Schreiber beteiligt waren. In Leipzig hielt Grabmann eine solche Vorlesung in Anwesenheit des Rektors: "Wer hätte noch vor zehn Jahren in Leipzig solches für möglich gehalten?" (55).

138. Katholisches und modernes Denken. Ein Gedankenaustausch über Gotteserkenntnis und Sittlichkeit zwischen Universitätsprofessor Dr. August Messer und Max Pribilla SJ, Stuttgart 1924.
Dieses 210 S. starke Bändchen enthält eine in den Jahren 1922 und 1923 in zwei Zeitschriften ("Die Hochschule" und "Stimmen der Zeit") stattgehabte Aussprache dieser zwei entgegengesetzten Philosophen. Inhaltlich geht es dabei hauptsächlich um das Problem "Katholizismus und moderne Denkfreiheit", philosophiegeschichtlich um Kant.

139. Walther König, Zurück zu Thomas von Aquin! Zur Renaissance der philosophischen Bildung. Gedanken zu den Reformvorschlägen der letzten Päpste, Köln 1924, 53 S.
Rez. von Arthur Liebert in: Kant-Studien 29(1924) 513f. Der Verfasser war geistlicher Studienrat am Coll. Aloysianum in Opladen und vertrat die Ansicht, daß nur die Rückkehr zum katholischen Mittelalter im Stande sei, der modernen Seele das verlorengegangene intellektuelle und moralische Heil zurückzubringen. Der Rezensent sieht eine neue Epoche von Weltanschauungskämpfen zwischen Dogmatismus und Kritizismus, zwischen Heteronomie und Autonomie anbrechen.

140. Heinrich Lennerz SJ, Schelers Konformitätssystem und die Lehre der katholischen Kirche (= Aschendorffs zeitgemäße Flugschriften 4/5), Münster/W. 1924, 110 S.
Am Ende der Ausführungen (es folgt noch ein Textanhang) sagt der Verf.: "Damit haben wir unsere Untersuchung beendet, die eingangs

uns gestellte Frage beantwortet. Das Ergebnis ist klar: Die Neubegründung der Religion durch Scheler, seine neue Verhältnisbestimmung von Metaphysik und Religion, Glauben und Wissen, deckt sich nicht mit der Lehre der katholischen Kirche, steht mit ihr nicht in Einklang. Fast in allen Punkten, die sich uns oben als das Wesentliche der katholischen Lehre ergeben haben, ist Schelers neues System abweichend: Scheler lehnt das «partielle Identitätssystem» ab; damit lehnt er tatsächlich die Lehre der Kirche ab. Scheler leugnet, daß ein Kausalschluß von Dasein und Beschaffenheit der Welt mit Sicherheit auf Gott als ihre Ursache führe; die Kirche lehrt das Gegenteil. Scheler lehrt, ohne positive Offenbarung des Daseins Gottes als persönliches Wesen sei die Erkenntnis Gottes als persönliches Wesen unmöglich, diese positive Offenbarung sei absolut notwendig und könne von Gott nicht unterlassen werden. Die Kirche lehrt, die Erkenntnis Gottes als persönliches Wesen (so, daß daraus die Verpflichtung zur Gottesverehrung entsteht) sei ohne positive Offenbarung über Gott möglich, und die positive Offenbarung sei absolut notwendig wegen der von Gott frei gewollten Erhebung des Menschengeschlechtes zur übernatürlichen Ordnung. Scheler leugnet, daß der Glaube an den Offenbarungsträger rationell begründet werden müsse durch äußere Beweise, Wunder und Weissagungen. Die Kirche lehrt das Gegenteil. Scheler leugnet, daß die Vernunft die «Grundlagen des Glaubens» zu beweisen habe; die Kirche lehrt das Gegenteil. Eine «Harmonisierung» dieser Gegensätze dürfte unmöglich sein. Nur auf einer Seite kann die Wahrheit liegen. Der Katholik weiß, wo sie sich findet." (97f.).
Rez.: J. Hessen in: Lit. Hand., 1925, 4. Heft, 269: ablehnend. - F. Sawicki in: ThR 24(1925), Nr. 2, Sp. 59-62: referierend.

141. Joseph Geyser, Max Schelers Phänomenologie der Religion. Nach ihren wesentlichen Lehren allgemeinverständlich dargestellt und beurteilt, Freiburg i.Br. 1924, 116 S.
Vorwort dat. "im Frühjahr 1924" (S. IV).
Geyser sieht in Scheler ein Wiederherantreten platonisch-augustinischer Tendenzen gegenüber dem lange vorherrschenden Aristotelismus. Jedoch wird Scheler letztendlich entschieden abgelehnt. S. 12 steht ohne Nachweis, Hessen habe behauptet, Augustin habe gelehrt "daß aber unsere Seele auf ihrer irdischen Pilgerfahrt ein eigentliches, direktes und unmittelbares Schauen auch Gottes selbst besitze".
Rez.: G. Wunderle in: ThR 23(1924), Nr. 7, Sp. 266f.

142. Bernhard Franzelin SJ, Die neueste Lehre Geysers über das Kausalprinzip (= Philosophie und Grenzwissenschaften. Schriftenreihe, hrsg. vom Innsbrucker Institut für scholastische Philosophie, 1. Bd., 3. Heft), Innsbruck 1924, 52 S.
Richtet sich gegen J. Geysers Schrift "Einige Hauptprobleme der Metaphysik mit besonderer Bezugnahme auf die Kritik Kants", Freiburg i.Br. 1923, 167 S., in der G. eine Lockerung der traditionellen Kausallehre begonnen hatte. Vgl. J. Hessen, Geistige Kämpfe, 81.

143. Ludwig Faulhaber, Die drei Wege der Gotteserkenntnis und der wissenschaftliche Gottesbegriff. Ein Beitrag zur Kritik der wissenschaftlichen Gotteserkenntnis (= Abhandlungen zur Philosophie und Psychologie der Religion, hrsg. von Georg Wunderle, Heft 5), Würzburg 1924, IV u. 83 S.
Erweiterte Fassung des Habilitationsvortrages über Ps.-Dionysius Areopagita.

144. Franz Sawicki, Religionsbegründung. In: Lit. Hand. 60(1924), 1./2. Heft vom Januar/Februar 1924, 11-16.
Zur Kontroverse "Wie werden wir des Daseins Gottes gewiß?" (11). Nachdem gegen den Modernismus "der Versuch, Glauben und Wissen völlig zu trennen, entschieden zurückgewiesen" wurde, ist seit einigen Jahren die Debatte wieder in Fluß gekommen. Kurzes Referat der Bücher von Isenkrahe, Hessen, Laros, Scheler, Gründler, Rosenmöller, Adam, Przywara und Geyser.

145. Wladislaus Switalski, Die geistesgeschichtliche Bedeutung der Philosophie des hl. Thomas v. Aquin. In: Bonn.Zs.Th.Seels. 1(1924), 1. Heft, 3-16.
Dieser Aufsatz ist der erste in der neugegründeten Zeitschrift und folgt unmittelbar dem Geleitwort des Kard. Schulte (1-3), datiert vom 8.5.1924. Die ersten Sätze Switalskis lauten: "Wie ein imposanter Quadernbau ragt das System des hl. Thomas in unsere geistig zerrissene Zeit. Seine streng sorgfältige, streng sachliche Fundierung, die Klarheit und Universalität seines Planes, die Sicherheit der Durchführung im einzelnen, die harmonisch ausgeglichene Verknüpfung seiner Glieder und endlich die unüberbietbare Erhabenheit der Zielsetzung, in die das ganze mündet, ringen auch dem prinzipiellen Gegner Bewunderung und Anerkennung ab." Im weiteren

Verlauf wird Thomas vollständig als der Antipode der Moderne gedeutet, "es handelt sich hier um nichts weniger als um den Gegensatz von Objektivismus und Subjektivismus" (13). Ohne daß Scheler mit Namen genannt wird, muß man ihn wohl in der Polemik gegen den "modernen Voluntarismus" getroffen sehen. Der Verf. glaubt, daß die "Krisis in der modernen Philosophie" von einem neuen Objektivismus gelöst werden wird, der aber nur "auf [der] kristallklaren Grundlage des Thomismus" möglich sei.

146. Gallus M. Manser O.P., Das Wesen des Thomismus. In: Divus Thomas 2(1924) 3-23, 196-221, 411-31.
Berühmte Grundlegung des jüngsten strengen Thomismus in Freiburg/Schweiz. Die Überschrift zum 2. Teil gibt den Hauptinhalt: "Die aristotelische Lehre von Akt und Potenz als Grundlage der thomistischen Fassung von Glaube und Wissen".

147. Joseph Feldmann, Thomas von Aquin in der modernen Philosophie. In: ThGl 16(1924) 1-24.
Festrede zur Thomasfeier am 3.9.1924 der Bischöfl. Akademie in Paderborn. Umfassender Überblick über die Krise der deutschen Philosophie: "... daß die führenden Erkenntnistheoretiker der Gegenwart den kantianisch-idealistischen Standpunkt verlassen und wieder thomistisch-realistischen Boden betreten haben"; 12f. Als Hauptzeugen dieser sehr optimistisch vorgetragenen These werden die Werke folgender Philosophen behandelt: A. Liebert, E. Landmann, N. Hartmann, H. Heimsoeth, J. Volkelt, O. Külpe, J. Reinke, P.L. Landsberg, H. Driesch, O. Spengler u.v.a.

148. Bernhard Jansen SJ, Der Geist des Aquinaten und die Kulturaufgaben der Jetztzeit. In: Jahrbuch des Verbandes der Vereine katholischer Akademiker zur Pflege der katholischen Weltanschauung, Augsburg 1924, 4-17.
Am Geiste der heiligen Franz v. Assisi und Thomas v. Aquino möge "die deutsche Seele" wieder genesen (Schlußsentenz).

149. Philosophie und Leben, hrsg. von August Messer.
1. Jahrgang (1924) Heft 1-4: zahlreiche Beiträge zum Problem "Wissen und Glauben", u.a. von Messer, M. Pribilla SJ, W. Koch.

150. Joseph Mausbach rez. Joseph Geyser, Augustin und die phänomenologische Religionsphilosophie der Gegenwart. Mit besonderer Berücksichtigung Max Schelers (= Veröffentlichungen der Albertus-Magnus-Akademie zu Köln, Bd. I, Heft 3), Münster 1923. In: ThR 23(1924), Nr. 4, Sp. 132-134.
Vor allen Dingen heftige Kritik an Scheler, der alles Wesentliche von Gratry übernommen, sonst nichts Wirkliches geleistet habe. Danach auch Kritik an seinem Schüler Hessen und dessen Rezensenten Kälin (Nr. 202). Dringender Versuch, in Augustinus die scholastische Abstraktionslehre feststellen zu können.

151. Heinrich Getzeny, Um die Religionsphilosophie Max Schelers. In: Hochland, 21. Jg. (1923/24), 1. Bd., 6. Heft vom März 1924, 583-94.
Gegen J. Geyser, Augustin und die phänomenologische Religionsphilosophie der Gegenwart (1923). Hier heißt es S. 590: "Jeder seiner kleinen, nörgelnden Sätze beweist, daß dem Verfasser [Geyser] die Fragestellung der Phänomenologie in keiner Weise klar geworden ist, wie er übrigens selber an einer Stelle offen zugibt. Daß er dennoch eine Auseinandersetzung mit dieser nicht verstandenen Methode wagen konnte, bleibt rätselhaft, d.h. sie ist auch danach ausgefallen. Wie kläglich wirkt es doch bei einem Philosophen, wenn er seinem Gegner immer wieder mit Denzingers Enchiridion zu Leibe rückt; das ist nicht mehr Philosophie, sondern eine unzulässige Grenzüberschreitung nach der Theologie hin und erweckt stellenweise geradezu den unangenehmen Eindruck der Ketzerriecherei." Scheler wird verteidigt, auch bzgl. seiner Kritik an den Gottesbeweisen.

152. Dietrich von Hildebrand, Max Scheler als Ethiker. In: Hochland, 21. Bd. (1923/24), 1. Bd., 6. Heft vom März 1924, 626-37.
Gegen Max Wittmann, Max Scheler als Ethiker, Düsseldorf 1923.
"... so kann man sich des Eindruckes nicht erwehren, als ob Wittmann trotz mancher Anerkennung im einzelnen doch Schelers Ethik letztlich nur für eine der vielen willkürlichen modernen Abirrungen vom wahren Wege hielte. Das Gesamtfazit dessen, was Wittmann über Scheler sagt, könnte man darin zusammenfassen: was richtig an Schelers Gedanken ist, wußte man schon lange - was man noch nicht vorher kannte, ist falsch -, im Grunde also wäre es besser gewesen, Scheler hätte keine Ethik geschrieben und einem die Mühe erspart, ihn zu widerlegen." - Vgl. J. Hessen, Geistige Kämpfe, 60f.

153. Heinrich Hermelink, Vom Katholizismus unserer Tage. In: Die christliche Welt 38(1924) 226-32, 275-79, 317-22, 361-73.
Im Abschnitt über den "Geisteskampf", Sp. 317-22 im Heft vom 8.5.1924 wird auf den Neuaugustinismus, der den Neuthomismus ablösen soll, näher eingegangen: Scheler, Hessen, Laros, Adam, in etwa auch Switalski werden als Intuitionisten in der Nachfolge der Augustinus, Pascal, Newman vorgestellt; das Urteil Geysers, Scheler habe Augustinus total mißverstanden, referiert. Hessen erscheint als der am weitesten gehende Neuaugustinist, unter Hinweis auf seinen Artikel in der Bonifatius-Korrespondenz (hier Nr. 97). Auch auf Switalski als Leiter der Albertus-Magnus-Akademie wird kurz hingewiesen.

154. Joseph Feldmann, Thomas von Aquin auf dem fünften Internationalen Philosophenkongreß in Neapel Mai 1924.
In: ThGl 16(1924) 113-19.
Der Paderborner Philosoph berichtet über die triumphale Anerkennung Th. von Aquins. Der Rektor der kath. Universität zu Mailand, Agostino Gemelli O.F.M., hatte die Ehre, die Eröffnungsrede in S. Domenico Maggiore zu halten: "Die herrliche Kirche war von einem tausendköpfigen internationalen Publikum dicht gefüllt. Über dem Hochaltar strahlte elektrisch «Bene de me scripsisti». Brausende Evvivas begrüßen den Redner." Zum ersten Mal hatte ein Vertreter der scholastischen Philosophie auf einem internat. Philosophenkongress offiziell sprechen dürfen. Verweis auf einen Bericht Heinrich Finkes in der Köln. Volksztg. Nr. 378 vom 19.5.1924.

155. Bernhard Franzelin SJ, Der analytische Charakter des Kausalgesetzes, verteidigt gegen Isenkrahe. In: ZkTh 48(1924) 196-225.
S. 197 wird Hessen im Zusammenhang des Kausalprinzips bereits wegen Skeptizismus getadelt.

156. Andreas Inauen SJ, Augustinus und Augustinismus. In: ZkTh 48(1924) 261-79.
Bericht über die "starke Gährung", die der Neuaugustinismus der Gegenwart im kirchlichen Denken hervorrufe. S. 265-267 weitgehende Kritik an Hessens Augustinus-Schriften. Für Inauen ist unverzichtbar, daß Augustinus von den ewigen Wahrheiten auf Gottes Realität "geschlossen" habe. Der ganze Akzent liegt auf der "Schlußfolgerung" (266f.) i.G. zur Intuition. Allerdings habe erst die Scholastik "das

wenig geklärte Verhältnis der «ewigen Wahrheiten» zu "Gottes Realität" endgültig "geklärt". Der Aufsatz enthält auch Berichte zu den Schriften Geysers und Przywaras gegen Scheler, sowie weitere Referate zum Zusammenhang, alle von streng neuscholastischer Sichtweise aus.

157. Karl Eschweiler, Zur Krisis der neuscholastischen Religionsphilosophie. In: Bonn.Zs.Th.Seels. 1(1924), 4. Heft, 313-37.
Kritische Stellungnahme zu E. Przywaras SJ bis dahin erschienen Werken zu Scheler und Newman. Dabei wird hervorgehoben, daß P. sich weit vom "alten Thomismus" (336) entfernt habe. Das Schlußurteil (337) ist hoffnungsvoll-enthusiastisch. Kritik auch an H. Lennerz SJ.

158. Erich Przywara SJ, Zum Problem Max Scheler. In: StdZ 108 (1924/25), Oktober 1924, 78-80.
Zu Schelers Distanzierung von der kath. Kirche im Vorwort des 3. Bandes seiner "Schriften zur Soziologie und Weltanschauungslehre", Leipzig 1924, p. VII/VIII. Auch gegen J. Geyser gerichtet. Schließlich kurze Abfertigung von Hessens "Augustinus"-Büchlein (1924), 80. Hinweis auf H.s Artikel in der Germania, Nr. 243 von 1923.

159. Johann Peter Steffes, Thomas von Aquin und seine Bedeutung für die Gegenwart. In: Hochland, 22. Jg. (1924/25), 1. Heft vom Oktober 1924, 44-48, und 2. Heft vom November 1924, 216-32.
Hier S. 266ff. zur Aktualität des Aquinaten. S. 232 deutliche Bevorzugung Thomas' vor Augustinus. "Im tiefsten Grunde" bilden beide keinen Gegensatz, beide sollen "Quellen, aus denen wir Heutigen Gesundung und Verjüngung trinken können", sein.

160. Bernhard Franzelin SJ, Kritische Bemerkungen zur Schrift Hessens "Augustinus und seine Bedeutung für die Gegenwart". In: ZkTh 48(1924) 603-609.
Franzelin bemängelt u.a. in der Polemik Hessens gegen Geyser und Przywara "eine Erregtheit, die einer ernsten wissenschaftlichen Forschung nur nachteilig sein kann" (604). Ansonsten geht es in diesem Aufsatz vor allem um den Kontingenzbeweis Gottes und die damit verwandten Probleme. Fast alle späteren Thesen und Antithesen werden hier bereits angesprochen.

161. Alois Mager O.S.B. rez. J. Hessens "Augustinus. Vom seligen Leben" (1923). In: Benediktinische Monatsschrift 7(1925) 236.
Hessen sieht Augustinus zu sehr "mit den Augen der Schelerschen Phänomenologie. Das fälscht leicht"; gemeint ist die Einleitung H.s. Ebd. rez. Mager 233f. B. Rosenmöller, Gott und die Welt der Ideen (1923): Vorbehalte wegen neuscholastischer Grundauffassung; aber positive Bewertung. Ebd. rez. Mager 236 E. Rolfes, Die Philosophie des Aristoteles als Naturerklärung und Weltanschauung, Leipzig 1923, XV u. 380 S.: ablehnend, da Rolfes' extrem scholastische Aristotelesdeutung - sie trägt einen christlichen Gottesbegriff in seine Metaphysik - ein grundsätzliches Mißverstehen des A. bedeute.

162. Joseph Mausbach rez. Michael Wittmann, Max Scheler als Ethiker, Düsseldorf 1923. In: ThR 23(1924) Nr. 1, Sp. 26f.
Mausbach unterstreicht die schweren Mängel, die Schelers Werk seiner Ansicht nach aufweist: "die Irrtümer der neueren Denker trotz ihrer feinsinnigen und bestechenden Einkleidungen als solche" sind von Wittmann sehr richtig erkannt worden. Immerhin hält M. die Kritik Wittmanns für zu streng und abschließend.

163. Theodor Droege C.ss.R. rez. G. Wunderle, Das religiöse Erleben, Paderborn 1922. In: ThR 23(1924), Nr. 3, Sp. 103-106.
Rezensent und Autor sind einer Meinung darin, daß die Religion nicht bloß auf das subjektive Gefühl gegründet werden darf.

164. Ludwig Baur rez. Hessens "Augustinische und thomistische Erkenntnislehre" (1921). In: ThQ 105(1924) 144-46.
Trotz etlicher Einwände ist der Kernsatz dieser Rezension: "Die eingehende Behandlung derselben [der Augustinus-Zitate bei Thomas; über Hertlings bekannte Untersuchung hinausgehend] ist sehr instruktiv und wirft in der Tat ein neues Licht auf die Interpretationsmethode des hl. Thomas. Ich halte aber damit die Frage nicht für abgeschlossen". Ferner: "Ja es will mir zweifelhaft erscheinen, ob sie überhaupt richtig gestellt ist."

165. Georg Wunderle rez. Heinrich Scholz, Religionsphilosophie, Berlin 1921, ²1923. In: Hochland, 21. Jg. (1924), 2. Bd., 8. Heft vom Mai 1924, 205-10.
Völlig ablehnend gegenüber dem protestantischen Religionsphilosophen, der Kant folgend keine zwingenden Beweise für die Religion,

u.a. auch keinen kosmologischen Gottesbeweis anerkennt. Ohne solche Beweise könne Religion aber nicht bestehen.

- 1925 -

166. Louis Rougier, La Scolastique et le thomisme, Paris 1925, VIII u. 811 S.
Das sehr weit ausholende Werk des Bergsonianers Rougier beweist eben dieselben Thesen, die gleichzeitig Hessen in seiner Thomismus-Kritik erarbeitete. Das mögen zwei zusammenfassende Zitate vom Ende dieses Buches belegen: "Désormais, consubstantiellement inféodées à la theologie, la logique et l'ontologie du Stagirite dureront ce que durera le dogme catholique. Alors qu'il a perdu tout son crédit auprès des savants, le Péripatétisme, d'abord patronné en Europe par le prince des hérétiques, Averroès, conserve tout son prestige auprès du magistère ecclésiastique. Celui-ci y voit la perennis philosophia. Entre cette philosophie et la pensée moderne, le hiatus et complet; il n'y a point de composition possible: le syllabus, avant Pascendi, a condamné le modernisme. Ainsi c'est consommé ce paradoxe étonnant qui a fait de la philosophie antique, la plus incompatible avec le christianisme, le fondement même de la philosophie chrétienne, et d'une sagesse se proposant, avant tout, une science de la nature, une justification rationelle du dogme" (799). - Rougier hält Aristoteles der christlichen Vorstellungswelt für total zuwider: "Le Péripatétisme nie la création, la providence, l'immortalité de l'âme, les sanctions d'outre-tombe, et, logiquement, le libre arbitre, il rejette comme impensables, contradictoires et absurdes, les dogmes de la Trinité et de l'Incarnation" (801). - Dagegen: F.X. Maquart, prof. au grand séminaire de Reims: M.L. Rougier contra la scolastique et le thomisme. In: Revue de philosophie, 25e année, tom. 32 (1925), 530-47.

167. Heinrich Straubinger, Apologetische Zeitfragen. Kritische Untersuchungen zu den religionsphilosophischen und apologetischen Bestrebungen der Gegenwart, Paderborn 1925, 152 S.
Das Vorwort beginnt so: "Immer wieder werden der Apologetik zweifellos gutgemeinte Ratschläge gegeben, wie sie ihr Verfahren einrichten soll, um auf den «modernen» Menschen Eindruck zu machen". Diese Vorschläge finden wenig Zustimmung bei St., der besonders Adam,

Eschweiler, Gründler, Hessen (105-110), W. Koch, Krebs, Laros, Scheler, Scholz, Isenkrahe, J.B. Kuhn, Pascal, Sawicki, Scheler, Schell einer meist ablehnenden Sichtung unterzieht. Hier interessieren besonders die Kapitel: "Die phänomenologische Religionsbegründung" 60-83, und "Der Gottesbeweis" 97-111.

168. Johann Peter Steffes, Religionsphilosophie (= Philosophische Handbibliothek, hrsg. von Cl. Baeumker, L. Baur, M. Ettlinger, Bd. IX), München/Kempten 1925, 280 S.
Dieses Werk unterscheidet sich stark von den neuscholastischen apologetischen Parallelbearbeitungen, indem es zahlreiche moderne Geistesströmungen positiv beleuchtet und auch psychologische und soziologische Fragen aufgreift. So verarbeitet St. Troeltsch, Scheler, M. Weber, K. Jaspers, E. Spranger u.v.a. Hessen hat das Buch oft verwendet. - Vgl. Nr. 233.

169. Martin Grabmann, Die Kulturphilosophie des Hl. Thomas von Aquin, Augsburg 1925.
Laut Vorwort entstand dieses 217 S. starke Buch "aus Festreden, die ich anläßlich der 600jährigen Jubelfeier der Kanonisation des hl. Thomas am 3. Juli 1923 im Odeon zu München, und am 28. September 1924 bei der Generalversammlung der Görresgesellschaft zu Heidelberg gehalten habe". Die zeitgenössische Thomas-Forschung wird vorgestellt. S. 185 kommt G. im Kapitel "Thomas von Aquin und die Kultur der Gegenwart" auf die derzeitige Bevorzugung des Augustinus zu sprechen, die er ablehnt. "Ein sorgsam abwägendes Quellenstudium wird bei aller Wahrung und Anerkennung der Eigenarten und Verschiedenheiten doch namentlich in religiösen Fragen in Augustinus und Thomas die beiden größten Repräsentanten ein und derselben katholischen Weltanschauung sehen, gleich einem einzigen gewaltigen Bergkoloß, der mit zwei Gipfeln in die reine, sonnenklare Luft des Ewigen und Göttlichen hineinragt". S. 59ff. werden R. Eucken und W. Jäger zurückgewiesen. Er bezieht sich dabei auf R. Eucken, Thomas von Aquin und Kant. Ein Kampf zweier Welten, Berlin 1901, und auf W. Jäger, Aristoteles, Berlin 1923, 339.

170. Franz Sawicki, Der Satz vom zureichenden Grunde. In: PhJb 38(1925), 1. Heft, 1-11.

S. 11: "Immerhin gilt bei dieser Sachlage [d.h. Vertrauen auf den elementaren Vernunftgehalt des Daseins ist die Basis allen Denkens; der Editor] auch für die Gottesbeweise, dass sie letzthin einen freien Akt des Vertrauens, des Glaubens an eine elementare Vernunft des Daseins voraussetzen. So finden wir schon hier in der tiefsten Grundlage eine Erklärung dafür, dass die Gottesbeweise nicht jeden überzeugen und nicht jeden Zweifel zu überwinden vermögen. Für denjenigen, der jenes Vertrauen nicht hat, ist das Dasein Gottes nicht zu erweisen [...] Die philosophische Gotteserkenntnis hat in den Vernunftgesetzen keine anderen Voraussetzungen als die übrige wissenschaftliche Erkenntnis, und wenn hier eine Schwäche gegeben ist, so ist es die Schwäche des ganzen menschlichen Erkennens."

171. Peter Wust, Ein Ausblick auf die augenblickliche Lage der Philosophie. In: Das geistige Europa. Ein internationales Jahrbuch der Kultur, hrsg. von P. Friedrich Muckermann SJ und Dr. H. van der Mark, Paderborn 1925, 22-26.
Triumphgefühle über den Niedergang des Neukantianismus, dessen "Herrschaft erschüttert, oder gar schon wie ein Spuk völlig zerstoben" sei (22). Hohes Lob für E. Przywara und - über alle anderen - für Nikolai Hartmann, dessen "Metaphysik der Erkenntnis" das bei weitem wichtigste Buch der Gegenwart sei.
"Bedauerlich aber ist bei der ganzen Betrachtung noch ein anderes Moment: die christliche Philosophie, deren große historische Stunde doch mit der Wendung des Zeitgeistes zum Objektgedanken angebrochen ist, scheint auf der ganzen Linie zu versagen, zwar nicht der Idee nach, wohl aber im Hinblick auf die Notwendigkeit des Hervortretens schaffender Persönlichkeiten. Seitdem Scheler den Bruch mit seiner bisherigen Philosophie offen proklamiert hat, wird es merkwürdig still auf dieser Seite" (26). Vgl. A.F. Lohner, 510ff.

172. Erich Przywara SJ, Neue Religiosität? in: StdZ 109(1925), April 1925, 18-35. Neu abgedruckt in: Ders., Ringen der Gegenwart, I (1929), 48-77.
Vor allem recht erbitterte Polemik gegen die Newman-Interpretation M. Laros' (25ff., resp. 58ff.): "Nicht leidenschaftlicher Radikalismus, sondern schlichte Demut und demütige Herzlichkeit sind der Geist der Kirche und jener Geist, der im abgereiftesten Newmans lebendig sind".
- Hessen wird ein "Eschatologismus" vorgeworfen: "Hier verschwim-

men die «ewigen Wahrheiten» bzw. «ewigen Werte» unmerklich mit Gott, und folgerichtig wird Gott selbst zum direkten Maß und direkter Norm des Geschöpflichen" (27ff. bzw. 63). Danach noch Kritik an Rademachers "Gottessehnsucht der Seele" (1924).

173. Engelbert Krebs, Neuere philosophische Literatur. In: Lit. Hand. 61(1925), 5. Heft vom Mai 1925, Sp. 321-34.
Neben vielen anderen Autoren des Gesamtzusammenhanges (A. Schneider, J.M. Verweyen, Pelster, Geyser, Przywara, Lennerz, Scheler, Switalski, Schulemann), wird auch Hessens "Augustinische und Thomistische Erkenntnislehre" (1921) recht positiv gewürdigt (325). Der größte Alarm von Krebs gilt aber der Abwendung Schelers von der katholischen Glaubenslehre.

174. Philipp Funk, Selbstbewußtsein oder Selbstbesinnung? In: Hochland, 23. Jg. (1925/26), 1. Bd., 1. Heft vom Okt. 1925, 110-113.
Von Bitterkeit über die "tiefe Krise", die Walter Dirks in der Rhein-Mainischen Volkszeitung Nr. 194 vom 28.5.1925 im deutschen Katholizismus konstatiert hatte (ähnlich S. Kracauer in der Frankfurter Ztg.), erfüllter Bericht über das Abebben des "neuen katholischen Lebensgefühls" mit seinem "Kulturoptimismus und -aktivismus", welches von den Phänomenologen "vor fünf oder sechs Jahren" hervorgerufen worden war. Anspielung auf die Entfernung Schelers und die Verflüchtigung der von ihm ausgelösten "hochgemuten Stimmung" (111).

175. Franz Mitzka SJ, Der Thomistenkongreß in Rom 15.-20. April 1925. In: ZkTh 49(1925) 465-67.
Der erste Kongreß, der international die Thomisten zusammenrief, zählte über 100 Teilnehmer; den Vorsitz führte Bischof Laurentius Janssens O.S.B. Als Pater Garrigou-Lagrange O.P. sofort den alten Schulstreit um die distinctio realis erneuerte, und Pater S. Szabò O.P. eine Verpflichtung aller Thomisten auf die 24 Thesen Pius' X. von 1914 durchsetzen wollte, drohte der Kongreß völlig zu scheitern. Janssens sei im wesentlichen seine Rettung zu danken. Neben den Hauptdiskussionen um die "praemotio physica" und die sog. Realdistinktion nahm die Frage der Gottesbeweise nur einen untergeordneten Platz ein.

176. Eugen Rolfes rez. Werner Jäger, Aristoteles, Berlin 1923. In: ThR 24(1925), Nr. 3, 99-102.
Weist Jägers Beurteilung der Scholastik zurück: Jäger vertrete eine kantianische Kritik an Aristoteles, was zu einem Verzicht auf echtes philosophisches Verstehen führe.

177. Johann Peter Steffes rez. Wilhelm Schmidt-Japing, Lotzes Religionsphilosophie in ihrer Entwicklung, Göttingen 1925. In: ThR 24(1925), Nr. 7, Sp. 260-262.
Steffes stellt nach Lektüre dieser sorgfältigen Schrift fest, daß die religionsphilosophischen Gedanken Lotzes "ohne letzten Ausgleich unter sich und mit der Wirklichkeit" bleiben. "Den klaren theistischen Formulierungen stehen auch noch monistische gegenüber". Lic. Dr. Schmidt-Japing war Privatdozent in Bonn.

178. Erich Przywara SJ rez. Peter Wust, Naivität und Pietät, Tübingen 1925. In: Literarische Blätter. Beilage der Köln. Volksztg. Nr. 54, Sept. 1925. Wiederabdruck in ders., Ringen der Gegenwart, I, Augsburg 1929, 334-41.
Lobt Wust, weil er von Augustin zu Thomas gelangt sei. "Augustinismus, der die empfangende Hingabe (im intuitiven Schauen der Ideen) betont und Thomismus, der den Akzent auf das eigenpersönliche Schaffen legt (im Hervorheben des intellectus agens, also des eigentätigen Geisteslebens) sind bereits Ausgestaltungen der einen Wahrheit. Aber Thomas ist die höhere Einheit, weil er die Reife Augustins ist. Wie das Mittelalter gleichsam (in seinem philosophischen Exemplarismus, der in die soziologische Ständeordnung sich konkretisiert, und seiner platonisierenden Mystik, die diese Ordnung mehr als himmlische denn als irdische begreift) die Vorbereitung Augustins ist, so weist Thomas von Aquin (samt seiner organischen Weitergestaltung in Scotus und Suarez) auf die Neuzeit" (340). - "Es ist das große Verdienst des Denkers Peter Wusts", daß er sich von Augustinus zu Thomas "hindurchringt" (341). Vgl. A.F. Lohner, 153ff. Auf die völlige Abwegigkeit von P.s Intellectus-agens-Deutung sei hier nur aufmerksam gemacht.

179. M.D. Roland-Gosselin O.P., Bulletin de philosophie métaphysique. In: R.sc.phil.th. 14(1925) 200-215.

Hier 215 kurze Nennung von Hessens Neukantianismus-Buch. Sehr ausführlich hingegen 212f. die Rezension von R.P. Pedro Descoq SJ, Essai critique sur l'hylémorphisme, Paris 1924.
In diesem in Deutschland offenbar gar nicht rezipierten Werk übte der Jesuit eine schonungslose Kritik am Hylemorphismus und untergrub damit an diesem Punkte die Basis des Thomismus, so wie ca. 10 Jahre später auf ähnlichen Wegen Santeler und Mitterer.

180. Friedrich Karl Schumann rez. J. Hessens "Religionsphilosophie des Neukantianismus" (1924). In: Grundwissenschaft. Philosophische Zeitschrift der Johannes-Rehmke-Gesellschaft 6(1925) 334f.
Sehr zustimmend, mit Ausnahme der im letzten Teil des Buches vorgetragenen augustinischen Religionsbegründung. "Abgesehen von diesen Unausgeglichenheiten des Schlußabschnittes ist die Schrift unstreitig in Darstellung und Kritik eine der anregendsten und fruchtbarsten Auseinandersetzungen mit der jetzt so viel erörterten Religionsphilosophie des Neukantianismus" (Schlußwort).

- 1926 -

181. **J. Hessen, Erkenntnistheorie (= Leitfäden der Philosophie, herausgegeben von Dozenten der Hochschulen in Bonn und Köln, 2. Bd.), Berlin und Bonn (Ferd. Dümmlers Verlagsbuchhandlung) 1926, 152 S.**
Vorwort dat. "Köln, Oktober 1925".
Weitere Autoren dieser Serie waren damals Aloys Müller (Priv.-Doz. Bonn), Einleitung in die Philosphie, sowie für die Zukunft geplant Martin Honecker, Adolf Dyroff und D. v. Hildebrand. Vgl. J. Hessen, Geistige Kämpfe, 79.
Rez.: Jos. Feldmann in ThGl 18(1926) 452f.: positiv. - R. Seeberg in ThLBl 48(1927) Nr. 8 vom 15.4.1927 Sp. 137: positiv. - F. Sawicki in PhJb 40(1927) 103f.: wohlwollende, insgesamt günstige Besprechung. - Stan. v. Dunin-Borkowski SJ in StdZ 114(1927/28), November 1927, 158f.: knapp und im wesentlichen ablehnend, besonders bezgl. das Kausalprinzips. - Jos. Engert in: Literarische Beilage der Augsburger Postzeitung Nr. 1 vom 6.1.1926: positiv. Vgl. Nr. 201, 209, 248.
Übersetzungen:
1. Teoria del conocimiento, Trad. José Gaos, Madrid (Revista del ocidente) 1929, 233p. - 2. ed. 1932, 227p. - 3. ed. 1936, 202p. -

Novena edicion, 1961. - 11. ed. (Espasa Calpe) 1966, 149 S. - 12. ed. 1969, 150p. - 13. ed. 1973, 149 S. - 14. ed. 1976, 149 S.
2. Dieselbe Übersetzung:
Buenos Aires (Edit. Espasa Calpe) 1938 (prólogo especial para esta edicion par Francisco Romero). - 2. ed. 1940. - 3. ed. 1944. - 6. ed. 1951. - (Abweichende Angabe im Index translationum 16(1963): 6. ed. (Losada) 1963, 140p. - 7. ed. 1965, 157 S.) - 8. ed. 1956. - 9. ed. 1961. - 10. ed. 1964. - 11. ed. 1966. - 12. ed. 1970. - 15. ed. (Losada) 1976.
3. Teoria do conhecimento. Trad. Dr. António Correia, Coimbra (Arménico Amado) 1952, VIII u. 186p. - 2. ed. 196, 206p. - 4. ed. 1968.
4. Nishikiron gaisetsu. Übersetzer: Ishiwara Shizuo. Tokyo (Endureru shoten) 1951, 2. Aufl. 1953, 132 S. Herausgegeben von der Sophia-Universität (Jochi daigaku).
Zwei Auszüge hier: Text 3 und 4.

182. **J. Hessen, Die Weltanschauung des Thomas von Aquin, Stuttgart (Strecker und Schröder) 1926, XII u. 170 S.**
Vorwort dat. "Köln, 1. November 1925".
Widmung p. V an den verstorbenen Freund Joseph Vierboom.
Hessen hat im SS 1924 eine allg. öffentl. Vorlesung (1-stündig) gehalten mit dem Titel "Thomas von Aquin und die Probleme der Gegenwartsphilosophie" (Allgemeine öffentliche Vorlesungen veranstaltet durch die Universität Köln, SS 1924). - Vgl. J. Hessen, Geistige Kämpfe, 65ff.
Rez.: B. Bartmann in: ThGl 18(1926) 872: nur kurze Anzeige. - Franz Meerpohl in: Lit. Hand. 63(1926/27), 4. Heft vom Januar 1927, Sp. 265f.: trotz Bedenken handelt es sich um "eine wertvolle Einführung in den Geist des hl. Thomas". - Theologie der Gegenwart 21(1927) 100f.: zustimmend. - R. Seeberg in: ThBl 48(1927) Nr. 5 vom 4.3.1927 Sp. 75: "Sie [die Schrift] gehört zu dem Besten, was neuerdings über Thomas geschrieben ist und kann als Einführung in seine Lehre warm empfohlen werden." - Dr. Lechner in: Pharus 18(1927), 2. Halbbd., 157: objektiv, knapp. - M. Horten in: Bulletin thomiste, IV-VI(1927-29), Nr. 5, septembre 1927, 169-178: völlig ablehnend, erregt und entrüstet; liefert S. 173 ein Verzeichnis der bis dahin erschienenen Rezensionen. - Karl Heyer in: Die Drei (Stuttgart) 6(1927) 460-62: Anerkennung, aber auch Kritik vom Standpunkt der Anthroposophie

Rudolf Steiners aus, der nämlich die Synthese des Aquinaten auf einer höheren Bewußtseinsebene für die Gegenwart vollzogen habe. - Vgl. Nr. 197, 209f., 221f., 225ff., 247.
Ein Textauszug hier: Text 5.

183. **J. Hessen, Unser Vater. Gebete des Gotteskindes, Rottenburg (Verlag Bader), 1926, 50 S.**
2. Aufl. ebd. 1927, 3. Aufl. ebd. 1930, 4. Aufl. ebd. 1932, 5. Aufl. ebd. 1935. 6., vermehrte und verbesserte Aufl. ebd. 1940, 55 S. - 7. Aufl. ebd. 1947, 8. Aufl. ebd. o.J. (ca. 1950).
Enthält 28 Gebete, darunter einen Zyklus von fünf Gebeten zur "Opferfeier" in der Form von Prosagedichten.
Rez.: F. Tillmann oder Hugo Lang O.S.B. in: Lit. Ratg. 23./24. Jg. (1926-28) 173: "Wir freuen uns aufrichtig, einmal ein Schriftchen Hessens vorbehaltlos und dankbar empfehlen zu dürfen."

184. **J. Hessen, Zur Wertphilosophie der Gegenwart. In: Pharus. Katholische Monatsschrift für Orientierung in der gesamten Pädagogik (Donauwörth), 17(1926), 2. Halbjahresband, 269-74.**
Starkes Lob für N. Hartmanns "Ethik" (1926), deren Stärke sich aus H.s Anschluß an Schelers Werk über den Formalismus in der Ethik usw. ergebe. Kurze und ablehnende Bemerkungen zu M. Grabmann, Die Kulturphilosophie des Heiligen Thomas, Augsburg 1925.

185. Franz Sawicki, Die Gottesbeweise, Paderborn (F. Schöningh) 1926, 206 S.
Imprimatur Paderborn 7.7.1925. Vic. gen. Rosenberg.
Im Vorwort: "Die Absicht aber ging nicht dahin, das Wankende, so gut es eben angeht, zu stützen, sondern Grundsatz war, das unzulänglich Begründete möglichst auszuscheiden oder doch klar als solches zu bezeichnen. Das Wesentliche ist dabei stehen geblieben. Immerhin ist manches aufgegeben worden, was als altüberliefertes Gedankengut geschätzt wird und von mir selbst früher festgehalten worden ist."
Seriösestes und daher einflußreichstes Buch zum Thema im katholischen Deutschland seiner Epoche. - Rez.: Ludwig Faulhaber in ThR 26(1927) Sp. 234-36: S. gibt, ähnlich wie Hessen, den Satz vom zureichenden Grunde auf. Vgl. J. Hessen, Geistige Kämpfe, 79.

186. Nikolai Hartmann, Ethik, Berlin/Leipzig 1926, XX u. 746 S.

"Die grundlegenden Einsichten Schelers hat dann N. Hartmann zu einem System der Ethik ausgestaltet"; J. Hessen, Lehrbuch, II (1948) 168. Von allen Werken Hartmanns hat Hessen dieses alleine wirklich geschätzt, und dies mit erheblichen Vorbehalten; ebd. 19, 44f.

187. Joseph Engert, Studien zur theologischen Erkenntnislehre, Regensburg 1926, 621 S.
S. 128-63: "Kant und seine Kritik der Gottesbeweise". - 191-223 zu Foerster, Heiler, Adam, Messer. - 231-65 zu R. Otto. - 310-611: "Die Religionsphilosophie". In diesem Hauptteil des Werkes wird 388-611 aufschlußreich Max Scheler behandelt, der jedoch nur mit seinen Schriften vor seiner Abwendung vom Katholizismus (1924) berücksichtigt wird.

188. Heinrich Lennerz SJ, Natürliche Gotteserkenntnis. Stellungnahme der Kirche in den letzten hundert Jahren, Freiburg 1926, VIII u. 253 S.
Übersichtliches und in seiner extremen Juridifizierung philosophischer Probleme im kirchenrechtlichen Sinne sehr bezeichnendes Werk. Alle metaphysischen Fragen werden mit päpstlichen Lehrentscheidungen beantwortet. Sonst wenig beachtete Reskripte des Hl. Offizium zu Fragen der Beweisbarkeit Gottes im Sinne des Antimodernisteneides werden verarbeitet. Obwohl sehr trocken und unpersönlich abgefaßt, oder vielmehr deshalb ist dieses Buch ein sehr typisches Exempel der "lehramtlichen" Metaphysik unter den Pius-Päpsten des 20. Jahrhunderts. - Rez.: Th. Steinbüchel in: Lit. Ratg. 23/24(1926-1928) 183: "So entbehrt das Buch der bei diesem ernsten Gegenstand dringend notwendigen wissenschaftlichen Tiefe und der gerade den Verurteilten gegenüber gebotenen Verantwortlichkeit". Ferner fehle eine "tiefer eindringende zeit- und geistesgeschichtliche Analyse".

189. Simon Geiger, Der Intuitionsbegriff in der katholischen Religionsphilosophie der Gegenwart (= Freiburger theologische Studien, hrsg. von Arthur Allgeier und Engelbert Krebs, 30. Heft), Freiburg/Br. 1926, 111 S.
Der Autor ist auf dem Titelblatt als Dr. theol., Domprediger und Religionslehrer in Augsburg bezeichnet. Aus dem am 15.2.1925 unterzeichneten Vorwort ist zu entnehmen, daß es sich um eine Dissertation bei H. Straubinger handelt.

Das erste der drei Hauptkapitel trägt den Titel: "Augustinus-Hessen" (5-60), später werden dann noch, weniger ausführlich, Pascal, Newman, Laros, Gründler, Switalski und Adam behandelt.
S. 37-45 "Prüfung der von Hessen angeführten Beweisstellen" (für eine unmittelbare Gotteserkenntnis bei Augustinus). S. 45 gibt Geiger folgendes Resümee: "Bei ganz vorsichtiger Prüfung und zurückhaltender Beurteilung läßt sich aus den Schriften des hl. Augustinus kein Beweis erbringen für eine natürliche, unmittelbare Gotteserkenntnis, für ein Schauen Gottes, Intuition. Die angeführten Stellen sind nicht eindeutig und darum nicht beweiskräftig."
S. 56-59 "Die Intuitionslehre Hessens". Der Autor hebt hervor, daß es bei Hessen mehrfache Wandlungen im Intuitionsbegriff gegeben habe, wobei er fälschlicherweise denjenigen der christlichen Philosophie zuerst mit der Wertphilosophie Windelbands, dann mit der Phänomenologie Schelers verbinde, schließlich als mystisches Erleben auffasse.
S. 109 zusammenfassende Ablehnung der Ansätze von Laros, Hessen und Adam.

190. Leo Weismantel, Der Katholizismus zwischen Absonderung und Volksgemeinschaft, Würzburg 1926, 84 S.
Kritik an der Politik der Zentrumspartei, an der Indizierung Wittigs, an der katholischen Schulpolitik u.a.m. von einem grobgesprochen linkskatholischen Standpunkt aus, den im Ganzen Hessen geteilt haben wird.

191. Heinrich Hermelink, Katholizismus und Protestantismus in der Gegenwart vornehmlich in Deutschland, Gotha 1926, IV u. 144 S.
Druckfassung mehrerer in der Zeitschrift "Die christliche Welt" erschienener Berichte über den Katholizismus in Deutschland. Hier 105f. der Bericht über den "Neo-Augustinismus", in dem auch Hessen genannt worden war (hier Nr. 153).

192. Joseph Engert, Katholizismus und Philosophie. In: Hochland, 23. Jg. (1925/26), 1. Bd., 4. Heft vom Januar 1926, 455-67.
Sammelrezension zu verschiedenen Werken kath. Philosophen in der Reihe "Philosophische Handbibliothek" (Sawicki, Wittmann, Baur u.a.). Der Verf., der in der Behandlung der Frage der Freiheit katholischer Philosophen bis auf die Kontroverse Kuhn - Clemens zurückgeht, erteilt den Autoren ein wenn auch zwiespältiges Lob. Auch der can. 1366 § 2 des kanonischen Rechtes wird besprochen, in dem

die kath. Philosophen verpflichtet werden, "ad Angelici Doctoris rationem, doctrinam et principia" zu lehren.

193. Franz Sawicki, Der letzte Grund der Gewißheit. In: PhJb 39(1926), 1. Heft vom Jan. 1926, 1-8.
Letzter Gewißheitsgrund "ist die vom natürlichen Vertrauen zur Vernunft getragene Evidenz oder das natürliche Selbstvertrauen der evident erkennenden Vernunft" (7).

194. Pierre Jaccard, La mêlée thomiste en France en 1925. In: Revue de théologie et de philosophie, Nouvelle série, t. XIV, Lausanne 1926, 49-75.
Kritischer Bericht von protestantischem Standpunkt aus über die "Modephilosophie" des Neuthomismus in Frankreich; speziell gegen J. Maritains Buch: "Trois Réformateurs: Luther, Descartes, Rousseau", Paris 1925, gerichtet (54-58). Dann folgt ein Referat über Rougiers Buch (hier Nr. 166) 58-66, dessen Relativismus ebenfalls getadelt wird; sodann eine Besprechung verschiedener Bücher von E. Gilson (66-70). Schließlich folgt ein Bericht über P. Lasserre, La jeunesse d'Ernest Renan, 2 voll, Paris 1925. Im zweiten Band dieses Werkes wurde "Le drame de la métaphysique chrétienne" inklusive Thomas v. Aquin behandelt.

195. Joh. Erich Heyde, Erkennen und Erleben, Rationalismus und Intuitionismus. In: Philosophie und Leben 2(1926), 3. Heft vom März 1926, 86-92; 5. Heft vom Mai 1926, 146-154.

196. Joseph Engert, Über den Gedanken einer philosophia perennis. In: PhJb 39(1926), 2. Heft vom April 1926, 105-27.
Antrittsvorlesung des Regensburger Hochschulprofessors.
"Es gehört zu den anziehendsten Punkten der gewaltigen Geistesarbeit des Aquinaten, die Umformung des Augustinismus in den Aristotelismus zu verfolgen" (112). "Liebevolle Umbiegung des Sinnes" der Philosophie des Augustinus durch Thomas von Aquin (113).
Auch näheres Eingehen auf Lotze und Scheler, sowie auf die Begriffsgeschichte der "philosophia perennis".

197. Max Horten, Ist die Philosophie des hl. Thomas in ihren Grundlagen verfehlt? Kritische Bemerkungen zu J. Hessens Schrift "Die Weltan-

schauung des Thomas von Aquin". In: PhJb 39(1926), 2. Heft, 178-86 und 3. Heft, 298-38 (April/Juli 1926).
Der Rez. sieht bei Hessen nur zahlreiche "Mißdeutungen" des Aquinaten. Aber er verschweigt nicht, daß das ganz andere Weltbild des mittelalterlichen, vom antiken Denken abhängigen Thomas einer gegenwärtigen Rezeption größte Schwierigkeiten entgegensetzt. Die künftige Auffassung Mitterers ist hier wohl angebahnt. - Max Horten (geb. 1874), Habilit. für semitische Sprachen in Bonn 1906, später a.o. Prof. in Breslau, war der beste Kenner der islamischen Philosophie seiner Zeit; zahlr. Veröff. zu Avicenna, Averroes usw. seit 1906, dabei aber von thomistischer Einstellung; Kosch, I, 1748f.

198. Robert Jelke, Die Religion und ihr Problem. In: Philosophie und Leben 2(1926), 4. Heft vom April 1926, 105-121.
"Ich erinnere hinsichtlich der katholischen Forschung nur an die drei Namen Geyser, Hessen und Scheler als an Namen besonders markanter Vertreter der drei großen Strömungen, denen wir heute auf dem Boden der katholischen Wissenschaft begegnen, nämlich des scholastischen Traditionalismus, des Augustinismus und des Phänomenologismus. Man kann wohl sagen, daß das Ringen dieser drei Strömungen miteinander heute die katholische Welt ziemlich tief bewegt" (106). Jelke befaßt sich dann mit der Frage, ob der Religion eine besondere Anlage im Menschen korrespondiert.

199. Peter Wust, Die Offensive der Scholastik in der Philosophie der Gegenwart. In: Im Schritt der Zeit. Sonntagsbeilage der Köln. Volksztg. Beilage zu Nr. 153 vom 28.2.1926.
Vierspaltiger Leitartikel. Wust polemisiert in militanter Weise, durchgehend in militärischen Metaphern gegen den Neukantianismus in allen Spielarten, sodann aber auch gegen die Schule der Hertling, Baeumker, Ehrle und Mercier, deren Arbeit praktisch ohne eigentlichen philosophischen Ertrag geblieben sei. Nach weiterer Polemik gegen Scheler und N. Hartmann wird als einziger Philosoph, der den Durchbruch zur Metaphysik erreicht habe, F. Brentano genannt.

200. Peter Wust, Die Säkularisierung des europäischen Geistes und ihre Überwindung in der Gegenwart. In: Hochland, 23. Jg. (1925/26), 2. Bd., April-Heft 1926, 1-19, und Mai-Heft 1926, 195-213.
Extrem integralistische Globalablehnung der "Neuzeit".

S. 2: "Karl Adam aber, der Tübinger Theologe und Verfasser des schönen Buches vom «Wesen des Katholizismus», hat uns den Grundgedanken und die Aufteilung unserer Materie nahegelegt mit einem scharf zugespitzen Satz, den wir am Eingang seines soeben zitierten Werkes finden. «Das 'Los von der Kirche' im 16. Jahrhundert, so sagt dort Karl Adam, «führte mit innerer Notwendigkeit zum 'Los vom Christentum' im 18. Jahrhundert.» Es fällt uns nicht schwer, nach diesem programmatischen Wort den gewaltigen Stoff unserer Rückschau auf die Epoche des modernen Geistes übersichtlich zu zergliedern."
S. 7: "Selbstmord des Geistes" im modernen Denken.
S. 199: "Die faustische Erkenntnishybris des modernen Menschen aber ist gar nichts anderes als die Wiederholung dieser paradiesischen Ursünde in der grandiosesten Form".
Im Ganzen ein Dokument eines in Deutschland nicht sehr häufigen radikal-antiaufklärerischen, konterrevolutionären Denkens, vergleichbar mit Th. Haecker, in seinen tieferen Wurzeln aus der Restaurationsperiode vor und nach 1815 stammend. Vgl. A.F. Lohner, 518ff.

201. Bernhard Franzelin SJ, Zur philosophisch-theologischen Einstellung Dr. J. Hessens. In: ZkTh 50(1926) 151-173.
Kritik an Hessens "Religionsphilosophie des Neukantianismus" (^{2}1924) und seiner "Erkenntnistheorie" (1926). Der Ton ist nicht selten verächtlich und schulmeisterlich. Im Kern geht es aber Franzelin um folgendes: "Wer die Entscheidungen des kirchlichen Lehramtes über die Möglichkeit einer sicheren Gotteserkenntnis durch das natürliche Licht der menschlichen Vernunft, über das Verhältnis der Vernunft zur Offenbarung und zum Glauben, über das Wesen des Glaubens, über die Irrtümer des Modernismus vor Augen hat, der wird unmöglich die obigen Ansichten H.s mit der Lehre der kath. Kirche in Einklang bringen können." (173) "Warum er trotzdem seine Irrtümer vortrug, entzieht sich unserer Kenntnis" (ebd.). An Hessen "blieb der Irrtum haften" (ebd.). - Vgl. J. Hessen, Geistige Kämpfe, 70.

202. Bernard Kälin O.S.B., Alte und neue Wege zur Gotteserkenntnis. In: Divus Thomas 4(1926) 157-171.

Gegen Hessens "Augustinus und seine Bedeutung für die Gegenwart" (1924), vor allem bezüglich des Kausalprinzips und des Kontingenzbeweises.

203. Theodor Haecker, Geist und Leben. Zum Problem Max Scheler. In: Hochland, 23. Jg. (1926), 2. Bd., 8. Heft vom Mai 1926, 129-155.
Fulminante Schlußabrechnung mit dem Apostaten, der bereits von den Schlangen des Dämons umgeben dargestellt wird. So erscheint Scheler, der nach Haecker ohnehin nie Christ war, im Augenblicke seiner Höllenfahrt.

204. August Messer, Führt ein Weg von der Natur zu Gott? In: Philosophie und Leben 2(1926), 5. Heft vom Mai 1926, 137-46.
Zu: F. Dessauer, Leben, Natur und Religion, Bonn 1924.

205. August Messer, Der Fall Wittig. In: Philosophie und Leben 2(1926), 9. Heft vom Sept. 1926, 316-319.
Kurzer Bericht über die Exkommunikation Wittigs am 12.6.1926, nachdem vorher fünf seiner Bücher indiziert worden waren.

206. Bernhard Jansen SJ, Die Bedeutung der Scholastik für die Metaphysik. In: Philosophische Monatshefte der Kant-Studien, 2. Jg., 3./4. Heft (1926; Sonderheft "Religionsphilosophie"), 94-108.
Jansen geht von der durch die Gegenwart erfolgten Rehabilitierung der Scholastik aus. Er sucht "Vorurteile" zu zerstreuen, sowie vor allem Gemeinsamkeiten zwischen Kant und Thomas herauszuarbeiten. Der sehr diplomatische Text liest sich wie ein Koalitionsangebot.

207. Johann Peter Steffes rez. Karl Fröhlich (Repetent am Wilhelm-Stift/Tübingen), Studien zur Frage nach der Realität des Göttlichen in der neuesten deutschen Religionsphilosophie, Würzburg 1925. In: ThR 25(1926), Nr. 5, Sp. 182f.

208. Theodor Steinbüchel rez. E. Przywaras SJ "Religionsphilosophie katholischer Theologie" (1926) sowie das Parallelwerk Emil Brunners. In: Lit. Ratg. 22(1925/26) 182f.
"Die Polaritätsphilosophie des Verfassers [Prz.] erinnert jedoch in der Unruhe und vielfachen Unbestimmtheit ihrer Begriffe und ihrer Darstellungsweise manchmal an die alte Sic-et-non-Theologie, ihre

harmonisierende Art weiß das Gegensätzliche allzu leicht zu vereinigen und schließt deshalb die Gefahr unhistorisch-konstruktiver Vereinfachung alter wie neuer und neuester Philosopheme sowie einer allzu behend vollzogenen Vereinbarung des menschlich-metaphysischem Denken Unvereinbaren ein. Das reiche katholische Denken wird zuletzt auf zwei Formeln reduziert: christlich-platonisch und christlich-aristotelischer Typ. Dem vielfachen Sowohl-als-auch Przywaras ..." stehe das Entweder-Oder E. Brunners gegenüber. - Vgl. Nr. 238.

209. Ludwig Faulhaber rez. Hessens "Erkenntnistheorie" (1926), und "Die Weltanschauung des Thomas von Aquin" (1926). In: ThR 25(1926), Juli-Heft (Nr. 7), Sp. 257-61.
Harte Ablehnung durch den Bamberger Apologeten und Religionsphilosophen. Die Rez. endet so: "Eines aber steht fest: Die Übereinstimmung mit der Lehre der Kirche ist und bleibt notwendig für ein philosophisches System, dessen Vertreter und Anhänger katholisch sein wollen." Die Kritik wendet sich im Einzelnen gegen die Intuitionslehre, die bei Hessen zu sehr ausgedehnt werde (von der geistigen über die emotionale bis zur "volitiven" Intuition) und gegen die Trennung von Seins- und Wertordnung.

210. Bernhard Dörholt rez. Hessens "Die Weltanschauung des Thomas von Aquin". In: Divus Thomas, 3. Serie, 4. Jg. (1926) September-Heft, 351-361.
"... ein Attentat auf den Fürsten der Scholastik ..., und zwar ein brutales, das alle wahren Freunde des hl. Thomas auf die Wälle ruft, um ihn und die von ihm erbaute Festung echter Weisheit gegen einen von kantianischem Gifttrank berauschten Modernen zu verteidigen, der in der ihm eigenen Gabe einer leicht faßlichen Darstellung eine nicht ungefährliche Waffe besitzt" (351). - Am Ende dieser Kritik: "Warum glaubt er schließlich Kant mehr als dem h. Thomas? Darauf muß die Antwort lauten: Das macht der relativistische Historismus, von dem sein ganzes Denken und Wesen beherrscht ist. Es gibt für ihn keine feste, bleibende Wahrheit, sondern alles fließt ihm mit dem Gange der Geschichte dahin. Daher gilt ihm das System des hl. Thomas für das Mittelalter, aber auch nur für das Mittelalter, für unsere Zeit ist es veraltet und überholt. Daß dieser Relativismus der Wahrheit das nimmt, was ihr als Wahrheit wesentlich ist, ist selbstverständlich. Denn

er ist nur ein verhüllter Skeptizismus." - Vgl. J. Hessen, Geistige Kämpfe, 67.

211. Lorenz Fuetscher SJ rez. F. Sawicki, Die Gottesbeweise (1926). In: ZkTh 50(1926) 553-61.
Ablehnend. Da Sawicki dem Satz vom zureichenden Grund "keine absolute Vernunftnotwendigkeit" zuspricht, und fernerhin den "letzten Grund der Gewißheit unserer Erkenntnis" nicht "in der objektiven Evidenz, sondern in einem freiwilligen Akt des Vertrauens beruhen" läßt, sind die Fundamente der Gottesbeweise erschüttert (556f.). Es ergeben sich daraus Folgen durch die "der absolute Skeptizismus als in sich berechtigt anerkannt" wäre (560). "Jeder hätte ferner das Recht, allen sowohl natürlichen wie übernatürlichen Wahrheiten die Zustimmung zu versagen. Niemand hätte die Pflicht, irgend eine natürliche oder übernatürliche Wahrheit anzunehmen, auch nicht das Dasein Gottes. Ja er könnte es vernünftigerweise gar nicht tun." (560f.)

- 1927 -

212. J. Hessen rez. Werner Schöllgen, Das Problem der Willensfreiheit bei Heinrich von Gent und Herveus Natalis (= Abhdl. aus Ethik und Moral, hrsg. von F. Tillmann, 1927), Düsseldorf 1927, sowie: N.O. Losskij, Handbuch der Logik, Leipzig 1927. In: Literarische Blätter. Beilage der Köln. Volkstg. Nr. 102 vom 21.7.1927.
Der Tillmann-Schüler Schöllgen wuchs in den Kreis um Hessen hinein. Hier seine phil. Diss. Freiburg/Br. 1927.

213. J. Hessen rez. Jos. König, Der Begriff der Intuition, Halle 1926; Günther Jacoby, Allgemeine Ontologie der Wirklichkeit, 1. Bd., Halle 1925; Erich Becher, Einleitung in die Philosophie, München/Leipzig 1926. In: Literarische Blätter der Köln. Volkstg. Nr. 96 vom 9.6.1927, 382-83.

214. Robert Jelke, Religionsphilosophie, Leipzig 1927, 333 S.
Der evangelische Religionsphilosoph behandelt Hessens Werke auf S. 147-49 intensiv. Er hält ihm Widersprüchlichkeit vor, insofern er unmittelbare und mittelbare Gotteserkenntnis zu nahe aneinanderrücke. Auch stehe bei Hessen Gottesbeweis und Gotteserfahrung in

scholastischer Denkform zu nahe beieinander. Im Ganzen aber ist die Behandlung H.s achtungsvoll.

215. Eugen Rolfes, Die Gottesbeweise bei Thomas von Aquin und Aristoteles. Erklärt und verteidigt. Zweite, verbesserte Auflage, Limburg a.d. Lahn 1927, 191 S.
Die erste Auflage erschien 1898. Da Rolfes unter den damaligen thomistischen Autoren wohl die langjährigste quellenmäßige Beschäftigung mit Aristoteles aufzuweisen hatte, ist sein Buch als Zusammenfassung der deutschen neuscholastischen Aristoteles-Forschung anzusehen. Bewährte Autoren sind für Rolfes vor allem Trendelenburg und Kleudgen.

216. Johann Peter Steffes, Katholizismus und Wissenschaft im Rahmen einer allgemeinen religionsgeschichtlichen und religionsphilosophischen Betrachtung, Paderborn 1927, 96 S.
In dieser stark apologetischen Abhandlung heißen zwei der letzten Kapitelüberschriften so: "Der Katholizismus entzieht durch dogmatische Festlegung gewisser letzter Wahrheiten diese einer Diskussion" (83) und: "Der Katholizismus stellt die Wissenschaft unter die Kontrolle des kirchlichen Lehramtes" (85).

217. Hedwig Minrath, Der Gottesbegriff in der modernen Wertphilosophie, Berlin/Bonn 1927, 82 S.
Diese bei J. Hessen angefertigte philos. Dissertation behandelt den Gottesbegriff von Windelband, Bauch, Cohn, Rickert und Lask.

218. W. Hanraths, Ueber Evidenz und Intuition. Zur Grundlegung philosophischer Erkenntnis, Bonn 1927, 89 S.
Phil. Diss. Bonn. Referent: A. Dyroff.
Behandelt die Evidenzproblematik bei Geyser, Sawicki, Hessen und anderen, sowie die Intuition bei Bergson, Keyserling, Scheler und Husserl.
Zu Hessen S. 37: der Verf. lehnt Hessens Auffassung der Denkgesetze als "pragmatistisch" ab.

219. Paul Simon, Erkenntnistheorie und Wissenschaftsbegriff in der Scholastik, Tübingen 1927, 27 S.

Es handelt sich um die Antrittsvorlesung zur Übernahme des Lehrstuhls für scholastische Philosophie und Apologetik an der Universität Tübingen am 18.11.1926. Die sehr thomistische Tendenz des Verf. wird z.B. auf S. 7 deutlich, wenn er, indirekt gegen Hessen (dessen Name nicht fällt) gewendet über die thomistische Erkenntnistheorie sagt: "Nicht eine einfache Wiederholung platonisch-augustinischer oder aristotelischer Gedanken haben wir vor uns, sondern höchst eigenständige, philosophisch durchaus ernstzunehmende Versuche, die großen Probleme [...] zu lösen."

220. Joseph Engert, Zur Kritik der Gottesbeweise. In: Bonn.Zs.Th. Seels. 4(1927), 1. Heft, 1-23.
Guter Überblick zur Problemlage, besonders zu Sawicki, Geyser, Scheler und Przywara. Letzterer wird kritisiert.

221. Joseph Lenz, Die neuthomistische Bewegung und ihre Kritik durch Hessen. In: Pastor bonus 38(1927), 1. Heft, 26-38.
Überblick über die Lage der neuscholastischen Bewegung zur Zeit der 700-Jahr-Feiern des Hl. Thomas und zur 200-Jahr-Feier Kants. Der philosophische Realismus macht L. zufolge große Fortschritte, aber innerkirchliche Thomas-Gegner wie Hessen bezweifeln den Gegenwartswert des Aquinaten. Ablehnung dieser Position. - In demselben Heft brachte J. Lenz eine Rezension von Hessens "Weltanschauung des Thomas von Aquin" (1926), 67-70, und zwar in Form einer eigenen Miszelle, nicht als (sonst in dieser Zeitschrift übliche) kleingedruckte Rezension. Der Tenor war hochgradig entrüstet. Mit Bezug auf den 3., kritischen Hauptteil des Buches bemerkt Lenz: "Mit 42 kleinen Seiten löst Hessen all diese Probleme [d.h. das Erkenntnis-, das Seins- und das Wertproblem], widerlegt die gesamte Philosophie des hl. Thomas, d.h. stellt mit unglaublicher Leichtfertigkeit Behauptungen auf von der weittragendsten Bedeutung, bringt Bedenken vor, über die ihn jedes bessere Handbuch der scholastischen Philosophie hätte aufklären können" (68).

222. Eugen Rosenstock, Augustin und Thomas in ihrer Bedeutung für das Denken unserer Zeit. In: Una Sancta 3(1927) 14-22.
Essay über Hessens Bücher über "Augustin und seine Bedeutung für die Gegenwart" (1924) und "Die Weltanschauung des Thomas von Aquin" (1926).

"Die schlichten Bändchen verraten eine in der heutigen Denkverluderung so rare Geistesschärfe, daß sie wohl auf viele Leser wie ein Aufruf zu einer ebenso schlichten wie hinreißenden Denkreinlichkeit wirken können. Auf mich haben sie so gewirkt. Durchsichtige Leichtigkeit und Strenge erzeugen einen Grad geistiger Helle wie er als schönster Lohn einer asketischen Lebensführung gilt" (17). "Die Seiten 115-163 des Thomas-Buches [d.h. der dritte, kritische Teil] vereinigen alle Vorzüge seines Stils. Wegen ihrer erschütternden Aktualität verdienten sie immer wieder gelesen zu werden" (20f.). - Zu Eugen Rosenstock-Huessy (1888-1973), 1923-1933 Prof. der Rechtsgeschichte in Breslau, danach in die USA emigriert, vgl. Josef Walk, Kurzbiographie zur Geschichte der Juden 1918-1945, München 1988, 315.

223. Matthias Laros, Von katholischer Buchbesprechung. In: Das Heilige Feuer 14(1926/27), April 1927, 283-87.
Gegen die Rezension von Hessens "Weltanschauung des Thomas von Aquin" durch B. Dörholt (hier Nr. 210). Dagegen: G.M. Manser O.P., Ein Wort namens der Redaktion an Herrn Dr. Laros. In: Divus Thomas Jg. 1927, 223-26. - Vgl. J. Hessen, Geistige Kämpfe, 68.

224. Rudolf Steiner, Der Thomismus in der Gegenwart. Vortrag, gehalten 24. Mai 1920. In: Die Drei 6(1927) 702-28.
Der Vortrag befaßt sich mehr mit Kant und dem Nominalismus als mit Thomas. Steiner schätzt den Thomismus, verwahrt sich aber gegen den gegenwärtigen Neuthomismus.

225. Alois Mager O.S.B rez. Hessens "Weltanschauung des Thomas von Aquin" (1926). In: Benediktinische Monatsschrift 9(1927), 151.
"Neben herrlichen Seiten und Gedanken findet sich vieles, was nicht nur Widerspruch, sondern auch Ablehnung erfahren muß." - "Recht hat H. darin, daß man unmöglich die philosophische Entwicklung auf den Standpunkt des 13. Jahrhunderts zurückschrauben darf - was auch von niemand in dieser Allgemeinheit behauptet wurde. Wenn er dagegen meint, die Grundlagen des thomistischen Systems abzulehnen, wird man ihm widersprechen müssen. Entweder gibt es eine philosophia perennis oder es gibt sie nicht. Wenn ja, dann ist es widersinnig, daß jede Zeit von neuem mit dem Grundlegen beginnt. Wenn nein, dann verfallen wir rettungslos dem Relativismus". Letztendlich, wenn

Hessen sein Werk als einen "energischen Mahnruf" verstehen sollte, "könnte man [es] mit Zustimmung, ja sogar mit Dankbarkeit begrüßen". Im selben Bande, 481, bespricht derselbe Rezensent die "Erkenntnistheorie" Hessens ähnlich anerkennend.

226. Bernhard Franzelin SJ, Angriffe Dr. J. Hessens auf das Lehrsystem des Fürsten der Scholastik. In: ZkTh 51(1927) 252-67.
Zu H.s "Die Weltanschauung des Thomas von Aquin" (1926). Eingehende Kritik, die mit den Sätzen abschließt: "Damit haben wir die Einwendungen, auf welche sich die Kritik H.s stützt, zurückgewiesen. Der objektive Leser wird finden, daß die Argumente unseres Gegners der Beweiskraft entbehren und am Felsen des thomistischen Lehrsystems wirkungslos abprallen".

227. A. Boehm, Le Thomisme en Allemagne. In: Bulletin thomiste, IV-VI(1927-1929), N. 5, septembre 1927, 156-69.
Innerhalb dieses Rundblickes wird Hessens "Die Weltanschauung des Thomas von Aquin" (1926) auf S. 166-67 referierend behandelt und auf Hortens Widerlegung (Nr. 197) hingewiesen.

228. Waldemar Gurian, Zur sog. Krise im deutschen Katholizismus. In: Das Heilige Feuer, 15. Jg.(1927/28), Oktober 1927, 10-14.
Über den "Spectator"-Artikel in der Frankfurter Zeitung vom 11.8.1927, in dem zensorische Einschränkungen eher fortschrittlicher Katholiken detailliert berichtet wurden. Gurian versucht gleichzeitig gegen Integralisten und Modernisten Stellung zu beziehen. Gurian steht auf dem Standpunkt Karl Muths.

229. Friedrich Muckermann SJ, Zur sogenannten katholischen Literaturkrise. In: StdZ 114(1927/28), November 1927, 119-130.
Zur Krise um Jakob Kneip, Pfarrer Mumbauer und die Diskussion um die Rolle des Laien in der Kirche.

- 1928 -

230. J. Hessen, Das Kausalprinzip, Augsburg (Benno Fischer) 1928, 291 S.
Vorwort dat. "Köln, April 1928".
Imprimatur Augsburg 25.11.1927 Dr. Eberle Vic. gen.

Vgl. J. Hessen, Geistige Kämpfe, 79.
Rez. (teilweise nur nach NL Hessen, fasz. 10, zitiert):
Albert Steuer in: Lit. Hand., 1928/29, 4. Heft, Sp. 270. - Prof. G. Burckhardt in: Kölnische Zeitung vom 9.2.1930, 1. Ausgabe: "die zur Zeit beste, kritische und zugleich in die Tiefe dringende Darstellung dieses vielumstrittenen Prinzips". - Zeitschr. für evangel. Religionsunterricht 41(1930) 182. - A. Liebert in: Kant-Studien 34(1929) 442f.: lobend. - H. Fels in: Unitas. Monatsschrift der Vereine der wissenschaftl. katholischen Studentenvereine, 69. Jg., 6. Heft vom März 1929, 13f.: sehr empfehlend. - F. Rüsche in: ThGl 22(1930) 678f.: "fragwürdig". - R. Jelke in: ThLBl 52(1931), Nr. 7 vom 27.3.1931, Sp. 107f.: positiv. - M.-D. Roland-Gosselin O.P., Bulletin de Métaphysique, in: R.sc.phil.th. 20(1931) 114-146, hier 141-45 zu Hessen und Geyser: gegenüber Hessen ablehnend.
Vgl. Nr. 246, 254, 267-270, 284-286, 289-291, 295f., 303, 307f., 323, 327, 329, 334, 338, 340, 350, 353, 360, 368, 682, 684.

231. **J. Hessen, Max Scheler +. In: Kölner Universitäts-Zeitung, 10. Jahrg., Nr. 3 vom 30.6.1928, 3-5.**
Leitartikel mit Foto.

232. **J. Hessen rez. Hans Driesch, Die sittliche Tat, Leipzig 1927. In: Literarische Blätter. Beilage zur Köln. Volksztg. Nr. 152 vom 5.7.1928.**
Hohes Lob für die Ethik Drieschs, des damals führenden Naturphilosophen, Biologen und Psychologen, der die Möglichkeit von Metaphysik nicht ausschloß. Vgl. J. Hessen, Die Philosophischen Strömungen der Gegenwart (1940), 79ff.

233. **J. Hessen rez. J.P. Steffes, Religionsphilosophie, München 1925. In: Kant-Studien 33(1928) 317f.**
An sich sehr lobend und anerkennend, da Steffes im wesentlichen der Meinung ist, daß Philosophie nicht die Wahrheit von Religion beweisen kann. Hält Steffes dennoch für widerspruchsvoll, da er noch zu neuscholastisch sei, wenngleich er dauernd über die Grenzen dieses Systems hinausstrebe.

234. **Artur Schneider, Kausalgesetz und Gotteserkenntnis. In: Probleme der Gotteserkenntnis. Abhandlungen von Adolf Dyroff, Artur Elfes, Karl**

Feckes, Joseph Gredt, Artur Schneider, Gottlieb Söhngen (= Veröffentlichungen des katholischen Instituts für Philosophie Albertus-Magnus-Akademie zu Köln, Bd. II, Heft 3), Münster 1928, VII u. 224 S., hier 56-78.

Innerhalb dieses ganz der Verteidigung des scholastischen Gottesbegriffs gewidmeten Bandes, dem eine Dedikation an Kard. C.J. Schulte vorangesetzt ist, enthält der Beitrag von Schneider eine weitgehende Konzession an die Gruppe Sawicki/Messer/Hessen. Letzterer hatte Schneider sein Buch über das Kausalprinzip bereits vor Erscheinen zu lesen gegeben, und von dessen Gedankengängen zeigt sich Schneider offen beeinflußt. Die letzte Voraussetzung des Kausalprinzips ist eine grundlegende Harmonie von Denken und Sein; eine Realgeltung des Prinzips sei damit aber nicht bewiesen: Hessens Standpunkt (78).

Rez.: Lorenz Fuetscher SJ in: ZkTh 53(1929) 593-98: tadelt Schneiders Beitrag als zum Irrationalismus führend, den Beitrag von Feckes als zu eng thomistisch (da nicht-suaresianisch), denjenigen von A. Dyroff als zu ontologistisch und den von A. Elfes als zu platonisch. Gelobt wird ausschließlich G. Söhngen.

235. A.D. Sertillanges, Der Heilige Thomas von Aquin, Hellerau 1928. 920 S.

Ohne daß dies angegeben ist, ist bekannt, daß die Übersetzung und das Nachwort (843-65) von Robert Grosche stammen. Das Nachwort wurde neu herausgegeben in: Robert Grosche, Et intra et extra. Theologische Aufsätze, Düsseldorf 1958, 282-95.

S. 850 nimmt Grosche gegen Hessens Interpretation der Übernahme der aristotelischen Kosmos-Vorstellung in Hessens "Die Weltanschauung des Thomas von Aquin" (1926) Stellung; eine Passage, die auch im Neudruck S. 285 unverändert blieb. Auch die Anspielung S. 859 resp. 291 auf den, "dessen Blick durch das Gespenst Aristoteles so gebannt ist, daß er gar nicht mehr zu sehen vermag, in welchem Maße der Vater der negativen Theologie, Dionysius Areopagita, das Denken des hl. Thomas bestimmt hat", zielt wohl auf Hessen. Hier berührt Grosche wahrscheinlich ein tatsächliches Defizit in Hessens Thomas-Verständnis.

Rez.: Th. Steinbüchel in: Lit. Ratg. 26(1929/30) 71: tadelt Grosches Nachwort, das "abhängig von Zeiterscheinungen sei".

236. Eugen Rosenstock und Joseph Wittig, Das Alter der Kirche. Kapitel und Akten, Bd. II, Berlin 1928.
In dieser sehr umfangreichen Abhandlung geht Rosenstock auch S. 661f. ausführlich auf Hessen ein, und zwar im Kapitel: "Augustin und Thomas in ihrer Wirkung auf unser Denken". In expressionistischer Endzeitstimmung sind Augustin, Thomas und Kant dem Autor gleich fern und nah: Erlösung der Philosophie und Theologie aus ihrer Gottesferne. S. 662 heißt es zu Hessen, dessen beide populäre Bücher über Augustin (1924) und Thomas (1926) Rosenstock nennt, wie folgt: "Denn die Neuscholastik will ja Augustin und Thomas irgendwie harmonisieren, um dann mit Hilfe dieser künstlich zusammengeleimten Einheitsautorität sich des neuzeitlichen Idealismus erwehren zu können. Wenn Augustin und Thomas einig wären, so gäbe es keine schöpferische Geschichte des christlichen Geistes.
Das Moderne an Hessen ist, daß er solche Majorisierungsversuche von Zwei gegen Eins nicht nötig hat. Die Eigenständigkeit der verschiedenen Denker beunruhigt ihn nicht. Vielmehr erscheint ihm die sorgfältige Herauslösung des Augustin aus dem neuscholastischen Einheitscliché als die erste und wichtigste Aufgabe seines Buches. Ob er dabei die augustinischen Lehren nicht gelegentlich allzu nah mit der modernen Wertphilosophie und Phänomenologie zusammenrückt, die beide doch noch mit der Hälfte ihres Wesens der Neuzeit verfallen sind, bleibe hier dahingestellt [...]". Rosenstock betont dann noch, daß Hessen "mit großer Denkschärfe" die Lehre von der intuitiven Gotteserkenntnis analysiert habe.

237. Franz Flaskamp, Art. Hessen, Johannes. In: Die Religion in Geschichte und Gegenwart, 2. Aufl., 2. Bd., Tübingen 1928, Sp. 1862.
"... aufgeschlossen für neuzeitlich-kritisches Denken, ohne die übliche zuversichtliche Begeisterung für eine «philosophia perennis»". Erwähnt, daß Hessens "Absolutheit des Christentums" (1917) "wegen «modernistischer Ideen» von Köln aus, trotz vorher erteilter Druckerlaubnis, kirchlich verurteilt", ebenso daß Hessens "Gotteskindschaft" (1924) von F. Diekamp "dogmatisch beanstandet" worden sei.

238. Theodor Steinbüchel, Vom Ringen der Gegenwartsphilosophie um das Objektive und Metaphysische. II. Teil. In: Bonn.Zs.Th.Seels. 5(1928), 1. Heft, 77-82.

Scharfe Kritik an Przywaras "Religionsphilosophie katholischer Theologie" (1926), mit deren alles zusammenpressendem "Polaritäts"-Denken sich schließlich jede These beweisen lasse. - Vgl. Nr. 208.

239. Erich Przywara SJ, Die Problematik der Neuscholastik. In: Kant-Studien 33(1928) 73-98.
Ortsbestimmung der "katholischen Philosophie" und ihrer Richtungen. S. 84ff. rasche und unfreundliche Einordnung von Hessen, Al. Müller, Guardini und Eschweiler.

240. Engelbert Krebs, Joseph Wittigs Weg aus der kirchlichen Gemeinschaft, München 1928. Sonderdruck aus: "Der katholische Gedanke", 1. Jg. Heft 3, 237-88.
Imprimatur Köln 14.6.1928 Dr. Vogt vic. glis.
Schilderung des Falles Wittig von Anfang an, also von ca. 1920 bis zur Exkommunikation, die im fürstbischöflichen Amtsblatt von Breslau am 15.6.1926 veröffentlicht wurde. Krebs war als dogmatischer Gutachter an dem sehr komplizierten Vorgehen beteiligt. Kardinal Schulte war durch eine Imprimatur-Verweigerung und ein an die "Kölnische Volkszeitung" gerichtetes Verbot, bestimmte Artikel Wittigs zu veröffentlichen (1923/24) in diesen Fall verwickelt (268).

241. Rudolf Klee, Haben die religiösen Erlebnisse Erkenntniswert? In: Philosophie und Leben 4(1928), 6. Heft vom Juni 1928, 168-71.
"Haben wir in unserer Seele einen Zugang zum Ewigen? Können wir in unserem religiösen Erleben der Existenz einer ewigen Macht innewerden?" (169).

242. Bernhard Jansen SJ, Die Geltung des Kausalgesetzes. In: StdZ 115(1928), August 1928, 414-21.
Zur Aufgabe des analytischen Charakters des Kausalgesetzes durch Geyser und Hessen. Jansen verteidigt die scholastische Position.

243. Dieter von Hildebrand, Max Scheler als Persönlichkeit. In: Hochland, 26 Jg.(1928/29), 1. Bd., 1. Heft vom Oktober 1928, 70-80.
Eindringliche Charakterskizze, mit Sympathie verfaßt, die aber unter dem Deutungsmuster leidet, daß Schelers Abfall vom Katholizismus auf seine sexuelle Unersättlichkeit zurückzuführen sei. Man kann vermuten, daß dies im Leserkreis von "Hochland" auf so viel Wider-

spruch stieß, daß kurz danach eine mildere, weniger einseitige Deutung nachgeliefert wurde: Heinrich Lützeler, Zu Max Schelers Persönlichkeit, ebd., 4. Heft vom Januar 1929, 413-18.

244. Ernst von Aster, Zur Kritik der materialen Wertethik. In: Kant-Studien 33(1928) 172-99.
Die Existenz ideeller Werte ist logisch nicht nachweisbar; die angeblich "erschauten" Ideen können viele Menschen beim besten Willen nicht wahrnehmen. Es gibt, so Aster, viele Moralen, von denen jede ein bestimmtes Ethos vertritt.

245. Theodor Steinbüchel rez. Peter Wust, Die Dialektik des Geistes, Augsburg 1928. In: Lit. Ratg. 25(1928/29) 106f.
Wust vertritt den absoluten Primat des Glaubens vor dem Wissen. Es gibt hier viel hochspekulative Theologie sowie eine Philosophie des Bekenntnisses. Die Distanz Steinbüchels zum Pathos und zur ungebremsten Vermischung von Theologie und Philosophie in diesem Buch wird auch ohne offenen Tadel deutlich.

246. Theodor Steinbüchel rez. Hessens "Kausalprinzip" (1928). In: Lit. Ratg. 25(1928/29) 106f.
Durchaus positiv, lobend. Jedoch: Hessen muß "seine Auffassung vom Irrationalen, dem Ding an sich als Kraftzentrum, von dem Verhältnis von Sein und Wert, vom Wesen der Kontingenz u.a.m." "noch klären und vertiefen". "So kann er von den Gegnern und diese von ihm lernen".

247. Fritz Tillmann rez. Hessens "Die Weltanschauung des Thomas von Aquin" (1926). In: Lit. Ratg. 23/24(1926/1928) 143.
Tillmann hält das Buch für verdienstvoll, besonders den 3., kritischen Teil, auch wenn vielleicht nicht alle Thesen auf die Dauer standhielten. Grundsätzlich sei Hessen im Recht.

248. Theodor Steinbüchel rez. Hessens "Erkenntnistheorie" (1926). In: Lit. Ratg. 23/24(1926/1928), 180.
"Hessens selbstverständliche Art, ohne Zweck-Vergleiche mit der Vergangenheit zu ziehen, vom Boden heutiger Problematik aus zu philosophieren, ist begrüßenswert. Die Einbeziehung auch der phänomenologischen Methode und der als spezielle Erkennungstheorie

bezeichneten Kategorienlehre charakterisiert diese mutige Art seines Denkens, die uns mehr nottut als apologetische Einstellungen einer früheren Denkweise gegenüber. Überall ist H. abwägend, seine Stellung zu Intuition ist kritisch, maßvoll, vorsichtig, aber mit Recht nicht durchaus ablehnend."

- 1929 -

249. J. Hessen, Gotteskindschaft. In: An der Wende. Zeitschrift für weibliche Bildung und Kultur 2(1929) 297-301.

250. J. Hessen rez. Stephan Leo v. Skibniewski, Theologie der Mechanik, Paderborn 1928, 208 S. In: Literarische Blätter. Beilage der Köln. Volksztg. Nr. 181 vom 24.1.1929.
Sehr ablehnend.

251. J. Hessen rez. Robert Jelke, Religionsphilosophie, Leipzig 1927, In: Literarische Blätter. Beilage der Köln. Volksztg. Nr. 187 vom 7.3.1929.
Anerkennende Besprechung des Hauptwerkes dieses Heidelberger Religionsphilosophen, der in seinem Vorwort sein Werk so bestimmt: "Religionsphilosophie vom Standpunkte des kritischen Realismus. Diesen kritischen Realismus verdanke ich in erster Linie O. Külpe und A. Messer, in zweiter Linie A. Riehl und M. Frischeisen-Köhler". Damit war eine große Nähe zu Hessen von vorneherein gegeben.

252. Martin Grabmann, Die Grundgedanken des Heiligen Augustinus über Seele und Gott in ihrer Gegenwartsbedeutung, 2., neubearbeitete Auflage (= Rüstzeug der Gegenwart, N.F. 5. Bd.), Köln 1929, 111 S. Nachdruck Darmstadt 1967.
Lehnt S. 17 den Versuch Hessens, "eine weitgehende Übereinstimmung zwischen dem Gottesbeweis Augustins und der wert- und kulturphilosophischen Religionsbegründung Windelbands" zu sehen, in Anschluß an Baeumker ab. - "Es ist auch geschichtlich ganz unbegründet, Augustinus zu Thomas von Aquin und zur Scholastik in Gegensatz zu stellen" (18). S. 84 Kritik an Hessens Auffassung, Augustinus lehre eine unmittelbare, intuitive Gotteserkenntnis, jedoch ohne Ontologist zu sein. Grabmann schließt sich an Mausbach an, der zu Recht den noetischen Gottesbeweis Augustins letztlich als einen kausalen interpretiere.

253. Edouard Le Roy, Le problème de Dieu, Paris (Cahiers de la Quinzaine) 1929, 352 S.
Dieses Hauptwerk des "Modernisten" und Nachfolgers Bergsons am Collège de France ist eine der selbständigsten und eindringlichsten Arbeiten zu seinem Thema, die im 20. Jahrhundert geschrieben wurden. In Deutschland scheint es wenig gelesen worden zu sein; weder bei Hessen noch bei seinen Gegnern findet man es jemals erwähnt. So wie wohl alle französischen Modernisten lehnte E. Le Roy "Gottesbeweise" im scholastischen Sinne ab. Am Anfang seines Buches stehen daher Widerlegungen der kosmologischen und anderer Gottesbeweise (14-75). Der Stil unterscheidet sich positiv von den rein theologischen Werken der Epoche. Zu E. Le Roy (1870-1954) vgl. I. Daniele in: EF, 3, 1483-85 (ausführl. Lit.). - Das Werk wurde zusammen mit drei weiteren Büchern des Autors 1931 auf den Index gesetzt; Sleumer, 154.

254. Bernhard Franzelin SJ, Sind die Grundlagen unserer Gotteserkenntnis erschüttert? Zum Kampfe Hessens gegen die Grundlagen und erkenntnistheoretischen Voraussetzungen des kosmologischen Gottesbeweises. Grundsätzliche Erörterungen (= Vorträge und Abhandlungen der österreichischen Leogesellschaft, 35), Wien 1929, 52 S.
Imprimatur, Wien 23.8.1929.
Nach den Büchern Skibniewskis (Nr. 281), Kallfelz`(Nr. 289), Peis (Nr. 389) und Mynareks (Nr. 663) die ausführlichste monographische Widerlegung Hessens, jedoch wegen der Stellung des Autors als Professor in Innsbruck von besonderem Gewicht. Inhaltlich gegen H.s "Kausalprinzip" (1928) gerichtet. Streckenweise in einem inquisitorischen Tonfall gehaltene Streitschrift, in der z.B. "Die Hauptirrtümer Hessens, die mit seinen falschen Grundanschauungen in Zusammenhang stehen" (44ff.) systematisch erfaßt werden. Die genaue Kontraposition von zentralen päpstlichen Lehrentscheidungen (Vatik. I, Pius X.) mit den Thesen Hessens ließ eigentlich keine andere Wahl als die feierliche Verurteilung des letzteren. Das Heft endet S. 52 mit dem Ausruf: "Wir schließen unsere Ausführungen mit dem Wunsche: Möge die Wahrheit über den Irrtum siegen!" - Vgl. J. Hessen, Geistige Kämpfe, 80.

255. Heinrich Straubinger, Einführung in die Religionsphilosophie, Freiburg 1929, 132 S.

S. 56 und 127 kurze und ablehnende Notierung Hessens. Keine weitere Auseinandersetzung.

256. Joseph Mausbach, Die Ethik des Heiligen Augustinus. Zweite, vermehrte Auflage, 2 Bde., Freiburg i. Br. 1929, XI u. 442, VII u. 431 S. Im 2. Bd. informiert ein Anhang (389-416) über die Ergänzungen, die M. seit der ersten Auflage 1909 zu machen für richtig hält. Hier S. 401-04 "Unmittelbare und mittelbare Erkenntnis Gottes", wo er seine Auffassung, Augustinus habe den kosmologischen Gottesbeweis gekannt, bekräftigt, und Hessens Vorstellungen in sehr globaler Form zurückweist (402f.).

257. Ernst Karl Winter, Die Sozialmetaphysik der Scholastik (= Wiener Staats- und Rechtswissenschaftliche Studien, hrsg. in Verbindung mit Hans Mayer und Othmar Spann von Hans Kelsen, Bd. XVI), Leipzig/Wien 1929, 176 S.
Von diesem Werk sind hier vor allem die Einleitung "Kirche und Scholastik" (1-11) und das 1. Kapitel "Die Erkenntnismetaphysik", (11-49) von Bedeutung. Der Verf. zitiert Hessen oft und nur zustimmend und beachtet stark die anti-neuscholastische Genealogie Günther-Frohschammer-Hessen, in die er auch die Kuhn-Clemens-Kontroverse einbaut. S. 11-18 ist dem "Przywarismus" gewidmet. - Zu Winter und seinem Anteil an der sozialpolitischen Debatte um 1930 in Wien vgl. August M. Knoll, Katholische Kirche und scholastisches Naturrecht, Wien 1962, Reg. - Vgl. Nr. 313, 273.

258. F. Cayré, (des Augustins de l'Assomption), La contuition et la vision médiate de Dieu d'après Saint Augustin. In: Ephemerides theologicae lovanienses 6(1929) 23-39.
Hauptsächlich eine kritische Stellungnahme zu E. Gilson, La philosophie de S. Bonaventure, Paris 1924. In diesem Zusammenhang befaßt sich Cayré, 33f. auch mit Hessens Buch "Augustinische und thomistische Erkenntnislehre" (1921), in welchem er einen falschen Intuitionismus vertreten sieht.

259. Jacques Maritain, Thomas von Aquin und die Einheit des Abendlandes. In: Der katholische Gedanke 2(1929), 1. Heft vom Jan./März 1929, 11-30.

Vortrag am 7.8.1928 auf der Herbsttagung des kath. Akademikerverbandes in Konstanz. S. 13: Der "moderne Mensch", "dieses von allen seinen ontologischen Wurzeln losgerissene Wesen, das seinen Zentralpunkt in sich sucht und nach Hermann Hesse nichts mehr ist, als ein Wolf, der vor Verzweiflung anheult gegen die Ewigkeit", kann, so M., letztlich nur durch eine Rückkehr zu Thomas von Aquin gerettet werden. Sehr polemischer und triumphalistischer Vortrag des bekannten Neuthomisten.

260. Bernhard Jansen SJ, Sein, Wahrheit, Wert. In: StdZ 116(1928/29), Februar 1929, 376-89.
Gegen neukantianische und andere moderne Wertlehren. S. 382 Kritik an Hessens "Erkenntnistheorie" (1926), 142f., insofern dieser die Wesensverschiedenheit von Metaphysik und Religion betonte.

261. F.X. Kother SJ, Die Kirche im Geisteskampf. In: StdZ 116(1929), Februar 1929, 321-33.
Typische Polemik gegen den "Generalangriff" des gegenwärtigen, von Kant, dem "Zertrümmerer", immer noch beherrschten Denkens gegen die Kirche. Von den "alten großen Wahrheiten" seien so "nur ein paar kraftlose Postulate ... noch übriggeblieben". Diese Bemerkung ist sicher ein Reflex auf Hessens "Kausalprinzip" (1928).

262. Bernhard Jansen SJ, Aus dem Bewußtsein zu den Dingen. In: PhJb 42(1929), 2. Heft vom April 1929, 161-92.

Begeistertes Thomas-Lob. S. 185f. Kritik an Hessens Wertlehre.
263. Gonzague de Reynold, Die Rückkehr zum Thomismus in den Ländern französischer Sprache. In: Hochland, 26. Jg. (1929), 2. Bd., 7. Heft vom April 1929, 34-47.
Der Anfang: "Zum größten Ärgernis für die Anhänger Kants und Bergsons und die ganze soziologische Schule ist der Thomismus in Frankreich und den Ländern französischer Sprache heute zu einer Modephilosophie geworden." Es folgt ein Rückblick, der mit einer Würdigung Maritains endet, in der es u.a. heißt (46): "Maritains kritische Werke und Kampfschriften tragen einen unerbittlichen, herausfordernden Charakter und rufen durch ihre völlig antimoderne Haltung heftigen Widerspruch hervor. Die Wahrheit muß aber notwendigerweise intolerant sein, und die Intoleranz ist hier nur eine

intellektuelle Form der Liebe. Wenn es Irrtümer auszufegen gilt, dann streift man die Ärmel auf und nimmt den Besen zur Hand."

264. Michael Fill, Gottesbeweise und Gotteshoffnung. In: Philosophie und Leben 5(1929), 5. Heft vom Mai 1929, 121-127 und 6. Heft vom Juni 1929, 151-160.
Anhand von Sawickis "Gottesbeweisen" (1926) spricht sich der Verf. gegen die Beweiskraft der traditionellen Beweise aus.

265. Eberhard Conze, Neuscholastik. In: Philosophie und Leben 5(1929), 6. Heft vom Juni 1929, 161-164.
Zur "Wende zum Objekt" (163), hinter der ein scholastischer Herrschaftsanspruch gesehen wird; anerkennend aber auf anderen sachphilosophischen Gebieten.

266. S., Katholische Sozialisten. In: Bonn.Zs.Th.Seels. 6(1929), 2. Heft vom 1. April 1929, 174-76.
Kurzer Bericht doch wohl Th. Steinbüchels über das "Rote Blatt der katholischen Sozialisten" in Köln. Die Vermutung der Autorschaft gründet sich auf die christlich-sozialistischen Tendenzen Steinbüchels und seine regelmäßige Mitarbeit an der Bonner Zeitschrift.

267. Thomas Aq. Graf O.S.B., Johannes Hessen zum Kausalprinzip. in: Divus Thomas 7(1929) 197-225.
Ausführliche, auch Hessens frühere Werke und die gleichzeitige Diskussion berücksichtigende Widerlegung von H.s "Kausalprinzip" (1928). Bietet gleichzeitig einen Überblick zur Kontroverse seit 1888. Hessen wird als Kritizist (213) interpretiert, der bereits in den Grundlagen scheitert. Der Verf. schließt sich besonders an Garrigou-Lagrange, Gredt und Franzelin an.

268. August Messer rez. Hessens "Kausalprinzip" (1928). In: Philosophie und Leben 5(1929) 207f.
"Das Werk ist für die hochbedeutsame philosophische Frage nach dem Sinn und Geltung des Kausalprinzips von ganz grundlegender Bedeutung. Kein Forscher wird es bei diesem Problem unberücksichtigt lassen dürfen, aber es wird zugleich - weil einfach und verständlich geschrieben - auch dem Laien viel bieten. Scharfsinn, Vorurteilslosigkeit und Gründlichkeit zeichnen es aus."

269. Lorenz Fuetscher SJ rez. Hessens "Kausalprinzip" (1928). In: ZkTh 53(1929) 432f.
Nach anfänglicher Anerkennung formaler Qualitäten des Werkes kritisiert F. sodann die kantische Auffassung, das Kausalprinzip sei kein analytischer Satz. Anstoß nimmt er an Hessens Lehre von der Willensfreiheit, und von der Unmöglichkeit eines kausalen Gottesbeweises. Dabei wird Hessen als Gefolgsmann Schelers angesehen. "Merkwürdig, daß gerade solche am «Leben» orientierte Philosophen, die andere mit Vorliebe als «Intellektualisten» schelten, aus aprioristischer Befangenheit sich in den grundlegenden Fragen so wenig an der Wirklichkeit orientieren, daß sie mit den evidentesten Tatsachen in offenen Widerspruch geraten!" (Schlußsatz).

270. Fr.M. Sladeczek SJ rez. Hessens "Kausalprinzip" (1928). In: Scholastik 4(1929) 589-92.
Die Thesen H.s "... führen folgerichtig zum Skeptizismus". Hessen ist nach S.' Ansicht ein Vertreter des Konzeptualismus im Sinne Ockhams.

271. Peter Wust, Ringen der Gegenwart. Zu Erich Przywaras gleichnamigen Buch. In: Lit. Hand. 66(1929/30), 1. Heft, Oktober 1929, Sp. 1-4.
Zu E. Przywara, Ringen der Gegenwart. Gesammelte Aufsätze 1922-1927, 2 Bde. Augsburg 1929. - Wust trauert über die verlorenen Möglichkeiten, die der deutsche Katholizismus nach 1918 gehabt, von denen man aber keinen Gebrauch gemacht habe. Wust meint damit zweifellos die nicht geglückte Erringung der geistigen Hegemonie des Katholizismus in Deutschland. Er sagt aber nicht, welches Versagen konkret vorliege. Scheler und Hessen werden nicht namentlich genannt.

272. Josef Santeler SJ rez. E. Conze, Der Begriff der Metaphysik bei Franziskus Suarez (= Forschungen zur Geschichte der Philosophie und der Pädagogik, hrsg. von A. Schneider und W. Kahl, Bd. III, Heft 3), Leipzig 1928. In: ZkTh 53(1929) 431f.
Die klare Sachlichkeit dieser bei Artur Schneider in Köln angefertigten Dissertation wird anerkannt, jedoch schränkt der Rez. ein: "Der Ausdruck: «Die Jesuiten blieben Thomas nicht treu» (82) dürfte zu stark sein. Auf der Grundlage von Thomas weiterbauen, heißt doch nicht ihm untreu werden."

273. Franz Dander SJ rez. Ernst Karl Winter, Die Sozialmetaphysik der Scholastik, Leipzig und Wien 1929. In: ZkTh 53(1929) 586-593.
Ablehnend. "Besonders störend macht sich in den Ausführungen W.s geltend der Mangel einer klaren und vollständigen Auffassung vom Wesen der katholischen Kirche als einer objektiven, göttlich gestifteten, für die zu genügender Erkenntnis gelangten Menschen obligatorischen Heilsanstalt und vollkommenen Gesellschaft, deren Sendung es ist, durch ihre Lehr- und Disziplinargewalt und durch ihre Gnadenmittel den religiösen Menschen zu formen, nicht von ihm geformt zu werden" (592).

274. Theodor Steinbüchel rez. Josef Pieper, Die ontische Grundlage des Sittlichen nach Thomas von Aquin, München 1929. in: Lit. Ratg. 26(1929/30) 71.
Das Eigenartige an dem Werk "ist einmal historisch die enge Verbindung von thomistischer Erkenntnislehre und Ethik, die beide ontologisch fundiert sind, und dann sachlich (der in der Begründung noch unfertige) Versuch zu einer Wertphilosophie, die Sein und Wert nicht in zwei unvereinbare Sphären trennt".

- 1930 -

275. **J. Hessen, Die Absolutheit des Christentums. In: Das Rote Blatt der katholischen Sozialisten, 2. Jahrgang (1930), 6. Heft vom Juni 1930, 163-76, 7. Heft vom Juli 1930, 201-215.**
Diesem Aufsatz geht S. 161-63 ein Beitrag von "R.P." mit dem Titel "Philosophie und Religion" voraus, der von Stil und Inhalt her eindeutig nur von Hessen stammen kann. - Auch der Aufsatz von "J. Paulus" mit dem Titel "Glaube", ebd. 51-53 (im Februar-Heft 1930) verrät den Stil Hessens. - Ferner dürfte die Rez. über Arnold Rademacher, Religion und Leben, Freiburg 1929 ebd. 62f. mit dem Zeichen "pr" wohl ebenfalls von ihm sein. - Das gleiche gilt von mehreren kleinen Rezensionen ebd., 189-92, u.a. zu J. Wittig, Wiedergeburt (1924) und A. Rademacher, Das neue Leben in Christus (1927), gezeichnet: "H."

276. **J. Hessen, Zur Methode der Augustinusforschung. In: Miscellanea Augustiniana. Gedenkboek ... uitgegeven door de P.P. Augustijnen der Nederlandsche Provincie, Rotterdam 1930, 374-381.**

277. Marienthal. Des ersten deutschen Augustiner-Klosters Geschichte und Kunst. Hrsg. zum Augustinus-Jubiläum von Dr. J. Ramackers, unter Mitwirkung von Professor Dr. H. Karlinger und Museumsdirektor Dr. A. Hoff. Einleitung über St. Augustinus von Universitätsprofessor D.Dr. J. Hessen, Cleve-Duisburg 1930, 120 S.
Hierin: **J. Hessen, Augustinus und der Niederrhein, 7-16.**
Neuauflage mit demselben Titel, in der Serie: "Rheinisches Bilderbuch, hrsg. von der Landesbildstelle Niederrhein, Nr. 6", Würzburg 1954, 167 S. Als Mitarbeiter Ramackers' werden genannt: J. Hessen, Paul Wallraff, Augustinus Winkelmann. Der unveränd. Beitrag Hessens 7-12.
3., neubearbeitete und erweiterte Auflage mit demselben Titel wie 1954: Würzburg 1961, 192 S.
Hessens o.g. Beitrag unverändert, 7-12.

278. **J. Hessen, Gotteskindschaft. In: Vom frohen Leben 10(1930/31) Oktober-Heft 1930, 3-5.**

279. **J. Hessen rez. Paul Tillich, Religiöse Verwirklichung, Berlin 1930. In: Das Rote Blatt der Katholischen Sozialisten 2(1930), Heft 11/12 vom Dezember 1930, 344f.**
Hessen hat mit der philosophischen Ortsbestimmung der Religion bei Tillich Schwierigkeiten, aber er schließt seine Stellungnahme so ab: "Die Gegenwartsaufgabe der christlichen Theologie umschreibt Tillich sehr gut, wenn er sagt: «Nur dieses bleibt uns übrig, daß wir die Wirklichkeit, die damals (in der Reformation) gemeint war und die heute die gleiche ist, von uns aus neu sehen und in neue Worte fassen und dann vielleicht von da aus verstehen, worauf jene alten Worte hinzielen.»(31.) Alle, die an diese hohe Aufgabe ihre Kraft setzen, werden sein Buch mit reichem Gewinn lesen."

280. **J. Hessen rez. Stefan Gilson, Der hl. Augustin. Eine Einführung in seine Lehre, Hellerau 1930, 623 S. In: Literarische Blätter. Beilage der Köln. Volkszeitung. Nr. 76 vom 31.10.1930.**
Sehr umfangreiche Rezension. Trotz etlicher Ausstellungen anerkennt H. die große Leistung Gilsons, besonders wegen dessen "Abwehr der dogmatisierenden und harmonisierenden Methode".

281. Stephan Leo von Skibniewski, Kausalität, Paderborn 1930, 128 S.
Imprimatur Paderborn 8.5.1930.
Vorwort dat. "Mai 1930".
Das Werk ist ausdrücklich nur gegen Hessens "Kausalprinzip" gerichtet. Der Verf. war ein polnischer kath. Priester.
S. 22ff. behauptet v. S., daß Hessens "Auflehnung" nicht etwa "allein die Methode oder untergeordnete Einzelheiten thomistischer Anschauungen" betreffe, sondern daß sie sich "direkt und formell gegen die Grundlagen des katholischen Dogmas" richte. Um dies zu beweisen, bringt der Verf. dann (22-24, 55) eine kolumnenweise Gegenüberstellung der Thesen Hessens mit den direkt widersprechenden Äußerungen Pius' X. (und M. Grabmanns). Hessen reagierte auf dieses Buch mit einer Rezension in der Köln. Volkszeitung (Nr. 300). - In einem undatierten Brief Skibniewskis an Hessen heißt es : "Als katholischer Priester bitte ich Sie hiermit um Verzeihung für die Ihnen durch mein Buch "Kausalität" (1930 Paderborn) verursachten Unbilden und verzeihe Ihnen gegenseitig Ihre Artikel gegen mich in der Kölnischen Volkszeitung vom 24. Januar 1929 und in der Rhein-Mainischen Volkszeitung Lit. Beil. Nr. 27 vom J. 1930 sowie eventuell andere" (NL Hessen fasz. 26). Zu den "Unbilden" vgl. J. Hessen, Geistige Kämpfe, 82.

282. Lorenz Fuetscher SJ, Die ersten Seins- und Denkprinzipien (= Philosophie und Grenzwissenschaften. Schriftenreihe, hrsg. vom Innsbrucker Institut für scholastische Philosophie, III. Bd., 2./4. Heft), Innsbruck 1930.
Dieses 276 S. starke Buch behandelt die Gottesbeweise und das Kausalprinzip. S. 1-8 bibliographisch-thesenhafte Zusammenfassung der Kontroverse seit Isenkrahe (1915). Einer der meistzitierten Autoren ist Hessen, dessen "Kausalprinzip" (1928) S. 42-59 in breiter Form widerlegt wird. Eine ablehnende, teilweise verächtliche Kritik dazu: Johannes Müller O.S.B. in Divus Thomas 12(1934) 115-120. Hier wird Fuetscher direkt des "Subjektivismus" bezichtigt, 120, da er nicht den strengen Thomismus vertrete.

283. Gottlieb Söhngen, Sein und Gegenstand. Das scholastische Axiom Ens et Verum convertuntur als Fundament metaphysischer und theologischer Spekulation (= Veröffentlichungen des Katholischen Instituts für

Philosophie Albertus-Magnus-Akademie zu Köln, Bd. II, Heft 4), Münster 1930.
In dieser 335 S. starken Abhandlung des noch als "Geschäftsführer der Albertus-Magnus-Akademie Köln" bezeichneten Autors wird S. 324 Hessen vorgeworfen, das Fehlurteil Euckens über die Synthese des Thomas von Aquin von Aristotelismus und Christentum "nachgesprochen" zu haben, und zwar in seinem Buch "Die Weltanschauung des Thomas von Aquin" (1926), 16f. - Vgl. Nr. 335.

284. Theodor Droege, C.ss.R., Der analytische Charakter des Kausalprinzips. Eine metaphysische Untersuchung, Bonn 1930, 107 S.
Der Verf. hat die große Unruhe bemerkt, die unter den Katholiken ausgebrochen ist, da der analytische Charakter des Kausalprinzips auch von katholischen Autoren, wie C. Isenkrahe, L. Faulhaber, Fr. Sawicki, J. Geyser und J. Hessen aufgegeben wurde. Da daran letzten Endes die Gottesbeweise hängen, ist die Unsicherheit groß geworden.
"Um diese Wolken zu zerstreuen, soll in der folgenden Arbeit der Versuch gemacht werden, durch Anknüpfung an die Traditionen der Vergangenheit den analytischen Charakter des Kausalprinzips nach den Anschauungen des Aristoteles und des auf ihm aufbauenden heiligen Thomas von Aquin in systematischem Aufbau darzustellen. Diese Untersuchungen werden zeigen, daß allerdings weder Aristoteles noch Thomas von Aquin eine ausdrückliche Widerlegung der heute geltend gemachten Bedenken und Schwierigkeiten bieten. Sie werden jedoch auch mit gleicher Deutlichkeit herausstellen, daß ein folgerichtiges Durchdenken der metaphysischen Grundprinzipien, auf die Aristoteles und Thomas die absolute Geltung des Kausalprinzips für alle Bereiche des veränderlichen Seins gestützt haben, auch heute noch vollkommen ausreicht, um die logischen Fehler und unwissenschaftlichen Trugschlüsse aufzudecken, die den modernen Schwierigkeiten zugrunde liegen. So wird die Arbeit von selbst zu einer Apologie des kirchlichen Lehramtes, das sowohl in den Enzykliken der letzten Päpste, wie im kirchlichen Gesetzbuch die katholischen Vertreter der Neuscholastik auf den Doctor Communis als den Führer und Wegweiser besonders in den Fragen der Metaphysik hingewiesen hat." (Vorwort, 8). - Eine Widerlegung Hessens S. 91-97.
Theodor Droege (1879-1941) war seit 1907 Dozent an der Phil.-theol. Hochschule der Redemptoristen in Geistingen.

285. Adolf Heuser, Neuscholastische Begründungsversuche für das Kausalprinzip. Phil.-Diss. Bonn 1929 (Druck: Bochum-Langendreer 1930), 129 S.
Berichterstatter: Adolf Dyroff. Der 1900 geborene Verf. war kath. Priester und Studienrat in Essen. 127-29 Lit.
S. 60-74 behandelt er drei Entwicklungsstufen J. Geysers, S. 92-105 die drei hauptsächlichen Verfechter des Kausalprinzips als Postulat Sawicki, Hessen (97-103) und A. Schneider. Hessens Position wird abgelehnt.

286. Joseph Mausbach, Dasein und Wesen Gottes. 1. Bd., Münster 1930: I. Die Möglichkeit der Gottesbeweise; II. Der kosmologische Gottesbeweis. 2. Bd., Münster 1929: Der teleologische Gottesbeweis, XVI u. 254, X u. 291 S.
In Bd. 1 wird S. 85-88 und 101-103 die Stellung Hessens zum "Kausalprinzip" ganz abgelehnt, mit dem Unterton der Entrüstung über einen Schüler, der so tief sinken konnte, die Basis allen gesunden Denkens zu verlassen.

287. Hans Leisegang, Religionsphilosophie der Gegenwart, Berlin 1930, 102 S.
Die vier Hauptkapitel gelten der jüdischen, katholischen, protestantischen und philosophischen Religionsphilosophie; letztere wird in sieben Unterkapiteln nach allgemeinen Richtungen behandelt. Innerhalb der "Katholischen Religionsphilosophie" (16-25) schließt sich Leisegang an den Aufsatz Przywaras in den Kant-Studien (hier Nr. 239) einfach an, dem entsprechend Scheler, Heidegger, Aloys Müller und Hessen als "irregeleitete Schäflein der großen Herde" erscheinen. Przywara selbst scheint der Autor hoch einzuschätzen. - Im übrigen finden praktisch alle hierhin gehörigen Zeitgenossen ihre oft ganz summarische Einteilung. Der Gesamttenor ist oft herablassend bis verächtlich.

288. Jacques Maritain, Antimodern. Die Vernunft in der modernen Philosophie und Wissenschaft und in der aristotelisch-thomistischen Erkenntnislehre, berechtigte Übersetzung von Franz Damaris, hrsg. von Karl Eschweiler, Augsburg 1930, 200 S.
Sammelband. S. 89-127: Einige Bedingungen für die Wiedergeburt des Thomismus (Vortrag in Löwen, 26.1.1920). In diesem Vortrag wird in unmißverständlicher Weise der strenge Thomismus, also auch die Ab-

wendung von aller nachthomistischen Scholastik, namentlich Scotus und Suarez, verlangt.

289. Franz Kallfelz, Zur Kritik der Wesensschau. Einige Gedanken im Anschluß an J. Hessens Werk über das Kausalprinzip, München o.J. (1930), 58 S.
Kritisiert vor allem Hessens Ablehnung der objektiven Evidenz des Kausalprinzips. Diese Arbeit gibt sich nicht als Dissertation zu erkennen, dürfte aber doch aus dem Kreis um J. Geyser stammen.

290. Heinrich Straubinger, Evidenz und Kausalitätsgesetz. In: PhJb 43(1930), 1. Heft vom Jan. 1930, 1-17.
Verteidigt die unmittelbare Evidenz des Kausalgesetzes (resp. -prinzips). Behandelt die Beiträge von Isenkrahe, L. Baur, B. Jansen SJ, Garrigou-Lagrange O.P., Sladeczek SJ, J. Geyser, Franzelin SJ, Sawicki, A. Schneider, J. Hessen (15f.; ablehnend).
"Wo aber keine Evidenz ist, da ist auch keine Erkenntnis, keine Wahrheit, keine Wissenschaft" (16).
In demselben Bande findet sich S. 285-93, 293-96 und S. 528-32, 532 eine Kontroverse zwischen Straubinger und Franzelin, sowie zwischen Franzelin und E. Hartmann aus dem Bereich Kausalprinzip/Satz vom zureichenden Grunde.

291. Lorenz Fuetscher SJ, Der Satz vom hinreichenden Grund und die Begreifbarkeit des Seins. In: Philosophia Perennis. Abhandlungen zu ihrer Vergangenheit und Gegenwart. Festgabe Josef Geyser zum 60. Geburtstag, hrsg. von Fritz-Joachim von Rintelen, Bd. II, Regensburg 1930, s. 759-71.
Dieser de facto gegen den Jubilar gerichtete Beitrag vermeidet die Nennung von Namen, jedoch wird S. 764 gegen "manche" Stellung bezogen, die im Kausalprinzip nur ein Postulat erblicken. Die nähere Begründung läßt erkennen, daß sicher vor allem Hessen gemeint ist. Jedoch deutet F. auf S. 771 an, daß auch ihn die scholastische Auffassung des Problems nicht voll befriedigt.

292. Martin Grabmann/Joseph Mausbach (Hrsg.), Aurelius Augustinus. Die Festschrift der Görres-Gesellschaft zum 1500. Todestage des Heiligen Augustinus, Köln 1930, 439 S.

In zwei der 17 Beiträge wird Hessens Augustinus-Deutung kritisiert: B. Jansen SJ, Die Lehre des hl. Augustinus von dem Erkennen der Rationes aeternae, 111-36; F.-J. v. Rintelen, "Deus bonum omnis boni". Augustinus und modernes Wertdenken, 203-24.

293. Bernhard Jansen SJ, Papsttum und Neuscholastik. In: StdZ 118(1930), Februar 1930, 321-37.
Diese scheinbar ruhige und weitherzige, übrigens sehr informative Darstellung der Situation der Neuscholastik im Jahrzehnt 1920-1930 richtet sich de facto gegen die streng thomistische Schule der "24 Thesen" Pius' X., also vor allem gegen die permanente Polemik des "Divus Thomas" in Freiburg/Schweiz.

294. Peter Wust, Die Metaphysik in der Philosophie der Gegenwart. In: Deutsche Rundschau, Bd. 222 (Jan.-März 1930), März-Heft 1930, 222-232.
Ausgehend von einem Ausspruch Troeltschs vom Oktober 1918, daß es der Verlust der Metaphysik seit dem Tode Hegels gewesen sei, der letztlich auch die politisch-militärische Niederlage Deutschlands 1918 verursacht habe, schildert Wust den Aufstieg der Metaphysik seitdem, der jedoch weniger klar und siegreich sei, als man es hoffen durfte. Zuletzt wendet sich Wust vor allem gegen Scheler, dessen Abfall auf das Jahr 1923 datiert wird und gegen den er seine Bitterkeit nicht verbirgt.

295. Eduard Hartmann rez. Hessens "Kausalprinzip" (1928) und B. Franzelins SJ dagegen gerichtete Broschüre (1929). In: PhJb 43(1930), Heft 2 vom April 1930, 259f.
Zuerst wird Hessen relativ neutral besprochen. Zu Franzelin sagt der Rez. jedoch: "indem er (F.) in sachkundiger und lichtvoller Weise die scholastische Lehre von der Evidenz entwickelt, zeigt er die Unhaltbarkeit der Hessenschen Bedenken" (gegen die Evidenz als Begründung des Kausalprinzips). Aber zum eigentlichen Gedankengang Franzelins heißt es, daß sein Versuch, "den Satz vom hinreichenden Grunde mit Hilfe des Begriffes des Erforderlichen auf den Satz vom Widerspruch zurückzuführen", als gescheitert zu beurteilen sei.

296. Felix Budde, Beiträge zur Klärung des Kausalitätsproblems. In: ThGl 22(1930) 316-31.

Gegen Hessens "Kausalprinzip" (1928) gerichtet. Budde bemängelt vor allem die Formulierung des Problems durch die Frage: "Ist das Kausalprinzip analytisch oder synthetisch"? Hessen ist im Anhang der 2. Auflage seines Werkes (1958) nicht auf die Argumente Buddes eingegangen.

- 1931 -

297. **J. Hessen, Augustins Metaphysik der Erkenntnis, Berlin und Bonn (Ferd. Dümmler) 1931, 328 S.**
Vorwort dat. "Köln, Allerheiligen 1930".
Imprimatur Münster, 18.8.1930 Meis Vic. Gen.
Es handelt sich um eine "Neugestaltung", beruhend "auf erneuten Quellenstudien", sodann "auf einer genaueren Durchsicht und Durchprüfung der inzwischen erschienen einschlägigen Literatur" von den vier 1916, 1919, 1920 und 1921 erschienenen Augustinus-Büchern, wie es im Vorwort S. 6 heißt. Dem ersteren Werk ("Die Begründung der Erkenntnis nach dem hl. Augustinus") entspricht hier das "Erste Buch" S. 19-122, dem zweiten Werk ("Die unmittelbare Gotteserkenntnis nach dem hl. Augustinus") entspricht das "Zweite Buch", 2. Teil, S. 200-266, das dritte Werk ("Der augustinische Gottesbeweis") entspricht dem "Zweiten Buch", 1. Teil, S. 123-199, das vierte Werk ("Augustinische und thomistische Erkenntnislehre") entspricht dem "Dritten Buch", S. 267-321 dieser neuen Bearbeitung.
Rez.: D.B.C in: Recherches de théologie ancienne et médiévale, année 1931, juillet, p. 380* Nr. 704. - Erich Przywara SJ in: StdZ 121(1931), September 1931, 474: P. ist erfreut, daß H. jetzt den von ihm eingenommenen Standpunkt teilt und seine frühere Position wesentlich abmilderte. Er, P., habe dazu das Abschließende in den Kant-Studien 1930 veröffentlicht. - Jos. Engert in: Literarische Beilage der Augsburger Postzeitung, Nr. 39 vom 30.9.1931: unter Reserven anerkennend. - Jos. Lenz in: Pastor bonus 43(1932) 388f.: insgesamt positiv. - Johannes Sperl in: Kant-Studien 37(1932) 158f.: sehr positiv. - F. van Steenberghen in: R. neosc. Louvain 34(1932) 382f.: anerkennend. - Fr.M. Sladeczek SJ in: Scholastik 8(1933) 258-60: im wesentlichen zustimmend, ja, es handele sich um ein "vortreffliches Werk". - D.P.B. in: Revue Bénédictine 44(1932) 193: recht lobend. - Vgl. Nr. 304, 311f., 325, 330f., 355, 362, 525, 575.

298. **J. Hessen, Christus, der Meister des Lebens, Habelschwerdt (Verlag Frankes Buchhandlung) o.J. (1931), 90 S.**
S. II: "Mit kirchlicher Druckerlaubnis".
Vgl. Dok. 15 und 16.

299. **J. Hessen, Zur Methode der Augustinus-Forschung. In: Archiv für die Geschichte der Philosophie 40(1931) 497-503.**
Plädoyer für eine historisch-kritische Augustinus-Interpretation. So hat noch 1921 Franz Diekamp (Kath. Dogmatik nach den Grundsätzen des hl. Thomas, II 451) zur Prädestinationslehre A.s geschrieben: "Einen solchen Verstoß gegen die später als Dogma verkündigte Wahrheit dürfen wir dem doctor gratiae ... nicht zur Last legen". Tatsächlich habe aber, so Hessen, Augustinus im Alter die sog. absolute Prädestination gelehrt, was z.b. Odilo Rottmanner O.S.B. klar gesehen habe, von den neuscholastischen Theologen, z.b. Heinrich Gutberlet (Dogmat. Theol. VIII 351) aber geleugnet worden sei.

300. **J. Hessen rez. Jos. Geyser, Das Prinzip vom zureichenden Grunde, Regensburg 1930, und: Stephan Leo von Skibniewski, Kausalität, Paderborn 1930. In: Literarische Blätter. Beilage der Köln. Volksztg. Nr. 27 vom 18.9.1931.**
Skibniewskis Buch wird als "schamloses Pamphlet eines Theologen" bezeichnet, "der dauernd den Namen des hl. Thomas von Aquin im Munde führt, ohne im mindesten zu ahnen, welchen Abfall vom Geiste des Doctor angelicus sein Elaborat und das sich in ihm nur zu deutliche offenbarende Menschentum bedeutet." - Geyser wird vorgehalten, die neuen Arbeiten von Hessen selbst und von B. Franzelin absichtlich zu ignorieren.

301. **J. Hessen rez. Hannah Arendt, Der Liebesbegriff bei Augustinus, Berlin 1929. In: Kant-Studien 36(1931) 175.**
Kurz-Rezension, im Ganzen wohlwollend.

302. Karl Friedrich Martin, Die Begründung der Religion auf die Ethik. Vergleich der theologischen Position von A. Ritschl und Johannes Hessen. Theol. Diss. Heidelberg 1931. Referent: R. Jelke.
Im Druck erschien ein Abschnitt von 36 Seiten. Der Verf. war evang. Pfarrer in Tiefenthal (Pfalz).

Die Arbeit vergleicht Hessen mit Ritschl und Lotze. Die Bewertung ist im Ganzen sehr positv. "Alle drei durchpulst der Grundgedanke, daß Gottes Wirkung nur im gesteigerten religiösen Innenleben und im praktischen sittlichen Handeln offenbar wird" (37f.).

303. Artur Schneider, Einführung in die Philosophie mit Berücksichtigung ihrer Beziehungen zur Pädagogik (II. Teil: Metaphysik. Ethik.), Paderborn 1931, VIII u. 230 S.
S. 63-72: "Das Kausalgesetz". Hier folgt Schneider sehr stark Hessen und bestimmt das Kausalgesetz "als ein Postulat des Denkens" (68f.)

304. Arnold Rademacher, Augustins Metaphysik der Erkenntnis. Bericht über Johannes Hessens neues Augustinuswerk. In: Köln. Volksztg. Nr. 324 vom 11. Juli 1931, Sonntagsbeilage ("Im Schritt der Zeit"), S. 2. Vierspaltige, umfangreiche Würdigung.
"Die wesentlichen Unterschiede zwischen augustinischem und aristotelisch-scholastischem Denken werden deutlich gemacht und mit reichlichem Quellenmaterial belegt." - "Für mich besteht kein Zweifel, daß H. gegen seine Kritiker aus dem thomistischen Lager recht hat mit der von ihm seit langem vertretenen und nun durch neue Belege gestützten Ansicht, nach welcher für Augustin «Gott Gegenstand eines unmittelbaren Schauens, eines geistigen Wahrnehmens, eines intuitiven Erkennens» ist. Einige Schärfen seiner Polemik hätten freilich ohne Schaden für die Güte seiner Position unterbleiben können."

305. Jacques Maritain/Karl Holzamer: Der Thomismus und der Mensch in der Zeit. Autorisierte Übertragung eines Vortrages von Jacques Maritain: Le thomisme et la civilisation, hrsg. von Neudeutschland Älterenbund, Köln o.J. (1931), 44 S.
Bemerkenswert die Polemik gegen den "Individualismus" und die moderne Ökonomie. In einer Anmerkung auf S. 11 wird Köln, näherhin die Albertus-Magnus-Akademie, die Görres-Gesellschaft und der kath. Akademikerverband als das Zentrum des deutschen Thomismus bezeichnet.

306. H. Straubinger, Die Evidenz des Kausalitätsgesetzes. In: PhJb 44(1931), Heft 1 vom Jan. 1931, 25-40.
Zu den Schriften von Skibniewski, Droege, Franzelin, Fuetscher, Heuser, Budde.

307. Franz Sawicki, Das Irrationale in den Grundlagen der Erkenntnis und die Gottesbeweise. In: PhJb 44(1931), Heft 4 vom Oktob. 1931, 410-18.
"Was wird aus den Gottesbeweisen, wenn der Satz vom zureichenden Grunde nur ein Postulat ist?" (415).

308. Theodor Droege, C.ss.R., Zur Krise der Kausal-Kontroverse. In: Divus Thomas 9(1931) 363-97.
Zum Problem, ob sich das Kausalprinzip auf das Kontradiktionsprinzip zurückführen lasse. Zu den Gegnern des "Reduktionsbeweises", die demzufolge "die objektive Evidenz des Kausalprinzis" ablehnen und in ihm "nur noch ein irrationales Postulat der Erfahrungswissenschaften" sehen, zählen dem Verf. zufolge in Deutschland Hessen und Sawicki. Droege nennt die beiden "eine extreme Richtung" (365). Hauptsächlich widmet sich dieser Beitrag aber der "gemäßigten Richtung" der Gegner der gen. Reduktion, nämlich Fuetscher SJ, Geyser, Brinkmann, Descoq SJ und Straubinger, welche widerlegt werden. Der Verf. erläutert dann ab S. 372 die Lehren der Anhänger des Reduktionsbeweises, denen er sich anschließt, namentlich Garrigou-Lagrange O.P., Sladeczek SJ, Nink SJ, Gredt O.S.B., Rohner O.P.

309. Theodor Steinbüchel, Probleme der Gegenwartsphilosophie. In: Bonn.Zs.Th.Seels. 8(1931), 1. Heft, 53-64.
An erster Stelle der Berichterstattung steht "Augustinus-Forschung und Verwandtes", wozu hier auch Arbeiten über Plotin und Luther gezählt werden.

310. Hans Leisegang rez. Hessens "Augustinus und seine Bedeutung für die Gegenwart" (1924). In: Archiv für die Geschichte der Philosophie 40(1931), Heft 1, 155f.
"Wer Freude am Gezänk ad maiorem dei et ecclesiae gloriam hat, kommt hier auf seine Rechnung, wer etwas Neues über Augustinus lernen will, nicht" (Schlußwort). Die Verärgerung des Rez. geht darauf zurück, daß er im Gegensatz zu H. in Windelbands und Troeltschs Lehren vom religiösen Apriori nur "dürftige und schwächliche metaphysische Ansätze" zu erblicken vermag.

311. Engelbert Krebs, Neue Augustinusliteratur, Teil II. In: ThR 31(1932), Nr. 3, Sp. 97-106.

Hier wird Sp. 98 Grabmanns Abwehr Hessens erwähnt, dann in folgender Weise zu Hessens "Augustins Metaphysik der Erkenntnis" (1931) nach längerem Referat das Urteil abgegeben: "H.s Werk ist das Ergebnis einer jahrelangen eindringlichen Arbeit über A.s Werken und der gesamten einschlägigen Literatur des Mittelalters und der Neuzeit. Die von ihm formulierten Urteile sind frei von Einseitigkeit und Umdeutung. Sie sind wohl begründet und gegen die Kritik der Gegner wohl gerüstet. Ich halte H.s Darlegung für die bisher beste Gesamtdarstellung der A.ischen Erkenntnislehre".

312. Lorenz Fuetscher SJ rez. Hessens "Augustins Metaphysik der Erkenntnis" (1931). In: ZkTh 55(1931) 491f.
Positive Würdigung, besonders da Hessen in diesem Werk S. 242 betont, er habe nie und nirgends die These vertreten, "daß Augustinus eine natürliche, unmittelbare Gotteserkenntnis gelehrt habe". Fuetscher fährt fort: "Wenn sich H. hier über Mißverständnisse beklagt, so hat er diese selbst verschuldet", nämlich weil er im Bereich der Religionsphilosophie eine unmittelbare Gotteserkenntnis Augustins ins Feld führte, während eine solche doch nur als "zeitweise gnadenhaft mystische Gottesschau" zulässig sei.

313. Heinrich Getzeny, Um die Grundlegung der Soziologie. Zu E.K. Winters Schriften. In: Hochland, 28. Jg. (1930-1931), 2. Bd., 1. Heft vom Juli 1931, 357-62.
Zu Winters "Sozialmetaphysik" (1929). - S. 358: "Winters Angriff auf die Scholastik ist der schärfste, der seit Günther und Frohschammer gegen sie geführt wurde."

314. Josef Santeler SJ rez. Alcuin Breuer S.D.S., Der Gottesbeweis bei Thomas und Suarez, Freiburg/Schweiz 1929. In: ZkTh 55(1931), 15f.
Kritisiert diese Freiburger Dissertation, in der die fünf Gottesbeweise des Thomas auf die Realdistinktion zurückgeführt werden. "Im Anschluß daran werden dann die entsprechenden Beweise bei Suarez größtenteils als der Beweiskraft entbehrend gebranntmarkt (1-44)".

- 1932 -

315. J. Hessen, Das Substanzproblem in der Philosophie der Neuzeit, Berlin und Bonn (Ferd. Dümmlers Verlag) 1932, 287 S.

S. 3: "Günther Jacobi [sic]/dem Bahnbrecher der neuen Ontologie/in Verehrung und Freundschaft/gewidmet".
S. 6: "Die Veröffentlichung der Arbeit, die drei Jahre lang ein verborgenes Schubladendasein fristen mußte, ermöglichte schließlich ein Druckzuschuß der «Notgemeinschaft der Deutschen Wissenschaft»". Damit ist gesagt, daß dieses Buch unmittelbar nach dem "Kausalprinzip" entstanden ist.
Rez.: Ed. Hartmann in: PhJb 46(1933), 2. Heft, 234f.: sehr anerkennend. - F. Rüsche in: ThGl 26(1934) 521: positiv. - P. Wilpert in: DLZ 55(1934), Heft 3 vom 21.1.1943, Sp. 99-101: gibt "in den Hauptzügen" seine "Zustimmung", kritisiert aber viele Details in einer minutiösen Weise. - J. Dopp in: R. néosc. Louvain 37(1934) 402-405: bemängelt zuerst die Unkenntnis Hessens von der neueren französischen Literatur, besonders von R. Jolivet. Anschließend folgt eine Anerkennung der philosophiegeschichtlichen Leistung. Kritisiert am Ende die Auffassung Hessens von der Scholastik überhaupt. - Vgl. Nr. 343, 354.

316. **J. Hessen, Die Methode der Metaphysik, Berlin und Bonn (Ferd. Dümmlers Verlag) 1932, 77 S.**
Vorwort dat. "Köln, Ostern 1932".
S. 37: "Angesichts dieses Wirrwars der Meinungen erscheint M. Heideggers Fragestellung: «Was ist Metaphysik» außerordentlich zeitgemäß. Die Antwort, die er gibt, dürfte freilich nur für die Anhänger seiner «Existenzphilosophie» befriedigend sein".
S. 52 lobt H. das Werk von Günther Jacoby, Allgemeine Ontologie der Wirklichkeit 1925f. sehr stark.
S. 73-75 herbe Kritik an N. Hartmanns Lehre über die Beweisbarkeit des Kausalgesetzes.
Rez.: Pacificus Borgmann O.F.M. in: PhJb 46(1933), 3. Heft, 374-77: im ganzen anerkennend, jedoch lautet der letzte Satz: "Nach wie vor halten wir eine streng wissenschaftliche metaphysische Gotteslehre für möglich". - J. De Vries SJ in: Scholastik 9(1934) 147: "Vielleicht sind doch manche Fragen verwickelter und tiefer, als die etwas allzu glatten und schematischen Lösungen vermuten lassen". - Vgl. Nr. 343.

317. **J. Hessen rez. Rudolf Otto, Das Gefühl des Überweltlichen (Sensus Numinis), 334 S.; ders., Sünde und Urschuld, 248 S., München 1931; Albert Schweitzer, Aus meinem Leben und Denken, Leipzig**

1932; Giovanni Gentile, Der aktuale Idealismus, Tübingen 1931. In: Literarische Blätter. Beilage der Köln. Volksztg. Nr. 145 vom 5.1.1932.
Zu Otto heißt es: "Wenn katholisch soviel heißt wie allumfassend, universal, dann wird man hier von einem katholischen Denken sprechen dürfen". "Den verschiedenartigsten Formen und Gestalten des Religiösen steht er mit gleichem Verständnis und gleicher Liebe gegenüber". Am Ende Seitenhieb auf N. Hartmann. - Zu Schweitzer der Zentralgedanke: "... Sühne zu leisten für das viele Leid, das wir Weiße über die Kolonialvölker gebracht haben ...". - Zu Gentile nur knappe Notiz.

318. J. Hessen rez. Leonore Kühn, Die Autonomie der Werte, Berlin 1931, 608 S. In : Rhein-Mainische Volkszeitung Nr.69 vom 23.3.1932.
Anerkennend.

319. J. Hessen rez. Hans Duhm, Der Weg des modernen Menschen zu Gott, München 1931; Richard Wilhelm, Der Mensch und das Sein, Jena 1931; Hellmuth Pleßner, Macht und menschliche Natur, Berlin 1931. In: Literarische Blätter. Beilage der Köln. Volksztg. Nr. 165 vom 11.5.1932.

320. J. Hessen rez. Ludwig Agatson, Das Daseinsproblem, Freiburg i.Br. 1932. In: Literarische Blätter. Beilage der Köln. Volksztg. Nr. 172 vom 6.7.1932.
Hessen hält dieses Werk, eine rein rationale Theodizee, für "eine völlige Unmöglichkeit." "Die Unmöglichkeit liegt in dem gänzlich überspannten Intellektualismus des Buches". "Seine formalistische Dialektik, um nicht zu sagen Begriffsakrobatik, wirkt schon wegen ihrer sprachlichen Formgebung mit ihren vielen Härten und Gewaltsamkeiten auf den Leser abstoßend".

321. J. Hessen rez. Hans Reiner, Phänomenologie und menschliche Existenz, Halle 1931; ders., Der Grund der sittlichen Bindung und das sittlich Gute, ebd. 1932. In: Literarische Blätter. Beilage der Köln. Volksztg. Nr. 180 vom 1.9.1932.

322. J. Hessen rez. Ernst Karl Winter, Die Sozialmetaphysik der Scholastik, Leipzig/Wien 1929. In: Kant-Studien 37(1932) 164f.
Begeisterte Würdigung dieses Werkes.

323. Gallus M. Manser O.P., Das Wesen des Thomismus, Freiburg/Schweiz 1932, 501 S.
Hier: II. Anhang, 469-87 "Der Kampf um das Kausalprinzip". Es handelt sich um ein Referat des Autors vom 22.9.1931 vor der philos.-theol. Sektion des Katholikenvereins.
Bei Anerkennung des philosophiegeschichtlichen Wertes von H.s "Kausalprinzip" (1928) wird unter Heranziehung der übrigen aktuellen Debatte die Position Hessens vollständig und so tiefgehend wie möglich abgelehnt. Das Kausalprinzip ist nach M. ein analytischer Satz von unmittelbarer Evidenz. "Es ist ein furchtbares Selbstgericht, dem der moderne Kritizismus den edlen Menschengeist überantwortete, indem er die wissenschaftliche Ratio zwang, zu leugnen, was die sana ratio im täglichen Leben doch wieder anerkennen muß. Das gesamte tägliche Leben ruht auf der Gültigkeit des Kausalprinzips" (486f.).

324. Fritz-Joachim von Rintelen, Der Wertgedanke in der europäischen Geistesentwicklung. Teil I: Altertum und Mittelalter, Halle/S. 1932, 304 S.
S. 218 knappe Stellungnahme zu Hessens Vorwurf gegen Thomas von Aquin, "daß dieser keinen eigentlich religiösen, sondern nur einen wertfreien, rein kosmologischen Gottesbegriff biete". Demgegenüber betont der Verf., Thomas kenne Gott als "absoluten Eigenwert". Die sehr seltene Nennung Hessens muß wohl als ein Ausweichen gedeutet werden (197, 201, 218).

325. Kurt Leese, Die Krisis und Wende des christlichen Geistes. Studien zum anthropologischen und theologischen Problem der Lebensphilosophie, Berlin 1932, 420 S.
Nimmt in seinem ausführlichen Kapitel über Windelband (89-103) positiv zu Hessens Augustinus-Studien (93f.), später hingegen kritisch zu E. Przywara SJ Stellung (389-92).

326. Joseph Engert, Der Gottesgedanke im modernen Denken, Augsburg 1932, 71 S.

Druck eines Vortrages sowie eines Teils seiner Rektoratsrede "Gottesgedanken in der modernen Philosophie" von 1928. Widmet das kleine Heft dem Andenken Schells: "Vor 25 Jahren legte ich den Erstling meines wissenschaftlichen Arbeitens trauernd auf das Grab meines früh verstorbenen Lehrers Herman Schell" (Vorwort). Hier von Belang der 3. Teil "Lebensphilosophie" (45-71), wo von Niebuhr, Eucken, Scheler, Heidegger, Eugen Diederich, Albert Schweitzer, Liebmann die Rede ist. Religion ist für E. "demütige Hingabe an den Gott, der lebendige Wechselwirkung von Logos und Pneuma ist" (69).

327. L.B. Geiger O.P., Autour du principe de causalité. In: Bulletin thomiste. Organe de la société thomiste, III (1930-1933), N. I, janvier-mars 1932, 376-94.
In dieser Sammelrezension wird die Diskussion zum Kausalprinzip umfassend vom streng thomistischen Standpunkt aus dargestellt. Hessens "Kausalprinzip" wird S. 378-80 gründlich abgelehnt, aber auch Geyser und die deutschsprachigen Jesuiten, die den tiefsten Sinn des Kausalprinzips, also natürlich die Realdistinktion, immer noch nicht begriffen haben, werden gehörig abgefertigt.

328. M.T.-L. Penido, Sur l'intuition "naturelle" de Dieu. In: R.sc.phil.th. 21 (1932) 549-61.
Summarische Behandlung von Scheler, Otto, Adam, Hessen (550), Laros, Gründler, Soloview, Lassky, Bergson, Le Roy, Picard.

329. Joseph De Vries SJ, Zur Frage der Begründung des Kausalprinzips. In: StdZ 123(1932), September 1932, 378-90.
Der Beginn: "Die Erörterungen über die Frage, wie die Geltung des Kausalitätsprinzips kritisch zu begründen sei, wollen nicht zur Ruhe kommen. Auch unter den katholischen Philosophen sind die Meinungen geteilt. Mit großem Scharfsinn lange und sorgfältig durchdachte Lösungsversuche wurden von anderen als gänzlich verfehlt zurückgewiesen." Mit letzterem sind wahrscheinlich die strengthomistischen Kritiken an Fuetscher gemeint.

330. Dr. Rotter/Würzburg rez. Hessens "Augustins Metaphysik der Erkenntnis" (1931). In: PhJb 45(1932), 2. Heft, 234-37.

"Vorzügliche historische Leistung, die Augustin aus dem Geiste Augustins erklärt und dabei sich nicht scheut, sich mit allen Deutungsversuchen der Vergangenheit und Gegenwart auseinanderzusetzen ..." (236). - Schlußbemerkung: "Schließlich ist das ganze Werk getragen von einer ebenso schönen wie klaren Sprache, welche alte, ewige Wahrheiten in moderner Formulierung, alte Fragen in neuer Klarheit erstehen läßt. In der Einheitlichkeit seiner großen Linienführung wie im Detail seiner präzisen Einzeluntersuchungen ist es eine reife Frucht historischer Forschung und systematischer Besinnung".

331. Heinrich Barth rez. Hessens "Augustins Metaphysik der Erkenntnis" (1931). In: Zwischen den Zeiten 10(1932), Heft 4, 380.
Nicht direkt ablehnend liest sich diese Rezension des Organs von Karl Barth und seinen Mitstreitern. Aber schon der Metaphysikbegriff stört B. im Grunde. "Es fehlt uns in dieser Darstellung etwas an dialektisch bewegter Aporetik, an aufwühlendem Hin- und Herwenden der Probleme, das zu einer noch schärferen Zuspitzung der Fragen hätte führen können". Hessen habe Augustin zu wenig "von Gott her" begriffen. Kurz, es handelt sich um den Einspruch der dialektischen Theologie gegen die Religionsphilosophie.

- 1933 -

332. **J. Hessen, Der Sinn des Lebens. Zwölf Vorlesungen, Rottenburg (Bader'sche Verlagsbuchhandlung) 1933, 171 S.**
Imprimatur Münster Gen. Vik. Meis 19.6.1932.
Vorwort dat. 4.10.1932: Es handelt sich um Kölner Vorlesungen im WS 1931/32 im Auditorium Maximum, von denen einzelne in gekürzter Form vom Westdeutschen Rundfunk ausgesendet wurden. Von diesem Buch gab es einen im Selbstverlag H.s (Köln 1933, 171 S.) erschienen Druck, der für die Hörer dieser Vorlesungen bestimmt war. Das Heft "Allgemeine öffentliche Vorlesungen veranstaltet durch die Universität Köln Winter 1931/32" (Köln, Oktober 1931) gibt Einblick in diesen Zyklus, der für den 2.11.1931 bis zum 26.2.1932 jeweils Donnerstag von 18-19[h] im Hörsaal VI angekündigt wurde. Dort sind neun Einzelthemen genannt, als letztes: "Die Friedensfrage". In der Stunde vor Hessen las Kelsen über "Die Sozialphilosophie Platos", nach ihm B. Schmittmann über "Wirtschafts- und Sozialordnung als Aufgabe", gleichzeitig Brauer über "Neue Strömungen im deutschen

Sozialismus". Eine Vorlesung "Der Sinn des Lebens" hat H. bereits im WS 1927/28 gehalten, eine "Philosophie des Lebens" im WS 1924/25 vorgetragen.
Die "Berliner Titeldrucke", Fünfjahrskatalog 1930-1934, Bd. He-K, Berlin 1935, 2029 nennen eine Parallelausgabe zur Baderschen Ausgabe seitens der Bonner Buchgemeinde (Wahlband), Bonn 1933, 171 S.
Rez.: Joseph Thomé in: Westdeutsche Landeszeitung vom 10.2.1933.
2. Aufl., Rottenburg (Bader'sche Verlagsbuchhandlung) 1936, 158 S.
3. Aufl., ebd. 1947, 154 S.
4. Aufl., Münster (Aschendorff) 1955, 157 S.
5. Aufl., St. Augustin (Steyler Verlag) 1968, 158 S.
Übersetzungen:
1. De zin van het leven in deze tijd, Amsterdam (Meulenhoff) 1938, 172 S.
2. To noima tis zois, trad. Ev. Theodorou, Athinai (Cakoulidis), 1954, 132 p.
3. Jinsei no imi. Übersetzer: Oonishi Noburu. Tokyo (Risoosha) 1943, V. u II u. 2 u. 224 S. - Neuauflage 1950, 4 u. 2. u. 253 S.
Dasselbe Werk unter dem Titel: Jinsei wo nan no tame ni (= "Wofür ist das Leben?"), gleicher Übersetzer und Verlag, 1953, 253. S. - 1965, 217 S.
Ein Textauszug hier: Text 6.

333. [J. Hessen,] Luther - gestern und heute! Eine Geburtstagsbetrachtung von einem römisch-katholischen Priester. In: Die Hochkirche, hrsg. von F. Heiler, 15(1933) Heft 11/12 vom Nov./Dez. 1933, 324-330.
Inhalt, Stil, bestimmte Gedankengänge lassen die Zuschreibung dieses Artikels zu Hessen sehr wahrscheinlich sein. Der erste Satz: "Tempelreinigung ist immer wieder notwendig".

334. J. Hessen rez. Theodor Droege, Der analytische Charakter des Kausalprinzips, Bonn 1930. In: Kant-Studien 38(1933) 201f.
Ablehnend, jedoch den vornehm-zurückhaltenden Ton der Polemik Droeges anerkennend.

335. J. Hessen rez. G. Söhngen, Sein und Gegenstand, Münster 1930. In: Kant-Studien 38(1933) 232f.

"Trotz ... Mängel muß Söhngens Buch als die bedeutendste Publikation, die die Neuscholastik in den letzten Jahren aufzuweisen hat, bezeichnet werden. Es ist die tüchtige Leistung eines geschickten und begabten Advocatus Doctoris Angelici". Söhngen habe aber nicht begriffen, daß die These "ens et bonum convertuntur" - um die es in dem Buch in erster Linie geht - bereits eine theistische Weltanschauung voraussetze. Insofern falle der Autor hinter Hertling zurück.

336. J. Hessen rez. Franz Luger, Die Unsterblichkeitsfrage bei Johannes Duns Scotus. Ein Beitrag zur Geschichte der Rückbildung des Aristotelismus in der Scholastik, Wien 1933, 223 S. In: Augustinus. Literaturblatt zum Korrespondenzblatt für den katholischen Klerus (Wien) Nr. 9 - Beiblatt zum Hauptblatt Nr. 11, 10.6.1933, 21f.
Was Hessen an dieser Arbeit erfreut, ist dies: "Duns Scotus ist in der Deutung des Aristoteles meist glücklicher als Thomas. Er steht ihm auch freier und unbefangener gegenüber". - "Wie den Autoritäten, so steht Duns Scotus auch den Problemen weit kritischer gegenüber als Thomas. Das wird gerade in der Unsterblichkeitsfrage deutlich. Duns Scotus verneint ihre wissenschaftliche Erkennbarkeit und Beweisbarkeit".

337. J. Hessen rez. Rudolf Bultmann, Glauben und Verstehen, Tübingen 1933. In: Literarische Blätter. Beilage der Köln. Volksztg. Nr. 223 vom 22.4.1933.

338. Joseph Geyser, Das Gesetz der Ursache. Untersuchungen zur Begründung des allgemeinen Kausalgesetzes, München 1933, 163 S.
Hessen wird vollständig ignoriert, sogar sein "Kausalprinzip" (1928). - Vgl. J. Hessen, Geistige Kämpfe, 78.

339. Albert Stohr, Die religiöse Krise der Gegenwart in katholischer Sicht. In: Pastor bonus 44(1933) 26-31, 113-125, 188-195.
In seiner Polemik gegen den Sozialismus tadelt Stohr S. 117 "eine merkwürdige Abschwächung" der Äußerungen Pius' XI. zum Privateigentum bei Josef Pieper, Die Neuordnung der menschlichen Gesellschaft, Frankfurt 1932, bes. S. 50-57. Ebd. 117 zu einigen katholischen Sozialisten, wie Joh. Mertens und sein "Rotes Blatt". - Der dritte Teil des Aufsatzes ist der Ursachenforschung für die Krise, d.h. für den Modernismus, gewidmet, und der Autor findet sie im Nominalismus

Oxfords. Gelegentlich werden F. Heiler und H. Hermelink kritisiert. Der Autor wurde später Bischof von Mainz.

340. Bernhard Franzelin SJ, Zur Klärung des Kausalproblems. Grundsätze, auf welche ein Aufweis des Kausalitätsprinzips "Jedes Entstehen ist eine Wirkung" zurückgeführt werden kann, und ihre Gegner. In: Divus Thomas 11(1933) 3-51.
In der Anm. 1 heißt es: "Diese Arbeit lag bereits vor bald zwei Jahren druckfertig da, konnte aber wegen der Ungunst der Verhältnisse nicht veröffentlicht werden." Kann damit etwas anderes gemeint sein als ihre Nichtaufnahme in die "Zeitschrift für katholische Theologie"?
Der Aufsatz beschäftigt sich mit den zum Thema gehörigen Äußerungen von Manser, Droege, Geyser, Kahl-Furtmann, E. Hartmann, Sawicki, Heuser, Hessen (13f.), v. Skibniewski, vor allem mit Straubinger im PhJb 44(1931) und mit Fuetscher, Die ersten Seins- und Denkprinzipien, Innbruck 1930. Im Hintergrund stand die Tatsache (vgl. S. 50), daß Fuetscher in den Augen seines Ordensmitbruders Franzelin sich bereits unzulässig dem "Philosophen von Königsberg" angenähert hatte. Diese Kontroverse dürfte so ein frühes Datum für eine allmählich sich bahnbrechende Kant-Rezeption auch unter den deutschsprachigen Jesuiten bilden. In dems. Band ders. Zeitschrift rez. Franzelin: J. Geyser, Das Gesetz der Ursache. Untersuchungen zur Begründung des allgemeinen Kausalgesetzes, München 1933, auf S. 357-66. Franzelin stellt tiefgreifende Unterschiede zwischen Geyser und der von ihm selbst vertretenen scholastischen Doktrin fest, hinter der die Ablehnung der Realdistinktion stehe (vgl. bes. 364 Mitte).

341. Joh. Bapt. Lotz SJ, Sein und Wert. Das Grundproblem der Wertphilosophie. In: ZkTh 57(1933) 557-613.
Inmitten dieser scharfsinnigen, aber orthodoxen Analyse des Wertproblems findet sich S. 592f. eine kurze Abfertigung Hessens im Kleinsatz: "Hessen schließt sich also dem modernen Irrationalismus an ..." Hiergegen: J. Hessen, Wertphilosophie (1937), 98.

342. Albert Mitterer, Das Weltbild der neuen Physik und die alte Metaphysik. In: Scholastik 5(1933) 77-90.
Vor allem gegen den Hylemorphismus gerichtet. Vgl. J. Hessen, Lehrbuch, III (1950) 172f.

343. Erich Przywara SJ rez. Hessens "Methode der Metaphysik" (1932) und "Das Substanzproblem" (1932). In: StdZ 124(1933), März 1933, 424f.
"Sachlich nähert sich Hessen immer mehr der scholastischen Tradition. Aber seiner Art, die Metaphysik halb in eine werthafte Weltanschauung einzureihen, wird man nicht zustimmen können. Indes birgt sich hier das gewiß nicht einfache Problem des konkreten Verhältnisses zwischen Theologie und Philosophie".

- 1934 -

344. J. Hessen, Von der vollkommenen Freude. Zwei Franziskus-Legenden, Breslau (Frankes Verlag 1934), 40 S.
Neuauflage o.J. (1951), Rottenburg (Bader'sche Verlagsbuchhandlung), 41 S.

345. J. Hessen, Veritati. Vier Leuchten Kölner Geisteswissenschaft. In: Köln. Volksztg. Nr. 309 vom 11.11.1934.
Zu Albertus Magnus, Thomas, Duns Scotus und Meister Eckhart.

346. Friedrich Maria Rintelen, Wege zu Gott. Eine kritische Abhandlung über das Problem des Gotterfassens in der deutschen protestantischen Theologie der Nachkriegszeit. Theol. Dissertation Münster, Würzburg 1934, 160 S.
"Herrn Professor Dr. Steffes, dem ich meine Arbeit zuerst vorlegen konnte, bin ich für manche wertvolle Anregung zu Dank verpflichtet" (S. IV).
Behandelt in acht Kapiteln die entsprechenden Theorien von ca. 30 evangelischen Theologen der Epoche von einem streng katholischen Standpunkt aus. - Hessen rez. diese Arbeit in verhältnismäßig anerkennender Weise in der Köln. Volksztg. vom 23.4.1936.

347. Giuseppe Saitta, Il carattere della filosofia tomistica, Firenze 1934, 147 S.
Erweiterte Buchausgabe der Aufsätze, die 1930-1932 in G. Gentiles "Giornale Critico" erschienen waren.
Fünf Kapitel behandeln vor allem auch die politischen Aspekte des Thomismus: 1. Teologia e filosofia, 2. Immortalità dell'anima e conoscenza umana, 3. La Teodicea , 4. Libertà umana e grazia, 5. Teocrazia.

Der schärfste damalige Antithomist Italiens behandelt im letzten Kapitel - was kein deutscher Thomas-Kritiker wagte - ausführlich die Stellung des Thomas zur Tötung der Häretiker (bes. S. 111 zu S. th. IIa IIae, q. 11.a. 3: Utrum haeretici sint tolerandi). Hessen hat dieses Werk offenbar nie kennengelernt.

348. Friedrich Rintelen, Das Verhängnis der protestantischen Theologie. In: ThGl 27(1935) 453-65.
Sehr negative Rundschau über die protest. Religionsphilosophie.

349. Werner Schöllgen, Das Verhältnis der modernen Wertethik zur Ethik des Aristoteles und des hl. Thomas. In: Catholica. Vierteljahresschrift für Kontroverstheologie 3(1934) 1-9.
Ernsthaftes Bemühen, die moderne Wertethik in dem Zusammenhang der Tradition positiv zu verwerten.

350. Theodor Droege C.ss.R., Zur Begründung des Kausalprinzips. In: Divus Thomas 12(1934) 183-205.
Der Aufsatz beginnt so: "Noch immer läßt das Kausalprinzip die scholastisch orientierten Denker der Gegenwart nicht zur Ruhe kommen. Drei Fragen sind es vor allem, die im Mittelpunkt der heutigen Kausalkontroverse stehen. Zunächst wird lebhaft diskutiert über den analytischen oder synthetischen Charakter des Kausalprinzips. Sodann gehen die Meinungen weit auseinander über die Frage, ob es überhaupt möglich sei, das Kausalprinzip auf das Kontradiktionsprinzip zurückzuführen. Vor allem aber dreht sich der Streit um die Frage nach einer logisch einwandfreien Form dieses Reduktionsbeweises."
Als Ursache für "das bedauerliche «Aneinander-vorbei-reden»" nennt er "die Übertragung der kantischen Terminologie auf die ihr vollkommen wesensfremde aristotelische Metaphysik". In der Hauptsache plädiert Droege für eine Berücksichtigung des Teilhabeprinzips als wesentliches Bindeglied in der Schlußkette zwischen der hypothetischen Daseinsnotwendigkeit und der äußeren Wirkursache (200f.).

351. Wilhelm Keilbach, Zwei Wege der Religionsphilosophie. Kritische Betrachtungen zu B. Rosenmöllers "Religionsphilosophie". In: PhJb 47(1934), 4. Heft vom Juli 1934, 425-32.
"Ernste Bedenken" gegen die sehr eigenständigen Gedankengänge R.s, der im ganzen aus augustinisch-franziskanischen Quellen schöpft, und

der wenn auch auf ganz anderen Argumentationswegen als Hessen, zu einer strikten Trennung der "vera religio" von der Philosophie gelangt. Der Rezensent ist sehr alarmiert über die mangelnde Präzision der anderen katholischen Rezensenten, die die Gefahren dieses Buches nicht erkannt hätten (S. 425 Anm. 3).

352. Albert Mitterer, Der Bewegungssatz (omne quod movetur, ab alio movetur) nach dem Weltbild des hl. Thomas und dem der Gegenwart. In: Scholastik 9(1934) 372-99 und 481-519.
"Weltbilder sind geschlossene Ganze, so das Thomasische, so das heutige. Der Übergang vom einen zum anderen ist, wie mir scheint, einem irreversiblen Prozeß ähnlich, der sich mit innerer Gewalt, mit einer bestimmten Geschwindigkeit, aber unaufhaltsam vollzieht ..." (518). Der Einzelnachweis über die unterschiedliche Auffassung von "Bewegung" im scholastischen Weltbild und dem der modernen Physik ist hier sehr detailliert durchgeführt. - Dagegen erhebt Einspruch: Pacificus Borgmann O.F.M. in: Franziskanische Studien 22(1935) 249-62.

353. R. Fröhlich/Dresden rez. Hessens "Kausalprinzip" (1928). In: Bl. Dt. Phil. 8(1934/35) 86f.
Ausführliche, weitgehend zustimmende Rezension. "Diese von so tiefem philosophischen Ernst getragene Untersuchung zu einem Grundproblem des menschlichen Denkens aller Zeiten ist der Niederschlag einer jahrein langen echt aporetischen Forschungsarbeit".

354. Alexander Szalai rez. Hessens "Das Substanzproblem in der Philosophie der Neuzeit" (1932). In: Bl. Dt. Phil. 8(1934/35) 71f.
Tadelt Hessen dafür, daß er zu stark von der Scholastik geprägt sei und daher den deutschen Idealismus nur unzureichend darzustellen vermöge.

355. P. David Gutiérrez rez. Hessens "Augustins Metaphysik der Erkenntnis" (1931). In: Religion y Cultura. Tomo XXV, num. 74, febrero 1934, 294-97.
Die Bedeutung dieses Werkes wird anerkannt, sein Antithomismus getadelt.

- 1935 -

356. J. Hessen, Von Gott kommt uns ein Freudenlicht, Breslau (Frankes Verlag und Druckerei, Otto Borgmeyer) o.J. (1935), 100 S.
Dat. "Köln, Pfingsten 1935".
Im Geleitwort wird erwähnt, daß es sich um 12 im akad. Gottesdienst gehaltene Predigten handele.
"Mit kirchlicher Druckerlaubnis" (ohne die vorgeschriebenen näheren Angaben).

357. J. Hessen, Licht, Liebe, Leben, Wiesbaden (Matthias Grünewald Verlag) 1935, 60 S.
Imprimatur Limburg, Goebel, 24.4.1935.
Im Kleinformat.

358. Johannes Brunsmann S.V.D., Die philosophischen Voraussetzungen unserer Gottesbeweise. Eine religionsphilosophische Studie (= Sankt Gabrieler Studien. Hrsg. von der philosophisch-theologischen Hauslehranstalt Sankt Gabriel, I.), St. Gabriel, Mödling bei Wien 1935, 67 S.
S. 56-62: "Das Kausalgesetz als Postulat". Der Verf. schließt sich der Position von Sawicki, Ar. Schneider und Hessen an. - Eine ausführliche Widerlegung: Josef Santeler SJ, Ist das Kausalprinzip ein blosses Postulat? In: ZkTh 60(1936) 555-576. - Johann Konrad Brunsmann (1870-1936), seit 1888 Mitglied der Steyler Missionare, war nach Studien in Rom seit 1897 als Dozent an der phil.-theol. Lehranstalt St. Gabriel der S.V.D. für Apologetik und Philosophie tätig; vgl. den Nachruf in: Zur ewigen Heimat, Bd. 1, Nr. 4, Steyl 1936, 189-93.

359. Jakob Barion, Plotin und Augustinus. Untersuchungen zum Gottesproblem (= Neue Deutsche Forschungen. Abteilung Philosophie, Bd. 5), Berlin 1935, 175 S.
S. 11: "Ein «Zurück zu» gibt es für den wirklich Philosophierenden nicht". Dieser Satz ist als eine scharfe Absage an Neuscholastik und Neukantianismus zu verstehen. S. 59-65 Exkurs über den augustinischen Gottesbeweis. Hessen wird hier und an anderen Stellen des Buches zustimmend herangezogen. Der augustinische Weg zu Gott wird S. 64f. nicht als Abstraktionsbeweis, sondern als seelischer Verinnerlichungsprozeß gedeutet.

360. Gallus M. Manser O.P., Das Wesen des Thomismus, 2. Aufl., Freiburg/Schweiz 1935, VIII u. 679. S.
Die Auseinandersetzung mit Hessen ist aus dem Anhang, der nicht mehr abgedruckt wird, in das Kapitel "Die Gültigkeit des Kausalprinzips" (298ff.) eingearbeitet, hier bes. 299f. - Kritik H.s an diesem Werk in J. Hessen, Die philosophischen Strömungen der Gegenwart, ²1940, 18f.

361. Agostino Gemelli O.F.M., Il "caso" Zamboni. In: Rivista di filosofia neo-scolastica 27(1935) 393-96.
Seit Mons. Giuseppe Zamboni, Prof. der Philosophie an der katholischen Universität "del Sacro Cuore" in Mailand im Jahre 1931 seine "Gnoseologia" herausgab, rissen die Polemiken um dieses Werk nicht ab, wobei besonders Pater Amedeo Rossi C.M. vom Collegium Alberoni in Parma als das kirchliche Dogma korrekt lehrender Gegner hervortrat. Die völlig verfehlte, zum puren Phänomenalismus führende Erkenntnistheorie mußte von der unerfahrenen Studentenschaft ferngehalten werden, so daß am Ende schmerzhafter Auseinandersetzungen er, Gemelli, als Rektor der Universität die höhere kirchliche Autorität unterrichtete und den Entzug des konkordatsmäßig erforderlichen "Nihil obstat" gegenüber Zamboni durchsetzte, der somit von der Universität entfernt wurde. Gemelli schließt damit auch seinerseits die seiner Meinung nach unfruchtbare Debatte, indem er zuletzt nochmals zwei Gegnern Zambonis das Wort erteilt. Es folgen: Francesco Olgiati: In: La gnoseologia di G. Zamboni, ebd. 396-413, und: Amedeo Rossi C.M.: La "gnoseologia" di S. Tommaso d'Aquino" secondo il prof. Zamboni, ebd. 413-27. In beiden Aufsätzen wird deutlich, daß der ursprüngliche Neuscholastiker Zamboni unter dem Einfluß von Kant begann, Thomas v. Aquin zu kritisieren resp. umzudeuten. Hier auch die weiteren Literaturangaben. In den vorhergehenden Jahrgängen derselben Zeitschrift seit 1928 findet man auch die Diskussion zwischen Zamboni und Rossi.

362. Julian Kaup O.F.M. rez. Hessens "Augustins Metaphysik der Erkenntnis" (1931). In: Franziskanische Studien 22(1935), 1. Heft vom Jan. 1935, 107-110.
Sehr anerkennende Würdigung, besonders weil H. jetzt seine Irrtümer beseitigt habe.

363. A. Dondeyne rez. Hessens "Die Methode der Metaphysik" (1932). In: R. neosc. Louv. 38(1935) 95f.
"Cette Introduction à la métaphysique est d'une clarité et d'une simplicité de style qui charment l'esprit. Quant à la doctrine métaphysique qu'elle renferme [...], elle suppose une épistémologie qui présente plus d'un point de contact avec le Kantisme".

- 1936 -

364. J. Hessen, Der deutsche Genius und sein Ringen um Gott. Zehn Vorlesungen. 1. Auflage im Selbstverlag, Köln 1936, 142 S.
Vorwort dat. "Köln 1. November 1935". Hier erwähnt H., daß es sich um den Druck einer öffentlichen Vorlesung handle, die er im WS 1934/35 gehalten habe. "Ihr innerstes Anliegen war der Nachweis, daß es Verrat an den unvergänglichen Werken der deutschen Geistesgeschichte bedeutet, wenn man heute versucht, dem deutschen Volke den christlichen Glauben aus dem Herzen zu reißen."
2. Auflage München (Ernst Reinhardt) 1937, 109 S.
Vorwort dat. "Köln 7.3.1937".
Rez. (z.T. nur nach den Ausschnitten im NL Hessen, fasz. 22, zitiert): Dr. Gustav Pfannmüller in: Das evangelische Darmstadt vom 7.10.1937. - Willi Dünnwald in: Bonner Generalanzeiger vom 12.10.1937. - Eckstein in: Deutsche evangelische Erziehung, Jg. 1938, Heft 1, S. 43f.: ablehnend, und zwar mit Schärfe, wohl von dem Standpunkt K. Barths aus. - Wille zum Reich, Jg. 1939, Heft 1: sehr ablehnend, vom nationalsozialistischen Standpunkt aus. - Schöfer in: EHK 20(1938) Heft 8/10 vom August/Oktober 1938, 301: lobend, aber vermutend, daß die "Bekennende Kirche" dieses Werk übel aufnehmen werde, wegen seiner Tendenz, möglichst alle deutschen Geistesgrößen als im tiefsten christlich nachzuweisen. - Dr. Ludwig Glaser in: Schönere Zukunft 14(1938/39), Nr. 7 vom 13.11.1938, 183f.: "wertvolle Orientierungshilfe in den geistigen Auseinandersetzungen unserer Tage". - Paul F. Pfister in: Alt-Katholisches Volksblatt, Jg. 1937, Nr. 40, S. 319: an sich lobend, aber "Wir glauben und möchten Prof. Dr. Hessen nachdrücklich darauf hinweisen, daß diese von ihm ersehnte katholische Kirche ansatzmäßig schon vorhanden ist und in der alt-katholischen Kirche nach Ausgestaltung verlangt". - Theobald in: ThLBl 49(1938), Nr. 8 vom 15.4.1938, Sp. 117f.: eher ablehnend; der protest. Theologe findet Hessens Ausführungen "nicht klar"; ohne

anzugeben, in welcher Richtung. - H. Weber SJ in: ZkTh 63(1939) 124f.: Bemängelt H.s zu irenische Methode, die zu einem "zu friedfertigen und vorschnellen Überbrücken der Gegensätze" führe. - Vgl. Nr. 395, 397, 402.

365. J. Hessen, Briefe an Suchende, Irrende, Leidende, Regensburg (F. Pustet) 1936, 116 S. - 2. unveränderte Auflage ebd. 1936. Imprimatur Regensburg 4.8.1936, Dr. Höcht, Generalvikar. 3. Auflage, St. Augustin (Steyler Verlag) 1965, 79 S.
Der Brief "An eine um Christus Ringende", der sich gegen Rosenbergs Mythus wandte, wurde in der Katholischen Kirchenzeitung (Aachen), Nr. 3 vom 17.1.1937, S. 7f. abgedruckt (NL Hessen, fasz. 19).
Rez.: Carola Barth in: Die Christliche Welt 50(1936) Nr. 21 vom 7.11.1936, Sp. 1047f. - J. Brinktrine in: ThGl 29(1937) 465: kurze, positive Anzeige.

366. J. Hessen, Der Sinn des Lebens, 2. Auflage, Rottenburg (Verlag Bader) 1936, 158 S.
Rez.: Jos. Mayer in: ThGl 28(1936) 500.

367. Johannes Binkowski, Die Wertlehre des Duns Skotus (= Philosophie in Geschichte und Gegenwart, hrsg. von J. Hessen, Heft 1), Berlin/Bonn (Ferdinand Dümmler) 1936, 95 S.
Es handelt sich um eine bei Hessen angefertigte phil. Dissertation. Auf der Rückseite des Umschlages wird die neugegründete Serie kurz vorgestellt und es werden folgende weitere drei Titel angekündigt: 1. Oskar Schroeder, Die Kulturphilosophie von Wundt und Windelband, 2. W. Rademacher, Die logische Struktur der Gottesbeweise, und 3. G. Koepgen, Religion und Ethik. Eine Untersuchung zur ethischen Forschung der Gegenwart. - Das Werk von Schroeder, seine phil. Dissertation bei Max Scheler aus dem Jahre 1922, wird als "im Druck", die beiden anderen als "in Vorbereitung" befindlich bezeichnet. Tatsächlich ist keines der drei Bücher jemals erschienen und auch die hier begonnene Serie fand keine Fortsetzung.

368. Wilhelm Krampf, Studien zur Philosophie und Methodologie des Kausalprinzips. In: Kant-Studien 41(1936) 38-93.

Der Autor, offensichtlich Geyser-Schüler, behandelt vor allem neuere naturwissenschaftliche Autoren, wie Heisenberg. S. 72f. nimmt er voll zustimmend zu Hessens "Kausalprinzip" (1928) Stellung.

- 1937 -

369. **J. Hessen, Wertphilosophie, Paderborn/Wien/Zürich (Ferdinand Schöningh/Raimund Fürlinger/B. Götschmann) 1937, 262 S.**
Vorwort dat.: "Köln, Ostern 1937".
Hessen hatte im WS 1936/37 eine "allgemeine öffentliche Vorlesung" mit dem Titel "Das Reich der Werte" (1stündig, Di 18-19, Hörsaal X) gehalten; Allgemeine öffentliche Vorlesungen veranstaltet durch die Universität Köln, WS 1936/37. Eine gleichnamige Vorlesung hatte er schon im WS 1928/29 gehalten; vgl. das entsprechende gedruckte Verzeichnis. - Vgl. J. Hessen, Geistige Kämpfe, 86, sowie hier Text 7. Rez. (teilweise nur nach NL Hessen, fasz. 16 zitiert): Ludwig Glaser in: Schönere Zukunft, 13. Jg., Nr. 1 vom 3.10.1937, S. 16: empfehlend. - Fr. Felber in: Reichspost (Wien), 44. Jahrgang, 8.11.1937. - W. Wilbrand in: Köln. Volksztg., Nr. 319 vom 19.11.1937: dreispaltiger Artikel. - Ders. in: Sieg-Rhein-Zeitung, 2.12.1937. - Theologie der Gegenwart 32(1938) 132f.: kurze Anzeige. - J.B. Lotz SJ in: Scholastik 14(1939) 104-106: völlig ablehnend: "Überhaupt vermißt man ein richtiges, geschweige denn tieferes Verstehen des scholastischen Denkens". - C. Baumgartner in: Archives der Philosophie (Paris), 15(1939), Supplément bibliographique, p. 58-60: der Rez. lobt die Intentionen H.s, kritisiert aber die Grundlagen, hält die Gefahr der Inkohärenz und Oberflächlichkeit für gegeben und empfindet bei den Ausführungen über Thomas "une impression pénible et quelque impatience". Empfiehlt H. die Kenntnisnahme des französischen Neuthomismus. - Ludwig Hänsel, Die Philosophie der Werte und der Sinn der Welt. In: Schönere Zukunft, Nr. 29/30 vom 14.4.1940, S. 335f.: sehr positiv. - Vgl. Nr. 375, 377, 394, 396, 398-403, 432.
Übersetzung:
Filosofia dos valores, trad. e prefacio de L. Cabral de Moncada, Coimbra (Arménio Amado) 1944, 344 p. - 2. ed. corr. 1953. 3. - ed. 1967.

370. **Der Katholizismus. Sein Stirb und Werde. Von Katholischen Theologen und Laien. Herausgegeben von Gustav Mensching Direktor d. Religionswissenschaftlichen Seminars d. Universität Bonn, Leipzig (J.C. Hinrichs Verlag) 1937, 247 S.**
Vorwort dat.: "Sommer 1937".
Es handelt sich um ein Gemeinschaftswerk, an dem vor allem J. Hessen und O. Schroeder beteiligt waren, vielleicht noch weitere Personen aus deren Umfeld. Neben vielen, hier nicht zu erörternden Indizien liegt ein zweifelsfreier Beweis vor, nämlich die Aussage Gustav Menschings in einem Arbeitsblatt ("Work Sheet") vom 29.10.1947 zum Fragebogen im Rahmen seines Entnazifizierungeverfahrens. Mensching, der seitens Bonner Katholiken bekämpft und in Verbindung mit Rosenberg gebracht wurde, gab unter schwerem Druck der Forderung nach Preisgabe der Autorennamen nach und nannte Hessen und Schroeder (HStAD, NW 1049 - 53429; Entnazifizierungsakte Mensching, Dokument 5). Beide Koautoren haben später zwar nicht ihre Autorschaft, wohl aber ihre enge Nähe zu dem Buch bekannt gemacht; Hessen, Geistige Kämpfe, 122-135; Schroeder, Aufbruch, 461-73. Auch wichtige Rezensenten wie Karl Rahner und später Ignaz Backes (hier Nr. 410, 535) ließen keinen Zweifel an ihrem Verdacht, eigentlich Wissen um die Urheberschaft Hessens. Von Hessen allein wird vor allem der erste Teil ("I. Abbau", S. 30-93) stammen, da hier die Argumente und Zitate, der Grundgedanke und die herangezogenen Autoren vollständig zu ihm passen. Der zweite Teil ("II. Aufbau", S. 94-242) muß im wesentlichen von Schroeder stammen. Ob in diesem Teil eventuell für kleinere Abschnitte noch andere Autoren tätig waren, konnte nicht festgestellt werden. - Das Buch wurde durch Dekret des S. Officium vom 22.1.1938 auf den Index gesetzt; Acta Apostolicae Sedis, annus XXX (1938), Romae, p. 63. Vgl. Osservatore Romano, Nr. 26 vom 26.1.1938.
Die Rezensionen sind verzeichnet bei Valeske, 2. Teil, 208. - Vgl. Nr. 381f., 404-414, 427f., 445, 509, 532, 535, 641. - Zu Gustav Mensching (1901-78) vgl. Udo Tworuschka, Liebe statt Überlegenheit. Erinnerungen an den Religionswissenschaftler Gustav Mensching. In: Freies Christentum 40(1988) 56-58.

371. **J. Hessen, Die Geistesströmungen der Gegenwart, Freiburg i. Br. (Herder) 1937, 185 S.**
Vorwort dat. "Köln, November 1937".

Imprimatur Freiburg i. Br. 15.12.1936, Rösch, Vic. Gen.
Hessen hatte bereits dreimal Vorlesungen im Zyklus der "Allgemeinen öffentlichen Vorlesungen veranstaltet durch die Universität Köln" mit demselben Thema gehalten, und zwar im WS 1925/26, dem WS 1930/31 und dem WS 1935/36.
Rez. (teilweise nur nach NL Hessen, fasz. 7 zitiert): Werner Goossens (prof. groot seminarie, Gent) in: Collationes Gandavenses 24(1937) 156. - Dr. Herbert Rüssel in: Von neuen Büchern. Beilage zur Germania, Nr. 83 vom 24.3.1937. - Der Jungführer vom 20.3.1937, S. 86 (anon.). - Wasner in: Katholische Kirchenzeitung (Regensburg, Pustet), Jg. 17 (1937), Heft 17. - G. Bichlmair SJ in: Reichspost (Wien), Nr. 135 vom 18.5.1937: "ein zuverlässiger Führer durch das moderne Geistesleben". - Deutsch-Evangelische Korrespondenz, Berlin 1937, Nr. 9. - Otto Urbach in: Frankfurter Zeitung, Nr. 164 von 1937 (Sonntags-Blatt). - Franz Jäger in: Korrespondenzblatt für den katholischen Klerus, Beilage "Augustinus", Nr. 7/8, Wien 1937. - Studien (s'Hertogenbosch), April 1938, 384f. - V. in: Die Sammlung. Evangelische Monatsschrift 1937, Heft 4/5. - Chrysologus, Jg. 1937, Heft 10. - Santo Antonio (Bahia), Jg. 1938, Heft 1, S. 71-76 (anon.). - Dr. H. Peter in: Österreichische Pädagogische Warte (Wien) Jg. 1937, Folge 11 ("nicht bloß sehr lesenswert, sondern geradezu lesensnotwendig"). - Der Arbeiterseelsorger (München), Jg. 1937, Heft 3 (anon.): Der Rez. stellt die Frage, was die Wissenschaft zu den gegenwärtig so starken antichristlichen Strömungen sage. "Darauf antwortet in gedrängter Übersicht und für Gebildete allgemein verständlich der Verfasser mit seinem meines Wissens zur Zeit noch einzigen Buch für deutsche Katholiken". - Leonhard in: EHK 20(1938), Heft 1-4 vom Jan./April 1938, 99. - Kurth Warmuth/Dresden in: ThLBl 49(1938), Nr. 15 vom 22.7.1938, Sp. 229f.: positiv. - F. Rüsche in: ThGl 30(1938) 358: positiv. - W. Wilbrand in: Köln. Volksztg. Nr. 222 vom 14.8.1937: empfehlend. - Vgl. Nr. 378-80, 402, 415f.

372. **J. Hessen, Über das Wesen des Lebens. In: Deutsche Allgemeine Zeitung, Nr. 133 vom 20.3.1937.**
Auszug aus seinen "Geistesströmungen der Gegenwart" (1937).

373. **Prof. Dr. Rhenanus, Christliche Religiosität und Germanentum in ihrer wechselseitigen Beeinflussung. Nach einer Schrift von Univ.-**

Prof. Dr. Joh. Hollnsteiner. In: Schönere Zukunft, 13. Jg., Nr. 12 vom 19.12.1937, 307-09.
Bericht über J. Hollnsteiner, Christentum und Abendland, Wien 1937. Aufgrund des Stils und der Gedankengänge ist Hessen wahrscheinlich der Autor.

374. Arnold Rademacher, Die Wiedervereinigung der christlichen Kirchen, Bonn 1937, 149 S.
"Was in aller Welt wahrhaft religiös ist, das ist auch christlich" (18). - Irenische Abhandlung mit häufigem Bezug auf F. Heilers Bestrebungen. Dieses Buch hat die ökumenische Diskussion im Kreis um Hessen stark beeinflußt. Hessen hält es für ein "klassisches Dokument der Unionsbewegung"; Geistige Kämpfe (1959), 75.

375. A. Rademacher rez. Hessens "Wertphilosophie" (1937). In: ThR 36(1937), Nr. 12, Sp. 500f.
"Wie ich persönlich den Verf. in der Absicht, eine nicht zu umfangreiche Wertphilosophie zu schreiben, bestärkt habe, so darf ich nunmehr dieses Werk als voll gelungen begrüßen".

376. Karl Rahner SJ rez. Hessens "Wertphilosophie". In: ZkTh 61(1937) 615-24.
In dieser meist im Kleindruck wiedergegebenen, sehr detaillierten Stellungnahme wird u.a. vor allem der Satz "omne ens est bonum" verteidigt und Hessens Lehre vom "Werterlebnis" widerlegt. Im ganzen handelt es sich um eine metikulöse und von unterdrückter Wut gekennzeichnete Rezension. In dieser ersten Rezension über Hessen zeigt sich Rahner als besonders entschiedener Neuthomist.

377. Dr. H. Ehlers/Berlin rez. Hessens "Wertphilosophie" (1937). In: Geistige Arbeit. Zeitung aus der wissenschaftlichen Welt, 4. Jg., Nr. 21 vom 5.11.1937, S.9.
Positiv referierend; indirekt läßt Hermann Ehlers seine Zustimmung anklingen zur Polemik Hessens "gegen die ästhetisierende Vergöttlichung des Lebens, die nicht nur von Einzelwesen, sondern von ganzen Zeitaltern vorgenommen werden könne. Die Unzulänglichkeit einer solchen Lebensverklärung zeige sich schon darin, daß jene Zeiten, die eine solche versuchten, stets von Zeiten tiefer Erschütterungen abgelöst wurden". Im Klartext hieß das: Ehlers stimmt mit Hessen darin

überein, daß der Nationalsozialismus mit seiner Geistverlassenheit in einer Katastrophe enden muß.

378. René König, Der neue Realismus (Geistesströmungen der Gegenwart). In: Das deutsche Wort und Die große Übersicht. Der literarischen Welt neue Folge, 13. Jg., Heft 4 vom Juli/August 1937, 185-195.
Hauptartikel dieses Heftes; über Hessens "Geistesströmungen der Gegenwart" (1937). Scheinbar ist die Rezension sehr kritisch, jedoch ist die Einstellung Königs offensichtlich teilweise verschlüsselt; der Punkt der Gemeinsamkeit, die Ablehnung des Biologismus, konnte nicht ausgesprochen werden. Die ausdrückliche Kritik Königs setzt S. 191 ein, als er Hessen ein "idealistisches Vorurteil" vorwirft, demgegenüber er selbst an der "Pluralität der Bezüge menschlichen Daseins im Ganzen der Welt" festhalte. Der moderne Realismus sei dem älteren Naturalismus und dem Idealismus überlegen. "Die Einheit des Seins ist heillos zerfallen". Die Gegenwart werde von unterschiedlichen Tendenzen beherrscht, "die einander alle widerstreben und das fühlende Herz wie den denkenden Kopf in ihrem Getriebe zu zermalmen drohen. Statt über dieser Wirrsal eine heute nicht erprobbare Heilgewißheit zu konstruieren, wäre es vielleicht besser, zumindestens der tatsächlichen Lage angemessener, aber auch menschlicher, unter Aufbietung aller Kraft auszuharren, auch in der Trostlosigkeit, und die überkommenen Keime an Heilsgewißheit, aber auch eine in der Qual der Zerrissenheit errungene neue Heilsbereitschaft einer ungewissen Zukunft entgegenzutragen, die vielleicht mehr in ihrem Schoße birgt als wir uns heute alle träumen lassen. Bedenklich aber will es uns in jedem Falle scheinen, diese Zeit der Prüfung abkürzen zu wollen durch einen Sprung zu Gott - es gibt nämlich auch eine «Flucht» zu Gott. Wir sind nun einmal ein nachgeborenes Geschlecht und schicksalhaft mit allen Fasern unseres Seins dieser Welt verhaftet. Vielleicht, daß aus dieser Lage es keinen Ausweg mehr gibt, auch dieser Gedanke muß ins Auge gefaßt werden. Vielleicht auch, daß wir einmal wieder «im Lichte wandeln» werden" (191f.).

379. Eduard Hartmann rez. Hessens "Geistesströmungen der Gegenwart" (1937). In: PhJb 50(1937) 508f.

"Wertvolle Schrift". - "Seine [dieses Buches] Bedeutung ist umso größer, als es die einzige Darstellung der geistigen Strömungen der Gegenwart ist, die von katholischer Seite vorliegt" (509).

380. J.R. Geiselmann rez. Hessens "Geistesströmungen der Gegenwart" (1937). In: ThQ 118(1937) 243f.
Trotz einiger vom Rez. monierter Lücken wird das Werk anerkannt: "So soll die Apologetik der Gegenwart sein". Betont die Ablehnung H.s gegenüber dem "rassegebundenen Relativismus" und "Biologismus".

381. Karl Adam rez. "Der Katholizismus. Sein Stirb und Werde" (1937). In: ThQ 118(1937), 4. Heft, 513-19.
Aus weitläufigen, hier nicht diskutierbaren Gründen ablehnend. Schlußwort: "Es ist betrübend, daß die mannigfachen wertvollen Anregungen, die das Buch enthält und von denen ein gut Teil bereits seit längerem auch von katholischen Autoren zur Diskussion gestellt wurde, um eine kirchliche Neubesinnung in Deutschland anzubahnen, durch dieses undisziplinierte Draufgängertum, das die Schrift kennzeichnet, unheilvoll diskreditiert wurden. Der Verfasser hätte einer gesunden, gegenwarts- und volksnahen Entwicklung unseres kirchlichen Lebens kaum größeren Abbruch tun können".

382. Joseph Wittig rez. "Der Katholizismus. Sein Stirb und Werde" (1937). In: Die Christliche Welt, 51. Jg., Nr. 23 vom 4.12.1937, Sp. 970-72.
Positiv; Wittig ist leicht befremdet über die Abgrenzung, die S. 115-21 gegenüber dem Modernismus vorgenommen wird. Auch sonst stören ihn die vielen Reserven und Kautelen, z.B. bezgl. der Anonymität; es sei aber eben ein "Notschrei".

- 1938 -

383. **J. Hessen, Die Werte des Heiligen. Eine neue Religionsphilosophie, Regensburg (Friedrich Pustet), 1938, 282 S.**
Vorwort dat.: "Köln, Ostern 1938".
Imprimatur Regensburg 7.6.1937 Dr. Doeberl.
Vermutlich dienten H. als Vorbereitung zu diesem Buch die "Allgemeinen öffentlichen Vorlesungen veranstaltet durch die Universität Köln", die er im WS 1929/30 und im WS 1937/38 über das Thema "Glauben und Wissen" gehalten hat. Diese Zuordnung ergibt

sich aus der zentralen Rolle, welche den "Werten des Heiligen" bei H. für die Religionsbegründung zukommt.
Rezensionen (teilweise nur nach den Ausschnitten in NL Hessen fasz. 20 eingesehen):
Eugen Seiterich (der spätere Erzb. von Freiburg) in: Magazin für Pädagogik 101(1938) 177: anerkennt ausdrücklich, daß die Wertphilosophie Bereiche erschließt, die der traditionellen Philosophie unzugänglich waren. - P. Th. Hoffmann in: Hamburger Neueste Zeitung, Nr. 217 vom 13.9.1938. - Jugendziele, 25. Jg., 7. Heft vom Juli 1938. - Heinrich Getzeny, Philosophie und Religionserforschung. Die Wiederentdeckung der Werte. In: Kölnische Volkszeitung Nr. 125 vom 8.5.1938, S. 15. - A. Anwander in: Klerusblatt (Eichstätt), 20. Jg., Nr. 4 vom 25.1.1939. - H. Ogiermann in: Heerbann Mariens, Nr. 2 vom Februar 1939. - A. Brunner SJ in: Scholastik 14(1939), 428f.: ablehnend. - H. Brunngräber in: Literarischer Ratgeber 35(1938/39) 78: positiv. - W. de Roy SJ in: Ons geestelijk erf 15(1941) 349f. - Weitere Rez. verzeichnet in: De Brie, II, Nr. 45088. - Vgl. Nr. 417-20, 431, 433-35, 510.

384. Prof. Dr. Rhenanus (Köln a. Rh.), Die Symbiose von Christentum und Abendland. Nach J. Hollnsteiners Schrift "Christentum und Abendland", Wien 1937. In: Schönere Zukunft, 13. Jg., Nr. 14/15 vom 9.1.1938, 364-66.
Aus den gleichen Gründen Hessen zuzuschreiben wie Nr. 373.

385. J. Hessen, Die mittelalterliche Philosophie und ihre Wesensstruktur. In: Beilage zur Köln. Volksztg. Nr. 26 vom 26.6.1938, S. 13.

386. J. Hessen, Das Ringen um eine deutsche Philosophie in der katholischen Sphäre. In: Deutsches Volkstum. Monatsschrift für das deutsche Geistesleben 20(1938), Novemberheft 1938, 746-53.
Näheres hierzu in der Einleitung, Kapitel 5, Abschnitt c.

387. J. Hessen, Zur Ontologie der Gegenwart. In: Kölnische Volksztg., Nr. 48 vom 27.11.1938, 13.
Zu C. Nink SJ, Sein und Erkennen (1938) und N. Hartmann, Möglichkeit und Wirklichkeit (1938).

388. J. Hessen rez. Albert Mitterer, Das Ringen der alten Stoff-Form-Metaphysik mit der heutigen Stoff-Physik (= Wandel des Weltbildes von Thomas auf heute. Schriftenreihe, hrsg. von A. Mitterer, Brixen, Nr. 1), Innsbruck/Wien/München 1935, 160 S. In: DLZ 59(1938), Heft 5 vom 30.1.1938, Sp. 147-49.
Vollständige Zustimmung zu dieser Kritik an einer wissenschaftlich sinnlos gewordenen Weiterführung des Hylemorphismus, der im physikalischen Weltbild der Antike verwurzelt ist.
"Ich stehe nicht an, die Arbeit Mitterers zu den wertvollsten und erfreulichsten Erscheinungen in der katholischen Philosophie der letzten Jahre zu rechnen. Möge es ihm vergönnt sein, die begonnene kritische Arbeit weiterzuführen und die neue Sammlung programmgemäß auszubauen. Sein Kampf ist schließlich der Kampf für das lebendige Leben des Geistes und der Wissenschaft, eine Erfüllung der Goetheschen Forderung, «umzuschaffen das Geschaffne, daß sich's nicht zum Starren waffne»" (149). Vgl. J. Hessen, Die philosophischen Strömungen der Gegenwart, ²1940, 24ff.

389. Eduard Peis MSF, Die Stellung Johannes Hessens zu den Gottesbeweisen, Betzdorf/Köln 1938, 135 S.
Imprimatur Lovanii 19.11.1937. Phil. Dissertation. Die Arbeit wurde am "Institut supérieur de Philosophie" vorgelegt. Sorgfältige Analyse sowohl der Kritik Hessens an den Gottesbeweisen als auch (ab S. 88) eine Darstellung der "positiven Begründung der Religion" durch Hessen. Insgesamt wird Hessen hoch eingeschätzt, trotz zahlreicher Einzelausstellungen.

390. Hans Meyer, Thomas von Aquin, sein System und seine geistesgeschichtliche Stellung, Bonn 1938, XII und 641 S.
Dieses Werk stellt den Abschluß der Thomas-Forschung der Hertling-Baeumker-Schule dar und wurde auch als Krönung dieser ganzen Forschungsanstrengung anerkannt. Der Verf. distanzierte sich mit ihm deutlich vom sog. strengen Thomismus und leitete damit neben anderen den Niedergang des Neuthomismus in Deutschland ein. Das zeigen die teils erschrockenen, teils traurigen Rezensionen der Neuscholastiker, wie die von G.M. Manser O.P. in: Divus Thomas (Frbg.) 17(1938) 229-34. Manser arbeitet gut den unüberbrückbaren Gegensatz zwischen Thomismus und kritischer Philosophiegeschichte heraus, wie sie Meyer betrieb, u.a. an Hand des Hylemorphismus, der Materia prima usw.

Betroffen zeigte sich der Kölner Neuscholastiker Karl Feckes in: ThR 37(1938) Nr. 7/8 vom August 1938, Sp. 280-82, der es nicht mehr wagte, konkrete Differenzpunkte zu diskutieren, da dazu "der Stoff zu umfassend sei". Eine gequälte Verteidigung des Thomismus bringt G. Siewerth in: DLZ 61(1940), Nr. 1 vom 7.1.1940, Sp. 5-9, in der komplizierte Wendemanöver versucht werden. Uneingeschränkt positiv bewertete F. Sawicki das Buch in: PhJb 51(1938) 241-43. - Weitere Rez. in: De Brie, I, Nr. 6092, sowie in den Bänden 66, 68, 69, 70 des Dietrisch'schen Rezensionenverzeichnisses.

391. Theodor Steinbüchel, Die philosophische Grundlegung der katholischen Sittenlehre (= Handbuch der katholischen Sittenlehre, hrsg. von Fritz Tillmann, Bd. I, 2 Halbbände), Düsseldorf 1938, 410 und 297 S.
Im 2. Halbband enthält das 8. Kapitel ("Wert, Sein, Ordnung") den § 1: "Wert und Sein" (S. 19-50), in dem das Problem einer Seins- resp. Wertethik ausführlich diskutiert wird. Dabei wird der phänomenologische Ansatz (Husserl, Scheler usw.) gewürdigt, Hessens "Wertphilosophie" positiv herangezogen (20, 32, 34, 38). Vgl. auch S. 231-35.
Steinbüchels Abhandlung ist die reifste und abgewogenste Äußerung zu diesem Thema; vgl. z.B. seine Stellung zu Max Weber S. 44f. - Das Werk blieb in der 2. und 3. Auflage (1939, 1947) nur wenig verändert. - Vgl. J. Hessen, Geistige Kämpfe, 96-98. - Vgl. Nr. 421.

392. Alois Dempf, Christliche Philosophie. Der Mensch zwischen Gott und der Welt, Bonn 1938, 238 S.
S. 4: Es handelt sich um den 14. Band der "Belehrenden Schriftenreihe der Buchgemeinde", Bonn, Jahresreihe 1938, 1. Bd., also um ein für weitere Verbreitung bestimmtes Werk.
S. 109 zieht Dempf nach ausführlicher Behandlung von Augustinus, Anselm und Thomas die Schlußfolgerung: "So sind für uns, die wir in den Nöten der Zeit leben, in diesen Fragen viel eher Augustinus, der aus der Not der Sünde und der Vergänglichkeit des kranken Menschenlebens die tiefsten Einsichten in die Menschheitsgeschichte und ihre Todesangst gewann", ferner Anselm und Cusanus "die gegebenen Meister für diese [d.h. Sünde, Tod, Leid, Not, d. Ed.] Fragen der christlichen Philosophie". Auch sonst zieht Dempf Augustinus vor: "Er ist darum der Meister der Meister, und nur die Fülle seiner Ideen und Gesichte hat immer seiner vollen Wirkung im

Wege gestanden" (92). Der Einfluß Augustinus' auf Thomas wird hervorgehoben. Zu dieser Darstellung des Problems schreibt Hessen später in seinem "Thomas von Aquin und wir" (1955): "Die apologetische Tendenz solchen Bemühens ist durchsichtig: man will den Fürsten der Scholastik als den «klassischen» Philosophen und Theologen hinstellen. Aber man vergewaltigt dabei die historischen Tatsachen" (nämlich durch eine Überbetonung des Augustinismus bei Thomas, ebd. 113). In der Anm. 46 nennt Hessen ebd. das Werk Dempfs ein "fragwürdiges Buch".

393. M. Grabmann, Die Löwener Neuscholastik und die geschichtliche Darstellung und handschriftliche Erforschung der mittelalterlichen Philosophie im Lichte neuester Veröffentlichungen. In: PhJb 51(1938), 2. Heft vom April 1938, 129-54.

Ohne das dies wörtlich so dastünde, begreift der Leser am Ende der Lektüre: der große Anspruch der Neuscholastik, alleine die ganze, volle Wahrheit zu besitzen, wird stillschweigend aufgegeben, da die Vielfältigkeit der in den mittelalterlichen Handschriften enthaltenen Philosophien gar nichts anderes mehr gestattet. Was bleibt, ist die Arbeit an den Editionen.

394. M. Wittmann rez. Hessens "Wertphilosophie" (1937). In: PhJb 51(1938), 1. Heft vom Jan. 1938, 81-90.

Insgesamt ablehnend. Nach Wittmann hat die Natur unzweifelhaft ein sichtbares Sollen in sich; auch wird an H. getadelt, daß bei ihm der Zweckgedanke (in der Ethik) zu Gunsten des Wert- und Sinngedankens zurücktrete.

395. Carola Barth rez. Hessens "Der deutsche Genius und sein Ringen um Gott" (1936). In: Die Christliche Welt 52. Jg., Nr. 12 vom 18.6.1938, Sp. 494.

Ein "wahrhaft beglückendes Buch". Klarer und eindrücklicher Nachweis, "daß Christentum und deutscher Gottesglaube sich in den Trägern des deutschen Geisteslebens fruchtbar einten". Besonderer Dank für den Satz "Der Papst, der Luther zum Heiligen erklären wird, vollendet das Werk der Reformation". Weitere Rezensionen derselben Autorin zu Hessen in ders. Zeitschrift 1936, Sp. 1047; 1937, Sp. 777; 1939, 280f. Aus diesen kurzen, aber begeisterten Rezensionen ergibt sich, daß diese Frankfurter Pädagogin eine intensive Leserin Hessens war.

396. A. Delp SJ rez. Hessens "Wertphilosophie" (1937). In: StdZ 133(1937/38), Februar 1938, 340f.
"Innerlich zerrissen und wenig ergebnisreich" lautet das Schlußurteil dieser Rezension, in der betont wird, daß H. nicht wesentlich über den "Semirationalismus" hinauskomme. Dies aber war eine verurteilte Irrlehre, so daß jeder Leser nun Bescheid wußte.

397. A. Delp SJ rez. Hessens "Der deutsche Genius und sein Ringen um Gott" (1936). In: StdZ 133(1937/38), Februar 1938, 341f.
Tadelt die Auswahl der religiösen Zeugen, die H. aufruft, wegen Einseitigkeit. "Das zeigt schon die Tatsache, daß keine der aufgerufenen Gestalten des deutschen Lebens sich in der vollen Form der geoffenbarten Religion konfliktlos bewährt hat" (341).

398. Edgar Sheffield Brightman rez. Hessens "Wertphilosophie". In: Die Tatwelt, Jg. 1938, S. 108-111.
Der Rez., Prof. an der Boston University, bemängelt vor allem, daß Hessen von der genuinen Auffassung Schelers so weit abweicht, wie er es z.B. in seiner Lehre vom Übel tut. "Scheler recognizes these factors [i.e. "the presence of positively dysteleological and irrational factors in nature"; ibid.] and provides for them by his concept of an imcomplete, developing God, who is contending against the evil and is struggling for perfection. It is in this direction of some such hypothesis that the reviewer believes metaphysics must move" (111). Brightman erläutert dann näher, warum Hessens Kritik an Schelers Gottesbegriff unzutreffend sei. Trotz dieser tiefen Divergenz hält der Rez. das Buch für wertvoll, besonders in einer Zeit, in der "the whole world is in dire need of a rediscovery of spiritual values" (109).

399. Friedrich Darmstädter rez. Hessens "Wertphilosophie" (1937). In: Revue internationale de la théorie du droit (Directeurs: Hans Kelsen, Frant. Weyr), Brünn, 12(1938) 164.
Erfreut und zustimmend. Rez. hält dieses Buch allerdings für eine eher popularisierend-belehrende Arbeit.

400. Joh. Erich Heyde/Rostock rez. Hessens "Wertphilosophie" (1938). In: Zeitschrift für Psychologie 145(1939) 126.
Bei aller "Eindringlichkeit und Verständlichkeit sowohl in der Darstellung eigenen und fremden Gedankenguts wie in Kritik" ergeben

sich doch "Bedenken gegen die Einseitigkeit ihrer scholastisch-metaphysischen Begründung".

401. Helfried Hartmann/Berlin rez. Hessens "Wertphilosophie" (1937). In: Bl. Dt. Phil. 12(1938/39), Heft 3, 333f.
Trotz mehrerer grundsätzlicher Einschränkungen schließt der Rez. mit folgendem Abschnitt: "Besonders eindrucksvoll ist die Theologie der Werte, in der H. treffend gegen Selbstvergottung und Vergötzung zweiter Werte angeht (205ff.) und für die Fundierung der Werte in einem absoluten geistpersonalen Weltgrund eine Reihe von Argumenten in methodisch glücklicher Weise durchführt". Vorher hatte Hartmann noch hervorgehoben, daß Hessen "gegen Naturalismus, Biozentrismus und Geistohnmachtslehre für die Eigenständigkeit des Geistes" Stellung bezieht.

402. Hans Brunnengräber rez. Hessens "Der deutsche Genius" (1938), "Die Geistesströmungen" (1937) und "Wertphilosophie" (1937). In: Lit. Ratg. 34(1937/38) 72: sehr lobend.

403. Kurt Leese rez. Hessens "Wertphilosophie" (1937). In: Zs. für Theologie und Kirche, N.F. 19(1938) 377.
Leese weiß sich mit dem Anliegen H.s "vollkommen verbunden", die Objektivität der geistigen Werte "gegenüber der heute das deutsche Geistesleben bedrohenden Flutwelle eines dem deutschen Genius zutiefst wesensfremden relativistischen Naturalismus" zu verteidigen, wie es im Vorwort "richtunggebend" heiße.

404. Ernst Michel rez. "Der Katholizismus. Sein Stirb und Werde" (1937). In: Literaturblatt der Frankfurter Zeitung vom 20.2.1938.
Ein ausführliches Zitat dieser zustimmenden Rezension in: Der Katholizismus der Zukunft (hier Nr. 436), 10f.

405. Reformkatholizismus? Eine Antwort auf das Buch: Der Katholizismus. Sein Stirb und Werde. Von B. Bartmann, J, Brinktrine, J. Mayer, W. Moock, K. Pieper, F. Rüsche, P. Simon, Paderborn (Bonifacius-Druckerei) 1938, 116 S.
Sonderdruck des 2. Heftes des Jahrganges 1938 der Paderborner Zeitschrift "Theologie und Glaube". In der Vorbemerkung zu diesem Sonderdruck in Buchform mit eigener Paginierung heißt es: "Das Buch

von Mensching wurde während der Drucklegung der vorliegenden Antwort durch Dekret vom 19. Januar 1938 auf den Index der Verbotenen Bücher gesetzt". Demnach muß diese Aufsatzsammlung in recht großer Eile erstellt worden sein. Die Autoren waren alle Professoren der Philos.-Theologischen Akademie in Paderborn. Die Zeitschriftenausgabe: ThGl 3(1938), Heft 2, 125-234. Die Buchausgabe hat das Imprimatur von Paderborn, 23.2.1938, Vic. Gen. Gierse. - Vgl. Nr. 436.

406. F. Rüsche, Aristotelisch-thomistische Philosophie und christliche Theologie. In: ThGl 30(1938) 194-209.
Innerhalb des Sammelwerkes gegen das "Katholizismus"-Buch (hier Nr. 405) ist dieser Aufsatz am speziellsten gegen die Hessen'sche Philosophie gerichtet. Vgl. J. Hessen, Geistige Kämpfe, 131-33.

407. Theo Hoffmann SJ, Kirche im Sterben - Katholizismus im Werden? Zu einem anonymen Buch. In: StdZ 133(1938), März 1938, 388-95.
Vollständig ablehnend. Erwähnt S. 388 Anm. 4 die Indizierung des Katholizismus-Buches. - Dazu vgl. Der Katholizismus der Zukunft (hier Nr. 436), 46f.

408. Eine heilige Kirche, Heft vom Jan./April 1938. Drei Beiträge zu "Der Katholizismus. Sein Stirb und Werde" (1937):
1. Vorbemerkung des Herausgebers Friedrich Heiler S. 1-2.
2. Rezension durch Arnold Rademacher S. 2-13.
3. Rezension durch den Dekan Anton Fischer (Diöz. Augsburg) S. 13-19.
Weitgehende Übereinstimmung der Positionen. Anton Fischer wurde bald Mitglied des Reformkreises um O. Schroeder und J. Hessen. Zu ihm: Friedrich Heiler, Ein Heiliger unserer Tage. Dekan Anton Fischer (+ 16. Januar 1952). In: Oekumenische Einheit 2(1951) 272-83.

409. Robert Grosche rez. "Der Katholizismus. Sein Sirb und Werde" (1937). In: Catholica. Vierteljahrsschrift für Kontroverstheologie 7(1938), 1./2.Heft vom Januar/April 1938, 8-82.
Entschieden ablehnend. Grosche war der Herausgeber dieser seit 1932 in Paderborn erscheinenden Zeitschrift. Er weiß zu berichten, daß das rezensierte Buch bereits vor 1933 entstanden ist. Der Tenor aller Bände diese Zeitschrift ist entschieden neuscholastisch. - Weitere Rez. Grosches zum selben Buch in: Lit. Ratg. 34(1937/38) 56: "Es stehen

ernste und treffende Sätze neben sehr vielen übermäßig aufgebauschten Belanglosigkeiten. Die Kritik ist manchmal hochfahrend und bitter, die vorgetragene Theologie unentschieden und liberal. Propheten sprechen anders." Direkt danach folgt eine Rez. Grosches zu Conrad Gröber, Handbuch der religiösen Gegenwartsfragen (1937), in der es heißt: "[...] will [...] zum Ausdruck bringen, daß sich die Leiter der Kirche neben die Männer des Staates stellen im Kampf gegen den gemeinsamen Feind, den Bolschewismus".

410. Karl Rahner SJ rez. Der Katholizismus. Sein Stirb und Werde (1937). In: ZkTh 62(1938) 109-123.
Meist im Kleindruck gesetzte, sehr detaillierte Kritik, vollkommen ablehnend. "Wir bedauern das Erscheinen dieses Buches, weil wir wenigstens nicht einsehen, wie es mit den Gewissenspflichten vereinbar ist, die ein katholischer Priester vor seinen Weihen auf sich nahm". - "Wir fürchten fast, das Buch sei beabsichtigt als Einleitung einer Art neuer Offensive modernistischer Theologen" (123). - Dagegen: Der Katholizismus der Zukunft (1940, hier Nr. 436), 47-52 und 123-126.

411. Karl Rahner SJ, Neuer Modernismus? In: Schönere Zukunft (Wien/Regensburg), 13. Jahrg., Nr. 40 vom 3.7.1938, 1049-50, und Nr. 41 vom 10.7.1938, 1083-85.
Populäre Fassung der Rezension Rahners zu "Der Katholizismus. Sein Stirb und Werde" (1937), die er in der ZkTh 62(1938) 109-123 veröffentlicht hatte und von der hier auch Sonderabzüge angeboten werden.
"Die Grundauffassung des Buches ist, um es klar und deutlich zu sagen, <u>Modernismus</u>, der selbst nichts anderes ist als der Versuch, die Grundpositionen der liberalen protestantischen Theologie in der katholischen Kirche und Theologie durchzusetzen. Der Geist, der dieses Buch trägt, ist also ein Geist, der von der Kirche schon lange mit aller wünschenswerten Deutlichkeit abgelehnt ist" (1050).
"«Nichts verträgt der Mensch von heute weniger als Absolutismus», erklärt das Buch einmal typisch. Wir würden eher sagen: nichts ersehnt der Mensch von heute mehr als den wahren Absolutismus" (1085).

412. L. Kösters SJ rez. "Der Katholizismus. Sein Stirb und Werde" (1937). In: Scholastik 13(1938) 260-63.

Vollständig ablehnend und verwerfend. Vgl. dazu: Der Katholizismus der Zukunft (hier Nr. 436), 126f.

413. Gerhard Ohlemüller, "Der Katholizismus. Sein Stirb und Werde". In: Die Wartburg. Deutsche evangelische Monatsschrift 37(1938) 46-52.
Anerkennend. Von demselben Autor: Römische Geistesguillotine, ebd. 87. Notiz zur Indizierung am 22.1.1938.

414. Rudolf Hermann, Evangelische Betrachtungen zu dem Buch "Der Katholizismus - Sein Stirb und Werde". In: Wartburg. Deutsche Evangelische Monatsschrift 37(1938) 295-309: sehr anerkennend.

415. Georg Pfaffenwimmer C.ss.R. rez. Hessens "Die Geistesströmungen der Gegenwart". In: ThprQS, Jg. 1938, 191.
An sich sehr anerkennend. Jedoch fühlt sich der Rez. zum Widerspruch herausgefordert durch die "Preisgabe wesentlicher Bestandteile des thomistischen Systems" aufgrund der "Gewährsmänner" Geyser, Sawicki und Mitterer. "Um so weniger wird man die Repristinierung des glücklich überwundenen Augustinismus empfehlen können".

416. Kurt Kesseler rez. Hessens "Geistesströmungen der Gegenwart" (1937). In: ThLZ 63(1938) Nr. 21 vom Oktober 1938, Sp. 391f.
Bei insgesamt freundlichem Tenor hebt der Rez. vor allem die Gefahr hervor, Hessen suche nach Wegen "die den Protestanten nach Rom führen können". K. war ein von Hessen geschätzter Religionsphilosoph, der "nach phänomenologischer Methode den Sachgehalt der Kultur, besonders das Wesen der Religion aufzudecken sucht" und der "von diesem Ausgangspunkt aus weiter zur Wahrheitsfrage" strebt, im Anschluß an Eucken, Scheler und Wobbermin; Ziegenfuß, I, 655.

417. Hedwig Klinkel, Das religiöse Phänomen in neuer Sicht. In: Im Schritt der Zeit. Sonntagsbeilage der Kölnischen Volkszeitung, Nr. 23, Pfingsten 1938, 7.
Vierspaltiger Artikel über Hessens "Werte des Heiligen" (1938). Das Buch wird dringend empfohlen.

418. F. Sawicki rez. Hessens "Werte des Heiligen" (1938). In: ThR 37(1938), Nr. 10 vom Oktober 1938, Sp. 403f.

Sawicki hebt besonders hervor, daß Hessen auf S. 274 dieses Buches den vorher von ihm abgelehnten Kontingenzbeweis Gottes de facto wieder aufnehme, wenngleich kritisch erneuert und erweitert. Insgesamt sehr lobend zu dem Werk, das "dem Leser außerordentlich viel" gebe.

419. Dr. H. W., Das innere Recht der Religionsphilosophie. In: Beilage zur Germania "Kultur und Wissen", Nr. 310 vom 9.11.1938.
Neben den Werken anderer Autoren, wie A. Dempf, wird Hessens "Werte des Heiligen" sehr empfohlen.

420. Hedwig Klinkel, Eine neue Religionsphilosophie. In: EHK 20(1938), Heft 11/12 vom Nov./Dez. 1938, 35-54.
Zu Hessens "Werte des Heiligen".

421. Werner Schöllgen rez. Theodor Steinbüchel, Die philosophische Grundlegung der katholischen Sittenlehre (= Handbuch der katholischen Sittenlehre, hrsg. von F. Tillmann, Bd. I, in zwei Teilen), Düsseldorf 1938. In: ThR 37(1938), Nr. 11 vom November 1938, Sp. 449-52.
Schöllgen hebt wiederholt prinzipielle Leistungen Steinbüchels hervor, die auf den ersten Blick bereits eine nachhaltige Beeinflussung des Autors durch Hessen erkennen lassen, u.a. in der Frage der Natur des Bösen und der damit unlösbar verknüpften Frage nach den Transzendentalien.

- 1939 -

422. **J. Hessen, Platonismus und Prophetismus. Die antike und die biblische Geisteswelt in strukturvergleichender Betrachtung, München (Ernst Reinhard) 1939, 240 S.**
Vorwort dat. "Köln, Pfingsten 1939".
Rez. (z.T. nur nach NL Hessen, fasz. 9 zitiert): Jongen in: Protestantische Rundschau, 17. Jg. Nr. 2, April 1940, S. 100. - Staudte in: Die Wartburg, Jg. 1940, Heft 7/8, S. 157f. - Georg Heidingsfelder in: Klerusblatt vom 26.11.1941. - Arnulf Molitor in: PhJb 54(1941) 492: tadelt die Zitierung Hirschers. - Th. Kappstein in: Die Literatur 42(1939/40), Heft 6 vom März 1940, S. 257f. - Novatus Picard O.F.M. in: Antonianum (Rom) 15(1940) 374f.: trotz einiger Vorbehalte

sehr lobend. - R. Jelke in: ThLBl 61(1940), Nr. 17 vom 16.8.1940, Sp. 134f.: hält H.s Thesenbildung für zu scharf durchgezogen. - Lic. Dr. H. Vorwahl in: Protestantenblatt. Wochenschrift für den deutschen Protestantismus, 73. Jg., Nr. 15 vom 14.4.194, Sp. 178-82: anerkennend. - Hal Koch in: Dansk Teologisk Tidskrift 3(1940) 183-87. - P.O.K. [=Paul Oskar Kristeller] in: The Journal of Philosophy 37(1940) 586f.: "He is a theologian who with the dialectical group considers the prophets as the basic sources of christian religious thought". Der Rez. kann mit dem Werk, in dem für ihn Thomas von Aquin zu gering geachtet wird, nichts anfangen. - H. Walgrave in: Tijdschrift voor Philosophie 3(1941) 385f.: ablehnend, aus thomistischen Gründen. - U.K. (= Urs Küry) in: Internationale kirchliche Zs. 32(1942) 195f.: lobend. - Joh. Hempel rez. Hessens "Platonismus und Prophetismus" (1939). In: ThLZ 69(1943) Nr. 7/8 vom Juli/August 1944, Sp. 158-61. Sehr detaillierte Rezension, bei der die hohe Anerkennung die teilweisen Vorbehalte überwiegt. Erster der ausführlichen Berichte über Hessens Werke (abgesehen vom "Katholizismus"-Buch) in dieser Zeitschrift. - Weitere Rez. bei De Brie, I, Nr. 2103. - Vgl. Nr. 453, 456f., 459-61, 473-77, 500.

423. J. Hessen, Arnold Rademacher. In: Die Christliche Welt 53. Jg., Nr. 13 vom 1.7.1939, 516-18.
Hessen spricht von jenen "hochgemuten katholischen Geistern, die den Kampf «wider die Kirche für die Kirche» kämpfen". Zu ihnen gehörte Rademacher. "Spannungen und Reibungen aller Art, Verkennungen und Verketzerungen, die ganze Größe und Schwere ihrer Aufgabe, das hohe Maß ihrer Verantwortung - all das legt sich wie ein schweres Kreuz mit wuchtender Last auf ihre Schultern und stellt an ihre Herzkraft Anforderungen, denen sie auf die Dauer nicht gewachsen sind." So starb Schell, so auch Rademacher. In Köln gab es einen evangelisch-katholischen Arbeitskreis, in dem man R.s "Die Wiedervereinigung der christlichen Kirchen" las. Hessen erinnert sich auch an die Hilfe, die R. ihm in seiner Not im Jahre 1928 gewährte. Neu abgedruckt in: J. Hessen, Geistige Kämpfe, 73-75.

424. J. Hessen, Petrinisches und paulinisches Christentum. In: Schönere Zukunft. Wochenschrift für Religion und Kultur, Nr. 40 vom 2.7.1939, S. 1031-1032.
Auszug aus Hessens "Von Gott kommt uns ein Freudenlicht".

Weitere Textauszüge Hessens, und zwar aus seinem "Der Sinn des Lebens" erschienen in ders. Zeitschrift: Nr. 49 vom 3.9.1939, 1262f.; Nr. 50 vom 10.9.1939, 1285f. und Nr. 51/52 vom 20.9.1939, 1309f.

425. **J. Hessen rez. E. Gilson/Ph. Böhner: Geschichte der christlichen Philosophie, Paderborn 1937. In: Bl. Dt. Phil., 13. Bd., Heft 1/2 (1939) 199.**
Obwohl Hessen den Begriff "christliche Philosophie" für nicht glücklich gewählt hält, wird das Werk für bedeutend und auf Dauer wertvoll erklärt, und zwar, weil es der skotistischen und nominalistischen Richtung Gerechtigkeit widerfahren lasse. Hessen lobt dabei den Gegensatz zu A. Dempf, Metaphysik des Mittelalters (1939), der diese Strömungen zu Gunsten des Th. v. Aq. abwertete.

426. Josef Santeler SJ, Der Platonismus in der Erkenntnislehre des Heiligen Thomas von Aquin (= Philosophie und Grenzwissenschaften. Schriftenreihe, hrsg. vom Innsbrucker Institut für scholastische Philosophie, VII Bd.-2./4. Heft), Innsbruck/Leipzig 1939, IV und 273 S.
Erster Teil: Die thomasische Lehre vom intellectus agens (4-66.) Zweiter Teil: Erkenntnis und Erkenntnisgegenstand (67-269); hierin vgl. besonders: III. Kapitel: Der Hylemorphismus und das Universalienproblem, IV. Kapitel: Der Wissensbegriff bei Th. v. A., V. Kapitel: Die Erkenntnis des Einzelnen nach Th. v. A.
Rez.: Mit Ausnahme der im folgenden Genannten sind die Rez. verzeichnet bei De Brie, I, Nr. 6463. R. Jelke in: ThLBl 61(1940), Nr. 16 vom 2.8.1940, Sp. 125f.: positiv. - P. Borgmann O.F.M. in: Franziskanische Studien 27(1940) 125. - B. Jansen SJ in: PhJb 53(1940) 493-95. - Jos. de Vries SJ in: Scholastik 16(1941) 84-87. - Vgl. Nr. 462.

427. Hugo Rahner SJ, Eine Theologie der Verkündigung. Zweite Auflage, Freiburg i.Br. 1939, 202 S.
An dem Buch "Der Katholizismus. Sein Stirb und Werde" (1937) wird S. 38 und S. 48 schärfste Kritik geübt, und zwar wegen der dort vorgetragenen Interpretation der Erbsündenlehre sowie der Lehre von der Gottheit Christi. S. 196 verweist Rahner auf seine vorhergehende "ausführliche Rezension der Grundhaltungen dieses bedauernswerten Buches" (Diese Rez. konnte nicht eruiert werden). Beachtlich auch S.

163 die Kritik an der im gen. Buch erhobenen Forderung, die Scheidung in Priester und Laien "völlig zurücktreten" zu lassen (dort S. 220), die Rahner ebenso entrüstet abweist wie die "allgemach fast berüchtigte «Mündigerklärung der Laien», die darin bestehen soll, daß der Laie sich von der Bevormundung durch den «Kleriker» freimacht ...". Zu der "Mündigerklärung" verweist Rahner S. 199 auf das Buch von E. Michel, Von der kirchlichen Sendung der Laien, Berlin 1934.

428. Karl Adam, Von dem angeblichen Zirkel im katholischen Lehrsystem oder von dem einen Weg der Theologie. In: Wissenschaft und Weisheit 6(1939), 1. Heft vom Januar 1939, 1-25.
Richtet sich direkt gegen Hessens Anteil an dem Buch "Der Katholizismus. Sein Stirb und Werde" (1937). Scharfe und grundsätzliche Kritik an den religionsphilosophischen Thesenbildungen Hessens. Vgl. dessen "Geistige Kämpfe", 133.

429. Adolf Dyroff, Zur Frage der Gottesbeweise. In: PhJB 52(1939), 242-64.
Zu E. Pfennigsdorf, Der kritische Gottesbeweis, München 1938, der sich an den Dorpater Professor Gustav Teichmüller anschließt; ebd. zu W. Szylkarski.

430. Georg Geis S.V.D., Die neue Entwicklung des Kausalprinzips. In: Festschrfit zum 50jährigen Bestandsjubiläum des Missionshauses St. Gabriel Wien-Mödling (= Sankt Gabrieler Studien, VIII), ebd. 1939, 377-87.
Kritische Auseinandersetzung mit Caspar Nink SJ, Sein und Erkennen, Leipzig 1938. "Abschließend darf man sagen, daß auch dieser Versuch gescheitert ist. C. Nink scheint nicht gezeigt zu haben, daß jedes kontingent Daseiende eine Ursache haben muß, noch weniger, daß die Leugnung des Kausalitätsprinzips einen Widerspruch bedeutet. An diesem Fehlschluß scheint nicht zuletzt der zweideutige Ausdruck «das kontingent Seiende» schuld zu sein". - "Die Ansicht derer ist noch nicht abgetan, die ein ursacheloses Werden nicht für widerspruchsvoll halten, wie z.B. Joh. Hessen, Jos. Santeler, Joh. Brunsmann und Jos. de Vries" (386f.). - Vgl. J. Hessen, Geistige Kämpfe, 83.

431. Alexander Willwoll SJ, Über die Struktur des religiösen Erlebens. In: Scholastik 14(1939) 1-21.

Lobt in Anm. 1 Hessens "Werte des Heiligen" (1938).

432. Eberhard Rogge rez. Hessens "Wertphilosophie", Paderborn 1937. In: DLZ 60(1939), Heft 13 vom 26.3.1939, Sp. 440f.
Starke Verwerfung: das Buch krankt an dem Grundwiderspruch, daß H. eine "bewußt nationale, d.h. arteigene Wertlehre nicht geben will (6; 191), und daß er eine bewußt internationale, d.h. für alle Menschen objektiv gültige Wertlehre nicht geben kann, weil dafür eine sehr genaue Kenntnis der internationalen Problemlage erforderlich wäre". Der Rez. bemängelt die fehlende Kenntnis angelsächsischer Moralphilosophen.

433. Dr. Rudolf Graber/Eichstätt rez. Hessens "Die Werte des Heiligen" (1938). In: ThprQS 92(1939), 1. Heft, 176f.
Die Rez. beginnt so: "Das vorliegende Buch gehört zu den bedeutendsten und sicher auch bleibenden Erscheinungen auf dem Büchermarkt. In bisher erschienenen Rezensionen ist besonders auf die durch das Buch angebahnte "Rehabilitierung der Religion" vor dem Forum des modernen Denkens hingewiesen worden. Mir scheint, daß vielleicht sein Hauptwert im Bereich der Bildung und Erziehung zum religiösen Menschen liegt. Was über die ethischen Grundwerte: Demut, Ehrfurcht, Reinheit und Güte als Weggeleiter hin zum Heiligen gesagt wurde, und zwar in klassischer Weise, könnte auch Predigern, Katecheten, Exerzitienmeistern und Spiritualen wertvolle Fingerzeige geben; denn das, was Hessen über die Gefahr des rein philosophischen Denkens sagt, gilt in sehr vielen Fällen auch vom theologischen Denken, wenn es nicht von der inneren Ergriffenheit ob der Schönheit und Wertfülle des Religiösen getragen wird. Und gerade zu einer solchen Haltung verhilft uns das Buch von Hessen. Die Kapitel über die innerseelischen Werte (Anbetung, Glaube, Liebe - Sünde, Gnade, Wiedergeburt - Friede, Freude und Liebe) sind schon sprachlich Meisterstücke." Es folgen kurze Einwände zur Religionsphänomenologie, die den Tenor kaum beeinträchtigen. R. Graber wurde 1961 Bischof von Regensburg.

434. W. Goossens rez. Hessens "Werte des Heiligen" (1938). In: R. néosc. Louv. 42(1939) 121-24.

Letzter Satz: "Tout compte fait, nous croyons que le brillant essai de M. Hessen se classera avantageusement parmi les meilleurs travaux contemporains de philosophie religeuse".

435. Emil Fuchs rez. Hessens "Die Werte des Heiligen" (1938). In: Der Quaeker 16(1939) 270-75.
Ausführliche Würdigung, mit sorgfältig verschleierten Anspielungen auf die Gegenwart, z.b. wenn Fuchs schreibt: "... die am Bestehenden interessierten Mächten machen aus den ererbten Werten Mittel zur Erhaltung ihrer Autorität und Macht. Bis in den Kreis des Heiligen stößt die Herrschaft der Gier, Habsucht und des Machtwahnes vor. Dann zersetzt sich die Menschengemeinschaft und die einzelne Menschenseele ...". Derselbe Rezensent besprach in ders. Zeitschrift, Jg. 1940, 31f. Hessens "Platonismus und Prophetismus" (1939), ebenfalls sehr anerkennend.

- 1940 -

436. **Der Katholizismus der Zukunft. Aufbau und kritische Abwehr. Von katholischen Theologen und Laien. Herausgegeben von Hermann Mulert, Leipzig (Leopold Klotz) 1940, 152 S.**
Gegenschrift zu Nr. 405, zweifellos von Hessen und Schroeder. In diesem Buch nehmen die beiden Autoren zu den Kritikern des "Der Katholizismus. Sein Stirb und Werde" (hier Nr. 370) Stellung. Im ersten Teil (S. 17-110) in "aufbauender" Weise, d.h. durch Vertiefung ihrer früheren Ausführungen, wenngleich bereits in kritischer Diskussion mit den Gegnern, z.B. S. 47-52 mit Karl Rahner SJ, im zweiten, "kritischen" Teil werden S. 113-52 nacheinander zurückgewiesen: Karl Adam, die Jesuiten-Rezensenten, die Paderborner Professoren. Als positiv anerkannt wird hier die Stellungnahme A. Rademachers. Vgl. J. Hessen, Geistige Kämpfe, 132.
Rez.: Anon. in: Protestantische Rundschau 17(1940), Nr. 2, 100f. - Martin Stäglich in: ThLZ 66(1941) Nr. 7/8 vom Juli/August 1941, Sp. 220f.: eher enttäuscht; die Autoren hätten Luther nicht verstanden; sie anerkennten grundsätzlich das Papsttum. - H. Liboron in: ThLBl 61(1940), Nr. 26 vom 20.12.1940, Sp. 202f.: positiv. - Vgl. Nr. 446f., 452, 454f., 532, 535.

437. **J. Hessen, Die philosophischen Strömungen der Gegenwart. Zweite, neubearbeitete und erweiterte Auflage, Rottenburg (Bader'sche Verlagsbuchhandlung) 1940, 162 S.**
Vorwort dat. "Köln, August 1939".
Imprimatur Rottenburg 13.6.1939 Dr. Kottmann, Generalvikar.
Hessen hatte folgende "Allgemeine öffentliche Vorlesungen veranstaltet durch die Universität Köln" gehalten: WS 1925/26 und WS 1930/31 "Die geistigen Strömungen der Gegenwart", und WS 1935/36: "Geistesströmungen der Gegenwart", jeweils einstündig.
Rez.: L. de Raeymaeker in: R. néosc. Louv. 43(1940) 211: zustimmend. - Magazin für religiöse Bildung 105(1943) 197: empfehlend: "Hier werden die Fragen sichtbar, die die Gegenwart bewegen ...". - Novatus Picard O.F.M. in: Antonianum (Rom) 15(1940) 113-114: "introductio valde utilis". - Max Rast SJ in: Scholastik 16(1941) 120: Hessen ist Gegner der Scholastik! - Weitere Rez. verzeichnet in De Brie, I, Nr. 8883. - Vgl. Nr. 469.

438. **J. Hessen, Das Herrengebet. Ausgelegt in Gebeten, München (Verlag Ars sacra) 1940, 34 S.**
Neuauflage ebd. 1952, 31 S.
Neuauflage ebd. 1967, 33 S.
Dem Bearbeiter lag nur letztere Ausgabe vor, die den Vermerk trägt "Mit kirchlicher Druckerlaubnis".
Es handelt sich um eine Vater-Unser-Auslegung in freien Rhythmen, die als Gebete zu jedem Vers gestaltet sind. Zur Erklärung werden außer der Bibel noch Augustinus, Franziskus, Tersteegen u.a. zitiert.

439. **J. Hessen, Das religiöse Phänomen in neuer Sicht. In: Aus der Welt der Religion, hrsg. von Heinrich Frick, Heft 2, Berlin 1940, 10-40.**
N.B. Die Hefte 1-3 dieser Reihe bilden ein Buch mit dem Titel "Rudolf-Otto-Ehrung, hrsg. von Heinrich Frick", Berlin 1940.
Zusammenfassung von H.s religionsphilosophischen Bemühungen bis zu seinem "Die Werte des Heiligen" (1938), mit bes. Berücksichtigung von R. Otto, M. Scheler, K. Österreich, E. Troeltsch, K. Adam, P. Natorp, W. Windelband, J.Cohn, H. Scholz.
Nachgedruckt in Nr. 635, 117-145.
Rez.: Heinrich Bacht SJ in: Scholastik 16(1941) 586: strikt ablehnend.

440. J. Hessen, Das Problem des Möglichen. Nic. Hartmanns Modallehre in kritischer Beleuchtung. In: PhJb 53(1940), 2. Heft vom April 1940, 145-166.
Gegen N. Hartmanns Werk "Möglichkeit und Wirklichkeit" (1938). S. 165 Anm. 72: "Wenn Hartmann neuerdings statt «religiös» vielfach «superstitiös» sagt, so ist solche «Terminologie» für sein inneres Verhältnis zur Religion jedenfalls sehr aufschlußreich".
Nachgedruckt in Nr. 635, 46-71.

441. J. Hessen, Moderne Wertethik. In: Literarische Blätter. Beilage zur Köln. Volksztg. Nr. 353 vom 21.12.1940.
Grundsätzliche Auseinandersetzung mit M. Wittmann, Die moderne Wertethik, Münster 1940 (hier Nr. 443).
Es sind "vier grundlegende Erkenntnisse, die die phänomenologische Wertforschung zutage gefördert hat und die ihr eine bleibende Bedeutung sichern.
1. Die Wertethik betrachtet die Welt des Sittlichen als einen Kosmos von Werten. Sie sieht die Aufgabe der Ethik darin, die Fülle von Wertqualitäten herauszustellen, die das menschlich-sittliche Verhalten aufweist. Sie ist nicht zufällig vom Kampf gegen die Auflösung des Sittlichen in bloße Gesetzlichkeit, wie sie Kant unternahm, ausgegangen. Sie öffnet den Blick für den Reichtum der Werte, in die das sittlich Gute sich zerlegt und durch die es sich erst mit Inhalt erfüllt.
2. Die Wertethik gibt dem formalen Sollen durch die Werte seinen Inhalt. Sie zeigt, wie alles Sollen und jedes Gesetz etwas vorschreibt, was in sich gut ist, einen Wert darstellt. Sie hat das leere «Du sollst» wieder als ein bestimmtes sehen gelehrt. Sie hat auf das Vorbild werterfüllter Personen hingewiesen, die in ihrem Sein und Verhalten eine konkrete Anschauung von dem vermittelt, was gut ist.
3. Der psychologischen Verfälschung und skeptischen Relativierung des Sittlichen gegenüber hat die Wertethik die Objektivität der ethischen Werte herausgestellt. Sie hat die Werte vom Werten geschieden und gezeigt, daß der Akt der Werterkenntnis ebenso gegenständlich gerichtet ist wie jeder andere geistige Akt. Dieser Aufweis der Gegenständlichkeit der Werte hat dem Sittlichen den Charakter objektiver, vom menschlichen Empfinden und Gefühl unabhängiger Geltung wiedergegeben, und es so in seiner Würde und Hoheit wieder hergestellt.

4. Mit diesen Bestimmungen ist jede utilitaristische Deutung des Sittlichen unmöglich gemacht. Nicht weil es dem Menschen nützt, sondern weil es in sich selber gut ist, ist das Gute wertvoll. Aller «Nutzen», den es bringt, kann seinen Eigenwert nicht begründen. Vom Erfolg hängt der Wert des Guten niemals ab. Das echt sittliche Tun schielt nicht nach seinem Erfolg; es blinzelt nicht, wie Nietzsche sagt, nach seinem Glück. Der Lohn ruht in der guten Tat selbst. So ist der Blick wieder geschärft und das Empfinden wieder geläutert für das, was echt ist, und der Mensch der Enge egoistischen Lust- und Erfolgsstrebens enthoben. "

442. **J. Hessen rez. Josef Santeler SJ, Der Platonismus in der Erkenntnislehre des heiligen Thomas von Aquin, Innsbruck 1939. In: ThLZ 65(1940), Nr. 12 vom Dezember 1940, Sp. 378f.**

Nach einem Seitenhieb auf die Thomas-Forscher, die keine Kritik zulassen ("Die schlimmsten unter diesen Forschern sind jene Dilettanten, die jede Thomas-Kritik psychologisierend auf einen "antithomistischen Affekt" zurückführen, den sie dann sofort - und hier wird die Sache gefährlich - als "antirömischen Affekt" diagnostizieren. [So beispielsweise R. Grosche in seinem feuilletonistisch geistreichen "Nachwort" zu seiner Übersetzung der Thomas-Apologie des französischen Thomisten Sertillanges: «Der heilige Thomas von Aquin», Hellerau o.J.]") lobt Hessen dann die neue, wissenschaftliche Thomas-Forschung, namentlich Mitterer. Zu dieser Richtung zählt er dann auch Santeler, dessen Analyse der Plato-Gebundenheit Thomas v. Aquins er vollkommen zustimmt. Santeler habe nachgewiesen, daß Thomas, insbesondere wegen der Erkenntnislehre und des Hylemorphismus im wesentlichen dem Ultrarealismus verhaftet geblieben sei: "Forma est de se universalis" (S. 270 bei Santeler). Hessen sieht sich selbst bestätigt: "Daß meine Analyse und Kritik der thomistischen Ideenwelt in dem genannten Buche von Seiten eines Mitgliedes der Gesellschaft Jesu eine Bestätigung erfahren würde, hatte ich, offen gestanden, nicht zu hoffen gewagt." - Vgl. Nr. 459, 462.

443. **Michael Wittmann, Die moderne Wertethik historisch untersucht und kritisch geprüft (= Eichstätter Studien, Bd. V), Münster 1940, VIII u. 361 S.**

Im Mittelpunkt dieses Werkes steht die Widerlegung von Windelband, Rickert, Bauch, Scheler und Hartmann. Aber auch Hessen wird S. 255-

63 ein eigener Abschnitt gewidmet. Hessen erscheint als schwankend, widersprüchlich, letztlich maßstablos beim Akt des Werterfassens, der doch stets nur ein Gefühlsakt bleibe: "daß aber «das Gefühl in entscheidendem Maße an allem Werterfassen beteiligt ist» will uns nicht einleuchten" (260). Vgl. J. Hessen, Geistige Kämpfe, 86-94.
Rez.: Gustav Ermecke in: PhJb 53(1940), 4. Heft vom Oktob. 1940, 487f.: sehr lobend. Am Ende ein Ausfall gegen Hessens Kritik an Wittmann. - J. Santeler in: ZkTh 65(1941) 103: eingeschränkt positiv. - Vgl. Nr. 441, 471f., 556.

444. Arnold Gehlen, Der Mensch. Seine Natur und seine Stellung in der Welt, Berlin 1940, VI und 471 S.
In seinem "Lehrbuch" (III 1950), 223 schreibt Hessen: "Auf das vielgenannte und mir sehr wohl bekannte Werk von A. Gehlen: Der Mensch [...] bin ich nicht eingegangen, weil es in meinen Augen ein politisches Tendenzwerk (Versuch einer anthropologischen Rechtfertigung des nazistischen Terrorsystems) darstellt". Es folgt ein Hinweis auf Litts Widerlegung Gehlens in seinem "Mensch und Welt" (1948, 287-306), sowie auf "die Verbeugung vor Gehlen", die N. Hartmann in den Bl. Dt. Phil., 1941, 159-77 unbegreiflicherweise getan habe. Eine ähnliche Äußerung Hessens in seiner "Existenzphilosophie" (1948), 105 Anm. 25.

445. Paul Simon, Zur natürlichen Gotteserkenntnis. Zwei Aufsätze, Paderborn 1940. Enthält S. 7-48 "Über das Verhältnis von Religion und Philosophie"; S. 49-90 "Die natürliche Gotteserkenntnis und die Entscheidung des Vatikanischen Konzils".
S. 11ff., 17ff. und 20ff. kritisiert der Verf. Scheler, Windelband und Hessen, ohne letzteren namentlich zu nennen. S. 26f. direkte Kritik an dem Buch "Der Katholizismus. Sein Stirb und Werde". S. 75 gibt Simon zu, daß der kausale Gottesbeweis "wissenschaftlich Schwierigkeiten enthält". S. 83 wird behauptet, daß "der Mensch" ohne Gottesbeweise "aus Mangel an Gewißheit verzweifeln" müßte.

446. Carola Barth, "Der Katholizismus der Zukunft" in evangelischer Sicht. In: Die Christliche Welt 54(1940), Nr. 5 vom 2.3.1940, Sp. 107-110.
Äußerst zustimmende Würdigung des gen. Werkes (1940).

447. Joseph Wittig, Das Maß des Glaubens. In: Die Christliche Welt 54(1940), Nr. 16 vom 17.8.1940, Sp. 371-75.
Reservierte Anerkennung des "Katholizismus der Zukunft" (1940), jedoch: "Die Religion der Verfasser wird nie die Religion des gläubigen Volkes werden, sondern nur die Religion einer gewissen geistigen Schicht, nicht einmal aller «gebildeten Katholiken»" (374). Die Vorstellung, das Dogma beinhalte (nur) einen Richtungssinn, irritiert Wittig.

448. Gertrud Kahl-Furtmann, Das Problem der Gottesbeweise. In: PhJb 53(1940), 1. Heft vom Jan. 1940, 62-77.
Radikale Ablehnung der Gottesbeweise. Am Schluß des Aufsatzes steht: "Anmerkung der Redaktion. Die vorstehende Abhandlung fällt in ihrer Wertung der Gottesbeweise aus dem Rahmen der neuscholastischen Philosophie heraus. Über die Vereinbarkeit der darin ausgesprochenen Anschauungen mit der bekannten Definition des Concilium Vaticanum siehe den folgenden Aufsatz. Die Redaktion des Phil. Jahrb." Es folgt der Aufsatz von P. Simon, Die natürliche Gotteserkenntnis und die Entscheidung des Vatikanischen Konzils, S. 78-96, der auch in einem Buch Simons (hier Nr. 444) erschien.

449. Josef Geyser, Klärungen zur Frage der natürlichen Gotteserkenntnis. In: Wissenschaft und Weisheit 7(1940) 1-14 und 57-66.

450. Bernhard Rosenmöller, Der Grund der Seele und die natürliche Gotteserkenntnis. In: Wissenschaft und Weisheit 7(1940) 130-36.
Rosenmöller zeigt sich stark von "illuminationistischen" Auffassungen beeinflußt. Auch in den vorhergehenden Jahrgängen dieser Zeitschrift finden sich mehrere Beiträge von Geyser und R., die miteinander und mit anderen um die natürliche Gotteslehre streiten.

451. Johannes Hirschberger, "Omne ens est bonum". In: PhJb 53(1940), 3. Heft vom Juli 1940, 292-305.
Trotz allseitiger Verteidigung dieses Satzes bleiben auch für Hirschberger unlösbare Rätsel mit ihm verbunden. Er findet die Quelle dieses Satzes in der platonischen Anamnesis-Lehre.

452. Heinrich Weisweiler SJ, Der Katholizismus der Zukunft. Folgerungen aus einer Gesamtschau des Glaubens. In: Scholastik 15(1940) 321-38.

Der erste Satz dieser Besprechung des Buches "Der Katholizismus der Zukunft" (1940) lautet: "Noch selten habe ich ein Buch mit solcher Enttäuschung aus der Hand gelegt wie das, welches obigen Titel trägt". Dementsprechend liefert der Rezensent eine möglichst starke Verurteilung.

453. W. Lenzen, Eine unumgängliche Auseinandersetzung. Zu einem Werk von Johannes Hessen. In: Seelsorge 17(1940) 314-17.
Dr. phil. Willy Lenzen war ein wichtiges Mitglied des um O. Schroeder und J. Hessen konzentrierten Reformkreises. Er bespricht hier Hessens "Platonismus und Prophetismus" (1939).

454. Karl Rahner SJ rez. "Der Katholizismus der Zukunft" (hier Nr. 436). In: ZkTh 64(1940) 149-52.
In einem recht denunziatorischen Ton gehaltene Abrechnung, bei der besonderer Nachdruck auf die Gefahren gelegt wird, die den historischen Dogmen des Christentums, etwa der Jungfrauengeburt, durch den Modernismus der Autoren drohen.

455. Th. Hoffmann SJ rez. "Der Katholizismus der Zukunft" (hier Nr. 436). In: StdZ 137(1940), September 1940, 412f.
Nach kurzer Mitteilung, daß die Autoren dieselben seien wie die des ersten "Katholizismus"-Buch (Nr. 370), kritisiert er das Werk grundsätzlich. Die Aussage ebd. S. 68, daß "Dogmen keine Aussagen über geschichtliche Tatsachen im gewöhnlichen Sinne des Wortes" seien, sondern vielmehr "Gestaltwerdung einer übersinnlichen Idee", ein "religiöses Symbol" (ebd., 69), empört den Rez. besonders. Damit hätten die Autoren das Dogma aufgegeben! Am selben Ort, S. 412 rez. Hoffmann das damals aufsehenerregende Pamphlet gegen die sog. liturgische Bewegung von P. Max Kassiepe O.M.I., Irrwege und Umwege im Frömmigkeitsleben der Gegenwart, ²Würzburg 1940.

456. Pacificus Borgmann O.F.M. rez. Hessens "Platonismus und Prophetismus" (1939). In: Missionswissenschaft und Religionswissenschaft 3(1940), 2. Heft, S. 185f.
Der Rezensent ist in wichtigen Punkten "im Grundsätzlichen anderer Auffassung". Er hält Platonismus und Prophetismus für harmonisch vereinbar. Schlußwort: "Wir wünschen Hessens Buch nicht in der Hand

von Theologiestudenten zu sehen; umso mehr aber in der Hand der Priester und auch der Missionare".

457. A. Hufnagel rez. Hessens "Platonismus und Prophetismus" (1939). In: ThQ 121(1940), 124f.
"Was sollen wir von diesem neuesten Buche Hessens halten? Mich dünkt, der Grundgedanke dieses Werkes ist wirklich innerlich ausgereift, wertvoll und sehr fruchtbar". Tadelt jedoch eine Verzeichnung Thomas von Aquins; deutet an, daß er Hessen mit dem Buch "Der Katholizismus der Zukunft" in enger Beziehung sieht. "Doch solche und andere Abirrungen «von dem rechten Stege» beeinträchtigen den Wert der Grundthese nicht".

458. Erich Przywara SJ, Corpus Christi Mysticum - Eine Bilanz. In: Zs. für Aszese und Mystik 15(1940) 197-215. Neu ediert in: Erich Przywara, Katholische Krise, hrsg. von Bernhard Gertz, Düsseldorf 1967, 123-152.
Scharfe Abrechnung mit allen neueren theologischen Strömungen in Deutschland, bes. bezüglich der Ekklesiologie. Neben vielen anderen werden auch Hessen, Rademacher, Grosche, Scheler, Wittig, Guardini, Laros, Thomé, Steinbüchel als Theologen, die das Wesentliche verfehlen, beurteilt. Der Standpunkt des Verf. ist der des "Katholizismus der klassischen Kulturkampfzeit" (in der Neued. S. 136).

459. Erich Przywara SJ, Personalismus und Tradition (Sammelrezension). In: StdZ 137(1940), Juni 1940, 311-12.
Erwähnenswert die Stellungnahme zu Hessens "Platonismus und Prophetismus" (1939) und J. Santeler (hier Nr. 426). Zu Hessen: "Es ist darum an und für sich dankenswert, wenn Johannes Hessen die inneren Grundelemente dieser Tradition in ihren wechselseitigen Synthesen darstellt: die Antike Platos und Aristoteles und die christliche Offenbarung. Aber dann ist es verhängnisvoll, daß er das selber im Geiste des Ich der Neuzeit tut. Nicht nur ist bei ihm die christliche Offenbarung auf einen freischwebenden Biblizismus reduziert, für den dann folgerichtig das Lutherische (180ff.) und das Katholische der Entwicklung zum Modernismus (190ff.) als die gemäße Form erscheinen, sondern zuletzt sind Antike und Christentum nur noch anthropologische Typen (im Gefolge Diltheys und Heilers)". - Im Gegensatz dazu lobt Pr. dann zwar Santeler, aber er gibt auf den nur

knapp 10 halbspaltigen Zeilen, die er dessen bahnbrechendem Werk widmet, indirekt zu verstehen, wie fremd und unbequem eine wirklich historisch-kritische Thomas-Forschung ihm war.

460. K. Prümm SJ rez. Hessens "Platonismus und Prophetismus" (1939). In: ZkTh 64(1940) 215.
An sich nicht ohne Anerkennung. Jedoch macht Prümm den Einwand, Hessen hebe zu wenig hervor, daß es "der schlechthin entscheidende Zug des Prophetischen" sei, "daß der Prophet durch Inspiration göttliche Wahrheitsmitteilungen empfängt und sie weitergibt".

461. J. de Vries SJ rez. Hessens "Platonismus und Prophetismus" (1939). In: Scholastik 15(1940) S. 409f.
Ablehnend, auch wegen der wiederholten Bezugnahme auf Luther, Hirscher und Tyrrell. "H.s Gesamtwürdigung der Scholastik scheint uns nun doch nicht mehr von ruhiger Sachlichkeit eingegeben. Wäre sie berechtigt, so müßte man angesichts der beständigen Empfehlungen der Scholastik durch die Kirche fast annehmen, daß der Geist Gottes, «der durch die Propheten gesprochen», die Kirche Christi verlassen habe. In Wirklichkeit aber überspannt H. den Gegensatz zwischen aristotelischer Philosophie und Christentum, indem er einerseits die Irrtümer des Aristoteles als notwendige Folgerungen seiner Prinzipien hinstellt, andererseits die biblische Geisteswelt im Sinn der Religionsphilosophie Schelers und R. Ottos höchst einseitig deutet."

462. Palmaz Rucker O.F.M. rez. Josef Santeler, Der Platonismus in der Erkenntnislehre des heiligen Thomas von Aquin (Nr. 426). In: ThR 39(1940) Nr. 11/12 von Nov./Dez. 1940, Sp. 259-64.
Santelers Arbeit "will freilich nicht bloß referierend sein, sondern historisch-kritisch soweit als möglich zur Wahrheit durchdringen (S. 11, 70) und der Metaphysik einen Dienst leisten, insofern sie eine Fehlerquelle der thomistischen Metaphysik aufdecken will". Platonismus wird hier im Sinne des "Ultrarealismus" verstanden. Im ersten Teil des Werkes wird "die Lehre von den intellektuellen Erkenntnisfähigkeiten, besonders vom intellectus agens", im zweiten Teil "die thomasische Lehre vom objektiven Sein der Universalien" behandelt, hier besonders der Hylemorphismus, der Wissenschaftsbegriff und die Erkenntnis des Einzelnen. Kernfehler des Thomas ist demnach auf allen Gebieten die Lehre von der Uner-

kennbarkeit der Materie, die These von der Materie als Prinzip der Veränderlichkeit und ihrer Nichtnotwendigkeit. Hinter allem stehe über Plato hinausgehend "das einer ernsthaften Kritik nicht standhaltende vorsokratische Axiom [...], Gleichartiges könne nur durch Gleichartiges erkannt werden" (S. 152 bei S.). Die Überwindung der Schwierigkeiten danke Santeler der Übernahme bestimmter Gedanken von Suarez und, wie der Rezensent hinzufügt, "von dem nicht erwähnten P. Joh. Olivi" (261). Insgesamt anerkennt Rucker die bahnbrechende Leistung Santelers voll und ganz; diese Arbeit "wird aber kaum dem Schicksal entgehen, daß die unentwegten Anhänger des Aquinaten aus allem nur das Nein heraushören werden" (264). Die Rez. Ruckers ist als kürzestmögliche Zusammenfassung des Werkes Santelers geeignet, gegebenenfalls die Lektüre des Letzteren zu ersetzen.

463. Aloys Müller rez. Caspar Nink SJ, Sein und Erkennen. Untersuchungen zur inneren Einheit der Philosophie, Leipzig 1938. In: DLZ 61(1940), Nr. 45/46 vom 10.11.1940, Sp.1038f.
Müller kritisiert das neuscholastische Denken des Jesuiten in sehr scharfer Form. Vgl. J Hessen, Geistige Kämpfe, 83.

- 1941 -

464. J. Hessen, Der Kampf um den Idealismus. In: Deutsche Vierteljahresschrift für Literaturwissenschaft und Geistesgeschichte 19(1941) 111-120.
Zum Verhältnis des deutschen Idealismus zum Christentum, gegen die Vorstellung, daß zwischen ihnen ein radikaler Gegensatz bestehe.
Nachgedruckt in Nr. 635, 181-191.

465. J. Hessen, "Antinomien" zwischen Ethik und Religion. In: PhJb 54(1941), 4. Heft vom Oktob. 1941, 453-61.
Stellungnahme zu R. Otto, Freiheit und Notwendigkeit. Ein Gespräch mit N. Hartmann über Autonomie und Theonomie, hrsg. von Th. Siegfried, Tübingen 1940.
H. übt scharfe Kritik an Hartmanns Antinomienlehre, da dieser zwar das "ethische Wertgefühl" anerkennt, nicht aber die "religiöse Werterfahrung" (457).

466. J. Hessen rez. Gustav Mensching, Allgemeine Religionsgeschichte, Leipzig 1940, und ders., Vergleichende Religionswissenschaft, Leipzig 1938. In: Literarische Blätter. Beilage der Köln. Volksztg. Nr. 89 vom 30.3.1941.
Sehr positive Empfehlung.

467. Dr. Fr. de Hovre, Prof. Johannes Hessen. Een Voorkamper der kath. Levensbeschouwingsleer. In: Vlaams opvoedkundig tijdschrift 22(1941) 270-74.
Rühmender Überblick über die Werke und die Spiritualität Hessens.

468. Joseph Lenz, Vorschule der Weisheit. Einleitung in eine wissenschaftliche Lebensphilosophie, Würzburg 1941, 548 S.
In diesem enzyklopädischen Einleitungswerk des Schülers Adolf Dyroffs (dem das Werk gewidmet ist) behandelt der Professor am Trierer Priesterseminar J. Lenz auch S. 277-91 die neuscholastische Philosophie, deren Errungenschaften er lobt, der er jedoch einen wirklichen Mangel an Lebensnähe vorhält. Dementsprechend folgt danach ein breiter Entwurf einer "wissenschaftlichen Lebensphilosophie". - Hessen wird oft zitiert und nicht mehr kritisiert.

469. Eduard Hartmann rez. Hessens "Die philosophischen Strömungen der Gegenwart" (1940). In: PhJb 54(1941), 1. Heft, 134.
Der Rez. anerkennt vollauf, daß es eigentlich nur dieses Buch gibt, das in der Gegenwart allgemeine Orientierung bietet. Nur H.s Stellung zur Neuscholastik gibt wieder Anlaß zur Beschwerde.

470. Michael Wittmann, In Sachen Wertethik. In: PhJb 54(1941), 2. Heft vom April 1941, 159-85.
Anlaß zu dieser Rundschau zur Wertphilosophie bietet Hessens Rezension seiner "Wertethik" in der Beilage der Köln. Volkszeitung, Nr. 353 vom 21.12.1940.

471. Aloys Müller, Die Ontologie der Werte. In: PhJb 54(1941), 2. Heft, 186-213, 3. Heft, 321-56 (April und Juli 1941).
Gegen M. Wittmann, Die moderne Wertethik historisch untersucht und kritisch geprüft (1940; Nr. 443). Scharfe, geistreiche und eigenwillige Auseinandersetzung um die Eigenberechtigung der Wertethik: "Die Wertethik ist die erste Ethik, die den ungeheuren Bereich des

Sittlichen prinzipiell ganz und tatsächlich in einer noch nie dagewesenen Fülle umfaßt. Wer das aus den Werken von Scheler und Hartmann nicht lernt, wer nicht sieht, wie sich hier Phänomene einfügen, die die Zweckethik noch nie gekannt hat, der muß geradezu blind sein. Die Zweckethik ist nur ein *Netz* wie die christliche Moral. Beide sind es *notwendig*, weil sie als den die Sittlichkeit bestimmenden Faktor nur einen Inbegriff von *Gesetzen* kennen, die an sich schon [...] so wenig wie etwa die juristischen Gesetze das wirkliche Leben zu *decken* imstande sind. Sobald nun nach dem Verhältnis von Gut-Böse zu Gott gefragt wird, offenbart die Wertethik einen unerhört großen und tiefen Zusammenhang, während die Zweckethik trotz aller Versuche der wissenschaftlichen Erhöhung im Grunde bei der primitiven Form der vornaturwissenschaftlichen Apologetik bleibt und sich mit der Auffassung der Sittengesetze - so wie diese Apologetik mit der der Naturgesetze - als göttliche Gebote begnügt" (355f.).

472. Michael Wittmann, Zur Wertethik Aloys Müllers. In: PhJb 54(1941), 4. Heft vom Oktob. 1941, 402-52.
Breite Widerlegung der Kritik Müllers an seiner "Wertethik" (Nr. 471). S. 452: "Wie es sich für Kant in vielfacher Hinsicht als unmöglich gezeigt hat, das Gesetz von den Dingen zu trennen, so hat seither die Geschichte immer wieder von neuem den Beweis erbracht, daß auch eine Wertordnung nicht aus dem Zusammenhang mit der Welt der Dinge herauszunehmen ist; weder Windelband noch Rickert, weder Scheler noch Hildebrand, weder Messer noch Hartmann, weder Hessen noch Müller, weder Brentano noch seine Schule haben diesen Zusammenhang zu lösen vermocht".

473. Günther Jacoby rez. Hessens "Platonismus und Prophetismus" (1939). in: DLZ 62(1941), Heft 1/2 vom 5.1.1941, Sp. 5-8.
Hohes Lob des Greifswalder Religionsphilosophen: "meisterhaft", "ungemein klärend". Was vorher "Propheten" und "Idealisten" waren, wird heute typmäßig von Heidegger und Hartmann dargestellt. Jacoby beachtet Hessens Wiederentdeckung von J. B. Hirscher.

474. Engelbert Krebs rez. Hessens "Platonismus und Prophetismus" (1939). In: ThR 40(1941), Nr. 1/2, Sp. 24-25.
Grob negativ und tadelnd, bes. zu Hessens positiver Lutherbewertung, a.a.O. S. 183, dessen "Glaube" als "das Grundphänomen der biblisch-

prophetischen und urchristlichen Religion" hingestellt werde. "Als Ganzes ist es [das Buch] irreführend durch seine falsche Problemstellung".

475. Dr. Gustav Würtenberg/Düsseldorf rez. Hessens "Platonismus und Prophetismus" (1939). In: Die Tatwelt 17(1940/41) 167f.
Der Beginn dieser Rez. lautet so: "Man soll nicht zu leicht in Superlativen reden. Diese Redeweise führt nicht zu der erstrebten Erhöhung von Gegenständen, sondern in gewohnheitsmäßiger Anwendung zu ihrer Nivellierung. Aber hier muß doch in aller Nüchternheit festgestellt werden, daß Hessens Werk zu dem Besten und Wesentlichsten gehört, was in den letzten Jahren philosophisch überhaupt geschaffen wurde. Das Urteil mag überraschen, da doch scheinbar in Platonismus wie Prophetismus zwei geistige Erscheinungen kontrastiert werden, die zeitlich weit entlegen und zudem oft erörtert worden sind. Allerdings umspannt der Rahmen des Buches doch viel mehr, als Titel und Untertitel vermuten lassen, nicht weniger nämlich, als einen Durchblick durch die Geistesgeschichte zweier Jahrtausende. Aber auch das genügt nicht, um Wert und Weite des Buches erkennen zu lassen. Denn letztlich geht es hier doch nicht um die Historie, sondern um das Sein und den Sinn."
Der Tenor der Rezension bleibt auf dieser Höhe: der Rez. ist letzten Endes H. dafür dankbar, daß er die beiden Hauptausprägungen europäischen Denkens, die auch im Spannungsfeld Thomas - Luther wieder auftauchen, in ihrer nicht endenden Berechtigung aufgewiesen hat.

476. Paul Tillich rez. Hessens "Platonismus und Prophetismus". In: Anglican Theological Review 23(1941) 82f.
Der zweite und abschließende Teil dieser Rezension lautet so: "In the first and larger part Hessen shows the difference in the structure of thought of Platonism and Prophetism with respect to the idea of God, to the notion of the world, to the doctrine of man. Rich and interesting material is used in order to make clear the difference of the two attitudes on innumerable special points. But in no case are the points of comparison taken in isolation. They are always understood as the expression of a fundamental structural contrast. The great value of the book lies in this method of «Gestaltschau» (intuition of structures). It may be that in some cases the difference is overemphasized and the

structural unity of each of these types exaggerated. This is unavoidable in all typological descriptions. The individual reality is richer than the typological structure for all those who deal with the ancient world from the point of view of the conflux of Hebrew and Hellenic elements and for all those who participate in the present discussion about new ways in Systematic Theology. The book of Hessen is tremendously helpful. It should be in the hands of all American students in those realms and for this purpose it should be made available in English."

477. H. Knittermeyer rez. Hessens "Platonismus und Prophetismus" (1939). In: Bl. Dt. Phil. 14(1940/41), Heft 4(1941), 410f.
"Die grundsätzliche Bedeutung des Werkes dürfte aber in dem Nachweis liegen, daß die biblische Theologie und Anthropologie auch und gerade in ihrer prophetischen Prägung für eine abendländische Geschichtsphilosophie auch heute nicht übersehen werden darf. Wer darauf verzichten wollte, sich mit ihr auseinanderzusetzen, würde den wirklichen Verlauf der abendländischen Geistesbewegung unzulässig vereinfachen". Dann aber tadelt der Rez. den Umstand, daß H. es versäumt habe, "die ureigene Mitte des germanischen Einsatzes herauszuarbeiten".

- 1942 -

478. **Die Ewigkeitswerte der deutschen Philosophie. Ein philosophisches Brevier, hrsg. von J. Hessen, Hamburg (Hoffmann und Campe Verlag) 1942, 287 S.**
Der Bearbeiter fand keine Rez. zu diesem Buch.

479. **J. Hessen, Die Bedeutung der Philosophie für die Theologie. In: EHK 23(1942) (= Heiler-Festschrift "In Deo omnia Unum"), 77-82.**
Abgedruckt in Nr. 635, 146-53.

480. **J. Hessen rez. Rudolf Franz Merkel, Die Mystik im Kulturleben der Völker, Hamburg 1940. In: ThLZ 67(1942), Nr. 11 vom Nov. 1942, Sp. 309f.**

481. Ludwig Faulhaber, Sinn und Bedeutung der Wahrheitsfrage in der Philosophie der Religion des Christentums. In: PhJB 55(1942), 1. Heft, 1-19.

Ortsbestimmung der kath. Apologetik und Religionsphilosophie, in der zwar Hessen nicht genannt, aber vielfach zu ihm konträre, traditionelle Thesen vertreten werden, um "die Stellung der Kirche als autoritäre Verkünderin des Christentums" sowie "die Berechtigung der Kirche, sich selbst als die absolute Form der Religion und des Christentums zu bezeichnen", abzusichern.

482. Hans Meyer, Unbekannte Briefe Rudolf Euckens an Jakob Frohschammer. In: PhJb 55(1942), 2. Heft vom April 1942, 245-50.

Aus Anlaß einer Rezension des Buches Frohschammers "Die Philosophie des Thomas von Aquin, kritisch gewürdigt", 1889, durch Eucken entstand ein kurzer Briefwechsel zwischen den beiden, in dem Eucken dem sehr isoliert lebenden Münchener Philosophen eine erhebliche Wirkung für die Zukunft weissagt und berichtet, daß er zwei protestantische Theologen mit Dissertationen über Thomas von Aquin betraut habe. Daß diese Miszelle im PhJb erscheinen konnte, war ein Vorzeichen des bevorstehenden Zusammenbruches des Neuthomismus.

- 1943 -

483. J. Hessen, Das Problem der Theologia naturalis. In: Zeitschrift für systematische Theologie 20(1943), 163-222.

Dieser Aufsatz enthält folgende Kapitel: 1. Begriff und Ursprung der natürlichen Theologie. 2. Die Krisis der natürlichen Theologie a) Humes und Kants Kritik der natürlichen Theologie. b) Schleiermachers Überwindung der natürlichen Theologie. 3. Die Neugestaltung der natürlichen Theologie in der phänomenologischen Religionsphilosophie. 4. Die natürliche Theologie vor dem Forum der Bibel. a) Die Tatsache der natürlichen Gotteserkenntnis. b) Das Wesen der natürlichen Gotteserkenntnis. c) Bibel und natürliche Theologie.

- 1944 -

484. J. Hessen rez. Lebendiges Wort. Zeugnisse für Christus, gesammelt von A. Gundlach, Münster 1941. In: ThLZ 69(1944), Nr. 11/12 vom Nov./Dez. 1944, Sp. 280.

- 1946 -

485. J. Hessen, Gott im Zeitgeschehen, Bonn (Götz Schwippert)1946, 31 S.
Vorwort dat.: "Köln, Mariä Lichtmeß 1946".
Inhalt: I. Der Sinn unserer Blutopfer. II. Märtyrergeist. III. Erneuerung.
S. 5 ausführliche Widmung an den bereits verstorbenen Kardinal v. Galen und an Pfarrer Martin Niemöller.

486. J. Hessen, Der geistige Wiederaufbau Deutschlands. Reden über die Erneuerung des deutschen Geisteslebens, Stuttgart (August Schröder) 1946, 120 S.
Zulassungs-Nr. US-W-1084 der Nachrichtenkontrolle der Militärregierung.
Vorwort dat. "Köln, Ostern 1946". - "Die Reden, die ich hiermit der deutschen Öffentlichkeit übergebe, wurden im Rahmen einer «öffentlichen Vorlesung» im Wintersemester 1945/46 an der wiedererstandenen Alma mater Coloniensis gehalten".
Widmung S. 5: "Meinem verehrten Kollegen/Professor Dr. Johannes Maria Verweyen/gestorben im Konzentrationslager Belsen/(Ende März 1945)/aufs Märtyrergrab".
Unter den sieben Reden kann hier kurz auf die sechste, "Der Wiederaufbau in der kirchlichen Sphäre" hingewiesen werden, in der eine "ernste Selbstbesinnung und Selbstläuterung" der Kirche (94) verlangt wird. "Im Kampf mit der Kirche fühlte der nationalsozialistische Staat sich als der Stärkere und handelte darum nach dem Grundsatz: Macht geht vor Recht. Es waren faschistisch-absolutistische Methoden, nach denen er die Kirche behandelte. [...] Mögen diese bitteren Erfahrungen für die kirchlichen Organe ein Anlaß sein, sich die Frage vorzulegen, ob sie nicht selber manchmal solche Methoden angewandt haben ..."
Vgl. J. Hessen, Geistige Kämpfe, 149f.
Rez.: Th. in: Neues Abendland 1(1946/47), Heft 10 vom Dez. 1946, 31.

487. J. Hessen, Die Bedeutung des Vorbildes für die Erziehung (= Bildungsfragen der Gegenwart. Reden und Aufsätze, hrsg. von Dr. Josef Schnippenkötter, Heft 7), Bonn (Ferd. Dümmler) 1946, 12 S.

Hessen entwickelt eine Vorbildpädagogik auf wertphilosophischer Grundlage (Plato, Augustinus, Scheler).
Die Serie wurde von J. Schnippenkötter, "Oberstudiendirektor und Leiter der Abt. III (Höhere Schulen) im Oberpräsidium zu Düsseldorf" (so auf dem Titelblatt des 1. Heftes "Rede zu der Wiedereröffnung der höheren Schulen in der Nord-Rheinprovinz, gehalten am 1. Oktober 1945 in der Aula der Universität Köln", Bonn 1945) herausgegeben.
Kurzfassung: J. Hessen, Vorbild als Wertbild. In: Geistiges Leben. Beilage der Kölnischen Rundschau, Nr. 7 vom 17.12.1946.

488. J.P. Steffes, Thomas von Aquin und das moderne Weltbild. Akademievortrag bei der feierlichen Rückkehr Sr. Eminenz des Hochwürdigsten Herrn Bischof von Münster Clemens August Graf von Galen aus Rom am 17. März 1946 anläßlich seiner Erhebung zum Kardinal der römischen Kirche, Münster 1946, 72 S.
Obwohl viele Seiten dieser stark erweiterten Fassung des Vortrags öfters triumphalistisch klingen und eine zeitbedingte Abwertung der Neuzeit enthalten, bleibt bei Steffes der Kontakt mit der modernen Philosophie doch stets in etwa gewahrt. Interessant als Zeitdokument.

489. Gottlieb Söhngen, Der Geist des Glaubens und der Geist der Wissenschaft. Universitätspredigt gehalten in der St.-Elisabeth-Kirche zu Bonn am Sonntag, den 10. November 1946, Essen 1947.
S. 19: "Sowohl um der Reinheit der Wissenschaft wie auch um der Reinheit der Offenbarung und Offenbarungswissenschaft willen muß ein Christ in seiner Lehre und Forschung an dem festhalten, was der heilige Thomas von Aquin erarbeitet hat" (S. 19). Anschließend anerkennt Söhngen aber auch die Linie Plato-Augustinus-Anselm als ethische Wegbereitung zum Glauben (S. 19-22).

490. Julio Fragata, Filosofía dos Valores. In: Revista Portuguesa de Filosofía 2(1946) 19-41.
Zur portugiesischen Übersetzung (1944) von H.s "Wertphilosophie" (1937).

491. Wladimir Szylkarski, Adolf Dyroff. In: PhJb 56(1946) 26-47.
In diesem Nachruf auf den Bonner katholischen Philosophen wird betont, dieser sei kein Neuscholastiker gewesen. Seine geistige Genealogie rühre vielmehr u.a. von Lotze her, der hier vielleicht

erstmalig als Stammvater der neueren deutschen Religionsphilosophie auch des katholischen Sektors gerühmt wird. "Lotze war der erste, der der materialistischen Flut einen starken, mit außerordentlicher Kunst gebauten Damm entgegensetzte. An ihn schließt sich direkt oder indirekt die aus schwerer Ohnmacht, in die sie der Zusammenbruch der idealistischen Spekulation geworfen hatte, wieder erwachende Kraft des deutschen philosophischen Genius an". Lotze stamme von Leibniz ab, von ihm führte der Weg sowohl zu Husserl wie zu Windelband.

492. H. Straubinger, Zur natürlichen Gotteserkenntnis. In: ThQ 126(1946) 428-46.
Wendet sich S. 433-35 gegen einen Aufsatz Hessens aus dem Jahre 1940 (Nr. 439). Insgesamt bereits sehr altmodisch anmutender Beitrag.

- 1947 -

493. **J. Hessen, Von der Aufgabe der Philosophie und dem Wesen des Philosophen. Zwei Vorlesungen, Heidelberg (Carl Winter - Universitätsverlag) 1947, 46 S.**
Lizenz US.W. 1007.
Datiert: Februar 1947.
Der Zerstörung der deutschen Geisteskultur ist ein Wiederaufbau durch die Wertphilosophie entgegenzusetzen. Neben Lotze greift Hessen hier auch auf Kierkegaard zurück.
Rez.: Hans Pfeil in: Zs. für philosophische Forschung 3(1948/49), Heft 3(1949) 479-80: positiv.

494. **J. Hessen, Lehrbuch der Philosophie. Erster Band: Wissenschaftslehre, München (Erasmus-Verlag Ernst Reinhardt Bücherreihe), 1947, 316 S.**
Vorwort dat.: "Köln, Ostern 1947".
S. 4: "Published under Military Government Information Control License No. US-E-180".
Hier auch Vermerk: Auflage 3000.
2. Auflage, ebd. 195, 312 S.
Vorwort dat. "Ostern 1950".
3. Auflage, ebd. 1964, 314 S.
Vorwort dat. "Ostern 1964".

Die späteren Auflagen haben die Verlagsbezeichnung: Ernst Reinhardt Verlag, München-Basel.
Rez. und folgende Bände: Nr. 503, 524, 529, 539, 552, 577.
Übersetzung:
Tratado de Filosofía. I. Logica y Teoria de conocimiento. Trad. de Juan Adolfo Vásquez, Buenos Aires (Sudamericana) 1957, 429 p.
Zu Vásquez, seit 1941 Prof. Philos. in Tucuman, seit 1956 in Cordoba, seit 1965 in Pittsburgh vgl. R. Schwarz (Hrsg.), II 858.

495. **J. Hessen, Luther in katholischer Sicht. Grundlegung eines ökumenischen Gespräches, Bonn (Ludwig Röhrscheid), 1947, 72 S.**
Widmung S. 5: "Meinen evangelischen Freunden".
Vgl. J. Hessen, Geistige Kämpfe, 231-50.
Rez. siehe Nr. 513, 521, 523, 594.

496. **J. Hessen, Existenzphilosophie, Essen (Verlag Dr. Hans v. Chamier) 1947, 106 S.**
Vorwort dat. "Köln, Ostern 1947".
"Im Wintersemester 1946/47 hielt ich an der Kölner Universität eine Vorlesung für Hörer aller Fakultäten über «Existenzphilosophie»". - "Das so entstandene Buch bildet ein Seitenstück zu meinem früher erschienenen Werk: «Der Sinn des Lebens» (3. Aufl. 1947). Die beiden Bücher ergänzen einander" (Vorwort).
Zweite, verbesserte Auflage ebd. 1948, 110 S. Parallelausgabe: Basel (Thomas Morus Verlag) 1948, 110 S.
Untertitel der 2. Aufl.: Grundlinien einer Philosophie des menschlichen Daseins.
Rez.: Gerhard Hennemann in: Zs. für philosophische Forschung 3(1948/49), Heft 4(1949) 622: sehr positiv. - Winfried Schmitt in: Welt und Wort. Literarische Monatsschrift 13(1948), Juli-Heft 1948, 238: positiv. - O.K. in: Kölner Universitäts-Zeitung 2 Jg., Heft 9 vom Jan. 1948, 106f. - Vgl. Nr. 501, 538.

497. **J. Hessen, Die Frohbotschaft für die Menschen von heute, Essen (Verlag Dr. Hans von Chamier) 1947, 419 S.**
Vorwort dat. "Köln, August 1947".
Inhaltlich identisch mit Nr. 553.
Rez.: F.X. Arnold in: ThQ 128(1948) 378: sehr reserviert, "die stete und ausgedehnte Heranziehung der profanen Literatur, der Denker und

Dichter alter und neuer Zeit, zumal auch der modernen Philosophie" mißfallen dem Tübinger Professor sichtlich.

498. **J. Hessen, Voraussetzungslose Wissenschaft. In: Forschungen und Fortschritte. Korrespondenzblatt der deutschen Wissenschaft und Technik 21/23(1947) 238f.**

499. Aloys Müller, Die Philosophie im katholischen Kulturkreis. In: Archiv für Philosophie 1(1947), 132-50.
Scharfe Abrechnung mit der Neuscholastik, nicht so sehr vom historischen, als vom kulturphilosophischen Standpunkt aus. Argumente, die sonst kaum reflektiert werden, wie das Dictum Le Roys von 1906: "Les scolastiques ... n'ignorent pas assez" (142).

500. Y. Congar O.P. rez. Hessens "Platonismus und Prophetismus" (1939). In: Bulletin thomiste VII (1943-1946). N. III, 455-67. Diese Rezension ist auf "August 1947" datiert.
Hessen stellt dieselbe Frage, die Laberthonnière (Le réalisme chrétien et l'idéalisme grec, 1904) und Tyrrell in England gestellt haben: ob zwischen platonisch-aristotelischem und prophetisch-christlichem Denken nicht eine tiefe Kluft unüberbrückbar bestehen bleibe. Congar macht allerlei kleinere Einschränkungen zu Hessen, gibt aber die richtige Fragestellung zu; er würde gern Hessens Buch grundsätzlich neu schreiben, was aber eine immense Arbeit wäre. Er bedauert, daß H. den Thomas v. A. zu wenig schätzt, um die Thematik von ihm aus anzugreifen. Anerkennt letztlich die Leistung Hessens.

501. J. B. Lotz SJ rez. Hessens "Existenzphilosophie" (1947). In: Göttinger Universitäts-Zeitung, 2. Jg., Nr. 24 vom 21.11. 1947, 14.
Nach allgemeiner Anerkennung des Werkes folgen zwei grundsätzliche Einwände: "erstens wird H. der Existenzphilosophie, vor allem Heideggers nicht in vollem Umfange gerecht", zweitens bleiben "Fraglichkeiten" betr. seiner Wertphilosophie. Lotz verweist auf seinen Aufsatz "Ansatz zur Metaphysik. Kann das Nichts im Existentialismus philosophisch überwunden werden?" in ders. Zeitung, 2. Jg., Nr. 12 vom 23.5.1947, 3-4. Hier hatte Lotz mit Nachdruck aus Heideggers "Erläuterungen zu Hölderlins Dichtung" (1944) aussichtsreiche Ansätze zu einer neuen Metaphysik mit theistischem Gehalt festgestellt. Derartige Hoffnungen finden sich bei Hessen, op. cit., in seiner

Analyse Heideggers, bes. S. 35 allerdings gar nicht. Der Atheismus Heideggers war Hessen völlig klar.

- 1948 -

502. **J. Hessen, Religionsphilosophie. Erster Band: Methoden und Gestalten der Religionsphilosophie, Essen (Verlag Dr. Hans v. Chamier) 1948, 362 S.**
Vorwort dat. "Köln, Epiphanie 1948".
Zweiter Band: System der Religionsphilosophie, ebd. 1948, 400 S.
Ohne Vorwort.
Vgl. J. Hessen, Geistige Kämpfe, 98ff., sowie hier Text 8 und 9.
Rez. hier Nr. 526-28, 540, 549, 571, 576.

503. **J. Hessen, Lehrbuch der Philosophie. Zweiter Band: Wertlehre, München (J. & S. Federmann Verlag. Ernst Reinardt Bücherreihe) 1948, 300 S.**
Vorwort dat. "Köln, Ostern 1948".
S. 4: "Published under Military Government Information Control License No. US-E-180. Lizenzträger Ilse und Gerda Federmann."
Hier auch Vermerk: Auflage 3000. - Herbst 1948.
2. Auflage ebd. 1959, 300 S.
Rez. Jos. Engert in: PhJb 6(1950) 502f.: Lob mit Einschränkungen.
Übersetzung: Tratado de Filosofía. II. Teoría de los Valores. trad. Juan Adolfo Vásquez, Buenos Aires (Sudamericana) 1959, 396 p. - Vgl. Nr. 494, 524, 529, 539, 552, 577.

504. **J. Hessen, Max Scheler. Eine kritische Einführung in seine Philosophie aus Anlass des 20. Jahrestages seines Todes, Essen (Verlag Dr. Hans v. Chamier) 1948, 134 S.**
S. 3: "Aus der Schriftenreihe des Chamier-Verlages «Zeit und Leben im Geiste des Ganzen»"
S. 7 Widmung: "Den Anti-Nihilisten!"
S. 10 Vorwort dat. "Köln, Pfingsten 1948".
Rezensionen (teilweise nur nach NL Hessen, fasz. 4 zitiert): Gustav Würtenberg in: Rheinische Post vom 4.12.1948. - G.S. (= Georg Siegmund) in: PhJb 59(1949) 380: spricht von H. als "Schelers langjährigem Schüler". - Hermann Starke in: Welt und Wort. Literarische Monatsschrift 4(1949), Heft 7 vom Juli 1949, 298. - Georgii

Schischkoff in: Zs. für philosophische Forschung 4(1950) 472-74: neutral referierend. - Achim Besgen in: Aachener Volkszeitung, Nr. 18 vom 12.2.1949: empfehlend. - Vgl. Nr. 537.

505. **J. Hessen, Die Philosophie des heiligen Augustinus, Nürnberg (Glock und Lutz) 1948 (auf dem Umschlag; 1947 auf dem Titelblatt) (= Görres-Bibliothek, 55) 64 S. im Duodez-Format.**
Im Vorwort: "Es widerspricht darum den Intentionen der obersten Kirchenleitung nicht nur nicht, sondern es bedeutet sogar eine Bestätigung des katholischen Geistes, wenn man auch der augustinischen Geistesrichtung Geltung zu verschaffen und damit jener Verengung und Vereinseitigung des philosophischen Denkens, wie sie die Pflege einer einzigen Philosophie leicht mit sich bringt, entgegenzuarbeiten sucht".
2. Auflage, ebd. 1958, 70 S.
Rez.: Peter H. Klöther in: Zs. für philosophische Forschung 5(1951) 454f.: positives Referat durch einen Schüler H.s. - Paul Keseling in: ThR 49(1953), Nr. 3, Sp. 92: positiv referierend.
Übersetzung: Augusutinusu no tetsugaku. Übersetzer: Matsuda Teiji, Tokyo (Koorosha) 1988, 140 S.

506. **J. Hessen, Wesen und Wert der Philosophie. Eine Einführung in die Philosophie (= Görres-Bibliothek, 81), Nürnberg (Glock und Lutz) 1948, 52 S. im Duodez-Format.**
Lizenz US-E-113.
Druckvermerk: Herbst 1948.
Der letzte Satz (S. 46) lautet: "So ist für den Philosophen der Weisheit letzer Schluß die jene gefährliche Hybris des Intellekts allein überwindende freie Selbstbegrenzung der Philosophie, die nichts anderes bedeutet als ein inneres Geöffnetsein des philosophischen Geistes für den lebendigen Gott und seine Offenbarung."

507. **J. Hessen, Autonomie und Theonomie. In: Die Sammlung 3(1948), 3. Heft, 89-95.**
Auch gegen M. Wittmann, Die moderne Wertethik (1940) gerichtet, der nochmals detailliert widerlegt wird.
Nachgedruckt in Nr. 635, 108-116.

508. J. Hessen rez. H. C. Hengstenberg, Das Band zwischen Gott und der Schöpfung, Paderborn 1940. In: ThLZ 73(1948), Nr. 3 vom März 1948, Sp. 162-163.
Die Rezension, die fast eine ganze Seite des großformatigen Rezensionsblattes umfaßt, ist eine Kurzfassung von Hessens Religionsphilosophie. Sie lobt zuerst die weitgehende Lösung des Autors von der aristotelischen Scholastik, tadelt dann die immer noch weiterbestehende Verquickung von Religion und Philosophie, Offenbarung und Theologie. Weiterhin wichtige Ausführungen zu den Trinitätsspekulationen des Verf., die Hessen ablehnt und aus Anlaß derselben er seinen symbolischen Dogmenbegriff näher entwickelt: "Die rationalen Formen sind nichts Absolutes; das Absolute liegt vielmehr eine Schicht tiefer".

509. Kurt Leese, Die Religionskrisis des Abendlandes und die religiöse Lage der Gegenwart, Hamburg 1948, 435 S.
Behandelt S. 375-83 das Buch "Der Katholizismus. Sein Stirb und Werde" (1937) in sehr zustimmender Form, auch wegen seines ökumenischen Gehaltes.

510. Caspar Nink SJ, Philosophische Gotteslehre, München/Kempten 1948, 268 S.
Nink kritisiert Hessen S. 15, 72, 143 und 259-69 grundsätzlich, besonders seine "Werte des Heiligen" (1938). Er tadelt besonders die für H. kennzeichnende Begründung der Religion aus einer eigenen Aktklasse der religiösen Werterfahrung. Überall in diesen Zusammenhängen bewege sich H. hart am Rande des Irrtums.

511. Joseph Lenz, Vorschule der Weisheit. Einleitung in eine wissenschaftliche Lebensphilosophie, 2. erweiterte Auflage, Würzburg 1948, 332 S.
In dem Kapitel "Die neuscholastische Philosophie" (S. 267-81) führt Lenz in dieser 2. Auflage einen kurzen Abschnitt "Richtungen der Neuscholastik" ein, in dem es heißt (nachdem eine "fortschrittliche" und eine "konservative" Richtung benannt wurden; erstere umfaßt die meisten gegenwärtigen Neuscholastiker, letztere nur noch die engere Thomistenschule): "Eine dritte kleinere Gruppe von katholischen Gegenwartsphilosophen (Joh. Hessen, Alois Müller, Ernst Karl Winter) bleiben zwar auch in den wesentlichsten Resultaten in Überein-

stimmung mit der Neuscholastik und der kirchlichen Lehre, fühlen sich aber der modernen Philosophie verwandter und steigern die Betonung der «nova» und ihrer Unabhängigkeit von der Tradition oft bis zur scharfen Polemik gegen Thomas und die Scholastik. Soweit sie die Überlieferung berücksichtigen, bevorzugen sie Platon und Augustinus vor Aristoteles und Thomas. Hessen nennt sie «die moderne Richtung der Neuscholastik»" (275).

512. Coelestin Lauer O.F.M., Wert und Sein. Eine Untersuchung zur Wertphilosophie der Gegenwart. In: PhJb 58(1948) 28-54 und 121-45.
Druckfassung dieser bei J. Hessen 1940 erstellten Kölner phil. Dissertation. Näheres in der Einleitung, Kapitel 5, Abschnitt b. Hier S. 136-42: "Neuer Lösungsversuch: die Wertlehre Johannes Hessens".

513. Friedrich Heiler rez. Hessens "Luther in katholischer Sicht" (1947). In: Oekumenische Einheit, 1. Heft des 1. Jahrg. (1948) 172f.
Heiler nennt als Katholiken, die sich um eine Neudeutung Luthers bemühten: F.X. Kiefl, Freiherr v. Hügel, N. Hackl, S. Merkle, Ernst Böminghaus SJ, Anton Fischer, J. Lortz und A. Herte. Auch neben diesen verdienten Forschern behalte Hessens Schrift wegen ihres theologischen Tiefganges ihre Bedeutung.

514. Martin Grabmann, Der Anteil des Dominikanerordens an der Entstehung und Entwicklung der Neuscholastik im 19. Jahrhundert. In: Die neue Ordnung 2(1948) 98-112.
Interessant zur Kenntnis der strengen thomist. Schule.

- 1949 -

515. J. Hessen, Luther in katholischer Sicht, Bonn (L. Röhrscheid), Zweite Auflage, ebd. 1949, 70 S.
Der 2. Abschnitt des Vorwortes zu dieser Auflage lautet:
"Dem Ideengehalt meiner Schrift wird M. Pribilla S.J. mit seinem Hinweis (Stimmen der Zeit 143 (1949) S. 339f) in keiner Weise gerecht, weil er sowohl meine eindringenden Analysen der Grundbegriffe Luthers als auch meine einschneidende Kritik um Grundpositionen seiner Theologie ignoriert. Wenn man den Aufsatz Pribillas (in dem u.a. auch K. Adam kritisiert wird) liest und noch die Besprechung

hinzunimmt, die H. Rahner SJ dem Werke von J. Lortz: «Die Reformation in Deutschland» in derselben Zeitschrift (137 (1940), S. 301-304) widmet und die auf eine (etwas mühsam getarnte!) Ablehnung hinausläuft, gewinnt man den Eindruck, daß der Orden der Gegenreformation auch in seinen modernsten Vertretern seinen antireformatorischen Affekt nicht zu überwinden vermag. Bei der «gebundenen Marschroute» der «Kompagnie Jesu» geht man wohl kaum fehl mit der Vermutung, daß hier auch bestimmte Direktiven der Ordensleitung wirksam sind.

Köln, Ostern 1949   Der Verfasser."

Übersetzungen:
Lutero visto pelos católicos. 2a edicao. Trad. de L. Cabral de Moncada, Coimbra (Arménio Amado) 1951.

516. J. Hessen, Voraussetzungslose Wissenschaft und christlicher Glaube. In: Naturwissenschaft, Religion, Weltanschauung. Arbeitstagung des Gmelin-Instituts für anorganische Chemie und Grenzgebiete der Max-Planck-Gesellschaft zur Förderung der Wissenschaften, Clausthal-Zellerfeld 1949, 310-20.
Nachgedruckt in Nr. 635, 9-23.
In demselben Band: R. Glauner, Zur Frage nach der Gültigkeit des Kausalprinzips, 174-229. Hier Diskussion der Hessenschen Auffassungen 199ff.

517. J. Hessen, Recht und Unrecht in Kants Kritik der Gottesbeweise. In: Philosophische Studien 1(1949) 260-77.
Nachgedruckt in Nr. 635, 24-45.
Im Anschluß daran: Clemens Grosche, Zum 60. Geburtstag von Johannes Hessen (S. 277, mit Foto).

518. Veritati. Eine Sammlung geistesgeschichtlicher, philosophischer und theologischer Abhandlungen als Festgabe für Johannes Hessen zu seinem 60. Geburtstag dargebracht von seinen Kollegen, Freunden und Schülern. Herausgegeben von Dr. Willy Falkenhahn, München (Ernst Reinhardt) 1949, 195 S.
Bibliographie 1916-1949 S. 189-195.
Rez.: Werner Schulz in: ThLZ 76(1951), Nr. 4 vom April 1951, Sp. 218: "J.H. steht von den neueren katholischen Religionsphilosophen

der evangelischen Theologie am nächsten, wie seine Gesamthaltung eine überkonfessionelle Tendenz erkennen läßt."

519. Heinrich Fries, Die katholische Religionsphilosophie der Gegenwart. Der Einfluß Max Schelers auf ihre Formen und Gestalten. Eine problemgeschichtliche Studie, Heidelberg 1949, 398 S.
Hessen wird eine eigener Abschnitt gewidmet, S. 194-211. Von S. 205 bis 211 ist von den "Grenzen" von Hessens Religionsphilosophie die Rede. Besonders die Auffassung der Gottesbeweise grenzt bei ihm "bedenklich an den Nominalismus" (210). Auch der Aufbau der Religionsphilosophie vom Wertgedanken aus wird abgelehnt. "Deswegen kann nicht eine Philosophie der Werte, sondern eine Philosophie des Seins das letzte Wort der Religionsphilosophie sein" (211). - Vgl. Nr. 531.

520. Henri de Lubac, Vom Erkennen Gottes, übersetzt von Robert Scherer, Freiburg (Herder) 1949, VII und 134 S.
Stark an Augustinus, Bonaventura und Malebranche orientierte philosophische Gotteslehre, die bereits durch ihre aphoristische Form von der herkömmlichen Theologik weit unterschieden ist. Große Verwandtschaft mit Hessen. "Der Satz, die Existenz Gottes könne «bewiesen» (d.h. nachgeprüft) werden, wie man zuweilen sagen hört, entbehrt jeden Sinnes" (29). Das Buch erschien mit dem Freiburger Imprimatur.

521. Heinrich Hermelink, Katholizismus und Protestantismus im Gespräch um die Una Sancta, Stuttgart 1949, VIII und 146 S.
S. 16, S. 24 Nennung Hessens als Erneuerer der kath. Sicht Luthers und als innerkatholischer Reformschriftsteller.

522. Hans Urs von Balthasar SJ, Theologie und Heiligkeit. Zur Revision der Scholastik. In: Frankfurter Hefte 4(1949), Heft 4 vom April 1949, 311-23.
"Die Heiligen, verschüchtert durch den Stacheldraht von Begrifflichkeiten, den man um die evangelische Wahrheit gezogen hat, wagen es nicht mehr, an der echten und notwendigen Auslegung des Dogmas als Gleichberechtigte weiterzuarbeiten" (317). - Angriff auf die Neuscholastik, allerdings mehr von einem mystisch-spirituellen als von einem historisch-kritischen Standpunkt aus.

523. Max Pribilla SJ, Interkonfessionelle Verständigung. In: StdZ 143(1948/49), Februar 1949, 329-42.
In diesem allgemeinen Rundblick zu dieser Thematik wird Hessens "Luther in katholischer Sicht" (1947) kritisiert, da bei ihm "Luthers Bild allzu licht erscheint und die Gegensätze der Wirklichkeit ihre Schärfe verlieren, ja fast zu bedauerlichen Mißverständnissen sich verflüchtigen" (339).

524. Alfred Werner rez. Hessens "Lehrbuch der Philosophie" Bd. I-III. In: Philosophische Studien 1(1949) 110f., 480-82; 2(1950/51) 236f.
Der Hauptherausgeber dieser neuen, der praktischen Philosophie gewidmeten Zeitschrift findet begeisterte Worte über die systematische Leistung und die "eigenen Denkresultate" des Wertphilosophen und Ethikers Hessen (237).

525. H. v. Campenhausen, Neuere Augustinus-Literatur. I. In: Theologische Rundschau 17(1948/49) 51-72.
S. 58f. sehr lobende Stellungnahme zu Hessens "Augustins Metaphysik der Erkenntnis" von 1931.

526. Novatus Picard O.F.M./Rom rez. Hessens "Religionsphilosophie" (1948). In: Wort und Wahrheit 12(1949) 184-186.
Völlig ablehnend. Hessens Positionen führen notwendig zum "Relativismus".

527. Jakob Barion rez. Hessens "Religionsphilosophie" I und II (1948). In: PhJb 59(1949) 252f.
Lobende Anerkennung bei vorsichtiger Distanzierung resp. Ausweichen vor ein Stellungnahme zu den umstrittenen Thesen H.s.

528. A. Brunner SJ rez. Hessens "Religionsphilosophie" I und II (1948). In: Scholastik 20/24(1949) 275-78.
"Der Verf. sieht ja in der Tat in den religiösen Begriffen eine Rationalisierung des Erlebnisses, die notwendig und nützlich ist, aber nur symbolischen Charakter besitzt. Aber folgt daraus nicht, daß alle Religionen gleich wahr sind und sich nur dadurch unterscheiden, daß sie je besonderen Kulturen und Temperamenten besser angepaßt sind?" (277) - Rez. wirft Hessen vor, "augustinische Motive, phänomenologischen Realismus und Reste neukantianischen Kri-

tizismus" mit sich zu tragen, die "nicht zu einem völligen Ausgleich gekommen sind" (278). Zur Reaktion auf diese Rezension vgl. J. Hessen, Geistige Kämpfe, 100-109 sowie seine Rez. zu Brunner (hier Nr. 545). - Eine inhaltlich übereinstimmende Rez. veröffentlichte A. Brunner in: Giornale di Metafisica, Genova, 5(1950) 526-28. Hier wird die Gefahr der Hessenschen Thesen für das kath. Dogma besonders betont.

- 1950 -

529. J. Hessen, Lehrbuch der Philosophie. Dritter Band: Wirklichkeitslehre, München/Basel (Ernst Reinhardt Verlag) 1950, 371 S.
Vorwort dat. "Köln, Herbst 1949".
2., unveränd. Auflage ebd. 1962.
Vorwort dat. "Köln, Ostern 1962".
Rez.: V. Rüfner in: PhJb 60(1950) 349f.: positiv, behutsam lobend. - Vgl. Nr. 494, 503, 524, 539, 552, 577.
Übersetzung:
Tratado de Filosofía. III. Metafisica de la naturaleza. Metafisica del hombre. Metafisica del Universo. Trad. Lucia Piossek Prebisch, Buenos Aires (Sudamericana) 1962, 499 p.

530. J. Hessen rez. H. Straubinger, Religionsphilosophie mit Theodizee, 2. Aufl. Freiburg 1949. In: ThLZ 75(1950), Nr. 6 vom Juni 1950, Sp. 362.
Dieses Werk steht nach H. unter dem, was Sawicki bereits 1926 in seinem Buch über die Gottesbeweise bot und das Straubinger nicht einmal kennt.

531. J. Hessen rez. Heinrich Fries, Die katholische Religionsphilosophie der Gegenwart. Der Einfluß Max Schelers auf ihre Formen und Gestalten, Heidelberg 1949. In: ThLZ 75(1950), Nr. 2 vom Februar 1950, Sp. 102-104.
Hier als Text 10 ediert.

532. Karl Rahner SJ, Gefahren im heutigen Katholizismus, Einsiedeln 1950, 80 S.
Als Beispiel der von ihm bekämpften "latenten Häresie", welche so unehrlich ist, sich nicht offen der Verurteilung durch den "Römischen

Stuhl" zu stellen (68), nennt Rahner den "Reformkatholizismus" der beiden von Mensching und Mulert herausgegebenen Bände (hier Nr. 370, 436). Diese Werke enthielten "offene Häresien". Schlimmer noch als die "occulta oppugnatio" der Modernisten ist aber nach Rahner "die Haltung des Mißtrauens und des Ressentiments gegenüber dem kirchliche Lehramt", die weit verbreitet sei. Rahner verteidigt dann namentlich die Lehre vom Ablaß, dem Fegefeuer, vom Teufel und den Engeln und die Gebete für die Armen Seelen (74-76).

533. Eduard Stakemeier, Die Enzyklika "Humani generis". Eine Einführung in das päpstliche Rundschreiben vom August 1950 "über einige falsche Ansichten, welche die Fundamente der katholischen Lehre zu untergraben drohen". in: ThGl 40(195) 481-93.
Sehr einfach gehaltene Einführung und Paraphrase der o.g. Enzyklika durch den Zensor von Hessens "Religionsphilosophie". Im Mittelteil des Hauptkapitels befindet sich die Abwehr von "ungerechten Angriffen gegen die scholastische Philosophie" (492).

534. Hugo Rahner SJ, Hemmschuh des Fortschritts? Zur Enzyklika "Humani generis". In: StdZ 147(1950/51), Dezember 1950, 161-171.
Stark apologetische Darbietung der Enzyklika.

535. Ignaz Backes, Die Enzyklika "Humani generis" vom 2. August 1950 und die Wissenschaft. in: Trierer Theologische Zs. 59(1950), Heft 11/12 vom Nov/Dez. 1950, 326-32.
Nachdem der Autor, Prof. für scholastische Theologie am Trierer Priesterseminar, zuerst eine Paraphrase der Enzyklika geboten hat (S. 326-29), wendet er sich der Frage zu, wen der Papst konkret mit den vielen Irrtümern, die er verurteilt, treffen wolle, und nennt als für Deutschland einschlägige Autoren diejenigen der beiden Bände von Mensching und Mulert (hier Nr. 370, 436). Sodann zeigt sich Backes (S. 330) über den "Kreis der Freunde der Erneuerung der Kirche in Deutschland" unterrichtet, deren "Richtlinien" er kennt (S. 330). Er zitiert dann Passagen daraus, die das typische Gepräge Hessens tragen. Jeder halbwegs Eingeweihte wußte jetzt Bescheid. Die "Richtlinien" sind ediert bei O. Schroeder, Aufbruch und Mißverständnis, 474-78.

536. Oskar Schroeder, Philosophie und Weltanschauung. In: ThR 46(1950) Sp. 1-6.

Zu: Aloys Müller, Welt und Mensch in ihrem irrationalen Aufbau, 1947.
Zum ersten Mal wurde einem Mitglied des Freundeskreises von Hessen ein Leitartikel in der Theologischen Revue zugestanden.

537. F. Schneider rez. Hessens "Scheler" (1948). In: ThLZ 75(1950) Heft 1 vom Januar 1950, Sp. 49f.
Sehr anerkennend.

538. J. B. Lotz SJ rez. Hessens "Existenzphilosophie" (1948). In: Scholastik 25(1950) 443f.
Im Schlußresümee überraschend lobend und anerkennend. Kritik eigentlich nur an der kritischen Stellung Hessens zu Heidegger. Lotz meint, daß man nach dessen "Brief über den Humanismus" nicht mehr von "«tragischem Humanismus» [...] oder gar von «Atheismus» bei Heidegger reden" dürfe.

539. D.S. rez. Hessens "Lehrbuch" Bd. 2 (1948). In: Die neue Ordnung. Zs. für Religion, Kultur, Gesellschaft 4(1950), Heft 1, 95f.
Hessens Wertlehre wird in dieser Zeitschrift der Dominikaner prinzipiell abgelehnt.

540. Winfried Schmitt rez. Hessens "Religionsphilosophie", 2 Bde. (1949). In: Welt und Wort. Literarische Monatsschrift 5(1950) Heft 3 vom März 1950, S. 131.
"... und vor allem das Enthüllen des göttlichen Glanzes und der strahlenden Wertfülle des religiösen Bezirkes machen sein umfassendes Werk zur besten Dastellung des Gesamtgebietes der Religionsphilosophie, die wir heute besitzen".

- 1951 -

541. **J. Hessen, Die Werte des Heiligen. Eine philosophische Schau der religiösen Wertwelt, Regensburg (Pustet), 2. Auflage 1951, 244 S.**
Vorwort dat. "Köln, Ostern 1951".
Hessen bemerkt hier, daß in dieser Neuauflage der abschließende Teil der Erstauflage von 1938 (dort S. 235-74) weggelassen wurde, da dieser in der "Religionsphilosophie" enthalten sei. Dieser dritte Teil der Erstauflage bestand aus 2 Kapiteln: "Das religiöse Werterlebnis und

sein Wahrheitsanspruch" und "Philosophische Rechtfertigung der Religion".

542. J. Hessen, Die Philosophie des 20. Jahrhunderts, Rottenburg (Bader'sche Verlagsbuchhandlung) 1951, 190 S.
Imprimatur Rottenburg 19.12.1950 Dr. Hagen, Generalvikar.
Neubearbeitung von Nr. 437.
Vorwort dat. "Köln, Ostern 1951".
Rez.: J.A. Vásquez in: Notas y Estudios de Filosofía (Tucuman) 3(1952) 169f.

543. Der religiöse Sinn des neuen Dogmas. Von einem katholischen Theologen. In: Ökumenische Einheit. Archiv für ökumenisches und soziales Christentum, hrsg. von F. Heiler und F. Siegmund-Schultze, 2. Jg. (1951), Heft 2, 134-136.
Der Verfasser ist, am Stil eindeutig erkennbar, Hessen. Maria ist ihm die "mystische Rose". Er schließt sich theologiehistorisch an den Aufsatz O. Schroeders in der Hessen-Festschrift (1949) an. Abschließend sieht er das Himmelfahrtsdogma so: "Jede anima christiana soll eine «assumpta» sein, aufgenommen in Gottes erbarmende Liebe, aufgenommen in seinem Gnadenhimmel, lebend aus seiner Liebesgesinnung" (136).

544. J. Hessen rez. Heinrich Fries, Die Religionsphilosophie Newmans, Stuttgart 1948. In: ThLZ 76(1951), Nr. 1 vom Januar 1951, Sp. 50.

545. J. Hessen rez. August Brunner, Der Stufenbau der Welt, München/Kempten 1950. In: ThLZ 76(1951), Nr. 8 vom August 1951, Sp. 488f.
Für Brunner gilt immer noch: Wertordnung = Seinsordnung. H. wirft Brunner "Intoleranz" in seinen Rezensionen vor. Vgl. J. Hessen, Geistige Kämpfe, 99f. und hier die Einleitung Kapitel 6.

546. J. Hessen rez. Marcel Reding, Die Existenzphilosophie (1949) und N. Hartmann, Philosophie der Natur (1950). In: ThLZ 76(1951), Nr. 9 vom Sept. 1951, Sp. 565f.

547. J. Hessen rez. Walter Brugger SJ, Philosophisches Wörterbuch, 3. Aufl. Freiburg 1950. In: ThLZ 76(1951), Heft 10 vom Oktob. 1951, Sp. 613.
H. tadelt das Totschweigen nichtscholastischer Autoren wie Hertling, Schell, Al. Müller und seiner selbst.

548. Franz Körner, Das Prinzip der Innerlichkeit in Augustins Erkenntnislehre. Theol. Diss. Würzburg 1951, 173 S. masch.-schriftl.
Der Autor war Schüler Steinbüchels in Tübingen (auch Guardinis, Adams und Sprangers), promovierte aber nach dem Tode Steinbüchels in Würzburg. S. 3 erkannte er Hessens historische Methodik in der Augustinusforschung "rückhaltlos" an.

549. Rudolf Hermann, Zur Religionsphilosophie. In: ThLZ 76(1951), Nr. 8 vom August 1951, Sp. 449-462 (Leitartikel).
Rezensionsaufsatz zu H.s "Religionsphilosophie" (I-II, 1948). Sehr anerkennend. Obwohl der Verf. gewisse Schwierigkeiten mit den Grundgedanken der Hessenschen Lehre von der Gotteserkenntnis hat, zögert er nicht, das Werk als maßgebend in seiner Epoche zu bezeichnen. Rudolf Hermann, geb. 1887, war seit 1927 o. Prof. für systematische Theologie in Greifswald.

550. Fritz Hammacher, Ein offenes Wort zum "Fall Hessen". In: aufklärung, Jg. 1, Heft 7 vom 1.12.1951, 189-91.
Diese in Gelsenkirchen (Ruhr-Verlag) erscheinende Zeitschrift hatte ihre Redaktion in Köln und stand von ihren Herausgebern (u.a. J. van Nes Ziegler) her wohl der SPD nahe.

551. Hans Meyer, Christliche Philosophie? In: Münchener Theologische Zs. 2(1951) 390-430.
Umfassender Überblick über alle Versuche christlichen Philosophierens in der Gegenwart, bes. im Hinblick auf Jaspers und Heidegger. Die Neuscholastik wird S. 397 quasi ad acta gelegt.

552. D.C.V. [= Daniel Cruz Vélez] rez. Hessens "Lehrbuch der Philosophie" (3 Bde.). In: Ideas (Bogotá), Jg. 1951, Nr. 1, 67-72; Nr. 2, 164-67.
Sehr empfehlend, ausführliches Referat.

- 1952 -

553. **J. Hessen, Das Kirchenjahr im Lichte der Frohbotschaft. Mit einem Geleitwort von Rudolf Daur, Stuttgart (Eberhard Klotz Verlag) 1952, 419 S.**
Inhaltlich identisch mit J. Hessen, Die Frohbotschaft für die Menschen von Heute (1947).
Vgl. J. Hessen, Geistige Kämpfe, 255-59.
Rez.: Friedrich Heiler in: Oekumenische Einheit, 3. Jg., Heft II, 1952, 156: sehr empfehlend.

554. **J. Hessen rez. Bernhard Häring, Das Heilige und das Gute (1950) In: ThLZ 77(1952), Nr. 4 vom April 1952, Sp. 240.**
H. erblickt in diesem Werk eine scholastisch gebundene Arbeit, die daher nicht das neuere Diskussionsniveau erreiche.

555. **Engelbert Gutwenger SJ, Wertphilosophie mit besonderer Berücksichtigung des ethischen Wertes (= Philosophie und Grenzwissenschaften. Schriftenreihe, hrsg. vom Innsbrucker Institut für scholastische Philosophie, VIII. Bd., 1. und 2. Heft), Innsbruck 1952, 208 S.**
Gelegentliche scharfe Kritik an Hessen, nach dem die Existenz Gottes "nicht höher anzuschlagen ist als ein Postulat", ebenso wie das Kausalprinzip (27). "Die Fähigkeit, Werte zu erfassen, wird von Hessen ins Gefühl verlegt" (ebd.). Die "rein subjektiv gefaßte Beschreibung des Wertes" ist unzureichend; auf die Frage nach der ontologischen Grundlage bleibt Hessen "die Antwort schuldig" (49). - Vgl. Nr. 564.

556. **Aloys Müller, Seinsethik und Wertethik. in: Archiv für Philosophie 4, 3. Heft (Juli 1952) 243-52 und 4, 4. Heft (Dezemb. 1952) 339-62.**
Gegen die scholastischen Ethiker Wittmann, Ermecke und Nink SJ gerichtete Auseinandersetzung.

557. **Gottlieb Söhngen, Die Theologie im Streit der Fakultäten. In: Hochland 44(1951/52), Februar-Heft 1952, 225-38.**
"Die Herrschaft des Aristoteles wirkte sich freilich, je länger, desto mehr als schwere geschichtliche Belastung aus, und zwar sowohl für Philosophie und Naturwissenschaft wie auch für die Theologie" (S. 231). Die an sich hier fällige Erwähnung Hessens findet nicht statt.

- 1953 -

558. **J. Hessen, Universitätsreform. Mit einem Anhang: Neonazismus an deutscher Universität?, Düsseldorf/München/Hamburg (Progress-Verlag Johann Fladung) 1953, 30 S.**
Vorwort dat. "Köln, Februar 1953".
Der Anhang (16-30) lautet: Neonazismus an deutscher Universität? Aktenmäßige Darstellung der Behandlung eines Naziopfers seitens der Universität Köln von Fabrikdirektor i.r. Johannes Scherer, Bensberg.
In der 2. Auflage (1955) wurde der Anhang weggelassen. Der 1. Teil erschien auch - mit demselben Titel - in: Heute und Morgen, Jg. 1953, H. 4, 242-48.
Vgl. J. Hessen, Geistige Kämpfe, 205ff. sowie hier die Einleitung, Kapitel 6.

559. **J. Hessen rez. Etienne Gilson, Der Geist der mittelalterlichen Philosophie, Wien 1950. In: ThLZ 78(1953), Nr. 1 vom Jan. 1953, Sp. 31f.**
Scharfe Kritik, ausgehend von der These Gilsons, daß die Exodus, Kap. 3 gegebene Gottes-Bezeichnung "Ego sum qui sum" soviel bedeutet wie die scholastische Lehre, daß in Gott Wesen und Existenz identisch sind (bei Gilson S. 59). "Damit haben wir bereits an die Grundlage der Gilsonschen Sicht gerührt. Nur deshalb vermag er in der christlichen Philosophie eine Fortsetzung und Vollendung der griechischen zu erblicken, weil er die Eigenstruktur der beiden Geisteswelten, der biblischen und der griechischen, nicht scharf genug sieht". Gilson hat von E. Hatch (1892), R. Eucken (1910), H. Scholz (1929), E. Brunner (1938) und R. Bultmann (1949) keine Notiz genommen, ebensowenig von H.s eigenem Buch "Platonismus und Prophetismus" (1939), bei welchen Autoren der radikale Gegensatz von griechischem und christlichem Denken genügend hervorgehoben wurde.
"Hätte Gilson alle diese Forschungen gekannt, so hätte er seine These wohl weniger zuversichtlich aufgestellt. Er hätte sich dann wohl die Frage vorgelegt, ob das, was er «christliche Philosophie» nennt, überhaupt auf dem Boden des Christentums ursprünglich entstanden ist. In Wirklichkeit ist es doch so gewesen, daß das Christentum sich zu seiner begrifflichen Ausdeutung und Ausformung einer Philosophie bediente, die auf einem ganz anderen, nämlich griechischem Boden er-

wachsen ist. Mit Recht hat Scheler betont, daß "die gedankliche und philosophische Ausprägung dieser einzigartigen Revolution des menschlichen Geistes in fast unbegreiflicher Weise versagt" hat. "Es gibt in diesem Sinne und gab nie eine christliche Philosophie, sofern man unter diesen Worten nicht, wie üblich, eine griechische Philosophie mit christlichen Ornamenten, sondern ein aus der Wurzel und dem Wesen des christlichen Grunderlebnisses durch selbstdenkerische Betrachtung und Erforschung der Welt entsprungenes Gedankensystem versteht" (Krieg und Aufbau, Leipzig 1916, S. 411). Wer sich das klar gemacht hat, muß Gilsons These die Zustimmung versagen, mag er ihm auch für die lichtvolle Darstellung der scholastischen Denkarbeit noch so dankbar sein."

560. **J. Hessen rez. N. Hartmann, Das Problem des geistigen Seins, ²Berlin 1949. In: ThLZ 78(1953), Nr. 3 vom März 1953, Sp. 165f.**
Hessen tadelt den radikalen Immanentismus dieses Werkes.

561. **J. Hessen rez. Edith Stein, Endliches und ewiges Sein, Louvain 1950. In: ThLZ 78(1953), Nr. 5 vom Mai 1953, Sp. 309-11.**
H. stellt fest, daß E. Stein in diesem Werk auf einem schlechthin scholastischen Standpunkt steht. Dann aber folgt ein erschütterter Nachruf auf die im KZ ermordete Philosophin, deren Leben sich weit über den Begrenztheiten ihrer Lehre bewegt habe. Aus den Erinnerungen H.s geht übrigens nicht hervor, daß er sie persönlich gekannt hätte.

562. **J. Hessen rez. Albert Hartmann SJ (Hrsg.), Bindung und Freiheit des katholischen Denkens. Probleme der Gegenwart im Urteil der Kirche, Frankfurt 1952. In: ThLZ 78(1953), Nr. 6 vom Juni 1953, Sp. 358f.**
Hessen kritisiert diese Apologie der Enzyklika "Humani generis" vom 12.8.1950, die aus verschiedenen Beiträgen deutscher Jesuiten besteht, grundsätzlich: "Dabei vergißt er [der Hrsg.] freilich, sich die Frage vorzulegen, ob eine kirchlich normierte Philosophie noch imstande ist, jene wichtige Aufgabe zu erfüllen, die der Philosophie im katholischen Lehrsystem zufällt und die darin besteht, daß sie das rationale Fundament für das Glaubensgebäude legt. Unterstellt man die Philosophie theologischen Normen, so macht man sie von der Theologie abhängig und kehrt das Verhältnis um: die Philosophie ist jetzt nicht mehr die

Grundlage der Theologie, sondern die Theologie Grundlage der Philosophie". Im Einzelnen bemerkt Hessen, daß J.B. Lotz S.J. nach der Enzyklika seine optimistische Wertung des Existentialismus einschränke. "Ganz in den Bahnen der traditionellen, scholastischen Auffassung bewegt sich der dritte Beitrag: «Gotteserkenntnis und Gottesbeweis» von J. de Vries S.J.". - "Für die beiden folgenden, bibelwissenschaftlichen Abhandlungen ist charakteristisch, daß sie die absolute Irrtumslosigkeit der Hl. Schrift sowie den historischen Charakter der in den ersten Kapiteln der Genesis enthaltenen Erzählungen bejahen und verteidigen". Abschließend kritisiert Hessen die Stellung O. Semmelroths SJ zur Dogmenentwicklung, der auf S. 230 des Buches schreibt: "Wenn das Dogma einmal formuliert ist, hört es auf, eigentlicher Gegenstand der Entwicklung zu sein".

563. **J. Hessen rez. Alfred Kastil, Die Philosophie Franz Brentanos, Bern 1951. In: ThLZ 78(1953), Nr. 6 vom Juni 1953, Sp. 364.**
H. begrüßt dieses Buch sehr. An diesem Ort kann aber nicht untersucht werden, ob H. irgendetwas vom Denken Brentanos wirklich rezipiert hat.

564. **J. Hessen rez. Engelbert Gutwenger SJ, Wertphilosophie, Innsbruck 1952. In: ThLZ 78(1953), Nr. 7 vom Juli 1953, Sp. 433.**
Dem Autor wird vorgeworfen, die neuere katholische Wertphilosophie gar nicht zu kennen. Als jetzt maßgebliche Schriftsteller auf diesem Gebiet nennt Hessen: Steinbüchel, Aloys Müller, Müncker, Schöllgen und Guardini. Vgl. J. Hessen, Geistige Kämpfe, 94-96.

565. **J. Hessen rez. Abhandlungen über Theologie und Kirche. Festschrift für Karl Adam, hrsg. von Marcel Reding, Düsseldorf 1952. In: ThLZ 78(1953), Nr. 10, Oktob. 1953, Sp. 592f.**
Hier als Text 11 ediert.

566. **J. Hessen rez. Johannes Brinktrine, Die Lehre von Gott. 1. Bd.: Von der Erkennbarkeit, vom Wesen und von den Vollkommenheiten Gottes, Paderborn 1953, und: Max Rast [SJ], Welt und Gott. Philosophische Gotteslehre, Freiburg 1952. In: ThLZ 78(1953), Nr. 10 vom Oktober 1953, Sp. 625-27.**
"In diesem ersten Band seiner auf mehrere Bände berechneten Dogmatik behandelt der Paderborner Theologieprofessor gemäß der ratio, der

doctrina und den principia des «Doctor communis» (wie der Codex iuris canonici in can. 1366, § 2 es vorschreibt) die im Untertitel angegebenen Themen der Gotteslehre. Der enge Anschluß an Thomas kommt schon darin zum Ausdruck, daß an der Spitze der Literaturangabe durchweg die Stelle der Summa theologica steht, an der die betreffende Frage behandelt wird. So bietet das Werk reine Scholastik. Die Frage, ob diese ganze Gotteslehre nicht zutiefst gesehen mehr als ein Erzeugnis des griechischen denn es biblischen Denkens angesprochen werden muß, kommt dem Verfasser anscheinend gar nicht. Für ihn besitzt eben die Aristotelisierung der christlichen Theologie durch Thomas absolute Geltung". - Auch das Werk von Rast "ist ebenfalls reine Scholastik". Beiden Werken ist auch der vom Kausalprinzip getragene Gottesbeweis zu eigen.

567. Ekkehart Staritz, Vom Schein zum Sein. Von der Phänomenologie zur Philosophia Perennis. Ein Abriß der Philosophie des 19. und 20. Jahrhunderts, Bonn 1953, 127 S.
Strenger Thomismus, daher interessant die Darstellung der Neuscholastik S. 103-117. Die "theistisch-teleologische Metaphysik bildet das Kernstück der philosophia perennis" (125). Der Autor war wohl nicht immer Thomist gewesen.

568. Alois Guggenberger, Philosophie oder Philosophieren? - Zur Löwener Philosophenschule. In: PhJb 62(1953) 226-40.
Die Quasi-Dogmatisierung des Thomismus war ein "Mißverständnis". Ohne Hessens Büchlein über Thomas von 1926 zu zitieren, werden hier fast 30 Jahre später dessen Forderungen nach einer freien, rein wissenschaftlichen Diskussion erneuert. S. 234 wird der Thomismus radikal in Frage gestellt.

569. Robert Grosche, Die Enzyklika "Humani generis". In: Catholica 9(1953) 35-48.
Der Autor betont besonders den Thomismus. Der Tonfall der völligen Unterwürfigkeit, den G. anschlägt, dürfte vielen Lesern wohl schon damals unerträglich gewesen sein.

570. Hans Urs von Balthasar, Thomas von Aquin im kirchlichen Denken von heute. In: Gloria Dei 8(1953), Heft 2, 65-76.

Der erste Satz lautet: "Thomas von Aquin, der noch vor kurzem in der Philosophie und Theologie eine Art Mitte der Beruhigung und des Ausgleichs bedeutete, ist heute fast zur Mitte einer neuen Beunruhigung und Aporetik geworden." Die komplizierten Gedankengänge dieses Beitrages sind am ehesten so zu charakterisieren, daß de facto als höchste lebende Autorität K. Barth (auf dem Wege zur Scholastik!) angerufen wird. Haßgefühle gegen Liberalismus und Modernismus werden nicht verhehlt.

571. J. P. Steffes rez. Hessens "Religionsphilosophie", Bd. I und II, Essen 1948. In: ThR 49(1953), Nr. 4/5, 165f.
Relativ positiv, jedoch mit der Haupteinschränkung, daß H. nicht klar die Beweisbarkeit der Religion sehe.

- 1954 -

572. J. Hessen, Ethik. Grundzüge einer personalistischen Wertethik, Leiden (E.J. Brill) 1954, 168 S.
Vorwort dat. "Köln, Epiphanie 1954".
Zweiter, unveränderter Druck, ebd. 1958, X u. 168 S.
Vorwort dat. "Köln, Ostern 1958".
Rez.: G. Jacoby in: DLZ 79(1958), Heft 4 vom April 1958, 298-300: sehr anerkennend. - Soaje Ramos in: Sapientia. Revista Tomistica de Filosofía (La Plata) 13(1958) 286-88. - Bonifacius a. S.M. Honings O.C.D. in: Ephemerides Carmeliticae (Firenze) 9(1958), 276-78. - Vgl. Nr. 604f., 629.

573. J. Hessen, Die Ewigkeitswerte der augustinischen Philosophie. In: Augustinus Magister. Congrès international augustinien, Paris, 21- 24 septembre 1954, Bd. 1, Paris s.a., 411-16.
Bemerkenswerter als dieser knappe Kongreßbeitrag ist der historisch-kritische Aufsatz von Viktor Warnach O.S.B, Erleuchtung und Einsprechung bei Augustinus, ebd. 429-49, in dem vielfach auf Hessen, meist zustimmend, Bezug genommen wird. Die so lange verteidigte These der Neuscholastik, auch bei Augustinus liege die "Abstraktion" im Erkenntnisprozeß vor, wird ganz im Sinne Hessens abgelehnt.

574. Albert Mitterer, Weltbildvergleichende Thomasforschung und kritischer Thomismus. In: ThQ 134(1954) 148-90.

Auf Einladung der Redaktion der ThQ bietet M. hier eine Zusammenfassung seiner über zwanzigjährigen Erforschung des Weltbildes Th. v. Aq.s; gleichzeitig auch gegen Georg Pfaffenwimmer, Wandel im Weltbild nach Albert Mitterer (Divus Thomas, Frbg., 1953, 185-227) gerichtet. Gemeint ist stets das im strengen Sinne naturwissenschaftliche Weltbild, resp. die konkrete biologisch-physikalische Auffassung des Aquinaten, wobei den Zielpunkt aber die sich darauf stützende Metaphysik und Theologie der Scholastik bildet. Mitterer nennt hier seine zahlreichen früheren Aufsätze.

575. Franz Körner, Die Entwicklung Augustins von der Anamnesis- zur Illuminationslehre im Lichte seines Innerlichkeitsprinzips. in: ThQ 134(1954) 397-447.
S. 399ff. zustimmende Bezugnahme auf Hessens "Augustins Metaphysik der Erkenntnis" (1931), "auf dessen jüngste erkenntnistheoretische Ergebnisse wir uns in diesem Zusammenhang vor allem stützen dürfen".

576. Oskar Schroeder, Eine katholische Religionsphilosophie. Zu Johannes Hessens Werk. In: EHK, Jg. 1953/54, Heft 2, 109-114.
Zur 1. Auflage von Hessens "Religionsphilosophie" (1948): lobend, aber nicht ohne Kritik.

577. Hermann Schuster rez. Hessens "Lehrbuch der Philosophie" (Bd. 1-3, 1. Auflage). In: ThLZ 59(1954), Heft 10 vom Oktober 1954, Sp. 627-32.
Sehr hervorragendes, manchmal begeistertes Lob. Inhaltlich manche Divergenz, aber stets die Bedeutung des Werkes hervorhebend. - Dr. theol. H. Schuster war Honorarprof. der evang. Theologie in Göttingen.

- 1955 -

578. J. Hessen, Universitätsreform. Ein Vortrag. Zweite Auflage, Düsseldorf (Progress-Verlag Johann Fladung), 1955, 19 S.
S. 5 Widmung "Friedrich Wilhelm Foerster/dem tapferen Vorkämpfer für eine ethische Erneuerung/des kulturellen Lebens/in Verehrung und Verbundenheit/gewidmet".
Vorwort zur zweiten Auflage dat. "Köln, 1. Februar 1955".

Im Vorwort wird den Gutachtern Guardini, Heiler, Jaspers, Leese, Pfeil und Wenzl, die ihm zur "Wiedergutmachung" verhalfen, gedankt und begründet, warum jetzt der Anhang zur 1. Auflage weggelassen werde. Jedoch teilt Hessen S. 17 noch einiges zu dem "neunjährigen Kampfe" mit.

579. **J. Hessen, Religionsphilosophie, 2. Auflage, 2 Bde., München/Basel (Ernst Reinhardt) 1955, 306 u. 338 S.**
Unveränderte Neuauflage.
Vorwort dat. "Köln. Ostern 1955".
Rez.: F. Grossart in: Archiv für Philosophie 5(1954/56), Heft 3 vom April 1955, 348-52: kritisch bis positiv. - D.R.R. in: Revue Bénédictine 66(1956) 333f. - H. Fries in: ThQ 136(1956) 122f.: ausweichend. - Rud. Hermann in: ThLZ 81(1956), Nr. 7/8, Sp. 465: tadelt mangelnde Neueinarbeitung zahlreicher Denker. - Placidus Wolf OSB in: Seckauer Hefte 19(1956), 4. Heft, 202: "Trotz der anzubringenden Fragezeichen aber bleibt dem mutigen Werk sein außerordentlicher Wert; es wird seine Bedeutung von Tag zu Tag mehr erweisen". - Wilh. Keilbach in: Münchener Theologische Zs. 8(1957) 311-13: kritisch. - Alois Gruber in: ThprQS 105(1957) 153f.: sehr positiv. - Gerta Gittler in: Philosophischer Literaturanzeiger 10(1957), Heft 4, 184-88: anerkennend. - Gerhard Frei in: Zs. für Missions- und Religionswissenschaft 41(1957) 83f.: bemängelt die fehlende Einbeziehung z.B. von C.G. Jung, Oth. Spann, J. Engert, Rosenmöller. - Anon. in: Revue de Métaphysique et de Morale 62(1957) 226: volle Anerkennung für diese "fruit de plus de trente ans de labeur et de réflexion; ce grand traité, bien écrit et bien composé, est agréable à lire". - B. Duroux O.P. in: Freiburger Zs. für Philosophie und Theologie 5(1958) 79f.: zutiefst ablehnend. - Lieselotte Richter in: Verkündigung und Forschung. Theologischer Jahresbericht 1956/57, hrsg. von Ernst Wolf, München, Lieferung 3, 1959, 223f. - X. Truffer in: Archives de Philosophie 22(1959) 152f.: kritisch. - D.E.D in: Irénikon (Chevetogne) 33(1960) 266: positiv. - Vgl. Nr. 612, 620f., 631f., 653, 667.

580. **J. Hessen, Platonismus und Prophetismus. Die antike und die biblische Geisteswelt in strukturvergleichender Betrachtung, 2. Auflage, München (E. Reinhardt) 1955, 240 S.**

Rez.: Cassian Frins O.F.M./Paderborn in: Franziskanische Studien 38(1956) 221f.: "Die weitgehende Zustimmung, die das Buch bei seinem ersten Erscheinen gefunden hat, wird ihm sicher auch heute wieder zuteil werden". - Jacobs in: Religion und Weltanschauung 11(1956), 4. Heft vom Juli/August 1956, 145: lobend. - Johann Hempel in: Gnomon 30(1958), 59f. und in ThLZ 81(1956), Nr. 11, Sp. 674: lobend. - Heinrich Groß in: Trierer Theologische Zs. 65(1956) 318: durchaus zustimmend. - G. Lambert SJ in: Nouvelle Revue théologique 78(1956) 758. - J. Koenig in: Revue d'histoire des religions, avril-juin 1960, 234. - Vgl. Nr. 605, 610f., 617, 620, 630, 670, 681.

581. J. Hessen, Thomas von Aquin und wir, Basel (Ernst Reinhardt) 1955, 145 S.
Neuauflage von "Die Weltanschauung des Thomas von Aquin" (1926), wobei die Einleitung, der dritte Teil und der Schluß stark umgearbeitet, der erste und zweite Teil unverändert geblieben sind. Hessen hat diese Neuauflage schon lange geplant, denn in seiner Religionsphilosophie Bd. II (1948), 106 Anm. 32 spricht er davon, daß diese 1948 in Stuttgart erfolgt sei oder erfolge.
Kein Imprimatur.
Rez.: J.H. Walgrave in: Tijdschrift voor Philosophie 18(1956) 508f.: ablehnend vom thomist. Standpunkt. - E. Blessing in: ThQ 137(1957) 347-52: eine für diese Zs. überraschend stark ablehnende Stellungnahme, die vor allem einen Überblick über die sechs wichtigsten päpstl. Dokumente bietet, die von 1879 bis 1953 stets aufs Neue den engen Anschluß an Th. v. Aq. zur Pflicht jedes katholischen Philosophen machten; S. 359. - J. de Vries SJ in: Scholastik 33(1958) 424-28: Rez. neben zwei anderen Büchern; nicht mehr völlig entschiedene Ablehnung der Hessenschen Thomas-Kritik. - W. Pannenberg in: ThLZ 83(1958), Nr. 5, Sp. 385f.: positiver Tenor mit leisen Zweifeln, ob H. dem Th. v. Aq. völlig gerecht geworden sei. - L. Steins Bisschop in: Bijdragen. Tijdschrift voor Filosofie en Theologie 20(1959) 216f.: deutlich ablehnend. - Remy Reul in: Revue Bénédictine 67(1957) 113: Lob mit Vorbehalten. - Walter Delius in: Deutsche Kommentare. Wochenzeitung für das ganze Deutschland, 8. Jg., Nr. 22 vom 2.6.1956, 6: positive Würdigung. - Julian Kaup O.F.M. in: Franziskanische Studien 39(1957) 75f.: vollkommen ablehnend bei geringer Argumentation. - Jos. Häupl in: ThprQS 105(1957) 154: positiv, aber mit Reserven. - Anon. in:

Christkatholisches Kirchenblatt, Nr. 8 von 1956. - Achim Besgen in: Philosophischer Literaturanzeiger 14(1961) 199-202. - L. van Acker in: Revista brasileira de Filosofía 9(1959) 202-207. - A.P. de C. in: Kriterion (Belo Horizonte, M. G., Brasil) 12(1959) 525-27. - Vgl. Nr. 604f., 609, 611, 619f. 627.

582. **J. Hessen, Der Sinn des Lebens, 4. Auflage, Münster (Aschendorff) 1955, 158 S.**
Rez.: Renatus Hupfeld in: ThLZ 82(1957) 619f. hält das Werk für unaktuell in der gegenwärtigen Krise.

583. **J. Hessen, Die Methode der Metaphysik, 2. Auflage, Bonn/Hannover (F. Dümmlers Verlag 1955), 64 S.**

584. **J. Hessen, Ansprache auf der Paulskirchenkundgebung am 29.1.1955 (ohne Überschrift). In: Rettet Einheit, Freiheit, Frieden! Gegen Kommunismus und Nationalismus! 16 S., Frankfurt/M. o.J. (1955).**
Dieser Druck (Unions-Druckerei Frankfurt/M.) enthält alle Ansprachen dieser Versammlung, S. 7-8 diejenige Hessens. S. 14-16 die Namen der Unterzeichner der betr. Resolution. Ein Ex. in NL Hessen, fasz. 51. - Eine etwas gekürzte Fassung in: J. Hessen, Geistige Kämpfe, 260-62. Noch knapper in: Deutsche Volkszeitung. Wochenzeitung gegründet von Reichskanzler a.D. Joseph Wirth (Düsseldorf), Nr. 5 vom 5.2.1955, S. 4 (hier auch die Texte aller sieben Redner). Ebd. Aufrufe von Wirth und Elfes. In der großen Tagespresse, z.B. FAZ und Welt erschienen die Reden dieser Versammlung nicht, auch nicht in kürzester Zusammenfassung. Polemik gegen die Kundgebung: Günter Goez, Zweigeteilt zur deutschen Einheit? Die innere Unwahrhaftigkeit der Aktion in der Paulskirche. In: Rheinischer Merkur, Nr. 6 vom 4.2.1955, S. 3.

585. **Friede als sittliche Forderung. Rede von Professor D. Dr. Johannes Hessen, Köln auf der nichtöffentlichen Kundgebung des Deutschen Klub 1954 in Königswinter im Juni 1955, 3 S.**
O.O.o.J.; herausgegeben offensichtlich vom "Deutschen Klub 1954". Neu abgedruckt in: J.H., Geistige Kämpfe, 262-68.

586. Johannes Hessen, Das Gute und das Heilige. In: Zs. für philosophische Forschung 9(1955) 100-115.
Auseinandersetzung mit N. Hartmanns "Ethik" (1926).
Neu abgedruckt in Nr. 635, 89-107.

587. J. Hessen, Wissen und Glauben. In: Actes du deuxième congrès international de l'Union Internationale de Philosophie des Sciences, Zurich 1954, vol. IV (Philosophie et Science. Histoire de la Philosophie), Neuchatel 1955, 65-68.

588. J. Hessen rez. J. Brinktrine, Die Lehre von Gott. II: Von der göttlichen Trinität, Paderborn 1954. In: ThLZ 81(1955), Nr. 2 vom Februar 1955, Sp. 103f.
"Die zahlreichen trinitarischen Formeln des NT" sind nach E. Stauffer "genau genommen triadische Formeln, d.h. solche, in denen von einer Trias, nicht jedoch von einer Trinitas die Rede ist. (Was der Verf. zur Widerlegung Stauffers vorbringt, dürfte ein durch die Bibelkritik hindurchgegangenes Denken kaum befriedigen.) So wird man sagen müssen: Die spekulative Trinitätslehre ist eine mit den Denkmitteln der griechischen Philosophie vorgenommene Ausdeutung jener trinitarischen Formeln. Damit ist über ihren Wert noch nicht entschieden. Wohl aber ist dadurch deutlich geworden, daß die Frage nach dem Fundiertsein der spekulativen Trinitätslehre im NT weit schwieriger ist, als sich dem Verf. darstellt".

589. J. Hessen rez. Nikolai Hartmann. Der Denker und sein Werk. 15 Abhandlungen mit einer Bibliographie, hrsg. von H. Heimsoeth und R. Heiss, Göttingen 1952. In: ThLZ 8(1955), Nr. 3 vom März 1955, Sp. 172.
"In Hartmanns Denken war ein positivistisch-immanentistischer Zug wirksam, der sich in einer manchmal zur Animosität steigernden Ablehnung aller metaphysischen Spekulationen manifestierte". - "Seine bekannten «Antinomien zwischen Ethik und Religion» verraten nicht nur eine mangelhafte Versiertheit in diesen Fragen, sie machen auch offenbar, daß ihm der innere Zugang zur Sphäre des Heiligen fehlte. Er fehlte ihm aber deshalb, weil sein Menschentum einen Zug aufwies, der das Haupthindernis für den Eintritt in jene Sphäre bildete. Scheler sieht ganz richtig, wenn er den «postulatorischen Atheismus» Hartmanns auf die in Nietzsches Wort zum Ausdruck kommende, hybride Haltung

zurückführt: «Wenn es Götter gäbe, wie hielt ich's aus, kein Gott zu sein. Also gibt es keine Götter»". Hessen ist "tief traurig" gestimmt, daß dieser "in seiner Art gewiß bedeutende Philosoph" in den letzten Fragen des menschlichen Daseins "wesentlich negativ" Stellung bezogen habe.

590. J. Hessen rez. Nikolai Hartmann, Teleologisches Denken, Berlin 1951. In: ThLZ 89(1955), Nr. 11 vom Nov. 1955, Sp. 681.
Bei grundsätzlicher Kritik an Hartmann anerkennt Hessen partiell die "eindringliche Warnung vor einer unkritischen Anwendung der Finalitätskategorie. Auch hat sie darin unstreitig recht, daß die aristotelisch-scholastische Ursachenlehre, die durch die Ineinssetzung von causa formalis und causa finalis ein teleologisches Moment in die Wesensstruktur des Seienden aufnimmt, unhaltbar ist, obwohl sie heute noch von der gesamten Neuscholastik vertreten wird. (Hartmann nennt diese Lehre treffend «Koffertheorie»: man holt aus dem Sein heraus, was man vorher in das Sein hineingelegt hat.)". Aber auch Hartmann kommt ohne eine bestimmte Weltteleologie nicht aus.

591. Dr. Johannes Roth, Verschwörung gegen Deutschland. Ein sowjetzonales "Schwarzbuch" enthüllt Hintergründe der "Manifest-Bewegung". In: Rheinischer Merkur, Nr. 9 vom 25.2.1955, S.3.
Zu dem gleichnamigen Buch aus Berlin-Ost. "In trautem Triumvirat führen Kirchenpräsident Niemöller, Reichskanzler a.D. Wirth und Oberbürgermeister i.R. Elfes lange Listen «bekannter und einflußreicher Persönlichkeiten von gleicher patriotischer Gesinnung» [an], wobei natürlich, beispielsweise, auch Klara-Maria Faßbinder, Josef Emonds, Otto v. Hentig, Prof. Dr. Johannes Hessen, Prof. Dr. Hans Iwand, Generalmajor a.D. Otto Wagener ("Rheinisch-Westfälische"!), Präses Wilm usw. nicht fehlen".

592. Fernand van Steenberghen, La lecture et l'étude de saint Thomas. In: R. néosc. Louv. 53(1955) 301-20.
Betont die Bindung von Thomas an die platonische Ideenlehre, lehnt die Individuationstheorie des Aquinaten ab.

593. Hans Reiner, Über Grundbegriffe und Methode der Ethik. In: Zs. für philosophische Forschung 9(1955) 490-499. Neudruck in: ders., Die Grundlagen der Sittlichkeit. Zweite, durchgesehene und stark erweiterte

Auflage von Pflicht und Neigung, Meisenheim a.d. Glan 1974, 380-91 unter dem Titel: Der Begriff des Wertes. Die Methode und die Aufgabe der Ethik.
Kritisiert S. 383, 409 Hessen wegen dessen Anschlusses an Scheler.

594. Wilhelm Forster O.F.M., Die Ursachen der Reformation im Lichte der neueren kirchengeschichtlichen Literatur. In: Wissenschaft und Weisheit 18(1955), Heft 2 vom Juli 1955, 122-36.
Tadelt S. 136 Hessen: "Um das Phänomen Luther zu verstehen, übernimmt er ohne Bedenken den von protestantischen Theologen oft auf Luther angewandten, aber gefährlichen Begriff «Prophet»".

595. Timotheus Barth O.F.M., Zur Wachstumskrise der Neuscholastik. In: Wissenschaft und Weisheit 18(1955), Heft 2 vom Juli 1955, 141-44.
Bericht über diverse thomistische Kongresse. Nur der Skotismus kann der Neuscholastik aus der Sackgasse helfen!

- 1956 -

596. **J. Hessen, Griechische oder biblische Theologie? Das Problem der Hellenisierung des Christentums in neuer Beleuchtung, Leipzig (Verlag Koehler und Amelang) 1956, 198 S.**
Vgl. J. Hessen, Geistige Kämpfe, 253f. Zur 2. Auflage siehe unter 1962.
Rez.: J.H. Walgrave in: Tijdschrift voor Philosophie 18(1956) 513: eher ablehnend. - Vgl. Nr. 609.

597. **J. Hessen, Weihnachtsbotschaft. In: Blätter für deutsche und internationale Politik 1(1956/57), Heft 2, S. 33f. (dat. 20.12.1956).**
Die Weihnachtsbotschaft ruft zum Frieden auf.

598. **J. Hessen rez. F. Brentano, Grundlegung und Aufbau der Ethik, hrsg. von Franziska Mayer-Hellebrand, Bern 1952. In: ThLZ 81(1956), Heft 2 vom Februar 1956, Sp. 117.**

599. **J. Hessen rez. Karl Holzamer, Grundriß einer praktischen Philosophie, Frankfurt a.M. 1951. In: ThLZ 81(1956), Nr. 2 vom Februar 1956, Sp. 118.**

Das Buch ist für den Laien belehrend, jedoch "zu sehr durch die scholastische Tradition bestimmt".

600. J. Hessen rez. Nic. Hartmann, Ästhetik, Berlin 1953. In: ThLZ 81(1956), Nr. 2 vom Februar 1956, Sp. 118.
Hohe Anerkennung dieses Werkes, in dem Hartmann in Anlehnung an Hegel das Schöne als Erscheinungsform des Wahren und Guten analysiert.

601. Albert Mitterer, Die Entwicklungslehre Augustins im Vergleich mit dem Weltbild des Hl. Thomas von Aquin und dem der Gegenwart, Wien/Freiburg 1956, 346 S.
Dieser siebte Band in der Reihe "Wandel des Weltbildes von Thomas auf heute" des Verf. befaßt sich u.a. mit der Umdeutung der Augustinischen Entwicklungslehre durch Thomas von Aquin. Er resümiert: "Im Wettbewerb zwischen der Augustinischen Entwicklungs- und der Thomasischen Erzeugungsbiologie hat ohne Zweifel im Wesen die erste gesiegt und die zweite verloren" (S. 300).

602. Albert Mitterer, Formen und Mißformen des heutigen Thomismus. In: PhJb 65(1956, erschienen 1957) 86-105.
Laut Vorbemerkung war dieser Aufsatz sieben Jahre alt, entstand also 1949, in der Epoche der Enzyklika "Humani generis". Vgl. hier die Einleitung, Kapitel 7, Abschnitt b. Vgl. auch den Mitterer-Schüler Marcovics im Lit.-Verzeichnis.

603. L. de Raeymaeker, Thomisme als levende Filosofie. In: Tijdschrift voor Philosophie, 18. Jg. (1956), Nr. 1, Maart 1956, 3-26 (mit französischer Kurzfassung).
Äußerst bescheidene Ortsbestimmung des Neuthomismus. Philosophie ist eher der Kunst als den Wissenschaften zuzurechnen; das Wahrheitsstreben der Philosophie ist ein unendliches Kolloquium. - Msgr. Prof. L. de Raeymaeker war Präsident des "Institut Supérieur de Philosophie" in Löwen und insoweit Nachfolger Kard. Merciers.

604. Nikolaus Greitemann, Aussenseiter Johannes Hessen. In: Wort und Wahrheit 11(1956), H. 10 vom Oktober 1956, 801-803.
Eine recht animose Abrechnung dieses häufigen Mitarbeiters der in Wien redigierten katholischen Zeitschrift, die als Anlaß das Erscheinen

von H.s "Thomas von Aquin und wir" (1955) nimmt, aber weit darüber hinaus geht. Der Antithomismus H.s wird praktisch als Verrat empfunden, das Lob von Protestanten, wie Leese und Looff, als disqualifizierend. Die Attacke trägt Züge einer öffentlichen Denunziation, wie sie in der Epoche Stalins und McCarthys üblich war. Die Entgegnung Hessens in Nr. 615.

605. Oskar Schroeder, Neue Werke von Johannes Hessen. In: EHK, Jg. 1955/56, Heft II, 167-73.
Zu H.s "Ethik" (1954), "Platonismus und Prophetismus" (^{2}1955) und "Thomas von Aquin und wir" (1955).
Positive Würdigung mit mehreren, nicht bloß peripheren Einwendungen. Im Vorwort zur 2. Auflage seiner "Ethik" (1958), p. VIII beschwerte sich H. bitter über diese Kritik.

606. Josef de Vries SJ, "Seinsethik" oder Wertethik. In: Scholastik 31(1956) 239-44.
Kritik von Hessens "Ethik" (1954); Aloys Müllers "Welt und Mensch in ihrem irrealen Aufbau" (1951); J.B. Schuster, Philosophia moralis (1950); Josef Fuchs, Situation und Entscheidung (1952). Vor allem gilt jedoch die Auseinandersetzung Hessen, mit dem eine Verständigung gesucht wird.

607. Franz Körner, Deus in homine videt. Das Subjekt des menschlichen Erkennens nach der Lehre Augustins. In: PhJb 64(1955, erschienen 1956) 166-217.

608. Albert Mitterer, Hinreichender Grund und Bewegungssatz. Fingerzeige des Papstes. In: Münchener Theologische Zs. 7(1956) 184-200.
Mitterer nimmt Pius XII. für die Abkehr von dem thomasischen Gottesbeweis aus der Bewegung in Anspruch (S. 198).

609. J. Tonneau O.P. rez. Hessens "Thomas von Aquin und wir" (1955) und "Griechische oder biblische Theologie" (1956). In: Bulletin thomiste IX(1954-56), N. 3 von 1956, 1018-1019.
Vollständig ablehnend; räumt ein, daß es starker Selbstbeherrschung bedarf, keine Wut zu empfinden "devant cette monumentale incompréhension".

610. P. Franz Sales Ivancich OSB rez. Hessens "Platonismus und Prophetismus" (^{2}1955). In: Seckauer Hefte, hrsg. von der Abtei Seckau, Steiermark, 19. Jg. (1956), 3. Heft, 172-74.
"In diesem glänzend geschriebenen Werk arbeitet der Kölner Philosoph die innerste Struktur der antiken und der biblischen Geisteswelt heraus und zeigt an den Quellen, wie verschieden sie beide im Grunde sind" (172) - "Die Kategorien des Personalen und Existentiellen treten nicht im Platonismus, wohl aber im Prophetismus hervor!" (174). Völlig zustimmend.

611. Fridolin Stier rez. Hessens "Thomas von Aquin und wir" (1955) und "Platonismus und Prophetismus" (^{2}1955). In: Welt und Wort. Literarische Monatsschrift 11(1956), Heft 10 vom Oktober 1956, 331. Sehr zustimmend.

612. Kurt F. Reinhardt rez. Hessens "Religionsphilosophie" (Bd. 2, ^{2}1955). In: Erasmus. Speculum scientiarum, vol. 9, No 23-24 vom 25.12.1956, Sp. 714-17.
Bemängelt die seines Erachtens maßlose Kritik H.s am Thomismus, sowie seine enge Anlehnung an Soederblom, Heiler, Otto, Schleiermacher und Scheler. Bemängelt die Nichtberücksichtigung von K. Barth, Brunner, Bultmann, Dempf, De Lubac, Marcel und Rahner.

- 1957 -

613. J. Hessen, Wertethik und Pädagogik. In: Überlieferung und Neubeginn. Probleme der Lehrerbildung und Bildung nach zehn Jahren des Aufbaus. Ehrengabe für Joseph Antz, hrsg. von Oskar Hammelsbeck, Ratingen 1957, 179-89.
Nachgedruckt in Nr. 635, 174-180.

614. J. Hessen, Moral in der Kritik. In: Blätter für deutsche und internationale Politik 2(1957), Heft 5 vom 20.5.1957, 163-65.
Entgegnung auf die Kritik Greitemanns (Nr. 604).

615. J. Hessen rez. Claude Tresmontant, Biblisches Denken und hellenische Überlieferung, Düsseldorf 1956. In: ThLZ 82(1957) Sp. 103.
Nachdem Tresmontant die vier Hauptautoren zu diesem Thema (E. Hatch, Griechentum und Christentum, 1892; E. Brunner, Wahrheit als

Begegnung, 1938; R. Bultmann, Das Urchristentum im Rahmen der antiken Religion, 1949; Hessen, Platonismus und Prophetismus, 1939) unbekannt geblieben sind, handelt es sich nicht um eine weiterführende Studie.

616. Hubertus Mynarek, Filozofia przezycia religignego w ujeciu Jana Hessena. In: Collectanea theologica 28(1957) 119-97.
Gekürzte Fassung der theol. Dissertation des Autors an der Jagiellonischen Universität zu Krakau. Doktorvater: Kasimir Klósak, Religionsphilosoph an der theol. Fakultät.
Vgl. Nr. 663.

617. Giorgio Giannini rez. Hessens "Platonismus und Prophetismus" (^{2}1955). In: Humanitas. Rivista mensile di cultura (Brescia) 12(1957) 404-406: In dieser sachlich-kritischen Rezension glaubt G. doch "l'impressione di un sottile agnosticismo connesso all'affermazione del divino" feststellen zu müssen. Es ist dies ein typischer Vorwurf thomistischer Denker gegen jede Art von historischer Typenbildung.

618. Domingo Lago SJ, Relaciones entre valor y ser según J. Hessen. In: Filosofía. Revista do centro de estudios escolasticos (Lisboa) 4(1957) 157-79: vorsichtig ablehnend.

619. E.G. Rüsch, Abrechnung mit Thomas von Aquin. In: St. Galler Tagblatt, 9.2.1957.
Ausführlicher Leitartikel über Hessens "Thomas von Aquin und wir" (1955), stark zustimmend. Das Buch wird hier als Befreiung empfunden.

620. G. [= E. Gutwenger SJ] rez. Hessens "Religionsphilosophie" (^{2}1955), "Platonismus und Prophetismus (^{2}1955) und "Thomas von Aquin und wir" (1955). In: ZkTh 79(1957) 225.
Die Rezension umfaßt ca. zwei Drittel einer Seite. Der Kernsatz lautet: "Vor Jahren hat K. Rahner auf wenigen eng bedruckten Seiten dieser Zeitschrift (61 [1937] 615-624) Stellung zu den Grundpositionen Hessens genommen und sie einer vernichtenden Kritik unterzogen. H. hat daraus nichts gelernt, wie es überhaupt nicht seine Art ist, auf Beweise einzugehen, durch die das äußerst dürftige Gerüst seiner Lehre ins Wanken kommt. Unserer Ansicht nach ist er längst widerlegt und

wir könnten es uns hier ersparen, seine philosophischen Thesen nochmals Punkt für Punkt aufzurollen und kritisch zu untersuchen". Der Rest dieser Rezension ist ähnlich gehalten. Daraufhin bewilligte der Herausgeber der Zeitschrift, J.A. Jungmann SJ, Hessen eine Replik (hier Nr. 626).

621. "J.E.B." rez. Hessens "Religionsphilsophie" (^{2}1955) . In: The Personalist (Los Angeles) 38(1957), n.4, autumn 1957, p. 436.
"Volume II offers a masterfull study of the various problems. He makes the problems exciting and the answers compelling. This is a most valuable contribution and eclipses everything we have in English. Its translation is imperative".

- 1958 -

622. J. Hessen, Das Kausalprinzip. Zweite, erweiterte Auflage, München/Basel (Ernst Reinhardt) 1958, 300 S.
Vorwort zur 2. Auflage dat. "Köln, Januar 1958".
Hessen erläutert, daß eine bevorstehende englische Übersetzung Anlaß für die Neuausgabe sei, deren Text unverändert bleibe. Die seit 1928 erschienene Literatur wird in einem Anhang S. 289-97 kurz besprochen. Neben ausgiebiger Widerlegung zahlreicher jesuitischer Autoren schließt Hessen sich aber M. Junk SJ an, wenn dieser gegen Heisenberg Stellung bezog, als dieser 1927 in der Zeitschrift für Physik S. 197 schrieb, daß "durch die Quantenmechanik die Ungültigkeit des Kausalprinzips definitiv festgestellt" worden sei. - Vgl. J. Hessen, Geistige Kämpfe, 83.
Rez.: Josef Knopp in: ThprQS 107(1959) 254f. - P. Mn. in: The Personalist 41(1960) 557.: sehr positiv; das Werk sei immer noch der beste Einstieg in diese Problematik. - W. Keilbach in: Münchener Theologische Zs. 10(1959) 56f.: kurz und ablehnend. - C. Schoonbrood in: Wissenschaft und Weisheit 24(1961) 74f. - V. Somenzi in: De Homine (Roma) 1(1962), n.1, 126f. - P. Hoßfeld in: Philosophia naturalis 7(1961/62) 503-509: ausführliche Diskussion. - Rudolf Hermann in: ThLZ 87(1962) 286-88: ausführliche Würdigung, mit Kritik. - Helmut Korch, Das Problem der Kausalität, Berlin (Ost) 1965, tadelt S. 11f., 97 die Neuauflage, da in ihr die Diskussion der vergangenen 30 Jahre keineswegs verarbeitet sei. - Vgl. Nr. 682.

623. J. Hessen, Die Philosophie des hl. Augustinus, 2. Aufl. Nürnberg (Glock und Lutz) 1958, 70 S.
Rez.: L. Van der Kerken in: Streven (Amsterdam) 12(1958/59) 395f. - V. Capánaga in: Augustinus (Madrid) 5(1960) 575.
Übersetzung:
La Filosofía de San Augustín. Trad. Antonio Guillamón, Cartagena (Athenas) 1962, 101 p.
Rez.: J. Herrauz in: Miscellanea Comillas (Comillas/Santander) 38(1962) 332f. - Anon. in: Ciencia y Fe (San Miguel/Argent.) 19(1963) 79. - L. de Guzman in: La Ciencia Tomista (Salamanca) 93(1966) 151f. - D. Herrera in: Franciscanum (Bogotá) 6(1964) 65f. - Thonnard in: Revue des Etudes Augustiniennes 11(1965) 172. - P. Sotiello in: Naturaleza y Gracia 11(1964) 171. - V. Capánaga in: Augustinus (Madrid) 8(1963) 405f. - A. Morao in: Revista Portuguesa de Filosofía (Braga) 22(1966) 210f.

624. J. Hessen, Seinsethik oder Wertethik? In: Kant-Studien 50 (1958/59) 149-62.
Auseinandersetzung mit J. Pieper, Die Wirklichkeit und das Gute, Leipzig 1935; J. de Vries in Scholastik 31(1956) (hier Nr. 606), M. Wittmann (1940) (hier Nr. 443).
Nachgedruckt in Nr. 635, 154-173.

625. J. Hessen, Der Standpunkt des Christen. In: Gelsenkirchner Protokoll, o.O., o.J., 27-30.
Es handelt sich um eine Broschüre von 80 S. Umfang, in der der "Gelsenkirchner Kongreß" vom 15.6.1958 protokolliert wurde. Neben den Reden der Teilnehmer sind auch verschiedene Aufsätze abgedruckt. Ein Exemplar im NL Hessen, fasz. 51. - Zum Zusammenhang, die "Kampf-dem-Atomtod-Kampagne", vgl. bei H.K. Rupp, 173ff., 213ff. Der Vortrag Hessens besteht aus drei Abschnitten: 1. Der Krieg im allgemeinen, 2. Der atomare Krieg, 3. Kirche und Atomkrieg. Nachdem H. im 1. Abschnitt das "Ideal des Friedens" begründete, verwirft er im 2. Abschnitt den Atomkrieg als "Selbstmord der Menschheit", und tadelt im 3. Abschnitt die "Stellung der christlichen Kirchen zum Atomkrieg". Hier äußert sich H. scharf gegen die Erklärung der sieben katholischen Moraltheologen Fleckenstein, Auer, Monzel, Egenter, Welty O.P, Höffner und Hirschmann SJ. Aber auch das Verhalten der evang. Berliner Synode, die die Frage der atomaren

Bewaffnung der Bundeswehr offen gelassen hatte, wird getadelt. Vgl. W. Dirks, Die Gefahr der Gleichschaltung. In: Frankfurter Hefte 13(1958), H. 5 vom Mai 1958, 379-91.

626. **J. Hessen, Erwiderung auf E. Gutwenger SJ. In: ZkTh 80(1958) 364.**
"Im letzten Jahrgang dieser Zeitschrift hat E. Gutwenger S.J. auf S. 225 eine Rezension veröffentlicht [hier Nr. 618], in der er in - sage und schreibe - 23 Zeilen drei Werke von mir (darunter ein zweibändiges) bespricht". Es folgen drei Richtigstellungen.

627. Giorgio Giannini, A proposito del "Thomas von Aquin und wir" di J. Hessen. In: Aquinas. Rivista di Filosofia, anno I, 1958, n. 1, p. 40-74.
Umfassende Kritik des genannten Buches, in der Hessen ein durchgehendes Mißverstehen des Aquinaten nachzuweisen unternommen wird. Am Ende der langen Rezension wird ein Abschnitt aus "Aeterni Patris" (1879) zitiert, in dem Leo XIII. den Vorrang des Thomismus bekräftigt. - Vgl. Nr. 638.

628. Alexander Willwoll SJ. rez. Hessens "Der Sinn des Lebens", 4. Aufl., Münster 1958. In: Scholastik 33(1958) 149f.
"Klare Gedankenführung, edle und lebensnahe Form und innere Wärme zeichnen das Buch aus und helfen dem Leser, die Antwort auf die alte und jederzeit neue Frage nach dem Daseinssinn zu erarbeiten".

629. Günther Jacoby rez. Hessens "Ethik" (1954). In: DLZ 79(1958), 4. Heft vom April 1958, Sp. 298-300.
Sehr positiver Tenor, wenngleich deutlich wird, daß der Ontologiker Jacoby mit Hessens Wertbegründung nicht gut zurechtkommt. - Günther Jacoby (1881-1969), 1906 Promotion bei F. Paulsen, war seit 1919 a.o., seit 1928 o. Prof. an der Univ. Greifswald. 1937 wegen eines jüdischen Großvaters pensioniert; NDB 10(1974) 253f.

630. Ferdinand Lang OESA rez. Hessens "Platonismus und Prophetismus" (²1955). In: Ostkirchliche Studien 7(1958) 199f.
Bei aller Anerkennung tadelt der Rez. die unzureichende Sicht Thomas v. Aquins, weist die These zurück, der Vertrauensglaube Luthers sei im Grunde nichts als der biblisch-prophetische und urchristliche Glaube, bemängelt die Hochschätzung Tyrrells und lehnt die

Charakterisierung des biblischen Berichtes über die Erschaffung des Menschen als "Schöpfungsmythus" ab.

631. Hans Looff rez. Hessens "Religionsphilosophie" (^{2}1955). In: Kant-Studien 49(1957/58) 437-39.
Völlig zustimmend; hohes Lob bei gewissen Einschränkungen, die Vollständigkeit und die Beurteilung einzelner Autoren betreffend.

632. A.V. de Vogelaere rez. Hessens "Religionsphilosophie" (^{2}1955). In: Kulturleven, 1958, Heft 7, S. 534f.
Nach einigen Ausstellungen endet die Rezension wie folgt: "Deze bezwaren beletten geenzins dat we hier staan voor een heerlijke, originale en evenwichtige synthese, die door de sympatie van de schrijwer met zijn onderwerp, onze grootste eerbied en bewondering afdwingt".

633. Werner Detloff O.F.M. rez. Hessens "Thomas von Aquin und wir" (1955). In: Wissenschaft und Weisheit 21(1958), Heft 3, 235-37.
Eher kritische, nicht völlig vernichtende Rezension, in der Hessen eine "stark simplifizierendes" Bild von Th. v. Aq. vorgeworfen wird. Besonders Hessens Auffassung von der "Transsubstantiation" lehnte D. entschieden ab. Vorher war bereits von Detloff eine Rez. von Hessens "Platonismus und Prophetismus" (^{2}1955) in: Wissenschaft und Weisheit 21(1958) 77f. erschienen. Eine Replik H.s hier Nr. 649.

- 1959 -

634. **J. Hessen, Geistige Kämpfe der Zeit im Spiegel eines Lebens, Nürnberg (Glock und Lutz) 1959, 277 S.**
Vorwort dat. "Köln, Ostern 1959".
S. 268-76 Bibliographie der Schriften Hessens 1916-1959.
Parallelausgabe: Zürich (Christiania Verlag) 1959, 190 S.
Rez.: Herbert H. Wagner in: Geist und Zeit, Jg. 1959, Heft 6 vom Nov./Dez. 1959, 189-92. - Hermann Schuster in: ThLZ 85(1960) Sp. 516f.: eingehende Würdigung. - Wilhelm Unger in: Kölner Stadtanzeiger Nr. 176 vom 30./31.7.1960. - Ernst F. Winter in: Cross Currents 60(1960) 93f. - Vgl. Nr. 645, 657.

635. J. Hessen, Im Ringen um eine zeitnahe Philosophie, Nürnberg (Glock und Lutz) 1959, 198 S. - Parallelausgabe Zürich (Christiania-Verlag) 1959, 198 S.
Elf Aufsätze Hessens aus den Jahren 1940 bis 1959, herausgegeben laut Vorwort von nicht näher gekennzeichneten "Freunden und Schülern". Bibliographie Hessens S. 195-198. Es handelt sich um die Nr. 439, 440, 464, 479, 507, 516, 517, 586, 613, 624, 637.
S. 2: "Das Werk erschien anläßlich des 70. Geburtstages von Johannes Hessen im Herbst 1959 im Glock und Lutz Verlag, Nürnberg".

636. J. Hessen, Wissen und Glauben (= Glauben und Wissen, Nr. 20), München/Basel (Ernst Reinhardt) 1959, 47 S.
Ohne Vorwort.
Rez.: Gerhard Hennemann in: Philosophischer Literaturanzeiger 13(1960), 190f.: sehr positiv. - H. van Luijk in: Bijdragen 22(1961) 471.
Übersetzung:
Chishiki to shinko. Übersetzer: Ohe Seishiroo, Tokyo (Riso-sha) 1962, 91 S.

637. J. Hessen, Omne ens est bonum. Kritische Untersuchung eines alten Axioms. In: Archiv für Philosophie 8(1959) 317-329.
Auseinandersetzung mit J.B. Lotz, Sein und Wert (1933, hier Nr. 341), Siegfried Behn, Philosophie der Werte, München 1930, M. Wittmann (hier Nr. 443) über das Problem, das H. am Ende so löst: "Dem Satz: Omne ens est bonum läßt sich ein haltbarer philosophischer Sinn abgewinnen, wenn man das Wort bonum mit «werthaft» übersetzt. Es besagt dann, daß das Sein Werte aufnehmen, Träger von Werten sein kann. Diese Werte können aber positiver wie negativer Art sein".
Nachgedruckt in Nr. 635, 72-88.

638. J. Hessen, Replik auf die Kritik G. Gianninis (Nr. 627) in: ThLZ 84(1959), Heft 11, Sp. 835f.
"G. Giannini, der sich mit meinem Thomas-Buch auseinandersetzt, macht von der üblichen Methode der Verketzerung des Gegners keinen Gebrauch. Er hat das Werk gründlich studiert und setzt sich in wissenschaftlicher Weise mit ihm auseinander. Was freilich den Inhalt seiner Metakritik betrifft, so gewinnt man den Eindruck, daß hier die "Thomisierung" (sit venia verbo!) des Denkens so weit fortgeschritten

ist, daß sie nicht einmal eine korrekte Wiedergabe der gegnerischen Anschauungen aufkommen läßt. Meine Kritik an den Axiomen: Omne ens est verum, und Omne ens est bonum, bedeutet für G. eine «völlige Trennung» von Denk- und Seinsordnung sowie von Seins- und Wertordnung. Dabei betone ich in meinem dreibändigen «Lehrbuch der Philosophie» mehr als einmal, daß die Verschiedenheit jener Ordnungen keine Geschiedenheit besagt. Meine Kritik an der Theorie des Aquinaten über das religiöse Erkennen, das wesentlich in einem Kausalschluß von der Welt auf einen Weltgrund, der dann ohne weiteres mit dem Gott der christlichen Religion gleichgesetzt wird, bestehen soll, ist in den Augen meines Kritikers ein Bekenntnis zum religiösen «Irrationalismus». Hätte er einen Blick in den zweiten Band meiner «Religionsphilosophie» geworfen, so hätte er nicht zu einem solchen Urteil kommen können.
Nachdem ich meinem Kritiker eingangs Lob gespendet habe, darf ich zum Schluß auch wohl zum Ausdruck bringen, daß mich seine Abhandlung zuletzt doch sehr traurig gestimmt hat. Wer wie Rez. seit Jahrzehnten in der Una-Sancta-Bewegung steht, kann nur von tiefer Trauer erfüllt werden, wenn er sieht, wie man außer der theologischen auch noch eine philosophische Orthodoxie statuiert. Denn damit richtet man eine Scheidewand zwischen den christlichen Kirchen auf, die so unabtragbar erscheint, daß man versucht ist, seinen Gesinnungsgenossen und Mitkämpfern für die Una Sancta das Dantesche «Lasciate ogni speranza» zuzurufen."

639. **J. Hessen rez. Albert Lang, Wesen und Wahrheit der Religion, München 1957. In: ThLZ 84(1959), Nr. 10 vom Okt. 1959, Sp. 785f.**
Obgleich traditionell konzipiert, ist dieses Werk doch insoweit fortgeschritten, als zugegeben wird, daß die Gottesbeweise nicht zwingend seien. Lang bemerkt auf S. 185: "es kommt ihnen eine freie oder moralische Gewißheit zu".

640. **J. Hessen rez. Josef Pieper, Einführung zu Thomas von Aquin, München 1958. In: ThLZ 84(1959), Nr. 11 vom Nov. 1959, Sp. 833f.**
Das Buch leidet daran, daß die neueren Forschungen von Mitterer, H. Meyer, Santeler, Winter, aber auch von Hessen selbst ignoriert werden.

641. J. Hessen rez. Karl Rahner SJ, Geist in Welt, 2. Aufl. München 1959. In: ThLZ 84(1959), Nr. 11 vom Nov. 1959, Sp. 834f.
Umfängliche, kritische Stellungnahme, in der Rahner wegen seines Festhaltens an den "Grundbegriffen der thomistischen Metaphysik" getadelt wird ("intellectus possibilis", Potenz und Akt, Materie und Form). Rahner ignoriere völlig die Kritik zahlreicher katholischer Thomasforscher wie Baeumker, Hertling, H. Meyer, Mitterer und von ihm selbst. "Sein Denken erweist sich damit als ein dogmatisches, was auch in seiner negativen Stellungnahme zu den ernsten und sachlich bedeutsamen Arbeiten katholischer Denker, die in Philosophie und Theologie neue Wege zu gehen versuchen, offenbar wird. (Ich denke dabei vor allem an die Kritik, die er seinerzeit an dem Werk von G. Koepgen «Die Gnosis des Christentums» sowie an dem von G. Mensching herausgegebenen, von katholischen Theologen und Laien verfaßten Werk «Der Katholizismus. Sein Stirb und Werde» geübt hat und die nichts anderes als eine wissenschaftliche Vorbereitung bzw. Rechtfertigung der Indizierung der beiden Bücher war.)"

642. Alfons Nossol, Nauka Jana Hessena o augustynskiej teorii poznania Boga. Lizentiatsarbeit an der Kath. Universität Lublin 1959. Betreuer: Prof. W. Granat.

643. Dr. H. H., Ringen um "Una sancta". Professor Johannes Hessen, Köln, wird heute 70 Jahre. In: Kölnische Rundschau, Nr. 212 vom 14.9.1959, letzte Seite.
Anerkennend, jedoch H. hat "höchstens geirrt [...], wo wir alle den eigenen Irrtum wenigstens nicht für unmöglich halten sollten". Was damit gemeint ist, bleibt unersichtlich.

644. Johannes Weinand, Johannes Hessen 70 Jahre alt. In: ThR 55(1959), Nr. 5/6, Sp. 259f.
Anerkennende Würdigung des Lebenswerkes Hessens, bei der naturgemäß die Kontroversen, die sich besonders auch in der ThR abspielten, nicht detailliert besprochen werden. Der Verf. war laut Autorenverz. Dr. theol., Regens und Päpstl. Hausprälat in Münster. Er hatte 1929 eine kleine Schrift ebd. veröffentlicht: "Augustins erkenntniskritische Theorie der Zeit und der Gegenwart". Der aus Lobberich stammende W. wurde später Dompropst von Münster.

645. Matthias Laros, Ein spannungsreiches Priesterleben. In: Begegnung. Zeitschrift für Kultur und Geistesleben 14(1959), Nr. 10, Oktober 1959, S. 278-80.
Anerkennende Besprechung der Erinnerungen Hessens.

646. Franz Körner, Das Sein und der Mensch. Die existentielle Seinsentdeckung des jungen Augustin. Grundlagen zur Erhellung seiner Ontologie. Freiburg/München 1959, XXVI u. 275 S.
Obgleich Hessen sich ja nicht eigentlich mit der Ontologie Augustins befaßt hatte, wird seiner Auffassung, wie sie sich besonders im Buch "Platonismus und Prophetismus" (1939) niederschlug, Anerkennung zuteil (S. 16). So wie allen anderen Forschern, z.B. Jaspers, wird aber auch Hessen vorgehalten, das Wesentliche, den "Sitz im Leben" nicht erfaßt zu haben (S. 17). Auch Windelband, Söhngen und Guardini sind nur Vorläufer des Autors selbst (S. 18-22).

647. Paulus Engelhardt O.P., Die deutsche Thomas-Ausgabe in der heutigen philosophischen Situation. In: PhJb 67(1958, erschienen 1959) 396-405.
Verf. erhofft S. 400 eine "Begegnung zwischen Thomas und der Gegenwart", jedoch sind ihm die enormen Schwierigkeiten bewußt.

- 1960 -

648. J. Hessen, Augustins Metaphysik der Erkenntnis. Zweite, neu bearbeitete Auflage, Leiden (E.J Brill) 1960, X u. 297 S.
Vorwort dat. "Köln, am Feste des hl. Augustinus (28. August) 1959".
Rez.: C. van Puyvelde in: Bulletin de Théologie Ancienne et Médiévale 9(1962) 50. - P. Bessey in: Bulletin thomiste 11(1960/62) 102. - H.-J. Diesner in: ThLZ 88(1963) 763f. - Schmücker in: ThQ 142(1962) 127f. - P. Courcelle in: Latomus (Bruxelles) 20(1961) 636.

649. J. Hessen, Der Streit um Thomas von Aquin. In: Geist und Zeit, Jg. 1960, Heft 3, 140-42.
Gegen W. Detloffs Kritik (Nr. 633).

650. J. Hessen rez. Robert Grosche, Et intra et extra. Theologische Aufsätze, Düsseldorf 1958. In: ThLZ 85(1960), Nr. 2 vom Februar 1960, Sp. 126f.
Hier als Text 12 ediert.

651. C.E. Schuetzinger, The German Controversy on Saint Augustine's Illumination Theory, New York 1960, 93 S.
Darstellung der diversen Schulen der Augustinus-Interpretation in Deutschland im 20. Jahrhundert. Würdigung Hessens. Näheres zum Inhalt vgl. hier Nr. 659.

652. Walther Brüning, Philosophische Anthropologie, Stuttgart 1960, 189 S.
S. 37 wird Hessen positiv gewürdigt, jedoch im Kapitel "Das Menschenbild der neuscholastischen Philosophie" (S. 30-39), zusammen mit Maritain, Garrigou-Lagrange, J.B. Lotz u.a., während doch direkt danach ein Abschnitt "Die Anthropologie der Wert- und Wesensphilosophie" folgt (39-44).

653. "D.O.B." rez. Hessens "Religionsphilosophie" ([2]1955). In: Rivista di filosofia (Torino) 51(1960) 110f.
Der Rez. bemängelt den zu religiös-dogmatischen Standpunkt Hessens.

- 1961 -

654. **Deus charitas est. Gott ist die Liebe. Festpredigt aus Anlaß der Übergabe der neuen Chorfenster, gehalten am Sonntag Laetare 1961 von Universitätsprofessor Dr. theol. et phil. Johannes Hessen, Köln (Gaesdoncker Abiturient von 1910). In: Gaesdoncker Blätter, Heft 14, Juni 1961, 29-32.**
H. hatte die drei Chorfenster gestiftet.

655. **J. Hessen rez. Fritz Heinemann (Hrsg.), Die Philosophie des XX. Jahrhunderts, Stuttgart 1959. In: ThLZ 86(1961), Nr. 2 vom Februar 1961, Sp. 141f.**
Der umfangreiche Sammelband enthält dennoch mehrere deutliche Lücken, so z.B. die Ignorierung der Religionsphilosophie. Für am bedeutsamsten hält Hessen die Analyse der in Selbstauflösung befindlichen Existenzphilosophie.

656. **J. Hessen rez. Gustav Siewerth, Die Freiheit und das Gute, Freiburg 1959. In: ThLZ 86(1961), Nr. 7 vom Juli 1961, 533f.**
Hessen hält dies für ein schlechtes Buch: streift man das existentialistische Sprachkleid ab, enthüllt sich darunter die alte scholastische These "ens et bonum convertuntur" in ihrer ganzen

Abwegigkeit. Hesen anerkennt, daß das Werk "mit viel Geist" geschrieben sei, doch biete es letztlich nur "theologische Metaphysik im Sinne des Thomas von Aquin".

657. Matthias E. Korger/Wien, Johannes Hessen - ein Priester gegen Nazismus und Klerikalismus. In: Deutsche Volkszeitung, Nr. 39 vom 29. September 1961, S. 11.
Vierspaltiger Artikel mit Foto, in dem anhand der "Geistigen Kämpfe" Hessens (hier Nr. 634) , sowie seines Opusculum über Universitätsreform (hier Nr. 558) Hessen als Pazifist dargestellt wird. Seine Ausführungen von 1955 zu der moralischen Unmöglichkeit eines Atomkrieges (Nr. 634, S. 260f.) bilden den letzten Teil. Dann folgt der Schluß: "Hessen ist ein Vorkämpfer gegen den klerikalen Obskurantismus, wie es Erasmus von Rotterdam, Pascal, Vico und in neuerer Zeit Lamennais, Bloy und Bernanos waren. Erst in späterer Zeit werden die Kirche und die deutsche Öffentlichkeit erkennen, was dieser Repräsentant des Besten der christlichen und der deutschen Tradition für sie geleistet und wie sie ihm dafür gedankt haben!"

- 1962 -

658. J. Hessen, Griechische oder biblische Theologie? Das Problem der Hellenisierung des Christentums in neuer Beleuchtung, 2. durchgesehene und ergänzte Aufl., München/Basel (Ernst Reinhardt) 1962, 167 S.
Rez.: Th. S. (= Th. Sartory) in: Erbe und Auftrag. Benediktinische Monatsschrift 8(1962) 516: trotz des "exzentrischen Geistes" von H. ein gutes Buch. - "Bt." in: Theologia reformata, Jg. 1962, 254: im wesentlichen anerkennend, obgleich dem Rez. die Ablehnung von K. Barths Lehre über die natürliche Gotteserkenntnis anscheinend mißfällt. Der Rez. schätzt die Intention H.s, mit der Schaffung einer "biblischen Theologie" die kommende Una Sancta vorzubereiten. - Wolfdieter Teurer in: Theologie der Gegenwart 6(1963), Nr. 4, 235-36. - Dr. Boness in: Der Freireligiöse, Heft 3 vom Mai/Juni 1963, Umschlagblatt: lobend. - Bernward Willeke in: Zs. für Missionswissenschaft und Religionswissenschaft 48(1964), Heft 3 von Juli 1964, 226f.: sehr zustimmend. - Lic. Seesemann in: Deutsches Pfarrerblatt, Nr. 13 vom 1.7.1964, 362. - E. Splitt in: Una Sancta. Zs. für oekumenische Bewegung (Meitingen) 19(1964), 1. Heft, 72.f.:

"eine der wichtigsten Publikationen zur oekumenischen Frage". - S. (= J.A. Sint SJ) in: ZkTh 87(1965) 348f.: positiv. - Vgl. Nr. 666, 670-73.

659. C.E. Schuetzinger, Die augustinische Erkenntnislehre im Lichte neuerer Forschung. In: Recherches Augustiniennes. Hommage au R.P. Fulbert Cayré, vol. II, Paris 1962, 177-203.
Der Verf. gliedert die neueren Interpretationen zum Thema in vier Auslegungsweisen: die ontologistische, die konkordistische, die historische und die existentielle. Zur ontologistischen Interpretation (S. 180-184) wird auch Hessen gezählt. Aber auch sein Beitrag zur historischen Interpretation wird behandelt (S. 188f.) Trotz diverser Einschränkungen erscheint Hessen als einer der anregendsten Augustinus-Forscher seiner Zeit.

660. Alfons Nossol, Nauka Jana Hessena o religijnym poznaniu Boga. Doktorarbeit an der Kath. Universität Lublin 1962. Betreuer: Prof. W. Granat. - Als Buch erschienen unter dem Titel: Cognitio Dei experimentalis. Nauka Jana Hessena o religijnym poznaniu Boga. Warzawa (Wyd. ATK) 1974, 247 S.

- 1963 -

661. J. Hessen, Der Absolutheitsanspruch des Christentums. Eine religionsphilosophische Untersuchung (= Glauben und Wissen, Nr. 25), München/Basel (Ernst Reinhardt Verlag) 1963, 109 S.
Rez.: E. Jungclaussen OSB in: Una Sancta. Zs. für oekumenische Bewegung (Meitingen) 19(1964), 3. Heft, 281. - D. Ruiz Bueno in: Documentación Crítica Iberoamericana de Filosofía y Ciencias Afines (Sevilla) 2(1965) 671-75.

662. J. Hessen rez. Ernst Hoffmann, Platonismus und christliche Philosophie, Zürich/Stuttgart 1960. In: ThLZ 88(1963), Nr. 5 von Mai 1963, Sp. 378f.
Hessen begrüßt dieses Buch als sehr geglückte Leistung und freut sich über die damit erbrachte erneute Bestätigung seiner eigenen Thesen.

663. Hubertus Mynarek, Johannes Hessens Philosophie des religiösen Erlebens (= Abhandl. zur Philosophie, Psychologie und Soziologie der

Religion, hrsg. von Josef Hasenfuß, N.F., Heft 7/8), Paderborn 1963, XII u. 166 S.
Erweiterte Fassung der theol. Diss. des Autors in deutscher Sprache. Vgl. Nr. 616. Der Tenor der Kritik ist höflich, aber sachlich stark ablehnend. Der Verf. betont seinen korrekt-orthodoxen Standpunkt.

664. Ludger Oeing-Hanhoff, Thomas von Aquin und die Situation des Thomismus heute. In: PhJb 70(1962/63) 17-33.
Kritische Bilanz mit zahlr. weiterer Literatur zur Krise des Thomismus in den 50er Jahren. Vortrag vor der Görres-Gesellschaft, auf Wunsch von Max Müller im PhJb abgedruckt. Hessen wird nicht erwähnt.

665. Adolf Kolping, Neomodernismus? In: ThR 59(1963), Heft 1, S. 1-7.
Sehr besorgt über das Buch: George Tyrrell, Das Christentum am Scheidewege. Eingeleitet und übersetzt von E. Erasmi, hrsg. von F. Heiler, München 1959, 192 S.
Diese Übersetzung unter dem Pseudonym «Erasmi» stammt tatsächlich von Oskar Schroeder (Mitteilung von Dr. F. D'Ham, Mülheim/Ruhr an den Editor.)

666. W. Nijenhuis rez. Hessens "Griechische oder biblische Theologie?" (^{2}1962). In: Kerk en Theologie (Wageningen) 14(1963) 323.
Das Werk ist unfruchtbar, da der Autor nie auf Karl Barth gehört habe.

667. P. Ventosa rez. Hessens "Religionsphilosophie" (2. Aufl. 1955, 1-2). In: Naturaleza y Gracia. Publicacion dirigida par los PP. Capuchinos (Salamanca) 10(1963) 197-98.
Anerkennung mit Vorbehalten.

- 1964 -

668. **J. Hessen, Festrede gehalten bei der Feier des Goldenen Priesterjubiläums am 15. Mai in Kevelaer von Johannes Hessen, 4 S., Privatdruck o.O., o.J. (1964).**
Nach Rückblick auf zwei Weltkriege wendet H. seinen Blick zur Gegenwart: "Daß wir einen Papst Johannes XXIII. erleben durften, ist ein Gnadengeschenk des Himmels. Ist doch mit ihm ein neuer Geist in den Vatikan eingezogen" (2f.). Es folgen sehr klare Worte zur Indexreform, zu Kard. Ottaviani und H. Schell.

669. J. Hessen rez. Carl Andresen (Hrsg.), Augustinus-Gespräch der Gegenwart. Verbunden mit Augustinus-Bibliographie, Köln 1962. In: ThLZ 89(1964), Nr. 10 vom Oktober 1964, Sp. 760f.

670. D.E. Neubauer rez. Hessens "Platonismus und Prophetismus" (^{2}1955) und "Griechische oder biblische Theologie?" (2. Aufl. 1962). In: Materialdienst des konfessionskundlichen Instituts, Bensheim, 15. Jg., Nr. 4 vom Juli/August 1964, 8.
Anerkennend. Hessen bringt dem Leser Fragen nahe, "mit denen sich gründlich auseinanderzusetzen im Hinblick auf unsere eigenen theologischen Fragen wie auf das Gespräch zwischen den Konfessionen ein Gebot der Stunde ist".

671. Jean Kirchmeyer SJ rez. Hessens "Griechische oder biblische Theologie?" (2. Aufl. 1962). In: Revue d'Ascétique et de Mystique (Toulouse) 40(1964) 359-61.
Im wesentlichen kritisch. Der Rez. hält die Reduktion der traditionellen Theologie auf den Thomismus für "trop commode", anerkennt aber die Notwendigkeit eines "examen de conscience" in dieser Richtung.

- 1965 -

672. Vinzenz Hamp rez. Hessens "Griechische oder biblischen Theologie?" (1956). In: Biblische Zeitschrift, N.F. 9(1965) 122-24.
Zustimmend, jedoch mit ängstlichem Ton.

673. Karl Prümm SJ rez. Hessens "Griechische oder biblische Theologie?" (1956). In: ThR 61(1965), Nr. 2, Sp. 82-86.
Bei Anerkennung vieler reicher Belehrung, die das Werk gewähre, wird überall ein prinzipieller dogmatischer Vorbehalt angemeldet. "Was man bei H. sehr schmerzlich vermißt, ist die Aufgeschlossenheit für die Homogenität der Dogmenentwicklung. Seine ganze im Grunde negative Einstellung gegenüber den trinitarischen und christologischen Definitionen (die er zwar auch gelegentlich einmal, aber nie durchgreifend mildert) hat hierin ihre Wurzel" (85). Prümm selbst hält die dogmatischen Formeln der spätantiken Konzilien für "irreformabel" (ebd.).

- 1966 -

674. Kurt Abels, Johannes Hessen. In: Gaesdoncker Blätter, 19. Heft, 35-38.
Würdigung zum 75. Geburtstag.

675. Fernand van Steenberghen, Le retour à Saint Thomas a-t-il encore un sens aujourd'hui? (Conférence Albert-le-Grand 1967), Montreal/Paris 1967, 61 S.
Kritischer Rückblick des führenden Löwener Philosophiehistorikers auf die Geschichte des Neuthomismus seit 1879, in der die "Kehrseite der Medaille", d.h. die Geschichte des Neuthomismus als Geschichte der gewalttätigen Unterdrückung zu ihrem vollen Recht kommt. Der Verf. räumt auch ein, daß die Philosophie des Aquinaten zutiefst an die Physik des Stagiriten, besonders an die Physik der Himmelskörper gebunden blieb, woraus sich ergibt, daß der Versuch einer Repristination Thomas' im 19. Jahrhundert im Kern verfehlt war, trotz noch so wertvoller Details im Werk des Aquinaten. Van Steenberghen wiederholte diese Auffassung in seinem Aufsatz: "Comment etre thomiste aujourd'hui?" In: Revue philosophique de Louvain 85(1987) 171-197, in dem er sich gegen die scharfen Angriffe des Thomisten Elders zur Wehr setzt.

- 1968 -

676. J. Hessen, Der Sinn des Lebens, St. Augustin (Steyler Verlag) 1968, 158 S.
5. Auflage.
Imprimatur der 4. Auflage: Quiel, Consiliarius eccl., Münster 31.8.1955.
Vorwort dat. "Köln, Ostern 1968".
S. 155-158 Schriftenverzeichnis H.s.

677. Quirin Huonder, Die Gottesbeweise. Geschichte und Schicksal, Stuttgart/Berlin 1968.
Trotz sehr breiter Diskussion zahlreicher Philosophen der Epoche Hessens wird er selbst nur einmal, ganz am Rande, S. 158 erwähnt.

- 1969 -

678. J. Hessen, Menschliche Existenz, Köln (Im Selbstverlag des Nicolaus von Cues-Institut) 1969, 119 S.
3., überarbeitete Auflage von H.s "Existenzphilosophie" (1947).
Vorwort dat. "Pfingsten 1969".

679. Die Rolle der Werte im Leben. Festschrift für Johannes Hessen zu seinem 80. Geburtstag. Herausgegeben von Cornel J. Bock, Köln (Wienand Verlag) 1969, 141 S. mit Photo.
S. 139-140: Das Schrifttum von Professor D.Dr. Johannes Hessen.
S. 7-10: Peter Wilhelm M. Roth, Leben und Werk Johannes Hessens.
Verzeichnis der Bücher H.s bis 1969 S. 139f.

680. Eck, "Mann des Fortschrittes". Festakademie für Professor Johannes Hessen. In: Kölnische Rundschau vom 17.9.1969, Nr. 215, S. 14.
Am 14.9.1969, zu H.s 80. Geburtstag, fand in dem "Nicolaus von Cues-Institut" zu Köln eine Festakademie statt, zu der auch Kard. Frings erschien. Josef Pieper hielt die Hauptrede.

681. Meta von Neuenstein, Platonismus, Prophetismus und wir. In: Christ der Gegenwart 21. Jg., Nr. 36 vom 7.9.1969, 185-86.
Ausführlicher Bericht über Hessens "Platonismus und Prophetismus", zustimmend und empfehlend.

682. Joachim Klowski, Zum Kausalprinzip als einer Modellvorstellung. In: Zeitschrift für philosophische Forschung 23(1969) 378-97.
Neben einigen anderen, jüngeren Autoren ist Hessen der entscheidende Gesprächspartner des Autors. Die Problemstellung des Autors ist im Grenzbereich zwischen Naturwissenschaften und Philosophie angesiedelt. Am Ende lehnt er Hessens Lösung "so wie alle anderen, die ich prüfte, als unhaltbar" ab. Er neigt am Ende "mehr der Ansicht zu, daß im Unterschied zum Kausalprinzip der Kausalbegriff ein Begriff a priori ist". Insbesondere lehnt der Verf. Hessens Rettung der Willensfreiheit ab.

683. Hans Reiner, Vom Wesen des Malum. Positives zur Kritik des Axioms "Omne ens est bonum". Zeitschrift für philosophische Forschung 23(1969) 567-577.

Verteidigt das Axiom gegen Hessen und v. Rintelen, aber auch gegen Josef de Vries SJ.

684. Raymond Laverdière, Le principe de causalité. Recherches thomistes récentes. Avant propos de M.-D. Chenu (= Bibliothèque thomiste, 39), Paris 1969, 275 S.
S. 159-178 Chapitre X: Hessen et Sawicki.
Sehr sachliche Einordnung Hessens in die säkulare Debatte um das Kausalprinzip, wenngleich eine letzte Distanz des neuscholastischen Autors zu den Positionen Hessens nicht zu übersehen ist. Mit diesem wohl selten gelesenen Buch ist Hessen erstmalig, und zu seinen Lebzeiten, Gegenstand der seriösen Philosophiehistorie geworden.

- 1970 -

685. J. Hessen, Tratado de filosofía, Buenos Aires (Sudamericana) 1970, 1122 S.
Letzte zusammenfassende Edition von H.s "Lehrbuch" (Nr. 494, 503, 529).

686. Alfons Nossol, Die ethischen Voraussetzungen der Gotteserkenntnis. [poln.]. In: Collectanea Theologica (Warschau) 40(1970), 19-32.
Positive Würdigung der "religiösen Gotteserkenntnis" bei Hessen. Besonders Hessens Tugendlehre wird herangezogen, bei der deutlich Schelersche Impulse weiterwirken. Der biblisch-augustinistische, intuitiv-emotiv-personalistische Ansatz wird anerkannt.

- 1971-

687. Ramiro Flórez, Noticia apresurada. - En la muerte de Johannes Hessen. In: Estudio Agostiniano 6(1971) 482-492.
Einziger wissenschaftlicher Nachruf auf H.

QUELLEN UND LITERATUR

1. Ungedruckte Quellen

A. Universitätsarchiv Köln (UAK)
 - Nachlaß Hessen (Zug. 51), bestehend aus 64 Faszikeln
 - Personalakte Hessen des Kuratoriums (Universitätsverwaltung) (Zug. 17/II Nr. 1004)
 - Personalakte Hessen des Rektorates (Zug. 27/76 fol. 52-101)
 - Personalakte Hessen des Dekanates der philosophischen Fakultät (Zug. 44/239 und 240. Band 239 umfaßt die Jahre 1919 bis 1954; Band 240 die
 Jahre 1955 bis 1971).
 - Nachlaß Joseph Koch (Zug. 357), fasz. 1 (private Personalakten)
 - Promotionsakten der philosophischen Fakultät (chronologisch geordnet)
 - Lehraufträge, Habilitationen an der philos. Fakultät (Zug. 44/193)
 - Briefwechsel H.C. Nipperdey - R. Ellscheid (Zug. 42/3903)
 - Horst Althaus, Kölner Professorenlexikon (unveröffentlichtes Typoskript)

N.B.: Im Universitätsarchiv befindet sich eine Sammlung der gedruckten Vorlesungsverzeichnisse der Universität zu Köln seit 1919.

B. Hauptstaatsarchiv Düsseldorf
 - Akten der Geheimen Staatspolizei - Staatspolizeileitstelle Düsseldorf (RW58) Gestapoakte Hessen (Nr. 47318); Gestapoakte Laros (Nr. 9541)
 - Wiedergutmachungsakte Hessen beim Kultusministerium (NW 172 Nr. 78
 Bd. II)
 - Ordensvorschlag für Hessen 1969/70 (NW-O-10842)
 - Nachlaß Pfarrer J. Winkelmann (RWN 246). Bd. 17 enthält die Briefe Hessens an W.
 - Nachlaß Hans Busch (RWN 225), fasz. 7 (biographische Skizze)

C. Historisches Archiv des Erzbistums Köln (HAEK), Cabinetsregistratur (C.R.)
- Akten betr. Hessen, 1928 (C.R. 9.A4.3.)
- Akten betr. das Philosophische Institut in Köln (C.R. 10.9,1)
- Akten betr. die Anstellung von Dozenten an der Univ. Köln (C.R.9.A4.1)
- Akten betr. die Zensur von Hessens Schrift "Gott im Zeitgeschehen" (C.R. Gen. 18.1,1 innerhalb weiterer Zensurakten)

D. Diözesanarchiv Rottenburg
- Generalakten des bischöfl. Ordinariates bis 1958 (G.1.1), darin:
Druckerlaubnisse, einzelne Fälle (G 1.1. D 1.4B)
Nichtapprobierte Druckerlaubnisfälle (G 1.1. D1. 4C)

E. Diözesanarchiv Limburg
- Kirchliche Druckerlaubnisse, hier Matthias-Grünewald-Verlag, Wiesbaden, 1933-1938 (213 BA 6)
- Priesterkartei des Bistums Limburg (ad vocem J. Gollasch)

F. Erzbischöfliches Diözesanarchiv Paderborn
- Akte Censur var. 1950-51 (A 1814/51)

G. Bundesarchiv Koblenz
RD 19/2 Bd. 1-6: Befehlsblatt des Chefs der Sicherheitspolizei und des SD, hrsg. vom Reichssicherheitshauptamt, Berlin, 1.-6. Jahrgang 1940-1945.

H. Nachlaß Dr. W. Lenzen (im Besitz des Autors)

2. Gedruckte Quellen und Literatur

AIGNER, Dietrich: Die Indizierung "schädlichen und unerwünschten Schrifttums" im Dritten Reich. In: Archiv für die Geschichte des Buchwesens 11(1970/71) Sp. 933-1034.

ALGERMISSEN, Konrad: Konfessionskunde, Hannover 1939.

ALTHAUS, Horst: Kölner Professorenlexikon, unveröffentlichtes Typoskript im Universitätsarchiv Köln; alphabetisch geordnet.

ARREGUI S.I., Antonio M.: Summarium theologiae moralis ad recentem Codicem iuris canonici accomodatum, editio decima, Bilbao 1927.

AUBERT, Roger: Die Theologie während der ersten Hälfte des 20. Jahrhunderts. In: Bilanz der Theologie im 20. Jahrhundert, hrsg. von H. Vorgrimler, Robert Vandergucht, Bd. 2, Freiburg ²1970, 7-69.

BENZ, Wolfgang/GRAML, Hermann: Biographisches Lexikon zur Weimarer Republik, München 1988.

BLANKENBERG, Heinz: Politischer Katholizismus in Frankfurt a.M. 1918-1933, Mainz 1981.

BOURKE, Vernon J.: Thomistic Bibliography 1920-1940 (= The Modern Schoolman, Supplement to Volume XXI), St. Louis, Missouri 1945.

BRACK, Rudolf: Deutscher Episkopat und Gewerkschaftsstreit 1900-1914, Köln/Wien 1976.

BRANDMÜLLER, Walter (Hrsg.): Handbuch der bayerischen Kirchengeschichte, 3. Bd., St. Ottilien 1991.

BRECHER, August: Mündiges Christsein. Zwischen Gesetz und Freiheit. Pfarrer Dr. theol. h.c. Josef Thomé 1891-1980, Aachen 1991.

CANCIK, Hubert: Religions- und Geistesgeschichte der Weimarer Republik, Düsseldorf 1982.

CODEX IURIS CANONICI Pii X Pontificis Maximi iussu digestus, Typis Polyglottis Vaticanis 1963.

CORETH SJ, Emerich: Die Philosophie an der theologischen Fakultät Innsbruck 1857-1957. In: ZkTh 8(1958) 142-183.

CORETH, Emerich/EHLEN, Peter/HAEFFNER, Gerd/RICKEN, Frido: Philosophie des 20. Jahrhunderts (= Grundkurs Philosophie 10), Stuttgart u.a.O. 1985.

DE BRIE, G.A.: Bibliographia philosophica 1934-1945, 2 voll, Utrecht / Bruxelles / Antwerpen 1950-54.

DENZINGER, Henricus: Enchiridion symbolorum definitionum et declarationum de rebus fidei et morum. Editio decima quarta et quinta quam paravit Clemens BANNWART SJ, Friburgi Brisgoviae 1922.

DE VRIES SJ, Josef: "Seinsethik" oder Wertethik. In: Scholastik 31(1956) 239-44.

DE WULF, Maurice: Introduction à la Philosophie Néo-Scolastique, Louvain/Paris 1904.

DIAZ DIAZ, Gonzalo, y Ceferino SANTOS: Bibliografia filosofica hispanica (1901-1970), Madrid 1982.

DIRECTORIUM UND PERSONALSCHEMATISMUS für die Erzdiözese Köln 1968 (besteht aus zwei getrennt paginierten Teilen).

DOERING-MANTEUFFEL, Anselm: Katholizismus und Wiederbewaffnung. Die Haltung der deutschen Katholiken gegenüber der Wehrfrage 1948-1955, Mainz 1981.

DONAT, Helmut/HOLL, Karl: Die Friedensbewegung. Organisierter Pazifismus in Deutschland, Österreich und der Schweiz (= Hermes Handlexikon, o. Nr.), Düsseldorf 1983.

DÜWELL, Kurt: Die Universität, Schulen und Museen. Adenauers wissenschafts- und bildungspolitische Bestrebungen für Köln und das Rheinland

(1917-1932). In: Hugo Stehkämpger (Hrsg.), Konrad Adenauer Oberbürgermeister von Köln. Festgabe der Stadt Köln zum 100. Geburtstag ihres Ehrenbürgers am 5. Januar 1876, Köln 1976, 167-206, 697-701.

EHRENFORTH, Gerhard: Die schlesische Kirche im Kirchenkampf 1932-1945 (= Arbeiten zur Geschichte des Kirchenkampfes, Ergänzungsreihe, Bd. 4), Göttingen 1968.

ESSER, Albert: Wilhelm Elfes, 1884-1969. Arbeiterführer und Politiker, Mainz 1990.

FERRETTI, Giovanni: Max Scheler, 2 voll: 1. Fenomenologia e antropologia personalistica. 2. Filosofia della religione (= Vita e pensiero. Pubblicazioni della Università Cattolica del Sacro Cuore, s.n.), Milano 1972.

FLURY, Johannes: Um die Redlichkeit des Glaubens. Studien zur deutschen katholischen Fundamentaltheologie (= Ökumenische Beihefte zur Freiburger Zeitschrift für Philosophie und Theologie, 13), Freiburg/Schweiz 1979.

FOCKE, Franz: Sozialismus aus christlicher Verantwortung. Die Idee eines christlichen Sozialismus in der katholisch-sozialen Bewegung und in der CDU, Wuppertal 1978.

GATZ, Erwin (Hrsg.): Die Bischöfe der deutschsprachigen Länder 1785/1803 bis 1945, Berlin 1983.

GELDSETZER, Lutz: Metaphysische Tendenzen der philosophischen Entwicklung in der Bundesrepublik Deutschland seit 1945. In: Die sog. Geisteswissenschaften: Innenansichten, hrsg. von W. Prinz und P. Weingart (= suhrkamp taschenbuch wissenschaft 854), Frankfurt 1990, 419-447.

GELSENKIRCHENER PROTOKOLL, o.O., o.J., 80 S. - Es handelt sich um des Protokoll des "Gelsenkirchener Kongreß(es)" vom 15.6.1958.

GENERAL-SCHEMATISMUS der katholischen Geistlichkeit Deutschlands, hrsg. von der Zentralstelle für kirchliche Statistik, Passau 1921.

GEYSER, Joseph: Grundlagen der Logik und Erkenntnislehre. Eine Untersuchung der Formen und Prinzipien objektiv wahrer Erkenntnis, Münster 1909.

GISLER, Anton: Der Modernismus, Einsiedeln 1913.

GOLCZEWSKI, Frank: Kölner Universitätslehrer und der Nationalsozialismus. Personengeschichtliche Ansätze (= Studien zur Geschichte der Universität Köln, Bd. 8), Köln/Wien 1988.

GORZNY, Willi (Bearbeiter): Gesamtverzeichnis der Übersetzungen deutschsprachiger Werke (GVÜ). Berichtszeitraum 1954-1990, Bd. 5, München 1993 (recte 1992).

GOTTLOB, Theodor: Die Suspension ex informata conscientia. Ein Beitrag zum kirchlichen Prozeß- und Strafwesen, Limburg a.d.L. 1939.

GUELLUY, B.: Les antécédents de l'Encyclique "Humani generis" dans les sanctions romains de 1942. In: RHE 81(1986) 421-97.

HÄRLE, Wilfried/WAGNER Harald: Theologen-Lexikon. Von den Kirchenvätern bis zur Gegenwart, München 1987.

HAMMACHER, Fritz: Ein offenes Wort zum "Fall Hessen". In: aufklärung, Jahrg. 1, Heft 7 vom Dezember 1951, 189-91.

HASENHÜTTL, Gotthold/NOLTE, Josef: Formen kirchlicher Ketzerbewältigung (= Texte zur Religionswissenschaft und Theologie, Historische Sektion, Bd. II 1), Düsseldorf 1976.

HARTMANN, Albert SJ (Hrsg.): Bindungen und Freiheit des katholischen Denkens. Probleme der Gegenwart im Urteil der Kirche, Frankfurt/M. 1952.

HAUSBERGER, Karl: Sieben oberhirtliche Stellungnahmen zur Ausbildung des Klerus an den staatlichen Universitätsfakultäten Deutschlands aus dem Jahre 1899. In: Staat, Kultur, Politik - Beiträge zur Geschichte Bayerns und des Katholizismus. Festschrift zum 65. Geburtstag von Dieter Albrecht, Kallmünz 1992, 273-85.

HEGEL, Eduard: Das Erzbistum Köln zwischen der Restauration des 19. Jahrhunderts und der Restauration des 20. Jahrhunderts (1815-1962) (= Geschichte des Erzbistums Köln, hrsg. von E. Hegel, 5. Bd.), Köln 1987 (zitiert: E. Hegel, Erzbistum Köln).

HEGEL, Eduard: Geschichte der katholisch-theologischen Fakultät Münster 1773-1964, 2 Bde., Münster 1966/1971 (zitiert: E. Hegel, Fakultät Münster).

HEHL, Ulrich von: Priester unter Hitlers Terror. Eine biographische und statistische Erhebung, Mainz 1984.

HEHL, Ulrich von/HÜRTEN, Heinz: Der Katholizisus in der Bundesrepublik Deutschland 1945-1980. Eine Bibliographie, Mainz 1983.

HEIBER, Helmut: Universität unterm Hakenkreuz. Teil 1: Der Professor im Dritten Reich. Bilder aus der akademischen Provinz, München u.a.O. 1991.

HEIMBÜCHEL, Bernd/PABST, Klaus: Kölner Universitätsgeschichte, Bd. II: Das 19. und 20. Jahrhundert. Hrsg. von der Senatskommission für Geschichte der Universität zu Köln, Köln/Wien 1988.

HENRICH, Franz: Die Bünde katholischer Jugendbewegung, München 1968.

HENRICI SJ, Peter: Das Heranreifen des Konzils. Erlebte Vorkonzilstheologie. In: Internationale katholische Zeitschrift «Communio» 19(1990) 482-96.

HERBER, Karl: Kirche zwischen Aufbruch und Tradition. Entscheidungsjahre nach 1945, Stuttgart 1989.

HERING, Reiner: Theologische Wissenschaft und "Drittes Reich". Studien zur Hamburger Wissenschafts- und Kirchengeschichte im 20. Jahrhundert (= Reihe Geisteswissenschaft, 20), Pfaffenweiler 1990.

HERMELINK, Heinrich: Katholizismus und Protestantismus in der Gegenwart vornehmlich in Deutschland, Gotha 1926 (zitiert: Hermelink(1926)).

HERMELINK, Heinrich: Katholizismus und Protestantismus im Gespräch um die Una Sancta, Stuttgart 1949 (zitiert: Hermelink (1949)).

HERTLING, Georg Freiherr von: Historische Beiträge zur Philosophie, hrsg. von J.A. Endres, Kempten/München 1914.

HESSEN, Johannes: Geistige Kämpfe der Zeit im Spiegel eines Lebens, Nürnberg 1959.

HESSEN, Johannes: Gott im Zeitgeschehen, Bonn 1946.

HESSEN, Johannes: Universitätsreform. Mit einem Anhang: Neonazismus an deutscher Universität?, Düsseldorf 1953. - N.B.: Der Anhang ist von Johannes Scherer und trägt den Titel: Neonazismus an deutscher Universität? Aktenmäßige Darstellung der Behandlung eines Naziopfers seitens der Universität Köln, S. 16-30.

HUONDER, Quirin: Die Gottesbeweise. Geschichte und Schicksal, Stuttgart/Berlin 1968.

IMKAMP, Wilhelm: Die katholische Theologie in Bayern von der Jahrhundertwende bis zum Ende des Zweiten Weltkrieges.In: Walter Brandmüller (Hrsg.), Handbuch der Bayerischen Kirchengeschichte, Bd. III, St. Ottilien 1991, 539-651.

JANNIG, Josef/LEGRAND, Hans-Josef/ZANDER, Helmut: Friedensbewegungen. Entwicklung und Folgen in der Bundesrepublik Deutschland, Europa und den USA (= Bibliothek Wissenschaft und Politik, Bd. 40), Köln 1987.

JANSEN SJ, Bernhard: Aufstiege zur Metaphysik, Freiburg/Br. 1933.

JANSSEN, Wilhelm: Die Bestände des Nordrhein-Westfälischen Hauptstaatsarchivs. Kurzübersicht, ^{2}Düsseldorf 1984.

KIEFL, F.X.: Die Stellung der Kirche zur Theologie von Hermann Schell aufgrund der kirchlichen Akten und der literarischen Quellen erläutert. Ein theologischer Kommentar zum päpstlichen Schreiben an Prof. Ernst Commer in Wien vom 14.Juni 1907, Paderborn 1908.

KÖHNKE, Klaus Christian: Entstehung und Aufstieg des Neukantianismus. Die deutsche Universitätsphilosophie zwischen Idealismus und Positivismus, Frankfurt/M. 1986.

KLEINEIDAM, Erich: Die katholisch-theologische Fakultät der Universität Breslau 1811-1945, Köln 1961.

KLÖCKER, Michael: Katholisch - von der Wiege bis zur Bahre. Eine Lebensmacht im Zerfall?, München 1991.

KOCH, Ludwig: Jesuitenlexikon - Die Gesellschaft Jesu einst und jetzt, 2 Bde., berichtigte Ausgabe, Löwen/Héverlé 1962.

KÖPFE DER FORSCHUNG AN RHEIN UND RUHR. Die Mitglieder der Arbeitsgemeinschaft für Forschung des Landes Nordrhein-Westfalen. Mit einem Vorwort des Ministerpräsidenten Fritz Steinhoff, Dortmund o.J. (ca. 1957).

KOLPING, Adolf: Katholische Theologie gestern und heute. Thematik und Entfaltung deutscher katholischer Theologie vom I. Vaticanum bis zur Gegenwart, Bremen 1964.

KREIDLER, Hans: Eine Theolgie des Lebens. Grundzüge im theologischen Denken Karl Adams (= Tübinger theologische Studien, Bd. 29), Mainz 1988.

KREMER, Klaus (Hrsg.): Metaphysik und Theologie, Leiden 1980.

KÜRSCHNERS Deutscher Gelehrtenkalender, Jahrgänge 1950, 1961, 1966, 1970, 1980, 1983, jeweils 1-3 Bände, Berlin.

LANGNER, Albrecht: Katholizismus im politischen System der Bundesrepublik Deutschland 1949-1963 (= Beiträge zur Katholizismusforschung, Reihe B., o. Nr.), Paderborn 1978.

LAROS, Matthias: Schöpferischer Friede der Konfessionen. Die Una-Sancta-Bewegung, ihr Ziel und ihre Arbeit, Recklinghausen 1950.

LAUTENSCHLÄGER, Gabriele: Joseph Lortz (1887-1975). Weg, Umwelt und Werk eines katholischen Kirchenhistorikers (= Studien zur Kirchengeschichte der neuesten Zeit, hrsg. von Klaus Wittstatt, Bd. 1), Würzburg 1987.

LAVERDIERE, Raymond: Le principe de causalité. Recherches thomistes récentes, Paris 1969.

LEESE, Kurt, Die Krisis und Wende des christlichen Geistes. Studien zum anthropologischen und theologischen Problem der Lebensphilosophie, Berlin 1932.

LEESE, Kurt: Die Religionskrisis des Abendlandes und die religöse Lage der Gegenwart, Hamburg 1948.

LENNERZ, Heinrich: Natürliche Gotteserkenntnis. Stellungnahmen der Kirche in den letzten hundert Jahren, Freiburg 1926.

LENZ, Joseph: Vorschule der Weisheit. Einleitung in eine wissenschaftliche Lebensphilosophie, 2. erweiterte Auflage Würzburg 1948.

LESKE, Monika: Philosophen im "Dritten Reich". Studie zu Hochschul- und Philosophiebetrieb im faschistischen Deutschland, Berlin 1990.

LINDT, Andreas: Das Zeitalter des Totalitarismus (= Christentum und Gesellschaft, Bd. 13), Stuttgart u.a.O. 1981.

LISTE DES SCHÄDLICHEN UND UNERWÜNSCHTEN SCHRIFTTUMS. Stand vom 31. Dezember 1938 und Jahreslisten 1939-1941. Reprint Vaduz 1979 [enthält die vier Listen von 1938, 1939, 1940, 1941].

LOHNER, Alexander Friedrich: Gewißheit und Wagnis des Denkens. Die Frage nach der Möglichkeit von christlicher Philosophie und Metaphysik im Werk und Denken des Philosophen Peter Wust. Eine Gesamtdarstellung seiner Philosophie, Frankfurt/M./Bern 1990.

LÖHR, Wolfgang: Rechristianisierungsvorstellungen im deutschen Katholizismus 1945-1948. In: Jochen-Christoph Kaiser/Anselm Doering-

Manteuffel: Christentum und politische Verantwortung. Kirchen im Nachkriegsdeutschland, Stuttgart u.a.O. 1990, 25-41.

LÖNNE; Karl-Egon: Politischer Katholizismus im 19. und 20. Jahrhundert (= edition suhrkamp 1264), Frankfurt 1986.

LÖSER, Werner/LEHMANN, Karl/LUTZ-BACHMANN, Matthias (Hrsg.): Dogmengeschichte und katholische Theologie, Würzburg 1985.

LOTH, Wilfried (Hrsg.): Deutscher Katholizismus im Umbruch zur Moderne (= Konfession und Gesellschaft, 3), Stuttgart/Berlin/Köln 1991.

LOWITSCH, Bruno: Der Kreis um die Rhein-Mainische-Volkszeitung, Wiesbaden 1980.

LUDWIG, Heiner/SCHROEDER, Wolfgang (hrsg.): Sozial- und Linkskatholizismus. Erinnerung, Orientierung, Befreiung, Frankfurt/M. 1990.

MAAS-EWERD, Theodor: Die Krise der Liturgischen Bewegung in Deutschland und Österreich. Zu den Auseinandersetzungen um die "liturgische Frage" in den Jahren 1939 bis 1944 (= Studien zur Pastoralliturgie, Bd. 3), Regensburg 1981.

MAAS-EWERD, Theodor: Odo Casel OSB und Karl Rahner SJ: Disput über das Wiener Memorandum "Theologische und philosophische Zeitfragen im katholischen deutschen Raum". Zwei unveröffentlichte Dokumente aus dem Jahre 1943. in: Archiv für Liturgiewissenschaft 28(1986)193-234.

MARKOVICS, Robert: Grundsätzliche Vorfragen einer methodischen Thomasdeutung (= Bibliotheca Academiae Catholicae Hungariae, sectio phil.-theol., 2), Rom 1956.

MCLEAN, F. O.M.I.: A Bibliography of Christian Philosophy and Contemporary Issues (= Philosophy in the 20th Century: Catholic and Christian, vol. II), New York 1967.

MESEBERG-HAUBOLD, Ilse: Der Widerstand Kardinal Merciers gegen die deutsche Besetzung Belgiens 1914-1918. Ein Beitrag zur politischen

Rolle des Katholizismus im ersten Weltkrieg (= Europäische Hochschulschriften, Reihe III, Bd. 176), Frankfurt/M./Bern 1982.

MESSER, August: Die Philosophie der Gegenwart (= Wissenschaft und Bildung, 138), Leipzig 1916.

MESSER, August: Einführung in die Erkenntnistheorie (= Wissen und Forschen, Bd. 11), Leipzig 1921.

MICHEL, Ernst, Politik aus dem Glauben, Jena 1926.

MINRATH, Hedwig: Der Gottesbegriff in der modernen Wertphilosophie, Berlin/Bonn 1927.

MITTERER, Albert: Formen und Mißformen des heutigen Thomismus. In: PhJb 65(1957) 86-105.

MÖLLER, Joseph (Hrsg.): Der Streit um den Gott der Philosophen, Anregungen und Antworten, Düsseldorf 1985.

MUCK, Otto: Philosophische Gotteslehre (Leitfaden Theologie, 7), Düsseldorf 1983.

MUCKERMANN, Friedrich/H. VAN DE MARK(Hrsg.): Das geistige Europa. Ein internationales Jahrbuch der Kultur. 1925, Paderborn 1925.

MÜLLER-FREIENFELS, Richard: Die Philosophie des zwanzigsten Jahrhunderts in ihren Hauptströmungen, Berlin 1923.

MYNAREK, Hubertus: Zwischen Gott und Genossen. Als Priester in Polen, Berlin/Frankfurt 1981.

NELL-BREUNING, Oswald von, SJ: Die soziale Enzyklika. Erläuterungen zum Weltrundschreiben Papst Pius' XI. über die gesellschaftliche Ordnung, Köln 1932.

OLLIG, Hans-Ludwig: Der Neukantianismus (= Sammlung Metzler 187), Stuttgart 1979.

PFEIL, Hans: Grundfragen der Philosophie im Denken der Gegenwart, Paderborn 1949.

POSSER, Diether: Anwalt im kalten Krieg. Ein Stück deutscher Geschichte in politischen Prozessen 1951-1968, München 1991.

POTTMEYER, Hermann-Josef: Der Glaube vor dem Anspruch der Wissenschaft. Die Konstitution über den katholischen Glauben "Dei Filius" des Ersten Vatikanischen Konzils und die unveröffentlichten theologischen Voten der vorbereitenden Kommission (= Freiburger theologische Studien, 87), Freiburg i.Br. 1968.

POULAT, Emile: Alfred Loisy - sa vie, son oeuvre par Albert Houtin et Félix Sartiaux. Manuscrit annoté et publié avec une Bibliographie Loisy et un Index Bio-Bibliographique, Paris 1960.

POULAT, Emile: Intégrisme et catholicisme intégrale. Un réseau international antimoderniste: La "Sapinière" (1909-1921), Tournai 1969.

PROSS, Christian: Wiedergutmachung. Der Kleinkrieg gegen die Opfer, Frankfurt/M. 1988.

PRZYWARA, Erich: Ringen der Gegenwart. Gesammelte Aufsätze 1922-1927, 2 Bde., Augsburg 1929.

RAHNER, Karl: Gefahren im heutigen Katholizismus, [2]Einsiedeln 1950.

RAHNER, Karl: Verzeichnis sämtlicher Schriften 1924-1964, Freiburg 1964.

REIFFERSCHEIDT, Gerhard: Das Bistum Ermland und das Dritte Reich (= Bonner Beiträge zur Kirchengeschichte, 7), Köln/Wien 1975.

RÉPERTOIRE BIBLIOGRAPHIQUE DE LA PHILOSOPHIE, publié sous les auspices de l'Institut international de Philosophie, Bd. 1-25, Louvain 1949-1973.

RICHTER, Karl: Die trojanische Herde. Ein dokumentarischer Bericht, Köln 1959. Verfasser war tatsächlich Werner Sticken.

RIES, J.: Arnold Rademacher. Eine Theologie der Einheit. In: Adolf Kolping (Hrsg.), In memoriam Arnold Rademacher, Bonn 1969, 9-62.

RIESENBERGER, Dieter: Die katholische Friedensbewegung in der Weimarer Republik, Düsseldorf 1976.

RICKEN, Frido (Hrsg.): Klassische Gottesbeweise in der Sicht der gegenwärtigen Logik und Wissenschaftstheorie (= Münchener philosophische Studien, N.F., 4), Stuttgart u.a.O. 1991.

RINTELEN, Fritz-Joachim von: Die Bedeutung des philosophischen Wertproblems. In: Philosophia perennis. Festgabe Josef Geyser zum 60. Geburtstag, Bd. II, Regensburg 1930, 927-71.

ROSENSTOCK, Eugen/WITTIG, Joseph: Das Alter der Kirche. Kapitel und Akten. Bd. I (= Lieferung 1 + 2; durchgehend pag. 556 S.), Berlin 1927. - Bd. II (= Lieferung 3 + 4; durchgehend pag. 557-976 und Register p. I-LII), Berlin 1928. - Anhang (= Lieferung 5, S. 1-273; enthält die Dokumente zum Fall Wittig), Berlin 1927.

DIE ROLLE DER WERTE IM LEBEN. Festschrift für Johannes Hessen zu seinem 80. Geburtstag, hrsg. von Cornel J. Bock, Köln 1969.

RUPP, Hans Karl: Außerparlamentarische Opposition in der Ära Adenauer. Der Kampf gegen die Atombewaffnung in den fünfziger Jahren. Eine Studie zur innenpolitischen Entwicklung der BRD, 3., unveränderte Auflage, Köln 1984.

SANTELER, Josef SJ: Der Platonismus in der Erkenntnislehre des Heiligen Thomas von Aquin (= Philosophie und Grenzwissenschaften, Schriftenreihe, hrsg. vom Innsbrucker Institut für scholastische Philosophie, VII. Band, 2./4. Heft), Innsbruck/Leipzig 1939.

SCHATZ, Klaus: Zwischen Säkularisation und Zweitem Vatikanum. Der Weg des deutschen Katholizismus im 19. und 20. Jahrhundert, Frankfurt 1986.

SCHILSON, Arno: Perspektiven theologischer Erneuerung. Studien zum Werk Romano Guardinis, Düsseldorf 1986.

SCHMIDINGER, Heinrich M. (Hrsg.): Christliche Philosophie im katholischen Denken des 19. und 20. Jahrhunderts, 3 Bde., Graz/Wien/Köln 1987-1990.

SCHLUND O.F.M, Erhard: Modernes Gottglauben. Das Suchen der Gegenwart nach Gott und Religion, Regensburg o. J. (Vorwort dat. 13.6.1939).

SCHMITZ, Joseph: Religionsphilosophie (= Leitfaden Theologie 15), Düsseldorf 1984.

SCHNACK, Ingeborg (Hrsg.): Marburger Gelehrte in der ersten Hälfte des 20. Jahrhunderts (= Veröffentlichungen der Historischen Kommission für Hessen in Verbindung mit der Philipps-Universität Marburg, 35), Marburg 1977.

SCHOOF, Mark: Der Durchbruch der neuen katholischen Theologie. Ursprünge - Wege - Strukturen. Aus dem Niederländischen von Nikolaus Greitemann, Wien/Freiburg/Basel 1969.

SCHORCHT, Claudia: Philosophie an den bayerischen Universitäten 1933-1945, Erlangen 1990.

SCHRÖCKER, Sebastian: Der Fall Barion. In: Hans Barion. Kirche und Kirchenrecht. Gesammelte Aufsätze, hrsg. von Werner Böckenförde, Paderborn 1984, 25-75.

SCHROEDER, Oskar: Aufbruch und Mißverständnis. Zur Geschichte der reformkatholischen Bewegung, Graz/Wien/Köln 1969.

SCHOLZ, Heinrich: Religionsphilosophie. Zweite, neuverfasste Auflage, Berlin 1922.

SCHUHMACHER, Joseph: Der "Denzinger". Geschichte und Bedeutung eines Buches in der Praxis der neueren Theologie (= Freiburger theologische Studien, 95. Bd.), Freiburg u.a.O. 1974.

SCHUETZINGER, C.E.: The German Controversy on Saint Augustine's Illumination Theory, New York 1960.

SCHULEMANN, Günther: Die Lehre von den Transcendentalien in der scholastischen Philosophie (= Forschungen zur Geschichte der Philosophie und Pädagogik, hrsg. von Artur Schneider und Wilhelm Kahl, 11. Heft), Leipzig 1929.

SCHULTE, Franz: Die Gottesbeweise in der neueren deutschen philosophischen Literatur unter Ausschluß der katholischen Literatur von 1865 bis 1915 (= Studien zur Philosophie und Religion, hrsg. von Remigius Stölzle, 19. Heft), Paderborn 1920.

SCHULTE O.F.M. Cap., Johannes Chrysostomus: Zwischen zwei geistigen Welten. Erlebnisse und Bekenntnissse, Zürich/Paderborn 1940.

SCHWARZ, Richard (Hrsg.): Menschliche Existenz und moderne Welt. Ein internationales Symposion zum Selbstverständnis des heutigen Menschen, Teil II, Berlin 1967.

SEILER, Julius: Das Dasein Gottes als Denkaufgabe. Darlegung und Bewertung der Gottesbeweise, Luzern/Stuttgart 1965.

SIMON, Paul: Zur natürlichen Gotteserkenntnis. Zwei Aufsätze, Paderborn 1940.

SIMON, Paul: Karl Joseph Kardinal Schulte. Ein Bild seines bischöflichen Wirkens, Köln 1935.

SLEUMER, Albert: Index Romanus. Verzeichnis sämtlicher auf dem Index stehenden deutschen Bücher desgleichen aller wichtigen fremdsprachigen Bücher seit dem Jahre 1750, 10. Auflage Osnabrück 1951.

SPAEL, Wilhelm: Das katholische Deutschland im 20. Jahrhundert. Seine Pionier- und Krisenzeiten 1890-1945, Würzburg 1964.

SPECK, Joseph (Hrsg.): Grundprobleme der großen Philosophen Bd. Philosophie der Neuzeit IV: Lotze, Dilthey, Meinong, Troeltsch, Husserl, Simmel (= UTB 1401), Göttingen 1986.

SPECKNER, Karl: Die Wächter der Kirche. Ein Buch vom deutschen Episkopat, München 1934.

STAAB, Karl: Die Gottesbeweise in der katholischen deutschen Literatur von 1850-1900 (= Studien zur Philosophie und Religion, hrsg. von Remigius Stölzle, 5. Heft), Paderborn 1910.

STECK, Karl Gerhard: Die Bedeutung der Enzyklika "Humani generis" für das Problem von Kirche und Lehre. In: Evangelische Theologie 11 (1951/52) 549-61.

STEFFES, Johann Peter: Religion und Religiösität als Problem im Zeitalter des Hochkapitalismus, Düsseldorf 1932.

SUCKER, Wolfgang: Zur inneren Lage der katholischen Kirche. In: Materialdienst des Konfessionskundlichen Instituts. Bensheim, Jg. 1952, Nr. 1, 1-7; Nr. 3/4, 33-38; Jg. 1953, Nr. 5, 65-70.

TOTOK, Wilhelm: Handbuch der Geschichte der Philosophie, VI: Bibliographie 20. Jahrhundert, Frankfurt a.M. 1990.

TRIPPEN, Norbert: Das Domkapitel und die Erzbischofswahlen in Köln 1821-1929 (= Bonner Beiträge zur Kirchengeschichte, Bd. 1), Köln/Wien 1972 (zitiert: Trippen, Domkapitel).

TRIPPEN, Norbert: Theologie und Lehramt im Konflikt. Die kirchlichen Maßnahmen gegen den Modernismus im Jahre 1907 und ihre Auswirkungen in Deutschland, Freiburg 1977 (zitiert: Trippen, Theologie und Lehramt).

TYRRELL, George: Zwischen Scylla und Charybdis oder Die alte und die neue Theologie. Aus dem Englischen von Erich Wolff, Jena 1909.

VALESKE, Ulrich: Votum Ecclesiae, München 1962 (zwei getrennt paginierte Teile in einem Bd.).

VAN STEENBERGHEN, Fernand: Un incident révélateur au Congrès thomiste de 1950. In: RHE 84(1989) 379-90.

VAN STEENBERGHEN, Fernand: Comment etre thomiste aujourd'hui? In: Revue philosophique de Louvain 85(1987) 171-197.

VAN STEENBERGHEN, Fernand: Le retour à Saint Thomas a-t-il encore un sens aujourd'hui? (= Conférence Albert-le-Grand 1967), Montréal/Paris 1967.

VERITATI. Eine Sammlung geistesgeschichtlicher, philosophischer und theologischer Abhandlungen als Festgabe für Johannes Hessen zu seinem 60. Geburtstag dargebracht von Kollegen, Freunden und Schülern, hrsg. von Willy Falkenhahn, München 1949.

VERZEICHNIS DER SCHRIFTEN, DIE 1933-1945 NICHT ANGEZEIGT WERDEN DURFTEN (= Deutsche Nationalbibliographie, Ergänzung I), bearbeitet und hrsg. von der Deutschen Bücherei in Leipzig, Leipzig 1949.

VERZEICHNIS DER LEHRER DES COLLEGIUM AUGUSTINIANUM ZU GAESDONCK VON 1849-1942. In: Gaesdoncker Blätter, Heft 13, Juli 1960, 42-56.

VOGEL, Johanna: Kirche und Wiederbewaffnung. Die Haltung der Evangelischen Kirche in Deutschland in den Auseinandersetzungen um die Wiederbewaffnung der Bundesrepublik 1949-1956, Göttingen 1978.

VOLK, Ludwig (Hrsg.): Akten Kardinal Michael von Faulhabers 1917-1945, Bd. II (1935-45), Mainz 1978.

VORGRIMLER, H./VANDERGUCHT, R.: Bilanz der Theologie im 20. Jahrhundert, Bd. II, ²Freiburg 1970. Bd. III, ebd. 1970.

WEBER, Christoph: Der "Fall Spahn" (1901). Ein Beitrag zur Wissenschafts- und Kulturdiskussion im ausgehenden 19. Jahrhundert, Rom 1980.

WEBER, Christoph: Ultramontanismus als katholischer Fundamentalismus. In: Loth (Hrsg.), 20-45.

WEISMANTEL, Leo: Der Katholizismus zwischen Absonderung und Volksgemeinschaft, Würzburg 1926.

WIELAND, Georg: Das Ende der Neuscholastik und die Gegenwart der mittelalterlichen Philosophie. In: ThQ 172(1992) 208-220.

WILBRAND, Wilhelm: Kritische Erörterungen über den katholischen Religionsunterricht an höheren Schulen, Tübingen 1919.

WINDELBAND, Wilhelm: Einleitung in die Philosophie, Tübingen 1914.

WINDELBAND, Wilhelm: Präludien. Aufsätze und Reden zur Einleitung in die Philosophie, Tübingen 1907.

WOLFF, Paul: Christliche Philosophie in Deutschland 1920 bis 1945. Ausgewählte Texte mit einer Einführung, Regensburg 1949.

ZIEGENFUSS, Werner: Philosophen-Lexikon. Handwörterbuch der Philosophie nach Personen 2 Bde, Berlin 1949/50 (Bd. 1 unter Mitwirkung, Bd. 2 mitverfaßt von Gertrud Jung).

Beiträge zur Kirchen- und Kulturgeschichte

Herausgegeben von Christoph Weber

Band 1 Christoph Weber: Der Religionsphilosoph Johannes Hessen (1889-1971). Ein Gelehrtenleben zwischen Modernismus und Linkskatholizismus. 1994.